企业会计准则培训指定用书

企业会计准则
条文讲解与实务运用

企业会计准则编审委员会 编著

(上 册)

立信会计出版社
LIXIN ACCOUNTING PUBLISHING HOUSE

图书在版编目（CIP）数据

企业会计准则条文讲解与实务运用 / 企业会计准则编审委员会编著. —上海：立信会计出版社，2021.10

ISBN 978-7-5429-6834-0

Ⅰ. ①企… Ⅱ. ①企… Ⅲ. ①企业会计－会计准则－中国 Ⅳ. ① F279.23

中国版本图书馆 CIP 数据核字（2021）第 101714 号

责任编辑　蔡伟莉

企业会计准则条文讲解与实务运用

出版发行　立信会计出版社
地　　址　上海市中山西路 2230 号　　　　邮政编码　200235
电　　话　（021）64411389　　　　　　　传　　真　（021）64411325
网　　址　www.lixinaph.com　　　　　　电子邮箱　lixinaph2019@126.com
网上书店　http：//lixin.jd.com　　　　　http：//lxkjcbs.tmall.com
经　　销　各地新华书店

印　　刷　北京鑫海金澳胶印有限公司
开　　本　889 毫米 ×1194 毫米　1/16
印　　张　57
字　　数　1685 千字
版　　次　2021 年 10 月第 1 版
印　　次　2021 年 11 月第 1 次
书　　号　ISBN 978-7-5429-6834-0 /F
定　　价　178.00 元（上、下册）

编审委员会名单

前言

PREFACE

我国财政部于2006年在广泛征求专家意见的基础上，发布了我国新企业会计准则体系。该体系在总原则、结构与范围上充分借鉴国际惯例，与国际财务报告准则实现了最大限度的趋同，同时也充分考虑了我国现阶段的经济与法律环境，给我国企业各项交易和事项提供了符合我国国情的会计处理方法。

新会计准则体系制定的主要思路是，在充分考虑我国现阶段国情的前提下坚持与国际财务报告准则趋同的原则。基于上述原则，新会计准则体系引入了公允价值计量、资产减值计提、非货币性资产交换、债务重组、股份支付、投资性房地产以及合并财务报表等方面的会计处理。另外，新会计准则体系还引进了现代财务理论，使货币时间价值、实际利率法和资产定价等公司财务基本工具和方法在许多具体会计准则中得到广泛的运用。新会计准则体系的具体实施，在企业会计政策的具体选择以及在相应规范制约下的灵活应用等方面给企业留下了更大的空间，同时对我国会计人员的专业判断提出了更高的要求。

在此背景下，我们组织了一批具有扎实会计理论基础的会计实务工作者，对国际财务报告准则以及我国企业会计准则体系进行了大量的研究，并收集了许多实际案例，并在此基础上，编写了本书。本书主要详细介绍和分析我国各项企业会计准则的主要条款，并准备了一些案例加以理解。

本书主要适用于企业会计人员、注册会计师、财务和证券咨询与分析人员、证券和税收相关监管机构人员学习和贯彻新企业会计准则体系。尽管我们竭尽所能编写本书，但由于时间、水平和角度的局限，本书仍然难免存在一些问题，一些方面的讨论也还不够详尽。为此，我们恳请读者对本书提出批评和建议，以便及时匡正和改进。

编者

2021.10

目 录

CONTENTS

上 册

下 册

第一章
基本准则

为了规范企业会计确认、计量和报告行为，保证会计信息质量，财政部根据《中华人民共和国会计法》和其他有关法律、行政法规，制定企业会计准则。该准则适用于在中华人民共和国境内设立的企业。企业会计准则包括本准则和具体准则，具体准则的制定应当遵循基本准则。

《企业会计准则——基本准则》（以下简称基本准则）于 2006 年 2 月 15 日由财政部令第 3 号公布，自 2007 年 1 月 1 日起施行。2014 年 7 月 23 日，根据《财政部关于修改〈企业会计准则——基本准则〉的决定》对其进行相应的修订。

一、基本准则的地位和作用

（一）基本准则的地位

国际会计准则理事会、美国等国家或者地区在其会计准则制定中，通常都制定有“财务会计概念框架”。它既是制定国际财务报告准则和有关国家或地区会计准则概念的基础，也是会计准则制定应当遵循的基本法则。

我国的基本准则类似于国际会计准则理事会的《编报财务报表的框架》，在企业会计准则体系建设中扮演着同样的角色，在整个企业会计准则体系中具有统驭地位。同时，我国企业会计准则属于法规体系的组成部分。《中华人民共和国立法法》规定，我国的法规体系通常由四个部分构成：一是法律；二是行政法规；三是部门规章；四是规范性文件。其中，法律是由全国人民代表大会常务委员会通过，由国家主席签发的。行政法规由国务院常务委员会通过，由国务院总理签发。部门规章由国务院主管部门部长以部长令签发。我国企业会计准则体系中，基本准则属于部门规章。具体准则、应用指南和解释属于规范性文件。

（二）基本准则的作用

基本准则在企业会计准则体系中具有重要地位，其作用主要如下：

一是统驭具体准则的制定。基本准则规范了包括财务报告目标、会计基本假设、会计信息质量要求、会计要素的定义及其确认、会计计量原则、财务报告等在内的基本问题，是制定具体准则的基础，对各具体准则的制定起着统驭作用，可以确保各具体准则的内在一致性。我国基本准则第三条明确规定，“企业会计准则包括基本准则和具体准则，具体准则的制定应当遵循本准则（即基本准则）”。在企业会计准则体系的建设中，各项具体准则也都明确规定按照基本准则的要求进行制定和完善。

二是为会计实务中出现的、具体准则尚未规范的新问题提供会计处理依据。在会计实务中，由于经济交易事项的不断发展、创新，一些新的交易或者事项在具体准则中尚未规范但又急需处理，那么企业在对这些新的交易或者事项及时进行会计处理的同时，应当严格遵循基本准则的要求，尤其是基本准则关于会计要素的定义及其确认与计量等方面的规定。因此，基本准则不仅扮演着具体准则制定依据的角色，也为会计实务中出现的、具体准则尚未作出规范的新问题提供了会计处理依据，从而确保了企业会计准则体系对所有会计实务问题的规范作用。

二、基本准则的总则

（一）财务会计报告的目标

基本准则对财务报告目标进行了明确定位，将保护投资者利益、满足投资者进行投资决策的信息需求放在了突出位置，彰显了财务报告目标在企业会计准则体系中的重要作用。基本准则规定，财务会计报告的目标是向财务会计报告使用者提供与企业财务状况、经营成果和现金流量等有关的会计信息，反映企业管理层受托责任履行情况，有助于财务会计报告使用者作出经济决策。

（二）财务会计报告使用者

财务会计报告使用者包括投资者、债权人、政府及其有关部门、社会公众以及企业管理者等，如图 1-1 所示。

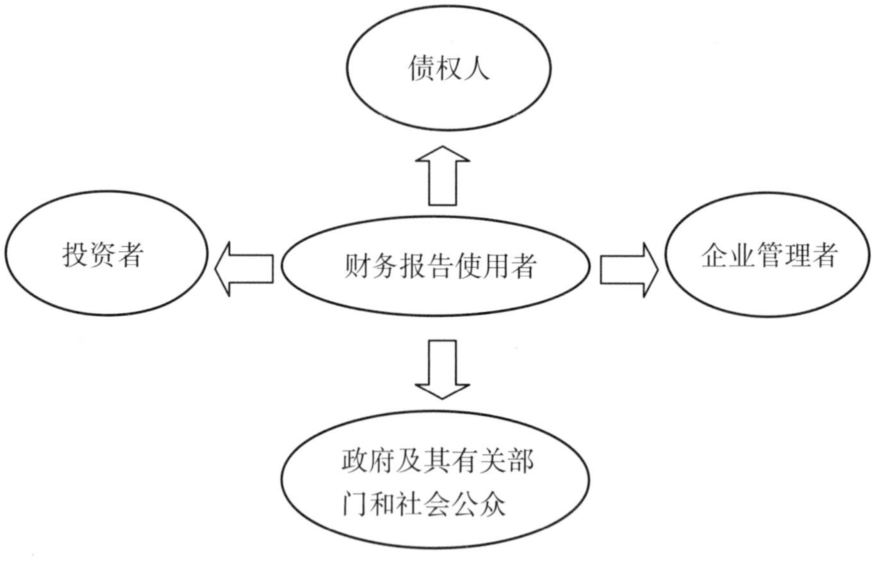

图 1-1　财务会计报告的使用者

满足投资者的信息需要是企业财务报告编制的首要出发点。近年来，我国企业改革持续深入，产权日益多元化，资本市场快速发展，机构投资者及其他投资者队伍日益壮大，对会计信息的要求日益提高。在这种情况下，投资者更加关心投资的风险和报酬，他们需要会计信息来帮助其作出决策，如是否应当买进、持有或者卖出企业的股票或者股权；他们还需要会计信息来帮助其评估企业支付股利的能力等。因此，基本准则将投资者作为企业财务报告的首要使用者，凸显了投资者的地位，体现了保护投资者利益的要求，是市场经济发展的必然。

根据投资者决策有用目标，财务报告所提供的信息应当如实反映企业所拥有或者控制的经济资源、对经济资源的要求权以及经济资源及其要求权的变化情况；如实反映企业的各项收入、费用、利得和损失的金额及其变动情况；如实反映企业各项经营活动、投资活动和筹资活动等所形成的现金流入和现金流出情况等；从而有助于现在的或者潜在的投资者正确、合理地评价企业的资产质量、偿债能力、盈利能力和营运效率等；有助于投资者根据相关会计信息作出理性的投资决策；有助于投资者评估与投资有关的未来现金流量的金额、时间和风险等。

除了投资者之外，企业财务报告的使用者还有债权人、政府及有关部门、社会公众和企业管理者等。

例如，企业贷款人、供应商等债权人通常十分关心企业的偿债能力和财务风险，他们需要信息来评估企业能否如期支付贷款本金及其利息，能否如期支付所欠购货款等；政府及其有关部门作为经济管理和经济监管部门，通常关心经济资源的分配是否公平、合理，市场经济秩序是否公正、有序，宏观决策所依据的信息是否真实可靠等，他们需要信息来监管企业的有关活动（尤其是经济活动）、制定税收政策、进行税收征管和国民经济统计等；社会公众也关心企业的生产经营活动，包括对所在地经济做出的贡献，如增加就业、刺激消费、提供社区服务等。因此，在财务报告中提供有关企业发展前景及其能力、经营效益及其效率等方面的信息，可以满足社会公众的信息需要。这些使用者的许多信息需求是共同的。由于投资者是企业资本的主要提供者，通常情况下，如果财务报告能够满足这一群体的会计信息需求，也就可以满足其他使用者的大部分信息需求。

现代企业制度强调企业所有权和经营权相分离，企业管理层是受委托人之托经营管理企业及其各项资产，负有受托责任，即企业管理层所经营管理的企业各项资产基本上均为投资者投入的资本（或者留存收益作为再投资）或者向债权人借入的资金所形成的，企业管理层有责任妥善保管并合理、有效运用这些资产。企业投资者和债权人等也需要及时或者经常性地了解企业管理层保管、使用资产的情况，以便于评价企业管理层的责任情况和业绩，并决定是否需要调整投资或者信贷政策，是否需要加强企业内部控制和其他制度建设，是否需要更换管理层等。因此，财务报告应当反映企业管理层受托责任的履行情况，以便于外部投资者和债权人等评价企业的经营管理责任和资源使用的有效性。

财务报告目标要满足投资者等财务报告使用者决策的需要，体现为财务报告的决策有用观；财务报告目标要求反映企业管理层受托责任的履行情况，体现为财务报告的受托责任观。投资者出资委托企业管理层经营，希望获得更多的投资回报，实现股东财富的最大化，从而进行可持续投资；企业管理层接受投资者的委托从事生产经营活动，努力实现资产安全完整，保值增值，防范风险，促进企业可持续发展，就能够更好地持续履行受托责任，为投资者提供回报，为社会创造价值，从而构成企业经营者的目标。由此可见，财务报告的决策有用观和受托责任观是有机统一的。

（三）会计基本假设

会计基本假设是企业会计确认、计量和报告的前提，是对会计核算所处时间、空间环境等所作的合理假定。会计基本假设包括会计主体、持续经营、会计分期和货币计量。

1. 会计主体

会计主体，是指企业会计确认、计量和报告的空间范围。为了向财务报告使用者反映企业财务状况、经营成果和现金流量，提供对其决策有用的信息，会计核算和财务报告的编制应当反映特定对象的经济活动，才能实现财务报告的目标。

在会计主体假设下，企业应当对其本身发生的交易或者事项进行会计确认、计量和报告，反映企业本身所从事的各项生产经营活动。明确界定会计主体是开展会计确认、计量和报告工作的重要前提。

首先，明确会计主体，才能划定会计所要处理的各项交易或事项的范围。在会计实务中，只有那些影响企业本身经济利益的各项交易或事项才能加以确认、计量和报告，那些不影响企业本身经济利益的各项交易或事项则不能加以确认、计量和报告。会计工作中通常所讲的资产、负债的确认，收入的实现，费用的发生等，都是针对特定会计主体而言的。

其次，明确会计主体，才能将会计主体的交易或者事项与会计主体所有者的交易或者事项以及其他会计主体的交易或者事项区分开来。例如，企业所有者的经济交易或者事项是属于企业所有者主体所发生的，不应纳入企业会计核算的范围，但是企业所有者投入到企业的资本或者企业向所有者分配的利润，则属于企业主体所发生的交易或者事项，应当纳入企业会计核算的范围。

会计主体不同于法律主体。一般来说，法律主体必然是一个会计主体。例如，一个企业作为一个法律主体，应当建立财务会计系统，独立反映其财务状况、经营成果和现金流量。但是，会计主体不一定是法律主体。例如，企业集团中的母子公司，母、子公司虽然是不同的法律主体，但是母公司对子公司拥有控制权，为了全面反映企业集团的财务状况、经营成果和现金流量，有必要将企业集团作为一个会计主体，编制合并财务报表，在这种情况下，尽管企业集团不属于法律主体，但它却是会计主体。又如，由企业管理的证券投资基金、企业年金基金等，尽管不属于法律主体，但属于会计主体，应当对每项基金进行会计确认、计量和报告。

2. 持续经营

持续经营是指在可见的将来，企业将会按当前的规模和状态继续经营下去，不会停业，也不会大规模削减业务。在持续经营前提下，会计确认、计量和报告应当以企业持续、正常的生产经营活动为前提。

企业会计准则体系是以企业持续经营为前提加以制定和规范的，涵盖了从企业成立到清算（包括破产）的整个期间的交易或者事项的会计处理。如果一个企业在不能持续经营时，还假定企业能够持续经营，并仍按持续经营基本假设选择会计确认、计量和报告原则与方法，就不能客观地反映企业的财务状况、经营成果和现金流量，会误导会计信息使用者的经济决策。

3. 会计分期

会计分期是指将一个企业持续经营的生产经营活动划分为一个个连续的、长短相同的期间。会计分期的目的在于通过会计期间的划分，将持续经营的生产经营活动划分成连续、相等的期间，据以结算盈亏、按期编报财务报告，从而及时向财务报告使用者提供有关企业财务状况、经营成果和现金流量的信息。

根据持续经营假设，一个企业会按当前的规模和状态持续经营下去，但是，无论是企业的生产经营决策还是投资者、债权人等的决策都需要及时的信息，都需要将企业持续的生产经营活动划分为一个个连续的、长短相同的期间，分期确认和计量相关企业的财务状况、经营成果和现金流量。明确会计分期假设意义重大。由于会计分期，才产生了当期与以前期间、以后期间的差别，才使不同类型的会计主体有了记账的基准，进而孕育出折旧和摊销等会计处理方法。

在会计分期假设下，企业应当划分会计期间，分期结算账目和编制财务报告。会计期间通常分为年度和中期。中期是指短于一个完整的会计年度的报告期间。

4. 货币计量

货币计量是指会计主体在会计确认、计量和报告时以货币计量，反映会计主体的生产经营活动。

在会计的确认、计量和报告过程中选择货币为基础进行计量，是由货币本身的属性决定的。货币是商品的一般等价物，是衡量一般商品价值的共同尺度，具有价值尺度、流通手段、贮藏手段和支付手段等特点。其他计量单位，如重量、长度等，只能从一个侧面反映企业的生产经营情况，无法在量上进行汇总和比较，不便于会计计量和经营管理。只有选择货币进行计量，才能充分反映企业的生产经营情况。在基本准则下，会计确认、计量与报告选择货币作为计量单位。

在有些情况下，统一采用货币计量也有缺陷，某些影响企业财务状况和经营成果的因素，如企业经营战略、研发能力、市场竞争力等，往往难以用货币来计量，但这些信息对使用者决策来讲也很重要。为此，企业可以在财务报告中补充、披露有关非财务信息来弥补上述缺陷。

（四）会计基础

企业应当以权责发生制为基础进行会计确认、计量和报告。

权责发生制基础要求：凡是当期已经实现的收入和已经发生或应当负担的费用，无论款项是否收付，都应当作为当期的收入和费用，计入利润表；凡是不属于当期的收入和费用，即使款项已在当期收付，也不应当作为当期的收入和费用。

在实务中，企业交易或者事项的发生时间与相关货币收支时间有时并不完全一致。例如，款项已经收到，但销售并未实现；或者款项已经支付，但并不是为本期生产经营活动而发生的。收付实现制是与权责发生制相对应的一种会计基础，是以收到或支付的现金及其时点作为确认收入和费用等的依据。为了更加真实、公允地反映特定会计期间的财务状况和经营成果，基本准则明确规定，企业在会计确认、计量和报告中应当以权责发生制为基础。

权责发生制与收付实现制的主要区别在于：确认收入和费用的时点不同。权责发生制以收入和费用的权利和义务发生的时点进行确认，收付实现制以现金实际收入和支付作为收入和费用的确认时点。

（五）会计要素

企业应当按照交易或者事项的经济特征确定会计要素。会计要素包括资产、负债、所有者权益、收入、费用和利润。

（六）记账方法

企业应当采用借贷记账法记账。

三、会计信息质量要求

会计信息质量关系到投资者决策、完善资本市场以及市场经济秩序等重大问题。何谓高质量会计信息以及如何提高会计信息质量，会计准则进行了明确规定。会计信息质量要求是对企业财务报告中所提供会计信息质量的基本要求，是使财务报告中所提供会计信息对投资者等使用者决策有用应具备的基本特征。根据基本准则规定，会计信息质量要求包括可靠性、相关性、可理解性、可比性、实质重于形式、重要性、谨慎性和及时性等。可靠性、相关性、可理解性和可比性是会计信息的首要质量要求，是企业财务报告中所提供会计信息应具备的基本质量特征；实质重于形式、重要性、谨慎性和及时性是会计信息的次级质量要求，是对可靠性、相关性、可理解性和可比性等首要质量要求的补充和完善，尤其是在对某些特殊交易或者事项进行处理时，需要根据这些质量要求来把握其会计处理原则。另外，及时性还是会计信息相关性和可靠性的制约因素。企业需要在相关性和可靠性之间寻求一种平衡，以确定信息及时披露的时间。

（一）可靠性

企业应当以实际发生的交易或者事项为依据进行会计确认、计量和报告，如实反映符合确认和计量要求的各项会计要素及其他相关信息，保证会计信息真实可靠、内容完整。

会计信息要有用，必须以可靠为基础，如果财务报告所提供的会计信息是不可靠的，就会对投资者等使用者的决策产生误导甚至带来损失。为了贯彻可靠性要求，企业应当做到以下几点：

（1）以实际发生的交易或者事项为依据进行确认、计量，将符合会计要素定义及其确认条件的资产、负债、所有者权益、收入、费用和利润等如实反映在财务报表中。

（2）在符合重要性和成本效益原则的前提下，保证会计信息的完整性，其中包括应当编报的报表及其附注内容等应当保持完整，不能随意遗漏或者减少应予披露的信息。

（3）包括在财务报告中的会计信息应当是中立的、无偏的。如果企业在财务报告中为了达到事先设定的结果或效果，通过选择或列示有关会计信息以影响决策和判断的，则这样的财务报告信息就不是可靠的。

（二）相关性

企业提供的会计信息应当与财务会计报告使用者的经济决策需要相关，有助于财务会计报告使用者对企业过去、现在或者未来的情况作出评价或者预测。

会计信息是否有用，是否具有价值，关键是看其与使用者的决策需要是否相关，是否有助于决策或者提高决策水平。相关的会计信息应当能够有助于使用者评价企业过去的决策，证实或者修正过去的有关预测，因而具有反馈价值。相关的会计信息还应当具有预测价值，有助于使用者根据财务报告所提供的会计信息预测企业未来的财务状况、经营成果和现金流量。

会计信息质量的相关性要求，需要企业在确认、计量和报告会计信息的过程中，充分考虑使用者的决策模式和信息需要。但是，相关性是以可靠性为基础的，两者之间并不矛盾，不应将两者对立起来。也就是说，会计信息在可靠性前提下，尽可能地做到相关性，以满足投资者等财务报告使用者的决策需要。

（三）可理解性

企业提供的会计信息应当清晰明了，便于财务会计报告使用者理解和使用。

企业编制财务报告、提供会计信息的目的在于使用，而要使使用者有效使用会计信息，应当能让其了解会计信息的内涵，弄懂会计信息的内容。这就要求财务报告所提供的会计信息清晰明了，易于理解。只有这样，才能提高会计信息的有用性，实现财务报告的目标，满足向投资者等财务报告使用者提供对决策有用信息的要求。

会计信息毕竟是一种专业性较强的信息产品，因此，在强调会计信息的可理解性要求的同时，还应假定使用者具有一定的有关企业经营活动和会计方面的知识，并且愿意付出努力去研究这些信息。对于某些复杂的信息，如交易本身较为复杂或者会计处理较为复杂，但其对使用者的经济决策相关的，企业就应当在财务报告中予以充分披露。

（四）可比性

可比性要求企业提供的会计信息应当相互可比。这主要包括两层含义：

（1）同一企业不同时期可比。为了便于投资者等财务报告使用者了解企业财务状况、经营成果和现金流量的变化趋势，比较企业在不同时期的财务报告信息，全面、客观地评价过去、预测未来，作出决策，会计信息质量的可比性要求同一企业不同时期发生的相同或者相似的交易或者事项，应当采用一致的会计政策，不得随意变更。但是，满足会计信息可比性要求，并非表明企业不得变更会计政策，如果按照规定或者在会计政策变更后可以提供更可靠、更相关的会计信息，企业可以变更会计政策。有关会计政策变更的情况，应当在附注中予以说明。

（2）不同企业相同会计期间可比。为了便于投资者等财务报告使用者评价不同企业的财务状况、经营成果和现金流量及其变动情况，会计信息质量的可比性要求不同企业同一会计期间发生的相同或者相似的交易或者事项，应当采用统一规定的会计政策，确保会计信息口径一致、相互可比，以使不同企业按照一致的确认、计量和报告要求提供有关会计信息。

可比性要求各类企业执行的会计政策统一，如新企业会计准则于2007年1月1日在所有上市公司执行，实现了上市公司会计信息的可比性；之后新准则实施范围进一步扩大，将会实现所有大中型企业实施新准则的目标，解决不同企业之间会计信息的可比性问题。

（五）实质重于形式

企业应当按照交易或者事项的经济实质进行会计确认、计量和报告，不应仅以交易或者事项的法律形式为依据。

大多数的业务交易，其法律形式反映了经济实质，但是，在有些情况下，法律形式没有反映经济实质。这就要求会计人员作出职业判断，按照业务的经济实质进行账务处理。例如，在企业合并中，经常会涉及“控制”的判断，有些合并，从投资比例来看，虽然投资者拥有被投资企业50%或50%以下股份，但是投资者通过章程、协议等有权决定被投资企业财务和经营政策的，就不应当简单地以持股比例来判断控制权，而应当根据实质重于形式的原则来判断投资企业对被投资单位的控制程度。又如，在通常情况下，关联交易只要交易价格是公允的，关联交易属于正常交易，可以按照准则规定进行确认、计量、报告，但是，在某些情况下，关联交易有可能会出现不公允，虽然这个交易的法律形式没有问题，但从交易的实质来看，可能会出现关联方之间转移利益或操纵利润的行为，损害会计信息质量。由此可见，在会计职业判断中，正确贯彻实质重于形式原则至关重要。

（六）重要性

企业提供的会计信息应当反映与企业财务状况、经营成果和现金流量等有关的所有重要交易或者事项。

财务报告中提供的会计信息的省略或者错报会影响投资者等使用者据此作出决策的，该信息就具有重要性。重要性的应用需要依赖职业判断，企业应当根据其所处环境和实际情况，从项目的性质和金额大小两方面加以判断。例如，企业发生的某些支出，金额较小的，从支出受益期来看，可能需要在若干会计期间进行分摊，但根据重要性要求，可以一次计入当期损益。

重要性的判断取决于性质和金额两个方面。需要注意的是，相同的金额对于规模不同的企业，可能存在不同的重要性理解。

（七）谨慎性

谨慎性要求企业对交易或者事项进行会计确认、计量和报告时保持应有的谨慎，不应高估资产或者收益、低估负债或者费用。

在市场经济环境下，企业的生产经营活动面临着许多风险和不确定性，如应收款项的可收回性、固定资产的使用寿命、无形资产的使用寿命、售出存货可能发生的退货或者返修等。会计信息质量的谨慎性要求企业在面临不确定性因素的情况下作出职业判断时，应当保持应有的谨慎，充分估计到各种风险和损失，既不高估资产或者收益，也不低估负债或者费用。例如，对于企业发生的或有事项，通常不能确认或有资产，只有当相关经济利益基本确定能够流入企业时，才能作为资产予以确认；相反，相关的经济利益很可能流出企业并且构成现时义务时，应当及时确认为预计负债，就体现了会计信息质量的谨慎性要求。

又如，企业在进行所得税会计处理时，只有在确凿证据表明未来期间很可能获得足够的应纳税所得额用来抵扣暂时性差异时，才应当确认相关的递延所得税资产；而对于发生的相关应纳税暂时性差异，则应当及时足额确认递延所得税负债，这也是会计信息谨慎性要求的具体体现。

谨慎性的应用不允许企业设置秘密准备，如果企业故意低估资产或者收入，或者故意高估负债或者费用，都不符合会计信息的可靠性和相关性要求，损害会计信息质量，扭曲企业实际的财务状况和经营成果，从而对使用者的决策产生误导，这是不符合会计准则要求的。

（八）及时性

企业对于已经发生的交易或者事项，应当及时进行会计确认、计量和报告，不得提前或者延后。会计信息的价值在于帮助所有者或者其他方面作出经济决策，具有时效性。即使是可靠的、相关的会计信息，如果不及时提供，就失去了时效性，对于使用者的效用就大大降低，甚至不再具有实际意义。在会计确认、计量和报告过程中贯彻及时性，一是要及时收集会计信息，即在经济交易或者事项发生后，及时收集整理各种原始单据或者凭证；二是要及时处理会计信息，即按照会计准则的规定，及时对经济交易或者事项进行确认或者计量，并编制财务报告；三是要及时传递会计信息，即按照国家规定的有关时限，及时地将编制的财务报告传递给财务报告使用者，便于其及时使用和决策。

四、资产

（一）资产的定义

资产是指企业过去的交易或者事项形成的、由企业拥有或者控制的、预期会给企业带来经济利益的资源。

根据资产的定义，资产具有以下特征：

1. 资产应为企业拥有或者控制的资源

资产作为一项资源，应当由企业拥有或者控制，具体是指企业享有某项资源的所有权，或者虽然不享有某项资源的所有权，但该资源能被企业控制。

企业享有资产的所有权，通常表明企业能够排他性地从资产中获取经济利益。一般而言，在判断资产是否存在时，所有权是考虑的首要因素。有些情况下，资产虽然不为企业所拥有，即企业并不享有其所有权，但企业控制了这些资产，同样表明企业能够从资产中获取经济利益，符合会计上对资产的定义。

2. 资产预期会给企业带来经济利益

资产预期会给企业带来经济利益，是指资产直接或者间接导致现金或现金等价物流入企业的潜力。这种潜力可以来自企业日常的生产经营活动，也可以是非日常活动；带来经济利益的形式可以是现金或者现金等价物形式，也可以是能转化为现金或者现金等价物的形式，或者是可以减少现金或者现金等价物流出的形式。

资产预期能否会为企业带来经济利益是资产的重要特征。例如，企业采购的原材料、购置的固定资产等可以用于生产经营过程，制造商品或者提供劳务，对外出售后收回货款，货款即为企业所获得的经济利益。如果某一项目预期不能给企业带来经济利益，那么就不能将其确认为企业的资产。前期已经确认为资产的项目，如果不能再为企业带来经济利益，也不能再确认为企业的资产。例如，待处理财产损失以及某些财务挂账等，由于不符合资产定义，均不应当确认为资产。

3. 资产是由企业过去的交易或者事项形成的

资产应当由企业过去的交易或者事项所形成，过去的交易或者事项包括购买、生产、建造行为或者其他交易或事项。换句话说，只有过去的交易或者事项才能产生资产，企业预期在未来发生的交易或者事项不形成资产。例如，企业有购买某存货的意愿或者计划，但是购买行为尚未发生，该存货就不符合资产的定义，不能因此而确认存货资产。

（二）资产的确认条件

符合上述资产定义的资源，在同时满足以下条件时，确认为资产。

1. 与该资源有关的经济利益很可能流入企业

从资产的定义来看，能否带来经济利益是资产的一个本质特征。但在现实生活中，由于经济环境瞬息万变，与资源有关的经济利益能否流入企业或者能够流入多少实际上带有不确定性。因此，资产的确认还应与经济利益流入的不确定性程度的判断结合起来。如果根据编制财务报表时所取得的证据，与资源有关的经济利益很可能流入企业，那么就应当将其作为资产予以确认，反之，不能确认为资产。

2. 该资源的成本或者价值能够可靠地计量

财务会计系统是一个确认、计量和报告的系统，其中，可计量性是所有会计要素确认的重要前提，资产的确认也是如此。只有当有关资源的成本或者价值能够可靠地计量时，资产才能予以确认。在实务中，企业取得的许多资产都是发生了实际成本的，例如企业购买或者生产的存货，企业购置的厂房或者设备等，对于这些资产，只要实际发生的购买成本或者生产成本能够可靠计量，就视为符合了资产确认的可计量条件。在某些情况下，企业取得的资产没有发生实际成本或者发生的实际成本很小，例如，企业持有的某些衍生金融工具形成的资产，尽管它们没有实际成本或者发生的实际成本很小，但是，如果其公允价值能够可靠计量的话，也符合资产可计量性的确认条件。

（三）资产的列报

符合资产定义和资产确认条件的项目，应当列入资产负债表；符合资产定义、但不符合资产确认条件的项目，不应当列入资产负债表。

五、负债

（一）负债的定义

负债是指企业过去的交易或者事项形成的、预期会导致经济利益流出企业的现时义务。

负债具有以下几个方面的特征：

1. 负债是企业承担的现时义务

负债必须是企业承担的现时义务。这里的现时义务是指企业在现行条件下已承担的义务。未来发生的交易或者事项形成的义务，不属于现时义务的，不应当确认为负债。

这里所指的义务可以是法定义务，也可以是推定义务，其中，法定义务是指具有约束力的合同或者法律、法规规定的义务，通常在法律意义上需要强制执行。例如，企业购买原材料形成应付账款，企业向银行借入款项形成借款，企业按照税法规定应当缴纳的税款等，均属于企业承担的法定义务，需要依法予以偿还。推定义务是指根据企业多年来的习惯做法、公开的承诺或者公开宣布的政策而导致企业将承担的责任，这些责任也使有关各方形成了企业将履行义务解脱责任的合理预期。

2. 负债的清偿预期会导致经济利益流出企业

预期会导致经济利益流出企业也是负债的一个本质特征，只有在履行义务时会导致经济利益流出企业的，才符合负债的定义。在履行现时义务清偿负债时，导致经济利益流出企业的形式多种多样，例如用现金偿还或以实物资产形式偿还，以提供劳务形式偿还，以部分转移资产、部分提供劳务形式偿还，将负债转为资本等。

3. 负债是由企业过去的交易或者事项形成的

负债应当由企业过去的交易或者事项所形成。换句话说，只有过去的交易或者事项才形成负债，企业将在未来发生的承诺、签订的合同等交易或者事项，不形成负债。

（二）负债的确认条件

符合上述负债定义的义务，在同时满足以下条件时，确认为负债。

1. 与该义务有关的经济利益很可能流出企业

从负债的定义来看，负债预期会导致经济利益流出企业，但是履行义务所需流出的经济利益带有不确定性，尤其是与推定义务相关的经济利益通常需要依赖于大量的估计。因此，负债的确认应当与经济利益流出的不确定性程度的判断结合起来。如果有确凿证据表明，与现时义务有关的经济利益很可能流出企业，就应当将其作为负债予以确认，反之，如果企业承担了现时义务，但是导致经济利益流出企业的可能性若已不复存在，就不符合负债的确认条件，不应将其作为负债予以确认。

2. 未来流出的经济利益的金额能够可靠地计量

负债的确认在考虑经济利益流出企业的同时，对于未来流出的经济利益的金额应当能够可靠计量。对于与法定义务有关的经济利益流出金额，通常可以根据合同或者法律规定的金额予以确定。考虑到经济利益流出的金额通常在未来期间（有时未来期间较长）有关金额的计量需要考虑货币时间价值等因素的影响。对于与推定义务有关的经济利益流出金额，企业应当根据履行相关义务所需支出的最佳估计数进行估计，并综合考虑有关货币时间价值、风险等因素的影响。

（三）负债的列报

符合负债定义和负债确认条件的项目，应当列入资产负债表；符合负债定义、但不符合负债确认条件的项目，不应当列入资产负债表。

六、所有者权益

（一）所有者权益的定义

所有者权益是指企业资产扣除负债后由所有者享有的剩余权益。企业的所有者权益又称为股东权益。

所有者权益是所有者对企业资产的剩余索取权。它是企业的资产扣除债权人权益后应由所有者享有的部分，既可反映所有者投入资本的保值增值情况，又体现了保护债权人权益的理念。

（二）所有者权益的来源构成

所有者权益的来源包括所有者投入的资本，直接计入所有者权益的利得、损失和留存收益等，通常由实收资本（或股本）、资本公积（含资本溢价或股本溢价、其他资本公积）、盈余公积和未分配利润构成。商业银行等金融企业按照规定在税后利润中提取的一般风险准备，也构成所有者权益。

所有者投入的资本是指所有者投入企业的资本部分，它既包括构成企业注册资本或者股本部分的金额，也包括投入资本超过注册资本或者股本部分的金额，即资本溢价或者股本溢价。这部分投入资本在我国企业会计准则体系中被计入了资本公积，并在资产负债表中的资本公积项目下反映。

直接计入所有者权益的利得和损失是指不应计入当期损益、会导致所有者权益发生增减变动的、与所有者投入资本或者向所有者分配利润无关的利得或者损失。利得是指由企业非日常活动所形成的、会导致所有者权益增加的、所有者权益的来源构成与所有者投入资本无关的经济利益的流入。损失是指由企业非日常活动所发生的、会导致所有者权益减少的、与所有者分配利润无关的经济利益的流出。

留存收益是企业历年实现的净利润留存于企业的部分，主要包括计提的盈余公积和未分配利润。

（三）所有者权益的确认条件

由于所有者权益体现的是所有者在企业中的剩余权益，因此，所有者权益的确认主要依赖于其他会计要素，尤其是资产和负债的确认。所有者权益金额取决于资产和负债的计量。

所有者权益反映的是企业所有者对企业资产的索取权，负债反映的是企业债权人对企业资产的索取权，而且通常债权人对企业资产的索取权要优先于所有者对企业资产的索取权，所有者享有的是企业资产的剩余索取权，两者在性质上有本质区别。因此，企业在会计确认、计量和报告中应当严格区分负债和所有者权益，如实反映企业的财务状况，尤其是企业的偿债能力和产权比率等。在实务中，企业某些交易或者事项可能同时具有负债和所有者权益的特征，在这种情况下，企业应当将属于负债和所有者权益的部分分开核算和列报。例如，企业发行的可转换公司债券，企业应当将其中的负债部分和权益性工具部分进行分拆，分别确认负债和所有者权益。

（四）所有者权益的列报

所有者权益项目应当列入资产负债表。

七、收入

（一）收入的定义

收入是指企业在日常活动中形成的、会导致所有者权益增加的、与所有者投入资本无关的经济利益的总流入。

根据收入的定义，收入具有以下几个方面的特征：

1. 收入是企业在日常活动中形成的

日常活动是指企业为完成其经营目标所从事的经常性活动以及与之相关的活动。例如，工业企业制造并销售产品、商业企业销售商品、保险公司签发保单、咨询公司提供咨询服务、软件企业为客户开发软件、安装公司提供安装服务、商业银行对外贷款、租赁公司出租资产等，均属于企业的日常活动。明确界定日常活动是为了将收入与利得相区分，日常活动是确认收入的重要判断标准，凡是日常活动所形成的经济利益的流入应当确认为收入；反之，非日常活动所形成的经济利益的流入不能确认为收入，而应当计入利得。比如，处置固定资产属于非日常活动，所形成的净利益就不应确认为收入，而应当确认为利得。又如，无形资产出租所取得的租金收入属于日常活动所形成的，应当确认为收入。但是处置无形资产属于非日常活动，所形成的净利益，不应当确认为收入，而应当确认为利得。

2. 收入会导致所有者权益的增加

与收入相关的经济利益的流入应当会导致所有者权益的增加，不会导致所有者权益增加的经济利益的流入不符合收入的定义，不应确认为收入。例如，企业向银行借入款项，尽管也导致了企业经济利益的流入，但该流入并不导致所有者权益的增加，而使企业承担了一项现时义务。不应将其确认为收入，应当确认为一项负债。

3. 收入是与所有者投入资本无关的经济利益的总流入

收入应当会导致经济利益的流入，从而导致资产的增加。例如，企业销售商品，应当收到现金或者在未来有权收到现金，才表明该交易符合收入的定义。但是，经济利益的流入有时是所有者投入资本的增加所致，所有者投入资本的增加不应当确认为收入，应当将其直接确认为所有者权益。

（二）收入的确认条件

在确认收入时除了应当符合收入定义外，还应当满足严格的确认条件。收入只有在经济利益很可能流入从而使企业资产增加或者负债减少、且经济利益的流入额能够可靠计量时才能予以确认。

因此，收入的确认至少应当符合以下条件：一是与收入相关的经济利益很可能流入企业；二是经济利益流入企业的结果会导致企业资产的增加或者负债的减少；三是经济利益的流入额能够可靠地计量。

（三）收入的列报

符合收入定义和收入确认条件的项目，应当列入利润表。

八、费用

（一）费用的定义及特征

费用是指企业在日常活动中发生的、会导致所有者权益减少的、与所有者分配利润无关的经济利益的总流出。根据费用的定义，费用具有以下特征。

1. 费用是企业在日常活动中形成的

费用必须是企业在日常活动中所形成的，这些日常活动的界定与收入定义中涉及的日常活动的界定相一致。因日常活动所产生的费用通常包括销售成本（营业成本）、管理费用等。将费用界定为日常活动所形成的，目的是将其与损失相区分，企业非日常活动所形成的经济利益的流出不能确认为费用，而应当计入损失。

2. 费用会导致所有者权益的减少

与费用相关的经济利益的流出应当会导致所有者权益的减少，不会导致所有者权益减少的经济利益的流出不符合费用的定义，不应确认为费用。

3. 费用是与所有者分配利润无关的经济利益的总流出

费用的发生应当会导致经济利益的流出，从而导致资产的减少或者负债的增加（最终也会导致资产的减少）。其表现形式包括现金或者现金等价物的流出，存货、固定资产和无形资产等的流出或者消耗等。企业向所有者分配利润也会导致经济利益的流出，而该经济利益的流出属于投资者投资回报的分配，是所有者权益的直接抵减项目，不应确认为费用，应当将其排除在费用的定义之外。

（二）费用的确认条件

费用的确认除了应当符合定义外，也应当满足严格的条件，即费用只有在经济利益很可能流出从而导致企业资产减少或者负债增加、经济利益的流出额能够可靠计量时才能予以确认。费用的确认至少应当符合以下条件：一是与费用相关的经济利益应当很可能流出企业；二是经济利益流出企业的结果会导致资产的减少或者负债的增加；三是经济利益的流出额能够可靠计量。

（三）费用的列报

符合费用定义和费用确认条件的项目，应当列入利润表。

九、利润

（一）利润的定义

利润是指企业在一定会计期间的经营成果。通常情况下，如果企业实现了利润，则表明企业的所有者权益将增加，业绩得到了提升；反之，如果企业发生了亏损（即利润为负数），则表明企业的所有者权益将减少，业绩下降。利润是评价企业管理层业绩的指标之一，也是投资者等财务会计报告使用者进行决策时的重要参考依据。

（二）利润的确认条件

利润包括收入减去费用后的净额、直接计入当期利润的利得和损失等。

直接计入当期利润的利得和损失，是指应当计入当期损益、会导致所有者权益发生增减变动的、与所有者投入资本或者向所有者分配利润无关的利得或者损失。

利润金额取决于收入和费用、直接计入当期利润的利得和损失金额的计量。

（三）利润的构成与列报

利润包括收入减去费用后的净额、直接计入当期利润的利得和损失等。其中收入减去费用后的净额反映企业日常活动的经营业绩，直接计入当期利润的利得和损失反映企业非日常活动的业绩。直接计入当期利润的利得和损失，是指应当计入当期损益、最终会引起所有者权益发生增减变动的、与所有者投入资本或者向所有者分配利润无关的利得或者损失。企业应当严格区分收入和利得、费用和损失，以更加全面地反映企业的经营业绩。

十、会计计量

会计计量是为了将符合确认条件的会计要素登记入账并列报于财务报表而确定其金额的过程。企业在将符合确认条件的会计要素登记入账并列报于会计报表及其附注（又称财务报表，下同）时，应当按照规定的会计计量属性进行计量，确定其金额。

（一）会计计量属性

计量属性是指所予计量的某一要素的特性方面，如桌子的长度、铁矿的重量、楼房的面积等。从会计角度，计量属性反映的是会计要素金额的确定基础，主要包括历史成本、重置成本、可变现净值、现值和公允价值等。会计计量属性主要包括以下几个方面：

1. 历史成本

历史成本，又称为实际成本，就是取得或制造某项财产物资时所实际支付的现金或者其他等价物。在历史成本计量下，资产按照其购置时支付的现金或者现金等价物的金额，或者按照购置资产时所付出的对价的公允价值计量。负债按照其承担现时义务而实际收到的款项或者资产的金额，或者承担现时义务的合同金额，或者按照日常活动中为偿还负债预期需要支付的现金或者现金等价物的金额计量。

2. 重置成本

重置成本又称现行成本，是指按照当前市场条件，重新取得同一项资产所需支付的现金或者现金等价物金额。在重置成本计量下，资产按照现在购买相同或者相似资产所需支付的现金或者现金等价物的金额计量。负债按照现在偿付该项债务所需支付的现金或者现金等价物的金额计量。在实务中，重置成本多应用于盘盈固定资产的计量等。

3. 可变现净值

可变现净值是指在正常生产经营过程中，以资产预计售价减去进一步加工成本和预计销售费用以及相关税费后的净值。在可变现净值计量下，资产按照其正常对外销售所能收到现金或者现金等价物的金额扣减该资产至完工时估计将要发生的成本、估计的销售费用以及相关税费后的金额计量。可变现净值通常应用于存货资产减值情况下的后续计量。

4. 现值

现值是指对未来现金流量以恰当的折现率进行折现后的价值，是考虑货币时间价值的一种计量属性。在现值计量下，资产按照预计从其持续使用和最终处置中所取得的未来净现金流入量的折现金额计量。负债按照预计期限内需要偿还的未来净现金流出量的折现金额计量。

5. 公允价值

公允价值是指在公平交易中，熟悉情况的交易双方自愿进行资产交换或者债务清偿的金额。在公允价值计量下，资产和负债按照在公平交易中熟悉情况的交易双方自愿进行资产交换或者债务清偿的金额计量。

在各种会计要素计量属性中，历史成本通常反映的是资产或者负债过去的价值，而重置成本、可变现净值、现值以及公允价值通常反映的是资产或者负债的现时成本或者现时价值，是与历史成本相对应的计量属性。公允价值相对于历史成本而言，具有很强的时间概念。也就是说，当前环境下某项资产或者负债的历史成本可能是过去环境下该项资产或者负债的公允价值，而当前环境下某项资产或者负债的公允价值也许就是未来环境下该项资产或者负债的历史成本。一项交易在交易时点通常是按公允价值交易的，随后就变成了历史成本。资产或者负债的历史成本许多就是根据交易时有关资产或者负债的公允价值确定的。比如，在非货币性资产交换中，如果交换具有商业实质，且换入、换出资产的公允价值能够可靠计量，换入资产入账成本的确定应当以换出资产的公允价值为基础，除非有确凿证据表明换入资产的公允价值更加可靠。在非同一控制下的企业合并交易中，合并成本也是以购买方在购买日为取得对被购买方的控制权而付出的资产、发生或承担的负债等的公允价值确定的。在应用公允价值时，当相关资产或者负债不存在活跃市场的报价或者不存在同类或者类似资产的活跃市场报价时，需要采用估值技术来确定相关资产或者负债的公允价值，而在采用估值技术估计相关资产或者负债的公允价值时，现值往往是比较普遍的一种估值方法，在这种情况下，公允价值就是以现值为基础确定的。

（二）会计计量属性的运用原则

企业在对会计要素进行计量时，一般应当采用历史成本。采用重置成本、可变现净值、现值、公允价值计量的，应当保证所确定的会计要素金额能够取得并可靠计量。

十一、财务会计报告

（一）财务会计报告的定义

财务会计报告是指企业对外提供的反映企业某一特定日期的财务状况和某一会计期间的经营成果、现金流量等会计信息的文件。

“财务报告”从国际范围来看是一个比较通用的术语，但是在我国现行有关法律、行政法规中使用的是“财务会计报告”这一术语。为了保持法规体系上的一致性，基本准则仍然沿用了“财务会计报告”的提法，但同时又引入了“财务报告”的通用概念，并指出“财务会计报告”又称“财务报告”，并在所有具体准则的制定中统一使用了“财务报告”这一术语。

财务报告至少包括以下几层含义：

（1）财务报告应当是对外报告，其服务对象主要是投资者、债权人等外部使用者，专门为了内部管理需要的报告不属于财务报告的范畴。

（2）财务报告应当综合反映企业的生产经营状况，包括某一时点的财务状况和某一时期的经营成果与现金流量等信息，以勾画出企业的整体和全貌。

（3）财务报告必须形成一个系统的文件，不应是零星的或者不完整的信息。

财务报告是企业财务会计确认与计量的最终结果体现。投资者等使用者主要是通过财务报告来了解企业当前的财务状况、经营成果和现金流量等情况，从而预测未来的发展趋势。因此，财务报告是向投资者等财务报告使用者提供决策有用信息的媒介和渠道，是沟通投资者、债权人等使用者与企业管理层之间信息的桥梁和纽带。

（二）财务会计报告的构成

财务会计报告包括会计报表及其附注和其他应当在财务会计报告中披露的相关信息和资料。会计报表至少应当包括资产负债表、利润表、现金流量表等报表。考虑到小企业规模较小，外部信息需求相对较低，因此，小企业编制的报表可以不包括现金流量表。全面执行企业会计准则体系的企业所编制的会计报表，还应当包括所有者权益（股东权益）变动表。

1. 资产负债表

资产负债表是指反映企业在某一特定日期的财务状况的会计报表。

企业编制资产负债表的目的是通过如实反映企业的资产、负债和所有者权益金额及其结构情况，从而帮助财务报告使用者评价企业资产的质量以及短期偿债能力、长期偿债能力、利润分配能力等。

2. 利润表

利润表是指反映企业在一定会计期间的经营成果的会计报表。

企业编制利润表的目的是通过如实反映企业实现的收入、发生的费用以及应当计入当期利润的利得和损失等金额及其结构情况，从而帮助财务报告使用者分析评价企业的盈利能力及其构成与质量。

3. 现金流量表

现金流量表是指反映企业在一定会计期间的现金和现金等价物流入和流出的会计报表。

企业编制现金流量表的目的是通过如实反映企业各项活动的现金流入、流出情况，从而帮助财务报告使用者评价企业的现金流和资金周转情况。

4. 附注

附注是指对在会计报表中列示项目所作的进一步说明，以及对未能在这些报表中列示项目的说明等。

企业编制附注的目的是通过对会计报表本身作补充说明，以更加全面、系统地反映企业财务状况、经营成果和现金流量的全貌，从而向使用者提供更为有用的决策信息，帮助其作出更加科学合理的决策。

会计报表是财务报告的核心内容，但是除了会计报表之外，财务报告还应当包括其他相关信息，具体可以根据有关法律法规的规定和外部使用者的信息需求而定。如企业可以在财务报告中披露其承担的社会责任、对社区的贡献、可持续发展能力等信息，这些信息对于使用者的决策也是相关的，尽管属于非财务信息，无法包括在财务报表中，但是如果法律法规有规定或者使用者有需求，企业应当在财务报告中予以披露。

第二章
存　　货

一、存货概述

（一）存货的定义

根据《企业会计准则第 1 号——存货》（以下简称存货准则）的定义，存货是指企业在日常活动中持有的以备出售的产成品或商品、处在生产过程中的在产品、在生产过程或提供劳务过程中耗用的材料和物料等。

（二）存货的范围

《企业会计准则讲解》对存货的范围作了详细阐释，具体如下。

1. 原材料

原材料指企业在生产过程中经加工改变其形态或性质并构成产品主要实体的各种原料及主要材料、辅助材料、外购半成品（外购件）、修理用备件（备品备件）、包装材料、燃料等。为建造固定资产等各项工程而储备的各种材料，虽然同属于材料，但是由于用于建造固定资产等各项工程，不符合存货的定义，所以不能作为企业存货进行核算。

2. 在产品

在产品指企业正在制造但尚未完工的产品，包括正在各个生产工序加工的产品和已加工完毕但尚未检验或已检验但尚未办理入库手续的产品。

3. 半产品

完工成为产成品，仍需进一步加工的中间产品。

4. 产成品

产成品指工业企业已经完成全部生产过程并验收入库，可以按照合同规定的条件送交订货单位，或者可以作为商品对外销售的产品。企业接受外来原材料加工制造的代制品和为外单位加工修理的代修品，制造完成或修理验收入库后，应视同企业的产成品（即企业为加工或修理产品发生的材料、人工费等作为企业存货核算）。

5. 商品

商品指商品流通企业外购或委托加工完成验收入库用于销售的各种商品。

6. 受托代销商品

由于其所有权未转移至受托方，因而，受托代销的商品不能确认为受托方存货的一部分。所以填列资产负债表“存货”项目时“受托代销商品”与“受托代销商品款”两科目一增一减相互抵销，不列为受托方存货。

7. 周转材料

周转材料指企业能够多次使用、逐渐转移其价值但仍保持原有形态不确认为固定资产的材料，如包装物和低值易耗品。包装物是指为了包装本企业商品而储备的各种包装容器，如桶、箱、瓶、坛、袋等，其主要作用是盛装、装潢产品或商品。低值易耗品是指不符合固定资产确认条件的各种用具物品，如工具、管理用具、玻璃器皿、劳动保护用品，以及在经营过程中周转使用的容器等。

8. 企业的存货

房地产开发企业购入的用于建造商品房的土地使用权属于企业的存货。

（三）存货的确认条件

存货准则规定了存货的确认条件。存货同时满足下列条件的，才能予以确认。

（1）与该存货有关的经济利益很可能流入企业。

（2）该存货的成本能够可靠地计量。

二、存货的初始计量

（一）存货的计量原则

存货准则规定，存货应当按照成本进行初始计量。存货成本包括采购成本、加工成本和其他成本。

（1）原材料、商品、低值易耗品等通过购买而取得的存货的初始成本由采购成本构成。

（2）产成品、在产品、半成品和委托加工物资等通过进一步加工而取得的存货的成本由采购成本、加工成本以及为使存货达到目前场所和状态所发生的其他成本构成。

（二）外购存货的成本

存货准则规定，存货的采购成本，包括购买价款、相关税费、运输费、装卸费、保险费以及其他可归属于存货采购成本的费用。

《企业会计准则讲解》对准则上述规定中提及的概念作了说明，具体如下。

1. 存货的购买价款

存货的购买价款是指企业购入的材料或商品的发票账单上列明的价款，但不包括按规定可以抵扣的增值税额。

2. 存货的相关税费

存货的相关税费是指企业购买、自制或委托加工存货发生的进口关税、消费税、资源税和不能抵扣的增值税进项税额等应计入存货采购成本的税费。

3. 其他可归属于存货采购成本的费用

其他可归属于存货采购成本的费用是指采购成本中除上述各项以外的可归属于存货采购成本的费用，如在存货采购过程中发生的仓储费、包装费、运输途中的合理损耗、入库前的挑选整理费用等。这些费用能分清负担对象的，应直接计入存货的采购成本；不能分清负担对象的，应选择合理的分配方法，分配计入有关存货的采购成本。分配方法是按所购存货的数量或采购价格比例进行分配。企业采购商品的进货费用金额较小的，可以在发生时直接计入当期损益（销售费用）。对于采购过程中发生的物资毁损、短缺等，除合理的途耗应当作为存货的其他可归属于存货采购成本的费用计入采购成本外，应区别不同情况进行会计处理。

（1）从供货单位、外部运输机构等收回的物资短缺或其他赔款，应冲减所购物资的采购成本。

（2）因遭受意外灾害发生的损失和尚待查明原因的途中损耗，不得增加物资的采购成本，暂作为待处理财产损溢进行核算，查明原因后再作处理。

4. 存货入库以后的毁损和短缺

因计量差错或管理不善造成的净损失计入管理费用；因自然灾害等非常原因造成的净损失计入营

业外支出。

存货准则应用指南对存货的采购成本进行了补充说明：企业（商品流通）在采购商品过程中发生的运输费、装卸费、保险费以及其他可归属于存货采购成本的费用等进货费用，应当计入存货采购成本，也可以先进行归集，期末根据所购商品的存销情况进行分摊，对于已售商品的进货费用，计入当期损益；对于未售商品的进货费用，计入期末存货成本。企业采购商品的进货费用金额较小的，可以在发生时直接计入当期损益。

（三）加工取得存货的成本

《企业会计准则讲解》对企业通过进一步加工取得的存货进行了解释：企业通过进一步加工取得的存货主要包括产成品、在产品、半成品、委托加工物资等，其成本由采购成本、加工成本构成。某些存货还包括使存货达到目前场所和状态所发生的其他成本，如可直接认定的产品设计费用等。通过进一步加工取得的存货的成本中，采购成本是由使用或消耗的原材料采购成本转移而来的，因此，计量加工取得的存货的成本，重点是要确定存货的加工成本。

存货加工成本由直接人工和制造费用构成，其实质是企业在进一步加工存货的过程中追加发生的生产成本，因此，不包括直接由材料存货转移来的价值。直接人工是指企业在生产产品过程中直接从事产品生产的工人的职工薪酬。直接人工和间接人工的划分依据通常是生产工人是否与所生产的产品直接相关（即可否直接确定其服务的产品对象）。制造费用是指企业为生产产品和提供劳务而发生的各项间接费用。制造费用是一种间接生产成本，包括企业生产部门（如生产车间）管理人员的职工薪酬、折旧费、办公费、水电费、机物料消耗、劳动保护费、季节性和修理期间的停工损失等。

1. 存货加工成本的确定原则

企业在加工存货过程中发生的直接人工和制造费用，如果能够直接计入有关的成本核算对象，则应直接计入该成本核算对象；否则，应按照合理方法分配计入有关成本核算对象。分配方法一经确定，不得随意变更。存货加工成本在产品和完工产品之间的分配应通过成本核算方法进行计算确定。

2. 直接人工的分配

如果企业生产车间同时生产几种产品，则其发生的直接人工应采用合理方法分配后再分别计入各产品成本中。由于工资形成的方式不同，直接人工的分配方法也不同。比如，按计时工资或者按计件工资分配直接人工。

3. 制造费用的分配

由于企业各个生产车间或部门的生产任务、技术装备程度、管理水平和费用水准各不相同，所以制造费用的分配一般应按生产车间或部门进行。

企业应当根据制造费用的性质，合理选择分配方法。企业所选择的制造费用分配方法，必须与制造费用的发生具有较密切的相关性，并且使分配到每种产品上的制造费用金额科学合理，同时还应当适当考虑计算手续的简便。在各种产品之间分配制造费用的方法，通常有按生产工人工资、按生产工人工时、按机器工时、按耗用原材料的数量或成本、按直接成本（原材料、燃料、动力、生产工人工资等职工薪酬之和）及按产成品产量等。这些分配方法通常是对各月生产车间或部门的制造费用实际发生额进行分配的。

委托外单位加工的存货如果收回后直接用于对外销售或生产非应税消费品的，消费税计入委托加工物资成本。但要注意，委托方将收回的应税消费品以不高于受托方的计税价格出售的，为直接出售，出售时不再缴纳消费税。受托方代收代缴的消费税计入委托加工物资成本，收回后以高于受托方计税价格出售不属于直接出售，受托方代收代缴的消费税不计入委托加工物资成本。

委托加工物资的入账成本＝委托加工的材料＋加工费＋运费＋装卸费＋相关税费

例 2-01 甲企业委托乙企业加工材料一批（属于应税消费品）。原材料成本为 20 000 元，支付的加工费为 7 000 元（不含增值税），消费税税率为 10%，材料加工完成并已验收入库，加工费用等已经支付。双方适用的增值税税率均为 13%。甲企业按实际成本核算原材料。

有关账务处理如下。

（1）发出委托加工材料：

借：委托加工物资　20 000
　贷：原材料　20 000

（2）支付加工费和税金：

消费税组成计税价格＝（20 000＋7 000）÷（1－10%）＝30 000（元）

受托方代收代交的消费税税额＝30 000×10%＝3 000（元）

应交增值税税额＝7 000×13%＝910（元）

①甲企业收回加工后的材料用于连续生产应税消费品时：

借：委托加工物资　7 000
　应交税费——应交增值税（进项税额）　910
　　　　——应交消费税　3 000
　贷：银行存款　10 910

②甲企业收回加工后的材料直接用于销售时：

借：委托加工物资（7 000＋3 000）　10 000
　应交税费——应交增值税（进项税额）　910
　贷：银行存款　10 910

（3）加工完成，收回委托加工材料：

①甲企业收回加工后的材料用于连续生产应税消费品时：

借：原材料（20 000＋7 000）　27 000
　贷：委托加工物资　27 000

②甲企业收回加工后的材料直接用于销售时：

借：库存商品（或原材料）（20 000＋10 000）　30 000
　贷：委托加工物资　30 000

（四）其他方式取得的存货的成本

企业取得存货的其他方式主要包括接受投资者投资、非货币性资产交换、债务重组、企业合并等。

（1）投资者投入存货。存货准则规定，投资者投入存货的成本应当按照投资合同或协议约定的价值确定，但合同或协议约定价值不公允的除外。在投资合同或协议约定价值不公允的情况下，按照该项存货的公允价值作为其入账价值。

（2）通过非货币性资产交换、债务重组、企业合并等方式取得的存货的成本执行相关准则。

（3）盘盈存货的成本。盘盈的存货应按其重置成本作为入账价值，并通过“待处理财产损溢”科目进行会计处理，按管理权限报经批准后冲减当期管理费用。

（4）通过提供劳务取得的存货。通过提供劳务取得存货的，所发生的从事劳务提供人员的直接人工和其他直接费用以及可归属于该存货的间接费用，计入存货成本。

例 2-02　2×21 年 1 月 1 日，A、B、C 三方共同投资设立了甲有限责任公司（以下简称“甲公司”），A 以其生产的产品作为投资（甲公司作为原材料管理和核算），该批产品的公允价值是 5 000 000 元，甲公司取得增值税专用发票上注明的不含税价款为 5 000 000 元，增值税为 650 000 元，假定甲公司的实收资本总额为 10 000 000 元，A 在甲公司享有的份额为 35%，甲公司为增值税一般纳税人，适用的增值税税率为 13%，甲公司采用实际成本法核算存货。

A在甲公司享有的实收资本金额＝10 000 000×35%＝3 500 000（元）

A在甲公司投资的资本溢价＝5 000 000＋850 000－3 500 000＝2 350 000（元）

甲公司的账务处理如下：

借：原材料　5 000 000

　应交税费——应交增值税（进项税额）　650 000

　贷：实收资本——A　3 500 000

　　资本公积——资本溢价　2 150 000

例 2-03 A股份有限公司为一家从事贵金属进口、加工生产及相关产品销售的企业，其2×21年发生了下列交易或事项：

为了进一步树立公司产品的品牌形象，A公司2×21年聘请专业设计机构为本公司品牌设计了卡通形象摆件，并自市场上订制后发放给经销商供展示使用。为此，甲公司支付设计机构200万元设计费，共订制黄金卡通形象摆件200件，订制价为每件3.5万元。2×21年11月，甲公司收到所订制的摆件并在年底前派发给经销商。

A公司在将订制的品牌卡通形象摆件发放给主要经销商供其摆放宣传后，按照双方约定，后续不论经销商是否退出，均不要求返还。本题不考虑增值税等相关税费及其他因素。

要求：说明甲公司2×21年应进行的会计处理并说明理由（包括应如何确认及相关理由，并编制会计分录）。

甲公司对于品牌形象设计费及卡通摆件订制费应当作为期间费用核算，具体会计分录如下。

（1）支付设计费：

借：销售费用　2 000 000

　贷：银行存款　2 000 000

（2）订制卡通摆件：

借：预付账款　7 000 000

　贷：银行存款　7 000 000

（3）取得摆件并派发给经销商：

借：销售费用　7 000 000

　贷：预付账款　7 000 000

对于发放给经销商的黄金卡通形象摆件和设计费，因其主要目的在于推广公司品牌，且无法证明未来期间可能带来经济利益流入，亦不会自经销商收回，不符合资产的定义，应当作为当期销售费用核算。

（五）不计入存货成本的相关费用

存货准则规定，下列费用应当在发生时确认为当期损益，不计入存货成本。

（1）非正常消耗的直接材料、直接人工和制造费用。《企业会计准则讲解》规定，企业超定额的废品损失以及由自然灾害而发生的直接材料、直接人工及制造费用，由于这些费用的发生无助于使该存货达到目前场所和状态，不应计入存货成本，而应计入当期损益。

（2）仓储费用（不包括在生产过程中为达到下一个生产阶段所必需的费用）。《企业会计准则讲解》规定，某种酒类产品生产企业为使生产的酒达到规定的产品质量标准，而必须发生的仓储费用，应计入酒的成本，而不是计入当期损益。

（3）不能归属于使存货达到目前场所和状态的其他支出。

（4）企业采购用于广告营销活动的特定商品，向客户预付货款未取得商品时，应作为预付账款进行会计处理，待取得相关商品时计入当期损益（销售费用）。企业取得广告营销性质的服务比照该原则进行处理。

三、发出存货的计量

（一）确定发出存货成本的方法

存货准则规定，企业应当采用先进先出法、移动加权平均法、月末一次加权平均法或者个别计价法确定发出存货的实际成本。对于性质和用途相似的存货，应当采用相同的成本计算方法确定发出存货的成本。对于不能替代使用的存货、为特定项目专门购入或制造的存货以及提供的劳务，通常采用个别计价法确定发出存货的成本。

《企业会计准则讲解》对存货发出计价方法作了详细解释。

1. 先进先出法

先进先出法是以先购入的存货应先发出（销售或耗用）这样一种存货实物流动假设为前提，对发出存货进行计价。采用这种方法，先购入的存货成本在后购入存货成本之前转出，并据此确定发出存货和期末存货的成本。

先进先出法的优缺点如下：①先进先出法可以随时结转存货发出成本，但较烦琐；②如果存货收发业务较多、且存货单价不稳定时，其工作量较大。③在物价持续上升时，期末存货成本接近于市价，而发出成本偏低，会高估企业当期利润和库存存货价值；物价下降时，则会低估企业当期利润和库存存货价值。

2. 移动加权平均法

移动加权平均法是指以每次进货的成本加上原有库存存货的成本，除以每次进货数量与原有库存存货的数量之和，据以计算加权平均单位成本，作为在下次进货前计算各次发出存货成本的依据。

其计算公式如下：

$$\text{存货的移动平均单位成本}=\frac{\text{本次进货之前库存存货的实际成本}+\text{本次进货的实际成本}}{\text{本次进货之前库存存货数量}+\text{本次进货的数量}}$$

发出存货的成本＝本次发出存货的数量 × 移动平均单位成本

月末库存存货的成本＝月末库存存货的数量 × 月末存货的移动平均单位成本

移动加权平均法的优缺点如下：①能够使企业管理层及时了解存货成本的结存情况，计算出的平均单位成本及发出和结存的存货成本比较客观。②由于每次收货都要计算一次平均单位成本，计算工作量较大，对收发货较频繁的企业不适用。

3. 月末一次加权平均法

月末一次加权平均法是指以当月全部进货数量加上月初存货数量作为权数，除以当月全部进货成本加上月初存货成本，计算出存货的加权平均单位成本，并以此为基础计算当月发出存货的成本和期末存货的成本的一种方法。

其计算公式如下：

$$\text{存货的加权平均单位成本}=\frac{\text{本月月初库存存货的实际成本}+\sum\left(\text{本月各批进货的实际单位成本}\times\text{本月各批进货的数量}\right)}{\text{月初库存存货数量}+\sum\text{本月各批进货数量}}$$

本月发出存货的成本＝本月发出存货的数量 × 加权平均单位成本

本月月末库存存货的成本＝月末库存存货的数量 × 加权平均单位成本

月末一次加权平均法的优缺点如下：只在月末一次计算加权平均单价，有利于简化成本计算工作。但由于平时无法从账上提供发出和结存存货的单价及金额，不利于存货成本的日常管理与控制。上述存货发出的计量方法中，不适用于收发业务频繁的企业或者使用时较烦琐的企业，在会计信息化支持下，仍然可以适用。

4. 个别计价法

个别计价法亦称个别认定法、具体辨认法、分批实际法。其特征是注重所发出存货具体项目的实物流转与成本流转之间的联系，逐一辨认各批发出存货和期末存货所属的购进批别或生产批别，分别按其购入或生产时所确定的单位成本计算各批发出存货和期末存货的成本。该方法把每一种存货的实际成本作为计算发出存货成本和期末存货成本的基础。对于不能替代使用的存货、为特定项目专门购入或制造的存货以及提供的劳务，通常采用个别计价法确定发出存货的成本。

个别计价法的优缺点如下：个别计价法的成本计算准确、符合实际情况，但在存货收发频繁情况下，其发出成本分辨的工作量较大。个别计价法适用于一般不能替代使用的存货，为特定项目专门购买或制造的存货以及提供的劳务，如珠宝、名画等贵重物品。

在实际工作中，越来越多的企业采用计算机信息系统进行会计处理，个别计价法可以广泛应用于发出存货的计价，并且个别计价法确定的存货成本最为准确。

例 2-04 A 公司 2×21 年 3 月份 A 商品有关收、发、存情况如下：

（1）3 月 1 日结存 300 件，单位成本为 2 万元。

（2）3 月 8 日购入 200 件，单位成本为 2.2 万元。

（3）3 月 10 日发出 400 件。

（4）3 月 20 日购入 300 件，单位成本为 2.3 万元。

（5）3 月 28 日发出 200 件。

（6）3 月 31 日购入 200 件，单位成本为 2.5 万元。

要求：

（1）采用先进先出法计算 A 商品 2×18 年 3 月份发出存货的成本和 3 月 31 日结存存货的成本。

（2）采用移动加权平均法计算 A 商品 2×18 年 3 月份发出存货的成本和 3 月 31 日结存存货的成本。

（3）采用月末一次加权平均法计算 A 商品 2×18 年 3 月份发出存货的成本和 3 月 31 日结存存货的成本。

A 公司结存有货的成本计算如下。

（1）先进先出法：

本月可供发出存货成本＝300×2＋200×2.2＋300×2.3＋200×2.5＝2 230（万元）

本月发出存货成本＝（300×2＋100×2.2）＋（100×2.2＋100×2.3）＝1 270（万元）

本月月末结存存货成本＝2 230－1 270＝960（万元）

（2）移动加权平均法：

3月8日购货的移动加权平均单位成本＝（300×2＋200×2.2）÷（300＋200）＝2.08（万元）

3月10日发出存货的成本＝400×2.08＝832（万元）

3月20日购货的移动加权平均单位成本＝（100×2.08＋300×2.3）÷（100＋300）＝2.245（万元）

3月28日发出存货的成本＝200×2.245＝449（万元）

本月发出存货成本＝832＋449＝1 281（万元）

本月月末结存存货成本＝2 230－1 281＝949（万元）

（3）月末一次加权平均法：

加权平均单位成本＝2 230÷（300＋200＋300＋200）＝2.23（万元）

本月发出存货成本＝（400＋200）×2.23＝1 338（万元）

本月月末结存存货成本＝2 230－1 338＝892（万元）

（二）已售存货成本的结转

存货准则规定，对于已售存货，企业应当将其成本结转为当期损益，相应的存货跌价准备也应当予以结转。

《企业会计准则讲解》对上述规定作了补充说明，具体如下：

（1）存货为商品、产成品的，企业应采用先进先出法、移动加权平均法、月末一次加权平均法或个别计价法确定已销售商品的实际成本。

（2）存货为非商品存货的，如材料等，应将已出售材料的实际成本予以结转，计入当期其他业务成本。这里所讲的材料销售不构成企业的主营业务。如果材料销售构成了企业的主营业务，则该材料为企业的商品存货，而不是非商品存货。

（3）对已售存货计提了存货跌价准备的，还应结转已计提的存货跌价准备，冲减当期主营业务成本或其他业务成本。这实际上是按已售产成品或商品的账面价值结转主营业务成本或其他业务成本。企业按存货类别计提存货跌价准备的，也应按比例结转相应的存货跌价准备。

（三）周转材料的处理

存货准则应用指南中给出了周转材料的定义：周转材料是指企业能够多次使用、逐渐转移其价值但仍保持原有形态不确认为固定资产的材料，如包装物和低值易耗品，应当采用一次转销法或者五五摊销法进行摊销；企业（建造承包商）的钢模板、木模板、脚手架和其他周转材料等，可以采用一次转销法、五五摊销法或者分次摊销法进行摊销。

《企业会计准则讲解》指出，企业应当采用一次转销法或者五五摊销法对包装物和低值易耗品进行摊销，并计入相关资产的成本或者当期损益。如果企业对相关包装物或低值易耗品计提了存货跌价准备，则还应结转已计提的存货跌价准备，冲减相关资产的成本或当期损益。

生产领用的包装物，应将其成本计入制造费用；随同商品出售但不单独计价的包装物，应将其成本计入当期销售费用；随同商品出售并单独计价的包装物，应将其成本计入当期其他业务成本。

出租或出借的包装物因不能使用而报废时，其回收的残料，应作为当月包装物摊销额的减少，冲减有关资产成本或当期损益。

1. 一次转销法

一次转销法是指低值易耗品或包装物在领用时就将其全部账面价值计入相关资产成本或当期损益的方法。一次转销法通常适用于价值较低或极易损坏的管理用具和小型工具、卡具，以及在单件小批生产方式下为制造某批订货所用的专用工具等低值易耗品、生产领用的包装物和随同商品出售的包装物；数量不多、金额较小且业务不频繁的出租或出借包装物，也可以采用一次转销法结转包装物的成本，但在以后收回使用过的出租和出借包装物时，应加强实物管理，并在备查簿上进行登记。

低值易耗品报废时回收的残料、出租或出借的包装物不能使用作报废处理所取得的残料，应作为当月低值易耗品或包装物摊销额的减少，冲减有关资产成本或当期损益。

2. 五五摊销法

五五摊销法是指低值易耗品在领用时或出租、出借包装物时先摊销其成本的一半，在报废时再摊销其成本的另一半，即低值易耗品或包装物分两次各按 50% 进行摊销。

3. 分次摊销法

分次摊销法是指周转材料的成本应当按照使用次数分次摊入相关资产成本或当期损益的方法。

四、期末存货的计量

存货准则规定，资产负债表日，存货应当按照成本与可变现净值孰低计量。存货成本高于存货可变现净值的，应当计提存货跌价准备，计入当期损益。

存货准则应用指南对上述规定作了补充说明：存货的成本低于其可变现净值的，按其成本计量，不计提存货跌价准备，但原已计提存货跌价准备的，应按已计提存货跌价准备金额的范围内转回。

（一）可变现净值的定义及特征

存货准则规定，可变现净值是指在日常活动中，存货的估计售价减去至完工时估计将要发生的成本、估计的销售费用以及相关税费后的金额。

根据《企业会计准则讲解》的解释，存货的可变现净值由存货的估计售价、至完工时将要发生的成本、估计的销售费用和估计的相关税费等内容构成。可变现净值具有以下基本特征：

（1）确定存货可变现净值的前提是企业在进行日常活动，即企业在进行正常的生产经营活动。如果企业不是在进行正常的生产经营活动，比如企业处于清算过程，那么不能按照存货准则的规定确定存货的可变现净值。

（2）可变现净值特征表现为存货的预计未来净现金流量，而不是简单地等于存货的售价或合同价。企业预计的销售存货现金流量，并不完全等于存货的可变现净值。存货在销售过程中可能发生的销售费用和相关税费，以及为达到预定可销售状态还可能发生的加工成本等相关支出，构成现金流入的抵减项目。企业预计的销售存货现金流量，扣除这些抵减项目后，才能确定存货的可变现净值。

（3）不同存货可变现净值的构成不同。产成品、商品和用于出售的材料等直接用于出售的商品存货，在正常生产经营过程中，应当以该存货的估计售价减去估计的销售费用和相关税费后的金额确定其可变现净值。

需要经过加工的材料存货，在正常生产经营过程中，应当以所生产的产成品的估计售价减去至完工时估计将要发生的成本、估计的销售费用和相关税费后的金额确定其可变现净值。

存货准则规定，为执行销售合同或者劳务合同而持有的存货，其可变现净值应当以合同价格为基础计算。企业持有存货的数量多于销售合同订购数量的，超出部分的存货的可变现净值应当以一般销售价格为基础计算。

存货准则应用指南规定，资产负债表日，同一项存货中一部分有合同价格约定、其他部分不存在合同价格的，应当分别确定其可变现净值，并与其相对应的成本进行比较，分别确定存货跌价准备的计提或转回的金额。

（二）确定存货的可变现净值应考虑的因素

存货准则规定，企业确定存货的可变现净值，应当以取得的确凿证据为基础，并且考虑持有存货的目的、资产负债表日后事项的影响等因素。为生产而持有的材料等，当用其生产的产成品的可变现净值高于成本时，该材料仍然应当按照成本计量；当材料价格的下降导致用其生产的产成品的可变现净值低于成本的，该材料应当按照可变现净值计量。

1. 确定存货的可变现净值应当以取得确凿证据为基础

确定存货的可变现净值必须建立在取得的确凿证据的基础上。这里所讲的“确凿证据”指对确定存货的可变现净值和成本有直接影响的客观证明。存货的采购成本、加工成本和其他成本及以其他方式取得的存货的成本，应当以取得外来原始凭证、生产成本账簿记录等作为确凿证据。

存货可变现净值的确凿证据是指对确定存货的可变现净值有直接影响的确凿证明，如产成品或商品的市场销售价格、与产成品或商品相同或类似商品的市场销售价格、销货方提供的有关资料和生产成本资料等。

2. 确定存货的可变现净值应当考虑持有存货的目的

企业持有存货的目的不同，确定存货可变现净值的计算方法也不同。比如，用于出售的存货和用于继续加工的存货，其可变现净值的计算就不相同。因此，企业在确定存货的可变现净值时，应考虑持有存货的目的。企业持有存货的目的通常可以分为如下几种：

（1）持有以备出售，如商品、产成品。这类存货又分为有合同约定的存货和没有合同约定的存货。

（2）将在生产过程或提供劳务过程中耗用，如材料等。

3. 确定存货的可变现净值应当考虑资产负债表日后事项等的影响

资产负债表日后事项应当能够确定资产负债表日存货的存在状况，即在确定资产负债表日存货的可变现净值时，不仅要考虑资产负债表日与该存货相关的价格与成本波动，而且还应考虑未来的相关事项。也就是说，不仅限于财务报告批准报出日之前发生的相关价格与成本波动，还应考虑以后期间发生的相关事项。

4. 通常表明存货的可变现净值低于成本的情形

（1）存货存在下列情形之一的，表明存货的可变现净值低于成本。

①该存货的市场价格持续下跌，并且在可预见的未来无回升的希望。

②企业使用该项原材料生产的产品的成本大于产品的销售价格。

③企业因产品更新换代，原有库存原材料已不适应新产品的需要，而该原材料的市场价格又低于其账面成本。

④因企业所提供的商品或劳务过时或消费者偏好改变而使市场的需求发生变化，导致市场价格逐渐下跌。

⑤其他足以证明该项存货实质上已经发生减值的情形。

（2）存货存在下列情形之一的，表明存货的可变现净值为零。

①已霉烂变质的存货。

②已过期且无转让价值的存货。

③生产中已不再需要，并且已无使用价值和转让价值的存货。

④其他足以证明已无使用价值和转让价值的存货。

例 2-05 2×21 年 12 月 31 日，A 公司库存原材料——钢材的账面价值（成本）为 60 万元，可用于生产一台 C 型机器，相对应的材料的市场销售价格为 55 万元，假设不发生其他购买费用。由于材料的市场销售价格下降，用其生产的 C 型机器的市场销售价格由 150 万元下降为 135 万元，但其生产成本仍为 140 万元，即将该批钢材加工成 C 型机器尚需投入 80 万元，估计销售费用及税金为 5 万元。

要求：确定 2×21 年 12 月 31 日钢材的价值。

分析：根据上述资料，确定该批钢材的账面价值：

第一步，计算用该原材料所生产的产成品的可变现净值。

C型机器的可变现净值＝C型机器估计售价－估计销售费用及税金＝135－5＝130（万元）。

第二步，将用该原材料所生产的产成品的可变现净值与其成本进行比较。

C 型机器的可变现净值 130 万元小于其成本 140 万元，即钢材价格的下降和 C 型机器销售价格的下降表明 C 型机器的可变现净值低于其成本，根据成本与可变现净值孰低原则，该批钢材应当按可变现净值计量。

第三步，计算该原材料的可变现净值，并确定其期末价值。

该批钢材的可变现净值＝C型机器的估计售价－将钢材加工成C型机器尚需投入的成本－估计销售费用及税金＝135－80－5＝50（万元）

该批钢材的可变现净值 50 万元小于其成本 60 万元，因此，该批钢材应计提的跌价准备为 10 万元，其期末价值应为其可变现净值 50 万元。

（三）存货跌价准备的计提

存货准则对存货跌价准备的计提作出如下规定。

1. 存货跌价准备的计提方法

企业通常应当按照单个存货项目计提存货跌价准备，但下列两种情况下除外。

（1）某些存货具有类似目的或最终用途，并与在同一地区生产和销售的产品系列相关，且难以将其与该产品系列的其他项目区别开来进行估价的存货，可以合并计量成本与可变现净值，合并计提跌价准备。

（2）数量繁多、单价较低的存货，可以按存货类别计提存货跌价准备。

2. 存货跌价准备的计算方法

在资产负债表日，先确定期末存货的可变现净值，将可变现净值低于其成本的差额，确定为“存货跌价准备”账户的期末贷方余额。将此期末余额与“存货跌价准备”账户期初余额比较，调整本账户，并确认资产减值损失。其计算公式如下：

计提存货跌价准备的金额＝期末存货可变现净值低于其成本的差额－计提前“存货跌价准备”账户的期末贷方余额

其调整方法如下：

（1）当期末余额大于该账户期初余额时，补记差额，借记“资产减值损失”科目，贷记“存货跌价准备”科目。

（2）当期末余额小于该账户期初余额且符合转回条件时，按差额转回，借记“存货跌价准备”科目，贷记“资产减值损失”科目。

假设对同一类存货进行期末计量时，其中一部分是有合同价格约定的，另一部分没有合同价格约定，则需要将该类存货区分为有合同价格约定部分和没有合同价格约定两部分，分别计算其期末可变现净值，并与其相应的成本比较，分别确定是否需要计提存货跌价准备，由此所计提的存货跌价准备不得相互抵销。

例 2-06 A 公司按单项存货、按年计提跌价准备。2×21 年 12 月 31 日，A 公司期末存货有关资料如下：

年末库存 A 原材料余额为 1 000 万元，A 原材料将全部用于生产 B 产品共计 100 件。80 件 B 产品已经签订销售合同，合同价格为每件 11.5 万元，其余 20 件 B 产品未签订销售合同，预计 B 产品的市场价格为每件 11 万元；预计生产 B 产品还需发生除原材料以外的成本为每件 3 万元，预计为销售 B 产品发生的相关税费每件为 0.5 万元。

要求：计算 A 公司应计提的存货跌价准备，并编制相关会计分录。

分析：需要将该类存货区分为有合同价格约定部分和没有合同价格约定两部分。

（1）有合同部分：

B产品可变现净值＝80×11.5－80×0.5＝880（万元）

B产品成本＝80×1 000÷100＋80×3＝1 040（万元）

B产品的成本大于可变现净值，发生减值，因此，A原材料应按成本与可变现净值孰低计量。

A原材料可变现净值＝80×11.5－80×3－80×0.5＝640（万元）

A原材料应计提的存货跌价准备＝80×1 000÷100－640＝160（万元）

（2）无合同部分：

B产品可变现净值＝20×11－20×0.5＝210（万元）

B产品成本＝20×1 000÷100＋20×3＝260（万元）

B产品的成本大于可变现净值，发生减值，因此，A原材料应按成本与可变现净值孰低计量。

A原材料可变现净值＝20×11－20×3－20×0.5＝150（万元）

A原材料应计提的存货跌价准备＝20×1 000÷100－150＝50（万元）

A原材料应计提的存货跌价准备合计＝160＋50＝210（万元）

借：资产减值损失　　2 100 000

　　贷：存货跌价准备——A 原材料　　2 100 000

（四）存货跌价准备的转回

存货准则规定，在资产负债表日，企业应当确定存货的可变现净值。以前减记存货价值的影响因素已经消失的，减记的金额应当予以恢复，并在原已计提的存货跌价准备金额内转回，转回的金额计入当期损益。企业计提了存货跌价准备，如果其中有部分存货已经销售，则企业在结转销售成本时，应同时按比例结转已计提的存货跌价准备，即按存货账面价值结转。

（1）结转成本时，借记“主营业务成本（或其他业务成本）”科目，贷记“库存商品（或原材料）”科目。

（2）结转存货跌价准备时，借记“存货跌价准备”科目，贷记“主营业务成本（或其他业务成本）”科目。

（3）将上述两步合并的会计分录为：借记“主营业务成本（或其他业务成本）”“存货跌价准备”科目，贷记“库存商品（或原材料）”科目。

如果已经计提存货跌价准备的存货销售了一部分，也应按比例结转相应的存货跌价准备。

在存货按类别计提存货跌价准备的情况下，因销售、债务重组、非货币性交易转出的存货跌价准备金额也应按比例结转相应的存货跌价准备。

（4）计提存货跌价准备的所得税影响。会计上计提存货跌价准备而税法上不认可，导致存货的账面价值小于其计税基础，由此产生可抵扣暂时性差异的，应确认递延所得税资产。

例 2-07 2020 年 12 月 31 日，A 公司 X 型机器的账面成本为 500 万元，但由于 X 型机器的市场价格下跌，预计可变现净值为 400 万元，由此计提存货跌价准备 100 万元。

假定：

① 2×21 年 6 月 30 日，X 型机器的账面成本仍为 500 万元，但由于 X 型机器市场价格有所上升，使得 X 型机器的预计可变现净值变为 475 万元。

2×21年6月30日，由于X型机器市场价格上升，X型机器的可变现净值有所恢复，应计提的存货跌价准备为25万元（500－475），则当期应冲减已计提的存货跌价准备75万元（100－25），且小于已计提的存货跌价准备（100万元），因此，应转回的存货跌价准备为75万元。

会计分录为：

借：存货跌价准备　　750 000

　　贷：资产减值损失——存货减值损失　　750 000

② 2021 年 12 月 31 日，X 型机器的账面成本仍为 500 万元，由于 X 型机器的市场价格进一步上升，预计 X 型机器的可变现净值为 555 万元。

2×21 年 12 月 31 日，X 型机器的可变现净值又有所恢复，应冲减存货跌价准备为 55 万元（500－555），但是对 X 型机器已计提的存货跌价准备的余额为 25 万元，因此，当期应转回的存货跌价准备为 25 万元而不是 55 万元（即以将对 X 型机器已计提的“存货跌价准备”余额冲减至零为限）。

会计分录如下：

借：存货跌价准备　　250 000

　　贷：资产减值损失——存货减值损失　　250 000

（5）存货跌价准备的结转。对已售存货计提了存货跌价准备的，还应结转已计提的存货跌价准备，冲减当期主营业务成本或其他业务成本，实际上是按已售产成品或商品的账面价值结转至主营业务成本或其他业务成本。

企业按存货类别计提存货跌价准备的，也应按比例结转相应的存货跌价准备，借记“主营业务成本（或其他业务成本）”和“存货跌价准备”科目，贷记“库存商品（或原材料）”科目。

五、存货的清查盘点

（一）存货清查的含义

存货清查，是指通过对存货的实地盘点，确定存货的实有数量，并与账面结存数核对，从而确定存货实存数与账面结存数是否相符的一种专门方法。

（二）存货清查的会计处理

1. 科目设置

“待处理财产损溢”科目用于核算企业在清查财产过程中已经查明的各种财产物资的盘盈、盘亏和毁损。待处理财产损溢在未报经批准前与资产直接相关，在报经批准后与当期损溢直接相关。

企业清查的各种存货损溢，应在期末结账前处理完毕，期末处理后，“待处理财产损溢”科目应无余额。

2. 盘盈的会计分录

（1）批准前，借记“原材料”或“库存商品”等科目，贷记“待处理财产损溢”科目。

（2）批准后，借记“待处理财产损溢”科目，贷记“管理费用”科目。

（三）盘亏或毁损

按管理权限报经批准后，根据造成存货盘亏或毁损的原因，分别按以下列情况进行处理：

（1）属于计量收发差错和管理不善等原因造成的存货短缺，应先扣除残料价值、可以收回的保险赔偿和过失人赔偿，将净损失计入管理费用。

按管理权限报经批准后，借记“管理费用”和“其他应收款”科目，贷记“待处理财产损溢”科目。

（2）属于自然灾害等非常原因造成的存货毁损，应先扣除处置收入（如残料价值）、可以收回的保险赔偿和过失人赔偿，将净损失计入营业外支出。

因非正常原因导致的存货盘亏或毁损，按规定不能抵扣的增值税进项税额，应当予以转出。但自然灾害造成外购存货的毁损，其进项税额可以抵扣，不需要转出。

因自然灾害等非常原因造成存货毁损时，借记“待处理财产损溢”科目，贷记“原材料”或“库存商品”等科目。

按管理权限报经批准后，借记“营业外支出”“其他应收款”科目，贷记“待处理财产损溢”科目。

值得注意的是，资产的账面余额，是指某科目的账面实际余额（一般指原值），不扣除备抵项目（比如，减值准备、累计折旧或累计摊销等）。资产的账面价值，是指某科目的账面余额减去相关的备抵项目后的净额。

六、存货的披露

存货准则规定，企业应当在附注中披露与存货有关的下列信息。

（1）各类存货的期初和期末账面价值。

（2）确定发出存货成本所采用的方法。

（3）存货可变现净值的确定依据，存货跌价准备的计提方法，当期计提的存货跌价准备的金额，当期转回的存货跌价准备的金额，以及计提和转回的有关情况。

（4）用于担保的存货账面价值。

七、新旧衔接

首次执行企业会计准则，遵照《企业会计准则第38号——首次执行企业会计准则》的相关规定，详见本书第三十八章。

第三章
长期股权投资

一、准则适用范围

《企业会计准则第 2 号——长期股权投资》（以下简称长期股权投资准则）主要规范长期股权投资的确认、计量，包括投资方对被投资单位实施控制、重大影响的权益性投资，以及对其合营企业的权益性投资。投资方属于《企业会计准则第 33 号——合并财务报表》规定的投资性主体且子公司不纳入合并财务报表的情况除外。

在确定能否对被投资单位实施控制时，投资方应当按照《企业会计准则第 33 号——合并财务报表》的有关规定进行判断。在确定被投资单位是否为合营企业时，投资方应当按照《企业会计准则第 40 号——合营安排》的有关规定进行判断。长期股权投资披露适用《企业会计准则第 41 号——在其他主体中权益的披露》的规定，其外币折算适用《企业会计准则第 19 号——外币折算》。

风险投资机构、共同基金以及类似主体（如投资连结保险产品）持有的、在初始确认时按照《企业会计准则第 22 号——金融工具确认和计量》的规定以公允价值计量且其变动计入当期损益的金融资产。投资方属于《企业会计准则第 33 号——合并财务报表》规定的投资性主体且子公司不纳入合并财务报表的权益性投资，以及本准则未予规范的其他权益性投资，适用《企业会计准则第 22 号——金融工具确认和计量》。

二、长期股权投资概述

（一）投资的一般含义

投资是企业为了获得收益或实现资本增值向被投资单位投放资金的经济行为。企业对外进行的投资，可以有不同的分类。从性质上划分，投资可以分为债权性投资与权益性投资等。权益性投资按对被投资单位的影响程度划分，可以分为对子公司投资、对合营企业投资和对联营企业投资等。

一般而言，企业对外投资的法律形式要件都体现了其实质的投资意图和性质。然而，在当前市场经济条件下，企业投资模式日趋多元化，除传统的纯粹债权或者纯粹权益投资外，不少企业的投资模式同时具备债权性投资和权益性投资的特点，加大了识别和判断的难度。

例 3-01 A 公司于 2×20 年 1 月出资 2.0 亿元对 B 公司进行增资，增资后 A 公司持有 B 公司 30% 的权益，同时约定 B 公司在 2×20 年 12 月 31 日、2×21 年 12 月 31 日两个时点分别以固定价格 1.1 亿元和 1.3 亿元向 A 公司赎回 15%、15% 的权益。判断 A 公司对 B 公司的增资是债权性投资，还是股权性投资？

分析：本案例中，从表面形式看为权益性投资，A 公司办理了正常的出资手续，符合法律上出资的形式要件。然而，从投资的性质而言，该投资并不具备权益性投资的普遍特征。上述 A 公司的投资在其出资之日，就约定了在较短的、固定时间以固定的金额退出。从风险角度分析，A 公司实际上仅承担了 B 公司的信用风险而不是 B 公司的经营风险，其交易实质更接近于 A 公司接受 B 公司的权益作为质押物，向其提供资金并收取资金占用费，该投资的实质为债权性投资，应按照金融工具确认和计量准则等相关准则进行会计处理。

例 3-02 A 公司是私募基金公司，2×18 年 1 月对 B 公司进行增资，增资金额为 20 000 万元，A 公司增资后，对 B 公司投资比例为 20%（假设 A 公司对 B 公司具有重大影响），C 公司为 B 公司的实际控制人。投资协议约定，C 公司承诺，B 公司 2×18 年实现净利润 4 000 万元，2×19 年和 2×20 年两年实现净利润之和达到 12 000 万元，并且 2×19 年和 2×20 年任何一年实现的净利润不低于上一年度。如果任何年度业绩未达到承诺水平，A 公司可要求 C 公司以自有资金对 A 公司予以现金补偿，业绩达标时 A 公司也可作为股东享受超额收益的分配。投资协议同时约定，如果 B 公司 2×20 年 12 月 31 日前未提交发行上市申报材料并获受理，或者 B 公司 2×21 年 12 月 31 日前没有完成挂牌上市，则 A 公司有权选择在上述任何一种情况出现后要求 C 公司受让 A 公司持有的全部或部分 B 公司投资，受让价格基于 10% 的投资回报计算。判断 A 公司对 B 公司的增资是债权性投资，还是股权性投资?

分析：本案例中，A 公司根据补偿条款在 B 公司业绩不达标时可以获得一定的现金补偿，并且在 B 公司不能在规定时间内完成上市的条件下可以要求 C 公司回购其全部或部分股份。值得注意的是，本案例中的现金补偿和股份回购合同是 A 公司和 C 公司双方之间的协议，承担现金支付和回购义务的是实际控制人 C 公司而不是发行方 B 公司，B 公司作为发行方没有交付现金及其他金融资产的合同义务，因此从发行方角度可以视为权益工具。另外，从持有方角度来看，表面上前三年业绩不达标时需要现金补偿，具有某些债权投资的特征，但是分析补偿具体条款和受让价格计算过程可以看出，在业绩达标时 A 公司也可作为股东享受超额收益的分配。因此，A 公司对 B 公司的投资属于股权投资。

（二）长期股权投资分类

长期股权投资准则第二条规定，长期股权投资，是指投资方对被投资单位实施控制、重大影响的权益性投资，以及对其合营企业的权益性投资。

1. 对子公司投资

投资方能够对被投资单位实施控制的权益性投资，即对子公司投资。控制，是指投资方拥有对被投资单位的权力，通过参与被投资单位的相关活动而享有可变回报，并且有能力运用对被投资单位的权力影响其回报金额。在确定能否对被投资单位实施控制时，投资方应当按照《企业会计准则第 33 号——合并财务报表》的有关规定进行判断，具体分析详见第三十三章合并财务报表。

2. 对合营企业投资

投资方与其他合营方一同对被投资单位实施共同控制且对被投资单位净资产享有权利的权益性投资，即对合营企业投资。共同控制，是指按照相关约定对某项安排所共有的控制，并且该安排的相关活动必须经过分享控制权的参与方一致同意后才能决策。在确定被投资单位是否为合营企业时，应当按照《企业会计准则第 40 号——合营安排》的有关规定进行判断，具体分析详见第四十章合营安排。

3. 对联营企业投资

投资方对被投资单位具有重大影响的权益性投资，即对联营企业投资。重大影响，是指对一个企业的财务和经营政策有参与决策的权力，但并不能够控制或者与其他方一起共同控制这些政策的制定。

（三）重大影响的判断

所谓“重大影响”，对于投资单位而言，只要能够参与被投资单位的生产经营决策即可。在此基础上不再衡量影响程度如何，即投资方对有关提议的接受程度或是在被投资单位的财务和生产经营决策过程中发言权的比重等。

一般认为，投资方直接或通过子公司间接持有被投资单位 20% 以上但低于 50% 的表决权股份时，就会对被投资单位具有重大影响，除非有明确的证据表明该种情况下不能参与被投资单位的生产经营决策，不形成重大影响。在确定能否对被投资单位施加重大影响时，除了要考虑投资方直接或间接持有被投资单位的表决权股份，还要考虑投资方及其他方持有的当期可执行潜在表决权在假定转换为对被投资单位的股权后产生的影响，如被投资单位发行的当期可转换的认股权证、股份期权及可转换公司债券等因素的影响。

实务中，较为常见的重大影响体现为在被投资单位的董事会或类似权力机构中派有代表，通过在被投资单位财务和经营决策制定过程中的发言权实施重大影响。企业通常可以通过以下情形来判断是否对被投资单位具有重大影响：

（1）在被投资单位的董事会或类似权力机构中派有代表。在这种情况下，由于在被投资单位的董事会或类似权力机构中派有代表，并相应享有实质性的参与决策权，投资方可以通过该代表参与被投资单位财务和经营政策的制定，达到对被投资单位施加重大影响的目的。

（2）参与被投资单位财务和经营政策制定过程。在这种情况下，在制定政策过程中可以为其自身利益提出建议和意见，从而可以对被投资单位施加重大影响。

（3）与被投资单位之间发生重要交易。有关的交易因对被投资单位的日常经营具有重要性，进而一定程度上可以影响到被投资单位的生产经营决策。

（4）向被投资单位派出管理人员。在这种情况下，管理人员有权力主导被投资单位的相关活动，从而能够对被投资单位施加重大影响。

（5）向被投资单位提供关键技术资料。因被投资单位的生产经营需要依赖投资方的技术或技术资料，表明投资方对被投资单位具有重大影响。

但是，存在上述一种或多种情形并不意味着投资方一定对被投资单位具有重大影响，企业需要综合考虑所有事实和情况来作出恰当的判断。

例 3-03 2×20 年 2 月，A 公司取得 B 公司 14% 股权。按照投资协议约定，A 公司在成为 B 公司股东后，向 B 公司董事会派出一名成员。B 公司章程规定，公司的财务和生产经营决策由董事会制定，董事会由 7 名成员组成，有关决策在提交董事会讨论后，以简单多数表决通过；公司的合并、分立，股东增减资等事项需要经股东会表决通过方可付诸实施。

分析：本案例中，A 公司在取得对 B 公司股权后，根据投资协议约定，能够向 B 公司董事会派出 1 名成员，参与 B 公司的财务和生产经营决策，其所派出成员虽然只有发言权和 1 票表决权，但按照准则规定应当认为 A 公司对 B 公司具有重大影响，该投资应作为长期股权投资核算。

例 3-04 A 公司于 2×20 年取得 B 公司 20% 的股权，并在取得该股权后向 B 公司董事会派出一名成员。B 公司董事会由 5 名成员组成，除 A 公司外，B 公司另有两名其他投资者，并各持有 B 公司 40% 的股权并分别向 B 公司董事会派出两名成员。B 公司章程规定，其财务和生产经营决策由参加董事会成员简单多数通过后即可实施。

从实际运行情况来看，除 A 公司所派董事会成员外，其他董事会成员经常提议召开董事会，并且在 A 公司派出董事会成员缺席情况下作出决策。为财务核算及管理需要，A 公司曾向 B 公司索要财务报表和分析报告，但该要求未得到满足。A 公司派出的董事会成员对于 B 公司生产经营的提议基本上未提交到董事会正式议案中，且在董事会讨论过程中，A 公司派出董事会成员的意见和建议均被否决。

分析：本案例中，虽然 A 公司拥有 B 公司有表决权股份的比例为 20%，且向被投资单位派出董事会成员参与其生产经营决策，但从实际运行情况来看，其提议未实际被讨论、其意见和建议被否决以及提出获取 B 公司财务报表的要求被拒绝等。因此，A 公司向 B 公司董事会派出的成员无法对 B 公司生产决策施加影响，该项投资不构成联营企业投资。

例 3-05 A 公司于 2×20 年 1 月与 B 公司共同出资设立了 C 公司，A 公司持有 C 公司 20% 的股权，B公司持有C公司80%的股权。A公司与B公司之间不存在关联方关系。C公司按照月、季、年编制财务报表。月度及季度的财务报表在该期间结束后的20个工作日之内提交股东，年度财务报表委托中国注册会计师进行审计，并在每个会计年度结束后第4个月的第5个工作日之前，向股东提交该年度的审计报告。

C公司董事会共有5名董事，其中A公司委派1名董事，其余4名董事由B公司委派，B公司委派的董事任董事长。董事会会议由董事长召集并主持，董事长在董事会会议召开前10日，将记载开会日期、地点及会议目的、议题等事项的书面召集通知发送给各董事。董事会决议由出席会议的董事2/3以上表决通过。由于A公司股东和管理层对C公司所属行业不具备足够的专业管理知识和经验，A公司自投资之日起委派董事对C公司的经营管理主动参与程度较少，出席的董事会决议均未作出过与B公司委派董事相左的表决，在已收取会议通知的情况下也缺席过若干次董事会会议。

分析：在本案例中，C公司按照月、季、年编制财务报表，并如期向股东提交，因此A公司作为C公司的股东，能够如期获取C公司的财务信息，从而参与C公司的生产经营决策。虽然根据C公司的章程，董事会的决议由出席会议的董事2/3以上表决通过，由于B公司可以委派5名董事中的4名董事，因此，当A公司委派的董事代表与B公司委派的董事代表存在异议时，A公司委派的董事代表虽然有权在董事会会议上充分阐述观点和论据，但并无权最终阻止董事会最终决议的通过；并且C公司按时向各董事发送会议通知，A公司董事参与董事会议并不存在实质性障碍。A公司委派的董事对C公司的经营管理主动参与程度较少甚至缺席董事会的原因主要在于A公司股东和管理层对C公司所属行业缺乏足够的专业管理知识和经验。因此，A公司较为被动地参与决策的情况，并不改变或者削弱对C公司具有重大影响的权力，A公司应自投资日起即对C公司采用权益法进行核算。

三、长期股权投资的初始计量

长期股权投资可以通过不同的方式取得，主要有两种方式：企业合并形成的长期股权投资和企业合并以外的其他方式取得的长期股权投资。而企业合并形成的长期股权投资，又分为同一控制下企业合并与非同一控制下企业合并两种情况取得长期股权投资。不同方式下取得的长期股权投资的初始计量规则不同。

（一）长期股权投资初始计量时点

长期股权投资的确认时点是指投资方能够在自身账簿和报表中确认对被投资单位股权投资的时点。

（1）购买方（或合并方）应于购买日（或合并日）确认对子公司的长期股权投资。购买日的判断标准参见《企业会计准则第20号——企业合并》，具体说明详见第二十章企业合并。

（2）实务中，对于联营企业、合营企业等投资的持有一般会参照对子公司长期股权投资的确认条件进行。

（二）企业合并形成的长期股权投资

1. 同一控制下的企业合并

对于同一控制下的企业合并，最终控制方在企业合并前及合并后能够控制的资产并没有发生变化，所以合并方对被合并方的长期股权投资成本代表在被合并方账面所有者权益中享有的份额。

（1）一次交易实现合并。

①长期股权投资的初始投资成本的确定。合并方应当在合并日按照被合并方所有者权益在最终控制方合并财务报表中的账面价值的份额作为长期股权投资的初始投资成本。如果被合并方在合并日的净资产账面价值为负数，长期股权投资成本按零确定，同时在备查簿中予以登记。如果被合并方在被合并以前，是最终控制方通过非同一控制下的企业合并所控制的，则合并方长期股权投资的初始投资成本还应包含相关的商誉金额。

由此可见，被合并方所有者权益在最终控制方合并财务报表中的账面价值，不是被合并方个别财务报表上的账面价值，而是被合并方的所有者权益相对于最终控制方而言的账面价值。因此，初始投资成本＝在最终控制方合并财务报表中被合并方可辨认净资产的账面价值 × 持股比例＋最初并购时形成的商誉。

例 3-06 A 公司为某一集团的母公司，旗下控制着 B 公司。2×20 年 1 月 1 日，A 公司从本集团外部购入了 C 公司 80% 的股权（属于非同一控制下的企业合并）并能够控制 C 公司的财务和经营策略。购买日，C 公司可辨认净资产的公允价值为 5 000 万元，账面价值为 4 000 万元，未形成商誉。2×21 年 1 月 1 日，B 公司购入 A 公司所持 C 公司的 80% 股权，形成同一控制下的企业合并。2×20 年 1 月 1 日至 2×20 年 12 月 31 日，C 公司按照购买日净资产的公允价值计算实现的净利润为 1 000 万元；按照购买日净资产的账面价值计算实现的净利润为 1 200 万元。无其他所有者权益变动。

分析：2×21年1月B公司与C公司合并日，被合并方C公司在原母公司A公司合并财务报表中的账面净资产为自2×20年1月1日C公司净资产公允价值5 000万元持续计算至2×20年12月31日的账面价值6 000万元（5 000＋1 000）。那么，B公司购入C公司的初始投资成本为4 800万元［（5 000＋1 000）×80%］。如果被合并方本身编制合并财务报表的，被合并方的账面所有者权益应当以其在最终控制合并财务报表上的账面价值为基础确定。

母公司合并报表账面价值（即相对于最终控制方而言的账面价值）以购买日子公司净资产公允价值为基础，持续计算，既不同于当日的公允价值，也不同于子公司账面价值。以上述数据为例，C公司自身而言的账面价值为5 200万元（4 000＋1 200），相对于最终控制方而言的账面价值为6 000万元（5 000＋1 000），所以以购买日2×20年1月1日公允价值6 000万元为基础，定为A公司合并报表的入账价值，之后在此价值上进行的计算是从A公司角度持续核算的C公司的价值。对于同一控制下的企业合并，B公司在此背景下对C公司进行合并，其入账价值应在相对于最终控制方A公司而言的账面价值的基础上计算。这样做的目的是自B公司进入该集团之日起，将集团视为一个整体，同一控制下的合并并不影响被合并方在最终控制方中的价值。

例 3-07 A 公司 2×20 年 7 月 1 日自母公司（C 公司）取得 B 公司 60% 股权，当日，B 公司个别财务报表中净资产账面价值为 3 200 万元。该股权系 C 公司于 2×14 年 6 月自公开市场购入，C 公司在购入 B 公司 60% 股权时确认了 800 万元商誉。2×20 年 7 月 1 日，按 C 公司取得该股权时 B 公司可辨认净资产公允价值为基础持续计算的 B 公司可辨认净资产价值为 4 800 万元。为进行该项交易，A 公司支付有关审计等中介机构费用 120 万元。

分析：本案例中，不考虑其他因素，A 公司应确认对 B 公司股权投资的初始投资成本为：4 800×60%＋800＝3 680（万元）。实际工作中，最终控制方合并财务报表中被合并方可辨认净资产的账面价值的计算较为复杂，企业需要自行计算。

②初始投资成本与支付合并对价差额的处理。

（a）同一控制下的企业合并时，合并方以支付现金、转让非现金资产或承担债务方式作为合并对价的，长期股权投资初始投资成本与支付的现金、转让的非现金资产以及所承担债务账面价值之间的差额，应用来调整资本公积；资本公积（资本溢价或股本溢价）不足冲减的，依次冲减盈余公积和未分配利润。

投资企业在具体进行会计处理时，应在合并日按取得被合并方所有者权益在最终控制方合并财务报表中的账面价值的份额，借记“长期股权投资——投资成本”科目，按支付的合并对价的账面价值，贷记或借记有关资产、负债科目，按其差额，贷记“资本公积——资本溢价（或股本溢价）”科目；如为借方差额，借记“资本公积——资本溢价（或股本溢价）”科目，资本公积（资本溢价或股本溢价）

不足冲减的，应依次借记“盈余公积”“利润分配——未分配利润”科目。

例 3-08 2×20 年 6 月 30 日，A 公司向同集团内 B 公司的原股东签订股权转让协议，A 公司以支付 1 000 万现金和承担 B 公司原股东 5 000 万元债务的方式取得 B 公司 100% 的股权，并于当日起能够对 B 公司实施控制。合并后，B 公司仍维持其独立法人资格继续经营。两公司在企业合并前采用的会计政策相同。合并日，B 公司的在集团合并报表账面所有者权益总额为 6 600 万元。

分析：A 公司与 B 公司属于同一控制下，其合并时支付的合并对价的账面价值与长期股权投资初始投资成本之间的差额，当调整资本公积；资本公积（资本溢价或股本溢价）不足冲减的，依次冲减盈余公积和未分配利润。

借：长期股权投资	66 000 000	
贷：现金		10 000 000
长期借款		50 000 000
资本公积——股本溢价		6 000 000

（b）同一控制下的企业合并时，合并方以发行权益性证券作为合并对价的，应当按照发行股份的面值总额作为股本，长期股权投资初始投资成本与所发行股份面值总额之间的差额，应当调整资本公积；资本公积（资本溢价或股本溢价）不足冲减的，依次冲减盈余公积和未分配利润。

投资企业在具体进行会计处理时，应当在合并日按照被合并方所有者权益在最终控制方合并财务报表中的账面价值的份额，借记“长期股权投资——投资成本”科目，按照发行股份的面值总额，贷记“股本”，按其差额，贷记“资本公积——资本溢价或股本溢价”；如为借方差额，借记“资本公积——资本溢价或股本溢价”科目，资本公积（资本溢价或股本溢价）不足冲减的，应依次借记“盈余公积”“利润分配——未分配利润”科目。

例 3-09 2×21 年 6 月 30 日，A 公司向同集团内 B 公司的原股东定向增发 1 000 万股普通股（每股面值为 1 元，市价为 20 元），取得 B 公司 100% 的股权，并于当日起能够对 B 公司实施控制。合并后，B 公司仍维持其独立法人资格继续经营。两公司在企业合并前采用的会计政策相同。合并日，B 公司的在集团合并报表账面所有者权益总额为 6 600 万元。

合并日，A 公司在其账簿及个别财务报表中应确认对 B 公司的长期股权投资，账务处理如下：

借：长期股权投资	66 000 000	
贷：股本		10 000 000
资本公积——股本溢价		56 000 000

例 3-10 2×21 年 6 月 30 日，A 公司向同集团内 B 公司的原股东定向增发 1 000 万股普通股（每股面值为 1 元，市价为 20 元），取得 B 公司 100% 的股权，并于当日起能够对 B 公司实施控制。合并后，B 公司仍维持其独立法人资格继续经营。两公司在企业合并前采用的会计政策相同。合并日，A 公司个别财务报表资本公积（资本溢价或股本溢价）为 200 万元，盈余公积为 550 万元，B 公司的在集团合并报表账面所有者权益总额为 150 万元。

合并日，A 公司在其账簿及个别财务报表中应确认对 B 公司的长期股权投资，账务处理如下：

借：长期股权投资	1 500 000	
资本公积——股本溢价	2 000 000	
盈余公积	5 500 000	
利润分配——未分配利润	1 000 000	
贷：股本		10 000 000

例 3-11 A 公司和 B 公司均为某集团的控股子公司，C 公司为 B 公司设立的全资子公司。2×20

年5月1日，A公司以500万元的对价取得B公司持有的C公司100%股权。合并日C公司的在合并报表中账面净资产为－2 000万元，其中实收资本4 000万元，未弥补亏损6 000万元。合并日C公司净资产的评估价值为500万元。

分析：本案例中，A公司和C公司在合并前后均受同一控制方的最终控制且该控制并非暂时性的，因此A公司取得C公司100%股权的交易属于同一控制下的企业合并。根据长期股权投资准则的规定，A公司个别报表的长期股权投资成本应在合并日按照取得被合并方，即C公司在合并报表中所有者权益账面价值份额进行计量。当被合并方的账面净资产为负数时，除合并方负有承担额外损失的义务外，合并方个别报表对被合并方的长期股权投资应减记至零为限，通常不应当出现负数。相应地，合并方付出的对价与长期股权投资账面价值零之间的差额应调整资本公积；资本公积不足冲减的，调整留存收益。其会计处理为：

借：长期股权投资	0	
资本公积	0	
盈余公积	0	
利润分配——未分配利润	5 000 000	
贷：银行存款		5 000 000

③合并方发生的中介费用、交易费用的处理。（a）合并方发生的审计服务、法律服务、评估咨询等中介费用以及其他相关管理费用，于发生时计入当期损益。（b）与发行权益性工具作为合并对价直接相关的交易费用，应当冲减资本公积（资本溢价或股本溢价），资本公积（资本溢价或股本溢价）不足冲减的，依次冲减盈余公积和未分配利润。（c）与发行债务性工具作为合并对价直接相关的交易费用，应按照金融工具的有关准则规定确定，其基本原则是：应当计入债务性工具的初始确认金额。

例3-12 A公司为上市公司，其控股股东为B公司。2×20年，A公司向B公司发行股份购买其拥有的某子公司的全部股权。交易过程中，发生以下费用：①聘请律师事务所为增发股份而提供法律支持服务，服务费用20万元；②聘请律师事务所对被收购的子公司提供尽职调查等法律服务，服务费40万元；③聘请评估机构对被收购的子公司进行评估并出具评估报告，评估费用20万元；④聘请会计师事务所对被收购的子公司进行审计并出具审计报告，对被收购的子公司的盈利预测出具审核意见，会计师费用50万元；⑤聘请会计师事务所对新增股本进行验资，验资费用10万元；⑥聘请证券公司作为本次交易的财务顾问，顾问费100万元。

分析：本案例中，该交易为同一控制下的企业合并，交易发生的费用应作如下处理：①属于与发行股份相关的交易费用，应该冲减资本公积；②属于针对被收购方发生的尽职调查、评估和审计费用，应该划分为与企业合并相关的交易费用，计入当期损益；③属于针对被收购方发生的尽职调查、评估和审计费用，应该划分为与企业合并相关的交易费用，计入当期损益；④属于针对被收购方发生的尽职调查、评估和审计费用，应该划分为与企业合并相关的交易费用，计入当期损益；⑤属于与发行股份相关的交易费用，应该冲减资本公积；⑥如果证券公司仅提供了重大资产重组是否构成关联交易核查服务，则财务顾问费应该作为企业合并相关的交易费用计入当期损益，如果证券公司实际上提供了与股份发行相关的服务，则财务顾问费应该计入资本公积。

（2）多次交易实现合并。企业通过多次交易分步取得同一控制下被投资单位的股权，最终形成企业合并的，应按合并财务报表准则的有关规定，判断多次交易是否属于"一揽子"交易。如果属于"一揽子"交易的，合并方应当将各项交易作为一项取得控制权的交易进行会计处理。若不属于"一揽子"交易的，取得控制权日，应按照以下步骤进行会计处理。

①确定长期股权投资的初始投资成本。在合并日，根据合并后应享有被合并方净资产在最终控制

方合并财务报表中的账面价值的份额，确定长期股权投资的初始投资成本。

②初始投资成本与合并对价账面价值差额的处理。合并日长期股权投资的初始投资成本，与达到合并前的长期股权投资账面价值加上合并日进一步取得股份新支付对价的账面价值之和的差额，调整资本公积（资本溢价或股本溢价），资本公积不足冲减的，冲减留存收益。初始投资成本与合并对价账面价值差额，与同一控制下一次交易实现合并的处理方式相同。

例 3-13　2×20 年 1 月 1 日，A 公司取得同一控制下的 B 公司 25% 的股份，实际支付款项 6 000 万元，能够对 B 公司施加重大影响。相关手续于当日办理完毕。当日，B 公司可辨认净资产账面价值为 20 000 万元（与公允价值相等）。2×20 年 B 公司共实现净利润 1 000 万元，无其他所有者权益变动。

2×21 年 1 月 1 日，A 公司以定向增发 2 000 万股普通股（每股面值为 1 元，每股公允价值为 5 元）的方式购买同一控制下另一企业所持有的 B 公司 40% 股权，相关手续于当日完成。进一步取得投资后，A 公司能够对 B 公司实施控制。当日，B 公司在最终控制方合并财务报表中的净资产的账面价值为 22 000 万元。假定 A 公司和 B 公司采用的会计政策和会计期间相同，均按照 10% 的比例提取盈余公积。A 公司和 B 公司一直同受同一最终控制方控制。上述交易不属于“一揽子”交易。不考虑相关税费等其他因素影响。

分析：首先，确定合并日长期股权投资的初始投资成本。合并日追加投资后A公司持有B公司股权比例为65%（25%＋40%），合并日A公司享有B公司在最终控制方合并财务报表中净资产的账面价值份额为14 300万元（22 000×65%）。

然后，计算长期股权投资初始投资成本与合并对价账面价值之间的差额。原25%的股权投资采用权益法核算，在合并日的原账面价值为6 250万元（6 000＋1 000×25%）。追加投资（40%）所支付对价的账面价值为2 000万元。合并对价账面价值为8 250万元（6 250＋2 000）。长期股权投资初始投资成本与合并对价账面价值之间的差额为6 050万元（14 300－8 250）。

A 公司有关会计处理如下：

借：长期股权投资——投资成本	143 000 000	
贷：长期股权投资——投资成本		60 000 000
——损益调整		2 500 000
股本		20 000 000
资本公积（股本溢价）		60 500 000

③其他相关的处理。（a）合并日之前持有的股权投资，因采用权益法核算或金融工具确认和计量准则核算而确认的其他综合收益，暂不进行会计处理，直至处置该项投资时采用与被投资单位直接处置相关资产或负债相同的基础进行会计处理；因采用权益法核算而确认的被投资单位净资产中除净损益、其他综合收益和利润分配以外的所有者权益其他变动，暂不进行会计处理，直至处置该项投资时转入当期损益。其中，处置后的剩余股权根据本准则采用成本法或权益法核算的，其他综合收益和其他所有者权益应按比例结转，处置后的剩余股权改按金融工具确认和计量准则进行会计处理的，其他综合收益和其他所有者权益应全部结转。（b）同一控制下企业合并形成的长期股权投资时，若存在或有对价，初始投资时，应按照《企业会计准则第 13 号——或有事项》的规定，判断是否应就或有对价确认预计负债或者确认资产，以及应确认的金额；确认预计负债或资产的，该预计负债或资产金额与后续或有对价结算金额的差额不影响当期损益，而应当调整资本公积（资本溢价或股本溢价）；资本公积（资本溢价或股本溢价）不足冲减的，调整留存收益。（c）合并方应当按照《企业会计准则第 20 号——企业合并》和《企业会计准则第 30 号——合并财务报表》的规定编制合并财务报表。合并方在达到合并之前持有的长期股权投资，在取得日与合并方与被合并方向处于同一最终控制之日

孰晚日与合并日之间已确认有关损益、其他综合收益和其他所有者权益变动，应分别冲减比较报表期间的期初留存收益或当期损益。

2. 非同一控制下的企业合并

非同一控制下企业合并形成的长期股权投资，属于公平的市场行为，购买方以支付现金、转让非现金资产或承担债务方式的公允价值作为投资成本。

（1）一次交易实现合并。

①合并成本。非同一控制下的企业合并，购买方在购买日应当以购买方付出的资产、发生或承担的负债、发行的权益性证券的公允价值之和作为长期股权投资的初始投资成本。

合并成本 = 支付价款或付出资产的（含税）公允价值 + 发生或承担的负债的公允价值 + 发行的权益性证券的公允价值

②付出资产公允价值与账面价值的差额的处理。采用非同一控制下的企业控股合并时，支付合并对价的公允价值与账面价值的差额，有以下不同情况：

第 1 种情况：合并对价为固定资产、无形资产的，公允价值与账面价值的差额，计入资产处置损益。

第 2 种情况：投出资产为存货，应当作为销售处理，按其公允价值确认主营业务收入或其他业务收入，按其账面成本结转主营业务成本或其他业务成本，若存货计提跌价准备的，应将存货跌价准备一并结转。

第 3 种情况：合并对价为长期股权投资或金融资产的，公允价值与其账面价值的差额，计入投资收益。

第 4 种情况：合并对价为投资性房地产的，以其公允价值确认其他业务收入，同时结转其他业务成本。

③合并方发生的中介费用、交易费用的处理。合并方或购买方为企业合并发生的审计、法律服务、评估咨询等中介费用以及其他相关管理费用，应当于发生时计入当期损益。购买方作为合并对价发行的权益性工具或债务性工具的交易费用，应按照金融工具的有关准则规定确定，其基本原则是：计入权益性工具或债务性工具的初始确认金额。

合并方在进行具体会计处理时：

（a）非同一控制下企业合并形成的长期股权投资，购买方以支付现金、转让非现金资产或承担债务方式等作为合并对价的，应在购买日按照《企业会计准则第 20 号——企业合并》确定的合并成本，借记“长期股权投资——投资成本”科目，按付出的合并对价的账面价值，贷记或借记有关资产、负债科目，按发生的直接相关费用（如资产处置费用），贷记“银行存款”等科目，按其差额，贷记“主营业务收入”“营业外收入”“投资收益”等科目或借记“管理费用”“营业外支出”“主营业务成本”等科目。

（b）购买方以发行权益性证券作为合并对价的，应在购买日按照发行的权益性证券的公允价值，借记“长期股权投资——投资成本”科目，按照发行的权益性证券的面值总额，贷记“股本”，按其差额，贷记“资本公积——资本溢价（或股本溢价）”。企业为企业合并发生的审计、法律服务和评估咨询等中介费用以及其他相关管理费用，应当于发生时借记“管理费用”科目，贷记“银行存款”等科目。

例 3-14 2×21 年 3 月 31 日，A 公司取得 B 公司 80% 的股权，取得该部分股权后能够对 B 公司实施控制。为核实 B 公司的资产价值，A 公司聘请资产评估机构对 B 公司的资产进行评估，支付评估费用 100 万元。合并中，A 公司支付的有关资产在购买日的账面价值与公允价值如表 3-01 所示。假定合并前 A 公司与 B 公司不存在任何关联方关系。不考虑相关税费等其他因素影响。

表 3-01 A 公司付出资产公允价值与账面价值对比表

2×21 年 3 月 31 日 单位：万元

项目	账面价值	公允价值
土地使用权	4 000	6 400
专利技术	2 000	2 000
银行存款	2 000	2 000
合计	8 000	10 400

A 公司用作合并对价的土地使用权和专利技术原价为 6 800 万元，至企业合并发生时已累计摊销 800 万元。

分析：因 A 公司与 B 公司在合并前不存在任何关联方关系，应作为非同一控制下的企业合并处理。A 公司对于合并形成的对 B 公司的长期股权投资，会计处理如下：

借：长期股权投资——投资成本 104 000 000
　　管理费用 1 000 000
　　累计摊销 8 000 000
　　贷：无形资产 68 000 000
　　　　银行存款 21 000 000
　　　　资产处置损益 24 000 000

例 3-15 A 公司为增值税一般纳税人，不动产和存货适用的增值税税率分别为 9% 和 13%。有关业务如下：

2×20 年 4 月 30 日 A 公司与 B 公司的控股股东 C 公司签订股权转让协议，A 公司以一批资产作为对价支付给 C 公司，C 公司以其所持有 B 公司 75% 的股权作为支付对价。2×20 年 5 月 31 日 A 公司与 C 公司的股东大会批准收购协议。2×20 年 6 月 30 日将作为对价的资产所有权转移给 C 公司，参与合并各方已办理了必要的财产权交接手续。A 公司于当日起控制 B 公司财务和经营政策。

2×20 年 6 月 30 日 A 公司作为对价的资产资料如下：固定资产（不动产），账面原值 7 000 万元，累计折旧 3 000 万元，公允价值 6 000 万元；库存商品，账面价值 4 800 万元，公允价值 5 000 万元；A 公司开出增值税专用发票，增值税销项税额为 1 400 万元。

购买日 B 公司可辨认净资产的账面价值为 14 600 万元，可辨认净资产的公允价值为 16 000 万元。此外 A 公司发生审计评估咨询费用 350 万元。

A 公司与 C 公司在交易前不存在任何关联方关系，合并前 A 公司与 B 公司未发生任何交易。A 公司与 B 公司采用的会计政策相同。不考虑所得税影响。

分析：本案例中，因为A公司与C公司在此项交易前不存在关联方关系，因此该合并为非同一控制下企业合并，购买日为2×20年6月30日。企业合并成本12 190万元（6 000×1.09+5 000×1.13），购买日合并商誉190万元（12 190－16 000×75%）。A公司会计处理如下。

①结转交付库存商品的成本：

借：主营业务成本 48 000 000
　　贷：库存商品 48 000 000

②结转交付的固定资产成本：

借：固定资产清理　40 000 000
　　固定资产——累计折旧　30 000 000
　　贷：固定资产——原值　70 000 000

③确认长期股权投资：

借：长期股权投资　121 900 000
　　贷：固定资产清理　40 000 000
　　　　资产处置损益　20 000 000
　　　　主营业务收入　50 000 000
　　　　应交税费——应交增值税（销项税额）　11 900 000

④发生的审计评估咨询费用，应记入当期损益：

借：管理费用　3 500 000
　　贷：银行存款　3 500 000

例 3–16　A 公司为母公司，其子公司为 B 公司，各个公司适用的企业所得税率为 25%。

2×19 年 8 月，A 公司与 C 公司控股股东 D 公司签订协议。协议约定：A 公司向 D 公司定向发行 10 000 万股本公司股票，以换取 D 公司持有 C 公司 60% 的股权。A 公司定向发行的股票按规定为每股 7 元，双方确定的评估基准日为 2×19 年 9 月 30 日。

C 公司经评估确定 2×19 年 9 月 30 日的可辨认净资产公允价值为 100 000 万元（不含递延所得税的影响）。A 公司该并购事项于 2×19 年 12 月 10 日经监管部门批准，作为对价定向发行的股票于 2×19 年 12 月 31 日发行，当日收盘价每股 7.5 元。A 公司于 12 月 31 日起主导 C 公司财务和经营政策。以 2×19 年 9 月 30 日的评估值为基础，C 公司 2×19 年 12 月 31 日可辨认净资产的账面价值为 120 000 万元（不含递延所得税的影响），公允价值为 126 000 万元（不含递延所得税的影响），其公允价值高于账面价值的差额包括一项存货评估增值 1 000 万元、一项固定资产评估增值 5 000 万元，预计尚可使用年限 10 年，采用年限平均法计提折旧，且资产和负债的计税基础等于其原账面价值。购买日，C 公司资产和负债的公允价值与其计税基础之间形成的暂时性差异均符合确认递延所得税资产或递延所得税负债的条件。

此外，A 公司为企业合并发生审计、法律服务、评估咨询费用 150 万元，为发行股票支付手续费、佣金 200 万元，均以银行存款支付。A 公司与 D 公司在此项交易前不存在关联方关系。A 公司向 C 公司发行股票后，D 公司持有 A 公司发行在外的普通股的 10%，不具有重大影响。

C 公司自购买日至 2×20 年 12 月末实现净利润 4 000 万元，其他综合收益变动增加 1 000 万元，分配现金股利 2 000 万元，至 2×20 年末购买日 C 公司评估增值的存货已全部对外销售。

2×21 年 1 月 2 日 A 公司的子公司 B 公司自母公司 A 公司处购入 C 公司 60% 的股权。B 公司于当日主导 C 公司财务和经营政策。B 公司支付银行存款 77 000 万元给 A 公司。不考虑发生相关审计、法律服务、评估咨询费用。

① A 公司有关会计处理如下：

购买日为2×19年12月31日，A公司合并成本（长期股权投资初始投资成本）75 000万元（10 000×7.5），A公司合并报表确认合并商誉300万元｛75 000－［126 000－（1 000+5 000）×25%］×60%｝。

（a）确认长期股权投资：

借：长期股权投资　750 000 000
　　贷：股本　100 000 000
　　　　资本公积　650 000 000

（b）确认交易费用：

借：管理费用　　1 500 000
　　资本公积　　2 000 000
　　贷：银行存款　　3 500 000

②B公司有关会计处理如下：

B公司并购C公司为同一控制下企业合并，A公司（母公司）自购买日开始至2×20年末持续计算C公司可辨认净资产的公允价值126 375万元｛［126 000－（1 000＋5 000）×25%］＋（4 000－1 000×75%－5 000÷10×75%）－2 000＋1 000｝。

（a）B公司合并日长期股权投资的初始投资成本76 125万元（最终控制方合并财务报表中被合并方可辨认净资产的账面价值126 375×持股比例60%＋最初并购时形成的商誉300）。

（b）B公司会计分录：

借：长期股权投资　　761 250 000
　　资本公积——股本溢价　　8 750 000
　　贷：银行存款　　770 000 000

（2）多次交易实现合并。企业通过多次交易分步实现非同一控制下企业合并的，在编制个别财务报表时，应区分以下情况确认长期股权投资的初始成本。

①合并成本。（a）购买日之前持有的股权投资，采用权益法进行会计处理的，应当按照原持有的股权投资的账面价值加上新增投资成本之和，作为改按成本法核算的初始投资成本。（b）购买日之前持有的股权投资，采用金融工具确认和计量准则进行会计处理的，应当将按照该准则确定的股权投资的公允价值加上新增投资成本之和，作为改按成本法核算的初始投资成本。

②付出资产公允价值与账面价值的差额的处理。（a）购买日之前持有的股权投资，采用权益法进行会计处理的，无差额，无须处理。（b）对于原作为金融资产，转换为采用成本法核算的对子公司投资的，如有关金融资产分类为以公允价值计量且其变动计入当期损益的金融资产，应当按照转换时的公允价值确认为长期股权投资公允价值与其原账面价值之间的差额计入当期损益；如非交易性权益工具投资分类为以公允价值计量且其变动计入其他综合收益的金融资产，在按照转换时的公允价值确认长期股权投资，该公允价值与账面价值之间的差额，应计入期初留存收益。（c）其他付出资产公允价值与账面价值的差额，与非同一控制下一次交易实现合并的处理方式相同。

③其他相关的处理。（a）购买日之前持有的采用权益法核算的股权，相关其他综合收益暂不处理，应当在处置该项投资时采用与被投资单位直接处置相关资产或负债相同的基础进行会计处理，因被投资方除净损益、其他综合收益和利润分配以外的其他所有者权益变动而确认的所有者权益暂不处理，应当在处置该项投资时转入相应处置期间的当期损益。（b）对于原作为金融资产，转换为采用成本法核算的对子公司投资的，如有关金融资产分类为以公允价值计量且其变动计入当期损益的金融资产，在按照转换时，之前计入公允价值变动损益的累计金额计入投资收益；如非交易性权益工具投资分类为以公允价值计量且其变动计入其他综合收益的金融资产，在按照转换时原确认计入其他综合收益的前期公允价值变动亦应结转计入期初留存收益。

例3-17 2×20年1月1日，A公司以现金3 600万元自非关联方处取得了B公司20%股权，并能够对其施加重大影响。当日，B公司可辨认净资产公允价值为1.8亿元。2×21年7月1日，A公司另支付现金1.0亿元，自另一非关联方处取得B公司40%股权，并取得对B公司的控制权。购买日，A公司原持有的对B公司的20%股权的公允价值为5 000万元，账面价值为4 500万元，其中：A公司确认B公司损益400万元、A公司确认与B公司权益法核算相关的累计其他综合收益为300万元、其他所有者权益变动200万元；B公司可辨认净资产公允价值为2.2亿元。假设A公司购买B公司20%股权和后续购买40%的股权的交易不构成“一揽子”交易。以上交易的相关手续均于当日完成。

不考虑相关税费等其他因素影响。

分析：购买日前，A公司持有B公司的投资作为联营企业进行会计核算，购买日前A公司原持有股权的账面价值为4 500万元（3 600＋400＋300＋200）。本次投资应支付对价的公允价值为10 000万元。购买日对子公司按成本法核算的初始投资成本为14 500万元（10 000＋4 500）。

借：长期股权投资——投资成本　145 000 000
　贷：长期股权投资——投资成本　36 000 000
　　　　　　　　　——损益调整　4 000 000
　　　　　　　　　——其他综合收益　3 000 000
　　　　　　　　　——其他权益变动　2 000 000
　　　银行存款　100 000 000

购买日前A公司原持有股权相关的其他综合收益300万元以及其他所有者权益变动200万元在购买日均不进行会计处理。

例3-18　2×19年12月31日，A公司与其他四家公司共同出资设立B公司，各方共同控制B公司。各方持股比例分别为20%。其中，A公司以3 000万现金出资。

B公司2×20年度，累计实现净利润3 000万元、债务工具分类为以公允价值计量且其变动计入其他综合收益的金融资产公允价值变动增加750万元、其他所有者权益变动增加250万元。

2×21年1月1日，A公司另支付银行存款8 000万元，自B公司其他股东处取得B公司40%股权，并取得对B公司的控制权。购买日，A公司原持有的对B公司的20%股权的公允价值为4 000万元；B公司可辨认净资产公允价值为18 000万元。假设A公司购买B公司20%股权和后续购买40%的股权的交易不构成“一揽子”交易。以上交易的相关手续均于当日完成。不考虑相关税费等其他因素影响。

①B公司成立时：

借：长期股权投资——投资成本　30 000 000
　贷：银行存款　30 000 000

②2×20年末：

借：长期股权投资——损益调整　6 000 000
　　　　　　　　——其他综合收益　1 500 000
　　　　　　　　——其他权益变动　500 000
　贷：投资收益　6 000 000
　　　其他综合收益　1 500 000
　　　资本公积——其他资本公积　500 000

至2×20年12月31日长期股权投资的账面价值3 800万元（3 000＋600＋150＋50）。

③A公司会计处理如下：

（a）购买日对子公司按成本法核算的初始投资成本＝购买日前A公司原持有股权的账面价值3 800＋本次投资应支付对价的公允价值8 000＝11 800（万元）。

借：长期股权投资　118 000 000
　贷：长期股权投资——投资成本　30 000 000
　　　　　　　　　——损益调整　6 000 000
　　　　　　　　　——其他综合收益　1 500 000
　　　　　　　　　——其他权益变动　500 000
　　　银行存款　80 000 000

（b）购买日前A公司原持有股权相关的其他综合收益150万元以及其他所有者权益变动50万元在购买日均不进行会计处理。

例3-19 A公司2×20年6月1日以每股6元的价格购入某上市公司B公司的股票1 000万股，并由此持有B公司5%的股权。A公司与B公司不存在关联方关系。A公司将对B公司的投资根据其管理B公司股票的业务模式和B公司股票的合同现金流量特征，将B公司股票分类为以公允价值计量且其变动计入当期损益的金融资产进行会计处理。2×20年12月31日该股票的收盘价格为每股7元。

2×21年4月1日，A公司以银行存款105 600万元为对价，向B公司大股东收购B公司55%的股权，相关手续于当日完成。假设A公司购买B公司5%的股权和后续购买55%的股权不构成"一揽子"交易，A公司取得B公司控制权之日为2×21年4月1日，原5%股权的公允价值为9 600万元。不考虑相关税费等其他因素影响。

A公司的会计处理如下。

①购入B公司股票时：

借：交易性金融资产——成本 60 000 000

贷：银行存款 60 000 000

②年末确认公允价值变动时：

借：交易性金融资产——公允价值变动 10 000 000

贷：公允价值变动损益 10 000 000

③追加投资完成购买时：

（a）购买日对子公司按成本法核算的初始投资成本＝购买日前原金融资产的公允价值9 600＋追加投资应支付对价的公允价值105 600＝115 200（万元）。

影响2×21年个别财务报表投资收益＝原持有5%股权的公允价值与账面价值的差额2 600（9 600－7 000）＋公允价值变动损益1 000＝3 600（万元）；或原持有5%股权的公允价值9 600－初始成本6 000＝3 600（万元）。

借：长期股权投资 1 152 000 000

贷：交易性金融资产——成本 60 000 000

——公允价值变动 10 000 000

投资收益（96 000 000－70 000 000） 26 000 000

银行存款 1 056 000 000

（b）购买日前原持有以公允价值计量且其变动计入当期损益的金融资产相关的公允价值变动损益为1 000万元，购买日该公允价值变动损益转入购买日所属当期投资收益。

借：公允价值变动损益 10 000 000

贷：投资收益 10 000 000

例3-20 2×20年1月1日，A公司以每股5元的价格购入某上市公司B公司的股票200万股，并由此持有B公司4%的股权。A公司与B公司不存在关联方关系。A公司将对B公司的投资作为其他权益工具投资进行会计处理。2×21年1月1日，A公司以现金2亿元为对价，向B公司大股东收购B公司50%的股权，相关手续于当日完成。假设A公司购买B公司4%的股权和后续购买50%的股权不构成"一揽子"交易，A公司取得B公司控制权之日为2×21年1月1日，B公司当日股价为每股7元，B公司可辨认净资产的公允价值为3亿元，不考虑相关税费等其他因素影响。

分析：购买日前，A公司持有对B公司的股权投资作为其他权益工具投资进行会计处理，购买日前A公司原持有其他权益工具投资的账面价值为1 400万元（7×200）。本次追加投资应支付对价的公允价值为20 000万元。购买日对子公司按成本法核算的初始投资成本为21 400万元（20 000＋1 400）。

购买日前A公司原持有其他权益工具投资相关的其他综合收益为400万元［（7－5）×200］，购买日该其他综合收益转入期初留存收益。

①确认增资后的长期股权投资：

借：长期股权投资——投资成本　214 000 000

　贷：其他权益工具投资　14 000 000

　　银行存款　200 000 000

②购买日该其他综合收益转入期初留存收益：

借：其他综合收益　4 000 000

　贷：盈余公积　400 000

　　未分配利润　3 600 000

3. 混合交易实现的企业合并

一项交易中可能会同时涉及自最终控制方购买股权及自其他外部独立第三方购买股权而形成控制。合并方除自最终控制方取得集团内企业股权外，还会涉及自外部独立第三方购买被合并方进一步的股权。

准则中未对此类交易作出明确规定，根据准则的相关条款与精神，一般实务中认为自集团内取得的股权能够形成控制的，相关股权投资成本的确定按照同一控制下企业合并的有关规定处理，而自外部独立第三方取得的股权则视为在取得对被投资单位的控制权，形成同一控制下企业合并后少数股权的购买，该部分少数股权的购买不论其与形成同一控制下企业合并的交易是否同时进行，在与同一控制下企业合并不构成“一揽子”交易的情况下，有关股权投资成本即按照实际支付的购买价款确定。

例 3-21　2×20 年 A 公司和其控股股东以及无关联第三人 C 公司签订协议，分别以发行 1 800 万股股票（1 元 / 股）作为对价从其控股股东处购买其持有 B 公司 60% 的股权；以银行存款支付 5 000 万元从 C 公司处购买少数股权 40%。7 月 1 日办理完毕交接手续，改选董事会成员，当日 B 公司所有者权益账面价值 8 000 万元。

分析：本案中，A公司应确认的长期股权投资的初始投资成本为9 800万元（8 000×60%＋5 000），会计处理如下。

借：长期股权投资　98 000 000

　贷：股本　18 000 000

　　资本公积　30 000 000

　　银行存款　50 000 000

（三）企业合并以外其他方式取得的长期股权投资

除企业合并形成的长期股权投资以外，其他方式取得的长期股权投资，即对联营企业、合营企业投资，应当按照下列规定确定其初始投资成本。

1. 以支付现金取得的长期股权投资

以支付现金取得的长期股权投资，应当按照实际支付的购买价款作为初始投资成本。初始投资成本包括与取得长期股权投资直接相关的费用、税金及其他必要支出。但所支付价款中包含的被投资单位已宣告但尚未发放的现金股利或利润应作为应收项目核算，不构成取得长期股权投资的成本。

例 3-22　某公司于 2×21 年 5 月 1 日，自公开市场中买入 A 公司 20% 的股份，实际支付价款 9 000 万元。另外，在购买过程中支付手续费等相关费用 500 万元。取得该部分股权后，能够对 A 公司的生产经营决策施加重大影响。该公司应当按照实际支付的购买价款和相关费用作为取得长期股权投资的成本，其账务处理如下：

借：长期股权投资　　95 000 000
　　贷：银行存款　　95 000 000

2. 以发行权益性证券取得的长期股权投资

根据长期股权投资准则规定，以发行权益性证券取得的长期股权投资，应当按照发行权益性证券的公允价值作为初始投资成本。

以发行权益性证券取得的长期股权投资，应当按照发行权益性证券的公允价值作为初始投资成本，但不包括应自被投资单位收取的已宣告但尚未发放的现金股利或利润。

为发行权益性证券支付给有关证券承销机构等的手续费、佣金等与权益性证券发行直接相关的费用，不构成取得长期股权投资的成本，应当按照金融工具的有关准则规定确定，基本原则是该部分费用应自权益性证券的溢价发行收入中扣除，权益性证券的溢价收入不足冲减的，应冲减盈余公积和未分配利润。

例 3-23 2×21 年 6 月 5 日，A 公司通过增发 8 000 万股本公司普通股（每股面值 1 元）取得 B 公司 20% 的股权。该 8 000 万股份的公允价值为 1.6 亿元。为增发该部分股份，A 公司向证券承销机构等支付了 700 万元的佣金和手续费。假定 A 公司取得该部分股权后，能够对 B 公司的财务和生产经营决策施加重大影响，具体会计处理如下：

（1）A 公司应当以所发行股份的公允价值作为取得长期股权投资的成本：

借：长期股权投资　　160 000 000
　　贷：股本　　80 000 000
　　　　资本公积——股本溢价　　80 000 000

（2）发行权益性证券过程中支付的佣金和手续费，应冲减权益性证券的溢价发行收入：

借：资本公积——股本溢价　　7 000 000
　　贷：银行存款　　7 000 000

一般而言，投资者投入的长期股权投资应根据法律法规的要求进行评估作价。在公平交易当中，投资者投入的长期股权投资的公允价值，与所发行证券（工具）的公允价值不应存在重大差异。如有确凿证据表明，取得长期股权投资的公允价值比所发行证券（工具）的公允价值更加可靠的，以投资者投入的长期股权投资的公允价值为基础确定其初始投资成本。投资方通过发行债务性证券（债务性工具）取得长期股权投资的，比照通过发行权益性证券（权益性工具）处理。

例 3-24 非上市企业 A 公司在成立时，以其持有的对 B 公司的长期股权投资作为出资投入 C 公司。B 公司为上市公司，其约定，A 公司作为出资的长期股权投资作价 5 000 万元（该作价与其公允价值相当）。交易完成后，C 公司注册资本增加至 20 000 万元，其中 A 公司的持股比例为 20%。C 公司取得该长期股权投资后能够对 B 公司施加重大影响。不考虑相关税费等其他因素影响。

分析：本例中，A 公司向 C 公司投入的长期股权投资具有活跃市场报价，而 C 公司所发行的权益性工具的公允价值不具有活跃市场报价，因此，C 公司应采用 B 公司股权的公允价值来确认长期股权投资的初始成本。C 公司应进行的会计处理为：

借：长期股权投资——投资成本　　50 000 000
　　贷：实收资本　　40 000 000
　　　　资本公积——资本溢价　　10 000 000

3. 通过非货币性资产交换取得的长期股权投资

通过非货币性资产交换取得的长期股权投资，其初始投资成本应当按照《企业会计准则第 7 号——非货币性资产交换》的有关规定确定，具体说明详见第八章非货币资产交换。

4. 通过债务重组取得的长期股权投资

通过债务重组取得的长期股权投资，其初始投资成本应当按照《企业会计准则第 12 号——债务重组》的有关规定确定，具体说明详见第十三章债务重组。

5. 其他方式取得的长期股权投资

（1）投资者投入的长期股权投资，应当按照投资合同或协议约定的价值作为初始投资成本，但合同或协议约定价值不公允的除外。

例 3-25 A 公司以其持有的对 B 公司的长期股权投资作为出资投入 C 公司。B 公司为上市公司。C 公司股东之间约定，A 公司作为出资的长期股权投资作价 4 000 万元（该作价与其公允价值相当）。交易完成后，C 公司注册资本增加至 16 000 万元，其中 A 公司的持股比例为 20%。C 公司取得该长期股权投资后能够对 B 公司施加重大影响。不考虑相关税费等其他因素影响。

分析：本例中，A 公司向 C 公司投入的长期股权投资具有活跃市场报价，而 C 公司所发行的权益性工具的公允价值不具有活跃市场报价。因此，C 公司应采用 B 公司股权的公允价值来确认长期股权投资的初始成本。C 公司应进行的会计处理为：

借：长期股权投资——投资成本	40 000 000	
贷：实收资本		32 000 000
资本公积——资本溢价		8 000 000

（2）企业进行公司制改建。企业改制时，对资产、负债的账面价值按照评估价值调整的长期股权投资应以评估价值作为改制时的认定成本，评估值与原账面价值的差异应计入资本公积（资本溢价或股本溢价）。

（3）母公司购买子公司少数股东股权。企业在取得对子公司的控制权，形成企业合并后，购买少数股东全部或部分权益的，实质上是股东之间的权益性交易，不属于企业合并准则所规范的业务。母公司个别财务报表中对于自子公司少数股东处新取得的长期股权投资，应当按照《企业会计准则第 2 号——长期股权投资》的规定，确定长期股权投资的入账价值，即按照实际支付价款或公允价值确认长期股权投资，如果以非货币性资产对价，应确认资产的处置损益。

另外，企业无论是以何种方式取得长期股权投资（包括企业合并及以外其他方式取得的长期股权投资），对于取得投资时支付的对价中包含的应享有被投资单位已经宣告但尚未发放的现金股利或利润应确认为应收项目，不构成取得长期股权投资的初始投资成本。

例 3-26 2×21 年 6 月 20 日，A 公司以 1 400 万元购入 B 公司 70% 的股权，包括已宣告未发放现金股利 70 万元。A 公司取得该部分股权后，能够有权力主导 B 公司的相关活动并获得可变回报。2×21 年 7 月 20 日 B 公司分派现金股利，A 公司按照其持有比例确定可分回 70 万元。

A 公司对 B 公司长期股权投资应进行的账务处理如下。

2×21 年 6 月，确认长期股权投资：

借：长期股权投资	13 300 000	
应收股利	700 000	
贷：银行存款		14 000 000

2×21 年 7 月，收到现金股利：

借：银行存款	700 000	
贷：应收股利		700 000

四、长期股权投资的后续计量

长期股权投资在持有期间，根据投资方对被投资单位的影响程度分别采用成本法及权益法进行核算。除不适用于本准则的投资，对子公司的长期股权投资应当按成本法核算，对合营企业、联营企业的长期股权投资应当按权益法核算，不允许选择按照金融工具确认和计量准则进行会计处理。

（一）成本法

1. 成本法的适用范围

成本法，是指投资按成本计价的方法。根据长期股权投资准则规定，投资企业能够对被投资单位实施控制的长期股权投资应当采用成本法核算。

投资方在判断对被投资单位是否具有控制时，应综合考虑直接持有的股权和通过子公司间接持有的股权。在个别财务报表中，投资方进行成本法核算时，应仅考虑直接持有的股权份额。关于控制和相关活动的理解及具体判断，详见第三十三章合并财务报表。

长期股权投资准则要求投资方对子公司的长期股权投资采用成本法核算，主要是为了避免在子公司实际宣告发放现金股利或利润之前，母公司垫付资金发放现金股利或利润等情况，解决了原来权益法核算下投资收益不能足额收回导致超分配的问题。

2. 成本法的核算

根据长期股权投资准则及其修订解释，采用成本法核算的长期股权投资应当作如下会计处理：

（1）初始投资成本确认。追加或收回投资应当调整长期股权投资的成本，按照追加投资支付的成本的公允价值及发生的相关交易费用确认长期股权投资的账面价值，详见本章第三部分长期股权投资的初始计量。

（2）分派现金股利或利润。被投资单位宣告分派现金股利或利润的，投资方根据应享有的部分确认当期投资收益，取得投资时实际支付的价款或对价中包含的已宣告但尚未发放的现金股利或利润除外。

例 3-27　2×21 年 6 月 20 日，A 公司以 1 400 万元购入 B 公司 70% 的股权。A 公司取得该部分股权后，能够有权力主导 B 公司的相关活动并获得可变回报。2×21 年 7 月 20 日 B 公司宣告分派现金股利，A 公司按照其持有比例确定可分回 70 万元。

A 公司对 B 公司长期股权投资应进行的账务处理如下。

2×21 年 6 月，确认长期股权投资：

借：长期股权投资	14 000 000	
贷：银行存款		14 000 000

2×21 年 7 月，B 公司宣布现金股利，即使该利润是 A 公司投资前的期间内 B 公司获得，A 公司仍需确认投资收益：

借：应收股利	700 000	
贷：投资收益		700 000

例 3-28　2×20 年 1 月，A 公司自非关联方处以现金 1 000 万元取得对 B 公司 60% 的股权，相关手续于当日完成，并能够对 B 公司实施控制。2×21 年 3 月，B 公司宣告分派现金股利，A 公司按其持股比例可取得 60 万元。不考虑相关税费等其他因素影响。

A 公司有关会计处理如下。

2×20 年 1 月，确认长期股权投资：

借：长期股权投资——投资成本	10 000 000	
贷：银行存款		10 000 000

2×21 年 3 月，公司宣布现金股利：

借：应收股利	600 000	
贷：投资收益		600 000

现金股利分配会计处理中，需注意：

①不管有关利润分配是否属于对取得投资前还是取得投资后被投资单位实现净利润的分配，都应将被投资单位宣告分派的现金股利或利润，确认为当期投资收益，取得投资时实际支付的价款或对价中包含的已宣告但尚未发放的现金股利或利润除外。

②投资企业在确认自被投资单位应分得的现金股利和利润后，应当考虑有关长期股权投资是否发生减值。在判断该类长期股权投资是否存在减值迹象时，应当关注长期股权投资的账面价值是否大于享有被投资单位净资产（包括相关商誉）账面价值的份额等情况。出现类似情况时，企业应当按照《企业会计准则第 8 号——资产减值》的规定对长期股权投资进行减值测试，可收回金额低于长期股权投资账面价值的，应当计提减值准备。

③子公司将未分配利润或盈余公积转增股本（实收资本），且未向投资方提供等值现金股利或利润的选择权时，投资方并没有获得收取现金或者利润的权力。该项交易通常属于子公司自身权益结构的重分类，投资方并没有获得收取现金或者利润的权利，所以不应确认相关的投资收益。因此，被投资单位分派股票股利的，投资方不作会计处理，但应于除权日注明所增加的股数，以反映股份的变化情况。

（二）权益法

1. 权益法的适用范围

权益法，是指投资初始以初始投资成本计量后，投资企业根据被投资单位所有者权益在投资持有期间的变动，按应享有（或应分担）被投资企业所有者权益的份额调整其投资账面价值的方法。根据长期股权投资准则规定，投资企业对被投资单位具有共同控制或重大影响的长期股权投资时，应当采用权益法核算。

投资方在判断对被投资单位是否具有共同控制、重大影响时，应综合考虑直接持有的股权和通过子公司间接持有的股权。在综合考虑直接持有的股权和通过子公司间接持有的股权后，如果认定投资方在被投资单位拥有共同控制或重大影响，投资方在个别财务报表中进行权益法核算时，应仅考虑直接持有的股权份额。

需要注意的是，投资方对联营企业的权益性投资，如果其中一部分是通过风险投资机构、共同基金、信托公司或包括投连险、基金在内的类似主体间接持有的，那么无论以上主体是否对这部分投资具有重大影响，投资方都可以按照《企业会计准则第 22 号——金融工具确认和计量》的有关规定，对间接持有的该部分投资选择以公允价值计量且其变动计入损益，并对其余部分采用权益法核算。

2. 权益法的核算

（1）初始投资成本的确认。初始投资或追加投资时，按照初始投资成本或追加投资的投资成本，增加长期股权投资的账面价值。详见本章第三部分长期股权投资的初始计量。

（2）初始投资成本的调整。投资方取得对联营企业或合营企业的投资以后，对于取得投资时初始投资成本与应享有被投资单位可辨认净资产公允价值份额之间的差额，应区别以下情况处理。

第 1 种情况：长期股权投资的初始投资成本大于投资时应享有被投资单位可辨认净资产公允价值份额的，该部分差额实质上是投资企业在取得投资过程中通过购买作价体现出的与所取得股权份额相对应的商誉及被投资单位不符合确认条件的资产价值，不调整长期股权投资的初始投资成本。

第 2 种情况：长期股权投资的初始投资成本小于投资时应享有被投资单位可辨认净资产公允价值份额的，两者之间的差额体现为双方在交易作价过程中的让步，该部分经济利益流入应计入取得投资当期的营业外收入，同时调整增加长期股权投资的账面价值。

例 3-29 A 企业于 2×21 年 1 月取得 B 公司 40% 的股权，支付价款 9 000 万元。A 企业取得投资时，被投资单位 B 公司的净资产账面价值为 20 000 万元、公允价值 22 000 万元。在 B 公司的生产经营决策过程中，所有股东均按持股比例行使表决权。A 企业在取得 B 公司的股权后，派人参与了 B 公司的生产经营决策。因能够对 B 公司施加重大影响，所以 A 企业对该投资应当采用权益法核算。

分析：A 企业长期股权投资的初始投资成本 9 000 万元大于取得投资时应享有被投资单位可辨认净资产公允价值的份额 8 800（22 000×40%）万元，两者之间的差额不调整长期股权投资的账面价值，只需在取得投资时，应进行以下账务处理：

借：长期股权投资——成本　　90 000 000

　　贷：银行存款　　90 000 000

如果本例中取得投资时被投资单位可辨认净资产的公允价值为 25 000 万元，A 企业按持股比例 40% 计算确定应享有 10 000 万元，则初始投资成本与应享有被投资单位可辨认净资产公允价值份额之间的差额 1 000 万元应计入取得投资当期的营业外收入，账务处理如下：

借：长期股权投资——成本　　100 000 000

　　贷：银行存款　　90 000 000

　　　　营业外收入　　10 000 000

（3）持有投资期间的核算。持有投资期间，随着被投资单位所有者权益的变动相应调整（增加或减少）长期股权投资的账面价值。被投资单位编制合并财务报表的，应当以合并财务报表中净利润、其他综合收益和其他所有者权益变动中归属于被投资单位的金额为基础进行会计处理。长期股权投资持有期间的核算主要包括以下情况。

①被投资单位实现净损益。对于因被投资单位实现净损益而产生的所有者权益的变动，投资方应当按照应享有的份额，增加或减少长期股权投资的账面价值，同时确认投资损益。采用权益法核算的长期股权投资，在确认应享有（或分担）被投资单位的净利润（或净亏损）时，在被投资单位账面净利润的基础上，应考虑以下影响因素并进行适当调整。

（a）被投资单位采用的会计政策和会计期间与投资方不一致的，应按投资方的会计政策和会计期间对被投资单位的财务报表进行调整，在此基础上确定被投资单位的损益。

在权益法下，投资方与被投资单位作为一个整体其所产生的损益，应当建立在一致的会计政策基础上。因此，被投资单位采用的会计政策与投资方不同的，投资方应当基于重要性原则，按照投资方的会计政策对被投资单位的损益进行调整。

（b）考虑以取得投资时被投资单位固定资产、无形资产等的公允价值为基础计提的折旧额或摊销额，以及有关资产减值准备金额等对被投资单位净利润的影响。

被投资单位利润表中的净利润是以其持有的资产、负债账面价值为基础持续计算的，而投资方在取得投资时，是以被投资单位有关资产、负债的公允价值为基础确定投资成本，取得投资后应确认的投资收益代表的是被投资单位资产、负债在公允价值计量的情况下在未来期间通过经营产生的损益中归属于投资方的部分。投资方取得投资时，被投资单位有关资产、负债的公允价值与其账面价值不同的，在计算归属于投资方应享有的净利润或应承担的净亏损时，应对被投资单位计提的折旧额、摊销额以及资产减值准备金额等进行调整，并调整被投资单位的净利润。

（c）尽管在评估投资方对被投资单位是否具有重大影响时，应当考虑潜在表决权的影响，但在确定应享有的被投资单位实现的净损益、其他综合收益和其他所有者权益变动的份额时，潜在表决权所对应的权益份额不应予以考虑。此外，如果被投资单位发行了分类为权益的可累积优先股等类似的权益工具，无论被投资单位是否宣告分配优先股股利，投资方计算应享有被投资单位的净利润时，均应将归属于其他投资方的累积优先股股利予以扣除。

例 3-30 2×21 年 1 月 1 日，A 公司购入 B 公司 40% 的股份，购买价款为 2 600 万元，自取得投资之日起能够对 B 公司施加重大影响。取得投资当日，B 公司可辨认净资产公允价值为 6 000 万元，除表 3-02 所列项目外，B 公司其他资产、负债的公允价值与账面价值相同。

表 3-02　被投资企业净利润调整数据表

单位：万元

项目	账面原价	已提折旧或摊销	公允价值	B 公司预计使用年限	A 公司取得投资后剩余使用年限
存货	500		700		
固定资产	1 000	200	1 600	20	16
无形资产	800	100	800	10	8
小计	2 300	300	3 100		

假定 B 公司于 2×21 年实现净利润 1 000 万元，其中在 A 公司取得投资时的账面存货有 50% 对外出售。A 公司与 B 公司的会计年度及采用的会计政策相同。固定资产、无形资产等均按直线法提取折旧或摊销，预计净残值均为零。假定 A、B 公司之间未发生其他任何内部交易。

2×21 年 12 月 31 日，A 公司在确定其应享有的投资收益时，应在 B 公司实现净利润的基础上，根据取得投资时 B 公司有关资产的账面价值与其公允价值差额的影响进行调整（假定不考虑所得税及其他税费等因素影响）。

分析：

存货账面价值与公允价值的差额应调减的利润＝（700－500）×50%＝100（万元）

固定资产公允价值与账面价值差额应调整增加的折旧额＝1 600÷16－1 000÷20＝50（万元）

无形资产公允价值与账面价值差额应调整增加的摊销额＝800÷8－800÷10＝20（万元）

调整后的净利润＝1 000－100－50－20＝830（万元）

按照A公司应享有份额＝830×40%＝332（万元）

确认投资收益的相关会计处理如下：

借：长期股权投资——损益调整　　3 320 000

　　贷：投资收益　　3 320 000

在对被投资单位的净利润进行调整时，应考虑重要性原则，不具有重要性的项目可不予调整。符合下列条件之一的，投资企业可以被投资单位的账面净利润为基础，计算确认投资损益，同时应在附注中说明不能按照准则中规定进行核算的原因：一是投资企业无法合理确定取得投资时被投资单位各项可辨认资产等的公允价值；二是投资时被投资单位可辨认资产的公允价值与其账面价值相比，两者之间的差额不具重要性的；三是其他原因导致无法取得被投资单位的有关资料，不能按照准则中规定的原则对被投资单位的净损益进行调整的。

（d）对于投资方或纳入投资方合并财务报表范围的子公司与其联营企业及合营企业之间发生的未实现内部交易损益应予抵销，再在此基础上确认投资损益，即：投资方与联营企业及合营企业之间发生的未实现内部交易损益，按照应享有的比例计算归属于投资方的部分，应当予以抵销。

投资方与其联营企业和合营企业之间的未实现内部交易损益抵销与投资方与子公司之间的未实现内部交易损益抵销有所不同，母子公司之间的未实现内部交易损益在合并财务报表中是全额抵销的（无论是全资子公司还是非全资子公司），而投资方与其联营企业和合营企业之间的未实现内部交易损益抵销仅仅是投资方（或是纳入投资方合并财务报表范围的子公司）享有联营企业或合营企业的权益份额。

（a）对于投资方向联营企业或合营企业投出或出售资产的顺流交易，在该交易存在未实现内部交易损益的情况下（即有关资产未对外部独立第三方出售或未被消耗），投资方在采用权益法计算确认应享有联营企业或合营企业的投资损益时，应抵销该未实现内部交易损益的影响，同时调整对联营企业或合营企业长期股权投资的账面价值；投资方因投出或出售资产给其联营企业或合营企业而产生的损益中，应仅限于确认归属于联营企业或合营企业其他投资方的部分。即在顺流交易中，投资方投出资产或出售资产给其联营企业或合营企业产生的损益中，按照应享有比例计算确定归属于本企业的部分不予确认。

当联营企业或合营企业将该商品消耗或向外部独立第三方出售时，因该部分内部交易损益已经实现，所以投资方在确认应享有净损益时，应考虑将原未确认的该部分内部交易损益计入投资损益。

例 3-31 2×20 年 1 月，A 公司取得了 B 公司 20% 有表决权的股份，能够对 B 公司施加重大影响。2×20 年 9 月，A 公司将其账面价值为 800 万元的商品以 1 000 万元的价格出售给 B 公司，B 公司将取得的商品作为原材料使用，截至年末仍在 B 公司库中。假定 A 公司取得该项投资时，B 公司各项可辨认资产、负债的公允价值与其账面价值相同，两者在以前期间未发生过内部交易。B 公司 2×20 年实现净利润为 1 000 万元。不考虑所得税及其他相关税费等其他因素影响。

分析：本例中，A公司在该项交易中实现利润200万元，其中的40万元（200×20%）是针对本公司持有的对联营企业的权益份额，在采用权益法计算确认投资损益时应予抵销，抵销后A公司享有（或分担）被投资单位的净利润160万元［（1 000－200）×20%］，即A公司应当进行以下会计处理：

借：长期股权投资——损益调整　　1 600 000

　　贷：投资收益　　1 600 000

假定在 2×21 年，B 企业将该商品以 1 200 万元的价格向外部独立第三方出售，因该部分内部交易损益已经实现，所以 A 企业在确认应享有 B 公司 2×21 年净损益时，应考虑将原未确认的该部分内部交易损益计入投资损益，即应在考虑其他因素计算确定的投资损益基础上调整增加 160 万元。

例 3-32 2×20 年 1 月，A 公司取得了 B 公司 20% 有表决权的股份，能够对 B 公司施加重大影响。2×20 年 9 月，A 公司将其账面价值为 800 万元的商品以 1 000 万元的价格出售给 B 公司，B 公司将取得的商品作为管理用固定资产，预计使用寿命为 10 年，净残值为零。假定 A 公司取得该项投资时，B 公司各项可辨认资产、负债的公允价值与其账面价值相同，两者在以前期间未发生过内部交易。B 公司 2×20 年实现净利润为 1 000 万元。不考虑所得税及其他相关税费等其他因素影响。

分析：本例中，B公司采购A公司的产品是作为固定资产使用，还应考虑相关固定资产折旧对损益的影响，抵销后A公司享有（或分担）被投资单位的净利润161万元［（1 000－200＋200÷10÷12×3）×20%］，即A公司应当进行以下会计处理：

借：长期股权投资——损益调整　　1 610 000

　　贷：投资收益　　1 610 000

（b）对于联营企业或合营企业向投资方投出或出售资产的逆流交易，比照上述顺流交易处理。

在抵销内部交易时，应当注意以下两点：

第一点：投资方与其联营企业及合营企业之间发生的无论是顺流交易还是逆流交易产生的未实现内部交易损失，其中属于所转让资产发生减值损失的，有关未实现内部交易损失不应予以抵销，应当全额确认。

例 3-33 2×21 年 1 月，A 公司取得 B 公司 20% 有表决权的股份，能够对 B 公司施加重大影响。同年，A 公司将其账面价值为 400 万元的商品以 300 万元的价格出售给 B 公司。2×21 年资产负债表日，该批商品尚未对外部第三方出售。假定 A 公司取得该项投资时，B 公司各项可辨认资产、负债的公允价值与其账面价值相同，两者在以前期间未发生过内部交易。B 公司 2×21 年净利润为 1 000 万元。不考虑相关税费等其他因素影响。

分析：A 公司在确认应享有 B 公司 2×21 年净损益时，如果有证据表明该商品交易价格 300 万元与其账面价值 400 万元之间的差额为减值损失的，不应予以抵销。A 公司应当进行以下会计处理：

借：长期股权投资——损益调整（10 000 000×20%）　　2 000 000

　　贷：投资收益　　2 000 000

第二点：投资方与联营、合营企业之间发生投出或出售资产的交易，该资产构成业务的，应当按照《企业会计准则第 20 号——企业合并》《企业会计准则第 33 号——合并财务报表》的有关规定进行会计处理。有关会计处理如下：

投资方应全额确认与交易相关的利得或损失。投资方向联营、合营企业投出业务，投资方因此取得长期股权投资但未取得控制权的，应以投出业务的公允价值作为新增长期股权投资的初始投资成本，初始投资成本与投出业务的账面价值之差，全额计入当期损益。投资方向联营、合营企业出售业务取得的对价与业务的账面价值之间的差额，全额计入当期损益。

例 3-34　2×21 年 1 月，A 公司以其所属一个配件生产车间（构成业务），向其持股 30% 的联营企业 B 公司增资。同时，B 公司的其他投资方也以现金向 B 公司增资。增资后，A 公司对 B 公司的持股比例不变，并仍能施加重大影响。该配件生产车间的库存商品账面价值为 200 万元，公允价值 240 万元，固定资产账原价为 1 600 万元，累计折旧 600 万元，公允价值为 1 260 万元。不考虑相关税费等其他因素影响。

分析：本例中，A公司是将一项业务投给联营企业作为增资。A公司应当按照所投出生产车间相关资产的公允价值1 500万元（240＋1 260）作为新取得长期股权投资的初始投资成本，初始投资成本与所投出资产账面价值1 000万元之间的差额500万元应全额计入当期损益。

（a）结转库存商品成本：

借：主营业务成本　　2 000 000

　　贷：库存商品　　2 000 000

（b）结转固定资产账面价值：

借：固定资产清理　　10 000 000

　　固定资产——累计折旧　　6 000 000

　　贷：固定资产——原价　　16 000 000

（c）确认长期股权投资：

借：长期股权投资　　15 000 000

　　贷：固定资产清理　　10 000 000

　　　　资产处置损益　　2 600 000

　　　　主营业务收入　　2 400 000

例 3-35　A 公司系增值税一般纳税人，为汽车生产厂商。2×21 年 1 月份，A 公司以其所属的从事汽车配饰生产的一个分公司（构成业务），向其持股 30% 的联营企业 B 公司增资。同时，B 公司的其他投资方（持有 B 公司 70% 股权）也同比例向 B 公司增资。增资后，A 公司对 B 公司的持股比例不变，并仍能施加重大影响。上述分公司（构成业务）的资产与负债资料如下：①应收账款：账面价值 80 万元，公允价值 100 万元；②库存商品：账面价值 120 万元，公允价值 200 万元，增值税率为 13%；③无形资产：账面价值 200 万元，公允价值 300 万元，增值税率为 6%；④固定资产（设备）：原价：500 万元，累计折旧 200 万元，公允价值 400 万元，增值税率为 6%；⑤固定资产（厂房）：原价 400 万元，累计折旧 100 万元，公允价值 500 万元，增值税率为 9%；⑥应付账款：账面价值 100 万，公允价值 100 万。2×21 年度，B 公司按其净资产账面价值计算实现的净利润为 1 000 万元。

分析：本例中，A公司是将一项业务投给联营企业作为增资。A公司应当按照所投出分公司（业务）的含税公允价值作为新取得长期股权投资的初始投资成本，即初始投资成本＝100＋200×1.13＋300×1.06＋400×1.06＋500×1.09－100＝1 489（万元）。

（a）结转库存商品成本：

借：主营业务成本	1 200 000	
贷：库存商品		1 200 000

（b）结转固定资产成本：

借：固定资产清理	6 000 000	
固定资产——累计折旧	3 000 000	
贷：固定资产——原价		9 000 000

（c）确认长期股权投资成本：

借：长期股权投资	14 890 000	
应付账款	1 000 000	
贷：应收账款		1 000 000
主营业务收入		2 000 000
无形资产		2 000 000
固定资产清理		6 000 000
资产处置损益		4 000 000
应交税费——应交增值税（销项税额）		890 000

（d）确认2×21年投资收益：

A公司应享有份额＝1 000×30%＝300（万元），所投出业务的净资产账面价值1 000万元与公允价值1 500万元之间的差额500万元应全额计入当期损益，不需要抵销。

借：长期股权投资——损益调整	3 000 000	
贷：投资收益		3 000 000

②投资单位实现其他综合收益。对于因被投资单位实现其他综合收益而产生的所有者权益的变动，投资方应当按照应享有的份额，增加或减少长期股权投资的账面价值，同时确认其他综合收益。

例3-36 A企业持有B企业30%的股份，能够对B企业施加重大影响。当期B企业因持有的金融资产公允价值的变动计入其他综合收益的金额为1 000万元，除该事项外，B企业当期实现的净损益为6 000万元。

假定A企业与B企业适用的会计政策、会计期间相同，投资时B企业各项可辨认资产、负债的公允价值与其账面价值亦相同。双方在当期及以前期间未发生任何内部交易。不考虑所得税影响因素。

A企业在确认应享有被投资单位所有者权益的变动时：

借：长期股权投资——损益调整	18 000 000	
——其他综合收益	3 000 000	
贷：投资收益		18 000 000
其他综合收益		3 000 000

③被投资单位宣告分派的利润或现金股利。被投资单位宣告分派的利润或现金股利，按照权益法核算的长期股权投资，投资方自被投资单位取得的现金股利或利润，应抵减长期股权投资的账面价值。在被投资单位宣告分派现金股利或利润时，借记“应收股利”科目，贷记“长期股权投资——损益调整”科目。

例3-37 A企业持有B企业30%的股份，能够对B企业施加重大影响。2×20年B企业当期实现的净损益为 6 000 万元，2×21 年 4 月 B 公司宣布分配现金股利 4 000 万元。

假定 A 企业与 B 企业适用的会计政策、会计期间相同，投资时 B 企业各项可辨认资产、负债的公允价值与其账面价值亦相同。双方在当期及以前期间未发生任何内部交易，不考虑所得税影响因素。

A 企业在确认应享有被投资单位所有者权益的变动时：

借：长期股权投资——损益调整　　18 000 000

　贷：投资收益　　18 000 000

A 企业在 B 企业宣布分派现金股利时：

借：应收股利——B 企业　　12 000 000

　贷：长期股权投资——损益调整　　12 000 000

被投资单位分派股票股利的，投资方不作会计处理，但应于除权日注明所增加的股数，以反映股份的变化情况。

④被投资单位其他所有者权益变动。对于被投资单位除净损益、其他综合收益以及利润分配以外的因素导致的其他所有者权益变动，投资方应按所持股权比例计算应享有的份额，调整长期股权投资的账面价值，同时计入资本公积（其他资本公积），并在备查簿中予以登记。

被投资单位除净损益、其他综合收益以及利润分配以外的所有者权益的其他变动的因素，主要包括被投资单位接受其他股东的资本性投入、被投资单位发行可分离交易的可转债中包含的权益成分、以权益结算的股份支付、其他股东对被投资单位增资导致投资方持股比例变动等。

例 3-38　2×20 年 1 月 1 日，A 公司分别以现金 200 万元出资设立 B 公司，注册资本 1 000 万元，持有 B 公司 20% 的股权。A 公司对 B 公司具有重大影响，采用权益法对有关长期股权投资进行核算。B 公司自设立日起至 2×20 年实现净损益 1 000 万元，除此以外，无其他影响净资产的事项。

2×21 年 1 月 1 日，B 公司其他股东提出对 B 公司增资 800 万元并获得股东大会同意，增资后 B 公司净资产为 2 800 万元，A 公司持有 B 公司的股权降至 15%，相关手续于当日完成。2×21 年 2 月 10 日 B 公司接受母公司现金捐赠 30 万元，该捐赠实质上属于资本性投资，B 公司将其计入资本公积（股本溢价）。

假定 A、B 两公司使用的会计政策、会计期间相同，双方在当期及以前期间未发其他内部交易。不考虑相关税费等其他因素影响。

分析：本例中，2×21年1月1日增资前，B公司的净资产账面价值为2 000万元，A公司应享有B公司权益的份额为400万元（2 000×20%）。其他股东单方面增资后，B公司的净资产增加800万元，A公司应享有B公司权益的份额为424.5万元［（2 800＋30）×15%］。A公司享有的权益变动24.5万元（其中20万是其他股东增资引起的，4.5万是母公司捐赠引起的），属于B公司除净损益、其他综合收益和利润分配以外所有者权益的其他变动。

（a）A 公司出资成立 B 公司时的会计处理：

借：长期股权投资——成本　　2 000 000

　贷：银行存款　　2 000 000

（b）2×20 年 B 公司实现 1 000 万元利润时，A 公司的会计处理：

借：长期股权投资——损益调整　　2 000 000

　贷：投资收益　　2 000 000

（c）其他股东增资时，A 公司的会计处理：

借：长期股权投资——其他权益变动　　200 000

　贷：资本公积——其他资本公积　　200 000

（d）B 公司接受母公司捐赠时：

借：长期股权投资——其他权益变动　　45 000

　贷：资本公积——其他资本公积　　45 000

⑤超额损失的确认。长期股权投资准则规定，投资方确认应分担被投资单位发生的损失（包括被投资单位的净亏损和其他综合收益减少净额），原则上应以长期股权投资及其他实质上构成对被投资单位净投资的长期权益减记至零为限，投资方负有承担额外损失义务的除外。

这里所讲“其他实质上构成对被投资单位净投资的长期权益”通常是指长期应收项目，比如，投资方对被投资单位的长期债权，该债权没有明确的清收计划、且在可预见的未来期间不准备收回，实质上构成对被投资单位的净投资。应予说明的是，该类长期权益不包括投资方与被投资单位之间因销售商品、提供劳务等日常活动所产生的长期债权。

另外，投资方在确认应分担被投资单位的净损失时，除应考虑长期股权投资及其他长期权益的账面价值以外，如果在投资合同或协议中约定将履行其他额外的损失补偿义务，还应按《企业会计准则第 13 号——或有事项》的规定确认预计将承担的损失金额。

综合以上几点，企业存在其他实质上构成对被投资单位净投资的长期权益项目以及负有承担额外损失义务的情况下，在确认应分担被投资单位发生的亏损时，应当按照以下顺序进行处理：

首先，减记长期股权投资的账面价值。

其次，长期股权投资的账面价值减记至零时，如果存在实质上构成对被投资单位净投资的长期权益，应减记该长期权益的账面价值，同时确认投资损失。

再次，长期权益的价值减记至零时，如果按照投资合同或协议约定需要企业承担额外义务的，应按预计承担的金额确认为投资损失，同时确认该预计负债。

最后，将有关长期股权投资和长期权益冲减至零，确认预计负债后仍未确认投资净损失额，应在备查簿登记。

根据《企业会计准则解释第 9 号——关于权益法下有关投资净损失的会计处理》规定，投资方按权益法确认应分担被投资单位的净亏损或被投资单位其他综合收益减少净额，将有关长期股权投资冲减至零并产生了未确认投资净损失的，被投资单位在以后期间实现净利润或其他综合收益增加净额时，投资方应当按照以前确认或登记有关投资净损失时的相反顺序进行会计处理，即依次减记未确认投资净损失金额、恢复其他长期权益和恢复长期股权投资的账面价值。同时，投资方还应当重新复核预计负债的账面价值。有关具体要求如下：

（a）投资方当期对被投资单位净利润和其他综合收益增加净额的分享额小于或等于前期未确认投资净损失的，根据登记的未确认投资净损失的类型，弥补前期未确认的应分担的被投资单位净亏损或其他综合收益减少净额等投资净损失。

例如，投资方的持股比例为 20%，去年有 120 万元的净损失（包括被投资单位的净亏损和其他综合收益减少净额），由于承担不起，没有确认。假定今年实现利润 90 万元，则 90×20% 小于 120×20%，需继续在备查簿登记，其他综合收益比照处理。

（b）投资方当期对被投资单位净利润和其他综合收益增加净额的分享额大于前期未确认投资净损失的，应先按照以上（a）的规定弥补前期未确认投资净损失；对于前者大于后者的差额部分，依次恢复其他长期权益（即长期应收款）的账面价值和恢复长期股权投资的账面价值，同时按权益法确认该差额。

会计核算时，应分别减记已确认的预计负债、恢复其他长期权益和长期股权投资的账面价值，同时确认投资收益，即应当按顺序分别借记“预计负债”“长期应收款”“长期股权投资”等科目，贷记“投资收益”科目。

例 3-39 A 企业持有 B 企业 40% 的股权，能够对 B 企业施加重大影响。2×20 年 12 月 31 日，该项长期股权投资的账面价值为 2 000 万元，B 企业由于一项主要经营业务市场条件发生变化，当年亏损 6 000 万元。假定 A 企业在取得该投资时，B 企业各项可辨认资产、负债的公允价值与其账面价值相等，双方所采用的会计政策及会计期间也相同。不考虑相关税费等其他因素影响。

分析：A 企业按其持股比例确认应分担的损失为 2 400 万元，但长期股权投资的账面价值仅为 2 000 万元，如果没有其他实质上构成对被投资单位净投资的长期权益项目，则 A 企业应确认的投资损失仅为 2 000 万元，超额损失 400 万元在账外进行备查登记，则 A 企业应进行以下会计处理：

借：投资收益　20 000 000

　贷：长期股权投资——损益调整　20 000 000

如果在确认了 2 000 万元的投资损失，长期股权投资的账面价值减记至零以后，A 企业账上仍有应收 B 企业的长期应收款 1 000 万元，该款项从目前情况看，没有明确的清偿计划，且在可预见的未来期间不准备收回（并非产生于商品购销等日常活动），则 A 企业应进行以下会计处理：

借：投资收益　20 000 000

　贷：长期股权投资——损益调整　20 000 000

借：投资收益　4 000 000

　贷：长期应收款　4 000 000

例3-40　A公司于2×17年取得B公司20%的有表决权股份，能够对B公司施加重大影响。取得投资时B公司可辨认净资产公允价值与账面价值相等，各年均没有发生内部交易业务。至2×17年年末“长期股权投资”账面价值为200万元，其中明细科目为“投资成本”7 000万元、“损益调整”1 000万元、“其他综合收益”－8 000万元（属于债务工具分类为以公允价值计量且其变动计入其他综合收益的金融资产产生）、“其他权益变动”200万元。假设A公司并不负有承担额外损失的义务。

（1）2×18 年 B 公司个别财务报表实现净利润为 3 000 万元，属于债务工具分类为以公允价值计量且其变动计入其他综合收益的金融资产确认的其他综合收益减少 5 000 万元。A 公司会计处理如下：

借：长期股权投资——损益调整　6 000 000

　贷：投资收益（30 000 000×20%）　6 000 000

借：其他综合收益（40 000 000×20%）　8 000 000

　贷：长期股权投资——其他综合收益　8 000 000

至2×18年年末“长期股权投资”账面价值＝年初余额200＋本年发生额（600－800）＝0；长期股权投资账面价值冲减至零并产生了未确认投资净损失200万元［（5 000－4 000）×20%］，在备查账簿记载（未确认投资净损失的类型为因被投资单位其他综合收益下降产生）。

（2）2×19 年 B 公司个别财务报表发生净亏损为 1 000 万元，B 公司属于债务工具分类为以公允价值计量且其变动计入其他综合收益的金融资产确认的其他综合收益增加 3 000 万元。A 公司会计处理如下：

借：投资收益（10 000 000×20%）　2 000 000

　贷：长期股权投资——损益调整　2 000 000

借：长期股权投资——其他综合收益（30 000 000×20%）　6 000 000

　贷：其他综合收益　6 000 000

同时恢复未确认投资净损失的类型为因被投资单位其他综合收益下降的金额：投资方当期对被投资单位净利润和其他综合收益增加净额的分享额400万元［（3 000－1 000）×20%］大于前期未确认调整净损失200万元，应先弥补前期未确认投资净损失；恢复2×18年备查账簿记载的净损失。

借：其他综合收益　2 000 000

　贷：长期股权投资——其他综合收益　2 000 000

至2×19年年末“长期股权投资”账面价值＝年初余额0＋本年发生额（－200＋600－200）＝200（万元）。

（3）2×20 年 B 公司个别财务报表实现净利润为 5 000 万元，B 公司属于债务工具分类为以公允价值计量且其变动计入其他综合收益的金融资产确认的其他综合收益增加 6 000 万元。A 公司会计处理如下：

借：长期股权投资——损益调整（50 000 000×20%）　10 000 000

　贷：投资收益　10 000 000

借：长期股权投资——其他综合收益（60 000 000×20%）　12 000 000

　贷：其他综合收益　12 000 000

至2×20年年末“长期股权投资”账面价值＝年初余额200＋本年发生额（1 000＋1 200）＝2 400（万元）。

值得注意的是，在合并财务报表中，子公司发生超额亏损的，子公司少数股东应当按照持股比例分担超额亏损。即在合并财务报表中，子公司少数股东分担的当期亏损超过了少数股东在该子公司期初所有者权益中所享有的份额的，其余额应当冲减少数股东权益。

⑥投资方持股比例增加但仍采用权益法核算的处理。投资方因增加投资等原因对被投资单位的持股比例增加，但被投资单位仍然是投资方的联营企业或合营企业时，投资方应当按照新的持股比例对股权投资继续采用权益法进行核算。在新增投资日，如果新增投资成本大于按新增持股比例计算的被投资单位可辨认净资产于新增投资日的公允价值份额，不调整长期股权投资成本；如果新增投资成本小于按新增持股比例计算的被投资单位可辨认净资产于新增投资日的公允价值份额，应按该差额，调整长期股权投资成本和营业外收入。进行上述调整时，应当综合考虑与原持有投资和追加投资相关的商誉或计入损益的金额。

例 3-41　2×20 年 1 月 1 日，A 公司以现金 2 400 万元向非关联方购买 B 公司 20% 的股权，并对 B 公司具有重大影响。当日，B 公司可辨认净资产公允价值与账面价值相等，均为 10 000 万元。2×20 年，B 公司实现净损益 2 000 万元，除此以外，无其他引起净资产发生变动的事项。2×21 年 1 月 1 日，A 公司以现金 1 000 万元向另一非关联方购买 B 公司 10% 的股权，仍对 B 公司具有重大影响，相关手续于当日完成。当日，B 公司可辨认净资产公允价值为 15 000 万元。不考虑相关税费等其他因素影响。

分析：本例中，A 公司于 2×20 年 1 月 1 日第一次购买 B 公司股权时，应享有 B 公司可辨认净资产公允价值份额为 2 000 万元（10 000×20%），A 公司支付对价的公允价值为 2 400 万元，因此 A 公司 2×20 年 1 月 1 日确认对 B 公司的长期股权投资的初始投资成本为 2 400 万元，其中含 400 万元的内含正商誉。

借：长期股权投资——投资成本　24 000 000

　贷：银行存款　24 000 000

A 公司 2×21 年 1 月 1 日第二次购买 B 公司股权时，应享有 B 公司可辨认净资产公允价值份额为 1 500 万元（15 000×10%），A 公司支付对价的公允价值为 1 000 万元，A 公司本应调整第二次投资的长期股权投资成本为 1 000 万元，并将 500 万元的负商誉确认为 500 万元的营业外收入。然而，由于 A 公司第一次权益法投资时确认了 400 万元的内含正商誉，两次商誉综合考虑后的金额为负商誉 100 万元。因此，A 公司 2×21 年 1 月 1 日在备查簿中记录两次投资各自产生的商誉和第二次投资时综合考虑两次投资产生的商誉后的调整情况，并作如下会计核算：

借：长期股权投资　11 000 000

　贷：银行存款　10 000 000

　　营业外收入　1 000 000

例 3-42 2×19 年 1 月 1 日，A 公司以现金 250 万元向非关联方购买 B 公司 20% 的股权，并对 B 公司具有重大影响。当日，B 公司可辨认净资产公允价值与账面价值相等，均为 1 000 万元。2×20 年 1 月 1 日，A 公司以现金 120 万元向另一非关联方购买 B 公司 10% 的股权，仍对 B 公司具有重大影响，相关手续于当日完成。当日，B 公司可辨认净资产公允价值为 1 500 万元。不考虑相关税费等其他因素影响。

分析：第一次购买 B 公司股权时，应享有 B 公司可辨认净资产公允价值份额为 200 万元（1 000×20%），A 公司支付对价的公允价值为 250 万元，因此 A 公司 2×19 年 1 月 1 日确认对 B 公司的长期股投资的初始投资成本为 250 万元，其中含 50 万元的内含正商誉。

借：长期股权投资——投资成本　　2 500 000

　贷：银行存款　　2 500 000

第二次购买B公司股权时，应享有B公司可辨认净资产公允价值份额为150万元（1 500×10%），A公司支付对价的公允价值为120万元，A公司本应调整第二次投资的长期股权投资成本为150万元，并将30万元的负商誉确认为30万元的营业外收入，然而，由于A公司第一次权益法投资时确认了50万元的内含正商誉，两次商誉综合考虑后的金额为正商誉20万元，因此，A公司2×21年1月1日确认的对第二次投资的长期股权投资的初始投资成本仍为120万元，并在备查簿中记录两次投资各自产生的商誉和第二次投资时综合考虑两次投资产生的商誉后的调整情况。

借：长期股权投资——投资成本　　1 200 000

　贷：银行存款　　1 200 000

归纳如表 3-03 所示：

表 3-03　追加投资时商誉确认规律归纳表

情况	初始投资	追加投资	综合考虑	增资时调整思路
1	正商誉 100	正商誉 100	正商誉 200	不调整
2	负商誉 100	负商誉 80	负商誉 180	调整 80
3	正商誉 100	负商誉 160	负商誉 60	调整 60
4	正商誉 100	负商誉 80	正商誉 20	不调整
5	负商誉 100	正商誉 80	负商誉 20	不调整（见说明）
6	负商誉 100	正商誉 150	正商誉 50	不调整

说明：从权益法核算思路看，初始计量时，一般遵循的是大于不调整，小于调整，调整时通常会增加长期股权投资。因此，在增资时，当第一次负商誉大于第二次正商誉时，综合考虑后的负商誉不应该冲减长期股权投资和留存收益。

（三）长期股权投资核算方法的转换

1. 公允价值计量转权益法核算

（1）初始投资成本的确认。原持有的对被投资单位的股权投资（不具有控制、共同控制或重大影响的），按照金融工具确认和计量准则进行会计处理的，因追加投资等原因导致持股比例上升，能够对被投资单位施加共同控制或重大影响的，在转换为权益法核算时，投资方应当按照金融工具确认和计量准则确定的原股权投资的公允价值加上为取得新增投资而应支付对价的公允价值，作为改按权益法核算的初始投资成本。

（2）初始投资成本的调整。比较上述计算所得的初始投资成本，与按照追加投资后全新的持股比例计算确定的应享有被投资单位在追加投资日可辨认净资产公允价值份额之间的差额，前者大于后者的，不调整长期股权投资的账面价值；前者小于后者的，差额应调整长期股权投资的账面价值，并计入当期营业外收入。

（3）其他相关的处理。①如果原持有的是以公允价值计量且其变动计入当期损益的金融资产，其公允价值与账面价值之间的差额，以及原计入公允价值变动损益的累计公允价值变动应当计入投资收益。②如果原持有的是指定为以公允价值计量且其变动计入其他综合收益的非交易性权益工具投资，其公允价值与账面价值之间的差额，以及原计入其他综合收益的累计公允价值变动应当计入期初留存收益（盈余公积和未分配利润）。

例 3–43　2×20 年 1 月 1 日，A 公司以 600 万元现金自非关联方处取得 B 公司 10% 的股权。A 公司根据金融工具确认和计量准则将其作为交易性金融资产，2×20 年 12 月 31 日该交易性金融资产公允价值 1 000 万元。2×21 年 1 月 20 日，A 公司又以 1 200 万元的现金自另一非关联方处取得 B 公司 15% 的股权，相关手续于当日完成。当日，B 公司净资产公允价值 11 000 万元，可辨认净资产公允价值总额为 8 000 万元。取得该部分股权后，按照 B 公司章程规定，A 公司能够对 B 公司施加重大影响，对该项股权投资转为采用权益法核算。不考虑相关税费等其他因素影响。

分析：本例中，2×21 年 1 月 20 日，A 公司原持有 10% 股权的公允价值为 1 100 万元（11 000×10%），为取得新增投资而支付对价的公允价值为 1 200 万元，因此 A 公司对 B 公司 25% 股权的初始投资成本为 2 300 万元，应享有 B 公司可辨认净资产公允价值的份额为 2 000 万元（8 000×25%）。由于初始投资成本（2 300 万元）大于应享有 B 公司可辨认净资产公允价值的份额（2 000 万元），因此，A 公司无须调整长期股权投资的成本。会计处理如下。

①A 公司确认对 B 公司的长期股权投资：

借：交易性金融资产	6 000 000	
贷：银行存款		6 000 000

②A 公司持有期间：

借：交易性金融资产	4 000 000	
贷：公允价值变动损益		4 000 000

③A 公司确认对 B 公司的长期股权投资：

借：长期股权投资——投资成本	23 000 000	
贷：交易性金融资产		10 000 000
投资收益		1 000 000
银行存款		12 000 000

④将原计入公允价值变动损益的累计公允价值变动应当转入当期损益：

借：公允价值变动损益	4 000 000	
贷：投资收益		4 000 000

例 3–44　2×20 年 2 月，A 公司以 2 000 万元现金自非关联方处取得 B 公司 5% 的股权。A 公司根据金融工具确认和计量准则将其指定为以公允价值计量且其变动计入其他综合收益的非交易性权益工具投资。2×20 年年末该金融资产的公允价值为 3 000 万元。

2×21 年 3 月 6 日，A 公司又以 9 000 万元的现金自另一非关联方处取得 B 公司 15% 的股权，相关手续于当日完成。当日，B 公司可辨认净资产公允价值总额为 65 000 万元，至此持股比例达到 20%。取得该部分股权后，按照 B 公司章程规定，A 公司能够对 B 公司施加重大影响，对该项股权投资转为权益法核算。不考虑相关税费等其他因素影响。当日，原 5% 股权投资的公允价值为 3 500 万元。

A 公司的会计处理如下。

①取得 5% 股权时：

借：其他权益工具投资——成本　　20 000 000

　　贷：银行存款　　20 000 000

② 2×20 年年末确认公允价值变动：

借：其他权益工具投资——公允价值变动　　10 000 000

　　贷：其他综合收益　　10 000 000

③确认长期股权投资：

采用权益法时初始投资成本＝原持有 5% 股权的公允价值为 3 500 ＋取得新增投资而支付对价的公允价值 9 000 ＝ 12 500（万元）。原持有 5% 股权的公允价值与账面价值的差额，不影响 2×18 年投资收益。

借：长期股权投资——投资成本　　125 000 000

　　贷：其他权益工具投资——成本　　20 000 000

　　　　　　　　　　——公允价值变动　　10 000 000

　　　　盈余公积［（35 000 000 － 30 000 000）×10%］　　500 000

　　　　利润分配——未分配利润［（35 000 000 － 30 000 000）×90%］　　4 500 000

　　　　银行存款　　90 000 000

④当其终止确认时，之前计入其他综合收益的累计利得或损失应当从其他综合收益中转出，计入期初留存收益：

借：其他综合收益　　10 000 000

　　贷：盈余公积（1 000×10%）　　1 000 000

　　　　利润分配——未分配利润（1 000×90%）　　9 000 000

⑤A公司对B公司新持股比例为20%，应享有B公司可辨认净资产公允价值的份额为13 000万元（65 000×20%）。由于初始投资成本12 500万元小于应享有B公司可辨认净资产公允价值的份额13 000万元，因此，A公司需调整长期股权投资的成本500万元（13 000－12 500）。

借：长期股权投资——投资成本　　5 000 000

　　贷：营业外收入　　5 000 000

2. 公允价值计量转成本法核算

购买日之前持有的股权投资，采用金融工具确认和计量准则进行会计处理的（包括为以公允价值计量且其变动计入当期损益的金融资产、将其指定为以公允价值计量且其变动计入其他综合收益的非交易性权益工具投资），因追加投资等原因导致持股比例上升，能够对被投资单位施加控制的，在转按成本法核算时，应区分同一控制下企业合并和非同一控制下企业合并两种情况，具体参见同一控制下多次交易实现合并和非同一控制下多次交易实现合并的核算。

3. 权益法核算转成本法核算

投资方原持有的对被投资单位具有共同控制或重大影响的按照权益法进行会计处理的长期股权投资，因追加投资等原因，能够对被投资单位实施控制的，在转按成本法核算时，应区分同一控制下企业合并和非同一控制下企业两种情况，具体参见同一控制下多次交易实现合并和非同一控制下多次交易实现合并的核算。

4. 权益法核算转公允价值计量

投资方原持有的对被投资单位具有共同控制或重大影响的按照权益法进行会计处理的长期股权投

资，因部分处置等原因，导致持股比例下降，不能再对被投资单位实施共同控制或重大影响的，应改按金融工具确认和计量准则对剩余股权投资进行会计处理：

（1）处置后的剩余股权应当按丧失共同控制或重大影响之日的公允价值计量，其在丧失共同控制或重大影响之日的剩余股权投资公允价值与账面价值之间的差额计入当期损益。

（2）原采用权益法核算的相关其他综合收益，应当在终止采用权益法核算时，采用与被投资单位直接处置相关资产或负债相同的基础进行会计处理；因被投资方除净损益、其他综合收益和利润分配以外的其他所有者权益变动而确认的所有者权益，应当在终止采用权益法核算时全部转入当期损益。

例 3-45 A 公司持有 B 公司 30% 的有表决权股份，能够对 B 公司施加重大影响，对该股权投资采用权益法核算。2×20 年 10 月，A 公司将该项投资中的 50% 出售给非关联方，取得价款 1 800 万元。相关手续于当日完成。

A 公司无法再对 B 公司施加重大影响，将剩余股权投资转为交易性金融资产。出售时，该项长期股权投资的账面价值为 3 000 万元，其中投资成本 2 400 万元，损益调整为 200 万元，其他综合收益为 300 万元（性质为被投资单位的其他权益工具投资的累计公允价值变动），除净损益、其他综合收益和利润分配外的其他所有者权益变动为 100 万元。剩余股权的公允价值为 1 800 万元。不考虑相关税费等其他因素影响。

A 公司有关会计处理如下。

（1）确认有关股权投资的处置损益：

借：银行存款　　18 000 000

　　贷：长期股权投资　　15 000 000

　　　　投资收益　　3 000 000

（2）由于终止采用权益法核算，将原确认的相关其他综合收益全部转入当期损益：

借：其他综合收益　　3 000 000

　　贷：投资收益　　3 000 000

（3）由于终止采用权益法核算，将原计入资本公积的其他所有者权益变动全部转入当期损益：

借：资本公积——其他资本公积　　1 000 000

　　贷：投资收益　　1 000 000

（4）剩余股权投资转为交易性金融资产，当天公允价值为 1 800 万元，账面价值为 1 500 万元，两者差异应计入当期投资收益：

借：交易性金融资产　　18 000 000

　　贷：长期股权投资　　15 000 000

　　　　投资收益　　3 000 000

例 3-46 A 公司 2×20 年至 2×21 年投资业务如下：

（1）2×20 年 7 月 1 日，A 公司以银行存款 1 300 万元购入 B 公司 20% 的股权，对 B 公司具有重大影响，B 公司可辨认净资产的公允价值为 7 600 万元（包含一项存货评估增值 200 万元；另一项固定资产评估增值 400 万元，尚可使用年限 10 年，采用年限平均法计提折旧）。A 公司会计处理如下：

借：长期股权投资——投资成本（7 600×20%）　　15 200 000

　　贷：银行存款　　13 000 000

　　　　营业外收入　　2 200 000

（2）2×20 年 B 公司全年实现净利润 1 000 万元（上半年发生净亏损 1 000 万元），投资时评估增值的存货B公司已经全部对外销售，B公司其他综合收益增加2 000万元（该业务性质为被投资单位的债务工具分类为以公允价值计量且其变动计入其他综合收益的金融资产累计公允价值变动）；B公司除净损益、其他综合收益和利润分配外的其他所有者权益变动为1 000万元。A公司会计处理如下：

调整后的净利润＝2 000－200－400÷10÷2＝1 780（万元）

借：长期股权投资——损益调整（17 800 000×20%）　3 560 000
　贷：投资收益　3 560 000
借：长期股权投资——其他综合收益（20 000 000×20%）　4 000 000
　贷：其他综合收益　4 000 000
借：长期股权投资——其他权益变动（10 000 000×20%）　2 000 000
　贷：资本公积——其他资本公积　2 000 000

（3）2×21年1月至6月期间，B公司宣告并发放现金股利2 000万元，实现净利润740万元，B公司其他综合收益减少1 000万元（该业务性质为被投资单位的债务工具分类为以公允价值计量且其变动计入其他综合收益的金融资产的累计公允价值变动）。A公司会计处理如下：

借：应收股利（20 000 000×20%）　4 000 000
　贷：长期股权投资——损益调整　4 000 000

调整后的净利润＝740－400÷10÷2＝720（万元）

借：长期股权投资——损益调整（7 200 000×20%）　1 440 000
　贷：投资收益　1 440 000
借：其他综合收益（10 000 000×20%）　2 000 000
　贷：长期股权投资——其他综合收益　2 000 000

至此长期股权投资账面价值为2 020万元（1 520＋356＋400＋200－400＋144－200）。

（4）2×21年7月1日，A公司出售其股权的75%（即B公司15%的股权）给非关联方，取得价款1 980万元，相关手续于当日完成。A公司无法再对B公司施加重大影响，将剩余股权投资转为以公允价值计量且其变动计入其他综合收益的非交易性权益工具投资。剩余5%股权的公允价值为660万元。不考虑相关税费等其他因素影响。A公司会计处理如下。

①确认有关股权投资的处置损益：

股权投资的处置损益＝1 980－2 020×15%÷20%＝465（万元）

借：银行存款　19 800 000
　贷：长期股权投资——投资成本　11 400 000
　　　　　　　　——损益调整　750 000
　　　　　　　　——其他综合收益　1 500 000
　　　　　　　　——其他权益变动　1 500 000
　　投资收益（19 800 000－15 150 000）　4 650 000

②由于终止采用权益法核算，将原确认的相关其他综合收益、资本公积全部转入当期损益：

借：其他综合收益（4 000 000－2 000 000）　2 000 000
　资本公积——其他资本公积　2 000 000
　贷：投资收益　4 000 000

③剩余股权投资转为A公司将其指定为以公允价值计量且其变动计入其他综合收益的非交易性权益工具投资，当天公允价值为660万元，账面价值为505万元（2 020－1 515），两者差异应计入当期投资收益。A公司会计处理如下：

借：其他权益工具投资　6 600 000
　贷：长期股权投资——投资成本　3 800 000
　　——损益调整　250 000
　　——其他综合收益　500 000
　　——其他权益变动　500 000
　　投资收益　1 550 000

5. 成本法核算转公允价值计量

原持有的对被投资单位具有控制的长期股权投资，因部分处置等原因导致持股比例下降，不能再对被投资单位实施控制、共同控制或重大影响的，应改按金融工具确认和计量准则进行会计处理。

处置后的剩余股权应当按丧失控制、共同控制或重大影响之日的公允价值计量，其在丧失共同控制或重大影响之日的剩余股权投资公允价值与账面价值之间的差额计入当期损益。

例 3-47　A 公司持有 B 公司 80% 的有表决权股份，能够对 B 公司实施控制，对该股权投资采用成本法核算。2×20 年 10 月，A 公司将该项投资中的 90% 出售给非关联方，取得价款 8 000 万元。相关手续于当日完成。A 公司无法再对 B 公司实施控制，也不能施加共同控制或重大影响，将剩余股权投资转为其他权益工具投资。出售时，该项长期股权投资的账面价值为 8 000 万元，剩余股权投资的公允价值为 1 000 万元。不考虑相关税费等其他因素影响。

A 公司有关会计处理如下。

（1）确认有关股权投资的处置损益：

借：银行存款　80 000 000
　贷：长期股权投资　72 000 000
　　投资收益　8 000 000

（2）剩余股权投资转为其他权益工具投资，当天公允价值为 1 000 万元，账面价值为 800 万元，两者差异应计入当期投资收益：

借：其他权益工具投资　10 000 000
　贷：长期股权投资　8 000 000
　　投资收益　2 000 000

6. 成本法核算转权益法核算

（1）因处置投资而丧失控制权。因处置投资等原因导致对被投资单位由能够实施控制转为具有重大影响或者与其他投资方一起实施共同控制时，在个别财务报表中，应当对该项长期股权投资从成本法（核算）转为权益法核算。

首先，应按处置投资的比例结转应终止确认的长期股权投资成本。然后，比较剩余长期股权投资的成本与按照剩余持股比例计算原投资时应享有被投资单位可辨认净资产公允价值的份额，前者大于后者的属于投资作价中体现的商誉部分，不调整长期股权投资的账面价值；前者小于后者的在调整长期股权投资成本的同时，调整留存收益。

对于原取得投资时至处置投资时（转为权益法核算）之间被投资单位实现净损益中投资方应享有的份额，一方面应当调整长期股权投资的账面价值，同时，对于原取得投资时至处置投资当期期初被投资单位实现的净损益（扣除已宣告发放的现金股利和利润）中应享有的份额，调整留存收益，对于处置投资当期期初至处置投资之日被投资单位实现的净损益中享有的份额，调整当期损益；在被投资单位其他综合收益变动中应享有的份额，在调整长期股权投资账面价值的同时，应当计入其他综合收益；除净损益、其他综合收益和利润分配外的其他原因导致被投资单位其他所有者权益变动中应享有的份额，在调整长期股权投资账面价值的同时，应当计入资本公积（其他资本公积）。长期股权投资自成本法转为权益法后，未来期间应当按照长期股权投资准则规定计算确认应享有被投资单位实现的净损益、其他综合收益和所有者权益其他变动的份额。

例 3-48 A 公司原持有 B 公司 60% 的股权，能够对 B 公司实施控制。2×21 年 6 月 30 日 A 公司对 B 公司的长期股权投资的账面价值为 6 000 万元，未计提减值准备，A 公司将其持有的对 B 公司长期股权投资中的 50% 出售给非关联方，取得价款 5 000 万元，当日被投资单位可辨认净资产公允价值总额为 16 000 万元。相关手续于当日完成，A 公司不再对 B 公司实施控制，但具有重大影响。A 公司原取得 B 公司 60% 股权时，A 公司可辨认净资产公允价值总额为 10 000 万元（假定公允价值与账面价值相同）。自 A 公司取得对 B 公司长期股权投资后至部分处置投资前，B 公司实现净利润 5 000 万元。其中，自 A 公司取得投资日至 2×21 年年初实现净利润 4 000 万元。

假定 B 公司一直未进行利润分配。除所实现净损益外，B 公司未发生其他计入资本公积的交易或事项。A 公司按净利润的 10% 提取盈余公积。不考虑相关税费等其他因素影响。本例中，在出售 50% 的股权后，A 公司对 B 公司的持股比例为 30%，对 B 公司施加重大影响。对 B 公司长期股权投资应由成本法核算改为按照权益法核算。有关会计处理如下。

①确认长期股权投资处置损益：

借：银行存款	50 000 000	
贷：长期股权投资		30 000 000
投资收益		20 000 000

②调整长期股权投资账面价值：

剩余长期股权投资的账面价值为3 000万元，与原投资时应享有被投资单位可辨认净资产公允价值份额之间的差额0（3 000－10 000×30%）为商誉，该部分商誉的价值不需要对长期股权投资的成本进行调整。

处置投资以后按照持股比例计算享有被投资单位自购买日至处置投资日期初之间实现的净损益为 1 200 万元（4 000×30%），应调整增加长期股权投资的账面价值，同时调整留存收益；处置期初至处置日之间实现的净损益为 300 万元，应调整增加长期股权投资的账面价值，同时计入当期投资收益。企业应进行以下会计处理：

借：长期股权投资	15 000 000	
贷：盈余公积		1 200 000
利润分配——未分配利润		10 800 000
投资收益		3 000 000

（2）因股权稀释而丧失控制权。投资方因其他投资方对其子公司增资而导致本投资方持股比例下降，从而丧失控制权但能实施共同控制或施加重大影响的，在个别财务报表中，应当对该项长期股权投资从成本法核算转为权益法核算。

首先，按照新的持股比例确认本投资方应享有的原子公司因增资扩股而增加净资产的份额，与应结转持股比例下降部分所对应的长期股权投资原账面价值之间的差额计入当期损益；最后，按照新的持股比例视同自取得投资时即采用权益法核算进行调整。

例 3-49 2×20 年 1 月 1 日，A 公司以 6 300 万元现金作为对价从非关联方购入 B 公司股权，取得 B 公司 60% 的股权并取得控制权。A 公司可辨认净资产公允价值总额为 10 000 万元（假定公允价值与账面价值相同）。A 公司和 B 公司在合并前后未受同一方最终控制，当日起主导 B 公司财务和经营政策。

2×20 年 B 公司实现净利润 1 500 万元，B 公司当期将作为存货的房地产转换为以公允价值模式计量的投资性房地产，转换日公允价值大于账面价值 180 万元，计入了其他综合收益；B 公司重新计量设定受益计划净负债或净资产所产生的变动 20 万元，B 公司除净损益、其他综合收益和利润分配以外的增加其他所有者权益变动为 100 万元。假定 B 公司一直未进行利润分配。

2×21 年 1 月 1 日，B 公司向非关联方 C 公司定向增发新股，增资 25 000 万元，相关手续于当日完成，A 公司对 B 公司的持股比例下降为 20%，对 B 公司具有重大影响。不考虑增值税、所得税等影响。

A 公司会计处理如下。

①A 公司取得 B 公司控制权时：

借：长期股权投资　　63 000 000

　　贷：银行存款　　63 000 000

②按比例结转部分长期股权投资账面价值并确认相关损益：

按照新的持股比例（20%）确认应享有的原子公司因增资扩股而增加的净资产的份额＝25 000×20%＝5 000（万元）；应结转持股比例下降部分所对应的长期股权投资原账面价值＝6 300×40%÷60%＝4 200（万元）；计入当期投资收益＝5 000－4 200＝800（万元）。

借：长期股权投资　　8 000 000

　　贷：投资收益　　8 000 000

③对剩余股权视同自取得投资时即采用权益法核算进行调整：

剩余长期股权投资的账面价值＝6 300－4 200＝2 100（万元），大于原剩余投资时应享有被投资单位可辨认净资产公允价值的份额100万元（2 100－10 000×20%）为商誉，该部分商誉的价值不需要对长期股权投资的成本进行调整。

两个交易日之间的调整：2×20 年 B 公司实现净利润 1 500 万元，其他综合收益增加 200 万元（180＋20），其他权益变动 100 万元。其中：处置投资以后按照持股比例计算享有被投资单位自购买日至处置投资当期期初之间实现的净损益的份额为 200 万元（1 000×20%），应调整增加长期股权投资的账面价值，同时调整留存收益；处置期初至处置日之间实现的净损益的份额为 100 万元（500×20%），应调整增加长期股权投资的账面价值，同时计入当期投资收益。A 公司会计处理如下：

借：长期股权投资——损益调整（15 000 000×20%）　　3 000 000

　　　　　　　　——其他综合收益（2 000 000×20%）　　400 000

　　　　　　　　——其他权益变动（1 000 000×20%）　　200 000

　　贷：盈余公积（10 000 000×20%×10%）　　200 000

　　　　利润分配——未分配利润（10 000 000×20%×90%）　　1 800 000

　　　　投资收益（5 000 000×20%）　　1 000 000

　　　　其他综合收益（2 000 000×20%）　　400 000

　　　　资本公积——其他资本公积（1 000 000×20%）　　200 000

7. 关于投资性主体转变时的会计处理

当企业由非投资性主体转变为投资性主体时，其对自转变日起不再纳入合并财务报表范围的子公司采用公允价值计量且其变动计入当期损益，转变日公允价值和原账面价值的差额计入所有者权益。

当企业由投资性主体转变为非投资性主体时，其对自转变日起开始纳入合并财务报表范围的子公司采用成本法进行后续计量。转变日的公允价值为成本法核算的初始成本。

五、长期股权投资的处置

（一）会计核算

处置企业持有长期股权投资的过程中，由于各方面的考虑，决定将所持有的对被投资单位的股权全部或部分对外出售时，应相应结转与所售股权相对应的长期股权投资的账面价值。一般情况下，出售所得价款与处置长期股权投资账面价值之间的差额，应确认为处置损益。

投资方全部处置权益法核算的长期股权投资时：（1）原权益法核算的相关其他综合收益应当在终止采用权益法核算时采用与被投资单位直接处置相关资产或负债相同的基础进行会计处理；（2）因被投资方除净损益、其他综合收益和利润分配以外的其他所有者权益变动而确认的所有者权益，应当在终止采用权益法核算时全部转入当期投资收益。

投资方部分处置权益法核算的长期股权投资，剩余股权仍采用权益法核算的：（1）原权益法核算的相关其他综合收益应当采用与被投资单位直接处置相关资产或负债相同的基础处理并按比例结转；（2）因被投资方除净损益、其他综合收益和利润分配以外的其他所有者权益变动而确认的所有者权益，应当按比例结转计入当期投资收益。

例 3-50 A 公司持有 B 公司 40% 的股权并采用权益法核算。2×20 年 7 月 1 日，A 公司持有 B 公司 40% 的股权账面价值 2 000 万元，从 A 公司取得 B 公司股权至 2×20 年 7 月 1 日，确认投资收益 600 万元，确认的相关其他综合收益为 400 万元（此为按比例享有的 B 公司其他权益工具投资的公允价值变动），享有 B 公司除净损益、其他综合收益和利润分配以外的其他所有者权益变动为 200 万元，A 公司将 B 公司 20% 的股权以 1 500 万出售给第三方 C 公司，对剩余 20% 的股权仍采用权益法核算。不考虑相关税费等其他因素影响。

A 公司原持有股权相关的其他综合收益和其他所有者权益变动应按如下方法进行会计处理。

（1）处置 B 公司 20% 的股权：

借：银行存款	15 000 000	
贷：长期股权投资——成本		4 000 000
——损益调整		3 000 000
——其他综合收益		2 000 000
——其他权益变动		1 000 000
投资收益		5 000 000

（2）结转其他综合收益：

其他综合收益属于被投资单位其他权益工具投资的公允价值变动，由于剩余股权仍继续根据长期股权投资准则采用权益法进行核算，因此，应按处置比例（20%÷40%）相应结转计入当期投资收益 400÷2 = 200（万元）。

借：其他综合收益	2 000 000	
贷：投资收益		2 000 000

（3）结转其他所有者权益变动：

由于剩余股权仍继续根据长期股权投资准则采用权益法进行核算，因此应按处置比例（20%÷40%）相应结转计入当期投资收益 = 200÷2 = 100（万元）。

借：资本公积——其他资本公积	1 000 000	
贷：投资收益		1 000 000

企业通过多次交易分步处置对子公司股权投资直至丧失控制权，如果上述交易属于“一揽子”交易的，应当将各项交易作为一项处置子公司股权投资并丧失控制权的交易进行会计处理；但是，在丧失控制权之前每一次处置价款与所处置的股权对应得长期股权投资账面价值之间的差额，在个别财务

报表中，应当先确认为其他综合收益，到丧失控制权时再一并转入丧失控制权的当期损益。

（二）所得税影响

根据《中华人民共和国企业所得税法》的相关规定，符合条件的居民企业之间的股息、红利等权益性投资收益为免税收入。因此，通常情况下，当居民企业持有另一居民企业的股权意图为长期持有，通过股息、红利或者其他协同效应获取回报时，其实质所得税率为零，不存在相关所得税费用。

只有当居民企业通过转让股权获取资本利得收益时，该笔资产转让利得才产生相应的所得税费用。

从资产负债表角度考虑，资产的账面价值代表的是企业在持续持有及最终处置某项资产的一定期间内，该项资产能够为企业带来的未来经济利益，而其计税基础代表的是在这一期间内，就该项资产按照税法规定可以税前扣除的金额。当资产的账面价值大于其计税基础的，两者之间的差额将会于未来期间产生应税金额，增加未来期间的应纳税所得额及应交所得税，对企业形成经济利益流出的义务。根据《企业会计准则第 18 号——所得税》的相关规定，企业对与子公司、联营企业、合营企业投资等相关的应纳税暂时性差异，应当确认递延所得税负债，只有在同时满足以下两个条件时除外：一是投资企业能够控制暂时性差异转回的时间；二是该暂时性差异在可预见的未来很可能不会转回。当投资方改变其持有投资意图拟对外出售时，不再符合上述条件，应确认其递延所得税影响。

六、长期股权投资披露

具体参见《企业会计准则第 41 号——在其他主体中权益的披露》相关规定，详细见本书第四十一章内容。

七、新旧衔接

（1）首次执行企业会计准则，遵照《企业会计准则第 38 号——首次执行企业会计准则》的相关规定，详见本书第三十八章。

（2）在本准则施行日之前已经执行企业会计准则的企业，应当按照本准则进行追溯调整，追溯调整不切实可行的除外。

第四章
投资性房地产

一、投资性房地产的特征与范围

（一）投资性房地产的定义

根据《企业会计准则第 3 号——投资性房地产》（以下简称投资性房地产准则）对投资性房地产的定义，投资性房地产是指为赚取租金、资本增值或者两者兼有而持有的房地产。

（二）投资性房地产的范围

对于投资性房地产的范围，投资性房地产准则规定投资性房地产包括以下几类：

（1）已出租的土地使用权。

（2）持有并准备增值后转让的土地使用权。

（3）已出租的建筑物。

《〈企业会计准则第 3 号——投资性房地产〉应用指南》沿用了《企业会计准则》的该项规定，同时作出了补充说明，规定企业拥有并自行经营的旅馆饭店，其经营目的主要是通过提供客房服务赚取服务收入，该旅馆饭店不确认为投资性房地产。

投资性房地产准则对投资性房地产的范围作出了如下详细说明：

（1）已出租的建筑物和已出租的土地使用权，是指以经营租赁（不含融资租赁）方式出租的建筑物和土地使用权，包括自行建造或开发完成后用于出租的房地产。已出租的建筑物是指企业拥有产权的、以经营租赁方式出租的建筑物，包括自行建造或开发活动完成后用于出租的建筑物以及正在建造或开发过程中将来用于出租的建筑物。已出租的土地使用权，是指企业通过出让或转让方式取得的、以经营租赁方式出租的土地使用权。企业取得的土地使用权通常包括在一级市场上以交纳土地出让金的方式取得的土地使用权，也包括在二级市场上接受其他单位转让的土地使用权。

已出租的投资性房地产租赁期满，因暂时空置但继续用于出租的，仍作为投资性房地产。

（2）持有并准备增值后转让的土地使用权，是指企业通过受让方式取得的、准备增值后转让的土地使用权。闲置土地不属于持有并准备增值的土地使用权。根据《闲置土地处置办法》（中华人民共和国国土资源部令第 53 号）的规定，闲置土地是指国有建设用地使用权人超过国有建设用地使用权有偿使用合同或者划拨决定书约定、规定的动工开发日期满 1 年未动工开发的国有建设用地。已动工开发但开发建设用地面积占应动工开发建设用地总面积不足 1/3 或者已投资额占总投资额不足 25%，中止开发建设满 1 年的国有建设用地，也可以认定为闲置土地。

（3）一项房地产，部分用于赚取租金或资本增值，部分用于生产商品、提供劳务或经营管理，用于赚取租金或资本增值的部分能够单独计量和出售的，可以确认为投资性房地产；否则，不能作为投资性房地产。

（4）企业将建筑物出租并按出租协议向承租人提供安保和维修等其他服务，所提供的其他服务在整个协议中不重大的，可以将该建筑物确认为投资性房地产；所提供的其他服务在整个协议中如为重大的，该建筑物应视为企业的经营场所，应当确认为自用房地产。

（5）关联企业之间租赁房地产的，租出方应将出租的房地产确认为投资性房地产。母公司以经营租赁的方式向子公司租出房地产，该项房地产应当确认为母公司的投资性房地产，但在编制合并报表时，应作为企业集团的自用房地产。

（6）企业拥有并自行经营的旅馆饭店，其经营目的是通过向客户提供客房服务取得服务收入，该业务不具有租赁性质，不属于投资性房地产；将其拥有的旅馆饭店部分或全部出租，且出租的部分能够单独计量和出售的，出租的部分可以确认为投资性房地产。

（7）自用房地产，是指为生产商品、提供劳务或者经营管理而持有的房地产，如企业的厂房和办公楼，企业生产经营用的土地使用权等。

企业出租给本企业职工居住的宿舍，即使按照市场价格收取租金，也不属于投资性房地产。这部分房产间接为企业自身的生产经营服务，具有自用房地产的性质。

（8）作为存货的房地产通常是指房地产开发企业在正常经营过程中销售的或为销售而正在开发的商品房和土地。这部分房地产属于房地产开发企业的存货，其生产、销售构成企业的主营业务活动，产生的现金流量也与企业的其他资产密切相关。因此，具有存货性质的房地产不属于投资性房地产。这部分房地产属于房地产开发企业的存货。

投资性房地产准则为了明确范围，特别指出下列房地产不属于投资性房地产。

（1）自用房地产。

（2）作为存货的房地产。

（三）确认投资性房地产的条件

根据投资性房地产准则第六条，投资性房地产同时满足下列条件的，才能予以确认。

（1）与该投资性房地产有关的经济利益很可能流入企业。

（2）该投资性房地产的成本能够可靠地计量。

对企业持有以备经营出租的空置建筑物或在建建筑物，董事会或类似机构作出书面决议，明确表明将其用于经营出租且持有意图短期内不再发生变化的，即使尚未签订租赁协议，也应视为投资性房地产。

二、投资性房地产的确认和初始计量

（一）投资性房地产的确认和初始计量

投资性房地产准则规定，投资性房地产应当按照成本进行初始计量，具体如下：

（1）外购投资性房地产的成本，包括购买价款、相关税费和可直接归属于该资产的其他支出。

（2）自行建造投资性房地产的成本，由建造该项资产达到预定可使用状态前所发生的必要支出构成。

（3）以其他方式取得的投资性房地产的成本，按照相关会计准则的规定确定。

《〈企业会计准则第 3 号——投资性房地产〉解释》及其应用指南都未对初始确认作出更加详细的说明。不过，在实务中，投资性房地产的初始计量规则如下：

1. 外购投资性房地产的初始计量

在采用成本模式计量下，外购的土地使用权和建筑物，按照取得时的实际成本进行初始计量，借记“投资性房地产”科目，贷记“银行存款”等科目。对于企业外购的房地产，只有在购入房地产的同时开始对外出租（自租赁期开始日起，下同）或用于资本增值，才能称之为外购的投资性房地产。企业购入房地产，自用一段时间之后再改为出租或用于资本增值的，应当先将外购的房地产确认为固定资产或无形资产，自租赁期开始日或用于资本增值之日开始，才能从固定资产或无形资产转换为投资性房地产。

取得时的实际成本包括购买价款、相关税费和可直接归属于该资产的其他支出。企业购入的房地产，部分用于出租（或资本增值）、部分自用，且用于出租（或资本增值）的部分应当予以单独确认时，应按照不同部分的公允价值占公允价值总额的比例将成本在不同部分之间进行分配。

例 4-01 2×20 年 10 月，A 企业计划购入一栋写字楼用于对外出租。同年 10 月 19 日，A 企业与 B 企业签订了经营租赁合同，约定自写字楼购买日起将这栋写字楼出租给 B 企业，为期 5 年。

同年 10 月 25 日，A 企业实际购入写字楼，支付价款共计 3 000 万元（假设不考虑其他因素，A 企业采用成本模式进行后续计量）。

A 企业的账务处理如下：

借：投资性房地产——写字楼　　30 000 000

　　贷：银行存款　　30 000 000

在采用公允价值模式计量下，外购的投资性房地产应当按照取得时的实际成本进行初始计量，其实际成本的确定与采用成本模式计量的投资性房地产一致。企业应当在“投资性房地产”科目下设置“成本”和“公允价值变动”两个明细科目，并按照外购的土地使用权和建筑物发生的实际成本，计入“投资性房地产——成本”科目。

例 4-02 沿用例 4-01，假设 A 企业拥有的投资性房地产符合采用公允价值计量模式的条件，采用公允价值模式进行后续计量。

A 企业的账务处理如下：

借：投资性房地产——成本（写字楼）　　30 000 000

　　贷：银行存款　　30 000 000

2. 自行建造投资性房地产的初始计量

自行建造投资性房地产，其成本由建造该项资产达到预定可使用状态前发生的必要支出构成，包括土地开发费、建筑成本、安装成本、应予以资本化的借款费用、支付的其他费用和分摊的间接费用等。建造过程中发生的非正常性损失，直接计入当期损益，不计入建造成本。采用成本模式计量的，应按照确定的成本，借记“投资性房地产”科目，贷记“在建工程”或“开发成本”科目；采用公允价值模式计量的，应按照确定的成本，借记“投资性房地产——成本”科目，贷记“在建工程”或“开发成本”科目。

例 4-03 2×20 年 1 月，A 企业从其他单位购入一块土地的使用权，并在这块土地上开始自行建造 3 栋厂房，准备用于出租或出售。2×20 年 10 月，A 企业预计厂房即将完工，与 B 公司签订经营租赁合同，将其中的一栋厂房租赁给 B 公司使用。租赁合同约定，该厂房于完工（达到预定可使用状态）时开始起租。2×20 年 11 月 1 日，三栋厂房同时完工（达到预定可使用状态）。该块土地使用权的成本为 6 000 万元；3 栋厂房的实际造价均为 10 000 万元，能够单独出售。假设 A 企业采用成本计量模式。

A 企业的账务处理如下：

土地使用权中的对应部分同时转化为投资性房地产＝［6 000×（10 000÷30 000）］＝2 000（万元）

借：投资性房地产——厂房　　100 000 000

　　贷：在建工程　　100 000 000

借：投资性房地产——土地使用权　　20 000 000

　　贷：无形资产——土地使用权　　20 000 000

（二）与投资性房地产有关的后续支出

投资性房地产准则规定，与投资性房地产有关的后续支出，满足资本化的确认条件的，应当计入投资性房地产成本；不满足资本化的确认条件的，应当在发生时计入当期损益；企业对某项投资性房地产进行改扩建等再开发且将来仍作为投资性房地产的，在再开发期间应继续将其作为投资性房地产，再开发期间不计提折旧或摊销。

1. 资本化的后续支出

比如，企业为了提高投资性房地产的使用效能，往往需要对投资性房地产进行改建、扩建而使其更加坚固耐用，或者通过装修而改善其室内装潢，改扩建或装修支出满足确认条件的，应当将其资本化。企业对某项投资性房地产进行改扩建等再开发且将来仍作为投资性房地产的，在再开发期间应继续将其作为投资性房地产，再开发期间不计提折旧或摊销。

例 4-04 2×20 年 3 月，A 企业与 B 企业的一项厂房经营租赁合同即将到期。该厂房按照成本模式进行后续计量，原价为 2 000 万元，已计提折旧 600 万元。为了提高厂房的租金收入，A 企业决定在租赁期满后对厂房进行改扩建，并与 C 企业签订经营租赁合同，约定自改扩建完工时将厂房出租给丙企业。同年 3 月 15 日，与 B 企业的租赁合同到期，厂房随即进入改扩建工程。同年 12 月 10 日，厂房改扩建工程完工，共发生支出 150 万元，并即日按照租赁合同出租给丙企业。假设 A 企业采用成本计量模式。

本例中，改扩建支出属于资本化的后续支出，应当计入投资性房地产的成本。

A 企业的账务处理如下。

（1）2×20 年 3 月 15 日，投资性房地产转入改扩建工程：

借：投资性房地产——厂房（在建）	14 000 000	
投资性房地产累计折旧	6 000 000	
贷：投资性房地产——厂房		20 000 000

（2）2×20 年 3 月 15 日—12 月 10 日，发生改扩建支出：

借：投资性房地产——厂房（在建）	1 500 000	
贷：银行存款等		1 500 000

（3）2×20 年 12 月 10 日，改扩建工程完工：

借：投资性房地产——厂房	15 500 000	
贷：投资性房地产——厂房（在建）		15 500 000

例 4-05 2×20 年 3 月，A 企业与 B 企业的一项厂房经营租赁合进行改扩建，并与 C 企业签订经营租赁合同，约定自改扩建完工时将厂房出租给 C 企业。2×20 年 3 月 15 日，与 B 企业的租赁合同到期，厂房随即进入自改扩建工程。2×20 年 11 月 10 日，厂房自改扩建工程完工，共发生支出 150 万元，即日起按照租赁合同出租给 C 企业。2×20 年 3 月 15 日，厂房账面余额为 1 200 万元，其中，成本 1 000 万元，累计公允价值变动 200 万元。假设 A 企业采用公允价值计量模式。

A 企业的账务处理如下。

（1）2×20 年 3 月 15 日，投资性房地产转入改扩建工程：

借：投资性房地产——厂房（在建）	12 000 000	
贷：投资性房地产——成本		10 000 000
——公允价值变动		2 000 000

（2）2×20 年 3 月 15 日—11 月 10 日，发生改扩建支出：

借：投资性房地产——厂房（在建）	1 500 000	
贷：银行存款		1 500 000

（3）2×20 年 11 月 10 日，改扩建工程完工：

借：投资性房地产——成本　　13 500 000

　　贷：投资性房地产——厂房（在建）　　13 500 000

2. 费用化的后续支出

与投资性房地产有关的后续支出，不满足投资性房地产确认条件的，应当在发生时计入当期损益。例如，企业对投资性房地产进行日常维护发生一些支出。企业在发生投资性房地产费用化的后续支出时，借记“其他业务成本”等科目，贷记“银行存款”等科目。

例 4-06 A 企业对其某项投资性房地产进行日常维修，发生维修支出 2.5 万元。本例中，日常维修支出属于费用化的后续支出，应当计入当期损益。

A 企业的账务处理如下：

借：其他业务成本　　25 000

　　贷：银行存款等　　25 000

三、投资性房地产的后续计量

企业通常应当采用成本模式对投资性房地产进行后续计量，满足特定条件时也可以采用公允价值模式对投资性房地产进行后续计量。但是，同一企业只能采用一种模式对所有投资性房地产进行后续计量，不得同时采用两种计量模式。

（一）采用成本模式进行后续计量的投资性房地产

1. 成本计量模式的基本准则

根据投资性房地产准则，一般情况下，企业应当在资产负债表中采用成本模式对投资性房地产进行后续计量。

2. 成本计量模式的应用

在成本模式下，应当按照《企业会计准则第 4 号——固定资产》和《企业会计准则第 6 号——无形资产》对已出租的建筑物或土地使用权进行计量，并计提折旧或摊销；如果存在减值迹象的，应当按照《企业会计准则第 8 号——资产减值》进行减值测试，并计提相应的减值准备。投资性房地产的计量模式一经确定，不得随意变更，只有存在确凿证据表明其公允价值能够持续可靠取得的，才允许采用公允价值计量模式。

例 4-07 A 企业的一栋办公楼出租给 B 企业使用，已确认为投资性房地产，采用成本模式进行后续计量。假设这栋办公楼的成本为 2 400 万元，按照直线法计提折旧，使用寿命为 20 年，预计净残值为零。按照经营租赁合同约定，B 企业每月支付 A 企业租金 12 万元。当年 12 月，这栋办公楼发生减值迹象，经减值测试，其可收回金额为 1 200 万元，此时办公楼的账面价值为 1 600 万元，以前未计提减值准备。

A 企业的账务处理如下。

（1）计提折旧：

每月计提的折旧＝2 400÷20÷12＝10（万元）

借：其他业务成本　　100 000

　　贷：投资性房地产累计折旧　　100 000

（2）确认租金：

借：银行存款（或其他应收款）　　120 000

　　贷：其他业务收入　　120 000

（3）计提减值准备：

借：资产减值损失　　4 000 000

　贷：投资性房地产减值准备　　4 000 000

（二）采用公允价值模式进行后续计量的投资性房地产

1. 公允价值计量模式的基本准则

投资性房地产准则规定，企业只有存在确凿证据表明投资性房地产的公允价值能够持续可靠取得的，才可以采用公允价值模式对投资性房地产进行后续计量。

采用公允价值模式计量的投资性房地产，应当同时满足以下条件：

（1）投资性房地产所在地有活跃的房地产交易市场。

（2）企业能够从房地产交易市场上取得同类或类似房地产的市场价格及其他相关信息，从而对投资性房地产的公允价值作出合理的估计。

《〈企业会计准则第3号——投资性房地产〉解释》对公允价值计量模式应用的条件作了详细说明，具体如下：

（1）投资性房地产所在地有活跃的房地产交易市场，意味着投资性房地产可以在房地产交易市场中直接交易。所在地通常是指投资性房地产所在的城市。对于大中城市，应当具体化为投资性房地产所在的城区。活跃市场是指同时具有下列特征的市场：市场内交易对象具有同质性，可随时找到自愿交易的买方和卖方，市场价格信息是公开的。

（2）企业能够从房地产交易市场上取得同类或类似房地产的市场价格及其他相关信息，从而对投资性房地产的公允价值作出科学合理的估计。

同类或类似的房地产，对建筑物而言，是指所处地理位置和地理环境相同、性质相同、结构类型相同或相近、新旧程度相同或相近、可使用状况相同或相近的建筑物；对于土地使用权而言，是指同一城区、同一位置区域、所处地理环境相同或相近、可使用状况相同或相近的土地。

2. 采用公允价值模式进行后续计量的会计处理

投资性房地产的公允价值是指在公平交易中，熟悉情况的当事人之间自愿进行房地产交换的价格。确定投资性房地产的公允价值时，应当参照活跃市场上同类或类似房地产的现行市场价格（市场公开报价）；无法取得同类或类似房地产现行市场价格的，应当参照活跃市场上同类或类似房地产的最近交易价格，并考虑交易情况、交易日期、所在区域等因素，从而对投资性房地产的公允价值作出合理的估计；也可以基于预计未来获得的租金收益和相关现金流量的现值计量。

投资性房地产采用公允价值模式进行后续计量的，不计提折旧或摊销，应当以资产负债表日的公允价值计量。资产负债表日，投资性房地产的公允价值高于其账面余额的差额，借记“投资性房地产——公允价值变动”科目，贷记“公允价值变动损益”科目；公允价值低于其账面余额的差额作相反的会计分录。

例4-08 A公司为从事房地产经营开发的企业。2×20年8月，A公司与B公司签订租赁协议，约定将A公司开发的一栋精装修的写字楼于开发完成的同时开始租赁给B公司使用，租赁期为10年。当年10月1日，该写字楼开发完成并开始出租，写字楼的造价为9 000万元。2×20年12月31日，该写字楼的公允价值为9 200万元。假设A公司采用公允价值计量模式。

A企业的账务处理如下。

（1）2×20年10月1日，A公司开发完成写字楼并出租：

借：投资性房地产——成本　　90 000 000

　贷：开发成本　　90 000 000

（2）2×20年12月31日，按照公允价值为基础调整其账面价值，而公允价值与原账面价值之间的差额计入当期损益：

借：投资性房地产——公允价值变动 2 000 000
　　贷：公允价值变动损益 2 000 000

（三）投资性房地产后续计量模式的变更

1. 后续计量模式变更的基本准则

投资性房地产准则规定，企业对投资性房地产的计量模式一经确定，不得随意变更。成本模式转为公允价值模式的，应当作为会计政策变更，按照《企业会计准则第 28 号——会计政策、会计估计变更和差错更正》处理，将计量模式变更时公允价值与账面价值的差额，调整期初留存收益。已采用公允价值模式计量的投资性房地产，不得从公允价值模式转为成本模式。投资性房地产准则解释及应用指南对此未作详细说明。

2. 计量模式变更准则的会计处理

只有在房地产市场比较成熟、能够满足采用公允价值模式条件的情况下，才允许企业对投资性房地产从成本模式计量变更为公允价值模式计量。成本模式转为公允价值模式的，应当作为会计政策变更处理，并按计量模式变更时公允价值与账面价值的差额调整期初留存收益。已采用公允价值模式计量的投资性房地产，不得从公允价值模式转为成本模式。

自用房地产或存货转换为采用公允价值模式计量的投资性房地产时，投资性房地产按照转换当日的公允价值计价，转换当日的公允价值小于原账面价值的，其差额计入当期损益；转换当日的公允价值大于原账面价值的，其差额计入所有者权益。

采用公允价值模式计量的投资性房地产转换为自用房地产时，应当以其转换当日的公允价值作为自用房地产的账面价值，公允价值与原账面价值的差额计入当期损益。

例 4-09 2×20 年，A 企业将一栋写字楼对外出租，采用成本模式进行后续计量。2×20 年 2 月 1 日，假设 A 企业持有的投资性房地产满足采用公允价值模式条件，A 企业决定采用公允价值模式计量对该写字楼进行后续计量。2×20 年 2 月 1 日，该写字楼的原价为 9 000 万元，已计提折旧 270 万元，账面价值为 8 730 万元，公允价值为 9 500 万元。A 企业按净利润的 10% 计提盈余公积。假定除上述对外出租的写字楼外．A 企业无其他的投资性房地产。

A 企业的账务处理如下：

借：投资性房地产——成本 95 000 000
　　投资性房地产累计折旧 2 700 000
　　贷：投资性房地产 90 000 000
　　　　利润分配——未分配利润 6 930 000
　　　　盈余公积 770 000

四、投资性房地产的转换和处置

（一）投资性房地产转换的解释

房地产的转换是因房地产用途发生改变而对房地产进行的重新分类。这里所说的房地产转换是针对房地产用途发生改变而言，而不是后续计量模式的转变。企业必须有确凿证据表明房地产用途发生改变时，才能将投资性房地产转换为非投资性房地产，或者将非投资性房地产转换为投资性房地产，如自用的办公楼改为出租等。这里的确凿证据包括两个方面：一是企业董事会或类似机构应当就改变房地产用途形成正式的书面决议；二是房地产因用途改变而发生实际状态上的改变，如从自用状态改为出租状态。

房地产转换形式主要包括以下几类：

（1）投资性房地产开始自用，相应地由投资性房地产转换为固定资产或无形资产。投资性房地产开始自用是指企业将原来用于赚取租金或资本增值的房地产改为用于生产商品、提供劳务或者经营管理。例如，企业将出租的厂房收回，并用于生产本企业的产品。又如，从事房地产开发的企业将出租的开发产品收回，作为企业的固定资产使用。

（2）作为存货的房地产改为出租，通常指房地产开发企业将其持有的开发产品以经营租赁的方式出租，相应地由存货转换为投资性房地产。

（3）自用土地使用权停止自用，用于赚取租金或资本增值，相应地由无形资产转换为投资性房地产。

（4）自用建筑物停止自用，改为出租，相应地由固定资产转换为投资性房地产。

（5）房地产企业将用于经营出租的房地产重新开发用于对外销售，从投资性房地产转为存货。

（二）房地产转换的基本准则

投资性房地产准则对投资性房地产转换作出了如下规定：

企业有确凿证据表明房地产用途发生改变，满足下列条件之一的，应当将投资性房地产转换为其他资产或者将其他资产转换为投资性房地产。

（1）投资性房地产开始自用。

（2）作为存货的房地产改为出租。

（3）自用土地使用权停止自用，用于赚取租金或资本增值。

（4）自用建筑物停止自用，改为出租。

（三）投资性房地产转换的会计处理

1. 投资性房地产转换为非投资性房地产

（1）采用成本模式进行后续计量的投资性房地产转换为自用房地产。企业将原本用于赚取租金或资本增值的房地产改用于生产商品、提供劳务或者经营管理，投资性房地产相应地转换为固定资产或无形资产。例如，企业将出租的厂房收回，并用于生产本企业的产品。在此种情况下，转换日为房地产达到自用状态，企业开始将房地产用于生产商品、提劳务或者经营管理的日期。

企业将投资性房地产转换为自用房地产，应当按该项投资性房地产在转换日的账面余额、累计折旧或摊销、减值准备等，分别转入“固定资产”“累计折旧”“固定资产减值准备”等科目。按投资性房地产的账面余额，借记“固定资产”或“无形资产”科目，贷记“投资性房地产”科目；已计提的折旧或摊销，借记“投资性房地产累计折旧（摊销）”科目，贷记“累计折旧”或“累计摊销”科目；原已计提减值准备的，借记“投资性房地产减值准备”科目，贷记“固定资产减准备”或“无形资产减值准备”科目。

例 4-10　2×20 年 8 月 1 日，A 企业将出租在外的厂房收回，开始用于本企业生产商品。该项房地产账面价值为 3 765 万元，其中，原价 5 000 万元，累计已提折旧 1 235 万元。假设 A 业采用成本计量模式。

A 企业的账务处理如下：

借：固定资产　　50 000 000

　　投资性房地产累计折旧　　12 350 000

　　贷：投资性房地产　　50 000 000

　　　　累计折旧　　12 350 000

（2）采用公允价值模式进行后续计量的投资性房地产转为自用房地产。企业将采用公允价值模式计量的投资性房地产转换为自用房地产时，应当以其转换当日的公允价值作为自用房地产的账面价值，公允价值与原账面价值的差额计入当期损益。

在这种情况下，企业在转换日，按该项投资性房地产的公允价值，借记“固定资产”或“无形资产”

科目；按该项投资性房地产的成本，贷记“投资性房地产——成本”科目；按该项投资性房地产的累计公允价值变动，贷记或借记“投资性房地产——公允价值变动”科目；按借贷方差额，贷记或借记“公允价值变动损益”科目。

例 4-11 2×20 年 10 月 15 日，A 企业因租赁期满，将出租的写字楼收回，开始作为办公楼用于本企业的行政管理。2×20 年 10 月 15 日，该写字楼的公允价值为 4 800 万元。该项房地产在转换前采用公允价值模式计量，原账面价值为 4 750 万元，其中，成本为 4 500 万元，公允价值变动为增值 250 万元。

A 企业的账务处理如下：

借：固定资产	48 000 000	
贷：投资性房地产——成本		45 000 000
——公允价值变动		2 500 000
公允价值变动损益		500 000

（3）采用成本模式进行后续计量的投资性房地产转换为存货。房地产开发企业将用于经营出租的房地产重新开发用于对外销售的，从投资性房地产转换为存货。在这种情况下，转换日为租赁期届满、企业董事会或类似机构作出书面决议明确表明将其重新开发用于对外销售的日期。

企业将投资性房地产转换为存货时，应当按照该项房地产在转换日的账面价值，借记“开发产品”科目；按照已计提的折旧或摊销，借记“投资性房地产累计折旧（摊销）”科目；原已计提减值准备的，借记“投资性房地产减值准备”科目；按其账面余额，贷记“投资性房地产”科目。

（4）采用公允价值模式进行后续计量的投资性房地产转换为存货。企业将采用公允价值模式计量的投资性房地产转换为存货时，应当以其转换当日的公允价值作为存货的账面价值，公允价值与原账面价值的差额计入当期损益。

这种情况下，企业在转换日，按该项投资性房地产的公允价值，借记“开发产品”等科目；按该项投资性房地产的成本，贷记“投资性房地产——成本”科目；按该项投资性房地产的累计公允价值变动，贷记或借记“投资性房地产——公允价值变动”科目；按借贷方的差额，贷记或借记“公允价值变动损益”科目。

例 4-12 A 房地产开发企业将其开发的部分写字楼用于对外经营租赁。2×20 年 10 月 15 日，因租赁期满，A 企业将出租的写字楼收回，并作出书面决议，将该写字楼重新开发用于对外销售，即由投资性房地产转换为存货，当日的公允价值为 5 800 万元。该项房地产在转换前采用公允价值模式计量，原账面价值为 5 600 万元，其中，成本为 5 000 万元，公允价值变动增值为 600 万元。

A 企业的账务处理如下：

借：开发产品	58 000 000	
贷：投资性房地产——成本		50 000 000
——公允价值变动		6 000 000
公允价值变动损益		2 000 000

2. 非投资性房地产转换为投资性房地产

（1）非投资性房地产转换为采用成本模式进行后续计量的投资性房地产。作为存货的房地产转换为投资性房地产，通常指房地产开发企业将其持有的开发产品以经营租赁的方式出租，存货相应地转换为投资性房地产。在这种情况下，转换日通常为房地产的租赁期开始日。租赁期开始日是指承租人有权行使其使用租赁资产权利的日期。一般而言，对于企业自行建造或开发完成但尚未使用的建筑物，如果企业董事会或类似机构正式作出书面决议，明确表明其自行建造或开发产品用于经营出租、持有意图短期内不再发生变化的，应视为存货转换为投资性房地产。这时转换日为企业董事会或类似机构作出书面决议的日期。

企业将作为存货的房地产转换为采用成本模式计量的投资性房地产时，应当按该项存货在转换日的账面价值，借记“投资性房地产”科目；原已计提跌价准备的，借记“存货跌价准备”科目；按其账面余额，贷记“开发产品”等科目。

例 4-13 A 企业是从事房地产开发业务的企业，2×20 年 3 月 10 日，A 企业与 B 企业签订租赁协议，将其开发的一栋写字楼出租给 B 企业使用，租赁期开始日为 2×20 年 4 月 15 日。2×20 年 4 月 15 日，该写字楼的账面余额 45 000 万元，未计提存货跌价准备。假设 A 企业采用成本模式对其投资性房地产进行后续计量。

A 企业的账务处理如下：

借：投资性房地产——写字楼　　450 000 000
　　贷：开发产品　　450 000 000

（2）自用房地产转换为投资性房地产。企业将原本用于日常生产商品、提供劳务或者经营管理的房地产改用于出租，通常应于租赁期开始日，按照固定资产或无形资产的账面价值，将固定资产或无形资产相应地转换为投资性房地产。对不再用于日常生产经营活动且经整理后达到可经营出租状况的房地产，如果企业董事会或类似机构正式作出书面决议，明确表明其自用房地产用于经营出租且持有意图短期内不再发生变化的，应视为自用房地产转换为投资性房地产，转换日为企业董事会或类似机构正式作出书面决议的日期。

企业将自用土地使用权或建筑物转换为以成本模式计量的投资性房地产时，应当按该项建筑物或土地使用权在转换日的原价、累计折旧、减值准备等，分别转入“投资性房地产”“投资性房地产累计折旧（摊销）”“投资性房地产减值准备”科目。按其账面余额，借记“投资性房地产”科目，贷记“固定资产”或“无形资产”科目；按已计提的折旧或摊销，借记“累计摊销”或“累计折旧”科目，贷记“投资性房地产累计折旧（摊销）”科目；原已计提减值准备的，借记“固定资产减值准备”或“无形资产减值准备”科目，贷记“投资性房地产减值准备”科目。

例 4-14 A 企业拥有一栋办公楼，用于本企业总部办公。2×20 年 3 月 10 日，A 企业与 B 企业签订了经营租赁协议，将该栋办公楼整体出租给 B 企业使用，租赁期开始日为 2×20 年 4 月 15 日，为期 5 年。2×20 年 4 月 15 日，该栋办公楼的账面余额为 45 000 万元，已计提折旧 300 万元。假设 A 企业采用成本计量模式。

A 企业的账务处理如下：

借：投资性房地产——写字楼　　450 000 000
　　累计折旧　　3 000 000
　　贷：固定资产　　450 000 000
　　　　投资性房地产累计折旧　　3 000 000

3. 非投资性房地产转换为采用公允价值进行后续计量的投资性房地产

（1）作为存货的房地产转换为投资性房地产。企业将作为存货的房地产转换为采用公允价值模式计量的投资性房地产时，应当按该项房地产在转换日的公允价值入账，借记“投资性房地产——成本”科目；原已计提跌价准备的，借记“存货跌价准备”科目；按其账面余额，贷记“开发产品”等科目。同时，转换日的公允价值小于账面价值的，按其差额，借记“公允价值变动损益”科目；转换日的公允价值大于账面价值的，按其差额，贷记“其他综合收益”科目。当该项投资性房地产处置时，因转换计入其他综合收益的部分应转入当期损益。

例 4-15 2×20 年 3 月 10 日，A 房地产开发公司与 B 企业签订租赁协议，将其开发的一栋写字楼出租给 B 企业。租赁期开始日为 2×18 年 4 月 15 日。2×20 年 4 月 15 日，该写字楼的账面余额为

45 000 万元，公允价值为 47 000 万元。2×20 年 12 月 31 日，该项投资性房地产的公允价值为 48 000 万元。

A 企业的账务处理如下。

2×20 年 4 月 15 日：

借：投资性房地产——成本	470 000 000
贷：开发产品	450 000 000
其他综合收益	20 000 000

2×20 年 12 月 31 日：

借：投资性房地产——公允价值变动	10 000 000
贷：公允价值变动损益	10 000 000

（2）自用房地产转换为投资性房地产。企业将自用房地产转换为采用公允价值模式计量的投资性房地产时，应当按该项土地使用权或建筑物在转换日的公允价值，借记“投资性房地产——成本”科目；按已计提的累计摊销或累计折旧，借记“累计摊销”或“累计折旧”科目；原已计提减值准备的，借记“无形资产减值准备”“固定资产减值准备”科目，按其账面余额，贷记“固定资产”或“无形资产”科目。同时，转换日的公允价值小于账面价值的，按其差额，借记“公允价值变动损益”科目；转换日的公允价值大于账面价值的，按其差额，贷记“其他综合收益”科目。当该项投资性房地产处置时，因转换计入其他综合收益的部分应转入当期损益。

例 4-16 2×20 年 6 月，A 企业打算搬迁至新建办公楼，由于原办公楼处于商业繁华地段，A 企业准备将其出租，以赚取租金收入。2×20 年 10 月 30 日，A 企业完成搬迁工作，原办公楼停止自用，并与 B 企业签订租赁协议，将其原办公楼租赁给 B 企业使用。租赁期开始日为 2×20 年 10 月 30 日，租赁期限为 3 年。2×20 年 10 月 30 日，该办公楼原价为 5 亿元，已提折旧 14 250 万元，公允价值为 35 000 万元。假设 A 企业对投资性房地产采用公允价值模式计量。

A 企业的账务处理如下：

借：投资性房地产——成本	350 000 000
公允价值变动损益	7 500 000
累计折旧	142 500 000
贷：固定资产	500 000 000

（四）投资性房地产的处置

1. 投资性房地产处置的基本准则

当投资性房地产被处置，或者永久退出使用且预计不能从其处置中取得经济利益时，应当终止确认该项投资性房地产。

企业出售、转让、报废投资性房地产或者发生投资性房地产毁损时，应当将处置收入扣除其账面价值和相关税费后的金额计入当期损益（将实际收到的处置收入计入其他业务收入，所处置投资性房地产的账面价值计入其他业务成本）。

2. 投资性房地产处置的会计处理

（1）采用成本模式计量的投资性房地产的处置。处置采用成本模式进行后续计量的投资性房地产时，应当按实际收到的金额，借记“银行存款”等科目，贷记“其他业务收入”科目；按该项投资性房地产的账面价值，借记“其他业务成本”科目；按其账面余额，贷记“投资性房地产”科目；按照已计提的折旧或摊销，借记“投资性房地产累计折旧（摊销）”科目；原已计提减值准备的，借记“投资性房地产减值准备”科目。

例 4-17　A 公司将其出租的一栋写字楼确认为投资性房地产，采用成本模式计量。租赁期届满后，A 公司将该栋写字楼出售给 B 公司，合同价款为 30 000 万元，B 公司已用银行存款付清。出售时，该栋写字楼的成本为 28 000 万元，已计提折旧 3 000 万元。假设不考虑相关税费。

A 企业的账务处理如下：

借：银行存款　　300 000 000

　　贷：其他业务收入　　300 000 000

借：其他业务成本　　250 000 000

　　投资性房地产累计折旧　　30 000 000

　　贷：投资性房地产——写字楼　　280 000 000

（2）采用公允价值模式计量的投资性房地产的处置。处置采用公允价值模式计量的投资性房地产，应当按实际收到的金额，借记“银行存款”等科目，贷记“其他业务收入”科目；按该项投资性房地产的账面余额，借记“其他业务成本”科目，按其成本，贷记“投资性房地产——成本”科目；按其累计公允价值变动，贷记或借记“投资性房地产——公允价值变动”科目。同时，结转投资性房地产累计公允价值变动。若存在原转换日计入其他综合收益的金额，也一并结转。

例 4-18　A 为一家房地产开发企业，2×19 年 3 月 10 日，A 企业与 B 企业签订租赁协议，将其开发的一栋写字楼出租给 B 企业使用，租赁期开始日为 2×19 年 4 月 15 日。2×19 年 4 月 15 日，该写字楼的账面余额为 45 000 万元，公允价值为 47 000 万元。2×19 年 12 月 31 日，该项投资性房地产的公允价值为 48 000 万元。2×20 年 6 月租赁期届满，企业收回该项投资性房地产，并以 55 000 万元出售，出售款项已收讫。A 企业采用公允价值模式计量，不考虑相关税费。

A 企业的账务处理如下。

（1）2×19 年 4 月 15 日，存货转换为投资性房地产：

借：投资性房地产——成本　　470 000 000

　　贷：开发产品　　450 000 000

　　　　其他综合收益　　20 000 000

（2）2×19 年 12 月 31 日，公允价值变动：

借：投资性房地产——公允价值变动　　10 000 000

　　贷：公允价值变动损益　　10 000 000

（3）2×20 年 6 月，出售投资性房地产：

借：银行存款　　550 000 000

　　公允价值变动损益　　10 000 000

　　其他综合收益　　20 000 000

　　其他业务成本　　450 000 000

　　贷：投资性房地产——成本　　470 000 000

　　　　　　　　　　——公允价值变动　　10 000 000

　　　　其他业务收入　　550 000 000

或：

借：银行存款　　550 000 000

　　贷：其他业务收入　　550 000 000

借：其他业务成本　　480 000 000

　　贷：投资性房地产——成本　　470 000 000

　　　　　　　　　　——公允价值变动　　10 000 000

借：公允价值变动损益　　10 000 000
　　贷：其他业务成本　　10 000 000
借：其他综合收益　　20 000 000
　　贷：其他业务成本　　20 000 000

五、投资性房地产的披露

投资性房地产准则第十九条规定，企业应当在附注中披露与投资性房地产有关的下列信息：

（1）投资性房地产的种类、金额和计量模式。

（2）采用成本模式的，投资性房地产的折旧或摊销，以及减值准备的计提情况。

（3）采用公允价值模式的，公允价值的确定依据和方法，以及公允价值变动对损益的影响。

（4）房地产转换情况、理由，以及对损益或所有者权益的影响。

投资性房地产准则解释和应用指南未对此作更加详细的说明。

六、新旧衔接

首次执行企业会计准则，遵照《企业会计准则第 38 号——首次执行企业会计准则》的相关规定，详见本书第三十八章。

第五章
固 定 资 产

一、固定资产概述

（一）固定资产的定义

根据《企业会计准则第 4 号——固定资产》（以下简称固定资产准则）的规定，固定资产是指同时具有下列特征的有形资产：

（1）为生产商品、提供劳务、出租或经营管理而持有。

（2）使用寿命超过一个会计年度。

（3）使用寿命，是指企业使用固定资产的预计期间，或者该固定资产所能生产产品或提供劳务的数量。

《企业会计准则讲解》根据准则对固定资产的定义，提出固定资产具有以下 3 个特征：

（1）固定资产是为生产商品、提供劳务、出租或经营管理而持有。企业持有固定资产是为了生产商品、提供劳务、出租或经营管理。这意味着企业持有的固定资产是企业的劳动工具或手段，而不是直接用于出售的产品。“出租”的固定资产是指用以出租的机器设备类固定资产，不包括以经营租赁方式出租的建筑物，后者属于企业的投资性房地产，不属于固定资产。

（2）固定资产使用寿命超过一个会计年度。固定资产的使用寿命是指企业使用固定资产的预计期间，或者该固定资产所能生产产品或提供劳务的数量。通常情况下，固定资产的使用寿命是指使用固定资产的预计期间，如自用房屋建筑物的使用寿命按使用年限表示。对于某些机器设备或运输设备等固定资产，其使用寿命往往以该固定资产所能生产产品或提供劳务的数量来表示，例如，发电设备按其预计发电量估计使用寿命，汽车或飞机等按其预计行驶里程估计使用寿命。

固定资产使用寿命超过一个会计年度，意味着固定资产属于长期资产，随着使用和磨损，其价值会发生变化。这种变化需在会计上予以反映：通过计提折旧方式逐渐减少账面价值。对固定资产计提折旧，是对固定资产进行后续计量的重要内容。对固定资产计提减值准备也属于后续计量的重要内容，但不属于固定资产准则规范的内容，在《企业会计准则第 8 号——资产减值》中予以规范。

（3）固定资产为有形资产。固定资产具有实物特征，而这一特征将固定资产与无形资产区别开来。有些无形资产可能同时符合固定资产的其他特征，如无形资产为生产商品、提供劳务而持有，使用寿命超过一个会计年度，但是，由于其没有实物形态，所以，不属于固定资产。对于工业企业所持有的工具、用具、备品备件、维修设备等资产，施工企业所持有的模板、挡板、架料等周转材料，以及地质勘探企业所持有的管材等资产，企业应当根据实际情况，分别管理和核算。该类资产具有固定资产的某些特征，如使用期限超过一年，也能够带来经济利益，由于数量多，单价低，考虑到成本效益原则，在实务中，通常被确认为存货。但符合固定资产定义和确认条件的，如企业（民用航空运输）的高价周转件等，应当确认为固定资产。对于构成固定资产的各组成部分，如果各自具有不同使用寿命或者以不同方式为企业提供经济利益，适用不同折旧率或折旧方法的，则该各组成部分实际上是以独立的方式为企业提供经济利益，因此，企业应当分别将各组成部分确认为单项固定资产。例如，飞机的发动机，如果其与飞机机身具有不同的使用寿命，适用不同折旧率或折旧方法，则企业应当将其确认为单项固定资产。企业基于安全或环保的要求购入设备等，虽然不能直接给企业带来未来经济利益，但有助于企业从其他相关资产的使用获得未来经济利益，也应确认为固定资产。

（二）固定资产的确认条件

固定资产准则规定，固定资产同时满足下列条件的，才能予以确认。

（1）与该固定资产有关的经济利益很可能流入企业。

（2）该固定资产的成本能够可靠地计量。

通常情况下，是否取得固定资产所有权是判断与固定资产所有权有关的风险和报酬是否转移到企业的一个重要标志，但所有权是否转移不是判断的唯一标准，例如融资租入固定资产。固定资产有关的后续支出，符合本准则第四条规定的确认条件的，应当计入固定资产成本；不符合本准则第四条规定的确认条件的，应当在发生时计入当期损益。

（三）单项固定资产

固定资产准则规定，固定资产的各组成部分具有不同使用寿命或者以不同方式为企业提供经济利益，适用不同折旧率或折旧方法的，应当分别将各组成部分确认为单项固定资产。

二、固定资产的初始计量

固定资产准则规定，固定资产应当按照取得的实际成本进行初始计量。

（一）外购固定资产

1. 外购固定资产的成本

固定资产准则规定了外购固定资产的成本，外购固定资产的成本，包括购买价款、相关税费、使固定资产达到预定可使用状态前所发生的可归属于该项资产的运输费、装卸费、安装费和专业人员服务费等。外购固定资产是否达到预定可使用状态，需要根据具体情况进行分析判断。如果购入不需安装的固定资产，购入后即可发挥作用，则购入后即可达到预定可使用状态。

2. 购入需要安装的固定资产

如果购入需安装的固定资产，只有安装调试后达到设计要求或合同规定的标准，该项固定资产才可发挥作用，达到预定可使用状态。在实际工作中，企业可能以一笔款项购入多项没有单独标价的资产。如果这些资产均符合固定资产的定义，并满足固定资产的确认条件，则应将各项资产单独确认为固定资产，并按各项固定资产公允价值的比例对总成本进行分配，并分别确定各项固定资产的成本。如果以一笔款项购入的多项资产中还包括固定资产以外的其他资产，也应按类似的方法予以处理。

例 5-01 2×21 年 2 月 10 日，A 公司购入一台需要安装的生产用机器设备，取得的增值税专用发票上注明的设备价款为 500 000 元，增值税进项税额为 85 000 元，支付的运输费为 2 500 元，取得货物运输业增值税专用发票上注明的进项税额为 275 元，款项已通过银行支付；安装设备时，领用本公司原材料一批，价值 30 000 元，购进该批原材料时支付的增值税进项税额为 5 100 元；支付安装工人的工资为 4 900 元。假定不考虑其他相关税费（除特殊情况外，本章的公司均为增值税一般纳税人）。

A 公司的账务处理如下。

（1）支付设备价款、增值税、运输费合计为 587 775 元：

借：在建工程（500 000＋2 500） 502 500
　　应交税费——应交增值税（进项税额）（85 000＋2 500×11%） 85 275
　　贷：银行存款（500 000＋85 000＋2 500＋275） 587 775

（2）领用本公司原材料、支付安装工人工资等费用合计为34 900元：

借：在建工程 34 900
　　贷：原材料 30 000
　　　　应付职工薪酬 4 900

（3）设备安装完毕达到预定可使用状态：

借：固定资产 537 400
　　贷：在建工程 537 400

固定资产成本＝502 500＋34 900＝537 400（元）

3. 外购固定资产的特殊考虑

（1）以一笔款项购入多项没有单独标价的固定资产，应当按照各项固定资产的公允价值比例对总成本进行分配，并分别确定各项固定资产的成本。

例 5-02 A公司为一家制造企业。2×21年4月，为降低采购成本，向B公司一次购入三套不同型号且不同生产能力的A、B、C三种设备。A公司为该批设备共支付货款7 800 000元，增值税进项税额1 326 000元（假设按税法规定可以抵扣），包装费42 000元，全部以银行存款支付；假定A、B、C设备分别满足固定资产确认条件，公允价值分别为2 926 000元、3 594 800元和1 839 200元；A公司实际支付的货款等于计税价格，不考虑其他相关税费。

A公司的会计处理如下。

①确定应计入固定资产成本的金额，包括购买价款、包装费等：

7 800 000＋42 000＝7 842 000（元）

②确定A、B、C的价值分配比例：

A设备应分配的固定资产价值比例为：

2 926 000÷（2 926 000＋3 594 800＋1 839 200）×100%＝35%

B设备应分配的固定资产价值比例为：

3 594 800÷（2 926 000＋3 594 800＋1 839 200）×100%＝43%

C设备应分配的固定资产价值比例为：

1 839 200÷（2 926 000＋3 594 800＋1 839 200）×100%＝22%

③确定A、B、C设备各自的成本：

A设备的成本＝7 842 000×35%＝2 744 700（元）

B设备的成本＝7 842 000×43%＝3 372 060（元）

C设备的成本＝7 842 000×22%＝1 725 240（元）

④进行如下账务处理：

借：固定资产——A 2 744 700
　　　　　　——B 3 372 060
　　　　　　——C 1 725 240
　　应交税费——应交增值税（进项税额） 1 326 000
　　贷：银行存款 9 168 000

（2）购买固定资产的价款超过正常信用条件延期支付，而该固定资产实质上具有融资性质的，固定资产的成本以购买价款的现值为基础确定。实际支付的价款与购买价款的现值之间的差额，应当在信用期间内采用实际利率法进行摊销。摊销金额除满足借款费用资本化条件的应当计入固定资产成本外，均应当在信用期间内确认为财务费用，计入当期损益。

“未确认融资费用”是“长期应付款”的备抵科目，“未确认融资费用”科目的借方余额，会减少“长期应付款”项目的金额。

未确认融资费用摊销＝期初应付本金余额 × 实际利率

＝（期初长期应付款余额－期初未确认融资费用余额）× 实际利率

例 5-03 2×21 年 1 月 1 日，A 公司与 B 公司签订一项购货合同，A 公司从 B 公司购入一台需要安装的特大型设备。合同约定，A 公司采用分期付款方式支付价款。该设备价款共计 900 万元（不考虑增值税），在 2×21 年至 2×25 年的 5 年内每半年支付 90 万元，每年的付款日期分别为当年 6 月 30 日和 12 月 31 日。

2×21 年 1 月 1 日，设备如期运抵 A 公司并开始安装。2×21 年 12 月 31 日，设备达到预定可使用状态，发生安装费 398 530.60 元，已用银行存款付讫。

假定 A 公司适用的 6 个月折现率为 10%。

①计算购买价款的现值，并作相应账务处理。

购买价值的现值＝900 000×（P/A，10%，10）＝900 000×6.144 6＝5 530 140（元）

（已知利率 10%，期限为 10 年的终值系数为 6.144 6）

2×21 年 1 月 1 日，A 公司的账务处理如下：

借：在建工程——×× 设备　　5 530 140

　　未确认融资费用　　3 469 860

　　贷：长期应付款——B 公司　　9 000 000

②确定信用期间未确认融资费用的分摊额，如表 5-01 所示。

表 5-01 未确认融资费用分摊表

2×21 年 1 月 1 日　　单位：元

日期	分期付款额	确认的融资费用	应付本金减少额	应付本金余额
①	②	③＝期初 ×10%	④＝②－③	期末⑤＝期初⑤－④
2×21 年 1 月 1 日				5 530 140（本金）
2×21 年 6 月 30 日	900 000	553 014	346 986	5 183 154
2×21 年 12 月 31 日	900 000	518 315.40	381 684.60	4 801 469.40
2×22 年 6 月 30 日	900 000	480 146.94	419 853.06	4 381 616.34
2×22 年 12 月 31 日	900 000	438 161.63	461 838.37	3 919 777.97
2×23 年 6 月 30 日	900 000	391 977.80	508 022.20	3 411 755.77
2×23 年 12 月 31 日	900 000	341 175.58	558 824.42	2 852 931.35
2×24 年 6 月 30 日	900 000	285 293.14	614 706.86	2 238 224.47
2×24 年 12 月 31 日	900 000	223 822.45	676 177.55	1 562 046.92
2×25 年 6 月 30 日	900 000	156 204.69	743 795.31	818 251.61

（续表）

日期	分期付款额	确认的融资费用	应付本金减少额	应付本金余额
①	②	③＝期初 ×10%	④＝②－③	期末⑤＝期初⑤－④
2×25 年 12 月 31 日	900 000	81 748.39*	818 251.61	0
合计	9 000 000	3 469 860	5 530 140	0

*尾数调整：81 748.39＝900 000－818 251.61，818 251.61为最后一期应付本金余额。

③2×21年1月1日至2×21年12月31日为设备的安装期间，未确认融资费用的分摊额符合资本化条件，计入固定资产成本。

（a）2×21年6月30日A公司的账务处理如下：

借：在建工程——××设备　553 014

　　贷：未确认融资费用　553 014

借：长期应付款——B公司　900 000

　　贷：银行存款　900 000

其中：

本期共还款＝900 000（元）

还息＝5 530 140×10%＝553 014（元）

还本＝900 000－553 014＝346 986（元）

未还的本金＝5 530 140－346 986＝5 183 154（元）

（b）2×21年12月31日，A公司的账务处理如下：

借：在建工程——××设备　518 315.40

　　贷：未确认融资费用　518 315.40

借：长期应付款——B公司　900 000

　　贷：银行存款　900 000

其中：

本期共还款＝900 000（元）

还息＝5 183 154×10%＝518 315.40（元）

还本＝900 000－518 315.40＝381 684.60（元）

未还的本金＝5 183 154－381 684.60＝4 801 469.40（元）

发生安装费398 530.60元

借：在建工程——××设备　398 530.60

　　贷：银行存款等　398 530.60

借：固定资产——××设备　7 000 000

　　贷：在建工程——××设备　7 000 000

固定资产的成本＝5 530 140＋553 014＋ 518 315.40＋398 530.60＝7 000 000（元）

④2×22年1月1日至2×25年12月31日，该设备已经达到预定可使用状态，未确认融资费用的分摊额不再符合资本化条件，应计入当期损益。

2×22年6月30日A公司的账务处理如下：

借：财务费用　480 146.94

　　贷：未确认融资费用　480 146.94

借：长期应付款——B 公司　　900 000
　　贷：银行存款　　900 000

其中：

本期共还款＝900 000（元）

还息＝4 801 469.40×10%＝480 146.94（元）

还本＝900 000－480 146.94＝419 853.06（元）

未还的本金＝4 801 469.40－419 853.06＝4 381 616.34（元）

以后期间的账务处理与2×22 年 6 月 30 日相同，此处略。

例 5-04　2×21 年 1 月 1 日，A 公司与 B 公司签订一项购货合同，A 公司从 B 公司购入一台需要安装的大型机器设备。合同约定，A 公司采用分期付款方式支付价款。该设备价款共计 900 000 元，首期款项 150 000 元于 2×21 年 1 月 1 日支付，其余款项在 2×21 年至 2×25 年的 5 年间平均支付，每年的付款日期为当年 12 月 31 日。

2×21 年 1 月 1 日，设备如期运抵 A 公司并开始安装，发生运杂费和相关税费 160 000 元（不含增值税），已用银行存款付讫。2×21 年 12 月 31 日，设备达到预定可使用状态，发生安装费 40 000 元，已用银行存款付讫。

A 公司按照合同约定用银行存款如期支付了款项。假定折现率为 10%。

①购买价款的现值为：

150 000＋150 000×（P/A，10%，5）＝150 000＋150 000×3.790 8＝718 620（元）

2×21年1月1日A公司的账务处理如下：

借：在建工程　　718 620
　　未确认融资费用　　181 380
　　贷：长期应付款　　900 000
借：长期应付款　　150 000
　　贷：银行存款　　150 000
借：在建工程　　160 000
　　贷：银行存款　　160 000

②确定信用期间未确认融资费用的分摊额如表 5-02 所示。

表 5-02　A 公司未确认融资费用分摊表

2×21 年 1 月 1 日　　单位：元

日期	分期付款额	确认的融资费用	应付本金减少额	应付本金余额
①	②	③＝期初 ×10%	④＝②－③	期末⑤＝期初⑤－④
2×21 年 1 月 1 日				568 620
2×21 年 12 月 31 日	150 000	56 862	93 138	475 482
2×22 年 12 月 31 日	150 000	47 548.20	102 451.80	373 030.30
2×23 年 12 月 31 日	150 000	37 303.03	112 696.98	260 333.22
2×24 年 12 月 31 日	150 000	26 033.32	123 966.68	136 366.51

（续表）

日期	分期付款额	确认的融资费用	应付本金减少额	应付本金余额
①	②	③=期初 ×10%	④=②-③	期末⑤=期初⑤-④
2×25 年 12 月 31 日	150 000	13 633.46*	136 366.54	0
合计	750 000	181 380	568 620	

*尾数调整：13 633.46=150 000－136 366.54，136 366.54为期初应付本金余额；568 620=718 620－150 000。

（a）2×21 年 1 月 1 日至 2×21 年 12 月 31 日为设备的安装期间，未确认融资费用的分摊额符合资本化条件，计入固定资产成本。2×21 年 12 月 31 日 A 公司的账务处理如下：

借：在建工程　56 862
　贷：未确认融资费用　56 862
借：长期应付款　150 000
　贷：银行存款　150 000
借：在建工程　40 000
　贷：银行存款　40 000
借：固定资产　975 482
　贷：在建工程　975 482

固定资产的成本为：718 620＋160 000＋56 862＋40 000=975 482（元）

（b）2×22 年 1 月 1 日至 2×22 年 12 月 31 日，设备已经达到预定可使用状态，未确认融资费用的分摊额不再符合资本化条件，应计入当期损益。

2×22 年 12 月 31 日：
借：财务费用　47 548.20
　贷：未确认融资费用　47 548.20
借：长期应付款　150 000
　贷：银行存款　150 000

2×23 年 12 月 31 日：
借：财务费用　37 303.02
　贷：未确认融资费用　37 303.02
借：长期应付款　150 000
　贷：银行存款　150 000

2×24 年 12 月 31 日：
借：财务费用　26 033.32
　贷：未确认融资费用　26 033.32
借：长期应付款　150 000
　贷：银行存款　150 000

2×25 年 12 月 31 日：
借：财务费用　13 633.46
　贷：未确认融资费用　13 633.46

借：长期应付款　　150 000
　　贷：银行存款　　150 000

（二）自行建造固定资产

固定资产准则规定，自行建造的固定资产的成本，由建造该项资产达到预定可使用状态前所发生的必要支出构成。

企业自行建造固定资产包括自营建造和出包建造两种方式。无论采用何种方式，所建工程都应当按照实际发生的支出确定其工程成本。

1. 自营方式建造固定资产

企业如有以自营方式建造的固定资产，其固定资产成本应当按照直接材料、直接人工、直接机械施工费等计量。

（1）企业为建造固定资产准备的各种物资应当按照实际支付的买价、运输费、保险费等相关税费作为实际成本。用于生产设备的工程物资，其进项税额可以抵扣。

（2）建设期间发生的工程物资盘亏、报废及毁损，减去残料价值以及保险公司、过失人等赔款后的净损失，计入所建工程项目的成本；盘盈的工程物资或处置净收益，冲减所建工程项目的成本。工程完工后发生的工程物资盘盈、盘亏、报废、毁损，计入当期营业外收支。

（3）建造固定资产领用工程物资、原材料或库存商品，应按其实际成本转入所建工程成本。自营方式建造固定资产应负担的职工薪酬，辅助生产部门为之提供的水、电、修理、运输等劳务，以及其他必要支出等也应计入所建工程项目的成本。

（4）符合资本化条件的，应计入所建造固定资产成本的借款费用，按照《企业会计准则第17号——借款费用》的有关规定处理。

（5）企业以自营方式建造固定资产，发生的工程成本应通过“在建工程”科目核算，工程完工达到预定可使用状态时，从“在建工程”科目转入“固定资产”科目。

（6）所建造的固定资产已达到预定可使用状态，但尚未办理竣工决算的，应当自达到预定可使用状态之日起，根据工程预算、造价或者工程实际成本等，按暂估价值转入固定资产，并按有关计提固定资产折旧的规定，计提固定资产折旧。待办理了竣工决算手续后再调整原来的暂估价值，但不需要调整原来的折旧额。

领用原材料用于不动产建造时，借记“在建工程”科目，贷记“原材料”科目，同时借记“应交税费——待抵扣进项税额”科目，贷记“应交税费——应交增值税（进项税转出）”科目（原外购原材料确认的增值税进项税额的40%）。自领用日起第13个月时，借记“应交税费——应交增值税（进项税额）”科目，贷记“应交税费——待抵扣进项税额”科目。

（7）高危行业企业按照国家规定提取的安全生产费。企业提取安全费用时，借记“生产成本（或当期损益）”科目，贷记“专项储备”科目。企业使用提取的安全费用时，如果属于费用性支出，直接冲减专项储备，借记“专项储备”科目，贷记“银行存款”科目；如果形成固定资产，借记“在建工程”“应交税费——应交增值税（进项税额）”科目，贷记“银行存款”“应付职工薪酬”科目，同时，借记“固定资产”科目，贷记“在建工程”科目，再借记“专项储备”科目，贷记“累计折旧”科目。

例5-05 2×21年1月1日，某企业准备自行建造一座仓库。假定不考虑增值税，有关资料如下：

（1）1月8日，购入工程物资一批，价款为351 100元，款项以银行存款支付。

（2）2月3日，领用生产用原材料一批，价值为37 440元。

（3）1月8日至6月30日，工程先后领用工程物资272 500元。

（4）6月30日，对工程物资进行清查，发现工程物资减少48 000元，经调查属保管员过失造成，根据企业管理规定，保管员应赔偿30 000元。剩余工程物资转入企业原材料，该原材料的计划成本为 27 000 元。

（5）工程建设期间辅助生产车间为工程提供有关的劳务支出为 35 000 元。

（6）工程建设期间发生工程人员职工薪酬 65 800 元。

（7）6 月 30 日，完工并交付使用。

账务处理如下。

（1）购入工程物资：

借：工程物资	351 000	
贷：银行存款		351 000

（2）领用原材料：

借：在建工程——仓库	37 440	
贷：原材料		37 440

（3）工程领用物资：

借：在建工程——仓库	272 500	
贷：工程物资		272 500

（4）建设期间发生的工程物资盘亏、报废及毁损净损失：

借：在建工程——仓库	18 000	
其他应收款	30 000	
贷：工程物资		48 000

（5）结转剩余工程物资成本差异：

剩余工程物资的实际成本＝351 000－272 500－48 000＝30 500（元），计划成本为 27 000 元

借：原材料	27 000	
材料成本差异	3 500	
贷：工程物资		30 500

（6）辅助生产车间为工程提供劳务支出：

借：在建工程——仓库	35 000	
贷：生产成本——辅助生产成本		35 000

（7）计提工程人员职工薪酬：

借：在建工程——仓库	65 800	
贷：应付职工薪酬		65 800

（8）工程完工交付：

固定资产的入账价值＝ 37 440＋272 500＋18 000＋35 000＋65 800＝428 740（元）

借：固定资产——仓库	428 740	
贷：在建工程——仓库		428 740

高危行业企业依照国家有关规定提取的安全生产费，应当计入相关产品的成本或当期损益，同时，记入“专项储备”科目。企业使用提取的安全生产费时，属于费用性支出的，直接冲减专项储备。企业使用安全生产费形成固定资产的，应当通过“在建工程”科目归集所发生的支出，待安全项目完工达到预定可使用状态时确认为固定资产；同时，按照形成固定资产的成本冲减专项储备，并确认相同金额的累计折旧。该固定资产在以后期间不再计提折旧。“专项储备”科目期末余额在资产负债表所有者权益项目下“其他综合收益”和“盈余公积”之间增设“专项储备”项目反映。

例 5-06　A 公司是一家煤矿企业，依据开采的原煤产量按月提取安全生产费，提取标准为每吨 10 元，假定每月原煤产量为 70 000 吨，2×21 年 7 月 8 日，经有关部门批准，该企业购入一批需要安

装的用于改造和完善矿井运输的安全防护设备，价款为 2 000 000 元，增值税进项税额为 340 000 元，安装过程中支付人工费 300 000 元。

7 月 28 日，安装完成。2×21 年 7 月 30 日，A 公司另支付安全生产检查费 150 000 元，假定 2×21 年 6 月 30 日，A 公司“专项储备——安全生产费”余额为 50 000 000 元。不考虑其他相关税费。

A 公司的账务处理如下。

（1）企业按月提取安全生产费：

借：生产成本（70 000×10） 700 000

　　贷：专项储备——安全生产费 700 000

（2）购置安全防护设备：

借：在建工程——××设备 2 000 000

　　应交税费——应交增值税（进项税额） 340 000

　　贷：银行存款 2 340 000

借：在建工程——××设备 300 000

　　贷：应付职工薪酬 300 000

借：应付职工薪酬 300 000

　　贷：银行存款 / 库存现金 300 000

借：固定资产——××设备 2 300 000

　　贷：在建工程——××设备 2 300 000

借：专项储备——安全生产费（全额计提） 2 300 000

　　贷：累计折旧 2 300 000

（3）支付安全生产检查费：

借：专项储备——安全生产费 150 000

　　贷：银行存款 150 000

例 5-07 A 公司为大中型煤矿企业，按照国家规定该煤炭生产企业按原煤实际产量 15 元 / 吨从成本中提取。2×21 年 5 月 31 日，A 公司“专项储备——安全生产费”科目余额为 6 000 万元。

（1）2×21 年 6 月，原煤实际处理为 200 万吨。

（2）2×21 年 6 月，支付安全生产检查费 20 万元，以银行存款支付。

（3）2×21 年 6 月，购入一批需要安装的用于改造和完善矿井安全防护设备，取得增值税专用发票注明价款为 5 000 万元，增值税税额为 850 万元，立即投入安装，安装中应付安装人员薪酬 50 万元。

（4）2×21 年 8 月，安装完毕达到预定可使用状态。

A 公司有关业务的会计分录如下：

（1）2×21 年 6 月，提取安全生产费：

借：生产成本（2 000 000×15） 3 000 000

　　贷：专项储备——安全生产费 3 000 000

（2）2×21 年 6 月，支付安全生产检查费：

借：专项储备——安全生产费 200 000

　　贷：银行存款 200 000

（3）2×21 年 6 月，购入及安装设备：

借：在建工程 50 000 000

　　应交税费——应交增值税（进项税额） 8 500 000

　　贷：银行存款 58 500 000

借：在建工程　　500 000

　　贷：应付职工薪酬　　500 000

（4）2×21 年 8 月，安装完毕达到预定可使用状态：

借：固定资产　　50 500 000

　　贷：在建工程　　50 500 000

借：专项储备——安全生产费　　50 500 000

　　贷：累计折旧　　50 500 000

2. 出包方式建造固定资产

采用出包方式建造固定资产时，企业要与建造承包商签订建造合同，企业是建造合同的 A 方，负责筹集资金和组织管理工程建设，通常被称为建设单位；建造承包商是建造合同的 B 方，负责建筑安装工程施工任务。企业的新建、改建、扩建等建设项目，通常均采用出包方式。一个建设项目通常由若干个单项工程构成，如新建一个火电厂包括建造发电车间、冷却塔，安装发电设备等，新建的火电厂即为建设项目，建造的发电车间、冷却塔，安装发电设备均为单项工程。

企业以出包方式建造固定资产，其成本由建造该项固定资产达到预定可使用状态前所发生的必要支出构成，包括发生的建筑工程支出、安装工程支出以及需分摊计入各固定资产价值的待摊支出。

由于建筑工程、安装工程采用出包方式发包给建造承包商承建，工程的具体支出，如人工费、材料费、机械使用费等由建造承包商核算。对于发包企业而言，建筑工程支出、安装工程支出是构成在建工程成本的重要内容，结算的工程价款计入在建工程成本。

待摊支出，是指在建设期间发生的，不能直接计入某项固定资产价值、而应由所建造固定资产共同负担的相关费用，包括建造工程发生的管理费、可行性研究费、临时设施费、公证费、监理费，应负担的税金，符合资本化条件的借款费用，建设期间发生的工程物资盘亏、报废及毁损净损失，以及负荷联合试车费等。征地费是指企业通过划拨方式取得建设用地发生的青苗补偿费、地上建筑物或附着物补偿费等。企业为建造固定资产通过出让方式取得土地使用权而支付的土地出让金不计入在建工程成本，应确认为无形资产（土地使用权）。

在出包方式下，“在建工程”科目主要是企业与建造承包商办理工程价款的结算科目，企业的支付给建造承包商的工程价款作为工程成本通过“在建工程”科目核算。企业应按合理估计的工程进度和合同规定结算的进度款，借记“在建工程——建筑工程（×× 工程）”“在建工程——安装工程（×× 工程）”科目，贷记“银行存款”“预付账款”等科目。工程完成时，按合同规定补付的工程款，借记“在建工程”科目，贷记“银行存款”等科目。企业将需安装设备运抵现场安装时，借记“在建工程——在安装设备（×× 设备）”科目，贷记“工程物资——×× 设备”科目。企业为建造固定资产发生的待摊支出，借记“在建工程——待摊支出”科目，贷记“银行存款”“应付职工薪酬”“长期借款”等 。

在建工程达到预定可使用状态时：

首先，计算分配待摊支出，待摊支出的分配率可按下列公式计算：

$$待摊支出的分配率=\frac{累计发生的待摊支出}{建筑工程支出+安装工程支出+在安装设备支出}\times 100\%$$

其次，计算确定已完工的固定资产成本：

房屋、建筑物等固定资产成本＝建筑工程支出＋应分摊的待摊支出＋需要安装设备的成本

＝设备成本＋为设备安装发生的基础、支座等建筑工程支出

＋安装工程支出＋应分摊的待摊支出

最后，进行相应的会计处理，借记“固定资产”科目，贷记“在建工程——建筑工程”“在建工程——安装工程” “在建工程——待摊支出”等科目。

例 5-08 A 公司经当地有关部门批准，新建一座火电厂。建造的火电厂由 3 个单项工程组成，包括建造发电车间、冷却塔以及安装发电设备。2×21 年 2 月 1 日，A 公司与 B 公司签订合同，将该项目出包给 B 公司承建。根据双方签订的合同，建造发电车间的价款为 5 000 000 元，建造冷却塔的价款为 3 000 000 元，安装发电设备需支付安装费用 500 000 元。建造期间发生的有关事项如下（假定不考虑相关税费）：

（1）2×21 年 2 月 10 日，A 公司按合同约定向 B 公司预付 10% 备料款 800 000 元，其中发电车间 500 000 元，冷却塔 300 000 元。

（2）2×21 年 8 月 2 日，建造发电车间和冷却塔的工程进度达到 50%，A 公司与 B 公司办理工程价款结算 4 000 000 元，其中发电车间 2 500 000 元，冷却塔 1 500 000 元。A 公司抵扣了预付备料款后，将余款用银行存款付讫。

（3）2×21 年 10 月 8 日，A 公司购入需安装的发电设备，价款总计 3 500 000 元（含增值税进项税额），已用银行存款付讫。

（4）2×21 年 3 月 10 日，建筑工程主体已完工，A 公司与 B 公司办理工程价款结算 4 000 000 元，其中，发电车间 2 500 000 元，冷却塔 1 500 000 元。A 公司向 B 公司开具了一张期限 3 个月的商业票据。

（5）2×21 年 4 月 1 日，A 公司将发电设备运抵现场，交 B 公司安装。

（6）2×21 年 5 月 10 日，发电设备安装到位，A 公司与 B 公司办理设备安装价款结算 500 000 元，款项已支付。

（7）工程项目发生管理费、可行性研究费、公证费、监理费共计 290 000 元，已用银行存款付讫。

（8）2×21 年 5 月，进行负荷联合试车领用本企业材料 100 000 元，发生其他试车费用 50 000 元，用银行存款支付，试车期间取得发电收入 200 000 元。

（9）2×21 年 6 月 1 日，完成试车，各项指标达到设计要求。

A 公司的账务处理如下。

（1）2×21 年 2 月 10 日，预付备料款：

借：预付账款	800 000	
贷：银行存款		800 000

（2）2×21 年 8 月 2 日，办理建筑工程价款结算：

借：在建工程——建筑工程（冷却塔）	1 500 000	
在建工程——建筑工程（发电车间）	2 500 000	
贷：银行存款		3 200 000
预付账款		800 000

（3）2×21 年 10 月 8 日，购入发电设备：

借：工程物资——发电设备	3 500 000	
贷：银行存款		3 500 000

（4）2×21 年 3 月 10 日，办理建筑工程价款结算：

借：在建工程——建筑工程（冷却塔）	1 500 000	
在建工程——建筑工程（发电车间）	2 500 000	
贷：应付票据		4 000 000

（5）2×21 年 4 月 1 日，将发电设备交 B 公司安装：

借：在建工程——在安装设备（发电设备）	3 500 000	
贷：工程物资——发电设备		3 500 000

（6）2×21 年 5 月 10 日，办理安装工程价款结算：

借：在建工程——安装工程（发电设备） 500 000

　　贷：银行存款 500 000

（7）支付工程发生的管理费、可行性研究费、公证费、监理费：

借：在建工程——待摊支出 290 000

　　贷：银行存款 290 000

（8）进行负荷联合试车：

借：在建工程——待摊支出 150 000

　　贷：原材料 100 000

　　　　银行存款 50 000

借：银行存款 200 000

　　贷：在建工程 200 000

（9）结转在建工程，计算分配的待摊支出：

待摊支出分配率＝（290 000＋150 000－200 000）÷（5 000 000＋3 000 000＋500 000＋3 500 000）×100%＝240 000÷1 200 000×100%＝2%

发电车间应分配的待摊支出＝5 000 000×2%＝100 000（元）

冷却塔应分配的待摊支出＝3 000 000×2%＝60 000（元）

发电设备应分配的待摊支出＝（3 500 000 ＋ 500 000）×2%＝80 000（元）

结转在建工程：

借：在建工程——建筑工程（发电车间） 100 000

　　在建工程——建筑工程（冷却塔） 60 000

　　在建工程——安装工程（发电设备） 10 000

　　在建工程——在安装设备（发电设备） 70 000

　　贷：在建工程——待摊支出 240 000

（10）计算已完工的固定资产的成本：

发电车间的成本＝5 000 000＋100 000＝5 100 000（元）

冷却塔的成本＝3 000 000＋60 000＝3 060 000（元）

发电设备的成本＝（3 500 000＋500 000）＋80 000＝4 080 000（元）

借：固定资产——发电车间 5 100 000

　　固定资产——冷却塔 3 060 000

　　固定资产——发电设备 4 080 000

　　贷：在建工程——建筑工程（发电车间） 5 100 000

　　　　在建工程——建筑工程（冷却塔） 3 060 000

　　　　在建工程——安装工程（发电设备） 510 000

　　　　在建工程——在安装设备（发电设备） 3 570 000

例 5-09 A 公司是一家化工企业，2×20 年 5 月经批准启动硅酸钠项目建设工程，整个工程包括建造新厂房和冷却循环系统以及安装生产设备等 3 个单项工程。

2×20 年 6 月 1 日，A 公司与 B 公司签订合同，将该项目出包给 B 公司承建。根据双方签订的合同，建造新厂房的价款为 6 000 000 元，建造冷却循环系统的价款为 4 000 000 元，安装生产设备需支付安装费用 500 000 元。上述价款中均不含增值税。假定不考虑其他相关费用。

要求：根据下列事项，编制 A 公司相关的账务处理。

（1）2×20 年 6 月 10 日，A 公司按合同约定向 B 公司预付 10% 备料款 1 000 000 元，其中厂房

600 000 元，冷却循环系统 400 000 元。

2×20 年 6 月 10 日，预付备料款：

借：预付账款——B 公司　　1 000 000

　　贷：银行存款　　1 000 000

（2）2×20 年 11 月 2 日，建造厂房和冷却循环系统的工程进度达到 50%，A 公司与 B 公司办理工程价款结算 5 000 000 元，其中厂房 3 000 000 元，冷却循环系统 2 000 000 元。B 公司开具的增值税专用发票上注明的价款为 5 000 000 元，增值税税额为 550 000 元。A 公司抵扣了预付备料款后，将余款用银行存款付讫。

2×20 年 11 月 2 日，办理工程价款结算：

借：在建工程——B 公司——建筑工程——厂房　　3 000 000

　　　　　——B 公司——建筑工程——冷却循环系统　　2 000 000

　　应交税费——应交增值税（进项税额）（550 000×60%）　　330 000

　　　　　——待抵扣进项税额（550 000×40%）　　220 000

　　贷：银行存款　　4 550 000

　　　　预付账款——B 公司　　1 000 000

根据增值税制度规定，企业自 2020 年 5 月 1 日之后取得的按照固定资产核算的不动产或不动产在建工程，包括购买、新建、改建、扩建不动产等，其进项税额应分两年从销项税额中抵扣，取得当期可抵扣增值税专用发票上注明的进项税额的 60%，另外 40% 为待抵扣进项税额，于取得扣税凭证的当月起第 13 个月从销项税额中抵扣。

2×21 年 11 月，抵扣剩余 40% 的进项税额：

借：应交税费——应交增值税（进项税额）（550 000×40%）　　220 000

　　贷：应交税费——待抵扣进项税额　　220 000

（3）2×20 年 12 月 8 日，A 公司购入需安装的设备，取得增值税专用发票，价款总计 4 500 000 元，增值税进项税额为 765 000 元，已用银行存款付讫。

2×20 年 12 月 8 日，购入设备：

借：工程物资——×× 设备　　4 500 000

　　应交税费——应交增值税（进项税额）　　765 000

　　贷：银行存款　　5 265 000

注：此处的生产设备不属于构成不动产实体的材料或设备，其进项税额无须分两年抵扣。

（4）2×21 年 3 月 10 日，建筑工程主体已完工，A 公司与 B 公司办理工程价款结算 5 000 000 元。其中，厂房 3 000 000 元，冷却循环系统 2 000 000 元。B 公司开具的增值税专用发票上注明的价款为 5 000 000 元，增值税税额为 550 000 元。A 公司已通过银行转账支付了上述款项。

2×21年3月10日，办理建筑工程价款结算：

借：在建工程——B公司——建筑工程——厂房　　3 000 000

　　　　　——B公司——建筑工程——冷却循环系统　　2 000 000

　　应交税费——应交增值税（进项税额）（550 000×60%）　　330 000

　　　　　——待抵扣进项税额（550 000×40%）　　220 000

　　贷：银行存款　　5 550 000

（5）2×21年4月1日，A公司将生产设备运抵现场，交B公司安装。

2×21年4月1日，将设备交B公司安装：

借：在建工程——B公司——安装工程——××设备　　4 500 000

　　贷：工程物资——××设备　　4 500 000

（6）2×21 年 5 月 10 日，生产设备安装到位，A 公司与 B 公司办理设备安装价款结算。B 公司开具的增值税专用发票上注明的价款为 500 000 元，增值税税额为 55 000 元。A 公司已通过银行转账支付了上述款项。

2×21 年 5 月 10 日，办理安装工程价款结算：

借：在建工程——B 公司——安装工程——×× 设备　500 000

　　应交税费——应交增值税（进项税额）　55 000

　　贷：银行存款　555 000

（7）整个工程项目发生管理费、可行性研究费、公证费、监理费共计 300 000 元，已用银行存款转账支付。

支付工程项目发生管理费、可行性研究费、监理费：

借：在建工程——B 公司——待摊支出　300 000

　　贷：银行存款　300 000

（8）2×21 年 6 月 1 日，完成验收，各项指标达到设计要求，结转固定资产。

①计算分摊待摊支出，结转在建工程：

待摊支出分摊率＝300 000÷（厂房6 000 000＋冷却循环系统4 000 000＋生产设备4 500 000＋安装费500 000）×100%＝2%

厂房应分摊的待摊支出＝6 000 000×2%＝120 000（元）

循环系统应分配的待摊支出＝4 000 000×2%＝80 000（元）

安装工程应分配的待摊支出＝（4 500 000＋500 000）×2%＝100 000（元）

借：在建工程——B公司——建筑工程——厂房　120 000

　　　　　　——B公司——建筑工程——冷却循环系统　80 000

　　　　　　——B公司——安装工程——××设备　100 000

　　贷：在建工程——B公司——待摊支出　300 000

②计算完工固定资产的成本：

厂房的成本＝6 000 000＋120 000＝6 120 000（元）

冷却循环系统的成本＝4 000 000＋80 000＝4 080 000（元）

生产设备的成本＝（4 500 000＋500 000）＋100 000＝5 100 000（元）

借：固定资产——厂房　6 120 000

　　　　　　——冷却循环系统　4 080 000

　　　　　　——××设备　5 100 000

　　贷：在建工程——B公司——建筑工程——厂房　6 120 000

　　　　　　　　——B公司——建筑工程——冷却循环系统　4 080 000

　　　　　　　　——B公司——安装工程——××设备　5 100 000

（三）投资者投入固定资产

固定资产准则规定，投资者投入固定资产的成本，应当按照投资合同或协议约定的价值确定，但合同或协议约定价值不公允的除外。

（四）存在弃置义务的固定资产

固定资产准则规定，确定固定资产成本时，应当考虑预计弃置费用因素。

《企业会计准则解释》对其进行了详细解释，对于特殊行业的特定固定资产，如石油、天然气企业油气水井及相关设施的弃置，核电站核废料的处置等，在确定其初始入账成本时，还应考虑弃置费用。弃置费用通常是指根据国家法律和行政法规、国际公约等规定，企业承担的环境保护和生态恢复等义务所确定的支出，如核电站核设施等的弃置和恢复环境义务。弃置费用的金额与其现值比较，通常相差较大，需要考虑货币时间价值。对于特殊行业的特定固定资产，企业应当根据《企业会计准则第13号——或有事项》，按照现值计算确定的应计入固定资产成本的金额和相应的预计负债。在固定资产的使用寿命内按照预计负债的摊余成本和实际利率计算确定的利息费用并计入财务费用。一般工商企业的固定资产发生的报废清理费用不属于弃置费用，应当在发生时作为固定资产处置费用处理。

例 5-10 A公司经国家批准于2×21年1月1日建造完成核电站核反应堆并交付使用，建造成本为2 500 000万元，预计使用寿命40年。该核反应堆将会对当地的生态环境产生一定的影响。根据法律规定，企业应在该项设施使用期满后将其拆除，并对造成的污染进行整治，预计发生弃置费用250 000万元。假定适用的折现率为10%。

（1）核反应堆属于特殊行业的特定固定资产，确定其成本时应考虑弃置费用：

2×21年1月1日，弃置费用的现值＝250 000×（P/F，10%，40）＝250 000×0.022 1＝5 525（万元）

固定资产的成本＝2 500 000＋5 525＝2 505 525（万元）

借：固定资产　　25 055 250 000

　　贷：在建工程　　25 000 000 000

　　　　预计负债　　55 250 000

（2）每年应负担的利息费用：

第1年应负担的利息费用＝55 250 000×10%＝5 525 000（元）

借：财务费用　　5 525 000

　　贷：预计负债　　5 525 000

以后年度，企业应当按照实际利率法计算确定每年财务费用，相关账务处理略。

例 5-11 A公司属于核电站发电企业，2×20年1月1日正式建造完成并交付使用一座核电站核设施，全部成本为300 000万元，预计使用寿命为40年。据国家法律和行政法规、国际公约等规定，企业应承担环境保护和生态恢复等义务。2×20年1月1日预计40年后该核电站核设施弃置时，将发生弃置费用30 000万元，且金额较大。在考虑货币的时间价值和相关期间通货膨胀等因素下确定的折现率为5%。

已知：（P/F，5%，40）＝0.142 0。

要求：

（1）编制2×20年1月1日固定资产入账的会计分录；

（2）编制2×20年和2×21年确认利息费用的会计分录；

（3）编制40年后实际发生弃置费用的会计分录。

A公司编制的会计分录如下。

（1）2×20年1月1日，编制固定资产入账的会计分录：

固定资产入账金额＝300 000＋30 000×0.142 0＝304 260（万元）

借：固定资产　　3 042 600 000

　　贷：在建工程　　3 000 000 000

　　　　预计负债　　42 600 000

（2）编制2×20年确认利息费用的会计分录：

2×20年应确认的利息费用＝4 260×5%＝213（万元）

借：财务费用　　2 130 000

　　贷：预计负债　　2 130 000

（3）编制2×21年确认利息费用的会计分录：

2×21年应确认的利息费用=（4 260+213）×5%=223.65（万元）

借：财务费用　　2 236 500

　　贷：预计负债　　2 236 500

（4）40 年后实际发生弃置费用的会计分录：

借：预计负债　　300 000 000

　　贷：银行存款　　300 000 000

根据《企业会计准则解释第 6 号》的规定，由于技术进步、法律要求或市场环境变化等，特定固定资产的履行弃置义务可能会发生支出金额、预计弃置时点、折现率等的变动，从而引起原确认的预计负债的变动。此时，应按照以下原则调整该固定资产的成本：

（1）对于预计负债的减少，以该固定资产账面价值为限扣减固定资产成本。如果预计负债的减少额超过该固定资产账面价值，超出部分确认为当期损益。

（2）对于预计负债的增加，则增加该固定资产的成本。

按照上述原则调整的固定资产，在资产剩余使用年限内计提折旧。一旦该固定资产的使用寿命结束，预计负债的所有后续变动应在发生时确认为损益。

例5-12 A公司是一家核电能源公司，30年前建成一座核电站，其固定资产原价为50 000万元，2×21年12月31日，其账面价值为12 500万元。假定预计负债于2×21年12月31日的账面价值为20 000万元。预计尚可使用年限为10年，预计净残值为零，采用年限平均法计提折旧。

（1）若2×21年12月31日重新确认的预计负债现值为15 000万元，预计负债调减金额=20 000−15 000=5 000（万元），调整后固定资产账面价值=12 500−5 000=7 500（万元），2×21年固定资产计提折旧=7 500÷10=750（万元）；

（2）若2×21年12月31日重新确认的预计负债现值为5 000万元，预计负债调减金额=20 000−5 000=15 000（万元），调整后固定资产账面价值为零，超出部分2 500万元（15 000−12 500）确认为当期损益；

（3）若2×21年12月31日重新确认的预计负债现值为25 000万元，预计负债调增金额=25 000−20 000=5 000（万元），调整后固定资产账面价值=12 500+5 000=17 500（万元），2×21年固定资产计提折旧=17 500÷10=1 750（万元）。

三、固定资产的后续计量

固定资产的后续计量主要包括固定资产折旧的计提、减值损失的确定，以及后续支出的计量。其中，固定资产的减值应当按照《企业会计准则第 8 号——资产减值》处理。

（一）固定资产折旧

1. 固定资产折旧的定义

折旧，是指在固定资产使用寿命内，按照确定的方法对应计折旧额进行的系统分摊。

应计折旧额，是指固定资产原价扣除其预计净残值后的金额，如果已对固定资产计提减值准备，还应当扣除已计提固定资产减值准备累计金额。

2. 影响固定资产折旧的因素

（1）固定资产原价。

（2）预计净残值。

（3）固定资产减值准备。

（4）固定资产的使用寿命。

3. 计提折旧的范围

固定资产准则规定，企业应当对所有固定资产计提折旧。但是，已提足折旧仍继续使用的固定资产和单独计价入账的土地除外。固定资产应当按月计提折旧，并根据用途计入相关资产的成本或者当期损益。

在确定计提折旧的范围时还应注意以下几点：

（1）固定资产应当按月计提折旧。固定资产应自达到预定可使用状态时开始计提折旧，终止确认时或划分为持有待售非流动资产时停止计提折旧。当月增加的固定资产，当月不计提折旧，从下月起计提折旧；当月减少的固定资产，当月仍计提折旧，从下月起不计提折旧。

（2）固定资产提足折旧后，不论能否继续使用，均不再计提折旧，提前报废的固定资产也不再补提折旧。提足折旧是指已经提足该项固定资产的应计折旧额。

（3）已达到预定可使用状态但尚未办理竣工决算的固定资产，应当按照估计价值确定其成本，并计提折旧；待办理竣工决算后再按实际成本调整原来的暂估价值，但不需要调整原已计提的折旧额。

（4）处于更新改造过程停止使用的固定资产，应将其账面价值转入在建工程，不再计提折旧。更新改造项目达到预定可使用状态转为固定资产后，再按重新确定的折旧方法和该项固定资产尚可使用寿命计提折旧。

（5）融资租入的固定资产应当采用与自有应计折旧资产相一致的折旧政策。

能够合理确定租赁期届满时将会取得租赁资产所有权的，应当在租赁资产尚可使用年限内计提折旧；无法合理确定租赁期届满时能够取得租赁资产所有权的，应当在租赁期与租赁资产尚可使用年限两者中较短的期间内计提折旧。

（6）因进行大修理而停用的固定资产，在定期大修理间隔期间应当照提折旧，计提的折旧额应计入相关资产的成本或当期损益。

4. 固定资产折旧方法

固定资产准则规定，企业应当根据与固定资产有关的经济利益的预期消耗方式作出决定。由于收入可能受到投入、生产过程、销售等因素的影响，这些因素与固定资产有关经济利益的预期消耗方式无关，因此，企业不应以包括使用固定资产在内的经济活动所产生的收入为基础进行折旧。可选用的折旧方法包括年限平均法、工作量法、双倍余额递减法和年数总和法等。固定资产的折旧方法一经确定，不得随意变更。

《企业会计准则讲解》对固定资产折旧方法作了如下详细说明。

（1）年限平均法。年限平均法又称直线法，是指将固定资产的应计折旧额均衡地分摊到固定资产预计使用寿命内的一种方法。采用这种方法计算的每期折旧额均相等。计算公式如下。

年折旧率＝（1－预计净残值率）÷ 预计使用寿命（年）×100%

月折旧率＝年折旧率 ÷12

月折旧额＝固定资产原价 × 月折旧率

例 5-13 A 公司有一幢厂房，原价为 5 000 000 元，预计可使用 20 年，预计报废时的净残值率为 2%。

要求：计算该厂房的年折旧率和折旧额，月折旧率和月折旧额。

年折旧率＝（1－2%）÷20＝4.9%

年折旧额＝5 000 000×4.9%＝245 000（元）

或：

年折旧额＝（5 000 000－5 000 000×2%）÷20＝245 000（元）

月折旧率＝4.9%÷12＝0.41%

月折旧额＝5 000 000×0.41%＝20 500（元）

（2）工作量法。工作量法是根据实际工作量计算每期应提折旧额的一种方法。工作量法假定固定资产价值的降低不是由于时间的推移，而是由于使用。对于在使用期内工作量负担程度差异大，提供的经济效益不均衡的固定资产而言，特别是在有形磨损比经济折旧更为重要的情况下，工作量法的这一假定是合理的。

但是，工作量法把有形损耗看作是引起固定资产折旧的唯一因素，由于无形损耗的客观存在，固定资产即使不使用也会发生折旧，使用工作量法难以在账面上对这种情况作出反映。

计算公式如下：

单位工作量折旧额＝固定资产原价 ×（1 —预计净残值率）÷ 预计总工作量

某项固定资产月折旧额＝该项固定资产当月工作量 × 单位工作量折旧额

例 5-14　A 公司的一台机器设备原价为 800 000 元，预计生产产品产量为 4 000 000 个，预计净残值率为 5%，本月生产产品 40 000 个；假设 A 公司没有对该机器设备计提减值准备。该台机器设备的本月折旧额计算如下：

单个产品折旧额＝800 000×（1－5%）÷4 000 000＝0.19（元 / 个）

本月折旧额＝40 000×0.19＝7 600（元）

（3）双倍余额递减法。双倍余额递减法是指在不考虑固定资产预计净残值的情况下，根据每期期初固定资产原价减去累计折旧后的金额和双倍的直线法折旧率计算固定资产折旧的一种方法。企业应用这种方法计算折旧额时，因为每年年初固定资产净值没有扣除预计净残值，所以在计算固定资产折旧额时，应在其折旧年限到期前两年内，将固定资产净值扣除预计净残值后的余额平均摊销。计算公式如下：

年折旧率＝ 2÷ 预计使用寿命（年）×100%

月折旧率＝年折旧率 ÷12

月折旧额＝每月月初固定资产账面净值 × 月折旧率

例 5-15　A 公司某项设备原价为 120 万元，预计使用寿命为 5 年，预计净残值率为 4%；假设 A 公司没有对该机器设备计提减值准备。

A 公司按双倍余额递减法计提折旧，每年折旧额计算如下：

年折旧率＝2÷5×100%＝40%

第一年应提的折旧额＝120×40%＝48（万元）

第二年应提的折旧额＝（120－48）×40%＝28.8（万元）

第三年应提的折旧额＝（120－48－28.8）×40%＝17.28（万元）

从第四年起改按年限平均法（直线法）计提折旧。

第四年、第五年应提折旧额＝（120－48－28.8－17.28－120×4%）÷2＝10.56（万元）

（4）年数总和法。年数总和法又称年限合计法，是指将固定资产的原价减去预计净残值后的余额，乘以一个以固定资产尚可使用寿命为分子、以预计使用寿命逐年数字之和为分母的逐年递减的分数计算每年的折旧额。计算公式如下：

年折旧率＝尚可使用年限 ÷ 预计使用寿命的年数总和 ×100%

月折旧率＝年折旧率 ÷12

月折旧额＝（固定资产原价—预计净残值）× 月折旧率

举例：某固定资产预计使用5年，折旧率分别为5÷（1+2+3+4+5），4÷（1+2+3+4+5），3÷

（1+2+3+4+5），2÷（1+2+3+4+5），1÷（1+2+3+4+5）。

例5-16 沿用例5-15，采用年数总和法计算各年折旧额，其结果如表5-03所示。

表 5-03 年数总额法计算的各年折旧额

年份	尚可使用年限	原价－净残值	年折旧率	每年折旧额	累计折旧
第 1 年	5	1 152 000	5/15	384 000	384 000
第 2 年	4	1 152 000	4/15	307 200	691 200
第 3 年	3	1 152 000	3/15	230 400	921 600
第 4 年	2	1 152 000	2/15	153 600	1 075 200
第 5 年	1	1 152 000	1/15	76 800	1 152 000

固定资产应当按月计提折旧，计提的折旧应通过“累计折旧”科目核算，并根据用途计入相关资产的成本或者当期损益。例如，企业自行建造固定资产过程中使用的固定资产，其计提的折旧应计入在建工程成本；基本生产车间所使用的固定资产，其计提的折旧应计入制造费用；管理部门所使用的固定资产，其计提的折旧应计入管理费用；销售部门所使用的固定资产，其计提的折旧应计入销售费用；经营租出的固定资产，其应提的折旧额应计入其他业务成本。

5. 固定资产使用寿命、预计净残值和折旧方法的复核

（1）企业至少应当于每年年度终了，对固定资产的使用寿命、预计净残值和折旧方法进行复核。

（2）如有确凿证据表明，使用寿命预计数与原先估计数有差异的，企业应当调整固定资产使用寿命。

（3）如有确凿证据表明，预计净残值预计数与原先估计数有差异的，企业应当调整预计净残值。

（4）固定资产使用过程中所处经济环境、技术环境以及其他环境的变化也可能致使与固定资产有关的经济利益预期消耗方式有重大改变，企业应相应改变固定资产折旧方法。

（5）固定资产使用寿命、预计净残值和折旧方法的改变应当作为会计估计变更。（不需要追溯调整）

（二）固定资产后续支出的会计处理

《〈企业会计准则第 4 号——固定资产〉解释》对固定资产的后续支出作了说明。固定资产后续支出，是指固定资产在使用过程中发生的更新改造支出、修理费用等。后续支出的处理原则为：符合固定资产确认条件的，应当计入固定资产成本，同时将被替换部分的账面价值扣除；不符合固定资产确认条件的，应当计入当期损益。

1. 资本化的后续支出

与固定资产有关的更新改造等后续支出，符合固定资产确认条件的，应当计入固定资产成本，同时将被替换部分的账面价值扣除。企业将固定资产进行更新改造的，应将相关固定资产的原价、已计提的累计折旧和减值准备转销，将固定资产的账面价值转入在建工程，并停止计提折旧。固定资产发生的可资本化的后续支出，通过“在建工程”科目核算，待固定资产更新改造完工并达到预定可使用状态时，再从“在建工程”转为“固定资产”，并按重新确定的使用寿命、预计净残值和折旧方法计提折旧。

例 5-17 A 公司有关固定资产更新改造的资料如下：

（1）2×19 年 1 月 1 日，该公司自行建成了一条生产线，建造成本为 1 136 000 元；采用年限平均法计提折旧；预计净残值率为 3%，预计使用寿命为 6 年。

（2）2×20 年 12 月 31 日，由于生产的产品适销对路，现有生产线的生产能力已难以满足公司生产发展的需要，但若新建生产线则建设周期过长。A 公司决定对现有生产线进行改扩建，以提高其生产能力。假定该生产线未发生减值。

（3）2×20 年 12 月 31 日至 2×21 年 3 月 31 日，经过三个月的改扩建，完成了对这条生产线的改扩建工程，达到预定可使用状态共发生支出 537 800 元，全部以银行存款支付。

（4）该生产线改扩建工程达到预定可使用状态后，大大提高了生产能力，预计将其使用寿命延长 4 年，即为 10 年。假定改扩建后的生产线的预计净残值率为改扩建后固定资产账面价值的 3%；折旧方法仍为年限平均法。

（5）为简化计算过程，整个过程不考虑其他相关税费；公司按年度计提固定资产折旧。

本例中，生产线改扩建后，生产能力大大提高，能够为企业带来更多的经济利益，改扩建的支出金额也能可靠计量，因此该后续支出符合固定资产的确认条件，应计入固定资产的成本。

有关的账务处理如下。

（1）2×19 年 1 月 1 日至 2×20 年 12 月 31 日两年间，即固定资产后续支出发生前，该条生产线的应计折旧额＝1 136 000×（1－3%）＝1 101 920（元），年折旧额＝1 101 920÷6≈183 653.33（元），这两年计提固定资产折旧的账务处理为：

借：制造费用　　183 653.33

　　贷：累计折旧　　183 653.33

（2）2×20年12月31日，固定资产转入改扩建：

固定资产的账面价值＝1 136 000－（183 653.33×2）＝768 693.34（元）

借：在建工程——×× 生产线　　768 693.34

　　累计折旧　　367 306.66

　　贷：固定资产——×× 生产线　　1 136 000.00

（3）2×21年1月1日至3月31日，发生改扩建工程支出：

借：在建工程——××生产线　　537 800

　　贷：银行存款　　537 800

（4）2×21年3月31日，生产线改扩建工程达到预定可使用状态：

固定资产的入账价值＝768 693.34＋537 800＝1 306 493.34（元）

借：固定资产——××生产线　　1 306 493.34

　　贷：在建工程——××生产线　　1 306 493.34

（5）2×21年3月31日，转为固定资产后，按重新确定的使用寿命、预计净残值和折旧方法计提折旧：

应计折旧额＝1 306 493.34×（1－3%）＝1 267 298.54（元）

月折旧额＝1 267 298.54÷（7×12＋9）＝13 626.87（元）

年折旧额＝13 626.87×12＝163 522.39（元）

2×21年应计提的折旧额＝13 626.87×9＝122 641.83（元）

借：制造费用　　122 641.83

　　贷：累计折旧　　122 641.83

例 5-18　某航空公司 2×12 年 12 月购入一架飞机，总计花费 8 000 万元（含发动机），发动机当时的购价为 500 万元。公司未将发动机作为一项单独的固定资产进行核算。2×21 年年初，公司开辟新航线，航程增加。为延长飞机的空中飞行时间，公司决定更换一部性能更为先进的发动机；

新发动机购价 700 万元，另需支付安装费用 51 000 元。假定飞机的年折旧率为 3%，不考虑相关税费的影响。

有关的账务处理如下。

（1）固定资产转入在建工程：

2×21年年初飞机的累计折旧金额＝80 000 000×3%×8＝19 200 000（元）

借：在建工程——×× 飞机	60 800 000	
累计折旧	19 200 000	
贷：固定资产——×× 飞机		80 000 000

（2）安装新发动机：

借：在建工程——×× 飞机	7 051 000	
贷：工程物资——×× 发动机		7 000 000
银行存款		51 000

（3）终止确认老发动机的账面价值（假定报废处理，无残值）：

2×21年年初老发动机的账面价值＝5 000 000－5 000 000×3%×8＝3 800 000（元）

借：营业外支出	3 800 000	
贷：在建工程——×× 飞机		3 800 000

（4）发动机安装完毕，投入使用：

固定资产的入账价值＝60 800 000＋7 051 000－3 800 000＝64 051 000（元）

借：固定资产——×× 飞机	64 051 000	
贷：在建工程——×× 飞机		64 051 000

2. 费用化的后续支出

与固定资产有关的修理费用等后续支出，不符合固定资产确认条件的，应当根据不同情况分别在发生时计入当期管理费用或销售费用。

除与存货的生产和加工相关的固定资产的修理费用按照存货成本确定原则进行处理外，行政管理部门、企业专设的销售机构等发生的固定资产修理费用等后续支出计入管理费用或销售费用；企业固定资产更新改造支出不满足资本化条件的，在发生时应直接计入当期损益。

融资租入固定资产发生的固定资产后续支出，比照上述原则处理；经营租入固定资产发生的改良支出，应通过“长期待摊费用”科目核算，并在剩余租赁期与租赁资产尚可使用年限两者中较短的期间内，采用合理的方法进行摊销。

例 5-19 2×21 年 6 月 5 日，A 公司对现有的一台生产用机器设备进行日常维护，维护过程中领用本企业原材料一批，价值为 94 000 元，应支付维护人员的工资为 28 000 元；不考虑其他相关税费。

本例中，对机器设备的维护，仅仅是为了维护固定资产的正常使用而发生的，不产生未来的经济利益，因此应在其发生时确认为费用。A 公司的账务处理如下：

借：管理费用	1 22 000	
贷：原材料		94 000
应付职工薪酬		28 000

四、固定资产的处置

（一）固定资产终止确认的条件

固定资产准则规定，固定资产满足下列条件之一的，应当予以终止确认。

1. 该固定资产处于处置状态

《企业会计准则讲解》指出，固定资产处置包括固定资产的出售、转让、报废或毁损、对外投资、非货币性资产交换、债务重组等。处于处置状态的固定资产不再用于生产商品、提供劳务、出租或经营管理，因此不再符合固定资产的定义，应予终止确认。

2. 该固定资产预期通过使用或处置不能产生经济利益

《企业会计准则讲解》指出，固定资产的确认条件之一是“与该固定资产有关的经济利益很可能流入企业”，如果一项固定资产预期通过使用或处置不能产生经济利益，那么它就不再符合固定资产的定义和确认条件，应予终止确认。

（二）固定资产处置的账务处理

固定资产准则规定，企业出售、转让划归为持有待售类别的，按照持有待售非流动资产、处置组的相关内容进行会计处理；未划归为持有待售类别而出售、转让的，通过“固定资产清理”科目归集所发生的损益，其产生的利得或损失转入“资产处置损益”科目，计入当期损益；固定资产因报废毁损等原因而终止确认的，通过“固定资产清理”科目归集所发生的损益，其产生的利得或损失计入营业外收入或营业外支出。固定资产清理完成后产生的清理净损益，依据固定资产处置方式的不同，分别使用不同的处理方法：

（1）因已丧失使用功能或因自然灾害发生毁损等原因而报废清理产生的利得或损失应计入营业外收支。属于生产经营期间正常报废清理产的处理净损失，借记“营业外支出——处置非流动资产损失”科目，贷记“固定资产清理”科目；属于生产经营期间由于自然灾害等非正常原因造成的，借记“营业外支出——非常损失”科目，贷记“固定资产清理”科目；如为净收益，贷记“营业外收入”科目；

（2）因出售、转让等原因产生的固定资产处置利得或损失应计入资产处置损益。产生处置净损失的，借记“资产处置损益”科目，贷记“固定资产清理”科目；如为净收益，借记“固定资产清理”科目，贷记“资产处置损益”科目。

例 5-20 A 公司年末对固定资产进行清查时，发现丢失一台设备。该设备原价 52 000 元，已计提折旧 20 000 元，并已计提减值准备 12 000 元。经查，该设备丢失的原因在于保管员看守不当。经批准，由保管员赔偿 5 000 元。

要求：不考虑增值税的影响，编制 A 公司的相关会计分录。

（1）发现该设备丢失时：

借：待处理财产损溢——×× 设备	20 000	
累计折旧	20 000	
固定资产减值准备——×× 设备	12 000	
贷：固定资产——×× 设备		52 000

（2）报经批准后：

借：其他应收款——保管员	5 000	
营业外支出——盘亏损失	15 000	
贷：待处理财产损溢——×× 设备		20 000

五、披露

固定资产准则规定，企业应当在附注中披露与固定资产有关的下列信息：

（1）固定资产的确认条件、分类、计量基础和折旧方法。

（2）各类固定资产的使用寿命、预计净残值和折旧率。

（3）各类固定资产的期初和期末原价、累计折旧额及固定资产减值准备累计金额。

（4）当期确认的折旧费用。

（5）对固定资产所有权的限制及其金额和用于担保的固定资产账面价值。

（6）准备处置的固定资产名称、账面价值、公允价值、预计处置费用和预计处置时间等。

六、新旧衔接

首次执行企业会计准则，遵照《企业会计准则第 38 号——首次执行企业会计准则》的相关规定，详见本书第三十八章。

第六章
生 物 资 产

一、准则适用范围

《企业会计准则第 5 号——生物资产》（以下简称生物资产准则）是为了规范与种植业、畜牧养殖业、林业和水产业等农业生产相关的生物资产的确认、计量和相关信息的披露。下列各项适用其他相关会计准则：

（1）收获后的农产品，适用《企业会计准则第 1 号——存货》。

（2）与生物资产相关的政府补助，适用《企业会计准则第 16 号——政府补助》。

二、生物资产概述

（一）生物资产的概念

生物资产准则指出，生物资产是指有生命的动物和植物，并根据《企业会计准则讲解》对生物资产进行了更详细的描述。生物资产具有如下特征：

1. 生物资产是有生命的动物或植物

有生命的动物和植物具有能够进行生物转化的能力。生物转化，是导致生物资产质量或数量发生变化的生长、蜕化、生产和繁殖的过程。生长是指动物或植物体积、重量的增加或质量的提高，如农作物从种植开始到收获前的过程；蜕化是指动物或植物产出量的减少或质量的退化，如奶牛产奶能力的不断下降；生产是指动物或植物本身产出农产品，如蛋鸡产蛋、奶牛产奶、果树产水果等；繁殖是指产生新的动物或植物，如奶牛产牛犊、母猪生小猪等。

这种生物转化能力是其他通常意义上的资产（如存货、固定资产、无形资产等）所不具有的。这也正是生物资产的特性。因此，生物资产的形态、价值以及产生经济利益的方式，都会随着自身的出生、成长、衰老、死亡等自然规律和生产经营活动不断变化，尽管其在所处生命周期中的不同阶段而具有类似于不同资产类别（存货或固定资产）的特点，但是其会计处理与存货、固定资产等常规资产有所不同。因此有必要对生物资产的确认、计量和披露等会计处理进行单独规范，以更准确地反映企业的生物资产信息。

将生物资产定义为“有生命的动物和植物”，意味着一旦原有动植物停止其生命活动就不再是“生物资产”。这一界限对生物资产和农产品进行了本质的区分。农产品与生物资产密不可分，当其附着在生物资产上时，作为生物资产的一部分，不需要单独进行会计处理，而当其从生物资产上收获时，即离开生物资产这一母体时，一般具有鲜活、易腐的特点，因此应当区别于工业企业一般意义上的产成品单独核算。基于这一点，生物资产准则对收获时点的农产品的会计处理进行了规范，即应当采用规定的方法，从消耗性生物资产或生产性生物资产生产成本中转出，确认为收获时点的农产品的成本；

而收获时点之后的农产品的加工、销售等会计处理，应当适用《企业会计准则第 1 号——存货》。

2. 生物资产与农业生产密切相关

企业从事农业生产就是要增强生物转化能力，最终获得更多的符合市场需要的农产品。例如，种植业作物的生长和收获即获得稻谷、小麦等农产品的活动过程；畜牧养殖业试验和收获即获得仔猪、肉猪、鸡蛋、牛奶等畜产品的活动过程；林业中用材林的生产和管理即获得林产品、经济林木的生产和管理获得水果等活动过程；水产业中的养殖获得水产品等活动过程，都属于将生物资产转化为农产品的活动。

农业生产与收获时点的农产品相关，但与对收获后的农产品进行加工的活动（以下简称“加工活动”）必须严格加以区分。农业生产活动针对的是有生命的生物资产，而加工活动针对的是收获后的农产品，如将绵羊产出的羊毛加工成毛毯、将收获的甘蔗加工成蔗糖、将奶牛产出的牛奶加工成奶酪、将从果树采摘的水果加工成水果罐头、将用材林采伐下的原木用于盖厂房等。因此，加工活动并不包含在生物资产准则所指的农业生产范畴之内。

（二）生物资产的分类

根据生物资产准则规定，生物资产通常分为消耗性生物资产、生产性生物资产和公益性生物资产三大类。

（1）消耗性生物资产，是指为出售而持有的、或在将来收获为农产品的生物资产，包括生长中的大田作物、蔬菜、用材林以及存栏待售的牲畜等。根据《企业会计准则讲解》的说明，消耗性生物资产通常是一次性消耗并终止其服务能力或未来经济利益，因此在一定程度上具有存货的特征，应当作为存货在资产负债表中列报。

（2）生产性生物资产，是指为产出农产品、提供劳务或出租等目的而持有的生物资产，包括经济林、薪炭林、产畜和役畜等。生产性生物资产具备自我生长性，能够在持续的基础上予以消耗并在未来的一段时间内保持其服务能力或未来经济利益，属于劳动手段。一般而言，生产性生物资产通常需要生长到一定阶段才开始具备生产的能力。根据其是否具备生产能力，可以对生产性生物资产进一步划分为未成熟和成熟两类，前者指尚不能够多年连续稳定产出农产品、提供劳务或出租的生产性生物资产，如尚未开始挂果的果树、尚未开始产奶的奶牛等，后者则能够多年连续稳定产出农产品、提供劳务或出租的生产性生物资产。

根据《企业会计准则讲解》，与消耗性生物资产相比较，生产性生物资产的最大不同在于，生产性生物资产具有能够在生产经营中长期、反复使用，从而不断产出农产品或者是长期役用的特征。消耗性生物资产收获农产品之后，该资产就不复存在；而生产性生物资产产出农产品之后，该资产仍然保留，并可以在未来期间继续产出农产品，如薪炭林收获柴薪但仍保留树干等。因此，通常认为生产性生物资产在一定程度上具有固定资产的特征，如果树每年产出水果、奶牛每年产奶等。

（3）公益性生物资产，是指以防护、环境保护为主要目的的生物资产，包括防风固沙林、水土保持林和水源涵养林等。根据《企业会计准则讲解》，公益性生物资产与消耗性生物资产、生产性生物资产有本质不同。后两者的目的是直接给企业带来经济利益，而公益性生物资产主要是出于防护、环境保护等目的，尽管不能直接给企业带来经济利益，但其具有服务潜能，有助于企业从相关资产获得经济利益，如防风固沙林和水土保持林能带来防风固沙、保持水土的效能，风景林具有美化环境、休息游览的效能等，因此应当确认为生物资产，单独核算。

三、生物资产的确认和初始计量

（一）确认标准

根据生物资产准则，生物资产同时满足下列条件时，才能予以确认。

（1）企业因过去的交易或者事项而拥有或者控制该生物资产。

（2）与该生物资产有关的经济利益或服务潜能很可能流入企业。

（3）该生物资产的成本能够可靠地计量。

（二）初始计量

1. 基本原则

生物资产通常按照成本计量，但有确凿证据表明其公允价值能够持续可靠取得的除外。对于采用公允价值计量的生物资产，生物资产准则规定了严格的条件，应当同时满足下列两个条件：

（1）生物资产有活跃的交易市场，即该生物资产能够在交易市场中直接交易。活跃的交易市场，是指同时具有下列特征的市场：①市场内交易的对象具有同质性；②可随时找到自愿交易的买方和卖方；③市场价格信息是公开的。

（2）能够从交易市场上取得同类或类似生物资产的市场价格及其他相关信息，从而对生物资产的公允价值作出科学合理的估计。同类或类似的生物资产，是指品种相同、质量等级相同或类似、生长时间相同或类似、所处气候和地理环境相同或类似的有生命的动物和植物。这一规定表明，企业能够客观而非主观随意地使用公允价值。

此外，对于不存在活跃交易市场的生物资产，采用下列一种或多种方法，有确凿证据表明确定的公允价值是可靠的，也可以采用公允价值计量。

（1）从交易日到资产负债表日经济环境未发生重大变化的情况下，最近期的交易市场价格。

（2）对资产差别进行调整的类似资产的市场价格。

（3）行业基准，如以亩表示的果园价值、千克肉表示的畜牧价格等。

（4）以使用该项生物资产的预期净现金流量按当前市场确定比率折现的现值（应当反映市场参与者预期该资产在其最相关市场产生的净现金流量）作为该资产当前的公允价值。

2. 具体应用

（1）外购的生物资产。无论是消耗性生物资产、生产性生物资产还是公益性生物资产，外购的生物资产的成本包括购买价款、相关税费、运输费、保险费以及可直接归属于购买该资产的其他支出。可直接归属于购买该资产的其他支出包括场地整理费、装卸费、栽植费、专业人员服务费等。

企业外购的生物资产，应按生物资产初始计量的金额，借记“消耗性生物资产”“生产性生物资产”或“公益性生物资产”科目，贷记“银行存款”“应付账款”“应付票据”等科目。企业一笔款项一次性购入多项生物资产时，购买过程中发生的相关税费、运输费、保险费等可直接归属于购买该资产的其他支出，应当按照各项生物资产的价款比例进行分配，分别确定各项生物资产的成本。

例 6-01 2×21 年 2 月，A 农业企业从市场上一次性购买了 10 头种牛、20 头种猪和 100 头猪苗，单价分别为 4 000 元、1 500 元和 250 元。此外，发生的运输费为 2 000 元，保险费为 1 500 元，装卸费为 1 250 元，款项全部以银行存款支付。

要求：计算相关费用及价值，并进行相关账务处理。

（1）确定应分摊的运输费、保险费和装卸费。

分摊比例＝（2 000＋1 500＋1 250）÷95 000＝5%

10头种牛应分摊＝10×4 000×5%＝2 000（元）

20头种猪应分摊＝20×1 500×5%＝1 500（元）

100头猪苗应分摊＝100×250×5%＝1 250（元）

（2）确定种牛、种猪和猪苗的入账价值。

10头种牛的入账价值＝10×4 000＋2 000＝42 000（元）

20头种猪的入账价值＝20×1 500＋1 500＝31 500（元）

100头猪苗的入账价值＝100×250＋1 250＝26 250（元）

A农业企业的账务处理如下：

借：生产性生物资产——种牛　42 000

　　　　　　　　——种猪　31 500

　　消耗性生物资产——猪苗　26 250

　　贷：银行存款　99 750

（2）自行繁殖、营造的生物资产。企业自行营造的生物资产，应当按照不同的种类核算，分别按照消耗性生物资产、生产性生物资产和公益性生物资产确定其取得的成本，并分别借记“消耗性生物资产”“生产性生物资产”或“公益性生物资产”科目，贷记“银行存款”等科目。

①自行繁殖、营造的消耗性生物资产。对自行繁殖、营造的消耗性生物资产而言，其成本确定的一般原则是按照自行繁殖或营造（即培育）过程中发生的必要支出确定，既包括直接材料、直接人工、其他直接费，也包括应分摊的间接费用。不同种类消耗性生物资产的成本构成说明如下：

（a）自行栽培的大田作物和蔬菜的成本，包括在收获前耗用的种子、肥料、农药等材料费、人工费和应分摊的间接费用等必要支出。

（b）自行营造的林木类消耗性生物资产的成本，包括郁闭（林分中林木树冠彼此互相衔接的状态）前发生的造林费、抚育费、营林设施费、良种试验费、调查设计费和应分摊的间接费用等必要支出。

（c）自行繁殖的育肥畜的成本，包括出售前发生的饲料费、人工费和应分摊的间接费用等必要支出。

（d）水产养殖的动物和植物的成本，包括在出售或入库前耗用的苗种、饲料、肥料等材料费、人工费和应分摊的间接费用等必要支出。

例 6-02　A企业2×21年3月使用一台拖拉机翻耕土地100公顷用于小麦和玉米的种植，其中，60公顷种植玉米，40公顷种植小麦。该拖拉机原值为80 000元，预计净残值为0，按照工作量法计提折旧，预计可以翻耕土地8 000公顷。

分析：应当计提的拖拉机折旧＝（80 000－0）÷8 000×100＝1 000（元）

玉米应当分配的机械作业费＝1 000÷（60＋40）×60＝600（元）

小麦应当分配的机械作业费＝1 000÷（60＋40）×40＝400（元）

A企业的账务处理如下：

借：消耗性生物资产——玉米　600

　　　　　　　　——小麦　400

　　贷：累计折旧　1 000

关于林木类消耗性生物资产的郁闭及郁闭度的说明：郁闭度是指森林中乔木树冠遮蔽地面的程度，它是反映林分密度的指标，以林地树冠垂直投影面积与林地面积之比表示，以十分数表示，完全覆盖地面为1。郁闭是林木类消耗性生物资产成本确定中的一个重要界限。郁闭为林学概念，通常是指一块林地上的林木的树干、树冠生长达到一定标准，林木成活率和保持率达到一定的技术规程要求。

根据联合国粮农组织规定，郁闭度达0.20以上（含0.20）的为郁闭林，一般以0.20—0.70（不含0.70）为中度郁闭，0.70以上（含0.70）为密郁闭；0.20以下（不含0.20）的为疏林（即未郁闭林）。因此，郁闭通常指林木类消耗性资产的郁闭度达0.20以上（含0.20）。

不同林种、不同林分等对郁闭度指标的要求有所不同。比如，生产纤维原料的工业原材料林一般要求郁闭度相对较高；而以培育珍贵大径材为主要目标的林木要求郁闭度相对较低。企业应当结合历史经验数据和自身实际情况，确定林木类消耗性生物资产的郁闭度及是否达到郁闭。各类林木类消耗性生物资产的郁闭度一经确定，不得随意变更。

根据自行繁殖、营造的消耗性生物资产初始成本计量规则，郁闭前林木类消耗性生物资产的相关支出应予资本化，郁闭后的相关支出计入当期费用。郁闭是判断消耗性生物资产相关支出（包括借款费用）资本化或者是费用化的时点。郁闭之前的林木类消耗性生物资产处在培植阶段，需要发生较多的造林费、抚育费、营林设施费、良种试验费、调查设计费相关支出，这些支出应予以资本化计入成本；郁闭之后的林木类消耗性生物资产进入稳定的生长期，基本上可以比较稳定地成活，主要依靠林木本身的自然生长，一般只需要发生较少的管护费用，从重要性和谨慎性考虑应当计入当期费用。

②自行繁殖、营造的生产性生物资产。对自行繁殖、营造的生产性生物资产而言，如企业自行繁育的奶牛、种猪，自行营造的橡胶树、果树、茶树等，其成本确定的一般原则是按照其达到预定生产经营目的前发生的必要支出确定，包括直接材料、直接人工、其他直接费和应分摊的间接费用。不同种类生产性生物资产的成本构成说明如下：

（a）自行营造的林木类生产性生物资产的成本，包括达到预定生产经营目的前发生的造林费、抚育费、营林设施费、良种试验费、调查设计费和应分摊的间接费用等必要支出。

（b）自行繁殖的产畜和役畜的成本，包括达到预定生产经营目的（成龄）前发生的饲料费、人工费和应分摊的间接费用等必要支出。

达到预定生产经营目的是指生产性生物资产进入正常生产期，可以多年连续稳定产出农产品、提供劳务或出租。达到预定生产经营目的是区分生产性生物资产成熟和未成熟的分界点，同时也是判断其相关费用停止资本化的时点，是区分其是否具备生产能力，从而是否计提折旧的分界点，企业应当根据具体情况结合正常生产期的确定，对生产性生物资产是否达到预定生产经营目的进行判断。例如，就海南橡胶园而言，同林段内离地 100 厘米处、树围 50 厘米以上的芽接胶树，占林段总株数的 50% 以上时，该橡胶园就属于进入正常生产期，即达到预定生产经营目的。

生产性生物资产在达到预定生产经营目的之前，其用途一般是已经确定的，如尚未开始挂果的果树、未开始产奶的奶牛等。但是，如果该生产性生物资产的未来用途不确定，则应当作为消耗性生物资产核算和管理，待确定用途后，再按照用途转换进行处理。

未成熟的生产性生物资产达到预定生产经营目的时，按其账面余额，借记“生产性生物资产——成熟生产性生物资产”科目，贷记“生产性生物资产——未成熟生产性生物资产”科目，未成熟生产性生物资产已计提减值准备的，还应同时结转已计提的减值准备。

例 6-03 A 企业自 2×14 年开始自行营造 100 公顷橡胶树，当年发生种苗费 200 000 元，平整土地和定植所需承担的设备折旧费用为 50 000 元，定植当年抚育发生肥料及农药费 250 000 元、人员工资等 450 000 元。该橡胶树达到正常生产期为 6 年，从定植后至 2×21 年共以银行存款支付管护费用 2 450 000 元。

A 企业的账务处理如下。

（a）2×14 年营造时，采购林苗、平整土地、定植时：

借：生产性生物资产——未成熟生产性生物资产（橡胶树）	950 000	
贷：原材料——种苗		200 000
——肥料及农药		250 000
累计折旧		50 000
应付职工薪酬		450 000

（b）定植后 2×21 年发生的支出：

借：生产性生物资产——未成熟生产性生物资产（橡胶树）　　2 450 000
　　贷：银行存款　　2 450 000

因此，该橡胶树的成本950 000＋2 450 000＝3 400 000（元）

（c）达到预定生产经营目时：

借：生产性生物资产——成熟生产性生物资产（橡胶树）　　3 400 000
　　贷：生产性生物资产——未成熟生产性生物资产（橡胶树）　　3 400 000

③自行营造的公益性生物资产。自行营造的公益性生物资产的成本，应当按照达到预定生产经营目前发生的造林费、抚育费、森林保护费、营林设施费、良种试验费、调查设计费和应分摊的间接费用等必要支出确定，借记“公益性生物资产”科目，贷记“应付职工薪酬”“库存现金”“银行存款”等相关科目。

（3）天然起源的生物资产。天然林等天然起源的生物资产，有确凿证据表明企业能够拥有或者控制时，才能予以确认。企业拥有或控制的天然起源的生物资产，通常并未进行相关的农业生产，企业通常几乎没有投入，如企业从土地、河流湖泊中取得的天然生长的天然林、水生动植物等。因此，其成本难以按照外购、自行营造方式下发生的必要支出，或者是非货币性资产交换、债务重组和企业合并方式下确定的对价来确定。

《〈企业会计准则第 5 号——生物资产〉解释》规定，天然起源的生物资产的公允价值无法可靠地取得，应当按照名义金额确定该生物资产的成本，同时计入当期损益，名义金额为 1 元人民币，借记“消耗性生物资产”“生产性生物资产”或“公益性生物资产”科目，贷记“营业外收入”科目。

另外，非货币性资产交换、债务重组和企业合并取得的生物资产的成本，应当分别按照《企业会计准则第 7 号——非货币性资产交换》《企业会计准则第 12 号——债务重组》和《企业会计准则第 20 号——企业合并》确定。

（三）生物资产相关的后续支出

1. 生物资产的管护费用

管护费用是指为了维持郁闭后的消耗性林木资产或公益性生物资产的正常存在或为了维持已经达到预定生产经营目的的成熟生产性生物资产进行正常生产而发生的有关费用，例如为果树剪枝发生的费用、为果树灭虫发生的人工和药物费用、对产奶奶牛的饲养管理费用等。

生物资产在郁闭或达到预定生产经营目的之前，经过培植或饲养，其价值能够继续增加，因此饲养、管护费用应资本化并计入生物资产成本；而生物资产在郁闭或达到预定生产经营目的后，为了维护或提高其使用效能，需要对其进行管护、饲养等，但此时的生物资产能够产出农产品，带来现实的经济利益，因此所发生的这类后续支出应当予以费用化，计入当期损益，借记“管理费用”科目，贷记“银行存款”等科目。

2. 林木类生物资产的补植

在林木类生物资产的生长过程中，为了使其更好地生长，往往需要进行择伐、间伐或抚育更新性质采伐（这些采伐并不影响林木的郁闭状态），并且在采伐之后进行相应的补植。在这种情况下发生的后续支出，应当予以资本化，计入林木类生物资产的成本，借记“消耗性生物资产”“生产性生物资产”或“公益性生物资产”科目，贷记“库存现金”“银行存款”“其他应付款”等科目。

例 6-04　2×21 年 5 月，A 林业有限责任公司对 B 林班用材林择伐迹地进行更新造林，应支付临时人员工资 25 000 元，领用材料 20 000 元。

A 公司的账务处理如下：

借：消耗性生物资产——用材林　　45 000
　　贷：应付职工薪酬　　25 000
　　　　原材料　　20 000

例 6-05 A 林业有限责任公司下属的 B 林班统一组织培植管护一片森林，2×21 年 3 月，发生森林管护费用共计 20 000 元，其中，人员工资 10 000 元，尚未支付；使用库存肥料 8 000 元；管护设备折旧 2 000 元。管护总面积为 1 000 公顷，其中，作为用材林的杨树林共计 800 公顷，已郁闭的占 75%，其余的尚未郁闭；作为水土保持林的马尾松共计 200 公顷，全部已郁闭。假定管护费用按照森林面积比例进行分配。要求：计算费用分摊额并做出相应账务处理。

分析：

（1）计算费用分摊比例：

未郁闭杨树林应分配共同费用的比例＝800×（1－75%）÷1 000＝0.2

已郁闭杨树林应分配共同费用的比例＝800×75%÷1 000＝0.6

已郁闭马尾松应分配共同费用的比例＝200÷1 000＝0.2

（2）计算费用分摊额：

未郁闭杨树林应分配的共同费用＝20 000×0.2＝4 000（元）

已郁闭杨树林应分配的共同费用＝20 000×0.6＝12 000（元）

已郁闭马尾松应分配的共同费用＝20 000×0.2＝4 000（元）

A 公司的账务处理如下：

借：消耗性生物资产——用材林（杨树）	4 000	
管理费用	16 000	
贷：应付职工薪酬		10 000
原材料		8 000
累计折旧		2 000

例 6-06 某奶牛场 2×21 年 6 月从市场上一次性购买 20 头奶牛，30 头育肥菜牛，单价分别为 5 000 元和 1 000 元，共支付 130 000 元，其中，奶牛 100 000 元，育肥菜牛 30 000 元。此外，还发生运费 4 000 元，保险费 2 000 元，运输途中饲料费及其他费用 500 元。以上款项均以银行存款支付。

菜牛与奶牛进入产奶期前的饲养期间从仓库领用饲料 50 000 元，发生人工费用 42 000 元，用银行存款支付其他防疫费等其他费用 8 000 元。奶牛进入产奶期后发生饲料费 30 000 元 / 月，菜牛发生饲料费 8 000 元 / 月，人工费用 100 000 元 / 月。奶牛预计产奶期为 5 年，预计产奶期后转为育肥畜的价值 55 000 元。该养殖场采用年限平均法计提奶牛的折旧。饲养期间发生的饲养费按奶牛与菜牛的数量比例分摊。要求：计算费用分摊额并做出相应账务处理。

分析：

该养殖场购进的奶牛和菜牛应当按成本进行初始计量，初始成本包括买价、相关税费、运杂费以及可直接归属于购买该生物资产的其他支出，一次性购入多种生物资产时发生的相关税费应当按一定标准分配计入各生物资产的成本，同类生物资产一般可按买价比例分摊。

该养殖场购进的奶牛和菜牛分别属于生产性生物资产、消耗性生物资产，应用不同的会计处理原则核算所饲养费用。生产性生物资产达到预定生产经营目的以前发生的成本应计入生物资产的成本，因此奶牛进入产奶期以前发生的生产费用，应计入奶牛的成本；生产性生物资产达到预定生产经营目的后，应按期计提折旧。奶牛进入产奶期后发生的饲养费用、折旧费等，应计入当期损益。菜牛属于消耗性生物资产，其养殖成本应计入生物资产的成本，因此菜牛饲养期间发生的饲养费用应计入菜牛的成本。

（1）将购进的相关费用按奶牛和菜牛的买价比例分摊：

费用分配率＝（4 000＋2 000＋500）÷130 000＝5%

奶牛应负担费用＝100 000×5%＝5 000（元）

菜牛应负担费用＝30 000×5%＝1 500（元）

借：生产性生物资产——未成熟奶牛　105 000
　　消耗性生物资产——菜牛　31 500
　　贷：银行存款　136 500

（2）奶牛进入产奶期前与菜牛的饲养期间发生饲养费时，奶牛场应作如下会计处理：

费用分配率＝（50 000＋42 000＋8 000）÷（20＋30）＝2 000

奶牛应负担费用＝20×2 000＝40 000（元）

菜牛应负担费用＝30×2 000＝60 000（元）

借：生产性生物资产——未成熟奶牛　40 000
　　消耗性生物资产——菜牛　60 000
　　贷：银行存款　8 000
　　　　应付职工薪酬　42 000
　　　　原材料　50 000

（3）奶牛进入产奶期后转为成熟奶牛时：

奶牛总成本＝105 000＋40 000＝145 000（元）

借：生产性生物资产——已成熟奶牛　145 000
　　贷：生产性生物资产——未成熟奶牛　145 000

（4）奶牛进入产奶期后与菜牛的饲养期间发生饲养费时：

人工费用分配率＝100 000÷（20＋30）＝2 000

奶牛应负担人工费用＝20×2 000＝40 000（元）

菜牛应负担人工费用＝30×2 000＝60 000（元）

奶牛的月折旧额＝（145 000－55 000）÷（5×12）＝1 500（元）

牛奶月生产成本＝30 000＋40 000＋1 500＝71 500（元）

借：生产成本——奶产品成本　71 500
　　消耗性生物资产——菜牛　68 000
　　贷：原材料　38 000
　　　　应付职工薪酬　100 000
　　　　累计折旧　1 500

四、生物资产的后续计量

（一）采用成本模式计量生物资产

在生物资产采用历史成本进行计量的情况下，消耗性生物资产按成本减累计跌价准备计量；未成熟的生产性生物资产按成本减累计减值准备计量，成熟的生产性生物资产按成本减累计折旧及累计减值准备计量；公益性生物资产按成本计量。

1. 生物资产折旧的计提

成熟的生产性生物资产进入正常生产期，可以多年连续稳定产出农产品、提供劳务或出租。因此，应当按期计提折旧，与其给企业带来的经济利益流入相配比。例如，已经开始挂果的苹果树的折旧额与从苹果树上采摘的苹果取得的收入相配比，役牛每期的折旧额与其犁地为企业带来的经济利益流入相配比等。

生产性生物资产的折旧，是指在生产性生物资产的使用寿命内，按照确定的方法对应计折旧额进行系统分摊。其中，应计折旧额是指应当计提折旧的生产性生物资产的原价扣除预计净残值后的余额；如果已经计提减值准备，还应当扣除已计提的生产性生物资产减值准备累计金额。预计净残值是指预计生产性生物资产使用寿命结束时，在处置过程中所发生的处置收入扣除处置费用后的余额。

（1）计提折旧的生产性生物资产范围。当期增加的成熟生产性生物资产应当计提折旧，一旦提足折旧，不论能否继续使用，均不再计提折旧。需要注意的是，以融资租赁租入的生产性生物资产和以经营租赁方式租出的生产性生物资产，应当计提折旧；以融资租赁租出的生产性生物资产和以经营租赁方式租入的生产性生物资产，不应计提折旧。

（2）预计生产性生物资产的使用寿命。企业确定生产性生物资产的使用寿命，应当考虑下列因素：①该资产的预计产出能力或实物产量；②该资产的预计有形损耗，如产畜和役畜衰老、经济林老化等；③该资产的预计无形损耗，如因新品种的出现而使现有的生产性生物资产的产出能力和产出农产品的质量等方面相对下降、市场需求的变化使生产性生物资产产出的农产品相对过剩等。

在实务中，企业应在考虑这些因素的基础上，结合不同生产性生物资产的具体情况作出判断，例如，在考虑林木类生产性生物资产的使用寿命时，可以考虑诸如温度、湿度和降雨量等生物特征、灌溉特征、嫁接和修剪程序、植物的种类和分类、植物的株间距、所使用初生主根的类型、采摘或收割的方法、所生产产品的预计市场需求等。在相同的环境下，同样的生产性生物资产的预计使用寿命应该基本相同。

（3）生产性生物资产的折旧方法。生物资产准则规定了企业可选用的折旧方法包括年限平均法、工作量法、产量法等。在具体运用时，企业应当根据生产性生物资产的具体情况，合理选择相应的折旧方法。

（4）生产性生物资产计提折旧的账务处理。企业应当结合本企业的具体情况，根据生产性生物资产的类别，制定适合本企业的生产性生物资产目录、分类方法。对于达到预定经营目的的生产性生物资产，还应根据生产性生物资产的性质、使用情况和有关经济利益的预期实现方式，合理确定生产性生物资产的使用寿命、预计净残值和折旧方法，作为进行生产性生物资产核算的依据。

企业制定的生产性生物资产目录、分类方法、预计使用寿命、预计净残值、折旧方法等，应当编制成册，并按照管理权限，经股东大会或董事会，或经理（场长）会议或类似机构批准，按照法律、行政法规的规定报送有关各方备案，同时备置于企业所在地，以供投资者等有关各方查阅。企业已经确定并对外报送，或备置于企业所在地的有关生产性生物资产目录、分类方法、预计净残值、预计使用寿命、折旧方法等，一经确定不得随意变更。如需变更，应仍然按照上述程序，经批准后报送有关各方备案，并在报表附注中予以说明。

企业应当按期对达到预定生产经营目的的生产性生物资产计提折旧，并根据受益对象分别计入将收获的农产品成本、劳务成本、出租费用等。对成熟生产性生物资产按期计提折旧时，借记“生产成本”“管理费用”等科目，贷记“生产性生物资产累计折旧”科目。

此外，生物资产准则规定，企业至少应当于每年年度终了对生产性生物资产的使用寿命、预计净残值和折旧方法进行复核。如果生产性生物资产的使用寿命或预计净残值的预期数与原先估计数有差异的，或者有关经济利益预期实现方式有重大改变的，企业应当作为会计估计变更，按照《企业会计准则第 28 号——会计政策、会计估计变更和差错更正》的规定进行会计处理，调整生产性生物资产的使用寿命或预计净残值或者改变折旧方法。

2. 生物资产减值

生物资产准则规定，企业至少应当于每年年度终了对消耗性生物资产和生产性生物资产进行检查，有确凿证据表明上述生物资产发生减值的，应当计提生物资产跌价准备或减值准备。企业首先应当注意消耗性生物资产和生产性生物资产是否有发生减值的迹象，在此基础上计算确定消耗性生物资产的可变现净值或生产性生物资产的可回收金额。

（1）判断生物资产减值的主要迹象。生物资产准则对消耗性生物资产和生产性生物资产的减值采取易于判断的方式，即企业至少应当于每年年度终了对消耗性生物资产和生产性生物资产进行检查，有确凿证据表明由于遭受自然灾害、病虫害、动物疫病侵袭或市场需求变化等原因的情况下，上述生物资产才可能存在减值迹象。

具体来说，消耗性生物资产和生产性生物资产存在下列情形之一的，通常表明可变现净值或可收回金额低于账面价值。

①因遭受火灾、旱灾、水灾、冻灾、台风、冰雹等自然灾害，造成消耗性生物资产或生产性生物资产发生实体损坏，影响该资产的进一步生长或生产，从而降低其产生经济利益的能力。

②因遭受病虫害或者疯牛病、禽流感、口蹄疫等动物疫病侵袭，造成消耗性生物资产或生产性生物资产的市场价格大幅度持续下跌，并且在可预见的未来无回升的希望。

③因消费者偏好改变而使企业的消耗性生物资产或生产性生物资产收获的农产品的市场需求发生变化，导致市场价格逐渐下跌。与工业产品不同，一般情况下技术进步不会对生物资产的价值产生明显的影响。

④因企业所处经营环境，如动植物检验检疫标准等发生重大变化，从而对企业产生不利影响，导致消耗性生物资产或生产性生物资产的市场价格逐渐下跌。

⑤其他足以证明消耗性生物资产或生产性生物资产实质上已经发生减值的情形。

生物资产存在下列情形之一的，通常表明该生物资产的可变现净值或可收回金额为零。

①因遭受自然灾害、病虫害、动物疫病侵袭等原因，造成死亡或即将死亡、且无转让价值的消耗性或生产性生物资产。

②动植物检验检疫标准等发生重大改变，禁止转让的消耗性或生产性生物资产，如发生禽流感等动物疫病而禁止转让禽类动物等。

③其他足以证明已无实用价值和转让价值的消耗性或生产性生物资产。

（2）生物资产减值准备的计提与核算。消耗性生物资产的可变现净值或生产性生物资产的可收回金额低于其成本或账面价值时，企业应当按照可变现净值或可收回金额低于账面价值的差额，计提生物资产跌价准备或减值准备。

①消耗性生物资产减值的会计核算。期末，企业应按照消耗性生物资产的可变现净值低于账面价值的差额，借记“资产减值损失——计提的消耗性生物资产跌价准备”科目，贷记“消耗性生物资产跌价准备”科目。如果资产减值的影响因素已经消失，应将减记金额予以恢复，在原已计提的跌价准备金额内转回，作相反分录。

消耗性生物资产的可变现净值是指在日常活动中，消耗性生物资产的估计售价减去至出售时估计将要发生的成本、估计的销售费用以及相关税费后的金额，其确定应当遵循《企业会计准则第 1 号——存货》。在具体确定时应当考虑该资产的持有目的：如果是为出售而持有的消耗性生物资产，应当按照该资产的估计售价减去估计的销售费用和相关税费后的金额，确定其可变现净值；如果是在将来收获为农产品的消耗性生物资产，应当以所收获的农产品的估计售价减去至收获时估计将要发生的成本、销售费用和相关税费后的金额，确定其可变现净值。

例 6-07 A 公司的已郁闭成林的造纸原料林实际成本为 400 万元。2×20 年度，由于遭受病虫害侵袭，该公司预计其可变现净值为 350 万元。假定该用材林以前年度未计提减值准备，2×21 年病虫害得到根本控制，该用材林预计其可变现净值为 370 万元。要求：编制相关的账务处理。

该公司会计处理如下：

（a）2×20 年预计其可变现净值为 350 万元小于实际成本为 400 万元，故计提跌价准备 50 万元。

借：资产减值损失——计提的消耗性生物资产跌价准备　　500 000

　　贷：消耗性生物资产跌价准备　　500 000

（b）2×21 年影响消耗性生物资产的减值因素已消失，预计其可变现净值 370 万元大于其账面价值 350 万元，故恢复增加的价值 20 万元。

借：消耗性生物资产跌价准备　　200 000

　　贷：资产减值损失——计提的消耗性生物资产跌价准备　　200 000

②生产性生物资产减值的会计核算。期末，企业应当按照生产性生物资产的可收回金额低于账面价值的差额，借记“资产减值损失——计提的生产性生物资产减值准备”科目，贷记“生产性生物资产减值准备”科目。生产性生物资产减值准备一经计提，不得转回。

生产性生物资产的可收回金额根据其公允价值减去处置费用后的净额与资产预计未来现金流量的现值两者之间较高者确定，应当遵循《企业会计准则第 8 号——资产减值》。在确定资产公允价值减去处置费用后的净额时，公平交易中存在销售协议价格的，应当根据公平交易中销售协议价格减去可直接归属于该资产处置费用的金额确定；不存在销售协议但存在资产活跃市场的，应当按照该资产的市场价格减去处置费用后的金额确定，资产的市场价格通常应当根据资产的买方出价确定；不存在销售协议和资产活跃市场的，应当以可获取的最佳信息为基础，估计资产的公允价值减去处置费用后的净额，该净额可以参考同行业类似资产的最近交易价格或者结果进行估计。另外，企业如果按照上述规定仍然无法可靠估计资产的公允价值减去处置费用后的净额的，应当以该资产预计未来现金流量的现值作为其可收回金额。

例 6-08　2×20 年 8 月，A 企业的橡胶园曾遭受过一次台风袭击，12 月 31 日，A 企业对橡胶园进行检查时认为可能发生减值。该橡胶园公允价值减去处置费用后的净额为 130 万元，尚可使用 5 年，预计在未来 5 年内产生的现金净流量分别为 40 万元、37 万元、33 万元、28 万元、22 万元（其中 2×25 年的现金流量已经考虑使用寿命结束时进行处置的现金净流量）。在考虑有关风险的基础上，A 企业决定采用 6% 的折现。该橡胶园 2×20 年 12 月 31 日的账面价值为 150 万元，以前年度没有计提减值准备。要求：计算 A 企业生物资产未来现金流现值，并进行账务处理。

有关计算过程见表 6-02。

表 6-02　A 企业生物资产未来现金流量现值计算表

年度	预计未来现金流量（元）	折现率	现值（元）
2×21 年	400 000.00	6%	377 358.49
2×22 年	370 000.00	6%	329 298.68
2×23 年	330 000.00	6%	277 074.36
2×24 年	280 000.00	6%	221 786.23
2×25 年	220 000.00	6%	164 396.80
合计	1 600 000.00		1 369 914.56

未来现金流量现值1 369 914.56元＞销售净价1 300 000元，因此该橡胶园的可收回金额为1 369 914.56元，应计提的减值准备＝1 500 000－1 369 914.56＝130 085.44（元）。A企业的账务处理如下：

借：资产减值损失——生产性生物资产（橡胶）　　130 085.44

　　贷：生产性生物资产减值准备——橡胶　　130 085.44

③公益性生物资产不计提减值准备。对于公益性生物资产而言，由于其持有目的与消耗性生物资

产和生产性生物资产有本质不同，主要是出于防护、环境保护等特殊公益性目的，具有非经营性的特点。因此，生物资产准则规定公益性生物资产不计提减值准备。

（二）采用公允价值模式计量生物资产

在公允价值模式下，企业不再对生物资产计提折旧和计提跌价准备或减值准备，应当以资产负债表日生物资产的公允价值减去估计销售时所发生费用后的净额计量，各期变动计入当期损益。一般情况下，企业对生物资产的计量模式一经确定，不得随意变更。

五、生物资产的收获

收获是指消耗性生物资产生长过程的结束，如收割小麦、采伐用材林等，以及农产品从生产性生物资产上分离，如从苹果树上采摘下苹果、奶牛产出牛奶、绵羊产出羊毛等。

（一）一般核算要求

农产品按照所处行业，一般可以分为种植业产品（如小麦、水稻、玉米、棉花、糖料、茶叶等）、畜牧养殖业产品（如牛奶、羊毛、肉类、禽蛋等）、林产品（如苗木、原木、水果等）和水产品（如鱼、虾、贝类等）。企业应当按照成本核算对象（消耗性生物资产、生产性生物资产、公益性生物资产和农产品）设置明细账，并按成本项目设置专栏，进行明细分类核算。

从收获农产品成本核算的截止时点来看，种植业产品和林产品一般具有季节性强、生产周期长、经济再生产与自然再生产相交织的特点，成本计算期会因不同产品的特点而异。因此，企业在确定收获农产品的成本时，应特别注意成本计算的截止时点。在收获时点之后的农产品应当适用《企业会计准则第1号——存货》。例如，粮豆的成本算至入库或销售；棉花算至皮棉；纤维作物、香料作物、人参、啤酒花等算至纤维等初级产品；草成本算至干草；不入库的鲜活产品算至销售；入库的鲜活产品算至入库；年底尚未脱粒的作物，其产品成本算至预提脱粒费用等。又如，育苗的成本计算截至出圃；采割阶段，林木采伐算至原木产品；橡胶算至加工成干胶或浓缩胶乳；茶的成本计算截至各种毛茶；水果等其他收获活动计算至产品能够销售等。

（二）具体会计处理

1. 消耗性生物资产

从消耗性生物资产上收获农产品后，消耗性生物资产自身完全转为农产品而不复存在，如肉猪宰杀后的猪肉、收获后的蔬菜、用材林采伐后的木材等。企业应当将收获时点消耗性生物资产的账面价值结转为农产品的成本，借记“农产品”科目，贷记“消耗性生物资产”科目，已计提跌价准备的，还应同时结转跌价准备，借记“存货跌价准备消耗性生物资产”科目；对于不通过入库直接销售的鲜活产品等，按实际成本，借记“主营业务成本”。

例 6-09 A种植企业2×21年6月入库小麦20吨，成本为16 000元。A企业的账务处理如下：

借：农产品——小麦	16 000	
贷：消耗性生物资产——小麦		16 000

2. 生产性生物资产

生产性生物资产具备自我生长性，能够在生产经营中长期、反复使用，从而不断产出农产品。从生产性生物资产上收获农产品后，生产性生物资产这一母体仍然存在，如奶牛产出牛奶、从果树上采摘下水果等。农业生产过程中发生的各项生产费用，按照经济用途可以分为直接材料、直接人工等直接费用以及间接费用，企业应当区别处理。

（1）农产品收获过程中发生的直接材料、直接人工等直接费用，直接计入相关成本核算对象，借记“农业生产成本——农产品”科目，贷记“库存现金”“银行存款”“原材料”“应付职工薪酬”“生产性生物资产累计折旧”等科目。

例 6-10 A 奶牛养殖企业 2×21 年 1 月发生奶牛（已进入产奶期）的饲养费用如下：领用饲料 15 000 千克，计 12 000 元，应付饲养人员工资 30 000 元，以现金支付防疫费 3 500 元。A 企业的账务处理如下：

借：生产成本——农业生产成本（牛奶）	45 500
贷：原材料	12 000
应付职工薪酬	30 000
库存现金	3 500

（2）农产品收获过程中发生的间接费用，如材料费、人工费、生产性生物资产的折旧费等应分摊的共同费用，应当在生产成本归集，借记“农业生产成本——共同费用”科目，贷记“库存现金”“银行存款”“原材料”“应付职工薪酬”“生产性生物资产累计折旧”等科目；在会计期末按一定的分配标准，分配计入有关的成本核算对象，借记“农业生产成本——农产品”科目，贷记“农业生产成本——共同费用”科目。

实务中，常用的间接费用分配方法通常以直接费用或直接人工为基础。直接费用比例法以生物资产或农产品相关的直接费用为分配标准，直接人工比例法以直接从事生产的工人工资为分配标准，其公式为：

间接费用分配率＝间接费用总额 ÷ 分配标准（即直接费用总额或直接人工总额）×100%

某项生物资产应分配的间接费用额＝该项资产相关的直接费用或直接人工 × 间接费用分配率

除此之外，还可以直接材料、生产工时等为基础进行分配，企业可以根据实际情况加以选用。例如蔬菜的温床费用分配计算公式如下：

$$\text{蔬菜应分配的温床（温室）费用}=\frac{\text{温床（温室）费用总数}}{\text{实际使用的格日（平方米日）总数}}\times\text{该种蔬菜占用的格日（平方米日）数}$$

其中，温床格日数是指某种蔬菜占用温床格数和在温床生产日数的乘积，温室平方米日数是指某种蔬菜占用位的平方米数和在温室生长日数的乘积。

例 6-11 A 农场利用温床培育丝瓜、西红柿两种秧苗，温床费用为 4 600 元，其中，丝瓜占用温床 50 格，生长期为 30 天；西红柿占用温床 20 格，生长期为 40 天。秧苗育成移至温室栽培后，发生温室费用 18 900 元，其中，丝瓜占用温室 1 100 平方米，生长期为 70 天；西红柿占用温室 1 400 平方米，生长期为 80 天。两种蔬菜发生的直接生产费用为 3 000 元，其中，丝瓜 1 360 元，西红柿 1 640 元。应负担的间接费用共计 4 500 元，采用直接费用比例法分配。丝瓜和西红柿两种蔬菜的产量分别为 38 000 千克和 29 000 千克。要求：计算分摊费用。

①温床费用分摊：

丝瓜应分配的温床费用＝4 600÷（50×30＋20×40）×50×30＝3 000（元）

西红柿应分配的温床费用＝4 600÷（50×30＋20×40）×20×40＝1 600（元）

②温室费用分摊：

丝瓜应分配的温室费用＝18 900÷（1 100×70＋1 400×80）×1 100×70＝7 700（元）

西红柿应分配的温室费用＝18 900÷（1 100×70＋1 400×80）×1 400×80＝11 200（元）

③间接费用分摊：

丝瓜应分配的间接费用＝4 500÷（1 360＋1 640）×1 360＝2 040（元）

西红柿应分配的间接费用＝4 500÷（1 360＋1 640）×1 640＝2 460（元）

3. 成本的结转方法

在收获时点，企业应当将该时点归属于某农产品生产成本的账面价值结转为农产品的成本，借记“农产品”科目，贷记“农业生产成本——农产品”科目。具体的成本结转方法包括加权平均法、个别计价法、蓄积量比例法、轮伐期年限法、折耗率法等。企业可以根据实际情况选用合适的成本结转方法，但是一经确定，不得随意变更。后3种方法都是林业中通常使用的方法，具有林业的特殊性，下面将详细讲解。

（1）加权平均法。加权平均法是根据本期期初结存数量和金额、本期存入数量和金额，在期末以此计算本期加权平均单价，作为本期发出价格和期末结存价格，包括简单加权平均和移动加权平均法，是一种比较常见的计算方法，在此不作详细讲解。

例6-12 A畜牧养殖企业2×21年5月末养殖的肉猪账面余额为28 000元，共计40头；6月6日花费8 000元新购入一批肉猪养殖（近期可宰杀出售），共计10头；6月30日屠宰并出售肉猪20头，支付临时工屠宰费用100元，出售取得价款23 000元；6月份共发生饲养费用15 000元（其中，应付专职饲养员工资8 000元，饲料7 000元）。A企业采用移动加权平均法结转成本。要求：编制相关会计分录。

分析：

平均单位成本＝（28 000＋8 000＋15 000）÷（40＋10）＝1 020（元）

出售肉猪的成本＝1 020×20＝20 400（元）

A企业的账务处理如下。

①肉猪生产过程中：

借：消耗性生物资产——肉猪	8 000	
贷：银行存款		8 000
借：消耗性生物资产——肉猪	15 000	
贷：应付职工薪酬		8 000
原材料		7 000
借：农产品——猪肉	20 500	
贷：消耗性生物资产——肉猪		20 400
库存现金		100

②猪肉出售时，确认收入，结转成本：

借：库存现金	23 000	
贷：主营业务收入		23 000
借：主营业务成本	20 500	
贷：农产品——猪肉		20 500

（2）蓄积量比例法。蓄积量比例法以达到经济成熟可供采伐的林木为“完工”标志，将已成熟和未成熟的所有林木按照完工程度（林龄、林木培育程度、费用发生程度等）折算为达到经济成熟可供采伐的林木总体蓄积量，然后，按照当期采伐林木的蓄积量占折算的林木总体蓄积量的比例，确定应该结转的林木资产成本。该方法主要适用于择伐方式和林木资产由于择伐更新使其价值处于不断变动的情况。计算公式如下：

$$\text{某期应结转的林木资产成本}=\frac{\text{当期采伐林木的蓄积量}}{\text{林木总体蓄积量}}\times\text{期初林木资产账面总值}$$

（3）轮伐期年限法。轮伐期年限法将林木原始价值按照可持续经营的要求，在其轮伐期的年份内平均摊销，并结转林木资产成本。轮伐期是指将一块林地上的林木均衡分批、轮流采伐一次所需要的时间（通常以年为单位计算）。计算公式如下：

某期应结转的林木资产成本＝林木资产原值 ÷ 轮伐期

（4）折耗率法。折耗率法也是林业上常用的方法之一。该方法按照采伐林木所消耗林木蓄积量占到采伐为止预计该地区、该树种可能达到的总蓄积量摊销、结转所采伐林木资产成本。计算公式如下：

采伐的林木应摊销的林木资产价值＝折耗率 × 所采伐林木的蓄积量

折耗率＝林木资产总价值 ÷ 到采伐为止预计的总蓄积量

其中，折耗率应按树种、地区分别测算；林木资产总价值是指该地区、该树种的营造林历史成本总和；预计总蓄积量是指到采伐为止预计该地区、该树种可能达到的总蓄积量。

例 6-13 2×21 年 8 月末有存栏的育肥牛 50 头，账面成本为 45 万元，9 月份新购进 30 头育肥牛，购进成本 27 万元；9 月份共发生饲养费 24 万元，其中，饲料成本 4 万元，人工成本 20 万元；9 月份屠宰并出售菜牛 40 头，支付临时工屠宰费 0.4 万元，材料费 0.2 万元。9 月已屠宰菜牛屠宰前总重量 45 000 千克，月末存栏育肥牛的总重量为 35 000 千克。该养殖场按宰、存重量比例分摊育肥牛的成本。已屠宰菜牛的牛肉及副产品有 80% 已于当月出售，其他 20% 进入冷库储备。9 月份肉产品出售总收入 48 万元，款项已存入银行。

分析：

消耗性生物资产收获为农产品后，消耗性生物资产自身完全转化为农产品而不复存在。企业应当将收获时点消耗性生物资产的账面价值结转为农产品成本。对入库管理的农产品应当设置“农产品”科目核算其成本，对于不通过入库直接销售的鲜活产品，应按实际成本计入“主营业务成本”。该养殖场 9 月份发生的饲养成本应追加计入育肥牛的成本；肉牛屠宰时发生的相关费用应计入肉产品的成本。

①新购入存栏育肥时：

借：消耗性生物资产——育肥牛	270 000	
贷：银行存款		270 000

②发生的饲养成本时：

借：消耗性生物资产——育肥牛	240 000	
贷：原材料		40 000
应付职工薪酬		200 000

③计算并分摊宰、存育肥牛成本：

9月份育肥牛80头总成本＝450 000＋270 000＋240 000＝960 000（元）

育肥牛成本分配率＝960 000÷（45 000＋35 000）＝12

存栏育肥牛应分摊成本＝35 000×12＝420 000（元）

应转化为肉产品的成本＝45 000×12＝540 000（元）

④计算已宰育肥牛成本：

已宰育肥牛总成本＝540 000＋4 000＋2 000＝546 000（元）

借：农产品——肉产品	546 000	
贷：原材料		2 000
库存现金		4 000
消耗性生物资产——育肥牛		540 000

⑤取得肉产品销售收入、结转销售成本时：

已销售产品成本＝546 000×80%＝436 800（元）

借：银行存款	480 000	
贷：主营业务收入		480 000
借：主营业务成本	436 800	
贷：农产品——肉产品		436 800

六、生物资产的处置

（一）生物资产出售

生物资产出售时，企业应按实际收到的金额，借记“银行存款”等科目，贷记“主营业务收入”等科目；应按其账面余额，借记“主营业务成本”等科目，贷记“生产性生物资产”“消耗性生物资产”等科目；已计提跌价或减值准备或折旧的，还应同时结转跌价或减值准备或累计折旧。

例 6-14 A畜牧养殖企业于2×21年3月将育成的40头仔猪出售给B食品加工厂，价款总额为24 000元，货款尚未收到。出售时仔猪的账面余额为18 000元，未计提跌价准备。

A企业的账务处理如下：

借：应收账款——B食品加工厂　　24 000

　　贷：主营业务收入　　24 000

借：主营业务成本　　18 000

　　贷：消耗性生物资产——育肥猪　　18 000

（二）生物资产盘亏或死亡、毁损

生物资产盘亏或死亡、毁损时，应当将处置收入扣除其账面价值和相关税费后的余额先记入“待处理财产损溢”科目，待查明原因后，根据企业的管理权限，经股东大会、董事会、经理（场长）会议或类似机构批准后，在期末结账前处理完毕。生物资产因盘亏或死亡、毁损造成的损失，在减去过失人或者保险公司等的赔款和残余价值之后，计入当期管理费用；属于自然灾害等非常损失的，计入营业外支出。

例 6-15 A企业于2×21年8月4日丢失3头种牛，账面原值为10 600元，已经计提折旧5 000元；8月29日经查实，饲养员赵五应赔偿3 000元。A企业的账务处理如下：

借：待处理财产损溢　　5 600

　　生产性生物资产累计折旧　　5 000

　　贷：生产性生物资产——种牛　　10 600

借：其他应收款——赵五　　3 000

　　管理费用　　2 600

　　贷：待处理财产损溢　　5 600

例 6-16 2×20年10月，某奶牛场死亡奶牛6头，其账面价值24 000元，已提折旧6 000元。已查明因疫病造成。经保险公司核实，保险公司赔偿12 000元，其余部分10月29日批准作为企业的损失转账。要求：编制相关会计分录。

分析：生物资产盘亏或死亡毁损时，应当将处置收入扣除账面价值和相关费用后的余额先计入“待处理财产损溢”科目，待查明原因后，根据损失原因分别转账。该养殖场的奶牛因疫病而造成的损失扣除保险公司的赔偿后应计入营业外支出。

（1）奶牛死亡时：

借：待处理财产损溢　　18 000

　　生产性生物资产累计折旧——奶牛　　6 000

　　贷：生产性生物资产——成熟生产性生物资产（奶牛）　　24 000

（2）保险公司核实后批准转账：

借：其他应收款——保险公司　　12 000

　　营业外支出——奶牛疫病损失　　6 000

　　贷：待处理财产损溢　　18 000

（三）生物资产转换

生物资产改变用途后的成本应当按照改变用途时的账面价值确定。也就是说，将转出生物资产的账面价值作为转入资产的实际成本。生物资产转换通常包括如下几类：

（1）产畜或役畜淘汰转为育肥畜，或者林木类生产性生物资产转为林木类消耗性生物资产时，按转出或转变用途时的账面价值，借记“消耗性生物资产”科目；按已计提的累计折旧，借记“生产性生物资产累计折旧”科目；按其账面余额，贷记“生产性生物资产”科目。已计提减值准备的，还应同时结转已计提的减值准备。

育肥畜转为产畜或役畜，或者林木类消耗性生物资产转为林木类生产性生物资产时，应按其账面余额，借记“生产性生物资产”科目，贷记“消耗性生物资产”科目。已计提跌价准备的，还应同时结转跌价准备。

例 6-17 2×21 年 4 月，A 企业自行繁殖的 50 头种猪转为育肥猪，此批种猪的账面原价为 55 万元，已经计提的累计折旧为 20 万元，已经计提的资产减值准备为 5 万元。

A 企业的账务处理如下：

借：消耗性生物资产——育肥猪　　300 000
　　生产性生物资产累计折旧　　200 000
　　生产性生物资产减值准备　　50 000
　　贷：生产性生物资产——成熟生产性生物资产（种猪）　　550 000

（2）消耗性生物资产、生产性生物资产转为公益性生物资产时，应当按照相关准则规定，考虑其是否发生减值。发生减值时，应首先计提减值准备，并以计提减值准备后的账面价值作为公益性生物资产的入账价值。转换后，应按生物资产扣除减值准备后的账面价值，借记“公益性生物资产”科目；按已计提的生产性生物资产累计折旧，借记“生产性生物资产累计折旧”科目；按已计提的减值准备，借记“存货跌价准备”“生产性生物资产减值准备”科目；按账面余额，贷记“消耗性生物资产”“生产性生物资产”科目。

例 6-18 2×21 年 7 月，由于区域生态环境的需要，A 林业有限责任公司的 10 公顷造纸原料林（杨树）被划为防风固沙林，仍由公司负责管理，该林的账面余额 85 000 元，已经计提的跌价准备为 5 000 元。相关账务处理如下：

借：公益性生物资产——防风固沙林（杨树）　　80 000
　　存货跌价准备——消耗性生物资产　　5 000
　　贷：消耗性生物资产——造纸原料林（杨树）　　85 000

公益性生物资产转为消耗性生物资产或生产性生物资产时，应按其账面余额，借记“消耗性生物资产”或“生产性生物资产”科目，贷记“公益性生物资产”科目。

例 6-19 2×21 年 6 月，A 林业有限责任公司根据所属区域的林业发展规划相关政策调整，将以马尾松为主的 1 000 公顷防风固沙林，全部转为以采脂为目的的商林。该马尾松的账面价值为 200 万元，其中，已经具备采脂条件的为 600 公顷，账面价值为 140 万元，其余的尚不具备采脂条件。2×21 年 11 月，A 公司根据国家政策规定，将 100 公顷作为防风固沙林的杨树转为作为造纸原料的商品林，该杨树账面余额为 18.5 万元。A 公司的账务处理如下：

（1）2×21 年 6 月：

借：生产性生物资产——成熟生产性生物资产（马尾松）　　1 400 000
　　生产性生物资产——未成熟生产性生物资产（马尾松）　　600 000
　　贷：公益性生物资产——防风固沙林（马尾松）　　2 000 000

（2）2×21 年 11 月：

借：消耗性生物资产——造纸原料林（杨树） 185 000
　　贷：公益性生物资产——防风固沙林（杨树） 185 000

七、披露

生物资产准则规定企业必须披露生物资产的基本信息及其变动信息。

（1）企业应当在附注中披露与生物资产有关的下列信息。

①生物资产的类别以及各类生物资产的实物数量和账面价值。

②各类消耗性生物资产的跌价准备累计金额，以及各类生产性生物资产的使用寿命、预计净残值、折旧方法、累计折旧和减值准备累计金额。

③天然起源生物资产的类别、取得方式和实物数量。

④用于担保的生物资产的账面价值。

⑤与生物资产相关的风险情况与管理措施。

（2）企业应当在附注中披露与生物资产增减变动有关的下列信息。

①因购买而增加的生物资产。

②因自行培育而增加的生物资产。

③因出售而减少的生物资产。

④因盘亏或死亡、毁损而减少的生物资产。

⑤计提的折旧及计提的跌价准备或减值准备。

⑥其他变动。

八、新旧衔接

首次执行企业会计准则，遵照《企业会计准则第 38 号——首次执行企业会计准则》的相关规定，详见本书第三十八章。

第七章
无形资产

一、无形资产的概述

（一）无形资产定义

《企业会计准则第 6 号——无形资产》（以下简称无形资产准则）规定，无形资产是指企业拥有或者控制的没有实物形态的可辨认非货币性资产。满足下列条件之一时，才符合无形资产定义中的可辨认性标准。

（1）能够从企业中分离或者划分出来，并能单独或者与相关合同、资产或负债一起，用于出售、转移、授予许可、租赁或者交换。某些情况下无形资产可能需要与有关的合同一起用于出售转让等，这种情况下也视为可辨认无形资产。

（2）源自合同性权利或其他法定权利，无论这些权利是否可以从企业或其他权利和义务中转移或者分离。企业自创商誉及内部产生的品牌、报刊名、刊头、客户名单和实质上类似项目的支出，由于不能与企业整个业务开发成本区分开来，成本无法可靠地计量，因此不作为无形资产确认；客户关系、人力资源等，由于企业无法控制其带来的未来经济利益，不符合无形资产的定义，不应将其确认为无形资产；如果企业有权获得一项无形资产产生的未来经济利益，并能约束其他方获取这些利益，则表明企业控制了该项无形资产。

（3）非货币性资产是指企业持有的货币资金和将以固定或可确定的金额收取的资产以外的其他资产。无形资产由于没有发达的交易市场，一般不容易转化成现金，在持有过程中为企业带来未来经济利益的情况不确定，不属于以固定或可确定的金额收取的资产，属于非货币性资产。

《〈企业会计准则第 6 号——无形资产〉解释》明确规定，商誉是企业合并成本大于合并取得被购买方各项可辨认资产、负债公允价值份额的差额，其存在无法与企业自身分离，不具有可辨认性，不属于无形资产。

（二）无形资产的内容

无形资产通常包括专利权、非专利技术、商标权、著作权、特许权、土地使用权等。

（1）专利权，是指国家专利主管机关依法授予发明创造专利申请人，对其发明创造在法定期限内所享有的专有权利，包括发明专利权、实用新型专利权和外观设计专利权。

（2）非专利技术，也称专有技术。它是指不为外界所知、在生产经营活动中已采用的、不享有法律保护的、可以带来经济效益的各种技术和诀窍。非专利技术一般包括工业专有技术、商业贸易专有技术、管理专有技术等。

（3）商标，是用来辨认特定的商品或劳务的标记。商标权指专门在某类指定的商品或产品上使用特定的名称或图案的权利。

（4）著作权又称版权，指作者对其创作的文学、科学和艺术作品依法享有的某些特殊权利。著作权包括作品署名权、发表权、修改权和保护作品完整权，还包括复制权、发行权、出租权、展览权、表演权、放映权、广播权、信息网络传播权、摄制权、改编权、翻译权、汇编权以及应当由著作权人享有的其他权利。

（5）特许权，又称经营特许权、专营权，指企业在某一地区经营或销售某种特定商品的权利或是一家企业接受另一家企业使用其商标、商号、技术秘密等的权利。它通常有两种形式，一种是由政府机构授权，准许企业使用或在一定地区享有经营某种业务的特权，如水、电、邮电通信等专营权、烟草专卖权等等；另一种指企业之间依照签订的合同，有限期或无限期使用另一家企业的某些权利，如连锁店、分店使用总店的名称等。

（6）土地使用权，指国家准许某企业在一定期间内对国有土地享有开发、利用、经营的权利。根据《中华人民共和国土地管理法》的规定，我国土地实行公有制，任何单位和个人不得侵占、买卖或者以其他形式非法转让。企业取得土地使用权的方式大致有以下几种：行政划拨取得、外购取得及投资者投资取得。

（三）无形资产确认的条件

无形资产准则规定，无形资产同时满足下列条件的，才能予以确认。

（1）与该无形资产有关的经济利益很可能流入企业。

（2）该无形资产的成本能够可靠地计量。

企业在判断无形资产产生的经济利益是否很可能流入时，应当对无形资产在预计使用寿命内可能存在的各种经济因素作出合理估计，并且应当有明确证据支持。

（四）无形资产的特征

1. 由企业拥有或者控制并能为其带来未来经济利益的资源

预计能为企业带来未来经济利益是作为一项资产的本质特征，无形资产也不例外。通常情况下，企业拥有或者控制的无形资产应当拥有其所有权并且能够为企业带来未来经济利益。但在某些情况下并不需要企业拥有其所有权，如果企业有权获得某项无形资产产生的经济利益，同时又能约束其他人获得这些经济利益，则说明企业控制了该无形资产，或者说控制了该无形资产产生的经济利益，具体表现为企业拥有该无形资产的法定所有权，或者使用权并受法律的保护。例如，企业自行研制的技术通过申请依法取得专利权后，在一定期限内拥有了该专利技术的法定所有权；又如，企业与其他企业签订合约转让商标权，由于合约的签订，使商标使用权转让方的相关权利受到法律的保护。该大类特征，又可细分为如下小类。

（1）无形资产不具有实物形态。无形资产通常表现为某种权利、某项技术或是某种获取超额利润的综合能力。它们不具有实物形态，看不见，摸不着。如土地使用权、非专利技术等。无形资产为企业带来经济利益的方式与固定资产不同，固定资产是通过实物价值的磨损和转移来为企业带来未来经济利益，而无形资产很大程度上是通过自身所具有的技术等优势为企业带来未来经济利益。不具有实物形态是无形资产区别于其他资产的特征之一。

需要指出的是，某些无形资产的存在有赖于实物载体。例如，计算机软件需要存储在介质中。但这并不改变无形资产本身不具有实物形态的特性。在确定一项包含无形和有形要素的资产是属于固定资产，还是属于无形资产时，需要通过判断来加以确定。通常以哪个要素更重要作为判断的依据。例如，计算机控制的机械工具没有特定计算机软件就不能运行时，则说明该软件是构成相关硬件不可缺少的组成部分，该软件应作为固定资产处理；如果计算机软件不是相关硬件不可缺少的组成部分，则该软件应作为无形资产核算。无论是否存在实物载体，只要将一项资产归类为无形资产，则不具有实物形态仍然是无形资产的特征之一。

（2）无形资产具有可辨认性。作为无形资产进行核算，该资产必须是能够区别于其他资产可单独辨认的，如企业持有的专利权、非专利技术、商标权、土地使用权、特许权等。从可辨认性角度考虑，商誉是与企业整体价值联系在一起的，无形资产的定义要求无形资产是可辨认的，以便与商誉清楚地区分开来。企业合并中取得的商誉代表了购买方为从不能单独辨认并独立确认的资产中获得预期未来经济利益而付出的代价。这些未来经济利益可能产生于取得的可辨认资产之间的协同作用，也可能产生于购买者在企业合并中准备支付的、但不符合在财务报表上确认条件的资产。从计量上来讲，商誉是企业合并成本大于合并中取得的各项可辨认资产、负债公允价值份额的差额，代表的是企业未来现金流量大于每一单项资产产生未来现金流量的合计金额，其存在无法与企业自身区分开来。由于不具有可辨认性，商誉虽然也是没有实物形态的非货币性资产，但不构成无形资产。符合以下条件之一的，则认为其具有可辨认性。

一是，能够从企业中分离或者划分出来，并能单独用于出售或转让等，而不需要同时处置在同一获利活动中的其他资产，则说明无形资产可以辨认。在某些情况下，无形资产可能需要与有关的合同一起用于出售、转让等。这时，无形资产也具备可辨认性。

二是，产生于合同性权利或其他法定权利，无论这些权利是否可以从企业或其他权利和义务中转移或者分离。例如，一方通过与另一方签订特许权合同而获得的特许使用权，通过法律程序申请获得的商标权、专利权等。

如果企业有权获得一项无形资产产生的未来经济利益，并能约束其他方获取这些利益，则表明企业控制了该项无形资产。例如，对于会产生经济利益的技术知识，若其受到版权、贸易协议约束（如果允许）等法定权利或雇员保密法定职责的保护，那么说明该企业控制了相关利益。

客户关系、人力资源等，由于企业无法控制其带来的未来经济利益，不符合无形资产的定义，因此不应将其确认为无形资产。内部产生的品牌、报刊名、刊头、客户名单和实质上类似项目的支出不能与整个业务开发成本区分开来。因此，这类项目不应确认为无形资产。

2. 无形资产属于非货币性资产

非货币性资产是指企业持有的货币资金和将以固定或可确定的金额收取的资产以外的其他资产。无形资产由于没有发达的交易市场，一般不容易转化成现金，在持有过程中为企业带来未来经济利益的情况不确定，不属于以固定或可确定的金额收取的资产，属于非货币性资产。货币性资产主要有现金、银行存款、应收账款、应收票据和短期有价证券等，它们的共同特点是直接表现为固定的货币数额，或在将来收到一定货币数额的权利。应收款项等资产也没有实物形态，其与无形资产的区别在于无形资产属于非货币性资产，而应收款项等资产则不属于非货币性资产。另外，虽然固定资产也属于非货币性资产，但其为企业带来经济利益的方式与无形资产不同。固定资产是通过实物价值的磨损和转移为企业带来未来经济利益，而无形资产很大程度上是通过某些权利、技术等优势为企业带来未来经济利益。

二、无形资产的初始计量

（一）无形资产分类

按照取得方式，无形资产可以分为外购的无形资产、投资者投入的无形资产、非货币性的无形资产。

无形资产通常是按实际成本计量，即以取得无形资产并使之达到预定用途而发生的全部支出，作为无形资产的成本。对于不同来源取得的无形资产，其初始成本构成也不尽相同。

1. 外部购入的无形资产的初始计量

根据无形资产准则的相关规定，外购无形资产的成本，包括购买价款、相关税费以及直接归属于使该项资产达到预定用途所发生的其他支出。其中，直接归属于使该项资产达到预定用途所发生的其他支出包括使无形资产达到预定用途所发生的专业服务费用、测试无形资产是否能够正常发挥作用的费用等。下列各项不包括在无形资产初始成本中：

（1）为引入新产品进行宣传发生的广告费、管理费用及其他间接费用；

（2）无形资产已经达到预定用途以后发生的费用。

购买无形资产的价款超过正常信用条件延期支付，实质上该无形资产具有融资性质的，其成本以购买价款的现值为基础确定。实际支付的价款与购买价款的现值之间的差额，除按照本书“借款费用”的有关规定应予资本化的以外，应当在信用期间内采用实际利率法进行摊销，计入当期损益。

例 7-01 因 A 公司某项生产活动需要 B 公司已获得的专利技术，如果使用了该项专利技术 A 公司预计其生产能力比原先提高 20%，销售利润率增长 5%。为此，A 公司从 B 公司购入一项专利权，按照协议约定以现金支付，实际支付的价款为 300 万元，并支付相关税费 1 万元和有关专业服务费用 5 万元，款项已通过银行转账支付。要求：分析 A 公司的账务处理。

分析：

（1）A 公司购入的专利权符合无形资产的定义，即 A 公司能够拥有或者控制该项专利技术符合可辨认的条件，同时是不具有实物形态的非货币性资产。

（2）A 公司购入的专利权符合无形资产的确认条件。首先，A 公司的某项生产活动需要 B 公司已获得的专利技术，A 公司使用了该项专利技术，预计 A 公司的生产能力比原先提高 20%，销售利润率增长 15%，即经济利益很可能流入；其次，A 公司购买该项专利权的成本为 300 万元，另外支付相关税费和有关专业服务费用 6 万元，即成本能够可靠计量。由此，符合无形资产的确认条件。

A 公司的账务处理如下：

无形资产初始计量的成本＝300＋1＋5＝306（万元）

借：无形资产——专利权　　3 060 000

　　贷：银行存款　　3 060 000

例 7-02 2×21 年 1 月 8 日，A 公司从 B 公司购买一项商标权，由于 A 公司资金周转比较紧张，经与 B 公司协议采用分期付款方式支付款项。合同规定，该项商标权总计 1 000 万元，每年年末付款 200 万元，5 年付清。假定银行同期贷款利率为 5%。为了简化核算，假定不考虑其他有关税费（已知 5 年期 5% 利率，其年金现值系数为 4.329 5）。

A 公司的账务处理如下（未确认融资费用摊销见表 7-01）：

无形资产现值＝200×4.329 5＝865.9（万元）

未确认的融资费用＝1 000－865.9＝134.1（万元）

借：无形资产——商标权　　8 659 000

　　未确认融资费用　　1 341 000

　　贷：长期应付款　　10 000 000

表 7-01　未确认的融资费用

单位：万元

年份	融资余额	利率	本年利息 融资余额 × 利率	付款	还本付款－利息	未确认融资费用 上年余额－本年利息
0	865.90					134.10
第 1 年	709.20	0.05	43.30	200.00	156.70	90.80
第 2 年	544.66	0.05	35.46	200.00	164.54	55.34
第 3 年	371.89	0.05	27.23	200.00	172.77	28.11

（续表）

年份	融资余额	利率	本年利息	付款	还本付款－利息	未确认融资费用
			融资余额 × 利率			上年余额－本年利息
第 4 年	190.48	0.05	18.59	200.00	181.41	9.52
第 5 年	0.00	0.05	9.52	200.00	190.48	0.00
合计			134.10	1 000.00	865.90	

各年未确认融资费用的摊销可计算如下：

第1年（2×21年）未确认融资费用摊销额＝（1 000－134.1）×5%＝43.30（万元）

第2年（2×22年）未确认融资费用摊销额＝［（1 000－200）－（134.1－43.30）］×5%＝35.46（万元）

第3年（2×23年）未确认融资费用摊销额＝［（1 000－200－200）－（134.1－43.30－35.46）］×5%＝27.23（万元）

第4年（2×24年）未确认融资费用摊销额＝［（1 000－200－200－200）－（134.1－43.30－35.46－27.23）］×5%＝18.59（万元）

第5年（2×25年）未确认融资费用摊销额＝134.1－43.30－35.46－27.23－18.59＝9.52（万元）

2×21 年年底付款时：

借：长期应付款　　2 000 000

　　贷：银行存款　　2 000 000

借：财务费用　　433 000

　　贷：未确认融资费用　　433 000

2×22 年年底付款时：

借：长期应付款　　2 000 000

　　贷：银行存款　　2 000 000

借：财务费用　　354 600

　　贷：未确认融资费用　　354 600

2×23 年年底付款时：

借：长期应付款　　2 000 000

　　贷：银行存款　　2 000 000

借：财务费用　　272 300

　　贷：未确认融资费用　　272 300

2×24 年年底付款时：

借：长期应付款　　2 000 000

　　贷：银行存款　　2 000 000

借：财务费用　　185 900

　　贷：未确认融资费用　　185 900

2×25 年年底付款时：

借：长期应付款　　2 000 000

　　贷：银行存款　　2 000 000

借：财务费用　95 200
　　贷：未确认融资费用　95 200

例 7-03　2×21 年 1 月 1 日，A 公司从 B 公司购入一项无形资产，由于资金周转紧张，A 公司与 B 公司协议以分期付款方式支付款项。协议约定：该无形资产作价 2 000 万元，A 公司每年年末付款 400 万元，分 5 年付清。假定银行同期贷款利率为 5%，5 年期 5% 利率的年金现值系数为 4.329 5。不考虑其他因素。要求：做出 A 公司的相关账务处理。

A 公司的账务处理如下。

（1）2×21 年 1 月 1 日：

借：无形资产（现值）（4 000 000×4.329 5）（未付的本金）　17 318 000
　　未确认融资费用（未付的利息）　2 682 000
　　贷：长期应付款（4 000 000×5）　20 000 000

其中：未付的本金＝1 731.80（万元）

（2）2×21 年 12 月 31 日：

借：长期应付款　4 000 000
　　贷：银行存款　4 000 000

借：财务费用　865 900
　　贷：未确认融资费用　865 900

其中：

支付的利息＝1 731.80×5%＝86.59（万元）

支付的本金＝400－86.59＝313.41（万元）

未支付的本金＝1 731.80－313.41＝1 418.39（万元）

注：

2×21年12月31日长期应付款列报金额＝1 600－181.61－329.08＝1 089.31（万元）

（a）长期应付款余额＝2 000－400＝1 600（万元）

（b）未确认融资费用余额＝268.20－86.59＝181.61（万元）

（c）2×22 年应付本金＝329.08（万元），该部分金额应在 2×21 年 12 月 31 日资产负债表中“一年内到期的非流动负债”项目反映。

（3）2×22 年 12 月 31 日：

借：长期应付款　4 000 000
　　贷：银行存款　4 000 000

借：财务费用　709 200
　　贷：未确认融资费用　709 200

其中：

支付的利息＝1 418.39×5%＝70.92（万元）

支付的本金＝400－70.92＝329.08（万元）

未支付的本金＝1 418.39－329.08＝1 089.31（万元）

2. 投资者投入的无形资产的初始计量

无形资产准则规定，关于投资者投入无形资产的成本，应当按照投资合同或协议约定的价值确定，但合同或协议约定价值不公允的除外。如果投资合同或协议约定价值不公允的，应按无形资产的公允价值作为无形资产初始成本入账。

例 7-04　因 B 公司创立的商标已有较好的声誉，A 公司预计使用 B 公司商标后可使其未来利润增长 30%。为此，A 公司与 B 公司协议商定，B 公司以其商标权投资于 A 公司，双方协议价格（等于公允价值）为 500 万元，A 公司另支付印花税等相关税费 2 万元，款项已通过银行转账支付。

分析：

该商标权的初始计量，应当以取得时的成本为基础。取得时的成本为投资协议约定的价格 500 万元，加上支付的相关税费 2 万元。

A公司接受B公司作为投资的商标权的成本＝500＋2＝502（万元）

A 公司的账务处理如下：

借：无形资产——商标权	5 020 000	
贷：实收资本（或股本）		5 000 000
银行存款		20 000

（二）通过非货币性资产交换取得的无形资产成本

通过非货币性资产交换和债务重组取得的无形资产，其成本的确定及具体处理参见本书第八章“非货币性资产交换”和第十三章“债务重组”的相关内容。

（三）土地使用权的处理

根据无形资产准则解释和应用指南，企业取得的土地使用权，通常应当按照取得时所支付的价款及相关税费确认为无形资产。土地使用权用于自行开发建造厂房等地上建筑物时，土地使用权的账面价值不与地上建筑物合并计算其成本，而仍作为无形资产进行核算，土地使用权与地上建筑物分别进行摊销和提取折旧，但下列情况除外。

（1）房地产开发企业取得的土地使用权用于建造对外出售的房屋建筑物，相关的土地使用权应当计入所建造的房屋建筑物成本。

（2）企业外购的房屋建筑物，实际支付的价款中包括土地以及建筑物的价值，则应当对支付的价款按照合理的方法（例如，公允价值比例）在土地和地上建筑物之间进行分配；如果确实无法在地上建筑物与土地使用权之间进行合理分配的，应当全部作为固定资产，按照固定资产确认和计量的规定进行处理。

企业改变土地使用权的用途，停止自用土地使用权用于赚取租金或资本增值时，应将其账面价值转为投资性房地产。土地使用权可能作为固定资产核算，可能作为无形资产核算，也可能作为投资性房地产核算，还可能计入所建造的房屋建筑物成本。

例 7-05 2×21 年 1 月 1 日，A 股份有限公司购入一块土地的使用权，以银行存款转账支付 8 000 万元，并在该土地上自行建造厂房等工程，发生材料支出 12 000 万元，工资费用 8 000 万元，其他相关费用 10 000 万元等。该工程已经完工并达到预定可使用状态。假定土地使用权的使用年限为 50 年，该厂房的使用年限为 25 年，两者都没有净残值，都采用直线法进行摊销和计提折旧。为简化核算，不考虑其他相关税费。

分析：

A 公司购入土地使用权，使用年限为 50 年，表明它属于使用寿命有限的无形资产。企业在该土地上自行建造厂房时，应将土地使用权和地上建筑物分别作为无形资产和固定资产进行核算，并分别摊销和计提折旧。

A 公司的账务处理如下。

（1）支付转让价款：

借：无形资产——土地使用权	80 000 000	
贷：银行存款		80 000 000

（2）在土地上自行建造厂房：

借：在建工程　300 000 000
　贷：工程物资　120 000 000
　　应付职工薪酬　80 000 000
　　银行存款　100 000 000

（3）厂房达到预定可使用状态：

借：固定资产　300 000 000
　贷：在建工程　300 000 000

（4）每年分期推销土地使用权和对厂房计提折旧：

借：管理费用　1 600 000
　制造费用　12 000 000
　贷：累计摊销　1 600 000
　　累计折旧　12 000 000

三、内部研究开发费用的确认和计量

（一）研究阶段与开发阶段的划分

1. 研究阶段

对于企业自行研究开发的项目，无形资产准则要求区分研究阶段与开发阶段两个部分分别进行核算。其中，研究是指为获取新的技术和知识等进行的有计划的调查。研究活动的例子包括：意在获取知识而进行的活动；研究成果或其他知识的应用研究、评价和最终选择；材料、设备、产品、工序、系统或服务替代品的研究；以及新的或经改进的材料、设备、产品、工序、系统或服务的可能替代品的配制、设计、评价和最终选择。研究阶段的特点在于：

（1）计划性。研究阶段是建立在有计划的调查基础上，即，研发项目已经董事会或者相关管理层的批准，并着手收集相关资料、进行市场调查等。例如，某药品公司为研究开发某药品，经董事会或者相关管理层的批准，有计划地收集相关资料、进行市场调查、比较市场相关药品的药性、效用等活动。

（2）探索性。研究阶段基本上是探索性的，为进一步的开发活动进行资料及相关方面的准备，这一阶段不会形成阶段性成果。从研究活动的特点看，其研究是否能在未来形成成果，即通过开发后是否会形成无形资产均有很大的不确定性，企业也无法证明其研究活动一定能够形成带来未来经济利益的无形资产。因此，研究阶段的有关支出在发生时应当费用化计入当期损益。

2. 开发阶段

开发是指在进行商业性生产或使用前，将研究成果或其他知识应用于某项计划或设计，以生产出新的或具有实质性改进的材料、装置、产品等。开发活动的例子包括：生产前或使用前的原型和模型的设计、建造和测试；含新技术的工具、夹具、模具和冲模的设计；不具有商业性生产经济规模的试生产设施的设计、建造和运营；新的或改造的材料、设备、产品、工序、系统或服务所选定的替代品的设计、建造和测试等。开发阶段的特点在于：

（1）具有针对性。开发阶段是建立在研究阶段基础上，因而，对项目的开发具有针对性。

（2）形成成果的可能性较大。进入开发阶段的研发项目往往形成成果的可能性较大。由于开发阶段相对于研究阶段更进一步，且很大程度上形成一项新产品或新技术的基本条件已经具备，此时如果企业能够证明满足无形资产的定义及相关确认条件，所发生的开发支出可资本化，则确认为无形资产的成本。

无形资产准则对自行开发的无形资产研究与开发阶段作出了如下规定。

（1）如果确实无法区分研究阶段和开发阶段的支出，应当在发生时费用化计入当期损益（管理费用）。

（2）内部开发活动形成的无形资产，其成本由可直接归属于该资产的创造、生产并使该资产能够以管理层预定的方式运作的所有必要支出组成。可直接归属于该资产的成本包括：开发该无形资产时耗费的材料、劳务成本、注册费、在开发该无形资产过程中使用的其他专利权和特许权的摊销、按照《企业会计准则第 17 号——借款费用》的规定资本化的利息支出，以及为使该无形资产达到预定用途前所发生的其他费用。

在开发无形资产过程中发生的除上述可直接归属于无形资产开发活动的其他销售费用、管理费用等间接费用、无形资产达到预定用途前发生的可辨认的无效和初始运作损失、为运行该无形资产发生的培训支出等，不构成无形资产的开发成本。

（3）内部开发无形资产的成本仅包括在满足资本化条件的时点至无形资产达到预定用途前发生的支出总额，对于同一项无形资产在开发过程中达到资本化条件之前已经费用化计入当期损益的支出不再进行调整。

（4）“研发支出——资本化支出”余额计入资产负债表中的“开发支出”项目。

3.《〈企业会计准则第 6 号——无形资产〉解释》对研究阶段和开发阶段的详细解释

（1）研究阶段。研究阶段是指为获取新的技术和知识等进行的有计划的调查，其特点在于研究阶段是探索性的，为进一步的开发活动进行资料及相关方面的准备。从已经进行的研究活动看，将来是否会转入开发、开发后是否会形成无形资产等具有较大的不确定性。有关研究活动的举例为：意于获取知识而进行的活动；研究成果或其他知识的应用研究、评价和最终选择；材料、设备、产品、工序、系统或服务替代品的研究；新的或经改进的材料、设备、产品、工序、系统或服务的可能替代品的配制、设计、评价和最终选择等。

（2）开发阶段。开发阶段相对研究阶段而言，应当是完成了研究阶段的工作，在很大程度上形成一项新产品或新技术的基本条件已经具备。有关开发活动的举例为：生产前或使用前的原型和模型的设计建造和测试；含新技术的工具、夹具、模具和冲模的设计；不具有商业性生产经济规模的试生产设施的设计、建造和运营；新的或经改造的材料、设备、产品、工序、系统或服务所选定的替代品的设计、建造和测试等。

开发阶段的支出符合资本化条件的，才能确认为无形资产；不符合资本化条件的计入当期损益（管理费用）。无法区分研究阶段支出和开发阶段支出，应当将其所发生的研发支出全部费用化，计入当期损益（管理费用）。

4.《〈企业会计准则第 6 号——无形资产〉应用指南》对研究阶段和开发阶段的详细解释

（1）研究阶段。研究阶段是探索性的，为进一步开发活动进行资料及相关方面的准备，已进行的研究活动将来是否会转入开发、开发后是否会形成无形资产等均具有较大的不确定性。例如，意在获取知识而进行的活动，研究成果或其他知识的应用研究、评价和最终选择，材料、设备、产品、工序、系统或服务替代品的研究，新的或经改进的材料、设备、产品、工序、系统或服务的可能替代品的配制、设计、评价和最终选择等，均属于研究活动。

（2）开发阶段。相对于研究阶段而言，开发阶段应当是已完成研究阶段的工作，在很大程度上具备了形成一项新产品或新技术的基本条件。例如，生产前或使用前的原型和模型的设计、建造和测试，不具有商业性生产经济规模的试生产设施的设计、建造和运营等，均属于开发活动。

5. 研究阶段与开发阶段支出的会计处理准则

无形资产准则规定，企业内部研究开发项目研究阶段的支出，应当于发生时计入当期损益；开发阶段的支出符合条件的予以资本化。

《〈企业会计准则第 6 号——无形资产〉解释》更加明确地指出了所涉及的会计科目：开发阶段的支出符合资本化条件的，才能确认为无形资产；不符合资本化条件的计入当期损益（管理费用）。无法区分研究阶段支出和开发阶段支出，应当将其所发生的研发支出全部费用化，计入当期损益（管理费用）。

6. 开发成本资本化条件

无形资产准则规定，企业内部研究开发项目开发阶段的支出，同时满足下列条件的，才能确认为无形资产。

（1）完成该无形资产以使其能够使用或出售在技术上具有可行性。

（2）具有完成该无形资产并使用或出售的意图。

（3）无形资产产生经济利益的方式，包括能够证明运用该无形资产生产的产品存在市场或无形资产自身存在市场，无形资产将在内部使用的，应当证明其有用性。

（4）有足够的技术、财务资源和其他资源支持，以完成该无形资产的开发，并有能力使用或出售该无形资产

（5）归属于该无形资产开发阶段的支出能够可靠地计量。

《〈企业会计准则第 6 号——无形资产〉解释》对此作了更加明确的解释，指出企业内部开发项目发生的开发支出，在同时满足下列条件时，应当确认为无形资产。

（1）完成该无形资产以使其能够使用或出售在技术上具有可行性。判断无形资产的开发在技术上具有可行性，应当以目前阶段的成果为基础，并提供相关证据和材料，证明企业进行开发所需的技术条件等已经具备，不存在技术上的障碍或其他不确定性。例如，企业已经完成了全部计划、设计和测试活动，这些活动是使资产能够达到设计规划书中的功能、特征和技术所必需的活动，或经过专家鉴定等。

（2）具有完成该无形资产并使用或出售的意图。企业能够说明其持有开发无形资产的目的，例如，具有完成该无形资产并使用或出售的意图。

（3）无形资产产生经济利益的方式。无形资产若能够为企业带来未来经济利益，则企业应当对运用该无形资产生产的产品市场情况进行可靠预计，以证明所生产的产品存在市场并能够带来经济利益的流入，或能够证明市场上存在对该类无形资产的需求。

（4）有足够的技术、财务资源和其他资源支持，以完成该无形资产的开发，并有能力使用或出售该无形资产。企业能够证明无形资产开发所需的技术、财务和其他资源，以及获得这些资源的相关计划。自有资金不足以提供支持的，是否存在外部其他方面的资金支持，如银行等金融机构愿意为该无形资产的开发提供所需资金的声明等。

（5）归属于该无形资产开发阶段的支出能够可靠地计量。企业对于研究开发的支出应当能够单独核算。例如，直接发生的研发人员工资、材料费，以及相关设备折旧费等能够对象化；同时从事多项研究开发活动的，所发生的支出能够按照合理的标准在各项研究开发活动之间进行分配。研发支出无法明确分配的，应当计入当期损益，不计入开发活动的成本。

7. 具体账务处理

（1）企业自行开发无形资产发生的研发支出，不满足资本化条件的，借记“研发支出——费用化支出”科目；满足资本化条件的，借记“研发支出——资本化支出”科目，贷记“原材料”“银行存款”“应应付职工薪酬”等科目。

（2）企业以其他方式取得的正在进行中的研究开发项目，应按确定的金额，借记“研发支出——资本化支出”科目，贷记“银行存款”等科目。以后发生的研发支出，应当比照上述第一条原则进行处理。

（3）研究开发项目达到预定用途形成无形资产的，应按“研发支出——资本化支出”科目的余额，

借记“无形资产”科目，贷记“研发支出——资本化支出”科目。

例 7-06 2×21 年 1 月 1 日，A 公司经董事会批准研发某项新产品专利技术。该公司董事会认为，研发该项目具有可靠的技术和财务等资源的支持，并且一旦研发成功将降低该公司生产产品的生产成本。该公司在研究开发过程中发生材料费 5 000 万元、人工工资 1 000 万元，以及其他费用 4 000 万元，总计 10 000 万元，其中，符合资本化条件的支出为 6 000 万元。2×21 年 12 月 31 日，该专利技术已经达到预定用途。

分析：首先，A 公司经董事会批准研发某项新产品专利技术，并认为完成该项新型技术无论从技术上，还是财务等方面能够得到可靠的资源支持，并且一旦研发成功将降低公司的生产成本，因此符合条件的开发费用可以资本化。其次，A 公司在开发该项新型技术讨，累计发生 10 000 万元的研究与开发支出，其中，符合资本化条件的开发支出为 6 000 万元，其符合“归属于该无形资产开发阶段的支出能够可靠地计量”的条件。

A 公司的账务处理如下。

（1）发生研发支出：

借：研发支出——费用化支出	40 000 000	
——资本化支出	60 000 000	
贷：原材料		50 000 000
应付职工薪酬		10 000 000
银行存款		40 000 000

（2）2×21 年 12 月 31 日，该专利技术已经达到预定用途：

借：管理费用	40 000 000	
无形资产	60 000 000	
贷：研发支出——费用化支出		40 000 000
——资本化支出		60 000 000

除了内部开发产生的无形资产外，其他内部产生的无形资产，比照上述原则进行处理。

（二）内部研究开发费用的账务处理

（1）无形资产准则规定，企业研究阶段的支出全部费用化，计入当期损益（管理费用）；开发阶段的支出符合条件的才能资本化，不符合资本化条件的计入当期损益（管理费用）。只有同时满足无形资产准则第九条规定的各项条件的，才能确认为无形资产，否则计入当期损益。如果确实无法区分研究阶段的支出和开发阶段的支出，应将其所发生的研发支出全部费用化，计入当期损益。

（2）企业自行开发无形资产发生的研发支出，未满足资本化条件的，借记“研发支出——费用化支出”科目，满足资本化条件的，借记“研发支出——资本化支出”科目，贷记“原材料”“银行存款”“应付职工薪酬”等科目。

（3）企业购买正在进行中的研究开发项目，应按确定的金额，借记“研发支出——资本化支出”科目，贷记“银行存款”等科目。以后发生的研发支出，应当比照上述（2）的规定进行处理。

（4）研究开发项目达到预定用途形成无形资产的，应按“研发支出——资本化支出”科目的余额，借记“无形资产”科目，贷记“研发支出——资本化支出”科目。

例 7-07 某企业自行研究开发一项新产品专利技术，在研究开发过程中发生材料费 40 000 000 元、人工工资 10 000 000 元，以及用银行存款支付其他费用 30 000 000 元，总计 80 000 000 元，其中，符合资本化条件的支出为 50 000 000 元，期末，该专利技术已经达到预定用途。假定不考虑相关税费。要求：编制相关的会计分录。

相关费用发生时：

借：研发支出——费用化支出	30 000 000	
——资本化支出	50 000 000	
贷：原材料		40 000 000
应付职工薪酬		10 000 000
银行存款		30 000 000

期末：

借：管理费用	30 000 000	
无形资产	50 000 000	
贷：研发支出——费用化支出		30 000 000
——资本化支出		50 000 000

四、无形资产后续计量

（一）无形资产后续计量的原则

无形资产被初始确认和计量后，再使用该项无形资产应以成本减去累计摊销额和累计减值损失后的余额计量。需要强调的是，确定无形资产在使用过程中的累计摊销额，基础是估计其使用寿命，只有使用寿命有限的无形资产才需要在估计的使用寿命内采用系统合理的方法进行摊销，对于使用寿命不确定的无形资产，每年进行减值测试。

无形资产准则规定，企业应当于取得无形资产时分析判断其使用寿命。无形资产的使用寿命如为有限的，应当估计该使用寿命的年限或者构成使用寿命的产量等类似计量单位数量；无法预见无形资产为企业带来未来经济利益期限的，应当视为使用寿命不确定的无形资产。

（二）估计使用寿命有限的无形资产摊销

1. 无形资产使用寿命的估计

（1）源自合同性权利或其他法定权利取得的无形资产，其使用寿命不应超过合同性权利或其他法定权利的期限。

如果合同性权利或其他法定权利能够在到期时因续约等延续，当有证据表明企业续约不需要付出重大成本时，续约期才能够包括在使用寿命的估计中。

（2）没有明确的合同或法律规定的无形资产，企业应当综合各方面情况，如聘请相关专家进行论证或与同行业的情况进行比较以及企业的历史经验等，以确定无形资产为企业带来未来经济利益的期限，如果经过这些努力确实无法合理确定无形资产为企业带来经济利益期限，再将其作为使用寿命不确定的无形资产。

企业选择的无形资产摊销方法，应根据与无形资产有关的经济利益的预期消耗方式作出决定，包括直线法、产量法等。无法可靠确定其预期消耗方式的，应当采用直线法进行摊销。

由于收入可能受到投入、生产过程和销售等因素的影响，这些因素与无形资产有关经济利益的预期消耗方式无关，因此，企业通常不应以包括使用无形资产在内的经济活动所产生的收入为基础进行摊销。但是，下列极其有限的情况除外：

①企业根据合同约定确定无形资产固有的根本性限制条款（如无形资产的使用时间、使用无形资产生产产品的数量或因使用无形资产而应取得固定的收入总额）的，当该条款为因使用无形资产而应取得的固定的收入总额时，取得的收入可以成为摊销的合理基础，如企业获得勘探开采黄金的特许权，且合同明确规定该特许权在销售黄金的收入总额达到某固定的金额时失效。

②有确凿的证据表明收入的金额和无形资产经济利益的消耗是高度相关的。企业采用车流量法对高速公路经营权进行摊销的，不属于以包括使用无形资产在内的经济活动产生的收入为基础的摊销方法。

（3）企业至少应当于每年年度终了，对使用寿命有限的无形资产的使用寿命及摊销方法进行复核。如果有证据表明无形资产的使用寿命及摊销方法与以前估计不同的，应当改变其摊销期限和摊销方法，并按照会计估计变更进行处理。

（4）企业应当在每个会计期间对使用寿命不确定的无形资产的使用寿命进行复核。如果有证据表明无形资产的使用寿命是有限的，视为会计估计变更，应当估计其使用寿命，并按使用寿命有限的无形资产的处理原则进行处理。

（5）无形资产的摊销金额一般应当计入当期损益（管理费用、其他业务成本等）。但如果某项无形资产包含的经济利益是通过转入到所生产的产品或其他资产实现的，其摊销金额应当计入相关资产的成本。

若无形资产用于生产产品，应将无形资产摊销额计入产品成本，其会计处理与成本核算一致，即：若属于直接费用（只生产一种产品），则直接记入“生产成本”科目；若属于间接费用，则先通过“制造费用”科目归集，然后分配记入“生产成本”科目。

2. 残值的确定

除下列情况外，无形资产的残值一般为零。

（1）有第三方承诺在无形资产使用寿命结束时购买该项无形资产；

（2）可以根据活跃市场得到无形资产预计残值信息，并且该市场在该项无形资产使用寿命结束时可能存在。

残值确定以后，在持有无形资产的期间，至少应于每年年末进行复核，预计其残值与原估计金额不同的，应按照会计估计变更进行处理。如果无形资产的残值重新估计后高于其账面价值的，则无形资产不再摊销，直至残值降至低于其账面价值时再恢复摊销。

3. 使用寿命有限的无形资产摊销的账务处理

使用寿命有限的无形资产从取得当月开始摊销，处置当月不再摊销，计提的摊销额一般应计入当期损益，借记“管理费用”（自用无形资产摊销）、“其他业务成本”（出租无形资产摊销）、“制造费用”（用于产品生产等的无形资产摊销）、“生产成本”等（专门用于生产某种产品或其他资产的无形资产摊销），贷记“累计摊销”。

持有待售的无形资产不进行摊销，按照账面价值与公允价值减去处置费用后的净额孰低进行计量。

例 7-08　2×21 年 1 月 1 日，A 公司从外单位购得一项非专利技术，支付价款 5 000 万元，款项已支付，估计该项非专利技术的使用寿命为 10 年，该项非专利技术用于产品生产；同时，购入一项商标权，支付价款 3 000 万元，款项已支付，估计该商标权的使用寿命为 15 年。假定这两项无形资产的净残值均为零，并按直线法摊销。

分析：本例中，A 公司外购的非专利技术的估计使用寿命为 10 年，表明该项无形资产是使用寿命有限的无形资产，且该项无形资产用于产品生产，因此，应当将其摊销金额计入相关产品的制造成本。A 公司外购的商标权的估计使用寿命为 15 年，表明该项无形资产同样也是使用寿命有限的无形资产，而商标权的摊销金额通常直接计入当期管理费用。

A 公司的账务处理如下。

（1）取得无形资产时：

借：无形资产——非专利技术	50 000 000	
——商标权	30 000 000	
贷：银行存款		80 000 000

（2）按年摊销时：

借：制造费用——非专利技术	5 000 000	
管理费用——商标权	2 000 000	
贷：累计摊销		7 000 000

如果A公司2×21年12月31日根据科学技术发展的趋势判断2×21年购入的该项非专利技术在4年后将被淘汰，不能再为企业带来经济利益，决定对其再使用4年后不再使用。为此，A公司应当在2×21年12月31日据此变更该项非专利技术的估计使用寿命，并按会计估计变更进行处理。

2×21年12月31日，该项无形资产累计摊销金额为1 000万元（500×2），2×21年该项无形资产的摊销金额为1 000万元［（5 000－1 000）÷4］。A公司2×21年对该项非专利技术按年摊销的账务处理如下：

借：制造费用——非专利技术　　10 000 000

　　贷：累计摊销　　1 000 000

（三）使用寿命不确定的无形资产

根据可获得的相关信息判断，如果无法合理估计某项无形资产的使用寿命的，则应作为使用寿命不确定的无形资产进行核算。对于使用寿命不确定的无形资产，在持有期间内不需要摊销，但应当在每个会计期间进行减值测试。减值测试的方法按照资产减值的原则进行处理，如经减值测试表明已发生减值，则需要计提相应的减值准备，相关的账务处理为：借记“资产减值损失”科目，贷记“无形资产减值准备”科目。

例7-09 2×21年1月1日，A公司购入一项市场领先的畅销产品的商标的成本为6 000万元，该商标按照法律规定还有5年的使用寿命，但是在保护期届满时，A公司可每10年以较低的手续费申请延期，同时，A公司有充分的证据表明其有能力申请延期。此外，有关的调查表明，根据产品生命周期、市场竞争等方面情况综合判断，该商标将在不确定的期间内为企业带来现金流量。

分析：根据上述情况，该商标可视为使用寿命不确定的无形资产，在持有期间内不需要进行摊销。2×21年年底，A公司对该商标按照资产减值的原则进行减值测试，经测试表明该商标已发生减值。2×21年年底，该商标的公允价值为4 000万元。

A公司的账务处理如下。

（1）2×21年购入商标时：

借：无形资产——商标权　　60 000 000

　　贷：银行存款　　60 000 000

（2）2×21年发生减值时：

借：资产减值损失（60 000 000 － 40 000 000）　　20 000 000

　　贷：无形资产减值准备——商标权　　20 000 000

五、无形资产的处置

无形资产的处置，主要是指无形资产出售、对外出租、对外捐赠，或者是无法为企业带来未来经济利益时，应予终止确认并转销。

（一）无形资产的出售

企业出售无形资产，应当将取得的价款与该无形资产账面价值及相关税费（不包括确认的增值税销项税额）的差额计入资产处置损益。借记“银行存款”“无形资产减值准备”和“累计摊销”科目，贷记“无形资产”和“应交税费——应交增值税（销项税额）”科目，差额借记或贷记“资产处置损益”科目。

例7-10 2021年1月4日，A公司与B公司签订商标销售合同，将一项酒类商标出售，开出的增值税专用发票上注明的价款为200 000元，增值税税额为12 000元，款项已经存入银行。该商标的账面余额为210 000元，累计摊销金额为60 000元，未计提减值准备。A公司会计处理如下：

借：银行存款　　212 000
　　累计摊销　　60 000
　　贷：无形资产　　210 000
　　　　应交税费——应交增值税（销项税额）　　12 000
　　　　资产处置损益　　50 000

（二）对外出租

（1）应当按照有关收入确认原则确认所取得的转让使用权收入，借记“银行存款”科目，贷记“其他业务收入”“应交税费——应交增值税（销项税额）”科目。

（2）将发生的与该转让使用权有关的相关费用计入其他业务成本，借记“其他业务成本”科目，贷记“累计摊销”“银行存款”科目。

例 7-11　2×21 年 1 月 1 日，A 企业将一项专利技术出租给 B 企业使用，该专利技术账面余额为 500 万元，摊销期限为 10 年，出租合同规定，承租方每销售一件用该专利生产的产品，必须付给出租方 10 万元专利技术使用费。假定承租方当年销售该产品 10 件（不考虑相关税费）。

A 企业的账务处理如下。

（1）取得该项专利技术使用费时：

借：银行存款　　1 000 000
　　贷：其他业务收入　　1 000 000

（2）按年对该项专利技术进行摊销：

借：其他业务成本　　500 000
　　贷：累计摊销　　500 000

例 7-12　A 公司将某商标使用权出租给 B 公司，合同规定出租期限为 3 年，每月租金收入 200 000 元，每月月末收取当月租金。2×21 年 7 月 31 日收到当月的租金及增值税税额合计 212 000 元，已办理入账手续。该商标权每月的摊销额为 100 000 元。A 公司会计处理如下：

借：银行存款　　212 000
　　贷：其他业务收入　　200 000
　　　　应交税费——应交增值税（销项税额）　　12 000

借：其他业务成本　　100 000
　　贷：累计摊销　　100 000

（三）报废

如果无形资产预期不能为企业带来经济利益，应将其报废并予以转销，其账面价值转作当期损益。借记“累计摊销”“无形资产减值准备”科目，贷记“无形资产”科目，按其差额，借记“营业外支出——处置非流动资产损失”科目。

例 7-13　A 企业拥有某项专利技术，根据市场调查，用其生产的产品已没有市场，决定予以转销。转销时，该项专利技术的账面余额为 600 万元，摊销期限为 10 年，采用直线法进行摊销，已累计摊销 300 万元。假定该项专利权的残值为零，已累计计提的减值准备为 160 万元。假定不考虑其他相关因素，则 A 公司的账务处理如下：

借：累计摊销　　3 000 000
　　无形资产减值准备　　1 600 000
　　营业外支出——处置非流动资产损失　　1 400 000
　　贷：无形资产——专利权　　6 000 000

六、无形资产的披露

企业应当按照无形资产的类别在附注中披露与无形资产有关的下列信息：

（1）无形资产的期初和期末账面余额、累计摊销额及减值准备累计金额。

（2）使用寿命有限的无形资产，其使用寿命的估计情况；使用寿命不确定的无形资产，其使用寿命不确定的判断依据。

（3）无形资产的摊销方法。

（4）用于担保的无形资产账面价值、当期摊销额等情况。

（5）计入当期损益和确认为无形资产的研究开发支出金额。

此外，企业还应当披露当期确认为费用的研究开发支出总额。

七、新旧衔接

首次执行企业会计准则，遵照《企业会计准则第 38 号——首次执行企业会计准则》的相关规定，详见本书第三十八章。

第八章
非货币性资产交换

一、非货币性资产交换概述

（一）非货币性资产的相关概念

《企业会计准则第 7 号——非货币性资产交换》（以下简称非货币性资产交换准则）对非货币性资产交换作了规定，非货币性资产交换，是指企业主要以固定资产、无形资产、投资性房地产和长期股权投资等非货币性资产进行的交换。该交换不涉及或只涉及少量的货币性资产（即补价）。

货币性资产，是指企业持有的货币资金和收取固定或可确定金额的货币资金的权利。

非货币性资产，是指货币性资产以外的资产，包括存货（如原材料、包装物、低值易耗品、库存商品、委托加工物资、委托代销商品等）、固定资产、无形资产、长期股权投资、投资性房地产、在建工程、不准备持有至到期的债权投资等。

《〈非货币性资产交换准则〉解释》指出，认定涉及少量货币性资产的交换为非货币性资产交换，通常以补价占整个资产交换金额的比例低于 25% 作为参考，补价是公允价值之间的差额，不含增值税之间的差额。若补价 ÷ 整个资产交换金额＜ 25%，则属于非货币性资产交换；若补价 ÷ 整个资产交换金额≥ 25% 的，视为货币性资产交换，适用其他相关准则。整个资产交换金额即为在整个非货币性资产交换中最大的公允价值。

例 8–01 A 公司用一台设备换入 B 公司一项专利权，设备公允价值为 100 万元，增值税为 17 万元，专利权公允价值为 90 万元，增值税为 5.4 万元，A 公司收到补价 21.6 万元。判断该交换是否属于非货币性资产交换。

分析：补价中公允价值之间的差额为 10 万元，10÷100 ＝ 10% ＜ 25%，因此，属于非货币性资产交换。

（二）非货币性资产交换不涉及的交易和事项

本准则适用于所有非货币性资产交换，但下列各项适用其他相关会计准则：

（1）企业以存货换取客户的非货币性资产的，适用《企业会计准则第 14 号——收入》。

（2）非货币性资产交换中涉及企业合并的，适用《企业会计准则第 20 号——企业合并》《企业会计准则第 2 号——长期股权投资》和《企业会计准则第 33 号——合并财务报表》。

（3）非货币性资产交换中涉及由《企业会计准则第 22 号——金融工具确认和计量》规范的金融资产的，金融资产的确认、终止确认和计量适用《企业会计准则第 22 号——金融工具确认和计量》和《企业会计准则第 23 号——金融资产转移》。

（4）非货币性资产交换中涉及由《企业会计准则第 21 号——租赁》规范的使用权资产或应收融资租赁款等的，相关资产的确认、终止确认和计量适用《企业会计准则第 21 号——租赁》。

（5）非货币性资产交换的一方直接或间接对另一方持股且以股东身份进行交易的，或者非货币性资产交换的双方均受同一方或相同的多方最终控制，且该非货币性资产交换的交易实质是交换的一方向另一方进行了权益性分配或交换的一方接受了另一方权益性投入的，适用权益性交易的有关会计处理规定。

二、非货币性资产交换的确认和计量

（一）确认原则

（1）企业应当分别按照下列原则对非货币性资产交换中的换入资产进行确认，对换出资产终止确认：

①对于换入资产，企业应当在换入资产符合资产定义并满足资产确认条件时予以确认；

②对于换出资产，企业应当在换出资产满足资产终止确认条件时终止确认。

（2）换入资产的确认时点与换出资产的终止确认时点存在不一致的，企业在资产负债表日应当按照下列原则进行处理：

①换入资产满足资产确认条件，换出资产尚未满足终止确认条件的，在确认换入资产的同时将交付换出资产的义务确认为一项负债；

②换入资产尚未满足资产确认条件，换出资产满足终止确认条件的，在终止确认换出资产的同时将取得换入资产的权利确认为一项资产。

（二）计量原则

在非货币性资产交换的情况下，不论是一项资产换入一项资产、一项资产换入多项资产、多项资产换入一项资产，还是多项资产换入多项资产，都适用于非货币性资产交换准则规定的确定换入资产成本的两种计量基础和交换所产生损益的确认原则。

1. 公允价值

非货币性资产交换准则规定，非货币性资产交换具有商业实质，且换入资产或换出资产的公允价值能够可靠地计量，应当以公允价值为基础计量。换入资产和换出资产的公允价值均能够可靠计量的，应当以换出资产的公允价值为基础计量，但有确凿证据表明换入资产的公允价值更加可靠的除外。

2. 账面价值

不满足规定条件的非货币性资产交换，应当以账面价值为基础计量，即换入资产应当以换出资产的账面价值和应支付的相关税费作为初始计量金额，不确认换出资产处置损益。

（三）判断该项交换具有商业实质

非货币性资产交换具有商业实质，是换入资产能够采用公允价值计量的重要条件之一，也是非货币性资产交换准则引入的重要概念。在确定资产交换是否具有商业实质时，企业应当重点考虑由于发生了该项资产交换预期使企业未来现金流量发生变动的程度，通过比较换出资产和换入资产预计产生的未来现金流量或其现值，确定非货币性资产交换是否具有商业实质。只有当换出资产和换入资产预计未来现金流量或其现值两者之间的差额较大时，才能表明交易的发生使企业经济状况发生了明显改变，非货币性资产交换因而具有商业实质。

1. 判断条件

根据非货币性资产交换准则的规定，符合下列条件之一的，视为具有商业实质。

（1）换入资产的未来现金流量在风险、时间和金额方面与换出资产显著不同。

换入资产的未来现金流量在风险、时间和金额方面与换出资产显著不同，通常包括但不仅限于以下几种情况：

①未来现金流量的风险、金额相同，时间不同。例如，某企业以一批交易性金融资产换入一项设备，因交易性金融资产流动性强，能够在较短的时间内产生现金流量，该设备作为固定资产要在较长

的时间内为企业带来现金流量，假定两者产生的未来现金流量风险和总额均相同，但两者产生现金流量的时间跨度相差较大，则可以判断上述交易性金融资产与固定资产的未来现金流量显著不同，因而该两项资产的交换具有商业实质。

②未来现金流量的时间、金额相同，风险不同。例如，A 企业以其用于经营出租的一幢公寓楼，与 B 企业同样用于经营出租的一幢公寓楼进行交换，两幢公寓楼的租期、每期租金总额均相同，但是 A 企业是租给一家财务及信用状况良好的企业（该企业租用该公寓是给其单身职工居住），B 企业的客户则都是单个租户。相比较而言，A 企业取得租金的风险较小，B 企业由于租给散户，租金的取得依赖于各单个租户的财务和信用状况；因此，两者现金流量流入的风险或不确定性程度存在明显差异，则两幢公寓楼的未来现金流量显著不同，进而可判断该两项资产的交换具有商业实质。

③未来现金流量的风险、时间相同，金额不同。例如，某企业以一项商标权换入另一企业的一项专利技术，预计两项无形资产的使用寿命相同，在使用寿命内预计为企业带来的现金流量总额相同，但是换入的专利技术是新开发的，预计开始阶段产生的未来现金流量明显少于后期，而该企业拥有的商标每年产生的现金流量比较均衡，则两者各年产生的现金流量金额差异明显，则上述商标权与专利技术的未来现金流量显著不同，因而该两项资产的交换具有商业实质。

（2）换入资产与换出资产的预计未来现金流量现值不同，且其差额与换入资产和换出资产的公允价值相比是重大的。

企业如按照上述第一项条件难以判断某项非货币性资产交换是否具有商业实质，再根据第二项条件，通过计算换入资产和换出资产的预计未来现金流量现值，进行比较后判断资产预计未来现金流量的现值。非货币性资产交换准则所指资产的预计未来现金流量现值，应当按照资产在持续使用过程和最终处置时预计产生的税后未来现金流量，根据企业自身而不是市场参与者对资产特定风险的评价，选择恰当的折现率对预计未来现金流量折现后的金额加以确定，即国际财务报告准则所称的“主体特定价值”。

从市场参与者的角度分析，换入资产和换出资产预计未来现金流量在风险、时间和金额方面可能相同或相似，但是就企业自身而言，鉴于换入资产的性质和换入企业经营活动的特征等因素，换入资产与换入企业其他现有资产相结合，能够比换出资产产生更大的作用。换入企业受该换入资产影响的经营活动部分产生的现金流量与换出资产明显不同，即换入资产对换入企业的使用价值与换出资产对该企业的使用价值明显不同，换入资产的预计未来现金流量现值与换出资产产生明显差异，表明该两项资产的交换具有商业实质。例如，某企业以一项专利权换入另一企业拥有的长期股权投资，假定从市场参与者来看，该项专利权与该项长期股权投资的公允价值相同，两项资产未来现金流量的风险、时间和金额亦相同，但是对换入企业来讲，换入该项长期股权投资使该企业对被投资方由重大影响变为控制关系，从而对换入企业产生的预计未来现金流量现值与换出的专利权有较大差异；另一企业换入的专利权能够解决生产中的技术难题，从而对换入企业产生的预计未来现金流量现值与换出的长期股权投资有明显差异，因而该两项资产的交换具有商业实质。

2. 交换涉及的资产类别与商业实质的关系

企业在判断非货币性资产交换是否具有商业实质时，还可以从资产是否属于同一类别进行分析，因为不同类非货币性资产因其产生经济利益的方式不同，一般来说其产生的未来现金流量风险、时间和金额也不相同，因而不同类非货币性资产之间的交换是否具有商业实质，通常较易判断。不同类非货币性资产是指在资产负债表中列示的不同大类的非货币性资产，如固定资产、投资性房地产、生物资产、长期股权投资、无形资产等都是不同类别的资产。同类非货币性资产交换是否具有商业实质，通常较难判断。同类非货币性资产是指在资产负债表中列示的同一大类的非货币性资产，如固定资产之间、长期股权投资之间发生的交换等。

例如，企业以一项用于出租的投资性房地产交换一项固定资产自用，属于不同类非货币性资产交换，在这种情况下，企业就将未来现金流量由每期产生的租金流，转化为该项资产独立产生、或包括该项资产的资产组协同产生的现金流。通常情况下，由定期租金带来的现金流量与用于生产经营用的固定资产产生的现金流量在风险、时间和金额方面有所差异，因此，该两项资产的交换当视为具有商业实质。

又如，企业应当重点关注的是换入资产和换出资产为同类资产的情况，同类资产产生的未来现金流量既可能相同，也可能显著不同，其之间的交换因而可能具有商业实质，也可能不具有商业实质。某企业将自己拥有的一幢建筑物，与另一企业拥有的在同一地点的另一幢建筑物相交换，两幢建筑物的建造时间、建造成本等均相同，但两者未来现金流量的风险、时间和金额可能不同。比如，其中一项资产立即可供出售且企业管理层也打算将其立即出售，另一项难以出售或只能在一段较长的时间内出售，从而至少表明两项资产未来现金流量流入的时间明显不同，在这种情况下，该两项资产的交换视为具有商业实质。

同时，在确定非货币性资产交换是否具有商业实质时，企业应当关注交易各方之间是否存在关联方关系。关联方关系的存在可能导致发生的非货币性资产交换不具有商业实质。

三、非货币性资产交换的会计处理

（一）以公允价值计量的会计处理

1. 基本要求

以公允价值为基础计量的非货币性资产交换，对于换入资产，应当以换出资产的公允价值和应支付的相关税费作为换入资产的成本进行初始计量；对于换出资产，应当在终止确认时，将换出资产的公允价值与其账面价值之间的差额计入当期损益。

换入资产成本＝换出资产公允价值＋支付的应计入换入资产成本的相关税费

换出资产处置损益＝换出资产的公允价值－换出资产的账面价值

有确凿证据表明换入资产的公允价值更加可靠的，对于换入资产，应当以换入资产的公允价值和应支付的相关税费作为换入资产的初始计量金额；对于换出资产，应当在终止确认时，将换入资产的公允价值与换出资产账面价值之间的差额计入当期损益。

换入资产成本＝换入资产的公允价值＋支付的应计入换入资产成本的相关税费

换出资产处置损益＝换入资产的公允价值－换出资产的账面价值

2. 涉及补价情况的会计处理

（1）支付补价。支付补价的，以换出资产的公允价值，加上支付补价的公允价值和应支付的相关税费，作为换入资产的成本，换出资产的公允价值与其账面价值之间的差额计入当期损益。

换入资产成本＝换出资产公允价值＋换出资产增值税销项税额－换入资产可抵扣的增值税进项税额＋支付的应计入换入资产成本的相关税费＋支付的补价

（2）收到补价。收到补价的，以换出资产的公允价值，减去收到补价的公允价值，加上应支付的相关税费，作为换入资产的成本，换出资产的公允价值与其账面价值之间的差额计入当期损益。

换入资产成本＝换出资产公允价值＋换出资产增值税销项税额－换入资产可抵扣的增值税进项税额＋支付的应计入换入资产成本的相关税费－收到的补价

3. 换出资产公允价值与其账面价值的差额的会计处理

换出资产公允价值与其账面价值的差额，应当分别不同情况处理：

（1）换出资产为固定资产、无形资产的，换出资产公允价值与其账面价值的差额，计入资产处置损益。

（2）换出资产为长期股权投资、以公允价值计量且其变动计入其他综合收益的金融资产（债权投资）的，换出资产公允价值与其账面价值的差额，计入投资收益，并将长期股权投资和以公允价值计量且其变动计入其他综合收益的金融资产持有期间形成的“其他综合收益”转入投资收益。

4. 相关税费的会计处理

（1）与换出资产有关的相关税费与出售资产相关税费的会计处理相同，如换出固定资产支付的清理费用影响资产处置损益，换出应税消费品应交的消费税计入税金及附加等；

（2）与换入资产有关的相关税费与购入资产相关税费的会计处理相同，如换入资产的运杂费和保险费计入换入资产的成本等。

例 8-02 2×21 年 9 月，A 公司以生产经营过程中使用的一台设备交换 B 打印机公司生产的一批打印机，换入的打印机作为固定资产管理。A、B 公司均为增值税一般纳税人，适用的增值税税率为 17%。设备的账面原价为 150 万元，在交换日的累计折旧为 45 万元，公允价值为 90 万元。打印机的账面价值为 110 万元，在交换日的市场价格为 90 万元，计税价格等于市场价格。B 公司换入 A 公司的设备是生产打印机过程中需要使用的设备。

假设 A 公司此前没有为该项设备计提资产减值准备，整个交易过程中，除支付运杂费 15 000 元外，没有发生其他相关税费。假设 B 公司此前也没有为库存打印机计提存货跌价准备，其在整个交易过程中没有发生除增值税以外的其他税费。

分析：整个资产交换过程没有涉及收付货币性资产，因此该项交换属于非货币性资产交换。本例是以存货换入固定资产，对 A 公司来讲，换入的打印机是经营过程中必需的资产，对 B 公司来讲，换入的设备是生产打印机过程中必须使用的机器，两项资产交换后对换入企业的特定价值显著不同，两项资产的交换具有商业实质；同时，两项资产的公允价值都能够可靠地计量，符合以公允价值计量的两个条件，因此 A 公司和 B 公司均应当以换出资产的公允价值为基础，确定换入资产的成本，并确认产生的损益。

（1）A 公司的账务处理如下：

A公司换入资产的增值税进项税额＝900 000×17%＝153 000（元）

换出设备的增值税销项税额＝900 000×17%＝153 000（元）

借：固定资产清理	1 050 000	
累计折旧	450 000	
贷：固定资产——设备		1 500 000
借：固定资产清理	15 000	
贷：银行存款		15 000
借：固定资产——打印机	900 000	
应交税费——应交增值税（进项税额）	153 000	
资产处置损益	165 000	
贷：固定资产清理		1 065 000
应交税费——应交增值税（销项税额）		153 000

（2）B 公司的账务处理如下：

根据增值税的有关规定，企业以库存商品换入其他资产，视同销售行为发生，应计算增值税销项税额，缴纳增值税。

换出打印机的增值税销项税额为＝900 000×17%＝153 000（元）

换入设备的增值税进项税额＝900 000×17%＝153 000（元）

借：固定资产——设备　900 000
　应交税费——应交增值税（进项税额）　153 000
　贷：主营业务收入　900 000
　　应交税费——应交增值税（销项税额）　153 000
借：主营业务成本　1 100 000
　贷：库存商品——打印机　1 100 000

例 8-03 A 公司与 B 公司经协商，A 公司以其持有的一项专利权与 B 公司拥有的一台机器设备交换。交换后两公司对于换入资产仍供经营使用。在交换日，A 公司的专利权的账面原价为 900 万元，已计提累计摊销 150 万元，未计提减值准备，在交换日的公允价值为 800 万元，B 公司拥有的机器设备的账面价值原价为 1 000 万元，已计提折旧 300 万元，未计提减值准备，在交换日的公允价值为 755 万元，A 公司另支付了 35.35 万元给 B 公司（增值税差 80.35，公允价值差－45）。假定两公司均为增值税一般纳税人，销售固定资产和无形资产适用的增值税税率分别为 17% 和 6% 上述交易过程中涉及的增值税进项税额按照税法规定可抵扣且已得到认证；不考虑其他相关税费。

分析：A公司换出专利公允价值与增值税合计＝800＋800×6%＝848（万元），B公司换出设备公允价值与增值税合计＝755＋755×17%＝ 883.35 （万元），A公司支付补价＝883.35－848＝35.35（万元）。

该项资产交换涉及收付货币性资产，即公允价值相关补价 45 万元。

补价 45 万元 ÷ 最大资产公允价值 800 万元＝ 5.6% ＜ 25%，属于非货币性资产交换。

本题属于以无形资产换入机器设备。专利权这项无形资产和机器设备这项固定资产的未来现金流量在时间、风险、金额、方面有显著的区别，因而可判断两项资产的交换具有商业实质。同时，专利权和机器设备的公允价值均能够可靠计量，因此，A、B 公司均应当以公允价值为基础确定换入资产的成本，并确认产生的损益。

（1）A 公司的账务处理如下：

借：固定资产　7 550 000
　应交税费——应交增值税（进项税额）　1 283 500
　累计摊销　1 500 000
　贷：无形资产　9 000 000
　　应交税费——应交增值税（销项税额）　480 000
　　银行存款　353 500
　　资产处置损益　500 000

（2）B 公司的账务处理如下：

借：固定资产清理　7 000 000
　累计折旧　3 000 000
　贷：固定资产　10 000 000
借：无形资产　8 000 000
　应交税费——应交增值税（进项税额）　480 000
　银行存款　353 500
　贷：固定资产清理　7 000 000
　　应交税费——应交增值税（销项税额）　1 283 500
　　资产处置损益　550 000

（二）以账面价值计量的会计处理

1. 基本要求

非货币性资产交换准则规定，非货币性资产交换不具有商业实质，或者虽然具有商业实质但换入资产和换出资产的公允价值均不能可靠计量的，应当以账面价值为基础计量。对于换入资产，企业应当以换出资产的账面价值和应支付的相关税费作为换入资产的初始计量金额；对于换出资产，终止确认时不确认损益。

换入资产成本＝换出资产账面价值＋换出资产增值税销项税额－换入资产可抵扣的增值税进项税额＋支付的相关税费

一般来讲，如果换入资产和换出资产的公允价值都不能可靠计量时，该项非货币性资产交换通常不具有商业实质，因为在这种情况下，很难比较两项资产产生的未来现金流量在时间、风险和金额方面的差异，很难判断两项资产交换后对企业经济状况改变所起的不同效用，因而此类资产交换通常不具有商业实质。

2. 涉及补价情况的会计处理

（1）支付补价。支付补价的，以换出资产的账面价值，加上支付补价的账面价值和应支付的相关税费，作为换入资产的初始计量金额，不确认损益。

换入资产成本＝换出资产账面价值＋换出资产增值税销项税额－换入资产可抵扣的增值税进项税额＋支付的相关税费＋支付的补价

（2）收到补价。收到补价的，以换出资产的账面价值，减去收到补价的公允价值，加上应支付的相关税费，作为换入资产的初始计量金额，不确认损益。

换入资产成本＝换出资产账面价值＋换出资产增值税销项税额－换入资产可抵扣的增值税进项税额＋支付的相关税费－收到的补价

3. 相关税费的处理

根据准则规定，相关税费计入换入资产成本，与公允价值计量模式会计处理相同。

例 8-04 A 公司拥有一台专有设备，该设备账面原价 450 万元，已计提折旧 330 万元。B 公司拥有一项长期股权投资，账面价值 90 万元，两项资产均未计提减值准备。A 公司决定以其专有设备交换 B 公司的长期股权投资，该专有设备是生产某种产品必需的设备。由于专有设备系当时专门制造、性质特殊，其公允价值不能可靠计量；B 公司拥有的长期股权投资在活跃市场中没有报价，其公允价值也不能可靠计量。经双方商定，B 支付了 20 万元补价。假定交易中没有涉及相关税费。

分析：该项资产交换涉及收付货币性资产，即补价 20 万元。对 A 公司而言，收到的补价 20 万元 ÷ 换出资产账面价值 120 万＝16.7%＜25%，因此，该项交换属于非货币性资产交换，B 公司的情况也类似。由于两项资产的公允价值不能可靠计量，因此，对于该项资产交换，换入资产的成本应当按照换出资产的账面价值确定。

（1）A 公司的账务处理如下：

借：固定资产清理	1 200 000	
累计折旧	3 300 000	
贷：固定资产——专有设备		4 500 000
借：长期股权投资	1 000 000	
银行存款	200 000	
贷：固定资产清理		1 200 000

（2）B 公司的账务处理如下：

借：固定资产——专有设备　　1 100 000

　　贷：长期股权投资　　900 000

　　　　银行存款　　200 000

（三）涉及多项非货币性资产交换的处理

企业以一项非货币性资产同时换入另一企业的多项非货币性资产，或同时以多项非货币性资产换入另一企业的一项非货币性资产，或以多项非货币性资产同时换入多项非货币性资产，也可能涉及补价。在涉及多项非货币性资产的交换中，企业无法将换出的某一资产与换入的某一特定资产相对应。与单项非货币性资产之间的交换一样，涉及多项非货币性资产交换的计量，企业也应当首先判断是否符合非货币性资产交换准则以公允价值计量的两个条件，再分别情况确定各项换入资产的成本。

涉及多项非货币性资产的交换一般可以分为以下几种情况：

（1）资产交换具有商业实质、且各项换出资产和各项换入资产的公允价值均能够可靠计量。

①对于同时换入的多项资产，按照换入的金融资产以外的各项换入资产公允价值相对比例，将换出资产公允价值总额（涉及补价的，加上支付补价的公允价值或减去收到补价的公允价值）扣除换入金融资产公允价值后的净额进行分摊，以分摊至各项换入资产的金额，加上应支付的相关税费，作为各项换入资产的成本进行初始计量。

某项换入资产初始计量成本＝（换出资产的公允价值－换入金融资产公允价值）÷ 换入的金融资产以外的各项资产公允价值总额 × 某项换入资产的公允价值＋应支付的相关税费

有确凿证据表明换入资产的公允价值更加可靠的，以各项换入资产的公允价值和应支付的相关税费作为各项换入资产的初始计量金额。

②对于同时换出的多项资产，将各项换出资产的公允价值与其账面价值之间的差额，在各项换出资产终止确认时计入当期损益。

有确凿证据表明换入资产的公允价值更加可靠的，按照各项换出资产的公允价值的相对比例，将换入资产的公允价值总额（涉及补价的，减去支付补价的公允价值或加上收到补价的公允价值）分摊至各项换出资产。分摊至各项换出资产的金额与各项换出资产账面价值之间的差额，在各项换出资产终止确认时计入当期损益。

例 8–05 A 公司和 B 公司均为增值税一般纳税人，适用的增值税税率为 17%。2×21 年 8 月，为适应业务发展的需要，经协商，A 公司决定以生产经营过程中使用的机器设备和专用货车换入 B 公司生产经营过程中使用的小汽车和客运汽车。A 公司设备的账面原价为 1 800 万元，在交换日的累计折旧为 300 万元，公允价值为 1 350 万元；货车的账面原价为 600 万元，在交换日的累计折旧为 480 万元，公允价值为 100 万元。B 公司小汽车的账面原价为 1 300 万元，在交换日的累计折旧为 690 万元，公允价值为 709.5 万元；客运汽车的账面原价为 1 300 万元，在交换日的累计折旧为 680 万元，公允价值为 700 万元。B 公司另外向 A 公司支付银行存款 47.385 万元，其中包括由于换出和换入资产公允价值不同而支付的补价 40.5 万元，以及换出资产销项税额与换入资产进项税额的差额 6.885 万元。

假定 A 公司和 B 公司都没有为换出资产计提减值准备；A 公司换入 B 公司的小汽车、客运汽车均作为固定资产使用和管理；B 公司换入 A 公司的设备、货车作为固定资产使用和管理。假定 A 公司和 B 公司上述交易涉及的增值税进项税额按照税法规定可抵扣且已得到认证；不考虑其他相关税费。

分析：本例涉及收付货币性资产，应当计算 A 公司收到的货币性资产占 A 公司换出资产公允价值总额的比例（等于 B 公司支付的货币性资产占 B 公司换入资产公允价值的比例），即：40.5 万元 ÷（1 350 ＋ 100）万元＝ 2.79% ＜ 25%。

可以认定这一涉及多项资产的交换行为属于非货币性资产交换。对于 A 公司而言，为了拓展运输业务，需要小汽车、客运汽车等，B公司为了扩大产品生产，需要设备和货车，换入资产对换入企业均能发挥更大的作用。因此，该项涉及多项资产的非货币性资产交换具有商业实质；同时，各单项换入资产和换出资产的公允价值均能可靠计量，因此，A、B公司均应当以公允价值为基础确定换入资产的总成本，确认产生的相关损益。同时，按照各单项换入资产的公允价值占换入资产公允价值总额的比例，确定各单项换入资产的成本。

（1）A公司的账务处理如下。

换出设备的增值税销项税额=1 350×17%=229.5（万元）

换出货车的增值税销项税额=100×17%=17（万元）

换入小汽车、客运汽车的增值税进项税额=（709.5+700）×17%=239.615（万元）

①计算换入资产、换出资产公允价值总额：

换出资产公允价值总额=1 350+100=1 450（万元）

换入资产公允价值总额=709.5+700=1 409.5（万元）

②计算换入资产总成本：

换入资产总成本=换出资产公允价值-补价+应支付的相关税费

=1 450-40.5+0=1 409.5（万元）

换入资产总成本=换出资产公允价值+换出资产增值税销项税额-换入资产可抵扣的增值税进项税额+支付的应计入换入资产成本的相关税费-收到的补价

=1 450+（229.5+17）-239.615-47.385=1 409.5（万元）

③计算确定换入各项资产的公允价值占换入资产公允价值总额的比例：

小汽车公允价值占换入资产公允价值总额的比例=709.5÷1 409.5=50.34%

客运汽车公允价值占换入资产公允价值总额的比例=700÷1 409.5=49.66%

④计算确定换入各项资产的成本：

小汽车的成本=1 409.5×50.34%=709.5（万元）

客运汽车的成本=1 409.5×49.66%=700（万元）

⑤会计分录：

借：固定资产清理	16 200 000	
累计折旧	7 800 000	
贷：固定资产——设备		18 000 000
——货车		6 000 000
借：固定资产——小汽车	7 095 000	
——客运汽车	7 000 000	
应交税费——应交增值税（进项税额）	2 396 150	
银行存款	473 850	
资产处置损益（16 200 000-14 500 000）	1 700 000	
贷：固定资产清理		16 200 000
应交税费——应交增值税（销项税额）		2 465 000

（2）B公司的账务处理如下。

换入货车的增值税进项税额=100×17%=17（万元）

换入设备的增值税进项税额=1 350×17%=229.5（万元）

换出小汽车、客运汽车的增值税销项税额=（709.5+700）×17%=239.615（万元）

①计算换入资产、换出资产公允价值总额：

换入资产公允价值总额＝1 350＋100＝1 450（万元）

换出资产公允价值总额＝709.5＋700＝1 409.5（万元）

②计算换入资产总成本：

换入资产总成本＝换出资产公允价值＋支付的补价＝1 409.5＋40.5＝1 450（万元）

换入资产总成本＝换出资产公允价值＋换出资产增值税销项税额－换入资产可抵扣的增值税进项税额＋支付的应计入换入资产成本的相关税费＋支付的补价

＝1 409.5＋239.615－（229.5＋17）＋47.385＝1 450（万元）

③计算确定换入各项资产的公允价值占换入资产公允价值总额的比例：

设备公允价值占换入资产公允价值总额的比例＝1 350÷1 450＝93.10%

货车公允价值占换入资产公允价值总额的比例＝100÷1 450＝6.90%

④计算确定换入各项资产的成本：

设备的成本＝1 450×93.10%＝1 350（万元）

货车的成本＝1 450×6.90%＝100（万元）

⑤会计分录：

借：固定资产清理	12 300 000	
累计折旧	13 700 000	
贷：固定资产——小汽车		13 000 000
——客运汽车		13 000 000
借：固定资产——设备	13 500 000	
——货车	1 000 500	
应交税费——应交增值税（进项税额）	2 465 000	
贷：固定资产清理		12 300 000
应交税费——应交增值税（销项税额）		2 396 150
银行存款		473 850
资产处置损益（14 095 000－12 300 000）		1 795 000

（2）非货币性资产交换不具有商业实质，或者虽具有商业实质但换入资产的公允价值不能可靠计量。

①对于同时换入的多项资产，按照各项换入资产的公允价值的相对比例，将换出资产的账面价值总额（涉及补价的，加上支付补价的账面价值或减去收到补价的公允价值）分摊至各项换入资产，加上应支付的相关税费，作为各项换入资产的初始计量金额。

某项换入资产成本＝换出资产的账面价值总额 ÷ 各项换入资产公允价值总额 × 某项换入资产的公允价值＋应支付的相关税费

换入资产的公允价值不能够可靠计量的，可以按照各项换入资产的原账面价值的相对比例或其他合理的比例对换出资产的账面价值进行分摊。

②对于同时换出的多项资产，各项换出资产终止确认时均不确认损益。

例 8-06 2×21 年 5 月，A 公司因经营战略发生较大转变，产品结构发生较大调整，原生产其产品的专有设备、生产该产品的专利技术等已不符合生产新产品的需要，经与 B 公司协商，将其专用设备连同专利技术与 B 公司正在建造过程中的一幢建筑物、对 A 公司的长期股权投资进行交换。A 公司换出专有设备的账面原价为 1 200 万元，已计提折旧 750 万元；专利技术账面原价为 450 万元，已摊销金额为 270 万元。B 公司在建工程截止到交换日的成本为 525 万元，对 A 公司的长期股权投资账面余额为 150 万元。由于 A 公司持有的专有设备和专利技术市场上已不多见。因此，公允价值不能可靠计量。B 公司的在建工程因完工程度难以合理确定，其公允价值不能可靠计量，由于 A 公司不是上市公司，B 公司对 A 公司长期股权投资的公允价值也不能可靠计量。假定 A、B 公司均未对上述资产计提减值准备，假定不考虑相关税费等因素。

分析：本例不涉及收付货币性资产，属于非货币性资产交换。由于换入资产、换出资产的公允价值均不能可靠计量，A、B 公司均应当以换出资产账面价值总额作为换入资产的成本，各项换入资产的成本，应当按各项换入资产的账面价值占换入资产账面价值总额的比例分配后确定。

（1）A 公司的账务处理如下。

①计算换入资产、换出资产账面价值总额：

换入资产账面价值总额＝525＋150＝675（万元）

换出资产账面价值总额＝（1 200－750）＋（450－270）＝630（万元）

②确定换入资产总成本：

换入资产总成本＝630（万元）

③计算各项换入资产账面价值占换入资产账面价值总额的比例：

在建工程占换入资产账面价值总额的比例＝525÷675＝77.8%

长期股权投资占换入资产账面价值总额的比例＝150÷675＝22.2%

④确定各项换入资产成本：

在建工程成本＝630×77.8%＝490.14（万元）

长期股权投资成本＝630×22.2%＝139.86（万元）

⑤会计分录：

借：固定资产清理	4 500 000	
累计折旧	7 500 000	
贷：固定资产——专有设备		12 000 000
借：在建工程	4 901 400	
长期股权投资	1 398 600	
累计摊销	2 700 000	
贷：固定资产清理		4 500 000
无形资产——专利技术		4 500 000

（2）B 公司的账务处理如下。

①计算换入资产、换出资产账面价值总额：

换入资产账面价值总额＝（1 200－750）＋（450－270）＝630（万元）

换出资产账面价值总额＝525＋150＝675（万元）

②确定换入资产总成本：

换入资产总成本＝675（万元）

④计算各项换入资产账面价值占换入资产账面价值总额的比例：

专有设备占换入资产账面价值总额的比例＝450÷630＝71.4%

专利技术占换入资产账面价值总额的比例＝180÷630＝28.6%

④确定各项换入资产成本：

专有设备成本＝675×71.4%＝481.95（万元）

专利技术成本＝675×28.6%＝193.05（万元）

⑤会计分录：

借：固定资产——专有设备	4 819 500
无形资产——专利技术	1 930 500
贷：在建工程	5 250 000
长期股权投资	1 500 000

四、披露

非货币性资产交换准则规定，企业应当在附注中披露与非货币性资产交换有关的下列信息：

（1）非货币性资产交换是否具有商业实质及其原因。

（2）换入资产、换出资产的类别。

（3）换入资产初始计量金额的确定方式。

（4）换入资产、换出资产的公允价值以及换出资产的账面价值。

（5）非货币性资产交换确认的损益。

五、新旧衔接

首次执行企业会计准则，遵照《企业会计准则第 38 号——首次执行企业会计准则》的相关规定，详见本书第三十八章。

非首次执行企业会计准则，企业对 2019 年 1 月 1 日至本准则施行日之间发生的非货币性资产交换，应根据本准则进行调整。企业对 2019 年 1 月 1 日之前发生的非货币性资产交换，不需要按照本准则的规定进行追溯调整。

第九章
资 产 减 值

一、资产减值概述

（一）资产减值的范围

资产是指企业过去的交易或者事项形成的、由企业拥有或者控制的、预期会给企业带来经济利益的资源。根据《企业会计准则第 8 号——资产减值》（以下简称资产减值准则）规定，资产减值是指资产的可收回金额低于其账面价值，其中的“资产”除了特别规定外，包括单项资产和资产组。资产组是指企业可以认定的最小资产组合，其产生的现金流入应当基本上独立于其他资产或者资产组产生的现金流入。企业所有的资产在发生减值时，原则上都应当及时加以确认和计量。但是由于有关资产特性不同、其减值会计处理也有所差别，因而所适用的具体准则不尽相同。

本准则涉及的资产减值对象主要包括以下资产：

（1）长期股权投资。

（2）采用成本模式进行后续计量的投资性房地产。

（3）固定资产。

（4）生产性生物资产。

（5）无形资产。

（6）商誉。

（7）探明石油天然气矿区权益和井及相关设施等。

企业在资产负债表日应当判断资产是否存在可能发生减值的迹象，主要可从外部信息来源和内部信息来源两方面加以判断。

从企业外部信息来源来看，如果出现了资产的市价在当期大幅度下跌，其跌幅明显高于因时间的推移或者正常使用而预计的下跌；企业经营所处的经济、技术或者法律等环境以及资产所处的市场在当期或者将在近期发生重大变化，从而对企业产生不利影响；市场利率或者其他市场投资报酬率在当期已经提高，从而影响企业计算资产预计未来现金流量现值的折现率，导致资产可收回金额大幅度降低；企业所有者权益的账面价值远高于其市值等，均属于资产可能发生减值的迹象。

从企业内部信息来源来看，如果有证据表明资产已经陈旧过时或者其实体已经损坏；资产已经或者将被闲置、终止使用或者计划提前处置；企业内部报告的证据表明资产的经济绩效已经低于或者将低于预期，如资产所创造的净现金流量或者实现的营业利润远远低于原来的预算或者预计金额、资产发生的营业损失远远高于原来的预算或者预计金额、资产在建造或者收购时所需的现金支出远远高于最初的预算、资产在经营或者维护中所需的现金支出远远高于最初的预算等，均属于资产可能发生减值的迹象。

资产减值准则规定，企业应当在资产负债表日判断资产是否存在可能发生减值的迹象。因企业合并所形成的商誉和使用寿命不确定的无形资产，无论是否存在减值迹象，每年都应当进行减值测试。

下列迹象出现时，表明资产可能发生了减值。

（1）资产的市价当期大幅度下跌，其跌幅明显高于因时间的推移或者正常使用而预计的下跌。

（2）企业经营所处的经济、技术或者法律等环境以及资产所处的市场在当期或者将在近期发生重大变化，从而对企业产生不利影响。

（3）市场利率或者其他市场投资报酬率在当期已经提高，从而影响企业计算资产预计未来现金流量现值的折现率，导致资产可收回金额大幅度降低。

（4）有证据表明资产已经陈旧过时或者其实体已经损坏。

（5）资产已经或者将被闲置、终止使用或者计划提前处置。

（6）企业内部报告的证据表明资产的经济绩效已经低于或者将低于预期，如资产所创造的净现金流量或者实现的营业利润（或者亏损）远远低于（或者高于）预计金额等。

（7）其他表明资产可能已经发生减值的迹象。

（二）资产减值的迹象与测试

1. 资产减值迹象的判断

资产减值迹象的判断的基本原则：公允价值下降或者未来现金流量现值下降。

2. 资产减值的测试

企业在判断资产减值迹象以决定是否需要估计资产可收回金额时，应当遵循重要性原则。根据这一原则企业资产存在下列情况的，可以不估计其可收回金额。

（1）以前报告期间的计算结果表明，资产可收回金额显著高于其账面价值，之后又没有发生消除这一差异的交易或者事项的，资产负债表日可以不重新估计该资产的可收回金额。

（2）以前报告期间的计算与分析表明，资产可收回金额相对于某种减值迹象反应不敏感，在本报告期间又发生了该减值迹象的，可以不因该减值迹象的出现而重新估计该资产的可收回金额。例如，当期市场利率或其他市场投资报酬率上升，对计算资产未来现金流量现值采用的折现率影响不大的，可以不重新估计资产的可收回金额。

因企业合并形成的商誉和使用寿命不确定的无形资产，无论是否存在减值迹象，都应当至少于每年年度终了进行减值测试。另外，对于尚未达到可使用状态的无形资产，由于其价值通常具有较大的不确定性，也应当至少每年进行减值测试。

二、资产可收回金额的计量

（一）估计资产可收回金额的基本方法

根据资产减值准则，资产存在减值迹象的，应当估计其可收回金额。可收回金额应当根据资产的公允价值减去处置费用后的净额与资产预计未来现金流量的现值两者之间较高者确定。处置费用包括与资产处置有关的法律费用、相关税费、搬运费以及为使资产达到可销售状态所发生的直接费用等。

资产的公允价值减去处置费用后的净额与资产预计未来现金流量的现值，只要有一项超过了资产的账面价值，就表明资产没有发生减值，不需再估计另一项金额。

（二）资产的公允价值减去处置费用后的净额的估计

资产的公允价值减去处置费用后的净额，应当根据公平交易中销售协议价格减去可直接归属于该资产处置费用的金额确定。可根据下列情况确定资产的公允价值。

（1）不存在销售协议但存在资产活跃市场的，应当按照该资产的市场价格减去处置费用后的金额确定。资产的市场价格通常应当根据资产的买方出价确定。

（2）在不存在销售协议和资产活跃市场的情况下，应当以可获取的最佳信息为基础，估计资产的公允价值减去处置费用后的净额，该净额可以参考同行业类似资产的最近交易价格或者结果进行估计。企业按照上述规定仍然无法可靠估计资产的公允价值减去处置费用后的净额的，应当以该资产预计未来现金流量的现值作为其可收回金额。处置费用是指可以直接归属于资产处置的增量成本，包括与资产处置有关的法律费用、相关税费、搬运费以及为使资产达到可销售状态所发生的直接费用等，但是，财务费用和所得税费用等不包括在内。

资产的公允价值减去处置费用后的净额，通常反映的是资产如果被出售或者处置时可以收回的净现金收入。

如果企业无法可靠估计资产的公允价值减去处置费用后的净额的，应当以该资产预计未来现金流量的现值作为其可收回金额。

（三）资产预计未来现金流量现值的估计

1. 资产未来现金流量的预计

资产预计未来现金流量的现值，应当按照资产在持续使用过程中和最终处置时所产生的预计未来现金流量，选择恰当的折现率对其进行折现后的金额加以确定。预计资产未来现金流量的现值，应当综合考虑资产的预计未来现金流量、使用寿命和折现率等因素。

（1）预计资产未来现金流量的基础。为了预计资产未来现金流量，企业管理层应当在合理和有依据的基础上对资产剩余使用寿命内整个经济状况进行最佳估计，并将资产未来现金流量的预计，建立在经企业管理层批准的最近财务预算或者预测数据之上。

（2）预计资产未来现金流量应当包括的内容。根据资产减值准则，预计的资产未来现金流量应当包括下列各项。

①资产持续使用过程中预计产生的现金流入。

②为实现资产持续使用过程中产生的现金流入所必需的预计现金流出（包括为使资产达到预定可使用状态所发生的现金流出）。该现金流出应当是可直接归属于或者可通过合理和一致的基础分配到资产中的现金流出。

对于在建工程、开发过程中的无形资产等，企业在预计其未来现金流量时，应当包括预期为使该类资产达到预定可使用（或者可销售）状态而发生的全部现金流出数。

③资产使用寿命结束时，处置资产所收到或者支付的净现金流量。该现金流量应当是在公平交易中，熟悉情况的交易双方自愿进行交易时，企业预期可从资产的处置中获取或者支付的、减去预计处置费用后的金额。

每期净现金流量＝该期现金流入－该期现金流出

例 9-01 A 公司管理层 2×21 年年末批准的财务预算中与产品 W 生产线预计未来现金流量有关的资料如表 9-01 所示（有关现金流量均发生于年末，各年末不存在与产品 W 相关的存货，收入、支出均不含增值税）。

表 9-01 产品 W 生产线预计未来现金流量

单位：万元

项目	2×22 年	2×23 年	2×24 年
产品 W 销售收入	1 000	900	800
上年销售产品 W 产生应收账款本年收回	0	50	80

（续表）

项目	2×22 年	2×23 年	2×24 年
本年销售产品 W 产生应收账款将于下年收回	50	80	0
购买生产产品 W 的材料支付现金	500	450	400
以现金支付职工薪酬	200	190	150
其他现金支出	120	110	90
处置生产线净现金流入			50

根据上述资料，计算 A 公司各年度的净现金流量。

A 公司各年度净现金流量计算如下：

2×22年净现金流量=（1 000－50）－500－200－120=130（万元）

2×23年净现金流量=（900＋50－80）－450－190－110=120（万元）

2×24年净现金流量=（800＋80）－400－150－90＋50=290（万元）

（3）预计资产未来现金流量应当考虑的因素。企业预计资产未来现金流量，应当综合考虑下列因素：

①以资产的当前状况为基础预计资产未来现金流量。

预计资产的未来现金流量不应当包括与将来可能会发生的、尚未作出承诺的重组事项或与资产改良有关的预计未来现金流量。

②预计资产未来现金流量不应当包括筹资活动和所得税收付产生的现金流量。

③对通货膨胀因素的考虑应当和折现率相一致。

④涉及内部转移价格的需要作调整。

（4）预计资产未来现金流量的方法。

①传统法。预计资产未来现金流量，通常可以根据资产未来每期最有可能产生的现金流量进行预测。它使用的是单一的未来每期预计现金流量和单一的折现率计算资产未来现金流量的现值。

②期望现金流量法。资产未来每期现金流量应当根据每期可能发生情况的概率及其相应的现金流量加权计算确定。

例 9-02 假定利用固定资产生产的产品受市场行情波动影响大，企业预计未来 3 年每年的现金流量情况如表 9-02 所示。

要求：计算每 1 年的预计现金流量。

表 9-02 各年现金流量概率分布及发生情况

单位：万元

年份	产品行情好（30% 的可能性）	产品行情一般（60% 的可能性）	产品行情差（10% 的可能性）
第 1 年	150	100	50
第 2 年	80	50	20
第 3 年	20	10	0

第 1 年的预计现金流量（期望现金流量）：150×30% + 100×60% + 50×10% = 110（万元）

第 2 年的预计现金流量（期望现金流量）：80×30% + 50×60% + 20×10% = 56（万元）

第 3 年的预计现金流量（期望现金流量）：20×30% + 10×60% + 0×10% = 12（万元）

应当注意的是，如果资产未来现金流量的发生时间是不确定的，企业应当根据资产在每一种可能情况下的现值及其发生概率直接加权计算资产未来现金流量的现值。

资产减值准则规定对预计资产未来现金流量的方法进行了讲解。

预计资产未来现金流量，通常应当根据资产未来每期最有可能产生的现金流量进行预测。采用期望现金流量法更为合理的，应当采用期望现金流量法预计资产未来现金流量。采用期望现金流量法时，资产未来现金流量应当根据每期现金流量期望值进行预计。每期现金流量期望值，按照各种可能情况下的现金流量乘以相应的发生概率加总计算。

例 9-03　企业某固定资产剩余使用年限为 3 年，企业预计未来 3 年里在正常的情况下，该资产每年可为企业产生的净现金流量分别为 100 万元、50 万元、10 万元。该现金流量通常即为最有可能产生的现金流量，企业应以该现金流量的预计数为基础计算资产的现值。

但在实务中，有时影响资产未来现金流量的因素较多，情况较为复杂，带有很大的不确定性。为此，使用单一的现金流量可能并不会如实反映资产创造现金流量的实际情况，这样，企业应当采用期望现金流量法预计资产未来现金流量。

例 9-04　沿用例 9-03，假定利用固定资产生产的产品受市场行情波动影响大，企业预计未来 3 年每年的现金流量情况如表 9-03 所示。

表 9-03　各年现金流量概率分布及发生情况

单位：万元

年份	产品行情好（30% 的可能性）	产品行情一般（60% 的可能性）	产品行情差（10% 的可能性）
第 1 年	150	100	50
第 2 年	80	50	20
第 3 年	20	10	0

在这种情况下，采用期望现金流量法比传统法就更为合理。在期望现金流量法下，资产未来现金流量应当根据每期现金流量期望值进行预计，每期现金流量期望值按照各种可能情况下的现金流量与其发生概率加权计算。按照表 9-01 提供的情况，企业应当计算资产每年的预计未来现金流量如下：

第1年的预计现金流量（期望现金流量）=150×30%+100×60%+50×10%=110（万元）

第2年的预计现金流量（期望现金流量）=80×30%+50×60%+20×10%=56（万元）

第3年的预计现金流量（期望现金流量）=20×30%+10×60%+0×10%=12（万元）

应当注意的是，如果资产未来现金流量的发生时间是不确定的，那么企业就应当根据资产在每一种可能情况下的现值及其发生概率直接加权计算资产未来现金流量的现值。

2. 折现率的预计

折现率是反映当前市场货币时间价值和资产特定风险的税前利率。折现率是企业在购置或者投资资产时所要求的必要报酬率。

在预计资产的未来现金流量时，已经对资产特定风险的影响作了调整的，估计折现率不需要考虑这些特定风险。如果用于估计折现率的基础是税后的，应当将其调整为税前的折现率。

资产减值准则对估计资产可收回金额折现率的确定方法进行了讲解。

折现率的确定通常应当以该资产的市场利率为依据。该资产的利率无法从市场获得的，可以使用替代利率估计折现率。替代利率可以根据加权平均资金成本、增量借款利率或者其他相关市场借款利率作适当调整后确定。调整时，应当考虑与资产预计现金流量有关的特定风险以及其他有关政治风险、货币风险和价格风险等。

估计资产未来现金流量现值，通常应当使用单一的折现率。资产未来现金流量的现值对未来不同期间的风险差异或者利率的期间结构反应敏感的，应当在未来各不同期间采用不同的折现率。

根据资产减值准则，预计资产的未来现金流量涉及外币的，应当以该资产所产生的未来现金流量的结算货币为基础，按照该货币适用的折现率计算资产的现值；然后将该外币现值按照计算资产未来现金流量现值当日的即期汇率进行折算。

资产未来现金流量的现值，应当根据该资产预计的未来现金流量和折现率在资产剩余使用寿命内予以折现后的金额确定。计算公式如下：

资产预计未来现金流量的现值＝∑［第 t 年预计资产未来现金流量 ÷（1＋折现率）^{t}］

例 9-05 某运输公司 2×20 年末对一艘远洋运输船只进行减值测试。该船舶原值为 30 000 万元，累计折旧 14 000 万元，2×20 年末账面价值为 16 000 万元，预计尚可使用 8 年。假定该船舶的公允价值减去处置费用后的净额难以确定，同时该公司通过计算其未来现金流量的现值确定可收回金额。

公司在考虑与该船舶资产有关的货币时间价值和特定风险因素后，确定 10% 为该资产的最低必要报酬率，并将其作为计算未来现金流量现值时使用的折现率。

公司根据有关部门提供的该船舶历史营运记录、船舶性能状况和未来每年运量发展趋势，预计未来每年营运收入和相关人工费用、燃料费用、安全费用、港口码头费用以及日常维护费用等支出，在此基础上估计该船舶在 2×20 年至 2×28 年每年预计未来现金流量分别为：2 500 万元、2 460 万元、2 380 万元、2 360 万元、2 390 万元、2 470 万元、250 万元和 2 510 万元。

根据上述预计未来现金流量和折现率，公司计算船舶预计未来现金流量的现值为 13 038 万元，计算结果如表 9-04 所示。

表 9-04 船舶预计未来现金流量及折现计算表

年度	预计未来现金流量（万元）	现值系数（折现率为 10%）*	预计未来现金流量的现值（万元）
2×21	2 500	0.909 1	2 273
2×22	2 460	0.826 4	2 033
2×23	2 380	0.751 3	1 788
2×24	2 360	0.683 0	1 612
2×25	2 390	0.620 9	1 484
2×26	2 470	0.564 5	1 394
2×27	2 500	0.513 2	1 283
2×28	2 510	0.466 5	1 171
合计			13 038

注：* 可根据公式计算或者直接查复利现值系数表取得。

由于船舶的账面价值为16 000万元，可收回金额为13 038万元，所以其账面价值高于可收回金额2 962万元（16 000－13 038）。公司2×20年末应将账面价值高于可收回金额的差额确认为当期资产减值损失，并计提相应的减值准备。

3. 资产未来现金流量现值的预计

在预计了资产的未来现金流量和折现率的基础上，企业将该资产的预计未来现金流量按照预计折现率在预计的资产使用期限内予以折现后，即可确定该资产未来现金流量的现值。

例 9-06　A 航运公司于 2×20 年末对一艘远洋运输船只进行减值测试。该船舶账面价值为 1.6 亿元，预计尚可使用年限为 8 年。该船舶的公允价值减去处置费用后的净额难以确定，因此，企业需要通过计算其未来现金流量的现值确定资产的可收回金额。假定公司当初购置该船舶用的资金是银行长期借款资金，借款年利率为 15%，公司认为 15% 是该资产的最低必要报酬率，已考虑了与该资产有关的货币时间价值和特定风险。因此，在计算其未来现金流量现值时，使用 15% 作为其折现率（税前）。公司管理层批准的财务预算显示：公司将于 2×15 年更新船舶的发动机系统，预计为此发生资本性支出 1 500 万元，这一支出将降低船舶运输油耗、提高使用效率等，即提高资产的运营绩效。

为了计算船舶在 2×20 年末未来现金流量的现值，公司首先必须预计其未来现金流量。假定公司管理层批准的 2×20 年末的该船舶预计未来现金流量如表 9-05 所示。

表 9-05　未来现金流量预计表

单位：万元

年份	预计未来现金流量（不包括改良的影响金额）	预计未来现金流量（包括改良的影响金额）
2×21	2 500	
2×22	2 460	
2×23	2 380	
2×24	2 360	
2×25	2 390	
2×26	2 470	3 290
2×27	2 500	3 280
2×28	2 510	3 300

根据资产减值准则的规定，在 2×20 年末预计资产未来现金流量时，应当以资产当时的状况为基础，不应考虑与该资产改良有关的预计未来现金流量。未来现金流量的现值计算金额如表 9-06 所示。

表 9-06　现值的计算金额

单位：万元

年份	预计未来现金流量（不包括改良的影响金额）	以折现率为 15% 的折现系数	预计未来现金流量的现值
2×21	2 500	0.869 6	2 174
2×22	2 460	0.756 1	1 860

（续表）

年份	预计未来现金流量 （不包括改良的影响金额）	以折现率为 15% 的折现系数	预计未来现金流量的现值
2×23	2 380	0.657 5	1 565
2×24	2 360	0.571 8	1 349
2×25	2 390	0.497 2	1 188
2×26	2 470	0.432 3	1 068
2×27	2 500	0.375 9	940
2×28	2 510	0.326 9	821
合计			10 965

由于在2×20年末，船舶的账面价值（尚未确认减值损失）为16 000万元，而其可收回金额为10 965万元，账面价值高于其可收回金额，因此，应当确认减值损失，并计提相应的资产减值准备。应确认的减值损失为：16 000－10 965＝5 035（万元）。

假定在 2×21 年－ 2×24 年间该船舶没有发生进一步减值的迹象，因此，不必再进行减值测试，无须计算其可收回金额。2×25 年发生了 1 500 万元的资本性支出，改良了资产绩效，导致其未来现金流量增加，但我国资产减值准则不允许将以前期间已经确认的资产减值损失予以转回，在这种情况下，也不必计算其可收回金额。

4. 外币未来现金流量及其现值的预计

企业使用的资产所收到的未来现金流量为外币时，应按以下顺序确定资产未来现金流量的现值：

（1）以外币（结算货币）表示的未来现金流量现值＝∑［该资产所产生的未来现金流量（结算货币）× 该结算货币适用的折现率的折现系数］；

（2）以记账本位币表示的资产未来现金流量的现值＝以外币（结算货币）表示的未来现金流量现值 × 计算资产未来现金流量现值当日的即期汇率；

（3）以记账本位币表示的资产未来现金流量的现值与资产公允价值减去处置费用后的净额相比较，较高者为其可收回金额，根据可收回金额与资产账面价值相比较，确定是否需要确认减值损失以及确认多少减值损失。

例 9-07 A 公司为一物流企业，经营国内、国际货物运输业务。由于拥有的货轮出现了减值迹象，A 公司于 2×21 年 12 月 31 日对其进行减值测试。相关资料如下：

（1）A 公司以人民币为记账本位币，国内货物运输采用人民币结算，国际货物运输采用美元结算。

（2）货轮采用年限平均法计提折旧，预计使用 20 年，预计净残值率为 5%。2×21 年 12 月 31 日，货轮的账面原价为人民币 38 000 万元，已计提折旧为人民币 27 075 万元，账面价值为人民币 10 925 万元。货轮已使用 15 年，尚可使用 5 年，A 公司拟继续经营使用货轮直至报废。

（3）A 公司将货轮专门用于国际货物运输。由于国际货物运输业务受宏观经济形势的影响较大，A 公司预计货轮未来 5 年产生的净现金流量（假定使用寿命结束时处置货轮产生的净现金流量为零，有关现金流量均发生在年末）如表 9-07 所示。

表 9-07 A 公司未来 5 年净现金流量估计

单位：万美元

年份	业务好时（20% 的可能性）	业务一般时（60% 的可能性）	业务差时（20% 的可能性）
第 1 年	500	400	200
第 2 年	480	360	150
第 3 年	450	350	120
第 4 年	480	380	150
第 5 年	480	400	180

（4）由于不存在活跃市场，A 公司无法可靠估计货轮的公允价值减去处置费用后的净额。

（5）在考虑了货币时间价值和货轮特定风险后，A 公司确定 10% 为人民币适用的折现率，确定 12% 为美元适用的折现率。相关复利现值系数如下：

（P/F，10%，1）=0.909 1；（P/F，12%，1）=0.892 9

（P/F，10%，2）=0.826 4；（P/F，12%，2）=0.797 2

（P/F，10%，3）=0.751 3；（P/F，12%，3）=0.711 8

（P/F，10%，4）=0.683 0；（P/F，12%，4）=0.635 5

（P/F，10%，5）=0.620 9；（P/F，12%，5）=0.567 4

（6）2×21 年 12 月 31 日的汇率为 1 美元= 6.85 元人民币。A 公司预测以后各年末的美元汇率如下：第 1 年年末为 1 美元= 6.80 元人民币；第 2 年年末为 1 美元= 6.75 元人民币；第 3 年年末为 1 美元= 6.70 元人民币；第 4 年年末为 1 美元= 6.65 元人民币；第 5 年年末为 1 美元= 6.60 元人民币。

要求：

（1）使用期望现金流量法计算货轮未来 5 年每年的现金流量。

（2）计算货轮按照记账本位币表示的未来 5 年现金流量的现值，并确定其可收回金额。

（3）计算货轮应计提的减值准备，并编制相关会计分录。

（4）计算货轮 2×22 年应计提的折旧，并编制相关会计分录。

具体计算和分录如下。

（1）货轮未来 5 年每年的现金流量计算如下：

第1年期望现金流量=500×20%+400×60%+200×20%=380（万美元）

第2年期望现金流量=480×20%+360×60%+150×20%=342（万美元）

第3年期望现金流量=450×20%+350×60%+120×20%=324（万美元）

第4年期望现金流量=480×20%+380×60%+150×20%=354（万美元）

第5年期望现金流量=480×20%+400×60%+180×20%=372（万美元）

（2）未来5年现金流量的现值=（380×0.892 9+342×0.797 2+324×0.711 8+354×0.635 5+372×0.567 4）×6.85=8 758.48（万元），因无法可靠估计货轮的公允价值减去处置费用后的净额，所以可收回金额为8 758.48万元。

（3）应计提减值准备=10 925−8 758.48=2 166.52（万元），会计分录如下：

借：资产减值损失 21 665 200

　贷：固定资产减值准备 21 665 200

（4）2×22年应计提折旧＝8 758.48÷5＝1 751.70（万元），会计分录如下：

借：主营业务成本　　17 517 000

　贷：累计折旧　　17 517 000

三、资产减值损失的确定与计量

（一）资产减值损失的确定与计量的原则

1. 资产减值损失的确认

根据资产减值准则，可收回金额的计量结果表明，资产的可收回金额低于其账面价值的，应当将资产的账面价值减记至可收回金额，减记的金额确认为资产减值损失，计入当期损益，同时计提相应的资产减值准备。

2. 确认减值损失后折旧摊销的会计处理

根据《企业会计准则讲解》，资产减值损失确认后，减值资产的折旧或者摊销费用应当在未来期间作相应调整，以使该资产在剩余使用寿命内，系统地分摊调整后的资产账面价值（扣除预计净残值）。例如，固定资产计提减值准备后，固定资产账面价值将根据计提的减值准备相应抵减。因此，固定资产在未来计提折旧时，应当按照新的固定资产账面价值为基础计提每期折旧。

3. 减值准备转回的处理原则

按照资产减值准则，资产减值损失一经确认，在以后会计期间不得转回。根据《企业会计准则讲解》的规定，考虑到固定资产、无形资产、商誉等资产发生减值后方面价值回升的可能性比较小，通常属于永久性减值。从会计信息谨慎性要求考虑，为了避免确认资产重估增值和操纵利润，资产减值准则规定，资产减值损失一经确认，在以后会计期间不得转回。以前期间计提的资产减值准备，在资产处置、出售、对外投资、以非货币性资产交换方式换出、在债务重组中抵偿债务等时，才可予以转出。

资产减值是否可以转回如表 9-08 所示。

表 9-08　资产减值转回的基本规定

资产	计提减值比较基础	减值是否可以转回
存货	可变现净值	可以
固定资产	可收回金额	不可以
在建工程	可收回金额	不可以
投资性房地产（成本模式）	可收回金额	不可以
长期股权投资	可收回金额	不可以
无形资产	可收回金额	不可以
开发支出	可收回金额	不可以
商誉	可收回金额	不可以
金融工具（以公允价值计量且其变动计入当期损益的金融资产和以公允价值计量且其变动计入其他综合收益的金融资产中的权益工具投资不计提减值准备）	以预期信用损失为基础，确认损失准备	可以

（二）资产减值损失确认的会计处理

为了正确核算企业确认的资产减值损失和计提的资产减值准备，企业应当设置“资产减值损失”科目，按照资产类别进行明细核算，反映各类资产在当期确认的资产减值损失金额；同时，应当根据不同的资产类别，分别设置“固定资产减值准备”“在建工程减值准备”“投资性房地产减值准备”“无形资产减值准备”“商誉减值准备”“长期股权投资减值准备”“生产性生物资产减值准备”等科目。

当企业根据资产减值准则规定确定资产发生了减值的，应当根据所确认的资产减值金额，借记“资产减值损失”科目，贷记“固定资产减值准备”“在建工程减值准备”“投资性房地产减值准备”“无形资产减值准备”“商誉减值准备”“长期股权投资减值准备”“生产性生物资产减值准备”等科目。在期末，企业应当将“资产减值损失”科目余额转入“本年利润”科目，结转后该科目应当没有余额。各资产减值准备科目累积每期计提的资产减值准备，直至相关资产被处置等时才予以转出。

在例 9-06 中，计提资产减值准备后，船舶的账面价值变为 10 965 万元，在该船舶剩余使用寿命内，公司应当以此为基础计提折旧。如果发生进一步减值的，再做进一步的减值测试。

需要说明的是，资产组、总部资产和商誉的减值确认、计量和账务处理有一定的特殊性，有关特殊处理将在本章中作具体说明。

四、资产组的认定及减值处理

（一）资产组的认定

资产减值准则规定，有迹象表明一项资产可能发生减值的，企业应当以单项资产为基础估计其可收回金额。企业难以对单项资产的可收回金额进行估计的，应当以该资产所属的资产组为基础确定资产组的可收回金额。

资产组的认定，应当以资产组产生的主要现金流入是否独立于其他资产或者资产组的现金流入为依据。同时，在认定资产组时，应当考虑企业管理层管理生产经营活动的方式（如是按照生产线、业务种类还是按照地区或者区域等）和对资产的持续使用或者处置的决策方式等。

《〈企业会计准则第 8 号——资产减值〉解释》补充说明，资产组是企业可以认定的最小资产组合，其产生的现金流入应当基本上独立于其他资产或者资产组。资产组应当由创造现金流入相关的资产组成。

根据资产减值准则，几项资产的组合生产的产品（或者其他产出）存在活跃市场的，即使部分或者所有这些产品（或者其他产出）均供内部使用，也应当在符合前款规定的情况下，将这几项资产的组合认定为一个资产组。如果该资产组的现金流入受内部转移价格的影响，应当按照企业管理层在公平交易中对未来价格的最佳估计数来确定资产组的未来现金流量。

资产组一经确定，各个会计期间应当保持一致，不得随意变更。如需变更，企业管理层应当证明该变更是合理的，并根据《企业会计准则第 8 号——资产减值》第二十七条的规定在附注中作相应说明。

1. 资产组的概念

资产组是指企业可以认定的最小资产组合，其产生的现金流入应当基本上独立于其他资产或资产组产生的现金流入。

2. 认定资产组应当考虑的因素

《〈企业会计准则第 8 号——资产减值〉解释》对资产组的认定进行了讲解。

（1）资产组的认定，应当以资产组产生的主要现金流入是否独立于其他资产或者资产组的现金流入为依据。

企业的某一生产线、营业网点、业务部门等，如果能够独立于其他部门或者单位等创造收入、产生现金流，或者其创造的收入和现金流入绝大部分独立于其他部门或者单位的，并且属于可认定的最小的资产组合的，通常应将该生产线、营业网点、业务部门等认定为一个资产组。

几项资产的组合生产的产品或者其他产出存在活跃市场的，无论这些产品或者其他产出是用于对外出售还是仅供企业内部使用，均表明这几项资产的组合能够独立创造现金流入，应当将这些资产的组合认定为资产组。

例 9-08 A公司拥有一个煤矿，与煤矿的生产和运输相配套，建有一条专用铁路。该铁路除非报废出售，其在持续使用中，难以脱离煤矿相关的其他资产而产生单独的现金流入，因此企业难以对专用铁路的可收回金额进行单独估计。专用铁路和煤矿其他相关资产必须结合在一起，成为一个资产组，以估计该资产组的可收回金额。在资产组的认定中，企业几项资产的组合生产的产品（或者其他产出）存在活跃市场的，无论这些产品或者其他产出是用于对外出售还是仅供企业内部使用，均表明这几项资产的组合能够独立创造现金流入，在符合其他相关条件的情况下，应当将这些资产的组合认定为资产组。

例 9-09 AB公司生产某单一产品，并且只拥有A、B、C 3家工厂。3家工厂分别位于3个不同的国家，而3个国家又位于3个不同的洲。工厂A生产一种组件，由工厂B或者C进行组装，最终产品由B或者C销往世界各地，比如工厂B的产品可以在本地销售，也可以在C所在洲销售（如果将产品从B运到C所在洲更加方便的话）。

B和C的生产能力合在一起尚有剩余，并没有被完全利用。B和C生产能力的利用程度依赖于M公司对于销售产品在两地之间的分配。

假定A生产的产品（即组件）存在活跃市场，则A很可能可以认定为一个单独的资产组，原因是它生产的产品尽管主要用于B或者C，但是，由于该产品存在活跃市场，可以带来独立的现金流量，所以通常应当认定为一个单独的资产组。在确定其未来现金流量的现值时，公司应当调整其财务预算或预测，将未来现金流量的预计建立在公平交易的前提下A所生产产品的未来价格最佳估计数，而不是其内部转移价格。

对于B和C而言，即使B和C组装的产品存在活跃市场，由于B和C的现金流入依赖于产品在两地之间的分配，所以B和C的未来现金流入不可能单独地确定。因此，B和C组合在一起是可以认定的、可产生基本上独立于其他资产或者资产组的现金流入的资产组合。B和C应当认定为一个资产组。在确定该资产组未来现金流量的现值时，公司也应当调整其财务预算或预测，将未来现金流量的预计建立在公平交易的前提下从A所购入产品的未来价格的最佳估计数，而不是其内部转移价格。

例 9-10 沿用例9-09，假定A生产的产品不存在活跃市场。

在这种情况下，由于A生产的产品不存在活跃市场，它的现金流入依赖于B或者C生产的最终产品的销售，所以A很可能难以单独产生现金流入，其可收回金额很可能难以单独估计。

而对于B和C而言，其生产的产品虽然存在活跃市场，但是，B和C的现金流入依赖于产品在两个工厂之间的分配，B和C在产能和销售上的管理是统一的。因此，B和C也难以单独产生现金流量，难以单独估计其可收回金额。

因此，只有A、B、C组合在一起（即将A企业作为一个整体）才很可能是一个可以认定的能够基本上独立产生现金流入的最小的资产组合，从而将A、B、C的组合认定为一个资产组。

（2）资产组的认定，应当考虑企业管理层对生产经营活动的管理或者监控方式（如是按照生产线、业务种类还是按照地区或者区域等）和对资产的持续使用或者处置的决策方式等。资产组一经确定，各个会计期间应当保持一致，不得随意变更。如需变更，企业管理层应当证明该变更是合理的，并在附注中说明。

例 9-11 ABC服装企业有童装、西装、衬衫3个工厂，每个工厂在生产、销售、核算、考核和管理等方面都相对独立。在这种情况下，每个工厂通常应当认定为一个资产组。

例 9-12 AB 家具制造有限公司有 A 和 B 两个生产车间，A 车间专门生产家具部件，生产完后由 B 车间负责组装并对外销售。该企业对 A 车间和 B 车间资产的使用和处置等决策是一体的。在这种情况下，A 车间和 B 车间通常应当认定为一个资产组。

（二）资产组减值测试

资产组减值测试的原理和单项资产是一致的，即企业需要预计资产组的可收回金额和计算资产组的账面价值，并将两者进行比较，如果资产组的可收回金额低于其账面价值的，表明资产组发生了减值损失，应当予以确认。

1. 资产组账面价值和可收回金额的确定基础

资产组账面价值的确定基础应当与其可收回金额的确定方式相一致。因为这样的比较才有意义，否则如果两者在不同的基础上进行估计和比较，就难以正确估算资产组的减值损失。

资产组的可收回金额，应当按照该资产组的公允价值减去处置费用后的净额与其预计未来现金流量的现值两者之间较高者确定。

资产组的账面价值应当包括可直接归属于资产组与可以合理和一致地分摊至资产组的资产账面价值，通常不应当包括已确认负债的账面价值，但如不考虑该负债金额就无法确定资产组可收回金额的除外。这是因为在预计资产组的可收回金额时，既不包括与该资产组的资产无关的现金流量，也不包括与已在财务报表中确认的负债有关的现金流量。

资产组处置时如要求购买者承担一项负债（如环境恢复负债等）、该负债金额已经确认并计入相关资产账面价值，而且企业只能取得包括上述资产和负债在内的单一公允价值减去处置费用后的净额，为了比较资产组的账面价值和可收回金额，在确定资产组的账面价值及其预计未来现金流量的现值时，应当将已确认的负债金额从中扣除。

例 9-13 A 公司在某山区经营一座某有色金属矿山，根据规定，公司在矿山完成开采后应当将该地区恢复原貌。恢复费用主要为山体表层复原费用（比如恢复植被等），因为山体表层必须在矿山开发前挖走。因此，公司在山体表层挖走后，就应当确认一项预计负债，并计入矿山成本，假定其金额为 500 万元。2×21 年 12 月 31 日，随着开采进展，公司发现矿山中的有色金属储量远低于预期，因此，公司对该矿山进行了减值测试。考虑到矿山的现金流量状况，整座矿山被认定为一个资产组。该资产组在 2×21 年年末的账面价值为 1 000 万元（包括确认的恢复山体原貌的预计负债）。

矿山（资产组）如于 2×21 年 12 月 31 对外出售，买方愿意出价 820 万元（包括恢复山体原貌成本，即已经扣减这一成本因素），预计处置费用为 20 万元，因此，该矿山的公允价值减去处置费用后的净额为 800 万元。矿山的预计未来现金流量的现值为 1 200 万元，不包括恢复费用。

根据上述资料，为了比较资产组的账面价值和可收回金额，在确定资产组的账面价值及其预计未来现金流量的现值时，应当将已确认的负债金额从中扣除。

在本例中，资产组的公允价值减去处置费用后的净额为800万元，该金额已经考虑了恢复费用。该资产组预计未来现金流量的现值在考虑了恢复费用后为700万元（1 200－500）。因此，该资产组的可收回金额为800万元。资产组的账面价值在扣除了已确认的恢复原貌预计负债后的金额为500万元（1 000－500）。这样，资产组的可收回金额大于其账面价值，所以，资产组没有发生减值，不必确认减值损失。

2. 资产组减值的会计处理

资产减值准则规定，资产组或者资产组组合的可收回金额低于其账面价值的（总部资产和商誉分摊至某资产组或者资产组组合的，该资产组或者资产组组合的账面价值应当包括相关总部资产和商誉的分摊额），应当确认相应的减值损失。减值损失金额应当先抵减分摊至资产组或者资产组组合中商誉的账面价值，再根据资产组或者资产组组合中除商誉之外的其他各项资产的账面价值所占比重，按比例抵减其他各项资产的账面价值。

以上资产账面价值的抵减，应当作为各单项资产（包括商誉）的减值损失处理，计入当期损益。抵减后的各资产的账面价值不得低于以下三者之中最高者：该资产的公允价值减去处置费用后的净额（如可确定的）、该资产预计未来现金流量的现值（如可确定的）和零。因此而导致的未能分摊的减值损失金额，应当按照相关资产组或者资产组组合中其他各项资产的账面价值所占比重进行分摊。

例 9-14 某公司在某地拥有一家 AB 分公司，该分公司是上年吸收合并的公司。由于 AB 分公司能产生独立于其他分公司的现金流入，所以该公司将 AB 分公司确定为一个资产组。2×21 年 12 月 31 日，AB 分公司经营所处的技术环境发生了重大不利变化，出现减值迹象，需要进行减值测试。减值测试时，AB 分公司资产组的账面价值为 520 万元（含合并商誉 20 万元）。该公司计算 AB 分公司资产的可收回金额为 490 万元。AB 分公司资产组中包括 C 设备、D 设备和一项无形资产，2×21 年 12 月 31 日其账面价值分别为 250 万元、150 万元和 100 万元，各资产的剩余使用年限相同。三项资产的可收回金额均无法确定。减值损失应按资产账面价值所占比重进行分配。不考虑其他因素的影响。

要求：计算 AB 分公司资产组中商誉、C 设备、D 设备和无形资产应分别计提的减值准备金额并编制有关会计分录。（答案中的金额单位用万元表示）

本例中，AB 分公司资产组的账面价值为 520 万元，可收回金额为 490 万元，发生减值损失 30 万元。

AB 分公司资产组中的减值金额先冲减商誉 20 万元，余下的 10 万元分配给 C 设备、D 设备和无形资产。

C设备应承担的减值损失＝10×250÷（250＋150＋100）＝5（万元）

D设备应承担的减值损失＝10×150÷（250＋150＋100）＝3（万元）

无形资产应承担的减值损失＝10×100÷（250＋150＋100）＝2（万元）

会计分录：

借：资产减值损失	300 000	
贷：商誉减值准备		200 000
固定资产减值准备——C 设备		50 000
——D 设备		30 000
无形资产减值准备		20 000

例 9-15 AB 公司有一条 A 生产线，该生产线生产光学器材，由 A、B、C 三部机器构成，成本分别为 400 000 元、600 000 元、1 000 000 元。使用年限为 10 年，净残值为零，以年限平均法计提折旧。各机器均无法单独产生现金流量，但整条生产线构成完整的产销单位，属于一个资产组。2×21 年 A 生产线所生产的光学产品有替代产品上市，到年底，导致公司光学产品的销路锐减 40%，因此，对 A 生产线进行减值测试。

2×21 年 12 月 31 日，A、B、C 三部机器的账面价值分别为 200 000 元、300 000 元、500 000 元。估计 A 机器的公允价值减去处置费用后的净额为 150 000 元，B、C 机器都无法合理估计其公允价值减去处置费用后的净额以及未来现金流量的现值。

整条生产线预计尚可使用 5 年。经估计其未来 5 年的现金流量及其恰当的折现率后，得到该生产线预计未来现金流量的现值为 600 000 元。由于公司无法合理估计生产线的公允价值减去处置费用后的净额，公司以该生产线预计未来现金流量的现值为其可收回金额。

鉴于在 2×21 年 12 月 31 日该生产线的账面价值为 1 000 000 元，而其可收回金额为 600 000 元，生产线的账面价值高于其可收回金额，因此，该生产线已经发生了减值，因此，公司应当确认减值损失 400 000 元，并将该减值损失分摊到构成生产线的 3 部机器中。由于 A 机器的公允价值减去处置费用后的净额为 150 000 元，因此，A 机器分摊了减值损失后的账面价值不应低于 150 000 元。具体分摊过程如表 9-09 所示。

表 9-09　资产组减值损失分摊表

单位：元

项目	机器 A	机器 B	机器 C	整个生产线（资产组）
账面价值	200 000	300 000	500 000	1 000 000
可收回金额				600 000
减值损失				400 000
减值损失分摊比例	20%	30%	50%	
分摊减值损失	50 000	120 000	200 000	370 000
分摊后账面价值	150 000	180 000	300 000	
尚未分摊的减值损失				30 000
二次分摊比例		37.50%	62.50%	
二次分摊减值损失		11 250	18 750	30 000
二次分摊后应确认减值损失总额		131 250	218 750	
二次分摊后账面价值	150 000	168 750	281 250	600 000

注：按照分摊比例，机器A应当分摊减值损失80 000元（400 000×20%）。但由于机器A的公允价值减去处置费用后的净额为150 000元，因此，机器A最多只能确认减值损失50 000元（200 000－150 000），未能分摊的减值损失30 000元（80 000－50 000），应当在机器B和机器C之间进行再分摊。

根据上述计算和分摊结果，构成 A 生产线的机器 A、机器 B 和机器 C 应当分别确认减值损失 50 000 元、131 250 元和 218 750 元，账务处理如下：

借：资产减值损失——机器 A　　50 000
　　　　　　　　——机器 B　　131 250
　　　　　　　　——机器 C　　218 750
　贷：固定资产减值准备——机器 A　　50 000
　　　　　　　　　　　——机器 B　　131 250
　　　　　　　　　　　——机器 C　　218 750

（三）总部资产的资产减值

企业总部资产包括企业集团或其事业部的办公楼、电子数据处理设备等资产。总部资产的显著特征是难以脱离其他资产或者资产组产生独立的现金流入，而且其账面价值难以完全归属于某资产组。

资产减值准则规定，有迹象表明某项总部资产可能发生减值的，企业应当计算确定该总部资产所归属的资产组或者资产组组合的可收回金额，然后将其与相应的账面价值相比较，据以判断是否需要确认减值损失。

企业对某一资产组进行减值测试，应当先认定所有与该资产组相关的总部资产，再根据相关总部资产能否按照合理和一致的基础分摊至该资产组分别下列情况处理。

（1）对于相关总部资产产能够按照合理和一致的基础分摊至该资产组的部分，应当将该部分总部资产的账面价值分摊至该资产组，再据以比较该资产组的账面价值（包括已分摊的总部资产的账面价值部分）和可收回金额，并按照资产减值准则第二十二条的规定处理。

（2）对于相关总部资产中有部分资产难以按照合理和一致的基础分至该资产组的，应当按照下列步骤处理。

首先，在不考虑相关总部资产的情况下，估计和比较资产组的账面价值和可收回金额，按照资产减值的基本原则进行处理。

其次，认定由若干个资产组组成的最小的资产组组合。该资产组组合应当包括所测试的资产组与可以按照合理和一致的基础将该部分总部资产的账面价值分摊其上的部分。

最后，比较所认定的资产组组合的账面价值（包括已分摊的总部资产的账面价值部分）和可收回金额，并按照资产减值的基本原则进行处理。

例 9-16 长江公司在 A、B、C 三地拥有三家分公司，这三家分公司的经营活动由一个总部负责运作。由于 A、B、C 三家分公司均能产生独立于其他分公司的现金流入，所以该公司将这三家分公司确定为三个资产组。2×21 年 12 月 31 日，企业经营所处的技术环境发生了重大不利变化，出现减值迹象，需要进行减值测试。假设总部资产的账面价值为 200 万元，能够按照各资产组账面价值的比例进行合理分摊，A、B、C 分公司和总部资产的使用寿命均为 20 年。

减值测试时，A、B、C 三个资产组的账面价值分别为 320 万元、160 万元和 320 万元。长江公司计算得出 A 分公司资产的可收回金额为 420 万元，B 分公司资产的可收回金额为 160 万元，C 分公司资产的可收回金额为 380 万元。

要求：计算A、B、C三个资产组和总部资产分别计提的减值准备。

（1）将总部资产分配至各资产组：

总部资产应分配给A资产组的金额＝200×320÷800＝80（万元）

总部资产应分配给B资产组的金额＝200×160÷800＝40（万元）

总部资产应分配给C资产组的金额＝200×320÷800＝80（万元）

分配后各资产组的账面价值为：

A资产组的账面价值＝320＋80＝400（万元）

B资产组的账面价值＝160＋40＝200（万元）

C资产组的账面价值＝320＋80＝400（万元）

（2）进行减值测试：

A资产组的账面价值为400万元，可收回金额为420万元，没有发生减值

B资产组的账面价值为200万元，可收回金额为160万元，发生减值40万元

C资产组的账面价值为400万元，可收回金额为380万元，发生减值20万元

将各资产组的减值额在总部资产和各资产组之间分配：

B资产组减值额分配给总部资产的金额＝40×40÷200＝8（万元）

分配给B资产组本身的金额＝40×160÷200＝32（万元）

C资产组减值额分配给总部资产的金额＝20×80÷400＝4（万元）

分配给C资产组本身的金额＝20×320÷400＝16（万元）

A资产组没有发生减值，B资产组发生减值32万元，C资产组发生减值16万元，总部资产发生减值12万元（8＋4）。

例 9-17 ABC 高科技企业拥有 A、B 和 C 三个资产组，在 2×20 年末，这三个资产组的账面价值分别为 200 万元、300 万元和 400 万元，没有商誉。这三个资产组为三条生产线，预计剩余使用寿命分别为 10 年、20 年和 20 年，采用直线法计提折旧。由于 ABC 公司的竞争对手通过技术创新推

出了更高技术含量的产品，并且受到市场欢迎，从而对ABC公司产品产生了重大不利影响，为此，ABC公司于2×20年末对各资产组进行了减值测试。

在对资产组进行减值测试时，首先应当认定与其相关的总部资产。ABC公司的经营管理活动由总部负责，总部资产包括一栋办公大楼和一个研发中心，其中办公大楼的账面价值为300万元，研发中心的账面价值为100万元。办公大楼的账面价值可以在合理和一致的基础上分摊至各资产组，但是，研发中心的账面价值难以在合理和一致的基础上分摊至各相关资产组。对于办公大楼的账面价值，企业根据各资产组的账面价值和剩余使用寿命加权平均计算的账面价值分摊比例进行分摊，如表9-10所示。

表9-10　各资产组账面价值

单位：万元

项目	资产组A	资产组B	资产组C	合计
各资产组账面价值	200	300	400	900
各资产组剩余使用寿命	10	20	20	
按使用寿命计算的权重	1	2	2	
加权计算后的账面价值	200	600	800	1 600
办公大楼分摊比例（各资产组加权计算后的账面价值/各资产组加权平均计算后的账面价值合计）	12.5%	37.5%	50%	100%
办公大楼账面价值分摊到各资产组的金额	37.5	112.5	150	300
包括分摊的办公大楼账面价值部分的各资产组账面价值	237.5	412.5	550	1 200

办公大楼分摊比例可计算如下：

资产组A=（200×10）÷（200×10+300×20+400×20）=12.5%

资产组B=（300×20）÷（200×10+300×20+400×20）=37.5%

资产组C=（400×20）÷（200×10+300×20+400×20）=50%

企业随后应当确定各资产组的可收回金额，并将其与账面价值（包括已分摊的办公大楼的账面价值部分）相比较，以确定相应的减值损失。考虑到研发中心的账面价值难以按照合理和一致的基础分摊至资产组，因此，确定由A、B、C三个资产组组成最小资产组组合（即为ABC整个企业），通过计算该资产组组合的可收回金额，并将其与账面价值（包括已分摊的办公大楼账面价值和研发中心的账面价值）相比较，以确定相应的减值损失。假定各资产组和资产组组合的公允价值减去处置费用后的净额难以确定，企业根据它们的预计未来现金流量的现值来计算其可收回金额，计算现值所用的折现率为15%，计算过程如表9-11所示。

表9-11　可收回金额的计算过程

单位：万元

年份	资产组A		资产组B		资产组C		包括研发中心在内的最小资产组组合（ABC公司）	
	未来现金流量	现值	未来现金流量	现值	未来现金流量	现值	未来现金流量	现值
1	36	32	18	16	20	18	78	68
2	62	46	32	24	40	30	144	108

（续表）

年份	资产组A		资产组B		资产组C		包括研发中心在内的最小资产组组合（ABC公司）	
	未来现金流量	现值	未来现金流量	现值	未来现金流量	现值	未来现金流量	现值
……								
20			20	2	70	4	142	8
现值合计		398		328		542		1 440

根据上述资料，资产组A、B、C的可收回金额分别为398万元、328万元和542万元，相应的账面价值（包括分摊的办公大楼账面价值）分别为237.5万元、412.5万元和550万元，资产组B和C的可收回金额均低于其账面价值，应当分别确认84.5万元和8万元减值损失，并将该减值损失在办公大楼和资产组之间进行分摊。根据分摊结果，因资产组B发生减值损失84.5万元而导致办公大楼减值23.05万元（84.5×112.5÷412.5），导致资产组B中所包括资产发生减值61.45万元（84.5×300÷412.5）；因资产组C发生减值损失8万元而导致办公大楼减值2万元（8×150÷550），导致资产组C中所包括资产发生减值6万元（8×400÷550）。

经过上述减值测试后，资产组A、B、C和办公大楼的账面价值分别为200万元、238.55万元、394万元和274.95万元，研发中心的账面价值仍为100万元，由此包括研发中心在内的最小资产组组合（即ABC公司）的账面价值总额为1 207.50万元（200+238.55+394+274.95+100），但其可收回金额为1 440万元，高于其账面价值，因此，企业不必再进一步确认减值损失（包括研发中心的减值损失）。

五、商誉减值的处理

（一）资产值的基本原则

根据资产减值准则的规定，企业合并所形成的商誉，至少应当在每年年度终了进行减值测试，具体如下。

（1）商誉应当结合与其相关的资产组或者资产组组合进行减值测试。相关的资产组或者资产组组合应当是能够从企业合并的协同效应中受益的资产组或者资产组组合，不应当大于按照《企业会计准则第35号——分部报告》所确定的报告分部。

（2）企业进行资产减值测试，对于因企业合并形成的商誉的账面价值，应当自购买日起按照合理的方法分摊至相关的资产组，难以分摊至相关的资产组的，应当将其分摊至相关的资产组组合。在将商誉的账面价值分至相关的资产组或者资产组组合时，应当按照各资产组或者资产组组合的公允价值占相关资产组或者资产组组合公允价值总额的比例进行分摊。公允价值难以可靠计量的，按照各资产组或者资产组到组合的账面价值占相关资产组或者资产组组合账面价值总额的比例进行分摊。

（3）企业因重组等原因改变了其报告结构，从而影响到已分摊商誉的一个或者若干个资产组或者资产组组合构成的，应当将商誉重新分摊至受影响的资产组或者资产组组合。

对于已经分摊商誉的资产组或资产组组合，不论是否存在资产组或资产组组合可能发生减值的迹象，每年都应当通过比较包含商誉的资产组或资产组组合的账面价值与可收回金额进行减值测试。

在财务报表中商誉的列示及减值核算的情况：

（1）非同一控制下吸收合并产生的商誉，在个别财务报表中列示，减值的核算在账簿中登记。

（2）非同一控制下控股合并产生的商誉，在合并财务报表中列示，产生于合并抵销分录中，减值的核算在合并财务报表中体现。

（二）商誉值测试的方法与会计处理

《企业会计准则讲解》对商誉减值测试方法作了说明。企业在对包含商誉的相关资产组或者资产组组合进行减值测试时，如与商誉相关的资产组或者资产组组合存在减值迹象的，应当首先对不包含商誉的资产组或者资产组组合进行减值测试，计算可收回金额，并与相关账面价值相比较，确认相应的减值损失。然后再对包含商誉的资产组或者资产组组合进行减值测试，比较这些相关资产组或者资产组组合的账面价值（包括所分摊的商誉的账面价值部分）与其可收回金额，如相关资产组或者资产组组合的可收回金额低于其账面价值的，应当就其差额确认减值损失，减值损失金额应当首先抵减分摊至资产组或者资产组组合中商誉的账面价值；再根据资产组或者资产组组合中除商誉之外的其他各项资产的账面价值所占比重，按比例抵减其他各项资产的账面价值。和资产减值测试的处理一样，以上资产账面价值的抵减，也都应当作为各单项资产（包括商誉）的减值损失处理，计入当期损益。抵减后的各资产的账面价值不得低于以下三者之中最高者：该资产的公允价值减去处置费用后的净额（如可确定的）、该资产预计未来现金流量的现值（如可确定的）和零。因此而导致的未能分摊的减值损失金额，应当按照相关资产组或者资产组组合中其他各项资产的账面价值所占比重进行分摊。

吸收合并时商誉减值的会计处理：借记“资产减值损失”科目，贷记“商誉减值准备”科目；控股合并时商誉减值的会计处理：借记“资产减值损失”科目，贷记“商誉——商誉减值准备”科目。

《〈企业会计准则第 8 号——资产减值〉解释》规定对存在少数股东权益情况下的商誉减值测试进行了讲解。

按照《企业会计准则第 20 号——企业合并》的规定，在合并财务报表中反映的商誉，不包括子公司归属于少数股东的商誉。但对相关资产组（或者资产组组合，下同）进行减值测试时，应当调整资产组的账面价值，将归属于少数股东权益的商誉包括在内，然后根据调整后的资产组账面价值与其可收回金额（可收回金额的预计包括了少数股东在商誉中的权益价值部分）进行比较，以确定资产组（包括商誉）是否发生了减值。

上述资产组如已发生减值的，应当按照资产减值准则第二十二条规定进行处理，但由于根据上述步骤计算的商誉减值损失包括了应由少数股东权益承担的部分，所以企业应当将该损失在可归属于母公司和少数股东权益之间按比例进行分摊，以确认归属于母公司的商誉减值损失。

例9-18　A企业在2×21年1月1日以1 600万元的价格收购了B企业80%股权。在收购日B企业可辨认资产的公允价值为1 500万元，没有负债和或有负债。因此，A企业在其合并财务报表中确认商誉400万元（1 600－1 500×80%）、B企业可辨认净资产1 500万元和少数股东权益300万元（1 500×20%）。

假定B企业的所有资产被认定为一个资产组。由于该资产组包括商誉，所以它至少应当于每年年度终了进行减值测试。在2×21年末，A企业确定该资产组的可收回金额为1 000万元，可辨认净资产的账面价值为1 350万元。由于B企业作为一个单独的资产组的可收回金额1 000万元中，包括归属于少数股东权益在商誉价值中享有的部分。因此，出于减值测试的目的，在与资产组的可收回金额进行比较之前，必须对资产组的账面价值进行调整，使其包括归属于少数股东权益的商誉价值100 万元［（1 600÷80%－1 500）×20%］。然后，据以比较该资产组的账面价值和可收回金额，确定是否发生了减值损失。其测试过程如表9-12所示。

表 9-12 商誉减值测试过程表

单位：万元

2×21 年末	商誉	可辨认资产	合计
账面价值	400	1 350	1 750
未确认归属于少数股东权益的商誉价值	100		100
调整后的账面价值	500	1 350	1 850
可收回金额			1 000
减值损失			850

以上计算出的减值损失850万元应当首先冲减商誉的账面价值，然后，将剩余部分分摊至资产组中的其他资产。在本例中，850万元减值损失中有500万元应当属于商誉减值损失，其中由于确认的商誉仅限于A企业持有B企业80%股权部分，所以A企业只需要在合并财务报表中确认归属于A企业的商誉减值损失，500万元商誉减值损失的80%即400万元。剩余的350万元（850－500）减值损失应当冲减B企业可辨认资产的账面价值，作为B企业可辨认资产的减值损失。减值损失的分摊过程如表9-13所示。

表 9-13 商誉减值分摊表

单位：万元

2×21 年末	商誉	可辨认资产	合计
账面价值	400	1 350	1 750
确认的减值损失	（400）	（350）	（750）
确认减值损失后的账面价值		1 000	1 000

例 9-19 A 公司有关商誉及其他资料如下：

（1）A 公司在 2×20 年 12 月 31 日，以 3 000 万元的价格吸收合并了 B 公司。在购买日，B 公司可辨认净资产的公允价值为 2 900 万元（其中资产 5 000 万元，负债均为应付账款，为 2 100 万元），A 公司确认了商誉 100 万元。

B 公司的全部资产为一条生产线和一项该生产线生产产品的专利技术。生产线的公允价值为 3 000 万元，专利技术的公允价值为 2 000 万元。A 公司在合并 B 公司后，将该条生产线及专利技术认定为一个资产组。

借：固定资产　　30 000 000
　　无形资产　　20 000 000
　　商誉　　1 000 000
　　贷：应付账款　　21 000 000
　　　　银行存款　　30 000 000

（2）已知 2×21 年 12 月 31 日（第 1 年年末）资产组不包含商誉的账面价值为 4 000 万元（计提折旧后、进行摊销后），其中，生产线为 2 500 万元，专利权为 1 500 万元。

（3）2×21 年末可收回金额如下。

情形 1：可收回金额为 3 700 万元

①对不包含商誉的资产组进行减值测试，计算减值损失：

不包含商誉的账面价值＝4 000（万元）

资产组的可收回金额＝3 700（万元）

应确认资产减值损失＝4 000－3 700＝300（万元）

可辨认资产需要计提减值300万元。

②对包含商誉的资产组进行减值测试，计算减值损失：

资产组包含商誉的账面价值＝4 000＋100＝4 100（万元）

资产组的可收回金额＝3 700（万元）

资产组应确认资产减值损失＝4 100－3 700＝400（万元）

商誉确认减值损失＝400－300＝100（万元）

借：资产减值损失　　1 000 000

　　贷：商誉减值准备　　1 000 000

借：资产减值损失　　3 000 000

　　贷：固定资产减值准备{300×［2 500÷（2 500＋1 500）］}　　1 875 000

　　　　无形资产减值准备{300×［1 500÷（2 500＋1 500）］}　　1 125 000

情形2：可收回金额为4 050万元

①对不包含商誉的资产组进行减值测试，计算减值损失：

不包含商誉的账面价值＝4 000（万元）

资产组的可收回金额＝4 050（万元）

应确认的资产减值损失＝0

可辨认资产不需要计提减值准备。

②对包含商誉的资产组进行减值测试，计算减值损失：

资产组包含商誉的账面价值＝4 000＋100＝4 100（万元）

资产组的可收回金额＝4 050（万元）

资产组应确认资产减值损失＝4 100－4 050＝50（万元）

确认商誉减值损失＝50－0＝50（万元）

借：资产减值损失　　500 000

　　贷：商誉减值准备　　500 000

值得注意的是，在个别财务报表上，应当直接用“商誉减值准备”。

例9-20　A公司2020年7月1日以3 000万元购买B公司80%股权，B公司购买当日可辨认净资产的公允价值为3 500万元，B公司被认定为一个资产组。至2020年年末B公司可收回金额为2 600万元，B公司可辨认净资产的公允价值（自购买日起开始持续计算）为2 800万元。

根据上述条件可得：

（1）2020年7月1日（购买日）A公司应确认的合并财务报表的商誉＝3 000－3 500×80%＝200（万元）。

（2）与B公司相关的总商誉＝200÷80%＝250（万元）。

（3）A公司应确认的不含商誉的有关资产组的减值＝2 800－2 600＝200（万元）。

（4）A公司应确认的包含商誉的有关资产组的减值＝（2 800＋250）－2 600＝450（万元）。

（5）A公司应确认的商誉的减值准备＝（450－200）×80%＝200（万元），会计分录如下：

借：资产减值损失　　2 000 000
　　贷：商誉——商誉减值准备　　2 000 000

值得注意的是，合并财务报表，应当用“商誉”代替“商誉减值准备”。

（6）A公司应确认的资产的减值准备（其余为有形资产的减值）=450－250=200（万元）。

六、披露

资产减值准则对资产减值应当披露的信息作出了明确规定，具体如下：

（1）企业应当在附注中披露与资产减值有关的下列信息。

①当期确认的各项资产减值损失金额。

②计提的各项资产减值准备累计金额。

③提供分部报告信息的，应当披露每个报告分部当期确认的减值损失金额。

（2）发生重大资产减值损失的，应当在附注中披露导致每项重大资产减值损失的原因和当期确认的重大资产减值损失的金额。

①发生重大减值损失的资产是单项资产的，应当披露该单项资产的性质。提供分部报告信息的，还应披露该项资产所属的主要报告分部。

②发生重大减值损失的资产是资产组（或者资产组组合，下同）的应当披露：资产组的基本情况；资产组中所包括的各项资产于当期确认的减值损失金额；资产组的组成与前期相比发生变化的，应当披露变化的原因以及前期和当期资产组组成情况。

（3）对于重大资产减值，企业应当在附注中披露资产（或者资产组，下同）可收回金额的确定方法。

①可收回金额按资产的公允价值减去处置费用后的净额确定的，还应当披露公允价值减去处置费用后的净额的估计基础。

②可收回金额按资产预计未来现金流量的现值确定的，还应当披露估计其现值时所采用的折现率，以及该资产前期可收回金额也按照其预计未来现金流量的现值确定的情况下，前期所采用的折现率。

（4）分摊到某资产组的商誉（或者使用寿命不确定的无形资产，下同）的账面价值占商誉账面价值总额的比例重大的，应当在附注中披露下列信息。

①分摊到该资产组的商誉的账面价值。

②该资产组可收回金额的确定方法。可收回金额按照资产组公允价值减去处置费用后的净额确定的，还应当披露确定公允价值减去处置费用后的净额的方法。

资产组的公允价值减去处置费用后的净额不是按照市场价格确定的应当披露：企业管理层在确定公允价值减去处置费用后的净额时所采用的各关键假设及其依据；企业管理层在确定各关键假设相关的价值时，是否与企业历史经验或者外部信息来源相一致；如不一致，应当说明理由。

可收回金额按照资产组预计未来现金流量的现值确定的，应当披露：①企业管理层预计未来现金流量的各关键假设及其依据；②企业管理层在确定各关键假设相关的价值时，是否与企业历史经验或者外部信息来源相一致，如不一致，应当说明理由；③估计现值时所采用的折现率。

（5）商誉的全部或者部分账面价值分摊到多个资产组、且分摊到每个资产组的商誉的账面价值占商誉账面价值总额的比例不重大的，企业应当在附注中说明这一情况以及分推到上述资产组的商誉合计金额。

商誉账面价值按照相同的关键假设分摊到上述多个资产组、且分摊的商誉合计金额占商誉账面价值总额的比例重大的，企业应当在附注中说明这一情况，并披露下列信息。

①分摊到上述资产组的商誉的账面价值合计。

②采用的关键假设及其依据。

③企业管理层在确定各关键假设相关的价值时，是否与企业历史经验或者外部信息来源相一致；如不一致，应当说明理由。

七、新旧衔接

首次执行企业会计准则，遵照《企业会计准则第38号——首次执行企业会计准则》的相关规定，详见本书第三十八章。

第十章
职 工 薪 酬

一、职工和职工薪酬的范围及分类

（一）职工的概念

职工是指与企业订立劳动合同的所有人员，含全职、兼职和临时职工，也包括虽未与企业订立劳动合同但由企业正式任命的人员，具体而言包括以下人员：

（1）与企业订立劳动合同的所有人员，含全职、兼职和临时职工。按照《中华人民共和国劳动合同法》的规定，企业作为用人单位与劳动者应当订立劳动合同。职工首先包括这部分人员，即与企业订立了固定期限、无固定期限和已完成一定的工作作为期限的劳动合同的所有人员。

（2）未与企业订立劳动合同但由企业正式任命的人员，如董事会成员、监事事会成员等。企业设立董事会和监事会的，对其成员支付津贴、补贴等报酬，这些成员从性质上属于职工。

（3）在企业的计划和控制下，虽未与企业订立劳动合同或未正式任命的人员，但向企业所提供与职工所提供服务类似的人员，也属于职工的范畴，包括通过企业与劳务中介公司签订用工合同而向企业提供服务的人员。如果企业不使用这些劳务用工人员，也需要雇佣职工订立劳动合同提供类似服务，因而，这些劳务用工人员属于本则所称的职工。

（二）职工薪酬的概念及分类

根据《企业会计准则第 9 号——职工薪酬》（以下简称职工薪酬准则），职工薪酬是指企业为获得职工提供的服务或解除劳动关系而给予的各种形式的报酬或补偿。企业提供给职工配偶、子女、受赡养人、已故员工遗属及其他受益人等的福利，也属于职工薪酬。职工薪酬包括短期薪酬、离职后福利、辞退福利和其他长期职工福利。

职工薪酬准则对职工薪酬的相关概念作了进一步具体说明，企业因职工提供服务而产生的义务，全部纳入职工薪酬的范围。对职工的股份支付本质上也属于职工薪酬，但其具有期权性质，股份支付的确认和计量，由相关准则进行规范。

1. 短期薪酬

短期薪酬是指企业在职工提供相关服务的年度报告期间结束后 12 个月内需要全部给予支付的职工薪酬，因解除与职工的劳动关系给予的补偿除外。因解除与职工的劳动关系给予的补偿属于辞退福利的范畴。短期薪酬主要具体包括：职工工资、奖金、津贴和补贴，职工福利费，医疗保险费、工伤保险费和生育保险费等社会保险费，住房公积金，工会经费和职工教育经费，短期带薪缺勤，短期利润分享计划，非货币性福利以及其他短期薪酬。具体内容介绍如下：

（1）职工工资、奖金、津贴和补贴是指按照构成工资总额的计时工资、计件工资、支付给职工的超额劳动报酬等劳动报酬、为补偿职工特殊或额外的劳动消耗和因其他特殊原因支付给职工的津贴，以及为了保证职工工资水平不受物价影响支付给职工的物价补贴等。企业的短期奖金计划属于短期薪酬，长期奖金计划属于其他长期职工福利。

（2）职工福利费是指企业为职工提供的除职工工资、奖金、津贴和补贴、职工教育经费、社会保险费及住房公积金等以外的福利待遇支出，包括发放给职工或为职工支付的以下各项现金补贴和非货币性集体福利金：一是为职工卫生保健、生活等发放或支付的各项现金补贴和非货币性福利，包括职工因公外地就医费用、职工疗养费用、防暑降温费等；二是企业尚未分离的内设集体福利部门所发生的设备、设施和人员费用；三是发放给在职职工的生活困难补助以及按规定发生的其他职工福利支出，如丧葬补助费、抚恤费、职工异地安家费、独生子女费等。

（3）医疗保险费、工伤保险费和生育保险费等社会保险费是指企业按照国家规定的基准和比例计算，向社会保险经办机构缴纳的医疗保险费、工伤保险费和生育保险费。

（4）住房公积金是指企业按照国家规定的基准和比例计算，向住房公积金管理机构缴存的住房公积金。

（5）工会经费和职工教育经费是指企业为了改善职工文化生活、为职工学习先进技术和提高文化水平和业务素质，用于开展工会活动和职工教育及职工技能培养等相关支出。

（6）短期带薪缺勤是指企业支付工资或提供补偿的职工缺勤，包括年休假、病假、短期伤残、婚假、产假、丧假、探亲假等。

（7）短期利润分享计划是指因职工提供服务而与职工达成的基于利润或其他经营成果提供薪酬的协议。长期利润分享计划属于其他长期职工福利。

（8）非货币性福利是指企业以自己的产品或外购商品发放给职工作为福利，企业提供给职工无偿使用自己拥有的资产或租赁资产供职工无偿使用等。

（9）其他短期薪酬是指除上述薪酬以外的其他为获得职工提供的服务而给予的短期薪酬。

2. 离职后福利

离职后福利是指企业为获得职工提供的服务而在职工退休或与企业解除劳动关系后，提供的各种形式的报酬和福利，短期薪酬和辞退福利除外。辞退后福利计划是指企业与职工就离职后福利达成的协议，或者企业为向职工提供离职后福利制定的规章和办法等。离职后福利计划按其特征可以分为设定提存计划和设定受益计划。设定提存计划是指向独立的基金缴存固定费用后，企业不再承担进一步支付义务的离职后福利计划。设定受益计划是指除设定提存计划以外的离职后福利计划。

3. 辞退福利

辞退福利是指企业在职工劳动合同到期之前解除与职工的劳动关系，或者为鼓励职工自愿接受裁减而给予职工的补偿。辞退福利主要包括以下内容：

（1）在职工劳动合同尚未到期前，不论职工本人是否愿意，企业决定解除与职工的劳动关系而给予的补偿。

（2）在职工劳动合同尚未到期前，为鼓励职工自愿接受裁减而给予的补偿，职工有权选择继续在职或接受补偿离职。

辞退福利通常采取解除劳动关系时一次性支付补偿的方式，也有通过提高退休后养老金或其他离职后福利的标准，或者在职工不再为企业带来经济利益后，将职工工资支付到辞退后未来某期间的方式。

根据辞退福利的定义和包括的内容，企业应当区分辞退福利与正常退休养老金。辞退福利是在职工与企业签订的劳动合同到期前，企业根据法律与职工本人或职工代表（工会）签订的协议，或者基于商业惯例、承诺当其提前终止对职工的雇佣关系时支付的补偿。引发补偿的事项是辞退，因此，企业应当在辞退时进行确认和计量。职工在正常退休时获得的养老金，是其与企业签订的劳动合同到期时，或者职工达到了国家规定的退休年龄时获得的退休后生活补偿金额，此种情况下给予补偿的事项是职工在职时提供的服务而不是退休本身。因此，企业应当在职工提供服务的会计期间确认和计量。

另外，职工虽然没有与企业解除劳动合同，但未来不再为企业提供服务，不能为企业带来经济效益，企业承诺提供实质上具有辞退福利性质的经济补偿的，即“内退”，在其正式退休日期之前应当比照辞退福利处理，在其正式退休日期之后，应当按照离职后福利处理。

4. 其他长期职工福利

其他长期职工福利是指除短期薪酬、离职后福利、辞退福利之外所有的职工薪酬，包括长期带薪缺勤、长期残疾福利、长期利润分享计划等。

5. 其他相关会计准则

（1）企业年金基金，适用《企业会计准则第 10 号——企业年金基金》。

（2）以股份为基础的薪酬，适用《企业会计准则第 11 号——股份支付》。

二、短期薪酬的确认与计量

企业应当在职工为其提供服务的会计期间，将实际发生的短期薪酬确认为负债，并计入当期损益，其他会计准则要求或允许计入资本成本的除外。这是短期薪酬确认与计量的基本原则。短期薪酬的确认与计量将分为货币性短期薪酬、带薪缺勤、短期利润分享计划和非货币性福利等 4 个部分。

（一）货币性短期薪酬

1. 货币性短期薪酬的准则规定

职工的工资、奖金、津贴和补贴，大部分的职工福利费、医疗保险费、工伤保险费和生育保险费等社会保险费，住房公积金、工会经费和职工教育经费等一般属于货币性短期薪酬。

企业发生的职工福利费应当在实际发生时根据实际发生额计入当期损益或相关资产成本。职工福利费为非货币性福利的，应当按照公允价值计量。

企业为职工缴纳的医疗保险费、工伤保险费、生育保险费等社会保险费和住房公积金，以及按规定提取的工会经费和职工教育经费，应当在职工为其提供服务的会计期间，根据规定的计提基础和计提比例计算确定相应的职工薪酬金额，并确认相应负债，计入当期损益或相关资产成本。

2. 货币性短期薪酬的准则解读

（1）职工薪酬准则第五条规定，企业应当在职工为其提供服务的会计期间，将实际发生的短期薪酬确认为负债，并计入当期损益，其他会计准则要求或允许计入资产成本的除外。计提时，按照“受益原则”处理，借记“生产成本”“制造费用”“管理费用”“销售费用”“研发支出”“在建工程”等科目，贷记“应付职工薪酬——工资”科目。

发放时，借记“应付职工薪酬”科目，贷记“银行存款”“应交税费——应交个人所得税”“其他应收款”（收回代垫款）、“其他应付款”（代扣代缴）科目。

（2）职工薪酬准则第六条规定，企业发生的职工福利费，应当在实际发生时根据实际发生额计入当期损益或相关资产成本。职工福利费为非货币性福利的，应当按照公允价值计量。职工福利费的相关会计分录具体如下：借记“生产成本”等科目，贷记“应付职工薪酬——职工福利”“应付职工薪酬——非货币性福利”科目；或者借记“应付职工薪酬——职工福利”科目，贷记“银行存款”等科目；或者借记“应付职工薪酬——非货币性福利”科目，贷记“主营业务收入（公允价值）”和“应交税费——

应交增值税（销项税额）”科目。

（3）职工薪酬准则第七条规定，企业为职工缴纳的医疗保险费、工伤保险费、生育保险费等社会保险费和住房公积金，以及按规定提取的工会经费和职工教育经费，应当在职工为其提供服务的会计期间，根据规定的计提基础和计提比例计算确定相应的职工薪酬金额，并确认相应负债，计入当期损益或相关资产成本。

发生上述费用时，相关会计分录如下：借记“生产成本”等科目，贷记“应付职工薪酬——社会保险费”“应付职工薪酬——住房公积金”“应付职工薪酬——工会经费”和“应付职工薪酬——职工教育经费”科目。

3. 货币性短期薪酬准则的具体运用

对于货币性短期薪酬，企业应当根据职工提供服务情况和工资标准计算应计入职工薪酬的工资总量，按照受益对象计入当期损益或相关资产成本，借记“生产成本”“制造费用”“管理费用”等科目，贷记“应付职工薪酬”科目；发放时，借记“应付职工薪酬”科目，贷记“银行存款”等科目。企业发生的职工福利费，应当在实际发生时根据实际发生额计入当期损益或相关资本成本。

企业为职工缴纳的医疗保险费、养老保险费、失业保险费、工伤保险费、生育保险费和住房公积金，以及按规定提取的工会经费和职工教育经费，应当在职工为其提供服务的会计期间，根据规定的计提基础和计提比例计算确定相应的职工薪酬金额，并确认相关负债，按照受益对象计入当期损益或相关资产成本。

例 10-01　2×21 年 6 月，A 公司当月应发工资 2 000 万元，其中，生产部门直接生产人员工资 100 万元；生产部门管理人员工资 200 万元；公司管理部门人员工资 360 万元；公司专设产品销售机构人员工资 100 万元；建造厂房人员工资 220 万元；内部开发存货管理系统人员工资 120 万元。

分析：根据所在地政府规定，公司分别按照职工工资总额的 10%、12%、2% 和 10.5% 计提医疗保险费、养老保险费、失业保险费和住房公积金，并缴纳给当地社会保险经办机构和住房公积金管理机构。公司内设医务室，根据 2×17 年实际发生的职工福利费情况，公司预计 2×18 年应承担的职工福利费义务金额为职工工资总额的 2%，职工福利的受益对象为上述所有人员。公司分别按照职工工资总额的 2% 和 1.5% 计提工会经费和职工教育经费。假定公司存货管理系统已处于开发阶段并符合《企业会计准则第 6 号——无形资产》资本化为无形资产的条件。

应计入生产成本的职工薪酬金额＝1 000＋1 000×（10%＋12%＋2%＋10.5%＋2%＋2%＋1.5%）＝1 400（万元）

应计入制造费用的职工薪酬金额＝200＋200×（10%＋12%＋2%＋10.5%＋2%＋2%＋1.5%）＝280（万元）

应计入管理费用的职工薪酬金额＝360＋360×（10%＋12%＋2%＋10.5%＋2%＋2%＋1.5%）＝504（万元）

应计入销售费用的职工薪酬金额＝100＋100×（10%＋12%＋2%＋10.5%＋2%＋2%＋1.5%）＝140（万元）

应计入在建工程成本的职工薪酬金额＝220＋220×（10%＋12%＋2%＋10.5%＋2%＋2%＋1.5%）＝308（万元）

应计入无形资产成本的职工薪酬金额＝120＋120×（10%＋12%＋2%＋1.5%＋2%＋2%＋1.5%）＝168（万元）

公司在分配工资、职工福利费、各种社会保险费、住房公积金、工会经费和职工教育经费等职工薪酬时，应作如下账务处理：

借：生产成本	14 000 000	
制造费用	2 800 000	
管理费用	5 040 000	
销售费用	1 400 000	
在建工程	3 080 000	
研发支出——资本化支出	1 680 000	
贷：应付职工薪酬——工资		20 000 000
——职工福利		400 000
——社会保险费		4 800 000
——住房公积金		2 100 000
——工会经费		400 000
——职工教育经费		300 000

例 10-02 2×21 年 6 月，A 公司当月应发工资 1 560 万元，其中：生产部门直接生产人员工资 1 000 万元；生产部门管理人员工资 200 万元；公司管理部门人员工资 360 万元。

根据所在地政府规定，公司分别按照职工工资总额的 10% 和 8% 计提医疗保险费和住房公积金，缴纳给当地社会保险经办机构和住房公积金管理机构。公司分别按照职工工资总额的 2% 和 1.5% 计提工会经费和职工教育经费。假定不考虑所得税影响。

应计入生产成本的职工薪酬金额＝1 000＋1 000×（10%＋8%＋2%＋1.5%）＝1 215（万元）

应计入制造费用的职工薪酬金额＝200＋200×（10%＋8%＋2%＋1.5%）＝243（万元）

应计入管理费用的职工薪酬金额＝360＋360×（10%＋8%＋2%＋1.5%）＝437.4（万元）

公司应根据上述业务，作如下账务处理：

借：生产成本	12 150 000	
制造费用	2 430 000	
管理费用	4 374 000	
贷：应付职工薪酬——工资		15 600 000
——医疗保险费		1 560 000
——住房公积金		1 248 000
——工会经费		312 000
——职工教育经费		234 000

（二）带薪缺勤

企业对各种原因产生的缺勤进行补偿，如年休假、病假、短期伤残假、婚假、产假、丧假探亲假等。带薪缺勤分为累积带薪缺勤和非累积带薪缺勤两类。

企业应当在职工提供服务从而增加了其未来享有的带薪缺勤权利时，确认与累积带薪缺勤相关的职工薪酬，并以累积未行使权利而增加的预期支付金额计量。企业应当在职工实际发生缺勤的会计期间确认与非累积带薪缺勤相关的职工薪酬。

1. 累积带薪缺勤

累积带薪缺勤是指带薪缺勤权利可以结转下期的带薪缺勤，本期尚未用完的带薪缺勤权利可以在未来期间使用。

企业应当在职工提供服务从而增加了其未来享有的带薪缺勤权利时，确认与累积带薪缺勤相关的职工薪酬，并以累积未行使权利而增加的预期支付金额计量。

例 10-03 A公司共有1 000名职工，该公司实行累积带薪缺勤制度。该制度规定，每个职工每年可享受5个工作日带薪病假，未使用的病假只能向后结转一个日历年度，超过1年未使用的权利作废，不能在职工离开公司时获得现金支付；职工休病假是以后进先出为基础，即首先从当年可享受的权利中扣除，再从上年结转的带薪病假余额中扣除；职工离开公司时，公司对职工未使用的累积带薪病假不支付现金。

2×21年12月31日，每个职工当年平均未使用带薪病假为2天。根据过去的经验并预期该经验将继续适用，A公司预计2×22年有950名职工将享受不超过5天的带薪病假，剩余50名职工每人将平均享受6天半病假，假定这50名职工全部为总部各部门经理，该公司平均每名职工每个工作日工资为300元。

分析：A公司在2×21年12月31应当预计由于职工累积未使用的带薪年休假权利而导致预期将支付的工资负债，即相当于75天（50×1.5）的年休假工资22 500元（75×300），并作如下账务处理：

借：管理费用	22 500	
贷：应付职工薪酬——累积带薪缺勤		22 500

假定2022年12月31日，上述50名部门经理中仅有40名享受了6天半休假，并随同正常工资以银行存款支付。另有10名只享受了5天病假，由于该公司的带薪缺勤制度规定，未使用的权利只能结转一年，超过1年未使用的权利将作废。2022年年末，A公司应进行如下账务处理：

借：应付职工薪酬——累积带薪缺勤　（40×1.5×300）	18 000	
贷：银行存款		18 000
借：应付职工薪酬——累积带薪缺勤　（10×1.5×300）	4 500	
贷：管理费用		4 500

例 10-04 承前例，假如A公司的带薪缺勤制度规定，职工累积未使用的带薪缺勤权利可以无限期结转，并且可以于职工离开企业时以现金支付。A公司100名职工中，5名为各部门经理，15名为行政职员，60名为直接生产工人，20名为正在建造一幢自用办公楼的工人。

分析：A公司在2021年12月31日应当预计由于职工累积未使用的带薪休假权利而导致的全部金额，即相当于200天（100×2天）的休假工资6万元（200×300），作如下账务处理：

借：管理费用	12 000	
生产成本	36 000	
在建工程	12 000	
贷：应付职工薪酬——累积带薪缺勤		60 000

例 10-05 A公司从2×21年1月1日起实行累积带薪缺勤制度。制度规定，该公司每名职工每年有权享受12个工作日的带薪休假，休假权利可以向后结转两个日历年度。在第2年年末，公司将对职工未使用的带薪休假权利支付现金。假定该公司每名职工平均每月工资2 000元，每名职工每月工作日为20个，每个工作日平均工资为100元。以公司一名直接参与生产的职工为例。

（1）假定2×21年1月，该名职工没有休假。公司应当在职工为其提供服务的当月，累积相当于1个工作日工资的带薪休假义务，并作如下账务处理：

借；生产成本	2 100	
贷：应付职工薪翻——工资		2 000
——累积带薪缺勤		100

（2）假定2021年2月，该名职工休了1天假。公司应当在职工为其提供服务的当月，累积相当于1个工作日工资的带薪休假义务，反映职工使用累积权利的情况，并作如下账务处理：

借：生产成本 2 100
　　贷：应付职工薪酬——工资 2 000
　　　　　　　　——累积带薪缺勤（计提本期休假） 100
借：应付职工薪酬——累积带薪缺勤 100
　　贷：生产成本（使用上期休假） 100

（3）假定第 2 年年末（2022 年 12 月 31 日），该名职工有 5 个工作日未使用的带薪休假到期，公司以现金支付了未使用的带薪休假（如果不支付现金，就冲回成本费用）。

借：应付职工薪酬——累积带薪缺勤 500
　　贷：库存现金（5×100） 500

2. 非累积带薪缺勤

非累积带薪缺勤是指带薪权利不能结转下期的带薪缺勤，本期尚未用完的带薪缺勤权利将予以取消，并且职工离开企业时也无权获得现金支付。

我国企业职工休婚假、产假、丧假、探亲假、病假期间的工资通常属于非累积带薪缺勤。

企业应当在职工实际发生缺勤的会计期间确认与非累积带薪缺勤相关的职工薪酬。

通常，与非累积带薪缺勤相关的职工薪酬已经包括在企业每期向职工发放的工资等薪酬中，因此，不必额外作相应的账务处理。

（三）短期利润分享计划

职工薪酬准则第九条规定，利润分享计划同时满足下列条件的，企业应当确认相关的应付职工薪酬。

（1）企业因过去事项导致现在具有支付职工薪酬的法定义务或推定义务。

（2）因利润分享计划所产生的应付职工薪酬义务金额能够可靠估计。属于下列 3 种情形之一的，视为义务金额能够可靠估计。

①在财务报告批准报出之前企业已确定应支付的薪酬金额。

②该短期利润分享计划的正式条款中包括确定薪酬金额的方式。

③过去的惯例为企业确定推定义务金额提供了明显证据。

职工薪酬准则第十条规定，职工只有在企业工作一段特定期间才能分享利润的，企业在计量利润分享计划产生的应付职工薪酬时，应当反映职工因离职而无法享受利润分享计划福利的可能性。

利润分享计划产生的应付职工薪酬，该利润分享计划应当适用其他长期职工福利的有关规定，即考虑折现。

为了鼓励职工长期留在企业提供服务，有的企业可能制定利润分享和奖金计划，规定当职工在企业工作了特定年限后，能够享有按照企业净利润的一定比例计算的奖金。如果职工在企业工作到特定期末，那么其提供的服务就会增加企业应付职工薪酬金额。尽管企业没有支付这类奖金的法定义务，但是如果有支付此类奖金的惯例，或者说企业除了支付奖金外没有其他现实的选择，这样的计划就使企业产生了一项推定义务。

企业根据企业经济效益增长的实际情况提取的奖金，属于利润分享和奖金计划。但是，这类计划是按照企业实现净利润的一定比例确定享受的奖金，与企业经营业绩挂钩，仍然是由于职工提供服务而产生的，不是由企业与其所有者之间的交易而产生。因此，企业应当将利润分享和奖金计划作为费用处理（或根据相关准则，作为资产成本的一部分），不能作为净利润的分配。具体会计分录为：借记“管理费用”等科目，贷记“应付职工薪酬——工资”（根据利润分享计划确定的金额）科目。

例 10-06 A 公司有一项利润分享计划，要求丙公司将其 2×20 年 12 月 31 日止会计年度的税前利润的指定比例支付给在 2×20 年 7 月 1 日至 2×21 年 6 月 30 日为丙公司提供服务的职工。该奖金于 2×21 年 6 月 30 日支付。2×20 年 12 月 31 日至 2×21 年 6 月 30 日期间没有职工离职，则当年的利润共享支付总额为税前利润的3%。丙公司估计职工离职将使支付额降低至税前利润的2.5%（其中，直接参加生产的职工享有1%，总部管理人员享有1.5%），不考虑个人所得税影响。

分析：尽管支付额是按照截止到2×20年12月31日止会计年度的税前利润的3%计量，但是业绩却是基于职工在2×20年7月1日至2×21年6月30日期间提供的服务。因此，丙公司在2×20年12月31日应按照税前利润的50%的2.5%确认负债和成本及费用，金额为125 000元（10 000 000×50%×2.5%）。余下的利润分享金额，连同针对估计金额与实际支付金额之间的差额作出的调整额，在2×21年予以确认。

2×20年12月31日的账务处理如下：

借：生产成本　　50 000

　　管理费用　　75 000

　　贷：应付职工薪酬——利润分享计划　　125 000

2×21年6月30日，丙公司的职工离职使其支付的利润分享金额为2×20年度税前利润的2.8%（直接参加生产的职工享有1.1%，总部管理人员享有1.7%），在2×21年确认余下的利润分享金额，连同针对估计金额与实际支付金额之间的差额作出的调整额合计为155 000元（10 000 000×2.8%－125 000），其中，计入生产成本的利润分享计划金额60 000元（10 000 000×1.1%－50 000）。计入管理费用的利润分享计划金额95 000元（1 000 000×1.7%－75 000）。

2×21年6月30日的账务处理如下：

借：生产成本　　60 000

　　管理费用　　95 000

　　贷：应付职工薪酬——利润分享计划　　155 000

（四）非货币性福利

企业向职工提供非货币性福利的，应当按照公允价值计量。公允价值无法可靠取得的，可以按照成本计量。

1. 以自产产品或外购商品发放给职工作为福利

企业以其生产的产品作为非货币性福利提供给职工的，应当按照该产品的公允价值和相关税费，计量应计入成本费用的职工薪酬金额。相关收入的确认、销售成本的结转和相关税费的处理，与正常商品销售相同。具体会计分录为：借记“应付职工薪酬——非货币性福利”科目，贷记“主营业务收入”“应交税费——应交增值税（销项税额）”科目，借记“主营业务成本”科目，贷记“库存商品”科目。

以外购商品作为非货币性福利提供给职工的，应当按照该商品的公允价值和相关税费计入成本费用。外购商品时，借记“库存商品”“应交税费——应交增值税（进项税额）”科目，贷记“银行存款”科目；发放时，借记“应付职工薪酬——非货币性福利”科目，贷记“库存商品”和“应交税费——应交增值税（进项税额转出）”科目。

在以自产产品或外购商品发放给职工作为福利的情况下，企业在进行账务处理时，应当先通过“应付职工薪酬”科目归集当期应计入成本费用的非货币性薪酬金额。具体会计分录为：借记“生产成本”“制造费用”“管理费用”“销售费用”“在建工程”“研发支出”等科目，贷记“应付职工薪酬——非货币性福利”科目。

例10-07 A公司为一家生产笔记本电脑的企业，共有职工200名。2×21年2月，公司以其生产的成本为10 000元的高级笔记本电脑和外购的每部不含税价格为1 000元的手机作为春节福利发放给公司每名职工。该型号笔记本电脑的售价为每台14 000元，A公司适用的增值税税率为13%，已开具了增值税专用发票；A公司以银行存款支付了购买手机的价款和增值税进项税额，已取得增值税专用发票，适用的增值税税率为13%。假定200名职工中170名为直接参加生产的职工，

30名为总部管理人员。

分析：企业以自己生产的产品作为福利发放给职工，应计入成本费用的职工薪酬金额以公允价值计量，计入主营业务收入，产品按照成本结转，但要根据相关税收规定，视同销售计算增值税销项税额。外购商品发放给职工作为福利，应当将交纳的增值税进项税额计入成本费用。

笔记本电脑的售价总额＝14 000×170＋14 000×30＝2 380 000＋420 000＝2 800 000（元）

笔记本电脑的增值税销项税额＝170×14 000×13%＋30×14 000×13%

＝309 400＋54 600

＝364 000（元）

A公司决定发放非货币性福利时，应作如下账务处理：

借：生产成本　　2 689 400

　　管理费用　　474 600

　　贷：应付职工薪酬——非货币性福利　　3 164 000

实际发放笔记本电脑时，应作如下账务处理：

借：应付职工薪酬——非货币性福利　　3 164 000

　　贷：主营业务收入　　2 800 000

　　　　应交税费——应交增值税（销项税额）　　364 000

借：主营业务成本　　2 000 000

　　贷：库存商品　　2 000 000

手机的售价总额＝170×1 000＋30×1 000

＝170 000＋30 000

＝200 000（元）

手机的进项税额＝170×1 000×13%＋30×1 000×13%

＝22 100＋3 900

＝26 000（元）

A公司决定发放非货币性福利时，应作如下账务处理：

借：生产成本　　192 100

　　管理费用　　33 900

　　贷：应付职工薪酬——非货币性福利　　226 000

购买手机时，A公司应作如下账务处理：

借：库存商品　　200 000

　　应交税费——应交增值税（进项税额）　　26 000

　　贷：银行存款　　226 000

实际发放手机时，应作如下财务处理：

借：应付职工薪酬——非货币性福利　　226 000

　　贷：库存商品　　200 000

　　　　应交税费——应交增值税（进项税额转出）　　26 000

2. 将拥有的房屋等资产无偿提供给职工使用或租赁住房等资产供职工无偿使用

企业将拥有的房屋等资产无偿提供给职工使用的，应当根据受益对象，将每期应计提的折旧额计入相关资产成本或当期损益，同时确认应付职工薪酬。借记“管理费用”等科目，贷记“应付职工薪酬——非货币性福利”科目；同时，借记“应付职工薪酬——非货币性福利”科目，贷记“累计折旧”科目。

企业将租赁住房等资产供职工无偿使用的，应当根据受益对象，将每期应付的租金计入相关资产成本或当期损益，并确认应付职工薪酬。借记“管理费用”等科目，贷记“应付职工薪酬——非货币性福利”科目；同时，借记“应付职工薪酬——非货币性福利”科目，贷记“其他应付款”科目。

例 10-08　2×21 年丁公司为总部各部门经理级别以上职工提供自建单位宿舍免费使用，同时为副总裁以上高级管理人员每人租赁一套住房。该公司总部共有部门经理以上职工 60 名，每人提供一间单位宿舍免费使用，假定每间单位宿舍每月计提折旧 1 000 元；该公司共有副总裁以上高级管理人员 10 名，公司为其每人租赁一套月租金为 10 000 元的公寓。该公司每月应作如下账务处理：

借：管理费用　60 000
　贷：应付职工薪酬——非货币性福利　60 000
借：应付职工薪酬——非货币性福利　60 000
　贷：累计折旧　60 000
借：管理费用　100 000
　贷：应付职工薪酬——非货币性福利　100 000
借：应付职工薪酬——非货币性福利　100 000
　贷：其他应付款　100 000

3. 向职工提供企业支付了补贴的商品或服务（以提供包含补贴的住房为例）

（1）如果出售住房的合同或协议中规定了职工在购得住房后至少应当提供服务的年限，且如果职工提前离开则应退回部分差价，企业应当将该项差额作为长期待摊费用处理，并在合同或协议规定的服务年限内平均摊销，根据受益对象分别计入相关资产成本或当期损益。购入住房时，借记“固定资产”科目，贷记“银行存款”科目；出售住房时，借记“银行存款”“长期待摊费用”科目，贷记“固定资产”科目；摊销长期待摊费用时，借记“管理费用”等科目，贷记“应付职工薪酬——非货币性福利”科目；同时，借记“应付职工薪酬——非货币性福利”科目，贷记“长期待摊费用”科目。

（2）如果出售住房的合同或协议中未规定职工在购得住房后必须服务的年限，企业应当将该项差额直接计入出售住房当期相关资产成本或当期损益。

例 10-09　2×21 年 5 月，A 公司购买了 100 套全新的公寓拟以优惠价格向职工出售，该公司共有 100 名职工，其中 80 名为直接生产人员，20 名为公司总部管理人员。A 公司拟向直接生产人员出售的住房平均每套购买价为 100 万元，向职工出售的价格为每套 80 万元；拟向管理人员出售的住房平均每套购买价为 180 万元，向职工出售的价格为每套 150 万元。假定该 100 名职工均在 2×21 年度中陆续购买了公司出售的住房，售房协议规定，职工在取得住房后必须在公司服务 15 年。不考虑相关税费。

A 公司出售住房时应作如下账务处理：

借：银行存款　94 000 000
　　长期待摊费用　22 000 000
　贷：固定资产　116 000 000

出售住房后的每年，A 公司应当按照直线法在 15 年内摊销长期待摊费用，并作如下账务处理：

借：生产成本　1 066 667
　　管理费用　400 000
　贷：应付职工薪酬——非货币性福利　1 466 667
借：应付职工薪酬——非货币性福利　1 466 667
　贷：长期待摊费用　1 466 667

例 10-10　2×21 年 12 月 1 日，A 公司与 10 名高级管理人员分别签订汽车销售合同。合同约定，A 公司将自己生产的 10 辆高级轿车以每辆 60 万元的优惠价格销售给 10 名高级管理人员；高级管理人员自取得汽车所有权后必须在 A 公司工作 5 年，如果在工作未满 5 年的情况下离职，需根据服务期限补交款项。

2×21 年 12 月 25 日，A 公司收到 10 名高级管理人员支付的汽车款项 600 万元。上述汽车成本为每辆 50 万元，市场价格为每辆 80 万元。假设不考虑相关税费。

A 公司会计处理如下。

公司出售汽车时：

借：银行存款	6 000 000	
长期待摊费用	2 000 000	
贷：主营业务收入		8 000 000
借：主营业务成本	5 000 000	
贷：库存商品		5 000 000

出售汽车后，每年公司应当按照直线法在 5 年内摊销长期待摊费用。

2021 年摊销的会计分录为：

借：管理费用（2 000 000÷5）	400 000	
贷：应付职工薪酬		400 000
借：应付职工薪酬	400 000	
贷：长期待摊费用		400 000

例 10-11 承前例，假定在签订汽车销售合同时，未规定职工在购得汽车后必须在 A 公司服务的年限。A 公司的会计处理如下：

借：管理费用	2 000 000	
贷：应付职工薪酬		2 000 000
借：应付职工薪酬	2 000 000	
银行存款	6 000 000	
贷：主营业务收入		8 000 000
借：主营业务成本	5 000 000	
贷：库存商品		5 000 000

“长期待摊费用”科目核算的内容包括：经营租入固定资产改良、预付经营租赁费用、向职工提供企业支付了补贴的商品或服务等已经发生但应由本期和以后各期负担的、分摊期限在一年以上的各项费用。

三、离职后福利的确认与计量

离职后福利是指企业为获得职工提供的服务而在职工退休或与企业解除劳动关系后，提供的各种形式的报酬和福利，短期薪酬和辞退福利除外。离职后福利包括退休福利（如养老金和一次性的退休支付）及其他离职后福利（如离职后人寿保险和离职后医疗保障）。如果企业提供此类福利，无论其是否设立了一个单独的主体来接受提存金和支付福利，均应适用本准则的相关要求。

职工的离职后福利，如在正常退休时获得的养老金，是其与企业签订的劳动合同到期时，或者职工达到了国家规定的退休年龄时获得的离职后生活补偿金额，此种情况下给予补偿的事项是职工在职时提供的服务而不是退休本身。因此，企业应当在职工提供服务的会计期间进行确认和计量。离职后福利计划是指企业与职工就离职后福利达成的协议，或者企业为向职工提供离职后福利制定的规章和办法等。企业应当将离职后福利计划分类为设定提存计划和设定受益计划两种类型，其中，设定提存计划是指向独立的基金缴存固定费用后，企业不再承担进一步支付义务的离职后福利计划；设定受益计划是指除设定提存计划以外的离职后福利计划。

（一）设定提存计划

职工薪酬准则第十二条规定，企业应当在职工为其提供服务的会计期间，根据设定提存计划计算的应缴存金额确认为负债，并计入当期损益或相关资产成本。

根据设定提存计划，预期不会在职工提供相关服务的年度报告期结束后 12 个月内支付全部应缴存金额的，企业应当参照职工薪酬准则第十五条规定的折现率，将全部应缴存金额以折现后的金额计量应付职工薪酬。

设定提存计划（Defined Contribution Plan，DCP）是指企业向一个独立主体（通常是基金）支付固定提存金。如果该基金不能拥有足够资产以支付与当期和以前期间职工服务相关的所有职工福利，企业不再负有进一步支付提存金的法定义务和推定义务。根据我国养老保险制度相关文件的规定，职工养老保险、失业保险待遇即收益水平与企业在职工提供服务各期的缴费水平不直接挂钩，企业承担的义务仅限于按照规定标准提存的金额，属于设定提存计划。

设定提存计划的会计处理比较简单，因为企业在每一期间的义务取决于该期间将要提存的金额，所以，在计量义务或费用日时不需要精算假设，通常也不存在精算利得或损失。

企业应在资产负债表日确认为换取职工在会计期间内为企业提供的服务而应付给设定提存计划的提存金，并作为一项费用计入当期损益或相关资产成本。

例 10-12 A 企业为管理人员设立了一项企业年金：每月该企业按照每个管理人员工资的 5% 向独立于 A 企业的年金基金缴存企业年金，年金基金将其计入该管理人员个人账户并负责资金的运作。该管理人员退休时可以一次性获得其个人账户的累积额，包括公司历年来的缴存额以及相应的投资收益。公司除了按照约定向年金基金缴存之外不再负责其他义务，既不享有缴存资金产生的收益，也不承担投资风险。因此，该福利计划为设定提存计划。2×21 年，按照计划安排，该企业向年金基金缴存的金额为 1 000 万元。

2×21 年的账务处理如下：

借：管理费用	10 000 000	
贷：应付职工薪酬		10 000 000
借：应付职工薪酬	10 000 000	
贷：银行存款		10 000 000

（二）设定受益计划

设定受益计划是指除设定提存计划以外的离职后福利计划。

职工薪酬准则第十三条阐述了设定受益计划的会计处理涉及的 4 个步骤，具体如下：

步骤 1：确定设立受益义务现值和当期服务成本。

（1）根据预期累计福利单位法，采用无偏且相互一致的精算假设对有关人口统计变量（如职工离职率和死亡率）和财务变量（如未来薪金和医疗费用的增加）等作出估计，计量设定受益计划所产生的义务，并确定相关义务的归属期间。

（2）根据资产负债表日与设定受益计划义务期限和币种相匹配的国债或活跃市场上的高质量公司债券的市场收益率确定折现率，将设定受益计划所产生的义务予以折现，以确定设定受益计划义务的现值和当期服务成本。

设定受益义务的现值，是指企业在不扣除任何计划资产的情况下，为履行当期和以前期间职工服务产生的义务所需的预期未来支付额的现值。

例 10-13 A 企业在 2×20 年 1 月 1 日建立一项福利计划向其未来退休的管理员工提供退休补贴，退休补贴根据工龄有不同的层次，该计划于当日开始实施。该福利计划为一项设定受益计划。假设管理人员退休时企业将每年向其支付退休补贴直至其去世，通常企业应当根据生命周期表对死亡率进行精算（为阐述方便，本例中测算表格中的演算，忽略死亡率），并考虑退休补贴的增长率等因素，将退休后补贴折现到退休时点，然后按照预期累计福利单位法在职工的服务期间进行分配。

假设一位55岁管理人员于2×20年初入职，年折现率为10%，预计该职工将在服务5年后即2×25年初退休。表10-01列示了企业如何按照预期累计福利单位法确定其设定受益义务现值和当期服务成本，假定精算假设不变。

表10-01 计算设定受益义务现值和当期服务成本

单位：元

项目	2×20年	2×21年	2×22年	2×23年	2×24年
福利归属于以前年度	0	1 310	2 620	3 930	5 240
福利归属于当年	1 310	1 310	1 310	1 310	1 310
当前和以前年度	1 310	2 620	3 930	5 240	6 550
期初义务	0	890	1 960	3 240	4 760
利率为10%的利息	0	89 = 890×10%	196 = 1 960×10%	324 = 3 240×10%	476 = 4 760×10%
当期服务成本	890 = 1 310÷（1 + 10%）^{4}	980 = 1 310÷（1 + 10%）^{3}	1 080 = 1 310÷（1 + 10%）^{2}	1 190 = 1 310÷（1 + 10%）	1 310
期末义务	890	1 959 = 890 + 89 + 980	3 236 = 1 960 + 196 + 1 080	4 754 = 3 240 + 324 + 1 190	6 546 = 4 760 + 476 + 1 310

注：

（1）期初义务是归属于以前年度的设定受益义务的现值。

（2）当期服务成本是归属于当年的设定受益义务的现值。

（3）期末义务是归属于当年和以前年度的设定受益义务的现值。

本例中，假设该职工退休后直至去世前企业将为其支付的累计退休福利在其退休时点的折现额约为6 550元，则该管理人员为企业服务的5年中每年所赚取的当期福利为这一金额的1/5即1 310元。当期服务成本即为归属于当年福利的现值。

因此，在2×20年，当期服务成本为890元［1 310÷（1 + 10%）^{4}］。

其他各年以此类推。

2×20年年末，企业对该管理人员的会计处理如下：

借：管理费用（当期服务成本） 890

　　贷：应付职工薪酬 890

同理，2×21年年末，企业对该管理人员的会计处理如下：

借：管理费用（当期服务成本） 980

　　贷：应付职工薪酬 980

借：财务费用 89

　　贷：应付职工薪酬 89

以后各年，以此类推。

例 10-14　假设 A 企业在 2×20 年 1 月 1 日设立了一项设定受益计划，并于当日开始实施。该设定受益计划具体规定如下：

（1）A 企业向所有在职员工提供统筹外补充退休金，这些职工在退休后每年可以额外获得 12 万元退休金，直至去世。

（2）职工获得该额外退休金基于自该计划开始日期为公司提供的服务，而且应当自该设定受益计划开始日起一直为公司服务至退休。为简化起见，假定符合计划的职工为 100 人，当前平均年龄为 40 岁，退休年龄为 60 岁，还可以为公司服务 20 年。假定在退休前无人离职，退休后平均剩余寿命为 15 年。假定适用的折现率为 10%，并且假定不考虑未来通货膨胀影响等其他因素。

设定受益计划义务及其现值如表 10-02 所示。职工服务期间每期服务成本如表 10-03 所示。

表 10-02　计算设定受益计划义务及其现值

单位：万元

项目	退休后第 1 年	退休后第 2 年	退休后第 3 年	退休后第 4 年	…	退休后第 14 年	退休后第 15 年
1. 当年支付	1 200	1 200	1 200	1 200	…	1 200	1 200
2. 折现率	10%	10%	10%	10%	…	10%	10%
3. 复利现值系数	0.909 1	0.826 4	0.751 3	0.683 0	…	0.263 3	0.239 4
4. 退休时点现值（第 1 行 × 第 3 行）	1 091	992	902	820	…	316	287
5. 退休时点现值合计	9 127						

表 10-3　计算职工服务期间每期服务成本

单位：万元

项目	服务第 1 年	服务第 2 年	…	服务第 19 年	服务第 20 年
福利归属			…		
——以前年度	0	456.35	…	8 214.3	8 670.65
——当年	456.35	456.35	…	456.35	456.35
——以前年度＋当年	456.35	912.7	…	8 670.65	9 127
期初义务	0	74.62	…	6 788.68	7 882.41
利息	0	7.46	…	678.87	788.24
当期服务成本	74.62①	82.08②	…	414.86③	456.35
期末义务	74.62	164.16		7 882.41	9 127④

注：

① $74.62 = 456.35 \div (1 + 10\%)^{19}$
② $82.08 = 456.35 \div (1 + 10\%)^{18}$
③ $414.86 = 456.35 \div (1 + 10\%)$
④含尾数调整。

服务第 1 年的账务处理如下：

借：管理费用（或相关资产成本） 746 200
　　贷：应付职工薪酬——设定受益计划义务 746 200
服务第 2 年年末，A 企业的账务处理如下：
借：管理费用（或相关资产成本） 820 800
　　贷：应付职工薪酬——设定受益计划义务 820 800
借：财务费用（或相关资产成本） 74 600
　　贷：应付职工薪酬——设定受益计划义务 74 600
以后各年以此类推。

步骤 2：确定设定受益计划净负债或净资产。

设定受益计划存在资产的，企业应当将设定受益计划义务现值减去设定受益计划资产公允价值所形成的赤字或盈余确认为一项设定受益计划净负债或净资产。

设定受益计划存在盈余的，企业应当以设定受益计划的盈余和资产上限两项的孰低者计量设定受益计划净资产。其中，资产上限，是指企业可从设定受益计划退款或减少未来对设定受益计划缴存资金而获得的经济利益的现值。

计划资产包括长期职工福利基金持有的资产以及符合条件的保险单，不包括企业应付但未付给基金的提存金以及由企业发行并由基金持有的任何不可转换的金融工具。

例 10-15 承例 10-14，假设该企业共有 5 000 名管理人员，按照预期累计福利单位法计算出上述设定受益计划的总负债为 3 亿元，若该企业专门购置了国债作为计划资产，这笔国债 2×21 年的公允价值为 1 亿元，假设该国债仅能用于偿付企业的福利计划负债（除非在支付所有计划负债后尚有盈余），且除福利计划负债以外，该企业的其他债权人不能要求用以偿付其他负债，公司没有最低缴存额的现值，则整个设定受益计划净负债为 2 亿元。如果该笔国债 2×22 年的公允价值为 4 亿元，则该项设定受益计划存在盈余为 1 亿元，假设该企业可从设定受益计划退款或减少未来对该计划缴存资金而获得的经济利益的现值（即资产上限）为 1.5 亿元，则该项设定受益计划净资产为 1 亿元。

步骤 3：确定应当计入当期损益的金额。

设定受益计划中应确认的计入当期损益的金额等于服务成本加上设定受益净负债或净资产的利息净额。

服务成本包括当期服务成本、过去服务成本和结算利得或损失。

（1）当期服务成本，是指因职工当期服务导致的设定受益义务现值的增加额。即为归属于当年福利的现值。

例 10-16 承例 10-13，当期服务成本如表 10-1 中所示，当期服务成本是按照预期累计福利单位法计算出的归属于当年的福利的现值。2×21 年 A 企业对该管理人员的当期服务成本为 980 元，2×22 年当期服务成本为 1 080 元，以后各年以此类推。

（2）过去服务成本，是指设定受益计划修改所导致的与以前期间职工服务相关的设定受益计划义务现值的增加或减少。

当企业引入或取消一项设定受益计划或是改变现有设定受益计划下的应付福利时，就发生了计划修改。当企业显著减少计划涵盖的职工数量时，就发生了计划缩减。

例 10-17 承例 10-13，假设 2×21 年初企业建立这项设定受益计划时该管理人员已经入职一年，企业对管理人员归属于 2×20 年度服务的设定受益义务的现值增加，因此企业应当立即在 2×21 年初的利润表中确认 890 万元的过去服务成本。

（3）结算利得和损失。企业应当在设定受益计划结算时，确认一项结算利得或损失。

设定受益计划结算利得或损失是下列两项的差额：

①在结算日确定的设定受益计划义务现值。

②结算价格，包括转移的计划资产的公允价值和企业直接发生的与结算相关的支付。

结算是未在计划条款中规定的福利的支付，未纳入精算假设中，因此结算利得或损失应当计入当期损益。

例 10-18　承例 10-14，假设该企业 2×23 年因经营困难需要重组，一次性支付给职工退休补贴 2 亿元。重组日的该项设定受益义务总现值为 3 亿元，则结算利得为 1 亿元（等于 3 亿元减去 2 亿元）。

（4）设定受益计划净负债或净资产的利息净额，是指设定受益净负债或净资产在所处期间由于时间流逝产生的变动，包括计划资产的利息收益、设定受益计划义务的利息费用以及资产上限影响的利息。

例 10-19　承例 10-14，假设该企业 2×21 年初有设定受益计划净负债 2 亿元，2×21 年初折现率为 10%，假设没有福利支付和提存金缴存，则其利息费用净额为 0.2 亿元（2×10%）。2×22 年初有设定受益计划净资产 1 亿元，假设 2×22 年初折现率为 10%，则其利息收入净额为 0.1 亿元（1×10%）。

2×21 年末企业应当进行如下会计处理：

借：财务费用　　20 000 000

　　贷：应付职工薪酬　　20 000 000

2×22 年末企业应当进行如下会计处理：

借：应付职工薪酬　　10 000 000

　　贷：财务费用　　10 000 000

步骤 4：确定应当计入其他综合收益的金额。

设定受益净负债或净资产的重新计量应当计入其他综合收益，且在后续期间不应重分类计入损益，但是企业可以在权益范围内转移这些在其他综合收益中确认的金额。

重新计量设定受益计划净负债或净资产所产生的变动包括下列部分：

（1）精算利得和损失，即由于精算假设和经验调整导致之前所计量的设定受益计划义务现值的增加或减少。产生精算利得和损失的原因包括：企业未能预计的过高或过低的职工流动率、提前退休率、死亡率、过高或过低的薪金、福利的增长以及折现率变化等因素。精算利得或损失不包括因引入、修改、缩减或结算设定受益计划所导致的设定受益义务现值的变动，或者设定受益计划下应付福利的变动。这些变动产生了过去服务成本或结算利得或损失。

（2）计划资产回报，扣除包含在设定受益净负债或净资产的利息净额中的金额。计划资产的回报，指计划资产产生的利息、股利和其他收入，以及计划资产已实现和未实现的利得或损失。企业在确定计划资产回报时，应当扣除管理该计划资产的成本以及计划本身的应付税款，但计量设定受益义务时所采用的精算假设所包括的税款除外。管理该计划资产以外的其他管理费用不需从计划资产回报中扣减。

（3）资产上限影响的变动，扣除包括在设定受益净负债或净资产的利息净额中的金额。

例 10-20　承例 10-14，假设 2×21 年末 A 企业进行精算重估的时候发现折现率已经变为 8%，假设不考虑计划资产回报和资产上限影响的变动，假设 A 企业由于折现率变动导致重新计量设定受益计划净负债的增加额共计 500 万元。则 2×21 年末 A 企业应当进行如下会计处理：

借：其他综合收益——精算损失　　5 000 000

　　贷：应付职工薪酬——设定受益计划义务　　5 000 000

以后各年，以此类推。

提示：注意区分应当计入当期损益的金额和应当计入其他综合收益的金额。

计入当期损益金额包括：①当期服务成本；②过去服务成本；③结算利得和损失；④设定受益计划净负债或净资产的利息净额。

计入其他综合收益的金额包括：①精算利得和损失；②计划资产回报，扣除包括在设定受益净负债或净资产的利息净额中的金额；③资产上限影响的变动，扣除包括在设定受益计划净负债或净资产的利息净额中的金额。

四、辞退福利的确认与计量

（一）辞退福利的含义

辞退福利是指企业在职工劳动合同到期之前解除与职工的劳动关系，或者为鼓励职工自愿接受裁减而给予职工的补偿。辞退福利被视为职工福利的单独类别，是因为导致义务产生的事项是终止职工的雇佣而提供。辞退福利通常一整笔支付，但有时也包括通过职工福利计划间接或直接提高离职后福利，或者在职工不再为企业带来经济利益后，将职工工资支付到辞退后未来某一期末等方式。

（二）辞退福利的确认和计量

1. 辞退福利的内容

（1）在职工劳动合同尚未到期前，不论职工本人是否愿意，企业决定解除与职工的劳动关系而给予的补偿；

（2）在职工劳动合同尚未到期前，为鼓励职工自愿接受裁减而给予的补偿，职工有权利选择继续在职或接受补偿离职；

（3）辞退福利还包括当公司控制权发生变动时，对辞退的管理层人员进行补偿的情况。

特别提示：

①在确定企业提供的经济补偿是否为辞退福利时，应当区分辞退福利和正常退休养老金。辞退福利是在职工与企业签订的劳动合同到期前，企业根据法律与职工本人或职工代表（如工会）签订的协议，或者基于商业惯例，承诺当其提前终止对职工的雇佣关系时支付的补偿，引发补偿的事项是辞退，企业应当在辞退时进行确认和计量。

职工虽然没有与企业解除劳动合同，但未来不再为企业提供服务，不能为企业带来经济利益，企业承诺提供实质上具有辞退福利性质的经济补偿，比照辞退福利处理。例如，内退，员工正式退休前，比照辞退福利处理；员工正式退休后，按离职后福利处理。

②实施职工内部退休计划的，企业应当比照辞退福利处理。在内退计划符合职工薪酬准则规定的确认条件时，企业应当按照内退计划规定，将自职工停止提供服务日至正常退休日期间、企业拟支付的内退职工工资和缴纳的社会保险费等，确认为应付职工薪酬，一次性计入当期损益，不能在职工内退分期确认因支付内退职工工资和为其缴纳社会保险费而产生的义务。

2. 确认原则

企业向职工提供辞退福利的，应当在以下两者孰早日确认辞退福利产生的职工薪酬负债，并计入当期损益。

（1）企业不能单方面撤回解除劳动关系计划或裁减建议所提供的辞退福利时。

（2）企业确认涉及支付辞退福利的重组相关的成本或费用时。

3. 企业承担重组义务的判断条件

同时存在下列情况时，表明企业承担了重组义务。

（1）有详细、正式的重组计划，包括重组涉及的业务、主要地点、需要补偿的员工人数及其岗位性质、预计重组支出、计划实施时间等。

（2）该重组计划已对外公告。

提示：

①由于被辞退的职工不再为企业带来未来经济利益，因此，对于所有辞退福利，均应当于辞退计划满足负债确认条件的当期一次计入费用，不计入资产成本，应借记“管理费用”，贷记“应付职工薪酬”。

②对于分期或分阶段实施的解除劳动关系计划或自愿裁减建议，企业应当将整个计划看作是由各单项解除劳动关系计划或自愿裁减建议组成，在每期或每阶段计划符合预计负债确认条件时，将该期或该阶段计划中由提供辞退福利产生的预计负债予以确认，计入该部分计划满足预计负债确认条件的当期管理费用，不能等全部计划都符合确认条件时再予以确认。

4. 辞退福利的计量因辞退计划中职工有无选择权而有所不同

（1）对于职工没有选择权的辞退计划，应当根据计划条款规定拟解除劳动关系的职工数量、每一职位的辞退补偿等计提应付职工薪酬。

（2）对于自愿接受裁减的建议，因接受裁减的职工数量不确定，企业应当根据《企业会计准则第13号——或有事项》规定，预计将会接受裁减建议的职工数量，根据预计的职工数量和每一职位的辞退补偿等计提应付职工薪酬。

5. 辞退福利需要注意的其他事项

（1）辞退福利预期在其确认的年度报告期间期末后12个月内完全支付的，应当适用短期薪酬的相关规定。

（2）对于辞退福利预期在年度报告期间期末后12个月内不能完全支付的，企业应当适用其他长期职工福利的相关规定。

实质性辞退工作在一年内实施完毕但补偿款项超过一年支付的辞退计划，企业应当选择恰当的折现率，以折现后的金额计量应计入当期损益的辞退福利金额。

例 10-21 A企业为一家空调制造企业，2×20年9月，为了能够在下一年度顺利实施转产，A企业管理层制定了一项辞退计划。计划规定：从2×21年1月1日起，企业将以职工自愿方式，辞退其柜式空调生产车间的职工。

辞退计划的详细内容，包括拟辞退的职工所在部门、数量、各级别职工能够获得的补偿以及计划大体实施的时间等均已与职工沟通，并达成一致意见，辞退计划已于当年12月10日经董事会正式批准，辞退计划将于下一个年度内实施完毕。

该项辞退计划的详细内容如表10-04所示。

表 10-04 辞退计划

单位：万元

所属部门	职位	辞退数量（人）	工龄（年）	每人补偿
空调车间	车间主任/副主任	10	1 ~ 10	10
			10 ~ 20	20
			20 ~ 30	30
	高级技工	50	1 ~ 10	8
			10 ~ 20	18
			20 ~ 30	28

（续表）

所属部门	职位	辞退数量（人）	工龄（年）	每人补偿
空调车间	一般技工	100	1 ~ 10	5
			10 ~ 20	15
			20 ~ 30	25
合计		160		

2×20 年 12 月 31 日，企业预计各级别职工拟接受辞退职工数量的最佳估计数（最可能发生数）及其应支付的补偿如表 10-05 所示。

表 10-05　拟接受辞退职工数量的估计

单位：万元

所属部门	职位	辞退数量	工龄（年）	接受数量	每人补偿额	补偿金额
空调车间	车间主任 副主任	10	1 ~ 10	5	10	50
			10 ~ 20	2	20	40
			20 ~ 30	1	30	30
	高级技工	50	1 ~ 10	20	8	160
			10 ~ 20	10	18	180
			20 ~ 30	5	28	140
	一般技工	100	1 ~ 10	50	5	250
			10 ~ 20	20	15	300
			20 ~ 30	10	25	250
合计		160		123		1 400

按照《企业会计准则第 13 号——或有事项》有关计算最佳估计数的方法，预计接受辞退的职工数量可以根据最可能发生的数量确定。根据表 10-05，愿意接受辞退职工的最可能数量为 123 名，预计补偿总额为 1 400 万元，则企业在 2×20 年（辞退计划是 2×15 年 12 月 10 日由董事会批准）应作如下账务处理：

借：管理费用　　14 000 000

　　贷：应付职工薪酬——辞退福利　　14 000 000

例 10-22 A 企业为一家家用电器制造企业，2020 年 9 月，为了能够在下一年度顺利实施转产该公司管理层制定了一项重组计划。该计划规定，从 2021 年 1 月 1 日起，企业将以职工自愿方式辞退其平面直角系列彩电生产车间的职工。辞退计划的详细内容，包括拟辞退的职工所在部门数量、各级别职工能够获得的补偿以及计划大体实施的时间等均已与职工沟通，并达成一致意见。

辞退计划已于当年 12 月 10 日经董事会正式批准，辞退计划于下一个年度内实施完毕。

2020 年 12 月 31 日，企业预计各级别职工拟接受辞退职工数量的最佳估计数（最可能发生数）及其应支付的补偿。

按照或有事项有关计算最佳估计数的方法：预计接受辞退的职工数量可以根据最可能发生的数量确定；也可以采用按照各种发生数量及其发生概率计算确定。

第一种做法：愿意接受辞退的职工最可能数量为 123 名。预计补偿总额为 1 400 万元，则公司在 2020 年（辞退计划 2020 年 12 月 10 日由董事会批准）应作如下账务处理：

借：管理费用　　14 000 000

　　贷：应付职工薪酬——辞退福利　　14 000 000

第二种做法：以本例中彩电车间主任级别、工龄在 1-10 年的职工为例，假定接受辞退的各种职工数量及发生概率。

由上述计算结果可知，彩电车间主任级别、工龄在 1~10 年的职工接受辞退计划最佳估计数为 5.67 名，则应确认职级的辞退福利金额应为 56.7（5.67）万元。由于所有的辞退福利预计负债均应计入当期费用，所以 2020 年 12 月 10 日由董事会批准公司应作如下账务处理：

借：管理费用　　567 000

　　贷：应付职工薪酬——辞退福利　　567 000

五、其他长期职工福利的确认与计量

（一）其他长期职工福利的概念

（1）其他长期职工福利指除短期薪酬、离职后福利和辞退福利以外的其他所有职工福利。其他长期职工福利包括（假设预计在职工提供相关服务的年度报告期末以后 12 个月内不会全部结算）长期带薪缺勤、其他长期服务福利、长期残疾福利、长期利润分享计划和长期奖金计划，以及递延酬劳等。

（2）其他长期职工福利包括以下各项（假设预计在职工提供相关服务的年度报告期末以后 12 个月内不会全部结算）：

①长期带薪缺勤，如其他长期服务福利、长期残疾福利、长期利润分享计划和长期奖金计划；

②递延酬劳等。

职工薪酬准则第二十二条规定，企业向职工提供的其他长期职工福利符合设定提存计划条件的，应当适用本准则第十二条关于设定提存计划的有关规定进行处理。

企业向职工提供的其他长期职工福利，符合设定提存计划条件的，应当按照设定提存计划的有关规定进行会计处理。符合设定受益计划条件的，企业应当按照设定受益计划的有关规定，确认和计量其他长期职工福利净负债或净资产。其他长期职工福利主要包括长期带薪缺勤（如提前 1 年以上内退）、长期残疾福利、长期利润分享计划等。

（二）其他长期职工福利的会计处理

1. 企业向职工提供的其他长期职工福利

（1）符合设定提存计划条件的，应当按照设定提存计划的有关规定进行会计处理。

（2）符合设定受益计划条件的，应当按照设定受益计划的有关规定，确认和计量其他长期职工福利净负债或净资产。

2. 其他长期职工福利产生的职工薪酬成本确认为下列组成部分

在报告期末，企业应当将其他长期职工福利产生的职工薪酬成本确认为下列组成部分：

（1）服务成本。

（2）其他长期职工福利净负债或净资产的利息净额。

（3）重新计量其他长期职工福利净负债或净资产所产生的变动。

为了简化相关会计处理，上述项目的总净额应计入当期损益或相关资产成本。

例 10-23 2×20 年初 A 企业为其管理人员设立了一项递延奖金计划：将当年利润的 5% 提成作为奖金，但要两年后即 2×21 年末才向仍然在职的员工分发。假设 2×20 年当年利润为 1 亿元，且该计划条款中明确规定：员工必须在这两年内持续为公司服务，如果提前离开将拿不到奖金。

具体会计处理如下：

步骤 1：根据预期累计福利单位法，采用无偏且相互一致的精算假设对有关人口统计变量和财务变量等作出估计，计量设定受益计划所产生的义务，并按照同时期同币种的国债收益率将设定受益计划所产生的义务予以折现，以确定设定受益计划义务的现值和当期服务成本。

假设不考虑死亡率和离职率等因素，2×20年初预计两年后企业为此计划的现金流支出为500万元（1亿元×5%），按照预期累计福利单位法归属于2×20年的福利为500÷2=250（万元），选取同时期同币种的国债收益率作为折现率（5%）进行折现，则2×20年的当期服务成本为250÷（1+5%）=2 380 952（元）。

假定2×20年末折现率变为3%（年初确定为5%），则：

2×20年末的设定受益义务现值即设定受益计划负债为250÷（1+3%）=2 427 184（元）。

步骤2：核实设定受益计划有无计划资产，假设在本例中，该项设定受益计划没有计划资产，2×20年末的设定受益计划净负债即设定受益计划负债为2 427 184元（折现率3%）。

步骤3：确定应当计入当期损益的金额，如步骤1所示，本例中发生利润从而导致负债的当年，即2×20年的当期服务成本为2 380 952元（折现率5%）。由于期初负债为0，2×20年末，设定受益计划净负债的利息费用为0。

步骤4：确定重新计量设定受益计划净负债或净资产所产生的变动，包括精算利得或损失、计划资产回报和资产上限影响的变动三个部分，计入当期损益。由于假设本例中没有计划资产，因此重新计量设定受益计划净负债或净资产所产生的变动仅包括精算利得或损失。

步骤1可知，2×20年末的精算损失为46 232元（2 427 184－2 380 952）。

2×20年末，上述递延奖金计划的会计处理为：

借：管理费用——当期服务成本（折现率5%）	2 380 952	
——精算损失	46 232	
贷：应付职工薪酬——递延奖金计划（折现率3%）		2 427 184

同理，2×21年末，假设折现率仍为3%，A企业当期服务成本为250万元，设定受益计划净负债的利息费用=2 427 184×3%=72 816（元）。则A企业2×21年末的会计处理为：

借：管理费用	2 500 000	
财务费用	72 816	
贷：应付职工薪酬——递延奖金计划		2 572 816

实际支付该项递延奖金时，会计处理为：

借：应付职工薪酬——递延奖金计划	5 000 000	
贷：银行存款		5 000 000

例 10-24 A 股份有限公司（以下简称 A 公司）2×21 年发生的与职工薪酬相关的事项如下：A 公司为增值税一般纳税人，适用的增值税税率为 13%。本题不考虑其他因素。要求就 A 公司 2×21 年发生的与职工薪酬有关的事项，逐项说明其应进行的会计处理并编制相关会计分录。

（1）4 月 10 日，A 公司董事会通过决议，以本公司自产产品作为奖品，对 B 车间全体员工超额完成一季度生产任务进行奖励，每名员工奖励一件产品，该车间员工总数为 200 人，其中车间管理人员 30 人，一线生产工人 170 人，发放给员工的本公司产品市场售价为 3 000 元 / 件，成本为 1 800 元 / 件。4 月 20 日，200 件产品发放完毕。

A 公司应将发放给员工的本企业产品视同销售，并作为对员工的薪酬处理：

借：生产成本［170×3 000×（1+13%）］ 576 300
　　制造费用［30×3 000×（1+13%）］ 101 700
　　贷：应付职工薪酬 678 000
借：应付职工薪酬 678 000
　　贷：主营业务收入（3 000×200） 600 000
　　　　应交税费——应交增值税（销项税额）（3 000×200×13%） 78 000
借：主营业务成本（1 800×200） 360 000
　　贷：库存商品 360 000

（2）A 公司共有 2 000 名员工，从 2×21 年 1 月 1 日起，该公司实行累积带薪休假制度，规定每名职工每年可享受 7 个工作日带薪休假，未使用的年休假可向后结转 1 个年度，超过期限未使用的作废，员工离职时也不能取得现金支付。2×21 年 12 月 31 日，每名职工当年平均未使用带薪休假为 2 天。根据过去的经验并预期该经验将继续适用，A 公司预计 2×22 年有 1 800 名员工将享受不超过 7 天带薪休假，剩余 200 名员工每人将平均享受 8.5 天休假，该 200 名员工中 150 名为销售部门人员，50 名为总部管理人员。A 公司平均每名员工每个工作日工资为 400 元。A 公司职工年休假以后进先出为基础，即有关休假首先从当年可享受的权利中扣除。

A 公司应将由于职工累积未使用的带薪年休假权利而导致预期将支付的工资在 2×16 年确认。

2×21 年因累积带薪缺勤应确认销售费用＝（8.5 － 7）×150×400 ÷10 000 ＝ 9（万元），因累积带薪缺勤应确认管理费用＝（8.5 － 7）×50×400÷10 000 ＝ 3（万元）。

借：管理费用 30 000
　　销售费 90 000
　　贷：应付职工薪酬 120 000

（3）A 公司正在开发丙研发项目，2×21 年其发生项目研发人员工资 200 万元，其中自 2×21 年 1 月 1 日研发开始至 6 月 30 日期间发生的研发人员工资 120 万元属于费用化支出，7 月 1 日至 11 月 30 日研发项目达到预定用途前发生的研发人员工资 80 万元属于资本化支出，有关工资以银行存款支付。

A 公司为进行研发项目发生的研发人员工资应当按照内部研究开发无形资产的有关条件判断其中应予资本化或费用化的部分，并确认为应付职工薪酬。

借：研发支出——费用化支出 1 200 000
　　　　　　——资本化支出 800 000
　　贷：应付职工薪酬 2 000 000
借：管理费用 1 200 000
　　贷：研发支出——费用化支出 1 200 000
借：无形资产 800 000
　　贷：研发支出——资本化支出 800 000
借：应付职工薪酬 2 000 000
　　贷：银行存款 2 000 000

（4）2×21 年 12 月 20 日，A 公司董事会作出决议，拟关闭设在某地区的一分公司，并对该分公司员工进行补偿，方案为：对因尚未达到法定退休年龄提前离开公司的员工给予一次性离职补偿 30 万元，另外自其达到法定退休年龄后，按照每月 1 000 元的标准给予退休后补偿。涉及员工 80 人、每人 30 万元的一次性补偿 2 400 万元已于 12 月 26 日支付。每月 1 000 元的退休后补偿将于 2×22 年 1 月

1日起陆续发放，根据精算结果，A公司估计该补偿义务的现值为1 200万元。

A公司向员工支付每人30万元的补偿款为辞退福利，应于发生时计入当期损益。对于员工在达到退休年龄后所支付的补偿款，虽然其于退休后支付，但由于该补偿与部分员工因分公司关闭离开公司有关，因此该退休后补偿也应于发生时计入当期损益。

借：管理费用　　36 000 000

　　贷：应付职工薪酬　　36 000 000

借：应付职工薪酬　　24 000 000

　　贷：银行存款　　2 4 000 000

六、披露

企业应当在附注中披露与职工薪酬有关的下列信息。

（1）应当支付给职工的工资、奖金、津贴和补贴，及其期末应付未付金额。

（2）应当为职工缴纳的医疗保险费、养老保险费、失业保险费、工伤保险费和生育保险费等社会保险费，及其期末应付未付金额。

（3）应当为职工缴存的住房公积金，及其期末应付未付金额。

（4）为职工提供的非货币性福利，及其计算依据。

（5）应当支付的因解除劳动关系给予的补偿，及其期末应付未付金额。

（6）其他职工薪酬。

因自愿接受裁减建议的职工数量、补偿标准等不确定而产生的或有负债，应当按照《企业会计准则第13号——或有事项》披露。

企业应当披露所设立或参与的设定提存计划的性质、计算缴费金额的公式或依据，当期缴费金额以及期末应付未付金额。

企业应当披露与设定受益计划有关的下列信息。

（1）设定受益计划的特征及与之相关的风险。

（2）设定受益计划在财务报表中确认的金额及其变动。

（3）设定受益计划对企业未来现金流量金额、时间和不确定性的影响。

（4）设定受益计划义务现值所依赖的重大精算假设及有关敏感性分析的结果。

企业应当披露支付的因解除劳动关系所提供辞退福利及其期末应付未付金额。

另外，企业应当披露提供的其他长期职工福利的性质、金额及其计算依据。

七、新旧衔接

（1）首次执行企业会计准则，遵照《企业会计准则第38号——首次执行企业会计准则》的相关规定，详见本书第三十八章。

（2）在本准则施行日之前已经执行企业会计准则的企业，比较财务报表中披露的本准则施行之前的信息与本准则要求不一致的，不需要按照本准则的规定进行调整，此外对于本准则施行日存在的离职后福利计划、辞退福利、其他长期职工福利，应当按照《企业会计准则第28号——会计政策、会计估计变更和差错更正》的规定采用追溯调整法处理。

第十一章
企业年金基金

一、准则适用范围

《企业会计准则第 10 号——企业年金基金》（以下简称企业年金基金准则）规范企业年金基金的确认、计量和财务报表列报，明确了企业年金是独立的会计主体，规范了企业年金基金的确认、计量和报告，以真实反映企业年金基金的财务状况、投资运营情况、净资产变动情况，及时揭示企业年金基金的管理风险等信息。企业年金基金准则着重解决了企业年金基金缴费（供款）、企业年金基金投资运营、企业年金基金收入、企业年金基金费用、企业年金待遇给付等环节的账务处理，以及企业年金基金财务报表编报等问题。

企业年金基金由企业缴费、职工个人缴费和企业年金基金投资运营收益组成，其中企业缴费属于职工薪酬的范围，适用《企业会计准则第 9 号——职工薪酬》。

二、企业年金基金概述

（一）企业年金与企业年金基金

企业年金是指企业及其职工在依法参加基本养老保险的基础上，自愿建立的补充养老保险制度，是社会保障体系的重要组成部分，与基本养老保险、个人储蓄性养老金一起构成“多支柱”养老保障体系。企业年金采取自愿原则，由国家给予税收政策支持，实行完全积累制，采用个人账户管理和市场化运作，其费用由企业和职工个人共同缴纳。

《中华人民共和国劳动法》规定，国家鼓励用人单位根据本单位实际情况，为劳动者建立补充保险。国务院印发的《关于完善城镇社会保障体系试点方案的通知》（国发〔2000〕42 号）将补充养老保险统一称为企业年金。企业年金不仅是一种企业福利、激励制度，也是一种社会制度，对调动企业职工的劳动积极性，增强企业的凝聚力和竞争力，完善国家多层次养老保障体系，提高和改善企业职工退休后的养老待遇水平，适应人口老龄化的需要，推动金融市场发展，促进社会和谐发展等具有积极的促进作用。

企业年金基金是指依法制定的企业年金计划筹集的资金及其投资运营收益形成的企业补充养老保险基金。由此可以看出，企业年金基金由两部分组成：一是企业和职工依照企业年金计划规定的缴费，即企业年金基金本金；二是企业年金基金投资运营而形成的收益。根据 2004 年 2 月 23 日劳动和社会保障部、中国银行业监督管理委员会、中国证券监督管理委员会、中国保险监督管理委员会联合发布的《企业年金基金管理试行办法》规定，企业年金基金由企业缴费、职工个人缴费和企业年金基金投资运营而形成的收益组成，实行完全积累，采用个人账户方式进行管理。

我国企业年金采用信托型管理模式，实行以信托关系为核心，以委托代理关系为补充的治理结构。

企业和职工作为委托人将企业年金基金财产委托给受托人管理运作，是一种信托行为。企业年金基金作为一种信托财产，独立于委托人、受托人、账户管理人、托管人、投资管理人和其他为企业年金基金提供服务的自然人、法人或其他组织的固有财产及其管理的其他财产，应当作为独立的会计主体，进行确认、计量和披露。

企业年金基金具有以下特征：一是企业年金基金具有长期性、安全性、稳定性，以及追求长期稳定的投资回报；二是企业年金基金只能用于履行企业补充养老保险的义务，不能支付给企业自己的债权人，也不能返还给企业；三是企业年金基金必须存入企业年金专户，企业年金基金的管理、运用或其他情形取得的财产和收益，应当归入企业年金基金；四是企业年金基金不属于委托人等各管理当事人的清算财产；五是企业年金基金不得与各管理当事人自身债务相抵销。

（二）企业年金基金管理各方当事人

企业年金基金管理各方当事人包括：委托人、受托人、账户管理人、托管人、投资管理人和中介服务机构等。受托人、托管人和投资管理人根据各自的职责，设置相应的会计科目和账户对企业年金基金交易或事项进行会计处理。

（1）企业年金基金委托人，是指设立企业年金基金的企业及其职工。企业和职工是企业年金计划参与者，作为缴纳企业年金计划供款的主体，按规定缴纳企业年金供款，并作为委托人与受托人签订书面合同，将企业年金基金财产委托给受托人管理运作。

（2）企业年金基金受托人，是指受托管理企业年金基金的企业年金理事会或符合国家规定的养老金管理公司等法人受托机构，是编制企业年金基金财务报表的法定责任人。受托人主要职责有：选择、监督、更换账户管理人、托管人、投资管理人以及中介服务机构；制定企业年金基金投资策略；编制企业年金基金管理和财务会计报告；根据合同对企业年金管理进行监督；根据合同收取企业和职工缴费，并向受益人支付企业年金待遇；接受委托人、受益人查询；定期向委托人、受益人和有关监管部门提供企业年金基金管理报告等。

（3）企业年金基金账户管理人，是指受托管理企业年金基金账户的专业机构。账户管理人主要职责有：建立企业年金基金企业账户和个人账户；记录企业、职工缴费以及企业年金基金投资收益；及时与托管人核对缴费数据以及企业年金基金账户财产变化状况；计算企业年金待遇；提供企业年金基金企业账户和个人账户信息查询服务；定期向受托人和有关监管部门提交企业年金基金账户管理报告等。

（4）企业年金基金托管人，是指受托提供保管企业年金基金财产等服务的商业银行或专业机构。托管人主要职责有：安全保管企业年金基金财产；以企业年金基金名义开设资金账户和证券账户；根据受托人指令，向投资管理人分配企业年金基金财产；根据投资管理人投资指令，及时办理清算、交割事宜；负责企业年金基金会计核算和估值，复核、审查投资管理人计算的基金财产净值；及时与账户管理人、投资管理人核对有关数据，按照规定监督投资管理人的投资运作；定期向受托人提交企业年金基金托管报告和财务会计报告；定期向有关监管部门提交企业年金基金托管报告；保存企业年金基金托管业务活动记录、账册、报表和其他资料等。

（5）企业年金基金投资管理人，是指受托管理企业年金基金投资的专业机构。投资管理人主要职责有：对企业年金基金财产进行投资；及时与托管人核对企业年金基金会计核算和估值结果；建立企业年金基金投资管理风险准备金；定期向受托人和有关监管部门提交投资管理报告；保存企业年金基金会计凭证、会计账簿、年度财务会计报告和投资记录等。

（6）中介服务机构，是指为企业年金基金管理提供服务的投资顾问公司、信用评估公司、精算咨询公司、会计师事务所、律师事务所等专业机构。

（三）企业年金基金业务概述

1. 企业年金基金缴费

企业可以根据自身的经济效益情况和目标，在国家统一规定的范围内，自主决定企业缴费的具体比例，并按照企业年金计划约定的参保范围、企业年金种类和缴费方式定期进行缴费。企业年金基金缴费（供款）的一般流程如图 11-01。

（1）企业年金计划开始时，委托人将相关职工缴费总额及明细情况通知受托人，受托人将相关信息提供给账户管理人。账户管理人据此进行系统设置和信息录入。

（2）缴费日前，账户管理人计算缴费总额及明细情况，生成企业缴费和职工个人缴费账单，报受托人确认。

（3）受托人收到账户管理人提供的缴费账单后，与委托人核对确认，核对无误后，将签字确认的缴费账单反馈给账户管理人。

（4）缴费日，受托人向委托人下达缴费指令，委托人向托管人划转缴费账单所列缴款总额，并通知受托人。

（5）受托人向托管人送达收账通知及企业缴费总额账单。托管人收到款项后，核对实收金额与受托人提供的缴费总额账单，并向受托人和账户管理人送达缴费到账通知单。

（6）受托人核对托管人转来数据后，通知账户管理人进行缴费的财务处理。账户管理人将缴费明细数据和托管人通知的缴费总额核对无误后，根据企业年金计划的约定在已建立的个人账户之间进行分配。

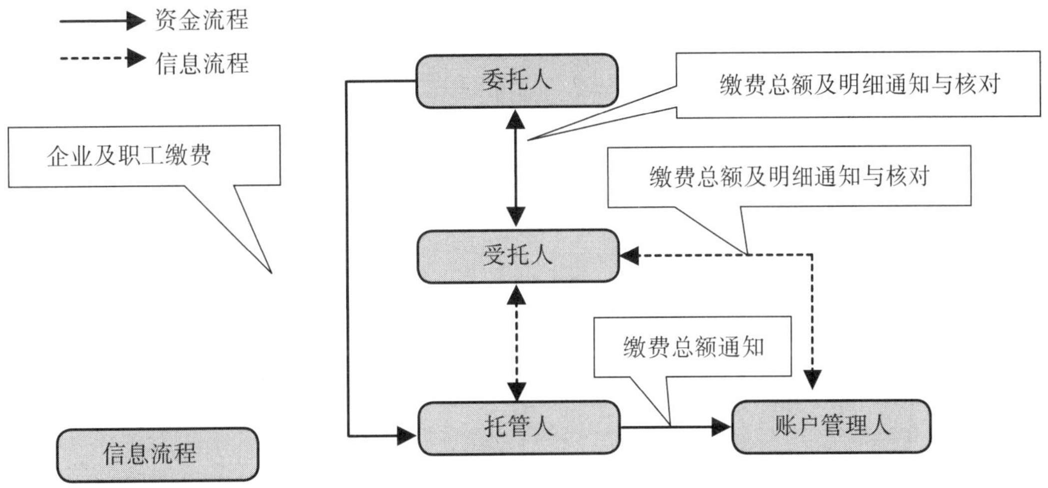

图 11-01　企业年金基金缴费流程

2. 企业年金基金投资运营

企业年金基金来自企业和职工的缴费等，是职工（受益人）退休后的补充养老保险，其安全性要求高。另外，企业年金基金个人账户转入、个人账户转出，以及支付受益人待遇等业务频繁，其流动性强。企业年金基金投资运营应当遵循谨慎、分散风险的原则，充分考虑企业年金基金财产的安全性和流动性，实行专业化管理，严格按照国家相关规定进行投资运营。企业年金基金投资运营流程（见图 11-02）包括：

（1）受托人通知托管人和投资管理人企业年金基金投资额度。

（2）托管人根据受托人指令，向投资管理人分配基金资产，并将资金到账情况通知投资管理人。

（3）投资管理人进行投资运作，并将交易数据发送托管人；同时，对企业年金基金投资进行会计核算、估值。

（4）托管人将投资管理人发送的数据和交易所及中国证券登记结算公司发送的数据核对无误后，

进行清算、会计核算、估值和投资运作监督，并将清算及估值结果反馈给投资管理人，托管人将交易数据、账务数据和估值数据发送受托人。如果发现投资管理人的违规行为，应立即通知投资管理人，并及时向受托人和有关监管部门报告。

（5）托管人复核投资管理人的估值结果，以书面形式通知投资管理人。

（6）托管人将估值结果（企业年金基金净值和净值增长率）通知受托人和账户管理人。

（7）账户管理人根据企业年金基金净值和净值增长率，将基金投资运营收益按日或按周足额记入企业年金基金企业账户和个人账户。

根据现行制度的规定，企业年金基金投资运营应当选择具有良好流动性的金融产品，其投资范围限于银行存款、国债和其他具有良好流动性的金融产品，包括短期债券回购、信用等级在投资级以上的金融债和企业债、可转换债、投资性保险产品、证券投资基金、股票等，具体详见有关监管部门发布的管理规定，如《企业年金基金管理试行办法》《关于企业年金基金进入全国银行间债券市场有关事项的通知》等。

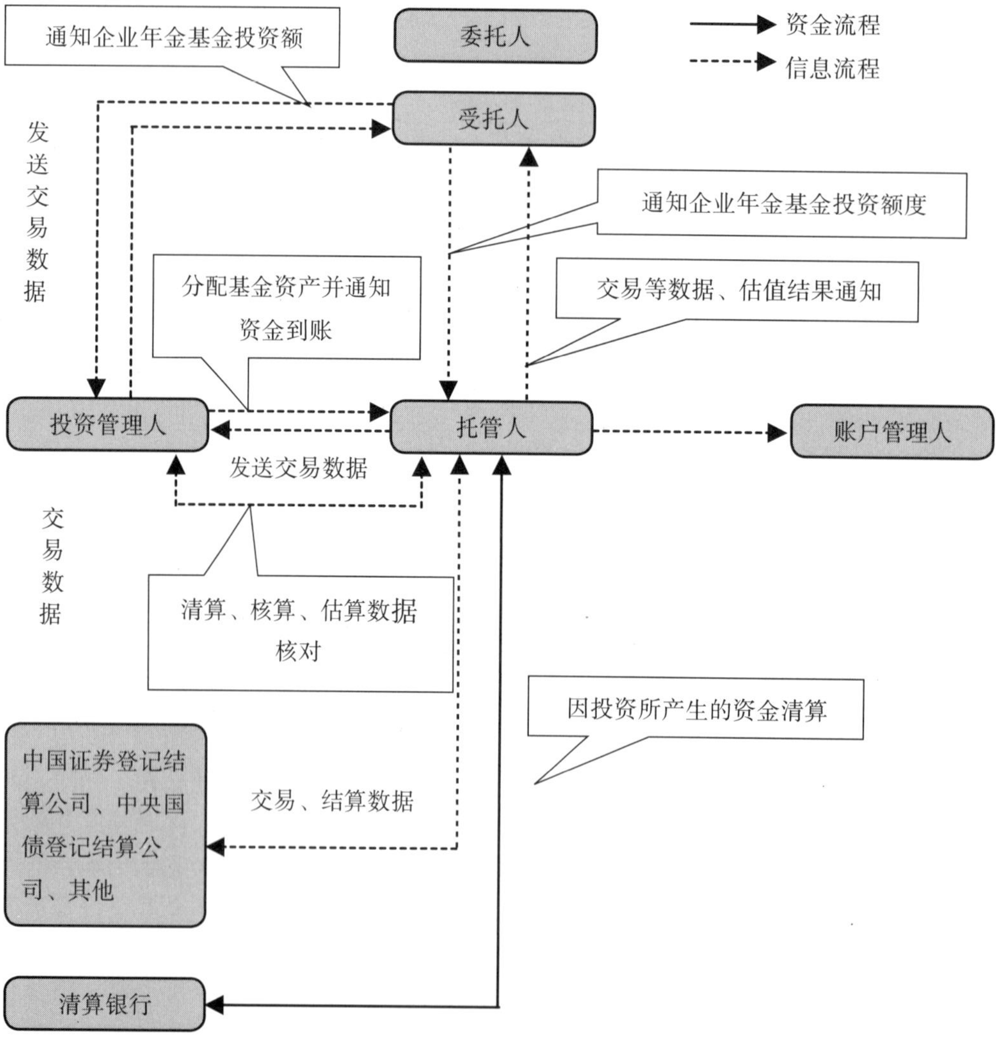

图 11-02　企业年金基金投资运营流程图

3. 企业年金待遇给付

企业年金待遇是指企业年金计划受益人符合退休年龄等法定条件时，应当享受的企业年金养老待遇。企业年金计划受益人是指参加企业年金计划并享有受益权的职工及其继承人。企业年金养老待遇支付水平受到缴费金额、缴费时间、投资运营收益情况等因素影响。企业年金待遇给付方式，由企业年金计划约定，分次或一次支付。企业年金待遇给付的一般流程如图 11-03 所示：

（1）委托人向受托人发送企业年金待遇支付或转移的通知。

（2）受托人通知账户管理人计算支付企业年金待遇。

（3）账户管理人将计算支付企业年金待遇结果反馈受托人，并与受托人核对。

（4）受托人核对后通知托管人和投资管理人进行份额赎回。

（5）受托人根据账户管理人提供的待遇支付表，通知托管人支付或转移金额，托管人将相应资金划入受托人指定专用账户，并向受托人和账户管理人报告。

（6）受托人指令账户管理人进行待遇支付的账户处理。账户管理人将其与托管人提供的支付结果核对，扣减个人账户资产，并向受益人提供年金基金的最终账户数据或向新年金计划移交账户资料。

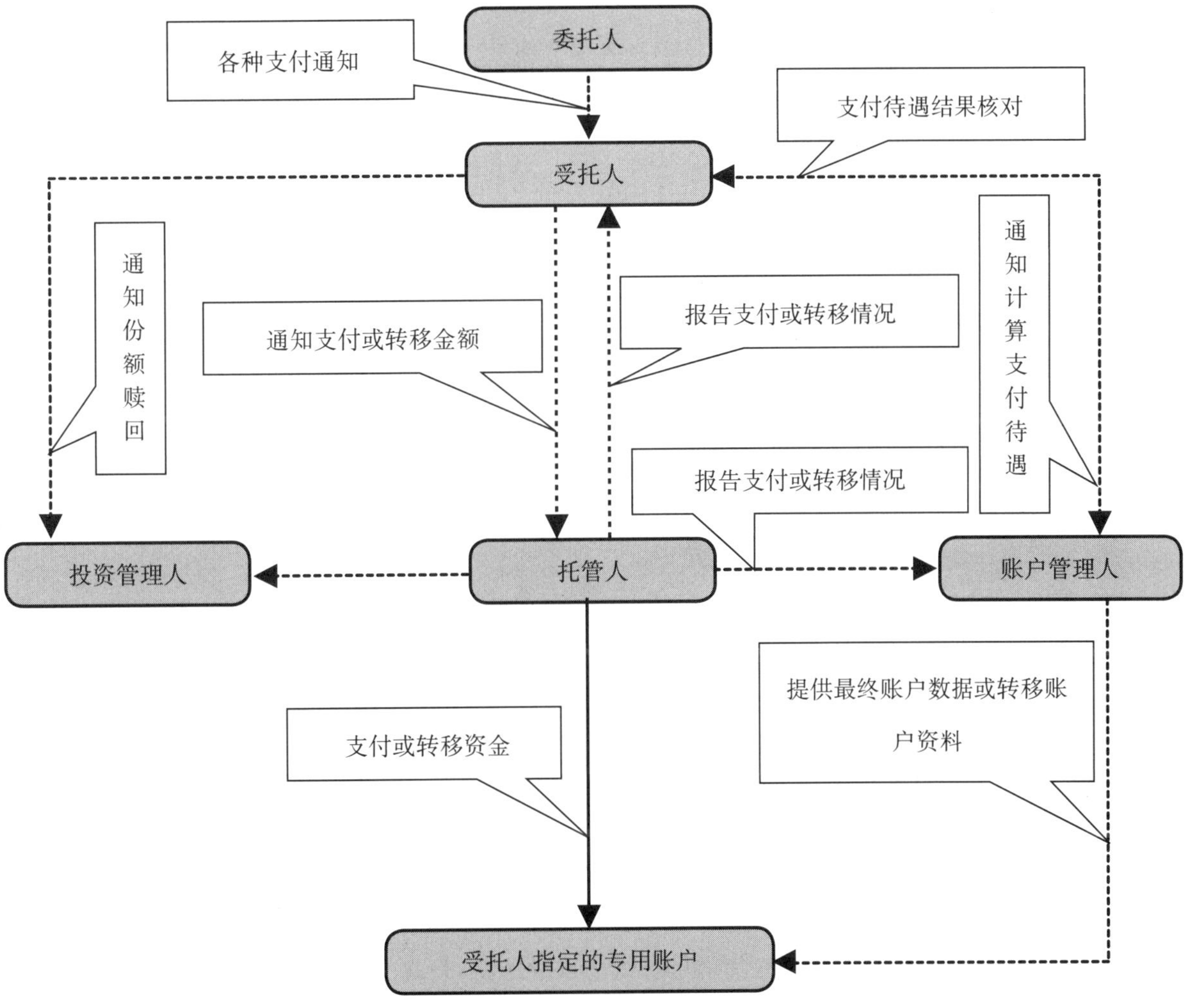

图 11-03 企业年金待遇给付流程图

三、会计科目名称和编号（见表 11-01）

表 11-01 企业年金会计科目名称与编号表

顺序号	编号	会计科目名称
		一、资产类
1	101	银行存款
2	102	算备付金
3	104	交易保证金
4	113	应收利息
5	114	应收股利
6	115	应收红利
7	118	买入返售证券
8	125	其他应收款
9	128	交易性金融资产
10	131	其他资产
		二、负债类
11	201	应付受益人待遇
12	204	应付受托人管理费
13	205	应付托管人管理费
14	216	应付投资管理人管理费
15	215	应交税费
16	218	卖出回购证券款
17	221	应付利息
18	223	应付佣金
19	229	其他应付款
		三、共同类
20	301	证券清算款
		四、基金净值类
21	401	企业年金基金
		——个人账户结余
		——企业账户结余
		——净收益
		——个人账户转入
		——个人账户转出
		——支付受益人待遇
22	410	本期收益

（续表）

顺序号	编号	会计科目名称
五、损益类		
23	501	存款利息收入
24	503	买入返售证券收入
25	505	公允价值变动收益
26	531	投资收益
27	533	其他收入
28	534	交易费用
29	539	受托人管理费
30	540	托管人管理费
31	541	投资管理人管理费
32	552	卖出回购证券支出
33	566	其他费用
34	570	以前年度损益调整

四、企业年金基金的核算

（一）企业年金基金缴费的核算

为了核算企业年金基金收到缴费等业务，企业年金基金应当设置“企业年金基金”“银行存款”等科目。“企业年金基金”科目核算企业年金基金资产的来源和运用，应按个人账户结余、企业账户结余、净收益、个人账户转入、个人账户转出，以及支付受益人待遇等设置相应明细科目，本科目期末贷方余额，反映企业年金基金净值。

企业年金基金银行账户主要有资金账户、证券账户等。资金账户包括银行存款账户、结算备付金账户等，其中银行存款账户又包括受托财产托管账户、委托投资资产托管账户。证券账户包括证券交易所证券账户和全国银行间市场债券托管账户等。

收到企业及职工个人缴费时，按实际收到的金额，借记“银行存款”科目，贷记“企业年金基金——个人账户结余”“企业年金基金——企业账户结余”科目。

例 11-01　2×21 年 1 月 9 日，某企业年金基金收到缴费 35 万元，其中企业缴费 20 万元，职工个人缴费 15 万元，存入企业年金账户，实收金额与提供的缴费总额账单核对无误。按该企业年金计划约定，企业缴费 20 万元中，归属个人账户金额为 11 万元，另 9 万元的权益归属条件尚未实现。

该企业年金基金的账务处理如下：

借：银行存款　　350 000

　　贷：企业年金基金——个人账户结余（个人缴费）　　150 000

　　　　　　　　　　——个人账户结余（企业缴费）　　110 000

　　　　　　　　　　——企业账户结余（企业缴费）　　90 000

企业年金基金收到缴费后，需账户管理人核对后确认，可先通过“其他应付款——企业年金基金供款”科目核算，确认后再转入“企业年金基金”科目。

（二）企业年金待遇给付的核算

企业年金基金应设置“企业年金基金——支付受益人待遇”“应付受益人待遇”等科目，按受益人设置明细账进行账务处理：给付企业年金待遇时，按应付金额，借记“企业年金基金——支付受益人待遇”科目，贷记“应付受益人待遇”科目；支付款项时，借记“应付受益人待遇”科目，贷记“银行存款”科目。

此外，根据企业年金基金准则的规定，因职工调离企业而发生的个人账户转出金额时，企业年金基金应相应减少基金净资产。因职工调入企业而发生的个人账户转入金额，相应增加基金净资产。企业年金基金应设置“企业年金基金——个人账户转入”“企业年金基金——个人账户转出”等科目，按受益人设置明细账进行账务处理。

例 11-02 2×21 年 11 月 5 日，某企业年金基金根据企业年金计划和委托人指令，支付退休人员企业年金待遇，金额共计 7 000 元。该企业年金基金的账务处理如下。

（1）计算、确认给付企业年金待遇时：

借：企业年金基金——支付受益人待遇　　7 000

　贷：应付受益人待遇　　7 000

（2）支付受益人待遇时：

借：应付受益人待遇　　7 000

　贷：银行存款　　7 000

（三）企业年金基金运营的核算

1. 企业年金基金收入的核算

企业年金基金收入是指企业年金基金在投资营运中所形成的经济利益的流入。企业年金基金收入由以下项目构成：①投资收益；②存款利息收入；③买入返售证券收入；④公允价值变动收益、风险准备金补亏等其他收入。

（1）企业年金基金投资收益。企业年金基金准则规定，企业年金基金在投资运营中，根据国家规定的投资范围取得的国债、信用等级在投资级以上的金融债等具有良好流动性的金融产品，其初始取得和后续估值应当以公允价值计量。企业年金基金投资公允价值的确定，适用《企业会计准则第 22 号——金融工具确认和计量》。

企业年金基金投资运营的会计核算一般需要设置“交易性金融资产”“公允价值变动收益”“证券清算款”“结算备付金”“交易保证金”“投资收益”“交易费用”“应收利息”“应收股利”“应收红利”“本期收益”等科目。

①初始取得投资时的账务处理。企业年金基金在初始取得投资的交易日，以支付的价款（不含支付的价款中所包含的、已到付息期但尚未领取的利息或已宣告但尚未发放的现金股利、基金红利）计入投资的成本，借记“交易性金融资产——成本”；按发生的交易费用及相关税费直接计入当期损益，借记“交易费用”科目；按支付的价款中所包含的、已到付息期但尚未领取的利息或已宣告但尚未发放的现金股利、红利，借记“应收利息”“应收股利”或“应收红利”科目，贷记“证券清算款”“银行存款”等科目。

资金交收日，企业年金基金按实际清算的金额，借记“证券清算款”科目，贷记“结算备付金”“银行存款”等科目。

②投资持有期间的账务处理。企业年金基金投资持有期间，被投资单位宣告发放的现金股利，或资产负债表日按债券票面利率计算的利息收入，应确认为投资收益，借记“应收股利”“应收利息”或“应收红利”科目，贷记“投资收益”科目。期末，将“投资收益”科目余额转入“本期收益”科目。

③估值日的账务处理。根据企业年金基金准则的规定，企业年金基金的投资应当按日估值，或至

少按周进行估值。也就是说，每个工作日结束时，或者每周周四或周五工作日结束时为估值日。

估值日对投资进行估值时，应当以估值日的公允价值计量。公允价值与上一估值日公允价值的差额，计入当期损益，并以此调整原账面价值，借记或贷记“交易性金融资产（公允价值变动）”，贷记或借记“公允价值变动损益”。

④投资处置的账务处理。企业年金基金的投资处置时，应在交易日按照卖出投资所取得的价款与其账面价值（买入价）的差额，确定为投资损益。

出售债券、基金、股票等证券时，应按出售成交日确认投资处置收益。卖出股票成交日，按应收金额，借记“证券清算款”科目；按买入时原账面价值（初始买价），贷记“交易性金融资产成本”科目；按出售股票成交价总额与原账面价值（初始买价）的差额，作为投资处置收益金额，贷记或借记“投资收益”科目。同时，将原计入该投资的公允价值变动转出，借记或贷记“公允价值变动损益”科目，贷记或借记“投资收益”科目。

因债券、基金、股票的交易比较频繁，出售债券、基金、股票等证券时，其投资成本应一并结转。出售证券成本的计算方法可采用加权平均法、移动加权平均法、先进先出法等，成本计算方法一经确定，不得随意变更。

例 11-03 2×21 年 9 月 1 某企业年金基金通过证券交易所购入分期付息，一次还本国债 50 手，每手债券面值为 1 000 元，成交金额 60 000 元（含已到付息期但尚未领取的利息 4 000 元）。另外，发生手续费、佣金等相关税费 200 元。票面年利率 3.56%。该企业年金基金的账务处理如下。

①交易日（T 日，即 9 月 1 日）与证券登记结算机构清算应付证券款时：

借：交易性金融资产——成本（债券）	56 000	
——应收利息	4 000	
——交易费用	200	
贷：证券清算款		60 200

②资金交收日（T＋1 日，即 9 月 2 日）与证券登记结算机构交收资金时：

借：证券清算款	60 200	
贷：结算备付金		60 200

③该企业年金基金持有国债期间，按债券票面价值和票面利率计提债券利息，每日应计利息＝50 000×3.56%÷365＝4.88（元）。每日计提利息时，该企业年金基金的账务处理如下：

借：应收利息	4.88	
贷：投资收益		4.88

债券除息日（T 日），借记“证券清算款”，贷记“应收利息”。

资金交收日（T＋1 日），借记“结算备付金”，贷记“证券清算款”。

例 11-04 2×21 年 4 月 1 日，某企业年金基金通过证券交易所，以 10.3 元的价格购入 A 公司 1 万股（其中每股含已经宣告但尚未发放的现金股利 0.3 元），成交金额 10.3 万元，另发生券商佣金、印花税等 0.2 万元。

2×21 年 4 月 5 日，企业年金基金收到购买 A 股票时已宣告的现金股利，该上市公司发放 A 股票的现金股利每股 0.3 元，合计 3 万元。

2×21 年 4 月 12 日，企业年金基金持有的 A 股票证券交易所收盘价为每股 11 元。

2×21 年 5 月月 30 日，该企业年金基金出售 A 股 0.5 万股，每股市价 13 元，成交总额为 6.5 万元。另外，发生券商佣金、印花税等 180 元。

该企业年金基金的账务处理如下。

①交易日（T 日，即 4 月 1 日）与证券登记结算机构清算应付证券款时：

借：交易性金融资产——成本（A 股票） 100 000
　　应收股利——A 股票 3 000
　　交易费用 2 000
　　贷：证券清算款 105 000

②资金交收日（T＋1 日，即 4 月 2 日）与证券登记结算机构交收资金时：

借：证券清算款 105 000
　　贷：结算备付金 105 000

③ 2×21 年 4 月 5 日，收到购买 A 股票时已宣告的现金股利时：

借：结算备付金 3 000
　　贷：应收股利 3 000

④在估值日和资产负债表日，企业年金基金持有的上市流通的债券、基金、股票等交易性金融资产，以其估值日在证券交易所挂牌的市价（平均价或收盘价）估值；估值日无交易的以最近交易日的市价估值。估值日公允价值与上一估值日公允价值的差额＝（11－10）×1万股＝1（万元）：

借：交易性金融资产——公允价值变动（A 股票） 10 000
　　贷：公允价值变动损益 10 000

⑤企业年金基金出售A股0.5万股的交易日（T日，即5月30日），与证券登记结算机构清算应收证券时：成交总额扣减佣金、印花税等为应收证券清算款，共计金额6.482万元（6.5－0.018）：

借：证券清算款 64 820
　　交易费用 180
　　贷：交易性金融资产——成本（A 股票） 50 000
　　　　　　　　　　——公允价值变动（A 股票） 5 000
　　　　投资收益 10 000
借：公允价值变动损益 5 000
　　贷：投资收益 5 000

⑥企业年金基金出售 A 股 0.5 万股的资金交收日（T＋1 日，即 5 月 31 日）与证券登记结算机构交收资金时：

借：结算备付金 64 820
　　贷：证券清算款 64 820

（2）存款利息收入的账务处理。存款利息收入包括活期存款、定期存款、结算备付金、交易保证金等利息收入。根据企业年金基金会计准则及其应用指南的规定，企业年金基金应按日或至少按周确认存款利息收入，并按存款本金和适用利率计提的金额入账按日或按周计提银行存款、结算备付金存款等利息时，借记“应收利息”科目，贷记“存款利息收入”科目。

例 11-05 2×21 年 9 月 1 日，某企业年金基金在商业银行的存款本金为 15 万元，假设一年按 365 天计算，银行存款年利率为 1.98%，每季末结息，该企业年金基金按日估值。

分析：每日银行存款应计利息＝存款本金×年利÷365

＝150 000×1.98%÷365

＝8.14（元）

该企业年金基金的账务处理如下。

①每日计提存款利息时：

借：应收利息 8.14
　　贷：存款利息收入 8.14

②每季收到存款利息时（假设每季收息 742.5 元）：

借：银行存款　　742.50

　　贷：应收利息　　742.50

（3）买入返售证券收入的账务处理。买入返售证券业务是指企业年金基金与其他企业以合同或协议的方式，按一定价格买入证券，到期日再按合同规定的价格将该批证券返售给其他企业，以获取利息收入的证券业务。根据企业年金基金准则及其应用指南的规定，企业年金基金应于买入证券时，按实际支付的价款确认为一项资产，在融券期限内按照买入返售证券价款和协议约定的利率逐日或每周计提的利息确认买入返售证券收入。

企业年金基金应设置“买入返售证券”“买入返售证券收入”等科目，对买入返售证券业务进行账务处理：买入证券付款时，按实际支付的款项，借记“买入返售证券——××证券”科目，贷记“结算备付金”科目；计提利息时，借记“应收利息”科目，贷记“买入返售证券收入”科目。买入返售证券到期时，按实际收到的金额，借记“结算备付金”科目，按买入时的价款，贷记“买入返售证券”科目，按已计未收利息，贷记“应收利息”科目，按本期应计利息，贷记“买入返售证券收入”科目。期末将“买入返售证券收入”科目余额转入“本期收益”科目。

（4）其他收入的账务处理。在企业年金基金核算中，其他收入是指除上述收入以外的收入，如风险准备金补亏。根据《企业年金基金管理试行办法》的规定，投资管理人应当按当期收取的投资管理人管理费的一定比例提取企业年金基金投资管理风险准备金，由托管人专户存储，作为专项用于弥补企业年金基金投资亏损。企业年金基金取得投资管理风险准备金用于补亏时，应当按照实际收到金额计入其他收入。

例 11-06　2×21 年 1 月 10 日，某企业年金基金估值时确认当日亏损 2.5 万元。按规定，将企业年金基金投资管理风险准备金 2.573 万元用于补亏。已知：该企业年金基金按日估值；投资管理人提取的风险准备金结余 6 万元。该企业年金基金的账务处理如下：

借：银行存款　　25 000

　　贷：其他收入——风险准备金补亏　　25 000

2. 企业年金基金费用的核算

企业年金基金费用是指企业年金基金在投资运营等日常活动中所发生的经济利益的流出。企业年金基金每日或每周确认、计算基金费用，并进行相应的账务处理。企业年金基金费用由以下项目构成：交易费用、受托人管理费、托管人管理费、投资管理人管理费、卖出回购证券支出、其他费用。企业年金基金费用的开支范围受到法规制度的严格约束，如《企业年金基金管理试行办法》的规定。

（1）交易费用。交易费用是指企业年金基金在投资运营中发生的手续费、佣金以及相关税费，包括支付给代理机构、咨询机构、券商的手续费和佣金以及相关税费等其他必要支出。企业年金基金应设置“交易费用”科目，按照实际发生的金额，借记“交易费用”科目，贷记“证券清算款”“银行存款”等科目。

（2）管理费。管理费是指根据企业年金计划或合同文件规定的比例，受托人管理费、托管人管理费和投资管理人提取的相应管理费，有关管理费用提取比例的规定参见《企业年金基金管理试行办法》的规定。企业年金基金应当设置“受托人管理费”“托管人管理费”“投资管理人管理费”“应付受托人管理费”“应付托管人管理费”“应付投资管理人管理费”等科目，对发生的上述管理费，分别进行账务处理。

企业年金基金计提相关费用时，应当按照应付的实际金额，借记“受托人管理费”“托管人管理费”“投资管理人管理费”科目，同时确认为负债，贷记“应付受托人管理费”“应付托管人管理费”“应们付投资管理人管理费”科目；支付相关管理费用时，借记“受托人管理费”“托管人管理费”“投资管理人管理费”科目，贷记“银行存款”等科目。期末，将“受托人管理费”“托管人管理费”“投资管理人管理费”科目的借方余额全部转入“本期收益”科目。

例11-07 2×21年4月1日，某企业年金基金市值为100万元。投资管理合同中约定：投资管理费年费率为基金净值（市值）的1.2%；一年按365天计算，按日估值。

分析：

当日应计提的投资管理费＝基金净值×年费率÷当年天数

＝1 000 000×1.2%÷365

＝32.88（元）

该企业年金基金的账务处理如下：

借：投资管理人管理费——××投资管理人　　32.88

　贷：应付投资管理人管理费　　32.88

例11-08 2×21年4月1日，某企业年金基金市值为100万元。受托管理合同和托管合同中均约定：受托人管理费和托管人管理费年费率均为基金净值（市值）的0.2%；假设一年按365天计算，按日估值。

分析：

当日应计提的受托人管理费＝基金净值×年费率÷当年天数

＝1 000 000×0.2%÷365

＝5.48（元）

当日应计提的托管人管理费＝基金净值×年费率÷当年天数

＝1 000 000×0.2%÷365

＝5.48（元）

该企业年金基金的账务处理如下：

借：受托人管理费——×× 受托人　　5.48

　贷：应付受托人管理费　　5.48

借：托管人管理费——×× 托管人　　5.48

　贷：应付托管人管理费　　5.48

（3）卖出回购证券支出。卖出回购证券业务是指企业年金基金与其他企业以合同或协议的方式，按照一定价格卖出证券，到期日再按合同约定的价格买回该批证券，以获得一定时期内资金的使用权的证券业务。

根据企业年金基金准则及其应用指南的规定，企业年金基金应在融资期限内，按照卖出回购证券价款和协议约定的利率每日或每周确认、计算卖出回购证券支出。

企业年金基金应设置“卖出回购证券支出”“卖出回购证券款”等科目，对卖出回购证券业务进行账务处理。卖出证券收到价款时，按实际收到价款，借记“结算备付金”科目，同时确认一笔负债，贷记“卖出回购证券款——×× 证券”科目。证券持有期内计提利息时，按计提的金额，借记“卖出回购证券支出”科目，贷记“应付利息”科目。到期回购时，按卖出证券时实际收款金额，借记“卖出回购证券款——×× 证券”科目，按应计提未到期的卖出回购证券利息，借记“应付利息”科目，按借贷方差额，借记“卖出回购证券支出”科目，按实际支付的款项，贷记“结算备付金”科目。期末将“卖出证券支出”科目余额转入“本年收益”科目。

（4）其他费用。其他费用是指除上述（1）（2）（3）费用以外的其他各项费用，包括注册登记费、上市年费、信息披露费、审计费用、律师费用等。

根据现行法律制度的规定，基金管理各方当事人因未履行义务导致的费用支出或资产的损失以及处理与基金运作无关的事项发生的费用不得列入企业年金基金费用。

企业年金基金应当设置“其他费用”等科目，按费用种类设置明细账，对发生的其他费用进行账务处理。

发生其他费用时，企业年金基金应按实际发生的金额，借记“其他费用”科目，贷记“银行存款”等科目。如果发生的其他费用金额较大，比如大于基金净值十万分之一，也可以采用待摊或预提的方法。待摊或预提计入基金损益，但一经采用，不得随意变更，且年末一般无余额，具体如下：

（1）采用待摊方法的，发生时，借记“待摊费用”科目，贷记“银行存款”科目；摊销时，借记“其他费用”科目，贷记“待摊费用”科目。

（2）采用预提方法的，预提时，借记“其他费用”科目，贷记“预提费用”科目；支付费用时，借记“预提费用”科目，贷记“银行存款”科目。

期末，“其他费用”科目的借方余额应全部转入“本期收益”科目。

例 11-09 2×21 年 1 月 1 日，某企业年金基金市值为 2 亿元，该日发生信息披露费 3 500 元。假设按日估值。该企业年金基金的账务处理如下：

借：其他费用	3 500	
贷：银行存款		3 500

3. 企业年金基金净收益与净资产的核算

企业年金基金净收益是指企业年金基金在一定会计期间已实现的经营成果，其金额等于本期收入减本期费用的余额。其中，本期收入包括存款利息收入、买入返售证券收入、公允价值变动收益、投资收益、其他收入等；本期费用包括交易费用、受托人管理费、投资管理人管理费、卖出回购证券支出、其他费用等。企业年金基金净收益直接影响基金净值的变动。

企业年金基金净资产又称年金基金净值，是指企业年金基金受益人在企业年金基金财产中享有的经济利益，其金额等于企业年金基金资产减去基金负债后的余额，计算公式如下。

企业年金基金净资产＝期初净资产＋本期净收益＋收取企业缴费＋收取职工个人缴费＋个人账户转入－支付受益人待遇－个人账户转出

需要说明的是，企业年金基金资产不仅包括委托给投资管理人管理的资产，还包括未委托给投资管理人管理的其他现金资产。

根据企业年金基金准则的规定，资产负债表日，企业年金基金应当将当期企业年金基金各项收入和费用结转至净资产，并根据企业年金计划按期将运营收益分配计入企业和职工个人账户。

企业年金基金账户管理人根据企业年金基金净值和净值增长率，按日或按周足额记入企业年金基金企业账户和个人账户。在收益记入日，账户管理人根据托管人提供的、经受托人复核的企业年金基金净值和净值增长率，并根据企业账户和职工个人账户前期余额，计算本期各账户应记入的投资运营收益。计算公式如下：

个人（或企业）账户本期余额＝个人（或企业）账户前期余额×（1＋企业年金基金净值增长率）

企业年金基金净值增长率，是当期基金净值与前期企业年金基金净值的差额除以前期基金财产净值的比例。计算公式如下：

企业年金基金净值增长率＝（当期基金净资产－前期基金净资产）÷前期基金净资产 100%

企业年金基金应设置“本期收益”等科目。“本期收益”科目核算本期实现的基金净收益（或净亏损）。期末，结转企业年金基金净收益时，将“存款利息收入”“买入返售证券收入”“公允价值变动收益”“投资收益”“其他收入”等科目的余额转入“本期收益”科目贷方；将“交易费用”“受托人管费”“托管人管理费”“投资管理人管理费”“卖出回购证券支出”“其他费用”等科目的余额转入“本期收益”科目借方。“本期收益”科目余额，即为企业年金基金净收益（或净亏损）。净收益转入企业年金基金时，借记“本期收益”科目，贷记“企业年金基金——净收益”科目；如为净亏损，作相反分录。将净收益按企业年金计划约定的比例转入个人和企业账户时，借记“企业年金基金——净收益”，贷记“企业年金基金—个人账户结余”“企业年金基金——企业账户结余”科目。

五、企业年金基金财务报表

（一）企业年金基金财务报表编报主体

根据《企业年金基金管理试行办法》的规定，受托人负责编制企业年金基金管理和财务会计报告。这就是说，受托管理企业年金基金的企业年金理事会或者符合国家规定的养老金管理公司等法人受托机构，是编报企业年金基金财务报表的法定责任人，应当按照企业年金基金会计准则的规定，负责编制和对外报告企业年金基金财务报表。此外，为了保证企业年金基金财务报表的真实和完整，托管人、投资管理人还要定期向受托人提供相关信息。具体编报频率与时限要求参见《企业年金基金管理试行办法》及相关规定。

（二）企业年金基金财务报表构成

企业年金基金财务报表是指企业年金基金对外提供的反映基金某一特定日期财务状况和一定期间的经营成果、净资产变动情况的书面文件。企业年金基金财务报表包括以下内容：

1. 资产负债表

资产负债表是指反映企业年金基金在某一特定日期的财务状况，应当按资产、负债和净资产分类列示。

资产类项目至少应当列示下列信息：货币资金、应收证券清算款、应收利息、买入返售证券、其他应收款、债券投资、基金投资、股票投资、其他投资、其他资产。

负债类项目至少应当列示下列信息：应付证券清算款、应付受益人待遇、应付受托人管理费、应付托管人管理费、应付投资管理人管理费、应交税金、卖出回购证券款、应付利息、应付佣金、其他应付款。

净资产类项目列示企业年金基金净值。

2. 净资产变动表

净资产变动表是指反映企业年金基金在一定会计期间的净资产增减变动情况的会计报表。净资产变动表应当列示下列信息：期初净资产、本期净资产增加数、本期净资产减少数、期末净资产。本期净资产增加数包括：本期收入、收取企业缴费、收取职工个人缴费、个人账户转入。本期收入由存款利息收入、买入返售证券收入、公允价值变动收益、投资处置收益、其他收入构成。本期净资产减少数包括本期费用、支付受益人待遇、个人账户转出。其中，本期费用由交易费用、受托人管理费用、托管人管理费用、卖出回购证券支出、其他费用构成。

3. 附注

附注是指对资产负债表、净资产变动表中列示项目的文字描述或明细资料，以及对未能在报表中列示其他业务和事项进行的说明。企业年金基金资产负债表、净资产变动表和附注的格式、列示内容参见企业年金基金准则。

（三）企业年金基金财务报表编制

1. 资产负债表的编制说明

（1）“货币资金”项目，反映期末存放在金融机构的各种款项，应根据“银行存款”“结算备付金”“交易保证金”等科目的期末余额填列。

（2）“应收证券清算款”项目，反映期末尚未收回的证券清算款，应根据“证券清算款”科目所属明细科目期末借方余额填列。

（3）“应收利息”项目，反映期末尚未收回的各项利息，应根据“应收利息”科目期末余额填列。

（4）“买入返售证券”项目，反映期末已经买入但尚未到期返售证券的实际成本，应根据“买入返售证券”科目期末余额填列。

（5）“其他应收款”项目，反映除应收证券清算款、应收利息、应收红利、应收股利以外的，期末尚未收回的其他各种应收款、暂付款项等，应根据“其他应收款”等科目的期末余额分析计算填列。

（6）“债券投资”项目，反映期末持有债券投资的公允价值，应根据“交易性金融资产”及其明细科目的期末余额分析填列。

（7）“基金投资”项目，反映期末持有基金投资的公允价值，应根据“交易性金融资产”及其明细科目的期末余额分析填列。

（8）“股票投资”项目，反映期末持有股票投资的公允价值，应根据“交易性金融资产”及其明细科目的期末余额分析填列。

（9）“其他投资”项目，反映期末持有的除上述投资以外的资产的公允价值，应根据“交易性金融资产”等相关科目的期末余额分析填列。

（10）“其他资产”项目，反映除上述资产以外的其他资产，应根据“交易性金融资产”等相关科目的期末余额分析填列。“应收红利”“应收股利”科目期末余额也填列在此项目。

（11）“应付证券清算款”项目，反映期末尚未支付的证券清算款，应根据“证券清算款”科目所属明细科目期末余额填列。

（12）“应付受益人待遇”项目，反映期末尚未支付受益人待遇的款项，应根据“应付受益人待遇”科目所属明细科目期末余额填列。

（13）“应付受托人管理费”项目，反映期末尚未支付受托人的管理费用，应根据“应付受托人费用”科目期末余额填列。

（14）“应付托管人管理费”项目，反映期末尚未支付托管人的管理费用，应根据“应付托管人管理费”科目期末余额计算填列。

（15）“应付投资管理人管理费”项目，反映期末尚未支付投资管理人的管理费用，应根据“应付投资管理人管理费”科目期末余额计算填列。

（16）“应交税金”项目，反映期末应交未交的相关税费，应根据“应交税金”科目的期末余额填列。

（17）“卖出回购证券款”项目，反映已经卖出但尚未到期回购的证券款，应根据“卖出回购证券款”科目的期末余额填列。

（18）“应付利息”项目，反映期末尚未支付的各项利息，应根据“应付利息”科目期末余额填列。

（19）“应付佣金”项目，反映期末尚未支付券商的佣金，应根据“应付佣金”科目的期末余额填列。

（20）“其他应付款”项目，反映除上述负债以外的其他负债，如暂收款、多收的款项等，应根据“其他应付款”等有关科目期末余额分析填列。

（21）“企业年金基金净值”项目，反映期末企业年金基金净值，应根据“企业年金基金”及其明细科目分析填列。

2. 净资产变动表的编制说明

（1）“期初净资产”项目，反映企业年金基金期初净值，应根据上期末“企业年金基金”及其明细科目贷方余额分析填列。

（2）“存款利息收入”项目，反映本期存放金融机构各种存款的利息收入，应根据“利息收入”

科目期末结转“本期收益”科目的数额填列。

（3）“买入返售证券收入”项目，反映本期买入返售证券业务而实现的利息收入，应根据“买入返售证券收入”科目期末结转“本期收益”科目的数额填列。

（4）“公允价值变动收益”项目，反映本期持有债券、基金、股票等投资的公允价值变动情况，应根据“公允价值变动收益”科目期末结转“本期收益”科目的数额填列。

（5）“投资处置收益”项目，反映本期投资处置时实现的收益，以及投资持有期间收到被投资单位发放的现金股利、红利，或按债券票面利率计算的利息收入，应根据“投资收益”科目期末结转“本期收益”科目的数额分析填列。

（6）“其他收入”项目，反映本期除以上收入外的其他收入，应根据“其他收入”科目期末结转“本期收益”科目的数额填列。

（7）“收取的企业缴费”项目，反映本期收到的企业缴费，应根据“企业年金基金”及其明细科目的余额分析填列。

（8）“收取的职工个人缴费”项目，反映本期收到的职工个人缴费，应根据“企业年金基金”及其明细科目的余额分析填列。

（9）“个人账户转入”项目，反映本期从其他企业调入本企业职工个人账户转入的金额，应根据“企业年金基金人账户转入”科目的余额填列。

（10）“交易费用”项目，反映本期投资运营中发生的手续费、佣金及其他必要支出，应根据“交易费用”科目期末结转“本期收益”科目的数额填列。

（11）“受托人管理费”项目，反映本期按照合同约定计提的受托人管理费用，应根据“受托人管理费”科目期末结转“本期收益”科目的数额填列。

（12）“托管人管理费”项目，反映本期按照合同约定计提的托管人管理，应根据“托管人管理费”科目期末结转“本期收益”科目的数额填列。

（13）“投资管理人管理费”项目，反映本期按照合同约定计提的投资管理人管理费用，应根据“投资管理人管理费”科目期末结转“本期收益”科目的数额填列。

（14）“卖出回购证券支出”项目，反映本期发生的卖出回购证券业务的支出，应根据“卖出回购证券款”科目期末结转“本期收益”科目的数额填列。

（15）“其他费用”项目，反映本期除上述费用之外的其他各项费用，应根据“其他费用”科目期末结转“本期收益”科目的数额填列。

（16）“支付受益人待遇”项目，反映本期支付受益人待遇的金额，应根据“企业年金基金”及其明细科目的期末余额填列。

（17）“个人账户转出”项目，反映本期企业职工调出、离职等原因从个人账户转出的金额应根据“企业年金基金人账户转出”科目的期末余额填列。

3. 附注披露内容和要求

根据企业年金基金准则及其应用指南的规定，企业年金基金在附注中应当披露下列内容：

（1）企业年金计划的主要内容及重大变化。

（2）企业年金基金管理各方当事人（包括委托人、受托人、托管人、投资管理人、账户管理人、中介机构等）名称、注册地、组织形式、总部地址、业务性质、主要经营活动。

（3）财务报表的编制基础。

（4）遵循企业年金基金准则的声明。

（5）重要会计政策和会计估计。

（6）会计政策和会计估计变更及差错更正的说明，包括会计政策、会计估计变更和差错更正的内容、理由、影响数或影响数不能合理确定的理由等。

（7）投资种类、金额及公允价值的确定方法。

（8）各类投资占投资总额的比例。

（9）报表重要项目的说明，包括货币资金、买入返售证券、债券投资、基金投资、股票投资其他投资、卖出回购证券款、收取企业缴费、收取职工个人缴费、个人账户转入、支付受益人待遇、个人账户转出等。在具体编制时，可参照财务报表列报应用指南列示的“证券公司报表附注”的披露格式和要求。

（10）企业年金基金净收益，包括本期收入、本期费用的构成。

（11）资产负债表日后事项、关联方关系及其交易的说明等。

（12）企业年金基金投资组合情况、风险管理政策，以及可能使投资价值受到重大影响的其他事项。

第十二章
股 份 支 付

一、准则适用范围

《企业会计准则第 11 号——股份支付》（以下简称股份支付准则）主要规范股份支付的确认、计量和相关信息的披露。股份支付是指企业为获取职工和其他方提供服务而授予权益工具或者承担以权益工具为基础确定的负债的交易。

企业授予职工股票期权、认股权证等衍生工具或其他权益工具以换取职工提供的服务，从而实现对职工的激励或补偿，实质上属于职工薪酬的组成部分。由于股份支付以权益工具的公允价值为计量基础，所以《企业会计准则第 9 号——职工薪酬》规定，以股份为基础的薪酬适用《企业会计准则第 11 号——股份支付》。另外，企业合并中发行权益工具取得其他企业净资产的交易，适用《企业会计准则第 20 号——企业合并》，以权益工具作为对价取得其他金融工具等交易，适用《企业会计准则第 22 号——金融工具确认和计量》，股份支付准则涉及的权益工具公允价值，企业应当遵循其他相关会计准则进行计量和披露，而不是按照《企业会计准则第 39 号——公允价值计量》进行计量和披露。

二、股份支付概述

（一）股份支付的概念

股份支付是指企业为获取职工和其他方提供服务而授予权益工具或者承担以权益工具为基础确定的负债的交易。本概念所指的权益工具是企业自身权益工具。股份支付分为以权益结算的股份支付和以现金结算的股份支付。

（1）以权益结算的股份支付，是指企业为获取服务以股份或其他权益工具作为对价进行结算的交易。

（2）以现金结算的股份支付，是指企业为获取服务承担以股份或其他权益工具为基础计算确定的交付现金或其他资产义务的交易。

（二）股份支付的特征

根据《企业会计准则讲解》说明，股份支付具有以下特征：

（1）股份支付是企业与职工或其他方之间发生的交易。以股份为基础的支付可能发生在企业与股东之间、合并交易中的合并方与被合并方之间或者企业与其职工之间，而发生在企业与其职工或向企业提供服务的其他方之间的交易，才可能符合股份支付准则对股份支付的定义。

（2）股份支付是以获取职工或其他方服务为目的的交易。企业在股份支付交易中意在获取其职工或其他方提供的服务（费用）或取得这些服务的权利（资产），而且企业获取这些服务或权利的目的在于激励企业职工更好地从事生产经营以达到业绩条件而不是转手获利等。

（3）股份支付交易的对价或其定价与企业自身权益工具未来的价值密切相关。股份支付交易与企业与其职工间其他类型交易的最大不同是交易对价或其定价与企业自身权益工具未来的价值密切相关。在股份支付中，企业要么向职工支付其自身权益工具，要么向职工支付一笔现金，而其金额高低取决于结算时企业自身权益工具的公允价值。对价的特殊性可以说是股份支付的显著特征。

（三）股份支付的环节

以薪酬性股票期权为例，典型的股份支付通常涉及4个主要环节，分别为授予、可行权、行权和出售，如图 12-01 所示。

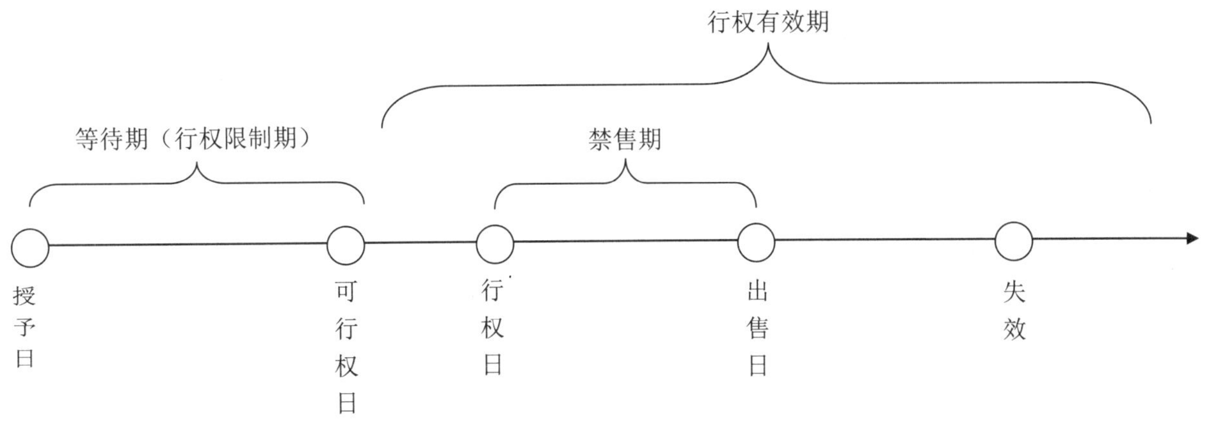

图 12-01 股份支付交易环节示意图

（1）授予日，是指股份支付协议获得批准的日期。“获得批准”是指企业与职工或其他方就股份支付的协议条款和条件已达成一致，并且该协议获得股东大会或类似机构的批准。这里的“达成一致”是指双方在对该计划或协议内容充分形成一致理解的基础上，均接受相关条款和条件。如果按照相关法规的规定，在提交股东大会或类似机构之前存在必要程序或要求，则应履行该程序或满足该要求。

（2）可行权日，是指可行权条件得到满足、职工或其他方具有从企业取得权益工具或现金权利的日期。有的股份支付协议是一次性可行权，有的则是分批可行权。一次性可行权和分批可行权就像根据购买合同一次性付款还是分期付款一样。只有已经取得可行权的股票期权，才是职工真正拥有的“财产”，才能去择机行权。

（3）等待期，是指可行权条件得到满足的期间，是从授予日至可行权日的时段，因此称为“等待期”，又称为“行权限制期”。对于可行权条件为规定服务期间的股份支付，等待期为授予日至可行权日的期间；对于可行权条件为规定业绩的股份支付，应当在授予日根据最可能的业绩结果预计等待期的长度。

（4）行权日，是指职工和其他方行使权利、获取现金或权益工具的日期。例如，持有股票期权的职工行使了以特定价格购买一定数量本公司股票的权利，该日期即为行权日。行权是按期权的约定价格实际购买股票，一般是在可行权日之后到期权到期日之前的可选择时段内行权。

（5）出售日，是指股票的持有人将行权所取得的期权股票出售的日期。按照我国法规规定，用于期权激励的股份支付协议，应在行权日与出售日之间设立禁售期，其中，国有控股上市公司的禁售期不得低于 2 年。

（四）股份支付条件的种类

可行权条件是指能够确定企业是否得到职工或其他方提供的服务、且该服务使职工或其他方具有获取股份支付协议规定的权益工具或现金等权利的条件，包括服务期限条件和业绩条件。

1. 服务期限条件

服务期限条件是指职工或其他方完成规定服务期限才可行权的条件。

例 12-01 经股东大会批准，A 公司实施股权激励计划，向其 15 名高管人员每人授予 15 万份股票期权。可行权条件为连续服务 3 年，如果满足可行权条件，高管人员即可按低于市价的价格购买一定数量的本公司股票。

分析：本案例中，“可行权条件为连续服务 3 年”就是服务期限条件，且等待期为 3 年，是固定的，不需要单独计算等待期的长短。

2. 业绩条件

业绩条件是指职工或其他方完成规定期限且企业已经达到特定业绩目标才可行权的条件，具体包括市场条件和非市场条件。

（1）市场条件，是指行权价格、可行权条件以及行权可能性与权益工具的市场价格相关的业绩条件，如股份支付协议中关于股价至少上升至何种水平职工可相应取得多少股份的规定。

例 12-02 经股东大会批准，A 公司实施股权激励计划，向其 15 名高管人员每人授予 15 万份股票期权。可行权条件为：如果 3 年后股价达到了 55 元 / 股，高管人员即可以低于市价的价格购买一定数量的本公司股票。实际情况：第 1 年年末收盘价 35 元 / 股；第 2 年年末收盘价 45 元 / 股；第 3 年年末收盘价 50 元 / 股。

分析：本案例中，等待期为 3 年，不需要单独计算等待期的长短。3 年后股价达到 55 元 / 股，为市场条件。

（2）非市场条件，是指除市场条件之外的其他业绩条件，如股份支付协议中关于达到最低盈利目标或销售目标才可行权的规定。

例 12-03 经股东大会批准，A 公司实施股权激励计划，向其 15 名高管人员每人授予 15 万份股票期权。可行权条件为：公司净利润以 2×20 年的年末数为基数，2×21—2×23 年的净利润分别比 2×20 年增长 16%、20%、25%。

分析：本案例中，2×21—2×23 年的净利润分别比 2×20 年增长 16%、20%、25%，为非市场条件。

三、股份支付的确认和计量

（一）权益结算的股份支付

1. 换取职工服务的权益结算的股份支付

对于换取职工服务的股份支付，企业应当以股份支付所授予的权益工具的公允价值计量。企业**应在等待期内的每个资产负债表日**，以对可行权权益工具数量的最佳估计为基础，按照权益工具在**授予日的公允价值**，将当期取得的服务计入相关资产成本或当期费用，同时计入资本公积中的其他**资本公积**。

对于授予后立即可行权的换取职工提供服务的权益结算的股份支付（例如授予限制性股票的），**应在授予日按照权益工具的**公允价值，将取得的服务计入相关资产成本或当期费用同时计入资本公积**中的股本溢价**。

2. 换取其他方服务的权益结算的股份支付

对于换取其他方服务的股份支付，企业应当以股份支付所换取的服务的公允价值计量。企业应当按照其他方服务在取得日的公允价值，将取得的服务计入相关资产成本或费用。

如果其他方服务的公允价值不能可靠计量，但权益工具的公允价值能够可靠计量，企业应当按照权益工具在服务取得日的公允价值，将取得的服务计入相关资产成本或费用。

3. 权益工具公允价值无法可靠确定时的处理

在极少数情况下，授予权益性工具的公允价值无法可靠计量，企业应在获取服务的时点、后续的每个资产负债表日和结算日，以内在价值计量该权益工具，而内在价值的变动应计入当期损益。同时，企业应以最终可行权或实际行权的权益工具数量为基础，确认取得服务的金额。内在价值是指交易双方有权认购或取得的股份的公允价值，与其按照股份支付协议应当支付的价格间的差额。

企业对上述以内在价值计量的已授予权益工具进行结算，应当遵循以下要求。

①结算发生在等待期内的，企业应当将结算作为加速可行权处理，即立即确认本应于剩余等待期内确认的服务金额。

②结算时支付的款项应当作为回购工具处理，即减少所有者权益，结算支付的款项高于该权益工具在回购日内在价值的部分，计入当期损益。

（二）现金结算的股份支付

企业应当在等待期内的每个资产负债表日，以对可行权情况的最佳估计为基础，按照企业承担负债的公允价值，将当期取得的服务计入相关资产成本或当期费用，同时计入负债，并在结算前的每个资产负债表日和结算日对负债的公允价值重新计算，将其变动计入损益。对于授予后立即可行权的现金结算的股份支付（例如授予虚拟股票或业绩股票的股份支付），企业应当在授予日按照企业承担负债的公允价值计入相关资产、成本或费用，同时计入负债，并在结算前的每个资产负债表日和结算日对负债的公允价值重新计量，将其变动计入损益。

（三）权益工具公允价值的确定

股份支付中，权益工具的公允价值的确定，应当以市场价格为基础。一些股份和股票期权并没有一个活跃的交易市场，在这种情况下，应当考虑估值技术。通常情况下，企业应当按照《企业会计准则第 22 号——金融工具确认和计量》的有关规定确定权益工具的公允价值，并根据股份支付协议的条款的条件进行调整。

1. 股份

对于授予职工的股份，其公允价值应按企业股份的市场价格计量，同时考虑授予股份所依据的条款和条件（不包括市场条件之外的可行权条件）进行调整。如果企业股份未公开交易，则应按估计的市场价格计量，并考虑授予股份所依据的条款和条件进行调整。

有些授予条款和条件规定职工无权在等待期内取得股份的，则在估计所授予股份的公允价值时就应予以考虑。有些授予条款和条件规定股份的转让在可行权日后受到限制，则在估计所授予股份的公允价值时，也应考虑此因素，但不应超出熟悉情况并自愿的市场参与者愿意为该股份支付的价格受到可行权限制的影响程度。在估计所授予股份在授予日的公允价值时，不应考虑在等待期内转让的限制和其他限制，因为这些限制是可行权条件中的非市场条件规定的。

2. 股票期权

对于授予职工的股票期权，因其通常受到一些不同于交易期权的条款和条件的限制，因而在许多情况下难以获得其市场价格。如果不存在条款和条件相似的交易期权，就应通过期权定价模型估计所授予的期权的公允价值。

在选择适用的期权定价模型时，企业应考虑熟悉情况和自愿的市场参与者将会考虑的因素。对于一些企业来说，这将限制“布莱克—斯科尔斯—默顿”期权定价公式的适用性。因为该公式未考虑在期权到期日之前行权的可能性，故无法充分反映预计提前行权对授予职工的期权在授予日公允价值的影响。类似地，该公式也未考虑在期权期限内企业股价预计波动率和该模型其他输入变量发生变动的可能性。

对于期限相对较短的期权以及那些在授予日后很短时间内就行权的期权来说，一般不用考虑上面的限制因素。在此类情况下，采用“布莱克—斯科尔斯—默顿”公式能得出与采用其他期权定价模型基本相同的公允价值结果。所有适用于估计授予职工期权的定价模型至少应考虑以下因素：期权的行权价格、期权期限、基础股份的现行价格、股价的预计波动率、股份的预计股利、期权期限内的无风险利率。

此外，企业选择的期权定价模型还应考虑熟悉情况和自愿的市场参与者在确定期权价格时会考虑的其他因素，但不包括那些在确定期权公允价值时不考虑的可行权条件和再授予特征因素。确定授予职工的股票期权的公允价值，还需要考虑提前行权的可能性。有时，因为期权不能自由转让，或因为职工必须在终止劳动合同关系前行使所有可行权期权，在这种情况下必须考虑预计提前行权的影响。

在估计授予的期权（或其他权益工具）的公允价值时，不应考虑熟悉情况和自愿的市场参与者在确定股票期权（或其他权益工具）价格时不会考虑的其他因素。例如，对于授予职工的股票期权，那些仅从单个职工的角度影响期权价值的因素，并不影响熟悉情况和自愿的市场参与者确定期权的价格。

下面具体说明估计授予职工的期权价格所应考虑的因素。

（1）期权定价模型的输入变量的估计。在估计基础股份的预计波动率和股利时，目标是尽可能接近当前市场或协议交换价格所反映的价格预期。类似地，在估计职工股票期权提前行权时，目标是尽可能接近外部人基于授予日所掌握信息作出的预期，这些信息包括职工行权行为的详细信息。在通常情况下，对于未来波动率、股利和行权行为的预期存在一个合理的区间。这时，应将区间内的每项可能数额乘以其发生概率，加权计算上述输入变量的期望值。

一般情况下，对未来的预期建立在历史经验基础上，但如果能够合理预期未来与历史经验的不同，则应对该预期进行修正。未经上述调整的历史经验对微量的预测价值很有限，而且有时可能难以获取历史信息。因此，企业在估计期权定价模型的输入变量时，应充分考虑历史经验合理预测未来的程度和能力，而不能简单地根据历史信息估计波动率行权行为和股利。

（2）预计提早行权。出于各种原因，职工经常在期权失效日之前提早行使股票期权。考虑提早行权对期权公允价值的影响的具体方法，取决于所采用的期权定价模型的类型。但无论采用何种方法，预计提早行权时都要考虑以下因素：①等待期的长度；②以往发行在外的类似期权的平均存续时间；③基础股份的价格（有时根据历史经验，职工在股价超过行权价格达到特定水平时倾向于行使期权）；④职工在企业中所处的层次（有时根据历史经验，高层职工倾向于较晚行权）；⑤基础股份的预计波动率（一般而言，职工倾向于更早地行使高波动率的股份的期权）。

如前述，将对期权预计期限的估计作为期权定价模型的输入变量，可以在确定期权公允价值时考虑提早行权的影响。其中，在估计授予一个职工群体的期权的预计期限时，企业可用加权平均方法估计该职工群体的整体预计期权期限。如果能根据职工行权行为的更详细数据在该职工群内恰当分组，则企业可将估计建立在群内各职工组预计期权期限的加权平均基础上，即应将具有相对类似行权行为的职工分为一组，在此基础上将授予的期权分不同组别进行估计。

在有些情况下，上述分组方法很重要。期权价值不是期权期限的线性函数，随着期权期限的延长，期权价值以递减的速度增长。例如，如果所有其他假设相同，虽然一份两年期的期权要比一份一年期的期权值钱，但达不到后者的两倍。这意味着，如果估计期权授予的职工群中各个职工之间存在巨大的行权行为差异，此时以职工个人期限预计为基础加权平均计算出来的总期权价值，将高估授予整群职工的期权的公允价值总额。如果将授予的期权依照行权行为分为不同组别，因为行权行为类似，所以每个组别的加权平均期限都只包含相对较小的期限范围，就将减少对授予整群职工的期权的公允价值总额的高估。

采用二项模型或其他类似模型时，也应做类似考虑。例如，对于向高层职工普遍授予期权的企业，其历史经验表明，高级管理人员倾向持有期权的时间要比中层管理人员更长，而最基层职工则倾向最早行使期权。在此类情况下，以具有相对类似行权行为的职工组为基础划分期权授予，将更准确地估计授予期权的公允价值总额。

（3）预计波动率。预计波动率是对预期股份价格在一个期间内可能发生的波动金额的度量。期权定价模型中所用的波动率的度量，是一段时间内股份的连续复利回报率的年度标准差。波动率通常以年度表示，而不管计算时使用的是何种时间跨度基础上的价格，如每日、每周或每月的价格，估计预计波动率要考虑以下因素：

①如果企业有股票期权或其他包含期权特征的交易工具（如可转换工资债券）的买卖，则应考虑这些交易工具所内含的企业股价波动率。

②在与期权的预计期限（考虑期权剩余期限和预计提早行权的影响）大体相当的最近一个时期内企业股价的历史波动率。

③企业股份公开交易的时间。与上市时间更久的类似企业相比，新上市企业的历史波动率可能更大。

④波动率向其均值（即长期平均水平）回归的趋势，以及表明预计未来波动率可能不同于以往波动率的其他因素。有时，企业股价在某一特殊期间因为特定情况剧烈波动，如因收购要约或重大重组失败，则在计算历史平均年度波动率时，可剔除这个特殊期间。

⑤获取价格要有恰当且规则的间隔。价格的获取在各期应保持一贯性。例如，企业可用每周收盘价或每周最高价，但不应在某些周用收盘价、某些周用最高价。又如，获取价格时应使用与行权价格相同的货币来表示。

除了上述考虑因素，如果企业因新近上市而没有历史波动率的充分信息，应按可获得交易活动数据的最长期间计算历史波动率，也可考虑类似企业在类似阶段可比期间的历史波动率。如果企业是非上市企业，在估计预计波动率时没有历史信息可循，可考虑以下替代因素：

①在某些情况下，定期向其职工（或其他方）发行期权或股份的非上市企业，可能已为其股份设立了一个内部“市场”。估计预计波动率时可以考虑这些“股价”的波动率。

②如果上面的方法不适用，而企业以类似上市企业股价为基础估计自身股份的价值，企业可考虑类似上市企业股价的历史或内含波动率。

③如果企业未以类似上市企业股价为基础估计自身股份的价值，而是采用了其他估价方法对自身股份进行估价，则企业可推导出一个与该估价方法基础一致的预计波动率估计数。例如，企业以净资产或净利润为基础对其股份进行估价，那么可以考虑以净资产或净利润的预计波动率为基础对其股份价格的波动率进行估计。

（4）预计股利。计量所授予的股份或期权的公允价值是否应当考虑预计股利，取决于被授予方是否有权取得股利或股利的等价物。

如果职工被授予期权，并有权在授予日和行权日之间取得基础股份的股利或股利的等价物（可现金支付，也可抵减行权价格），所授予的期权应当像不支付基础股份的股利那样进行估价，即预计股利的输入变量应为零。类似地，如果职工有权取得在等待期内支付的股利，在估计授予职工的股份在授予日的公允价值时，也不应考虑因预计股利而进行调整。

相反，如果职工对等待期内或行权前的股利或股利的等价物没有要求权，对股份或期权在授予日公允价值的估计就应考虑预计股利因素，在估计所授予期权的公允价值时，期权定价模型的输入变量中应包含预计股利，即从估价中扣除预计会在等待期内支付的股利现值。期权定价模型通常使用预计股利率，但也可能对模型进行修正后使用预计股利金额。如果企业使用股利金额，应根据历史经验考虑股利的增长模式。

一般来说，预计股利应以公开可获取的信息为基础。不支付的股利且没有支付股利计划的企业应假设预计股利收益率为零。如果无股利支付历史的新企业被预期在其职工股票期权期限内开始支付股利，可使用历史股利收益率（零）与大致可比的同类企业的股利收益率均值的平均数。

（5）无风险利率。无风险利率一般是指，期权行权价格以该货币表示的、剩余期限等于被估价期权的预计期限（基于期权的剩余合同期限，并考虑预计提早行权的影响）的零息国债当前可获得的内含收益率。如果没有此类国债，或环境表明零息国债的内含收益率不能代表无风险利率，应使用适当的替代利率。

同样，在估计一份有效期与被估价期权的预计期限相等的其他期权的公允价值时，如果市场参与者们一般使用某种适当的替代利率而不是零息国债的内含收益率来确定无风险利率，则企业也应使用这个适当的替代利率。

（6）资本结构的影响。通常情况下，交易期权是由第三方而不是企业签发的。当这些股票期权行权时，签发人将股份支付给期权持有者。这些股份是从现在的股东手中取得的。因此，交易期权的行权不会有稀释效应。

如果股票期权是企业签发的，在行权时需要增加已发行在外的股份数量（要么正式增发，要么使用先前回购的库存股）。假定股份将按行权日的市场价格发行，这种现实或潜在的稀释效应可能会降低股价，因此期权持有者行权时，无法获得像行使其他类似但不稀释股价的交易期权一样多的利益。这一问题能否对企业授予股票期权的价值产生显著影响，取决于各种因素，包括行权时增加的股份数量（相对于已发行在外的股份数量）。如果市场已预期企业将会授予期权，则可能已将潜在的稀释效应体现在了授予日的股价中。企业应考虑所授予的股票期权未来行权的潜在稀释效应，是否可能对股票期权在授予日的公允价值构成影响。企业可能修改期权定价模型，已将潜在稀释效应纳入考虑范围。

对于具有再授予特征的股票期权，确定其公允价值时不应考虑其再授予特征，当发生再授予期权的后续授予时，应作为一项新授予的股份期权进行处理。再授予特征是指，只要期权持有人用企业的股份而不是现金来支付行权价格以行使原先授予的期权，就自动授予额外股份期权。

四、股份支付的会计处理

（一）常规情况处理

1. 会计处理

根据《企业会计准则讲解》说明，股份支付的会计处理必须以完整、有效的股份支付协议为基础。

（1）授予日。除了立即可行权的股份支付外，无论权益结算的股份支付还是现金结算的股份支付，企业在授予日均不作会计处理。

（2）等待期内每个资产负债表日。企业应当在等待期内的每个资产负债表日，将取得职工或其他方提供的服务计入成本费用，同时确认所有者权益或负债。

首先，确定公允价值。对于权益结算的涉及职工的股份支付，应当按照授予日权益工具的公允价值计入成本费用和资本公积（其他资本公积），不确认其后续公允价值变动；对于现金结算的涉及职工的股份支付，应当按照每个资产负债表日权益工具的公允价值重新计量，确定成本费用和应付职工薪酬。

其次，修订预计可行权数量。在等待期内的每个资产负债表日，企业应当根据最新取得的可行权职工人数变动等后续信息作出最佳估计，修正预计可行权的权益工具数量。在可行权日，最终预计可行权权益工具的数量应当与实际可行权权益工具的数量一致。

最后，根据上述权益工具的公允价值和预计可行权的权益工具数量，计算截至当期累计应确认的成本费用金额，再减去前期累计已确认金额，作为当期应确认的成本费用金额。

注意：股份支付存在非可行权条件的，只要职工满足了非市场条件（如利润增长率、服务期限等），企业就应当确认已取得的服务。即非市场条件是否得到满足影响企业对预计可行权情况的估计。即没有满足非市场条件时，不应确认相关费用。

（3）可行权日之后：①对于权益结算的股份支付，在可行权日之后不再对已确认的成本费用和所有者权益总额进行调整。企业应在行权日根据行权情况，确认股本和股本溢价，同时结转等待期内确认的资本公积（其他资本公积）。②对于现金结算的股份支付，企业在可行权日之后不再确认成本费用，负债（应付职工薪酬）。公允价值的变动应当计入当期损益（公允价值变动损益）。

（4）回购股份进行职工期权激励：①回购股份。企业回购股份时，应当按照回购股份的全部支出作为库存股处理，同时进行备查登记。②确认成本费用。企业应当在等待期内的每个资产负债表日按照权益工具在授予日的公允价值，将取得的职工服务计入成本费用，同时增加资本公积（其他资本公积）。③职工行权。企业应于职工行权购买本企业股份收到价款时，转销交付职工的库存股成本和等待期内资本公积（其他资本公积）累计金额，同时，按照其差额调整资本公积（股本溢价）。

2. 应用案例

（1）附服务年限条件的权益结算股份支付。

例 12-04 A 公司为上市公司。2×20 年 1 月 1 日，A 公司向其 200 名管理人员每人授予 10 万股股票期权。这些职员从 2×20 年 1 月 1 日起在该公司连续服务 3 年，即可以 5 元每股购买 10 万股 A 公司股票，从而获益。公司估计该期权在授予日的公允价值为 18 元。

第一年有 20 名职员离开 A 公司，A 公司估计 3 年中离开的职员的比例将达到 20%；第二年又有 10 名职员离开公司，公司将估计的职员离开比例修正为 15%；第三年又有 15 名职员离开。要求：计算 2×20—2×22 年的成本费用，并做相应的会计处理。

成本费用计算过程如表 12-01 所示。

表 12-01 成本费用计算表

单位：万元

年份	计算	累计费用
2×20 年	200×10×（1 － 20%）×18×1÷3	9 600
2×21 年	200×10×（1 － 15%）×18×2÷3	20 400
2×22 年	（200 － 20 － 10 － 15）×10×18	27 900

① 2×20 年 1 月 1 日：

授予日不作账务处理。

② 2×20 年 12 月 31 日：

借：管理费用 96 000 000

贷：资本公积——其他资本公积 96 000 000

③ 2×21 年 12 月 31 日：

借：管理费用 108 000 000

贷：资本公积——其他资本公积 108 000 000

④ 2×22 年 12 月 31 日：

借：管理费用 75 000 000

贷：资本公积——其他资本公积 75 000 000

⑤假设全部 155 名职员都在 2×22 年 12 月 31 日行权，A 公司股份面值为 1 元：

借：银行存款　　77 500 000
　　资本公积——其他资本公积　　279 000 000
　贷：股本　　15 500 000
　　　资本公积——资本溢价　　341 000 000

（2）附非市场业绩条件的权益结算股份支付。

例 12-05　2×20 年 1 月 1 日，A 公司为其 100 名管理人员每人授予 10 万份股票期权：第一年末的可行权条件为企业净利润增长率达到 20%；第二年年末的可行权条件为企业净利润两年平均增长 15%；第三年年末的可行权条件为企业净利润三年平均增长 10%。每份期权在 2×20 年 1 月 1 日的公允价值为 24 元。

① 2×20 年 12 月 31 日，权益净利润增长了 18%，同时有 8 名管理人员离开，企业预计 2×21 年将以同样速度增长，因此预计将于 2×21 年 12 月 31 日可行权。另外，企业预计 2×21 年 12 月 31 日又将有 8 名管理人员离开企业。

② 2×21 年 12 月 31 日，企业净利润仅增长了 10%，因此无法达到可行权状态。另外，实际有 10 名管理人员离开，预计第三年将有 12 名管理人员离开企业。

③ 2×22 年 12 月 31 日，企业净利润增长了 8%，三年平均增长率为 12%，因此达到可行权状态。当年有 8 名管理人员离开。

要求：计算 2×20—2×22 年的成本费用并作出相应的会计处理。

按照股份支付会计准则，本例中的可行权条件是一项非市场业绩条件。

第一年年末，虽然没能实现净利润增长20%的要求，但公司预计下年将以同样速度增长，因此能实现两年平均年增长15%的要求。所以公司将其预计等待期调整为两年。由于有8名管理人员离开，所以公司同时调整了期满（两年）后预计可行权期权的数量（100－8－8）。

第二年年末，虽然两年实现15%增长的目标再次落空，但公司仍然估计能够在第三年取得较理想的业绩，从而实现3年平均增长10%的目标。所以公司将其预计等待期调整为3年。由于第二年有10名管理人员离开，高于预计数字，因此公司相应调增了第三年预计离开的人数（100－8－10－12）。

第三年年末，目标实现，实际离开人数为 8 人。公司根据实际情况确定累计费用，并据此确认了第三年费用和调整。成本费用计算过程如表 12-02 所示。

表 12-02　成本费用计算表

年份	计算	累计费用（单位：万元）
2×20	（100 － 8 － 8）×10×24×1÷2	10 080
2×21	（100 － 8 － 10 － 12）×10×24×2÷3	11 200
2×22	（100 － 8 － 10 － 8）×10×24	17 760

（会计处理略）

（3）以现金结算的股份支付。

例 12-06　2×19 年 11 月，A 公司董事会批准了一项股份支付协议。协议规定，2×20 年 1 月 1 日，公司为其 200 名中层以上管理人员每人授予 10 万份现金股票增值权。这些管理人员必须在该公司连续服务 3 年，即可自 2×22 年 12 月 31 日起根据股价的增长幅度可以行权获得现金。该股票增值权应在 2×24 年 12 月 31 日之前行使完毕。A 公司估计，该股票增值权在负债结算之前每一个资产负债表日以及结算日的公允价值和可行权后的每份股票增值权现金支出额如表 12-03 所示。

表 12-03 每份股票增值权现金支出额

单位：元

年份	公允价值	支付现金
2×20	14	
2×21	15	
2×22	18	16
2×23	21	20
2×24		25

第一年有 20 名管理人员离开 B 公司，B 公司估计 3 年中还将有 15 名管理人员离开；第二年又有 10 名管理人员离开公司，公司估计还将有 10 名管理人员离开；第三年又有 15 名管理人员离开。第三年末，假定有 70 人行使股份增值权取得了现金。第四年末，有 50 人行使了股份增值权。第五年末，剩余 35 人也行使了股份增值权。要求：计算股票支付金额及当期损益，并做相应会计分录。

损益影响和股份支付金额计算过程如表 12-04 所示。

表 12-04 支付金额和损益影响确定表

单位：万元

年份	负债计算	负债余额	支付现金计算	支付现金	当期损益
	（A）	（B）	（C）	（D）	（E）
2×20	（200 － 20 － 15）×10×14×1÷3	7 700			7 700
2×21	（200 － 20 － 10 － 10）×10×15×2÷3	16 000			8 300
2×22	（200 － 20 － 10 － 15）×10×18	15 300	70×100×16	11 200	10 500
2×23	（200 － 20 － 10 － 15 － 70）×10×21	7 350	50×100×20	10 000	2 050
2×24	0	0	35×100×25	8 750	1 400
	合计			29 950	29 950

注：E ＝当期 B －前一期 B ＋当期 D

① 2×20 年 1 月 1 日：

授予日不作处理。

② 2×20 年 12 月 31 日：

借：管理费用　　77 000 000

　　贷：应付职工薪酬——股份支付　　77 000 000

③ 2×21 年 12 月 31 日：

借：管理费用　83 000 000

　　贷：应付职工薪酬——股份支付　83 000 000

④ 2×22 年 12 月 31 日：

借：管理费用　105 000 000

　　贷：应付职工薪酬——股份支付　105 000 000

借：应付职工薪酬——股份支付　112 000 000

　　贷：银行存款　112 000 000

⑤ 2×23 年 12 月 31 日：

借：公允价值变动损益　20 500 000

　　贷：应付职工薪酬——股份支付　20 500 000

借：应付职工薪酬——股份支付　100 000 000

　　贷：银行存款　100 000 000

⑥ 2×24 年 12 月 31 日：

借：公允价值变动损益　14 000 000

　　贷：应付职工薪酬——股份支付　14 000 000

借：应付职工薪酬——股份支付　87 500 000

　　贷：银行存款　87 500 000

（二）特殊情况处理

1. 一次授予、分期行权的股份支付

对于股份支付费用的分摊，准则规定，“完成等待期内的服务或达到规定业绩条件才可行权的、换取职工服务的以权益结算的股份支付，在等待期内的每个资产负债表日，应当以对可行权权益工具的最佳估计为基础，按照权益工具授予日的公允价值，将当期取得的服务计入相关成本或费用和资本公积”。此规定中明确企业应当将当期取得的服务计入成本和费用，所隐含的是股份支付费用应当在等待期内分摊。

“一次授予、分期行权”，即在授予日一次授予给员工若干权益工具，之后每年分批达到可行权。每个批次是否可行权的结果通常是相对独立的，即每一期是否达到可行权条件并不会直接决定其他几期是否能够达到可行权条件，在会计处理时应将其作为几个独立的股份支付计划处理。同时，公司一般会要求员工在授予的权益工具可行权时仍然在职，这实际上是隐含了一个服务条款，即员工需服务至可行权日。

如果第一部分未达到业绩条件并不会直接导致后面各部分不能达到业绩条件，因此每部分作为一个独立的股份支付计划处理，分别计算每个计划授予日的单位公允价值，而要求职工各部分行权时在职，则隐含了服务条款，即第一部分股票期权要求职工必须在公司服务一年，第二部分股票期权要求职工必须在公司服务两年，第三部分股票期权要求职工必须在公司服务三年，因此第一个计划的等待期是一年，第二个计划的等待期是两年，第三个计划的等待期是三年，根据每个计划授予日的单位公允价值估计的期权费用，在其相应的等待期内按照该计划在某会计期间内等待期长度占整个等待期长度的比例进行分摊。

例 12-07 A 公司于 2×20 年 1 月 2 日进行了一项股权激励计划的授予，向公司高级管理人员授予了股票期权 200 万份，根据“布莱克一斯科尔斯期权定价模型”确定授予日股票期权每份公允价值为 12 元。该股权激励计划要求职工行权时在职，且行权业绩考核指标和行权安排如表 12-05 所示：

表 12-05 行权业绩考核指标和行权安排表

行权部分	业绩指标	当年行权比例
第一部分	2×20 年：以 2×19 年经审计的净利润为基数，公司 2×20 年度经审计净利润较 2×19 年增长率达到或超过 40%	20%（40 万份）
第二部分	2×21 年：以 2×19 年经审计的净利润为基数，公司 2×21 年度经审计净利润较 2×19 年增长率达到或超过 80%	30%（60 万份）
第三部分	2×22 年：以 2×19 年经审计的净利润为基数，公司 2×22 年度经审计净利润较 2×19 年增长率达到或超过 120%	50%（100 万份）

假定 2×20 年年度净利润较 2×19 年经审计净利润增长率下降约 20%；2×21 年年度净利润较 2×19 年经审计净利润增长率达到 80%；2×22 年年度净利润较 2×19 年经审计净利润增长率达到 120%。不考虑离职情况，计算期权激励计划等待期内资产负债表日股权激励费用。

分析：

（1）对于第一部分股票期权（即第一个期权计划）的股权激励费用，A 公司在 2×20 年资产负债表日的实际业绩指标未达到计划的业绩条件，即未达到"2×20 年净利润较 2×19 年增长率达到或超过 40%"的可行权条件，该部分股票期权的可行权数量为 0，应确认的与这一部分期权相关的股权激励累计费用为 0。

（2）对于第二部分和第三部分股票期权的股权激励费用，A 公司在各期资产负债表日，应根据可行权职工人数变动、预计 2×21 年和 2×22 年经审计净利润增长率是否达到业绩条件等重新估计修正预计可行权的权益工具数量。由于三个部分股票期权的可行权条件相互独立，2×20 年的实际业绩不达标不意味着未来年度业绩不达标，但管理层仍需要重新估计第二、第三部分业绩达标的可能性，采用以下方法计算当期应确认的成本费用金额，如表 12-06 所示：

表 12-06 当期应确认的成本费用计算表

单位：万元

分摊	第一期	第二期	第三期	合计
2×20 年费用	0	12×60×1÷2 = 360	12×100×1÷3 = 400	760
2×21 年费用		12×60×2÷2 − 360 = 360	12×100×2÷3 − 400 = 400	760
2×22 年费用			12×100×3÷3 − 400 − 400 = 400	400
合计	0	720	1 200	1 920

2. 授予限制性股票的股权激励计划

限制性股票的股权激励方式是指激励对象按照股权激励计划规定的条件，从上市公司获得一定数量的上市公司股票。激励对象只有在符合股权激励计划规定条件的情况下，才可申请解锁限制性股票，解锁后的限制性股票可依法自由流通。

（1）授予限制性股票的会计处理。上市公司实施限制性股票的股权激励安排中，常见做法是上市公司以非公开发行的方式向激励对象授予一定数量的公司股票，并规定锁定期和解锁期。在锁定期和解锁期内，股票不得上市流通及转让。如果达到解锁条件，可以解锁；如果全部或部分股票未被解锁而失效或作废，通常由上市公司按照事先约定的价格立即进行回购。

①向职工发行的限制性股票按有关规定履行了注册登记等增资手续的，收到职工缴纳的认股款时，

借记“银行存款”科目，贷记“股本”“资本公积——股本溢价”科目。同时，就回购义务确认负债（作收购库存股处理），按照发行限制性股票的数量以及相应的回购价格计算确定的金额，借记“库存股”科目，贷记“其他应付款——限制性股票回购义务”（包括未满足条件而须立即回购的部分）等科目。

②等待期内，上市公司应当综合考虑限制性股票锁定期和解锁期等相关条款，按照《企业会计准则第 11 号——股份支付》相关规定判断等待期，进行与股份支付相关的会计处理。

③未达到限制性股票解锁条件而需回购的股票，按照应支付的金额，借记“其他应付款——限制性股票回购义务”科目，贷记“银行存款”科目。同时，按照注销的限制性股票数量相对应的股本金额，借记“股本”科目，按照注销的限制性股票数量相对应的库存股的账面价值，贷记“库存股”科目，按差额，借记或贷记“资本公积——股本溢价”科目。

④达到限制性股票解锁条件而无须回购的股票，按照解锁股票相对应的负债的账面价值，借记“其他应付款——限制性股票回购义务”科目，按照解锁股票相对应的库存股的账面价值，贷记“库存股”科目，按差额，借记或贷记“资本公积——股本溢价”科目。

例 12-08 A 公司为上市公司。2×20 年 1 月 6 日，A 公司向 25 名公司高级管理人员授予了 300 万股限制性股票（每股面值为 1 元），授予后锁定 3 年。2×20 年、2×21 年、2×22 年为申请解锁考核年，每年的解锁比例分别为 30%、30% 和 40%，授予日限制性股票的市场价格每股为 15 元，高级管理人员认购价格为每股 5 元。不考虑各期解锁的业绩条件及其现金股利因素。

要求：编制相关会计分录。

①向职工发行的限制性股票并按有关规定履行了注册登记等增资手续，2×20 年 1 月 6 日收到职工缴纳的认股款 1 500 万元时：

借：银行存款（3 000 000×5）　　15 000 000

　贷：股本（3 000 000×1）　　3 000 000

　　资本公积——股本溢价　　12 000 000

同时，就回购义务确认负债（作收购库存股处理，按照授予日限制性股票的公允价值确认）

借：库存股　　15 000 000

　贷：其他应付款——限制性股票回购义务　　15 000 000

②该计划为一次授予、分期行权的计划，费用在各期的分摊如表 12-07 所示：

表 12-07　费用分摊情况表

单位：万元

分摊费用	第一期	第二期	第三期	合计
2×20 年	3 000×30%×1÷1 = 900	3 000×30%×1÷2 = 450	3 000×40%×1÷3 = 400	1 750
2×21 年		3 000×30%×2÷2 − 450 = 450	3 000×40%×2÷3 − 400 = 400	850
2×22 年			3 000×40%×3÷3 − 800 = 400	400
合计	900	900	1 200	3 000

注：授予日有关限制性股票的市场价格（15 元）高于高管实际支付的价格（5 元），其差额（10 元）未来 3 年内应作为股份支付费用计入相关期间损益。授予日限制性股票的公允价值＝ 300×（15 − 5）＝ 3 000（万元）。

在计量所授予股份在授予日的公允价值时，不应考虑在等待期内转让的限制或其他限制，因为这些限制属于可行权的非市场条件。授予员工限制性股票（行权等待期内限制转让）进行股权激励的上市公司，在计量权益工具授予日的公允价值时，不应采用估值模型，即不考虑限制性条件（即非市场条件），而应直接采用授予日相关股票的市场价格。

（a）2×20 年 12 月 31 日，如果达到限制性股票解锁条件无须回购股票时：

借：管理费用　　17 500 000

　贷：资本公积——其他资本公积　　17 500 000

同时解锁日：

借：资本公积——其他资本公积　　9 000 000

　贷：资本公积——股本溢价　　9 000 000

同时达到限制性股票解锁条件而无须回购的股票：

借：其他应付款——限制性股票回购义务（15 000 000×30%）　　4 500 000

　贷：库存股　（3 000 000×30%×5）　　4 500 000

2×20 年 12 月 31 日，如果未达到限制性股票解锁条件而需回购的股票时（假定可行权条件为市场条件，已确认的费用无须调整转回）：

借：管理费用　　17 500 000

　贷：资本公积——其他资本公积　　17 500 000

回购股票时：

借：其他应付款——限制性股票回购义务　　4 500 000

　贷：银行存款　　4 500 000

同时：

借：股本　（3 000 000×30%）　　900 000

　资本公积——股本溢价（12 000 000×30%）　　3 600 000

　贷：库存股（3 000 000×30%×5）　　4 500 000

（b）2×21 年如果达到限制性股票解锁条件无须回购股票时：

借：管理费用　　8 500 000

　贷：资本公积——其他资本公积　　8 500 000

同时解锁日：

借：资本公积——其他资本公积　　9 000 000

　贷：资本公积——股本溢价　　9 000 000

同时达到限制性股票解锁条件而无须回购的股票：

借：其他应付款——限制性股票回购义务（15 000 000×30%）　　4 500 000

　贷：库存股　（3 000 000×30%×5）　　4 500 000

如果未达到限制性股票解锁条件而需回购的股票（假定可行权条件为市场条件，已确认的费用无须调整转回）：

借：管理费用　　8 500 000

　贷：资本公积——其他资本公积　　8 500 000

回购股票时：

借：其他应付款——限制性股票回购义务　　4 500 000

　贷：银行存款　　4 500 000

同时：

借：股本（3 000 000×30%）　　9 00 000

　资本公积——股本溢价（12 000 000×30%）　　3 600 000

　贷：库存股（3 000 000×30%×5）　　4 500 000

（c）2×22 年 12 月 31 日如果达到限制性股票解锁条件无须回购股票：

借：管理费用　　4 000 000

　　贷：资本公积——其他资本公积　　4 000 000

同时解锁日：

借：资本公积——其他资本公积　　12 000 000

　　贷：资本公积——股本溢价　　12 000 000

同时达到限制性股票解锁条件而无须回购的股票：

借：其他应付款——限制性股票回购义务（15 000 000×40%）　　6 000 000

　　贷：库存股（3 000 000×40%×5）　　6 000 000

2×22 年 12 月 31 日如果未达到限制性股票解锁条件而需回购的股票（假定可行权条件为市场条件，已确认的费用无须调整转回）：

借：管理费用　　4 000 000

　　贷：资本公积——其他资本公积　　4 000 000

回购股票时：

借：其他应付款——限制性股票回购义务　　6 000 000

　　贷：银行存款　　6 000 000

同时：

借：股本（3 000 000×40%）　　1 200 000

　　资本公积——股本溢价（12 000 000×40%）　　4 800 000

　　贷：库存股（3 000 000×40%×5）　　6 000 000

（2）等待期内发放现金股利的会计处理。

①现金股利可撤销，即一旦未达到解锁条件，被回购限制性股票的持有者将无法获得（或需要退回）其在等待期内应收（或已收）的现金股利。

（a）对于预计未来可解锁限制性股票持有者，上市公司应分配给限制性股票持有者的现金股利应当作为利润分配进行会计处理，借记“利润分配”科目，贷记“应付股利”科目。同时，按分配的现金股利金额，借记“其他应付款”科目，贷记“库存股”科目。实际支付现金股利时，借记“应付股利”科目，贷记“银行存款”科目。

（b）对于预计未来不可解锁限制性股票持有者，上市公司应分配给限制性股票持有者的现金股利，应当冲减相关的负债，借记“其他应付款”科目，贷记“应付股利”科目。实际支付现金股利时，借记“应付股利”科目，贷记“银行存款”科目。

②现金股利不可撤销，即不论是否达到解锁条件，限制性股票持有者仍有权获得（或不得被要求退回）其在等待期内应收（或已收）的现金股利。

（a）对于预计未来可解锁限制性股票持有者，上市公司应分配给限制性股票持有者的现金股利应当作为利润分配进行会计处理，借记“利润分配”科目，贷记“应付股利”科目。实际支付现金股利时，借记“应付股利”科目，贷记“银行存款”科目。

（b）对于预计未来不可解锁限制性股票持有者，上市公司应分配给限制性股票持有者的现金股利，应当计入当期成本费用，借“管理费用”科目，贷记“应付股利”科目。实际支付现金股利时，借记“应付股利”科目，贷记“银行存款”科目。

例 12-09　A 公司为上市公司，采用授予职工限制性股票的形式实施股权激励计划。2×20 年 1 月 1 日以非公开发行的方式向 100 名管理人员每人授予 100 万股自身股票，授予价格为 8 元 / 股。当日，100 名管理人员全部认购，认购款项为 80 000 万元，A 公司履行了相关增资手续。该限制性股票股权激励在授予日的公允价值为18元/股。该计划规定，授予对象从2×20年1月1日起在本公司连续服务满3年的，则所授予股票将于2×23年1月1日全部解锁；期间离职的，A公司将按照原授予价格8元/股回购。至2×23年1月1日，所授予股票不得流通或转让，激励对象取得的现金股利暂由公司管理，作为应付股利在解锁时向激励对象支付；对于未能解锁的限制性股票，A公司在回购股票时应扣除激励对象已享有的该部分现金股利。

2×20年度，A公司有4名管理人员离职，A公司估计3年中离职的管理人员为10名，当年宣告发放现金股利为每股1元（限制性股票持有人享有同等分配权利）。A公司会计处理如下。

①授予日收到职工缴纳的认股款时：

借：银行存款　800 000 000

　　贷：股本（1 000 000×100×1）　100 000 000

　　　　资本公积——股本溢价　700 000 000

同时，针对未满足条件而需要立即回购的部分确认负债：

借：库存股（1 000 000×100×8）　800 000 000

　　贷：其他应付款　800 000 000

②等待期内应当综合考虑限制性股票锁定期和解锁期，2×20年确认相关成本费用的金额=（100－10）名×100万股×10元×1÷3＝30 000（万元）。

借：管理费用　300 000 000

　　贷：资本公积——其他资本公积　300 000 000

③预计未来可解锁限制性股票持有者，上市公司应分配给限制股票持有者的现金股利应当作为利润分配进行会计处理。2×20年12月31日预计未来可解锁限制性股票持有者的现金股利＝1×（100－10）×100万股＝9 000（万元）。

借：利润分配　90 000 000

　　贷：应付股利　90 000 000

借：其他应付款　90 000 000

　　贷：库存股　90 000 000

④对于预计未来不可解锁限制性股票持有者，上市公司应分配给限制性股票持有者的现金股利冲减相关负债。2×20年12月31日预计未来不可解锁限制性股票持有者的现金股利＝1×100万股×10名＝1 000（万元）。

借：其他应付款　10 000 000

　　贷：应付股利　10 000 000

⑤针对实际离职的管理人员，应当按照约定的回购价格进行回购股票，冲减回购义务。由于现金股利可撤销同时冲减应付股利。

借：其他应付款——限制性股票回购义务［4×（8－1）×1 000 000］　28 000 000

　　应付股利——限制性股票股利（4×1×1 000 000）　4 000 000

　　贷：银行存款（4×8×1 000 000）　32 000 000

借：股本（4×1×1 000 000）　4 000 000

　　资本公积——股本溢价　28 000 000

　　贷：库存股（4×1 000 000×8）　32 000 000

3. 企业集团内不同企业的股份支付交易

（1）结算企业（母公司）以本身权益工具结算，结算企业是接受服务企业（子公司）的投资者。结算企业为母公司，根据以权益结算的股份支付的确认与计量原则，借记“长期股权投资”科目，贷记“资本公积”科目。接受服务为子公司，根据以权益结算的股份支付的确认与计量原则，借记“管理费用”科目，贷记“资本公积”科目。

母公司在编制合并财务报表时，首先应当从合并财务报表的角度重新判断该项股权激励是以权益结算的股份支付，还是以现金结算的股份支付。如果母公司授予子公司职工的是股票期权，在子公司财务报表中，由于子公司没有结算义务，子公司应该作为以权益结算的股份支付进行会计处理，在母公司的合并财务报表中，也应该作为以权益结算的股份支付来处理。

例 12-10 A上市公司为B公司的母公司（持股比例为100%），有关附服务年限条件的权益结算股份支付的资料如下：

经股东会批准，A公司2×20年1月1日实施股权激励计划，其主要内容为：A公司向其子公司B公司100名管理人员每人授予100万份股份期权，这些人员从2×20年1月1日起必须在该公司连续服务3年，服务期满时才能以每股4.5元购买100万股A公司股票。公司估计该期权在授予日的公允价值为每股27元。到2×20年12月31日止，有10名管理人员离开B公司，A公司估计B公司未来有5名管理人员离开。2×21年，又有5名管理人员离开B公司，A公司估计B公司未来有3名管理人员离开。2×22年，又有5名管理人员离开B公司。2×23年1月6日，80名管理人员全部行权，股票面值为每股1元，管理人员以每股4.5元的价格购买。

要求：编制A、B公司的相关账务处理。

①2×20年12月31日：

A公司：

（100－10－5）×100×27×1÷3＝76 500（万元）

借：长期股权投资　765 000 000

　　贷：资本公积　765 000 000

B公司：

借：管理费用　765 000 000

　　贷：资本公积——其他资本公积　765 000 000

②2×21年12月31日：

A公司：

（100－10－5－3）×100×27×2÷3－7 650＝71 100（万元）

借：长期股权投资　711 000 000

　　贷：资本公积　711 000 000

B公司：

借：管理费用　711 000 000

　　贷：资本公积——其他资本公积　711 000 000

③2×22年12月31日：

A公司：

（100－10－5－5）×100×27×3÷3－147 600＝68 400（万元）

借：长期股权投资　684 000 000

　　贷：资本公积　684 000 000

B公司：

借：管理费用　684 000 000

　　贷：资本公积——其他资本公积　684 000 000

④2×23年1月6日，80名管理人员全部行权。

A公司：

借：银行存款（80×1 000 000×4.5）　　360 000 000

　　资本公积——其他资本公积　　2 160 000 000

　　贷：股本（80×1 000 000×1）　　80 000 000

　　　　资本公积——股本溢价　　2 440 000 000

B公司：

借：资本公积——其他资本公积　　2 160 000 000

　　贷：资本公积——股本溢价　　2 160 000 000

（2）结算企业（母公司）以现金结算，结算企业为接受服务企业（子公司）的投资者。结算企业为母公司，根据以现金结算的股份支付的确认与计量原则，借记“长期股权投资”科目，贷记“应付职工薪酬”科目。接受服务企业为子公司，根据以权益结算的股份支付的确认与计量原则，借记“管理费用”科目，贷记“资本公积”科目。

母公司在编制合并财务报表时，首先应当从合并财务报表的角度重新判断该项股权激励是以权益结算的股份支付，还是以现金结算的股份支付。如果母公司授予子公司职工的是以现金结算的股份支付，在子公司财务报表中，由于子公司没有结算义务，子公司应该作为权益结算的股份支付进行会计处理，但在母公司的合并财务报表中，应当按照以现金结算的股份支付处理。抵销分录为：借记“资本公积（子公司民）”科目，贷记“长期股权投资（母公司）”科目，如果有差额，借记或贷记“管理费用”科目。

例 12-11　经董事会批准，A 公司 2×20 年 1 月 1 日实施股权激励计划，其主要内容为：A 公司向 B 公司 500 名管理人员每人授予 10 000 份现金股票增值权，行权条件为 B 公司 2×20 年度实现的净利润较前 1 年增长 6%，截至 2×21 年 12 月 31 日 2 个会计年度平均净利润增长率为 7%，截至 2×22 年 12 月 31 日 3 个会计年度平均净利润增长率为 8%；从达到上述业绩条件的当年末起，每持有 1 份现金股票增值权可以从 A 公司获得相当于行权当日 A 公司股票每股市场价格的现金，行权期为 3 年。

① B 公司 2×20 年度实现的净利润较前一年增长 5%，本年度没有管理人员离职。该年末，A 公司预计 B 公司截至 2×21 年 12 月 31 日 2 个会计年度平均净利润增长率将达到 7%，未来一年将有 20 名管理人员离职。每份现金股票增值权公允价值如下：2×20 年 1 月 1 日为 9 元；2×20 年 12 月 31 日为 10 元。

2×20 年度行权条件为 B 公司 2×20 年度实现的净利润较前一年增长 6%，实际上 B 公司 2×20 年度实现的净利润较前一年增长 5%，没有达到可行权条件，但是预计第二年有望达到可行权条件。所以等待期为 2 年。

股权激励计划的实施对 A 公司 2×20 年度合并财务报表的影响＝（500 － 0 － 20）×1×10×1÷2 ＝ 2 400（万元），相应的会计处理：A 公司在其 2×20 年度合并财务报表中，确认应付职工薪酬和管理费用 2 400 万元。

要求：分别编制A、B公司相关的账务处理。

A公司会计处理：

（500－0－20）×1×10×1÷2＝2 400（万元）

借：长期股权投资　　24 000 000

　　贷：应付职工薪酬　　24 000 000

B公司会计处理：

（500－0－20）×1×9×1÷2＝2 160（万元）

借：管理费用 21 600 000
　　贷：资本公积 21 600 000
合并抵销分录：
借：资本公积（B公司报表） 21 600 000
　　管理费用 2 400 000
　　贷：长期股权投资（A公司报表） 24 000 000
抵销后A公司确认的对2×20年度合并财务报表的影响：
借：管理费用（21 600 000＋2 400 000） 24 000 000
　　贷：应付职工薪酬 24 000 000

②2×21年度，B公司有30名管理人员离职，实现的净利润较前一年增长7%。该年末，A公司预计B公司截至2×22年12月31日3个会计年度平均净利润增长率将达到10%，未来1年将有40名管理人员离职。2×21年12月31日现金股票增值权为12元。

2×21年度行权条件为截至2×21年12月31日2个会计年度平均净利润增长率为7%，实际上B公司平均净利润增长率为（5%＋7%）÷2＝6%，没有达到可行权条件，但是预计第3年有望达到可行权条件。所以等待期为3年。

2×21年度合并财务报表的影响＝（500－0－30－40）×1×12×2÷3－2 400＝3 440－2 400＝1 040（万元），相应的会计处理：A公司在其2×21年度合并财务报表中，确认应付职工薪酬和管理费用1 040万元。

A公司会计处理：
（500－0－30－40）×1×12×2÷3－2 400＝1 040（万元）
借：长期股权投资 10 400 000
　　贷：应付职工薪酬 10 400 000
B公司会计处理：
（500－0－30－40）×1×9×2÷3－2 160＝420（万元）
借：管理费用 4 200 000
　　贷：资本公积 4 200 000
A公司抵销分录：
借：资本公积（B公司报表） 21 600 000
　　未分配利润 2 400 000
　　贷：长期股权投资（A公司报表） 24 000 000
借：资本公积 4 200 000
　　管理费用 6 200 000
　　贷：长期股权投资 10 400 000
抵销后，对A公司2×21年度合并财务报表的影响：
借：管理费用（420 000＋620 000） 10 400 000
　　贷：应付职工薪酬 10 400 000

③2×22年10月20日，A公司经董事会批准取消原授予B公司管理人员的股权激励计划，同时以现金补偿原授予现金股票增值权且尚未离职的B公司管理人员6 000万元。2×22年初至取消股权激励计划前，B公司有10名管理人员离职。2×22年10月20日，该现金股票增值权的公允价值为11元。本题不考虑税费和其他因素。

2×22年10月20日，因为股权激励计划取消合并报表应确认的应付职工薪酬余额＝（500－0－

30－10）×1×11×3÷3＝5 060（万元），同时确认管理费用1 620（5 060－3 440）万元。

以现金补偿6 000万元高于该权益工具在回购日公允价值5 060万元的部分，应该计入当期费用（管理费用）940万元。

相应的会计处理：

（a）A公司在其2×22年度合并财务报表中应作为加速行权处理，原应在剩余期间内确认的相关费用应在2×22年度全部确认。

（b）补偿的现金与因股权激励计划确认的应付职工薪酬之间的差额计入当期损益。

A公司会计处理：

借：长期股权投资 16 200 000

　　贷：应付职工薪酬 16 200 000

借：应付职工薪酬（24 000 000＋10 400 000＋16 200 000） 50 600 000

　　管理费用 9 400 000

　　贷：银行存款 60 000 000

B公司会计处理：

（500－30－10）×1×9×3÷3－2 160－420＝1 560（万元）

借：管理费用 15 600 000

　　贷：资本公积 15 600 000

A公司抵销分录：

借：资本公积（B公司报表）（21 600 000＋4 200 000） 25 800 000

　　未分配利润（2 400 000＋6 200 000） 8 600 000

　　贷：长期股权投资（A公司报表）（24 000 000＋10 400 000） 34 400 000

借：资本公积 15 600 000

　　管理费用 600 000

　　贷：长期股权投资 16 200 000

对A公司2×22年度合并财务报表的影响：

借：管理费用（15 600 000＋600 000＋9 400 000） 25 600 000

　　贷：应付职工薪酬 25 600 000

（3）结算企业（母公司）以其他企业股份结算，结算企业是接受服务企业（子公司）的投资者。结算企业为母公司，根据以现金结算的股份支付的确认与计量原则，借记"长期股权投资"科目，贷记"应付职工薪酬"科目。接受服务企业为子公司，根据以权益结算的股份支付的确认与计量原则，借记"管理费用"科目，贷记"资本公积"科目。在合并报表中，根据以现金结算的股份支付的确认与计量原则，借记"资本公积（子公司报表）"科目，贷记"长期股权投资（母公司报表）"科目，如果有差额，记入"管理费用"科目。

（4）接受服务企业（子公司）具有结算义务，授予的是母公司权益工具。母公司无须处理，结算企业（子公司）需要购入母公司的权益工具再授予本企业职工，所以按照现金结算的股份支付处理，借记"管理费用"科目，贷记"应付职工薪酬"科目。

4. 股份支付的可行款条款的修改

通常情况下，股份支付协议生效后，不应对其条款和条件随意修改。但在某些情况下，可能需要修改授予权益工具的股份支付协议中的条款和条件。例如，股票除权、除息或其他原因需要调整行权价格或股票期权数量。此外，为取得更佳的激励效果，有关法规也允许企业依据股份支付协议的规定，调整行权价格和股票期权数量，但应当由董事会作出决议并经股东大会审议批准。

特别注意，在会计上，无论已授予的权益工具的条款和条件如何修改，甚至取消权益工具的授予或结算该权益工具，企业都应至少确认按照所授予的权益工具在授予日的公允价值来计量获取的相应服务。

（1）可行权条件的有利修改。企业应当分别以下情况，确认导致股份支付公允价值总额升高以及其他对职工有利的修改的影响。

①如果修改增加了所授予的权益工具的公允价值，企业应按照权益工具公允价值的增加相应地确认取得服务的增加。权益工具公允价值的增加是指，修改前后的权益工具在修改日的公允价值之间的差额。

如果修改发生在等待期内，在确认修改日至修改后的可行权日之间取得服务的公允价值时，应当既包括在剩余原等待期内以原权益工具授予日公允价值为基础确定的服务金额，也包括权益工具公允价值的增加。如果修改发生在可行权日之后，企业应当立即确认权益工具公允价值的增加。

例 12-12 A公司为一上市公司。2×20年7月1日，公司向其50名管理人员每人授予100万股股票期权，这些职员从2×20年7月1日起在该公司连续服务3年，即可以6元每股的价格购买100万股A公司股票，从而获益。公司估计该期权在授予日的公允价值为15元。资料如下：

2×20年年末，有3名职员离开A公司，A公司估计未来有7名职员离开。

（50－3－7）×100×15×1÷3÷2＝10 000（万元）

借：管理费用　　100 000 000

　　贷：资本公积——其他资本公积　　100 000 000

2×21年年末，又有5名职员离开公司，公司估计未来没有人员离开。假定公司2×21年12月31日将授予日的公允价值15元修改为18元。

（50－3－5－0）×100×18×18÷36－10 000＝27 800（万元）

借：管理费用　　278 000 000

　　贷：资本公积——其他资本公积　　278 000 000

期权公允价值既包括在剩余原等待期内以原权益工具授予日公允价值为基础确定的服务金额＝（50－3－5－0）×100×15×18÷36－10 000＝21 500（万元）；也包括权益工具公允价值的增加＝27 800－21 500＝6 300（万元）。

②如果修改增加了所授予的权益工具的数量，企业应将增加的权益工具的公允价值相应地确认为取得服务的增加。

如果修改发生在等待期内，在确定修改日至增加的权益工具可行权日之间取得服务的公允价值时，应当既包括在剩余原等待期内以原权益工具授予日公允价值为基础确定的服务金额，也包括增加的权益工具的公允价值。

例 12-13 A公司为一上市公司。2×20年7月1日，公司向其50名管理人员每人授予100万股股票期权，这些职员从2×20年7月1日起在该公司连续服务3年，即可以6元每股的价格购买100万股A公司股票，从而获益。公司估计该期权在授予日的公允价值为15元。资料如下：

2×20年年末，有3名职员离开A公司，A公司估计未来有7名职员离开。

（50－3－7）×100×15×1÷3÷2＝10 000（万元）

借：管理费用　　100 000 000

　　贷：资本公积——其他资本公积　　100 000 000

2×21年年末，又有5名职员离开公司，公司估计未来没有人员离开。假定公司2×21年12月31日将授予日的公允价值15元修改为18元，同时由原授予100万股股票期权修改为150万股。

（50－3－5－0）×150万股×18×18÷36－10 000＝46 700（万元）

借：管理费用　467 000 000

　　贷：资本公积——其他资本公积　467 000 000

③如果企业按照有利于职工的方式修改可行权条件，如缩短等待期、变更或取消业绩条件（非市场条件），企业在处理可行权条件时，应当考虑修改后的可行权条件。

例 12-14 A 公司为一上市公司。2×20 年 7 月 1 日，公司向其 50 名管理人员每人授予 100 万股股票期权，这些职员从 2×20 年 7 月 1 日起在该公司连续服务 3 年，即可以 6 元每股的价格购买 100 万股 A 公司股票，从而获益。公司估计该期权在授予日的公允价值为 15 元。资料如下：

2×20年年末，有3名职员离开A公司，A公司估计未来有7名职员离开。

（50－3－7）×100×15×1÷3÷2＝10 000（万元）

借：管理费用　100 000 000

　　贷：资本公积——其他资本公积　100 000 000

2×21年年末，又有5名职员离开公司，公司估计未来没有人员离开。假定公司2×21年12月31日将连续服务3年修改为2年。授予日的公允价值仍然为15元，仍然为授予100万股股票期权。

（50－3－5）×100万股×15×18÷24－10 000＝37 250（万元）

借：管理费用　372 500 000

　　贷：资本公积——其他资本公积　372 500 000

（2）可行权条件的不利修改。如果企业以减少股份支付公允价值总额的方式或其他不利于职工的方式修改条款和条件，企业仍应继续对取得的服务进行会计处理，如同该变更从未发生，除非企业取消了部分或全部已授予的权益工具。具体包括以下几种情况：

①如果修改减少了授予的权益工具的公允价值，企业应当继续以权益工具在授予日的公允价值为基础，确认取得服务的金额，而不应考虑权益工具公允价值的减少。

例 12-15 A 公司为一上市公司。2×20 年 7 月 1 日，公司向其 50 名管理人员每人授予 10 万股股票期权，这些职员从 2×20 年 7 月 1 日起在该公司连续服务 3 年，即可以 6 元每股的价格购买 100 万股 A 公司股票，从而获益。公司估计该期权在授予日的公允价值为 15 元。资料如下：

2×20年年末，有3名职员离开A公司，A公司估计未来有7名职员离开。

（50－3－7）×100×15×1÷3÷2＝10 000（万元）

借：管理费用　100 000 000

　　贷：资本公积——其他资本公积　100 000 000

2×21年年末，又有5名职员离开公司，公司估计未来没有人员离开。假定公司将授予日的公允价值15元修改为10元。

（50－3－5－0）×100×15×18÷36－10 000＝21 500（万元）

借：管理费用　215 000 000

　　贷：资本公积——其他资本公积　215 000 000

②如果修改减少了授予的权益工具的数量，企业应当将减少部分作为已授予的权益工具的取消来进行处理。

例 12-16 A 公司为一上市公司。2×20 年 7 月 1 日，公司向其 50 名管理人员每人授予 10 万股股票期权，这些职员从 2×20 年 7 月 1 日起在该公司连续服务 3 年，即可以 6 元每股的价格购买 100 万股 A 公司股票，从而获益。公司估计该期权在授予日的公允价值为 15 元。资料如下：

2×20 年年末，有 3 名职员离开 A 公司，A 公司估计未来有 7 名职员离开。

（50－3－7）×100×15×1÷3÷2－10 000（万元）

借：管理费用　　100 000 000

　　贷：资本公积——其他资本公积　　100 000 000

2×21年年末，又有5名职员离开公司，公司估计未来没有人员离开。由原授予100万股股票期权修改为50万股。同时以现金补偿尚未离职的管理人员33 000万元。

其中的50万股正常确认成本费用：

（50－3－5－0）×50×15×18÷36－5 000＝10 750（万元）

借：管理费用　　107 500 000

　　贷：资本公积——其他资本公积　　107 500 000

减少的50万股作为加速可行权处理，确认剩余等待期内的全部费用：

（50－3－5）×50×15×36÷36－5 000＝26 500（万元）

借：管理费用　　265 000 000

　　贷：资本公积——其他资本公积　　265 000 000

在取消时支付给职工的所有款项均应作为权益的回购处理，回购支付的金额高于该权益工具在回购日公允价值的部分，计入当期损益。

借：资本公积——其他资本公积（50 000 000＋265 000 000）　　315 000 000

　　管理费用　　15 000 000

　　贷：银行存款　　330 000 000

③如果企业以不利于职工的方式修改了可行权条件，如延长等待期、增加或变更业绩条件（非市场条件），企业在处理可行权条件时，不应考虑修改后的可行权条件。

（3）取消或结算股份支付。如果企业在等待期内取消了所授予的权益工具或结算了所授予的权益工具（因未满足可行权条件而被取消的除外），企业应当：

①将取消或结算作为加速可行权处理，立即确认原本应在剩余等待期内确认的金额。

财政部《关于做好执行企业会计准则的企业2012年年报工作通知》（财会〔2012〕25号）规定，在等待期内如果取消了授予的权益性工具的（因未满足可行权条件而被取消的除外），企业应当对取消所授予的权益性工具作为加速可行权处理，即视同剩余等待期内的股份支付计划已经全部满足可行权条件，在取消所授予工具的当期确认原本应在剩余等待期内确认的所有费用。

②在取消或结算时支付给职工的所有款项均应作为权益的回购处理，回购支付的金额高于该权益工具在回购日公允价值的部分，计入当期损益。

例 12-17　经股东会批准，A公司2×20年1月2日实施股权激励计划，其主要内容为：A公司向100名管理人员每人授予10万股股票期权，行权条件为A公司2×20年度实现的净利润较前1年增长6%，截至2×21年12月31日2个会计年度平均净利润增长率为7%，截至2×22年12月31日3个会计年度平均净利润增长率为8%；从达到上述业绩条件的当年末起，即可以6元每股购买10万股A公司股票，从而获益，行权期为3年。具体资料如下：

①A公司2×20年度实现的净利润较前一年增长5%，本年度有1名管理人员离职。该年末，A公司预计截至2×21年12月31日2个会计年度平均净利润增长率将达到7%，未来1年将有3名管理人员离职。2×20年1月2日A公司股票的收盘价为每股10元，2×20年1月2日A公司估计该期权的公允价值为每股12元；2×20年12月31日A公司股票的收盘价为每股12.5元，该期权的公允价值为每股13元。

2×20年可行权条件为净利润较前一年增长6%，实际增长为5%，没有达到可行权条件，但预计2×21年将达到可行权条件。

2×20年年末确认的管理费用＝（100－1－3）×10×12×1÷2＝5 760（万元）

借：管理费用 57 600 000

贷：资本公积——其他资本公积 57 600 000

②2×21年度，A公司有5名管理人员离职，实现的净利润较前一年增长7%。该年末，A公司预计截至2×22年12月31日3个会计年度平均净利润增长率将达到10%，未来1年将有8名管理人员离职。2×21年12月31日该期权的公允价值为每股13元。当日A公司股票的收盘价为每股20元。

2×21年度可行权条件为2个会计年度平均净利润增长率7%，实际为（5%＋7%）÷2＝6%，没有达到可行权条件，但预计2×22年将达到可行权条件。

2×21年年末确认的管理费用＝（100－1－5－8）×10×12×2÷3－5 760＝1 120（万元）

借：管理费用 11 200 000

贷：资本公积——其他资本公积 11 200 000

③2×22年4月20日，A公司经股东会批准取消原授予管理人员的股权激励计划，同时以现金补偿原授予股票期权且尚未离职的A公司管理人员12 000万元。2×22年初至取消股权激励计划前，A公司有2名管理人员离职。2×22年4月20日该期权的公允价值为每股8元。

2×22年4月20日因为股权激励计划取消应确认的管理费用＝（100－1－5－2）×10×12×3÷3－（5 760＋1 120）＝4 160（万元）

借：管理费用 41 600 000

贷：资本公积——其他资本公积 41 600 000

以现金补偿12 000万元高于该权益工具在回购日公允价值11 040万元的部分，应该计入当期费用（管理费用）相关会计分录为：

借：资本公积——其他资本公积（57 600 000＋11 200 000＋41 600 000） 110 400 000

管理费用 9 600 000

贷：银行存款 120 000 000

（4）未满足可行权条件的会计处理。

①如果没有满足服务期限或者非市场的业绩条件（属于作废）的会计处理。作废，指由于服务条件或者非市场的业绩条件没有得到满足，导致职工未能获得授予的权益工具的情形，或者，可以简单理解为未满足可行权条件而被取消的情形。

对于作废，如果没有满足服务或者非市场的业绩条件，则实际可行权的权益工具的数量为零，即接受的服务累计确认的费用为零。

从职工的角度看，无论是作废还是取消，职工都没有获得所授予的权益工具，但是两者的原因是不同的。作废是源于职工没有能够满足提前设定的可行权条件，故对于作废的股权激励应冲销以前确认的相关费用；取消往往源于企业的主动行为，为了防止企业随意取消股权激励计划，准则要求在等待期内如果取消了授予的权益工具，企业应当对取消所授予的权益性工具作为加速行权处理，将剩余等待期内应确认的金额立即计入当期损益，视同剩余等待期内的股权支付计划已经全部满足可行权条件。

这一规定实质上是一项惩罚性的规定。为了防止企业随意取消计划，而要求企业在取消的时候确认额外的费用。实务中，一些上市公司在发现股权激励计划的可行权条件很可能无法满足的时候，会很自然地想到要取消这样一个很可能无法执行的计划，而不要再浪费时间去等待这个计划作废，却没想到"主动取消"和"自动作废"的账务处理结果差别这么大。如果等到计划自动作废，很可能无须确认额外的费用。

②如果没有满足市场条件或非可行权条件，但是满足服务期限条件和非市场条件的会计处理。如

果没有满足市场条件或非可行权条件，但是满足服务期限条件和非市场条件，应确认成本费用，不可以冲回成本费用。

当激励对象满足可行权条件中的服务期限条件和非市场条件之后，即被授予了既定数量的权益工具。即使没有满足市场条件或非可行权条件导致其后该权益工具的公允价值下降乃至变为零，都不再对股份支付费用总额的计量产生影响，所以原先已确认的股份支付相关成本费用不能冲回，而且还要在原先的等待期内继续确认该成本费用。

原先确认的资本公积不能转入其他综合收益，而是应当按照《企业会计准则解释第 4 号》第十条中对期限内未行权的转换权或购股权的处理方法，转入"资本公积——股本溢价"科目，即借记"资本公积——其他资本公积"科目，贷记"资本公积——股本溢价"科目。

例 12-18 A 公司于 2×20 年 1 月进行了一项股权激励计划的授予。授予公司高级管理人员股票期权 600 万份（每份期权的价值为 1 元），分为三期行权，2×20 年、2×21 年和 2×22 年为行权考核年，每期行权比例分别为 30%、30% 和 40%。该股权激励计划要求职工行权时在职，行权业绩考核指标略。

假定 1：不考虑离职率，各年 A 公司的非市场业绩条件均达到可行权条件。本例中 A 公司该一次授予、分期行权的股票期权计划，每期的结果相对独立。

假定 2：不考虑离职率。2×20 年 A 公司的非市场业绩条件满足了第一期、第二期和第三期可行权条件。2×21 年 A 公司的非市场业绩条件未满足第二期可行权条件，即第二期股票期权计划作废；但是仍然满足了第三期可行权条件。2×22 年 A 公司的非市场业绩条件满足了第三期可行权条件。

费用分摊情况如表 12-08 所示。

表 12-08 费用分摊表

单位：万元

分摊费用	第一期	第二期	第三期	合计
2×20 年	600×30%×1÷1 ＝ 180	600×30%×1÷2 ＝ 90	600×40%×1÷3 ＝ 80	350
2×21 年		600×30%×2÷2 － 900 ＝ 90	600×40%×2÷3 － 800 ＝ 80	170
2×22 年			600×40%×3÷3 － 1 600 ＝ 80	80
合计	180	180	240	600

① 2×20 年 12 月 31 日，第一期股票期权因为已达到可行权条件，根据实际可行权的股票期权份数确认期权费用；第二期和第三期股票期权的期权费用，根据当时取得的可行权职工人数变动、预计是否将达到业绩条件等信息对可行权股票期权份数作出最佳估计，确认当年应分摊的期权费用。

借：管理费用　　3 500 000

　贷：资本公积——其他资本公积　　3 500 000

② 2×21 年 12 月 31 日，第二期股票期权实际未达到业绩条件，因此，对于第二期股票期权，应不确认 2×21 年当年分摊的期权费用，同时冲回 2×20 年就第二期股票期权确认的期权费用。

借：资本公积——其他资本公积　　900 000

　贷：管理费用　　900 000

第三期股票期权的期权费用，根据当时取得的可行权职工人数变动、预计是否将达到业绩条件等信息对可行权股票期权份数作出最佳估计，确认当年应分摊的期权费用。

借：管理费用　　800 000

　　贷：资本公积——其他资本公积　　800 000

③ 2×22 年 12 月 31 日，根据第三期股票期权实际可行权份数和以前年度已确认的期权费用确认当年应分摊的期权费用。

借：管理费用　　800 000

　　贷：资本公积——其他资本公积　　800 000

五、披露

根据《企业会计准则第 11 号——股份支付》，企业对股份支付要按照以下要求进行信息披露。

（1）企业应当在附注中披露与股份支付有关的下列信息：

①当期授予、行权和失效的各项权益工具总额。

②期末发行在外的股份期权或其他权益工具行权价格的范围和合同剩余期限。

③当期行权的股份期权或其他权益工具以其行权日价格计算的加权平均价格。

④权益工具公允价值的确定方法。

企业对性质相似的股份支付信息可以合并披露。

（2）企业应当在附注中披露股份支付交易对当期财务状况和经营成果的影响，至少包括下列信息：

①当期因以权益结算的股份支付而确认的费用总额。

②当期因以现金结算的股份支付而确认的费用总额。

③当期以股份支付换取的职工服务总额及其他方服务总额。

六、新旧衔接

首次执行企业会计准则，遵照《企业会计准则第 38 号——首次执行企业会计准则》的相关规定，详见本书第三十八章。

第十三章
债 务 重 组

一、债务重组的概念和重组方式

（一）债务重组概念

债务重组，是指在不改变交易对手方的情况下，经债权人和债务人协定或法院裁定，就清偿债务的时间、金额或方式等重新达成协议的交易。

本定义中的债务重组涉及的债权和债务是指《企业会计准则第 22 号——金融工具确认和计量》规范的金融工具。债务重组涉及债权人与债务人，对债权人而言，其为“债权重组”，对债务人而言，为“债务重组”，为便于表述，统称为“债务重组”。《企业会计准则第 12 号——债务重组》（以下简称债务重组准则）规范了债务重组的确认、计量和相关信息的披露。

债务重组准则（财会〔2019〕9 号）强调“重新达成协议”，而不再强调“让步”。此外，新准则将债权债务限定在金融工具范畴，即债务人是金融负债或衍生合同形成的义务，债权人对应的也是金融资产或衍生合同形成的权利。根据此标准，预收预付的重组不属于新债务重组准则的规范范围，因为贸易合同约定以货物结算，而非现金或金融工具结算，不符合金融资产、金融负债的定义。

（二）债务重组准则的适用范围

债务重组准则适用于所有债务重组，但下列各项适用其他相关会计准则。

（1）债务重组中涉及的债权、重组债权、债务、重组债务和其他金融工具的确认、计量和列报，分别适用《企业会计准则第 22 号——金融工具确认和计量》和《企业会计准则第 37 号——金融工具列报》。

（2）通过债务重组形成企业合并的，适用《企业会计准则第 20 号——企业合并》。

（3）债权人或债务人中的一方直接或间接对另一方持股且以股东身份进行债务重组的，或者债权人与债务人在债务重组前后均受同一方或相同的多方最终控制，且该债务重组的交易实质是债权人或债务人进行了权益性分配或接受了权益性投入的，适用权益性交易的有关会计处理规定。

（三）债务重组的方式

债务重组一般包括下列一种或一种以上方式的组合：

（1）债务人以资产清偿债务，是指债务人转让其资产给债权人以清偿债务的债务重组方式。债务人通常用于偿债的资产主要有：固定资产、无形资产、长期股权投资等。

（2）债务人将债务转为权益工具，是指债务人将债务转为资本，同时债权人将债权转为股权的债务重组方式。但债务人根据转换协议，将应付可转换公司债券转为资本的，则属于正常情况下的债务转资本，不能作为债务重组处理。

（3）除上述（1）（2）以外，采用调整债务本金、改变债务利息、变更还款期限等方式修改债权和债务的其他条款，形成重组债权和重组债务。

（四）确认与计量要求

1. 确认时点

（1）以资产清偿债务方式进行债务重组的，债权人应当在相关资产符合其定义和确认条件时予以确认，债务人应当在相关资产和所清偿债务符合终止确认条件时予以终止确认。

（2）将债务转为权益工具方式进行债务重组的，债权人应当在相关资产符合其定义和确认条件时予以确认，债务人应当在所清偿债务符合终止确认条件时予以终止确认。

2. 计量标准

（1）以资产清偿债务方式进行债务重组的，债权人初始确认受让的金融资产以外的资产时，应当按照下列原则以成本计量。

①存货的成本，包括放弃债权的公允价值和使该资产达到当前位置和状态所发生的可直接归属于该资产的税金、运输费、装卸费、保险费等其他成本。

②对联营企业或合营企业投资的成本，包括放弃债权的公允价值和可直接归属于该资产的税金等其他成本。

③投资性房地产的成本，包括放弃债权的公允价值和可直接归属于该资产的税金等其他成本。

④固定资产的成本，包括放弃债权的公允价值和使该资产达到预定可使用状态前所发生的可直接归属于该资产的税金、运输费、装卸费、安装费、专业人员服务费等其他成本。

⑤生物资产的成本，包括放弃债权的公允价值和可直接归属于该资产的税金、运输费、保险费等其他成本。

⑥无形资产的成本，包括放弃债权的公允价值和可直接归属于使该资产达到预定用途所发生的税金等其他成本。

（2）将债务转为权益工具方式进行债务重组的，债权人应当按照上述第②条的规定计量联营企业或合营企业的权益性投资的初始投资成本；债务人初始确认权益工具时应当按照权益工具的公允价值计量，权益工具的公允价值不能可靠计量的，应当按照所清偿债务的公允价值计量。

（3）采用修改其他条款方式进行债务重组的，债权人应当按照《企业会计准则第22号——金融工具确认和计量》的规定，确认和计量重组债权。债务人应当按照《企业会计准则第22号——金融工具确认和计量》和《企业会计准则第37号——金融工具列报》的规定，确认和计量重组债务。

（4）以多项资产清偿债务或者组合方式进行债务重组的，债权人应当首先按照《企业会计准则第22号——金融工具确认和计量》的规定确认和计量受让的金融资产和重组债权，然后按照受让的金融资产以外的各项资产的公允价值比例，对放弃债权的公允价值扣除受让金融资产和重组债权确认金额后的净额进行分配，并以此为基础分别确定各项资产的成本。

二、债务重组的会计处理

（一）以资产清偿债务方式进行债务重组

1. 债务人的会计处理

以资产清偿债务方式进行债务重组的，债务人应当在相关资产和所清偿债务符合终止确认条件时予以终止确认，所清偿债务账面价值与转让资产账面价值之间的差额计入当期损益。

根据财政部《关于修订印发2019年度一般企业财务报表格式的通知》（财会〔2019〕6号）规定，“营业外收支”项目不再包括债务重组损益，但新准则未明确债务重组损益的列表项目，本收编委认为所清偿债务账面价值与转让资产账面价值之间的差额，既包括转让资产的处置损益，也包括债务重组损益。首先应区分资产处置损益与债务重组损益，然后采取不同处理方式：

（1）资产处置损益等于转让资产的公允价值与转让资产的账面价值之间的差额，并根据所处置资产的类别，将资产处置损益记入相应的损益科目。

（2）债务重组损益等于转让资产的公允价值与清偿债务的账面价值及替债权人承担的相关税费之间的差额。债务重组损益可参照金融资产处置损益，计入投资收益。

转让资产为存货的，应当视同销售处理，按转让资产的公允价值确认销售商品收入，同时按账面价值结转相应的成本。具体会计处理如下：借记“应付账款”（账面余额），贷记“主营业务收入”（存货公允价值）、“应交税费——应交增值税（销项税额）”“营业外收入——债务重组利得”；同时，借记“主营业务成本”“存货跌价准备”，贷记“库存商品”（账面余额）。

转让资产为固定资产、无形资产的，其公允价值和账面价值及支付的相关税费（除增值税）之间的差额，计入资产处置损益。具体会计处理如下：借记“应付账款”（账面余额）、“无形资产减值准备”（已计提的减值准备）、“累计摊销”“累计折旧”，贷记“固定资产清理”“无形资产或固定资产”（账面余额）、“应交税费——应交增值税（销项税额）”和“营业外收入——债务重组利得”，借记或贷记“资产处置损益”。

转让为长期股权投资等，其公允价值和账面价值的差额，计入投资收益。具体会计处理如下：借记“应付账款”（账面余额），贷记“长期股权投资”（账面价值）、“营业外收入——债务重组利得”，借记或贷记“投资收益”（账面价值和公允价值差额）；同时，借记“其他综合收益”等，贷记“投资收益”等。或作相反会计分录。

2. 债权人的会计处理

以资产清偿债务或者将债务转为权益工具方式进行债务重组的，债权人应当在相关资产符合其定义和确认条件时予以确认，根据准则规定的确认和计量受让资产，放弃债权的公允价值与账面价值之间的差额，应当计入当期损益。

根据财政部《关于修订印发 2019 年度一般企业财务报表格式的通知》（财会〔2019〕6 号）规定，“营业外收支”项目不再包括债务重组损益，但新准则未明确债务重组损益的列表项目，本书编委认为债务重组利得 / 损失可参照金融资产处置损益，计入投资收益。具体会计处理如下：借记“无形资产”等资产科目（放弃债权的公允价值和相关税费）以及“应交税费——应交增值税（进项税额）”“坏账准备”科目，贷记“应收账款”等债权科目以及“资产减值损失”“银行存款”（支付的相关税费）科目，借记或贷记“投资收益”科目（借贷差额）。

例 13-01 A 公司欠 B 公司购货款 350 000 元，已于 2×21 年 5 月 1 日到期。2×21 年 7 月 1 日，经双方协商，B 公司同意 A 公司以其生产的产品偿还债务。该 B 公司持有的债权公允价值为 234 000 元，A 公司的产品公允价值为 200 000 元，实际成本为 120 000 元。A 公司为增值税一般纳税人，适用的增值税税率为 17%。B 公司于 2×21 年 8 月 1 日收到 A 公司抵债的产品，并作为库存商品入库；B 公司对该项应收账款计提了 50 000 元的坏账准备。

（1）A 公司的账务处理如下。

①计算债务重组利得：

债务重组利得＝应付账款的账面余额－所转让产品的公允价值－增值税销项税额

＝350 000－200 000－200 000×17%

＝116 000（元）

②会计分录如下：

借：应付账款	350 000	
贷：主营业务收入		200 000
应交税费——应交增值税（销项税额）		34 000
投资收益——债务重组利得		116 000

借：主营业务成本　　120 000

　　贷：库存商品　　120 000

在本例中，A 公司销售产品取得的利润体现在营业利润中，债务重组利得作为营业外收入处理。

（2）B 公司的账务处理如下。

①计算债务重组损失：

债务重组损失＝应收账款账面余额－放弃债权的公允价值－已计提坏账准备

＝350 000－234 000－50 000

＝66 000（元）

②会计分录如下：

借：库存商品　　200 000

　　应交税费——应交增值税（进项税额）　　34 000

　　坏账准备　　50 000

　　投资收益——债务重组损失　　66 000

　　贷：应收账款　　350 000

假如 B 公司计提坏账准备 120 000 元：

借：库存商品　　200 000

　　应交税费——应交增值税（进项税额）　　34 000

　　坏账准备　　120 000

　　贷：应收账款　　350 000

　　　　资产减值损失　　4 000

例 13–02　2×20 年 11 月 5 日，A 公司向 B 公司赊购一批材料，含税价为 1 170 000 元，2×21 年 9 月 10 日，A 公司与 B 公司协商进行债务重组，双方达成的债务重组协议如下：B 公司同意 A 公司用其固定资产（生产设备）抵偿该账款，2×21 年 9 月 20 日，抵债设备已转让完毕，其中，B 公司持有的债权公允价值为 750 000 元，A 公司抵债设备的账面原价为 1 000 000 元，累计折旧为 300 000 元，公允价值为 750 000 元。

假定 B 公司已对该项债权计提坏账准备 10 000 元，B 公司在接受抵债资产时，B 公司员工自行安排设备发生的人工成本为 5 000 元。不考虑其他相关税费和设备运输过程中的费用和其他因素。

（1）债务人 A 公司的会计处理如下。

重组债务应付账款的账面价值与抵债设备公允价值之间的差额＝1 170 000 － 750 000 ＝ 420 000（元）

抵债设备公允价值与账面价值之间的差额＝ 750 000 －（1 000 000 － 300 000）＝ 50 000（元）

①将固定资产净值转入固定资产清理：

借：固定资产清理——×× 设备　　700 000

　　累计折旧——×× 设备　　300 000

　　贷：固定资产——×× 设备　　1 000 000

②结转债务重组利得及转让资产损益：

借：应付账款——B 公司　　1 170 000

　　贷：固定资产清理——×× 设备　　750 000

　　　　投资收益——债务重组利得　　420 000

借：固定资产清理——×× 设备　　50 000

　　贷：资产处置损益　　50 000

（2）债权人B公司的会计处理如下。

重组债券应收账款的账面余额与放弃债权的公允价值之间的差额＝1 170 000－750 000

＝420 000（元）

①结转债务重组损失：

借：在建工程——在安装设备 750 000

坏账准备 10 000

投资收益——债务重组损失 410 000

贷：应收账款——A公司 1 170 000

②支付安装成本：

借：在建工程——在安装设备 5 000

贷：银行存款 5 000

③安装完毕达到可使用状态：

借：固定资产——×× 设备 755 000

贷：在建工程——在安装设备 755 000

例13-03 A公司于2×21年7月1日销售给B公司一批产品，价值450 000元（包括应收取的增值税税额），B公司于2×18年7月1日开出6个月承兑的商业汇票。B公司于2×21年12月31日尚未支付货款。当日经与A公司协商，A公司同意B公司以其所拥有并作为以公允价值计量且公允价值变动计入当期损益的某公司股票抵偿债务。B公司该股票的账面价值为400 000元（成本390 000元，公允价值变动10 000元），当日该股票公允价值380 000元。A公司持有债权公允价值380 000元。

假定A公司为该项应收账款提取了坏账准备40 000元。用于抵债的股票于当日即办理相关转让手续，A公司将取得的股票作为以公允价值计量且公允价值变动计入当期损益的金融资产处理。债务重组前A公司已将该项应收票据转入应收账款；B公司已将应付票据转入应付账款。假定不考虑与商业汇票或者应付款项有关的利息。

（1）B公司的账务处理：

借：应付账款 450 000

投资收益 20 000

贷：交易性金融资产 400 000

投资收益——债务重组利得 70 000

借：公允价值变动损益 10 000

贷：投资收益 10 000

（2）A公司的账务处理：

借：交易性金融资产 380 000

投资收益——债务重组损失 30 000

坏账准备 40 000

贷：应收账款 450 000

假如A公司计提坏账准备80 000元：

借：交易性金融资产 380 000

坏账准备 80 000

贷：应收账款 450 000

资产减值损失 10 000

（二）将债务转为权益工具方式进行的债务重组

以债务转为权益工具方式进行债务重组的，应分别依据以下情况进行相应会计处理。

1. 债务人的会计处理

将债务转为权益工具方式进行债务重组的，债务人应当在所清偿债务符合终止确认条件时予以终止确认，初始确认权益工具时应当按照权益工具的公允价值计量，权益工具的公允价值不能可靠计量的，应当按照所清偿债务的公允价值计量。所清偿债务账面价值与权益工具确认金额之间的差额，应当计入当期损益。

债务人为股份有限公司时，债务人应将债权人因放弃债权而享有股份的面值总额确认为股本；股份的公允价值总额与股本之间的差额确认为资本公积。重组债务的账面价值与股份的允价值总额之间的差额确认为债务重组利得，计入当期损益。债务人为其他企业时，债务人应将债权人因放弃债权而享有的股权份额确认为实收资本；股权的公允价值与实收资本之间的差额确认为资本公积。重组债务的账面价值与股权的公允价值之间的差额作为债务重组利得，计入当期损益。借记“应付账款”科目，贷记“股本（实收资本）”“资本公积——股本溢价（资本溢价）”“投资收益——债务重组利得”科目。“股本（实收资本）”科目与“资本公积——股本溢价（资本溢价）”科目之和反映股权的公允价值总额。

2. 债权人的会计处理

将债务转为权益工具方式进行债务重组导致债权人将债权转为对联营企业或合营企业的权益性投资的，债权人应当按照准则规定计量权益性投资的初始投资成本。放弃债权的公允价值与账面价值之间的差额，应当计入当期损益。

在这种方式下，债权人应将重组债权的账面余额与其公允价值之间的差额，先冲减已提取的减值准备，减值准备不足冲减的部分，或未提取减值准备的，将该差额确认为债务重组损失。同时，债权人应将因放弃债权而享有的股权按公允价值计量。发生的相关税费，分别按照长期股权投资或者金融工具确认和计量的规定进行处理。具体会计处理如下：借记 “交易性金融资产”（公允价值）、“坏账准备”、“投资收益——债务重组损失”（借方差额）等科目，贷记“应收账款”、“资产减值损失”（贷方差额）等科目。

例 13-04　2×21 年 2 月 10 日，B 公司销售一批材料给 A 公司，应收账款 100 000 元，合同约定 6 个月后结清款项。6 个月后，A 公司与 B 公司协商进行债务重组，经双方协议，B 公司同意 A 公司将该债务转为 A 公司的股份，B 公司对该项应收账款计提了坏账准备 5 000 元，假定转股后 A 公司注册资本为 5 000 000 元，净资产的公允价值为 7 600 000 元，抵债股权占 A 公司注册资本的 1%。B 公司持有债务的公允价值为 76 000 元。假定相关手续已办理完毕，不考虑相关税费。

（1）债务人 A 公司的会计处理如下：

重组债务应付账款的账面价值与所转股权的公允价值之间的差额＝100 000－7 600 000×1%

＝100 000－76 000

＝24 000（元）

所转股份的公允价值与实收资本的差额＝76 000－5 000 000×1%＝26 000（元）

借：应付账款	100 000	
贷：实收资本		50 000
资本公积——资本溢价		26 000
投资收益——债务重组利得		24 000

（2）债权人 B 公司的会计处理如下：

重组债权应收账款的账面余额与所转让股权的公允价值之间的差额＝ 100 000 － 7 600 000×1%

＝100 000－76 000

＝24 000（元）

借：长期股权投资——A 公司　76 000
　　投资收益——债务重组损失　19 000
　　坏账准备　5 000
　　贷：应收账款　100 000

若股权投资无重大影响，则通过“交易性金融资产”科目核算。

例 13-05 2×21 年 2 月 10 日，B 有限责任公司（以下简称“B 公司”）销售一批材料给 A 公司，价款 200 000 元（包括应收取的增值税税额），合同约定 6 个月后结清款项。6 个月后，A 公司与 B 公司协商进行债务重组。经双方协议，B 公司同意将该债务转为持有 A 公司的股份。B 公司对该项应收账款计提了坏账准备 10 000 元，转股后 A 公司注册资本为 5 000 000 元，抵债股权占 A 公司注册资本的 2%。债务重组日，A 公司抵债股权的公允价值为 152 000 元，B 公司放弃的债权公允价值为 152 000 元。2×22 年 11 月 1 日，相关手续办理完毕。假定 B 公司将该股权作为长期股权投资核算，不考虑其他相关税费。

（1）A公司（债务人）的账务处理：

计入资本公积的金额＝152 000－5 000 000×2%＝52 000（元）

债务重组利得＝200 000－152 000＝48 000（元）

借：应付账款——B公司　200 000
　　贷：实收资本　100 000
　　　　资本公积——资本溢价　52 000
　　　　投资收益——债务重组利得　48 000

（2）B公司（债权人）的账务处理：

长期股权投资以公允价值152 000元入账

债务重组损失＝200 000－152 000－10 000＝38 000（元）

借：长期股权投资　152 000
　　坏账准备　10 000
　　投资收益——债务重组损失　38 000
　　贷：应收账款——A公司　200 000

（三）采用修改其他条款方式进行债务重组

1. 债务人的会计处理

采用修改其他条款方式进行债务重组的，债务人应当按照《企业会计准则第 22 号——金融工具确认和计量》和《企业会计准则第 37 号——金融工具列报》的规定，确认和计量重组债务。重组前债务账面价值与重组后债务确认金额之间的差额，应当计入当期损益。

具体会计处理如下：借记“应付账款”（重组债权的账面余额）科目，贷记“应付账款”（重新计量价值）、“投资收益——债务重组利得”（差额）等科目。

2. 债权人的会计处理

采用修改其他条款方式进行债务重组的，债权人应当按照《企业会计准则第 22 号——金融工具确认和计量》的规定，确认和计量重组债权。重组前债权账面价值与重组后债权确认金额之间的差额，应当计入当期损益（投资收益）。

具体会计处理如下：借记“应收账款”（重新计量价值）、“坏账准备”（已计提的坏账准备）、“投资收益——债务重组损失”（借方差额）科目，贷“应收账款”（重组债权的账面余额）、“信用减值损失”（贷方差额）科目。

例 13-06 A 公司 2×20 年 12 月 31 日应收 B 公司票据的账面余额为 65 400 元，其中，5 400

元为累计未付的利息，票面年利率4%。经双方协商，于2×21年1月5日进行债务重组。A公司同意将债务本金减至50 000元；免去债务人所欠的全部利息；将利率从4%降低到2%（等于实际利率），并将债务到期日延至2×22年12月31日，利息按年支付。该项债务重组协议从协议签订日起开始实施。A、B公司已将应收、应付票据转入应收、应付账款。A公司已为该项应收款项计提了5 000元坏账准备。

（1）B公司的账务处理如下。

①计算债务重组利得：

债务重组利得＝应付账款的账面余额－重组后债务入账价值

＝65 400－50 000

＝15 400（元）

②债务重组时的会计分录：

借：应付账款	65 400	
贷：应付账款——债务重组		50 000
投资收益——债务重组利得		15 400

③2×21年12月31日，支付利息：

借：财务费用	1 000	
贷：银行存款（50 000×2%）		1 000

④2×22年12月31日，偿还本金和最后一年利息：

借：应付账款——债务重组	50 000	
财务费用	1 000	
贷：银行存款		51 000

（2）A公司的账务处理如下。

①计算债务重组损失：

债务重组损失＝应收账款账面余额－重组后债权入账价值－已计提坏账准备

＝65 400－50 000－5 000

＝10 400（元）

②债务重组日的会计分录：

借：应收账款——债务重组	50 000	
投资收益——债务重组损失	10 400	
坏账准备	5 000	
贷：应收账款		65 400

③2×21年12月31日，收到利息：

借：银行存款	1 000	
贷：财务费用（50 000×2%）		1 000

④2×22年12月31日，收到本金和最后一年利息：

借：银行存款	51 000	
贷：财务费用		1 000
应收账款		50 000

如果修改后的债务条款涉及或有应付金额，且该或有应付金额符合《企业会计准则第13号——或有事项》中有关预计负债确认条件的，债务人应当将该或有应付金额确认为预计负债。或有应付金额在随后会计期间没有发生的，企业应当冲销已确认的预计负债。

在债务重组日的会计处理如下：借记“应付账款”科目，贷记“应付账款”（不包括应付利息）、“预计负债”（满足预计负债确认条件）、“投资收益——债务重组利得”科目。或有应付金额在随后会计期间没有发生的会计处理如下：借记“预计负债”科目，贷记“投资收益——债务重组利得”科目。

债权人不应当确认或有应收金额，不得将其计入重组后债权的账面价值。具体会计处理如下：借记“应收账款”（不含或有应收金额）、“坏账准备”“投资收益——债务重组损失”（借方差额）科目，贷记“应收账款”“资产减值损失”（贷方差额）科目。只有在或有应收金额实际发生时，才计入当期损益。

例 13-07 A 公司 2×21 年 1 月 1 日与 B 公司进行债务重组，A 公司应收 B 公司账款 120 万元，已提坏账准备 30 万元。协议规定，豁免 20 万元，剩余债务在 2×21 年 12 月 31 日支付。但附有一条件，若 B 公司在 2×21 年度获利，则需另付 10 万元。B 公司认为 2×21 年很可能获利。

（1）B 公司（债务人）账务处理如下。

①2×21 年 1 月 1 日：

借：应付账款	1 200 000	
贷：应付账款——债务重组		1 000 000
预计负债		100 000
投资收益——债务重组利得		100 000

②2×21 年 12 月 31 日：

若 B 公司 2×21 年获利

借：应付账款——债务重组	1 000 000	
预计负债	100 000	
贷：银行存款		1 100 000

若 B 公司 2×21 年未获利

借：应付账款——债务重组	1 000 000	
贷：银行存款		1 000 000
借：预计负债	100 000	
贷：投资收益——债务重组利得		100 000

（2）A 公司（债权人）账务处理如下。

①2×21 年 1 月 1 日：

借：应收账款——债务重组	1 000 000	
坏账准备	300 000	
贷：应收账款		1 200 000
信用减值损失		100 000

②2×21 年 12 月 31 日：

若 B 公司 2×21 年获利

借：银行存款	1 100 000	
贷：应收账款——债务重组		1 000 000
投资收益——债务重组利得		100 000

若 B 公司 2×21 年未获利

借：银行存款	1 000 000	
贷：应收账款——债务重组		1 000 000

（四）以多项资产清偿债务或者组合方式进行债务重组

1. 债务人的会计处理

以多项资产清偿债务或者组合方式进行债务重组的，债务人应当按照准则规定确认和计量权益工具和重组债务，所清偿债务的账面价值与转让资产的账面价值以及权益工具和重组债务的确认金额之和的差额，应当计入当期损益。

2. 债权人的会计处理

以多项资产清偿债务或者组合方式进行债务重组的，债权人应当首先按照《企业会计准则第22号——金融工具确认和计量》的规定确认和计量受让的金融资产和重组债权，然后按照受让的金融资产以外的各项资产的公允价值比例，对放弃债权的公允价值扣除受让金融资产和重组债权确认金额后的净额进行分配，并以此为基础按照本准则第六条的规定分别确定各项资产的成本。放弃债权的公允价值与账面价值之间的差额，应当计入当期损益。

三、披露

债务人应当在附注中披露与债务重组有关的下列信息：

（1）根据债务重组方式，分组披露债务账面价值和债务重组相关损益。

（2）债务重组导致的股本等所有者权益的增加额。

债权人应当在附注中披露与债务重组有关的下列信息：

（1）根据债务重组方式，分组披露债权账面价值和债务重组相关损益。

（2）债务重组导致的对联营企业或合营企业的权益性投资增加额，以及该投资占联营企业或合营企业股份总额的比例。

四、新旧衔接

首次执行企业会计准则，遵照《企业会计准则第38号——首次执行企业会计准则》的相关规定，详见本书第三十八章。

已执行企业会计则的企业，对2019年1月1日至本准则施行日之间发生的债务重组，应根据本准则进行调整。企业对2019年1月1日之前发生的债务重组，不需要按照本准则的规定进行追溯调整。

第十四章
或 有 事 项

一、或有事项的概述

（一）或有事项的概念及其特征

企业在经营活动中有时会面临诉讼、仲裁、债务担保、产品质量保证、重组等具有较大不确定性的经济事项。这些不确定事项对企业的财务状况和经营成果可能会产生较大的影响。《企业会计准则第 13 号——或有事项》（以下简称或有事项准则），规范了或有事项的确认、计量和相关信息的披露，及时反映或有事项对企业潜在的财务影响，以及企业可能因此承担的风险。

1. 或有事项的定义

或有事项准则对或有事项的定义为：或有事项是指过去的交易或者事项形成的，其结果须由某些未来事项的发生或不发生才能决定的不确定事项。

常见的或有事项有：未决诉讼或仲裁、债务担保、产品质量保证（含产品安全保证）、承诺、环境污染整治、亏损合同、重组义务等。

2. 或有事项的特征

根据上述或有事项的定义，或有事项准则列出了或有事项的三项基本特征，具体如下：

（1）由过去交易或事项形成，是指或有事项的现存状况是过去交易或事项引起的客观存在。未来可能发生的自然灾害、交通事故、经营亏损等事项，不属于企业会计准则规范的或有事项。

例如，未决诉讼虽然是正在进行当中的诉讼，但该诉讼是企业因过去的经济行为导致起诉其他单位或被其他单位起诉。这是现存的一种状况而不是未来将要发生的事项。未来可能发生的自然灾害、交通事故、经营亏损等，不属于或有事项。

（2）结果具有不确定性，是指或有事项的结果是否发生具有不确定性，或者或有事项的结果预计将会发生，但发生的具体时间或金额具有不确定性。

例如，债务担保事项在担保方到期是否一定承担和履行连带责任，需要根据被担保方债务到期时能否按时还款加以确定。这一事项的结果在担保协议达成时具有不确定性。

（3）由未来事项决定，是指或有事项的结果只能由未来不确定事项的发生或不发生才能决定。

或有事项对企业是有利影响还是不利影响，或已知是有利影响或不利影响但影响多大，在或有事项发生时是难以确定的，只能由未来不确定事项的发生或不发生才能证实。

例如，企业为其他单位提供债务担保，该担保事项最终是否会要求企业履行偿还债务的连带责任，一般只能看被担保方的未来经营情况和偿债能力。如果被担保方经营情况和财务状况良好且有较好的信用，那么企业将不需要履行该连带责任。只有在被担保方到期无力还款时，企业（担保方）才承担偿还债务的连带责任。

或有事项与不确定性联系在一起，但会计处理过程中存在的不确定性并不都形成或有事项准则所规范的或有事项，企业应当按照或有事项的定义和特征进行判断。

例如，折旧的提取虽然涉及对固定资产净残值和使用寿命的估计，具有一定的不确定性，但固定资产原值是确定的，其价值最终会转移到成本或费用中也是确定的，因此折旧不是或有事项。

（二）或有负债和或有资产

1. 或有负债

或有负债，是指过去的交易或者事项形成的潜在义务，其存在须通过未来不确定事项的发生或不发生予以证实；或过去的交易或者事项形成的现时义务，履行该义务不是很可能导致经济利益流出企业或该义务的金额不能可靠计量。或有负债涉及两类义务：一类是潜在义务；另一类是现时义务。

（1）潜在义务。潜在义务是指结果取决于不确定未来事项的可能义务。也就是说，潜在义务最终是否转变为现时义务，由某些未来不确定事项的发生或不发生才能决定。或有负债作为一项潜在义务，其结果如何只能由未来不确定事项的发生或不发生来证实。

（2）现时义务。现时义务是指企业在现行条件下已承担的义务。作为或有负债的现时义务，其特征是：该现时义务的履行不是很可能导致经济利益流出企业，或者该现时义务的金额不能可靠地计量。"不是很可能导致经济利益流出企业"，是指该现时义务导致经济利益流出企业的可能性不超过 50%（含 50%）。"金额不能可靠计量"是指，该现时义务导致经济利益流出企业的"金额"难以合理预计，现时义务履行的结果具有较大的不确定性。

2. 或有资产

或有资产，是指过去的交易或者事项形成的潜在资产，其存在须通过未来不确定事项的发生或不发生予以证实。或有资产作为一种潜在资产，其结果具有较大的不确定性，只有随着经济情况的变化，通过某些未来不确定事项的发生或不发生才能证实其是否会形成企业真正的资产。例如，A 企业向法院起诉 B 企业侵犯了其专利权。法院尚未对该案件进行公开审理，A 企业是否胜诉尚难判断。对于 A 企业而言，将来可能胜诉而获得的赔偿属于一项或有资产，但这项或有资产是否会转化为真正的资产，要由法院的判决结果确定。如果终审判决结果是 A 企业胜诉，那么这项或有资产就转化为 A 企业的一项资产。如果终审判决结果是 A 企业败诉，那么或有资产就消失了，更不可能形成 A 企业的资产。

3. 或有负债和或有资产转化为负债（预计负债）和资产

或有负债和或有资产不符合负债或资产的定义和确认条件，企业不应当确认或有负债和或有资 产，而应当按照或有事项准则的规定进行相应的披露。 但是，影响或有负债和或有资产的多种因素处于不断变化之中，企业应当持续地对这些因素予以关注。随着时间推移和事态的进展，或有负债对应的潜在义务可能转化为现时义务，原本不是很可能导致经济利益流出的现时义务也可能被证实将很可能导致企业流出经济利益，并且现时义务的金额也能够可靠计量。在这种情况下，或有负债就转化为企业的或预计负债，应当予以确认。或有资产也是一样，其对应的潜在资产最终是否能够流入企业会逐渐变得明确，如果某一时点企业基本确定能够收到这项潜在资产并且其金额能够可靠计量，则应当将其确认为企业的资产。

二、或有负债的确认和计量

（一）或有事项的确认

或有事项准则规定，与或有事项相关的义务同时满足下列条件的，应当确认为预计负债。

1. 该义务是企业承担的现时义务

该义务是企业承担的现时义务是指与或有事项相关的义务是在企业当前条件下已承担的义务。企业没有其他现实的选择，只能履行该现时义务，如法律要求企业履行、有关各方形成企业将履行现时义务的合理预期等。

或有事项准则所指的义务包括法定义务和推定义务。其中，法定义务，是指因合同、法规或其他司法解释等产生的义务，通常是企业在经济管理和经济协调中，依照经济法律、法规的规定必须履行的责任。例如，企业与另外企业签订购货合同产生的义务，就属于法定义务。又如，从事矿山开采、建筑施工、危险品生产以及道路交通运输等高危企业，按照国家有关规定提取的安全费，就属于法定义务。如果拟定中新法律的具体条款还未最终确定，并且仅当该法律基本确定会按草拟的文本颁布时才形成义务，该义务应视为法定义务。推定义务，是指因企业的特定行为而产生的义务。企业的特定行为，泛指企业以往的习惯做法、已公开的承诺或已公开宣布的经营政策。由于以往的习惯做法，或通过这些承诺或公开的声明，企业向外界表明了它将承担特定的责任，从而使受影响的各方形成了其将履行那些责任的合理预期。

义务通常涉及指向的另一方。没有必要知道义务指向的另一方的身份，实际上义务可能是对公众承担的。通常情况下，义务总是涉及对另一方的承诺，但是，管理层或董事会的决定在资产负债表日并不一定形成推定义务，除非该决定在资产负债表日之前已经以一种相当具体的方式传达给受 影响的各方，使各方形成了企业将履行其责任的合理预期。

2. 履行该义务很可能导致经济利益流出企业

履行该义务很可能导致经济利益流出企业，是指履行与或有事项相关的现时义务时，导致经济利益流出企业的可能性超过 50% 但尚未达到基本确定的程度。

履行或有事项相关义务导致经济利益流流出企业的可能性，通常应当结合如表 14-01 所示的情况加以判断。

表 14-01　履行或有事项相关义务导致经济利益流出企业的可能性

项目	发生的概率期间
基本确定	95% ＜发生的可能性＜ 100%
很可能	50% ＜发生的可能性 ≤95%
可能	5% ＜发生的可能性 ≤50%
极小可能	0 ＜发生的可能性 ≤5%

当存在很多类似义务，如产品保证或类似合同，履行时其要求的经济利益流出的可能性应通过总体考虑才能确定。对于某个项目而言，虽然经济利益流出的可能性较小，但包括该项目的该类义务很可能导致经济利益流出的，应当视同该项目的该类义务很可能导致经济利益流出企业。

3. 该义务的金额能够可靠地计量

该义务的金额能够可靠地计量，是指与或有事项相关的现时义务的金额能够合理地估计。估计或有事项相关现时义务的金额，应当考虑下列因素。

（1）企业应当充分考虑与或有事项有关的风险和不确定性，并在低估和高估预计负债金额之间寻找平衡点。

（2）相关现时义务的金额通常应当等于未来应支付的金额。未来应支付金额与其现值相差较大的，如油井或核电站的弃置费用等，应当按照未来应支付金额的现值确定。

（3）企业应当考虑可能影响履行现时义务所需金额的相关未来事项，如未来技术进步、相关法规出台等。

（4）企业不应考虑预期处置相关资产的利得。

（二）预计负债的计量

预计负债应当按照履行相关现时义务所需支出的最佳估计数进行初始计量。企业不应当就未来经营亏损确认预计负债。

1. 最佳估计数的确定

（1）所需支出存在一个连续范围，且该范围内各种结果发生的可能性相同的，最佳估计数应当按照该范围内的中间值确定。

例 14-01　2×21 年 12 月 27 日，A 企业因合同违约而涉及一桩诉讼案。根据企业的法律顾问判断，最终的判决很可能对 A 企业不利。2×21 年 12 月 31 日，A 企业尚未接到法院的判决因诉讼须承担的赔偿金额也无法准确地确定。不过，据专业人士估计，赔偿金额可能是 80 万元至 100 万元之间的某一金额，而且这个区间内每个金额的可能性都大致相同。

分析：在此案例中，A 企业应在 2×21 年 12 月 31 日的资产负债表中确认一项负债，金额为（80＋100）÷2＝90（万元）

（2）在其他情况下，最佳估计数应当分别下列情况处理：

①或有事项涉及单个项目的，按照最可能发生金额确定。

②或有事项涉及多个项目的，按照各种可能结果及相关概率计算确定。

例 14-02　2×21 年 10 月 2 日，B 股份有限公司涉及一起诉讼案。2×21 年 12 月 31 日日 B 股份有限公司尚未接到法院的判决。在咨询了公司的法律顾问后，公司认为：胜诉的可能性为 40%，败诉的可能性为 60%。如果败诉，需要赔偿 2 000 000 元。此时，B 股份有限公司在资产负债表中确认的负债金额应为最可能发生的金额，即 200 000 元。

例 14-03　A 股份有限公司是生产并销售 A 产品的企业，2×21 年度第一季度，共销售 A 产品 60 000 件，销售收入为 360 000 000 元。根据公司的产品质量保证条款，该产品售出后一年内，如发生正常质量问题，公司将负责免费维修。根据以前年度的维修记录，如果发生较小的质量问题，发生的维修费用为销售收入的 1%；如果发生较大的质量问题，发生的维修费用为销售收入的 2%。根据公司技术部门的预测，本季度销售的产品中，80% 不会发生质量问题；15% 可能发生较小质量问题；5% 可能发生较大质量问题。

据此，2×21 年第一季度末，A 股份有限公司应在资产负债表中确认的负债金额为：

360 000 000×（0×80%＋1%×15%＋2%×5%）＝900 000（元）。

2. 对预期可获得补偿的处理

企业清偿预计负债所需支出全部或部分预期由第三方补偿的，补偿金额只有在基本确定能够收到时才能作为资产单独确认。确认的补偿金额不应当超过预计负债的账面价值。

或有事项确认为资产的前提条件是或有事项已经确认为负债；或有事项确认为资产通过“其他应收款”科目核算，但不能冲减预计负债的账面价值。

预期可能获得补偿的情况通常有：

（1）发生交通事故等情况时，企业通常可从保险公司获得合理的赔偿。

（2）在某些索赔诉讼中，企业可对索赔人或第三方另行提出赔偿要求。

（3）在债务担保业务中，企业在履行担保义务的同时，通常可向被担保企业提出追偿要求。

具体会计处理时，或有事项确认负债，借记“营业外支出”等科目，贷记“预计负债”科目；或有事项确认资产，借记“其他应收款”科目，贷记“营业外支出”科目。

提示：或有事项确认为资产的前提条件是或有事项已经确认为负债。或有事项确认为资产通过“其他应收款”科目核算，但不能冲减预计负债的账面价值。

例14-04 2×21年12月31日，B股份有限公司因或有事项而确认了一笔金额为1 000 000元的负债；同时，公司因该或有事项，基本确定可从A股份有限公司获得40 000元的赔偿。

本例中，B股份有限公司应分别确认一项金额为10 000 000元的负债和一项金额为400 000元的资产，而不能只确认一项金额为600 000元（1 000 000－400 000）的负债。同时，该公司所确认的补偿金额（400 000元）不能超过所确认的负债的账面价值（1 000 000元）。

例14-05 2×21年12月31日，B股份有限公司因或有事项而确认了一笔金额为1 000 000元的负债（假定系赔偿支出）；同时，公司因该或有事项，基本确定可从A股份有限公司获得400 000元的赔偿。

本例中，B股份有限公司应分别确认一项金额为1 000 000元的负债和一项金额为400 000元的资产，而不能只确认一项金额为600 000元（1 000 000－400 000）的负债。同时，公司所确认的补偿金额400 000元不能超过所确认的负债的账面价值1 000 000元。

借：营业外支出　　1 000 000
　　贷：预计负债　　1 000 000
借：其他应收款　　400 000
　　贷：营业外支出　　400 000

3. 预计负债的计量需要考虑的其他因素

（1）风险和不确定性。

（2）货币时间价值。预计负债的金额通常应当等于未来应支付的金额，但如果未来应付金额与其现值相差较大的，应当按照未来应付金额的现值确定。

（3）未来事项。例如，未来技术进步、相关法规出台。

企业应当考虑可能影响履行现时义务所需金额的相关未来事项。有确凿证据表明相关未来事项将会发生的，确定预计负债金额时应当考虑未来事项的影响，确定预计负债的金额不应考虑预期处置相关资产形成的利得。

（三）对预计负债账面价值的复核

企业应当在资产负债表日对预计负债的账面价值进行复核。有确凿证据表明该账面价值不能真实反映当前最佳估计数的，应当按照当前最佳估计数对该账面价值进行调整。例如，某化工企业对环境造成了污染，按照当时的法律规定，只需要对污染进行清理。随着国家对环境保护越来越重视，按照现在的法律规定，该企业不但需要对污染进行清理，而且要对居民进行赔偿。这种法律要求的变化，会对企业预计负债的计量产生影响（调增预计负债）。

三、或有事项会计的具体应用

（一）未决诉讼或未决仲裁

对于未决诉讼或未决仲裁，在资产负债表日，借记“营业外支出”（预计诉讼损失）、“管理费用”（诉讼费用）科目，贷记“预计负债”科目。未决诉讼当期实际发生的诉讼损失金额与已计提的相关预计负债的差额的处理，如果前期已合理估计，差额直接计入或冲减当期营业外支出；如果前期作了与当时实际情况严重不符的估计，按重要前期差错处理；如果前期无法合理估计而未估计，按损失实际发生额直接计入当期营业外支出。

资产负债表日至财务报告批准报出日之间发生的需要调整或说明的未决诉讼，按照《企业会计准则第 29 号——资产负债表日后事项》的有关规定进行处理

例 14-06 2×21 年 11 月 1 日，B股份有限公司因合同违约而被丁公司起诉。

2×21 年 12 月 31 日，公司尚未接到法院的判决。丁公司预计，如无特殊情况很可能在诉讼中获

胜，假定丁公司估计将来很可能获得赔偿金额 1 900 000 元。在咨询了公司的法律顾问后，B 公司认为最终的法律判决很可能对公司不利。假定 B 公司预计将要支付的赔偿金额、诉讼费等费用为 1 600 000 元至 2 000 000 元之间的某一金额，而且这个区间内每个金额的可能性都大致相同，其中诉讼费为 30 000 元。

分析：在此案例中，丁公司不应当确认或有资产，而应当在 2×18 年 12 月 31 日的报表附注中披露或有资产 1 900 000 元。

B 股份有限公司应在资产负债表中确认一项预计负债，金额为：

（1 600 000＋2 000 000）÷2＝1 800 000（元）

同时在 2×21 年 12 月 31 日的附注中进行披露。

B 公司的有关账务处理如下：

借：管理费用——诉讼费　　30 000

　　营业外支出　　1 770 000

　　贷：预计负债——未决诉讼　　1 800 000

例 14-07　A 公司内审部门在对其 2×21 年财务报表进行审计时，关注到 A 公司对前期财务报表进行了追溯调整，具体情况如下：A 公司 2×20 年度因合同纠纷被起诉。在编制 2×20 年度财务报表时，该诉讼案件尚未判决，A 公司根据法律顾问的意见，按最可能发生的赔偿金额 100 万元确认了预计负债。

2×21 年 7 月，法院判决 A 公司赔偿原告 150 万元。A 公司决定接受判决，不再上诉。据此，A 公司相关会计分录如下：

借：以前年度损益调整　　500 000

　　贷：预计负债　　500 000

要求：判断上述会计处理是否正确，说明理由；如不正确需作出更正的会计处理。

分析：A 公司的会计处理不正确。原因在于，此未决诉讼是在非日后事项期间发生的，并且，原确认的预计负债是根据当时能够取得的资料作出的合理估计，因此，应当将当期实际发生的诉讼损失金额与已计提的相关预计负债之间的差额，直接计入当期营业外支出，不应该进行追溯调整。

调整分录为：

借：营业外支出　　500 000

　　贷：以前年度损益调整　　500 000

借：预计负债　　1 500 000

　　贷：其他应付款　　1 500 000

（二）债务担保

企业对外提供债务担保常常会涉及诉讼，分别按以下不同情况进行处理，具体如表 14-02 所示。

表 14-02　债务担保引发的诉讼处理

诉讼情况	担保企业的处理
1. 企业（被担保企业）已被判决败诉的	应当按照法院判决的应承担的损失金额，确认为负债
2. 一审判决败诉，但被担保企业又上诉	通常应在资产负债表日根据已有判决结果合理估计损失金额，确认为预计负债
3. 法院尚未判决的	若败诉的可能性大于胜诉的可能性，且损失金额能够合理估计，应在资产负债表日根据预计损失金额确认为预计负债

例 14-08 A 公司担保情况如下：

（1）2×19 年 10 月，B 公司从银行贷款人民币 20 000 000 元，期限 2 年，由 A 公司全额担保；

（2）2×21 年 4 月，C 公司从银行贷款美元 1 000 000 元，期限 1 年，由 A 公司担保 50%；

（3）2×21 年 6 月，D 公司通过银行从 G 公司贷款人民币 10 000 000 元，期限 2 年，由 A 公司全额担保。

截至 2×21 年 12 月 31 日，各贷款单位的情况如下：

（1）B 公司贷款逾期未还，银行已起诉 B 公司和 A 公司，A 公司因连带责任需赔偿多少金额尚无法确定；

（2）C 公司由于受政策影响和内部管理不善等原因，经营效益不如以往，可能不能偿还到期美元债务；

（3）D 公司经营情况良好，预期不存在还款困难。

分析：

（1）对 B 公司而言，A 公司很可能需履行连带责任，但损失金额是多少，目前还难以预计；

（2）就 C 公司而言，A 公司可能需履行连带责任；

（3）就 D 公司而言，A 公司履行连带责任的可能性极小。

这三项债务担保形成 A 公司的或有负债，不符合预计负债的确认条件，A 公司在 2×21 年 12 月 31 日编制财务报表时，应当在附注中作相应披露（注意区分情况：不是所有情况都要披露）。

（三）产品质量保证

计提保修费的具体会计处理如下：借记“销售费用”科目，贷记“预计负债”科目，实际发生的时具体会计处理：借记“预计负债”科目，贷记“银行存款”等科目。

在对产品质量保证确认预计负债时，需要注意的是：

（1）如果发现保证费用的实际发生额与预计数相差较大，应及时对预计比例进行调整；

（2）如果企业针对特定批次产品确认预计负债，则在保修期结束时，应将“预计负债——产品质量保证”科目余额冲销，不留余额；

（3）已对其确认预计负债的产品，若企业不再生产了，那么应在相应的产品质量保证期满后，将“预计负债——产品质量保证”科目余额冲销，不留余额。

例 14-09 沿用例 14-03 的资料，A 公司 2×21 年度第一季度实际发生的维修费为 850 000 元，“预计负债——产品质量保证”科目 2×20 年年末余额为 30 000 元。

本例中，2×21 年度第一季度，A 公司的账务处理如下。

（1）确认与产品质量保证有关的预计负债：

借：销售费用——产品质量保证　　900 000

　　贷：预计负债——产品质量保证　　900 000

（2）发生产品质量保证费用（维修费）：

借：预计负债——产品质量保证　　850 000

　　贷：银行存款或原材料等　　850 000

“预计负债——产品质量保证”科目2×21年第一季度末的余额为：900 000－850 000＋30 000＝80 000（元）

（四）亏损合同

1. 基本原则

待执行合同变为亏损合同，同时该亏损合同产生的义务满足预计负债的确认条件的，应当确认为预计负债。

2. 相关概念

（1）待执行合同，是指合同各方未履行任何合同义务，或部分履行了同等义务的合同。

（2）亏损合同，是指履行合同义务不可避免发生的成本超过预期经济利益的合同。

（3）预计负债的计量应当反映退出该合同的最低净成本：即履行该合同的成本与未能履行该合同而发生的补偿或处罚两者之中的较低者。

特别提示：待执行合同不属于或有事项。但是，待执行合同变为亏损合同的，应当作为或有事项。

3. 确认原则

（1）如果与亏损合同相关的义务不需支付任何补偿即可撤销，企业通常就不存在现时义务，不应确认预计负债；

（2）如果与亏损合同相关的义务不可撤销，企业就存在了现时义务，同时满足该义务很可能导致经济利益流出企业且金额能够可靠地计量的，应当确认预计负债。

（3）待执行合同变为亏损合同时，合同存在标的资产的，应当对标的资产进行减值测试并按规定确认减值损失，在这种情况下，企业通常不需确认预计负债，如果预计亏损超过该减值损失，应将超过部分确认为预计负债。

合同不存在标的资产的，亏损合同相关义务满足预计负债确认条件时，应当确认预计负债。

例 14-10　2×20 年 1 月 1 日，A 公司采用经营租赁方式租入一条生产线生产 A 产品，租赁期 4 年。A 公司利用该生产线生产的 A 产品每年可获利 20 万元。

2×21 年 12 月 31 日（过了 2 年），A 公司决定停产 A 产品，原经营租赁合同不可撤销，还要持续 2 年，且生产线无法转租给其他单位。

分析：应当在 2×21 年 12 月 31 日，根据未来应支付的租金的最佳估计数确认预计负债。

例 14-11　某公司 2×20 年 1 月采用经营租赁方式租入生产线生产产品，租赁期 3 年，生产的产品预计每年均可获利。2×20 年 12 月，市政规划要求公司迁址，加之宏观政策调整该公司决定停产上述产品，原经营租赁合同为不可撤销合同，还要持续 1 年，生产线无法转租给其他单位。此时，该公司执行原经营租赁合同发生的费用很可能超过预期获得的经济利益，该租赁合同变为亏损合同，应当在 2×20 年 12 月 31 日根据未来期间（2×21 年）应支付的租金确认预计负债。

分析：待执行合同变为亏损合同时，合同存在标的资产的，应当对标的资产进行减值测试并按规定确认减值损失，通常不确认预计负债；合同不存在标的资产的，亏损合同相关义务满足规定条件时，应当确认预计负债。

例如，商品销售合同属于待执行合同。在其售价低于成本时，该合同即变为亏损合同，属于本准则规范的或有事项。该合同存在标的资产（存货）的，应当确认减值损失和存货跌价准备，不确认预计负债；如果合同不存在标的资产（存货），企业应在满足确认条件时确认预计负债。

例 14-12　B 企业 2×21 年 1 月 1 日与某外贸公司签订一项产品销售合同。约定在 2×21 年 2 月 15 日以每件产品 100 元的价格向外贸公司提供 10 000 件 A 产品，若不能按期交货，B 企业需要交纳 300 000 元的违约金。

这批产品在签订合同时尚未开始生产，但企业开始筹备原材料以生产这批产品时，原材料价格突然上涨，预计生产每件产品的成本将升至 125 元。

分析：在此案例中，B 企业生产产品的成本为每件 125 元，而售价为每件 100 元，每销售 1 件产品亏损 25 元，共计损失 250 000 元。因此，这项销售合同是一项亏损合同。如果撤销合同，B 企业需要交纳 300 000 元的违约金。

（1）由于该合同变为亏损合同时不存在标的资产，B企业应当按照履行合同造成的损失与违约金两者中的较低者确认一项预计负债：

借：营业外支出　　250 000

　　贷：预计负债　　250 000

（2）待相关产品生产完成后，将已确认的预计负债冲减产品成本：

借：预计负债　　250 000

　　贷：库存商品　　250 000

若其他条件不变，预计生产每件产品的成本将升至140元。

此例中，B企业生产产品的成本为每件140元，而售价为每件100元，每销售1件产品亏损40元，共计损失400 000元。因此，这项销售合同是一项亏损合同。如果撤销合同，B企业需要交纳300 000元的违约金。

由于该合同变为亏损合同时不存在标的资产，B企业应当按照履行合同造成的损失与违约金两者中的较低者确认一项预计负债：

借：营业外支出　　300 000

　　贷：预计负债　　300 000

支付时：

借：预计负债　　300 000

　　贷：银行存款　　300 000

值得注意的是，有部分合同标的，分别确认预计负债和计提减值准备。

例14-13　A公司与B公司于2×21年11月签订不可撤销合同，A公司向B公司销售A设备50台，合同价格每台1 000 000元（不含税）。

该批设备在2×22年1月25日交货。至2×21年末A公司已生产40台A设备，由于原材料价格的上涨，单位成本达到1 020 000元，每销售一台A设备亏损20 000元，因此这项合同已成为亏损合同。

预计其余未生产的10台A设备的单位成本与已生产的A设备的单位成本相同。

则A公司应对有标的40台A设备计提存货跌价准备，对没有标的的10台A设备确认预计负债。不考虑相关税费。

有关账务处理如下。

（1）有标的部分，合同为亏损合同，确认减值损失：

借：资产减值损失——A设备　　800 000

　　贷：存货跌价准备（40×20 000）　　800 000

（2）无标的部分，合同为亏损合同，确认预计负债：

借：营业外支出——A设备　　200 000

　　贷：预计负债（10×20 000）　　200 000

在产品生产出来后，将预计负债冲减成本：

借：预计负债　　200 000

　　贷：库存商品——A设备　　200 000

（五）重组义务

1. 重组义务的确认

（1）重组，是指企业制定和控制的，将显著改变企业组织形式、经营范围或经营方式的计划实施行为。

（2）属于重组的事项主要包括：①出售或终止企业的部分业务；②对企业的组织结构进行较大调整；③关闭企业的部分营业场所，或将营业活动由一个国家或地区迁移到其他国家或地区。

（3）企业因重组而承担了重组义务，并且同时满足预计负债的三项确认条件时，才能确认预计负债。

同时满足下列情况的，表明企业承担了重组义务：①有详细、正式的重组计划，包括重组涉及的业务、主要地点、需要补偿的职工人数、预计重组支出、计划实施时间等。②该重组计划已对外公告。

2. 重组义务的计量

企业应当按照与重组有关的直接支出确定预计负债金额，计入当期损益。

其中：直接支出是企业重组必须承担的直接支出，不包括留用职工岗前培训、市场推广、新系统和营销网络投入等支出，原因在于：这些支出与未来经营活动有关，在资产负债表日不是重组义务。

与重组有关支出的判断如表 14-03 所示。

表 14-03　与重组有关支出的判断表

支出项目	包括	不包括	不包括的原因
自愿遣散	√		
强制遣散（如果自愿遣散目标未满足）	√		
将不再使用的厂房的租赁撤销费	√		
将职工和设备从拟关闭的工厂转移到继续使用的工厂		√	支出与继续进行的活动相关（实际发生时进行账务处理）
剩余职工的再培训		√	
新经理的招募成本		√	
推广公司新形象的营销成本		√	支出与继续进行的活动相关
对新营销网络的投资		√	
重组的未来可辨认经营损失（最新预计值）		√	
特定不动产、厂场和设备的减值损失		√	减值准备应当按照《企业会计准则第 8 号——资产减值》进行评估，并作为资产的抵减项

例 14-14　A 公司为一家家电生产企业，主要生产 A、B、C 三种家电产品。A 公司 2×21 年度有关事项如下：

（1）A 公司管理层于 2×21 年 11 月制定了一项业务重组计划。该业务重组计划的主要内容如下：从 2×22 年 1 月 1 日起关闭 C 产品生产线；从事 C 产品生产的员工共计 250 人，除部门主管及技术骨干等 50 人留用转入其他部门外，其他 200 人都将被辞退。

根据被辞退员工的职位、工作年限等因素，A 公司将一次性给予被辞退员工不同标准的补偿，补偿支出共计 800 万元；C 产品生产线关闭之日，租用的厂房将被腾空，撤销租赁合同并将其移交给出租方，用于 C 产品生产的固定资产等将转移至 A 公司自己的仓库。上述业务重组计划已于 2×21 年 12 月 2 日经 A 公司董事会批准，并于 12 月 3 日对外公告。2×21 年 12 月 31 日，上述业务重组计划尚未实际实施，员工补偿及相关支出尚未支付。

为了实施上述业务重组计划，A公司预计发生以下支出或损失：因辞退员工将支付补偿款800万元；因撤销厂房租赁合同将支付违约金25万元；因将用于C产品生产的固定资产等转移至仓库将发生运输费3万元；因对留用员工进行培训将发生支出1万元；因推广新款B产品将发生广告费用2 500万元；因处置用于C产品生产的固定资产将发生减值损失150万元。

（2）2×21年12月15日，消费者因使用C产品造成财产损失向法院提起诉讼，要求A公司赔偿损失560万元。12月31日，法院尚未对该案作出判决。在咨询法律顾问后，A公司认为该案很可能败诉。根据专业人士的测算，A公司的赔偿金额可能在450万元至550万元之间，而且上述区间内每个金额的可能性相同。

（3）2×21年12月25日，丙公司（为A公司的子公司）向银行借款3 200万元，期限为3年。经董事会批准，A公司为丙公司的上述银行借款提供全额担保。12月31日，丙公司经营状况良好，预计不存在还款困难。

要求：

（1）根据资料（1），判断哪些是与A公司业务重组有关的直接支出，并计算因重组义务应确认的预计负债金额。

（2）根据资料（1），计算A公司因业务重组计划而减少2×21年度利润总额的金额，并编制相关会计分录。

（3）根据资料（2）和（3），判断A公司是否应当将与这些或有事项相关的义务确认为预计负债。如确认，计算预计负债的最佳估计数，并编制相关会计分录；如不确认，说明理由。

分析：

（1）因辞退员工将支付补偿800万元和因撤销厂房租赁合同将支付违约金25万元属于与重组有关的直接支出。

因重组义务应确认的预计负债金额＝800＋25＝825（万元）

（2）因重组计划减少2×21年度利润总额＝825＋150＝975（万元），会计分录如下：

借：营业外支出	250 000	
贷：预计负债		250 000
借：管理费用	8 000 000	
贷：应付职工薪酬		8 000 000
借：资产减值损失	1 500 000	
贷：固定资产减值准备		1 500 000

（3）资料（2）应确认预计负债。

预计负债的最佳估计数＝（450 ＋ 550）÷2 ＝ 500（万元）

会计分录如下：

借：营业外支出	5 000 000	
贷：预计负债		5 000 000

资料（3）不应确认预计负债，原因在于，此项不是很可能导致经济利益流出企业，不符合或有事项确认预计负债的条件。

四、或有事项的列报

（一）预计负债的列报

1. 资产负债表

在资产负债表中，因或有事项而确认的负债（预计负债）应与其他负债项目区别开来，单独反映。如果企业因多项或有事项确认了预计负债，在资产负债表上一般只需通过“预计负债”项目进行总括反映。

2. 利润表

在将或有事项确认为负债的同时，应确认一项支出或费用。这项费用或支出在利润表中不应单列项目反映，而应与其他费用或支出项目合并反映。（管理费用、销售费用、营业外支出等）

3. 会计报表附注

为了使会计报表使用者获得充分、详细的有关或有事项的信息，企业应在会计报表附注中披露以下内容：

（1）预计负债的种类、形成原因以及经济利益流出不确定性的说明。

（2）各类预计负债的期初、期末余额和本期变动情况。

（3）与预计负债有关的预期补偿金额和本期已确认的预期补偿金额。

（二）或有负债的披露

或有负债无论作为潜在义务还是现时义务，均不符合负债的确认条件，因而不予确认。但是，除非或有负债极小可能导致经济利益流出企业，否则企业应当在附注中披露有关信息，具体包括：

（1）或有负债的种类及其形成原因，包括已贴现商业承兑汇票、未决诉讼、未决仲裁、对外提供担保等形成的或有负债。

（2）经济利益流出不确定性的说明。

（3）或有负债预计产生的财务影响，以及获得补偿的可能性；无法预计的，应当说明原因。

需要注意的是，在涉及未决诉讼、未决仲裁的情况下，如果披露全部或部分信息预期对企业会造成重大不利影响，企业无须披露这些信息，但应当披露该未决诉讼、未决仲裁的性质，以及没有披露这些信息的事实和原因。

（三）或有资产的披露

或有资产作为一种潜在资产，不符合资产确认的条件，因而不予确认。企业通常不应当披露或有资产，但或有资产很可能会给企业带来经济利益的，应当披露其形成的原因、预计产生的财务影响等。

五、新旧衔接

首次执行企业会计准则，遵照《企业会计准则第 38 号——首次执行企业会计准则》的相关规定，详见本书第三十八章。

第十五章
收　　入

一、收入的定义及适用范围

（一）收入的定义

根据《企业会计准则第 14 号——收入》（以下简称收入准则）规定，收入是指企业在日常活动中形成的、会导致所有者权益增加的、与所有者投入资本无关的经济利益的总流入。

（二）收入准则的适用范围

收入准则适用于所有与客户之间的合同，但下列各项除外。

（1）由《企业会计准则第 2 号——长期股权投资》《企业会计准则第 22 号——金融工具确认和计量》《企业会计准则第 23 号——金融资产转移》《企业会计准则第 24 号一套期会计》《企业会计准则第 33 号——合并财务报表》以及《企业会计准则第 40 号——合营安排》规范的金融工具及其他合同权利和义务，分别适用《企业会计准则第 2 号——长期股权投资》《企业会计准则第 22 号——金融工具确认和计量》《企业会计准则第 23 号——金融资产转移》《企业会计准则第 24 号——套期会计》《企业会计准则第 33 号——合并财务报表》以及《企业会计准则第 40 号——合营安排》。

（2）由《企业会计准则第 21 号——租赁》规范的租赁合同，适用《企业会计准则第 21 号——租赁》。

（3）由保险合同相关会计准则规范的保险合同，适用保险合同相关会计准则。

收入准则所称的客户，是指与企业订立合同以向该企业购买其日常活动产出的商品或服务（以下简称商品）并支付对价的一方。收入准则所称的合同，是指双方或多方之间订立有法律约束力的权利义务的协议。合同有书面形式、口头形式以及其他形式。

二、收入确认的基本步骤

按照新入准则的规定，收入确认的基本步骤如下：

（一）识别与客户订立的合同

1. 客户的定义

客户，是指与企业订立合同以向该企业购买其日常活动产出的商品或服务并支付对价的一方。如果合同对方与企业订立合同的目的是共同参与一项活动（如合作开发一项资产），合同对方和企业一起分担（或分享）该活动产生的风险（或收益），而不是获取企业日常活动产出的商品，则该合同对方不是企业的客户，企业与其签订的该份合同也不属于收入准则规范范围。

2. 合同的识别

（1）合同的定义。合同，是指双方或多方之间订立有法律约束力的权利义务的协议。合同包括书面形式、口头形式以及其他形式（如隐含于商业惯例或企业以往的习惯做法中等）。

（2）应用收入准则的合同需要满足的条件（收入确认前提条件）。新收入准则规定，当企业与客户之间的合同同时满足下列条件时，企业应当在客户取得相关商品控制权时确认收入：

①合同各方已批准该合同并承诺将履行各自义务。

②该合同明确了合同各方与所转让商品或提供劳务相关的权利和义务。对于合同各方均有权单方面终止完全未执行的合同，且无需对合同其他方作出补偿的，企业应当视为该合同不存在。其中，完全未执行的合同，是指企业尚未向客户转让任何合同中承诺的商品，也尚未收取且尚未有权收取已承诺商品的任何对价的合同。

③该合同有明确的与所转让商品相关的支付条款。

④该合同具有商业实质，即履行该合同将改变企业未来现金流量的风险、时间分布或金额。合同具有商业实质，是指履行该合同将改变企业未来现金流量的风险、时间分布或金额。关于商业实质，应按照非货币性资产交换中有关商业实质说明进行判断。没有商业实质的非货币性资产交换，无论何时，均不应确认收入。

⑤企业因向客户转让商品而有权取得的对价很可能收回。企业在评估其因向客户转让商品而有权取得的对价是否很可能收回时，仅应考虑客户到期时支付对价的能力和意图（即客户的信用风险）。当对价是可变对价时，由于企业可能会向客户提供价格折让，企业有权收取的对价金额可能会低于合同标价。企业向客户提供价格折让的，应当在估计交易价格时进行考虑。

例 15-01　A 公司销售一批商品给 B 公司。B 公司根据 A 公司开具的发票账单已支付货款，并取得提货单，但 A 公司仍未将该商品移交 B 公司。

分析：根据本案例的相关信息，A 公司采用了交款提货的销售方式，即购买方根据销售方开出的发票账单已支付货款，并取得卖方开具的提货单。在这种情况下，购买方支付了货款并取得提货单，但如果购买方此时仍不能主导该商品的使用，并从中获得几乎全部的经济利益，A 公司在这种情况下仍不能确认收入。

例 15-02　A 公司是一家从事电子商务平台的公司，其电子商务平台于 2×20 年 11 月 11 日开展大规模的促销活动，其自营商品在 11 月 11 日当天接受客户大量订单，并收到了货款。但是由于订单量激增，大量货物推迟至 11 月 15 日才发货，并且一部分货物在 11 月 30 日 24 点尚在运输过程之中。对于运输过程之中的货物，判断 A 公司能否确认收入？

分析：根据新收入准则关于收入的确认原则，结合本案例的相关信息，A 公司对于收入确认的判断，应基于以下几点：（1）客户能够主导该商品的使用并从中获得几乎全部的经济利益。（2）企业已经将该商品转移给客户，即客户已实物占有该商品。（3）客户已接受该商品。显然，本案例中处于运输过程之中的货物的销售不符合上述确认条件，因此，A 公司不应当确认收入。

3. 未满足条件的合同但取得了对价的会计处理

对于不能同时满足收入确认的五个条件的合同，企业只有在不再负有向客户转让商品的剩余义务（例如，合同已完成或取消），且已向客户收取的对价（包括全部或部分对价）无需退回时，才能将已收取的对价确认为收入；否则，应当将已收取的对价作为负债进行会计处理。其中，企业向客户收取无需退回的对价的，应当在已经将该部分对价所对应的商品的控制权转移给客户，并且已不再向客户转让额外的商品且不再负有此类义务时，将该部分对价确认为收入；或者，在相关合同已经终止时，将该部分对价确认为收入。

例 15-03　甲房地产开发公司与乙公司签订合同，向其销售一栋建筑物，合同价款为 100 万元。该建筑物的成本为 60 万元，乙公司在合同开始日即取得了该建筑物的控制权。根据合同约定，乙公司在合同开始日支付了 5% 的保证金 5 万元，并就剩余 95% 的价款与甲公司签订了不附追索权的长期融资协议，如果乙公司违约，甲公司可重新拥有该建筑物，即使收回的建筑物不能涵盖所欠款项的总额，甲公司也不能向乙公司索取进一步的赔偿。乙公司计划在该建筑物内开设一家餐馆。在该建筑物所在的地区，餐饮行业面临激烈的竞争，但乙公司缺乏餐饮行业的经营经验。

分析：本例中，乙公司计划以该餐馆产生的收益偿还甲公司的欠款，除此之外并无其他的经济来源，乙公司也未对该笔欠款设定任何担保。如果乙公司违约，甲公司虽然可重新拥有该建筑物，但即使收回的建筑物不能涵盖所欠款项的总额，甲公司也不能向乙公司索取进一步的赔偿。因此，甲公司对乙公司还款的能力和意图存在疑虑，认为该合同不满足合同价款很可能收回的条件。甲公司应当将收到的 5 万元确认为一项负债。

4. 合同的持续评估

（1）对于在合同开始日即满足上述收入确认条件的合同，企业在后续期间无需对其进行重新评估，除非有迹象表明相关事实和情况发生重大变化。合同开始日，通常是指合同开始赋予合同各方具有法律约束力的权利和义务的日期，即合同生效日。

（2）企业与客户之间的合同不符合规定的五项条件的，企业应当在后续期间对其进行持续评估，判断其能否满足收入准则规定的 5 项条件。如果企业在此之前已经向客户转移了部分商品，当该合同在后续期间满足五项条件时，企业应当将在此之前已经转移的商品所分摊的交易价格确认为收入。

例 15-04 甲公司与乙公司签订合同，将一项专利技术授权给乙公司使用，并按其使用情况收取特许权使用费。甲公司评估认为，该合同在合开始日满足合同确认收入的五个条件。该专利技术在合同开始日即授权给乙公司使用。

在合同开始日后的第 1 年内，乙公司每季度向甲公司提供该专利技术的使用情况报告，并在约定的期间内支付特许权使用费。

在合同开始日后的第 2 年内，乙公司继续使用该专利技术，但是乙公司的财务状况下滑，融资能力下降，可用现金不足，因此，乙公司仅按合同支付了当年第一季度的特许权使用费，而后三个季度仅按象征性金额付款。

在合同开始日后的第 3 年内，乙公司继续使用甲公司的专利技术，但是，甲公司得知，乙公司已经完全丧失了融资能力，且流失了大部分客户，因此，乙公司的付款能力进一步恶化，信用风险显著升高。

分析：

（1）在本例中，该合同在合同开始日满足收入确认的前提条件，因此，甲公司在乙公司使用该专利技术的行为发生时，按照约定的特许权使用费确认收入。

（2）合同开始日后的第 2 年，由于乙公司的信用风险升高，甲公司在确认收入的同时，按照金融资产减值的要求对乙公司的应收账款进行减值测试。

（3）合同开始日后的第 3 年，由于乙公司的财务状况恶化，信用风险显著升高，甲公司对该合同进行了重新评估，认为“企业因向客户转让商品而有权取得的对价很可能收回”这一条件不再满足，因此，甲公司不再确认特许权使用费收入，同时对现有应收款项是否发生减值继续进行评估。

5. 合同合并

新收入准则规定，企业与同一客户（或该客户的关联方）同时订立或在相近时间内先后订立的两份或多份合同，在满足下列条件之一时，应当合并为一份合同进行会计处理。

（1）该两份或多份合同基于同一商业目的而订立并构成“一揽子”交易。例如，一份合同在不考虑另一份合同的对价的情况下将会发生亏损。

（2）该两份或多份合同中的一份合同的对价金额取决于其他合同的定价或履行情况。例如，一份合同如果发生违约，将会影响另一份合同的对价金额。

（3）该两份或多份合同中所承诺的商品（或每份合同中所承诺的部分商品）构成新准则规定的单项履约义务。

需要注意的是，把两份或多份合同合并为一份合同进行会计处理的，仍然需要区分该一份合同中包含的各单项履约义务。

例 15-05 A 软件公司与 B 客户签订了一份授权许可协议，允许 B 客户使用其开发的客户关系管理软件。7 天之后，A 软件公司与 B 客户又签订了另一份咨询服务协议，该协议规定，A 软件公司将根据 B 客户的 IT 运行环境，对 B 的客户关系管理软件进行重大的修改或定制。客户 B 在定制服务完成之前不能使用该软件。

分析：对于 A 软件公司来说，由于这两份合同几乎是在同一时间与同一个客户签订的，两份合同中的商品或服务从整体上看是一个定制软件，即仅有一项履约义务，因此，两份合同应当合并为一份合同进行会计处理。

6. 合同变更

新收入准则规定，企业应当区分下列三种情形对合同变更分别进行会计处理。

（1）合同变更增加了可明确区分的商品及合同价款，且新增合同价款反映了新增商品单独售价的，应当将该合同变更部分作为一份单独的合同进行会计处理。在判断新增合同价款是否反映了新增商品的单独售价时，应当考虑为反映该特定合同的具体情况而对新增商品价格所作的适当调整。在合同变更时，企业由于无需发生为发展新客户等所须发生的相关销售费用，可能会向客户提供一定的折扣；或者根据客户的采购量的多少提供折扣，从而在新增商品单独售价的基础上予以适当调整。

例 15-06 甲公司承诺向某客户销售 120 件产品，每件产品售价 100 元。该批产品彼此之间可明确区分，且将于未来 6 个月内陆续转让给该客户。甲公司将其中的 60 件产品转让给该客户后，双方对合同进行了变更，甲公司承诺向该客户额外销售 30 件相同的产品，最初订立的合同并未包含这额外 30 件产品。

分析：在合同作出修订后，针对额外 30 件产品的合同价格修订为增加了 2 850 元（每件 95 元）。由于新增的 30 件产品是可明确区分的，且新增的合同价款反映了新增产品的单独售价，因此，该合同变更实际上构成了一份单独的、在未来销售 30 件产品的新合同，该新合同并不影响对原合同的会计处理。甲公司应当对原合同中的 120 件产品按每件产品 100 元确认收入，对新合同中的 30 件产品按每件产品 95 元确认收入。

（2）合同变更不属于本条第（1）项规定的情形，且在合同变更日已转让的商品或已提供的服务与未转让的商品或未提供的服务之间可明确区分的，应当视为原合同终止，同时，将原合同未履约部分与合同变更部分合并为新合同进行会计处理。

新合同的交易价格＝原合同交易价格中尚未确认为收入的部分（包括已从客户收取的金额）＋合同变更中客户已承诺的对价金额

需注意的是，在上述情形下，原合同已经确认的收入不作调整，而是通过未来适用法对原合同部分以及变更部分一并进行处理。

例 15-07 A 公司与客户签订合同，每周为客户的办公楼提供保洁服务，合同期限为三年，客户每年向 A 公司支付服务费 10 万元（假定该价格反映了合同开始日该项服务的单独售价）。在第二年末，合同双方对合同进行了变更，将第三年的服务费调整为 8 万元（假定该价格反映了合同变更日该项服务的单独售价），同时以 20 万元的价格将合同期限延长三年（假定该价格不反映合同变更日该三年服务的单独售价），即每年的服务费为 6.67 万元，于每年年初支付。上述价格均不包含增值税。

分析：本例中，在合同开始日，A 公司认为其每周为客户提供的保洁服务是可明确区分的，但由于 A 公司向客户转让的是一系列实质相同且转让模式相同的、可明确区分的服务，因此将其作为单项履约义务（见后文所述）。在合同开始的前两年，即合同变更之前，A 公司每年确认收入 10 万元。在合同变更日，由于新增的三年保洁服务的价格不能反映该项服务在合同变更时的单独售价，因此，该合同变更不能作为单独的合同进行会计处理，由于在剩余合同期间需提供的服务与已提供的服务是可明确区分的，A 公司应当将该合同变更作为原合同终止，同时，将原合同中未履约的部分与合同变更合并为一份新合同进行会计处理。该新合同的合同期限为四年，对价为 28 万元，即原合同下尚未确认收入的对价 8 万元与新增的三年服务相应的对价 20 万元之和，新合同中 A 公司每年确认的收入为 7 万元（28 万元 ÷4 年）。

（3）合同变更不属于本条第（1）项规定的情形，且在合同变更日已转让的商品与未转让的商品之间不可明确区分的，应当将该合同变更部分作为原合同的组成部分进行会计处理，由此产生的对已确认收入的影响，应当在合同变更日调整当期收入。

例 15-08 2×19 年 1 月 15 日，乙建筑公司和客户签订了一项总金额为 1 000 万元的固定造价合同，在客户自有土地上建造一幢办公楼，预计合同总成本为 700 万元。假定该建造服务属于在某一时段内履行的履约义务，并根据累计发生的合同成本占合同预计总成本的比例确定履约进度。

截至 2×19 年末，乙公司累计已发生成本 420 万元，履约进度为 60%（420÷700）。因此，乙公司在 2×19 年确认收入 600 万元（1 000×60%）。

2×20 年初，合同双方同意更改该办公楼屋顶的设计，合同价格和预计总成本因此而分别增加 200 万元和 120 万元。

分析：在本例中，由于合同变更后拟提供的剩余服务与在合同变更日或之前已提供的服务不可明确区分（即合同仍为单项履约义务），因此，乙公司应当将合同变更作为原合同的组成部分进行会计处理。合同变更后的交易价格为1 200万元（1 000＋200），乙公司重新估计的履约进度为51.2%［420÷（700＋120）×100%］，乙公司在合同变更日应额外确认收入14.4万元（51.2%×1 200－600）。

（二）识别合同中的单项履约义务

1. 履约义务的定义

收入确认模型是一个分摊交易对价的模型。履约义务是收入确认会计处理的计量单元。识别能够反映出合同中商品或服务的计量单元，是收入确认的基础。

收入准则规定，履约义务，是指合同中企业向客户转让可明确区分商品的承诺。履约义务既包括合同中明确的承诺，也包括由于企业已公开宣布的政策、特定声明或以往的习惯做法等导致合同订立时客户合理预期企业将履行的承诺（隐含的承诺）。例如，企业向客户销售商品，虽然合同没有约定，但是，企业在其宣传广告中宣称，对于购买该商品的客户，企业将为其提供为期 5 年的免费保养服务，如果该广告使客户对于企业提供的保养服务形成合理预期，企业应当考虑该项服务是否构成单项履约义务。又如，企业向客户销售软件，根据企业以往的习惯做法，企业会向客户提供免费的升级服务，如果该习惯做法使得客户对于企业提供的软件升级服务形成合理预期，则企业应当考虑该项服务是否构成单项履约义务。

企业为履行合同而应开展的初始活动，通常不构成履约义务，除非该活动向客户转让了承诺的商品。例如，某俱乐部为注册会员建立档案，该活动并未向会员转让承诺的商品，因此，不构成单项履约义务。

在通常情况下，商品控制权转移给客户之前发生的运输活动不构成单项履约义务；相反，商品控制权转移给客户之后发生的运输活动可能表明企业向客户提供了一项运输服务，企业应当考虑该项服务是否构成单项履约义务。

例 15-09 小明在家装节上购买了一套 A 公司生产的整体式淋浴房，A 公司负责上门安装，合同总价为 4 200 元。小明付款 2 天后，A 公司上门安装，并调试了淋浴房。

分析：根据收入准则的规定，A 公司必须区分合同中的履约义务。本案例实质上有两项履约义务，一项是 A 公司销售整体式淋浴房给小明，另一项是 A 公司提供淋浴房的安装服务给小明。当 A 公司履行了合同义务，也就是将淋浴房交给了小明，并安装调试完毕，小明确认收货后，分别确认销售淋浴房的收入和安装服务的收入。

例 15-10 甲公司与乙公司签订合同，向其销售一批产品，并负责将该批产品运送至乙公司指定的地点，甲公司承担相关的运输费用。假定销售该产品属于在某一时点履行的履约义务，且控制权在出库时转移给乙公司。

分析：本例中，甲公司向乙公司销售产品，并负责运输。该批产品在出库时，控制权转移给乙公司。在此之后，甲公司为将产品运送至乙公司指定的地点而发生的运输活动，属于为乙公司提供了一项运输服务。如果该运输服务构成单项履约义务，且甲公司是运输服务的主要责任人。甲公司应当按照分摊至该运输服务的交易价格确认收入。

例 15-11 甲公司与乙公司签订合同，向其销售一批产品，并负责将该批产品运送至乙公司指定的地点，甲公司承担相关的运输费用。假定销售该产品属于在某一时点履行的履约义务，且控制权在送达乙公司指定地点时转移给乙公司。

分析：本例中，甲公司向乙公司销售产品，并负责运输。该批产品在送达乙公司指定地点时，控制权转移给乙公司。由于甲公司的运输活动是在产品的控制权转移给客户之前发生的，因此不构成单项履约义务，而是甲公司为履行合同发生的必要活动。

2. 可明确区分商品的界定

收入准则规定，企业向客户承诺的商品同时满足下列条件的，应当作为可明确区分商品。

（1）客户能够从该商品本身或从该商品与其他易于获得资源一起使用中受益。

（2）企业向客户转让该商品的承诺与合同中其他承诺可单独区分。

例 15-12 甲公司与其经销商乙公司签订合同，将其生产的产品销售给乙公司，乙公司再将该产品销售给最终用户。乙公司是甲公司的客户。

情形一：合同约定，从乙公司购买甲公司产品的最终用户可以享受甲公司提供的该产品正常质量保证范围之外的免费维修服务。甲公司委托乙公司代为提供该维修服务，并且按照约定的价格向乙公司支付相关费用；如果最终用户没有使用该维修服务，则甲公司无需向乙公司付款。

情形二：合同开始日，双方并未约定甲公司将提供任何该产品正常质量保证范围之外的维修服务，甲公司通常也不提供此类服务。甲公司向乙公司交付产品时，产品控制权转移给乙公司，该合同完成。在乙公司将产品销售给最终用户之前，甲公司主动提出免费为向乙公司购买该产品的最终用户提供该产品正常质量保证范围之外的维修服务。

分析：对于情形一，甲公司在该合同下的承诺包括销售产品以及提供维修服务两项履约义务；对于情形二，甲公司和乙公司签订的合同在合同开始日并未包含提供维修服务的承诺，甲公司也未通过其他明确或隐含的方式承诺向乙公司或最终用户提供该项服务，因此，甲公司在该合同下的承诺只有销售产品一项履约义务，甲公司因承诺提供维修服务产生的相关义务应当按照《企业会计准则第 13 号——或有事项》进行会计处理。

3. 实质相同且转让模式相同的可明确区分商品或服务的承诺

企业向客户转让一系列实质相同且转让模式相同的、可明确区分商品的承诺，应当作为单项履约义务，即使这些商品可明确区分。

（1）“实质相同”。企业在判断所转让的一系列商品是否实质相同时，应当考虑合同中承诺的性质，当企业承诺的是提供确定数量的商品时，需要考虑这些商品本身是否实质相同。当企业承诺的是在某一期间内随时向客户提供某项服务时，需要考虑企业在该期间内的各个时间段（如每天或每小时）

的承诺是否相同，而并非具体的服务行为本身。

例如，企业与客户签订2年的合同，每月向客户提供工资核算服务，共计24次。由于企业提供服务的次数是确定的，在判断每月的服务是否实质相同时，应当考虑每次提供的具体服务是否相同。由于同一家企业的员工结构、工资构成以及核算流程等相对稳定，企业每月提供的该项服务很可能符合“实质相同”的条件。

又如，企业向客户提供2年的酒店管理服务，具体包括保洁、维修、安保等，但没有具体的服务次数或时间的要求。尽管企业每天提供的具体服务不一定相同，但是企业每天对于客户的承诺都是相同的，即按照约定的酒店管理标准，随时准备根据需要为其提供相关服务。因此，企业每天提供的该酒店管理服务符合“实质相同”的条件。

（2）“转让模式相同”。转让模式相同，是指每一项可明确区分商品均满足在某一时段内履行履约义务的条件，且采用相同方法确定其履约进度。

上述规定适用于连续提供的商品或服务（而非同时提供），如重复性服务合同（如保洁合同和供电合同等），即将满足前两项标准的、连续提供的一系列商品或服务作为一项单独的履约义务来处理。对于同时提供（而非连续提供）的商品或服务，如果将这些商品或服务分别作为个别履约义务的处理结果，与作为单项履约义务的处理结果一致的话，企业也可以将其作为单项履约义务进行处理。

例15-13 企业与客户签订为期一年的保洁服务合同，承诺每天为客户提供保洁服务。

分析：本例中，企业每天所提供的服务都是可明确区分且实质相同的，并且，根据控制权转移的判断标准，每天的服务都属于在某一时段内履行的履约义务。因此，企业应当将每天提供的保洁服务合并在一起作为单项履约义务进行会计处理。

4. 不可单独区分的转让商品的承诺的界定

下列情形通常表明企业向客户转让该商品的承诺与合同中其他承诺不可单独区分。

（1）企业需提供重大的服务以将该商品与合同中承诺的其他商品整合成合同约定的组合产出转让给客户。例如，企业为客户建造写字楼的合同中，企业向客户提供的砖头、水泥、人工等都能够使客户获益，但是，在该合同下，企业对客户承诺的是为其建造一栋写字楼，而并非提供这些砖头、水泥和人工等，企业需提供重大的服务将这些商品或服务进行整合，以形成合同约定的一项组合产出（即写字楼）转让给客户。因此，在该合同中，砖头、水泥和人工等商品或服务彼此之间不能单独区分。

（2）该商品将对合同中承诺的其他商品予以重大修改或定制。例如，企业承诺向客户提供其开发的一款现有软件，并提供安装服务，虽然该软件无需更新或技术支持也可直接使用，但是企业在安装过程中需要在该软件现有基础上对其进行定制化的重大修改，以使其能够与客户现有的信息系统相兼容。此时，转让软件的承诺与提供定制化重大修改的承诺在合同层面是不可明确区分的。

（3）该商品与合同中承诺的其他商品具有高度关联性。例如，企业承诺为客户设计一种新产品并负责生产10个样品，企业在生产和测试样品的过程中需要对产品的设计进行不断的修正，导致已生产的样品均可能需要进行不同程度的返工。此时，企业提供的设计服务和生产样品的服务是不断交替反复进行的，二者高度关联，因此，在合同层面是不可明确区分的。

例15-14 A承包商企业签订了一份为客户建造医院的合同。该企业负责项目的整体管理，并识别应提供的各种商品或服务，包括工程技术、场地清理、地基构建、采购、建筑架构、管道和管线的铺设、设备安装及专修等。

分析：A承包商提供的各项服务之间具有高度关联性，属于组合产出，明显是不可单独区分，因此，应当作为一个单项履约义务。

例15-15 甲公司与客户订立一项合同，约定转让软件许可证、实施安装服务并在2年期间内提供未明确规定的软件更新和技术支持（通过在线和电话方式）。安装服务包括为各类用户（例如，市场营销、库存管理和信息技术）更改网页屏幕。作为安装服务的一部分，软件将作重大定制以增添重要的新功能，从而使软件能够与客户使用的其他定制软件应用程序相对接。

分析：根据案例背景资料，安装定制服务将对合同中承诺的软件许可证予以重大修改和定制，是不可明确区分的，应当合并在一起作为一项单项履约义务。

例 15-16　甲公司同意为乙公司设计一种实验性的新产品并生产该产品的20个样品。产品规格包含尚未得到证实的功能。甲公司应根据客户意见，不断改进样品，直到客户满意。

分析：根据案例背景资料，甲公司提供的样品生产服务与新产品设计服务是高度关联的。因此，是不可明确区分的，应当合并在一起作为一项单项履约义务。

例 15-17　乙公司与客户签订合同，向客户出售一台其生产的设备并提供安装服务。该设备可以不经任何定制或改装而直接使用，不需要复杂安装，除乙公司外，市场上还有其他供应商也能提供此项安装服务。

分析：

（1）客户可以使用该设备或将其以高于残值的价格转售，能够从该设备与市场上其他供应商提供的此项安装服务一起使用中获益，也可从安装服务与客户已经获得的其他资源（例如，设备）一起使用中获益，表明该设备和安装服务能够明确区分。

（2）在该合同中，乙公司对客户的承诺是交付设备之后再提供安装服务，而非两者的组合产出，该设备仅需简单安装即可使用，乙公司并未对设备和安装提供重大整合服务，安装服务没有对该设备作出重大修改或定制，虽然客户只有获得设备的控制权之后才能从安装服务中获益，但是企业履行其向客户转让设备的承诺能够独立于其提供安装服务的承诺，因此安装服务并不会对设备产生重大影响。

该设备与安装服务彼此之间不会产生重大的影响，也不具有高度关联性，表明两者在合同中彼此之间可明确区分。因此，该项合同包含两项履约义务，即销售设备和提供安装服务。

如果其他条件不变，但是按照合同规定只能由乙公司向客户提供安装服务。在这种情况下，合同限制并没有改变相关商品本身的特征，也没有改变企业对客户的承诺。虽然根据合同约定，客户只能选择由乙公司提供安装服务，但是设备和安装服务本身仍然符合可明确区分的条件，仍然是两项履约义务。

如果乙公司提供的安装服务很复杂，该安装服务可能对其销售的设备进行定制化的重大修改，即使市场上有其他的供应商也可以提供此项安装服务，乙公司也不能将该安装服务作为单项履约义务，而是应当将设备和安装服务合并作为单项履约义务。

（三）确认交易价格

1. 交易价格的定义

收入准则规定，企业应当按照分摊至各单项履约义务的交易价格计量收入。交易价格是指企业因向客户转让商品而预期有权收取的对价金额。企业代第三方收取的款项以及企业预期将退还给客户的款项，应当作为负债进行会计处理，不计入交易价格。企业应当根据合同条款，并结合其以往的习惯做法确定交易价格。在确定交易价格时，企业应当考虑可变对价、合同中存在的重大融资成分、非现金对价、应付客户对价等因素的影响。

2. 存在可变对价时的处理

收入准则规定，合同中存在可变对价的，企业应当按照期望值或最可能发生金额确定可变对价的最佳估计数，但包含可变对价的交易价格，应当不超过在相关不确定性消除时累计已确认收入极可能不会发生重大转回的金额。企业在评估累计已确认收入是否极可能不会发生重大转回时，应当同时考虑收入转回的可能性及其比重。

每一资产负债表日，企业应当重新估计应计入交易价格的可变对价金额。可变对价金额发生变动的，按照收入准则与可变对价变动的分摊相关的规定进行会计处理。

例 15-18 C 公司于 2×20 年 12 月 1 日与一家分销商客户订立一项合同。C 公司向分销商转让 1 000 个产品，价格为每个产品 100 元，合同总价为 100 000 元。分销商将这些产品销售给最终客户时向 C 公司结算。分销商通常在取得产品后的 90 天内将其售出。对产品的控制于 2×20 年 12 月 1 日转移给客户。基于过往实务及为维护与分销商的关系，C 公司给予分销商价格折让，因此，合同的对价是可变的。

C 公司拥有销售此类产品的大量经验，根据以往的销售经验，C 公司一般给予此类经销商不大于 20% 的价格折让。C 公司采用预期价值法估计可收到的商品销售对价，估计金额为 80 000 元（80×1 000）。

C 公司是否应将 80 000 元估计金额全部作为收入确认？

分析：C 公司根据收入准则的规定，考虑是否能够将估计的可变对价金额 80 000 全部作为收入确认。C 公司拥有大量有关该产品的过往经验且其估计能够获得当前市场信息的支持。此外，尽管存在超出其影响范围之外的因素所引致的若干不确定性，但基于其当前的市场估计，C 公司的预计价格可在短期内确定。因此，C 公司认为，在不确定性消除时（即，在价格折让总金额确定时），已确认的累计收入金额（即 80 000 元）极可能不会发生重大转回。据此，C 公司在产品于 2×20 年 12 月 1 日转让给客户时将 80 000 元确认为收入。

例 15-19 D 公司于 2×20 年 12 月 1 日与一家分销商客户订立一项合同。D 公司向分销商转让 1 000 个产品，价格为每个产品 100 元，合同总价为 100 000 元。分销商将这些产品销售给最终客户时向 D 公司结算。分销商通常在取得产品后的 90 天内将其售出。对产品的控制于 2×20 年 12 月 1 日转移给客户。基于过往实务及为维护与分销商的关系，D 公司给予分销商价格折让，因此，合同的对价是可变的。

D 公司拥有销售类似产品的经验。但是，D 公司的产品具有较高的陈旧过时风险，且对其产品的定价目前正经历大幅波动。可观察的数据表明，以往 D 公司对同类产品授予的价格折让范围较广（销售价格的 20% ~ 60%）。当前市场信息还显示，为使产品在分销链中流转可能需要降价 15% ~ 50%。D 公司采用预期价值法对销售对价进行估计。其中，D 公司估计将提供 40% 的折扣，因此估计的交易价格为 60 000 元（60×1 000）。

D 公司是否应将 60 000 元估计金额全部作为收入确认？

分析：D 公司根据收入准则的规定，考虑是否能够将估计的可变对价金额 60 000 元全部作为收入确认。D 公司认为，该对价金额极易受到超出其影响范围之外的因素（即陈旧过时风险）影响，并且为使产品在分销链中流转主体可能必须授予范围较广的价格折让。因此，D 公司不能将估计金额 60 000 元全部作为收入确认，因为 D 公司无法断定已确认的累计收入金额极可能不会发生重大转回。

D 公司以往的价格折让范围为 20% ~ 60%，但当前市场信息显示有必要授予 15% ~ 50% 的价格折让。在以往的类似交易中，D 公司的实际结果与当时的市场信息相一致。因此，D 公司断定，如果将 50 000 元的金额作为估计金额，已确认的累计收入金额极可能不会发生重大转回。因此，D 公司在产品转让时将 50 000 元确认为收入。在实际结算之前，D 公司在每一个报告日重新评估该交易价格的估计值。

例 15-20 甲公司与分包商乙公司于 2×20 年 1 月 1 日签订了电路板生产合同，生产数量为 50 000 个，完工日为 2×20 年 6 月 30 日，合同价格为 1 000 000 元。若生产于 2×20 年 6 月 30 日前完工，每提前一天，承诺的对价将增加 10 000 元；若生产于 2×20 年 6 月 30 日前未完工，每延迟一天，承诺的对价将减少 10 000 元。甲公司估计延迟 2 天的概率为 5%，延迟 1 天的概率为 10%，按时完工的概率为 50%，提前 1 天的概率为 20%，提前 2 天的概率为 15%。

分析：可变对价最佳估计数＝1 000 000＋（－20 000×5%－10 000×10%＋0×50%
＋10 000×20%＋20 000×15%）
＝1 003 000（元）

例 15-21 2×20 年 10 月 1 日，甲公司签订合同，为一只股票型基金提供资产管理服务，合同期限为 3 年。甲公司所能获得的报酬包括两部分：一是每季度按照季度末该基金净值的 1% 收取管理费，该管理费不会因基金净值的后续变化而调整或被要求退回；二是该基金在三年内的累计回报如果超过 10%，则甲公司可以获得超额回报部分的 20% 作为业绩奖励。在 2×20 年 12 月 31 日，该基金的净值为 5 亿元。假定不考虑相关税费影响。

分析：本例中，甲公司在该项合同中收取的管理费和业绩奖励均为可变对价，其金额极易受到股票价格波动的影响，这是在甲公司影响范围之外的，虽然甲公司过往有类似合同的经验，但是该经验在确定未来市场表现方面并不具有预测价值。因此，在合同开始日，甲公司无法对其能够收取的管理费和业绩奖励进行估计，不满足累计已确认的收入金额极可能不会发生重大转回的条件。

2×20 年 12 月 31 日，甲公司重新估计该合同的交易价格时，影响第四季度管理费收入金额的不确定性已经消除，甲公司确认管理费收入 500 万元（5 亿元 ×1%）。甲公司未确认业绩奖励收入，这是因为，该业绩奖励仍然会受到基金未来累计回报的影响，有关将可变对价计入交易价格的限制条件仍然没有得到满足。甲公司应当在后续的每一资产负债表日，估计业绩奖励是否满足上述条件，以确定其收入金额。

例 15-22 甲公司与乙公司签订合同，为其提供电力能源节约设备。甲公司向乙公司仅提供设备购置安装，不参与乙公司电力能源供应的运营和管理，不提供其他服务，但是需要根据法定要求提供质量保证，该合同仅包含一项履约义务。在设备安装完成投入运营后，乙公司向甲公司支付固定价款，总金额为 5 000 万元（等于甲公司对于设备生产安装的实际成本），5 000 万元固定价款付清后，设备所有权移交给乙公司。在设备投入运营后的 4 年内，乙公司于每年结束后，按电力能源实际节约费用的 20% 支付给甲公司。假定不考虑其他因素。

分析：本例中，该合同的对价金额由两部分组成，即 5 000 万元的固定价格以及在 4 年内按乙公司电力能源实际节约费用的 20% 计算的可变对价。对于固定价格，甲公司应当将 5 000 万元直接计入交易价格。对于可变对价，甲公司应当按照期望值或最可能发生金额确定该可变对价的最佳估计数，计入交易价格的可变对价金额还应该满足准则规定的限制条件（即包含可变对价的交易价格，应当不超过在相关不确定性消除时，累计已确认的收入极可能不会发生重大转回的金额）。为此，甲公司需要根据电力能源节约设备相关合同约定、项目可行性报告、乙公司的供电运营与管理历史情况、建设项目的最佳供电能力等因素，综合分析评估项目在合同约定的未来 4 年内预计电力能源节约成本，据此确定可变对价的最佳估计数，同时，计入交易价格的可变对价金额还应该满足准则规定的限制条件，并在不确定性消除之前的每一资产负债表日重新评估该可变对价的金额。

3. 存在重大融资成分时的处理

收入准则规定，合同中存在重大融资成分的，企业应当按照假定客户在取得商品控制权时即以现金支付的应付金额确定交易价格。该交易价格与合同对价之间的差额，应当在合同期间内采用实际利率法摊销。合同开始日，企业预计客户取得商品控制权与客户支付价款间隔不超过一年的，可以不考虑合同中存在的重大融资成分。

例 15-23 A 公司向客户销售一个产品，销售价格为 121 万元，该价款必须在交货后的 24 个月内支付。客户在合同开始时即获得了该产品的控制。合同允许客户在 90 天内无条件退回产品。该产品是一个新产品，且 A 公司没有任何相关的产品退货历史证据或任何其他可获得的市场证据。该产品的现金售价为 100 万元，它代表了在合同开始时点，按相同条款和条件出售相同产品，并于交货时支付货款的价格。该产品的成本为 80 万元。

A 公司应当在何时确认收入，应确认收入金额是多少？

分析：在该案例中，A 公司应当于无条件退货期满后，即 90 天后确认产品销售收入。这是因为存在退货权，并且 A 公司缺乏相关的历史证据，这意味着 A 公司无法确定，已确认的累计收入金额是否极可能不会发生重大转回。

本案例中，合同对价 121 万元与商品转让给客户之日的现金售价 100 万元之间存在差额，表明客户从 A 公司获得了重大融资利益。因此，该合同包含重大融资成分，A 公司应就该融资成分的影响调整合同收入金额。

根据案例情况，将合同付款对价 121 万元折现为现金售价 100 万元，折现期为 24 个月，可得出该合同的内含利率为 10%。A 公司评价了该利率，并认为该利率与在合同开始时与其客户进行单独的融资交易所反映的折现率相一致。因此，A 公司采用该利率为折现率。

A 公司的会计处理如下。

（1）在合同开始，向客户转让商品时：

借：发出商品　　800 000

　　贷：库存商品　　800 000

（2）90 天退货期满后，按折现后对价确认收入（不考虑相关税费）：

借：应收账款　　1 000 000

　　贷：主营业务收入　　1 000 000

借：主营业务成本　　800 000

　　贷：发出商品　　800 000

（3）在付款期限内，按实际利率 10% 分期确认利息收入：

借：应收账款　　210 000

　　贷：财务费用——利息收入　　210 000

（4）客户实际付款时：

借：银行存款　　1 210 000

　　贷：应收账款　　1 210 000

4. 非现金对价支付时的处理

收入准则规定，客户支付非现金对价的，企业应当按照非现金对价的公允价值确定交易价格。非现金对价的公允价值不能合理估计的，企业应当参照其承诺向客户转让商品的单独售价间接确定交易价格。单独售价是指企业向客户单独销售商品的价格。

非现金对价的公允价值因对价形式以外的因素而发生变动的，应当作为可变对价，按照上述存在可变对价时的规定进行会计处理。

例 15-24 A 公司与 B 公司签订合同，为 B 公司建造一项大型设备。合同约定，B 公司向 A 公司支付 1 000 万元现金以及一批材料。该批材料公允价值为 500 万元，A 公司无须为该批材料额外支付价款，且必须将该批材料用于该设备的建造。设备于 3 个月内建造完成并移交 B 公司，B 公司在该时点获得了设备的控制权。

A 公司应当如何确定该设备的收入金额？

分析：本案例中，A 公司所获得材料，无须单独支付对价，因此，A 公司应将该批材料按公允价值计量，作为设备销售的收入进行确认，即，该大型设备的销售收入为 1 500 万元。

5. 应付客户对价

收入准则规定，企业应付客户（或向客户购买本企业商品的第三方，本节下同）对价的，应当将该应付对价冲减交易价格，并在确认相关收入与支付（或承诺支付）客户对价二者孰晚的时点冲减当期收入，但应付客户对价是为了向客户取得其他可明确区分商品的除外。

企业应付客户对价是为了向客户取得其他可明确区分商品的，应当采用与本企业其他采购相致的方式确认所购买的商品。企业应付客户对价超过向客户取得可明确区分商品公允价值的，超过金额应当冲减交易价格。向客户取得的可明确区分商品公允价值不能合理估计的，企业应当将应付客户对价全额冲减交易价格。

例 15-25　某消费品制造商 A 公司签订了一项合同，向一家全球大型连锁零售店客户销售商品，合同期限为一年。该零售商承诺，在合同期限内以约定价格购买至少价值 1 500 万元的产品。合同同时约定，A 公司需在合同开始时向该零售商支付 150 万元的不可退回款项。该款项旨在就零售商需更改货架以使其适合放置 A 公司产品而作出补偿。

A 公司如何对该补偿款进行处理？

分析：本案例中，A 公司根据前述应付给客户对价的相关规定，首先分析应付客户款项的性质。A 公司认为，由于该款项并非为获取单独可区分的商品或服务，因为 A 公司并不享有改造货架的任何控制权。因此，A 公司得出结论，应将向零售商支付的 150 万元款项作为后续销售商品收入的抵减项。根据合同约定，零售商承诺购货总价为 1 500 万元，因此，所支付 150 万元相当于给予每项商品 10% 的折扣，A 公司在确认每项商品销售收入时，按 10% 的折扣确认收入金额。

（四）分配交易价格

1. 交易价格分摊的总体原则

收入准则规定，合同中包含两项或多项履约义务的，企业应当在合同开始日，按照各单项履约义务所承诺商品的单独售价的相对比例，将交易价格分至各单项履约义务。企业不得因合同开始日之后单独售价的变动而重新分摊交易价格。

企业在类似环境下向类似客户单独销售商品的价格，应作为确定该商品单独售价的最佳证据。单独售价无法直接观察的，企业应当综合考虑其能够合理取得的全部相关信息，采用市场调整法、成本加成法、余值法等方法合理估计单独售价。在估计单独售价时，企业应当最大限度地采用可观察的输入值，并对类似的情况采用一致的估计方法。

市场调整法，是指企业根据某商品或类似商品的市场售价考虑本企业的成本和毛利等进行适当调整后，确定其单独售价的方法。

成本加成法，是指企业根据某商品的预计成本加上其合理毛利后的价格，确定其单独售价的方法。

余值法，是指企业根据合同交易价格减去合同中其他商品可观察的单独售价后的余值，确定某商品单独售价的方法。

企业在商品近期售价波动幅度巨大，或者因未定价且未曾单独销售而使售价无法可靠确定时，可采用余值法估计其单独售价。

例 15-26　2×20 年 8 月 1 日，A 房地产公司取得预售许可证，与客户张某签订预售合同，预收房款 100 万元。2×21 年 1 月 1 日，A 公司开发的商品房竣工，与客户张某签订正式的商品房销售合同。该合同规定，客户张某购买 A 公司 120 平商品房，赠送 A 房地产公司提供的物业服务 3 年，合同售价 600 万元（含税），当天张某交付余款。房屋单独售价 600 万元（含税），3 年物业服务费 10 万元（含税）。

分析：

（1）识别与客户订立的合同。A 公司与购房者签订的《商品房销售合同》基本同时满足收入准则所列的合同的 5 项条件，A 公司交房，客户取得相关商品控制权时确认收入。另外，预售合同不满足合同的 5 项条件，收到的预收款不能确认为收入。

（2）识别合同中的单项履约义务。合同中包含两项履约义务，销售房屋和提供 3 年物业服务。

（3）确定交易价格。合同中规定的交易价格为 600 万元。

（4）将交易价格分摊至各单项履约义务。A 公司商品房应摊交易价格＝600×600÷（600＋10）＝590.2（万元），3 年物业服务应摊交易价格 9.8 万元。

（5）履行每一单项履约义务时确认收入。销售商品房按时点确认收入，提供物业服务按时段确认收入。

A 公司的会计处理如下。

（1）预收账款时：

借：银行存款	1 000 000	
贷：合同负债		1 000 000

（2）收到余款时确认收入：

借：银行存款	5 000 000	
合同负债	1 000 000	
贷：主营业务收入——商品房		5 366 000
合同负债		98 000
应交税费——应交增值税（销项税额）		536 000

（3）假设按年确认物业费收入，并计提增值税：

借：合同负债	32 700	
贷：其他业务收入		30 800
应交税费——应交增值税（销项税额）		1 900

2. 合同折扣的分摊

收入准则规定，合同折扣是指合同中各单项履约义务所承诺商品的单独售价之和高于合同交易价格的金额。对于合同折扣，企业应当在各单项履约义务之间按比例分摊。

有确凿证据表明合同折扣仅与合同中一项或多项（而非全部）履约义务相关的，企业应当将该合同折扣分摊至相关一项或多项履约义务。

合同折扣仅与合同中一项或多项（而非全部）履约义务相关，且企业采用余值法估计单独售价的，应当首先在该一项或多项（而非全部）履约义务之间分摊合同折扣，然后采用余值法估计单独售价。因此，合同折扣的分摊分为以下三种情形。

（1）企业应当在各单项履约义务之间按比例分摊合同折扣。

例 15-27 甲公司与乙公司签订了一份销售合同，乙向甲购买了 A 产品和 B 产品的组合，总价款为 200 万元。A 产品和 B 产品在市场上均有单独售价，A 售价为 180 万元，B 售价为 45 万元。

分析：

在本案例中，A产品和B产品应分摊的交易价格分别为：

A＝180÷（180＋45）×200＝160（万元）

B＝45÷（180＋45）×200＝40（万元）

例 15-28 甲公司与乙公司签订了一份合同，以 100 万元的价格向其销售 A、B、C 三种产品。这三种产品构成三项履约义务。甲公司经常以 50 万元单独出售 A 产品，其单独售价可直接观察；B 产品和 C 产品的单独售价不可直接观察。由于 B 产品和 C 产品的单独售价不能直接观察，企业必须对其进行估计。甲公司对 B 产品采用市场调整法，对 C 产品采用成本加成法。在作出相关估计时，甲公司最大限度地使用可观察输入值对单独售价的估计如下：

产品	单独售价	估计方法
产品 A	50 万元	可直接观察

产品 B	25 万元	市场调整法
产品 C	75 万元	成本加成法
合计	150 万元	

由于单独售价之和 150 万元，超过所承诺的对价 100 万元，因此，乙公司实际上是因购买一揽子商品的组合而获得了折扣。因为没有证据表明合同折扣仅与合同中一项或多项履约义务相关，因此将折扣在产品 A、B、C 之间按比例进行分摊：

产品	分摊的交易价格
产品A	33万元（50÷ 150× 100）
产品B	17万元（25÷ 150× 100）
产品C	50万元（ 75÷ 150× 100）
合计	100 万元

（2）有确凿证据表明合同折扣仅与合同中一项或多项（而非全部）履约义务相关的，企业应当将该合同折扣分摊至相关的一项或多项履约义务。

一般而言，同时满足下列三项条件时，企业应当将合同折扣全部分摊至合同中的一项或多项（而非全部）履约义务。

①企业经常将该合同中的各项可明确区分商品单独销售或者以组合的方式单独销售。

②企业也经常将其中部分可明确区分的商品以组合的方式按折扣价格单独销售。

③归属于上述第②项中每一组合的商品的折扣与该合同中的折扣基本相同，且针对每一组合中的商品的分析为将该合同的整体折扣归属于某一项或多项履约义务提供了可观察的证据。

例 15-29　甲公司与乙客户签订了水质监测站点的建设和运营维护合同，合同中约定共有 A、B、C 三个站点。其中，A 站点建设价款 100 万元、B 站点建设价款 120 万元、C 站点建设价款 200 万元。建成后需提供三年的运营维护服务，约定 A 站点三年运营维护价款 30 万元、B 站点三年运营维护价款 36 万元、C 站点三年运营维护价款 60 万元。

以上合同总价款 546 万元，同时约定给予 C 站点建设和运营维护价款 46 万元的折扣，折扣后总价款为 500 万元。

分析：在本案例中，合同明确约定 46 万元的折扣仅与 C 站点的建设服务和运营维护服务两项履约义务相关，因此，甲公司认为，该折扣只需要在这两项履约义务中进行分摊。

例 15-30　甲公司与乙公司签订合同，向其销售 A、B、C 三种产品，合同总价款为 120 万元，这三种产品构成三项履约义务。企业经常以 50 万元单独出售 A 产品，其单独售价可直接观察；B 产品和 C 产品的单独售价不可直接观察，企业采用市场调整法估计的 B 产品单独售价为 25 万元，采用成本加成法估计的 C 产品单独售价为 75 万元。

产品	单独售价	估计方法
产品 A	50 万元	可直接观察
产品 B	25 万元	市场调整法
产品 C	75 万元	成本加成法
合计	150 万元	

甲公司通常以 50 万元的价格单独销售 A 产品，并将 B 产品和 C 产品组合在一起以 70 万元的价格销售。上述价格均不包含增值税。

本例中，三种产品的单独售价合计为 150 万元，而该合同的价格为 120 万元，该合同的整体折扣为 30 万元。由于甲公司经常将 B 产品和 C 产品组合在一起以 70 万元的价格销售，该价格与其单独售价之和（100 万元）的差额为 30 万元，与该合同的整体折扣一致，而 A 产品单独销售的价格与其单独售价一致，证明该合同的整体折扣仅应归属于B产品和C产品。因此将折扣在产品B和C之间按比例进行分摊。

产品	分摊的交易价格
A产品	50
B产品	17.5（25÷单独售价总额100×70）
C产品	52.5（75÷单独售价总额100×70）
合　计	120

（3）有确凿证据表明，合同折扣仅与合同中的一项或多项（而非全部）履约义务相关，且企业采用余值法估计单独售价的，应当首先在该一项或多项（而非全部）履约义务之间分摊合同折扣，然后采用余值法估计单独售价。

例15-31 沿用上例，A、B和C产品的单独售价均不变，合计为150万元，B和C产品组合销售的折扣仍为30万元。但是，合同总价款为160万元，甲公司与乙公司签订的合同中还包括销售D产品。D产品的价格波动巨大，甲公司向不同的客户单独销售D产品的价格在20万元至60万元之间。

在本例中，由于产品价格波动巨大，甲公司计划D产品用余值法估计其单独售价。由于合同折扣30万元仅与B和C产品有关，因此，甲公司首先应当在B和C产品之间分摊合同折扣。然后，甲公司采用余值法估计D产品的单独售价：

产品	单独售价
A产品	50
B产品	17.5（25÷单独售价总额100×70）
C产品	52.5（75÷单独售价总额100×70）
D产品	40（160－120）
合　计	160

甲公司采用余值法估计D产品的单独售价为40万元（160－120），该金额在甲公司以往单独销售D产品的价格区间之内，表明该分摊结果符合分摊交易价格的目标，即该金额能够反映甲公司因转让D产品而预期有权收取的对价金额。

若合同总价款为125万元，上述其他资料不变。则：

产品	单独售价
A产品	50
B产品	17.5（25÷ 单独售价总额 100×70）
C产品	52.5（75÷ 单独售价总额 100×70）
D产品	5（125－120）
合　计	125

甲公司采用余值法估计的D产品的单独售价仅为5万元（125－120），该金额在甲公司过往单独销售D产品的价格区间之外，表明该分摊结果可能不符合分摊交易价格的目标，即该金额不能反映甲公司因转让D产品而预期有权收取的对价金额。在这种情况下，用余值法估D产品的单独售价可能是不恰当的，甲公司应当考虑采用其他的方法估计D产品的单独售价。

3. 可变对价的分摊

合同所包含的可变对价可能与整个合同相关，也可能仅与合同中的某一特定组成部分有关。收入准则规定，对于可变对价及可变对价的后续变动额，企业应当按照分摊交易价格的一般原则，将其分摊至与之相关的一项或多项履约义务，或者分摊至构成单项履约义务的一系列可明确区分商品中的一项或多项商品。对于已履行的履约义务，其分摊的可变对价后续变动额应当调整变动当期的收入。

（1）可变对价全部分摊至合同的特定部分。同时满足下列条件的，企业应当将可变对价及可变对价的后续变动额全部分摊至与之相关的某项履约义务，或者构成单项履约义务的一系列可明确区分商品中的某项商品：

①可变对价的条款专门针对企业为履行该项履约义务或转让该项可明确区分商品所作的努力，或者是履行该项履约义务或转让该项可明确区分商品所导致的特定结果。

②企业在考虑了合同中的全部履约义务及支付条款后，将合同对价中的可变金额全部分摊至该项履约义务或该项可明确区分商品符合分摊交易价格的目标。

（2）按照分摊交易价格的一般原则分摊。对于不满足上述条件的可变对价及可变对价的后续变动额，以及可变对价及其后续变动额中未满足上述条件的剩余部分：企业应当按照分摊交易价格的一般原则，将其分摊至合同中的各单项履约义务。对于已履行的履约义务，其分摊的可变对价后续变动额应当调整变动当期的收入。

例 15-32　甲公司与乙公司签订合同，将其拥有的两项专利技术 X 和 Y 授权给乙公司使用。假定两项授权均构成单项履约义务，且都属于在某一时点履行的履约义务。X 和 Y 的单独售价分别为 80 万元和 100 万元。假定不考虑增值税等相关税费。

情形 1：可变对价全部分摊至一项履约义务

该合同约定，授权使用 X 的价格为 80 万元，授权使用 Y 的价格为乙公司使用该专利技术所生产的产品销售额的 3%。甲公司估计其就授权使用 Y 而有权收取的特许权使用费为 100 万元。

分析：在本情形下，该合同包含固定对价和可变对价。在分摊交易价格时，企业应将可变对价（即基于销售的特许权使用费）全部分摊至 Y，主要考虑以下原因。

①可变对价明确地与转让 Y 的履约义务的结果有关（即客户后续销售使用 Y 的产品）

②甲公司估计基于实际销售情况收取的特许权使用费的金额接近 Y 的单独售价，且固定金额 80 万元接近于 X 的单独售价。

因此，甲公司将可变对价部分的特许权使用费金额全部由 Y 承担符合交易价格的分摊目标。

情形 2：基于单独售价分摊的可变对价

该合同约定，授权使用 X 的价格为 30 万元，授权使用 Y 的价格为乙公司使用该专利技术所生产的产品销售额的 5%。甲公司估计其就授权使用 Y 而有权收取的特许权使用费为 150 万元。

分析：在本情形下，虽然可变对价部分的特许权使用费明确的与转让专利技术 Y 履约义务的结果相关（即客户后续销售使用许可证的产品），但将 30 万元分摊至专利技术 X，并将 150 万元分摊至专利技术 Y，未能反映出基于专利技术 X 和专利技术 Y 的单独售价（分别为 80 万元和 100 万元）对交易价格进行的合理分摊。因此，企业基于单独售价的相对比例（分别为 80 万元和 100 万元）将交易价格 30 万元，分摊至专利技术 X 和专利技术 Y。同时基于单独售价的相对比例对与基于销售的特许使用费相关的对价进行分摊。

（3）交易价格的后续变动。交易价格发生后续变动的，企业应当按照在合同开始日所采用的基础将该后续变动金额分摊至合同中的履约义务。企业不得因合同开始日之后单独售价的变动而重新分摊交易价格。

（4）合同变更后可变对价及其变动的处理。合同变更之后发生可变对价后续变动的，企业应当区分下列三种情形分别进行会计处理。

①合同变更属于增加了可明确区分的商品及合同价款，且新增合同价款反映了新增商品单独售价的，企业应当判断可变对价后续变动与哪一项合同相关，再按照上述原则进行会计处理。

②合同变更不属于第①规定的情形，在合同变更日已转让的商品或已提供的服务（以下简称已转让的商品）与未转让的商品或未提供的服务（以下简称未转让的商品）之间可明确区分，且可变对价

后续变动与合同变更前已承诺可变对价相关的，企业应当首先将该可变对价后续变动额以原合同开始日确定的基础进行分摊，然后将分摊至合同变更日尚未履行履约义务的该可变对价后续变动额以新合同开始日确定的基础进行二次分摊。

③合同变更之后发生除上述①和②规定情形以外的可变对价后续变动的，企业应当将该可变对价后续变动额分摊至合同变更日尚未履行的履约义务。

例 15-33 2×20 年 9 月 1 日，甲公司与乙公司签订合同，向其销售 A 产品和 B 产品。A 产品和 B 产品均为可明确区分商品，其单独售价相同，且均属于在某一时点履行的履约义务。合同约定，A 产品和 B 产品分别于 2×20 年 11 月 1 日和 2×21 年 3 月 31 日交付给乙公司。合同约定的对价包括 1 000 元的固定对价和估计金额为 200 元的可变对价。假定甲公司将 200 元的可变对价计入交易价格，满足收入准则有关将可变对价金额计入交易价格的限制条件。因此，该合同的交易价格为 1 200 元。假定上述价格均不包含增值税。

2×20 年 12 月 1 日，双方对合同范围进行了变更，乙公司向甲公司额外采购 C 产品，合同价格增加 300 元，C 产品与 A、B 两种产品可明确区分，但该增加的价格不反映 C 产品的单独售价。

C 产品的单独售价与 A 产品和 B 产品相同，C 产品将于 2×21 年 6 月 30 日交付给乙公司。

2×20 年 12 月 31 日，企业预计有权收取的可变对价的估计金额由 200 元变更为 240 元，该金额符合计入交易价格的条件。因此，合同的交易价格增加了 40 元，且甲公司认为该增加额与合同变更前已承诺的可变对价相关。

分析：

（1）在合同开始日，该合同包含两个单项履约义务，甲公司应当将估计的交易价格分摊至这两项履约义务。由于两种产品的单独售价相同，且可变对价不符合分摊至其中一项履约义务的条件，因此，甲公司将交易价格 1 200 元平均分摊至 A 产品和 B 产品，即 A 产品和 B 产品各自分摊的交易价格均为 600 元。

（2）2×20 年 11 月 1 日，当 A 产品交付给客户时，甲公司相应确认收入 600 元。

（3）2×20 年 12 月 1 日，双方进行了合同变更。该合同变更属于收入准则关于合同变更的第二种情形，因此该合同变更应当作为原合同终止，并将原合同的未履约部分与合同变更部分合并为新合同进行会计处理。在该新合同下，合同的交易价格为 900 元（600 + 300），由于 B 产品和 C 产品的单独售价相同，分摊至 B 产品和 C 产品的交易价格的金额均为 450 元。

（4）2×20 年 12 月 31 日，甲公司重新估计可变对价，增加了交易价格 40 元。由于该增加额与合同变更前已承诺的可变对价相关，因此应首先将该增加额分摊给 A 产品和 B 产品，之后再将分摊给 B 产品的部分在 B 产品和 C 产品形成的新合同中进行二次分摊。在本例中，由于 A、B 和 C 产品的单独售价相同，在将 40 元的可变对价后续变动分摊至 A 产品和 B 产品时，各自分摊的金额为 20 元。由于甲公司已经转让了 A 产品，在交易价格发生变动的当期即应将分摊至 A 产品的 20 元确认为收入。之后，甲公司将分摊至 B 产品的 20 元平均分摊至 B 产品和 C 产品，即各自分摊的金额为 10 元，经过上述分摊后，B 产品和 C 产品的交易价格金额均为 460 元（450 + 10）。因此，甲公司分别在 B 产品和 C 产品控制权转移时确认收入 460 元。

例 15-34 甲公司与客户乙公司签订合同，在一年内以固定单价 100 元向乙公司交付 120 件标准配件，无折扣、折让等金额可变条款，且根据甲公司已公开宣布的政策、特定声明或者以往的习惯做法等相关事实和情况表明，甲公司不会提供价格折让等可能导致对价金额可变的安排。甲公司向乙公司交付 60 件配件后，市场新出现一款竞争产品，单价为每件 65 元。为了维系客户关系，甲公司与乙公司达成协议，将剩余 60 件配件的价格降为每件 60 元，已转让的 60 件配件与未转让的 60 件配件可明确区分。假定不考虑亏损合同等其他因素。

分析：本例中，由于合同无折扣、折让等金额可变条款，且根据甲公司已公开宣布的政策、特定声明或者以往的习惯做法等相关事实和情况表明，甲公司不会提供价格折让等可能导致对价金额可变的安排，该价格折让是市场条件的变化引发，这种变化是甲公司在合同开始日根据其所获得的相关信息无法合理预期的，由此导致的合同各方达成协议批准对原合同价格作出的变更，不属于可变对价，应作为合同变更进行会计处理。该合同变更未增加可明确区分的商品，甲公司已转让的商品（已转让的60件配件）与未转让的商品（未转让的60件配件）之间可明确区分，因此，该合同变更应作为原合同终止及新合同订立进行会计处理，甲公司向乙公司交付剩余60件配件时，确认收入3 600元（60×60）。本案例不涉及亏损合同的相关会计处理分析。

例15-35　2×20年1月1日，甲公司与客户乙公司签订合同，在一年内以固定单价100元向乙公司交付120件标准配件。甲公司以往的习惯做法表明，在该商品出现瑕疵时，将根据商品的具体瑕疵情况给予客户价格折让，企业综合考虑相关因素后认为会向客户提供一定的价格折让。合同开始日，甲公司估计将提供300元价格折让。2×20年1月30日，甲公司向乙公司交付60件配件，假定乙公司已取得60件配件的控制权，甲公司确认收入5 850元（100×60－300×60÷120）。2×20年1月31日，乙公司发现配件存在质量瑕疵，需要返工，甲公司返工处理后，乙公司对返工后的配件表示满意。甲公司对存在质量瑕疵配件提供的返工服务是为了保证销售的配件符合既定标准，属于保证类质量保证，不构成单项履约义务，甲公司已根据《企业会计准则第13号——或有事项》的规定对相关的质保义务进行了会计处理。2×20年1月31日，为了维系客户关系，甲公司按以往的习惯做法主动提出对合同中120件配件给予每件3元的价格折让，共计360元，该折让符合甲公司以往的习惯做法。甲公司与乙公司达成协议，通过调整剩余60件配件价格的形式提供价格折让，即将待交付的60件配件的单价调整为94元。

分析：本例中，对于配件存在的质量瑕疵，甲公司已进行返工处理，且乙公司对返工后的配件表示满意，甲公司的质保义务已经履行。为维系客户关系，甲公司提供了质保之外的价格折让，并且在合同开始日，根据甲公司以往的习惯，可以预期如果商品不符合合同约定的质量标准，甲公司将给予乙公司一定的价格折让，而后续实际给予的折扣与初始预计的折扣差异属于相关不确定性消除而发生的可变对价的变化，而非合同变更导致的，应作为合同可变对价的后续变动进行会计处理。由于并无证据表明甲公司给予的价格折让与某部分履约义务相关，因此甲公司给予的价格折让与整个合同相关，应当分摊至合同中的各项履约义务，其中，已交付的60件配件的履约义务已经完成，其控制权已经转移，因此，甲公司在交易价格发生变动的当期，将价格折让增加额60元（360－300）分摊至已交付的60件配件，冲减当期收入30元（60×60÷120）。甲公司在乙公司取得剩余60件配件控制权时，相应确认收入。

例15-36　甲公司与客户乙公司签订合同，为其提供广告投放服务，广告投放时间为2×20年1月1日至6月30日，投放渠道为一个灯箱，合同金额为60万元。合同中无折扣、折让等金额可变条款，也未约定投放效果标准，且根据甲公司已公开宣布的政策、特定声明或者以往的习惯做法等相关事实和情况表明，甲公司不会提供价格折让等安排。双方约定，2×20年1月至6月乙公司于每月月底支付10万元。广告投放内容由乙公司决定，对于甲公司而言，该广告投放为一系列实质相同且转让模式相同的、可明确区分的商品。广告投放以后，由于出现外部突发原因，周边人流量骤减，乙公司对广告投放效果不满意。2×20年3月31日，甲公司与乙公司达成了广告投放服务补充协议，且双方已批准执行，假定分以下三种情形：

情形一：对后续广告服务打五折处理，即2×20年4月至6月客户于每月月底支付5万元。

情形二：增加广告投放时间，即合同期限延长至2×20年8月31日，但合同总价60万元不变，客户于4月至8月每月月底支付6万元。

情形三：增加广告投放媒体，即从2×20年4月1日起到2×20年6月30日，甲公司为乙公司提供两个灯箱来投放广告，在新增的灯箱上提供的广告服务本身是可明确区分的，合同总价60万元和付款情况不变。

假设甲公司为提供广告服务而占用的灯箱不构成租赁，不考虑其他因素和相关税费。本案例不涉及亏损合同的相关会计处理分析。

分析：本例中，由于甲公司与乙公司签订合同时并没有约定可变对价，且甲公司已公开宣布的政策、特定声明或者以往的习惯做法等相关事实和情况表明，甲公司不会提供折扣或折让等安排，甲乙公司的合同中不存在可变对价，对于2×20年3月31日的补充协议，三种情形均应当作为合同变更进行会计处理。

对于情形一，甲乙双方批准对合同价格作出变更，合同变更并没有增加可明确区分的商品及合同价款，且合同变更日已提供的广告服务与未提供的广告服务之间可明确区分，所以甲公司应当将合同变更作为原合同终止及新合同订立进行会计处理。新合同的服务时间为2×20年4月1日至2×20年6月30日，交易价格为15万元（原合同交易价格中未确认为收入的部分30万元与合同变更中客户已承诺的对价金额－15万元之和）。

对于情形二，甲乙双方批准对合同范围作出变更，合同变更增加的广告投放时间本身可明确区分，甲公司承诺的增加的服务时间与原服务时间并未形成组合产出、不存在重大修改和定制、高度关联等情况，因此，合同变更增加了可明确区分的广告投放服务时间，没有新增合同价款，所以甲公司应当将合同变更作为原合同终止及新合同订立进行会计处理。新合同的服务时间为2×20年4月1日至2×20年8月31日，交易价格为30万元（原合同交易价格中未确认为收入的部分30万元与合同变更中客户已承诺的对价金额0元之和）。

对于情形三，甲乙双方批准对合同范围作出变更，合同变更增加了广告投放服务的范围，在新增的灯箱上提供的广告服务本身是可明确区分的，因此合同变更增加了可明确区分的广告投放服务，但是没有新增合同价款，甲公司应当将合同变更作为原合同终止及新合同订立进行会计处理。新合同（两个灯箱）的服务时间为2×20年4月1日至2×20年6月30日，交易价格为30万元（原合同交易价格中未确认为收入的部分30万元与合同变更中客户已承诺的对价金额0元之和）。

（五）履行每一单项履约义务时确认收入

1. 履约义务的类型

收入准则规定，合同开始日，企业应当对合同进行评估，识别该合同所包含的各单项履约义务，并确定各单项履约义务是在某一时段内履行，还是在某一时点履行，然后，在履行了各单项履约义务时分别确认收入。

满足下列条件之一的，属于在某一时段内履行履约义务；否则，属于在某一时点履行履约义务。

（1）客户在企业履约的同时即取得并消耗企业履约所带来的经济利益。该条件意味着若在企业履约的过程中更换其他企业继续履行剩余履约义务，继续履行合同的企业实质上无需重新执行企业累计至今已经完成的工作。例如，常规或经常性的服务合同（保洁服务和咨询服务等）。

例 15-37 甲企业承诺将客户的一批货物从A市运送到B市，假定该批货物在途经C市时，由乙运输公司接替甲企业继续提供该运输服务，由于A市到C市之间的运输服务是无需重新执行的，表明客户在甲企业履约的同时即取得并消耗了甲企业履约所带来的经济利益，因此，甲企业提供的运输服务属于在某一时段内履行的履约义务。

（2）客户能够控制企业履约过程中在建的商品。履约过程中的商品可以是有形资产（如在客户的土地上进行施工服务的建造合同，客户通常能够控制企业在履约时所形成的任何在建资产），也可以是无形资产（如在客户所在地开发信息技术系统）。

例 15-38 甲企业与客户签订合同，在客户拥有的土地上按照客户的设计要求为其建造厂房。在建造过程中客户有权修改厂房设计，并与企业重新协商设计变更后的合同价款。客户每月末按当月工程进度向企业支付工程款。如果客户终止合同，已完成建造部分的厂房归客户所有。

分析：本例中，企业为客户建造厂房，该厂房位于客户的土地上，客户终止合同时，已建造的厂房归客户所有。这些均表明客户在该厂房建造的过程中就能够控制该在建的厂房。因此，企业提供的该建造服务属于在某一时段内履行的履约义务，企业应当在提供该服务的期间内确认收入。

（3）企业履约过程中所产出的商品具有不可替代用途，且该企业在整个合同期间内有权就累计至今已完成的履约部分收取款项。

具有不可替代用途，是指因合同限制或实际可行性限制，企业不能轻易地将商品用于其他用途。其中，合同限制，是指合同中存在实质性限制条款，导致企业不能将合同约定的商品用于其他用途（如销售给其他客户）。实际可行性限制，是指虽然合同中没有限制，但是企业将合同中约定的商品用作其他用途，将遭受重大的经济损失（如需以显著较低的价格出售该资产或发生重大的返工成本）。企业在判断商品是否具有不可替代用途时，需要注意以下四点：

首先，企业应当在合同开始日判断所承诺的商品是否具有不可替代用途。在此之后，除非发生合同变更，且该变更显著改变了原合同约定的履约义务，否则，企业无需重新进行评估。

其次，合同是否存在实质性限制条款，导致企业不能将合同约定的商品用于其他用途。保护性条款也不应被视为实质性限制条款。

再次，是否存在实际可行性限制。例如，虽然合同没有限制，但是企业将合同约定的商品用作其他用途，将遭受重大的经济损失或发生重大的返工成本。

最后，企业应当根据最终转移给客户的商品的特征判断其是否具有不可替代用途。例如，某商品在生产的前期可以满足多种用途需要的，从某一时点或某一流程开始，才进入定制化阶段，此时，企业应当根据该商品在最终转移给客户时的特征来判断其是否满足“具有不可替代用途”的条件。

有权就累计至今已完成的履约部分收取款项，是指在由于客户或其他方原因终止合同的情况下，企业有权就累计至今已完成的履约部分收取能够补偿其已发生成本和合理利润的款项，并且该权利具有法律约束力。需要注意的是，合同终止必须是由于客户或其他方（即由企业未按照合同承诺履约之外的其他原因）而非企业自身的原因所致，在整个合同期间内的任一时点，企业均应当拥有此项权利。企业在进行判断时，需要注意以下几点。

一是，企业有权就累计至今已完成的履约部分收取的款项应当大致相当于累计至今已经转移给客户的商品的售价，即该金额应当能够补偿企业已经发生的成本和合理利润。其中，合理的利润补偿并不一定是该合同的整体毛利水平，以下两种情形都属于合同的利润补偿：第一，根据合同终止前的履约进度对该合同的毛利水平进行调整后确定的金额作为利润补偿金额；第二，如果该合同的毛利水平高于企业同类合同的毛利水平，以企业从同类合同中能够获取的合理资本回报或者经营毛利作为利润补偿金额。

二是，企业有权就累计至今已完成的履约部分收取款项，并不意味着企业拥有随时可行使的无条件收款权。当合同约定客户在约定的某一时点、重要事项完成的时点或者整个合同完成之后才支付合同价款时，企业并没有取得收款的权利。在判断其是否满足要求时，应当考虑在整个合同期间内的任一时点，假设由于客户或其他原因导致合同提前终止时，企业是否有权主张该收款权利，即有权要求客户补偿其截至目前已完成的履约部分应收取的款项。

三是，当客户只有在某些特定时点才能要求终止合同，或者根本无权终止合同时终止了合同（包括客户没有按照合同约定履行其义务）时，如果合同条款或法律法规赋予了企业继续执行合同（即企业继续向客户转移合同中承诺的商品并要求客户支付对价）的权利，则表明企业有权就累计至今已完成的履约部分收取款项。

四是，企业在进行相关判断时，不仅要考虑合同条款的约定，还应当充分考虑所处的法律环境（包括适用的法律法规、以往的司法实践以及类似案例的结果等）是否对合同条款形成了补充，或者会凌驾于合同条款之上。例如，在合同没有明确约定的情况下，相关的法律法规等是否支持企业主张相关的收款权利；以往的司法实践是否表明合同中的某些条款没有法律约束力；在以往的类似合同中，企业虽然拥有此类权利，却在考虑了各种因素之后没有行使该权利，这是否导致企业主张该权利的要求在当前的法律环境下不被支持等。

五是，企业和客户在合同中约定的具体付款时间表并不一定意味着，企业有权就累计至今已完成的履约部分收取款项。企业需要在进一步评估，合同中约定的付款时间表，是否使企业在整个合同期间内的任一时点，在由于除企业自身未按照合同承诺履约之外的其他原因导致合同终止的情况下，均有权就累计至今已完成的履约部分收取能够补偿其成本和合理利润的款项。

例 15-39 甲公司是一家造船企业，与乙公司签订了一份船舶建造合同，按照乙公司的具体要求设计和建造船舶。甲公司在自己的厂区内完成该船舶的建造，乙公司无法控制在建过程中的船舶。甲公司如果想把该船舶出售给其他客户，需要发生重大的改造成本。双方约定，如果乙公司单方面解约，乙公司需向甲公司支付相当于合同总价 30% 的违约金，且建造中的船舶归甲公司所有。假定该合同仅包含一项履约义务，即设计和建造船舶。

分析：本例中，船舶是按照乙公司的具体要求进行设计和建造的，甲公司需要发生重大的改造成本将该船舶改造之后才能将其出售给其他客户，因此，该船舶具有不可替代用途。然而，如果乙公司单方面解约，仅需向甲公司支付相当于合同总价 30% 的违约金，表明甲公司无法在整个合同期间内都有权就累计至今已完成的履约部分收取能够补偿其已发生成本和合理利润的款项。因此，甲公司为乙公司设计和建造船舶不属于在某一时段内履行的履约义务。

例 15-40 甲公司与乙公司签订合同，针对乙公司的实际情况和面临的具体问题，为改善其业务流程提供咨询服务，并出具专业的咨询意见。双方约定，甲公司仅需要向乙公司提交最终的咨询意见，而无需提交任何其在工作过程中编制的工作底稿和其他相关资料；在整个合同期间内，如果乙公司单方面终止合同，乙公司需要向甲公司支付违约金，违约金的金额等于甲公司已发生的成本加上 15% 的毛利率，该毛利率与甲公司在类似合同中能够赚取的毛利率大致相同。

分析：本例中，在合同执行过程中，由于乙公司无法获得甲公司已经完成工作的工作底稿和其他任何资料，假设在执行合同的过程中，因甲公司无法履约而需要由其他公司来继续提供后续咨询服务并出具咨询意见时，其需要重新执行甲公司已经完成的工作，表明乙公司并未在甲公司履约的同时即取得并消耗了甲公司履约所带来的经济利益。然而，由于该咨询服务是针对乙公司的具体情况而提供的，甲公司无法将最终的咨询意见用作其他用途，表明其具有不可替代用途。此外，在整个合同期间内，如果乙公司单方面终止合同，甲公司根据合同条款可以主张其已发生的成本及合理利润，表明甲公司在整个合同期间内有权就累计至今已完成的履约部分收取款项。

因此，甲公司向乙公司提供的咨询服务属于在某一时段内履行的履约义务，甲公司应当在其提供服务的期间内按照适当的履约进度确认收入。

例 15-41 甲公司与乙公司签订合同，在乙公司申请首次公开发行股票时，提供包括依法对乙公司申请文件、证券发行募集文件进行核查，出具保荐意见等保荐服务。乙公司在签订合同后支付 10% 保荐费，在首次公开发行股票申请被受理后再支付 50% 保荐费，其余 40% 保荐费在首次公开发行股票完成后支付，已支付的费用无需返还。如果因乙公司或其他方原因终止合同时（如乙公司首次公开发行股票申请未被受理），甲公司无权收取剩余款项，但可就其发生的差旅费等直接费用获取补偿。根据相关监管要求，保荐人应当结合尽职调查过程中获得的信息对发行人进行审慎核查，对其提供的资料和披露的内容进行独立判断，保荐人的工作底稿应当独立保存至少 10 年，如果乙公司更换保荐机构，新的保荐机构需要重新执行原保荐机构已完成的保荐工作，并且乙公司需要重新履行申报程序。

假定该合同不涵盖承销服务及上市后的持续督导等其他服务。

分析：本例中，除非甲公司完成乙公司上市前的全部保荐服务，乙公司不能从甲公司提供的各项服务本身获益，或将其与其他易于获得的资源一起使用并受益，即该保荐服务中的各项服务本身是不能够明确区分的。同时，该合同所约定的各项服务具有高度关联性，即合同中承诺的各项服务在合同层面是不可单独区分的。因此，甲公司提供的保荐服务属于单项履约义务。

另外，在本例中，（1）如果乙公司在首次发行股票申请过程中更换保荐机构，新的保荐公司需要重新执行原保荐机构已完成的保荐工作，乙公司在甲公司履约的同时并未取得并消耗甲公司提供服务所带来的经济利益；（2）甲公司按照相关监管要求独立进行核查并出具保荐意见，工作底稿归甲公司所有且应当独立保存至少10年，乙公司不能控制甲公司正在履行的保荐服务；（3）虽然甲公司是针对乙公司的具体情况提供保荐服务，该服务具有不可替代用途，但是，该合同约定首付款仅10%，后续进度款直到首发申请被受理及首发完成才支付，并且由于乙公司或其他方原因终止合同时，甲公司无权收取剩余款项，仅可就发生的差旅费等直接费用获取补偿，因此，上述情况表明甲公司并不能在整个合同期间内任一时点就累计至今已完成的履约部分收取能够补偿其已发生成本和合理利润的款项。综合上述情况，甲公司提供的保荐服务不满足在某一时段内履行履约义务的条件，属于在某一时点履行的履约义务。

例 15-42　甲公司与乙公司签订合同，为其进行某新药的药理药效实验。合同约定，甲公司按照乙公司预先确定的实验测试的材料、方式和次数进行实验并记录实验结果，且需向乙公司实时汇报和提交实验过程中所获取的数据资料，实验完成后应向乙公司提交一份药理药效实验报告，用于乙公司后续的临床医药实验。假定该合同仅包含一项履约义务。该项实验工作的流程和所使用的技术相对标准化，如果甲公司中途被更换，乙公司聘请另一家实验类企业（以下简称“新聘企业”）可以在甲公司已完成的工作基础上继续进行药理药效实验并提交实验报告，新聘企业在继续履行剩余履约义务时将不会享有甲公司目前已控制的、且在将剩余履约义务转移给该企业后仍然控制的任何资产的利益。

分析：本例中，甲公司在判断其他企业是否实质上无需重新执行甲公司累计至今已经完成的工作时，应当基于下列两个前提：一是不考虑可能会使甲公司无法将剩余履约义务转移给其他企业的合同限制或实际可行性限制；二是假设新聘企业将不享有甲公司目前已控制的、且在将剩余履约义务转移给该新聘企业后仍然控制的任何资产的利益。由于甲公司实验过程中的资料和数据已实时提交给乙公司，且如果在甲公司履约的过程中更换其他企业继续进行药理药效实验，其他企业可以在甲公司已完成的工作基础上继续进行药理药效实验并提交实验报告，实质上无需重复执行甲公司累计已经完成的工作，因此，乙公司在甲公司履约的同时即取得并消耗了甲公司履约所带来的经济利益，甲公司提供的实验服务属于在某一时段内履行的履约义务。

例 15-43　甲公司与乙公司签订合同，为其开发一套定制化软件系统。合同约定，为确保信息安全以及软件开发完成后能够迅速与乙公司系统对接，甲公司需在乙公司办公现场通过乙公司的内部模拟系统进行软件开发，开发过程中所形成的全部电脑程序、代码等应存储于乙公司的内部模拟系统中，开发人员不得将程序代码等转存至其他电脑中，开发过程中形成的程序、文档等所有权和知识产权归乙公司所有。如果甲公司被中途更换，其他供应商无法利用甲公司已完成工作，而需要重新执行软件定制工作。乙公司对甲公司开发过程中形成的代码和程序没有合理用途，乙公司并不能够利用开发过程中形成的程序、文档，并从中获取经济利益。乙公司将组织里程碑验收和终验，并按照合同约定分阶段付款，其中预付款比例为合同价款的5%，里程碑验收时付款比例为合同价款的65%，终验阶段付款比例为合同价款的30%。如果乙公司违约，需支付合同价款10%的违约金。

分析：在本例中，（1）如果甲公司被中途更换，新供应商需要重新执行软件定制工作，所以乙公司在甲公司履约的同时并未取得并消耗甲公司软件开发过程中所带来的经济利益；（2）甲公司虽然在乙公司的办公场地的模拟系统中开发软件产品，乙公司也拥有软件开发过程中形成的所有程序、文档等所有权和知识产权，可以主导其使用，但上述安排主要是基于信息安全的考虑，乙公司并不能够合理利用开发过程中形成的程序、文档，并从中获得几乎全部的经济利益，所以乙公司不能够控制甲公司履约过程中在建的商品；（3）甲公司履约过程中产出的商品为定制软件，具有不可替代用途，但是，乙公司按照合同约定分阶段付款，预付款仅5%，后续进度款仅在相关里程碑达到及终验时才支付，且如果乙公司违约，仅需支付合同价款10%的违约金，表明甲公司并不能在整个合同期内任一时点就累计至今已完成的履约部分收取能够补偿其已发生成本和合理利润的款项。因此，该定制软件开发业务不满足属于在某一时段内履行履约义务的条件，属于在某一时点履行的履约义务。

2. 某一时段内履行履约义务的收入确认

对于在某一时段内履行的履约义务，企业应当在该段时间内按照履约进度确认收入，但是，履约进度不能合理确定的除外。

相关计算公式如下：

本期确认的收入＝合同的交易价格总额 × 履约进度－以前会计期间累计已确认的收入

本期确认的成本＝合同预计总成本 × 履约进度－以前期间已确认的成本费用

本期确认毛利＝本期确认收入－本期确认的成本

（1）履约进度的确定。企业应当考虑商品的性质，采用产出法或投入法确定恰当的履约进度。对于每一项履约义务，企业只能采用一种方法来确定其履约进度，并加以一贯运用。对于类似情况下的类似履约义务，企业应当采用相同的方法确定履约进度。

产出法主要是根据已转移给客户的商品对于客户的价值确定履约进度，主要包括按照实际测量的完工进度、评估已实现的结果、已达到的里程碑、时间进度、已完工或交付的产品等确定履约进度的方法。企业在评估是否采用产出法确定履约进度时，应当考虑所选择的产出指标是否能够如实地反映向客户转移商品的进度。当产出法所需要的信息可能无法直接通过观察获得，或者为获得这些信息需要花费很高的成本时，可采用投入法。

例 15-44 甲公司与客户签订合同，为该客户拥有的一条铁路更换100根铁轨，合同价格为10万元（不含税价）。截止2×20年12月31日，甲公司共更换铁轨60根，剩余部分预计在2×21年3月31日之前完成。该合同仅包含一项履约义务，且该履约义务满足在某一时段内履行的条件。假定不考虑其他情况。

分析：本例中，甲公司提供的更换铁轨的服务属于在某一时段内履行的履约义务，甲公司按照已完成的工作量确定履约进度。因此，截至2×20年12月31日，该合同的履约进度为60%（60÷100×100%），甲公司应确认的收入为6万元（10×60%）。

投入法是根据企业为履行履约义务的投入确定履约进度，主要包括以投入的材料数量、花费的人工工时或机器工时、发生的成本和时间进度等投入指标确定履约进度。当企业从事的工作或发生的投入是在整个履约期间内平均发生时，按照直线法确认收入是合适的。由于企业的投入与向客户转移商品的控制权之间未必存在直接的对应关系，因此，企业在采用投入法时，应当扣除那些虽然已经发生、但是未导致向客户转移商品的投入。

在实务中，企业通常按照累计实际发生的成本占预计总成本的比例（即成本法）确定履约进度。企业在采用成本法确定履约进度时，可能需要对已发生的成本进行适当调整的情形：

①已发生的成本并未反映企业履行其履约义务的进度（如因企业生产效率低下等原因而导致的非正常消耗，包括非正常消耗的直接材料、直接人工及制造费用等，或因为这些非正常消耗并没有为合同进度做出贡献），除非企业和客户在订立合同时已经预见会发生这些成本并将其包括在合同价款中。

②已发生的成本与企业履行其履约义务的进度不成比例。当企业已发生的成本与履约进度不成比

例，企业在采用成本法确定履约进度时需要进行适当调整，通常仅以其已发生的成本为限确认收入。

对于施工过程中尚未安装、使用或耗用的商品（本段的商品不包括服务）或材料成本等，当企业在合同开始日就预期将能够满足下列所有条件时，应在采用成本法确定履约进度时不包括这些成本：

第一，该商品或材料不可明确区分，即不构成单项履约义务。

第二，客户先取得该商品或材料的控制权，之后才接受与之相关的服务。

第三，该商品或材料的成本相对于预计总成本而言是重大的。

第四，企业自第三方采购该商品或材料，且未深入参与其设计和制造，对于包含该商品的履约义务而言，企业是主要责任人。

例 15-45 2×20 年 10 月，甲公司与客户签订合同，为客户装修一栋办公楼并安装一部电梯，合同总金额为 100 万元。甲公司预计的合同总成本为 80 万元，其中包括电梯的采购成本 30 万元。交易价格和预计成本汇总如下：

交易价格	100 万元
预计成本：	
电梯	30 万元
其他成本	50 万元
预计总成本	80 万元

2×20 年 12 月，甲公司将电梯运达施工现场并经过客户验收，客户已取得对电梯的控制权，但是根据装修进度，预计到 2×21 年 2 月才会安装该电梯。截至 2×20 年 12 月，甲公司累计发生成本 40 万元，其中包括支付给电梯供应商的采购成本 30 万元以及因采购电梯发生的运输和人工等相关成本 5 万元。

假定该装修服务（包括安装电梯）构成单项履约义务，并属于在某一时段内履行的履约义务，甲公司是主要责任人，但不参与电梯的设计和制造；甲公司采用成本法确定履约进度。上述金额均不含增值税。

分析：本例中，截至 2×20 年 12 月，甲公司发生成本 40 万元（包括电梯采购成本 30 万元以及因采购电梯发生的运输和人工等相关成本 5 万元），甲公司认为其已发生的成本和履约进度不成比例，因此需要对履约进度的计算作出调整，将电梯的采购成本排除在已发生成本和预计总成本之外。在该合同中，该电梯不构成单项履约义务，其成本相对于预计总成本而言是重大的，甲公司是主要责任人，但是未参与该电梯的设计和制造，客户先取得了电梯的控制权，随后才接受与之相关的安装服务，因此，甲公司在客户取得该电梯控制权时，按照该电梯采购成本的金额确认转让电梯产生的收入。

因此，2×20年12月：

该合同的履约进度＝（40－30）÷（80－30）×100%＝20%

应确认的收入＝（交易价格100－电梯成本30）×20%＋电梯成本30＝44（万元）

应确认的销售成本＝（合同总成本80－电梯成本30）×20%＋电梯成本30＝40（万元）

（2）履约进度的重新估计。资产负债表日，当客观环境发生变化时，企业需要重新评估履约进度是否发生变化，以确保履约进度能够反映履约情况的变化，该变化应当作为会计估计变更进行会计处理。

（3）履约进度不能合理确定的会计处理。对于在某一时段内履行的履约义务，只有当其履约进度能够合理确定时，才应当按照履约进度确认收入。当履约进度不能合理确定时，企业已经发生的成本预计能够得到补偿的，应当按照已经发生的成本金额确认收入，直到履约进度能够合理确定为止。

3. 某一时点内履行履约义务的收入确认

收入准则规定，对于在某一时点履行的履约义务，企业应当在客户取得相关商品控制权时点确认收入。在判断客户是否已取得商品控制权时，企业应当鉴别是否出现下列迹象：

（1）企业就该商品享有现时收款权利，即客户就该商品负有现时付款义务。当企业就该商品享有现时收款权利时，可能表明客户已经有能力主导该商品的使用并从中获得几乎全部的经济利益。

（2）企业已将该商品的法定所有权转移给客户，即客户已拥有该商品的法定所有权。当客户取得了商品的法定所有权时，可能表明其已经有能力主导该商品的使用并从中获得几乎全部的经济利益，或者能够阻止其他企业获得这些经济利益，即客户已取得对该商品的控制权。如果企业仅仅是为了确保到期收回货款而保留商品的法定所有权，那么该权利通常不会对客户取得对该商品的控制权构成障碍。

（3）企业已将该商品实物转移给客户，即客户已实物占有该商品。客户如果已经占有商品实物，则可能表明其有能力主导该商品的使用并从中获得其几乎全部的经济利益或者使其他企业无法获得这些利益。需要说明的是，客户占有了某项商品实物并不意味着其就一定取得了该商品的控制权，反之亦然。

①采用支付手续费方式的委托代销安排。在采用支付手续费方式的委托代销安排下，虽然企业作为委托方已将商品发送给受托方，但是受托方并未取得该商品的控制权，因此，企业不应在向受托方发货时确认销售商品的收入，而仍然应当根据控制权是否转移来判断何时确认收入，通常应当在受托方售出商品时确认销售商品收入；受托方应当在商品销售后，按合同或协议约定的方法计算确定的手续费确认收入。表明一项安排是委托代销安排的迹象包括：

（a）在特定事件发生之前（例如，向最终客户出售产品或指定期间到期之前），企业拥有对商品的控制权；

（b）企业能够要求将委托代销的商品退回或者将其销售给其他方（如其他经销商）；

（c）尽管经销商可能被要求向企业支付一定金额的押金，但是其并没有承担对这些商品无条件付款的义务。

例 15-46 甲公司委托乙公司销售 W 商品 1 000 件，W 商品已经发出，每件成本为 70 元。合同约定乙公司应按每件 100 元对外销售，甲公司按不含增值税的销售价格的 10% 向乙公司支付手续费。除非这些商品在乙公司存放期间内由于乙公司的责任发生毁损或丢失，否则在 W 商品对外销售之前，乙公司没有义务向甲公司支付货款。乙公司不承担包销责任，没有售出的 W 商品须返回给甲公司，同时，甲公司也有权要求收回 W 商品或将其销售给其他的客户。

乙公司对外实际销售 1 000 件，开出的增值税专用发票上注明的销售价格为 100 000 元，增值税税额为 13 000 元，款项已经收到，乙公司立即向甲公司开具代销清单并支付货款。甲公司收到乙公司开具的代销清单时，向乙公司开具一张相同金额的增值税专用发票。假定甲公司发出 W 商品时纳税义务尚未发生，手续费增值税税率为 6%，不考虑其他因素。

分析：本例中，甲公司将 W 商品发送至乙公司后，乙公司虽然已经实物占有 W 商品，但是仅是接受甲公司的委托销售 W 商品，并根据实际销售的数量赚取一定比例的手续费。甲公司有权要求收回 W 商品或将其销售给其他的客户，乙公司并不能主导这些商品的销售，这些商品对外销售与否、是否获利以及获利多少等不由乙公司控制，乙公司没有取得这些商品的控制权。因此，甲公司将 W 商品发送至乙公司时，不应确认收入，而应当在乙公司将 W 商品销售给最终客户时确认收入。

根据上述资料，甲公司的账务处理如下。

（1）发出商品：

借：发出商品——乙公司	70 000	
贷：库存商品——W 商品		70 000

（2）收到代销清单，同时发生增值税纳税义务：

借：应收账款——乙公司 113 000
　　贷：主营业务收入 100 000
　　　　应交税费——应交增值税（销项税额） 13 000
借：主营业务成本 70 000
　　贷：发出商品 70 000
借：销售费用 10 000
　　应交税费——应交增值税（进项税额） 600
　　贷：应收账款——乙公司 10 600

（3）收到乙公司支付的货款：

借：银行存款 102 400
　　贷：应收账款——乙公司 102 400

乙公司的账务处理如下。

（1）收到商品：

借：受托代销商品 100 000
　　贷：受托代销商品款 100 000

（2）对外销售：

借：银行存款 113 000
　　贷：受托代销商品 100 000
　　　　应交税费——应交增值税（销项税额） 13 000

（3）收到增值税专用发票：

借：受托代销商品款 100 000
　　应交税费——应交增值税（进项税额） 13 000
　　贷：应付账款 113 000

（4）支付货款并计算代销手续费：

借：应付账款 113 000
　　贷：银行存款 102 400
　　　　其他业务收入 10 000
　　　　应交税费——应交增值税（销项税额） 600

②“售后代管商品”安排。售后代管商品是指根据企业与客户签订的合同，已经就销售的商品向客户收款或取得了收款权利，但是直到在未来某一时点将该商品交付给客户之前，仍然继续持有该商品实物的安排。企业有时根据合同已经就销售的商品向客户收款或取得了收款权利，但是，由于客户因为缺乏足够的仓储空间或生产进度延迟等原因，直到在未来某一时点将该商品交付给客户之前，企业仍然继续持有该商品实物，这种情况通常称为“售后代管商品”安排。

在“售后代管商品”安排下，企业除了考虑客户是否取得商品控制权的迹象之外，还应当同时满足下列条件，才表明客户取得了该商品的控制权：

（a）该安排必须具有商业实质，例如该安排是应客户的要求而订立的；

（b）属于客户的商品必须能够单独识别，如将属于客户的商品单独存放在指定地点；

（c）该商品可以随时交付给客户；

（d）企业不能自行使用该商品或将该商品提供给其他客户。

企业根据上述条件对尚未发货的商品确认了收入的，还应当考虑是否还承担了其他履约义务，例如，向客户提供保管服务等，从而应当将部分交易价格分摊至该其他履约义务。越是通用的、可以和其他商品互相替换的商品，可能越难满足上述条件。

例 15-47 2×19 年 1 月 1 日，甲公司与乙公司签订合同，向其销售一台设备和专用零部件。该设备和零部件的制造期为 2 年。甲公司在完成设备和零部件的生产之后，能够证明其符合合同约定的规格。

假定企业向客户转让设备和零部件为两个单项履约义务，且都属于在某一时点履行的履约义务。2×20 年 12 月 31 日，乙公司支付了该设备和零部件的合同价款，并对其进行了验收。乙公司运走了设备，但是考虑到其自身的仓储能力有限，且其工厂紧邻甲公司的仓库，因此要求将零部件存放于甲公司的仓库中，并且要求甲公司按照其指令随时安排发货。乙公司已拥有零部件的法定所有权，且这些零部件可明确识别为属于乙公司的物品。甲公司在其仓库内的单独区域内存放这些零部件，并且应乙公司的要求可随时发货，甲公司不能使用这些零部件，也不能将其提供给其他客户使用。

分析：本例中，2×20 年 12 月 31 日，该设备的控制权转移给乙公司；对于零部件而言，甲公司已经收取合同价款，但是应乙公司的要求尚未发货，乙公司已拥有零部件的法定所有权并且对其进行了验收，虽然这些零部件实物尚由甲公司持有，但是其满足在"售后代管商品"的安排下客户取得商品控制权的条件，这些零部件的控制权也已经转移给了乙公司。因此，甲公司应当确认销售设备和零部件的相关收入。除销售设备和零部件之外，甲公司还为乙公司提供了仓储保管服务，该服务与设备和零部件可明确区分，构成单项履约义务，甲公司需要将部分交易价格分摊至该项服务，并在提供该项服务的期间确认收入。

例 15-48 A 公司生产并销售笔记本电脑。2×18 年，A 公司与零售商 B 公司签订销售合同，向其销售 1 万台电脑。由于 B 公司的仓储能力有限，无法在 2×18 年底之前接收该批电脑，双方约定 A 公司在 2×19 年按照 B 公司的指令按时发货，并将电脑运送至 B 公司指定的地点。

2×18 年 12 月 31 日，A 公司共有上述电脑库存 1.2 万台，其中包括 1 万台将要销售给 B 公司的电脑，然而，这 1 万台电脑和其余 2 000 台电脑一起存放并统一管理，并且彼此之间可以互相替换。

分析：本例中，尽管是由于 B 公司没有足够的仓储空间才要求 A 公司暂不发货，并按照其指定的时间发货，但是由于这 1 万台电脑与 A 公司的其他产品可以互相替换，且未单独存放保管，A 公司在向 B 公司交付这些电脑之前，能够将其提供给其他客户或者自行使用。因此，这 1 万台电脑在 2×18 年 12 月 31 日不满足"售后代管商品"安排下确认收入的条件。

（4）企业已将该商品所有权上的主要风险和报酬转移给客户，即客户已取得该商品所有权上的主要风险和报酬。企业向客户转移了商品所有权上的主要风险和报酬，可能表明客户已经取得了主导该商品的使用并从中获得其几乎全部经济利益的能力。但是，在评估商品所有权上的主要风险和报酬是否转移时，不应考虑导致企业在除所转让商品之外产生其他单项履约义务的风险。例如，企业将产品销售给客户，并承诺提供后续维护服务的安排中，销售产品和提供维护服务均构成单项履约义务，企业将产品销售给客户之后，虽然仍然保留了与后续维护服务相关的风险，但是，由于维护服务构成单项履约义务，所以该保留的风险并不影响企业已将产品所有权上的主要风险和报酬转移给客户的判断。

（5）客户已接受该商品。如果客户已经接受了企业提供的商品，例如，企业销售给客户的商品通过了客户的验收，可能表明客户已经取得了该商品的控制权。

①当企业能够客观地确定其已经按照合同约定的标准和条件将商品的控制权转移给客户时，客户验收只是一项例行程序，并不影响企业判断客户取得该商品控制权的时点。例如，企业向客户销售一批必须满足规定尺寸和重量的产品，合同约定，客户收到该产品时，将对此进行验收。由于该

验收条件是一个客观标准，企业在客户验收前就能够确定其是否满足约定的标准，客户验收可能只是一项例行程序。

②当企业无法客观地确定其向客户转让的商品是否符合合同规定的条件时，在客户验收之前，企业不能认为已经将该商品的控制权转移给了客户。在这种情况下，企业无法确定客户是否能够主导该商品的使用并从中获得其几乎全部的经济利益。例如，客户主要基于主观判断进行验收时，该验收往往不能被视为仅仅是一项例行程序，在验收完成之前，企业无法确定其商品是否能够满足客户的主观标准，因此，企业应当在客户完成验收并接受该商品时才能确认收入。实务中，定制化程度越高的商品，越难以证明客户验收仅仅是一项例行程序。

③如果企业将商品发送给客户供其试用或者测评，且客户并未承诺在试用期结束前支付任何对价，则在客户接受该商品或者在试用期结束之前，该商品的控制权并未转移给客户。

（6）其他表明客户已取得商品控制权的迹象。需要强调的是，在上述五个迹象中，并没有哪一个或哪几个迹象是决定性的，企业应当根据合同条款和交易实质进行分析，综合判断其是否将商品的控制权转移给客户以及何时转移的，从而确定收入确认的时点。此外，企业应当从客户的角度进行评估，而不应当仅考虑企业自身的看法。

三、合同成本的确认与计量

（一）合同成本的确认

1. 资本化的合同成本

收入准则规定，企业为履行合同发生的成本，不属于其他企业会计准则规范范围且同时满足下列条件的，应当作为合同履约成本确认为一项资产。

（1）该成本与一份当前或预期取得的合同直接相关。预期取得的合同应当是企业能够明确识别的合同，例如，现有合同续约后的合同以及尚未获得批准的特定合同等。与合同直接相关的成本包括：

①直接人工（例如，支付给直接为客户提供所承诺服务的人员的工资和奖金等）；

②直接材料（例如，为履行合同耗用的原材料、辅助材料、构配件、零件、半成品的成本和周转材料的摊销及租赁费用等）；

③制造费用或类似费用（例如，与组织和管理生产、施工和服务等活动发生的费用，包括管理人员的职工薪酬、劳动保护费、固定资产折旧费及修理费、物料消耗、取暖费、水电费、办公费、差旅费、财产保险费、工程保修费、排污费和临时设施摊销费等）；

④由客户承担的成本以及仅因该合同而发生的其他成本（例如，支付给分包商的成本、机械使用费、设计和技术援助费用、施工现场二次搬运费、生产工具和用具使用费、检验试验费、工程定位复测费、工程点交费用和场地清理费等）。

（2）该成本增加了企业未来用于履行履约义务的资源。

（3）该成本预期能够收回。

例 15-49 甲公司与乙公司签订合同，为其信息中心提供管理服务，合同期限为5年。在向乙公司提供服务之前，甲公司设计并搭建了一个信息技术平台供其内部使用，该信息技术平台由相关的硬件和软件组成。甲公司需要提供设计方案，将该信息技术平台与乙公司现有的信息系统对接，并进行相关测试。该平台并不会转让给乙公司，但是将用于向乙公司提供服务。甲公司为该平台的设计、购买硬件和软件以及信息中心的测试发生了成本。除此之外，甲公司专门指派两名员工，负责向乙公司提供服务。

分析：本例中，甲公司为履行合同发生的上述成本中，购买硬件和软件的成本应当分别按照固定资产和无形资产进行会计处理；设计服务成本和信息中心的测试成本不属于其他章节的规范范围，但是这些成本与履行该合同直接相关，并且增加了甲公司未来用于履行履约义务（即提供管理服务）的资源，如果甲公司预期该成本可通过未来提供服务收取的对价收回，则甲公司应当将这些成本确认为一项资产。甲公司向两名负责该项目的员工支付的工资费用，虽然与向乙公司提供服务有关，但是由于其并未增加企业未来用于履行履约义务的资源，因此，应当于发生时计入当期损益。

2. 费用化的合同成本

企业应当在下列支出发生时，将其计入当期损益。

（1）管理费用。

（2）非正常消耗的直接材料、直接人工和制造费用（或类似费用）。这些支出为履行合同发生，但未反映在合同价格中。

（3）与履约义务中已履行部分相关的支出。即该支出与企业过去的履约活动相关。

（4）无法在尚未履行的与已履行的履约义务之间区分的相关支出。

例 15-50 甲公司经营一家酒店，该酒店是甲公司的自有资产。甲公司在进行会计核算时，除发生的餐饮、商品材料等成本外，还需要计提与酒店经营相关的固定资产折旧（如酒店、客房以及客房内的设备家具等）、无形资产摊销（如酒店土地使用权等）费用等，应如何对这些折旧、摊销进行会计处理。

分析：本例中，甲公司经营一家酒店，主要通过提供客房服务赚取收入，而客房服务的提供直接依赖于酒店物业（包含土地）以及家具等相关资产，即与客房服务相关的资产折旧和摊销属于甲公司为履行与客户的合同而发生的服务成本。该成本需先考虑是否满足收入准则第二十六条规定的资本化条件，如果满足，应作为合同履约成本进行会计处理，并在收入确认时对合同履约成本进行摊销，计入营业成本。此外，这些酒店物业等资产中与客房服务不直接相关的，例如财务部门相关的资产折旧等费用或者销售部门相关的资产折旧等费用，则需要按功能将相关费用计入管理费用或销售费用等科目。

3. 增量成本的确认

增量成本是指企业不取得合同就不会发生的成本（如销售佣金等）。

收入准则规定，企业为取得合同发生的增量成本预期能够收回的，应当作为合同取得成本确认为一项资产；但是，该资产摊销期限不超过一年的，可以在发生时计入当期损益。企业为取得合同发生的、除预期能够收回的增量成本之外的其他支出（如无论是否取得合同均会发生的差旅费等），应当在发生时计入当期损益，但是，明确由客户承担的除外。

例 15-51 甲公司是一家咨询公司，其通过竞标赢得一个新客户，为取得该客户的合同，甲公司发生下列支出：①聘请外部律师进行尽职调查的支出为 15 000 元；②因投标发生的差旅费为 10 000 元；③销售人员佣金为 5 000 元。甲公司预期这些支出未来能够收回。此外，甲公司根据其年度销售目标、整体盈利情况及个人业绩等，向销售部门经理支付年度奖金 10 000 元。

分析：本例中，甲公司向销售人员支付的佣金属于为取得合同发生的增量成本，应当将其作为合同取得成本确认为一项资产。甲公司聘请外部律师进行尽职调查发生的支出，为投标发生的差旅费，无论是否取得合同都会发生，不属于增量成本，因此，应当于发生时直接计入当期损益。甲公司向销售部门经理支付的年度奖金也不是为取得合同发生的增量成本，这是因为该奖金发放与否以及发放金额还取决于其他因素（包括公司的盈利情况和个人业绩），其并不能直接归属于可识别的合同。

例 15-52 甲公司相关政策规定，销售部门的员工每取得一份新的合同，可以获得提成 100 元，现有合同每续约一次，员工可以获得提成 60 元。甲公司预期上述提成均能够收回。

分析：本例中，甲公司为取得新合同支付给员工的提成 100 元，属于为取得合同发生的增量成本，且预期能够收回，因此，应当确认为一项资产。同样地，甲公司为现有合同续约支付给员工的提成 60 元，也属于为取得合同发生的增量成本，这是因为如果不发生合同续约，就不会支付相应的提成，由于该提成预期能够收回，甲公司应当在每次续约时将应支付的相关提成确认为一项资产。

除上述规定外，甲公司相关政策规定，当合同变更时，如果客户在原合同的基础上，向甲公司支付额外的对价以购买额外的商品，甲公司需根据该新增的合同金额向销售人员支付一定的提成，此时，无论相关合同变更属于本节合同变更的哪一种情形，甲公司均应当将应支付的提成视同为取得合同（变更后的合同）发生的增量成本进行会计处理。

（二）合同成本的摊销

收入准则规定，上述资本化处理的合同成本以及增量成本（以下简称与合同成本有关的资产），应当采用与该资产相关的商品收入确认相同的基础进行摊销，计入当期损益。

（1）确认为资产的合同履约成本和合同取得成本，应当采用与该资产相关的商品收入确认相同的基础（即在履约义务履行的时点或按照履约义务的履约进度）进行摊销，计入当期损益。

（2）对于合同取得成本而言，如果合同续约时，企业仍需要支付与取得原合同相当的佣金，这表明取得原合同时支付的佣金与预期将要取得的合同无关，该佣金只能在原合同的期限内进行摊销。

（3）企业应当对资产的摊销情况进行复核并更新，以反映该预期时间的重大变化。此类变化应当作为会计估计变更进行会计处理。

（三）合同成本的减值

1. 减值的计提

收入准则规定，与合同成本有关的资产，其账面价值高于下列两项的差额的，超出部分应当计提减值准备，并确认为资产减值损失。

（1）企业因转让与该资产相关的商品预期能够取得的剩余对价。

（2）为转让该相关商品估计将要发生的成本。

2. 减值的转回

以前期间减值的因素之后发生变化，使得上述（1）减（2）的差额高于该资产账面价值的，应当转回原已计提的资产减值准备，并计入当期损益，但转回后的资产账面价值不应超过假定不计提减值准备情况下该资产在转回日的账面价值。

3. 减值测试的顺序

在确定与合同成本有关的资产的减值损失时，企业应当首先对按照其他相关企业会计准则确认的、与合同有关的其他资产确定减值损失；然后，按照收入准则第三十条规定，确定与合同成本有关的资产的减值损失。

企业按照《企业会计准则第 8 号——资产减值》测试相关资产组的减值情况时，应当将确定与合同成本有关的资产减值后的新账面价值计入相关资产组的账面价值。

例 15-53　甲建筑公司与其客户签订一项总金额为 580 万元的固定造价合同，该合同不可撤销。甲公司负责工程的施工及全面管理，客户按照第三方工程监理公司确认的工程完工量，每年与甲公司结算一次。该工程已于 2×18 年 2 月开工，预计 2×21 年 6 月完工。预计可能发生的工程总成本为 550 万元。到 2×19 年年底，由于材料价格上涨等因素，甲公司将预计工程总成本调整为 600 万元。2×20 年年末根据工程最新情况将预计工程总成本调整为 610 万元。假定该建造工程整体构成单项履约义务，并属于在某一时段内履行的履约义务，该公司采用成本法确定履约进度，不考虑其他相关因素。该合同的其他有关资料如表 15-01 所示。

表 15-01 合同有关资料

单位：万元

项目	2×18 年	2×19 年	2×20 年	2×21 年	2×22 年
年末累计实际发生成本	154	300	488	610	—
年末预计完成合同尚需发生的成本	396	300	122	—	—
本期结算合同款	174	196	180	30	—
本期实际收到价款	170	190	190	—	30

按照合同约定，工程质保金 30 万元需等到客户于 2×22 年底保证期结束且未发生重大质量问题方能收款。上述价款均为不含税价款，不考虑相关税费的影响。

甲建筑公司的会计处理如下。

1．2×18 年账务处理

（1）实际发生合同成本：

借：合同履约成本 1 540 000

　　贷：原材料、应付职工薪酬等 1 540 000

（2）确认计量当年的收入并结转成本：

履约进度＝1 540 000÷（1 540 000＋3 960 000）×100%＝28%

合同收入＝5 800 000×28%＝1 624 000（元）

借：合同结算——收入结转 1 624 000

　　贷：主营业务收入 1 624 000

借：主营业务成本 1 540 000

　　贷：合同履约成本 1 540 000

（3）结算合同价款：

借：应收账款 1 740 000

　　贷：合同结算——价款结算 1 740 000

（4）实际收到合同价款：

借：银行存款 1 700 000

　　贷：应收账款 1 700 000

2018年12月31日，“合同结算”科目的余额为贷方11.6万元（174－162.4），表明甲公司已经与客户结算但尚未履行履约义务的金额为11.6万元，由于甲公司预计该部分履约义务将在2×19年内完成，因此，应在资产负债表中作为合同负债列示。

2．2×19 年的账务处理

（1）实际发生合同成本：

借：合同履约成本 1 460 000

　　贷：原材料、应付职工薪酬等 1 460 000

（2）确认计量当年的收入并结转成本，同时，确认合同预计损失：

履约进度＝3 000 000÷（3 000 000＋3 000 000）×100%＝50%

合同收入＝5 800 000×50%－1 624 000＝1 276 000（元）

借：合同结算——收入结转　　1 276 000

　　贷：主营业务收入　　1 276 000

借：主营业务成本　　1 460 000

　　贷：合同履约成本　　1 460 000

借：主营业务成本　　100 000

　　贷：预计负债　　100 000

合同预计损失＝（3 000 000＋3 000 000－5 800 000）×（1－50%）＝100 000（元）

在2×19年年底，由于该合同预计总成本（600万元）大于合同总收入（580万元），预计发生损失总额为20万元，由于其中20万元×50%＝10万元已经反映在损益中，因此应将剩余的、为完成工程将发生的预计损失10万元确认为当期损失。根据《企业会计准则第13号——或有事项》的相关规定，待执行合同变成亏损合同的，该亏损合同产生的义务满足相关条件的，则应当对亏损合同确认预计负债。因此，为完成工程将发生的预计损失10万元应当确认为预计负债。

（3）结算合同价款：

借：应收账款　　1 960 000

　　贷：合同结算——价款结算　　1 960 000

（4）实际收到合同价款：

借：银行存款　　1 900 000

　　贷：应收账款　　1 900 000

2×19年12月31日，"合同结算"科目的余额为贷方80万元（11.6＋196－127.6），表明甲公司已经与客户结算但尚未履行履约义务的金额为80万元，由于甲公司预计该部分履约义务将在2×20年内完成，因此，应在资产负债表中作为合同负债列示。

3．2×20年的账务处理

（1）实际发生的合同成本：

借：合同履约成本　　1 880 000

　　贷：原材料、应付职工薪酬等　　1 880 000

（2）确认计量当年的合同收入并结转成本，同时调整合同预计损失：

履约进度＝4 880 000÷（4 880 000＋1 220 000）×100%＝80%

合同收入＝5 800 000×80%－1 624 000－1 276 000＝1 740 000（元）

合同预计损失＝（4 880 000＋1 220 000－5 800 000）×（1－80%）－100 000＝－40 000（元）

借：合同结算——收入结转　　1740 000

　　贷：主营业务收入　　1740 000

借：主营业务成本　　1 880 000

　　贷：合同履约成本　　1 880 000

借：预计负债　　40 000

　　贷：主营业务成本　　40 000

在2×20年底，由于该合同预计总成本（610万元）大于合同总收入（580万元），预计发生损失总额为30万元，由于其中24万元（30×80%）已经反映在损益中，因此预计负债的余额为6万元（30－24），反映剩余的、为完成工程将发生的预计损失，因此，本期应转回合同预计损失4万元。

（3）结算合同价款：

借：应收账款　　1 800 000

　　贷：合同结算——价款结算　　1 800 000

（4）实际收到合同价款：

借：银行存款　　1 900 000

　　贷：应收账款　　1 900 000

2×20 年 12 月 31 日，“合同结算”科目的余额为贷方 86 万元（80 ＋ 180 － 174），表明甲公司已经与客户结算但尚未履行履约义务的金额为 86 万元，由于该部分履约义务将在 2×21 年 6 月底前完成，因此，应在资产负债表中作为合同负债列示。

4．2×21 年 1—6 月的账务处理

（1）实际发生合同成本：

借：合同履约成本　　1 220 000

　　贷：原材料、应付职工薪酬等　　1 220 000

（2）确认计量当期的合同收入并结转成本及已计提的合同损失：

2×21 年 1—6 月确认的合同收入＝合同总金额－截至目前累计已确认的收入

＝5 800 000－1 624 000－1 276 000－1 740 000

＝1 160 000（元）

借：合同结算——收入结转　　1 160 000

　　贷：主营业务收入　　1 160 000

借：主营业务成本　　1 220 000

　　贷：合同履约成本　　1 220 000

借：预计负债　　60 000

　　贷：主营业务成本　　60 000

2×21年6月30日，“合同结算”科目的余额为借方30万元（86－116），是工程质保金，需等到客户于2×22年底保质期结束且未发生重大质量问题后方能收款，应当资产负债表中作为合同资产列示。

5．2×22 年的账务处理

（1）保质期结束且未发生重大质量问题：

借：应收账款　　300 000

　　贷：合同结算　　300 000

（2）实际收到合同价款：

借：银行存款　　300 000

　　贷：应收账款　　300 000

四、特定交易的会计处理

（一）附有销售退回条款的销售

收入准则规定，对于附有销售退回条款的销售，企业应当在客户取得相关商品控制权时，按照因向客户转让商品而预期有权收取的对价金额（即，不包含预期因销售退回将退还的金额）确认收入，按照预期因销售退回将退还的金额确认负债（预计负债）；同时，按照预期将退回商品转让时的账面价值，扣除收回该商品预计发生的成本（包括退回商品的价值减损）后的余额，确认为一项资产（发出商品），按照所转让商品转让时的账面价值，扣除上述资产成本的净额结转成本。

在收入准则下，理论上来看，附有销售退回条款的合同实际上包含了两项履约义务，即向客户提供商品的履约义务，以及针对退货权服务的履约义务。

每一资产负债表日，企业都应当重新估计未来销售退回情况，如有变化，应当作为会计估计变更进行会计处理。

例 15-54　A公司研制出一种新产品，为了推销该新产品，承诺凡购买新产品的客户均有一个月的试用期。在试用期内，如果客户对新产品的使用效果并不满意，A公司无条件给予退货。该种新产品已交付，并且其货款已收讫。

分析：根据本案例的相关信息，A公司虽然已将新产品售出，并已收到货款。根据收入准则的规定，企业应当在客户取得相关商品控制权时，按照因向客户转让商品而预期有权收取的对价金额（即，不包含预期因销售退回将退还的金额）确认收入。但是，由于是新产品，A公司无法估计退货的可能性，因此，在发出新产品且收到货款时仍不能确认收入。

例 15-55　A公司是一家运动器材销售公司。2×21年1月1日，A公司向B公司销售1 000件运动器材，单位销售价格为500元（不含税价），单位成本为400元，开出的增值税专用发票上注明的销售价款为500 000元，增值税税额为65 000元。协议约定，B公司应于2月1日之前支付货款，在6月30日之前有权退还运动器材。运动器材已经发出，款项尚未收到。假定A公司根据过去的经验，估计该批运动器材退货率约为20%；运动器材发出时纳税义务已经发生；实际发生销售退回时取得税务机关开具的红字增值税专用发票。

A公司的会计处理如下。

（1）2×21年1月1日发出运动器材时：

借：应收账款	565 000	
贷：主营业务收入		400 000
应交税费——应交增值税（销项税额）		65 000
预计负债		100 000
借：主营业务成本	320 000	
应收退货成本	80 000	
贷：库存商品		400 000

（2）2月1日前收到货款时：

借：银行存款	565 000	
贷：应收账款		565 000

（3）6月30日发生销售退回，实际退货量为200件，款项已经支付：

借：预计负债	100 000	
应交税费——应交增值税（销项税额）	13 000	
贷：银行存款		113 000
借：库存商品	80 000	
贷：应收退货成本		80 000

如果实际退货量为160件时，则会计处理如下：

借：库存商品	64 000	
应交税费——应交增值税（销项税额）	10 400	
主营业务成本	16 000	
预计负债	100 000	
贷：银行存款		90 400
主营业务收入		20 000
应收退货成本		80 000

如果实际退货量为240件时，则会计处理如下：

借：库存商品　　96 000
　　应交税费——应交增值税（销项税额）　　15 600
　　主营业务收入　　20 000
　　预计负债　　100 000
　　贷：主营业务成本　　16 000
　　　　银行存款　　135 600
　　　　应收退货成本　　80 000

如果6月30日之前没有发生退货，则会计处理如下：

借：主营业务成本　　80 000
　　预计负债　　100 000
　　贷：主营业务收入　　100 000
　　　　应收退货成本　　80 000

例 15-56 乙公司与客户签订合同，向其销售A产品。客户在合同开始日即取得了A产品的控制权，并在90天内有权退货。由于A产品是最新推出的产品，乙公司尚无有关该产品退货率的历史数据，也没有其他可以参考的市场信息。该合同对价为12 100元，根据合同约定，客户应于合同开始日后的第二年年末付款。A产品在合同开始日的现销价格为10 000元。A产品的成本为8 000元。退货期满后，未发生退货。上述价格均不包含增值税，假定不考虑相关税费影响。

分析：本例中，客户有退货权，因此，该合同的对价是可变的。由于乙公司缺乏有关退货情况的历史数据，考虑将可变对价计入交易价格的限制要求，在合同开始日不能将可变对价计入交易价格，因此，乙公司在A产品控制权转移时确认的收入为0，其应当在退货期满后，根据实际退货情况，按照预期有权收取的对价金额确定交易价格。此外，考虑到A产品控制权转移与客户付款之间的时间间隔以及该合同对价与A产品现销价格之间的差异等因素，乙公司认为该合同存在重大融资成分。乙公司的账务处理如下。

（1）在合同开始日，乙公司将A产品的控制权转移给客户：

借：应收退货成本　　8 000
　　贷：库存商品　　8 000

（2）在90天的退货期内，乙公司尚未确认合同资产和应收款项，因此，无需确认重大融资成分的影响。

（3）退货期满日（假定应收款项在合同开始日和退货期满日的公允价值无重大差异）：

借：长期应收款　　12 100
　　贷：主营业务收入（现销价格）　　10 000
　　　　未实现融资收益（差额）　　2 100
借：主营业务成本　　8 000
　　贷：应收退货成本　　8 000

（4）在后续期间，乙公司应当考虑在剩余合同期限确定实际利率，将上述应收款项的金额与合同对价之间的差额（2 100元）按照实际利率法进行摊销，确认相关的利息收入。此外，乙公司还应当按照金融工具相关会计准则评估上述应收款项是否发生减值，并进行相应的会计处理。

（二）附有质量保证条款的销售

1. 一般会计处理原则

收入准则规定，对于附有质量保证条款的销售，企业应当评估该质量保证是否在向客户保证所销售商品符合既定标准之外提供了单独的服务。企业提供额外服务的，相关服务应当作为单项履约义务，按照收入准则规定进行会计处理；否则，质量保证责任应当按照《企业会计准则第13号——或有事项》规定进行会计处理。

在评估质量保证是否在向客户保证所销售商品符合既定标准之外提供了单独的服务时，企业应当考虑该质量保证是否为法定要求、质量保证期限以及企业承诺履行任务的性质等因素。客户能够选择单独购买质量保证的，该质量保证构成单项履约义务。

2. 客户具有单独购买质量保证的选择权的考虑因素

评估质量保证是否向客户提供了合同既定标准之外的一项单独服务，直观的考虑因素是客户是否具有单独购买质量保证的选择权。

（1）如果客户能够单独选择购买该项质量保证服务。例如，质量保证是单独定价或商定的，说明企业除了向客户转让合同约定的商品之外，又向客户提供了一项单独的服务，此类质量保证服务构成单项履约义务。

（2）如果客户不能够单独选择购买该项质量保证服务，应当按照或有事项准则对质量保证进行会计处理，除非根据后述考虑因素表明，其向客户提供产品符合约定规格的保证之外的服务。

3. 客户不具有单独购买质量保证的选择权的考虑因素

在客户不存在单独购买质量保证的选择权的情况下，评估是否向客户提供了合同既定标准之外的一项单独服务，企业应当考虑以下因素：

（1）质量保证条款是否为法定要求。如果法律要求企业提供质量保证，表明合同所承诺的质量保证不是一项履约义务，因为这些要求通常是为了保护客户免于承担购买不合格产品的风险。

（2）质量保证条款的保证期限。质量保证期限越长，越有可能表明提供了产品符合合同约定的正常质量保证之外的服务，该质量保证越可能是单项履约义务。

（3）质量保证条款中承诺履行任务的性质。质量保证条款中所承诺的质量保证服务是否为企业所必须履行的特定任务，例如，向客户转让的商品由于质量、品种不符合要求等原因而发生的退换货服务等，这些服务性质可能为合同约定的正常质量保证范围内的保证服务，并不会形成单项履约义务。

例 15-57 A公司与其客户签订的销售合同中为客户提供了购买商品的质量保证，此项质量保证条款保证商品符合约定规格，且自购买日起一年内能按合同中的约定正常运行，同时为客户提供获得最多20小时有关如何操作商品的培训服务的权利。此前，A公司在定期单独出售此类商品时并未附加该类培训服务，合同中未收取任何额外费用。

A公司应如何对该项质量保证服务进行会计处理？（本案例选自IFRS）

分析：依据收入准则的相关规定及案例情况，判断该项质量保证条款是否提供了合同既定标准之外的一项单独服务。具体分析如下。

（1）A公司提供的质量保证服务不收取任何额外费用，不能够单独议价，客户不能够单独选择购买该项质量保证服务，需进一步判断该质量保证是否向客户提供合同既定标准之外的一项单独服务；

（2）合同中保证商品符合约定规格，且自购买日起一年内能按合同约定正常运行的这一质量保证条款，向客户提供商品符合约定规格，使其能按合同约定正常使用一年的保证，是合同约定的正常质量保证服务，为保证类似的质量保证，不构成一项单独的履约义务，应按照或有事项准则的要求对该质量保证服务进行会计处理，在向客户转让商品时确认一项质量保证负债及相应费用；

（3）合同中为客户提供20小时培训服务的这一质量保证条款，该项服务虽未收取任何额外费用，但依据收入准则关于履约义务的相关规定分析，客户可以从培训服务使用中获益，且培训服务与合同中约定所转让的商品单独区分，是可明确区分的单项履约义务，属于服务类的质量保证，应将该部分服务作为一项单独的履约义务进行处理，并将交易价格分摊至该项履约义务，在履约义务时（或履约过程中）确认收入。

4. 无法合理区分保证类质量保证（属于非履约义务的质量保证）和服务类质量保证（属于履约义务的质量保证）的处理

企业提供的质量保证同时包含上述两类的，应当分别对其进行会计处理；无法合理区分的，应当将这两类质量保证一起作为单项履约义务按照收入准则进行会计处理。

例 15-58 B 公司与客户签订合同，向客户销售一台笔记本电脑，总价 5 500 元，在法律规定的一年质保期外，B 公司额外提供延长一年的质保期，在此期间内如发生质量问题，B 公司负责维修或更换。该笔记本的一般市场售价（按规定提供一年质保期的情况下）为 5 400 元，该笔记本的一年延保服务的单独售价为 200 元。

分析：根据收入准则的规定，B公司应将交易价格5 500元在笔记本和延保服务之间按单独售价的相对比例进行分摊，确认笔记本销售收入5 303.57元［5 500×5 400÷（5 400+200）］，在将笔记本电脑交付客户时确认收入；确认延保服务收入196.43元，该延保服务属于在某一时段内履行履约义务的情形，B公司应在延保期间内按照履约进度确认延保服务收入。

例 15-59 甲公司与客户签订合同，销售一部手机。该手机自售出起一年内如果发生质量问题，甲公司负责提供质量保证服务。此外，在此期间内，由于客户使用不当（例如手机进水）等原因造成的产品故障，甲公司也免费提供维修服务。该维修服务不能单独购买。

分析：本例中，甲公司的承诺包括：销售手机、提供质量保证服务以及维修服务。甲公司针对产品的质量问题提供的质量保证服务是为了向客户保证所销售商品符合既定标准，因此不构成单项履约义务；甲公司对由于客户使用不当而导致的产品故障提供的免费维修服务，属于在向客户保证所销售商品符合既定标准之外提供的单独服务，尽管其没有单独销售，该服务与手机可明确区分，应该作为单项履约义务。

因此，在该合同下，甲公司的履约义务有两项：销售手机和提供维修服务，甲公司应当按照其各自单独售价的相对比例，将交易价格分摊至这两项履约义务，并在各项履约义务履行时分别确认收入。甲公司提供的质量保证服务，应当按照《企业会计准则第 13 号——或有事项》的要求进行会计处理。

（三）主要责任人与代理人

1. 一般会计处理原则

收入准则规定，企业应当根据其在向客户转让商品前是否拥有对该商品的控制权，来判断其从事交易时的身份是主要责任人还是代理人。企业在向客户转让商品前能够控制该商品的，该企业为主要责任人，应当按照已收或应收对价总额确认收入；否则，该企业为代理人，应当按照预期有权收取的佣金或手续费的金额确认收入，该金额应当按照已收或应收对价总额扣除应支付给其他相关方的价款后的净额，或者按照既定的佣金金额或比例等确定。

2. 主要责任人或代理人的判断原则

企业在判断其是主要责任人还是代理人时，应当根据其承诺的性质，也就是履约义务的性质，确定企业在某项交易中的身份是主要责任人还是代理人。企业承诺自行向客户提供特定商品的，其身份是主要责任人；企业承诺安排他人提供特定商品的，即为他人提供协助的，其身份是代理人。自行向客户提供特定商品可能也包含委托另一方（包括分包商）代为提供特定商品。

（1）识别特定商品。这里的特定商品，是指向客户提供的可明确区分的商品或可明确区分的一揽子商品，根据前述可明确区分的商品的内容，该特定的商品也包括享有由其他方提供的商品的权利。例如，旅行社销售的机票向客户提供了乘坐航班的权利，团购网站销售的餐券向客户提供了在指定餐厅用餐的权利等。

当企业与客户订立的合同中包含多项特定商品时，对于某些商品而言，企业可能是主要责任人，而对于其他商品而言，企业可能是代理人。例如，企业与客户订立合同，向客户销售其生产的产品并且负责将该产品运送至客户指定的地点，假定销售产品和提供运输服务是两项履约义务，企业需要分别判断其在这两项履约义务中的身份是主要责任人还是代理人。

（2）企业应当评估特定商品在转让给客户之前，企业是否控制该商品。

①企业在将特定商品转让给客户之前控制该商品的，表明企业的承诺是自行向客户提供该商品，或委托另一方（包括分包商）代其提供该商品，因此，企业为主要责任人。

②企业在特定商品转让给客户之前不控制该商品的，表明企业的承诺是安排他人向客户提供该商品，是为他人提供协助，因此，企业为代理人。

③当企业仅仅是在特定商品的法定所有权转移给客户之前，暂时性地获得该商品的法定所有权时，并不意味着企业一定控制了该商品。

3. 企业作为主要责任人的情况

企业向客户转让商品前能够控制该商品的情形包括以下几类：

（1）企业自第三方取得商品或其他资产控制权后，再转让给客户。企业应当考虑该权利是仅在转让给客户时才产生，还是在转让给客户之前就已经存在，且企业一直能够主导其使用，如果该权利在转让给客户之前并不存在，表明企业实质上并不能在该权利转让给客户之前控制该权利。

例 15-60 甲公司是一家旅行社，从航空公司购买了一定数量的折扣机票，并对外销售。甲公司向旅客销售机票时，可自行决定机票的价格，未售出的机票不能退还给航空公司。

分析：本例中，甲公司向客户提供的特定商品为机票，该机票代表了客户可以乘坐某特定航班（即享受航空公司提供的飞行服务）的权利。甲公司在确定特定客户之前已经预先从航空公司购买了机票，因此，该权利在转让给客户之前已经存在。甲公司从航空公司购入机票之后，可以自行决定该机票的用途，即是否用于对外销售，以何等价格以及向哪些客户销售等，甲公司有能力主导该机票的使用并且能够获得其几乎全部的经济利益。因此，甲公司在将机票销售给客户之前，能够控制该机票，甲公司在向旅客销售机票的交易中的身份是主要责任人。

（2）企业能够主导第三方代表本企业向客户提供服务。当企业承诺向客户提供服务，并委托第三方（例如分包商、其他服务提供商等）代表企业向客户提供服务时，如果企业能够主导该第三方代表本企业向客户提供服务，则表明企业在相关服务提供给客户之前能够控制该相关服务。

例 15-61 A 公司定期委托一些第三方服务供应商向其客户提供服务。A 公司与客户 B 公司订立合同，为其提供写字楼物业服务。A 公司与 B 公司确定服务范围并商定价格，A 公司负责确保按照合同条款和条件提供服务。A 公司在与 B 公司签订合同后，与其一家服务供应商 C 公司签订合同，合同约定 C 公司为 B 公司提供写字楼物业服务。A 公司与 C 公司订立的合同付款条款大致上同 A 公司与 B 公司订立的付款条款一致。并且，即使 B 公司不能付款，A 公司都必须向 C 公司付款。

A 公司属于“主要责任人”还是“代理人”？

分析：在本案例中，合同约定 A 公司为客户提供物业服务，A 公司委托第三方服务供应商为其客户提供服务，服务在交付给客户之前，A 公司能够主导第三方为客户提供服务。A 公司能控制服务供应商 C 为客户 B 所提供的物业服务，应当作为主要责任人进行会计处理。

① A 公司承担了向客户 B 提供服务的主要责任。A 公司与客户 B 确定服务范围并商定价格，且合同中约定，A 公司负责确保按照合同条款提供服务，表明 A 公司承担了提供物业服务的主要责任。

② A 公司在服务供应商 C 向客户 B 提供物业服务之后承担了该服务的风险。本案例中，即使 C 公司在向客户提供物业服务后，客户不能付款，A 公司都必须向 C 公司付款，表明 A 公司承担了该物业服务的存货风险。

③ A 公司有权自主决定该物业服务的价格。A 公司在该交易中与客户 B 公司确定服务范围及价格，且其自行选择服务供应商并确定相关合同条款。

综上所述，A 公司是该交易中的主要责任人，A 公司在其履行安排物业 C 向客户 B 提供物业服务时，按其已收或应收 B 公司的款项全额确认收入。

（3）企业自第三方取得商品控制权后，通过提供重大的服务将该商品与其他商品整合成某组合产出转让给客户。此时，企业承诺提供的特定商品就是合同约定的组合产出，企业应首先获得为生产该组合产出所需要的投入的控制权，然后才能够将这些投入加工整合为合同约定的组合产出。

例 15-62 甲公司与乙公司签订合同，向其销售一台特种设备，并商定了该设备的具体规格和销售价格，甲公司负责按照约定的规格设计该设备，并按双方商定的销售价格向乙公司开具发票。该特种设备的设计和制造高度相关。为履行该合同，甲公司与其供应商丙公司签订合同，委托丙公司按照其设计方案制造该设备，并安排丙公司直接向乙公司交付设备。丙公司将设备交付给乙公司后，甲公司按与丙公司约定的价格向丙公司支付制造设备的对价；丙公司负责设备质量问题，甲公司负责设备由于设计原因引致的问题。

分析：本例中，甲公司向乙公司提供的特定商品是其设计的专用设备。虽然甲公司将设备的制造工作分包给丙公司进行，但是，甲公司认为该设备的设计和制造高度相关，不能明确区分，应当作为单项履约义务。由于甲公司负责该合同的整体管理，如果在设备制造过程中发现需要对设备规格作出任何调整，甲公司需要负责制定相关的修订方案，通知丙公司进行相关调整，并确保任何调整均符合修订后的规格要求。甲公司主导了丙公司的制造服务，并通过必需的重大整合服务，将其整合作为向乙公司转让的组合产出（专用设备）的一部分，在该专用设备转让给客户前控制了该专用设备。因此，甲公司在该交易中的身份为主要责任人。

3. 需要考虑的相关事实和情况

在具体判断向客户转让商品前是否拥有对该商品的控制权时，企业不应仅局限于合同的法律形式，而应当综合考虑所有相关事实和情况。这些事实和情况包括以下几类：

（1）企业承担向客户转让商品的主要责任。企业负责向客户转让商品或服务最典型的主要责任是为商品或服务的可接受性负责。例如，负责保证所提供的商品或服务符合合同约定的规格，承担客户退换货等责任。如果企业承担了向客户转让商品的主要责任，负责履行向客户提供特定商品或服务的承诺，那么可能表明交易中所涉及的第三方仅是代表企业的名义进行活动，企业为主要责任人。

（2）企业在转让商品之前或之后承担了该商品的存货风险。如果企业在与客户签订合同之前就取得了特定商品或服务，无论商品或服务最终是否出售，企业均承担其存货损毁等风险，这可能表明企业在将商品或服务转移给客户之前，能够主导商品或服务的使用并从中获得几乎全部的经济利益，企业拥有对特定商品或服务的控制权。

（3）企业有权自主决定所交易商品的价格。如果企业能够自主决定特定商品或服务的交易价格，可能表明企业能够主导商品或服务的使用并从中获得几乎全部的经济利益，企业拥有对特定商品或服务的控制权。但是，在某些情况下，代理人在设定价格时可能会有一定的灵活性，可以自行决定价格，以便代理人向客户提供货物或服务的服务中获得额外的收入。

（4）其他相关事实和情况。

以上几种情况是为帮助企业确定在指定商品或服务交付给客户之前是否取得对其的控制权提供有力的判断依据，其效力并不凌驾于控制原则之上，只是对控制评估的支持性证据，这些判断情况不是独立的，不能孤立地看待，需根据不同的交易情况进行考虑，通常来说考虑一种或多种情况更有助于进行判断。

例 15-63 A 电子商务公司经营一家购物网站，许多供应商在网站上销售商品。商品由供应商直接发给客户，根据 A 公司与供应商订立的合同，当客户通过其网站购买商品时，A 公司有权获得售价 5% 的手续费。客户通过该网站购买商品，客户在购买商品时需预先支付货款，货款由 A 公司网站代收，待客户收到商品并确认收货时，A公司网站向供应商支付。如商品出现任何质量问题，由客户与供应商协商退换，该网站无其他义务。

A购物网站属于“主要责任人”还是“代理人”？

分析：在本案例中，合同约定供应商直接向客户提供商品，A电子商务网站仅协助其达成交易，并获取手续费，企业并未在向客户转让商品前取得商品的控制权，应当作为代理人进行会计处理。

（1）A购物网站不承担向客户转让商品的主要责任。商品由供应商直接发给客户，A购物网站既不用提供商品，也没有责任验收商品。

（2）A购物网站在供应商转让商品之前或之后未承担该商品的存货风险。A购物网站并未在客户购买商品前从供应商处获取存货，商品由供应商直接发给客户；也未承诺对商品的任何损坏或返修承担责任，商品出现任何质量问题，由客户与供应商协商退换。

（3）A购物网站没有对商品的定价权。商品销售价格由供应商自行决定。

企业是该交易中的代理人，企业在其履行安排供应商向客户提供商品的承诺时，按其有权获得的手续费金额确认收入。

例15-64 A公司为服务型企业，主要业务是为其客户针对其职位空缺寻找应聘者，并提供面试候选人及进行背景调查等服务。作为与客户的合同的一部分，客户能够获得访问第三方可能招聘信息数据库的许可。A公司安排第三方提供该许可，但客户直接与数据库提供商签订许可证合同。A公司代表数据库提供商收取款项，并向客户开具发票。数据库提供商自行决定许可证的价格，并向客户提供后续技术支持以及承担未来可能因服务故障或技术问题给客户造成的损失。

A公司属于“主要责任人”还是“代理人”？

分析：企业应首先识别合同中约定的特定商品或服务，并评估其在转让给客户前是否拥有对其的控制权。在本案例中，依据收入准则关于履约义务的相关规定来看，合同中有两项可明确区分的商品或服务，即“招聘服务”和“提供第三方数据库的访问服务”。因此，A公司需要针对以上两项可明确区分的服务来分别判断企业的身份是主要责任人还是代理人。

对于招聘服务，A公司自己为客户提供相关服务，交易过程中不涉及第三方，A公司即为主要责任人，按其已收或应收对价的金额全额确认收入；

对于提供第三方数据库的访问服务，在服务提供给客户之前，A公司并不控制对数据库的访问许可，由于客户直接与数据库提供商签订许可协议，A公司并不能主导数据库提供商为客户提供指导的许可服务。

（1）A公司不负责履行提供进入数据库服务的履约义务。客户直接与数据库提供商签订许可合同，并向客户提供后续技术支持以及承担未来可能因服务故障或技术问题给客户造成的损失。

（2）A公司不承担存货风险。A公司在向客户提供许可服务之前并没有购买进入数据库的许可，交易中客户与数据库提供商直接签订合同。

（3）A公司没有对进入数据库许可的定价权，数据库服务的价格由数据库提供商自行决定，A公司只是代收相关款项。

因此，对于第三方数据库的访问服务，A公司是代理人，按其在履行安排数据库提供商向客户提供商品的承诺时，有权获得的手续费金额确认收入。

例15-65 甲公司通过各种促销活动以提高百货公司的总体业绩。促销活动分为甲公司主导的促销活动和乙公司自行打折活动。甲公司主导的相关促销活动费用，有些由甲公司自行承担，有些由甲公司与乙公司共同承担。乙公司自行开展的打折活动需要获得甲公司同意，甲公司会要求其打折的幅度和范围符合甲公司的定位，例如打折幅度不能过大、保证不打折的新品的比例不能过低等。如果需办理退换货的，甲公司可自行决定为客户办理退换货、赔偿等事项，之后可向乙公司追偿。假定客户丙购买商品，向甲公司支付价款 1 000 元，甲公司扣除 100 元后支付给乙公司 900 元。假定不考虑其他因素。

分析：本例中，企业应当根据其在向客户转让商品前是否拥有对该商品的控制权，来判断其从事交易时的身份是主要责任人还是代理人。在客户付款购买商品之前，乙公司能够主导商品的使用，例如出售、调配或下架，并从中获得其几乎全部的经济利益，因此拥有对该商品的控制权，是主要责任人，在客户丙取得商品控制权时确认收入 1 000 元。甲公司在商品转移给客户之前，不能自行或者要求乙公司把这些商品用于其他用途，也不能禁止乙公司把商品用于其他用途，因此，甲公司没有获得对该商品的控制权，只是负责协助乙公司进行商品销售，是代理人，在客户丙取得商品控制权时确认收入 100 元。

另外需要说明的是，本例中对于与控制权相关的三个迹象：一是从客户的角度，甲公司承担退换货和赔偿的主要责任；二是乙公司承担了该商品的存货风险；三是销售商品价格主要是由供应商乙公司确定，但甲公司对于商品的定价权有一定的影响力。与控制权相关的三个迹象的分析，并不能明确区分主要责任人和代理人，这些相关事实和情况的迹象仅为支持对控制权的评估，不能取代控制权的评估，也不能凌驾于控制权评估之上，更不是单独或额外的评估。

综上，企业应当根据其在向客户转让商品前是否拥有对该商品的控制权，来判断其从事交易时的身份是主要责任人还是代理人。在客户付款购买商品之前，乙公司拥有对该商品的控制权，是主要责任人，甲公司没有获得对该商品的控制权，是代理人。

例 15-66 甲公司是一家经营高端品牌的百货公司，采用自主选择品牌直营模式。甲公司根据品牌定位，挑选拥有某高端品牌的乙公司作为其供应商之一，乙公司提供约定品牌商品，并与其他品牌同类商品统一摆放在甲公司指定位置。甲公司委派营业员销售该品牌商品，并负责专柜内的商品保管、出售、调配或下架，承担丢失和毁损风险，拥有未售商品的所有权。甲公司对百货公司内商品统一定价，统一收款。如果需办理退换货的，甲公司可自行决定为客户办理退换货、赔偿等事项，如属商品质量问题，可向乙公司追偿。假定不考虑其他因素。

分析：本例中，企业应当根据其在向客户转让商品前是否拥有对该商品的控制权，来判断其从事交易时的身份是主要责任人还是代理人。在客户付款购买商品之前，甲公司能够主导商品的使用，例如出售、调配或下架，并从中获得其几乎全部的经济利益，拥有对该商品的控制权，是主要责任人，在客户取得商品控制权时确认收入。

例 15-67 甲公司是一家知名服装品牌生产零售商，拥有数百家直营连锁店。小型服装生产商乙公司向甲公司供应服装，乙公司将按照甲公司选定《供货清单》的要求将商品发送到甲公司指定的直营门店。商品收到后，甲公司组织验货，按照《供货清单》核对商品，确保没有短溢、货不对板等情形。甲公司将从乙公司采购的服装与其自产的服装一起管理并负责实际销售，其商标为甲公司商标，对外宣传为联名款。

甲乙双方协商确定吊牌价，甲公司在吊牌价 7 折以上可自行对外销售并制定相应的促销策略，7 折以下需得到乙公司的许可。甲乙双方根据销售收入每月五五分成。

如果商品自上架陈列 30 日仍未售出，甲公司有权将未出售的商品全部退回给乙公司，但在甲公司决定将商品退回前，乙公司不得取回、调换或移送商品。如果需办理退换货的，甲公司可自行决定为客户办理退换货、赔偿等事项，之后可向乙公司追偿。假定不考虑其他因素。

分析：本例中，企业应当根据其在向客户转让商品前是否拥有对该商品的控制权，来判断其从事交易时的身份是主要责任人还是代理人。在客户付款购买商品之前，甲公司能够主导商品的使用，例如出售、调配或下架，并从中获得其几乎全部的经济利益，因此拥有对该商品的控制权，是主要责任人。另外需要说明的是，本例中对于与控制权相关的三个迹象：一是从客户的角度，甲公司承担销售、退换货和赔偿的主要责任；二是在转让商品之前，甲乙公司均承担了该商品的存货风险，转让商品之后，乙公司承担了该商品的存货风险；三是双方协商确定吊牌价，甲乙双方均无权自主决定所交易商品的价格。与控制权相关的三个迹象的分析，并不能明确区分主要责任人和代理人，这些相关事实和情况的迹象仅为支持对控制权的评估，不能取代控制权的评估，也不能凌驾于控制权评估之上，更不是单独或额外的评估。

综上，企业应当根据其在向客户转让商品前是否拥有对该商品的控制权，来判断其从事交易时的身份是主要责任人还是代理人。商品的控制权在转移给客户之前，甲公司拥有对该商品的控制权，是主要责任人。

另外，乙公司将商品发送到甲公司指定的直营门店并经甲公司验收后（假定该时点为商品控制权转移的时点）应该确认销售收入。由于30日未售出的商品或消费者退回的商品，甲公司有权退回给乙公司或向乙公司追偿，乙公司应当按照附有销售退回条款的销售进行会计处理。

（四）附有客户额外购买选择权的销售

额外购买选择权的情况包括销售激励、客户奖励积分、未来购买商品的折扣券以及合同续约选择权等。

1. 购买选择权为重大权利的含义

如果客户只有在订立了一项合同的前提下才取得了额外购买选择权，并且客户行使该选择权购买额外商品时，能够享受到超过该地区或该市场中其他同类客户所能够享有的折扣，则通常认为该选择权向客户提供了一项重大权利。例如，在商场销售商品的同时会授予客户一些优惠券，这些优惠券客户无法从其他渠道取得，而是需要满足一定的消费条件，此时，优惠券就为客户提供了一项重大权利；但如果该优惠券为商场促销活动免费发放，任何客户不需要满足任何条件就可以取得，此类优惠券提供的选择权并未向客户提供一项重大权利。

在考虑授予客户的该项权利是否重大时，应根据其金额和性质综合判断。例如，企业实施一项奖励积分计划，客户每消费10元便可获得1个积分，每个积分的单独售价为0.1元，该积分可累积使用，用于换取企业销售的产品，虽然客户每笔消费所获取的积分的价值相对于消费金额而言并不重大，但是由于该积分可以累积使用，基于企业的历史数据，客户通常能够累积足够的积分来免费换取产品，这可能表明该积分向客户提供了重大权利。

注意的是，企业向客户提供了额外购买选择权，但客户在行使该选择权购买商品价格反映了该商品的单独售价的，即使客户只能通过与企业订立特定合同才能获得选择权，该选择权也不应被视为向该客户提供了一项重大权利（销售要约）。

2. 重大权利的会计处理

收入准则规定，对于附有客户额外购买选择权的销售，企业应当评估该选择权是否向客户提供了一项重大权利。企业提供重大权利的，应当作为单项履约义务，按照上节交易价格分摊的有关规定将交易价格分摊至该履约义务，并在客户未来行使购买选择权取得相关商品控制权时，或者该选择权失效时，确认相应的收入。

企业向客户提供的额外购买商品的选择权为客户提供一项重大权利的，其实质为客户在签订合同时已经就未来可能购买的商品或服务进行了预先的支付，而不是与合同中初始交易直接相关的一部分，该选择权构成合同中的一项履约义务，企业应将合同中的交易价格分摊至该项履约义务，将收到的款项中归属于该选择权的部分确认为一项合同负债，在未来客户行使该项选择权或选择权失效时确认相关收入。

需注意的是，分摊给重大权利的交易价格，相当于客户就未来的商品预先向企业支付的款项。一般来说，客户能够自主确定商品转让时间，在此情况下，即使预付的时间和未来商品主要的时间间隔超过一年，通常也不认为合同中存在重大融资成分。

客户额外购买选择权的单独售价无法直接观察的，企业应当综合考虑客户行使和不行使该选择权所能获得的折扣的差异、客户行使该选择权的可能性等全部相关信息后，予以合理估计。

3. 估计选择权单独售价的一种方法

当客户享有的额外购买选择权是一项重大权利时，如果客户行使该权利购买的额外商品与原合同下购买的商品类似（关键点），且企业将按照原合同条款（关键点）提供该额外商品的，则企业可以无需估计该选择权的单独售价，而是直接把其预计将提供的额外商品的数量以及预计将收取的相应对价金额纳入原合同，并进行相应的会计处理。注意的是，这是一种便于实务操作的简化处理方式，常见于企业向客户提供续约选择权的情况。

例 15-68 企业与客户签订为期一年的合同，以每件 2 000 元的价格向客户销售 A 产品，数量不限，客户可以选择在合同到期时以与原合同相同的条款续约一年，这款产品通常每年提价 20%，由于行使续约选择权的客户可以按原合同价格（低于当年的市场价格）购买 A 产品，企业认为该续约选择权向客户提供了重大权利，且符合简化处理的条件，因此，企业可以无需将原合同的交易价格分摊至该续约选择权，而是直接按照每件 2 000 元的价格确认原合同和续约后的合同下销售的 A 产品收入。

例 15-69 甲公司以 100 元的价格向客户销售 A 商品，购买该商品的客户可得到一张 40% 的折扣券，客户可以在未来的 30 天内使用该折扣券购买甲公司原价不超过 100 元的任一商品。同时，甲公司计划推出季节性促销活动，在未来 30 天内针对所有产品均提供 10% 的折扣。上述两项优惠不能叠加使用。

根据历史经验，甲公司预计有 80% 的客户会使用该折扣券，额外购买的商品的金额平均为 50 元。上述金额均不包含增值税，且假定不考虑相关税费影响。

分析：本例中，购买 A 商品的客户能够取得 40% 的折扣券，其远高于所有客户均能享有的 10% 的折扣，因此，甲公司认为该折扣券向客户提供了重大权利，应当作为单项履约义务。考虑到客户使用该折扣券的可能性以及额外购买的金额，甲公司估计该折扣券的单独售价为 12 元［额外商品的平均购买价格 50× 行使选择权的可能性 80%× 增量折扣（40% － 10%）］。

A商品和折扣券的单独售价以及交易价格100元相应的分摊结果如下：

履约义务	单独售价
A商品	100元
折扣券	12元
合　计	112元

分摊后的交易价格：

A商品	89元［100÷（100＋12）×100］
折扣券	11元［12÷（100＋12）×100］
合　计	100元

甲公司将 89 元分摊至 A 商品并在控制权转让时确认 A 商品的收入；将 11 元分摊至折扣券并在客户将折扣券兑现为商品或服务时或在折扣券到期时确认相应的收入。

甲公司在销售 A 商品时的账务处理如下：

借：银行存款　　100

　贷：主营业务收入　　89

　　合同负债　　11

例 15-70 A 公司在向客户销售商品的同时向客户进行积分奖励，客户每购买 10 元商品奖励其 1 积分，每个积分可在未来购买本公司商品时按 1 元折扣抵现，积分有效期为自授予之日起两年。

本年度向客户销售商品 100 000 元，奖励客户 10 000 个积分。A 公司预计未来将有 9 500 个积分被兑现。基于兑现可能性计算出的每个积分单独售价 0.95 元，共 9 500 元。本年末，有 4 500 个积分被兑现，A 公司继续预计该笔积分将有 9 500 个积分被兑现。第二年末，累计有 8 500 个积分被兑现，A 公司预计该笔积分将有 9 500 个积分被兑现。

A 企业应如何对该笔积分进行会计处理？（不考虑相关税费）

分析：依据收入准则相关规定，此积分为客户提供了在不订立合同的情况下无法获得的重大权利。因此，向客户提供的积分是单项履约义务。企业应基于单独售价的相对比例将交易价格 100 000 元分摊至产品和提供积分两项履约义务中。

销售商品价格＝100 000×100 000÷（100 000 ＋ 9 500）＝91 324（元）

提供积分价格＝100 000×9 500÷（100 000 ＋ 9 500）＝8 676（元）

（1）销售商品及提供积分时：

借：银行存款	100 000	
贷：营业收入		91 324
合同负债		8 676

（2）本年末，确认已使用4 500奖励积分的收入：

已使用4 500奖励积分的收入＝4 500÷9 500×8 676＝4 110（元）

借：合同负债	4 110	
贷：营业收入		4 110

（3）第二年，确认已使用的相关积分收入：

已使用的相关积分收入＝8 500÷9 500×8 676－4 110＝3 493（元）

借：合同负债	3 493	
贷：营业收入		3 493

（4）第二年末，奖励积分有效期满，结转剩余积分的相关负债：

剩余积分的相关负债＝8 676－4 110－3 493＝1 073（元）

借：合同负债	1 073	
贷：营业收入		1 073

例 15-71　A 电信企业与客户订立了一项合同，以提供一部手机和为期两年的月度网络服务。网络服务包括每月至多 1 000 分钟通话时间和 1 500 条短信，按月收取固定费用。合同规定了客户可选择在任何月份购买的额外通话时间或短信的费用。这些服务的价格与其单独售价相同。

A 电信企业应如何对合同中“客户可选择在任何月份购买的额外通话时间或短信的费用”这一选择权进行会计处理？

分析：购买额外通话时间和短信的选择权案例中该额外通话时间和短信的选择权的价格反映了这些服务的单独售价，未向客户提供在不订立合同的情况下无法获得的重大权利，其并非合同中的履约义务。因此，A 企业不必将任何交易价格分摊至额外通话时间或短信的选择权，仅当其提供这些服务的情况下才确认额外通话时间或短信的收入。

（五）知识产权许可的授予

企业向客户授予的知识产权，常见的包括软件和技术、影视和音乐等的版权、特许经营权以及专利权、商标权和其他版权等。企业向客户授予知识产权许可的，应当按照要求评估该知识产权许可是否构成单项履约义务。

1. 授予知识产权许可是否构成单项履约义务

不同知识产权许可的特点及经济特征也不尽相同，从而导致知识产权许可所提供的权利也存在着显著差异。在某些情况下，企业在向客户授予知识产权许可时，客户即获得主导知识产权许可的使用并取得其几乎所有的剩余利益，此时在授予时点即转让了的无形资产的使用权。而在另一些情况下，企业在向客户授予知识产权许可时，相关知识产权许可处于动态变化之中，企业后续的相关活动会影响相关知识产权许可，客户并未在授予时点主导知识产权的使用并获得其几乎所有的剩余利益，此时客户并未控制该知识产权许可。因此，为了准确评估收入确认时点，企业需要对所授予知识产权许可的性质进行判断是否构成单项履约义务。

授予知识产权许可不构成单项履约义务的情形（无法与合同中其他商品明确区分）：（1）该知识产权许可构成有形商品的组成部分并且对于该商品的正常使用不可或缺。例如，向客户销售设备和相关软件，该软件内嵌于设备之中，该设备必须安装了该软件之后才能正常使用。（2）客户只有将该知识产权许可和相关服务一起使用才能够从中获益。例如，客户取得授权许可，但只有通过企业提供的在线服务才能访问相关内容。

如果授予客户的知识产权许可不构成单项履约义务的，企业应当将该知识产权许可和所售商品一起作为单项履约义务进行会计处理。

例 15-72 A 为一家制药公司，授予客户在 10 年内享有其针对某项经审批的合成药的专利权的许可证，并承诺为客户生产该药品。该药品是一项成熟产品，依据商业惯例，A 公司后续不会实施支持该药品的任何活动。

（1）由于生产流程的特殊性极高，因此没有能生产该种药品的其他企业。许可证不能独立于生产服务而单独购买。

（2）用于生产该药品的生产流程并非唯一或特殊的，其他企业也能够为客户生产该种药品。

依据上述（1）（2）情景分别判断 A 公司应如何对知识产权许可进行会计处理？

分析：

（1）A 公司应根据收入准则的相关规定评估承诺向客户提供的商品和服务，以识别可明确区分的履约义务。在此种情景下，客户在不获得生产服务的情况下不能从许可证中获益，许可证和生产服务不可明确区分，企业将许可证和生产服务作为一项单独的履约义务进行会计处理，并按照收入准则中相关规定判断其是在某一时点还是一段时间内履行的履约义务。

（2）A 公司应根据收入准则相关规定评估承诺向客户提供的商品和服务，以识别可明确区分的履约义务。在此种情景下，由于生产流程可由其他企业提供，因此，客户能够通过单独使用该许可证中获益，且许可证可与生产流程单独区分开来。因此，该合同中具有专利许可证及生产服务两项可明确区分的履约义务。

另外，A 公司应依据收入准则相关规定来判断向客户授予的知识产权许可的性质。该药品是一项成熟产品，即已通过审批，当前在生产且在过去数年内已实现具有商业利益的销售。对于此类成熟产品，其商业惯例是企业后续不实施任何支持该药品的活动。企业未来从事的活动不会对知识产权许可产生重大影响，因此，企业向客户提供的知识产权许可的性质为使用知识产权许可的权利，将其作为在某一时点履行的履约义务进行会计处理。

2. 对于构成单项履约义务的，应当进一步确定其是在某一时段内履行还是在某一时点履行

收入准则规定，企业向客户授予知识产权许可，同时满足下列条件时，应当作为在某一时段内履行的履约义务确认相关收入；否则，应当作为在某一时点履行的履约义务确认相关收入。

（1）合同要求或客户能够合理预期企业将从事对该项知识产权有重大影响的活动。

企业从事的活动存在下列情况之一的，将会对该项知识产权有重大影响：①活动预期将显著改变知识产权的形式或者功能（如知识产权的设计、内容和功能性等）；②客户从该项知识产权中获益的能力在很大程度上来源于或者取决于这些活动。

（2）该活动对客户将产生有利或不利影响。如果企业从事的后续活动并不影响授予客户的知识产权许可，那么企业的后续活动只是在改变其自己拥有的资产。虽然这些活动可能影响企业提供未来知识产权许可的能力，但将不会影响客户已控制或使用的内容

（3）该活动不会导致向客户转让某项商品。

在判断某项知识产权许可是属于在某一时段内履行的履约义务还是在某一时点履行的履约义务时，企业不应考虑下列因素：①该许可在时间、地域或使用方面的限制；②企业就其拥有的知识产权的有效性以及防止未经授权使用该知识产权许可所提供的保证。

企业向客户授予知识产权许可不能同时满足上述条件的，则属于在某一时点履行的履约义务，并在该时点确认收入。在客户能够使用某项知识产权许可并开始从中获益之前，企业不能对此类知识产权许可确认收入。例如，企业授权客户在一定期间内使用软件，但是在企业向客户提供该软件的密钥之前，客户都无法使用该软件，不应确认收入。

例 15-73 C公司是一家连载漫画、漫画电影创作公司，其向客户B公司授予许可，客户可在4年内使用其“正义联盟”系列漫画中超级英雄的形象和名称。“正义联盟”系列漫画目前包括超人、蝙蝠侠、神奇女侠、快银、钢骨等角色。但是，C公司会定期创造新的角色，且原角色的形象也会随时演变。B公司是大型游乐场的运营商，其能够依据合理的方式（例如，节目或演出）使用C公司的角色。合同要求，B公司需及时根据C公司的连载漫画、漫画电影更新超级英雄的角色形象。

C公司在4年授权期间内，每年向B公司收取1 000 000元的固定对价。

分析：

首先，C公司评估其承诺向B公司提供的商品或服务，以确定哪些商品和服务可明确区分。C公司得出结论认为，除授予许可的承诺外不存在其他履约义务。也就是说，与许可相关的额外活动并不向B公司直接转让商品或服务，因为这些活动是C公司授予许可承诺的一部分。

其次，C公司评估其转让许可承诺的性质。在评估有关条件时，C公司考虑了以下各项因素：

（1）根据C公司的商业惯例，B公司可合理预期，C公司将实施对B公司享有权利的知识产权（即超级英雄角色）产生重大影响的活动。这是因为，C公司的活动（创造超级英雄）改变了客户享有权利的知识产权的形态。此外，B公司自其享有权利的知识产权获取利益的能力，实质上受C公司持续活动（出版连载漫画、拍摄电影）驱动，或依赖于该活动。

（2）许可所授予的权利，使B公司直接面临C公司活动产生的任何正面或负面影响，因为合同要求，B公司需及时根据C公司的连载漫画、漫画电影更新超级英雄的角色形象。

（3）尽管B公司可通过许可授予的权利从这些活动中获益，但此类活动发生时并不导致向B公司转让商品或服务。

因此，C公司得出结论认为，C公司转让许可承诺的性质为，向B公司提供获得整个许可有效期内存在的C公司知识产权的权利。相应地，C公司将承诺的许可作为在一段时间内履行的履约义务进行会计处理。

C公司应识别最能反映其许可相关履约义务的履约进度计量方法。由于合同规定，B公司在一段固定期间内可无限制地使用授予许可的角色，因此，C公司确定，基于时间的计量方法是计量其履约义务履约进度的最适当方法，即在许可期内平均摊销确认该许可收入。

例 15-74 某软件开发商A公司与B公司订立一项合同，约定转让软件许可、实施安装服务并在两年期间内提供未明确规定的软件更新和技术支持（通过在线和电话方式）。合同明确规定，作为安装服务的一部分，软件将作重大定制以增添重要的新功能，从而使软件能够与客户使用的其他定制软件应用程序相对接。定制安装服务可由其他主体提供。

分析：A公司在合同中识别出的四项履约义务：①软件许可；②安装服务；③软件更新；④技术支持。

A公司根据收入准则相关规定评估其转让软件许可的承诺的性质。A公司在评估收入准则相关条件时，并未考虑提供软件更新的承诺，因为其将导致向客户转让额外的商品或服务。A公司也注意到，其并不具有除更新和技术支持以外的合同性或隐含义务，需实施活动改变许可期内软件的功能。该软件在不进行更新或进一步技术支持的情况下，仍然具有其功能，因此，客户具有从该软件获得利益的能力，并非实质上由A公司的持续活动驱动，或依赖于其活动。A公司决定，合同并未要求，客户也不能合理预期，A公司将实施对该软件具有重大影响的活动，更新和技术支持除外。

综上分析，A公司得出结论，该软件具有重大独立功能，不满足获得知识产权许可权利的所有条件。因此，A公司转让许可承诺的性质为，提供存在于某一时点的A公司知识产权的使用权。相应地，A公司将该许可作为在某一时点履行的履约义务进行会计处理。

3. 基于销售或使用的特许权使用费

企业向客户授予知识产权许可，并约定按客户实际销售或使用情况收取特许权使用费的，应当在下列两项孰晚的时点确认收入。

（1）客户后续销售或使用行为实际发生。

（2）企业履行相关履约义务。

这是估计可变对价的例外规定，该例外规定只有在下列两种情形下才能使用：①特许权使用费仅与知识产权许可相关；②特许权使用费可能与合同中的知识产权许可和其他商品都相关，但是与知识产权许可相关的部分占有主导地位。

值得注意的是，企业使用该例外规定时，应当对特许权使用费整体采用该规定，而不应当将特许权使用费进行分拆。如果与授予知识产权许可相关的对价同时包含固定金额和按客户实际销售或使用情况收取的变动金额两部分，则只有后者能采用该例外规定，而前者应当在相关履约义务履行的时点或期间内确认收入。对于不适用该例外规定的特许权使用费，应当按照估计可变对价的一般原则进行处理。

例 15-75 A公司为一家电影发行公司，向B公司授予X电影的放映许可。B公司为电影院运营商，获得了在六周内播放该电影的权利。此外，合同约定：①在六周放映期开始前，向B公司发送该电影相关周边纪念品；②在六周放映期内，向B公司提供在其电影院内播放的X电影剧场版预告片。因授予播放许可及相关促销产品，A公司将参与B公司电影院放映X电影的票房分成（即，基于销售的特许使用费形式的可变对价）。

分析：A公司认为，X电影放映权是该基于销售的特许使用权中的关键项目，因为A公司可合理预期，B公司认为，该放映权相较于特许权中其他商品或服务具有更加重大的价值。A公司所确认的该基于销售的特许使用费收入，仅包括按合同有权收取的对价，并应将该特许权整体适用准则中“特许权限制”的规定，即在以下二者孰晚发生时确认收入：①发生了后续的销售；②某些或全部基于销售特许使用费所分摊的履约义务已经履行。

此外，A公司还应考虑，所提供的纪念品及预告片，是否属于单独履约义务，从而将基于销售的特许使用费向其分摊。

例 15-76 甲公司是一家著名的足球俱乐部。甲公司授权乙公司在其设计生产的服装、帽子、水杯以及毛巾等产品上使用甲公司球队的名称和图标，授权期间为2年。合同约定，甲公司收取的合同对价由两部分组成：一是200万元固定金额的使用费；二是按照乙公司销售上述商品所取得销售额的5%计算的提成。乙公司预期甲公司会继续参加当地顶级联赛，并取得优异的成绩。

分析：本例中，该合同仅包括一项履约义务，即授予使用权许可，甲公司继续参加比赛并取得优异成绩等活动是该许可的组成部分，而并未向客户转让任何可明确区分的商品或服务。由于乙公司能够合理预期甲公司将继续参加比赛，甲公司的成绩将会对其品牌（包括名称和图标等）的价值产生重大影响，而该品牌价值可能会进一步影响乙公司产品的销量，甲公司从事的上述活动并未向乙公司转让任何可明确区分的商品，因此，甲公司授予的该使用权许可，属于在某一时段内履行的履约义务。甲公司收取的200万元固定金额的使用费应当在2年内平均确认收入，按照乙公司销售相关商品所取得销售额的5%计算的提成应当在乙公司的销售实际完成时确认收入。

例 15-77 甲公司是一家投资控股型的上市公司。拥有从事各种不同业务的子公司。

（1）甲公司的子公司——乙公司是一家建筑承包商，专门从事办公楼设计和建造业务。

20×7 年 2 月 1 日，乙公司与 M 公司签订办公楼建造合同，按照 M 公司的特定要求在 M 公司的土地上建造一栋办公楼。根据合同的约定，建造该办公楼的价格为 8 000 万元，乙公司分三次收取款项，分别于合同签订日、完工进度达到 50%、竣工验收日收取合同造价的 20%、30%、50%。工程于 20×7 年 2 月开工，预计于 20×9 年底完工。乙公司预计建造上述办公楼的总成本为 6 500 万元，截至 20×7 年 12 月 31 日止，乙公司累计实际发生的成本为 3 900 万元。乙公司按照累计实际发生的成本占预计总成本的比例确定履约进度。

（2）甲公司的子公司——丙公司是一家生产通信设备的公司。20×7 年 1 月 1 日，丙公司与 N 公司签订专利许可合同，许可 N 公司在 5 年内使用自己的专利技术生产 A 产品。根据合同的约定，丙公司每年向 N 公司收取由两部分金额组成的专利技术许可费，一是固定金额 200 万元，于每年末收取；二是按照 N 公司 A 产品销售额的 2% 计算的提成，于第二年初收取。根据以往年度的经验和做法，丙公司可合理预期不会实施对该专利技术产生重大影响的活动。

20×7 年 12 月 31 日，丙公司收到 N 公司支付的固定金额专利技术许可费 200 万元。

20×7 年度，N 公司销售 A 产品 80 000 万元。

其他有关资料：

第一，本题涉及的合同均符合企业会计准则关于合同的定义，均经合同各方管理层批准。

第二，乙公司和丙公司估计，因向客户转让商品或提供服务而有权取得的对价很可能收回。

第三，不考虑货币时间价值，不考虑税费及其他因素。

要求：

（1）根据资料（1），判断乙公司的建造办公楼业务是属于在某一时段内履行履约义务还是属于某一时点履行履约义务，并说明理由。

分析：乙公司的建造办公楼业务属于在某一时段内履行的履约义务。理由：按照 M 公司的特定要求在 M 公司的土地上建造一栋办公楼，满足“客户能够控制企业履约过程中在建的商品”条件，属于在某一时段内履行的履约义务。

（2）根据资料（1），计算乙公司 20×7 年度的合同履约进度，以及应确定的收入和成本。

分析：乙公司 20×7 年度的合同履约进度＝3 900÷6 500×100%＝60%，应确认的收入＝8 000×60%＝4 800（万元）；确认的成本＝6 500×60%＝3 900（万元）。

（3）根据资料（2），判断丙公司授予知识产权许可属于在某一时段内履行履约义务还是属于某一时点履行履约义务，并说明理由。说明丙公司按照 N 公司 A 产品销售额的 2% 收取的提成应于何时确认收入。

分析：丙公司授予知识产权许可属于在某一时点履行履约义务。丙公司可合理预期不会实施对该专利技术产生重大影响的活动，应当作为在某一时点履行的履约义务。

企业向客户授予知识产权许可，并约定按客户实际销售或使用情况收取特许权使用费的，应当在下列两项孰晚的时点确认收入：第一，客户后续销售或使用行为实际发生；第二，企业履行相关履约义务。即丙公司按照 N 公司 A 产品销售额的 2% 收取的提成应于 20×7 年 12 月 31 日确认收入。

（4）根据资料（2），编制丙公司 20×7 年度与收入确认相关的会计分录。

分析：

20×7 年 1 月 1 日：

借：长期应收款　　10 000 000

　　贷：主营业务收入　　10 000 000

20×7 年 12 月 31 日：

借：银行存款　　2 000 000

　　贷：长期应收款　　2 000 000

借：应收账款（800 000 000×2%）　　16 000 000

　　贷：主营业务收入　　16 000 000

（六）售后回购交易

售后回购是指企业销售商品的同时承诺或有权选择日后再将该商品（包括相同或几乎相同的商品，或以该商品作为组成部分的商品）购回的销售方式。收入准则规定，对于售后回购交易，企业应当区分下列两种情形并分别进行相应会计处理。

1. 企业因存在与客户的远期安排而负有回购义务或企业享有回购权利

企业因存在与客户的远期安排而负有回购义务或企业享有回购权利的，表明客户在销售时点并未取得相关商品控制权，企业应当将此作为租赁交易或融资交易进行相应的会计处理。

（1）回购价格低于原售价的，应当视为租赁交易，按照《企业会计准则第 21 号——租赁》的相关规定进行会计处理。

（2）回购价格不低于原售价的，应当视为融资交易，在收到客户款项时确认金融负债，并将该款项和回购价格的差额在回购期间内确认为利息费用等。企业到期未行使回购权利的，应当在该回购权利到期时终止确认金融负债，同时确认收入。

注意的是，企业在比较回购价格和原销售价格时，应当考虑货币的时间价值。在企业有权要求回购或者客户有权要求企业回购的情况下，企业或者客户到期未行使权利的，应在该权利到期时终止确认相关负债，同时确认收入。

例 15-78　A 公司向 B 公司销售一台设备，销售价格为 200 万元，同时双方约定两年之后，A 公司将以 120 万元的价格回购该设备。假定不考虑货币时间价值等其他因素影响。

分析：本例中，根据合同有关 A 公司在两年后回购该设备的确定，B 公司并未取得该设备的控制权。不考虑货币时间价值等影响，该交易的实质是 B 公司支付了 80 万元（200 － 120）的对价取得了该设备 2 年的使用权。因此，A 公司应当将该交易作为租赁交易进行会计处理。

2. 企业负有应客户要求回购商品义务

企业负有应客户要求回购商品义务的，应当在合同开始日评估客户是否具有行使该要求权的重大经济动因。客户具有行使该要求权重大经济动因的，企业应当将售后回购作为租赁交易或融资交易，按照上条规定进行会计处理。否则，企业应当将其作为附有销售退回条款的销售交易按照附有销售退回条款的销售有关规定进行会计处理。

（1）客户是否具有行使要求回购权的重大经济动因的判断。在判断客户是否具有行权的重大经济动因时，企业应当综合考虑各种相关因素，包括回购价格与预计回购时市场价格之间的比较，以及权利的到期日等。例如，如果回购价格明显高于该资产回购时的市场价值，则表明客户有行权的重大经济动因。

（2）具有重大经济动因。客户具有行使该要求权的重大经济动因的，企业应当将回购价格与原售价进行比较，并按照上述第 1 种情形下的原则将该售后回购作为租赁交易或融资交易进行相应的会计处理。

（3）不具有重大经济动因。客户不具有行使该要求权的重大经济动因的，企业应当将该售后回购作为附有销售退回条款的销售交易进行相应的会计处理。

①针对回购资产的义务确认为一项负债，该负债按照预计向客户支付的对价金额计量。

②针对企业在清偿负债时获得该资产的权利确认为一项资产，该资产的计量金额与资产原账面价值有可能相同或不同。

针对在资产的售价与回购资产的义务确认的负债之间的差额，确认为资产转让损益。

例 15-79　A 公司向 B 公司销售其生产的一台设备，销售价格为 2 000 万元，双方约定，B 公司在 5 年后有权要求 A 公司以 1 500 万元的价格回购该设备。A 公司预计该设备在回购时的市场价值将远低于 1 500 万元。

分析：本例中，假定不考虑时间价值的影响，A 公司的回购价格低于原售价，但远高于该设备在回购时的市场价值，A 公司判断 B 公司有重大的经济动因行使其权利要求 A 公司回购该设备。因此，A 公司应当将该交易作为租赁交易进行会计处理。

（七）客户未行使的权利

（1）企业向客户预收销售商品款项的，应当首先将该款项确认为负债，待履行了相关履约义务时再转为收入。

（2）当企业预收款项无需退回，且客户可能会放弃其全部或部分合同权利时（如放弃储值卡的使用等）：①企业预期将有权获得与客户所放弃的合同权利相关的金额的，应当按照客户行使合同权利的模式按比例将上述金额确认为收入；②企业预期无权获得与客户所放弃的合同权利相关的金额的，企业只有在客户要求其履行剩余履约义务的可能性极低时，才能将上述负债的相关余额转为收入。

企业在确定其是否预期将有权获得与客户所放弃的合同权利相关的金额时，应当考虑将估计的可变对价计入交易价格的限制要求（即：在客户放弃其全部或部分合同权利，企业只有在能够合理预计客户要求其履行剩余义务的可能性极低时，才能将相关负债余额转为收入，其金额应以相关不确定性消除时极可能不会发生累计已确认收入的重大转回为限。）

例 15-80　A 公司与客户签订了一项销售合同，合同总价款为 1 100 元，签订时客户即付全款，未来一年内客户有权取得 110 件商品，未来无论客户是否取得合同中约定的全部商品，所付款项均不予返还。

（1）A 公司依据其经验能够合理预期客户未来将取得 100 件商品。

（2）A 公司无法预期客户未来将取得的商品数量。

针对（1）和（2）两种情况，应分别如何进行会计处理？

分析：依据收入准则相关规定，企业在收到客户的预付合同款项时，应确认为一项合同负债。

（1）A 公司依据其经验能够合理预期客户未来将取得 100 件商品，剩余 10 件商品为客户放弃的合同权利，企业能够合理预计其将有权获得未使用的权利金额，应根据客户行使权利的模式按比例将预计未使用的权利金额确认为收入，即：1 100÷10 = 11（元），A 公司在合同开始后每销售一件商品确认收入 11 元。

（2）A 公司无法预期客户未来将取得的商品数量，即不能合理预计其获得未使用的权利金额，则企业应考虑收入准则中关于可变对价的限制相关要求，在客户行使其剩余权利的可能性极低时将预计未使用的权利金额确认为收入，即：1 100÷110 = 10（元）。A 公司在合同开始日后每销售一件商品确认收入 10 元，剩余权利相关金额在企业预计未来客户行使其剩余权利的可能性极低时将相关金额确认为收入。

例 15-81　甲公司经营一家连锁超市，以主要责任人的身份销售商品给客户。甲公司销售的商品适用不同的增值税税率，如零食等适用税率为 13%，粮食等适用税率为 9% 等。2×21 年，甲公司向客户销售了 5 000 张不可退的储值卡，每张卡的面值为 200 元，总额为 1 000 000 元。客户可在甲公司经营的任意一家门店使用该等储值卡进行消费。根据历史经验，甲公司预期客户购买的储值卡金额将全部被消费。甲公司为增值税一般纳税人，在客户使用该等储值卡消费时发生增值税纳税义务。

分析：本例中，甲公司经营一家连锁超市，销售适用不同税率的各种商品，并收取商品价款及相应的增值税。因此甲公司销售储值卡收取的款项 1 000 000 元中，仅商品价款部分代表甲公司已收客户对价而应向客户转让商品的义务，应当确认合同负债，其中增值税部分，因不符合合同负债的定义，不应确认为合同负债。

甲公司应根据历史经验（例如，公司以往年度类似业务的综合税率等）估计客户使用该类储值卡购买不同税率商品的情况，将估计的储值卡款项中的增值税部分确认为应交税费——待转销项税额，将剩余的商品价款部分确认为合同负债。实际消费情况与预计不同时，根据实际情况进行调整；后续每个资产负债表日根据最新信息对合同负债和应交税费的金额进行重新估计。

例 15-82 甲公司经营一家电商平台，平台商家自行负责商品的采购、定价、发货以及售后服务，甲公司仅提供平台供商家与消费者进行交易并负责协助商家和消费者结算货款，甲公司按照货款的 5% 向商家收取佣金，并判断自己在商品买卖交易中是代理人。2×21 年，甲公司向平台的消费者销售了 1 000 张不可退的电子购物卡，每张卡的面值为 200 元，总额 200 000 元。假设不考虑相关税费的影响。

分析：本例中，考虑到甲公司在商品买卖交易中为代理人，仅为商家和消费者提供平台及结算服务，并收取佣金，因此，甲公司销售电子购物卡收取的款项 200 000 元中，仅佣金部分 10 000 元（200 000×5%，不考虑相关税费）代表甲公司已收客户（商家）对价而应在未来消费者消费时作为代理人向商家提供代理服务的义务，应当确认合同负债。对于其余部分（即 190 000 元），为甲公司代商家收取的款项，作为其他应付款，待未来消费者消费时支付给相应的商家。

（八）无须退回的初始费

企业在合同开始日（或邻近合同开始日）向客户收取的无需退回的初始费通常包括入会费、接驳费和初装费等。企业收取该初始费时，应当评估该初始费是否与向客户转让已承诺的商品相关。

（1）收入准则规定，企业在合同开始（或接近合同开始）日向客户收取的无须退回的初始费（如俱乐部的入会费等）应当计入交易价格。企业应当评估该初始费是否与向客户转让已承诺的商品相关。该初始费与向客户转让已承诺的商品相关，并且该商品构成单项履约义务的，企业应当在转让该商品时，按照分摊至该商品的交易价格确认收入；该初始费与向客户转让已承诺的商品相关，但该商品不构成单项履约义务的，企业应当在包含该商品的单项履约义务履行时，按照分摊至该单项履约义务的交易价格确认收入；该初始费与向客户转让已承诺的商品不相关的，该初始费应当作为未来将转让商品的预收款，在未来转让该商品时确认为收入。

（2）企业收取了无需退回的初始费且为履行合同应开展初始活动，但这些活动本身并没有向客户转让已承诺的商品的，该初始费与未来将转让的已承诺商品相关，应当在未来转让该商品时确认为收入，企业在确定履约进度时不应考虑这些初始活动。企业为该初始活动发生的支出应当按照合同成本部分的要求确认为一项资产或计入当期损益。

例 15-83 甲公司经营一家会员制健身俱乐部。甲公司与客户签订了为期 2 年的合同，客户入会之后可以随时在该俱乐部健身。除俱乐部的年费 2 000 元之外，甲公司还向客户收取了 50 元的入会费，用于补偿俱乐部为客户进行注册登记、准备会籍资料以及制作会员卡等初始活动所花费的成本。甲公司收取的入会费和年费均无须返还。

分析：本例中，甲公司承诺的服务是向客户提供健身服务，而甲公司为会员入会所进行的初始活动并未向客户提供其所承诺的服务，而只是一些内部行政管理性质的工作。因此，甲公司虽然为补偿这些初始活动向客户收取了 50 元入会费，但是该入会费实质上是客户为健身服务所支付的对价的一部分，故应当作为健身服务的预收款，与收取的年费一起在 2 年内分摊确认为收入。

五、收入的列报

（一）列报项目

收入准则规定，企业应当根据本企业履行履约义务与客户付款之间的关系在资产负债表中列示合同资产或合同负债。企业拥有的无条件（即仅取决于时间流逝）向客户收取对价的权利应当作为应收款项单独列示。

合同资产是指企业已向客户转让商品而有权收取对价的权利，且该权利取决于时间流逝之外的其他因素，如企业向客户销售两项可明确区分的商品，企业因已交付其中一项商品而有权收取款项，但收取该款项还取决于企业交付另一项商品的，企业应当将该收款权利作为合同资产。

合同负债是指企业已收或应收客户对价而应向客户转让商品的义务，如企业在转让承诺的商品之前已收取的款项。

按照收入准则确认的合同资产的减值的计量和列报应当按照《企业会计准则第22号——金融工具确认和计量》和《企业会计准则第37号——金融工具列报》的规定进行会计处理。

（二）列报信息

收入准则规定，企业应当在附注中披露与收入有关的下列信息。

（1）收入确认和计量所采用的会计政策、对于确定收入确认的时点和金额具有重大影响的判断以及这些判断的变更，包括确定履约进度的方法及采用该方法的原因、评估客户取得所转让商品控制权时点的相关判断，在确定交易价格、估计计入交易价格的可变对价、分摊交易价格以及计量预期将退还给客户的款项等类似义务时所采用的方法、输入值和假设等。

（2）与合同相关的下列信息。

①与本期确认收入相关的信息，包括与客户之间的合同产生的收入、该收入按主要类别（如商品类型、经营地区、市场或客户类型、合同类型、商品转让的时间、合同期限、销售渠道等）分解的信息以及该分解信息与每一报告分部的收入之间的关系等。

②与应收款项、合同资产和合同负债的账面价值相关的信息，包括与客户之间的合同产生的应收款项、合同资产和合同负债的期初和期末账面价值、对上述应收款项和合同资产确认的减值损失、在本期确认的包括在合同负债期初账面价值中的收入、前期已经履行（或部分履行）的履约义务在本期调整的收入、履行履约义务的时间与通常的付款时间之间的关系以及此类因素对合同资产和合同负债账面价值的影响的定量或定性信息、合同资产和合同负债的账面价值在本期内发生的重大变动情况等。

③与履约义务相关的信息，包括履约义务通常的履行时间、重要的支付条款、企业承诺转让的商品的性质（包括说明企业是否作为代理人）、企业承担的预期将退还给客户的款项等类似义务、质量保证的类型及相关义务等。

④与分摊至剩余履约义务的交易价格相关的信息，包括分摊至本期末尚未履行（或部分未履行）履约义务的交易价格总额、上述金额确认为收入的预计时间的定量或定性信息、未包括在交易价格的对价金额（如可变对价）等。

（3）与合同成本有关的资产相关的信息，包括确定该资产金额所作的判断、该资产的摊销方法、按该资产主要类别（如为取得合同发生的成本、为履行合同开展的初始活动发生的成本等）披露的期末账面价值以及本期确认的摊销及减值损失金额等。

（4）企业因预计客户取得商品控制权与客户支付价款间隔未超过一年而未考虑合同中存在的重大融资成分，或者因合同取得成本的摊销期限未超过一年而将其在发生时计入当期损益的，应当披露该事实。

六、新旧衔接

收入准则规定，首次执行2017年收入准则的企业，应当根据首次执行该准则的累积影响数，调整首次执行该准则当年年初留存收益及财务报表其他相关项目金额，对可比期间信息不予调整。企业可以仅对在首次执行日尚未完成的合同的累积影响数进行调整。同时，企业应当在附注中披露，与收入相关会计准则制度的原规定相比，执行该准则对当期财务报表相关项目的影响金额，如有重大影响的，还需披露其原因。

已完成的合同是指企业按照与收入相关会计准则制度的原规定已完成合同中全部商品的转让的合同。尚未完成的合同是指除已完成的合同之外的其他合同。

对于最早可比期间期初之前或首次执行该准则当年年初之前发生的合同变更，企业可予以简化处理，即无须进行追溯调整，而是根据合同变更的最终安排，识别已履行的和尚未履行的履约义务、确定交易价格以及在已履行的和尚未履行的履约义务之间分摊交易价格。

企业采用该简化处理方法的，应当对所有合同一致采用，并且在附注中披露该事实以及在合理范围内对采用该简化处理方法的影响所作的定性分析。

第十六章
政 府 补 助

一、政府补助概述

（一）政府补助的定义

《企业会计准则第 16 号——政府补助》（以下简称政府补助准则）对政府补助的定义为：政府补助是指企业从政府无偿取得货币性资产或非货币性资产。其主要形式包括政府对企业的无偿拨款、税收返还、财政贴息，以及无偿给予非货币性资产等。

在通常情况下，直接减征、免征增加计税抵扣额、抵免部分税额等不涉及资产直接转移的经济资源，不适用政府补助准则。增值税出口退税不属于政府补助。根据税法规定，在对出口货物取得的收入免征增值税的同时，退付出口货物前道环节发生的进项税额。增值税出口退税实际上是政府退回企业事先垫付的进项税额，所以不属于政府补助。

部分减免税款需要按照政府补助准则进行会计处理。例如，属于一般纳税人的加工型企业根据税法规定招用自主就业退役士兵，并按定额扣减增值税的，应当将减征的税额计入当期损益。具体会计处理如下：借记“应交税费——应交增值税（减免税额）”科目，贷记“其他收益”科目。

（二）政府补助的特征

1. 来源于政府的经济资源

对于企业收到的来源于其他方的补助，有确凿证据表明政府是补助的实际拨付者，其他方只起到代收代付作用的，该项补助也属于来源于政府的经济资源。例如，某集团公司母公司收到一笔政府补助款，有确凿证据表明该补助款实际的补助对象为该母公司下属子公司，母公司只是起到代收代付作用，在这种情况下，该补助款属于对子公司的政府补助。

2. 无偿性

该特征指企业取得来源于政府的经济资源，不需要向政府交付商品或服务等对价。政府如以企业所有者身份向企业投入资本，享有相应的所有者权益，政府与企业之间是投资者与被投资者的关系，属于互惠交易。企业从政府取得的经济资源，如果与企业销售商品或提供劳务等活动密切相关，且来源于政府的经济资源是企业商品或服务的对价或者是对价的组成部分，应当按照《企业会计准则第 14 号——收入》的规定进行会计处理，不适用政府补助准则。政府补助通常附有一定条件，这与政府补助的无偿性并无矛盾，只是政府为推行其宏观经济政策，对企业使用政府补助的时间、使用范围和方向进行了限制。

例 16-01 A 企业是一家生产和销售高效照明产品的企业。国家为了支持高效照明产品的推广使用，通过统一招标的形式确定中标企业、高效照明产品及其中标协议供货价格。A 企业作为中标企业，需以中标协议供货价格减去财政补贴资金后的价格将高效照明产品销售给终端用户，并按照高效照明产品实际安装数量、中标供货协议价格、补贴标准，申请财政补贴资金。2×21 年度，A 企业因销售高效照明产品获得财政资金5 000万元。

A企业虽然取得财政补贴资金，但最终受益人是从A企业购买高效照明产品的大宗用户和城乡居民，相当于政府以中标协议供货价格从A企业购买了高效照明产品，再以中标协议供货价格减去财政补贴资金后的价格将产品销售给终端用户。

实际操作时，政府并没有直接从事高效照明产品的购销，但以补贴资金的形式通过A企业的销售行为实现了政府推广使用高效照明产品的目标，实际上政府是购买了A企业的商品。

对A企业而言，仍按照中标协议供货价格销售了产品，高效照明产品的销售收入由两部分构成：一是终端用户支付的购买价款；二是财政补贴资金。

所以，这样的交易是互惠的，具有商业实质，并与A企业销售商品的日常经营活动密切相关，A企业收到的补贴资金5 000万元应当按照收入准则的规定进行会计处理。

例16-02 2×21年2月，B企业与所在城市的开发区人民政府签订了项目合作投资协议，实施“退城进园”技改搬迁。根据协议，B企业在开发区内投资约4亿元建设电子信息设备生产基地，生产基地占地面积400亩①，该宗项目用地按开发区工业用地基准地价挂牌出让，B企业摘牌并按挂牌出让价格缴纳土地款及相关税费4 800万元。B企业自开工之日起需在18个月内完成搬迁工作，从原址搬迁至开发区，同时将B企业位于城区繁华地段的原址用地200亩（按照所在地段工业用地基准地价评估为1亿元）移交给开发区政府收储，开发区政府将向B企业支付补偿资金1亿元。

为实施“退城进园”技改搬迁，B企业将其位于城区繁华地段的原址用地移交给开发区政府收储，开发区政府为此向B企业支付补偿资金1亿元，由于开发区政府对B企业的搬迁补偿是基于B企业原址用地的公允价值确定的，实质上是政府按照相应资产的市场价格向企业购买资产，企业从政府取得的经济资源是企业让渡其资产的对价，双方的交易是互惠性交易，不符合政府补助无偿性的特点，因此，B企业收到的1亿元搬迁补偿资金不作为政府补助处理，而应作为处置非流动资产的利得。

例16-03 丙企业是一家生产和销售重型机械的企业，为推动科技创新，丙企业所在地政府于2×21年8月向丙企业拨付了3 000万元资金，要求丙企业将这笔资金用于技术改造项目研究，研究成果归丙企业享有。

本例中企业的日常经营活动是生产和销售重型机械，其从政府取得了3 000万元资金用于研发支出，且研究成果归丙企业享有，所以这一项财政拨款具有无偿性，丙企业收到的3 000万元资金，应当按照政府补助准则的规定进行会计处理。

例16-04 2×21年12月，A公司收到财政部门拨款2 000万元，系对A公司2×19年执行国家计划内政策价差的补偿。A公司A商品单位售价为5万元/台，成本为2.5万元/台，但在纳入国家计划内政策体系后，A公司对国家规定范围内的用户销售A商品的售价为3万元/台，国家财政给予2万元/台的补贴。2×19年A公司共销售政策范围内A商品1 000件。假定不考虑增值税等因素。

本例中，A公司自财政部门取得的款项不属于政府补助。该款项与具有明确商业实质的交易相关，不是公司自国家无偿取得的现金流入，应作为企业正常销售价款的一部分。

会计处理如下：

借：应收账款/银行存款　　50 000 000

　　贷：主营业务收入　　50 000 000

借：主营业务成本　　25 000 000

　　贷：库存商品　　25 000 000

（三）政府补助的主要形式

政府补助表现为政府向企业转移资产，包括货币性资产或非货币性资产，通常为货币性资产，但也存在非货币性资产的情况。《〈企业会计准则第16号——政府补助〉解释》列举了如下几种政府补

① 1亩≈666.67平方米。

助形式：

1. 财政拨款

财政拨款是政府无偿拨付企业的资金，通常在拨款时就明确了用途。例如，政府拨给企业用于购建固定资产或进行技术改造工程的专项资金，政府鼓励企业安置职工就业而给予的奖励款项，政府拨付企业的粮食定额补贴，政府拨付企业开展研发活动的研发拨款等。

2. 财政贴息

财政贴息是政府为支持特定领域或区域发展、根据国家宏观经济形势和政策目标，对承贷企业的银行贷款利息给予的补贴。财政贴息主要有两种方式，一是财政将贴息资金直接拨付给受益企业；二是财政将贴息资金拨付给贷款银行，由贷款银行以政策性优惠利率向企业提供贷款，受益企业按照实际发生的利率计算和确认利息费用。

3. 税收返还

税收返还是政府按照先征后返（退）、即征即退等办法向企业返还的税款，属于以税收优惠形式给予的一种政府补助。除税收返还外，税收优惠还包括直接减征、免征、增加计税抵扣额、抵免部分税额等形式。这类税收优惠体现了政策导向，政府并未直接向企业无偿提供资产，不作为政府补助准则规范的政府补助。

4. 无偿划拨非货币性资产

政府无偿划拨非货币性资产在实务中发生较少，有时会存在行政划拨土地使用权、天然起源的天然林等。

（四）政府补助的分类

1. 与资产相关的政府补助

与资产相关的政府补助，是指企业取得的、用于购建或以其他方式形成长期资产的政府补助。会计上有两种处理方法可供选择，一是将与资产相关的政府补助确认为递延收益，随着资产的使用而逐步结转入损益；二是将补助冲减资产的账面价值，以反映长期资产的实际取得成本。

2. 与收益相关的政府补助

与收益相关的政府补助，是指除与资产相关的政府补助之外的政府补助。通常在满足补助所附条件时计入当期损益或冲减相关资产的账面价值。

二、政府补助的确认和计量

（一）政府补助的确认条件

政府补助准则规定了政府补助的确认条件，政府补助同时满足下列条件的，才能予以确认。

（1）企业能够满足政府补助所附条件。

（2）企业能够收到政府补助。

（二）政府补助的会计处理

1. 会计处理方法

政府补助的无偿性决定了其应当最终计入损益而非直接计入所有者权益。其会计处理有两种方法：一是总额法，将政府补助全额确认为收益；二是净额法，将政府补助作为相关资产账面价值或所补偿费用的扣减。与企业日常活动相关的政府补助，应当按照经济业务实质，计入其他收益或冲减相关成本费用。与企业日常活动无关的政府补助，计入营业外收支。通常情况下，若政府补助补偿的成本费用是营业利润之中的项目，或该补助与日常销售行为密切相关如增值税即征即退等，则认为该政府补助与日常活动相关。

总额法是在确认政府补助时，将其全额一次或分次确认为收益，而不是作为相关资产账面价值或者成本费用等的扣减。净额法是将政府补助确认为对相关资产账面价值或者所补偿成本费用等的扣减。

企业应当根据经济业务的实质，判断某一类政府补助业务应当采用总额法还是净额法。通常情况下，对同类或类似政府补助业务只能选用一种方法，同时，企业对该业务应当一贯地运用该方法，不得随意变更。企业对某些补助只能采用一种方法，例如，对一般纳税人增值税即征即退只能采用总额法进行会计处理。

（1）政府补助的会计处理方法是按业务选择，而不是要求一个企业就用一种方法。

（2）与企业日常活动相关的政府补助，应当按照经济业务实质，计入其他收益或冲减相关成本费用。与企业日常活动无关的政府补助，计入营业外收支。

（3）通常情况下，若政府补助补偿的成本费用是营业利润之中的项目，或该补助与日常销售等经营行为密切相关，如增值税即征即退等，则认为该政府补助与日常活动相关。

2. 与资产相关的政府补助

（1）总额法。在总额法下，取得时，借记“银行存款”等资产科目，贷记“递延收益”科目；摊销时，借记“递延收益”科目，贷记“其他收益”科目。

提示：如果企业先收资金再购建，则应在对相关资产计提折旧或摊销时将递延收益分期计入损益；如果企业先购建再收到资金，则应在相关资产剩余使用寿命内按合理、系统的方法将递延收益分期计入损益。

相关资产在使用寿命结束时或结束前被处置（出售、转让、报废等），尚未分摊的递延收益余额应当一次性转入资产处置当期损益，不再予以递延。

（2）净额法。在净额法下，将补助冲减相关资产账面价值。

企业对某项经济业务选择总额法或净额法后，应当对该项业务一贯地运用该方法，不得随意变更。

实务中存在政府无偿给予企业长期非货币性资产的情况，如无偿给予的土地使用权和天然起源的天然林等。对无偿给予的非货币性资产，企业应当按照公允价值或名义金额对此类补助进行计量。企业在收到非货币性资产时，应当借记有关资产科目，贷记“递延收益”科目，在相关资产使用寿命内按合理、系统的方法分期计入损益，借记“递延收益”科目，贷记“其他收益”等科目。对以名义金额（1元）计量的政府补助，在取得时计入当期损益。

例 16-05 按照国家有关政策，企业购置环保设备可以申请补贴以补偿其环保支出。A 企业于 2×21 年 1 月向政府有关部门提交 210 万元的补助申请，作为对其购置环保设备的补贴。2×21 年 3 月 15 日，A 企业收到政府补贴款 210 万元。2×21 年 4 月 20 日，A 企业购入不需要安装环保设备，实际成本为 480 万元，使用寿命 10 年，采用直线法计提折旧（不考虑净残值）。假设 2×29 年 4 月，A 企业的这台设备发生毁损。本例中不考虑相关税费。

A 企业的账务处理如下。

方法一：A 企业选择总额法进行会计处理。

（1）2×21 年 3 月 15 日，实际收到财政拨款，确认递延收益：

借：银行存款	2 100 000	
贷：递延收益		2 100 000

（2）2×21 年 4 月 20 日，购入设备：

借：固定资产	4 800 000	
贷：银行存款		4 800 000

（3）自 2×21 年 5 月起每个资产负债表日（月末）计提折旧，同时分摊递延收益。

①计提折旧（假设该设备用于污染物排放测试，折旧费用计入制造费用）：

借：制造费用	40 000	
贷：累计折旧		40 000

②分摊递延收益（月末）：

借：递延收益　　17 500

　贷：其他收益　　17 500

（4）2×29 年 4 月，设备毁损，同时转销递延收益余额。

①设备毁损：

借：固定资产清理　　960 000

　　累计折旧　　3 840 000

　贷：固定资产　　4 800 000

借：营业外支出　　960 000

　贷：固定资产清理　　960 000

②转销递延收益余额：

借：递延收益　　420 000

　贷：营业外收入　　420 000

方法二：A 企业选择净额法进行会计处理。

（1）2×21 年 3 月 15 日，实际收到财政拨款：

借：银行存款　　2 100 000

　贷：递延收益　　2 100 000

（2）2×21 年 4 月 20 日，购入设备：

借：固定资产　　4 800 000

　贷：银行存款　　4 800 000

借：递延收益　　2 100 000

　贷：固定资产　　2 100 000

（3）自 2×21 年 5 月起每个资产负债表日（月末）计提折旧：

借：制造费用　　22 500

　贷：累计折旧　　22 500

（4）2×29 年 4 月，设备毁损：

借：固定资产清理　　540 000

　　累计折旧　　2 160 000

　贷：固定资产　　2 700 000

借：营业外支出　　540 000

　贷：固定资产清理　　540 000

3. 与收益相关的政府补助

（1）与收益相关的政府补助，企业应当选择采用总额法或净额法进行会计处理。选择总额法的，应当计入其他收益或营业外收入。选择净额法的，应当冲减相关成本费用或营业外支出。

例 16-06　A 企业于 2×20 年 3 月 15 日与企业所在地地方政府签订合作协议，根据协议约定当地政府向 A 企业提供 500 万元奖励基金，用于企业的人才激励和人才引进奖励。A 企业必须按年向当地政府报送详细的资金使用计划，并按规定用途使用资金。

A 企业于 2×20 年 4 月 10 日收到 500 万元补助资金，并分别在 2×20 年 12 月、2×21 年 12 月、2×22 年 12 月分别使用了 200 万元、150 万元和 150 万元，用于发放给总裁级别高管年度奖金。

A 企业选择将该政府补助冲减管理费用。

分析：本例中，A 企业在实际收到补助资金时，应先计入“递延收益”科目，实际按规定用途使用资金时再结转计入当期损益。会计处理如下。

（1）2×20 年 4 月 10 日，A 企业实际收到补助资金：

借：银行存款　　5 000 000

　　贷：递延收益　　5 000 000

（2）2×20 年 12 月、2×21 年 12 月、2×22 年 12 月 A 企业将补贴资金发放高管奖金时：

借：递延收益　　2 000 000

　　贷：管理费用　　2 000 000

借：递延收益　　1 500 000

　　贷：管理费用　　1 500 000

借：递延收益　　1 500 000

　　贷：管理费用　　1 500 000

例 16-07 丙企业生产一种先进的模具产品，按照国家相关规定，该企业的这种产品适用增值税先征后返政策，按实际缴纳增值税额返还 70%。2×21 年 1 月，该企业实际缴纳增值税额 120 万元。2×21 年 2 月，该企业实际收到返还的增值税额 84 万元。

分析：本例中，丙企业收到返还的增值税税额属于与收益相关的政府补助，且用于补偿企业已发生的相关费用，增值税先征后返属于与企业的日常活动密切相关的补助，应在实际收到时直接计入当期损益（其他收益）。

丙企业实际收到返还的增值税额时，账务处理如下：

借：银行存款　　840 000

　　贷：其他收益　　840 000

（2）用于补偿企业以后期间的相关成本费用或损失的，在收到时应先判断企业能否满足政府补助所附条件。根据政府补助准则的规定，只有满足政府补助确认条件的才能予以确认，客观情况通常表明企业能够满足政府补助所附条件，企业应当将补助确认为递延收益，并在确认相关费用或损失期间，计入当期损益或冲减相关成本。

如果收到时，客观情况表明企业能够满足政府补助所附条件，则应当确认为递延收益。借记“银行存款”科目，贷记“递延收益”科目；并在确认费用和损失期间，计入当期损益或冲减相关成本，借记“递延收益”科目，贷记“管理费用”或相关资产成本科目；如果收到时，暂时无法确定判断企业能否满足政府补助所附条件，借记“银行存款”科目，贷记“其他应付款”科目；客观情况表明企业能够满足政府补助所附条件后再确认递延收益，借记“其他应付款”科目，贷记“递延收益”科目。

例 16-08 B 企业销售其自主开发生产的动漫软件，按照国家有关规定，该企业的这种产品适用增值税即征即退政策，按 13% 的税率征收增值税后，对其增值税实际税负超过 3% 的部分，实行即征即退。B 企业 2×21 年 8 月在进行纳税申报时，对归属于 7 月的增值税即征即退提交退税申请，经主管税务机关审核后的退税额为 10 万元。软件企业即征即退增值税属于与企业的日常销售密切相关，属于与企业日常活动相关的政府补助。B 企业 2×21 年 8 月申请退税并确定了增值税退税额，账务处理如下：

借：其他应收款　　100 000

　　贷：其他收益　　100 000

例 16-09 A 企业 2×21 年 11 月遭受重大自然灾害，并于 2×21 年 12 月 20 日收到了政府补助资金 200 万元用于弥补其遭受自然灾害的损失。

2×21 年 12 月 20 日，丙企业实际收到补助资金并选择按总额法进行会计处理，其账务处理如下：

借：银行存款　　2 000 000

　　贷：营业外收入　　2 000 000

例 16-10 A 企业是集芳烃技术研发、生产于一体的高新技术企业，芳烃的原料是石脑油，石脑油按成品油项目在生产环节征收消费税。根据国家有关规定，对使用燃料油、石脑油生产 B 烯芳烃的企业购进并用于生产 B 烯、芳烃类化工产品的石脑油、燃料油，按实际耗用数量退换所含消费税。

假设A企业石脑油单价为5 333元/吨（其中，消费税2 105元/吨）。本期将115吨石脑油投入生产，石脑油转换率1.15：1（即1.15吨石脑油可生产1吨B烯芳烃），共生产B烯芳烃100吨，A企业根据当期产量及所购原料供应商的消费税证明，申请退换相应的消费税，当期应退消费税为100×1.15×2 105＝242 075（元），A企业在期末结转存货成本和主营业务成本之前，账务处理如下：

借：其他应收款　　242 075

　贷：生产成本　　242 075

4. 政府补助的退回

已计入损益的政府补助需要退回的，应当需要在退回当期按照以下规定进行会计处理：

（1）初始确认时冲减相关资产账面价值的，调整资产账面价值。

（2）存在相关递延收益的，冲减相关递延收益账面余额；超出部分计入当期损益。

（3）属于其他情况的，直接计入当期损益。

对于属于前期差错的政府补助退回，应当按照前期差错更正进行追溯调整。

例 16-11 接例 16-5（补助款 210 万元用于购买环保设备），假设 2×22 年 5 月，有关部门在对 A 企业的检查中发现，A 企业不符合申请补助的条件，要求 A 企业退回补助款，A 企业于当月退回了补助款 210 万元。

A 企业的账务处理如下。

方法一，A 企业选择总额法进行会计处理，应当结转递延收益，并将超过部分计入当期损益。因为以前期间计入其他收益，所以本例中这部分退回的补助冲减应退回当期的其他收益。

2×22 年 5 月，A 企业退回补助款时：

借：递延收益（尚未摊销数）　　1 890 000

　　其他收益（2 100 000÷10）　　210 000

　贷：银行存款　　2 100 000

方法二，A 企业选择净额法进行会计处理，应当视同一开始就没有收到政府补助，调整固定资产的账面价值，将实际退回金额与账面价值调整数之间的差额计入当期损益。因为本例中以前期间实际冲减了制造费用，所以本例中这部分退回的补助补记退回当期的制造费用。

2×22 年 5 月，A 企业退回补助款时：

借：固定资产　　1 890 000

　　制造费用（倒挤）　　210 000

　贷：银行存款　　2 100 000

例 16-12 A 企业于 2×20 年 11 月与某开发区政府签订合作协议，在开发区内投资设立生产基地。协议约定，开发区政府自协议签订之日起 6 个月内向 A 企业提供 300 万元产业补贴资金用于奖励该企业在开发区内投资，A 企业自获得补贴起 5 年内注册地址不得迁离本区，如果 A 企业在此期限内搬离开发区，开发区政府允许 A 企业按照实际留在本区的时间保留部分补贴，并按剩余时间追回补贴资金。A 企业于 2×21 年 1 月 3 日收到补贴资金。

假设 A 企业在实际收到补贴资金时，客观情况表明 A 企业在未来 5 年内搬离开发区的可能性很小，A 企业应当在收到补贴资金时计入“递延收益”科目，由于协议约定如果 A 企业提前搬离开发区，开发区政府有权追回部分补助，说明企业每多留在开发区内一年，就有权取得与这一年相关的补助，与这一年内补助有关的不确定性基本消除，补贴收益得以实现，所以 A 企业应当将该补助在 5 年内平均摊销结转计入损益。

A企业的账务处理如下。

（1）2×21年1月3日，A企业实际收到补贴资金：

借：银行存款　　3 000 000

　　贷：递延收益　　3 000 000

（2）2×21年12月31日及以后年度，A企业分期将递延收益结转入当期损益：

借：递延收益　　600 000

　　贷：其他收益　　600 000

假设2×23年1月（过了2年），因A企业重大战略调整，搬离开发区，开发区政府根据协议要求A企业退回补贴180万元。账务处理如下：

借：递延收益　　1 800 000

　　贷：其他应付款　　1 800 000

例16-13 A公司为境内上市公司，对于政府补助按净额法进行会计处理，不考虑增值税和相关税费以及其他因素。2×21年，A公司发生的有关交易或事项如下：

资料一：A公司生产并销售环保设备。该设备的生产成本为每台600万元，正常市场销售价格为每台780万元。A公司按照国家确定的价格以每台500万元对外销售；同时，按照国家有关政策；每销售1台环保设备由政府给予A公司补助250万元。

2×21年，A公司销售环保设备20台，50%款项尚未收到；当年收到政府给予的环保设备销售补助款5 000万元。

要求：根据资料一，说明A公司收到政府的补助款的性质及应当如何进行会计处理，说明理由，并编制相关的会计分录。

A公司与政府发生的销售商品交易与日常活动相关，且来源于政府的经济资源是商品对价的组成部分，应当按照《企业会计准则第14号——收入》的规定进行会计处理。

借：银行存款（50 000 000＋5 000 000×20×50%）　　100 000 000

　　应收账款（5 000 000×20×50%）　　50 000 000

　　贷：主营业务收入（20×7 500 000）　　150 000 000

借：主营业务成本（6 000 000×20）　　120 000 000

　　贷：库存商品　　120 000 000

资料二：A公司为采用新技术生产更先进的环保设备，于3月1日起对某条生产线进行更新改造。该生产线的原价为10 000万元，已计提折旧6 500万元，旧设备的账面价值为300万元（假定无残值），新安装设备的购进成本为8 000万元；另发生其他直接相关费用1 200万元。相关支出均通过银行转账支付。生产线更新改造项目于12月25日达到预定可使用状态。

A公司更新改造该生产线属于国家鼓励并给予补助的项目，经A公司申请，于12月20日得到相关政府部门批准，可获得政府补助3 000万元。截至12月31日，补助款项尚未收到，但A公司预计能够取得。

要求：根据资料二，说明A公司获得政府的补助款的分类，编制与生产线更新改造相关的会计分录。

A公司获得政府的补助款用于补偿生产线更新改造发生的支出，属于与资产相关的政府补助。

借：在建工程　　35 000 000

　　累计折旧　　65 000 000

　　贷：固定资产　　100 000 000

借：营业外支出　　3 000 000

　　贷：在建工程　　3 000 000

借：在建工程（80 000 000＋12 000 000）　　92 000 000

　　贷：银行存款　　92 000 000

借：固定资产（35 000 000－3 000 000＋92 000 000）　　124 000 000
　　贷：在建工程　　124 000 000

因政府已经批准给予补助，但款项尚未收到，故：

借：其他应收款　　30 000 000
　　贷：递延收益　　30 000 000

借：递延收益　　30 000 000
　　贷：固定资产　　30 000 000

资料三：5月10日，A公司所在地地方政府为了引进人才，与A公司签订了人才引进合作协议。该协议约定，当地政府将向A公司提供1 500万元人才专用资金，用于A公司引进与研发新能源汽车相关的技术人才，但A公司必须承诺在当地注册并至少八年内注册地址不变且不搬离本地区，如八年内A公司注册地变更或搬离本地区的，政府有权收回该补助资金。

该资金分三年使用，每年500万元。每年年初，A公司需向当地政府报送详细的人才引进及资金使用计划，每年11月末，由当地政府请中介机构评估A公司人才引进是否符合年初计划并按规定的用途使用资金。

A公司预计八年内不会变更注册地，也不会撤离该地区，且承诺按规定使用资金。

8月20日，A公司收到当地政府提供的1 500万元补助资金。

要求：根据资料三，说明A公司收到政府的补助款的分类；编制A公司2×17年相关的会计分录。

A公司获得政府的补助款用于补偿A公司引进与研发新能源汽车相关的技术人才的支出，属于与收益相关的政府补助，且属于对以后期间发生支出的补偿。

借：银行存款　　15 000 000
　　贷：递延收益　　15 000 000

年末：

借：递延收益　　5 000 000
　　贷：管理费用　　5 000 000

5. 特定业务的会计处理

（1）综合性项目政府补助。综合性项目政府补助同时包含与资产相关的政府补助和与收益相关的政府补助，企业需要将其进行分解并分别进行会计处理；难以区分的，企业应当将其整体归类为与收益相关的政府补助进行处理。

例16-14　2×21年6月15日，某科技创新委员会与B企业签订了科技计划项目合同书，拟对B企业的新药临床研究项目提供研究补助资金，该项目总预算为600万元，其中，市科技创新委员会资助200万元，A企业自筹400万元，政府补助的200万元用于补助设备费60万元，材料费15万元，测试化验加工费95万元，差旅费10万元，会议费5万元，专家咨询费8万元，管理费用7万元，本例中除设备费外的其他各项费用都计入研究支出。市科技创新委员会应当在合同签订之日起30日内将资金拨付给A企业。

根据双方约定，A企业应当按照合同规定的开支范围，对市科技创新委员会资助的经费实行专款专用。项目实施期限为自合同签订之日起30个月，期满后A企业如未通过验收，则该项目实施期满后3年内不得再向市政府申请科技补贴资金。B企业于2×21年7月10日收到补助资金，在项目期内按照合同约定的用途使用了补助资金，其中，B企业于2×21年7月25日按项目合同书的约定购置了相关设备，设备成本150万元，其中使用补助资金60万元，该设备使用年限为10年，采用直线法计提折旧（不考虑净残值）。假设本例中不考虑相关税费。

本例中，B企业收到的政府补助是综合性项目政府补助，需要区分与资产相关的政府补助和与收益相关的政府补助并分别进行处理，假设B企业对收到的与资产相关的政府补助选择净额法进行会计处理。B 企业的账务处理如下。

2×21 年 7 月 10 日，B 企业实际收到补贴资金时：

借：银行存款　　2 000 000

　　贷：递延收益　　2 000 000

2×21 年 7 月 25 日，购入设备：

借：固定资产　　1 500 000

　　贷：银行存款　　1 500 000

借：递延收益　　600 000

　　贷：固定资产　　600 000

自 2×21 年 8 月起每个资产负债表日（月末）计提折旧，折旧费计入研发支出：

借：研发支出　　7 500

　　贷：累计折旧　　7 500

其他与收益相关的政府补助，B 企业按规定用途实际使用补助资金时，计入损益或者在实际使用的当期期末根据当期累计使用的金额计入损益，借记"递延收益"科目，贷记有关损益科目。

（2）政策性优惠贷款贴息。

①财政将贴息资金拨付给贷款银行。在财政将贴息资金拨付给贷款银行的情况下，由贷款银行以政策性优惠利率向企业提供贷款。这种方式下，受益企业按照优惠利率向贷款银行支付利息，并没有直接从政府取得利息补助，企业可以选择下列方法之一进行会计处理：一是以实际收到的金额作为借款的入账价值，按照借款本金和该政策性优惠利率计算借款费用；二是以借款的公允价值作为借款的入账价值并按照实际利率法计算借款费用，实际收到的金额与贷款入账价值之间的差额确认为递延收益。递延收益在贷款存续期内采用实际利率法摊销，冲减相关借款费用。企业选择上述两种方法之一作为会计政策后，应当一致地运用，不得随意变更。

例 16-15　2×21 年 1 月 1 日，A 企业向银行贷款 100 万元，期限 2 年，按月计息，按季度付息，到期一次还本，相关计算如表 16-01 所示。由于该笔贷款资金将被用于国家扶持产业，符合财政贴息条件，所以贷款利率显著低于 A 企业取得同类贷款的市场利率。假设 A 企业取得同类贷款的年市场利率为 9%，A 企业与银行签订的贷款合同约定的年利率为 3%，A 企业按年向银行支付贷款利息，财政按年向银行拨付贴息资金。贴息后实际支付的年利息率为 3%，贷款期间的利息费用满足资本化条件，计入相关在建工程的成本。

表 16-01　A 企业贷款利息费用计算表

单位：元

月度	实际支付银行的利息①	财政贴息②	实际现金流③	实际现金流折现④	长期借款各期实际利息⑤	摊销金额⑥	长期借款的期末账面价值⑦
0							890 554
1	7 500	5 000	2 500	2 481	6 679	4 179	894 733
2	7 500	5 000	2 500	2 463	6 711	4 211	898 944
3	7 500	5 000	2 500	2 445	6 742	4 242	903 186
4	7 500	5 000	2 500	2 426	6 774	4 274	907 460
5	7 500	5 000	2 500	2 408	6 806	4 306	911 766
6	7 500	5 000	2 500	2 390	6 838	4 338	916 104
7	7 500	5 000	2 500	2 373	6 871	4 371	920 475

（续表）

月度	实际支付银行的利息①	财政贴息②	实际现金流③	实际现金流折现④	长期借款各期实际利息⑤	摊销金额⑥	长期借款的期末账面价值⑦
8	7 500	5 000	2 500	2 355	6 904	4 404	924 878
9	7 500	5 000	2 500	2 337	6 937	4 437	929 315
10	7 500	5 000	2 500	2 320	6 970	4 470	933 785
11	7 500	5 000	2 500	2 303	7 003	4 503	938 288
12	7 500	5 000	2 500	2 286	7 037	4 537	942 825
13	7 500	5 000	2 500	2 269	7 071	4 571	947 397
14	7 500	5 000	2 500	2 252	7 105	4 605	952 002
15	7 500	5 000	2 500	2 235	7 140	4 640	965 642
16	7 500	5 000	2 500	2 218	7 175	4 675	961 317
17	7 500	5 000	2 500	2 202	7 210	4 710	966 027
18	7 500	5 000	2 500	2 185	7 245	4 745	970 772
19	7 500	5 000	2 500	2 169	7 281	4 781	975 553
20	7 500	5 000	2 500	2 153	7 317	4 817	980 369
21	7 500	5 000	2 500	2 137	7 353	4 853	985 222
22	7 500	5 000	2 500	2 121	7 389	4 889	990 111
23	7 500	5 000	2 500	2 105	7 426	4 926	995 037
24	7 500	5 000	2 500	837 921	7 463	4 963	1 000 000
合计				890 554		109 446	

注：实际现金流折现④为各月实际现金流③ 2 500 元按照月市场利率 0.75%（9%÷12）折现的金额。
长期借款各期实际利息⑤为各月长期借款账面价值⑦与月市场利率 0.75% 的乘积。
摊销金额⑥是长期借款各期实际利息⑤扣减各月实际现金流③ 2 500 元后的金额。

按方法一账务处理如下。

2×21 年 1 月 1 日，丙企业取得银行贷款 100 万元：

借：银行存款　　1 000 000

　　贷：长期借款——本金　　1 000 000

自 2×21 年 1 月 31 日起，每月月末，丙企业按月计提利息，企业实际承担的利息支出为 2 500 元（1 000 000×3%÷12）：

借：在建工程　　2 500

　　贷：应付利息　　2 500

按方法二账务处理如下。

2×21 年 1 月 1 日，丙公司取得银行贷款 100 万元：

借：银行存款　　1 000 000

　　长期借款——利息调整　　109 446

　　贷：长期借款——本金　　1 000 000

　　　　递延收益　　109 446

2×21 年 1 月 31 日，丙企业按月计提利息：

借：在建工程　　6 679
　　贷：应付利息　　2 500
　　　　长期借款——利息调整　　4 179

同时，摊销递延收益：

借：递延收益　　4 179
　　贷：在建工程　　4 179

在这两种方法下，计入在建工程的利息支出是一致的，均为 2 500 元。所不同的是第一种方法下，银行贷款在资产负债表中反映账面价值为 1 000 000 元，第二种方法下，银行贷款的入账价值为 890 554 元，递延收益为 109 446 元，各月需要按照实际利率法进行摊销。

②财政将贴息资金直接拨付给受益企业。财政将贴息资金直接拨付给受益企业，企业先按照同类贷款市场利率向银行支付利息，财政部门定期与企业结算贴息。在这种方式下，由于企业先按照同类贷款市场利率向银行支付利息，实际收到的借款金额通常就是借款的公允价值，企业应当将对应的贴息冲减相关借款费用。

例 16-16　接例 16-13，A 企业与银行签订的贷款合同约定的年利率为 9%，A 企业按月计提利息，按季度向银行支付贷款利息，以付息凭证向财政申请贴息资金。财政按年与丙企业结算贴息资金。

（a）2×21 年 1 月 1 日，丙企业取得银行贷款 100 万元。

借：银行存款　　1 000 000
　　贷：长期借款——本金　　1 000 000

（b）自 2×21 年 1 月 31 日起，每月月末，丙企业按月计提利息，应向银行支付的利息金额为 7 500 元（1 000 000×9%÷12），企业实际承担的利息支出为 2 500 元（1 000 000×3%÷12），应收政府贴息为 5 000 元。

借：在建工程　　7 500
　　贷：应付利息　　7 500
借：其他应收款　　5 000
　　贷：在建工程　　5 000

三、政府补助的列报

（一）政府补助在利润表上的列式

企业应当在利润表中的“营业利润”项目之上单独列报“其他收益”项目，计入其他收益的政府补助在该项目中反映，冲减相关成本费用的政府补助，在相关成本费用项目中反映，与企业日常经营活动无关的政府补助，在利润表的营业外收支项目中列报。

（二）政府补助的附注披露

企业应当在附注中披露与政府补助有关的下列信息；政府补助的种类、金额和列报项目；计入当期损益的政府补助金额；本期退回的政府补助的金额及原因。

四、新旧衔接

（1）首次执行企业会计准则，遵照《企业会计准则第 38 号——首次执行企业会计准则》的相关规定，详见本书第三十八章。

（2）在本准则施行日之前已经执行企业会计准则的企业，对 2017 年 1 月 1 日存在的政府补助采用未来适用法处理，对 2017 年 1 月 1 日至本准则施行日之间新增的政府补助根据本准则进行调整。

第十七章
借 款 费 用

一、借款费用的概述

（一）借款费用的定义

根据《企业会计准则第 17 号——借款费用》（以下简称借款费用准则）具体准则，借款费用是指企业因借款而发生的利息及其他相关成本。借款费用包括借款利息、折价或者溢价的摊销、辅助费用以及因外币借款而发生的汇兑差额等。

（二）借款费用的范围

《企业会计准则讲解》对借款费用具体准则中规定的借款费用核算内容作了如下具体解释。

（1）因借款而发生的利息，包括企业向银行或者其他金融机构等借入资金发生的利息、发行公司债券发生的利息，以及为购建或者生产符合资本化条件的资产而发生的带息债务所承担的利息等。

（2）因借款而发生的折价或者溢价主要是指发行债券等所发生的折价或者溢价。发行债券中的折价或者溢价，其实质是对债券票面利息的调整（即将债券票面利率调整为实际利率），属于借款费用的范畴。

（3）因外币借款而发生的汇兑差额，是指由于汇率变动对外币借款本金及其利息的记账本位币金额所产生的影响金额。汇率的变化往往和利率的变化相关联，尤其是企业外币借款所需承担的风险，因此，因外币借款相关汇率变化所导致的汇兑差额属于借款费用的有机组成部分。

（4）因借款而发生的辅助费用，是指企业在借款过程中发生的诸如手续费、佣金等费用，由于这些费用是因安排借款而发生的，也属于借入资金所付出的代价，是借款费用的构成部分。

借款费用准则着重解决了借款费用的确认和计量，尤其是借款费用资本化的条件以及借款费用资本化金额的计量问题。

（三）符合资本化条件的资产

企业发生的借款费用，可直接归属于符合资本化条件的资产的购建或者生产，应当予以资本化，计入符合资本化条件的资产成本。其他借款费用，应当在发生时根据其发生额确认为财务费用，计入当期损益。

符合资本化条件的资产，是指需要经过相当长时间（一年或一年以上）的购建或者生产活动才能达到预定可使用或者可销售状态的固定资产、投资性房地产和存货等资产。

在实务中，如果由于人为或者故意等非正常因素导致资产的购建或生产时间相当长的，该资产不属于符合资本化条件的资产。

二、借款费用的确认

企业发生的借款费用，可直接归属于符合资本化条件的资产的购建或者生产的，应当予以资本化，计入符合资本化条件的资产成本（在建工程等）。其他借款费用，应当在发生时根据其发生额确认为费用，计入当期损益（财务费用）。企业只有发生在资本化期间内的有关借款费用，才允许资本化。

借款费用资本化期间，是指从借款费用开始资本化时点到停止资本化时点的期间，但不包括借款费用暂停资本化的期间。

（一）借款费用开始资本化的时点

借款费用允许开始资本化必须同时满足三个条件。

（1）资产支出已经发生（开始占用资金）。

①支付现金，是指用货币资金支付符合资本化条件的资产的购建或者生产支出。

②转移非现金资产，是指企业将自己的非现金资产直接用于符合资本化条件的资产的购建或者生产（即将自己的产品用于工程）。

③承担带息债务，是指企业为了购建或者生产符合资本化条件的资产所需用物资等而承担的带息应付款项（如带息应付票据）。

（2）借款费用已经发生（开始计息）。

（3）为使资产达到预定可使用或者可销售状态所必要的购建或生产活动已经开始（开始动工）。

企业只有在上述三个条件同时满足的情况下，有关借款费用才可开始资本化。只要其中的任何一个条件没有满足，借款费用都不能开始资本化，而计入当期损益。

例 17-01 某企业用现金或者银行存款购买为建造或者生产符合资本化条件的资产所需用材料，支付有关职工薪酬，向工程承包商支付工程进度款等，这些支出均属于资产支出。

例 17-02 若某企业将自己生产的产品，包括自己生产的水泥、钢材等，用于符合资本化条件的资产的建造或者生产，同时，企业还将自己生产的产品向其他企业换取用于符合资本化条件的资产的建造或者生产所需用工程物资，那么这些产品成本均属于资产支出。

例 17-03 某企业因建设长期工程所需，于 2×21 年 3 月 1 日购入一批工程用物资，为此开出一张 10 万元的带息银行承兑汇票，期限为 6 个月，票面年利率为 6%。对于该事项，企业尽管没有为工程建设的目的直接支付现金，但承担了带息债务，所以应当将 10 万元的购买工程用物资款作为资产支出，自 3 月 1 日开出承兑汇票开始即表明资产支出已经发生。

例 17-04 某企业于 2×21 年 1 月 1 日为建造一幢建设期为两年的厂房，从银行专门借入款项 9 000 万元，当日开始计息。在 2×21 年 1 月 1 日即应当认为借款费用已经发生。

根据《企业会计准则讲解》，“为使资产达到预定可使用或者可销售状态所必要的购建或者生产活动已经开始”，是指符合资本化条件的资产的实体建造或者生产工作已经开始，例如主体设备的安装、厂房的实际开工建造等。它不包括仅仅持有资产但没有发生为改变资产形态而进行的实质上的建造或者生产活动。

例 17-05 若某企业为了建设写字楼购置了建筑用地，但是尚未开工兴建房屋，有关房屋实体建造活动也没有开始，则在这种情况下即使企业为了购置建筑用地已经发生了支出，也不应当将其认为为使资产达到预定可使用状态所必要的购建活动已经开始。

（二）借款费用暂停资本化的时间

（1）符合资本化条件的资产在购建或者生产过程中发生非正常中断且中断时间连续超过 3 个月的，应当暂停借款费用的资本化。中断的原因如属于正常中断的，相关借款费用仍可资本化。

例 17-06 某企业于 2×21 年 1 月 1 日利用专门借款开工兴建一幢办公楼，支出已经发生，因此借款费用从当日起开始资本化。工程预计于 2×22 年 3 月完工。

2×21 年 5 月 15 日，由于工程施工发生了安全事故，导致工程中断，直到 9 月 10 日才复工。

该中断就属于非正常中断，因此，上述专门借款在 5 月 15 日至 9 月 10 日间所发生的贷款费用不应资本化。

（2）非正常中断通常是由于企业管理决策上的原因或者其他不可预见的原因等所导致的中断，例如：①企业因与施工方发生了质量纠纷；②工程生产用料没有及时供应；③资金周转发生了困难；④施工、生产发生了安全事故；⑤发生了与资产购建、生产有关的劳动纠纷等原因。导致资产购建或者生产活动发生中断，均属于非正常中断。

（3）正常中断，通常仅限于因购建或者生产符合资本化条件的资产达到预定可使用或者可销售状态所必要的程序，或者事先可预见的不可抗力因素导致的中断。

例如，某些地区的工程在建造过程中，由于可预见的不可抗力因素（如雨季或冰冻季节等原因）导致施工出现停顿，属于正常中断，在正常中断期间所发生的借款费用可以继续资本化，计入相关资产的成本。

（三）借款费用停止资本化的时点

1. 基本原则

（1）购建或者生产符合资本化条件的资产达到预定可使用状态或者可销售状态时，借款费用应当停止资本化。

（2）在符合资本化条件的资产达到预定可使用或者可销售状态之后所发生的借款费用，应当在发生时根据其发生额确认为费用，计入当期损益（财务费用）。

2. 购建或者生产符合资本化条件的资产达到预定可使用或者可销售状态的判断标准

购建或者生产符合资本化条件的资产达到预定可使用或者可销售状态，可从下列几个方面加以判断：

（1）符合资本化条件的资产的实体建造（包括安装）或者生产工作已经全部完成或者实质上已经完成。（实质重于形式）

（2）所购建或者生产的符合资本化条件的资产与设计要求、合同规定或者生产要求相符或者基本相符，即使有极个别与设计、合同或者生产要求不相符的地方，也不影响其正常使用或者销售。（重要性）

（3）继续发生在所购建或生产的符合资本化条件的资产上的支出金额很少或者几乎不再发生。

（4）购建或者生产符合资本化条件的资产需要试生产或者试运行的，在试生产结果表明资产能够正常生产出合格产品，或者试运行结果表明资产能够正常运转或者营业时，应当认为该资产已经达到预定可使用或者可销售状态。

例 17-07 ABC 公司借入一笔款项，于 2×20 年 2 月 1 日采用出包方式开工兴建一幢办公楼。2×21 年 10 月 10 日工程全部完工，达到合同要求。10 月 30 日工程验收合格，11 月 15 日办理工程竣工结算，11 月 20 日完成全部资产移交手续，12 月 1 日办公楼正式投入使用。

在本例中，企业应当将 2×21 年 10 月 10 日确定为工程达到预定可使用状态的时点，作为借款费用停止资本化的时点。

3. 所购建或者生产的资产如果分别建造、分别完工的，企业应当区别情况界定借款费用停止资本化的时点

（1）所购建或者生产的符合资本化条件的资产各部分分别完工，且每部分在其他部分继续建造或者生产过程中可供使用或者可对外销售，且为使该部分资产达到预定可使用或可销售状态所必要的购建或者生产活动实质上已经完成的，应当停止与该部分资产相关的借款费用的资本化。

（2）如果企业购建或者生产的资产的各部分分别完工，但必须等到整体完工后才可使用或者对外销售的，应当在该资产整体完工时停止借款费用的资本化。

在这种情况下，即使各部分资产已经完工，也不能够认为该部分资产已经达到了预定可使用或者可销售状态，企业只能在所购建固定资产整体完工时，才能认为资产已经达到了预定可使用或可销售

状态，借款费用方可停止资本化。

三、借款费用的计量

（一）借款利息资本化金额的确定

在借款费用资本化期间内，每一会计期间的利息（包括折价或溢价的摊销）资本化金额，应当按照下列方法确定：

（1）为购建或者生产符合资本化条件的资产而借入专门借款的，应当以专门借款当期实际发生的利息费用，减去将尚未动用的借款资金存入银行取得的利息收入或进行暂时性投资取得的投资收益后的金额确定。

对专门借款而言，资本化期间的借款费用全部资本化，费用化期间的借款费用全部费用化。对费用化金额的计算可比照资本化金额的计算方式处理，即费用化期间的利息费用减去费用化期间尚未动用的借款资金存入银行取得的利息收入或进行暂时性投资取得的投资收益后的金额确定。

（2）为购建或者生产符合资本化条件的资产而占用了一般借款的，企业应当根据累计资产支出超过专门借款部分的资产支出加权平均数乘以所占用一般借款的资本化率，计算确定一般借款应予资本化的利息金额。资本化率应当根据一般借款加权平均利率计算确定。有关计算公式如下：

资产支出加权平均数＝∑（每笔资产支出金额 × 该笔资产支出在当期所占用的天数 ÷ 当期天数）

一般借款费用化金额＝全部利息费用－资本化金额

（3）每一会计期间的利息资本化金额，不应当超过当期相关借款实际发生的利息金额。

例 17-08 ABC 公司于 2×20 年 1 月 1 日正式动工兴建一幢办公楼，工期预计为 1 年零 6 个月，工程采用出包方式，分别于 2×20 年 1 月 1 日、2×20 年 7 月 1 日和 2×21 年 1 月 1 日支付工程进度款。公司为建造办公楼于 2×20 年 1 月 1 日专门借款 2 000 万元，借款期限为 3 年，年利率为 6%。另外在 2×20 年 7 月 1 日又专门借款 4 000 万元，借款期限为 5 年，年利率为 7%。借款利息为按年支付（如无特别说明，本章例题中名义利率与实际利率均相同）。闲置借款资金均用于固定收益债券短期投资，该短期投资月收益率为 0.5%。办公楼于 2×21 年 6 月 30 日完工，达到预定可使用状态。公司为建造该办公楼的支出金额如表 17-01 所示。

表 17-01 办公楼建造支出表

单位：元

日期	每期资产支出金额	累计资产支出金额	闲置借款资金用于短期投资金额
2×20 年 1 月 1 日	1 500	1 500	500
2×20 年 7 月 1 日	2 500	4 000	2 000
2×21 年 1 月 1 日	1 500	5 500	500
总计	5 500	—	—

由于 ABC 公司使用了专门借款建造办公楼，而且办公楼建造支出没有超过专门借款金额，因此公司 2×20 年、2×21 年为建造办公楼应予资本化的利息金额计算如下。

（1）确定借款费用资本化期间为 2×20 年 1 月 1 日至 2×21 年 6 月 30 日。

（2）计算在资本化期间内专门借款实际发生的利息金额：

2×20年专门借款发生的利息金额＝2 000×6%＋4 000×7%×6÷12＝260（万元）

2×21年1月1日—6月30日专门借款发生的利息金额＝2 000×6%×6÷12＋4 000×7%×6÷

12＝200（万元）

（3）计算在资本化期间内利用闲置的专门借款资金进行短期投资的收益：

2×20年短期投资收益＝500×0.5%×6＋2 000×0.5%×6＝75（万元）

2×21年1月1日—6月30日短期投资收益＝500×0.5%×6＝15（万元）

（4）由于在资本化期间内，专门借款利息费用的资本化金额应当以其实际发生的利息费用减去将闲置的借款资金进行短期投资取得的投资收益后的金额确定。因此，

公司2×20年的利息资本化金额＝260－75＝185（万元）

公司2×21年的利息资本化金额＝200－15＝185（万元）

有关账务处理如下。

2×20 年 12 月 31 日：

借：在建工程	1 850 000	
应收利息（或银行存款）	750 000	
贷：应付利息		2 600 000

2×21 年 6 月 30 日：

借：在建工程	1 850 000	
应收利息（或银行存款）	150 000	
贷：应付利息		2 000 000

例 17-09　沿用例 17-08，假定 ABC 公司建造办公楼没有专门借款，占用的都是一般借款。

（1）向 A 银行长期贷款 2 000 万元，期限为 2×19 年 12 月 1 日至 2×22 年 12 月 1 日，年利率为 6%，按年支付利息。

（2）发行公司债券 1 亿元，于 2×19 年 1 月 1 日发行，期限为 5 年，年利率为 8%，按年支付利息。

假定这两笔一般借款除了用于办公楼建设外，没有用于其他符合资本化条件的资产的购建或者生产活动。

假定全年按 360 天计算，其他资料沿用例 17-08。

鉴于 ABC 公司建造办公楼没有占用专门借款，而占用了一般借款，因此，公司应当首先计算所占用一般借款的加权平均利率作为资本化率，然后计算建造办公楼的累计资产支出加权平均数，将其与资本化率相乘，计算求得当期应予资本化的借款利息金额。具体如下。

（1）计算所占用一般借款资本化率：

一般借款资本化率（年）＝（2 000×6%＋10 000×8%）÷（2 000＋10 000）×100%＝7.67%

（2）计算累计资产支出加权平均数：

2×20年累计资产支出加权平均数＝1 500×360÷360＋2 500×180÷360＝2 750（万元）

2×21年累计资产支出加权平均数＝（4 000＋1 500）×180÷360＝2 750（万元）

（3）计算每期利息资本化金额：

2×20年为建造办公楼的利息资本化金额＝2 750×7.67%＝210.93（万元）

2×20年实际发生的一般借款利息费用＝2 000×6%＋10 000×8%＝920（万元）

2×21年为建造办公楼的利息资本化金额＝2 750×7.67%＝210.93（万元）

2×21年1月1日至6月30日实际发生的一般借款利息费用＝（2 000×6%＋10 000×8%）×180÷360＝460（万元）

（4）根据上述计算结果，账务处理如下：

2×20 年 12 月 31 日：

借：在建工程　　2 109 300
　　财务费用　　7 090 700
　　贷：应付利息　　9 200 000

2×21 年 6 月 30 日：

借：在建工程　　2 109 300
　　财务费用　　2 490 700
　　贷：应付利息　　4 600 000

例17-10 沿用例17-08、例17-09，假定ABC公司为建造办公楼于2×20年1月1日专门借款2 000万元，借款期限为3年，年利率为6%。除此之外，没有其他专门借款。在办公楼建造过程中所占用的一般借款仍为两笔，在这种情况下，公司应当首先计算专门借款利息的资本化金额，然后计算所占用一般借款利息的资本化金额。具体如下。

（1）计算专门借款利息资本化金额：

2×20年专门借款利息资本化金额＝2 000×6%－500×0.5%×6＝105（万元）

2×21年专门借款利息资本化金额＝2 000×6%×180÷360＝60（万元）

（2）计算一般借款资本化金额：

在建造办公楼过程中，自2×20年7月1日起已经有2 000万元占用了一般借款，另外，2×21年1月1日支出的1 500万元也占用了一般借款。计算这两笔资产支出的加权平均数如下：

2×20年占用了一般借款的资产支出加权平均数＝2 000×180÷360＝1 000（万元）

由于一般借款利息资本化率与例17-09相同，即为7.67%。所以：

2×20年应予资本化的一般借款利息金额＝1 000×7.67%＝76.70（万元）

2×21年占用了一般借款的资产支出平均数＝（2 000＋1 500）×180÷360＝1 750（万元）

则2×21年应予资本化的一般借款利息金额＝1 750×7.67%＝134.23（万元）

（3）根据上述计算结果，公司建造办公楼应予资本化的利息金额如下：

2×20年利息资本化金额＝105＋76.70＝181.70（万元）

2×21年利息资本化金额＝60＋134.23＝194.23（万元）

（4）有关账务处理如下。

2×20 年 12 月 31 日：

借：在建工程　　1 817 000
　　财务费用　　8 433 000
　　应收利息（或银行存款）　　150 000
　　贷：应付利息　　10 400 000

注：2×20 年实际借款利息＝ 2 000×6% ＋ 2 000×6% ＋ 10 000×8% ＝ 1 040（万元）。

2×21 年 6 月 30 日：

借：在建工程　　1 942 300
　　财务费用　　3 257 700
　　贷：应付利息　　5 200 000

注：2×21 年 1 月 1 日至 6 月 30 日的实际借款利息＝ 1 040÷2 ＝ 520（万元）。

（二）外币专门借款汇兑差额资本化金额的确定

（1）在资本化期间内，外币专门借款本金及利息的汇兑差额，应当予以资本化，计入符合资本化条件的资产的成本。

（2）除外币专门借款之外的其他外币借款本金及其利息所产生的汇兑差额，应当作为财务费用计入当期损益。

例 17-11 A 公司于 2×20 年 1 月 1 日，为建造某工程项目专门以面值发行美元公司债券 1 000 万元，年利率为 8%，期限为 3 年，假定不考虑与发行债券有关的辅助费用、未支出专门借款的利息收入或投资收益。合同约定，每年 1 月 1 日支付上年利息，到期还本。

工程于2×20年1月1日开始实体建造，2×21年6月30日完工，达到预定可使用状态，期间发生的资产支出如下：

2×20年1月1日，支出200万美元；

2×20年7月1日，支出500万美元；

2×21年1月1日，支出300万美元。

公司的记账本位币为人民币，外币业务采用外币业务发生时当日的市场汇率折算。相关汇率如下：

2×20年1月1日，市场汇率为1美元＝7.70元人民币；（开始资本化时）

2×20年12月31日，市场汇率为1美元＝7.75元人民币；（年末计提利息时）

2×21年1月1日，市场汇率为1美元＝7.77元人民币；（支付利息时）

2×21年6月30日，市场汇率为1美元＝7.80元人民币。（停止资本化时）

本例中，公司计算外币借款汇兑差额资本化金额如下。

（1）计算2×20年汇兑差额资本化金额：

①债券应付利息＝1 000×8%×7.75＝80×7.75＝620（万元）

借：在建工程	6 200 000	
贷：应付利息		6 200 000

②外币债券本金及利息汇兑差额＝1 000×（7.75—7.70）＋80×（7.75－7.75）

＝50（万元）（均为本金产生的）

借：在建工程	500 000	
贷：应付债券		500 000

（若是利息产生的，则贷：应付利息，如半年计提一次利息，就有可能有差额）

（2）2×21年1月1日，实际支付利息时，应当支付80万美元，折算成人民币为621.60万元（80万美元×7.77）。该金额与原账面金额之间的差额1.60万元应当继续予以资本化，计入在建工程成本。账务处理如下：

借：应付利息	6 200 000	
在建工程（倒挤）	16 000	
贷：银行存款		6 216 000

（3）计算2×21年6月30日时的汇兑差额资本化金额：

①债券应付利息＝1 000×8%×1÷2×7.80＝40×7.80＝312（万元）

借：在建工程	3 120 000	
贷：应付利息		3 120 000

②外币债券本金及利息汇兑差额＝1 000×（7.80－7.75）＋40×（7.80－7.80）＝50（万元）

借：在建工程	500 000	
贷：应付债券		500 000

例 17-12 A 股份有限公司（以下简称 A 公司）拟自建一条生产线，与该生产线建造相关的情况如下。

资料一：2×21年1月2日，A公司发行公司债券，专门筹集生产线建设资金。该公司债券为3年期分期付息、到期还本债券，面值为3 000万元，票面年利率为5%，发行价格为3 069.75万元，另在发行过程中支付中介机构佣金150万元，实际募集资金净额2 919.75万元。

资料二：A公司除上述所发行公司债券外，还存在两笔流动资金借款，一笔于2×20年10月1日借入，本金为2 000万元，年利率为6%，期限2年；另一笔于2×20年12月1日借入，本金为3 000万元，年利率为7%，期限18个月。

资料三：生产线建造工程于2×21年1月2日开工，采用外包方式进行，预计工期1年。有关建造支出情况如下：

2×21年1月2日，支付建造商1 000万元；

2×21年5月1日，支付建造商1 600万元；

2×21年8月1日，支付建造商1 400万元。

资料四：2×21年9月1日，生产线建造工程出现人员伤亡事故，被当地安监部门责令停工整改，至2×21年12月底整改完毕。工程于2×22年1月1日恢复建造，当日向建造商支付工程款1 200万元。建造工程于2×22年3月31日完成，并经有关部门验收，试生产出合格产品。

为帮助职工正确操作使用新建生产线，A公司自2×22年3月31日起对一线员工进行培训，至4月30日结束，共发生培训费用120万元。

该生产线自2×22年5月1日起实际投入使用。

资料五：A公司将闲置专门借款资金投资固定收益理财产品，月收益率为0.5%。

资料六：其他资料如下。

本题中不考虑所得税等相关税费以及其他因素。

（P/A，5%，3）=2.723 2，（P/A，6%，3）=2.673 0，（P/A，7%，3）=2.624 3

（P/F，5%，3）=0.863 8，（P/F，6%，3）=0.839 6，（P/F，7%，3）=0.816 3

要求1：确定A公司生产线建造工程借款费用的资本化期间，并说明理由。

资本化期间为2×21年1月2日至2×21年8月31日（9月1日至12月31日期间暂停资本化）和2×22年1月1日至2×22年3月31日。

理由：①2×21年1月2日资产支出发生、借款费用发生、有关建造活动开始，符合借款费用开始资本化的条件，9月1日至12月31日期间因事故停工且连续超过3个月，应暂停资本化；②2×22年3月31日试生产出合格产品，已达到预定可使用状态，应停止借款费用资本化。

要求2：计算A公司发行公司债券的实际利率，并对发行债券进行会计处理。

通过内插法确定实际利率为6%，当i=6%时：

应付债券的初始入账金额=3 000×5%×（P/A，6%，3）+3 000×（P/F，6%，3）

=3 000×0.839 6+150×2.673 0

=2 919.75（万元）

借：银行存款　29 197 500

　　应付债券——利息调整　802 500

　　贷：应付债券——面值　30 000 000

其中：

摊余成本=3 000－80.25=2 919.75（万元）

要求3：分别计算A公司2×21年专门借款、一般借款利息应予资本化的金额，并对生产线建造工程进行会计处理。

计算2×21年借款利息资本化金额和应计入当期损益金额及其账务处理。

（1）计算2×21年专门借款应予资本化的利息金额（见表17-02）：

表17-02　计算过程及账务处理

资本化期间（8个月） （1.2—8.31）	费用化期间（4个月） （9.1—12.31）
①此期间的总利息费用＝2 919.75×6%×8÷12＝116.79（万元）； ②此期间的闲置资金的收益＝1 919.75×0.5%×4＋319.75×0.5%×3＝43.19（万元）； ③应予以资本化金额＝116.79－43.19＝73.60（万元）； ④相关账务处理如下： 借：在建工程　736 000 　　银行存款（应收利息）　431 900 　贷：应付利息（双面） 　　（3 000×5%×8÷12）　1 000 000 　　　应付债券——利息调整　167 900	①此期间的总利息＝2 919.75×6%×4÷12＝58.40（万元）； ②此期间的闲置资金的收益＝0； ③应予以费用化金额＝58.40－0＝58.40（万元）； ④相关账务处理如下： 借：财务费用　584 000 　贷：应付利息（双面） 　　（3 000×5%×4÷12）　500 000 　　应付债券——利息调整　84 000

其中：应付债券的摊余成本＝2 919.75＋16.79＋8.40

＝2 944.94（万元）

（2）计算2×21年一般借款应予资本化的利息金额（见表17-03）：

表17-03　计算过程及账务处理

资本化期间（共1个月） （8.1—8.31）	费用化期间（共11个月） （1.1—7.31）（9.1—12.31）
①累计支出的加权平均数＝1 080.25×1÷12＝90.02（万元）； ②资本化率＝（2 000×6%＋3 000×7%）÷（2 000＋3 000）＝330÷5 000＝6.6%； ③应予以资本化金额＝90.02×6.6%＝5.94（万元）； 注：此期间总利息＝（2 000×6%＋3 000×7%）×1÷12＝27.50（万元） ④相关账务处理如下： 借：在建工程　59 400 　　财务费用　215 600 　贷：应付利息　275 000	①应全部费用化； 注：此期间总利息＝（2 000×6%＋3 000×7%）×11÷12＝302.50（万元） ②相关账务处理如下： 借：财务费用　3 025 000 　贷：应付利息　3 025 000

（3）借：在建工程　（10 000 000＋16 000 000＋14 000 000）　40 000 000

　　贷：银行存款　40 000 000

要求4：分别计算A公司2×22年专门借款、一般借款利息应予资本化的金额，并对生产线建造工程进行会计处理，编制结转固定资产的会计分录。

计算2×22年借款利息资本化金额和应计入当期损益金额及其账务处理如下。

（1）计算2×22年专门借款应予资本化的利息金额（见表17-04）：

表 17-04　计算过程及账务处理

应该资本化期间（1.1—3.31 完工时）	应该费用化期间（4.1—12.31）
①资本化期间的总利息费用＝2 944.94（摊余成本）×6%×3÷12＝44.17（万元）； ②此期间的闲置资金的收益＝0； ③应予以资本化金额＝44.17－0＝44.17（万元）； ④此期间的总利息（双面）＝3 000×5%×3÷12＝37.50（万元）； ⑤相关账务处理如下： 借：在建工程　441 700 　贷：应付利息——×× 银行　75 000 　　应付债券——利息调整　66 700	①此期间的总利息费用＝2 944.94×6%×9÷12＝132.52（万元）； ②此期间的总利息（双面）＝3 000×5%×9÷12＝112.50（万元）； ③相关账务处理如下： 借：财务费用　1 325 200 　贷：应付利息　1 125 000 　　应付债券——利息调整　200 200

（2）计算 2×22 年一般借款应予资本化的利息金额（见表 17-05）：

表 17-05　计算过程及账务处理

应该资本化期间（1.1—3.31完工时）	应该费用化期间（4.1—9.30）
①此期间的累计支出的加权平均数＝（1 080.25＋1 200）×3÷12＝570.06（万元）； ②资本化率＝6.6%； ③应予以资本化金额＝570.06×6.6%＝37.62（万元）； 注：在此期间的总利息＝（2 000×6%＋3 000×7%）×3÷12＝82.50（万元） ④相关账务处理如下： 借：在建工程——×× 厂房　376 200 　财务费用　448 800 　贷：应付利息　825 000	两笔流动资金借款： ①一笔于2×11年10月1日借入，本金为2 000万元，年利率为6%，期限2年，到期日为2×13年9月30日，在此期间共计6个月（4.1—9.30）； ②另一笔于2×11年12月1日借入，本金为3 000万元，年利率为7%，期限18个月，到期日为2×13年5月31日，在此期间共计2个月（4.1—5.31）。 ③相关账务处理如下： 借：财务费用　950 000 　贷：应付利息——×× 银行　950 000 注：在此期间的总利息＝2 000×6%×6÷12＋3 000×7%×2÷12＝60＋35＝95（万元）

（3）借：在建工程　12 000 000
　　贷：银行存款　12 000 000
（4）借：固定资产　53 613 300
　　贷：在建工程　53 613 300

固定资产＝4 000＋73.60＋5.94＋1 200＋44.17＋37.62＝5 361.33（万元）

四、披露

根据借款费用准则，企业应当在附注中披露与借款费用有关的下列信息：

（1）当期资本化的借款费用金额。

（2）当期用于计算确定借款费用资本化金额的资本化率。

五、新旧衔接

根据《企业会计准则第 38 号——首次执行企业会计准则》的规定，在借款费用确认与计量上，在首次执行日因新旧准则之间的差异而对有关财务报表项目的影响金额，均不再追溯调整。

首次执行日后，企业新发生的借款费用应当按照新准则的规定进行确认和计量，即如果按照原准则规定计算的、计入已完工固定资产或者在建工程等资产成本的借款费用，相对于新准则的规定而言少资本化了借款费用的，不再追加资本化金额，也不调整有关资产、损益项目。

第十八章
所得税会计

一、准则适用范围

《企业会计准则第 18 号——所得税》（以下简称所得税准则）主要规范企业所得税的确认、计量和相关信息的列报。

所得税会计的形成和发展是所得税法规和会计准则规定相互分离的必然结果，两者分离的程度和差异的种类、数量直接影响和决定了所得税会计处理方法的改进。所得税准则是从资产负债表出发，通过比较资产负债表上列示的资产、负债按照会计准则规定确定的账面价值与按照税法规定确定的计税基础，对于两者之间的差异分别应纳税暂时性差异与可抵扣暂时性差异，确认相关的递延所得税负债与递延所得税资产，并在此基础上确定每一会计期间利润表中的所得税费用。

二、所得税会计核算的方法与程序

（一）资产负债表债务法

所得税准则采用资产负债表债务法核算所得税。资产负债表债务法较为完全地体现了资产负债观，在所得税的会计核算方面贯彻了资产、负债的界定。从资产负债表角度考虑，资产的账面价值代表的是企业在持续持有及最终处置某项资产的一定期间内，该项资产能够为企业带来的未来经济利益，而其计税基础代表的是在这一期间内，就该项资产按照税法规定可以税前扣除的金额。一项资产的账面价值小于其计税基础的，表明该项资产于未来期间产生的经济利益流入低于按照税法规定允许税前扣除的金额，产生可抵减未来期间应纳税所得额的因素，减少未来期间以应交所得税的方式流出企业的经济利益，应确认为资产。反之，一项资产的账面价值大于其计税基础的，两者之间的差额将会于未来期间产生应税金额，增加未来期间的应纳税所得额及应交所得税，对企业形成经济利益流出的义务，应确认为负债。

（二）所得税会计核算的一般程序

采用资产负债表债务法核算所得税的情况下，企业一般应于每一资产负债表日进行所得税的核算。发生特殊交易或事项时，如企业合并，在确认因交易或事项取得的资产、负债时即应确认相关的所得税影响。企业进行所得税核算一般应遵循以下程序。

（1）按照相关会计准则规定，确定资产负债表中除递延所得税资产和递延所得税负债以外的其他资产和负债项目的账面价值。其中资产、负债的账面价值，是指企业按照相关会计准则的规定进行核算后在资产负债表中列示的金额。

例如，企业持有的应收账款账面余额为 2 000 万元，企业对该应收账款计提了 100 万元的坏账准备，账面价值 1 900 万元为该应收账款在资产负债表中的列示金额。

（2）按照准则中对于资产和负债计税基础的确定方法，以适用的税收法规为基础，确定资产负债表中有关资产、负债项目的计税基础。

（3）比较资产、负债的账面价值与其计税基础，对于两者之间存在差异的，分析其性质，除准则中规定的特殊情况外，分别应纳税暂时性差异与可抵扣暂时性差异并乘以适用的所得税税率，确定资产负债表日递延所得税负债和递延所得税资产的应有金额，并与期初递延所得税负债和递延所得税资产的余额相比，确定当期应予进一步确认的递延所得税资产和递延所得税负债金额或应予转销的金额，作为构成利润表中所得税费用的其中一个组成部分——递延所得税。

（4）按照适用的税法规定计算确定当期应纳税所得额，将应纳税所得额与适用的所得税税率计算的结果确认为当期应交所得税，作为利润表中应予确认的所得税费用的另外一个组成部分——当期所得税。

（5）确定利润表中的所得税费用。利润表中的所得税费用包括当期所得税和递延所得税两个组成部分。企业在计算确定了当期所得税和递延所得税后，两者之和（或之差），是利润表中的所得税费用。

三、资产与负债的计税基础

所得税会计的关键在于确定资产、负债的计税基础。在确定资产、负债的计税基础时，应严格遵循税收法规中对于资产的税务处理以及可税前扣除的费用等的规定进行。

（一）资产的计税基础

资产的计税基础，是指企业收回资产账面价值过程中，计算应纳税所得额时按照税法规定可以自应税经济利益中抵扣的金额，即某一项资产在未来期间计税时按照税法规定可以税前扣除的金额。

资产在初始确认时，其计税基础一般为取得成本，即企业为取得某项资产支付的成本在未来期间准予税前扣除。在资产持续持有的过程中，其计税基础是指资产的取得成本减去以前期间按照税法规定已经税前扣除的金额后的余额，该余额代表的是按照税法规定，就涉及的资产在未来期间计税时仍然可以税前扣除的金额，如固定资产、无形资产等长期资产在某一资产负债表日的计税基础是指其成本扣除按照税法规定已在以前期间税前扣除的累计折旧额或累计摊销额后的金额。

通常情况下，资产取得时其入账价值与计税基础是相同的，后续计量因会计准则规定与税法规定不同，可能造成账面价值与计税基础的差异。例如，各项资产如发生减值，应提取减值准备。按照会计准则规定，资产的可变现净值或可收回金额低于其账面价值时，应当计提相关的减值准备；税法规定，企业提取的减值准备一般不能税前抵扣，只有在资产发生实质性损失时才允许税前扣除，由此产生了资产的账面价值与计税基础之间的差异即暂时性差异。假定某企业期末持有一批存货，成本为 1 000 万元，按照存货准则规定，估计其可变现净值为 800 万元，对于可变现净值低于成本的差额，应当计提存货跌价准备 200 万元。由于税法规定资产的减值损失在发生实质性损失前不允许税前扣除，所以该批存货的计税基础仍为 1 000 万元，其账面价值为 800 万元，两者之间的差额 200 万元即为可抵扣暂时性差异。

（二）负债的计税基础

负债的计税基础是指负债的账面价值减去未来期间计算应纳税所得额时按照税法规定可予抵扣的金额。用公式表示，即：

负债的计税基础＝账面价值－未来期间按照税法规定可予税前扣除的金额

负债的确认与偿还一般不会影响企业的损益，也不会影响其应纳税所得额，未来期间计算应纳税所得额时按照税法规定可予抵扣的金额为 0，计税基础即为账面价值。如企业的短期借款、应付账款等。但是，某些情况下，负债的确认可能会影响企业的损益，进而影响不同期间的应纳税所得额，使得其计税基础与账面价值之间产生差额，如按照会计规定确认的某些预计负债。

会计上对于预计负债，按照最佳估计数确认，计入相关资产成本或者当期损益。按照税法规定，与预计负债相关的费用多在实际发生时税前扣除。该类负债的计税基础为 0，形成会计上的账面价值与计税基础之间的暂时性差异。企业应于每个资产负债表日，对资产、负债的账面价值与其计税基础进行分析比较，两者之间存在差异的，按照重要性原则，确认递延所得税资产、递延所得税负债及相应的递延所得税费用。企业合并等特殊交易或事项中取得的资产和负债，应在购买日比较其入账价值与计税基础，计算确认相关的递延所得税资产或递延所得税负债。

（三）特殊交易或事项中产生资产、负债的计税基础

除企业在正常生产经营活动过程中取得的资产和负债以外，对于某些特殊交易中产生的资产、负债，其计税基础的确定应遵从税法规定，如企业合并过程中取得资产、负债计税基础的确定。

《企业会计准则第20号——企业合并》根据参与合并各方在合并前及合并后是否为同一方或相同的多方最终控制，将企业合并分为同一控制下的企业合并与非同一控制下的企业合并两种类型。对于同一控制下的企业合并，合并中取得的有关资产、负债基本上维持其原账面价值不变，合并中不产生新的资产和负债；对于非同一控制下的企业合并，合并中取得的有关资产、负债应按其在购买日的公允价值计量，企业合并成本大于合并中取得可辨认净资产公允价值的份额部分确认为商誉，企业合并成本小于合并中取得可辨认净资产公允价值的份额部分计入合并当期损益。

对于企业合并的税收处理，通常情况下，被合并企业应视为按公允价值转让、处置全部资产，计算资产的转让所得，依法缴纳所得税。合并企业接受被合并企业的有关资产，计税时可以按经评估确认的价值确定计税成本。另外，在考虑有关于企业合并是应税合并还是免税合并时，还需要考虑在合并中涉及的非股权支付的比例，具体划分标准和条件应遵从税法规定。

由于会计准则与税收法规对企业合并的划分标准不同，处理原则不同，某些情况下，会造成企业合并中取得的有关资产、负债的入账价值与其计税基础的差异。

四、暂时性差异

确定比较资产与负债的账面价值、计税基础后，对于两者之间存在差异的，分析其性质，计算暂时性差异。

（一）暂时性差异的概念

暂时性差异，是指资产、负债的账面价值与其计税基础不同产生的差额。由于资产、负债的账面价值与其计税基础不同，产生了在未来收回资产或清偿负债的期间内，应纳税所得额增加或减少并导致未来期间应交所得税增加或减少的情况，形成企业的递延所得税资产和递延所得税负债。

应予说明的是，资产负债表债务法下，仅确认暂时性差异的所得税影响。原按照利润表下纳税影响会计法核算的永久性差异，因从资产负债表角度考虑，不会产生资产、负债的账面价值与其计税基础的差异，即不形成暂时性差异，对企业在未来期间计税没有影响，不产生递延所得税。

根据对未来期间应纳税所得额的影响，暂时性差异分为应纳税暂时性差异和可抵扣暂时性差异。除因资产、负债的账面价值与其计税基础不同产生的暂时性差异以外，按照税法规定可以结转以后年度的未弥补亏损和税款抵减，也视同可抵扣暂时性差异处理。

（二）应纳税暂时性差异

应纳税暂时性差异，是指在确定未来收回资产或清偿负债期间的应纳税所得额时，将导致产生应税金额的暂时性差异，该差异在未来期间转回时，会增加转回期间的应纳税所得额，即在未来期间不考虑该事项影响的应纳税所得额的基础上，由于该暂时性差异的转回，会进一步增加转回期间的应纳税所得额和应交所得税金额。在应纳税暂时性差异产生当期，应当确认相关的递延所得税负债。应纳税暂时性差异通常产生于以下情况。

1. 资产的账面价值大于其计税基础

一项资产的账面价值代表的是企业在持续使用或最终出售该项资产时将取得的经济利益的总额，而计税基础代表的是一项资产在未来期间可予税前扣除的金额。资产的账面价值大于其计税基础，该

项资产未来期间产生的经济利益不能全部税前抵扣，两者之间的差额需要交税，产生应纳税暂时性差异。例如，一项资产账面价值为200万元，计税基础如果为150万元，两者之间的差额会造成未来期间应纳税所得额和应交所得税的增加。在应纳税暂时性差异产生当期，符合确认条件的情况下，应确认相关的递延所得税负债。

2. 负债的账面价值小于其计税基础

一项负债的账面价值为企业预计在未来期间清偿该项负债时的经济利益流出，而其计税基础代表的是账面价值在扣除税法规定未来期间允许税前扣除的金额之后的差额。因负债的账面价值与其计税基础不同产生的暂时性差异，本质上是税法规定就该项负债在未来期间可以税前扣除的金额（即与该项负债相关的费用支出在未来期间可予税前扣除的金额）。负债的账面价值小于其计税基础，则意味着就该项负债在未来期间可以税前抵扣的金额为负数，即应在未来期间应纳税所得额的基础上调增，增加未来期间的应纳税所得额和应交所得税金额，产生应纳税暂时性差异，应确认相关的递延所得税负债。

（三）可抵扣暂时性差异

可抵扣暂时性差异，是指在确定未来收回资产或清偿负债期间的应纳税所得额时，将导致产生可抵扣金额的暂时性差异。该差异在未来期间转回时会减少转回期间的应纳税所得额，减少未来期间的应交所得税。在可抵扣暂时性差异产生当期，符合确认条件的情况下，应当确认相关的递延所得税资产。可抵扣暂时性差异一般产生于以下情况：

1. 资产的账面价值小于其计税基础

从经济含义来看，资产在未来期间产生的经济利益少，按照税法规定允许税前扣除的金额多，则就账面价值与计税基础之间的差额，企业在未来期间可以减少应纳税所得额并减少应交所得税，符合有关条件时，应当确认相关的递延所得税资产。

例18-01　一项资产的账面价值为200万元，计税基础为260万元，则企业在未来期间就该项资产可以在其自身取得经济利益的基础上多扣除60万元。

分析：从整体上来看，未来期间应纳税所得额会减少，应交所得税也会减少，形成可抵扣暂时性差异，符合确认条件时，应确认相关的递延所得税资产。

2. 负债的账面价值大于其计税基础

负债产生的暂时性差异实质上是税法规定就该项负债可以在未来期间税前扣除的金额，即：

$$\begin{aligned}\text{负债产生的暂时性差异} &= \text{账面价值} - \text{计税基础}\\ &= \begin{matrix}\text{账面}\\\text{价值}\end{matrix} - \left(\begin{matrix}\text{账面}\\\text{价值}\end{matrix} - \begin{matrix}\text{未来期间计税时按照税法}\\\text{规定可予税前扣除的金额}\end{matrix}\right)\\ &= \text{未来期间计税时按照税法规定可予税前扣除的金额}\end{aligned}$$

一项负债的账面价值大于其计税基础，意味着未来期间按照税法规定与该项负债相关的全部或部分支出可以自未来应税经济利益中扣除，减少未来期间的应纳税所得额和应交所得税。

例18-02　企业对将发生的产品保修费用在销售当期确认预计负债200万元，但如果税法规定有关费用支出只有在实际发生时才能够税前扣除，其计税基础为0。

分析：企业确认预计负债的当期相关费用不允许税前扣除，但在以后期间有关费用实际发生时允许税前扣除，使得未来期间的应纳税所得额和应交所得税减少，产生可抵扣暂时性差异，符合有关确认条件时，应确认相关的递延所得税资产。

（四）特殊项目产生的暂时性差异

1. 未作为资产、负债确认的项目产生的暂时性差异

某些交易或事项发生以后，因为不符合资产、负债的确认条件而未体现为资产负债表中的资产或

负债，但按照税法规定能够确定其计税基础的，其账面价值与计税基础之间的差异也构成暂时性差异。例如，企业发生的符合条件的广告费和业务宣传费支出，除另有规定外，不超过销售收入15%的部分准予扣除，超过部分准予向以后纳税年度结转扣除。

该类费用在发生时按照会计准则规定即计入当期损益，不形成资产负债表中的资产。但按照税法规定可以确定其计税基础，两者之间的差异也形成暂时性差异。

例18-03 A公司2×21年发生了200万元广告支出，发生时已作为销售费用计入当期损益。税法规定，该类支出不超过当年销售收入15%的部分允许当期税前扣除，超过部分允许向以后纳税年度结转税前扣除。A公司2×21年实现销售收入1 000万元。

分析：该广告费用支出因按照会计准则规定在发生时已计入当期损益，不体现为资产负债表中的资产，如果将其视为资产，其账面价值为0。因按照税法规定，该类支出税前列支有一定标准限制，根据当期A公司销售收入15%计算，当期可予税前扣除150万元（1 000×15%），当期未予税前扣除的50万元可以向以后纳税年度结转扣除，其计税基础为50万元。

该项资产的账面价值0与其计税基础50万元之间产生了50万元的暂时性差异，该暂时性差异在未来期间可减少企业的应纳税所得额，为可抵扣暂时性差异，符合确认条件时，应确认相关的递延所得税资产。

2. 可抵扣亏损及税款抵减产生的暂时性差异

对于按照税法规定可以结转以后年度的未弥补亏损及税款抵减，虽不是因资产、负债的账面价值与计税基础不同产生的，但本质上可抵扣亏损和税款抵减与可抵扣暂时性差异具有同样的作用，均能减少未来期间的应纳税所得额和应交所得税，视同可抵扣暂时性差异，在符合确认条件的情况下，应确认与其相关的递延所得税资产。

例18-04 A公司于2×21年因政策性原因发生经营亏损400万元，按照税法规定，该亏损可用于抵减以后5个年度的应纳税所得额。该公司预计其于未来5年期间能够产生足够的应纳税所得额利用该经营亏损。

分析：该经营亏损虽不是因为资产、负债的账面价值与其计税基础不同而产生的，但从其性质上来看可以减少未来期间的应纳税所得额和应交所得税，视同可抵扣暂时性差异。在企业预计未来期间能够产生足够的应纳税所得额利用该可抵扣亏损时，应确认相关的递延所得税资产。

五、递延所得税负债及递延所得税资产

企业在计算确定了应纳税暂时性差异与可抵扣暂时性差异后，应当按照所得税准则规定的原则确认与应纳税暂时性差异相关的递延所得税负债以及与可抵扣暂时性差异相关的递延所得税资产。

（一）递延所得税负债的确认和计量

递延所得税负债产生于应纳税暂时性差异。应纳税暂时性差异在转回期间将增加企业的应纳税所得额和应交所得税，导致企业经济利益的流出，在其发生当期，构成企业应支付税金的义务，应作为负债确认。

确认应纳税暂时性差异产生的递延所得税负债时，交易或事项发生时影响到会计利润或应纳税所得额的，相关的所得税影响应作为利润表中所得税费用的组成部分；与直接计入所有者权益的交易或事项相关的，其所得税影响应减少所有者权益；与企业合并中取得资产、负债相关的，递延所得税影响应调整购买日应确认的商誉或是计入合并当期损益的金额。

1. 递延所得税负债的确认

企业在确认因应纳税暂时性差异产生的递延所得税负债时，应遵循以下原则。

（1）除所得税准则中明确规定可不确认递延所得税负债的情况以外，企业对于所有的应纳税暂时

性差异均应确认相关的递延所得税负债。

基于谨慎性原则，为了充分反映交易或事项发生后对未来期间的计税影响，除特殊情况可不确认相关的递延所得税负债外，企业应尽可能地确认与应纳税暂时性差异相关的递延所得税负债。

例 18-05　2×21 年 10 月 20 日，A 公司自公开市场取得一项权益性投资，支付价款 160 万元，作为交易性金融资产核算。2×21 年 12 月 31 日，该项权益性投资的市价为 176 万元。假定税法规定对于交易性金融资产，持有期间公允价值的变动不计入应纳税所得额，待出售时一并计算应计入应纳税所得额的金额。

分析：该项交易性金融资产的期末市价为 176 万元，其按照会计准则规定进行核算在 2×21 年资产负债表日的账面价值为 176 万元。因税法规定交易性金融资产在持有期间的公允价值变动不计入应纳税所得额，其在 2×21 年资产负债表日的计税基础应维持原取得成本不变，即为 160 万元。

该交易性金融资产的账面价值 176 万元与其计税基础 160 万元之间产生了 16 万元的暂时性差异，该暂时性差异在未来期间转回时会增加未来期间的应纳税所得额，导致企业应交所得税的增加。假定 A 公司 2×21 年除该交易性金融资产外，当期发生的交易和事项不存在其他会计与税收的差异。

2×21 年资产负债表日，该项交易性金融资产的账面价值 176 万元与其计税基础 160 万元之间产生 16 万元应纳税暂时性差异，A 公司应确认相关的递延所得税负债。

（2）不确认递延所得税负债的特殊情况。有些情况下，虽然资产、负债的账面价值与其计税基础不同，产生了应纳税暂时性差异，但出于各方面考虑，所得税准则中规定不确认相应的递延所得税负债，主要包括以下内容。

①商誉的初始确认。非同一控制下的企业合并中，企业合并成本大于合并中取得的被购买方可辨认净资产公允价值份额的差额，按照会计准则规定应确认为商誉。

因会计与税收的划分标准不同，按照税收法规规定作为免税合并的情况下，计税时不认可商誉的价值，即从税法角度，商誉的计税基础为 0，两者之间的差额形成应纳税暂时性差异。对于商誉的账面价值与其计税基础不同产生的该应纳税暂时性差异，准则中规定不确认与其相关的递延所得税负债，原因在于：

一是确认该部分暂时性差异产生的递延所得税负债，则意味着购买方在企业合并中获得的可辨认净资产的价值量下降，企业应增加商誉的价值，商誉的账面价值增加以后，可能很快就要计提减值准备，同时其账面价值的增加还会进一步产生应纳税暂时性差异，使得递延所得税负债和商誉价值量的变化不断循环。

二是商誉本身即是企业合并成本在取得的被购买方可辨认资产、负债之间进行分配后的剩余价值，确认递延所得税负债进一步增加其账面价值会影响到会计信息的可靠性。

例 18-06　A 企业以增发市场价值为 60 000 万元的自身普通股（10 000 万股）为对价购入 B 企业 100% 的净资产，对 B 企业进行非同一控制下的吸收合并。假定该项合并符合税法规定的免税合并条件，购买日 B 企业各项可辨认资产、负债的公允价值及其计税基础如表 18-01 所示：

表 18-01　各项可辨认资产、负债的公允价值与计税基础对比表

单位：万元

资产项目	公允价值	计税基础	暂时性差异
固定资产	27 000	15 500	11 500
应收账款	21 000	21 000	—
存货	17 400	12 400	5 000

（续表）

资产项目	公允价值	计税基础	暂时性差异
其他应付款	（3 000）	0	（3 000）
应付账款	（12 000）	（12 000）	0
合计	50 400	36 900	13 500

本例中企业适用的所得税税率为25%，该项交易中应确认递延所得税负债及商誉的金额计算如下：

表 18-02 递延所得税负债及商誉计算表

单位：万元

项目	金额	备注
可辨认净资产公允价值	50 400	
加：递延所得税资产	750	3 000×25%
减：递延所得税负债	4 125	16 500×25%
考虑递延所得税后可辨认净资产公允价值	47 025	
加：商誉	12 975	
企业合并成本	60 000	

因该项合并符合税法规定的免税合并条件，如果当事各方选择进行免税处理，则作为购买方其在免税合并中取得的被购买方有关资产、负债应维持其原计税基础不变。被购买方原账面上未确认商誉，即商誉的计税基础为0。该项合并中所确认的商誉金额12 975万元与其计税基础0之间产生的应纳税暂时性差异，按照准则中规定，不确认相关的所得税影响。

应予说明的是，按照会计准则规定在非同一控制下企业合并中确认了商誉，并且按照所得税法规的规定该商誉在初始确认时计税基础等于账面价值的，该商誉在后续计量过程中因会计准则规定与税法规定不同产生应纳税暂时性差异的，应当确认相关的所得税影响。

②除企业合并以外的其他交易或事项中，如果该项交易或事项发生时既不影响会计利润，也不影响应纳税所得额，则其产生的资产、负债的初始确认金额与其计税基础不同，形成应纳税暂时性差异的，交易或事项发生时不确认相应的递延所得税负债。

该规定主要是考虑到由于交易发生时既不影响会计利润，也不影响应纳税所得额，确认递延所得税负债的直接结果是增加有关资产的账面价值或是降低所确认负债的账面价值，使得资产、负债在初始确认时，违背历史成本原则，影响会计信息的可靠性。

③与子公司、联营企业、合营企业投资等相关的应纳税暂时性差异，一般应确认相关的递延所得税负债，但同时满足以下两个条件的除外：一是投资企业能够控制暂时性差异转回的时间；二是该暂时性差异在可预见的未来很可能不会转回。满足上述条件时，投资企业可以运用自身的影响力决定暂时性差异的转回，如果不希望其转回，则在可预见的未来该项暂时性差异即不会转回，从而对未来期间不会产生所得税影响，无须确认相应的递延所得税负债。

企业在运用上述条件不确认与联营企业、合营企业等投资相关的递延所得税负债时应有明确的证据表明其能够控制有关暂时性差异转回的时间。一般情况下，企业对联营企业的生产经营决策仅能够实施重大影响，并不能够主导被投资单位包括利润分配政策在内的主要生产经营决策的制定，满足所得税准则规定的能够控制暂时性差异转回时间的条件一般是通过与其他投资者签订协议等，达到能够控制被投资单位利润分配政策等情况下。

对于采用权益法核算的长期股权投资，其账面价值与计税基础产生的暂时性差异是否应确认相关的所得税影响，应考虑该项投资的持有意图。

①如果企业拟长期持有该项投资，则因初始投资成本的调整产生的暂时性差异预计未来期间不会转回，对未来期间没有所得税影响；因确认投资损益产生的暂时性差异，如果在未来期间逐期分回现金股利或利润时免税，也不存在对未来期间的所得税影响；因确认应享有被投资单位其他权益的变动而产生的暂时性差异，在长期持有的情况下，对于采用权益法核算的长期股权投资账面价值与计税基础之间的差异一般不确认相关的所得税影响。

②对于采用权益法核算的长期股权投资，如果投资企业改变持有意图拟对外出售的情况下，按照税法规定，企业在转让或者处置投资资产时，投资资产的成本准予扣除。在持有意图由长期持有转变为拟近期出售的情况下，因长期股权投资账面价值与计税基础不同产生的有关暂时性差异，均应确认相关的所得税影响。

例 18-07 A公司于2×21年1月2日以600万元取得B公司30%的有表决权股份，拟长期持有并能够对B公司施加重大影响，该项长期股权投资采用权益法核算。投资时B公司可辨认净资产公允价值总额为1 800万元（假定取得投资时B公司各项可辨认资产、负债的公允价值与账面价值相同）。B公司2×21年实现净利润230万元，为发生影响权益变动的其他交易或事项。A公司及B公司均为居民企业，适用的所得税税率均为25%，双方采用的会计政策及会计期间相同。税法规定，居民企业之间的股息红利免税。

分析：A公司确认长期股权投资600万元，但因该项长期股权投资的初始投资成本（600万元）大于按照持股比例计算应享有B公司可辨认净资产公允价值的份额（540万元），其初始投资成本无须调整。2×21年确认投资损益69万元。而该项长期股权投资的计税基础：取得时成本为600万元，到期末因税法中没有权益法的概念，对于应享有被投资单位的净损益不影响长期股权投资的计税基础，其于2×21年12月31日的计税基础仍为600万元。于是，长期股权投资的账面价值669万元与计税基础600万元产生的69元暂时性差异，因在未来期间取得时免税，不产生所得税影响，可以理解为适用的所得税税率为0，不需要确认相关的递延所得税负债；或者在长期持有的情况下，因未来期间A公司自B公司分得的现金股利或利润免税，其计税基础也可以理解为669万元，因而不产生暂时性差异，无须确认相关的递延所得税。

2. 递延所得税负债的计量

（1）所得税准则规定，在资产负债表日，应当根据适用税法规定，按照预期清偿该负债期间的适用税率计量递延所得税负债，即递延所得税负债应以相关应纳税暂时性差异转回期间按照税法规定适用的所得税税率计量。

在我国，除享受优惠政策的情况以外，企业适用的所得税税率在不同年度之间一般不会发生变化，企业在确认递延所得税负债时，可以现行适用税率为基础计算确定。对于享受优惠政策的企业，如经国家批准的经济技术开发区内的企业，享受一定期间的税率优惠，则其产生的暂时性差异应以预计其转回期间的适用所得税税率为基础计量。

（2）无论应纳税暂时性差异的转回期间如何，准则中规定递延所得税负债不要求折现。对递延所得税负债进行折现，企业需要对相关的应纳税暂时性差异进行详细的分析，确定其具体的转回时间表，并在此基础上，按照一定的利率折现后确定递延所得税负债的金额。实务中，要求企业进行类似的分析工作量较大、包含的主观判断因素较多，且很多情况下无法合理确定暂时性差异的具体转回时间，准则中规定递延所得税负债不予折现。

（二）递延所得税资产的确认和计量

1. 递延所得税资产的确认

（1）一般原则。递延所得税资产产生于可抵扣暂时性差异。资产、负债的账面价值与其计税基础不同产生可抵扣暂时性差异的，在估计未来期间能够取得足够的应纳税所得额用以利用该可抵扣暂时性差异时，应当以很可能取得用来抵扣可抵扣暂时性差异的应纳税所得额为限，确认相关的递延所得税资产。

例 18-08 某企业 2×19 年产生一项可抵扣暂时性差异为 100 万元，预计该可抵扣暂时性差异在 2×21 年全部转回，假定 2×21 年预计应纳税所得额只有 80 万元，所得税税率为 25%。因此，计入递延所得税资产的金额最多只能是 80×25% = 20（万元）。

与递延所得税负债的确认相同，有关交易或事项发生时，对税前会计利润或是应纳税所得额产生影响的，所确认的递延所得税资产应作为利润表中所得税费用的调整；有关的可抵扣暂时性差异产生于直接计入所有者权益的交易或事项的，确认的递延所得税资产也应计入所有者权益；企业合并中取得的有关资产、负债产生的可抵扣暂时性差异，其所得税影响应相应调整合并中确认的商誉或是应计入合并当期损益的金额。确认递延所得税资产时，应关注以下问题：

①递延所得税资产的确认应以未来期间很可能取得的用来抵扣可抵扣暂时性差异的应纳税所得额为限。在可抵扣暂时性差异转回的未来期间内，企业无法产生足够的应纳税所得额用以利用可抵扣暂时性差异的影响，使得与可抵扣暂时性差异相关的经济利益无法实现的，则不应确认递延所得税资产；企业有明确的证据表明其于可抵扣暂时性差异转回的未来期间能够产生足够的应纳税所得额，进而利用可抵扣暂时性差异的，则应以很可能取得的应纳税所得额为限，确认相关的递延所得税资产。

在判断企业于可抵扣暂时性差异转回的未来期间是否能够产生足够的应纳税所得额时，应考虑以下两个方面的影响：一是通过正常的生产经营活动能够实现的应纳税所得额，如企业通过销售商品、提供劳务等所实现的收入，扣除有关的成本费用等支出后的金额。该部分情况的预测应当以经企业管理层批准的最近财务预算或预测数据以及该预算或者预测期之后年份稳定的或者递减的增长率为基础。二是以前期间产生的应纳税暂时性差异在未来期间转回时将增加的应纳税所得额。考虑到可抵扣暂时性差异转回的期间内可能取得应纳税所得额的限制，因无法取得足够的应纳税所得额而未确认相关的递延所得税资产的，应在会计报表附注中进行披露。

②对与子公司、联营企业、合营企业的投资相关的可抵扣暂时性差异，同时满足下列条件的，应当确认相关的递延所得税资产：一是暂时性差异在可预见的未来很可能转回；二是未来很可能获得用来抵扣可抵扣暂时性差异的应纳税所得额。

对联营企业和合营企业等的投资产生的可抵扣暂时性差异，主要产生于权益法下被投资单位发生亏损时，投资企业按照持股比例确认应予承担的部分相应减少长期股权投资的账面价值，但税法规定长期股权投资的成本在持有期间不发生变化，造成长期股权投资的账面价值小于其计税基础，产生可抵扣暂时性差异。可抵扣暂时性差异还产生于对长期股权投资计提减值准备的情况下。

③对于按照税法规定可以结转以后年度的未弥补亏损（可抵扣亏损）和税款抵减，应视同可抵扣暂时性差异处理。在预计可利用可弥补亏损或税款抵减的未来期间内很可能取得足够的应纳税所得额时，应当以很可能取得的应纳税所得额为限，确认相应的递延所得税资产，同时减少确认当期的所得税费用。

可抵扣亏损是指企业按照税法规定计算确定准予用以后年度的应纳税所得弥补的亏损。与可抵扣亏损和税款抵减相关的递延所得税资产，其确认条件与其他可抵扣暂时性差异产生的递延所得税资产相同，即在能够利用可抵扣亏损及税款抵减的期间内，企业是否能够取得足够的应纳税所得额抵扣该部分暂时性差异。因此，如企业最近期间发生亏损，仅在有足够的应纳税暂时性差异可供利用的情况下或取得其他确凿的证据表明其于未来期间能够取得足够的应纳税所得额的情况下，才能够确认可抵扣亏损和税款抵减相关的递延所得税资产。在未来期间是否能够产生足够的应纳税所得额用以利用该部分可抵扣亏损或税款抵减时，应考虑以下相关因素的影响：

（a）在可抵扣亏损到期前，企业是否会因以前期间产生的应纳税暂时性差异转回而产生足够的应纳税所得额。

（b）在可抵扣亏损到期前，企业是否可能通过正常的生产经营活动产生足够的应纳税所得额。

（c）可抵扣亏损是否产生于一些在未来期间不可能重复发生的特殊原因。

（d）是否存在其他的证据表明在可抵扣亏损到期前能够取得足够的应纳税所得额。

企业在确认与可抵扣亏损和税款抵减相关的递延所得税资产时，应当在会计报表附注中说明在可抵扣亏损和税款抵减到期前，企业能够产生足够的应纳税所得额的估计基础。

（2）不确认递延所得税资产的特殊情况。某些情况下，如果企业发生的某项交易或事项不属于企业合并，并且交易发生时既不影响会计利润也不影响应纳税所得额，且该项交易中产生的资产、负债的初始确认金额与其计税基础不同，产生可抵扣暂时性差异的，所得税准则中规定在交易或事项发生时不确认相关的递延所得税资产。其原因同该种情况下不确认递延所得税负债相同，如果确认递延所得税资产，则需调整资产、负债的入账价值，对实际成本进行调整将有违会计核算中的历史成本原则，影响会计信息的可靠性。

例 18-09 A企业当期为开发新技术发生研究开发支出计200万元，其中，研究阶段支出40万元，开发阶段符合资本化条件前发生的支出为40万元，符合资本化条件后至达到预定用途前发生的支出为120万元。税法规定，研究开发支出未形成无形资产计入当期损益的，按照研究开发费用的50%加计扣除；形成无形资产的，按照无形资产成本的150%摊销。假定开发形成的无形资产在当期期末已达到预定用途（尚未开始摊销）。

分析：A企业当期发生的200万元研究开发支出中，按照会计准则规定应予费用化的金额为80万元，形成无形资产的成本为120万元，期末所形成无形资产的账面价值为120万元；而按照税法规定可在当期税前扣除的金额为120万元，所形成无形资产在未来期间可予税前扣除的金额为180万元，其计税基础为180万元，形成暂时性差异60万元。

该内部开发形成的无形资产的账面价值与其计税基础之间产生的60万元暂时性差异系资产初始确认产生的，确认资产既不影响会计利润也不影响应纳税所得额。按照准则规定，不确认暂时性差异的所得税影响。

A企业进行内部研究开发所形成的无形资产成本为120万元，因按税法规定可予未来期间税前扣除的金额为180万元，其计税基础为180万元。该项无形资产并非产生于企业合并，同时在初始确认时既不影响会计利润也不影响应纳税所得额，确认其账面价值与计税基础之间产生暂时性差异的，所得税准则规定，因该资产并非产生于企业合并，同时在初始确认时既不影响会计利润也不影响应纳税所得额，不应确认相关的递延所得税资产。

2. 递延所得税资产的计量

（1）适用税率的确定。同递延所得税负债的计量原则相一致，确认递延所得税资产时，应当以预期收回该资产期间的适用所得税税率为基础计算确定。另外，无论相关的可抵扣暂时性差异转回期间如何，递延所得税资产均不要求折现。

（2）递延所得税资产的减值。所得税准则规定，资产负债表日，企业应当对递延所得税资产的账面价值进行复核。如果未来期间很可能无法取得足够的应纳税所得额用以利用可抵扣暂时性差异带来的经济利益，应当减记递延所得税资产的账面价值。

与其他资产的确认和计量原则相一致，递延所得税资产的账面价值应当代表其为企业带来未来经济利益的能力。企业在确认了递延所得税资产以后因各方面情况变化，导致按照新的情况估计，在有关可抵扣暂时性差异转回的期间内，无法产生足够的应纳税所得额用以利用可抵扣暂时性差异，使得与递延所得税资产相关的经济利益无法全部实现的，对于预期无法实现的部分，应当减记递延所得税资产的账面价值。除原确认时记入所有者权益的递延所得税资产，其减记金额亦应记入所有者权益外，其他的情况应增加减记当期的所得税费用。因无法取得足够的应纳税所得额利用可抵扣暂时性差异而减记递延所得税资产账面价值的，继后期间根据新的环境和情况判断能够产生足够的应纳税所得额利用可抵扣暂时性差异，使得递延所得税资产包含的经济利益能够实现的，应相应恢复递延所得税资产的账面价值。

应当说明的是，无论是递延所得税资产还是递延所得税负债的计量，均应考虑资产负债表日企业预期收回资产或清偿负债方式的所得税影响，在计量递延所得税资产和递延所得税负债时，应当采用与收回资产或清偿债务的预期方式相一致的税率和计税基础。

（三）特定交易或事项中涉及递延所得税的确认

1. 与直接计入所有者权益的交易或事项相关的所得税

与当期及以前期间直接计入所有者权益的交易或事项相关的当期所得税及递延所得税应当计入所有者权益。直接计入所有者权益的交易或事项如对会计政策变更采用追溯调整法或对前期差错更正采用追溯重述法调整期初留存收益的、金融资产公允价值的变动计入所有者权益的、同时包含负债及权益成分的金融工具在初始确认时计入所有者权益的情况等。

在特定情况下，归属于直接计入所有者权益的交易或事项的当期所得税及递延所得税难以区分，以下情况可能涉及这类问题：

（1）当税率或其他税收法规的改变，影响以前借记或贷记入权益的项目（全部或部分）相关的递延所得税资产或负债时。

（2）当企业决定确认或不再全部确认一项递延所得税资产，且该项递延所得税资产与以前借记或贷记入权益的项目（全部或部分）相关时。

在该类情况下，与贷记或借记入权益的项目相关的当期所得税及递延所得税，应以所涉及的税收管辖区内该企业的当期所得税及递延所得税的合理分摊或以其他更为合理的方法为基础进行分配。

2. 与企业合并相关的递延所得税

企业合并发生后，购买方对于合并前本企业已经存在的可抵扣暂时性差异及未弥补亏损等，可能因为企业合并后估计很可能产生足够的应纳税所得额利用可抵扣暂时性差异，从而确认相关的递延所得税资产。该递延所得税资产的确认不应为企业合并的组成部分，不影响企业合并中应予确认的商誉或是因企业合并成本小于合并中取得的被购买方可辨认净资产公允价值的份额应计入合并当期损益的金额。

在企业合并中，购买方取得被购买方的可抵扣暂时性差异，例如，购买日取得的被购买方在以前期间发生的未弥补亏损等可抵扣暂性差异，按照税法规定可以用于抵减以后年度应纳税所得额，但在购买日不符合递延所得税资产确认条件的，不应予以确认。购买日后 12 个月内，如果取得新的或进一步的信息表明相关情况在购买日已经存在，预期被购买方在购买日可抵扣暂性差异带来的经济利益能够实现的，购买方应当确认相关的递延所得税资产，同时减少由该企业合并所产生的商誉，商誉不足冲减的，差额部分确认为当期损益（所得税费用）。除上述情况以外（如购买日后超过 12 个月、或在购买日不存在相关情况但购买日以后出现新的情况导致可抵扣暂时性差异带来的经济利益预期能够实现），如果符合了递延所得税资产的确认条件，确认与企业合并相关的递延所得税资产，应当计入当期损益（所得税费用），不得调整商誉金额。

例 18-10 某非同一控制下的企业合并，因会计准则规定与适用税法规定的处理方法不同，在购买日产生可抵扣暂时性差异3 000万元。假定购买日及未来期间企业适用的所得税税率为25%。

购买日因预计未来期间无法取得足够的应纳税所得额，为确认与可抵扣暂时性差异相关的递延所得税资产750万元。购买日确认的商誉金额为20 000万元。

该项合并1年以后，因情况发生变化，企业预计能够产生足够的应纳税所得额用来抵扣原合并时产生的3 000万元可抵扣暂时性差异的影响，企业应进行以下账务处理：

借：递延所得税资产　　7 500 000

　　贷：所得税费用　　7 500 000

借：资产减值损失　　7 500 000

　　贷：商誉　　7 500 000

如上述企业预计能够产生足够的应纳税所得额用来抵扣原合并时产生的3 000万元可抵扣暂时性差异的影响的情况发生于购买日之后的1年之内，则企业应对合并时进行的会计处理进行追溯调整：

借：递延所得税资产　　7 500 000

　　贷：商誉　　7 500 000

3. 与股份支付相关的当期及递延所得税

与股份支付相关的支出在按照会计准则规定确认为成本费用时，其相关的所得税影响应区别于税法的规定进行处理：如果税法规定与股份支付相关的支出不允许税前扣除，则不形成暂时性差异；如果税法规定与股份支付相关的支出允许税前扣除，在按照会计准则规定确认成本费用的期间内，企业应当根据会计期末取得的信息估计可税前扣除的金额计算确定其计税基础及由此产生的暂时性差异，符合确认条件的情况下应当确认相关的递延所得税。其中预计未来期间可税前扣除的金额超过会计准则规定确认的与股份支付相关的成本费用，超过部分的所得税影响应直接计入所有者权益。

（四）适用税率变化对已确认递延所得税资产和递延所得税负债的影响

因适用税收法规的变化，导致企业在某一会计期间适用的所得税税率发生变化的，企业应对已确认的递延所得税资产和递延所得税负债按照新的税率进行重新计量。递延所得税资产和递延所得税负债的金额代表的是有关可抵扣暂时性差异或应纳税暂时性差异于未来期间转回时，导致应交所得税金额的减少或增加的情况。因国家税收法律、法规等的变化导致适用税率变化的，必然导致应纳税暂时性差异或可抵扣暂时性差异在未来期间转回时产生应交所得税金额的变化，在适用税率变动的情况下，应对原已确认的递延所得税资产及递延所得税负债的金额进行调整，反映税率变化带来的影响。

除直接计入所有者权益的交易或事项产生的递延所得税资产及递延所得税负债，相关的调整金额应计入所有者权益以外，其他情况下产生的递延所得税资产及递延所得税负债的调整金额应确认为变化当期的所得税费用（或收益）。

例 18-11 A公司属于高新技术企业，适用的所得税税率为15%，税前会计利润各年均为100万元。A公司2×19年12月31日购入设备一台，成本150万元，净残值为零。税法规定采用年限平均法计提折旧，折旧年限为5年；会计规定采用年数总和法，折旧年限5年。A公司2×20年1月2日购入股票，价款200万元，划分为以公允价值计量且其变动计入当期损益的交易性金融资产，2×20年末公允价值为230万元，2×21年末公允价值为220万元。税法规定公允价值变动不得计入应纳税所得额，A公司2×21年12月31日预计2×21年以后不再属于高新技术企业，且所得税税率将变更为25%。

（1）2×20年年末递延所得税费用如表18-03所示：

表 18-03　2×20 年年末递延所得税费用计算表

单位：万元

项目	固定资产	交易性金融资产
账面价值	150 − 150×5÷15 = 100	230
计税基础	150 − 150÷5 = 120	200
暂时性差异	可抵扣暂时性差异 = 120 − 100 = 20	应纳税暂时性差异 = 30
税率	15%	15%
递延所得税期末余额	递延所得税资产期末余额 = 20×15% = 3	递延所得税负债期末余额 = 30×15% = 4.5
递延所得税费用	− 3	4.5

2×20年应交所得税＝［100＋（50－30）－30］×15%＝13.5（万元）

2×20年确认所得税费用＝13.5－3＋4.5＝15（万元）

借：所得税费用　150 000

　　递延所得税资产　30 000

　　贷：应交税费——应交所得税　135 000

　　　　递延所得税负债　45 000

（2）2×21 年年末递延所得税费用如表 18-04 所示：

以公允价值计量且其变动计入当期损益的金融资产年末公允价值为 220 万元；所得税税率 15%，预计 2×21 年以后所得税税率将变更为 25%。

表 18-04　2×21 年年末递延所得税费用计算表

单位：万元

项目	固定资产	交易性金融资产
账面价值	100 − 150×4÷15 = 60	220
计税基础	120 − 150÷5 = 90	200
累计暂时性差异	可抵扣暂时性差异余额 = 90 − 60 = 30	应纳税暂时性差异余额 = 20
税率	25%	25%
递延所得税期末余额	递延所得税资产期末余额 = 30×25% = 7.5	递延所得税负债期末余额 = 20×25% = 5
递延所得税费用	3 − 7.5 =− 4.5	5 − 4.5 = 0.5

2×21年应交所得税＝［100＋（40－30）＋10］×15%＝18（万元）

2×21年确认所得税费用＝18－4.5＋0.5＝14（万元）

借：所得税费用　140 000

　　递延所得税资产　40 000

　　贷：应交税费——应交所得税　180 000

六、所得税费用的确认和计量

企业核算所得税，主要是为确定当期应交所得税以及利润表中应确认的所得税费用。按照资产负债表债务法核算所得税的情况下，利润表中的所得税费用由两个部分组成：当期所得税和递延所得税。

（一）当期所得税

当期所得税是指企业按照税法规定计算确定的针对当期发生的交易和事项，应交纳给税务部门的所得税金额，即应交所得税，当期所得税应以适用的税收法规为基础计算确定。

企业在确定当期所得税时，对于当期发生的交易或事项，会计处理与税收处理不同的，应在会计利润的基础上，按照适用税收法规的规定进行调整，计算出当期应纳税所得额，按照应纳税所得额与适用所得税税率计算确定当期应交所得税。一般情况下，应纳税所得额可在会计利润的基础上，考虑会计与税收之间的差异，按照以下公式计算确定：

应纳税所得额＝会计利润＋按照会计准则规定计入利润表但计税时不允许税前扣除的费用 ± 计入利润表的费用与按照税法规定可予税前抵扣的费用金额之间的差额 ± 计入利润表的收入与按照税法规定应计入应纳税所得额的收入之间的差额－税法规定的不征税收入 ± 其他需要调整的因素

当期所得税＝当期应交所得税＝应纳税所得额 × 适用的所得税税率

企业向投资者分配现金股利或利润时，如果按照适用税收法规规定需要将所分配现金股利或利润的一定比例代投资者缴纳给税务部门的即代扣代交税款，该部分代扣代交税款应作为股利的一部分计入权益。

例 18-12　A 企业为设立在我国境内企业，其主要投资者为境外某企业。A 企业 2×17 年董事会决定分派现金股利，其境外投资者按照持股比例计算可分得 20 000 万元，假定适用税法规定，其中 20% 应由 A 企业代扣作为境外投资者在我国境内应交的所得税，则 A 企业就该利润分配事项应进行的会计处理为：

借：利润分配——未分配利润	200 000 000	
贷：应付股利		160 000 000
应交税费——应交所得税		40 000 000

该种情况下，视同将有关利润分配给投资者后，按照我国税法规定投资者需就其自我国境内取得的现金股利或利润应缴纳一部分税款的情况，是投资者自该项利润分配中获取利益的减少，原则上应是利润分配的一个组成部分。

（二）递延所得税

递延所得税是指按照所得税准则规定应予确认的递延所得税资产和递延所得税负债在期末应有的金额相对于原已确认金额之间的差额，即递延所得税资产及递延所得税负债当期发生额的综合结果。用公式表示为：

递延所得税＝（期末递延所得税负债－期初递延所得税负债）－（期末递延所得税资产－期初递延所得税资产）

应予说明的是，企业因确认递延所得税资产和递延所得税负债产生的递延所得税，一般应当记入所得税费用，但以下两种情况除外：

一是，某项交易或事项按照会计准则规定应计入所有者权益的，由该交易或事项产生的递延所得税资产或递延所得税负债及其变化亦应计入所有者权益，不构成利润表中的递延所得税费用（或收益）。

二是，企业合并中取得的资产、负债，其账面价值与计税基础不同，应确认相关递延所得税的，该递延所得税的确认影响合并中产生的商誉或是记入合并当期损益的金额，不影响所得税费用。

（三）所得税费用

确定了当期所得税及递延所得税以后，利润表中应予确认的所得税费用为两者之和，即：

所得税费用＝当期所得税＋递延所得税

例 18–13 A 公司 2×21 年度利润表中利润总额为 240 万元，该公司适用的所得税税率为 25%。递延所得税资产及递延所得税负债不存在期初余额。2×21 年发生的有关交易和事项中，会计处理与税收处理存在差别的有：

（1）2×21 年 1 月开始计提折旧的一项固定资产，成本为 120 万元，使用年限为 10 年，净残值为零，会计处理按双倍余额递减法计提折旧，税收处理按直线法计提折旧。假定税法规定的使用年限及净残值与会计规定相同。

（2）向关联企业捐赠现金 40 万元。假定按照税法规定，企业向关联方的捐赠不允许税前扣除。

（3）期末持有的交易性金融资产成本为 60 万元，公允价值为 120 万元。税法规定，以公允价值计量的金融资产持有期间市价变动不计入应纳税所得额。

（4）违反环保规定应支付罚款 20 万元。

（5）期末对持有的存货计提了 6 万元的存货跌价准备。

分析：2×21年度应交所得税＝（240＋12＋40－60＋20＋6）25%＝64.5（万元）

2×21 年度应交所得税年度递延所得税资产与递延所得税负债如表 18-05。

表 18–05 2×21 年度递延所得税计算表

单位：万元

项目	账面价值	计税基础	递延所得税负债	递延所得税资产
存货	160	166		（166 － 160）×25%＝ 1.5
固定资产原价	120	120		
减：累计折旧	24	12		
减：固定资产减值准备	0	0		
固定资产账面价值	96	108		（108 － 96）×25%＝ 3
交易性金融资产	120	60	（120 － 60）×25%＝ 15	
其他应付款	20	20		
总计			15	4.5

A 公司 2×21 年与所得税相关的会计分录是：

借：所得税费用 750 000
　　递延所得税资产 45 000
　　贷：应交税费——应交所得税 645 000
　　　　递延所得税负债 150 000

例 18–14 A 公司适用的企业所得税税率为 25%。2×20 年 12 月 31 日，A 公司存在可于 3 年内税前弥补的亏损 260 万元，A 公司对这部分未弥补亏损已确认递延所得税资产 65 万元。A 公司 2×21 年实现利润总额 300 万元。A 公司预计未来期间能够产生足够的应纳税所得额用于抵扣可抵扣暂时性差异，预计未来期间适用所得税税率不会发生变化。A 公司申报 2×21 年度企业所得税时，涉及以下事项：

（1）2×21 年，A 公司应收账款年初余额为 300 万元，坏账准备年初余额为零；应收账款年末余额为 2 400 万元，坏账准备年末余额为 200 万元。税法规定，企业计提的各项资产减值损失在未发生实质性损失前不允许税前扣除。

（2）2×21 年 9 月 5 日，A 公司以 240 万元购入某公司股票，作为其他权益工具投资核算。至 12 月 31 日，该股票尚未出售，公允价值为 260 万元。税法规定，资产在持有期间公允价值的变动不计税，在处置时一并计算应计入应纳税所得额的金额。

（3）A 公司于 2×19 年 1 月购入的对 B 公司股权投资的初始投资成本为 280 万元，采用成本法核算。2×21 年 10 月 3 日，A 公司从 B 公司分得现金股利 20 万元，计入投资收益。至 12 月 31 日，该项投资未发生减值。A 公司、B 公司均为设在我国境内的居民企业。税法规定，我国境内居民企业之间取得的股息、红利免税。

（4）2×21 年，A 公司将业务宣传活动外包给其他单位，当年发生业务宣传费 480 万元，至年末尚未支付。A 公司当年实现销售收入 3 000 万元。税法规定，企业发生的业务宣传费支出，不超过当年销售收入 15% 的部分，准予税前扣除；超过部分，准予结转以后年度税前扣除。

分析：A公司2×21年的应纳税所得额＝300＋计提坏账准备200－分得现金股利20＋广告费30－补的亏损260＝250（万元），因此，应交所得税＝250×25%＝62.5（万元）。

同时，根据表 18-06 所计算的递延所得税，加上 A 公司对这部分未弥补亏损已确认递延所得税资产 65 万元，所以 2×21 年递延所得税资产为 7.5 万元，递延所得税负债为 5 万元。

表 18-06　A 公司 2×21 年递延所得税计算表

单位：万元

项目	账面价值	计税基础	递延所得税负债	递延所得税资产
应收账款	2 200	2 400		（2 400 － 2 200）×25% ＝ 50
其他权益工具投资	260	240	（260 － 240）×25% ＝ 5	
长期股权投资	280	280		
其他应付款	480	3 000×15% ＝ 450		（480 － 450）×25% ＝ 7.5

A 公司 2×21 年与所得税相关的会计分录：

借：所得税费用　700 000

　　贷：应交税费——应交所得税　625 000

　　　　递延所得税资产　75 000

借：其他综合收益　50 000

　　贷：递延所得税负债　50 000

例 18-15 A 公司 2×21 年度实现的利润总额为 1 500 万元，适用的所得税税率为 25%。假定 A 公司未来年度有足够的应纳税所得额用于抵扣可抵扣暂时性差异。A 公司 2×21 年度涉及所得税的有关交易或事项如下：

（1）A 公司 2×21 年 2 月 1 日购入债券划分为以公允价值计量且其变动计入其他综合收益的金融资产，其初始入账金额为 100 万元（等于面值），年末公允价值为 110 万元。根据税法规定，该投资的计税基础等于初始入账金额。

（2）A公司持有B公司40%股权，与C公司共同控制B公司的财务和经营政策。A公司对B公司的长期股权投资系A公司2×20年7月8日购入，其初始投资成本为300万元，初始投资成本小于投资时应享有B公司可辨认净资产公允价值份额的差额为40万元。A公司拟长期持有B公司股权。根据税法规定，A公司对B公司长期股权投资的计税基础等于初始投资成本。

（3）2×21年1月1日，A公司开始对A设备计提折旧。A设备的成本为800万元，预计使用10年，预计净残值为零，采用年限平均法计提折旧。根据税法规定，A设备的折旧年限为16年。假定A公司A设备的折旧方法和净残值符合税法规定。

（4）2×21年7月5日，A公司自行研究开发的B专利技术达到预定可使用状态，并作为无形资产入账。B专利技术的成本为400万元，预计使用10年，预计净残值为零，采用直线法摊销。根据税法规定，B专利技术的计税基础为其成本的150%。假定A公司B专利技术的摊销方法、摊销年限和净残值符合税法规定。

（5）2×21年12月31日，A公司对商誉计提减值准备100万元。该商誉系2×18年12月8日A公司从C公司处购买D公司100%股权并吸收合并D公司时形成的，初始计量金额为3 500万元，C公司根据税法规定已经交纳与转让D公司100%股权相关的所得税及其他税费。根据税法规定，A公司购买D公司产生的商誉在整体转让或者清算相关资产、负债时，允许税前扣除。

（6）A公司的C建筑物于2×19年12月30日投入使用并直接出租，成本为680万元。A公司对投资性房地产采用公允价值模式进行后续计量。2×21年12月31日，已出租C建筑物累计公允价值变动收益为120万元，其中本年度公允价值变动收益为50万元。根据税法规定，已出租C建筑物以历史成本按税法规定扣除折旧后作为其计税基础，折旧年限为20年，净残值为零，自投入使用的次月起采用年限平均法计提折旧。

分析：

事项（1）：2×21年不需要纳税调整。账面价值＝110（万元）；计税基础＝100（万元）；应纳税暂时性差异＝10（万元），确认递延所得税负债。

事项（2）：2×21年不需要纳税调整。

事项（3）：会计折旧＝800÷10＝80（万元）；税法折旧＝800÷16＝50（万元）；纳税调整增加＝30（万元）；可抵扣暂时性差异＝30（万元）；确认递延所得税资产。

事项（4）：会计摊销＝400÷10÷2＝20（万元）；税法摊销＝400×150%÷10÷2＝30（万元）；纳税调整减少＝10（万元）；不确认递延所得税。

事项（5）：纳税调整增加＝100（万元）；确认递延所得税资产。

事项（6）：纳税调整＝－公允价值变动50－税法折旧（680÷20）＝－84（万元）；应纳税暂时性差异＝84（万元），确认递延所得税负债。

应交所得税＝［1 500＋30－10＋减值100＋（－84）］×25%＝384（万元）

确认递延所得税资产＝［（会计折旧80－税法折旧50）＋100］×25%＝32.5（万元）（递延所得税收益）

确认递延所得税负债＝84×25%＝21（万元）（递延所得税费用）

确认递延所得税收益＝32.5－21.0＝11.5（万元）

确认所得税费用＝384.0－11.5＝372.5（万元）

A公司2×21年与所得税相关的会计分录：

借：所得税费用	3 725 000
递延所得税资产	325 000
贷：递延所得税负债	210 000
应交税费——应交所得税	3 840 000

借：其他综合收益　　25 000

　　贷：递延所得税负债　　25 000

（四）合并财务报表中因抵销未实现内部销售损益产生的递延所得税

企业在编制合并财务报表时，因抵销未实现内部销售损益导致合并资产负债表中资产、负债的账面价值与其在纳入合并范围的企业按照适用税法规定确定的计税基础之间产生暂时性差异的，在合并资产负债表中应当确认递延所得税资产或递延所得税负债，同时调整合并利润表中的所得税费用，但与直接计入所有者权益的交易或事项及企业合并相关的递延所得税除外。（《企业会计准则解释第 1 号》财会〔2007〕14 号）

企业在编制合并财务报表时，按照合并报表的编制原则，应将纳入合并范围的企业之间发生的未实现内部交易损益予以抵销，因此，对于所涉及的资产负债项目在合并资产负债表中列示的价值与其所属的企业个别资产负债表中的价值会不同，进而可能产生与有关资产、负债所属个别纳税主体计税基础的不同，从合并财务报表作为一个完整经济主体的角度，应当确认该暂时性差异的所得税影响。

例 18–16　A 公司拥有 B 公司 80% 有表决权股份，能够控制 B 公司的生产经营决策。2×21 年 9 月，A 公司以 80 万元将自产产品一批销售给 B 公司，该批产品在 A 公司的生产成本为 50 万元。至 2×21 年 12 月 31 日，B 公司尚未对外销售该批商品。假定涉及商品未发生减值。A、B 公司适用的所得税税率为 25%，且在未来期间预计不会发生变化。税法规定，企业的存货以历史成本作为计税基础。

A 公司在编制合并财务报表时，对于与 B 公司发生的内部交易应进行以下抵销处理：

借：营业收入　　800 000

　　贷：营业成本　　500 000

　　　　存货　　300 000

经过上述抵销处理后，该项内部交易中涉及的存货在合并资产负债表中体现的价值为 50 万元，即未发生减值的情况下，为出售方的成本，其计税基础为 80 万元，两者之间产生了 30 万元可抵扣暂时性差异，与该暂时性差异相关的递延所得税在 B 公司并未确认，为此在合并财务报表中应进行以下处理：

借：递延所得税资产　　75 000

　　贷：所得税费用　　75 000

七、具体应用

（一）资产类项目

1. 固定资产

以各种方式取得的固定资产，初始确认时按照会计准则规定确定的入账价值基本上是被税法认可的，即取得时其账面价值一般等于计税基础。固定资产在持有期间进行后续计量时，由于会计与税法规定就折旧方法、折旧年限以及固定资产减值准备的提取等处理的不同，所以可能造成固定资产的账面价值与计税基础的差异。

（1）折旧方法不同产生的差异。企业会计准则规定，企业既可以按直线法计提折旧，也可以按照双倍余额递减法、年数总和法等方法计提折旧，前提是有关的方法能够反映固定资产为企业带来经济利益的实现方式（新教材改写为预期消耗方式）。税法规定，除某些按照规定可以加速折旧的情况外（例如技术进步、产品更新换代较快等），基本上可以税前扣除的是按照直线法计提的折旧。因折旧方法的不同，会产生固定资产账面价值与计税基础之间的差异。

根据国家税务总局《关于企业所得税应纳税所得额若干问题的公告》（国家税务总局公告 2014 年第 29 号）规定，①企业固定资产会计折旧年限如果短于税法规定的最低折旧年限，其按会计折旧年限计提的折旧高于按税法规定的最低折旧年限计提的折旧部分，应调增当期应纳税所得额。②企业固定资产会计折旧年限如果长于税法规定的最低折旧年限，其折旧应按会计折旧年限计算扣除，税法另有规定除外。

（2）折旧年限不同产生的差异。企业会计准则规定，折旧年限是由企业按照固定资产能够为企业带来经济利益的期限估计确定的。但税法规定了每一类固定资产的最低折旧年限，而因折旧年限的不同，也会产生固定资产账面价值与计税基础之间的差异。

（3）因计提固定资产减值准备产生的差异。持有固定资产的期间内，在对固定资产计提了减值准备以后，因所计提的减值准备不允许税前扣除，其账面价值下降，但计税基础不会随资产减值准备的提取而发生变化，也会造成其账面价值与计税基础的差异。

例 18-17 A公司适用的所得税税率为25%，各年税前利润均为1 000万元。2×21年6月30日以500万元购入一项固定资产，并于当日达到预定可使用状态，A公司在会计核算时估计其使用寿命为5年。按照适用税法规定，按照10年计算确定可税前扣除的折旧额。假定会计与税法均按年限平均法计提折旧，净残值均为零。

（1）2×21年年末：

年末资产账面价值＝500－500÷5×6÷12＝450（万元）

年末资产计税基础＝500－500÷10×6÷12＝475（万元）

年末可抵扣暂时性差异余额＝475－450＝25（万元）（在未来期间会减少企业的应纳税所得额）

年末“递延所得税资产”余额＝25×25%＝6.25（万元）

年末“递延所得税资产”发生额＝6.25－0＝6.25（万元）

2×21年确认递延所得税费用＝－6.25（万元）

2×21年应交所得税＝（1 000＋会计折旧500÷5×6÷12－税法折旧500÷10×6÷12）×25%＝256.25（万元）

2×21年确认所得税费用＝256.25－6.25＝250（万元）

A公司2×21年与所得税相关的会计分录：

借：所得税费用	2 500 000	
递延所得税资产	62 500	
贷：应交税费——应交所得税		2 562 500

（2）2×22年年末：

年末资产账面价值＝500－500÷5×1.5＝350（万元）

年末资产计税基础＝500－500÷10×1.5＝425（万元）

年末累计可抵扣暂时性差异＝425－350＝75（万元）

年末“递延所得税资产”余额＝75×25%＝18.75（万元）

年末“递延所得税资产”发生额＝18.75－6.25＝12.5（万元）

2×22年确认递延所得税费用＝－12.5（万元）

2×22年应交所得税＝（1 000＋会计折旧500÷5－税法折旧500÷10）×25%＝262.5（万元）

2×22年确认所得税费用＝262.5－12.5＝250（万元）

A公司2×22年与所得税相关的会计分录：

借：所得税费用	2 500 000	
递延所得税资产	125 000	
贷：应交税费——应交所得税		2 625 000

例 18-18 A公司适用的所得税税率为25%，各年实现的利润总额均为10 000万元。2×21年3月31日取得某项固定资产，成本为500万元，使用年限为10年，会计采用年限平均法计提折旧，净

残值为零。2×22 年 12 月 31 日，估计该项固定资产的可收回金额为 350 万元。税法规定，该固定资产使用年限为 10 年，应采用双倍余额递减法计提折旧，净残值为零。A 公司 2×21 年末、2×22 年末所得税会计处理如下。

（1）2×21年年末：

年末资产账面价值＝500－500÷10×9÷12＝500－37.5＝462.5（万元）

年末资产计税基础＝500－500×2÷10×9÷12＝500－75＝425（万元）

年末应纳税暂时性差异余额＝462.5－425＝37.5（万元）【将于未来期间计入企业的应纳税所得额】

年末“递延所得税负债”余额＝37.5×25%＝9.375（万元）

年末“递延所得税负债”发生额＝9.375（万元）

2×21年确认递延所得税费用9.375万元

2×21年应交所得税＝（1 000＋会计折旧37.5－税法折旧75）×25%＝240.625（万元）

2×21年确认所得税费用＝240.625＋9.375＝250（万元）

A公司2×21年与所得税相关的会计分录：

借：所得税费用	2 500 000	
贷：应交税费——应交所得税		2 406 250
递延所得税负债		93 750

（2）2×22年年末：

2×22年12月31日，该项固定资产计提减值准备前的账面价值＝500－375－500÷10＝412.5（万元），该账面价值大于其可收回金额350万元，应计提62.5万元的固定资产减值准备。

年末资产账面价值＝500－37.5－500÷10－62.5＝350（万元）

年末资产计税基础＝500－75－（500×2÷10×3÷12＋400×2÷10×9÷12）＝340（万元）

年末累计应纳税暂时性差异＝350－340＝10（万元）

年末“递延所得税负债”余额＝10×25%＝2.5（万元）

年末“递延所得税负债”发生额＝2.5－9.375＝－6.875（万元）

2×22年确认递延所得税收益6.875万元

2×22年应交所得税＝［1 000＋会计折旧（500÷10）＋减值准备62.5－税法折旧85］×25%＝256.875（万元）

2×22年确认所得税费用＝256.875－6.875＝250（万元）

A公司2×22年与所得税相关的会计分录：

借：所得税费用	2 500 000	
递延所得税负债	68 750	
贷：应交税费——应交所得税		2 568 750

例 18-19 A 公司适用的所得税税率为 25%。2×19 年末购入管理用固定资产，成本为 360 万元，采用年限平均法计提折旧，预计使用年限为 10 年，预计净残值为零。税法规定该固定资产的计税年限最低为 15 年，A 公司在计税时按照 15 年采用直线法计算确定的折旧在所得税税前扣除。2×22 年 10 月 1 日，A 公司董事会决定将其固定资产的折旧年限由 10 年调整为 20 年，该项变更自 2×22 年 1 月 1 日起执行。要求：计算 A 公司 2×21 年与 2×22 年递延所得税费用（或收益）。

（1）2×21 年：

年末账面价值＝360－360÷10×2＝288（万元）

年末计税基础＝360－360÷15×2＝312（万元）

年末累计可抵扣暂时性差异＝312－288＝24（万元）

年末递延所得税资产余额＝24×25%＝6（万元）

年末递延所得税资产发生额＝6－3＝3（万元）

2×21年确认递延所得税费用为－3万元。

（2）2×22年：

2×22年的折旧额＝360÷10×9÷12＋（360－360÷10×2－360÷10×9÷12）÷（20×12－2×12－9）×3＝30.783（万元）

年末账面价值＝288－30.783＝257.217（万元）

年末计税基础＝360－360÷15×3＝288（万元）

年末累计可抵扣暂时性差异＝288－257.217＝30.783（万元）

年末递延所得税资产余额＝（288－257.217）×25%＝7.696（万元）

年末递延所得税资产发生额＝7.696－6＝1.696（万元）

2×22年确认递延所得税收益为1.696万元。

2. 无形资产

除内部研究开发形成的无形资产以外，其他方式取得的无形资产，初始确认时按照会计准则规定确定的入账价值与按照税法规定确定的计税基础之间一般不存在差异。无形资产的差异主要产生于内部研究开发形成的无形资产以及使用寿命不确定的无形资产。

（1）内部研究开发形成的无形资产。会计准则规定，研究阶段的支出应当费用化计入当期损益，开发阶段符合资本化条件以后至达到预定用途前发生的支出应当资本化作为无形资产的成本。

税法中规定企业为开发新技术、新产品、新工艺发生的研究开发费用，未形成无形资产计入当期损益的，在按照规定据实扣除的基础上，按照研究开发费用的50%加计扣除；形成无形资产的，按照无形资产成本的150%计算每期摊销额。

如果无形资产的确认不是产生于企业合并交易，同时在（初始）确认时既不影响会计利润也不影响应纳税所得额，则按照所得税准则的规定，不确认有关暂时性差异的所得税影响。

例18-20 A公司适用的所得税税率为25%，各年实现利润总额均为1 000万元。自2×21年1月1日起，A公司自行研究开发一项新专利技术。税法规定，研究开发支出未形成无形资产计入当期损益的，按照研究开发费用的50%加计扣除；形成无形资产的，按照无形资产成本的150%摊销。2×21年度研发支出为150万元，其中费用化支出为50万元，资本化支出100万元。至2×21年末尚未达到预定可使用状态。2×18年发生资本化支出140万元，2×22年7月1日该项专利技术获得成功并取得专利权。A公司预计该项专利权的使用年限为10年，采用直线法进行摊销，均与税法规定相同。要求：计算A公司2×21年与2×22年递延所得税费用（或收益）。

2×21年：

年末开发支出账面价值＝100（万元）

年末开发支出计税基础＝100×150%＝150（万元）

年末可抵扣暂时性差异＝50（万元）

自行研发的无形资产不属于企业合并，且初始确认时，既不影响应纳税所得额也不影响会计利润，故不确认相关的递延所得税资产。

2×21年应交所得税＝（1 000－50×50%）×25%＝243.75（万元）

自行研发的无形资产不属于企业合并，且初始确认时，既不影响应纳税所得额也不影响会计利润，故不确认相关的递延所得税资产。

②2×22年：

年末无形资产账面价值＝240－240÷10×6÷12＝240－12＝228（万元）

年末无形资产计税基础＝240×150%－240×150%÷10×6÷12＝228×150%＝342（万元）

年末累计可抵扣暂时性差异＝342－228＝114（万元）

自行研发的无形资产不属于企业合并，且初始确认时，既不影响应纳税所得额也不影响会计利润，故不确认相关的递延所得税资产。

2×22年应交所得税＝（1 000＋240÷10×6÷12－240×150%÷10×6÷12）×25%＝248.5（万元）

（2）无形资产在后续计量时，会计与税收的差异主要产生于对无形资产是否需要摊销及无形资产减值准备的提取。

①企业会计准则规定，对于使用寿命不确定的无形资产，不要求摊销，在会计期末应进行减值测试。税法规定，企业取得的无形资产成本，应在一定期限内摊销，即税法中没有界定使用寿命不确定的无形资产。对于使用寿命不确定的无形资产在持有期间，因摊销规定的不同，会造成其账面价值与计税基础的差异。

②在对无形资产计提减值准备的情况下，因所计提的减值准备不允许税前扣除，也会造成其账面价值与计税基础的差异。

例 18-21 A公司适用的所得税税率为25%，各年税前会计利润均为1 000万元。企业在计税时，对无形资产按照10年的期限摊销，摊销金额允许税前扣除。A公司于2×21年1月1日取得的某项无形资产，取得成本为100万元，取得该项无形资产后，根据各方面情况判断，A公司无法合理预计其使用期限，将其作为使用寿命不确定的无形资产。（2）2×22年12月31日，对该项无形资产进行减值测试，可收回金额为60万元。要求：计算A公司2×21年与2×22年递延所得税费用（或收益）。

①2×21年年末：

账面价值＝100（万元）

计税基础＝100－100÷10＝90（万元）

应纳税暂时性差异＝10（万元）

“递延所得税负债”发生额＝10×25%＝2.5（万元）

应交所得税＝（1 000＋0－10）×25%＝247.5（万元）

确认所得税费用＝247.5＋2.5＝250（万元）

②2×22年：

计提减值准备＝100－60＝40（万元）

账面价值＝60（万元）

计税基础＝100－10×2＝80（万元）

可抵扣暂时性差异＝20（万元）

“递延所得税资产”余额＝20×25%＝5（万元）

“递延所得税负债”发生额＝0－2.5＝－2.5（万元）

“递延所得税资产”发生额＝5－0＝5（万元）

确认递延所得税收益＝2.5＋5＝7.5（万元）

应交所得税＝（1 000＋40－10）×25%＝257.5（万元）

确认所得税费用＝257.5－7.5＝250（万元）

从本例中，可以得出结论：如果不存在所得税税率变动和非暂时性差异及特殊事项，所得税费用＝税前会计利润 × 所得税税率

例 18-22 A公司适用的所得税税率为25%，每年产生的税前利润总额均为2 000万元。2×21年1月1日，A公司董事会批准研发某项新产品专利技术，有关资料如下：2×21年，该研发项目发生的

费用均属于费用化支出。2×22 年 1 月，共发生费用 620 万元，其中 600 万元符合资本化条件。当月达到预定用途。A 公司预计该新产品专利技术的使用寿命为 10 年，A 公司对其采用直线法摊销；税法规定该项无形资产采用直线法摊销，摊销年限与会计相同。2×22 年末，该项无形资产出现减值迹象，经减值测试，该项无形资产的可收回金额为 432 万元，减值后摊销年限和摊销方法不需变更。

按照税法规定企业为开发新技术、新产品、新工艺发生的研究开发费用，未形成无形资产计入当期损益的，在按照规定据实扣除的基础上，按照研究开发费用的 50% 加计扣除；形成无形资产的，按照无形资产成本的 150% 摊销。A 公司该研究开发项目符合上述税法规定。2×22 年相关所得税的会计处理：

减值测试前无形资产的账面价值＝600－600÷10＝540（万元）

应计提的减值准备金额＝540－432＝108（万元）

年末无形资产账面价值＝432（万元）

年末无形资产计税基础＝600×150%－600×150%÷10＝810（万元）

年末可抵扣暂时性差异＝810－432＝378（万元）

其中108万元的可抵扣暂时性差异（计提的减值准备）需要确认递延所得税资产。

2×22年应确认的递延所得税资产（收益）＝108×25%＝27（万元）

2×22年应纳税所得额＝2 000－20×50%＋600÷10－600×150%÷10＋108＝2 068（万元）

2×22年应交所得税＝2 068×25%＝517（万元）

2×22年确认所得税费用＝517－27＝490（万元）。

借：所得税费用	4 900 000	
递延所得税资产	270 000	
贷：应交税费——应交所得税		5 170 000

3. 以公允价值计量且其变动计入当期损益（或其他综合收益）的金融资产和投资性房地产

对于以公允价值计量且其变动计入当期损益（或其他综合收益）的金融资产和投资性房地产，其于某一会计期末的账面价值为该时点的公允价值。

税法规定，企业以公允价值计量的金融资产、金融负债以及投资性房地产等，持有期间公允价值的变动不计入应纳税所得额。在实际处置或结算时，处置取得的价款扣除其历史成本或以历史成本为基础确定的处置成本后的差额应计入处置或结算期间的应纳税所得额。按照该规定，以公允价值计量的金融资产等在持有期间公允价值的波动在计税时不予考虑，因此账面价值与计税基础之间会存在差异。

例 18-23 A 公司适用的所得税税率为 25%，各年税前会计利润均为 1 000 万元。假定 2×17 年期初暂时性差异余额为零。2×21 年 11 月 20 日，A 公司自公开市场取得一项权益性投资分类为以公允价值计量且其变动计入当期损益的金融资产，支付价款 100 万元，本年末该权益性投资的公允价值为 110 万元。2×22 年 12 月 31 日，该投资的公允价值为 80 万元，不考虑其他因素。

（1）2×21年末所得税会计处理如下：

年末账面价值＝110（万元）

年末计税基础＝100（万元）

应纳税暂时性差异＝10（万元）

年末“递延所得税负债”余额＝10×25%＝2.5（万元）

年末确认递延所得税费用＝2.5（万元）

应交所得税＝（1 000－10）×25%＝247.5（万元）

确认所得税费用＝247.5＋2.5＝250（万元）

借：所得税费用　　2 500 000
　　贷：递延所得税负债　　25 000
　　　　应交税费——应交所得税　　2 475 000

（2）2×22年末所得税会计处理如下：

年末账面价值=80（万元）

年末计税基础=100（万元）

年末累计可抵扣暂时性差异=20（万元）

年末“递延所得税资产”余额=20×25%=5（万元）

年末“递延所得税资产”发生额=5−0=5（万元）

年末“递延所得税负债”发生额=0−2.5=−2.5（万元）

确认递延所得税费用=−5−2.5=−7.5（万元）

应交所得税=（1 000+30）×25%=257.5（万元）

确认所得税费用=257.5−7.5=250（万元）

借：所得税费用　　2 500 000
　　递延所得税资产　　50 000
　　递延所得税负债　　25 000
　　贷：应交税费——应交所得税　　2 575 000

例 18-24　A公司适用的所得税税率为25%，各年税前会计利润均为1 000万元。假定2×21年期初暂时性差异余额为零。2×21年1月1日，A公司自公开市场取得一项三年期分期付息债券、面值为500万元，票面利率为5%，每年12月31日付息，实际支付价款500万元；A公司既可能将其持有至到期，也可能提前出售，将其确认为以公允价值计量且其变动计入其他综合收益的金融资产，实际利率为5%。本年末该债券的公允价值为510万元。2×22年12月31日，该投资的公允价值为508万元，不考虑其他因素。

（1）2×21年末所得税会计处理如下：

年末账面价值=510（万元）

年末计税基础=500（万元）

应纳税暂时性差异=10（万元）

年末“递延所得税负债”余额=10×25%=2.5（万元）

年末因所得税影响确认其他综合收益=−2.5（万元）

应交所得税=1 000×25%=250（万元）

确认所得税费用=250（万元）

借：所得税费用　　2 500 000
　　贷：应交税费——应交所得税　　2 500 000

借：其他综合收益　　25 000
　　贷：递延所得税负债　　25 000

（2）2×22年末所得税会计处理如下：

年末账面价值=508（万元）

年末计税基础=500（万元）

年末累计应纳税暂时性差异=8（万元）

年末“递延所得税负债”余额=8×25%=2（万元）

年末“递延所得税负债”发生额=2−2.5=−0.5（万元）

因所得税影响其他综合收益＝0.5（万元）

应交所得税＝1 000×25%＝250（万元）

确认所得税费用＝250（万元）

借：所得税费用　2 500 000

　　递延所得税负债　5 000

　　贷：其他综合收益　5 000

　　　　应交税费——应交所得税　2 500 000

例18-25 A公司适用的所得税税率为25%，各年税前会计利润均为1 000万元。假定税法规定的折旧方法、折旧年限及净残值与会计规定相同。同时，税法规定资产在持有期间公允价值的变动不计入应纳税所得额，待处置时一并计算确定应计入应纳税所得额的金额。2×21年1月1日将其某自用房屋用于对外出租，并采用公允价值对该投资性房地产进行后续计量。该房屋的成本为500万元，预计使用年限为20年。转为投资性房地产之前，已使用4年，按年限平均法计提折旧，预计净残值为零。2×21年1月1日账面价值为400万元（500－500÷20×4），转换日公允价值为500万元，转换日产生其他综合收益100万元。2×21年12月31日的公允价值为600万元。该项投资性房地产在2×22年12月31日的公允价值为560万元。

（1）2×21年年末所得税的处理如下：

年末账面价值＝600（万元）

年末计税基础＝500－500÷20×5＝375（万元）

年末应纳税暂时性差异＝600－375＝225（万元）

年末"递延所得税负债"余额＝225×25%＝56.25（万元）

年末"递延所得税负债"发生额＝56.25－0＝56.25（万元）

确认其他综合收益＝100×25%＝25（万元）

确认递延所得税费用＝56.25－25＝31.25（万元）

2×21年应交所得税＝［1 000－公允价值变动100－税法折旧（500÷20）］×25%＝218.75（万元）

2×21年确认所得税费用＝218.75＋31.25＝250（万元）

借：所得税费用　2 500 000

　　其他综合收益　250 000

　　贷：递延所得税负债　562 500

　　　　应交税费——应交所得税　2 187 500

（2）2×22年年末所得税的处理如下：

年末账面价值＝560（万元）

年末计税基础＝500－500÷20×6＝350（万元）

年末应纳税暂时性差异累计余额＝210（万元）

年末"递延所得税负债"余额＝210×25%＝52.5（万元）

年末"递延所得税负债"发生额＝52.5－56.25＝－3.75（万元）

2×22年应交所得税＝（1 000＋公允价值变动损失40－500÷20）×25%＝253.75（万元）

2×22年确认所得税费用＝253.75－3.75＝250（万元）

借：所得税费用　2 500 000

　　递延所得税负债　37 500

　　贷：应交税费——应交所得税　2 537 500

4. 其他计提资产减值准备的各项资产

有关资产计提了减值准备以后，其账面价值会随之下降，而按照税法规定，资产的减值在转化为实质性损失之前，不允许税前扣除，从而造成资产的账面价值与其计税基础之间的差异。

例18-26 A公司适用的所得税税率为25%，各年实现税前会计利润均为10 000万元。税法规定，各项资产减值准备不允许税前扣除；固定资产预计使用年限为10年，采用双倍余额递减法计提折旧，净残值为零；无形资产按照10年采用直线法摊销。2×21年发生的有关交易或事项如下。

（1）应收账款年初余额600万元，坏账准备年初余额60万元；2×21年计提坏账准备40万元；应收账款2×21年末余额1 000万元；坏账准备2×21年末余额100万元（60＋40）。

（2）库存商品年初余额2 500万元，存货跌价准备年初余额200万元；2×21年转回存货跌价准备40万元，2×21年计提存货跌价准备10万元；库存商品2×21年末余额3 000万元，存货跌价准备2×21年末余额170万元（200－40＋10）。

（3）固定资产成本年初余额为500万元，使用年限为10年，会计采用年限平均法计提折旧，净残值为零。2×20年按照会计规定累计计提折旧为37.5万元；按照税法规定累计计提折旧为75万元。2×21年12月31日，按照会计准则计提折旧为50万元、计提减值准备62.5万元；按照税法规定计提折旧为85万元。

事项（1）应收账款：

①产生可抵扣暂时性差异40万元

②确认递延所得税资产＝40×25%＝10（万元）

③纳税调整增加金额为40万元

④递延所得税费用＝－40×25%＝－10（万元）

事项（2）存货：

①转回可抵扣暂时性差异30万元：

存货账面价值＝3 000－170＝2 830（万元）

存货计税基础＝3 000（万元）

本年产生可抵扣暂时性差异＝（3 000－2 830）－200＝－30（万元），即转回可抵扣暂时性差异30万元。

②转回递延所得税资产＝30×25%＝7.5（万元）

③纳税调整减少金额为30万元

④递延所得税费用＝30×25%＝7.5（万元）

事项（3）固定资产：

①转回应纳税暂时性差异27.5万元：

年末资产账面价值＝500－37.5－50－62.5＝350（万元）

年末资产计税基础＝500－75－85＝340（万元）

累计应纳税暂时性差异＝350－340＝10（万元）

本年产生应纳税暂时性差异＝10－37.5＝－27.5（万元）

②转回递延所得税负债＝27.5×25%＝6.875（万元）

③纳税调整＝会计折旧50＋减值准备62.5－税法折旧85＝27.5（万元）

④确认递延所得税费用＝－27.5×25%＝－6.875（万元）

5. 长期股权投资

按照会计准则规定，长期股权投资可以分别采用成本法及权益法进行核算。税法中对于投资资产的处理，要求按规定确定其成本后，在转让或处置投资资产时，其成本准予扣除。因此，税法中对于长期股权投资并没有权益法的概念。

长期股权投资取得以后，如果按照会计准则规定采用权益法核算，则一般情况下在持有过程中随着应享有被投资单位净资产份额的变化，其账面价值与计税基础会产生差异。如果企业拟长期持有该项投资，则：

（1）因初始投资成本的调整产生的暂时性差异预计未来期间不会转回，对未来期间没有所得税影响；不确认递延所得税。

（2）因确认投资损益产生的暂时性差异，如果在未来期间逐期分回现金股利或利润时免税，也不存在对未来期间的所得税影响；不确认递延所得税。

（3）因确认应享有被投资单位其他权益变动而产生的暂时性差异，在长期持有的情况下预计未来期间也不会转回；不确认递延所得税。

例 18-27 A 公司 2×21 年发的有关交易或事项中，会计处理与所得税处理存在差异的包括以下几项：

（1）1 月 1 日，A 公同以 380 万元取得对 B 公司 20% 股权，并自取得当日起向 B 公司董事会派出 1 名董事，能够对 B 公司财务和经营决策施加重大影响。取得股权时，B 公司可辨认净资产的公允价值与账面价值相同，均为 1 600 万元。

B 公司 2×21 年实现净利润 50 万元，当年取得的作为其他权益工具投资核算的股票投资 2×21 年年末市价相对于取得成本上升 20 万元。A 公司与 B 公司 2×21 年未发生交易。

A 公司拟长期持有对 B 公司的投资。税法规定，我国境内设立的居民企业间股息、红利免税。

（2）A公司2×21年发生研发支出100万元，其中按照会计准则规定费用化的部分为40万元，资本化形成无形资产的部分为60万元。该研发形成的无形资产于2×21年7月1日达到预定用途，预计可使用5年，采用直线法摊销，预计净残值为零。税法规定，企业为开发新技术、新产品、新工艺发生的研究开发费用，未形成资产计入当期损益的，在据实扣除的基础上，按照研发费用的50%加计扣除；形成资产的，未来期间按照无形资产摊销金额的150%予以税前扣除。该无形资产摊销方法、摊销年限及净残值的税法规定与会计相同。

（3）A公司2×21年利润总额为520万元。

分析：本案例中，有关公司均为我国境内居民企业，适用的所得税税率均为25%；预计A公司未来期间能够产生足够的应纳税所得额用以抵扣可抵扣暂时性差异。A公司2×21年年初递延所得税资产与负债的余额均为零，且不存在未确认递延所得税负债或资产的暂时性差异。

事项（1）：A公司对B公司长期股权投资2×21年12月31日的账面价值为394万元［380＋（50＋20）×20%］，其计税基础为380万元。

该长期股权投资的账面价值与计税基础形成暂时性差异，但不应确认相关递延所得税负债。在A公司拟长期持有该投资的情况下，其账面价值与计税基础形成的暂时性差异将通过B公司向A公司分配现金股利或利润的方式消除，在两者适用所得税税率相同的情况下，有关利润在分回A公司时是免税的，不产生对未来期间的所得税影响。

事项（2）：该项无形资产2×21年12月31日的账面价值为54万元［60－60÷5×6÷12］，计税基础为81万元［60×150%－60×150%×6÷12］。可抵扣暂时性差异27万元（81－54）。

该无形资产的账面价值与计税基础之间形成的可抵扣暂时性差异27万元，企业不应确认相关的递延所得税资产。该差异产生于自行研发无形资产的初始入账价值与其计税基础的差额。会计准则规定，有关暂时性差异在产生时（交易发生时）既不影响会计利润，也不影响应纳税所得额，同时亦非产生于企业合并的情况下，不应确认相关暂时性差异的所得税影响。相应地，因初始确认差异所带来的后续影响亦不应予以确认。

A公司2×21年与所得税费用相关的会计分录如下：

权益法确认投资收益：B公司净利润50×20%＝10（万元）

加计扣除：费用化为40万元×50%＝20（万元）

摊销额：＋会计60÷5×6÷12－税法60÷5×150%×6÷12＝＋6－9＝－3（万元）

应纳税所得额＝520－10－20－3＝487（万元）

应交所得税＝487×25%＝121.75（万元）

借：所得税费用 1 217 500

贷：应交税费——应交所得税 1 217 500

6.广告费和业务宣传费支出

企业发生的符合条件的广告费和业务宣传费支出，除另有规定外，不超过当年销售收入15%的部分，准予扣除；超过部分准予在以后纳税年度结转扣除。该类费用在发生时按照会计准则规定即计入当期损益，不形成资产负债表中的资产，但按照税法规定可以确定其计税基础的，两者之间的差异也形成暂时性差异。

例 18-28 A公司适用的所得税税率为25%。假定A公司税前会计利润为100万元。不考虑其他纳税调整。2×21年发生170万元广告费支出，发生时已作为销售费用计入当期损益。税法规定，该类支出不超过当年销售收入15%的部分允许当期税前扣除，超过部分允许向以后年度结转税前扣除。A公司2×21年实现销售收入1 000万元。

假定1：价款已经支付。

资产账面价值＝0

资产计税基础＝170－1 000×15%＝20（万元）

可抵扣暂时性差异＝20（万元）

假定2：价款尚未支付。

负债账面价值＝170（万元）

负债计税基础＝1 000×15%＝150（万元）

可抵扣暂时性差异＝20（万元）

所得税会计处理如下：

2×21年年末“递延所得税资产”余额＝20×25%＝5（万元）

2×21年应交所得税＝（100＋20）×25%＝30（万元）

2×21年确认所得税费用＝30－5＝25（万元）

借：所得税费用 250 000

递延所得税资产 50 000

贷：应交税费——应交所得税 300 000

7.未弥补亏损

对于按照税法规定可以结转以后年度的未弥补亏损及税款抵减，在会计处理上，与可抵扣暂时性差异的处理相同，在符合条件的情况下，应确认与其相关的递延所得税资产。

例 18-29 A公司2×18年末亏损500万元，预计未来5年有足够的应纳税所得额，所得税税率为25%。2×19年末实现利润100万元，2×20年末实现利润200万元，2×21年末实现利润300万元。计算因未弥补亏损产生的递延所得税资产的产生与转回情况，如表18-07所示。

表 18-07 递延所得税资产计算表

单位：万元

时间	递延所得税资产	
	产生	转回
2×18年	500×25% = 125	
2×19年		100×25% = 25

（续表）

时间	递延所得税资产	
	产生	转回
2×20 年		200×25% = 50
2×21 年		（500 − 100 − 200）×25% = 50

8. 分期收款销售商品形成的长期应收款

合同或协议价款的收取采用递延方式，实质上具有融资性质。会计处理规定，应当按照应收的合同或协议价款的公允价值（通常为合同或协议价款的现值）确定销售商品收入金额。应收的合同或协议价款与其公允价值之间的差额，应当在合同或协议期间内采用实际利率法进行摊销，计入当期损益（冲减财务费用）。税法规定，以分期收款方式销售货物的，按照合同约定的收款日期确认收入的实现。

例 18-30 B 公司为增值税一般纳税人，适用的增值税税率为 13%。2×21 年 1 月 1 日，B 公司与 A 公司签订一项购货合同，B 公司向其出售一台大型机器设备。合同约定，B 公司采用分期收款方式销售。该设备价款共计 600 万元（不含增值税），分 6 期平均收取，首期款项 100 万元于 2×21 年 1 月 1 日收到，其余款项在 5 年期间平均收取，每年的收款日期为当年 12 月 31 日。收到款项时开出增值税发票。商品成本为 300 万元。假定折现率为 10%，按照现值确认的会计收入为 479.08 万元。

（1）2×21 年 1 月 1 日，账务处理如下：

借：长期应收款（1 000 000×6×1.13）　　6 780 000
　　贷：主营业务收入　　4 790 800
　　　　未实现融资收益　　1 209 200
　　　　应交税费——待转销项税额　　780 000

借：银行存款　　1 130 000
　　应交税费——待转销项税额　　130 000
　　贷：长期应收款　　1 130 000
　　　　应交税费——应交增值税（销项税额）　　130 000

借：主营业务成本　　3 000 000
　　贷：库存商品　　3 000 000

（2）2×21 年 12 月 31 日，账务处理如下：

借：未实现融资收益　　379 080
　　贷：财务费用［（5 000 000 − 1 209 200）×10%］　　379 080

借：银行存款　　1 130 000
　　应交税费——待转销项税额　　130 000
　　贷：长期应收款　　1 130 000
　　　　应交税费——应交增值税（销项税额）　　130 000

2×21年12月31日长期应收款的不含税账面价值＝（600－100×2）－（120.92－37.908）＝316.988（万元）

（3）2×21 年 12 月 31 日，所得税处理如下：

税法确认的销售收入为 200 万元（600÷6×2）；结转销售成本 100 万元（300÷6×2）。

会计确认的销售收入为 479.08 万元，结转销售成本为 300 万元；确认的财务费用为 − 37.908 万元。

汇算清缴时需纳税调减 − 116.988 万元［ − 会计利润（479.08 − 300 + 37.908）＋税法利润

（200 － 100）］。

年末长期应收款的不含税账面价值＝316.988（万元）

年末长期应收款的计税基础＝0

应纳税暂时性差异＝316.988（万元）

应确认的递延所得税负债＝316.988×25%＝79.247（万元）

年末存货账面价值＝0

年末存货计税基础＝300－100＝200（万元）

可抵扣暂时性差异＝200（万元）

应确认的递延所得税资产＝200×25%＝50（万元）

应交所得税＝（1 000－116.988）×25%＝220.753（万元）

所得税费用＝220.753＋79.247－50＝250（万元）

（二）负债类项目

1. 预计负债

（1）因计提产品保修费用确认的预计负债。按照或有事项准则的规定，企业应将预计提供售后服务发生的支出在销售当期确认为费用，同时确认预计负债，如果税法规定，有关的支出应于发生时税前扣除，则会产生可抵扣暂时性差异。

例 18-31 A公司适用的所得税税率为25%，各年税前会计利润均为1 000万元。按照税法规定，与产品售后服务相关的费用在实际发生时允许税前扣除。2×20年末“预计负债”科目余额为50万元（因计提产品保修费用确认），2×20年末“递延所得税资产”余额为12.5万元（因计提产品保修费用确认）。A公司2×21年实际支付保修费用40万元，在2×21年度利润表中确认了60万元的销售费用，同时确认为预计负债。计算2×21年度因该业务确认的递延所得税费用。

分析：本案例中，年末负债账面价值＝50－40＋60＝70（万元）；年末负债计税基础＝70－70＝0；年末累计可抵扣暂时性差异金额＝70（万元）；2×21年末“递延所得税资产”余额＝70×25%＝17.5（万元）；2×21年末“递延所得税资产”发生额＝17.5－12.5＝5（万元）；递延所得税收益为5万元。

2×21年应交所得税＝（1 000＋60－40）×25%＝255（万元）

2×21年所得税费用＝255－5＝250（万元）

借：所得税费用	2 500 000	
递延所得税资产	50 000	
贷：应交税费——应交所得税		2 550 000

（2）未决诉讼。因或有事项确认的预计负债，应按照税法规定的计税原则确定其计税基础。在某些情况下，因有些事项确认的预计负债，如果税法规定其支出无论是否实际发生均不允许税前扣除，即未来期间按照税法规定可予抵扣的金额为零，其账面价值与计税基础相同。

例 18-32 A公司的所得税税率为25%。2×21年12月31日涉及一项诉讼案件，A公司估计败诉的可能性为60%，如败诉，估计赔偿金额很可能为10万元。假定A公司税前会计利润为1 000万元。不考虑其他纳税调整。

情形1：假定涉及一项担保诉讼，税法规定担保涉及诉讼不得税前扣除

年末负债账面价值＝10（万元）

年末负债计税基础＝10－0＝10（万元）

无暂时性差异

借：所得税费用　　2 525 000
　　贷：应交税费——应交所得税［（10 000 000＋100 000）×25%］　　2 525 000

情形2：假定涉及一项违反合同的诉讼案件，税法规定违反合同的诉讼实际发生时可以税前扣除

年末负债账面价值＝10（万元）

年末负债计税基础＝10－10＝0

年末可抵扣暂时性差异＝10（万元）

年末“递延所得税资产”发生额＝2.5（万元）

借：所得税费用　　2 500 000
　　递延所得税资产　　25 000
　　贷：应交税费——应交所得税［（10 000 000＋100 000）×25%］　　2 525 000

（3）附有销售退回条件的商品销售。附有销售退回条件的商品销售，企业根据以往经验能够合理估计退货可能性并确认与退货相关的负债（预计负债）。

例 18-33　A公司2×21年12月1日与B公司签订产品销售合同。合同约定，A公司向B公司销售A产品100万件，单位售价5元（不含增值税），增值税税率为16%；如果B公司当日支付款项，B公司收到A产品后3个月内如发现质量问题有权退货。A产品单位成本为4元。根据历史经验，A公司估计A产品的退货率为10%。2×21年12月20日，发出A产品，开具增值税专用发票并收到货款。至2×21年12月31日止，上述已销售的A产品尚未发生退回。

A公司适用的所得税税率为25%。假定A公司税前会计利润为1 000万元，不考虑其他纳税调整。2×21年度A公司因销售A产品相关所得税处理：

2×21年12月31日，确认估计的销售退回，会计分录为：

借：主营业务收入（100×5×10%）　　500 000
　　贷：主营业务成本（100×4×10%）　　400 000
　　　　预计负债　　100 000

年末预计负债的账面价值＝10（万元）

年末预计负债的计税基础＝10－10＝0

年末可抵扣暂时性差异＝10（万元）

年末应确认递延所得税资产＝10×25%＝2.5（万元）

2×21年应交所得税＝（1 000＋10）×25%＝252.5（万元）

2×21年确认递延所得税费用＝－2.5（万元）

2×21年确认所得税费用＝252.5－2.5＝250（万元）

2×21年12月31日，所得税会计分录为：

借：所得税费用　　2 500 000
　　递延所得税资产　　25 000
　　贷：应交税费——应交所得税　　2 525 000

2. 预收账款

企业在收到客户预付的款项时，因不符合收入确认条件，会计上将其确认为负债。税法中对于收入的确认原则一般与会计规定相同，即会计上未确认收入时，计税时一般亦不计入应纳税所得额。该部分经济利益在未来期间计税时可予税前扣除的金额为零，计税基础等于账面价值。

在某些情况下，因不符合会计准则规定的收入确认条件未确认为收入的预收款项，按照税法规定应计入当期应纳税所得额时，有关预收账款的计税基础为0，即因其产生时已经计算交纳所得税，未来期间可全额税前扣除。

例 18-34　A公司所得税税率为25%，2×20年12月20日自客户收到一笔合同预付款，金额

为 10 万元，因不符合收入确认条件，将其作为预收账款核算，2×21 年初 A 公司确认收入 10 万元。2×20 年和 2×21 年 A 公司税前会计利润均为 1 000 万元，假定按照税法规定，该款项应计入取得当期应纳税所得额并计算交纳所得税，不考虑其他因素。

（1）2×20年：

年末预收账款账面价值＝10（万元）

年末预收账款计税基础＝10－10＝0

年末可抵扣暂时性差异＝10（万元）

年末“递延所得税资产”余额＝10×25%＝2.5（万元）

年末“递延所得税资产”发生额＝2.5（万元）

2×20年应交所得税＝（1 000＋10）×25%＝252.5（万元）

2×20年确认所得税费用＝252.5－2.5＝250（万元）

借：所得税费用	2 500 000	
递延所得税资产	25 000	
贷：应交税费——应交所得税		2 525 000

（2）2×21年：

年末预收账款账面价值＝0

年末预收账款计税基础＝0

年末可抵扣暂时性差异余额＝0

年末“递延所得税资产”余额＝0

年末“递延所得税资产”发生额＝0－2.5＝－2.5（万元）

2×21年应交所得税＝（1 000－10）×25%＝247.5（万元）

2×21年确认所得税费用＝247.5＋2.5＝250（万元）

借：所得税费用	2 500 000	
贷：应交税费——应交所得税		2 475 000
递延所得税资产		25 000

3. 以公允价值计量且其变动计入当期损益的金融负债

例18-35　2×21年10月2日，A公司发行500万张人民币短期融资券，期限为1年，票面利率为6%，每张面值为100元，到期一次还本付息。A公司将该短期融资券指定为以公允价值计量且其变动计入当期损益的金融负债。年末该短期融资券的市场价格每张95元（不含利息）。假定A公司适用的所得税税率为25%。

（1）2×21年10月2日发行短期融资券时：

借：银行存款（5 000 000×100）	500 000 000	
贷：交易性金融负债		500 000 000

（2）2×21年12月31日：

借：交易性金融负债	25 000 000	
贷：公允价值变动损益（500 000 000－5 000 000×95）		25 000 000
借：投资收益（500 000 000×6%×3÷12）	7 500 000	
贷：应付利息		7 500 000

（3）所得税处理：

负债的账面价值＝50 000－2 500＝47 500（万元）

负债的计税基础＝50 000（万元）

应纳税暂时性差异=2 500（万元）

递延所得税负债=2 500×25%=625（万元）

4. 应付职工薪酬

根据《企业会计准则第 9 号——职工薪酬》的规定，企业为获得职工提供的服务给予的各种形式的报酬以及其他相关支出均应作为企业的成本费用，在未支付之前确认为负债。税法基本允许合理的职工薪酬税前扣除，但税法中如果规定了税前扣除标准的，按照会计准则规定计入成本费用支出的金额超过规定标准部分，应进行纳税调整。因超过部分在发生当期不允许税前扣除，在以后期间也不允许税前扣除，即该部分差额对未来期间计税不产生影响，所产生应付职工薪酬的账面价值等于计税基础。职工薪酬纳税调整如表 18-08 所示。

表 18-08　职工薪酬纳税调整总结表

项目	税法规定	纳税调整	递延所得税
合理的工资允许扣除，如果超过部分	在发生当期不得税前扣除，以后期间也不得税前扣除	纳税调增	不确认
超过 14% 部分福利费 超过 2% 部分工会经费	在发生当期不得税前扣除，以后期间也不得税前扣除	纳税调增	不确认
超过 2.5% 部分职工教育经费	在发生当期不得税前扣除，以后期间则可税前扣除	纳税调增	确认递延所得税资产
辞退福利	与该项辞退福利有关的补偿款于实际支付时可税前抵扣	纳税调增	确认递延所得税资产

5. 权益结算的股份支付

根据《国家税务总局关于我国居民企业实行股权激励计划有关企业所得税处理问题的公告》（国家税务总局公告 2012 年第 18 号）的规定，对于股权激励企业所得税的处理，按以下规定执行：

（1）对股权激励计划实行后立即可以行权的，上市公司可以根据实际行权时该股票的公允价格与激励对象实际行权支付价格的差额和数量，计算确定作为当年上市公司工资薪金支出，依照税法规定进行税前扣除。

（2）对股权激励计划实行后，需待一定服务年限或者达到规定业绩条件（以下简称等待期）方可行权的，上市公司等待期内会计上计算确认的相关成本费用，不得在对应年度计算缴纳企业所得税时扣除。在股权激励计划可行权后，上市公司方可根据该股票实际行权时的公允价格与当年激励对象实际行权支付价格的差额及数量，计算确定作为当年上市公司工资薪金支出，依照税法规定进行税前扣除。

（3）本条所指股票实际行权时的公允价格，以实际行权日该股票的收盘价格确定。

例 18-36 A 公司为我国 A 股上市公司，企业所得税税率为 25%。该公司在两个年度内给 10 位公司高管实施了股票期权激励计划，该公司股权激励的具体内容如表 18-09 所示：

表 18-09　公司股权激励明细表

授予日	授予期权合计数	授予日公允价值	行权价格	可行权日	等待期
2×21 年 1 月 1 日	1 000 万股	5 元 / 股	4.5 元 / 股	2×22 年 12 月 31 日	2 年

A公司授予股票期权的可行权条件如下：如果公司两个年度的每股收益年增长率不低于4%且公司高管仍在A公司工作，该股票期权才可以行权。截至2×21年12月31日，10位公司高管都未离开A公司。A公司的股票在2×21年12月31日的收盘价格为12.5元/股，A公司2×21年实际每股收益年增长率为4.5%，预计2×22年每股收益年增长率为4.6%。2×21年度A公司有关股权激励的会计处理及所得税会计处理如下 。

（1）权益结算的股份支付会计处理：

分析：授予10位公司高管的股票期权激励计划中，规定的行权条件为每股收益年增长率不低于4%且仍在A公司工作，该条件为非市场条件。A公司2×21年每股收益年增长率为4.5%，同时预计未来每股收益年增长率为4.6%，该非市场条件得到满足，应在会计上确认费用，并作如下会计处理。

借：管理费用（10 000 000×5×1÷2）　　25 000 000

　　贷：资本公积——其他资本公积　　25 000 000

（2）所得税会计处理：

年末股票的公允价值＝1 000×12.5×1÷2＝6250（万元）

年末股票期权行权价格＝1 000×4.5×1÷2＝2250（万元）

年末预计未来期间可税前扣除的金额＝6 250－2 250＝4 000（万元）

年末确认递延所得税资产＝4 000×25%＝1 000（万元）

2×21年度，A公司根据会计准则规定在当期确认的成本费用为2 500万元，但预计未来期间可税前扣除的金额为4 000万元，超过了该公司当期确认的成本费用。根据《企业会计准则讲解（2010）》的规定，超过部分的所得税影响应直接计入所有者权益。因此，具体的所得税会计处理如下：

借：递延所得税资产　　10 000 000

　　贷：资本公积——其他资本公积［（40 000 000－25 000 000）×25%］　　3 750 000

　　　　所得税费用（10 000 000－3 750 000）　　6 250 000

6. 递延收益

（1）如果政府补助为应税收入，则收到时应计入当期应纳税所得额，则资产负债表日该递延收益的计税基础为 0，属于可抵扣暂时性差异。

例 18-37　2×21 年 A 公司取得当地财政部门拨款 200 万元，用于资助 A 公司 2×21 年 7 月开始进行的一项研发项目的前期研究，预计将发生研究支出 200 万元。项目自 2×21 年 7 月开始启动，至年末累计发生研究支出 150 万元。税法规定，该政府补助应计入当年应纳税所得额。A 公司对该交易事项的会计处理如下：

借：银行存款　　2 000 000

　　贷：递延收益　　2 000 000

借：递延收益　　1 500 000

　　贷：其他收益或管理费用（2 000 000×1 500 000÷2 000 000）　　1 500 000

递延收益的账面价值＝200－150＝50（万元）

递延收益的计税基础＝50－50＝0

可抵扣暂时性差异＝50（万元）

（2）如果政府补助为免税收入，则并不构成收到当期的应纳税所得额，未来期间会计上确认为收益时，也同样不作为应纳税所得额，因此，不会产生递延所得税影响。

例 18-38　2×21 年 A 公司取得当地财政部门拨款 200 万元，用于资助 A 公司 2×21 年 7 月开始进行的一项研发项目的前期研究，预计将发生研究支出 200 万元。项目自 2×21 年 7 月开始启动，至年末累计发生研究支出 150 万元。税法规定，该政府补助免征企业所得税。A 公司对该交易事项的会计处理如下：

借：银行存款 2 000 000

贷：递延收益 2 000 000

借：递延收益 1 500 000

贷：其他收益或管理费用（2 000 000×1 500 000÷2 000 000） 1 500 000

递延收益的账面价值＝200－150＝50（万元）

递延收益的计税基础＝50－0＝50（万元）

不产生暂时性差异，但是产生永久性差异，即其他收益/管理费用50万元需要纳税调整减少。

7. 售后回购销售商品

国家税务总局《关于确认企业所得税收入若干问题的通知》（国税函〔2008〕875号）规定，采用售后回购方式销售商品的，有证据表明不符合销售收入确认条件的，如以销售商品方式进行融资，收到的款项应确认为负债，回购价格大于原售价的，差额应在回购期间确认为利息费用。会计与税法规定趋于一致，两者都注重权责发生制原则和实质重于形式原则，不会产生任何差异。

8. 其他负债

其他负债如企业应交的罚款和滞纳金等，在尚未支付之前按照会计准则规定确认为费用，同时作为负债反映。税法规定，罚款和滞纳金不能税前扣除，其计税基础为账面价值减去未来期间计税时可予税前扣除的金额零之间的差额，即计税基础等于账面价值，不产生暂时性差异。

例 18-39 A公司的所得税税率为25%，假定A公司税前会计利润为100万元。不考虑其他纳税调整，税法规定，企业因违反国家有关法律法规支付的罚款和滞纳金，计算应纳税所得额时不允许税前扣除。2×21年12月接到下列处罚书面通知书：（1）因违反当地有关环保法规的规定，接到环保部门的处罚通知，要求其支付罚款30万元，至2×21年12月31日该项罚款尚未支付；（2）因违反税收法规的规定，接到税务部门的处罚通知，要求其支付罚款20万元。至2×21年12月31日，该项罚款尚未支付。会计处理如下：

年末负债账面价值＝50（万元）

年末负债计税基础＝50－0＝50（万元）

不形成暂时性差异

借：所得税费用［（1 000 000＋500 000）×25%］ 375 000

贷：应交税费——应交所得税 375 000

已计提但尚未使用的专项储备（如安全生产费）不涉及资产负债的账面价值与计税基础之间的暂时性差异，不应确认递延所得税。因专项储备的计提和使用产生的会计利润与应纳税所得额之间的差异，比照永久性差异进行会计处理。此外，对于使用安全生产费购置的资产，由于既不影响会计利润也不影响应纳税所得额，也不应确认相关的递延所得税资产或负债。

例 18-40 A公司适用的所得税税率为25%，其2×21年发生的交易或事项中，会计与税收处理存在差异的事项如下：①当期购入作为其他权益工具投资的股票投资，期末公允价值大于取得成本16万元；②收到与资产相关政府补助160万元，相关资产至年末尚未开始计提折旧，税法规定此补助应于收到时确认为当期收益。A公司2×21年利润总额为520万元，假定递延所得税资产/负债年初余额为零，未来期间能够取得足够应纳税所得额利用可抵扣暂时性差异。

2×21年应交所得税＝（520＋160）×25%＝170（万元）；

2×21年递延所得税负债＝16×25%＝4（万元），对应其他综合收益，不影响所得税费用；

2×21年递延所得税资产＝160×25%＝40（万元）；

2×21年所得税费用＝170－40＝130（万元）。

（三）特殊交易或事项中产生资产负债计税基础的确定

除企业在正常生产经营活动中取得的资产和负债外，对于某些特殊交易中产生的资产、负债，其计税基础的确定应遵从税法规定，如企业合并过程中取得的资产、负债计税基础的确定。

1. 免税合并

应税合并和免税合并是从被合并方是否需要交税的角度来区分的。税法规定，企业合并时，在股权支付金额不低于其交易支付总额的85%的情形下，被合并方免交企业所得税，即免税合并。例如，A公司为合并B公司支付合并对价10 200万元，其中，200万元为现金，其余公允价值对价10 000万元是以A公司自身权益工具2 000万股普通股股票对价，A公司股票面值为每股1元，公允价值为每股1元，所以，股权支付额10 000万元 ÷ 交易支付总额10 200万元＝98%＞85%，该合并为免税合并。

非同一控制下企业合并，购买方对于合并中取得的被购买方各项可辨认资产、负债应当按照公允价值确认。假定达到税法中规定的免税合并的条件，则计税时可以作为免税合并处理，即购买方对于交易中取得被购买方各项可辨认资产、负债的计税基础应承继其原有计税基础。比较该项企业合并中取得有关资产、负债的账面价值与其计税基础会产生暂时性差异。因有关差异产生于企业合并，且该企业合并为非同一控制下企业合并，与暂时性差异相关的所得税影响确认的同时，将影响合并中商誉的确认。

例18-41 A公司以增发市场价值为30 000万元（10 000万股，面值为1元，公允价值为3元）的自身普通股为对价购入B公司100%的净资产，对B公司进行非同一控制下的企业合并。购买日B公司各项可辨认资产、负债的公允价值及其计税基础如表18-10。

表18-10 可辨认资产、负债的公允价值及其计税基础明细表

单位：万元

项目	公允价值	计税基础	暂时性差异
固定资产	10 000	8 000	2 000
应收账款	6 000	6 000	
存货	10 000	5 000	5 000
其他应付款	（3 000）		（3 000）
应付账款	（2 000）	（2 000）	
合计	21 000	17 000	4 000

购买日，B公司资产和负债的公允价值与其计税基础之间形成的暂时性差异均符合确认递延所得税资产或递延所得税负债的条件，B公司资产和负债的账面价值与计税基础相同。不考虑A公司、B公司除企业合并和编制合并财务报表之外的其他税费，两家公司适用的所得税税率均为25%。

分析：

考虑递延所得税后可辨认净资产公允价值＝购买日B公司可辨认净资产公允价值2 1000万元＋递延

所得税资产750万元（3 000×25%）－递延所得税负债1 750万元（7 000×25%）＝20 000（万元）

合并商誉＝企业合并成本30 000万元－考虑递延所得税后可辨认净资产公允价值20 000万元＝10 000（万元）

情形1：A公司吸收合并B公司

借：固定资产	100 000 000	
应收账款	60 000 000	
库存商品	100 000 000	
递延所得税资产	7 500 000	
商誉	100 000 000	
贷：其他应付款		30 000 000
应付账款		20 000 000
递延所得税负债		17 500 000
股本		100 000 000
资本公积		200 000 000

情形2：A公司控股合并B公司

A公司个别报表：

借：长期股权投资	300 000 000	
贷：股本		100 000 000
资本公积		200 000 000

集团合并报表：

借：固定资产	20 000 000	
存货	50 000 000	
递延所得税资产	7 500 000	
贷：其他应付款		30 000 000
递延所得税负债		17 500 000
资本公积（40 000 000×75%）		30 000 000
借：股本、资本公积、盈余公积等	200 000 000	
商誉	100 000 000	
贷：长期股权投资		300 000 000

2. 应税合并

非同一控制下，属于非同一控制下企业控股合并，合并报表认可购买日子公司资产、负债的公允价值，子公司的资产、负债的公允价值和计税基础相同，即在合并报表层面，子公司资产、负债的账面价值和计税基础是一致的，所以对于购买日子公司资产、负债评估增值的部分，不确认递延所得税。

八、所得税的列报

企业对所得税的核算结果，除利润表中列示的所得税费用以外，在资产负债表中形成的应交税费（应交所得税）以及递延所得税资产和递延所得税负债应当遵循准则规定进行列报。其中，递延所得税资产和递延所得税负债一般应当分别作为非流动资产和非流动负债在资产负债表中列示，所得税费用应当在利润表中单独列示。

（1）同时满足下列条件时，企业应当将当期所得税资产及当期所得税负债以抵销后的净额列示。

①企业拥有以净额结算的法定权利。

②意图以净额结算或取得资产清偿债务同时进行。

对于当期所得税资产及当期所得税负债以净额列示是指，当企业实际交纳的所得税税款大于按照税法规定计算的应交税时，超过部分在资产负债表中应当列示为“其他流动资产”；当企业实际交纳的所得税税款小于按照税法规定计算的应交税时，差额部分应当作为资产负债表中的“应交税费”项目列示。

（2）同时满足下列条件时，企业应当将递延所得税资产及递延所得税负债以抵销后的净额列示。

①企业拥有以净额结算当期所得税资产及当期所得税负债的法定权利。

②递延所得税资产和递延所得税负债是与同一税收征管部门对同一纳税主体征收的所得税相关或者对不同的纳税主体相关，但在未来每一具有重要性的递延所得税资产和递延所得税负债转回的期间内，涉及的纳税主体意图以净额结算当期所得税资产及当期所得税负债或是同时取得资产、清偿债务。

一般情况下，在个别财务报表中，当期所得税资产与负债及递延所得税资产及递延所得税负债可以以抵销后的净额列示。在合并财务报表中，纳入合并范围的企业中，一方的当期所得税资产或递延所得税资产与另一方的当期所得税负债或递延所得税负债一般不能予以抵销，除非所涉及的企业具有以净额结算的法定权利并且意图以净额结算。

九、所得税的披露

企业应当在附注中披露与所得税有关的下列信息：

（1）所得税费用（收益）的主要组成部分。

（2）所得税费用（收益）与会计利润关系的说明。

（3）未确认递延所得税资产的可抵扣暂时性差异、可抵扣亏损的金额（如果存在到期日，还应披露到期日）。

（4）对每一类暂时性差异和可抵扣亏损，在列报期间确认的递延所得税资产或递延所得税负债的金额，确认递延所得税资产的依据。

（5）未确认递延所得税负债的，与对子公司、联营企业及合营企业投资相关的暂时性差异金额。

十、新旧衔接

首次执行企业会计准则，遵照《企业会计准则第38号——首次执行企业会计准则》的相关规定，详见本书第三十八章。

第十九章
外 币 折 算

一、准则适用范围

《企业会计准则第 19 号——外币折算》（以下简称外币折算准则）规范两个方面业务：（1）外币交易的会计处理；（2）外币财务报表的折算及相关信息的披露。

与购建或生产符合资本化条件的资产相关的外币借款产生的汇兑差额，适用《企业会计准则第 17 号——借款费用》；外币项目套期业务，适用《企业会计准则第 24 号——套期保值》；现金流量表中的外币折算，适用《企业会计准则第 31 号——现金流量表》。

二、外币交易概述

（一）记账本位币与外币交易

1. 记账本位币

根据外币折算准则规定，记账本位币是指企业经营所处的主要经济环境中的货币。国内企业通常应选择人民币作为记本位币。业务收支以人民币以外的货币为主的企业，可以选定其中一种货币作为记账本位币，但是编报的财务报表应当折算为人民币。

2. 外币交易

根据外币折算准则规定，外币是企业记账本位币以外的货币，而外币交易是指以外币计价或者结算的交易，即以企业记账本位币以外的货币计价或结算的交易，包括以下几类：

（1）买入或者卖出以外币计价的商品或者劳务。这种情况指以外币买卖商品，或者以外币结算劳务合同。这里所说的商品，可以是有实物形态的存货、固定资产等，也可以是无实物形态的无形资产、债权或股权等。例如，以人民币为记账本位币的国内 A 公司向国外 B 公司出口商品，以美元结算货款；企业与银行发生货币兑换业务。

（2）借入或者借出外币资金。这种情况指企业向银行或非银行金融机构借入以记账本位币以外的货币表示的资金，或者银行或非银行金融机构向中国人民银行、其他银行或非银行金融机构借贷以记账本位币以外的货币表示的资金，以及发行以外币计价或结算的债券等。

（3）其他以外币计价或者结算的交易。这种情况指以记账本位币以外的货币计价或结算的其他交易。例如，接受外币现金捐赠等。

（二）记账本位币的确定

1. 企业选定记账本位币

根据外币折算准则规定，企业选择记账本位币时，应当考虑下列因素：

（1）该货币主要影响商品和劳务的销售价格，市场通常以该货币进行商品和劳务的计价和结算。

例如，国内A公司为从事贸易的企业，90%以上的销售收入以人民币计价和结算。人民币是主要影响A公司商品和劳务销售价格的货币。

（2）该货币主要影响商品和劳务所需人工、材料和其他费用，市场通常以该货币进行上述费用的计价和结算。例如，国内B公司为工业企业，所需机器设备、厂房、人工以及原材料等在国内采购，以人民币计价和结算。人民币是主要影响商品和劳务所需人工、材料和其他费用的货币。

实务中，企业选定记账本位币，通常应综合考虑上述两项因素，而不是仅考虑其中一项，因为企业的经营活动往往是收支并存的。

（3）融资活动获得的货币以及保存从经营活动中收取款项所使用的货币。在有些情况下，企业根据收支情况难以确定记账本位币，需要在收支基础上结合融资活动获得的资金或保存从经营活动中收取款项时所使用的货币，进行综合分析后作出判断。

例19-01 国内C公司为外贸自营出口企业，超过70%的营业收入来自向欧盟各国的出口，其商品销售价格主要受欧元的影响，以欧元计价，因此，从影响商品和劳务销售价格的角度看，C公司应选择欧元作为记账本位币。如果C公司除厂房设施、30%的人工成本在国内以人民币采购外，生产所需原材料、机器设备及70%以上的人工成本以欧元在欧盟市场采购。

分析：一般情况下，C公司的记账本位币应该是欧元。但是，如果C公司的人工成本、原材料及相应的厂房设施、机器设备等95%以上在国内采购并以人民币计价，则难以判定C公司的记账本位币应选择欧元还是人民币，还需要结合第三项因素予以确定。如果C公司取得的欧元营业收入在汇回国内时直接换成了人民币存款，且C公司对欧元波动产生的外币风险进行了套期保值，C公司可以确定其记账本位币为人民币。

例19-02 D公司为国内一家婴儿配方奶粉加工企业，其原材料牛奶全部来自澳大利亚，主要加工技术、机器设备及主要技术人员均由澳大利亚方面提供，生产的婴儿配方奶粉面向国内出售。企业依据第一、二项因素难以确定记账本位币。需要考虑第三项因素。假定为满足采购原材料牛奶等所需澳元的需要，D公司向澳大利亚某银行借款10亿澳元，期限为20年，该借款是D公司当期流动资金净额的4倍。

分析：由于原材料采购以澳元结算，且企业经营所需要的营运资金，即融资获得的资金也使用澳元，因此，D公司应当以澳元作为记账本位币。

需要说明的是，在确定企业的记账本位币时，上述因素的重要程度因企业具体情况不同而不同，需要企业管理层根据实际情况进行判断，但是，这并不能说明企业管理层可以根据需要随意选择记账本位币，而是根据实际情况确定的记账本位币只能有一种货币。

2. 境外经营记账本位币的确定

境外经营有两方面含义，一是指企业在中国境外的子公司、合营企业、联营企业、分支机构；二是在中国境内的子公司、合营企业、联营企业、分支机构，采用不同于企业记账本位币的也视同境外经营。企业选定境外经营的记账本位币，还应当考虑下列因素。

（1）境外经营对其所从事的活动是否拥有很强的自主性。如果境外经营所从事的活动是视同企业经营活动的延伸，构成企业经营活动的组成部分，该境外经营应当选择与企业记账本位币相同的货币作为记账本位币，如果境外经营所从事的活动拥有极大的自主性，境外经营不能选择与企业记账本位币相同的货币作为记账本位币。

（2）境外经营活动中与企业的交易是否在境外经营活动中占有较大比重。如果境外经营与企业的交易在境外经营活动中所占的比例较高，境外经营应当选择与企业记账本位币相同的货币作为记账本位币，反之，应选择其他货币。

（3）境外经营活动产生的现金流量是否直接影响企业的现金流量、是否可以随时汇回。如果境外经营活动产生的现金流量直接影响企业的现金流量，并可随时汇回，境外经营应当选择与企业记账本位币相同的货币作为记账本位币，反之，应选择其他货币。

（4）境外经营活动产生的现金流量是否足以偿还其现有债务和可预期的债务。在企业不提供资金的情况下，如果境外经营活动产生的现金流量难以偿还其现有债务和正常情况下可预期的债务，境外经营应当选择与企业记账本位币相同的货币作为记账本位币，反之，应选择其他货币。

综上所述，企业确定本企业记账本位币或其境外经营记账本位币时，在多种因素混合在一起记账本位币不明显的情况下，应当优先考虑一般情况下企业选定记账本位币中的第一项和第二项因素，然后考虑融资活动获得的货币、保存从经营活动中收取款项时所使用的货币，以及境外经营记账本位币的确定中的因素，以确定记账本位币。

例 19-03 国内A公司以人民币作为记账本位币。该公司在欧盟国家设有一家子公司B公司，而B公司在欧洲的经营活动拥有完全的自主权：自主决定其经营政策，销售方式、进货来源等。A公司与B公司除投资与被投资关系外，基本不发生业务往来。B公司的产品主要在欧洲市场销售，其一切费用开支等均由B公司在当地自行解决。

分析：由于B公司主要收、支现金的环境在欧洲，且B公司对其自身经营活动拥有很强的自主性，A公司与B公司之间除了投资与被投资关系外，基本无其他业务，因此，B公司应当选择欧元作为其记账本位币。

（三）折算汇率

确定记账本位币后，为了反映企业或企业集团的经营业绩和财务状况，需要将不同货币计量的资产、负债、收入、费用等折算为一种货币反映，或将以其他货币反映的子公司、联营企业、合营企业和分支机构的经营业绩和财务状况折算为企业记账本位币反映，企业选定的用于反映企业经营业绩和财务状况的货币即为记账本位币。

无论是在交易日对外币交易进行处理，抑或对外币财务报表进行折算，均涉及折算汇率的选择。外币折算准则规定了两种折算汇率：即期汇率和即期汇率的近似汇率。

1. 即期汇率

汇率指两种货币相兑换的比率，是一种货币单位用另一种货币单位所表示的价格。根据表示方式的不同，汇率可以分为直接汇率和间接汇率，直接汇率是一定数量的其他货币单位折算为本国货币的金额，间接汇率是指一定数量的本国货币折算为其他货币的金额。通常情况下，人民币汇率是以直接汇率表示，在银行的汇率有三种表示方式：买入价、卖出价和中间价。买入价指银行买入其他货币的价格，卖出价指银行出售其他货币的价格，中间价是银行买入价与卖出价的平均价，银行的卖出价一般高于买入价，以获取其中的差价。

无论买入价还是卖出价，均是立即交付的结算价格，也就是即期汇率，即期汇率是相对于远期汇率而言的，远期汇率是在未来某一日交付时的结算价格。即期汇率一般指当日中国人民银行公布的人民币汇率的中间价。企业发生单纯的货币兑换交易或涉及货币兑换的交易时，仅用中间价不能反映货币买卖的损益，需要使用买入价或卖出价折算。

中国人民银行每日仅公布银行间外汇市场人民币兑美元、欧元、日元、港元的中间价。企业发生的外币交易只涉及人民币与这四种货币之间折算的，可直接采用公布的人民币汇率的中间价作为即期汇率进行折算；企业发生的外币交易涉及人民币与其他货币之间折算的，应以国家外汇管理局公布的各种货币对美元折算率采用套算的方法进行折算；企业发生的外币交易涉及人民币以外的货币之间折算的，可直接采用国家外汇管理局公布的各种货币对美元折算率进行折算。

2. 即期汇率的近似汇率

当汇率变动不大时，为简化核算，企业在外币交易日或对外币报表的某些项目进行折算时也可以选择即期汇率的近似汇率折算。即期汇率的近似汇率是“按照系统合理的方法确定的、与交易发生日即期汇率近似的汇率”，通常是指当期平均汇率或加权平均汇率等。例如，以美元兑人民币的周平均汇率为例，假定美元兑人民币每天的即期汇率为：周一7.8，周二7.9，周三8.1，周四8.2，周五8.15，周平均汇率＝（7.8＋7.9＋8.1＋8.2＋8.15）÷5＝8.03。月平均汇率的计算方法与周平均汇率的计算方法相同。月加权平均汇率需要采用当月外币交易的外币金额作为权重进行计算。

无论是采用平均汇率还是加权平均汇率，或者其他方法确定的即期汇率的近似汇率，该方法应在前后各期保持一致。如果汇率波动使得采用即期汇率的近似汇率折算不适当时，应当采用交易发生日的即期汇率折算。至于何时不适当，需要企业根据汇率变动情况及计算即期汇率的近似汇率的方法等进行判断。

（四）记账本位币的变更

企业选择的记账本位币一经确定，不得改变，除非与确定记账本位币相关的企业经营所处的主要经济环境发生了重大变化。主要经济环境发生重大变化，通常是指企业主要产生和支出现金的环境发生重大变化，使用该环境中的货币最能反映企业的主要交易业务的经济结果。

企业因经营所处的主要经济环境发生重大变化，确需变更记账本位币的，应当采用变更当日的即期汇率将所有项目折算为变更后的记账本位币，折算后的金额作为以新的记账本位币计量的历史成本，由于采用同一即期汇率进行折算，不会产生汇兑差额。企业需要提供确凿的证据证明企业经营所处的主要经济环境确实发生了重大变化，并应当在附注中披露变更的理由。

企业记账本位币发生变更的，在按照变更当日的即期汇率将所有项目折算为变更后的记账本位币时，其比较财务报表应当以可比当日的即期汇率折算所有资产负债表和利润表项目。

三、外币交易的会计处理

外币交易折算的会计处理主要涉及两个环节，一是在交易日对外币交易进行初始确认，将外币金额折算为记账本位币金额；二是在资产负债表日对相关项目进行折算，因汇率变动产生的差额记入当期损益。

（一）交易日的会计处理

企业发生外币交易的，应当在初始确认时采用交易日的即期汇率或即期汇率的近似汇率将外币金额折算为记账本位币金额。

例 19-04 国内A公司的记账本位币为人民币。2×21年12月4日，向国外B公司出口商品一批，货款共计80 000美元，尚未收到，当日汇率为1美元＝6.8元人民币。假定不考虑增值税等相关税费。A公司应进行以下账务处理：

借：应收账款	544 000	
贷：主营业务收入		544 000

例 19-05 国内某公司的记账本位币为人民币，属于增值税一般纳税企业。2×21年5月12日，从国外购入某原材料，共计50 000美元，当日的即期汇率为1美元＝6.8元人民币，按照规定计算应缴纳的进口关税为39 000元人民币，支付的进口增值税为64 430元人民币，货款尚未支付，进口关税及增值税已由银行存款支付。

相关会计分录如下：

借：原材料	379 000	
应交税费——应交增值税（进项税额）	64 430	
贷：应付账款——美元		340 000
银行存款		103 430

例 19-06 国内某企业选定的记账本位币是人民币。2×21年7月18日，从中国工商银行借入欧元120万元，期限为6个月，年利率为6%，当日的即期汇率为1欧元＝10元人民币。假定借入的欧元暂存银行，相关会计分录如下：

借：银行存款——欧元　　12 000 000

　　贷：短期借款——欧元　　12 000 000

企业收到投资者以外币投入的资本，无论是否有合同约定汇率，均不得采用合同约定汇率和即期汇率的近似汇率折算，而是采用交易日即期汇率折算，这样，外币投入资本与相应的货币性项目的记账本位币金额相等，不产生外币资本折算差额。

例 19-07 国内 A 公司的记账本位币为人民币。2×21 年 12 月 12 日，与某外商签订投资合同，当日收到外商投入资本 20 000 美元，当日汇率为 1 美元＝6.8 元人民币，假定投资合同约定汇率为 1 美元＝7.0 元人民币。A 公司应进行以下账务处理：

借：银行存款　　136 000

　　贷：实收资本　　136 000

企业发生的外币兑换业务或涉及外币兑换的交易事项，应当以交易实际采用的汇率，即银行买入价或卖出价折算。由于汇率变动产生的折算差额计入当期损益。

例 19-08 A 公司的记账本位币为人民币，2×21 年 6 月 18 日以人民币向中国银行买入 10 000 美元，A 公司以中国人民银行公布的人民币汇率中间价作为即期汇率，当日的即期汇率为 1 美元＝6.8 元人民币，中国银行当日美元卖出价为 1 美元＝6.85 元人民币。A 公司当日应作会计分录为：

借：银行存款——美元　　68 000

　　财务费用——汇兑差额　　500

　　贷：银行存款——人民币　　68 500

资产负债表日，企业应当分别外币货币性项目和外币非货币性项目进行处理。

1. 货币性项目的处理

货币性项目是企业持有的货币和将以固定或可确定金额的货币收取的资产或者偿付的负债。货币性项目分为货币性资产和货币性负债，货币性资产包括现金、银行存款、应收账款和应收票据以及债权投资等；货币性负债包括应付账款、其他应付款、短期借款、应付债券、长期借款、长期应付款等。

对于外币货币性项目，资产负债表日或结算日，因汇率波动而产生的汇兑差额作为财务费用处理，同时调增或调减外币货币性项目的记账本位币金额。汇兑差额指的是对同样数量的外币金额采用不同的汇率折算为记账本位币金额所产生的差额。

例如，资产负债表日或结算日，以不同于交易日即期汇率或前一资产负债表日即期汇率的汇率折算同一外币金额产生的差额即为汇兑差额。

例 19-09 国内 A 公司的记账本位币为人民币。2×21 年 12 月 4 日，向国外 B 公司出口商品一批，货款共计 100 000 美元，货款尚未收到，当日即期汇率为 1 美元＝6.8 元人民币。2×21 年 12 月 31 的即期汇率为 1 美元＝6.9 元人民币（假定不考虑增值税等相关税费）。

2×21 年 12 月 31，对该笔交易产生的外币货币性项目“应收账款”采用的即期汇率 1 美元＝6.9 元人民币折算为记账本位币为 690 000 元人民币（100 000×6.9），与其交易日折算为记账本位币的金额 680 000 元人民币的差额为 10 000 元人民币，应当计入当期损益，同时调整货币性项目的原记账本位币金额。相应的会计分录为：

借：应收账款　　10 000

　　贷：财务费用——汇兑差额　　10 000

2×22 年 1 月 31 日，收到上述货款（即结算日），当日的即期汇率为 1 美元＝6.75 元人民币，A 公司实际收到的货款 100 000 美元折算为人民币应当是 675 000（100 000×6.85）元人民币，与当日应收账款中该笔货币资金的账面金额 680 000 元人民币的差额为－5 000 元人民币。当日 A 公司应作会计分录：

借：银行存款　　675 000
　　财务费用——汇兑差额　　5 000
　　贷：应收账款　　680 000

例 19-10 A公司按季度计算汇兑损益。2×21年3月3日，向B公司出口销售商品100万欧元，当日的即期汇率为1欧元＝7.15元人民币。假设不考虑相关税费，货款尚未收到。3月31日，A公司仍未收到B公司的销售货款，当日的即期汇率为1欧元＝7.13元人民币。

（1）3月3日（交易日）：

借：应收账款——欧元　　7 150 000
　　贷：主营业务收入（1 000 000×7.15）　　7 150 000

（2）3月31日（资产负债表日）：

应收账款汇兑差额＝100×（7.13－7.15）＝－2（万元人民币）

借：财务费用——汇兑差额　　20 000
　　贷：应收账款——欧元　　20 000

（3）5月20日，收到上述货款100万欧元存入银行。假定5月20日即期汇率为1欧元＝7.16元人民币，账务处理如下：

借：银行存款——欧元（1 000 000×7.16）　　7 160 000
　　贷：应收账款——欧元（1 000 000×7.13）　　7 130 000
　　　　财务费用——汇兑差额　　30 000

（4）假定5月20日收到上述货款，兑换成人民币后直接存入银行，当日银行的欧元买入价为1欧元＝7.14元人民币，5月20日即期汇率为1欧元＝7.16元人民币，账务处理如下：

借：银行存款——人民币（1 000 000×7.14）　　7 140 000
　　贷：应收账款——欧元　　7 130 000
　　　　财务费用——汇兑差额　　10 000

例 19-11 国内某企业选定的记账本位币是人民币。2×21年7月18日，从中国工商银行借入欧元120万元，期限为6个月，年利率为6%，当日的即期汇率为1欧元＝10元人民币，借入的欧元暂存银行。2×21年7月31日的即期汇率为1欧元＝10.5元人民币。

2×21年7月31日“银行存款——欧元”产生的汇兑差额为60万元人民币［120×（10.5－10）］，“短期借款——欧元”产生的汇兑差额为60万元人民币［120×（10.5－10）］，由于借贷方均为货币性项目，产生的汇兑差额相互抵销，相应会计分录为：

借：银行存款——欧元　　600 000
　　贷：短期借款——欧元　　600 000

2×22年1月18日，以人民币归还所借欧元，当日银行的欧元卖出价为1欧元＝11元人民币，假定借款利息在到期归还本金时一并支付，则当日应归还银行借款利息3.6万欧元（120×6%÷12×6），按当日欧元卖出价折算为人民币为39.6万元（3.6×11）。相关会计分录如下：

借：短期借款——欧元　　12 600 000
　　财务费用　　600 000
　　贷：银行存款——人民币　　13 200 000
借：财务费用　　396 000
　　贷：银行存款——人民币　　396 000

企业为购建或生产符合资本化条件的资产而借入的专门借款为外币借款时，在借款费用资本化期间内，由于外币借款在取得日、使用日及结算日的汇率不同而产生的汇兑差额，应当予以资本化，计入固定资产成本。

例 19-12 国内 A 公司的记账本位币为人民币。2×21 年 1 月 1 日，为建造某固定资产专门借入长期借款 2 000 万美元，期限为 2 年，年利率为 5%，每年年初支付利息，到期还本。2×21 年 1 月 1 日的即期汇率为 1 美元＝6.45 元人民币，2×21 年 12 月 31 日的即期汇率为 1 美元＝6.2 元人民币。假定不考虑相关税费的影响。

2×21 年 12 月 31 日，该公司计提当年利息应作以下会计分录：

借：在建工程（20 000 000×5%×6.2） 6 200 000

　　贷：应付利息——美元 6 200 000

2×21 年 12 月 31 日，该公司美元借款本金由于汇率变动产生的汇兑差额，应作以下会计分录：

借：长期借款——美元［20 000 000×（6.45－6.2）］ 5 000 000

　　贷：在建工程 5 000 000

该公司美元借款利息汇兑差额＝2000×5%×（6.2－6.2）＝0万元，利息没有汇兑差额。

2×22年1月1日，该公司支付2×21年利息，该利息由于汇率变动产生的汇兑差额应当予以资本化，计入在建工程成本。2×21 年 1 月 1 日的即期汇率为 1 美元＝6.22 元人民币，相应的会计分录为：

借：应付利息——美元（冲减账面余额） 6 200 000

　　在建工程［20 000 000×5%×（6.22－6.2）］ 20 000

　　贷：银行存款——美元（20 000 000×5%×6.22） 6 220 000

例 19-13 国内 A 公司 2×21 年 1 月 2 日以外币存款 100 万美元购入按年付息的美元债券并划分以摊余成本计量的金融资产，当日汇率为 1 美元＝6.93 元人民币，面值为 100 万美元，票面利率为 5%，2×21 年 12 月 31 日汇率为 1 美元＝6.94 元人民币。

（1）购入和期末计息时：

借：债权投资——成本（美元）（1 000 000×6.93） 6 930 000

　　贷：银行存款——美元 6 930 000

借：应收利息——美元（1 000 000×5%×6.94） 347 000

　　贷：投资收益 347 000

（2）2×21 年 12 月 31 日，计算汇兑差额：

汇兑差额＝100×（6.94－6.93）＋5×（6.94－6.94）＝1（万元人民币）

借：债权投资——成本（美元） 10 000

　　贷：财务费用 10 000

债权投资属于外币货币性项目，所以对于汇率的变动计入当期损益。

2. 非货币性项目的处理

非货币性项目是货币性项目以外的项目，如存货、长期股权投资、交易性金融资产（股票；基金）、固定资产、无形资产等。

（1）以历史成本计量的外币非货币性项目。对于以历史成本计量的外币非货币性项目，已在交易发生日按当日即期汇率折算，资产负债表日不应改变其原记账本位币金额，不产生汇兑差额。因为这些项目在取得时已按取得时日即期汇率折算，从而构成这些项目的历史成本，如果再按资产负债表日的即期汇率折算，就会导致这些项目价值不断变动，从而使这些项目的折旧、摊销和减值不断地随之变动。这与这些项目的实际情况不符。

例 19-14 A 企业的记账本位币是人民币。2×21 年 8 月 15 日，进口一台机器设备，设备价款 50 万美元，尚未支付，当日的即期汇率为 1 美元＝6.8 元人民币。2×21 年 8 月 31 日的即期汇率为 1 美元＝6.9 元人民币。假定不考虑其他相关税费，该项设备属于企业的固定资产，在购入时已按当日即期汇率折算为人民币 340 万元。由于“固定资产”属于非货币性项目，因此，2×21 年 8 月 31 日，不需要按当日即期汇率进行调整。

但是，由于存货在资产负债表日采用成本与可变现净值孰低计量，因此，在以外币购入存货并且该存货在资产负债表日的可变现净值以外币反映的情况下，在计提存货跌价准备时应当考虑汇率变动的影响。对于汇率的变动和计提存货跌价准备的金额不进行区分，计入当期损益（资产减值损失）。

例 19-15 A 公司以人民币为记账本位币。2×21 年 11 月 20 日，以每台 2 万美元的价格从美国某供货商手中购入国际最新型号某商品 10 台，并于当日支付了相应货款（假定 A 公司有美元存款）。2×21 年 12 月 31 日，已售出此商品 2 台，国内市场仍无此商品供应，但此商品在国际市场的价格已降至每台 1.5 万美元。11 月 20 日的即期汇率是 1 美元＝6.8 元人民币，12 月 31 日的汇率是 1 美元＝6.9 元人民币。假定不考虑增值税等相关税费，A 公司应作会计分录如下。

① 11 月 20 日，购入商品：

借：库存商品　　1 360 000

　　贷：银行存款　　1 360 000

② 12 月 31 日，由于库存商品 8 台市场价格下跌，表明其可变现净值低于成本，应计提存货跌价准备＝2×8×6.8 － 1.5×8×6.9 ＝ 108.8 － 82.8 ＝ 26（万元人民币）

借：资产减值损失　　260 000

　　贷：存货跌价准备　　260 000

本例中，期末在计算库存商品的可变现净值时，在国内没有相应产品的价格，因此，只能依据商品的国际市场价格为基础确定其可变现净值，但需要考虑汇率变动的影响，期末，以国际市场价格为基础确定的可变现净值应按照期末汇率折算，再与库存商品的记账本位币成本相比较，确定其应提的跌价准备。

（2）以公允价值计量的股票、基金等非货币性项目。对于以公允价值计量的股票、基金等非货币性项目，如果期末的公允价值以外币反映，则应当先将该外币按照公允价值确定当日的即期汇率折算为记账本位币金额，再与原记账本位币金额进行比较，其差额作为公允价值变动，计入当期损益或其他综合收益。因为这类资产不属于外币货币性项目，所以资产负债表日对于汇率的变动和股票公允价值的变动不进行区分，计入当期损益（公允价值变动损益）。

例 19-16 国内 B 公司 2×21 年 12 月 10 日以每股 3 美元的价格购入 B 公司 B 股 1 000 万股作为以公允价值计量且其变动计入当期损益的金融资产，当日汇率为 1 美元＝ 6.93 元人民币，款项已付。2×21 年 12 月 31 日，由于市价变动，当月购入的 B 公司 B 股的市价变为每股 2.8 美元，当日汇率为 1 美元＝ 6.94 元人民币。2×22 年 1 月 10 日，A 公司将所购 B 公司 B 股股票按当日市价每股 2.6 美元全部售出，当日汇率为 1 美元＝ 6.95 元人民币。假定不考虑相关税费的影响。

① 2×21 年 12 月 10 日，购入股票：

借：交易性金融资产——成本　　207 900 000

　　贷：银行存款——美元（3×10 000 000×6.93）　　207 900 000

②2×21年12月31日，确定公允价值变动损益：

公允价值变动损益＝2.8×1 000×6.94－2 079＝－1 358（万元人民币）

借：公允价值变动损益　　13 580 000

　　贷：交易性金融资产——公允价值变动　　13 580 000

以公允价值计量且其变动计入当期损益的金融资产（权益工具投资）不属于外币货币性项目，所以资产负债表日对于汇率的变动和股票公允价值的变动不进行区分，计入当期损益（公允价值变动损益），即 1 358 万元人民币既包含该股票公允价值变动的影响，又包含人民币与美元之间汇率变动的影响。

③ 2×22 年 1 月 10 日，出售股票：

借：银行存款——美元（2.6×10 000 000×6.95） 180 700 000

投资收益（180 700 000－207 900 000） 27 200 000

交易性金融资产——公允价值变动 13 580 000

贷：交易性金融资产——成本 207 900 000

公允价值变动损益 13 580 000

交易性金融资产（权益工具投资）处置时对于汇率的变动和处置损益不进行区分，计入当期损益（投资收益）。

例 19-17 国内 B 公司 2×21 年 12 月 10 日以每股 3 美元的价格购入 B 公司 B 股 1 000 万股，将其指定为以公允价值计量且其变动计入其他综合收益的非交易性权益工具投资。当日汇率为 1 美元＝6.93 元人民币，款项已付。2×21 年 12 月 31 日，由于市价变动，当月购入的 B 公司 B 股的市价变为每股 2.8 美元，当日汇率为 1 美元＝6.94 元人民币。2×22 年 1 月 10 日，A 公司将所购 B 公司 B 股股票按当日市价每股 2.6 美元全部售出，当日汇率为 1 美元＝6.95 元人民币。假定不考虑相关税费的影响。

① 2×21 年 12 月 10 日，购入股票：

借：其他权益工具投资——成本 207 900 000

贷：银行存款——美元（3×10 000 000×6.93） 207 900 000

②2×21年12月31日，确定公允价值变动：

公允价值变动＝2.8×1 000×6.94－2 079＝－1 358（万元人民币）

借：其他综合收益 13 580 000

贷：其他权益工具投资——公允价值变动 13 580 000

由于该项其他权益工具投资是以外币计价，在资产负债表日，不仅应考虑股票市价的变动，还应考虑美元与人民币之间汇率变动的影响，上述其他权益工具投资在资产负债表日的人民币金额为 1 943.2 万元人民币（即 2.8×100×6.94），与原账面价值 2 079 万元人民币的差额为－135.8 万元人民币，计入其他综合收益，既包含股票公允价值变动的影响，又包含人民币与美元之间汇率变动的影响。

其他权益工具投资处置时对于汇率的变动和处置损益不进行区分，计入留存收益。

例 19-18 国内 A 公司 2×21 年 1 月 2 日以外币存款 100 万美元购入按年付息的美元债券并划分为以公允价值计量且其变动计入其他综合收益的金融资产（其他债权投资），当日汇率为 1 美元＝6.93 元人民币，面值为 100 万美元，票面利率为 5%。2×21 年 12 月 31 日公允价值为 110 万美元，当日汇率为 1 美元＝6.94 元人民币。

①购入时和期末计息时：

借：其他债权投资——成本（美元） 6 930 000

贷：银行存款——美元（1 000 000×6.93） 6 930 000

借：应收利息（1 000 000×5%×6.94） 347 000

贷：投资收益 347 000

② 2×2 年 12 月 31 日，计算公允价值变动和汇兑差额：

公允价值变动＝（110－100）×6.94=69.4（万元）

借：其他债权投资——公允价值变动（美元） 694 000

贷：其他综合收益 694 000

汇兑差额＝100×（6.94－6.93）＋50×（6.94－6.94）＝1（万元）

借：其他债权投资——成本（美元） 10 000

贷：财务费用 10 000

以公允价值计量且其变动计入其他综合收益的外币货币性金融资产汇兑差额，应当计入当期损益；外币非货币性金融资产形成的汇兑差额，与其公允价值变动一并计入其他综合收益。

（3）实质上构成对境外经营净投资的外币货币性项目。企业编制合并财务报表涉及境外经营的，如有实质上构成对境外经营净投资的外币货币性项目，因汇率变动而产生的汇兑差额，应列入所有者权益“外币报表折算差额”项目；处置境外经营时，计入处置当期损益。

（三）分账制记账方法

分账制记账方法是一种外币交易的账务处理方法，我国的许多金融类企业均采用分账制记账方法。金融类企业的外币交易频繁，涉及外币币种较多，可以采用分账制记账方法进行日常核算。资产负债表日，应当分别货币性项目和非货币性项目进行处理：货币性项目按资产负债表日即期汇率折算，非货币性项目按交易日即期汇率折算，产生的汇兑差额计入当期损益。分账制记账方法下，为保持不同币种借贷方金额合计相等，需要设置“货币兑换”科目进行核算。实务中又可采取两种方法核算：

（1）所有外币交易均通过“货币兑换”科目处理。在这种方法下，会计处理包括以下内容：

①企业发生的外币交易同时涉及货币性项目和非货币性项目的，按相同外币金额同时记入货币性项目和“货币兑换（外币）”科目。同时，按以交易发生日即期汇率折算为记账本位币的金额，记入非货币性项目和“货币兑换（记账本位币）”科目。

②企业发生的交易仅涉及记账本位币外的一种货币反映的货币性项目的，按相同币种金额入账，不需要通过“货币兑换”科目核算；如果涉及两种以上货币，按相同币种金额记入相应货币性项目和“货币兑换（外币）”科目。

③期末，应将所有以记账本位币以外的货币反映的“货币兑换”科目余额按期末汇率折算为记账本位币金额，并与“货币兑换（记账本位币）”科目余额相比较，其差额转入“汇兑损益”科目：如为借方差额，借记“汇兑损益”科目，贷记“货币兑换（记账本位币）”科目；如为贷方差额，借记“货币兑换（记账本位币）”科目，贷记“汇兑损益”科目。

④结算外币货币性项目产生的汇兑差额计入“汇兑损益”。

（2）外币交易的日常核算不通过“货币兑换”科目，仅在资产负债表日结转汇兑损益时通过“货币兑换”科目处理，在外币交易发生时直接以发生的币种进行账务处理。期末，由于所有账户均需要折算为记账本位币列报，因此，所有以外币反映的账户余额均需要折算为记账本位币余额，其中，货币性项目以资产负债表日即期汇率折算，非货币性项目以交易日即期汇率折算。折算后，所有账户借方余额之和与所有账户贷方余额之和的差额即为当期汇兑差额，应当计入当期损益。

例 19-19　假定 A 银行采用分账制记账方法，选定的记账本位币为人民币并以人民币列报财务报表。2×21 年 9 月，A 银行发生以下交易：

（1）9 月 5 日，收到投资者投入的货币资本 1 000 000 美元，无合同约定汇率，当日汇率为 1 美元＝6.8 元人民币；

（2）9 月 10 日，以 20 000 美元购入一台固定资产，当日汇率为 1 美元＝6.75 元人民币；

（3）9 月 15 日，某客户以 337 500 元人民币购入 50 000 美元，当日美元卖出价为 1 美元＝6.8 元人民币；

（4）9 月 20 日，发放短期贷款 50 000 美元，当日汇率为 1 美元＝6.85 元人民币；

（5）9 月 25 日，向其他银行拆借资金 100 000 欧元，期限为 1 个月，年利率为 3%，当日的汇率为 1 欧元＝9.5 元人民币；

（6）9 月 30 日的汇率为 1 美元＝7 元人民币，1 欧元＝10 元人民币。

对于上述交易，所有外币交易均通过“货币兑换”科目处理，企业应作如下会计分录。

（1）9 月 5 日，收到美元资本投入：

借：银行存款（美元）USD　　　　$1 000 000

　　贷：货币兑换（美元）USD　　　　$1 000 000

借：货币兑换（人民币）CNY ￥6 800 000
　　贷：实收资本 CNY ￥6 800 000

（2）9月10日，以美元购入固定资产：

借：固定资产 CNY ￥135 000
　　贷：货币兑换（人民币）CNY ￥135 000

借：货币兑换（美元）USD $20 000
　　贷：银行存款（美元）USD $20 000

（3）9月15日，售出美元：

借：银行存款（人民币）CNY ￥337 500
　　贷：货币兑换（人民币）CNY ￥337 500

借：货币兑换（美元）USD $50 000
　　贷：银行存款（美元）USD $50 000

（4）9月20日，发放美元短期贷款：

借：贷款（美元）USD $50 000
　　贷：银行存款（美元）USD $50 000

（5）9月25日，向其他银行拆借欧元资金：

借：银行存款（欧元） €100 000
　　贷：拆入资金（欧元） €100 000

"货币兑换（美元）"账户的贷方余额为 USD$930 000（USD$1 000 000 － USD$20 000 － USD$50 000），按月末汇率折算为人民币金额余额为 CNY ￥6 510 000（930 000×7）；"货币兑换（人民币）"账户有借方余额 6 327 500（6 800 000 － 135 000 － 337 500）。

"货币兑换"账户的借方余额合计为 CNY ￥6 327 500，贷方余额合计为 CNY ￥6 510 000，借贷方之间的差额为 CNY ￥182 500，即为当期产生的汇兑差额，相应的会计分录为：

借：货币兑换（人民币）CNY ￥182 500
　　贷：汇兑损益 CNY ￥182 500

如外币交易的日常核算不通过"货币兑换"科目，日常核算中相应会计分录如下。

（1）9月5日，收到美元资本投入：

借：银行存款（美元）USD $1 000 000
　　贷：实收资本 USD $1 000 000

（2）9月10日，以美元购入固定资产：

借：固定资产 USD $20 000
　　贷：银行存款（美元）USD $20 000

（3）9月15日，售出美元：

借：银行存款（人民币）CNY ￥337 500
　　贷：银行存款（美元）USD $5 000

（4）9月20日，发放美元短期贷款：

借：贷款（美元）USD $50 000
　　贷：银行存款（美元）USD $50 000

（5）9月25日，向其他银行拆借欧元资金：

借：银行存款（欧元） €100 000
　　贷：拆入资金（欧元） €100 000

资产负债表日，编制账户科目余额（人民币）的调节表（见表19-01）：非人民币货币性项目以资产负债表日即期汇率折算，非人民币非货币性项目以交易日即期汇率折算。

表 19-01 账户科目余额（人民币）的调节表

单位：元

借方余额账户	币种	外币余额	汇率	人民币余额
银行存款	美元	880 000	7.00	6 160 000
银行存款	欧元	100 000	10.00	1 000 000
贷款	美元	50 000	7.00	350 000
固定资产		20 000	6.75	135 000
银行存款	人民币			337 500
人民币余额合计				7 982 500
贷方余额账户	币种	外币余额	汇率	人民币余额
拆入资金	欧元	10 000	10.00	1 000 000
实收资本	美元	100 000	6.80	6 800 000
人民币余额合计				7 800 000
汇兑损益				182 500

相应会计分录为：

借：货币兑换（人民币）CNY　　　　￥182 500

　贷：汇兑损益 CNY　　　　￥182 500

需要强调的是，无论是采用分账制记账方法，还是采用统账制记账方法，只是账务处理程序不同，但产生的结果应当相同，计算出的汇兑差额相同。

四、外币财务报表的折算

企业的子公司、合营企业、联营企业和分支机构如果采用与企业相同的记账本位币，即使是设在境外，其财务报表也不存在折算问题。但是，如果企业境外经营的记账本位币不同于企业的记账本位币，在将企业的境外经营通过合并报表、权益法核算等纳入企业的财务报表中时，需要将企业境外经营的财务报表折算为以企业记账本位币反映。

（一）境外经营财务报表的折算

在对企业境外经营财务报表进行折算前，应当调整境外经营的会计期间和会计政策，使之与企业会计期间和会计政策相一致，根据调整后会计政策及会计期间编制相应货币（记账本位币以外的货币）的财务报表，再按照以下方法对境外经营财务报表进行折算。

（1）资产负债表中的资产和负债项目，采用资产负债表日的即期汇率折算，所有者权益项目除“未分配利润”项目外，其他项目采用发生时的即期汇率折算。

（2）利润表中的收入和费用项目，采用交易发生日的即期汇率或即期汇率的近似汇率折算。

（3）产生的外币财务报表折算差额，在编制合并财务报表时，应在合并资产负债表中所有者权益项目下单独作为“外币报表折算差额”项目列示。

财务报表的折算比照上述规定处理。

例 19-20 国内A公司的记账本位币为人民币，该公司仅有一全资子公司B公司，无其他境外经营。B公司设在美国，自主经营，所有办公设备及绝大多数人工成本等均以美元支付，除极少量的商品购自A公司外，其余的商品采购均来自当地，B公司对所需资金自行在当地融资、自担风险。因此，根据记账本位币的选择确定原则，B公司的记账本位币应为美元。2×21年12月31日，A公司准备编制合并财务报表，需要先将B公司的美元财务报表折算为人民币表述。B公司的有关资料如下：

2×21年12月31日的即期汇率为1美元＝7元人民币，2×21年的平均汇率为1美元＝7.2元人民币，实收资本为125 000美元，发生日的即期汇率为1美元＝7.3元人民币，2×20年12月31日的即期汇率为1美元＝7.3元人民币，累计盈余公积为5 000美元，折算为人民币35 300元，累计未分配利润为60 000美元，折算为人民币423 600元，B公司在年末提取盈余公积500美元。

B公司相关的利润表、资产负债表、所有者权益变动表的编制分别如表19-02、表19-03、表19-04所示。

表 19-02 利润表

编制单位：B公司　　2×21年度　　单位：元

项目	本年累计数	汇率	折算为人民币金额
一、营业收入	70 000	7.2	504 000
减：营业成本	40 000	7.2	288 000
税金及附加	6 000	7.2	43 200
销售费用	4 000	7.2	28 800
管理费用	5 000	7.2	36 000
财务费用	1 000	7.2	7 200
二、营业利润	14 000		100 800
加：营业外收入	5 000	7.2	36 000
减：营业外支出	4 000	7.2	28 800
三、利润总额	15 000		108 000
减：所得税费用	10 000	7.2	72 000
四、净利润	5 000		36 000

表 19-03 资产负债表

编制单位：B公司　　2×21年度　　单位：元

项目	期末数（美元）	汇率	汇算为人民币
流动资产：			
货币资金	10 000	7	70 000
交易性金融资产	15 000	7	105 000
应收票据	8 500	7	59 500

（续表）

项目	期末数（美元）	汇率	汇算为人民币
应收账款	24 000	7	168 000
存货	34 000	7	238 000
流动资产合计	91 500		640 500
非流动资产：			
固定资产	94 000	7	658 000
无形资产	20 000	7	140 000
非流动资产合计	114 000		798 000
资产总计	205 500	7	1 438 500
流动负债：			
短期借款	18 000	7	126 000
应付票据	2 000	7	14 000
应付账款	18 000	7	126 000
应付职工薪酬	12 000	7	84 000
应交税费	3 500	7	24 500
流动负债合计	53 500		374 500
非流动负债：			
长期借款	15 000	7	105 000
长期应付款	20 000	7	140 000
非流动负债合计	32 000	7	224 000
负债合计	85 500		598 500
所有者权益：			
实收资本	50 000		365 000
盈余公积	5 500		38 900
未分配利润	64 500		456 000
报表折算差额			－19 900
所有者权益合计	120 000		840 000
负债和所有者权益合计	205 500		1 438 500

表 19–04　所有者权益变动表

编制单位：B 公司　　　　2×21 年度　　　　单位：元

项目	实收资本			盈余公积			未分利润		外币报表折算差额	所有者权益合计（人民币）
	美元	汇率	人民币	美元	汇率	人民币	美元	人民币		
一、本年年初余额	50 000	7.3	365 000	5 000		35 300	60 000	423 600		823 900
二、本年增减变动额										0
（一）净利润							5 000	36 000		36 000
（二）直接计入所有者权益的利得和损失										0
其中：外币报表折算差额									－19 900	
（三）利润分配										0
提取盈余公积				500	7.2	3 600	－500	－3 600		0
三、本年年末余额	50 000		365 000	5 500		38 900	64 500	456 000	－19 900	840 000

（二）包含境外经营的合并财务报表编制的特殊处理

在企业境外经营为其子公司的情况下，企业在编制合并财务报表时，应按少数股东在境外经营所有者权益中所享有的份额计算少数股东应分担的外币报表折算差额，并入少数股东权益列示于合并资产负债表。

母公司含有实质上构成对子公司（境外经营）净投资的外币货币性项目的情况下，在编制合并财务报表时，应分别以下两种情况编制抵销分录：

（1）实质上构成对子公司净投资的外币货币性项目以母公司或子公司的记账本位币反映，该外币货币性项目产生的汇兑差额应转入“外币报表折算差额”科目；

（2）实质上构成对子公司净投资的外币货币性项目，以母、子公司的记账本位币以外的货币反映，应将母、子公司此项外币货币性项目产生的汇兑差额相互抵销，差额计入“外币报表折算差额”科目。

如果合并财务报表中各子公司之间也存在实质上构成对另一子公司（境外经营）净投资的外币货币性项目，在编制合并财务报表时应比照上述原则编制相应的抵销分录。

（三）恶性通货膨胀经济中境外经营财务报表的折算

1. 恶性通货膨胀经济的判定

当一个国家经济环境显示出（但不局限于）以下特征时，应当判定该国处于恶性通货膨胀经济中：

（1）三年累计通货膨胀率接近或超过100%；

（2）利率、工资和物价与物价指数挂钩，物价指数是物价变动趋势和幅度的相对数；

（3）一般公众不是以当地货币、而是以相对稳定的外币为单位作为衡量货币金额的基础；

（4）一般公众倾向于以非货币性资产或相对稳定的外币来保存自己的财富，持有的当地货币立即用于投资以保持购买力；

（5）即使信用期限很短，赊销、赊购交易仍按补偿信用期预计购买力损失的价格成交。

2. 处于恶性通货膨胀经济中境外经营财务报表的折算

企业对处于恶性通货膨胀经济中的境外经营财务报表进行折算时，需要先对其财务报表进行重述：对资产负债表项目运用一般物价指数予以重述，对利润表项目运用一般物价指数变动予以重述。然后，按资产负债表日即期汇率进行折算。

（1）重述资产负债表项目。在对资产负债表项目进行重述时，由于现金、应收账款、其他应收款等货币性项目已经以资产负债表日的计量单位表述，因此不需要进行重述；通过协议与物价变动挂钩的资产和负债，应根据协议约定进行调整；非货币项目中，有些是以资产负债表日的计量单位列示的，如存货已经以可变现净值列示，不需要进行重述，其他非货币性项目，如固定资产、投资、无形资产等，应自购置日起以一般物价指数予以重述。

（2）重述利润表项目。在对利润表项目进行重述时，所有项目金额都需要自其初始确认之日起，以一般物价指数变动进行重述，以使利润表的所有项目都以资产负债表日的计量单位表述。由于上述重述而产生的差额计入当期净利润。

对资产负债表和利润表项目进行重述后，再按资产负债表日的即期汇率将资产负债表和利润表折算为记账本位币报表。

在境外经营不再处于恶性通货膨胀经济中时，应当停止重述，按照停止之日的价格水平重述的财务报表进行折算。

（四）境外经营的处置

企业可能通过出售、清算、返还股东或放弃全部或部分权益等方式处置其在境外经营中的利益。

企业应在处置境外经营的当期，将已列入合并财务报表所有者权益的外币报表折算差额中与该境外经营相关部分，自所有者权益项目转入处置当期损益。如果是部分处置境外经营，应当按处置的比例计算处置部分的外币报表折算差额，转入处置当期损益。

五、披露

外币折算准则规定，企业应当在附注中披露与外币折算有关的下列信息：

（1）企业及其境外经营选定的记本位币及选定的原因；记本位币发生变更的，说明变更理由。

（2）采用近似汇率的，近似汇率的确定方法。

（3）计入当期损益的汇兑差额。

（4）处置境外经营对外币财务报表折算差额的影响。

六、新旧衔接

首次执行企业会计准则，遵照《企业会计准则第 38 号——首次执行企业会计准则》的相关规定，详见本书第三十八章。

第二十章
企 业 合 并

一、准则适用范围

《企业会计准则第 20 号——企业合并》（以下简称企业合并准则）所指的企业合并是指将两个或两个以上单独的企业合并形成一个报告主体的交易或事项。企业合并分为同一控制下的企业合并和非同一控制下的企业合并。本准则不涉及下列企业合并模式：

（1）两方或者两方以上形成合营企业的企业合并；

（2）仅通过合同而不是所有权份额将两个或者两个以上单独的企业合并形成一个报告主体的企业合并。

二、企业合并概述

（一）企业合并中业务的判断

1. 构成业务的要素

根据新准则的规定，涉及构成业务的合并应当按新准则规定处理。业务是指企业内部某些生产经营活动或资产的组合，该组合一般具有投入、加工处理过程和产出能力，能够独立计算其成本费用或所产生的收入。合并方在合并中取得的生产经营活动或资产的组合（以下简称组合）构成业务，通常应具有下列三个要素：（1）投入，指原材料、人工、必要的生产技术等无形资产以及构成产出能力的机器设备等其他长期资产的投入。（2）加工处理过程，指具有一定的管理能力、运营过程，能够组织投入形成产出能力的系统、标准、协议、惯例或规则。（3）产出，包括为客户提供的产品或服务、为投资者或债权人提供的股利或利息等投资收益，以及企业日常活动产生的其他的收益。

2. 构成业务的判断条件

合并方在合并中取得的组合应当至少同时具有一项投入和一项实质性加工处理过程，且二者相结合对产出能力有显著贡献，该组合才构成业务。合并方在合并中取得的组合是否有实际产出并不是判断其构成业务的必要条件。企业应当考虑产出的下列情况分别判断加工处理过程是否是实质性的：

（1）该组合在合并日无产出的，同时满足下列条件的加工处理过程应判断为实质性的：①该加工处理过程对投入转化为产出至关重要；②具备执行该过程所需技能、知识或经验的有组织的员工，且具备必要的材料、权利、其他经济资源等投入，如技术、研究和开发项目、房地产或矿区权益等。

（2）该组合在合并日有产出的，满足下列条件之一的加工处理过程应判断为实质性的：①该加工处理过程对持续产出至关重要，且具备执行该过程所需技能、知识或经验的有组织的员工；②该加工处理过程对产出能力有显著贡献，且该过程是独有、稀缺或难以取代的。企业在判断组合是否构成业务时，应当从市场参与者角度考虑可以将其作为业务进行管理和经营，而不是根据合并方的管理意图或被合并方的经营历史来判断。

3. 集中度测试的应用

判断非同一控制下企业合并中取得的组合是否构成业务，也可选择采用集中度测试。集中度测试是非同一控制下企业合并的购买方在判断取得的组合是否构成一项业务时，可以选择采用的一种简化判断方式。进行集中度测试时，如果购买方取得的总资产的公允价值几乎相当于其中某一单独可辨认资产或一组类似可辨认资产的公允价值的，则该组合通过集中度测试，应判断为不构成业务，且购买方无须按照上述 2 的规定进行判断；如果该组合未通过集中度测试，购买方仍应按照上述 2 的规定进行判断。购买方应当按照下列规定进行集中度测试。

（1）计算确定取得的总资产的公允价值。取得的总资产不包括现金及现金等价物、递延所得税资产以及由递延所得税负债影响形成的商誉。购买方通常可以通过下列公式之一计算确定取得的总资产的公允价值：①总资产的公允价值＝合并中取得的非现金资产的公允价值＋（购买方支付的对价＋购买日被购买方少数股东权益的公允价值＋购买日前持有被购买方权益的公允价值－合并中所取得的被购买方可辨认净资产公允价值）－递延所得税资产－由递延所得税负债影响形成的商誉。②总资产的公允价值＝购买方支付的对价＋购买日被购买方少数股东权益的公允价值＋购买日前持有被购买方权益的公允价值＋取得负债的公允价值（不包括递延所得税负债）－取得的现金及现金等价物－递延所得税资产－由递延所得税负债影响形成的商誉。

（2）关于单独可辨认资产。单独可辨认资产是企业合并中作为一项单独可辨认资产予以确认和计量的一项资产或资产组。如果资产（包括租赁资产）及其附着物分拆成本重大，应当将其一并作为一项单独可辨认资产，如土地和建筑物。

（3）关于一组类似资产。企业在评估一组类似资产时，应当考虑其中每项单独可辨认资产的性质及其与管理产出相关的风险等。下列情形通常不能作为一组类似资产：①有形资产和无形资产；②不同类别的有形资产，如存货和机器设备；③不同类别的可辨认无形资产，如商标权和特许权；④金融资产和非金融资产；⑤不同类别的金融资产，如应收款项和权益工具投资；⑥同一类别但风险特征存在重大差别的可辨认资产等。

例 20-01 A 公司是一家不锈钢线材行业的上市公司，通过签订资产收购协议，从第三方 B 公司收购了与吊装、过磅业务相关的资产，包括应收账款、机器设备、在建工程以及相关的订单处理系统和经营管理系统。另外，B 公司相关的业务人员也全部转入 A 公司，并重新签订了劳动合同。B 公司具有吊装、过磅业务相关的产出能力。购入的吊装及过磅业务相关资产的账面价值为 2 500 万元。根据相关的资产评估报告，上述资产按成本法的评估值为 2 000 万元，而按收益法的评估值为 6 400 万元。A 公司与 B 公司双方达成协议，按收益法的评估值 6 000 万元，作为交易价格，评估增值为 3 500 万元。

分析：在本例中，从法律形式来看，该交易采取收购资产组合的方式。但按照实质重于形式，A 公司的购买对象，到底是一个资产组合，还是一项业务，则需要综合判断。首先，该资产组合包括与吊装、过磅业务相关的实物资产（例如，固定资产和在建工程）以及业务人员，满足“投入”要素；其次，该资产组合包括订单处理系统和经营管理系统，满足“处理过程”要求。最后，从相关信息来看，购买的资产组合也具有吊装、过磅业务相关的产出能力。这些因素综合起来考虑，A 公司收购的该资产组合满足“业务”的定义，应当按照企业合并新准则来进行会计处理。

例 20-02 A 公司购买了 10 套商住两用房，每套均用于对外出租。所支付对价的公允价值正好等于所取得 10 套商住两用房公允价值之和。每套商住两用房包括土地使用权和建筑物及其装修。每套商住两用房具有不同的建筑面积和室内设计。10 套商住两用房坐落在相同的区域，且其租户类别基本类似。所取得商住两用房所处市场中与房地产运营相关的风险并无显著差别。另外，该转让未包含员工、其他资产和其他过程或活动。

为了简化判断成本，A公司选择采用集中度测试，主要分析如下：

（1）建筑物及装修附属于土地使用权，且无法在不发生重大成本的情况下进行拆除，因此，每套商住两用房均为单项可辨认资产。

（2）10套商住两用房的资产组合属于一组类似可辨认资产，因为这些商住两用房在性质，以及与管理和创造产出相关的风险上不存在显著的差异，原因在于商住两用房的类型和客户类别没有显著不同。

（3）所支付对价的公允价值正好等于所取得10套商住两用房公允价值之和，因此，所取得总资产全部的公允价值集中在一组类似可辨认资产上。

综合上述分析，A公司认为，所取得的10套商住两用房资产组合不构成业务，按照资产购买进行会计处理。

例20-03 沿用例20-02，除购买了10套商住两用房外，A公司还购买了位于办公园区的6栋10层楼高的办公楼，全部用于对外出租，所购买的该资产组合包含了土地使用权、建筑物、租赁业务合同、清洁外包合同以及安全和维护合同。该转让未包含员工、其他资产、其他过程或者其他活动。所支付对价的公允价值正好等于所取得的10套商住两用房和6栋办公楼的公允价值之和。通过清洁外包合同以及安全与维护合同所执行的过程，相对于创造产出所要求的全部过程来说，是辅助的或次要的。

为了简化判断成本，A公司选择采用集中度测试，主要分析如下：

（1）商住两用房和办公楼不属于类似可辨认资产，因为商住两用房和办公楼在资产运营、获得租户和管理租户的相关风险存在显著不同，特别是两个类别客户相关的运营规模和风险是显著不同的。因此，商住两用房和办公楼属于2个单独的可辨认资产。另外，所取得总资产的公允价值不会实质上全部集中于一组类似可辨认资产，因为所支付对价的公允价值正好等于所取得的10套商住两用房和6栋办公楼的公允价值之和。为此，A公司需要进一步细节测试，以评价所取得的资产组合是否满足构成业务的最低要求。

（2）该组资产组合具有产出，因为其正在凭借租赁合同产生收入。因此，A公司需要确定所取得的过程是否为实质性的。

（3）所取得的资产组合不包含有组织的员工。另外，通过合同由清洁外包人员、安全和维护人员所执行的过程（唯一取得的过程），相对于创造产出所要求的全部过程是辅助的或次要的，对持续产生产出的能力没有具有重大贡献。而且这些过程在市场上很容易获得，因此，并不是独特和稀缺的。

综合上述分析，A公司认为，所取得的由商住两用房和办公楼构成的资产组合不构成业务，按照资产购买进行会计处理。

例20-04 假设其他情况与例20-03相同，不同的是A公司所取得的资产组合还包括负责租赁、租户管理，以及管理和监督整个运营过程的员工。

A公司没有选择采用集中度测试，直接进行细节测试，以评价该资产组合是否满足构成业务的最低要求。主要分析如下：

（1）该资产组合具有产出，因为其正在凭借租赁合同产生收入。因此，A公司需要确定所取得的过程是否为实质性的。

（2）该组合包含了执行实质性过程（即租赁、租户管理，以及管理和监督运营过程）所必要的技能、知识或经验的有组织员工，因为他们对将所取得投入（即土地使用权、建筑物和租赁业务合同）应用于持续产生产出的能力至关重要。另外，这些实质性过程和投入共同对创造产出的能力具有重大贡献。

综合上述分析，A公司认为，所取得的资产组合构成业务，按照企业合并会计准则进行会计处理。

（二）企业合并的方式

《〈企业会计准则第20号——企业合并〉应用指南》中列举出了以下几种企业合并的方式：

（1）控股合并，即合并方（或购买方）在企业合并中取得对被合并方（或被购买方）的控制权，被合并方（或被购买方）在合并后仍保持其独立的法人资格并继续经营，合并方（或购买方）确认企业合并形成的对被合并方（或被购买方）的投资。控制权的判断标准以《企业会计准则第 33 号——合并财务报表》为准，详见第三十三章合并财务报表。

（2）吸收合并，即合并方（或购买方）通过企业合并取得被合并方（或被购买方）的全部净资产，合并后注销被合并方（或被购买方）的法人资格，被合并方（或被买方）原持有的资产、负债，在合并后成为合并方（或购买方）的资产、负债。

（3）新设合并，即参与合并的各方在合并后法人资格均被注销，重新注册成立一家新的企业。

（三）合并日或购买日的确定

合并日或购买日是指合并方或购买方实际取得对被合并方或被购买方控制权的日期，即被合并方或被购买方的净资产或生产经营决策的控制权转移给合并方或购买方的日期。同时满足下列条件的，通常可认为实现了控制权的转移：

（1）企业合并合同或协议已获股东大会等通过。

（2）企业合并事项需要经过国家有关主管部门审批的，已获得批准。

（3）参与合并各方已办理必要的财产权转移手续。

（4）合并方或购买方已支付合并价款的大部分（一般应超过 50%），并且有能力、有计划支付剩余款项。

（5）合并方或购买方实际上已经控制被合并方或被购买方的财务和经营政策，并享有相应的利益、承担相应的风险。

例 20-05 A 公司是上市公司。2×21 年，A 公司向 B 公司非公开发行股份进行重大资产重组，B 公司以其所拥有的全资子公司 C 的股权等对应的净资产作为认购非公开发行股票的对价，该交易为非同一控制下企业合并。2×21 年 12 月 20 日收到中国证监会核准后，双方进行了资产交割。

截至 2×21 年 12 月 31 日，B 公司投入的 C 公司全部办妥变更后的企业法人营业执照，股东变更为 A 公司。2×21 年 12 月 30 日，双方签订移交资产约定书。约定自 2×21 年 12 月 30 日起 B 公司将标的资产交付上市公司，同时，A 公司自 2×21 年 12 月 31 日起接收该等资产与负债并向这些子公司派驻了董事、总经理等高级管理人员，对标的资产开始实施控制。

2×22 年 1 月，会计师事务所对 A 公司截至 2×21 年 12 月 31 日的注册资本进行了审验，并出具验资报告。2×22 年 2 月，A 公司本次增发的股份在中国证券登记结算有限责任公司上海分公司办理了股权登记手续。

分析：本案例中，截至 2×21 年 12 月 31 日，该项交易已经取得所有必要的审批，C 公司全部完成了营业执照变更，双方签订移交资产约定书。上市公司已经向被购买方派驻董事、总经理等高级管理人员，对被购买方开始实施控制。虽然作为合并对价增发的股份在 2×22 年 2 月才办理了股权登记手续，但由于企业合并交易在 2×21 年已经完成所有的实质性审批程序，且 A 公司已经实质上取得对 C 公司的控制权，可以合理判断购买日为 2×21 年 12 月 31 日。

例 20-06 A 公司为上市公司，2×21 年 7 月 25 日对外公告，拟以定向发行本公司普通股的方式自独立的非关联方收购 B 公司、C 公司持有的 A 公司 80% 股权。双方签订的并购合同中约定对标的资产 A 公司的评估基准日为 2×21 年 6 月 30 日，以评估确定的该时点标的资产价值为基础，A 公司拟以公告日前 60 天 A 公司普通股的平均市场价格买 A 公司原股东所持其全部股份。合同中同时约定，在评估基准日至 A 公司取得 A 公司股权之日期间内 A 公司实现的净损益归 A 公司所有，交易事项进展情况如下。

（1）2×21 年 7 月 16 日经 A 公司、B 公司、C 公司各自决策机构批准。

（2）2×21 年 7 月 25 日对外公告。

（3）2×21 年 10 月 22 日向有关监管机构提交并购重组申请材料。

（4）2×21 年 12 月 20 日，该重组事项获监管部门批准。

（5）2×21 年 12 月 31 日，A 公司取得监管部门批文。当日，A 公司对 A 公司董事会进行改组，在 A 公司 7 名董事会成员中，派出 4 名。同时，买卖双方于当日办理了 A 公司有关财产的交接手续。

（6）2×22 年 1 月 6 日，注册会计师完成对 A 公司注册资本验资程序。A 公司于当日向工商部门申请变更股东并获批准。

（7）2×22 年 1 月 28 日，A 公司在有关股权登记部门完成股东登记手续。

分析：本案中，确定 A 公司对 A 公司的购买日，实际上需要根据交易进行过程中的相关情况进行判断。该项交易中，A 公司并购重组交易取得内、外部机构批准的时点为 2×21 年 12 月 20 日，至 12 月 31 日，A 公司已经通过派出 A 公司董事会成员，对其生产经营决策进行控制。虽然至 2×21 年 12 月 31 日，该项交易并未完全完成，但后续在 2×22 年 1 月完成的工商登记及 A 公司股东登记程序原则上在前期条件均已具备的情况下，该程序应为程序性的，对交易本身不构成实质性障碍，亦不会因 2×19 年有关程序未完成而发生交易逆转的情况，因此可以认为 2×21 年 12 月 31 日为该项交易的购买日。

例 20-07 A 公司是上市公司，拟发行股份 2 500 万股收购 B 公司股权，此项交易为同一控制下的企业合并。交易于 2×21 年 3 月获得国务院国资委及国家发改委批准。2×21 年 4 月经上市公司临时股东大会审议通过。2×21 年 5 月获得国家商务部批准。2×21 年 12 月 20 日收到证监会的批复。2×21 年 12 月 30 日重组双方签订《资产交割协议》，以 2×21 年 12 月 31 日作为本次重大资产重组的交割日。B 公司高级管理层主要人员于 2×21 年 12 月 31 日变更为 A 公司任命。截至财务报告报出日，置入、置出资产工商变更、登记过户手续尚在办理中，但相关资产权属的变更不存在实质性障碍。

分析：本案中，该交易为同一控制下企业合并，截至 2×21 年 12 月 31 日，该项交易已经取得所有必要的审批，重组双方签订《资产交割协议》，以 2×21 年 12 月 31 日作为本次重大资产重组的交割日，B 公司高级管理层主要人员于 2×21 年 12 月 31 日变更为 A 公司任命，说明 A 公司已经开始对 B 公司实施控制。虽然有关财产权属的过户手续尚未办理完毕，但由于权属变更不存在实质性障碍，合并日可以判断为 2×21 年 12 月 31 日。

在确定购买日的实际工作中，需注意以下两点：

一是在对标的资产的评估基准日至股权转移日之间标的资产的净损益归属问题是否影响购买日的确定。在评估基准日，该项交易尚未实质性进行，有关审批程序、资产转移、对被购买企业生产经营决策权的主导等均未实际发生。因此，未形成控制权的转移，不能将评估基准日确定为企业合并的购买日。双方对过渡期间损益归属的协议约定原则上是对购买方企业合并成本的调整，即被购买企业在此期间实现盈利且归属于购买方的，该盈利应被视为对购买方支付的企业合并成本的抵减；被购买企业在此期间发生亏损的，如该亏损应由购买方负担，则应认为是购买方实际付出企业合并成本的增加。

二是对并购标的企业控制权的理解问题。一般情况下，并购标的企业章程规定，重大生产经营决策需经参加董事会成员半数以上通过后实施；涉及公司合并、分立、解散、清算等事项需经董事会全体成员一致通过。虽然涉及合并、分立、解散、清算等均为相对较为特殊事项需董事会一致通过，并不影响投资方对被投资方日常经营相关活动的控制能力。

（四）企业合并类型的划分

企业合并可分为两大基本类型：同一控制下的企业合并与非同一控制下的企业合并。企业合并的类型划分不同，所遵循的会计处理原则也不同。

1. 同一控制下的企业合并

同一控制下的企业合并是指参与合并的企业在合并前后均受同一方或相同的多方最终控制且该控制并非暂时性的。对此概念需从以下几个方面进行理解：

（1）同一方，是指对参与合并的企业在合并前后均实施最终控制的投资者，通常指企业集团的母公司。同一控制下的企业合并一般发生于企业集团内部，如母子公司之间、子公司与子公司之间等。因为该类合并从本质上是集团内部企业之间的资产或权益的重组，不是公允的市场行为。

（2）相同的多方，通常是指根据投资者之间的协议约定，在对被投资单位的生产经营决策行使表决权时发表一致意见的两个或两个以上的投资者。

（3）控制并非暂时性，是指参与合并的各方在合并前后较长的时间内受同一方或相同的多方最终控制。较长的时间通常指 1 年以上（含 1 年），即企业合并之前（即合并日之前），参与合并各方在最终控制方的控制时间一般在 1 年以上（含 1 年），企业合并后所形成的报告主体在最终控制方的控制时间也应达到 1 年以上（含 1 年）。

（4）同一控制下企业合并的判断，应当遵循实质重于形式要求。企业之间的合并是否属于同一控制下的企业合并，应综合构成企业合并交易的各方面情况，按照实质重于形式的原则进行判断。同受国家控制的企业之间发生的合并，不应仅仅因为参与合并各方在合并前后均受国家控制而将其作为同一控制下的企业合并。

2. 非同一制下的企业合并

非同一控制下的企业合并，是指参与合并的各方在合并前后不受同一方或相同的多方最终控制的合并交易，即除属于同一控制下企业合并的情况以外其他的企业合并。

相对于同一控制下的企业合并而言，非同一控制下的企业合并是合并各方自愿进行的交易行为，应当以公允价值为基础进行计量。

三、同一控制下企业合并

（一）合并日的处理原则

1. 确认企业合并成本

同一控制下的企业合并，应当在合并日按照被合并方所有者权益在最终控制方合并财务报表中的账面价值的份额作为长期股权投资的初始投资成本。

合并方在合并日为取得对被购买方的控制权而付出的资产、发生或承担的负债以及发行的权益性证券的账面价值，与长期股权投资初始投资成本之间的差额，应当调整资本公积；资本公积（资本溢价或股本溢价）不足冲减的，依次冲减盈余公积和未分配利润。

合并方为进行企业合并发生的各项直接相关费用，包括为进行企业合并支付的审计费用、评估费用、法律服务费用等，应当于发生时计入当期损益；为企业合并发行的债券或承担其他债务支付的手续费、佣金等，当计入所发行债券及其他债务的初始计量金额。企业合并中发行权益性证券发生的手续费、佣金等费用，应当抵减权益性证券溢价收入，溢价收入不足冲减的，冲减留存收益。

2. 在合并日确认因企业合并取得的资产、负债

合并方在合并中确认取得的被合并方的资产、负债仅限于被合并方账面上原已确认的资产和负债，合并中不产生新的资产和负债，也不产生新的商誉，但被合并方在企业合并前账面上原已确认的商誉应作为合并中取得的资产确认。

合并方在合并中取得的被合并方各项资产、负债应维持其在被合并方的原账面价值不变。这里的账面价值是指被合并方的有关资产、负债（包括最终控制方收购被合并方而形成的商誉）在最终控制

方财务报表中的账面价值。

被合并方在企业合并前采用的会计政策与合并方不一致的，首先统一会计政策，即合并方应当按照本企业会计政策对被合并方资产、负债的账面价值进行调整，并以调整后的账面价值作为有关资产、负债的入账价值。

（二）合并日的会计处理

1. 个别财务报表

内容详见第三章长期股权投资。

2. 合并财务报表

同一控制下的企业合并，本质上是两个独立的企业或业务的整合，合并后的主体视同在以前期间一直存在，母公司一般应编制合并日的合并财务报表，包括合并资产负债表、合并利润表及合并现金流量表，为合并当期期末及以后期间编制合并财务报表提供基础。编制合并报表时，参与合并各方的当期发生内部交易等，应当按照《企业会计准则第 33 号——合并财务报表》处理。

（1）合并资产负债表。合并资产负债表中被合并方的各项资产、负债，应当按其账面价值计量。这里的账面价值是指被合并方的有关资产、负债（包括最终控制方收购被合并方而形成的商誉）在最终控制方财务报表中的账面价值。因被合并方采用的会计政策与合并方不一致，按照本准则规定进行调整的，应当以调整后的账面价值计量。

在合并资产负债表中，对于被合并方在企业合并前实现的留存收益（盈余公积和未分配利润之和）中归属于合并方的部分，应按以下原则，自合并方的资本公积转入盈余公积和未分配利润：

①确认企业合并形成的长期股权投资后，合并方账面资本公积（资本溢价或股本溢价）贷方余额大于被合并方在合并前实现的留存收益中归属于合并方的部分，在合并资产负债表中，应将被合并方在合并前实现的留存收益中归属于合并方的部分自“资本公积”转入“盈余公积”和“未分配利润”。在合并工作底稿中，借记“资本公积”项目，贷记“盈余公积”和“未分配利润”项目。

②确认企业合并形成的长期股权投资后，合并方账面资本公积（资本溢价或股本溢价）贷方余额小于被合并方在合并前实现的留存收益中归属于合并方的部分，在合并资产负债表中，应以合并方资本公积（资本溢价或股本溢价）的贷方余额为限，将被合并方在企业合并前实现的留存收益中归属于合并方的部分自“资本公积”科目转入“盈余公积”和“未分配利润”科目。在合并工作底稿中，借记“资本公积”项目，贷记“盈余公积”和“未分配利润”项目。

因合并方的资本公积（资本溢价或股本溢价）余额不足，被合并方在合并前实现的留存收益中归属于合并方的部分在合并资产负债表中未予全额恢复的，合并方应当在报表附注中对这一情况进行说明。

③合并当期资产负债表日，编制比较报表时，合并方应对比较报表有关项目的期初数进行调整，视同合并后主体在以前期间一直存在。

（2）合并利润表。合并利润表应当包括参与合并各方自合并当期期初至合并日所发生的收入、费用和利润。被合并方在合并前实现的净利润，应当在合并利润表中单列项目反映，在“净利润”下单列“其中：被合并方在合并前实现的净利润”项目。

（3）合并现金流量表。合并现金流量表应当包括参与合并各方自合并当期期初至合并日的现金流量。

例 20-08 A、B 公司分别为某集团控制下的两家子公司，A 公司于 2×21 年 3 月 10 日自集团公司处取得 B 公司 100% 的股权，合并后 B 公司仍维持其独立法人资格继续经营。为进行该项企业合并，A 公司发行了 1 500 万股本公司普通股（每股面值 1 元）作为对价。假定 A、B 公司用的会计政策相同，B 公司在其个别财务报表中净资产账面价值与在集团合并报表中净资产账面价值一致。合并日，A、B 公司的所有者权益构成如表 20-01 所示。

表 20-01　A、B 公司所有者权益构成

单位：万元

A 公司		B 公司	
项目	金额	项目	金额
股本	9 000	股本	1 000
资本公积	2 000	资本公积	500
盈余公积	2 000	盈余公积	500
未分配利润	5 000	未分配利润	2 000
合计	18 000	合计	4 000

A 公司在合并日应进行的账务处理如下：

借：长期股权投资　　40 000 000

　贷：股本　　15 000 000

　　资本公积——股本溢价　　25 000 000

A 公司在合并日编制合并资产负债表时，对于企业合并前 B 公司实现的留存收益中归属于合并方的部分（2 500 万元）应自资本公积（资本溢价或股本溢价）转入留存收益。本例中，A 公司在确认对 B 公司的长期股权投资以后，其资本公积的账面余额为 6 000 万元，假定其中资本溢价或股本溢价的金额为 4 500 万元。

在合并工作底稿中，应编制以下调整分录：

借：资本公积　　25 000 000

　贷：盈余公积　　5 000 000

　　未分配利润　　20 000 000

例 20-09　A、B 公司分别为 A 公司控制下的两家子公司。2×21 年 3 月，A 公司与 B 公司控股股东 A 公司签订协议，协议约定：A 公司向 A 公司定向发行本公司股票 600 万股普通（每股面值 1 元）以换取 A 公司持有 B 公司 80% 的股权，A 公司该并购事项于 2×21 年 5 月 4 日经监管部门批准，作为对价定向发行的股票于 2×21 年 6 月 30 日发行，当日收盘价每股 18 元。A 公司于 6 月 30 日起主导 B 公司财务和经营政策。合并后 B 公司仍维持其独立法人资格继续经营。合并日 B 公司资产、负债的账面价值为 2 000 万元。假定 A、B 公司采用的会计政策相同。合并日，A 公司合并报表中有关 A 公司及 B 公司的所有者权益构成如表 20-02。

表 20-02　A、B 公司所有者权益构成

单位：万元

A 公司		B 公司	
项目	金额	项目	金额
股本	3 600	股本	600
资本公积	1 000	资本公积	200
盈余公积	800	盈余公积	400
未分配利润	2 000	未分配利润	800
合计	7 400	合计	2 000

（1）A 公司在合并日个别财务报表的会计处理如下：

借：长期股权投资（200 000 000×80%） 16 000 000

　　贷：股本 6 000 000

　　　　资本公积——股本溢价 10 000 000

（2）A 公司在合并日合并财务报表的会计处理如下。

①抵销 A 公司的长期股权投资账面价值与 B 公司所有者权益账面价值：

借：股本 6 000 000

　　资本公积 2 000 000

　　盈余公积 4 000 000

　　未分配利润 8 000 000

　　贷：长期股权投资（20 000 000×80%） 16 000 000

　　　　少数股东权益（20 000 000×20%） 4 000 000

②对于企业合并前 B 公司实现的留存收益中归属于合并方的部分应自资本公积（资本溢价或股本溢价）转入盈余公积和未分配利润：

借：资本公积 9 600 000

　　贷：盈余公积（4 000 000×80%） 3 200 000

　　　　未分配利润（8 000 000×80%） 6 400 000

例 20-10 A、B 公司分别为 A 公司控制下的两家子公司。A 公司以一项账面价值为 280 万元的固定资产（原价 400 万元，累计折旧 120 万元）和一项账面价值为 320 万元的无形资产（原价 500 万元，累计摊销 180 万元）为对价取得 A 公司持有 B 公司 70% 的股权。合并日，A 公司合并财务报表中有关 A 公司和 B 公司所有者权益构成如表 20-03 所示。

表 20-03　A、B 公司所有者权益构成

单位：万元

A 公司		B 公司	
项目	金额	项目	金额
股本	3 600	股本	200
资本公积	100	资本公积	200
盈余公积	800	盈余公积	300
未分配利润	2 000	未分配利润	300
合计	6 500	合计	1 000

（1）A 公司在合并日个别财务报表的会计处理如下：

借：固定资产清理 2 800 000

　　累计折旧 1 200 000

　　贷：固定资产 4 000 000

借：长期股权投资（10 000 000×70%） 7 000 000

　　累计摊销 1 800 000

　　贷：固定资产清理 2 800 000

　　　　无形资产 5 000 000

　　　　资本公积 1 000 000

（2）A 公司在合并日合并财务报表的会计处理如下。

①抵销 A 公司的长期股权投资账面价值与 B 公司所有者权益账面价值：

借：股本　2 000 000
　　资本公积　2 000 000
　　盈余公积　3 000 000
　　未分配利润　3 000 000
　　贷：长期股权投资（10 000 000×70%）　7 000 000
　　　　少数股东权益（10 000 000×30%）　3 000 000

②进行上述处理后，A 公司资本公积账面余额为 200 万元（100 万元＋100 万元），假定全部属于资本溢价或股本溢价，小于 B 公司在合并前实现的留存收益中归属于 A 公司的部分，A 公司编制合并财务报表时，应以账面资本公积（资本溢价或股本溢价）的余额为限，将 B 公司在合并前实现的留存收益中归属于 A 公司的部分相应转入盈余公积和未分配利润。合并工作底稿中的调整分录为：

借：资本公积（2 000 000×70%）　1 400 000
　　贷：盈余公积（2 000 000×3 000 000÷6 000 000×70%）　700 000
　　　　未分配利润（2 000 000×3 000 000÷6 000 000×70%）　700 000

四、非同一控制下企业合并

（一）购买日的处理规则

1. 确认企业合并成本

非同一控制下企业合并，合并成本为购买方在购买日为取得对被购买方的控制权而付出的资产、发生或承担的负债以及发行的权益性证券的公允价值。购买方在购买日对作为企业合并对价付出的资产、发生或承担的负债应当按照公允价值计量，公允价值与其账面价值的差额，计入当期损益。

购买方为企业合并发生的审计、法律服务、评估咨询等中介费用以及其他相关管理费用，应当于发生时计入当期损益。购买方作为合并对价发行的权益性工具或债务性工具的交易费用，应当计入权益性工具或债务性工具的初始确认金额。

在合并合同或协议中对可能影响合并成本的未来事项而作出约定的，购买日如果估计未来事项很可能发生并且对合并成本的影响金额能够可靠计量的，则购买方应当将其计入合并成本。

2. 在购买日确认因企业合并取得的资产、负债

（1）可辨认资产、负债及或有负债的确认条件。购买方在购买日应当对合并成本进行分配，被购买方各项可辨认资产、负债及或有负债，符合下列条件的，应当单独予以确认：

①合并中取得的被购买方除无形资产以外的其他各项资产（不仅限于被购买方原已确认的资产），其所带来的经济利益很可能流入企业且公允价值能够可靠地计量的，应当单独予以确认并按照公允价值计量。

②合并中取得的无形资产，其公允价值能够可靠地计量的，应当单独确认为无形资产并按照公允价值计量。特别注意，对被购买方拥有的但在其财务报表中未确认的无形资产进行充分辨认和合理判断，满足条件的，应确认为无形资产。

例 20-11　2×21 年 1 月 1 日，A 公司与 B 公司签订股权转让协议，取得 B 公司持有的 C 公司 80% 股权。购买日前，A 公司、B 公司不存在关联方关系。购买日，C 公司可辨认净资产账面价值为 1 300 万元，公允价值为 1 400 万元，其差额资料如下：

①购买日，C 公司有一项已经入账的无形资产为 560 万元，公允价值为 650 万元。

②购买日，C 公司有一项非专利技术，个别报表未确认无形资产，但存在其公允价值为 10 万元。

假定所得税税率为25%，在购买日A公司合并财务报表中合并取得的无形资产按660万元（650＋10）计量。A公司购买日调整分录为：

借：无形资产　　1 000 000

　　贷：递延所得税　　250 000

　　　　资本公积　　750 000

③合并中取得的被购买方除或有负债以外的其他各项负债，履行有关的义务很可能导致经济利益流出企业且公允价值能够可靠地计量的，应当单独予以确认并按照公允价值计量。

④合并中取得的被购买方或有负债，其公允价值能够可靠地计量的，应当单独确认为负债并按照公允价值计量。

例20-12　A公司合并B公司，之前两者不存在关联方关系。假定购买日被购买企业B公司存在一项未决诉讼，B公司预计败诉的可能性为40%，如果败诉很可能赔偿金额为200万元，即公允价值能够合理确定。A公司合并财务报表如何处理？假定所得税税率为25%，A公司购买日调整分录。

分析：本案例中，按照会计准则规定，B公司不确认预计负债，但是A公司在合并财务报表中，在购买日需要确认该负债。A公司购买日调整分录为：

借：递延所得税资产　　500 000

　　资本公积　　1 500 000

　　贷：预计负债　　2 000 000

（2）可辨认资产、负债及或有负债的计量方式。购买方应当按照以下规定确定合并中取得的被购买方各项可辨认资产、负债及或有负债的公允价值：

①货币资金，按照购买日被购买方的账面余额确定。

②有活跃市场的股票、债券、基金等金融工具，按照购买日活跃市场中的市场价格确定。

③应收款项，其中的短期应收款项，一般按照应收取的金额作为其公允价值；长期应收款项，应按适当的利率折现后的现值确定其公允价值。在确定应收款项的公允价值时，应考虑发生坏账的可能性及相关收款费用。

④存货，对其中的产成品和商品按其估计售价减去估计的销售费用、相关税费以及购买方出售类似产成品或商品估计可能实现的利润确定；在产品按完工产品的估计售价减去至完工仍将发生的成本、估计的销售费用、相关税费以及基于同类或类似产成品的基础上估计出售可能实现的利润确定；原材料按现行重置成本确定。

⑤不存在活跃市场的金融工具如权益性投资等，应当参照《企业会计准则第22号——金融工具确认和计量》的规定，采用估值技术确定其公允价值。

⑥房屋建筑物、机器设备、无形资产，存在活跃市场的，应以购买日的市场价格为基础确定其公允价值；不存在活跃市场，但同类或类似资产存在活跃市场的，应参照同类或类似资产的市场价格确定其公允价值；同类或类似资产也不存在活跃市场的，应采用估值技术确定其公允价值。

⑦应付账款、应付票据、应付职工薪酬、应付债券、长期应付款，其中的短期负债，一般按照应支付的金额确定其公允价值；长期负债，应按适当的折现率折现后的现值作为其公允价值。

⑧取得的被购买方的或有负债，其公允价值在购买日能够可靠计量的，应确认为预计负债。此项负债应当按照假定第三方愿意代购买方承担，就其所承担义务需要购买方支付的金额作为其公允价值。

⑨递延所得税资产和递延所得税负债，取得的被购买方各项可辨认资产、负债及或有负债的公允价值与其计税基础之间存在差额的，应当按照《企业会计准则第18号——所得税》的规定确认相应的递延所得税资产或递延所得税负债，所确认的递延所得税资产或递延所得税负债的金额不应折现。

例20-13　2×21年1月1日，A公司与B公司签订股权转让协议，取得B公司持有的C公司

80% 股权。购买日前，A 公司、B 公司不存在关联方关系。购买日，C 公司可辨认净资产账面价值为 10 000 万元，公允价值为 11 000 万元，其差额资料如下：

购买日，C 公司有一项已经入账的无形资产为 5 600 万元，公允价值为 6 500 万元，C 公司还有一项非专利技术，个别报表未确认无形资产，但存在其公允价值为 100 万元。

A 公司合并财务报表如何确认取得的无形资产？假定所得税税率为 25%，编制 A 公司购买日的调整分录。

分析：在本案例中，在购买日 A 公司合并财务报表中合并取得的无形资产按 6 600 万元（6 500 + 100）计量。A 公司购买日调整分录为：

借：无形资产	10 000 000	
贷：递延所得税负债		2 500 000
资本公积		7 500 000

（3）可辨认净资产公允价值与合并成本之差。被购买方可辨认净资产公允价值，是指合并中取得的被购买方可辨认资产的公允价值减去负债及或有负债公允价值后的余额，其与合并成本之差应分以下两种情况处理：

①购买方对合并成本大于合并中取得的被购买方可辨认净资产公允价值份额的差额，应当确认为商誉。初始确认后的商誉，应当以其成本扣除累计减值准备后的金额计量。商誉的减值应当按照《企业会计准则第 8 号——资产减值》处理。

②购买方对合并成本小于合并中取得的被购买方可辨认净资产公允价值份额的差额，应当对取得的被购买方各项可辨认资产、负债及或有负债的公允价值以及合并成本的计量进行复核；经复核后合并成本仍小于合并中取得的被购买方可辨认净资产公允价值份额的，其差额应当计入当期损益。

3. 登记备查簿

企业合并形成母子公司关系的，母公司应当设置备查簿，记录企业合并中取得的子公司各项可辨认资产、负债及或有负债等在购买日的公允价值。编制合并财务报表时，应当以购买日确定的各项可辨认资产、负债及或有负债的公允价值为基础对子公司的财务报表进行调整。

需注意，企业合并发生当期的期末，因合并中取得的各项可辨认资产、负债及或有负债的公允价值或企业合并成本只能暂时确定的，购买方应当以所确定的暂时价值为基础对企业合并进行确认和计量。购买日后 12 个月内对确认的暂时价值进行调整的，视为在购买日确认和计量，即进行追溯调整，同时对以暂时性价值为基础提供的比较报表信息，也应进行相关的调整。

自购买日算起 12 个月以后对企业合并成本或合并中取得的可辨认资产、负债价值的调整，应当按照《企业会计准则第 28 号——会计政策、会计估计变更和会计差错更正》的原则进行处理，即对于企业合并成本、合并中取得可辨认资产、负债公允价值等进行的调整，应作为前期差错处理。

例 20-14 A 企业于 2×20 年 9 月 30 日对 B 公司进行吸收合并，合并中取得的一项固定资产不存在活跃市场，为确定其公允价值，A 企业聘请了有关的资产评估机构对其进行评估。至 A 企业 2×20 年财务报告对外报出时，尚未取得评估报告。A 企业在其 2×20 年财务报告中对该项固定资产暂估的价值为 30 万元，预计使用年限为 5 年，净残值为零，按照直线法计提折旧。该项企业合并中 A 企业确认商誉 120 万元。2×21 年 4 月，A 企业取得了资产评估报告，确认该项固定资产的价值为 45 万元。本例中假定 A 企业不编制中期财务报告。A 企业购买日后 12 个月内对有关价值量如何调整？

A 企业应视同在购买日确定的该项固定资产的公允价值为 45 万元，相应调整 2×20 年财务报告中确认的商誉价值（调减 15 万元）及利润表中的折旧费用（调增 0.75 万元＝15÷5×3÷12）。进行有关调整后，A 企业在其 2×21 年会计报表附注中应对有关情况作出说明。

在企业合并中，购买日取得的被购买方在以前期间发生的经营亏损等可抵扣暂时性差异，按照税法规定可以用于抵减以后年度应纳税所得额的，但在购买日不符合递延所得税资产的确认条件的，不应予以确认。购买日后12个月内，如果取得新的或进一步的信息表明相关情况在购买日已经存在，预期被购买方在购买日可抵扣暂时性差异带来的经济利益能够实现的，购买方应当确认相关的递延所得税资产，同时减少由该企业合并产生的商誉，商誉不足冲减的，差额部分确认为当期损益（所得税费用）。

除上述情况以外（比如，购买日后超过12个月、或在购买日不存在相关情况但购买日以后开始出现新的情况导致可抵扣暂时性差异带来的经济利益预期能够实现），如果符合了递延所得税资产的确认条件，确认与企业合并相关的递延所得税资产，应当计入当期损益（所得税费用），不得调整商誉金额。

例 20-15 某非同一控制下的企业合并，因会计准则规定与适用税法规定的处理方法不同在购买日产生可抵扣暂时性差异200万元。假定购买日及未来期间企业适用的所得税税率为25%。购买日因预计未来期间无法取得足够的应纳税所得额，未确认与可抵扣暂时性差异相关的递延所得税资产50万元（200×25%）。购买日确认的商誉金额为2 000万元。该项合并1年以后，因情况发生变化，企业预计能够产生足够的应纳税所得额用来抵扣原合并时产生的200万元可抵扣暂时性差异的影响，企业应进行以下账务处理：

借：递延所得税资产　　500 000

　　贷：所得税费用　　500 000

如上述企业预计能够产生足够的应纳税所得额用来抵扣原合并时产生的300万元可抵扣暂时性差异的影响的情况发生于购买日之后的1年之内，则企业应对合并时进行的会计处理进行追溯调整：

借：递延所得税资产　　500 000

　　贷：商誉　　500 000

（二）合并日的会计处理

1. 个别财务报表

详见第三章长期股权投资。

2. 合并财务报表

企业合并形成母子公司关系的，母公司应当编制购买日的合并资产负债表，因企业合并取得的被购买方各项可辨认资产、负债及或有负债应当以公允价值列示。企业合并成本大于合并中取得的被购买方可辨认净资产公允价值份额的差额，确认为合并资产负债表中的商誉；企业合并成本小于合并中取得的被购买方可辨认净资产公允价值份额的差额，在购买日合并资产负债表中调整盈余公积和未分配利润。

非同一控制下的企业合并，本质上属于一次或多次完成的交易。被购买方在合并前实现的净利润已经包含在企业合并成本中，母公司在购买日可以编制合并资产负债表，不编制合并利润表和合并现金流量表。购买日的合并资产负债表反映购买方自购买日起能够控制的经济资源，其中与被购买方有关的资产、负债应当按照合并中确定的公允价值列示，合并成本大于合并中取得的各项可辨认资产、负债公价值份额的差额，确认为合并资产负债表中的商誉。企业合并成本小于合并中取得的各项可辨认资产、负债公允价值份额的差额，在合并资产负值表中调整盈余公积和未分配利润。

例 20-16 A公司有关企业合并的资料如下：

（1）2×21年4月，A公司与B公司控股股东C公司签订协议，协议约定：A公司向C公司定向发行本公司股票以换取C公司持有B公司60%的股权，其数量为A公司董事会公告的前20个交易日公司股票交易均价来确定需发行的股份数，A公司董事会决议公告日（2×21年4月）前20交易日公司股票交易均价9.5元/股，此次交易中A公司向C公司非公开发行股份6 000万股。双方确定的评估基准日为2×21年4月30日。

B公司经评估确定2×21年4月30日的可辨认净资产公允价值（不含递延所得税资产和负债）

为 80 000 万元。A 公司该并购事项于 2×21 年 5 月 10 日经监管部门批准，作为对价定向发行的股票于 2×21 年 6 月 30 日发行，当日收盘价每股 10 元。A 公司于 6 月 30 日起主导 B 公司财务和经营政策。以 2×21 年 4 月 30 日的评估值为基础，B 公司可辨认净资产于 2×21 年 6 月 30 日的账面价值为 97 600 万元（其中股本为 10 000 万元、资本公积为 70 000 万元、其他综合收益为 7 000 万元、盈余公积为 3 000 万元、未分配利润为 7 600 万元），公允价值为 100 000 万元（不含递延所得税资产和负债），其差额 4 000 万元为表 20-04 事项造成。

表 20-04　可辨认资产账面价值与公允价值对比表

单位：万元

项目	账面价值	公允价值	评估差额
应收账款	8 800	8 000	− 800
存货	19 000	19 500	500
固定资产	10 000	12 000	2 000
无形资产	0	1 500	1 500
或有负债	0	800	800
合计	—	—	2 400

上述或有负债为 B 公司因未决诉讼案件而形成的，B 公司预计该诉讼不是很可能导致经济利益流出企业，但是如果败诉确定赔偿金额为 700 万元，故 B 公司未确认预计负债。购买日，B 公司资产和负债的公允价值与其计税基础之间形成的暂时性差异均符合确认递延所得税资产或递延所得税负债的条件，两家公司适用的所得税税率均为 25%。B 公司中的资产和负债的账面价值与计税基础相同。

A 公司向 C 公司发行股票后，C 公司持有 A 公司发行在外的普通股的 9%，不具有重大影响。A 公司在此项交易前与 C 公司无关联方关系。A 公司为核实 B 公司的资产负债，支付评估费用 60 万元；A 公司为发行股票支付佣金手续费 800 万元。A 公司购买日的个别财务报表及合并财务报表的会计处理如下。

在本案例中，该项合并为非同一控制下企业合并。理由是 A 公司与 C 公司在此项交易前不存在关联方关系。

（1）A 公司购买日个别报表的会计分录如下。

①确认长期股权投资：

借：长期股权投资（60 000 000×10）　　600 000 000

　　贷：股本　　60 000 000

　　　　资本公积（60 000 000×9－8 000 000）　　532 000 000

　　　　银行存款　　8 000 000

②支付评估费用：

借：管理费用　　600 000

　　贷：银行存款　　600 000

（2）A 公司在合并财务报表的会计分录如下。

①购买日在合并报表应确认的商誉：

A公司合并中取得B公司可辨认净资产的公允价值＝100 000－2400×25%＝99 400（万元）

或　　＝97 600＋2 400×75%＝99 400（万元）

合并商誉＝60 000－99 400×60%＝360（万元）

②编制A公司在购买日合并资产负债表中的调整、抵销分录：

借：存货　5 000 000

　固定资产　20 000 000

　无形资产　15 000 000

　递延所得税资产（8 000 000×25%）　2 000 000

　贷：应收账款　8 000 000

　　预计负债　8 000 000

　　递延所得税负债（32 000 000×25%）　8 000 000

　　资本公积（24 000 000×75%）　18 000 000

借：股本　100 000 000

　资本公积（700 000 0000＋18 000 0000）　718 000 000

　其他综合收益　70 000 000

　盈余公积　30 000 000

　未分配利润　76 000 000

　商誉　3 600 000

　贷：长期股权投资　600 000 000

　　少数股东权益（994 000 000×40%）　397 600 000

五、案例分析

例20-17　A公司是一家从事新能源产业开发的上市公司。2×21年1月1日，A公司以定向增发普通股股票的方式，从非关联方处购买取得了B公司70%的股权，并于同日通过产权交易所完成了该项股权转让程序，开完成了工商变更登记。A公司定向增发普通股股票5 000万股，每股面值为1元，每股市场价格为2.95元。A公司与B公司属于非同一控制下的企业。

B公司2×21年1月1日（购买日）资产负债表有关项目信息列示如下：应收账款账面价值为1 960万元，经评估的公允价值为1 560万元；存货的账面价值为10 000万元，经评估的公允价值为11 000万元；固定资产账面价值为9 000万元，经评估的公允价值为12 000万元。固定资产评估增值为公司办公楼增值。该办公楼采用年限平均法计提折旧，该办公楼的剩余折旧年限为15年。股东权益总额为16 000万元。其中：股本为10 000万元，资本公积为400万元，盈余公积为600万元，未分配利润为1 400万元。

A公司取得B公司可辨认资产、负债和所有者权益在购买日的公允价值备查簿如表22-05所示；2×21年1月1日，A公司资产负债表、B公司资产负债表及资产负债公允价值如表22-06所示

假定A公司、B公司均是中国境内公司，A公司计划长期持有对B公司的股权；不考虑上述合并事项中所发生的审计、评估、股票发行以及法律服务等相关费用；B公司的会计政策和会计期间与A公司一致；购买日，B公司资产和负债的公允价值与其计税基础之间形成的暂时性差异均符合确认递延所得税资产或递延所得税负债的条件；不考虑A公司、B公司除企业合并和编制合并财务报表之外的其他税费；两家公司适用的所得税税率均为25%。除非有特别说明，本案例中的资产和负债的账面价值与计税基础相同。

分析：A公司购买B公司股权形成了非同一控制下的企业合并，按照企业合并准则的规定，非同一控制下的企业合并，母公司应当编制购买日的合并资产负债表（见表20-08）。因企业合并取得的被购买方各项可辨认资产、负债应当以公允价值列示，所以母公司应当设置备查簿（见表20-07），

记录企业合并中取得的子公司各项可辨认资产、负债在购买日的公允价值。

合并日调整项目：

1. 对母公司个别资产负债表的调整

调整母公司长期股权投资的入账价值。A 公司将购买取得 B 公司 70% 的股权作为长期股权投资入账的会计处理如下：

借：长期股权投资——N 公司（2.95×50 000 000）　　147 500 000

　　贷：股本　　50 000 000

　　　　资本公积　　97 500 000

2. 对子公司个别资产负债表的调整

编制购买日的合并资产负债表时，根据 A 公司购买 B 公司设置的股权备查簿中登记的信息，将 N 公司资产和负债的评估增值或减值分别调增或调减相关资产和负债项目的金额。

根据税法规定，在购买日，子公司 B 公司的资产和负债的计税基础还是其原来的账面价值。购买日，子公司资产和负债的公允价值与其计税基础之间的差异，形成暂时性差异。在符合有关原则和确认条件的情况下，编制购买日合并财务报表时，需要对该暂时性差异确认相应的递延所得税资产或递延所得税负债。

本例中，B公司应收账款的公允价值低于其计税基础的金额为400万元（1 960－1 560）形成可抵扣暂时性差异，应当对其确认递延所得税资产100万元（400×25%）；存货的公允价值高于其计税基础的金额为1 000万元（11 000－10 000），形成应纳税暂时性差异，应当对其确认递延所得税负债250万元（1 000×25%）；固定资产中的办公楼的公允价值高于其计税基础的金额为3 000万元（4 000－1 000），形成应纳税暂时性差异，应当对其确认递延所得税负债750万元（3 000×25%）。在合并工作底稿中的调整分录如下：

借：存货　　10 000 000

　　固定资产　　30 000 000

　　递延所得税资产　　1 000 000

　　贷：应收账款　　4 000 000

　　　　递延所得税负债（2 500 000 ＋ 7 500 000）　　10 000 000

　　　　资本公积　　27 000 000

3. 母公司长期股权投资与子公司所有者权益的抵销处理

经过对B公司资产和负债的公允价值调整后，可得B公司所有者权益总额＝16 000＋2 700＝18 700万元，A公司对B公司所有者权益中拥有的份额为13 090万元（18 700×70%），A公司对B公司长期股权投资的金额为1 4750万元，因此合并商誉为1 660万元（14 750－13 090）。A公司购买B公司股权所形成的商誉，在A公司个别财务报表中表示对B公司长期股权投资的一部分，在编制合并财务报表时，将长期股权投资与在子公司所有者权益中所拥有的份额相抵销，其抵销差额在合并资产负债表中则表现为商誉。

A 公司长期股权投资与其在 B 公司所有者权益中拥有份额的抵销分录如下：

借：股本　　100 000 000

　　资本公积　　67 000 000

　　盈余公积　　6 000 000

　　未分配利润　　14 000 000

　　商誉　　16 600 000

　　贷：长期股权投资　　147 500 000

　　　　少数股东权益　　56 100 000

表 20-05 A 公司购买股权备查簿

购买日：2×21 年 1 月 1 日　　　　单位：万元

购买价：14 750 万元　　　　累计持股：70%

资产	购买日账面价值	购买日公允价值	公允价值－账面价值
流动资产	17 500	18 100	600
其中：应收账款	1 960	1 560	－400
存货	10 000	11 000	1 000
非流动资产	11 500	14 500	3 000
其中：固定资产	1 000	4 000	3 000
资产总计	29 000	32 600	3 600
流动负债	10 500	10 500	—
非流动负债	2 500	2 500	—
负债合计	13 000	13 000	—
股本	10 000	10 000	—
资本公积	4 000	7 600	3 600
盈余公积	600	600	—
未分配利润	1 400	1 400	—
股东权益合计	16 000	19 600	3 600
负债和股东权益总计	29 000	32 600	3 600

表 20-06 资产负债表

2×21 年 1 月 1 日

编制单位：A 公司 /B 公司　　　　单位：万元

资产	A 公司	B 公司	负债和所有者权益（或股东权益）	A 公司	B 公司
流动资产：			流动负债：		
货币资金	4 500	2 100	短期借款	6 000	2 500
交易性金融资产	2 000	900	交易性金融负债	1 900	0
应收票据	2 350	1 500	应付票据	5 000	1 500
应收账款	2 900	1 960	应付账款	9 000	2 100
预付账款	1 000	440	预收账款	1 500	650
应收利息	0	0	应付职工薪酬	3 000	800
应收股利	2 100	0	应交税费	1 000	600
其他应收款	0	0	应交利息	0	0
存货	15 500	10 000	应付股利	2 000	2 000

（续表）

资产	A 公司	B 公司	负债和所有者权益（或股东权益）	A 公司	B 公司
其他流动资产	650	600	其他应付款	0	0
流动资产合计	31 000	17 500	其他流动负债	600	350
非流动资产：			流动负债合计	30 000	10 500
债权投资	5 500	0	非流动负债：		
其他债权投资	3 000	700	长期借款	2 000	1 500
长期应收款	0	0	应付债券	10 000	1 000
长期股权投资	16 000	0	长期应付款	1 000	0
固定资产	10 500	9 000	递延所得税负债	0	0
在建工程	10 000	1 000	其他非流动负债	0	0
无形资产	2 000	800	非流动负债合计	13 000	2 500
商誉	0	0	负债合计	43 000	13 000
长期待摊费用	0	0	所有者权益（或股东权益）：		
递延所得税资产	0	0	实收资本（或股本）	20 000	10 000
其他非流动资产	0	0	资本公积	5 000	4 000
非流动资产合计	47 000	11 500	减：库存股	0	0
			其他综合收益	0	0
			盈余公积	5 500	600
			未分配利润	4 500	1 400
			所有者权益（股东权益）合计	35 000	16 000
资产总计	78 000	29 000	负债及权益（股东权益）合计	78 000	29 000

表 20-07 合并财务报表工作底稿

编制单位：A 公司　　2×21 年 1 月 1 日　　单位：万元

资产	A 公司	B 公司	合计	调整 / 抵消分录		合并金额
				借方	贷方	
流动资产：						
货币资金	4 500	2 100	6 600			6 600
交易性金融资产	2 000	900	2 900			2 900
应收票据	2 350	1 500	3 850			3 850
应收账款	2 900	1 960	4 860		400	4 460
预付账款	1 000	440	1 440			1 440

（续表）

资产	A 公司	B 公司	合计	调整 / 抵消分录		合并金额
				借方	贷方	
应收利息	0	0	0			0
应收股利	2 100	0	2 100			2 100
其他应收款	0	0	0			0
存货	15 500	10 000	25 500	1 000		26 500
其他流动资产	650	600	1 250			1 250
流动资产合计	31 000	17 500	48 500	1 000	400	49 100
非流动资产：						
债权投资	5 500	0	5 500			5 500
其他债权投资	3 000	700	3 700			3 700
长期应收款	0	0	0			0
长期股权投资	16 000	0	16 000	14 750	14 750	16 000
固定资产	10 500	9 000	19 500	3 000		22 500
在建工程	10 000	1 000	11 000			11 000
无形资产	2 000	800	2 800			2 800
商誉	0	0	0	16 60		1 6 60
长期待摊费用	0	0	0			0
递延所得税资产	0	0	0	100		100
其他非流动资产	0	0	0			0
非流动资产合计	47 000	11 500	58 500	19 510	14 750	63 260
资产总计	78 000	29 000	107 000	20 510	15 150	112 360
流动负债：						
短期借款	6 000	2 500	8 500			8 500
交易性金融负债	1 900	0	1 900			1 900
应付票据	5 000	1 500	6 500			6 500
应付账款	9 000	2 100	11 100			11 100
预收账款	1 500	650	2 150			2 150
应付职工薪酬	3 000	800	3 800			3 800
应交税费	1 000	600	1 600			1 600
应交利息	0	0	0			0
应付股利	2 000	2 000	4 000			4 000

（续表）

资产	A 公司	B 公司	合计	调整 / 抵消分录		合并金额
				借方	贷方	
其他应付款	0	0	0			0
其他流动负债	600	350	950			950
流动负债合计	30 000	10 500	40 500	0	0	40 500
非流动负债：						0
长期借款	2 000	1 500	3 500			3 500
应付债券	10 000	1 000	11 000			11 000
长期应付款	1 000	0	1 000			1 000
递延所得税负债	0	0	0		1 000	1 000
其他非流动负债	0	0	0			0
非流动负债合计	13 000	2 500	15 500	0	1 000	16 500
负债合计	43 000	13 000	56 000	0	1 000	57 000
所有者权益（或股东权益）：						0
实收资本（或股本）	20 000	10 000	30 000	10 000	5 000	25 000
资本公积	5 000	4 000	9 000	6 700	12 450	14 750
减：库存股	0	0	0			0
其他综合收益	0	0	0			0
盈余公积	5 500	600	6 100	600		5 500
未分配利润	4 500	1 400	5 900	1 400		4 500
归属于母公司所有者权益	35 000	16 000	51 000	18 700		32 300
少数股东权益					5 610	5 610
所有者权益（股东权益）合计	35 000	16 000	51 000	18 700	5 610	37 910
负债及权益（股东权益）合计	78 000	29 000	107 000	18 700	6 610	94 910

表 20-08　合并资产负债表

编制单位：A 公司　　　　　　　　　　　　　　　　　　　　单位：万元

资产	购买日余额	负债和所有者权益（或股东权益）	购买日余额
流动资产：		流动负债：	
货币资金	6 600	短期借款	8 500
交易性金融资产	2 900	交易性金融负债	1 900
应收票据	3 850	应付票据	6 500

（续表）

资产	购买日余额	负债和所有者权益（或股东权益）	购买日余额
应收账款	4 460	应付账款	11 100
预付账款	1 440	预收账款	2 150
应收利息	0	应付职工薪酬	3 800
应收股利	2 100	应交税费	1 600
其他应收款	0	应交利息	0
存货	26 500	应付股利	4 000
其他流动资产	1 250	其他应付款	0
流动资产合计	49 100	其他流动负债	950
非流动资产：		流动负债合计	40 500
债权投资	5 500	非流动负债：	
其他债权投资	3 700	长期借款	3 500
长期应收款	0	应付债券	11 000
长期股权投资	16 000	长期应付款	1 000
固定资产	22 500	递延所得税负债	1 000
在建工程	11 000	其他非流动负债	0
无形资产	2 800	非流动负债合计	16 500
商誉	1 660	负债合计	57 000
长期待摊费用	0	所有者权益（或股东权益）：	
递延所得税资产	100	实收资本（或股本）	25 000
其他非流动资产	0	资本公积	14 750
非流动资产合计	63 260	减：库存股	0
		其他综合收益	0
		盈余公积	5 500
		未分配利润	4 500
		归属于母公司所有者权益	49 750
		少数股东权益	5 610
		所有者权益（股东权益）合计	55 360
资产总计	112 360	负债及权益（股东权益）合计	112 360

六、特殊企业合并

（一）分步实现企业合并

1. 同一控制下企业合并

对于分步实现的同一控制下企业合并，根据企业合并准则，同一控制下企业合并在编制合并财务报表时，应视同参与合并的各方在最终控制方开始控制时即以目前的状态存在进行调整，在编制比较报表时，以不早于合并方和被合并方同处于最终控制方的控制之下的时点为限，将被合并方的有关资产、负债并入合并方合并财务报表的比较报表中，并将合并而增加的净资产在比较报表中调整所有者权益项下的相关项目。

为避免对被合并方净资产的价值进行重复计算，合并方在取得被合并方控制权之前持有的股权投资，在取得原股权之日与合并方和被合并方同处于同一方最终控制之日孰晚日起至合并日之间已确认有关损益、其他综合收益以及其他净资产变动，应分别冲减比较报表期间的期初留存收益或当期损益。

例 20-18 B 公司为 A 公司的全资子公司。2×19 年 1 月 1 日，B 公司与非关联方 C 公司分别出资 300 万元及 700 万元设立 D 公司，并分别持有 D 公司 30% 及 70% 的股权。

2×20 年 1 月 1 日，A 公司向 C 公司收购其持有 D 公司 70% 的股权，D 公司成为 A 公司的全资子公司，当日 D 公司净资产的账面价值与其公允价值相等。

2×21 年 1 月 1 日，B 公司向 A 公司购买其持有 D 公司 70% 的股权，D 公司成为 B 公司的全资子公司。

B 公司与 C 公司不存在关联关系，B 公司购买 D 公司 70% 股权的交易和原取得 D 公司 30% 股权的交易不属于“一揽子”交易，B 公司在可预见的未来打算一直持有 D 公司股权。

2×19 年 1 月 1 日至 2×20 年 1 月 1 日，D 公司实现净利润 300 万元，2×20 年 1 月 1 日至 2×21 年 1 月 1 日，实现的净利润为 500 万元（不考虑所得税等影响）。

分析：本案例中，2×21 年 1 月 1 日，B 公司从 A 公司手中购买 D 公司 80% 股权的交易属于同一控制下企业合并。B 公司虽然 2×19 年 1 月 1 日开始持有 C 公司 30% 的股权，但 2×20 年 1 月 1 日开始与 D 公司同受 A 公司最终控制，B 公司合并财务报表应自取得原股权之日（即 2×19 年 1 月 1 日）和双方同处于同一方最终控制之日（2×20 年 1 月 1 日）孰晚日（即 2×20 年 1 月 1 日）起开始将 D 公司纳入合并范围，即：视同自 2×20 年 1 月 1 日起 B 公司即持有 D 公司 100% 股权并重述合并财务报表的比较数据。2×19 年 1 月 1 日至 2×20 年 1 月 1 日的合并财务报表不应重溯。

在B公司合并财务报表中，重溯2×20年1月1日的报表项目，由于D公司净资产的账面价值为1 300万元（1 000+300）。此前，2×19年1月1日持有对D公司的长期股权投资的账面价值为390万元（300+300×30%）。

因此，B公司在编制合并财务报表时，将D公司2×19年（比较期间）初各项资产、负债并入后，因合并而增加的净资产1 300万元应调整资本公积1 000万元（1 300−300）。

借：资产、负债	13 000 000	
贷：长期股权投资		3 900 000
资本公积		9 100 000

B 公司对于合并日（即 2×21 年 1 月 1 日）的各报表项目，除按照一般规定编制合并分录外，还应冲减 2×20 年 1 月 1 日至 2×21 年 1 月 1 日对 D 公司 30% 的投资的权益法核算结果，即冲减期初留存收益 150 万元（500×30%）。

借：期初留存收益	1 500 000	
贷：长期股权投资		1 500 000

如果合并日不在年初，对于 D 公司当年实现的净利润中按照权益法核算归属于 B 公司的份额，还应冲减当期投资收益。

2. 非同一控制下企业合并

对于分步实现的非同一控制下企业合并，视同处置原有的股权再按照公允价值购入一项新的股权，即以购买日的时点为限，将被合并方的有关资产、负债并入合并方合并财务报表。

企业因追加投资等原因能够对非同一控制下的被投资方实施控制的会计处理在个别财务报表和

合并财务报表有所不同。其中，个别财务报表的会计处理，详见本书第三章《长期股权投资》的相关内容。

《企业会计准则第 33 号——合并财务报表》规定，企业因追加投资等原因能够对非同一控制下的被投资方实施控制的，在合并财务报表中，对于购买日之前持有的被购买方的股权，应当按照该股权在购买日的公允价值进行重新计量，公允价值与其账面价值的差额计入当期投资收益；购买日之前持有的被购买方的股权涉及权益法核算下的其他综合收益等的，与其相关的其他综合收益等应当转为购买日所属当期收益。购买方应当在附注中披露其在购买日之前持有的被购买方的股权在购买日的公允价值、按照公允价值重新计量产生的相关利得或损失的金额。

企业通过多次交易分步实现非同一控制下企业合并的，在合并财务报表上，应先根据《企业会计准则第 33 号——合并财务报表》第五十一条规定，并结合分步交易的各个步骤的协议条款，以及各个步骤中所分别取得的股权比例、取得对象、取得方式、取得时点及取得对价等信息来判断分步交易是否属于"一揽子"交易。

各项交易的条款、条件以及经济影响符合以下一种或多种情况的，通常应将多次交易事项作为"一揽子"交易进行会计处理：①这些交易是同时或者在考虑了彼此影响的情况下订立的；②这些交易整体才能达成一项完整的商业结果；③一项交易的发生取决于至少一项其他交易的发生；④一项交易单独看是不经济的，但是和其他交易一并考虑时是经济的。

（1）属于"一揽子"交易。如果分步取得对子公司股权投资直至取得控制权的各项交易属于"一揽子"交易，应当将各项交易作为一项取得子公司控制权的交易，并区分企业合并的类型分别进行会计处理。

（2）不属于"一揽子"交易。如果不属于"一揽子"交易，对于分步实现的非同一控制下企业合并，购买日之前持有的被购买方的股权，应当按照该股权在购买日的公允价值进行重新计量，公允价值与其账面价值的差额计入当期投资收益；购买日之前持有的被购买方的股权涉及权益法核算下的其他综合收益、其他所有者权益变动的，应当转为购买日所属当期收益，由于被投资方重新计量设定受益计划净负债或净资产变动而产生的其他综合收益除外。

例 20-19 2×20 年 1 月 1 日，A 公司以每股 5 元的价格购入 B 上市公司股票 100 万股，并由此持有 B 公司 2% 股权。投资前 A 公司与 B 公司不存在关联方关系。A 公司将对 B 公司的该项投资作为其他权益工具投资。2×21 年 1 月 1 日，A 公司以现金 1.70 亿元为对价，向 B 公司大股东收购 B 公司 55% 的股权，从而取得对 B 公司的控制权；B 公司当日股价为每股 7 元，B 公司可辨认净资产的公允价值为 2 亿元。A 公司购买 B 公司 2% 股权和后续购买 55% 的股权不构成"一揽子"交易（不考虑所得税等影响）。

分析：A公司在编制合并财务报表时，首先，应考虑对原持有股权进行公允价值的重新计量。由于A公司将原持有B公司2%的股权作为其他权益工具投资进行核算，因此，购买日（即2×21年1月1日）该项其他权益工具投资的公允价值与其账面价值相等，即700万元，不存在差额；同时，将原计入其他综合收益的200万元［100×（7－5）］转入合并当期投资收益。其次，按照企业合并准则有关非同一控制下企业合并的相关规定，A公司购买B公司股权并取得控制权的合并对价为1.77亿元（原持有股权在购买日的公允价值700万元＋合并日应支付的对价1.70亿元）。由于A公司享有B公司于购买日的可辨认净资产公允价值的份额为1.14亿元（2×57%），因此，购买日形成的商誉为0.63亿元（1.77－1.14）。

例 20-20 2×18 年 1 月 1 日，A 公司以现金 4 000 万元取得 B 公司 25% 股权并具有重大影响，按权益法进行核算。当日，B 公司可辨认净资产公允价值为 1.3 亿元。2×21 年 1 月 1 日，A 公司另支付现金 9 000 万元取得 B 公司 40% 股权，并取得对 B 公司的控制权。购买日，A 公司原持有的对 B

公司20%股权的公允价值为4 500万元，账面价值为4 300万元（其中，与B公司权益法核算相关的累计净损益为200万元、累计其他综合收益为100万元）；B公司可辨认净资产公允价值为2亿元（不考虑所得税等影响）。

分析：A公司在编制合并财务报表时，首先，应考虑对原持有股权进行公允价值的重新计量。购买日（即2×21年1月1日），该项股权投资的公允价值（4 500万元）与其账面价值（4 300万元）的差额为200万元计入合并当期投资收益，同时，将原计入其他综合收益的100万元转入合并当期投资收益。其次，按照企业合并准则有关非同一控制下企业合并的相关规定，A公司购买B公司股权并取得控制权的合并对价1.35亿元（原持有股权于购买日的公允价值4500万元＋合并日应支付的对价9 000万元）。由于A公司享有B公司于购买日的可辨认净资产公允价值的份额为1.20亿元（2×60%），因此，购买日形成的商誉为0.15亿元（1.35－1.20）。

（二）业务合并

除了一个企业对另外一个企业的合并外，涉及业务的合并比照企业合并准则规定处理，即应当区分同一控制下的业务合并与非同一控制下的业务合并进行处理。

业务是指企业内部某些生产经营活动或资产的组合，该组合一般具有投入、加工处理过程和产出能力，能够独立计算其成本费用或所产生的收入，但不构成独立法人资格的部分，例如，企业的分公司、独立的生产车间、不具有立法人资格的分部等。

一个企业对另一企业某分公司、分部或具有独立生产能力的生产车间的并购均属于业务合并。

七、企业合并的披露

（一）同一控制下企业合并的披露

企业合并准则规定，企业合并发生当期的期末，合并方应当在附注中披露与同一控制下企业合并有关的下列信息：

（1）参与合并企业的基本情况。

（2）属于同一控制下企业合并的判断依据。

（3）合并日的确定依据。

（4）以支付现金、转让非现金资产以及承担债务作为合并对价的，所支付对价在合并日的账面价值；以发行权益性证券作为合并对价的，合并中发行权益性证券的数量及定价原则，以及参与合并各方交换有表决权股份的比例。

（5）被合并方的资产、负债在上一会计期间资产负债表日及合并日的账面价值；被合并方自合并当期期初至合并日的收入、净利润、现金流量等情况。

（6）合并合同或协议约定将承担被合并方或有负债的情况。

（7）被合并方采用的会计政策与合并方不一致所作调整情况的说明。

（8）合并后已处置或准备处置被合并方资产、负债的账面价值、处置价格等。

（二）非同一控制下企业合并的披露

企业合并准则规定，企业合并发生当期的期末，购买方应当在附注披露与非同一控制下企业合并有关的下列信息：

（1）参与合并企业的基本情况。

（2）购买日的确定依据。

（3）合并成本的构成及其账面价值、公允价值及公允价值的确定方法。

（4）被购买方各项可辨认资产、负债在上一会计期间资产负债表日及购买日的账面价值和公允价值。

（5）合并合同或协议约定将承担被购买方或有负债的情况。

（6）被购买方自购买日起至报告期期末的收入、净利润和现金流量等情况。

（7）商誉的金额及其确定方法。

（8）因合并成本小于合并中取得的被购买方可辨认净资产公允价值的份额计入当期损益的金额。

（9）合并后已处置或准备处置的被购买方的资产、负债的账面价值、处置价格等。

八、新旧衔接

首次执行企业会计准则，遵照《企业会计准则第 38 号——首次执行企业会计准则》的相关规定，详见本书第三十八章。

企业会计准则培训指定用书

企业会计准则

条文讲解与实务运用

企业会计准则编审委员会　编著

（下 册）

立信会计出版社
LIXIN ACCOUNTING PUBLISHING HOUSE

目　录
CONTENTS

下　册

第二十一章
租　　赁

一、租赁准则适用范围

《企业会计准则第 21 号——租赁（修订）》（以下简称租赁准则）规范了租赁的确认、计量和相关信息的列报，明确了租赁的定义和识别标准，并按承租人和出租人分别对租赁业务的会计处理进行了规定。该准则适用于所有租赁，但下列各项除外：一是承租人通过许可使用协议取得的电影、录像、剧本、文稿等版权、专利等项目的权利，以及以出让、划拨或转让方式取得的土地使用权，适用无形资产准则；二是出租人授予的知识产权许可，适用收入准则；三是勘探或使用矿产、石油、天然气及类似不可再生资源的租赁，适用其他相关准则；四是承租人承租生物资产，适用其他相关准则；五是采用建设经营移交等方式参与公共基础设施建设、运营的特许经营权合同，适用其他相关准则和规定。

二、租赁概述

（一）租赁的定义

在合同开始日，企业应当评估合同是否为租赁或者包含租赁。租赁，是指在一定期间内，出租人将资产的使用权让与承租人以获取对价的合同。在合同开始日，企业应当评估合同是否为租赁或者包含租赁。如果合同一方让渡了在一定期间内控制一项或多项已识别资产使用的权利以换取对价，则该合同为租赁或者包含租赁。一项合同要被分类为租赁，必须要满足三要素：（1）存在一定期间；（2）存在已识别资产；（3）资产供应方向客户转移对已识别资产使用权的控制。

在合同中，“一定期间”也可以表述为已识别资产的使用量，例如，某项设备的产出量。如果客户有权在部分合同期内控制已识别资产的使用，则合同包含一项在该部分合同期间的租赁。

企业应当就合同进行评估，判断其是否为租赁或包含租赁。租赁准则规定，同时符合下列条件的，使用已识别资产的权利的构成一项单独租赁：（1）承租人可从单独使用该资产或将其与易于获得的其他资源一起使用中获利；（2）该资产与合同中的其他资产不存在高度依赖或高度关联关系。

另外，接受商品或服务的合同可能由合营安排或合营安排的代表签订（合营安排的定义参见《企业会计准则第 40 号——合营安排》）。在这种情况下，企业评估合同是否包含一项租赁时，应将整个合营安排视为该合同中的客户，评估该合营安排是否在使用期间有权控制已识别资产的使用。

除非合同条款或条件发生变化，企业无需重新评估合同是否为租赁或者是否包含租赁。

（二）租赁合同判定的具体规则

1. 已识别资产

根据租赁准则规定，已识别资产需从三个方面进行判定：合同指定、物理区分和实质性替换权，三个条件缺一不可，如图 21-01 所示。

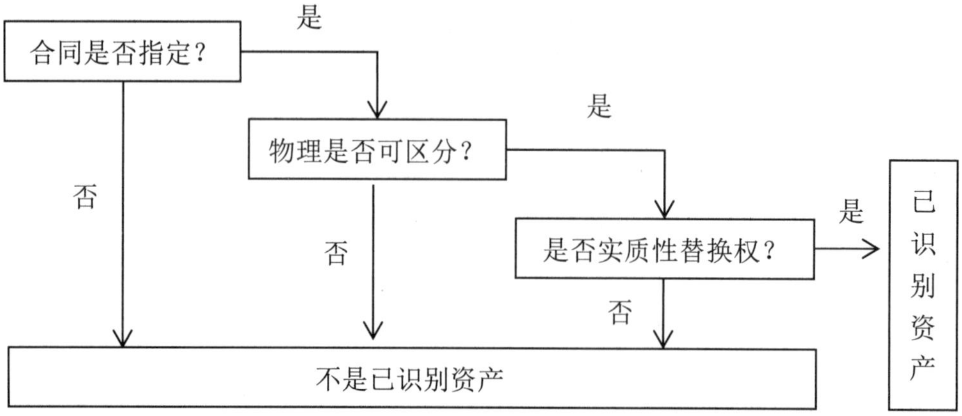

图 21-01　已识别资产的判断逻辑图

（1）合同的指定。按照租赁准则第六条规定，已识别资产通常由合同明确指定，也可以在资产可供客户使用时隐性指定。

例 21-01　A 公司（客户）与 B 公司（供应方）签订了使用 B 公司一节火车车厢的 3 年期合同。该车厢专为用于运输 A 公司生产过程中使用的特殊材料而设计，未经重大改造不适合其他客户使用。

合同中没有明确指定轨道车辆（例如，通过序列号），但是 B 公司仅拥有一节适合客户 A 使用的火车车厢。如果车厢不能正常工作，合同要求 B 公司修理或更换车厢。

分析：具体哪节火车车厢虽未在合同中明确指定，但是被隐含指定，因为乙公司仅拥有一节适合客户 A 公司使用的火车车厢，必须使用其来履行合同，B 公司无法自由替换该车厢。因此，火车车厢是一项已识别资产。

（2）物理可区分。如果资产的部分产能在物理上可区分（例如，建筑物的一层），则该部分产能属于已识别资产。如果资产的某部分产能与其他部分在物理上不可区分（例如，光缆的部分容量），则该部分不属于已识别资产，除非其实质上代表该资产的全部产能，从而使客户获得因使用该资产所产生的几乎全部经济利益的权利。

例 21-02　情形 1：X 公司（客户）与 Y 公司（公用设施公司）签订了一份为期 10 年的合同，以取得连接 A、B 城市光缆中三条指定的物理上可区分的光纤使用权。若光纤损坏，Y 公司应负责修理和维护。Y 公司拥有额外的光纤，但仅可因修理、维护或故障等原因替换指定给 X 公司使用的光纤。

情形 2：X 公司与 Y 公司签订了一份为期 10 年的合同，以取得连接 A、B 城市光缆中约定带宽的光纤使用权。X 公司约定的带宽相当于使用光缆中三条光纤的全部传输容量（Y 公司光缆包含 15 条传输容量相近的光纤）。

分析：在情形 1 下，合同明确指定了三条光纤，并且这些光纤与光缆中的其他光纤在物理上可区分、Y 公司不可因修理、维护或故障以外的原因替换光纤，因此情形 1 中存在三条已识别光纤。

情形 2 下，X 公司仅使用光缆的部分传输容量，提供给 X 公司使用的光纤与其余光纤在物理上不可区分，且不代表光缆的几乎全部传输容量，因此情形 2 中不存在已识别资产。

（3）实质性替换权。按照租赁准则第六条规定，即使合同已对资产进行指定，如果资产供应方在整个使用期间拥有对该资产的实质性替换权，则该资产不属于已识别资产。其原因在于，如果资产供应方在整个使用期间均能自由替换合同资产，那么实际上，合同只规定了满足客户需求的一类资产，而不是被唯一识别出的一项或几项资产。也就是说，在这种情况下，合同资产并未和资产供应方的同类其他资产明确区分开来，并未被识别出来。同时符合下列条件时，表明资产供应方拥有资产的实质性替换权：

①资产供应方拥有在整个使用期间替换资产的实际能力。例如，客户无法阻止供应方替换资产，且用于替换的资产对于资产供应方而言易于获得或者可以在合理期间内取得。

②资产供应方通过行使替换资产的权利将获得经济利益，即替换资产的预期经济利益将超过替换资产所需成本。

需要注意的是，如果合同仅赋予资产供应方在特定日期或者特定事件发生日或之后拥有替换资产的权利或义务，考虑到资产供应方没有在整个使用期间替换资产的实际能力，资产供应方的替换权不具有实质性。

企业在评估资产供应方的替换权是否为实质性权利时，应基于合同开始日的事实和情况，而不应考虑在合同开始日企业认为不可能发生的未来事件，例如，①未来某个客户为使用该资产同意支付高于市价的价格；②引入了在合同开始日尚未实质开发的新技术；③客户对资产的实际使用或资产实际性能与在合同开始日认为可能的使用或性能存在重大差异；④使用期间资产市价与合同开始日认为可能的市价存在重大差异。

与资产位于资产供应方所在地相比，如果资产位于客户所在地或其他位置，替换资产所需要的成本更有可能超过其所能获取的利益。资产供应方在资产运行结果不佳或者进行技术升级的情况下，因修理和维护而替换资产的权利或义务不属于实质性替换权。

企业难以确定资产供应方是否拥有实质性替换权的，应视为资产供应方没有对该资产的实质性替换权。

例 21-03　A 公司（客户）与 B 公司（供应方）签订合同，合同要求 B 公司在 3 年内按照约定的时间表使用指定型号的火车车厢为 A 公司运输约定数量的货物。合同中约定的时间表和货物数量相当于 A 公司在 3 年内有权使用 10 节指定型号火车车厢。合同规定了所运输货物的性质。B 公司有大量类似的车厢可以满足合同要求。车厢不用于运输货物时存放在 B 公司处。

分析：（1）B 公司在整个使用期间有替换每节车厢的实际能力。用于替换的车厢是 B 公司易于获得的，且无需 A 公司批准即可替换。（2）B 公司可通过替换车厢获得经济利益。车厢存放在 B 公司处，B 公司拥有大量类似的车厢，替换每节车厢的成本极小，B 公司可以通过替换车厢获益，例如，使用已位于任务所在地的车厢执行任务，或利用某客户未使用而闲置的车厢。因此，B 公司拥有车厢的实质性替换权，合同中用于运输甲公司货物的车厢不属于已识别资产。

例 21-04　A 公司是一家便利店运营企业，与某机场运营商 B 公司签订了使用机场内某处商业区域销售商品的 3 年期合同。合同规定了商业区域的面积，商业区域可以位于机场内的任一登机区域，B 公司有权在整个使用期间随时调整分配给 A 公司的商业区域位置。A 公司使用易于移动的自有售货亭销售商品。机场有很多符合合同规定的区域可供 A 公司使用。

分析：（1）B 公司在整个使用期间有变更 A 公司使用的商业区域的实际能力。机场内有许多区域符合合同规定的商业区域，B 公司有权随时将 A 公司使用的商业区域的位置变更至其他区域而无需 A 公司批准。（2）B 公司通过替换商业区域将获得经济利益。因为售货亭易于移动，所以 B 公司变更 A 公司所使用商业区域的成本极小。B 公司能够根据情况变化最有效地利用机场登机区域，因此 B 公司能够通过替换机场内的商业区域获益。A 公司控制的是自有的售货亭，而合同约定的是机场内的商业区域，B 公司可随意变更该商业区域，因此 B 公司有替换 A 公司所使用商业区域的实质性权利。因此，尽管合同具体规定了 A 公司使用的商业区域的面积，但合同中不存在已识别资产。

例 21-05　A 公司（客户）与 B 公司（供应方）签订了使用一架指定飞机的 5 年期合同，合同详细规定了飞机的内、外部规格。合同规定，B 公司在 5 年合同期内可以随时替换飞机，在飞机出现故障时则必须替换飞机；无论哪种情况下，所替换的飞机必须符合合同中规定的内、外部规格。在 B 公司的机队中配备符合 A 公司要求规格的飞机所需成本高昂。

分析：本例中，合同明确指定了飞机，尽管合同允许 B 公司替换飞机，但配备另一架符合合同要求规格的飞机会发生高昂的成本，B 公司不会因替换飞机而获益，因此 B 公司的替换权不具有实质性。本例中存在已识别资产。

2. 客户是否控制已识别资产使用权的判断

租赁准则第五条规定，为确定合同是否让渡了在一定期间内控制已识别资产使用的权利，企业应当评估合同中的客户是否有权获得在使用期间因使用已识别资产所产生的几乎全部经济利益，并有权在该使用期间主导已识别资产的使用。

（1）客户是否有权获得因使用资产所产生的几乎全部经济利益。在评估客户是否有权获得因使用已识别资产所产生的几乎全部经济利益时，企业应当在约定的客户权利范围内考虑其所产生的经济利益。

例如：①如果合同规定汽车在使用期间仅限在某一特定区域使用，则企业应当仅考虑在该区域内使用汽车所产生的经济利益，而不包括在该区域外使用汽车所产生的经济利益；②如果合同规定客户在使用期间仅能在特定里程范围内驾驶汽车，则企业应当仅考虑在允许的里程范围内使用汽车所产生的经济利益，而不包括超出该里程范围使用汽车所产生的经济利益。

为了控制已识别资产的使用，客户应当有权获得整个使用期间使用该资产所产生的几乎全部经济利益，例如，在整个使用期间独家使用该资产。客户可以通过多种方式直接或间接获得使用资产所产生的经济利益，例如，通过使用、持有或转租资产。使用资产所产生的经济利益包括资产的主要产出和副产品（包括来源于这些项目的潜在现金流量）以及通过与第三方之间的商业交易实现的其他经济利益。

如果合同规定客户应向资产供应方或另一方支付因使用资产所产生的部分现金流量作为对价，该现金流量仍应视为客户因使用资产而获得的经济利益的一部分。例如，如果客户因使用零售区域需向供应方支付零售收入的一定比例作为对价，该条款本身并不妨碍客户拥有获得使用零售区域所产生的几乎全部经济利益的权利。因为零售收入所产生的现金流量是客户使用零售区域而获得的经济利益，而客户支付给零售区域供应方的部分现金流量是使用零售区域的权利的对价。

（2）客户是否有权主导资产的使用。按照租赁准则第八条的规定，存在下列情形之一的，可视为客户有权主导对已识别资产在整个使用期间的使用：

①客户有权在整个使用期间主导已识别资产的使用目的和使用方式；

②已识别资产的使用目的和使用方式在使用期间前已预先确定，并且客户有权在整个使用期间自行或主导他人按照其确定的方式运营该资产，或者客户设计了已识别资产（或资产的特定方面）并在设计时已预先确定了该资产在整个使用期间的使用目的和使用方式。

关于上述第一种情形，如果客户有权在整个使用期间在合同界定的使用权范围内改变资产的使用目的和使用方式，则视为客户有权在该使用期间主导资产的使用目的和使用方式。在判断客户是否有权在整个使用期间主导已识别资产的使用目的和使用方式时，企业应当考虑在该使用期间与改变资产的使用目的和使用方式最为相关的决策权。相关决策权是指对使用资产所产生的经济利益产生影响的决策权。最为相关的决策权可能因资产性质、合同条款和条件的不同而不同。此类例子包括：①变更资产产出类型的权利。例如，决定将集装箱用于运输商品还是储存商品，或者决定在零售区域销售的产品组合。②变更资产的产出时间的权利。例如，决定机器或发电厂的运行时间。③变更资产的产出地点的权利。例如，决定卡车或船舶的目的地，或者决定设备的使用地点。④变更资产是否产出以及产出数量的权利。例如，决定是否使用发电厂发电以及发电量的多少。

某些决策权并未授予客户改变资产的使用目的和使用方式的权利，例如，在资产的使用目的和使用方式未预先确定的情况下，客户仅拥有运行或维护资产的权利。这些决策权对于资产的高效使用通常是必要的，但它们往往取决于有关于资产使用目的和使用方式来决定，而并非主导资产的用目的和使用方式的权利。

关于上述第二种情形，与资产使用目的和使用方式相关的决策可以通过很多方式预先确定，例如，通过设计资产或在合同中对资产的使用作出限制来预先确定相关决策。

例 21-06 A 公司（客户）与 B 公司（供应方）就使用一辆卡车在一周时间将货物从 X 地运至 Y 地签订了合同。根据合同，B 公司只提供卡车、发运及到货的时间和站点，A 公司负责派人驾车自 X 地到 Y 地。合同中明确指定了卡车，并规定在合同期内该卡车只允许用于运输合同中指定的货物，B 公司没有替换权。合同规定了卡车可行驶的最大里程。A 公司可在合同规定的范围内选择具体的行驶速度、路线、停车休息地点等。A 公司在指定路程完成后无权继续使用这辆卡车。

分析：本例中，合同明确指定了一辆卡车，且B公司无权替换，因此合同存在已识别资产。合同预先确定了卡车的使用目的和使用方式，即在规定时间内将指定货物从X地运至Y地。A公司有权在整个使用期间操作卡车（例如决定行驶速度、路线、停车休息地点），因此A公司主导了卡车的使用，A公司通过控制卡车的操作在整个使用期间全权决定卡车的使用。

例21-07 A公司（客户）与B公司（供应方）签订了购买某一新太阳能电厂20年生产的全部电力的合同。合同明确指定了太阳能电厂，且B公司没有替换权。太阳能电厂的产权归B公司所有，B公司不能通过其他电厂向A公司供电。太阳能电厂在建造之前由A公司设计，A公司聘请了太阳能专家协助其确定太阳能电厂的选址和设备工程。B公司负责按照A公司的设计建造太阳能电厂，并负责电厂的运行和维护。关于是否发电、发电时间和发电量无需再进行决策，该项资产在设计时已经预先确定了这些决策。

分析：本例中，合同明确指定了太阳能电厂，且B公司无权替换，因此合同存在已识别资产。由于太阳能电厂使用目的、使用方式等相关决策在太阳能电厂设计时已预先确定，因此，尽管太阳能电厂的运营由B公司负责，但是该电厂由A公司设计这一事实赋予了A公司主导电厂使用的权利，A公司在整个20年使用期有权主导太阳能电厂的使用。

在评估客户是否有权主导资产的使用时，除非资产（或资产的特定方面）由客户设计，企业应当仅考虑在使用期间对资产使用作出决策的权利。例如，如果客户仅能在使用期间之前指定资产的产出而没有与资产使用相关的任何其他决策权，则该客户享有的权利与任何购买该项商品或服务的其他客户享有的权利并无不同。

例21-08 沿用例21-07，但电厂由B公司在合同签订前自行设计。

分析：本例中，合同明确指定了电厂，且B公司无权替换，因此合同存在已识别资产。电厂的使用目的和使用方式，即是否发电、发电时间和发电量，在合同中已预先确定。A公司在使用期间无权改变电厂的使用目的和使用方式，没有关于电厂使用的其他决策权（例如，A公司不运营电厂），也未参与电厂的设计，因此A公司在使用期间无权主导电厂的使用。

例21-09 A公司（客户）与B公司（供应方）签订合同，使用指定的B公司船只将货物从甲地运至乙地。合同明确规定了船只、运输的货物以及装卸日期。B公司没有替换船只的权利。运输的货物将占据该船只几乎全部的运力。B公司负责船只的操作和维护，并负责船上货物的安全运输。合同期间，A公司不得雇佣其他人员操作船只或自行操作船只。

分析：本例中，合同明确指定了船只，且B公司无权替换，因此合同存在已识别资产。合同预先确定了船只的使用目的和使用方式，即在规定的装卸日期将指定货物从甲地运至乙地。A公司在使用期间无权改变船只的使用目的和使用方式，也没有关于船只使用的其他决策权（例如，A公司无权操作船只），也未参与该船只的设计，因此A公司在使用期间无权主导船只的使用。

例21-10 A公司（客户）与电信公司B公司（供应方）签订了两年期的网络服务合同，合同要求B公司提供约定传输速度和质量的网络服务。为提供这项服务，B公司在A公司处安装并配置了服务器；在保证约定的A公司在网络上使用服务器传输数据的速度和质量的前提下，B公司有权决定使用服务器传输数据的方式（包括服务器接入的网络）、是否重新配置服务器以及是否将服务器用于其他用途。A公司并不操作服务器或对其使用作出任何重大决定。

分析：B公司是使用期间唯一可就服务器的使用作出相关决策的一方。尽管A公司可以在使用期开始前决定网络的服务水平（网络服务的传输速度和质量），但其不能直接影响网络服务的配置，也不能决定服务器的使用方式和使用目的，因此A公司在使用期间不能主导服务器的使用。

合同可能包含一些旨在保护资产供应方在已识别资产或其他资产中的权益、保护资产供应方的工作人员或者确保资产供应方不因客户使用租赁资产而违反法律法规的条款和条件。例如，合同可能规定资产使用的最大工作量，限制客户使用资产的地点或时间，要求客户遵守特定的操作惯例，或者要求客户在变更资产使用方式时通知资产供应方。这些权利虽然对客户使用资产权利的范围作出了限定、但是其本身不足以否定客户拥有主导资产使用的权利。

例 21-11 A 公司（客户）与 B 公司（供应方）签订了使用指定船只的 5 年期合同。合同明确规定了船只，且 B 公司没有替换权。A 公司在整个 5 年使用期决定运输的货物、船只是否航行以及航行的时间和目的港，但需遵守合同规定的限制条件。这些限制条件是为了防止 A 公司将船只驶入遭遇海盗风险较高的水域或装载危险品。B 公司负责船只的操作与维护，并负责船上货物的安全运输。合同期间，A 公司不得雇佣其他人员操作船只或自行操作船只。

分析：本例中，合同明确指定了船只，且 B 公司无权替换，因此存在已识别资产。合同中关于船只可航行水域和可运输货物的限制，限定了 A 公司使用船只的权利的范围，但目的仅是保护 B 公司船只和人员安全。因为 A 公司在使用权范围内可以决定船只是否航行、航行的时间和地点以及所运输的货物，所以 A 公司在整个 5 年使用期可以决定船只的使用目的和使用方式，并有权改变这些决定。尽管船只的操作和维护对于船只的有效使用必不可少，但 B 公司在这些方面的决策并未赋予其主导船只使用目的和使用方式的权利。相反，B 公司的决策取决于 A 公司关于船只使用目的和使用方式的决定。因此，A 公司在整个 5 年使用期有权主导该船只的使用。

3. 评估流程

综上，合同开始日，企业评估合同是否为租赁或是否包括租赁可参考图 21-02。

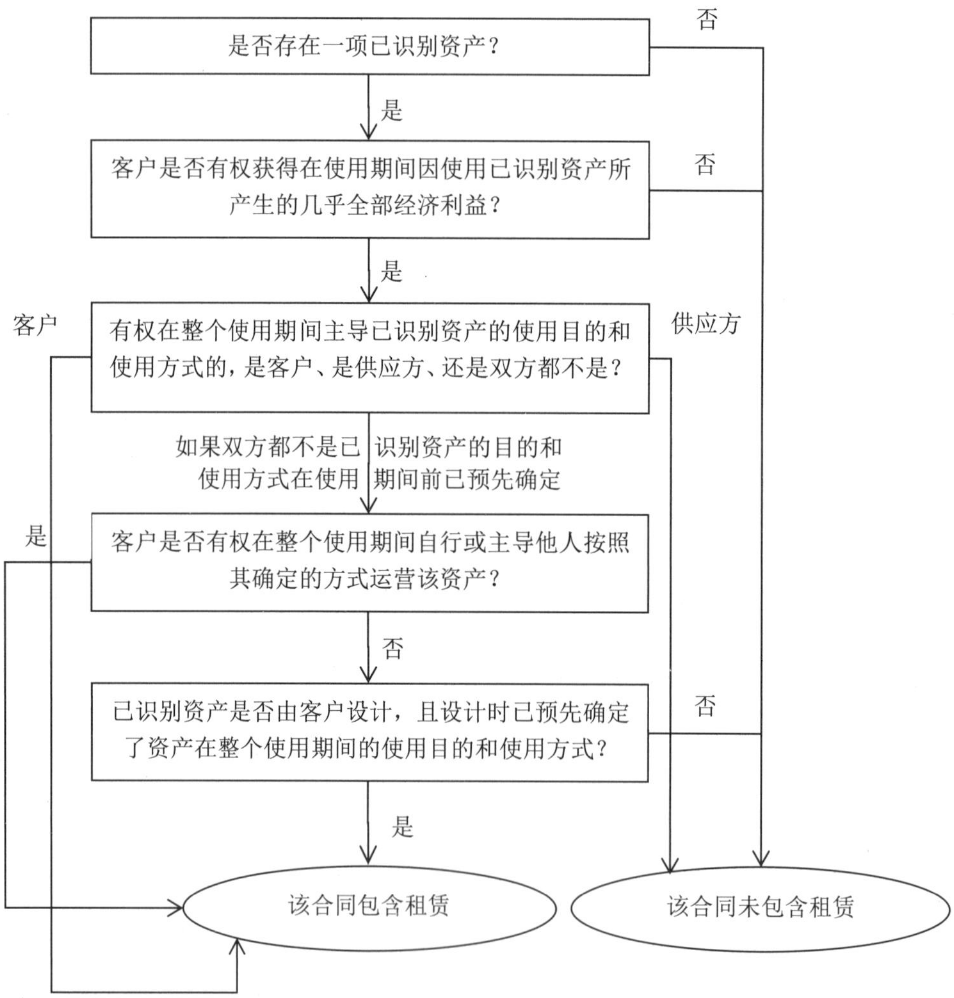

图 21-02　评估合同是否为租赁或是否包括租赁

例 21-12 A 公司（客户）与 B 公司（货运商）签订了一份使用 10 个指定型号集装箱的 5 年期合同。合同指定了具体的集装箱，集装箱归 B 公司所有。A 公司有权决定何时何地使用这些集装箱以及用其运输什么货物。不用时，集装箱存放在A公司处。A公司可将集装箱用于其他目的（如用于存储）。但合同明确规定A公司不能运输特定类型的货物（如爆炸物）。若某个集装箱需要保养或维修，B公司应以同类型的集装箱替换。除非A公司违约，B公司在这合同期内不得收回集装箱。除集装箱外，合同还约定B公司应按照A公司的要求提供运输集装箱的卡车和司机。卡车存放在B公司处，B公司向司机发出指示详细说明A公司的货物运输要求。B公司可使用任一卡车满足A公司的需求，卡车既可以用于运输A公司的货物，也可以运输其他客户的货物，即：如果其他客户要求运输货物的目的地与A公司要求的目的地距离不远且时间接近，B公司可以用同一卡车运送A公司使用的集装箱及其他客户的货物。

分析：本例中，合同明确指定了10个集装箱，B公司一旦交付集装箱给A公司，仅在集装箱需要保养或维修时方可替换，因此，这10个集装箱是已识别资产。合同既未明确也未隐性指定卡车，因此运输集装箱的卡车不属于已识别资产。A公司在整个5年使用期内控制这10个集装箱的使用，原因如下：（1）A公司有权获得在五年使用期使用集装箱所产生的几乎全部经济利益。本例中A公司在整个使用期间（包括不使用集装箱运输货物的期间）拥有这些集装箱的独家使用权。（2）合同中关于集装箱可运输货物的限制并未赋予B公司主导集装箱使用目的和使用方式的权利。在合同约定的使用权范围内，A公司可以主导集装箱的使用目的和使用方式，决定何时何地使用集装箱以及使用集装箱运输什么货物。当集装箱不用于运输货物时，A公司还可决定是否使用以及如何使用集装箱（如用于存储）。A公司在5年使用期内有权改变这些决定，因此A公司有权主导集装箱的使用。尽管B公司控制了运输集装箱的卡车和司机，但B公司在这方面的决策并未赋予其主导集装箱使用目的和使用方式的权利。因此，B公司在使用期间不能主导集装箱的使用。

基于上述分析可以得出结论，该合同包含集装箱的租赁，A公司拥有10个集装箱约5年使用权。关于卡车的合同条款并不构成一项租赁，而是一项服务。

例21-13 A公司（客户）与B公司（某商场物业所有者）签订了一份使用商铺X的5年期合同。商铺X是某商场的一部分，该商场包含许多商铺。合同授予了A公司商铺X的使用权。B公司可以要求A公司搬至另一商铺，在这种情况下，B公司应向A公司提供与商铺X面积和位置类似的商铺，并支付搬迁费用。仅当有新的重要租户决定租用较大零售区域，并支付至少足够涵盖A公司及零售区域内其他租户搬迁费用的租赁费时，B公司才能因A公司搬迁而获得经济利益。尽管这种情形不完全排除发生的可能性，但根据合同开始日情况来看，企业认为属于不可能发生的情况。合同要求A公司在商场的营业时间内使用商铺X经营其知名店铺品牌以销售商品。A公司在使用期间就商铺X的使用作出决定。例如，A公司决定该商铺所销售的商品组合、商品价格和存货量。合同要求A公司向B公司支付固定付款额，并按商铺X销售额的一定比例支付可变付款额。作为合同的一部分，B公司提供清洁、安保及广告服务。

分析：本例中商铺X在合同中明确指定B公司有替换商铺的实际能力，但仅在特定情况下才能获益，根据合同开始日的情形分析不太可能出现这种情况，因此，B公司的替换权不具有实质性，商铺X属于已识别资产。A公司在整个5年使用期控制商铺X的使用，原因如下：（1）A公司有权获得在5年使用期使用商铺X所产生的几乎全部经济利益。本例中，A公司在整个使用期间拥有商铺X的独家使用权。尽管商铺X销售所产生的部分现金流量将从A公司流向B公司，但这仅代表A公司为使用商铺X而支付给B公司的对价，并不妨碍A公司拥有获得使用商铺X所产生的几乎全部经济利益的权利。（2）合同关于商铺X销售的商品以及营业时间的限制限定了A公司使用商铺X的权利的范围。在同界定的使用权范围内，A公司可以决定商铺X的使用目的和使用方式，例如，A公司能够决定在商铺X销售的商品组合以及商品售价。A公司在5年使用期有权改变这些决定。因此A公司有权主导商铺X的使用。尽管清洁、安保和广告服务对于商铺X的有效使用必不可少，但B公司在这些方面的决定并未赋予其主导商铺 X 使用目的和使用方式的权利。

基于上述分析可以得出结论，该合同包含商铺 X 的租赁，A 公司拥有商铺 X 5 年的使用权。

例 21-14 A 公司（客户）与 B 公司（制造商）签订了 3 年期合同，购买一定数量特定材质、版型和尺码的西装。B 公司仅有一家符合 A 公司需求的工厂，且 B 公司无法用另一家工厂生产的西装供货或从第三方公司购买西装供货。B 公司工厂的产能超过与 A 公司签订的合同中的数量（即 A 公司未就工厂的几乎全部产能签订合同）。B 公司全权决定该工厂的运营，包括工厂的产出水平以及将不用于满足该合同的产出用以履行哪些客户合同。

分析：本例中，B 公司仅可通过使用一家工厂履行合同，工厂是隐性指定的，因此是已识别资产。但是，A 公司无权获得使用该工厂所产生的几乎全部经济利益，因为 B 公司在使用期间可以使用该工厂履行其他客户合同。另外，A 公司在 3 年使用期内也无权主导工厂的使用目的和使用方式，因为 B 公司有权决定工厂的产出水平以及将生产的产品用于履行哪些客户合同，所以 B 公司有权主导工厂的使用。A 公司的权利仅限于合同中规定的工厂的特定产出。A 公司对工厂的使用享有与从工厂购买西装的其他客户同样的权利。

单凭 A 公司无权获得使用工厂所产生的几乎全部经济利益这一事实，或单凭 A 公司无权主导工厂的使用这一事实，均足以判断 A 公司在使用期间不能控制工厂的使用权。

例 21-15 A 公司（客户）与 B 公司（信息技术公司）签订了使用一台指定服务器的 3 年期合同。B 公司根据 A 公司的指示在 A 公司处交付和安装服务器，并在整个使用期间根据需要提供服务器的维修和保养服务。B 公司仅在服务器发生故障时替换服务器。A 公司决定在服务器中存储哪些数据以及如何将服务器与其运营整合，并在整个使用期间有权改变这些决定。

分析：本例中，合同明确指定了服务器，B 公司仅在服务器发生故障时方可替换，合同存在已识别资产。A 公司在整个 3 年使用期控制服务器的使用，原因如下：（1）A 公司有权获得在 3 年使用期使用服务器所产生的几乎全部经济利益。因此，A 公司在整个使用期间拥有服务器的独家使用权；（2）A 公司有权决定使用该服务器支持其运营的哪些方面以及存储哪些数据，A 公司可就服务器的使用目的和使用方式作出相关决定，且 A 公司是使用期间唯一可对服务器的使用作出决定的一方，因此 A 公司有权主导服务器的使用。

基于上述分析可以得出结论，该合同包含服务器的租赁，A 公司拥有服务器 3 年的使用权。

（三）租赁的分拆与合并

1. 租赁的分拆

租赁准则规定，合同中同时包含多项单独租赁的，承租人和出租人应当将合同予以分拆，并分别各项单独租赁进行会计处理，见图 21-03。合同中同时包含租赁和非租赁部分的，承租人和出租人应当将租赁和非租赁部分进行分拆，除了企业适用租赁准则第十二条的规定进行会计处理的情况。分拆时，各租赁部分应当分别按照租赁准则进行会计处理，非租赁部分应当按照其他适用的企业会计准则进行会计处理。同时符合下列条件的，使用已识别资产的权利构成合同中的一项单独租赁：

条件一：承租人可从单独使用该资产或将其与易于获得的其他资源一起使用中获利。易于获得的资源是指出租人或其他供应方单独销售或出租的商品或服务，或者承租人已从出租人或其他交易中获得的资源。

条件二：该资产与合同中的其他资产不存在高度依赖或高度关联关系。例如，若承租人租入资产的决定不会对承租人使用合同中的其他资产的权利产生重大影响，则表明该项资产与合同中的其他资产不存在高度依赖或高度关联关系。

出租人可能要求承租人承担某些款项，却并未向承租人转移商品或服务。例如，出租人可能将管理费或与租赁相关的其他成本计入应付金额，而并未向承租人转移商品或服务。此类应付金额不构成合同中单独的组成部分，而应视为总对价的一部分分摊至单独识别的合同组成部分。

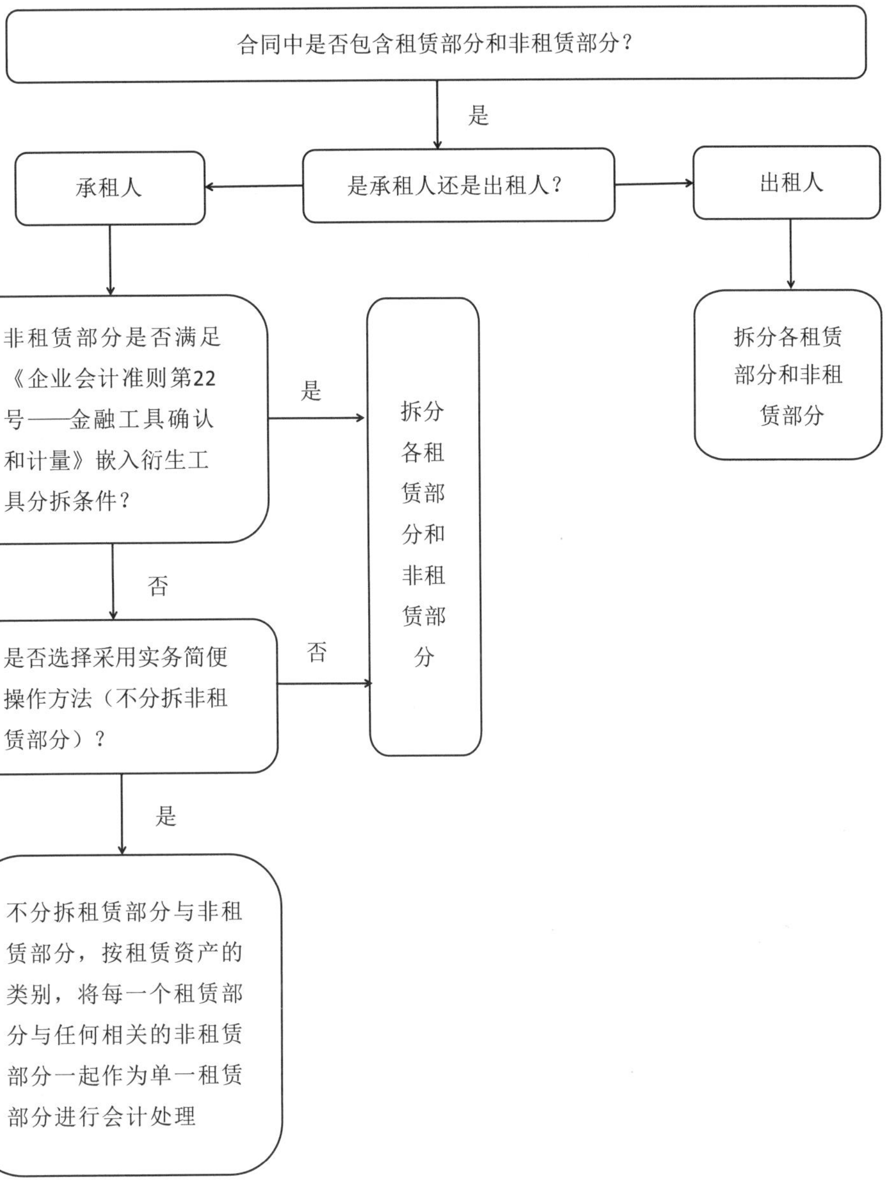

图 21-03　租赁的分拆

（1）承租人的处理。在分拆合同包含的租赁和非租赁部分时，承租人应当按照各项租赁部分单独价格及非租赁部分的单独价格之和的相对比例分摊合同对价。租赁和非租赁部分的相对单独价格，应当根据出租人或类似资产供应方就该部分或类似部分向企业单独收取的价格确定。如果可观察的单独价格不易于获得，承租人应当最大限度地利用可观察的信息估计单独价格。

租赁准则第十二条规定，为简化处理，承租人可以按照租赁资产的类别选择是否分拆合同包含的租赁和非租赁部分。承租人选择不分拆的，应当将各租赁部分及与其相关的非租赁部分分别合并为租赁，按照租赁准则进行会计处理。但是，对于按照《企业会计准则第 22 号——金融工具确认和计量》（2017）应分拆的嵌入衍生工具，承租人不应将其与租赁部分合并进行会计处理。

例 21-16　A 公司从 B 公司租赁一台推土机、一辆卡车和一台长臂挖掘机用于采矿业务，租赁期为 4 年。B 公司同意在整个租赁期内维护各项设备。合同固定对价为 3 000 000 元，按年分期支付，每年支付 750 000 元。合同对价包含了各项设备的维护费用。

分析：A 公司未采用简化处理，而是将非租赁部分（维护服务）与租入的各项设备分别进行会计处理。A 公司认为租入的推土机、卡车和长臂挖掘机分别属于单独租赁，原因如下：（1）A 公司可从单独使用这三项设备中的每一项，或将其与易于获得的其他资源一起使用中获利（例如，A 公司易于租入或购买其他卡车或挖掘机用于其采矿业务）；（2）尽管 A 公司租入这三项设备只有一个目的（即从事采矿业务），但这些设备不存在高度依赖或高度关联关系。因此，A 公司得出结论，合同中存在三个租赁部分和对应的三个非租赁部分（维护服务）。A 公司将合同对价分摊至三个租赁部分和非租赁部分。

市场上有多家供应方提供类似推土机和卡车的维护服务，因此这两项租入设备的维护服务存在可观察的单独价格。假设其他供应方的支付条款与 A、B 公司签订的合同条款相似，A 公司能够确定推土机和卡车维护服务的可观察单独价格分别为 160 000 元和 80 000 元。长臂挖掘机是高度专业化机械，其他供应方不出租类似挖掘机或为其提供维护服务。B 公司对从本公司购买相似长臂挖掘机的客户提供 4 年的维护服务，可观察对价为固定金额 280 000 元，分 4 年支付。因此，A 公司估计长臂挖掘机维护服务的单独价格为 280 000 元。

A 公司观察到 B 公司在市场上单独出租租赁期为 4 年的推土机、卡车和长臂挖掘机的价格分别为 900 000 元、580 000 元和 1200 000 元。A 公司将合同固定对价 3 000 000 元分摊至租赁和非租赁部分的情况，如表 21-01 所示。

表 21-01　租赁信息调查表

金额单位：元

项目		推土机	卡车	长臂挖掘机	合计
可观察的单独价格	租赁	900 000	580 000	1 200 000	2 680 000
	非租赁				520 000①
	合计				3 200 000
固定对价总额					3 000 000
分摊率②					93.75%

注：①160 000 +80 000 +280 000=520 000；

②按照租赁准则规定，承租人按照推土机、卡车、长臂挖掘机这三个租赁部分单独价格 900 000 元、580 000 元，1 200 000 元和非租赁部分的单独价格之和 520 000 元的相对比例，来分摊合同对价。分拆后，推土机、卡车和长臂挖掘机的租赁付款额（折现前）分别为 843 750 元，543 750 元和 1 125 000 元。

（2）出租人的处理。出租人应当分拆租赁部分和非租赁部分，根据《企业会计准则第 14 号——收入》（2017）第二十条至第二十五条关于交易价格分摊的规定分摊合同对价。

2. 租赁的合并

企业与同一交易方或其关联方在同一时间或相近时间订立的两份或多份包含租赁的合同，在满足下列条件之一时，应当合并为一份合同进行会计处理：

条件一：该两份或多份合同基于总体商业目的而订立并构成“一揽子”交易，若不作为整体考虑则无法理解其总体商业目的。

条件二：该两份或多份合同中的某份合同的对价金额取决于其他合同的定价或履行情况。

条件三：该两份或多份合同让渡的资产使用权合起来构成一项单独租赁。

两份或多份合同合并为一份合同进行会计处理的，仍然需要区分该一份合同中的租赁部分和非租赁部分。

（四）租赁期

租赁准则规定，租赁期是指承租人有权使用租赁资产且不可撤销的期间；承租人有续租选择权、即有权选择续租该资产，且合理确定将行使该选择权的，租赁期还应当包含续租选择权涵盖的期间；承租人有终止租赁选择权、即有权选择终止租赁该资产，但合理确定将不会行使该选择权的、租赁期应当包含终止租赁选择权涵盖的期间。

1. 租赁期开始日

租赁期自租赁期开始日起计算。租赁期开始日，是指出租人提供租赁资产使其可供承租人使用的起始日期。如果承租人在租赁协议约定的起租日或租金起付日之前，已获得对租赁资产使用权的控制，则表明租赁期已经开始。租赁协议中对起租日或租金支付时间的约定，并不影响租赁期开始日的判断。

例 21-17　在某商铺的租赁安排中，出租人于2×21年1月1日将房屋钥匙交付承租人，承租人在收到钥匙后，就可以自主安排对商铺的装修布置，并安排搬迁。合同约定有3个月的免租期，起租日为2×21年4月1日，承租人自起租日开始支付租金。

分析：此交易中，由于承租人自2×21年1月1日起就已拥有对商铺使用权的控制，因此租赁期开始日为2×21年1月1日，即租赁期包含出租人给予承租人的免租期。

2. 不可撤销期间

在确定租赁期和评估不可撤销租赁期间时，企业应根据租赁条款约定确定可强制执行合同的期间。如果承租人和出租人双方均有权在未经另一方许可的情况下终止租赁，且罚款金额不重大，则该租赁不再可强制执行。如果只有承租人有权终止租赁，则在确定租赁期时，企业应将该项权利视为承租人可行使的终止租赁选择权予以考虑。如果只有出租人有权终止租赁，则不可撤销的租赁期包括终止租赁选择权所涵盖的期间。

例 21-18　承租人与出租人签订了一份租赁合同，约定自租赁期开始日1年内不可撤销，如果撤销，双方将支付重大罚金，1年期满后，经双方同意可再延长1年，如有一方不同意，将不再续期，且没有罚款。假设承租人对于租赁资产并不具有重大依赖。

分析：在此情况下，自租赁期开始日起的第1年有强制的权利和义务，是不可撤销期间。而此后1年的延长期并非不可撤销期间，因为承租人或出租人均可单方面选择不续约而无需支付任何罚款。

3. 续租选择权和终止租赁选择权

在租赁期开始日，企业应当评估承租人是否合理确定将行使续租或购买标的资产的选择权，或者将不行使终止租赁选择权。在评估时，企业应当考虑对承租人行使续租选择权或不行使终止租赁选择权带来经济利益的所有相关事实和情况，包括自租赁期开始日至选择权行使日之间的事实和情况的预期变化。需考虑的因素包括但不限于以下方面：

（1）与市价相比，选择权期间的合同条款和条件。例如，选择权期间内为使用租赁资产而需支付的租金；可变租赁付款额或其他或有款项，如因终止租赁罚款和余值担保导致的应付款项；初始选择权期间后可行使的其他选择权的条款和条件，如续租期结束时可按低于市价的价格行使购买选择权。

（2）在合同期内，承租人进行或预期进行重大租赁资产改良的，在可行使续租选择权、终止租赁选择权或者购买租赁资产选择权时，预期能为承租人带来的重大经济利益。

（3）与终止租赁相关的成本。例如，谈判成本、搬迁成本、寻找与选择适合承租人需求的替代资产所发生的成本、将新资产融入运营所发生的整合成本、终止租赁的罚款、将租赁资产恢复至租赁条款约定状态的成本、将租赁资产归还至租赁条款约定地点的成本等。

（4）租赁资产对承租人运营的重要程度。例如，租赁资产是否为一项专门资产，租赁资产位于何地以及是否可获得合适的替换资产等。

（5）与行使选择权相关的条件及满足相关条件的可能性。例如，租赁条款约定仅在满足一项或多项条件时方可行使选择权，此时还应考虑相关条件及满足相关条件的可能性。

租赁的不可撤销期间的长短会影响对承租人是否合理确定将行使或不行使选择权的评估。通常，租赁的不可撤销期间越短，承租人行使续租选择权或不行使终止租赁选择权的可能性就越大，原因在于不可撤销期间越短，获取替代资产的相对成本就越高。此外，评估承租人合理确定将行使或不行使选择权时，如果承租人以往曾经使用过特定类型的租赁资产或自有资产，则可以参考承租人使用该类资产的通常期限及原因。例如，承租人通常在特定时期内使用某类资产，或承租人时常对某类租赁资产行使选择权，则承租人应考虑以往这些做法的原因，以评估是否合理确定将对此类租赁资产行使选择权。

续租选择权或终止租赁选择权可能与租赁的其他条款相结合。例如，无论承租人是否行使选择权，均保证向出租人支付基本相等的最低或固定现金，在此情形下，应假定承租人合理确定将行使续租选择权或不行使终止租赁选择权。又如，同时存在原租赁和转租赁时，转租赁期限超过原租赁期限，如原租赁包含 5 年的不可撤销期间和 2 年的续租选择权，而转租赁的不可撤销期限为 7 年，此时应考虑转租赁期限及相关租赁条款对续租选择权评估的可能影响。

购买选择权的评估方式应与续租选择权或终止租赁选择权的评估方式相同，购买选择权在经济上与将租赁期延长至租赁资产全部剩余经济寿命的续租选择权类似。

例21–19 承租人签订了一份设备租赁合同，包括4年不可撤销期限和2年期固定价格续租选择权，续租选择权期间的合同条款和条件与市价接近，没有终止罚款或其他因素表明承租人合理确定将行使续租选择权。因此，在租赁期开始日，确定租赁期为 4 年。

例 21–20 承租人签订了一份建筑租赁合同，包括 4 年不可撤销期限和 2 年按照市价行使的续租选择权。在搬入该建筑之前，承租人花费了大量资金对租赁建筑进行了改良，预计在 4 年结束时租赁资产改良仍将具有重大价值，且该价值仅可通过继续使用租赁资产实现。

分析：在此情况下，承租人合理确定将行使续租选择权，因为如果在 4 年结束时放弃该租赁资产改良，将蒙受重大经济损失。因此，在租赁开始时，承租人确定租赁期为 6 年。

4. 对租赁期和购买选择权的重新评估

租赁准则规定，发生承租人可控范围内的重大事件或变化，且影响承租人是否合理确定将行使相应选择权的，承租人应当对其是否合理确定将行使续租选择权、购买选择权或不行使终止租赁选择权进行重新评估，并根据重新评估结果修改租赁期。承租人可控范围内的重大事件或变化包括但不限于下列情形：

（1）在租赁期开始日未预计到的重大租赁资产改良，在可行使续租选择权、终止租赁选择权或购买选择权时，预期将为承租人带来重大经济利益；

（2）在租赁期开始日未预计到的租赁资产的重大改动或定制化调整；

（3）承租人作出的与行使或不行使选择权直接相关的经营决策。例如，决定续租互补性资产、处置可替代的资产或处置包含相关使用权资产的业务。

如果不可撤销的租赁期间发生变化，企业应当修改租赁期。例如，在下述情况下，不可撤销的租赁期将发生变化：一是承租人实际行使了选择权，但该选择权在之前企业确定租赁期时未涵盖；二是承租人未实际行使选择权，但该选择权在之前企业确定租赁期时已涵盖；三是某些事件的发生，导致根据合同规定承租人有义务行使选择权，但该选择权在之前企业确定租赁期时未涵盖；四是某些事件的发生，导致根据合同规定禁止承租人行使选择权，但该选择权在之前企业确定租赁期时已涵盖。

三、承租人的会计处理

在租赁期开始日，承租人应当对租赁确认使用权资产和租赁负债，应用短期租赁和低价值资产租赁简化处理的除外。

（一）承租人使用的相关会计科目

1.“使用权资产”科目

本科目核算承租人持有的使用权资产的原价，期末借方余额反映承租人使用权资产的原价。承租人可按租赁资产的类别和项目进行明细核算，应当在资产负债表中单独列示“使用权资产”项目，主要账务处理如下：

（1）在租赁期开始日，承租人应当按成本借记本科目，按尚未支付的租赁付款额的现值贷记“租赁负债”科目；对于租赁期开始日之前支付租赁付款额的（扣除已享受的租赁激励），贷记“预付款项”等科目；按发生的初始直接费用，贷记“银行存款”等科目；按预计将发生的为拆卸及移除租赁资产、复原租赁资产所在场地或将租赁资产恢复至租赁条款约定状态等成本的现值，贷记“预计负债”科目。

（2）在租赁期开始日后，承租人按变动后的租赁付款额的现值重新计量租赁负债的，当租赁负债增加时，应当按增加额借记本科目，贷记“租赁负债”科目；除下述（3）中的情形外，当租赁负债减少时，应当按减少额借记“租赁负债”科目，贷记本科目；若使用权资产的账面价值已调减至零，应当按仍需进一步调减的租赁负债金额，借记“租赁负债”科目，贷记“制造费用”“销售费用”“管理费用”“研发支出”等科目。

（3）租赁变更导致租赁范围缩小或租赁期缩短的，承租人应当按缩小或缩短的相应比例，借记“租赁负债”“使用权资产累计折旧”“使用权资产减值准备”科目，贷记本科目，差额借记或贷记“资产处置损益”科目。

（4）企业转租使用权资产形成融资租赁的，应当借记“应收融资租赁款”“使用权资产累计折旧”“使用权资产减值准备”科目，贷记本科目，差额借记或贷记“资产处置损益”科目。

2.“使用权资产累计折旧”科目

本科目核算使用权资产的累计折旧。期末贷方余额反映使用权资产的累计折旧额，承租人可按租赁资产的类别和项目进行明细核算，主要账务处理如下：

（1）承租人通常应当自租赁期开始日起按月计提使用权资产的折旧，借记“营业成本”“制造费用”“销售费用”“管理费用”“研发支出”等科目，贷记本科目。当月计提确有困难的，也可从下月起计提折旧，并在附注中予以披露。

（2）因租赁范围缩小、租赁期缩短或转租等原因减记或终止确认使用权资产时，承租人应同时结转相应的使用权资产累计折旧。

3.“使用权资产减值准备”科目

本科目核算使用权资产的减值准备，期末贷方余额反映使用权资产的累计减值准备金额。承租人可按租赁资产的类别和项目进行明细核算，使用权资产减值准备一旦计提，不得转回，主要账务处理如下：

（1）使用权资产发生减值的，按应减记的金额，借记“资产减值损失”科目，贷记本科目。

（2）因租赁范围缩小、租赁期缩短或转租等原因减记或终止确认使用权资产时，承租人应同时结转相应的使用权资产累计减值准备。

4.“租赁负债”科目

本科目核算承租人尚未支付的租赁付款额的现值，期末贷方余额反映承租人尚未支付的租赁付款额的现值。承租人可分别设置“租赁付款额”“未确认融资费用”等进行明细核算，主要账务处理如下：

（1）在租赁期开始日，承租人应当按尚未支付的租赁付款额，贷记“租赁负债——租赁付款额”科目；按尚未支付的租赁付款额的现值，借记“使用权资产”科目；按尚未支付的租赁付款额与其现值的差额，借记“租赁负债——未确认融资费用”科目。

（2）承租人在确认租赁期内各个期间的利息时，应当借记“财务费用——利息费用”“在建工程”等科目，贷记“租赁负债——未确认融资费用”科目。

（3）承租人支付租赁付款额时，应当借记“租赁负债——租赁付款额”等科目，贷记“银行存款”等科目。

（4）在租赁期开始日后，承租人按变动后的租赁付款额的现值重新计量租赁负债的，当租赁负债增加时，应当按租赁付款额现值的增加额，借记“使用权资产”科目，按租赁付款额的增加额，贷记“租赁负债——租赁付款额”科目，按其差额，借记“租赁负债——未确认融资费用”科目；除下述（5）中的情形外，当租赁负债减少时，应当按租赁付款额的减少额，借记“租赁负债——租赁付款额”科目，按租赁付款额现值的减少额，贷记“使用权资产”科目，按其差额，贷记“租赁负债——未确认融资费用”科目；若使用权资产的账面价值已调减至零，应当按仍需进一步调减的租赁付款额借记“租赁负债——租赁付款额”科目，按仍需进一步调减的租赁付款额现值贷记“营业成本”“制造费用”“销售费用”“管理费用”“研发支出”等科目，按其差额，贷记“租赁负债——未确认融资费用”科目。

（5）租赁变更导致租赁范围缩小或租赁期缩短的，承租人应当按缩小或缩短的相应比例，借记“租赁负债——租赁付款额”“使用权资产累计折旧”“使用权资产减值准备”科目，贷记“租赁负债——未确认融资费用”“使用权资产”科目，差额借记或贷记“资产处置损益”科目。

（二）租赁期开始日的会计处理

在租赁期开始日，承租人应当按照成本对使用权资产进行初始计量，租赁负债应当按照租赁期开始日尚未支付的租赁付款额的现值行初始计量。租赁期开始日，承租人对租赁负债的计量才是重点和难点。识别应纳入租赁负债的相关付款项目、选定折现率是计量租赁负债的两大关键因素。

1. 使用权资产初始计量

使用权资产，是指承租人可在租赁期内使用租赁资产的权利，使用权资产成本包括下列四项：

（1）租赁负债的初始计量金额。

（2）在租赁期开始日或之前支付的租赁付款额；存在租赁激励的，应扣除已享受的租赁激励相关金额。

（3）承租人发生的初始直接费用。

（4）承租人为拆卸及移除租赁资产、复原租赁资产所在场地或将租赁资产恢复至租赁条款约定状态预计将发生的成本。前述成本属于为生产存货而发生的，适用《企业会计准则第 1 号——存货》。

关于上述第（4）项成本，承租人有可能在租赁期开始日就承担了上述成本的支付义务，也可能在特定期间内因使用标的资产而承担了相关义务。承租人应在其有义务承担上述成本时，将这些成本确认为使用权资产成本的一部分。但是，承租人由于在特定期间内将使用权资产用于生产存货而发生的上述成本，应按照《企业会计准则第 1 号——存货》进行会计处理。承租人应当按照《企业会计准则第 13 号——或有事项》对上述成本的支付义务进行确认和计量。

在某些情况下，承租人可能在租赁期开始前就发生了与标的资产相关的经济业务或事项。例如，租赁合同双方经协商在租赁合同中约定，标的资产需经建造或重新设计后方可供承租人使用；根据合同条款与条件，承租人需支付与资产建造或设计相关的成本。承租人如发生与标的资产建造或设计相关的成本，应适用其他相关准则（如《企业会计准则第 4 号——固定资产》）进行会计处理。同时，需要注意的是与标的资产建造或设计相关的成本不包括承租人为获取标的资产使用权而支付的款项，此类款项无论在何时支付，均属于租赁付款额。

2. 租赁付款额

租赁付款额，是指承租人向出租人支付的与在租赁期内使用租赁资产的权利相关的款项。租赁付款额包括以下五项内容：

（1）固定付款额及实质固定付款额；存在租赁激励的，应扣除租赁激励相关金额。实质固定付款额是指在形式上可能包含变量但实质上无法避免的付款额。例如：

①付款额设定为可变租赁付款额，但该可变条款几乎不可能发生，没有真正的经济实质。例如，付款额仅需在租赁资产经证实能够在租赁期间正常运行时支付，或者仅需在不可能不发生的事件发生时支付。又如，付款额初始设定为与租赁资产使用情况相关的可变付款额，但其潜在可变性将于租赁期开始日之后的某个时点消除，在可变性消除时，该类付款额成为实质固定付款额。

②承租人有多套付款额方案，但其中仅有一套是可行的。在此情况下，承租人应采用该可行的付款额方案作为租赁付款额。

③承租人有多套可行的付款额方案，但必须选择其中一套。在此情况下、承租人应采用总折现金额最低的一套作为租赁付款额。

例 21-21　A 公司是一家知名零售商，从 B 公司处租入已成熟开发的零售场所开设一家商店。根据租赁合同，A 公司在正常工作时间内必须经营该商店，且 A 公司不得将商店闲置或进行分租。合同中关租赁付款额的条款为：如果 A 公司开设的这家商店没有发生销售，则 A 公司应付的年租金为 100 元；如果这家商店发生了任何销售，则 A 公司应付的年租金为 1 000 000 元。

分析：本例中，该租赁包含每年 1 000 000 的实质固定付款额。该金额不是取决于销售额的可变付款额。因为 A 公司是一家知名零售商，根据租赁合同 A 公司应在正常工作时间内经营该商店，所以 A 公司开设的这家商店不可能不发生销售。

例 21-22　承租人 A 公司签订了一份为期 5 年的卡车租赁合同。合同中关于租赁付款额的条款为：如果该卡车在某月份的行驶里程不超过 1 万公里，则该月应付的租金为 10 000 元；如果该卡车在某月份的行驶里程超过 1 万公里但不超过 2 万公里，则该月应付的租金为 16 000 元；该卡车 1 个月内的行驶里程最高不能超过 2 万公里，否则承租人需支付巨额罚款。

分析：本例中，租赁付款额中包含基于使用情况的可变性，且在某些月份里确实可避免支付较高租金，然而，月付款额 10 000 元是不可避免的。因此，月付款额 10 000 元属于实质固定付款额，应被纳入租赁负债的初始计量中。

例 21-23　承租人 A 公司租入一台预计使用寿命为 5 年的机器。不可撤销的租赁期为 3 年。在第 3 年末，A 公司必须以 20 000 元购买该机器，或者必须将租赁期延长 2 年，如延长，则在续租期内每年末支付 10 500 元。

分析：A 公司在租赁期开始时评估认为，不能合理确定在第 3 年末将是购买该机器，还是将租赁期延长 2 年。如果 A 公司单独考虑购买选择权或续租选择权，那么在租赁期开始时，购买选择权的行权价格与续租期内的应付租金都不会纳入租赁负债中。然而，该安排在第 3 年末包含一项实质固定付款额。这是因为，A 公司必须行使上述两种选择权中的其中一个，且不论在哪种选择权下，A 公司都必须进行付款。因而在该安排中，实质固定付款额的金额是下述两项金额中的较低者：购买选择权的行权价格（20 000 元）的现值与续租期内付款额（每年末支付 10 500 元）的现值。

租赁激励，是指出租人为达成租赁向承租人提供的优惠，包括出租人向承租人支付的与租赁有关的款项、出租人为承租人偿付或承担的成本等。存在租赁激励的，承租人在确定租赁付款额时，应扣除租赁激励相关金额。

（2）取决于指数或比率的可变租赁付款额。可变租赁付款额，是指承租人为取得在租赁期内使用租赁资产的权利，而向出租人支付的因租赁期开始日后的事实或情况发生变化（而非时间推移）而变动的款项。可变租赁付款额可能与下列各项指标或情况挂钩：

①由于市场比率或指数数值变动导致的价格变动。例如，基准利率或消费者价格指数变动可能导致租赁付款额调整。

②承租人源自租赁资产的绩效。例如，零售业不动产租赁可能会要求基于使用该不动产取得的销售收入的一定比例确定租赁付款额。

③租赁资产的使用。例如，车辆租赁可能要求承租人在超过特定里程数时支付额外的租赁付款额。

需要注意的是，可变租赁付款额中，仅取决于指数或比率的可变租赁付款额纳入租赁负债的初始计量中，包括与消费者价格指数挂钩的款项、与基准利率挂钩的款项和为反映市场租金费率变化而变动的款项等。此类可变租赁付款额应当根据租赁期开始日的指数或比率确定。除了取决于指数或比率的可变租赁付款额之外，其他可变租赁付款额均不纳入租赁负债的初始计量中。

例 21-24 承租人 A 公司签订了一项为期 10 年的不动产租赁合同，每年的租赁付款额为 50 000 元，于每年年初支付。合同规定，租赁付款额在租赁期开始日后每两年基于过去 24 个月消费者价格指数的上涨进行上调。租赁期开始日的消费者价格指数为 125。

分析：A 公司在初始计量租赁负债时、应基于租赁期开始日的消费者物价指数确定租赁付款额，无需对后续年度因消费者物价指数而导致的租金变动作出估计。因此，在租赁期开始日，A 公司应以每年 50 000 元的租赁付款额为基础计量租赁负债。

（3）购买选择权的行权价格，前提是承租人合理确定将行使该选择权。在租赁期开始日，承租人应评估是否合理确定将行使购买标的资产的选择权。在评估时，承租人应考虑对其行使或不行使购买选择权产生经济激励的所有相关事实和情况。如果承租人合理确定将行使购买标的资产的选择权，则租赁付款额中应包含购买选择权的行权价格。

例 21-25 承租人 A 公司与出租人 B 公司签订了一份不可撤销的 5 年期设备租赁合同。合同规定，A 公司可以选择在租赁期结束时以 5 000 元购买这台设备。已知该设备应用于不断更新、迅速变化的科技领域，租赁期结束时其公允价值可能出现大幅波动，估计在 4 000 元至 9 000 元之间，在 5 年租赁期内可能会有更好的替代产品出现。

分析：在租赁期开始日，A 公司对于其是否将行使购买选择权的经济动机作出全面评估，并最终认为不能合理确定将行使购买选择权。该评估包括：租赁期结束时该设备公允价值的重大波动性，以及在租赁期间内可能出现更好替代产品的可能性等。评估 A 公司是否合理确定将行使购买选择权可能涉及重大判断。假设 A 公司租赁设备时，约定更短的租赁期限（例如，1 年或 2 年）或设备所处环境不同（例如，租赁设备并非应用于不断更新的科技领域，而是应用于相对稳定的行业，并且其未来的公允价值能够可靠预测和估计），则 A 公司是否行使购买选择权的判断可能不同。

（4）行使终止租赁选择权需支付的款项，前提是租赁期反映出承租人将行使终止租赁选择权。在租赁期开始日，承租人应评估是否合理确定将行使终止租赁的选择权。在评估时，承租人应考虑对其行使或不行使终止租赁选择权产生经济激励的所有相关事实和情况。如果承租人合理确定将行使终止租赁选择权，则租赁付款额中应包含行使终止租赁选择权需支付的款项，并且租赁期不应包含终止租赁选择权涵盖的期间。

例 21-26 承租人 A 公司租入某办公楼的一层楼，为期 10 年。A 公司有权选择在第 5 年后提前终止租赁，并以相当于 6 个月的租金作为罚金。每年的租赁付款额为固定金额 120 000 元。该办公楼是全新的，并且在周边商业园区的办公楼中处于技术领先水平。上述租赁付款额与市场租金水平相符。

分析：在租赁期开始日，A 公司评估后认为，6 个月的租金对于 A 公司而言金额重大，同等条件下，也难以按更优惠的价格租入其他办公楼，可以合理确定不会选择提前终止租赁，因此其租赁负债不应包括提前终止租赁时需支付的罚金，租赁期确定为10年。

（5）根据承租人提供的担保余值预计应支付的款项。担保余值，是指与出租人无关的一方向出租人提供担保，保证在租赁结束时租赁资产的价值至少为某指定的金额。如果承租人提供了对余值的担保，则租赁付款额应包含该担保下预计应支付的款项，它反映了承租人预计将支付的金额，而不是承租人担保余值下的最大敞口。

例21-27 承租人A公司与出租人B公司签订了汽车租赁合同，租赁期为5年。合同中就担保余值的规定为：如果标的汽车在租赁期结束时的公允价值低于40 000元，则A公司需向B公司支付40 000元与汽车公允价值之间的差额。因此，A公司在该担保余值下的最大敞口为40 000元。

分析：在租赁期开始日，A公司预计标的汽车在租赁期结束时的公允价值为40 000元，即A公司预计在担保余值下将支付的金额为零。因此A公司在计算租赁负债时，与担保余值相关的付款额为零。

3. 折现率

租赁负债应当按照租赁期开始日尚未支付的租赁付款额的现值进行初始计量。在计算租赁付款额的现值时，承租人应当采用租赁内含利率作为折现率。无法确定租赁内含利率的，应当采用承租人增量借款利率作为折现率。

（1）租赁内含利率，是指使出租人的租赁收款额的现值与未担保余值的现值之和等于租赁资产公允价值与出租人的初始直接费用之和的利率。其中，未担保余值是指租赁资产余值中，出租人无法保证能够实现或仅由与出租人有关的一方予以担保的部分。初始直接费用，是指为达成租赁所发生的增量成本。增量成本是指若企业不取得该租赁，则不会发生的成本，如佣金、印花税等。无论是否实际取得租赁都会发生的支出，不属于初始直接费用，例如，为评估是否签订租赁而发生的差旅费、法律费用等，此类费用应当在发生时计入当期损益。

例21-28 承租人A公司与出租人B公司签订了一份车辆租赁合同，租赁期为5年。在租赁开始日，该车辆的公允价值为100 000元，B公司预计在租赁结束时其公允价值（即未担保余值）将为10 000元。租赁付款额为每年23 000元，于年末支付。B公司发生的初始直接费用为5 000元。B公司计算租赁内含利率r的方法如下：

23 000×（P/A，r，5）＋10 000×（P/F，r，5）＝100 000＋5 000

计算得出的租赁内含利率r为5.79%。

（2）承租人增量借款利率，是指承租人在类似经济环境下为获得与使用权资产价值接近的资产，在类似期间以类似抵押条件借入资金须支付的利率。该利率与下列事项相关：①承租人自身情况，即承租人的偿债能力和信用状况；②“借款”的期限，即租赁期；③“借入”资金的金额，即租赁负债的金额；④“抵押条件”，即租赁资产的性质和质量；⑤经济环境，包括承租人所处的司法管辖区、计价货币、合同签订时间等。

在具体操作时，承租人可以先根据所处经济环境，以可观察的利率作为确定增量借款利率的参考基础，然后根据承租人自身情况、标的资产情况、租赁期和租赁负债金额等租赁业务具体情况对参考基础进行调整，得出适用的承租人增量借款利率。企业应当对确定承租人增量借款利率的依据和过程做好记录。

实务中，承租人增量借款利率常见的参考基础包括承租人同期银行贷款利率、相关租赁合同利率、承租人最近一期类似资产抵押贷款利率、与承租人信用状况相似的企业发行的同期债券利率等，但承租人还需根据上述事项在参考基础上相应进行调整。

例21-29 2×21年1月1日，承租人A公司签订了一份为期10年的不动产租赁协议，并拥有5年的续租选择权。每年的租赁付款额固定为人民币900 000元，于每年年末支付。

在租赁期开始日，A公司评估后认为，不能合理确定将行使续租选择权，因此将租赁期确定为10年。

A 公司无法确定租赁内含利率，需采用增量借款利率作为折现率来计算租赁付款额的现值。

A 公司现有的借款包括：①一笔为期 6 个月的短期借款，金额为 500 000 元，借款起始日为 2×20 年 10 月 1 日，到期日为 2×21 年 3 月 31 日，利率为 4.0%，每季末支付利息。到期时一次性偿还本金，无任何抵押；②一笔为期 15 年的债券，金额为 50 000 000 元，发行日为 2×17 年 1 月 1 日，到期日为 2×31 年 12 月 31 日，票而利率为 9.0%，每年末支付利息，到期时一次性偿还本金，无任何抵押。

分析：为确定该租赁的增量借款利率，A 公司需要找到类似期限（即租赁期 10 年）、类似抵押条件（即以租赁资产作为抵押）、类似经济环境下（例如，借入时点是租赁期开始日，偿付方式是每年等额偿付 900 000 元，10 年后拥有与续租权类似的借款选择权），借入与使用权资产价值接近的资金（即人民币 9 000 000 元）须支付的固定利率。由于无法直接获取满足上述全部条件的利率，A 公司以其现有的借款利率以及市场可参考信息（如相同期限的国债利率等）作为基础，估计该租赁的增量借款利率。

以可观察的借款利率作为参考基础确定增量借款利率时，通常需要考虑的调整事项包括但不限于：

①本息偿付方式不同，例如，作为参考基础的借款是每年付息且到期一次性偿还本金，而不是每年等额偿付本息；

②借款金额不同，例如，作为参考基础的借款金额远高于租赁负债；

③借款期限不同，例如，作为参考基础的借款短于或长于租赁期；

④抵押、担保情况不同，例如，作为参考基础的借款为无抵押借款；

⑤资金借入时间的不同，例如，作为参考基础的债券是 2 年前发行的，而市场利率水平在 2 年内发生了较大变化；

⑥提前偿付或其他选择权的影响；

⑦借款币种不同，例如，作为参考基础的借款为人民币借款，但租赁付款额的币种为美元。

情形一：A 公司发行的债券有公开市场

当 A 公司发行的债券有公开市场时，通常需考虑该债券的市场价格及市场利率，因为其反映了 A 公司的现有信用状况以及债权投资者所要求的现时回报率。A 公司结合其自身情况判断后认为，以自己发行的 15 年期债券利率作为估计增量借款利率的起点最为恰当。

A 公司在 15 年期债券利率的基础上，执行了如下步骤，以确定该租赁的增量借款利率：

第一步，确定 15 年期债券的市场利率。A 公司根据该债券的市场价格和剩余 13 年的还款情况（即，每年末根据票面利率支付利息、到期一次性偿还本金），计算该债券的市场利率。该市场利率反映了 A 公司的现有信用状况以及债权投资者所要求的现时回报率，A 公司无需因该债券的发行时间（即 2 年前）而进行额外调整。

第二步，调整借款金额的不同。15 年期债券的金额为 50 000 000 元，租赁付款总额为 9 000 000 元。A 公司根据估计日市场情况考虑上述借款金额的不同是否影响借款利率并相应进行调整。

第三步，调整本息偿付方式的不同。该租赁是每年支付固定的租赁付款额，而 15 年期债券是每年末付息并到期一次性偿还本金。A 公司应考虑该事项对借款利率的影响并作相应调整。

第四步，调整借款期间的不同。该租赁的租赁期为 10 年，而 15 年期债券的剩余期间为 13 年。A 公司应考虑该事项对借款利率的影响并作相应调整。

第五步，调整抵押情况的不同。在确定增量借款利率时，租赁合同视为以租赁资产作为抵押而获得借款，而 15 年期债券无任何抵押。A 公司应考虑该事项对借款利率的影响并作相应调整。

情形二：A 公司发行的债券没有公开市场

当 A 公司发行的债券没有公开市场、但 A 公司存在可观察的信用评级时，可考虑以与 A 公司信用评级相同的企业所发行的公开交易的债券利率为基础，确定上述第一步的参考利率。

当A公司发行的债券没有公开市场、且A公司没有可观察的信用评级时，在市场利率水平和A公司信用状况在债券发行日至增量借款利率估计日期间没有发生重大变化的情况下，可考虑以该15年期债券发行时的实际利率为基础，作为估计增量借款利率的起点。确定参考利率后，将其调整为增量借款利率的步骤与情形一基本相同。

情形三：A公司没有任何借款

当A公司没有任何借款时，可考虑通过银行询价的方式获取同期借款利率，并进行适当调整后确定其增量借款利率；或者，可考虑聘用第三方评级机构获取其信用评级，参考情形一下的方法确定其增量借款利率。

4．租赁期开始日的承租人会计处理案例

例 21-30 承租人A公司就某栋建筑物的某一层楼与出租人B公司签订了为期10年的租赁协议，并拥有5年的续租选择权。有关资料如下：（1）初始租赁期内的不含税租金为每年50 000元，续租期间为每年55 000元，所有款项应于每年年初支付；（2）为获得该项租赁，A公司发生的初始直接费用为20 000元，其中，15 000元为向该楼层前任租户支付的款项，5 000元为向促成此租赁交易的房地产中介支付的佣金；（3）作为对A公司的激励，B公司同意补偿A公司5 000元的佣金；（4）在租赁期开始日，A公司评估后认为，不能合理确定将行使续租选择权，因此，将租赁期确定为10年；（5）A公司无法确定租赁内含利率，其增量借款利率为每年5%，该利率反映的是A公司以类似抵押条件借入期限为10年、与使用权资产等值的相同币种的借款而必须支付的利率。为简化处理，假设不考虑相关税费影响。

分析：承租人A公司的会计处理如下。

第一步，计算租赁期开始日租赁付款额的现值，并确认租赁负债和使用权资产。

在租赁期开始日，A公司支付第1年的租金50 000元，并以剩余9年租金（每年50 000元）按5%的年利率折现后的现值计量租赁负债。计算租赁付款额现值的过程如下：

剩余9期租赁付款额＝50 000×9＝450 000（元）

租赁负债＝剩余9期租赁付款额的现值＝50 000×（P/A，5%，9）＝355 391（元）

未确认融资费用＝剩余9期租赁付款额－剩余9期租赁付款额的现值＝450 000－355 391＝94 609（元）

借：使用权资产	405 391
租赁负债——未确认融资费用	94 609
贷：租赁负债——租赁付款额	450 000
银行存款（第1年的租赁付款额）	50 000

第二步，将初始直接费用计入使用权资产的初始成本。

借：使用权资产	20 000
贷：银行存款	20 000

第三步，将已收的租赁激励相关金额从使用权资产入账价值中扣除。

借：银行存款	5 000
贷：使用权资产	5 000

综上，A公司使用权资产的初始成本为420 391元（405 391＋20 000－5 000）。

（三）使用权资产的后续计量

1. 计量基础

在租赁期开始日后，承租人应当采用成本模式对使用权资产进行后续计量，即，以成本减累计折旧及累计减值损失计量使用权资产。

承租人按照租赁准则有关规定重新计量租赁负债的，应当相应调整使用权资产的账面价值。

2. 使用权资产的折旧

承租人应当参照《企业会计准则第 4 号——固定资产》有关折旧规定，自租赁期开始日起对使用权资产计提折旧。使用权资产通常应自租赁期开始的当月计提折旧，当月计提确有困难的，为便于实务操作，企业也可以选择自租赁期开始的下月计提折旧，但应对同类使用权资产采取相同的折旧政策。计提的折旧金额应根据使用权资产的用途，计入相关资产的成本或者当期损益。

承租人在确定使用权资产的折旧方法时，应当根据与使用权资产有关的经济利益的预期实现方式作出决定。通常，承租人按直线法对使用权资产计提折旧，其他折旧方法更能反映使用权资产有关经济利益预期实现方式的，应采用其他折旧方法。

承租人在确定使用权资产的折旧年限时，应遵循以下原则：承租人能够合理确定租赁期届满时取得租赁资产所有权的，应当在租赁资产剩余使用寿命内计提折旧；承租人无法合理确定租赁期届满时能够取得租赁资产所有权的，应当在租赁期与租赁资产剩余使用寿命两者孰短的期间内计提折旧。如果使用权资产的剩余使用寿命短于前两者，则应在使用权资产的剩余使用寿命内计提折旧。

3. 使用权资产的减值

在租赁期开始日后，承租人应当按照《企业会计准则第 8 号——资产减值》的规定，确定使用权资产是否发生减值，并对已识别的减值损失进行会计处理。使用权资产发生减值的，按应减记的金额，借记“资产减值损失”科目，贷记“使用权资产减值准备”科目。使用权资产减值准备一旦计提，不得转回。承租人应当按照扣除减值损失之后的使用权资产的账面价值，进行后续折旧。

例 21-31 承租人 A 公司签订了一份为期 10 年的机器租赁合同，用于 A 公司生产经营。相关使用权资产的初始账面价值为 100 000 元，按直线法在 10 年内计提折旧，年折旧费为 10 000 元。在第 5 年年末，确认该使用权资产发生的减值损失 20 000 元，计入当期损益。

该使用权资产在减值前的账面价值为50 000元（100 000×5÷10）。计提减值损失之后，该使用权资产的账面价值减至30 000元（50 000－20 000），之后每年的折旧费也相应减至6 000元（30 000÷5）。

企业执行租赁准则后，《企业会计准则第 13 号——或有事项》有关亏损合同的规定仅适用于采用短期租赁和低价值资产租赁简化处理方法的租赁合同以及在租赁开始日前已是亏损合同的租赁合同，不再适用于其他租赁合同。

（四）租赁负债的后续计量

1. 计量基础

在租赁期开始日后，承租人应当按以下原则对租赁负债进行后续计量：

（1）确认租赁负债的利息时，增加租赁负债的账面金额；

（2）支付租赁付款额时，减少租赁负债的账面金额；

（3）因重估或租赁变更等原因导致租赁付款额发生变动时，重新计量租赁负债的账面价值。

承租人应当按照固定的周期性利率计算租赁负债在租赁期内各期间的利息费用，并计入当期损益，但按照《企业会计准则第 17 号——借款费用》等其他准则规定应当计入相关资产成本的，从其规定。

周期性利率，是指承租人对租赁负债进行初始计量时所采用的折现率，或者因租赁付款额发生变动或因租赁变更而需按照修订后的折现率对租赁负债进行重新计量时，承租人所采用的修订后的折现率。

例 21-32 承租人 A 公司与出租人 B 公司签订了为期 7 年的商铺租赁合同。每年的租赁付款额为 450 000 元，在每年年末支付。A 公司无法确定租赁内含利率，其增量借款利率为 5.04%。

分析：在租赁期开始日，A公司按租赁付款额的现值所确认的租赁负债为2 600 000元。在第1年年末，A公司向B公司支付第一年的租赁付款额450 000元，其中，131 040元（2 600 000×5.04%）是当年的利息，318 960元（450 000－131 040）是本金，即租赁负债的账面价值减少318 960元。A公司的账务处理为：

借：租赁负债——租赁付款额　　450 000

　　贷：银行存款　　450 000

借：财务费用——利息费用　　131 040

　　贷：租赁负债——未确认融资费用　　131 040

未纳入租赁负债计量的可变租赁付款额，即并非取决于指数或比率的可变租赁付款额，应当在实际发生时计入当期损益，但按照《企业会计准则第 1 号——存货》等其他准则规定应当计入相关资产成本的，从其规定。

例 21-33　沿用例 21-32，除固定付款额外，合同还规定租赁期间 A 公司商铺当年销售额超过 1 000 000 元的，当年应再支付按销售额的 2% 计算的租金，于当年年末支付。

分析：由于该可变租赁付款额与未来的销售额挂钩，而并非取决于指数或比率的，因此不应被纳入租赁负债的初始计量中。假设在租赁的第 3 年，该商铺的销售额为 1 500 000 元。A 公司第 3 年年末应支付的可变租赁付款额为 30 000 元（1 500 000×2%），在实际发生时计入当期损益。A 公司的账务处理为：

借：营业成本（或销售费用）　　30 000

　　贷：银行存款等　　30 000

2. 租赁负债的重新计量

在租赁期开始日后，当发生下列四种情形时，承租人应当按照变动后的租赁付款额的现值重新计量租赁负债，并相应调整使用权资产的账面价值。使用权资产的账面价值已调减至零，但租赁负债仍需进一步调减的，承租人应当将剩余金额计入当期损益。

（1）实质固定付款额发生变动。如果租赁付款额最初是可变的，但在租赁期开始日后的某一时点转为固定，那么，在潜在可变性消除时，该付款额成为实质固定付款额，应纳入租赁负债的计量中。承租人应当按照变动后租赁付款额的现值重新计量租赁负债。在该情形下，承租人采用的折现率不变，即采用租赁期开始日确定的折现率。

例 21-34　承租人 A 公司签订了一份为期 10 年的机器租赁合同。租金于每年年末支付，并按以下方式确定：第 1 年，租金是可变的，根据该机器在第 1 年下半年的实际产能确定；第 2 至 10 年，每年的租金根据该机器在第 1 年下半年的实际产能确定，即租金将在第 1 年年末转变为固定付款额。在租赁期开始日，A 公司无法确定租赁内含利率，其增量借款利率为 5%。假设在第 1 年年末，根据该机器在第 1 年下半年的实际产能所确定的租赁付款额为每年 20 000 元。

分析：本例中，在租赁期开始时，由于未来的租金尚不确定，因此A公司的租赁负债为零。在第1年年末，租金的潜在可变性消除，成为实质固定付款额（即每年20 000元），因此A公司应基于变动后的租赁付款额重新计量租赁负债，并采用不变的折现率（即5%）进行折现。在支付第1年的租金之后，A公司后续年度需支付的租赁付款额为180 000元（20 000×9），租赁付款额在第1年末的现值为142 156元［20 000×（P/A，5%，9）］，未确认融资费用为37 844元（180 000－142 156）。A公司在第1年末的相关账务处理如下：

支付第一年租金：

借：制造费用等　　20 000

　　贷：银行存款　　20 000

确认使用权资产和租赁负债：

借：使用权资产　　142 156

　　租赁负债——未确认融资费用　　37 844

　　贷：租赁负债——租赁付款额　　180 000

（2）担保余值预计的应付金额发生变动。在租赁期开始日后，承租人应对其在担保余值下预计支付的金额进行估计。该金额发生变动的，承租人应当按照变动后租赁付款额的现值重新计量租赁负债。在该情形下，承租人采用的折现率不变。

例21-35 沿用例21-27，在租赁期开始日后，承租人A公司对该汽车在租赁期结束时的公允价值进行监测。假设在第1年年末，A公司预计该汽车在租赁期结束时的公允价值为30 000元。那么，A公司应将该担保余值下预计应付的金额10 000元（40 000－30 000）纳入租赁付款额，并使用不变的折现率来重新计量租赁负债。

（3）用于确定租赁付款额的指数或比率发生变动。在租赁期开始日后、因浮动利率的变动而导致未来租赁付款额发生变动的，承租人应当按照变动后租赁付款额的现值重新计量租赁负债。在该情形下，承租人应采用反映利率变动的修订后的折现率进行折现。

在租赁期开始日后，因用于确定租赁付款额的指数或比率（浮动利率除外）的变动而导致未来租赁付款额发生变动的，承租人应当按照变动后租赁付款额的现值重新计量租赁负债。在该情形下，承租人采用的折现率不变。

需要得注意的是，仅当现金流量发生变动时，即租赁付款额的变动生效时，承租人才应重新计量租赁负债，以反映变动后的租赁付款额。承租人应基于变动后的合同付款额，确定剩余租赁期内的租赁付款额。

例21-36 沿用例21-24，假设在租赁第3年年初的消费者价格指数为135，A公司在租赁期开始日采用的折现率为5%，在第3年年初，在对因消费者价格指数变化而导致未来租赁付款额的变动进行会计处理以及支付第3年的租赁付款额之前，租赁负债为339 320元［50 000＋50 000×（P/A，5%，7）］，经消费者价格指数调整后的第3年租赁付款额为54 000元（50 000×135÷125）。

分析：本例中，因用于确定租赁付款额的消费者价格指数的变动，而导致未来租赁付款额发生变动，A公司应当于第3年年初重新计量租赁负债，以反映变动后的租赁付款额，即租赁负债应当以每年54 000元的租赁付款额（剩余8笔）为基础进行重新计量。在第3年年初，A公司按以下金额重新计量租赁负债：每年54 000元的租赁付款额按不变的折现率（即5%）进行折现，为366 466元［54 000＋54 000×（P/A，5%，7）］。因此，A公司的租赁负债将增加27 146元，即重新计量后的租赁负债（366 466元）与重新计量前的租赁负债（339 320元）之间的差额。不考虑其他因素，A公司相关账务处理如下。

借：使用权资产	27 146
租赁负债——未确认融资费用	4 854
贷：租赁负债——租赁付款额	32 000

（4）购买选择权、续租选择权或终止租赁选择权的评估结果或实际行使情况发生变化。租赁期开始日后，发生下列情形的，承租人应采用修订后的折现率对变动后的租赁付款额进行折现，以重新计量租赁负债：

①发生承租人可控范围内的重大事件或变化，且影响承租人是否合理确定将行使续租选择权或终止租赁选择权的，承租人应当对其是否合理确定将行使相应选择权进行重新评估。上述选择权的评估结果发生变化的，承租人应当根据新的评估结果重新确定租赁期和租赁付款额。前述选择权的实际行使情况与原评估结果不一致等导致租赁期变化的，也应当根据新的租赁期重新确定租赁付款额。

②发生承租人可控范围内的重大事件或变化，且影响承租人是否合理确定将行使购买选择权的，承租人应当对其是否合理确定将行使购买选择权进行重新评估。评估结果发生变化的，承租人应根据新的评估结果重新确定租赁付款额。

上述两种情形下，承租人在计算变动后租赁付款额的现值时，应当采用剩余租赁期间的租赁内含利率作为折现率；无法确定剩余租赁期间的租赁内含利率的，应当采用重估日的承租人增量借款利率作为折现率。

例 21-37　承租人 A 公司与出租人 B 公司签订了一份为期 5 年的设备租赁合同。A 公司计划开发自有设备以替代租赁资产，自有设备计划在 5 年内投入使用。A 公司拥有在租赁期结束时以 5 000 元购买该设备的选择权。每年的租赁付款额固定为 10 000 元，于每年年末支付。A 公司无法确定租赁内含利率，其增量借款利率为 5%，在租赁期开始日，A 公司对行使购买选择权的可能性进行评估后认为，不能合理确定将行使购买选择权。这是因为 A 公司计划开发自有设备，继而在租赁期结束时替代租赁资产。

分析：在租赁期开始日，A 公司确认的租赁负债为 43 300 元［10 000×（P/A，5%，5）］，租赁负债将按以下方法摊销（如表 21-02 所示）：

表 21-02　租赁负债的摊销

单位：元

年度	租赁负债年初金额 ①	利息 ②=①×5%	租赁付款额 ③	租赁负债年末金额 ④=①+②-③
1	43 300*	2 165	10 000	35 465
2	35 465	1 773	10 000	27 238
3	27 238	1 362	10 000	18 600
4	18 600	930	10 000	9 530
5	9 530	470**	10 000	—

注：* 为便于计算，本题中，年金现值系数取两位小数。

** 第 5 年的利息费用 470 = 10 000 - 9 530。

假设在第3年年末，A公司作出削减开发项目的战略决定，包括上述替代设备的开发。该决定在A公司的可控范围内，并影响其是否合理确定将行使购买选择权。此外，A公司预计该设备在租赁期结束时的公允价值为20 000元。A公司重新评估其行使购买选择权的可能性后认为，其合理确定将行使该购买选择权。原因是：在租赁期结束时不大可能有可用的替代设备，并且该设备在租赁期结束时的预期市场价值（20 000元）远高于行权价格（5 000元）。因此，A公司应在第3年年末将购买选择权的行权价格纳入租赁付款额中。假设A公司无法确定剩余租赁期间的租赁内含利率，其第3年年末的增量借款利率为5.5%。在第3年年末，A公司重新计量租赁负债以涵盖购买选择权的行权价格，并采用修订后的折现率5.5%进行折现。重新计量后的租赁负债（支付前3年的付款额后）为22 960 元［10 000×（P/F，5.5%，1）+（10 000+5 000）×（P/F，5.5%，2）］。此后，租赁负债将按表21-03所述方法进行后续计量：

表 21-03　租赁负债的计量

单位：元

年度	租赁负债年初金额 ①	利息 ②=①×5.5%	租赁付款额 ③	租赁负债年末金额 ④=①+②-③
4	22 960	1 263	10 000	14 223
5	14 223	777*	15 000	—

注：*第5年的利息费用777=10 000+5 000-14 223（行权价格）。

例21-38 承租人A公司租入一层办公楼，为期10年，并拥有可续租5年的选择权。初始租赁期间（即10年）的租赁付款额为每年50 000元，可选续租期间（即5年）的租赁付款额为每年55 000元，均在每年年初支付。在租赁期开始日，A公司评估后认为，不能合理确定将会行使续租选择权，因此确定租赁期为10年。A公司无法确定租赁内含利率，其增量借款利率为5%。在租赁期开始日，A公司支付第1年的租赁付款额50 000元，并确认租赁负债355 390元［50 000×（P/A，5%，9）］，在第5至6年，A公司的业务显著增长，其日益壮大的人员规模意味着需要扩租办公楼。为了最大限度降低成本，A公司额外签订了一份为期8年、在同一办公楼内其他楼层的租赁合同，在第7年年初起租。

分析：将扩张的人员安置到在同一办公楼内其他楼层的决定，在A公司的可控范围内，并影响其是否合理确定将行使现有租赁合同下的续租选择权。如果在其他办公楼中租入一个类似的楼层，A公司可能会产生额外的费用，因为其人员将处于两栋不同的办公楼中，而将全部人员搬迁到其他办公楼的费用可能会更高。在第6年年末，A公司重新评估后认为，其合理确定将行使现有租赁合同下的续租选择权。因此该租赁的租赁期由10年变为15年。在对租赁期的变化进行会计处理前，即基于10年租赁期时、A公司在第6年年末的租赁负债（支付前6年的付款额后）为186 160元［50 000+50 000×（P/A，5%，3）］。

在第6年年末，A公司重新评估后的租赁期为15年，因此应将剩余租赁期（第7至15年）内的租赁付款额（共9笔）纳入租赁负债。并采用修订后的折现率进行折现。假设A公司无法确定剩余租赁期间的租赁内含利率，其第6年末的增量借款利率为4.5%。因此，A公司重新计量后的租赁负债为399 030元［50 000+50 000×（P/A，4.5%，3）+55 000×（P/A，4.5%，5）×（P/F，4.5%，3）］。

例 21-39 承租人 A 公司与出租人 B 公司签订为期 5 年的库房租赁合同，每年年末支付固定租金 10 000 元。A 公司拥有在租赁期结束时以 300 000 元购买该库房的选择权。在租赁期开始日，A 公司评估后认为，不能合理确定将行使该购买选择权。

第 3 年年末，该库房所在地房价显著上涨，A 公司预计租赁期结束时该库房的市价为 600 000 元，A 公司重新评估后认为，能够合理确定将行使该购买选择权。

分析：该库房所在地区的房价上涨属于市场情况发生的变化，不在 A 公司的可控范围内。因此，虽然该事项导致购买选择权的评估结果发生变化，但 A 公司不应在第 3 年年末重新计量租赁负债。

然而，如果 A 公司在第 3 年年末不可撤销地通知 B 公司，其将在第 5 年末行使购买选择权，则属于购买选择权实际行使情况发生了变化，A 公司需要在第 3 年年末按修订后的折现率对变动后的租赁付款额进行折现，重新计量租赁负债。

例 21-40 承租人 A 公司与出租人 B 公司签订了一份办公楼租赁合同，每年的租赁付款额为 50000 元，于每年年末支付。A 公司无法确定租赁内含利率，其增量借款利率为 5%。不可撤销租赁期为 5 年，并且合同约定在第 5 年年末，A 公司有权选择以每年 50 000 元续租 5 年，也有权选择以 1 000 000 元购买该房产。A 公司在租赁期开始时评估认为，可以合理确定将行使续租选择权，而不会行使购买选择权，因此将租赁期确定为 10 年。

分析：在租赁期开始日，A公司确认的租赁负债和使用权资产为386 000元［50 000×（P/A，5%，10）］。租赁负债将按表21-04所述方法进行后续计量：

表 21-04 租赁负债的计量

单位：元

年度	租赁负债年初金额 ①	利息 ②=①×5%	租赁付款额 ③	租赁负债年末金额 ④=①+②-③
1	386 000*	19 300	50 000	355 300
2	355 300	17 765	50 000	323 065

（续表）

年度	租赁负债年初金额 ①	利息 ②=①×5%	租赁付款额 ③	租赁负债年末金额 ④=①+②-③
3	323 065	16 155	50 000	289 255
4	289 255	14 465	50 000	253 765
5	253 765	12 690	50 000	216 490
6	216 490	10 825	50 000	177 325
7	177 325	8 865	50 000	136 165
8	136 165	6 810	50 000	93 010
9	93 010	4 650	50 000	47 650
10	47 650	2 350	50 000	—

注：* 为便于计算，本题中，年金现值系数取两位小数。

在租赁期开始日，A 公司的账务处理为：

借：使用权资产　386 000

　　租赁负债——未确认融资费用（500 000－386 000）　114 000

　　贷：租赁负债——租赁付款额　500 000

在第 4 年，该房产所在地房价显著上涨，A 公司预计租赁期结束时该房产的市价为 2 000 000 元，A 公司在第 4 年年末重新评估后认为，能够合理确定将行使上述购买选择权，而不会行使上述续租选择权。该房产所在地区的房价上涨属于市场情况发生的变化，不在 A 公司的可控范围内。因此，虽然该事项导致购买选择权及续租选择权的评估结果发生变化，但 A 公司不需重新计量租赁负债。

在第5年末，A公司实际行使了购买选择权。截至该时点，使用权资产的原值为386 000元，累计折旧为193 000元（386 000×5/10）；支付了第5年租赁付款额之后，租赁负债的账面价值为216 490元。其中，租赁付款额为250 000元，未确认融资费用为33 510元（250 000－216 490）。A公司行使购买选择权的会计分录为：

借：固定资产——办公楼　976 510

　　使用权资产累计折旧　193 000

　　租赁负债——租赁付款额　250 000

　　贷：使用权资产　386 000

　　　　租赁负债——未确认融资费用　33 510

　　　　银行存款　1 000 000

（五）租赁变更的会计处理

租赁变更，是指原合同条款之外的租赁范围、租赁对价、租赁期限的变更，包括增加或终止一项或多项租赁资产的使用权，延长或缩短合同规定的租赁期等。租赁变更生效日，是指双方就租赁变更达成一致的日期。

1. 租赁变更作为一项单独租赁处理

租赁发生变更且同时符合下列条件的，承租人应当将该租赁变更作为一项单独租赁进行会计处理：

（1）该租赁变更通过增加一项或多项租赁资产的使用权而扩大了租赁范围或延长了租赁期限。

（2）增加的对价与租赁范围扩大部分或租赁期限延长部分的单独价格按该合同情况调整后的金额相当。

例 21-41 承租人A公司与出租人B公司就2 000平方米的办公场所签订了一项为期10年的租赁合同。在第6年年初，A公司和B公司同意对原租赁合同进行变更，以扩租同一办公楼内3 000平方米的办公场所。扩租的场所于第6年第二季度末可供A公司使用。增加的租赁对价与新增3 000平方米办公场所的当前市价（根据A公司获取的扩租折扣进行调整后的金额）相当。扩租折扣反映了B公司节约的成本，即：若将相同场所租赁给折租户，B公司将会发生的额外成本（如营销成本）。

分析：在本例中，A公司应当将该变更作为一项单独的租赁，与原来的10年期租赁分别进行会计处理。原因在于：该租赁变更通过增加3 000平方米办公场所的使用权而扩大了租赁范围，并且增加的租赁对价与新增使用权的单独价格按该合同情况调签后的金额相当。据此，在新租赁的租赁期开始日（即第6年第二季度末），A公司确认与新增3 000平方米办公场所租赁相关的使用权资产和租赁负债。A公司对原有2 000平方米办公场所租赁的会计处理不会因为该租赁变更而进行任何调整。

2. 租赁变更未作为一项单独租赁处理

租赁变更未作为一项单独租赁进行会计处理的，在租赁变更生效日，承租人应当按照租赁准则有关租赁分拆的规定对变更后合同的对价进行分摊；按照租赁准则有关租赁期的规定确定变更后的租赁期，并采用变更后的折现率对变更后的租赁付款额进行折现以重新计量租赁负债。在计算变更后租赁付款额的现值时、承租人应当采用剩余租赁期间的租赁内含利率作为折现率；无法确定剩余租赁期间的租赁内含利率的，应当采用租赁变更生效日的承租人增量借款利率作为折现率。

就上述租赁负债调整的影响、承租人应区分以下情形进行会计处理：（1）租赁变更导致租赁范围缩小或租赁期缩短的，承租人应当调减使用权资产的账面价值，以反映租赁的部分终止或完全终止。承租人应将部分终止或完全终止租赁的相关利得或损失计入当期损益。（2）其他租赁变更，承租人应当相应调整使用权资产的账面价值。

例 21-42 承租人A公司与出租人B公司就5 000平方米的办公坛所签订了10年期的租赁合同。年租赁付款额为100 000元，在每年年末支付：A公司无法确定租赁内含利率。在租赁期开始日，A公司的增量借款利率为6%，相应的租赁负债和使用权资产的初始确认金额均为736 000元［100 000×（P/A，6%，10）］。在第6年年初，A公司和B公司同意对原租赁合同进行变更，即自第6年年初起。将原租赁场所缩减至2500平方米。每年的租赁付款额（自第6至10年）调整为60 000元。承租人在第6年年初的增量借款利率为5%。

分析：在租赁变更生效日（即第6年年初），A公司基于以下情况对租赁负债进行重新计量：①剩余租赁期为5年；②年付款额为60 000元；③采用修订后的折现率5%进行折现。据此，计算得出租赁变更后的租赁负债为259 770元［60 000×（P/A，5%，5）］。

A公司应基于原使用权资产部分终止的比例（即缩减的2 500平方米占原使用权资产的50%），来确定使用权资产账面价值的调减金额。在租赁变更之前，原使用权资产的账面价值为368 000元（736 000×5÷10），50%的账面价值为184 000元；原租赁负债的账面价值为421 240元［100 000×（P/A，6%，5）］，50%的账面价值为210 620元。因此，在租赁变更生效日（第6年年初），A公司终止确认50%的原使用权资产和原租赁负债，并将租赁负债减少额与使用权资产减少额之间的差额26 620元（210 620－184 000），作为利得计入当期损益。其中，租赁负债的减少额（210 620元）包括：租赁付款额的减少额250 000元（100 000×50%×5），以及未确认融资费用的减少额39 380元（250 000－210 620）。A公司终止确认50%的原使用权资产和原租赁负债的账务处理为：

借：租赁负债——租赁付款额	250 000
贷：租赁负债——未确认融资费用	39 380
使用权资产	184 000
资产处置损益	26 620

此外，A公司将剩余租赁负债（210 620元）与变更后重新计量的租赁负债（259 770元）之间的差

额49 150元，相应调整使用权资产的账面价值。其中，租赁负债的增加额（49 150元）包括两部分：租赁付款额的增加额50 000元［（60 000－100 000×50%）×5］，以及未确认融资费用的增加额850元（50 000－49 150）。

A公司调整现使用权资产价值的账务处理为：

借：使用权资产　　49 150

　　租赁负债——未确认融资费用　　850

　　贷：租赁负债——租赁付款额　　50 000

注：100 000×（P/A，6%，10）＝736 010（元），为便于计算，本题中，作尾数调整，取736 000元。

例 21-43　承租人A公司与出租人B公司就5 000平方米的办公场所签订了一项为期10年的租赁。年租赁付款额为100 000元，在每年年末支付。A公司无法确定租赁内含利率。A公司在租赁期开始日的增量借款利率为6%。在第7年年初，A公司和B公司同意对原租赁合同进行变更，将租赁期延长4年。每年的租赁付款额不变（即在第7至14年的每年年末支付100 000元）。A公司在第7年年初的增量借款利率为7%。

分析：在租赁变更生效日（即第7年年初），A公司基于下列情况对租赁负债进行重新计量：①剩余租赁期为8年；②年付款额为100 000元；③采用修订后的折现率7%进行折现。据此，计算得出租赁变更后的租赁负债为597 130元［100 000×（P/A，7%，8）］。租赁变更前的租赁负债为346 510元［100 000×（P/A，6%，4）］。A公司变更后租赁负债的账面价值与变更前的账面价值之间的差额为250 620元（597 130－346 510），相应调整使用权资产的账面价值。

（六）短期租赁和低价值资产租赁

租赁准则规定，对于短期租赁和低价值资产租赁，承租人可以选择不确认使用权资产和租赁负债。作出该选择的，承租人应当将短期租赁和低价值资产租赁的租赁付款额，在租赁期内各个期间按照直线法或其他系统合理的方法计入相关资产成本或当期损益。其他系统合理的方法能够更好地反映承租人的受益模式的，承租人应当采用该方法。

1. 短期租赁

租赁准则规定，短期租赁，是指在租赁期开始日，租赁期不超过12个月的租赁。包含购买选择权的租赁不属于短期租赁。

对于短期租赁，承租人可以按照租赁资产的类别作出采用简化会计处理的选择。如果承租人对某类租赁资产作出了简化会计处理的选择，未来该类资产下所有的短期租赁都应采用简化会计处理。某类租赁资产是指企业运营中具有类似性质和用途的一组租赁资产。

按照简化会计处理的短期租赁发生租赁变更或者其他原因导致租赁期发生变化的，承租人应当将其视为一项新租赁，重新按照上述原则判断该项新租赁是否可以选择简化会计处理。

例 21-44　承租人与出租人签订了一份租赁合同，约定不可撤销期间为9个月，且承租人拥有4个月的续租选择权。在租赁期开始日，承租人判断可以合理确定将行使续租选择权，因为续租期的月租赁付款额明显低于市场价格。在此情况下，承租人确定租赁期为13个月，不属于短期租赁，承租人不能选择上述简化会计处理。

2. 低价值资产租赁

低价值资产租赁，是指单项租赁资产为全新资产时价值较低的租赁。承租人在判断是否是低价值资产租赁时，应基于租赁资产的全新状态下的价值进行评估，不应考虑资产已被使用的年限。

对于低价值资产租赁，承租人可根据每项租赁的具体情况作出简化会计处理选择。低价值资产同时还应满足租赁准则第十条的规定，即：只有承租人能够从单独使用该低价值资产或将其与承租人易于获得的其他资源一起使用中获利，且该项资产与其他租赁资产没有高度依赖或高度关联关系时，才能对该资产租赁选择进行简化会计处理。

低价值资产租赁的标准应该是一个绝对金额，即仅与资产全新状态下的绝对价值有关，不受承租人规模、性质等影响，也不考虑该资产对于承租人或相关租赁交易的重要性。常见的低价值资产如平板电脑、普通办公家具、电话等小型资产。

但是，如果承租人已经或者预期要把相关资产进行转租赁，则不能将原租赁按照低价值资产租赁进行简化会计处理。值得注意的是，符合低价值资产租赁的，也并不代表承租人若采取购入方式取得该资产时该资产不符合固定资产确认条件。

例 21-45 承租人与出租人签订了一份租赁合同，约定的租赁资产包括：（1）IT 设备，包括供员工个人使用的笔记本电脑、台式电脑、平板电脑、桌面打印机和手机等；（2）服务器，其中包括增加服务器容量的单独组件，这些组件根据承租人需要陆续添加到大型服务器以增加服务器存储容量；（3）办公家具，如桌椅和办公隔断等；（4）饮水机。

通常，办公笔记本电脑全新时的单独价格不超过人民币 10 000 元，台式电脑、平板电脑、桌面打印机和手机全新时的单独价格不超过人民币 5 000 元，普通办公家具的单独价格不超过人民币 1 000 元，饮水机的单独价格不超过人民币 1 000 元，服务器单个组件的单独价格不超过人民币 10 000 元。

分析：上述租赁资产中，各种 IT 设备、办公家具、饮水机都够单独使承租人获益，且与其他租赁资产没有高度依赖或高度关联关系。通常情况下，符合低价值资产租赁的资产全新状态下的绝对价值应低于人民币 40 000 元。本例中，承租人将 IT 设备、办公具、饮水机作为低价值租赁资产，选择按照简化方法进行会计处理。对于服务器中的组件，尽管单个组件的单独价格较低，但由于每组件都与服务器中的其他部分高度相关，承租人若不租赁服务器不会租赁这些组件，不构成单独的租赁部分，因此不能作为低价租赁资产进行会计处理。

四、出租人会计处理

（一）出租人使用的相关会计科目

1.“融资租赁资产”科目

本科目核算租赁企业作为出租人为开展融资租赁业务取得资产的成本，期末借方余额反映企业融资租赁资产的成本。出租人可按租赁资产类别和项目进行明细核算。租赁业务不多的企业，也可通过“固定资产”等科目核算。租赁企业和其他企业对于融资租赁资产在未融资租赁期间的会计处理遵循固定资产准则或其他适用的会计准则。主要账务处理：

（1）出租人购入和以其他方式取得融资租赁资产的，借记本科目，贷记“银行存款”等科目。

（2）在租赁期开始日，出租人应当按尚未收到的租赁收款额，借记“应收融资租赁款——租赁收款额”科目，按预计租赁期结束时的未担保余值，借记“应收融资租赁款——未担保余值”科目，按已经收取的租赁款，借记“银行存款”等科目，按融资租赁方式租出资产的账面价值，贷记本科目；融资租赁方式租出资产的公允价值与账面价值的差额，借记或贷记“资产处置损益”科目；按发生的初始直接费用，贷记“银行存款”等科目；差额贷记“应收融资租赁款——未实现融资收益”科目。

2.“应收融资租赁款”科目

本科目核算出租人融资租赁产生的租赁投资净额，期末借方余额反映未担保余值和尚未收到的租赁收款额的现值之和，在“长期应收款”项目中填列，其中，自资产负债表日起一年内（含一年）到期的，在“一年内到期的非流动资产”项目中填列。出租业务较多的出租人，也可在“长期应收款”项目下单独列示为“其中：应收融资租赁款”。

出租人可分别设置“租赁收款额”“未实现融资收益”“未担保余值”等科目进行明细核算。租赁业务较多的，出租人还可以在“租赁收款额”明细科目下进一步设置明细科目核算。主要账务处理：

（1）在租赁期开始日，出租人应当按尚未收到的租赁收款额，借记“应收融资租赁款——租赁收款额”科目，按预计租赁期结束时的未担保余值，借记“应收融资租赁款——未担保余值”科目，按已经收取的租赁款，借记“银行存款”等科目，按融资租赁方式租出资产的账面价值，贷记“融资租赁资产”等科目，按融资租赁方式租出资产的公允价值与其账面价值的差额，借记或贷记“资产处置损益”科目，按发生的初始直接费用，贷记“银行存款”等科目，差额贷记“应收融资租赁款——未实现融资收益”科目。

企业认为有必要对发生的初始直接费用进行单独核算的，也可以按照发生的初始直接费用的金额，借记“应收融资租赁款——初始直接费用”科目，贷记“银行存款”等科目；然后借记“应收融资租赁款——未实现融资收益”科目，贷记“应收融资租赁款——初始直接费用”科目。

（2）出租人在确认租赁期内各个期间的利息收入时，应当借记“应收融资租赁款——未实现融资收益”科目，贷记“租赁收入——利息收入”“其他业务收入”等科目。

（3）出租人收到租赁收款额时，应当借记“银行存款”科目，贷记“应收融资租赁款——租赁收款额”科目。

3.“应收融资租赁款减值准备”科目

本科目核算应收融资租赁款的减值准备，期末贷方余额反映应收融资租赁款的累计减值准备金额，主要账务处理：

应收融资租赁款的预期信用损失，按应减记的金额，借记“信用减值损失”科目，贷记本科目；转回已计提的减值准备时，作相反的会计分录。

4.“租赁收入”科目

本科目核算租赁企业作为出租人确认的融资租赁和经营租赁的租赁收入，期末应将本科目余额转入“本年利润”科目，结转后本科目无余额。一般企业根据自身业务特点确定租赁收入的核算科目，例如“其他业务收入”等，对于日常经营活动为租赁的企业，其利息收入和租赁收入可以作为营业收入列报；出租人可按租赁资产类别和项目进行明细核算，主要账务处理：

（1）出租人在经营租赁下，将租赁收款额采用直线法或其他系统合理的方法在租赁期内进行分摊确认时，应当借记“银行存款”“应收账款”等科目，贷记“租赁收入——经营租赁收入”科目。

出租人在融资租赁下，在确认租赁期内各个期间的利息收入时，应当借记“应收融资租赁款——未实现融资收益”科目，贷记“租赁收入——利息收入”“其他业务收入”等科目。出租人为金融企业的，在融资租赁下，在确认租赁期内各个期间的利息收入时，应当借记“应收融资租赁款——未实现融资收益”科目，贷记“利息收入”等科目。

（2）出租人确认未计入租赁收款额的可变租赁付款额时，应当借记“银行存款”“应收账款”等科目，贷记“租赁收入——可变租赁付款额”科目。

（二）出租人的租赁分类

1.融资租赁和经营租赁

租赁准则规定，出租人应当在租赁开始日将租赁分为融资租赁和经营租赁。租赁开始日，是指租赁合同签署日与租赁各方就主要租赁条款作出承诺日中的较早者。租赁开始日可能早于租赁期开始日，也可能与租赁期开始日重合。

一项租赁属于融资租赁还是经营租赁取决于交易的实质，而不是合同的形式。如果一项租赁实质上转移了与租赁资产所有权有关的几乎全部风险和报酬，出租人应当将该项租赁分类为融资租赁。出租人应当将除融资租赁以外的其他租赁分类为经营租赁。

在租赁准则中，出租人的租赁分类是以租赁转移与租赁资产所有权相关的风险和报酬的程度为依据的。风险包括由于生产能力的闲置或技术陈旧可能造成的损失，以及由于经济状况的改变可能造成的回报变动。报酬可以表现为在租赁资产的预期经济寿命期间经营的盈利以及因增值或残值变现可能产生的利得。

租赁开始日后，除非发生租赁变更，出租人无需对租赁的分类进行重新评估。租赁资产预计使用寿命、预计余值等会计估计变更或发生承租人违约等情况变化的，出租人不对租赁进行重分类。

租赁合同可能包括因租赁开始日与租赁期开始日之间发生的特定变化而需对租赁付款额进行调整的条款与条件，例如，出租人标的资产的成本发生变动，或出租人对该租赁的融资成本发生变动。在此情况下，出于租赁分类目的，此类变动的影响均视为在租赁开始日已发生。

2. 融资租赁的分类标准

一项租赁存在下列一种或多种情形的，通常分类为融资租赁：

（1）在租赁期届满时，租赁资产的所有权转移给承租人，即：如果在租赁协议中已经约定，或者根据其他条件，在租赁开始日就可以合理地判断、租赁期届满时出租人会将资产的所有权转移给承租人、那么该项租赁通常分类为融资租赁。

（2）承租人有购买租赁资产的选择权，所订立的购买价款预计将远低于行使选择权时租赁资产的公允价值，因而在租赁开始日就可以合理确定承租人将行使该选择权。

（3）资产的所有权虽然不转移，但租赁期占租赁资产使用寿命的大部分。实务中，这里的“大部分”一般指租赁期占租赁开始日租赁资产使用寿命的75%以上（含75%）。需要说明的是，这里的量化标准只是指导性标准。企业在具体运用时，必须以准则规定的相关条件进行综合判断。这条标准强调的是租赁期占租赁资产使用寿命的比例，而非租赁期占该项资产全部可使用年限的比例。如果租赁资产是旧资产，在租赁前已使用年限超过资产自全新时起算可使用年限的75%以上时，则这条判断标准不适用，不能使用这条标准确定租赁的分类。

（4）在租赁开始日，租赁收款额的现值几乎相当于租赁资产的公允价值。实务中，这里的“几乎相当于”，通常掌握在90%以上。需要说明的是，这里的量化标准只是指导性标准，企业在具体运用时，必须以准则规定的相关条件进行综合判断。

（5）租赁资产性质特殊，如果不作较大改造，只有承租人才能使用。租赁资产由出租人根据承租人对资产型号、规格等方面的特殊要求专门购买或建造的，具有专购、专用性质。这些租赁资产如果不作较大的重新改制，其他企业通常难以使用。这种情况下，通常也分类为融资租赁。

一项租赁存在下列一项或多项迹象的，也可能分类为融资租赁：

（1）若承租人撤销租赁，撤销租赁对出租人造成的损失由承租人承担。

（2）资产余值的公允价值波动所产生的利得或损失归属于承租人。例如，租赁结束时，出租人以相当于资产销售收益的绝大部分金额作为对租金的退还，说明承租人承担了租赁资产余值的几乎所有风险和报酬。

（3）承租人有能力以远低于市场水平的租金继续租赁至下一期间。此经济激励政策与购买选择权类似，如果续租选择权行权价远低于市场水平，可以合理确定承租人将继续租赁至下一期间。

值得注意的是，出租人判断租赁类型时，上述情形和迹象并非总是决定性的，而是应综合考虑经济激励的有利方面和不利方面。若有其他特征充分表明，租赁实质上没有转移与租赁资产所有权相关的几乎全部风险和报酬，则该租赁应分类为经营租赁。例如，若租赁资产的所有权在租赁期结束时是以相当于届时其公允价值的可变付款额转让至承租人，或者因存在可变租赁付款额导致出租人实质上没有转移几乎全部风险和报酬，就可能出现这种情况。

（三）出租人对融资租赁的会计处理

1. 初始计量

租赁准则规定，在租赁期开始日，出租人应当对融资租赁确认应收融资租赁款，并终止确认融资租赁资产。出租人对应收融资租赁款进行初始计量时，应当以租赁投资净额作为应收融资租赁款的入账价值。

租赁投资净额为未担保余值和租赁期开始日尚未收到的租赁收款额按照租赁内含利率折现的现值之和。租赁内含利率，是指使出租人的租赁收款额的现值与未担保余值的现值之和（即租赁投资净额）等于租赁资产公允价值与出租人的初始直接费用之和的利率。

因此，出租人发生的初始直接费用包括在租赁投资净额中，也即包括在应收融资租赁款的初始入账价值中。

租赁收款额是指出租人因让渡在租赁期内使用租赁资产的权利而应向承租人收取的款项，包括：

（1）承租人需支付的固定付款额及实固定付款额。存在租赁激励的，应当扣除租赁激励相关金额。

（2）取决于指数或比率的可变租赁付款额。该款项在初始计量时根据租赁期开始日的指数或比率确定。

（3）购买选择权的行权价格，前提是合理确定承租人将行使该选择权。

（4）承租人行使终止租赁选择权需支付的款项，前提是租赁期反映出承租人将行使终止租赁选择权。

（5）由承租人、与承租人有关的一方以及有经济能力履行担保义务的独立第三方向出租人提供的担保余值。

例 21-46 2×19 年 12 月 1 日，A 公司与 B 公司签订了一份租赁合同，从 B 公司租入塑钢机一台。租赁合同主要条款如下。

（1）租赁资产：全新塑钢机。

（2）租赁期开始日：2×20 年 1 月 1 日。

（3）租赁期：2×20 年 1 月 1 日至 2×25 年 12 月 31 日，共 72 个月。

（4）固定租金支付：自 2×20 年 1 月 1 日，每年年末支付租金 160 000 元。如果 A 公司能够在每年年末的最后一天及时付款，则给予减少租金 10 000 元的奖励。

（5）取决于指数或比率的可变租赁付款额：租赁期限内，如遇中国人民银行贷款基准利率调整时，出租人将对租赁利率作出同方向、同幅度的调整。基准利率调整日之前各期和调整日当期租金不变，从下一期租金开始按调整后的租金金额收取。

（6）租赁开始日租赁资产的公允价值：该机器在 2×19 年 12 月 31 日的公允价值为 700 000 元，账面价值为 600 000 元。

（7）初始直接费用：签订租赁合同过程中 B 公司发生可归属于租赁项目的手续费、佣金 10 000 元。

（8）承租人的购买选择权：租赁期届满时，A 公司享有优惠购买该机器的选择权，购买价为 20 000 元，估计该日租赁资产的公允价值为 80 000 元。

（9）取决于租赁资产绩效的可变租赁付款额：2×21 年和 2×22 年两年，A 公司每年按该机器所生产的产品——塑钢窗户的年销售收入的 5% 向 B 公司支付。

（10）承租人的终止租赁选择权：A 公司享有终止租赁选择权。在租赁期间，如果 A 公司终止租赁，需支付的款项为剩余租赁期间的固定租金支付金额。

（11）担保余值和未担保余值均为 0。

（12）全新塑钢机的使用寿命为 7 年。

分析：出租人 B 公司的会计处理如下。

第一步，判断租赁类型。

本例存在优惠购买选择权，优惠购买价 20 000 元远低于行使选择权日租赁资产的公允价值 80 000 元，因此在 2×19 年 12 月 31 日就可合理确定 A 公司将会行使这种选择权。另外，在本例中，租赁期6年，占租赁开始日租赁资产使用寿命的86%（占租赁资产使用寿命的大部分）。同时，B公司综合考虑其他各种情形和迹象，认为该租赁实质上转移了与该项设备所有权有关的几乎全部风险和报酬，因此将这项租赁认定为融资租赁。

第二步，确定租赁收款额。

（1）承租人的固定付款额为考虑扣除租赁激励后的金额为900 000元［（160 000 － 10 000）× 6］。

（2）取决于指数或比率的可变租赁付款额。该款项在初始计量时根据租赁期开始日的指数或比率确定，本例题在租赁期开始日对此不作考虑。

（3）承租人购买选择权的行权价格。租赁期届满时，A公司享有优惠购买该机器的选择权，购为20 000元，估计该日租赁资产的公允价值为80 000元。优惠价20 000元远低于行使选择权日租赁资产的公允价值，因此在2×19年12月31日就可合理确定A公司将会行使这种选择权。

结论：租赁付款额中应包括承租人购买选择权的行权20 000元。

（4）终止租赁的罚款。虽然A公司享有终止租赁选择权，但若终止租赁，A公司付的款项为剩余租赁期间的固定租金支付金额。

结论：根据上述条款，可以合理确定A公司不会行使终止选择权。

（5）由承租人向出租人提供的担保余值：A公司向B公司的担保余值为0。

综上所述，租赁收款额为920 000元（900 000+20 000）。

第三步，确认租赁投资总额。

租赁投资总额＝在融资租赁下出租人应收的租赁收款额＋担保余值＝ 920 000 ＋ 0 ＝ 920 000（元）

第四步，确认租赁投资净额的金额和未实现融资收益。

租赁投资净额＝租赁资产在租赁期开始日公允价值＋出租人发生的租赁初始直接费用＝700 000＋10 000＝710 000（元）

未实现融资收益＝租赁投资总额－租赁投资净额＝920 000－710 000＝210 000（元）

第五步，计算租赁内含利率。租赁内含利率是使租赁投资总额的现值（即租赁投资净额）等于租赁资产在租赁开始日的公允价值与出租人的初始直接费用之和的利率。

本例中列出公式：150 000×（P/A，r，6）＋20000×（P/F，r，6）＝710 000（元），计算得到租赁的内含利率为7.82%。

第六步，账务处理。

2×20年1月1日：

借：应收融资租赁款——租赁收款额	920 000
贷：银行存款	10 000
融资租赁资产	600 000
资产处置损益	100 000
应收融资租赁款——未实现融资收益	210 000

若某融资租赁合同必须以收到租赁保证金为生效条件，出租人收到承租人交来的租赁保证金，借记“银行存款”科目，贷记“其他应收款——租赁保证金”科目。承租人到期不交租金，以保证金抵作租金时，借记“其他应收款——租赁保证金”科目，贷记“应收融资租赁款”科目。承租人违约，按租赁合同或协议规定没收保证金时，借记“其他应收款——租赁保证金”科目，贷记“营业外收入”等科目。

2. 融资租赁的后续计量

出租人应当按照固定的周期性利率计算并确认租赁期内各个期间的利息收入。该周期性利率是按照租赁准则第三十八条规定所采用的折现率，或者按照租赁准则第四十四条规定所采用的修订后的折现率。

例 21-47 沿用例 21-46，以下说明出租人如何确认计量租赁期内各期间的利息收入。

分析：

第一步，计算租赁期内各期的利息收入（如表 21-05 所示）。

表 21-05　租赁期内各期利息收入

单位：元

日期 ①	租金 ②	确认的利息收入 ③=期初④ ×7.82%	租赁投资净额余额 期末④=期初④-②+③
2×20 年 1 月 1 日	150 000		710 000
2×20 年 12 月 31 日	150 000	55 522	615 522
2×21 年 12 月 31 日	150 000	48 134	513 656
2×22 年 12 月 31 日	150 000	40 168	403 824
2×23 年 12 月 31 日	150 000	31 579	285 403
2×24 年 12 月 31 日	150 000	22 319	157 722
2×25 年 12 月 31 日	150 000	12 278*	20 000
2×25 年 12 月 31 日	20 000		
合计	920 000	210 000	

注：*作尾数调整12 278=150 000+20 000-157 722。

第二步，账务处理如下。

2×20 年 12 月 31 日，收到第一期租金时：

借：银行存款　　150 000

　　贷：应收融资租赁款——租赁收款额　　150 000

借：应收融资租赁款——未实现融资收益　　55 522

　　贷：租赁收入　　55 522

2×21 年 12 月 31 日，收到第二期租金：

借：银行存款　　150 000

　　贷：应收融资租赁款——租赁收款额　　150 000

借：应收融资租赁款——未实现融资收益　　48 134

　　贷：租赁收入　　48 134

租赁准则规定，纳入出租人租赁投资净额的可变租赁付款额只包含取决于指数或比率的可变租赁付款额。在初始计量时，应当采用租赁期开始日的指数或比率进行初始计量。出租人应定期复核计算租赁投资总额时所使用的未担保余值。若预计未担保余值降低，出租人应修改租赁期内的收益分配，并立即确认预计的减少额。

出租人取得的未纳入租赁投资净额计量的可变租赁付款额，如与资产的未来绩效或使用情况挂钩的可变租赁付款额，应当在实际发生时计入当期损益。

例 21-48 沿用例 21-46，假设 2×21 年和 2×22 年，A 公司分别实现塑钢窗户年销售收入 1 000 000 和 1 500 000 元。根据租赁合同，B 公司 2×21 年和 2×22 年应向 A 公司收取的与销售收入挂钩的租金分别为 50 000 元和 75 000 元。

分析：

会计分录如下。

2×21 年：

借：银行存款（或应收账款） 50 000

贷：租赁收入 50 000

2×22 年：

借：银行存款（或应收账款） 75 000

贷：租赁收入 75 000

例 21-49 沿用例 21-46，租赁期届满时的处理——承租人行使购买权。

分析：

借：银行存款 20 000

贷：应收融资租赁款——租赁收款额 20 000

3. 融资租赁变更的会计处理

租赁准则规定、融资租赁发生变更且同时符合下列条件的，出租人应当将该变更作为一项单独租赁进行会计处理：

（1）该变更通过增加一项或多项租赁资产的使用权而扩大了租赁范围或延长了租赁期限；

（2）增加的对价与租赁范围扩大部分或租赁期限延长部分的单独价格按该合同情况调整后的金额相当。

例 21-50 承租人就某套机器设备与出租人签订了一项为期 5 年的租赁，构成融资租赁。在第 2 年年初，承租人和出租人同意对原租赁进行修改，再增加 1 套机器设备用于租赁，租赁期也为 5 年。扩租的设备从第 2 年第二季度末时可供承租人使用。租赁总对价的增加额与新增的该套机器设备的当前出租市价扣减相关折扣相当。其中，折扣反映了出租人节约的成本，即若将同样设备租赁给新租户出租人会发生的成本，如营销成本等。

分析：此情况下，该变更通过增加一项或多项租赁资产的使用权而扩大了租赁范围，增加的对价与租赁范围扩大部分的单独价格按该合同情况调整后的金额相当，应将该变更作为一项新的租赁。

租赁准则规定，如果融资租赁的变更未作为一项单独租赁进行会计处理，且满足假如变更在租赁开始日生效，该租赁会被分类为经营租赁条件的，出租人应当自租赁变更生效日开始将其作为一项新租赁进行会计处理，并以租赁变更生效日前的租赁投资净额作为租赁资产的账面价值。

例 21-51 承租人就某套机器设备与出租人签订了一项为期 5 年的租赁，构成融资租赁。合同规定，每年末承租人向出租人支付租金 10 000 元，租赁期开始日，出租资产公允价值为 37 908 元。按照公式：10 000×（P/A，r，5）＝37 908（元），计算得出租赁内含利率 10%，租赁收款额为 50 000 元，未确认融资收益为 12 092 元。在第 2 年年初，承租人和出租人同意对原租赁进行修改，缩短租赁期限到第三年年末，每年支付租金时点不变，租金总额从 50 000 元变更到 33 000 元。假设本例中不涉及未担保余值、担保余值、终止租赁罚款等。

分析：本例中，如果原租赁期限设定为3年，在租赁开始日，租赁类别被分类为经营租赁。那么，在租赁变更生效日，即第2年年初，出租人将租赁投资净额余额31 699元（37 908＋37 908×10%－10 000）作为该套机器设备的入账价值，并从第2年年初开始，作为一项新的经营租赁（2年租赁期，每年末收取租金11 500元）进行会计处理。

第二年年初会计分录如下：

借：固定资产　　31 699

　　应收融资租赁款——未确认融资收益（12 092 － 37 908×10%）　　8 301

　　贷：应收融资租赁款——租赁收款额（50 000－10 000）　　40 000

如果融资租赁的变更未作为一项单独租赁进行会计处理，且满足假如变更在租赁开始日生效，该租赁会被分类为融资租赁条件的，出租人应当按照《企业会计准则第 22 号——金融工具确认和计量》（2017）第四十二条关于修改或重新议定合同的规定进行会计处理，即：修改或重新议定租赁合同，未导致应收融资租赁款终止确认，但导致未来现金流量发生变化的，应当重新计算该应收融资租赁款的账面余额，并将相关利得或损失计入当期损益。重新计算应收融资租赁款账面余额时，应当根据重新议定或修改的租赁合同现金流量按照应收融资租赁款的原折现率或按照《企业会计准则第 24 号——套期会计》（2017）第二十三条规定重新计算的折现率（如适用）折现的现值确定。对于修改或重新议定租赁合同所产生的所有成本和费用，企业应当调整修改后的应收融资租赁款的账面价值，并在修改后的应收融资租赁款的剩余期限内进行摊销。

例21-52 承租人就某套机器设备与出租人签订了一项为期5年的租赁，构成融资租赁。合同规定，每年年末承租人向出租人支付租金 10 000 元、租赁开始日租赁资产公允价值为 37 908 元，如例 21-51，租赁内含利率 10%。在第 2 年年初，承租人和出租人因为设备适用性等原因同意对原租赁进行修改，从第二年开始，每年支付租金额为 9 500 元、租金总额从 50 000 元变更到 48 000 元。

分析：如果此付款变更在租赁开始日生效，租赁类别仍被分类为融资租赁，那么，在租赁变更生效日至第2年年初，按10%原租赁内含利率重新计算租赁投资净额为30 114元［9500×（P/A，10%，4）］，与原租赁投资净额账面余额31 699元的差额1 585元（其中“应融资租赁款——租赁收款额”减少2 000元，“应收融资租赁款——未确认融资收益”减少415元）计入当期损益。

第二年年初会计分录如下：

借：租赁收入　　1 585

　　应收融资租赁款——未确认融资收益　　415

　　贷：应收融资租赁款——租赁收款额　　2 000

（四）出租人对经营租赁的会计处理

1. 租金的处理

在租赁期内各个期间，出租人应采用直线法或者其他系统合理的方法将经营租赁的租赁收款额确认为租金收入。如果其他系统合理的方法能够更好地反映因使用租赁资产所产生经济利益的消耗模式的，则出租人应采用该方法。

2. 出租人对经营租赁提供激励措施

出租人提供免租期的，出租人应将租金总额在不扣除免租期的整个租赁期内，按直线法或其他合理的方法进行分配，免租期内应当确认租金收入。出租人承担了承租人某些费用的，出租人应将该费用自租金收入总额中扣除，按扣除后的租金收入余额在租赁期内进行分配。

3. 初始直接费用

出租人发生的与经营租赁有关的初始直接费用应当资本化至租赁标的资产的成本，在租赁期内按照与租金收入相同的确认基础分期计入当期损益。

4. 折旧和减值

对于经营租赁资产中的固定资产，出租人应当采用类似资产的折旧政策计提折旧；对于其他经营租赁资产，应当根据该资产适用的企业会计准则，采用系统合理的方法进行摊销。

出租人应当按照《企业会计准则第 8 号——资产减值》的规定，确定经营租赁资产是否发生减值，并对已识别的减值损失进行会计处理。

5. 可变租赁付款额

出租人取得的与经营租赁有关的可变租赁付款额，如果是与指数或比率挂钩的，应在租赁期开始日计入租赁收款额；除此之外的，应当在实际发生时计入当期损益。

6. 经营租赁的变更

租赁准则规定，经营租赁发生变更的，出租人应自变更生效日开始，将其作为一项新的租赁进行会计处理，与变更前租赁有关的预收或应收租赁收款额视为新租赁的收款额。

五、特殊租赁业务的会计处理

（一）转租赁

在转租情况下，原租赁合同和转租赁合同通常都是单独协商的，交易对手也是不同的企业。租赁准则要求转租出租人对原租赁合同和转租赁合同分别根据承租人和出租人会计处理要求，进行会计处理。

承租人在对转租赁进行分类时，转租出租人应基于原租赁中产生的使用权资产，而不是租赁资产（如作为租赁对象的不动产或设备）进行分类。原租赁资产不归转租出租人所有，原租赁资产也未计入其资产负债表。因此，转租出租人应基于其控制的资产（即使用权资产）进行会计处理：

原租赁为短期租赁，且转租出租人作为承租人已按照租赁准则采用简化会计处理方法的，应将转租赁分类为经营租赁。

例 21-53 A 公司（原租赁承租人）与 B 公司（原租赁出租人）就 5 000 平方米办公场所签订了一项为期 5 年的租赁（原租赁）。在第 3 年年初，A 公司将该 5 000 平方米办公场所转租给丙企业，期限为原租赁的剩余 3 年时间（转租赁）。假设不考虑初始直接费用。

分析：A 公司应基于原租赁形成的使用权资产对转租赁进行分类。本例中，转租赁的期限覆盖了原租赁的所有剩余期限，综合考虑其他因素，A 公司判断其实质上转移了与该项使用权资产有关的几乎全部风险和报酬，A 公司将该项转租赁分类为融资租赁。

A 公司的会计处理为：（1）终止确认与原租赁相关且转给丙企业（转租承租人）的使用权资产，并确认转租赁投资净额；（2）将使用权资产与转租赁投资净额之间的差额确认为损益；（3）在资产负债表中保留原租赁的租赁负债，该负债代表应付原租赁出租人的租赁付款额。在转租期间，中间出租人既要确认转租赁的融资收益，也要确认原租赁的利息费用。

例 21-54 A 公司（原租赁承租人）与 B 公司（原租赁出租人）就 5 000 平方米办公场所签订了一项为期 5 年的租赁（原租赁）。在原租赁的租赁期开始日，A 公司将该 5 000 平方米办公场所转租给丙企业，期限为两年（转租赁）。

分析：A 公司基于原租赁形成的使用权资产对转租赁进行分类，考虑各种因素后，将其分类为经营租赁。签订转租赁时，中间出租人在其资产负债表中继续保留与原租赁相关的租赁负债和使用权资产。在转租期间，A 公司确认使用权资产的折旧费用和租赁负债的利息，并确认转租赁的租赁收入。

（二）生产商或经销商出租人的融资租赁会计处理

生产商或经销商通常为客户提供购买或租赁其产品或商品的选择。如果生产商或经销商出租其产品或商品构成融资租赁，则该交易产生的损益应相当于按照考虑适用的交易量或商业折扣后的正常售价直接销售标的资产所产生的损益。构成融资租赁的，生产商或经销商出租人在租赁期开始日应当按照租赁资产公允价值与租赁收款额按市场利率折现的现值两者孰低确认收入，并按照租赁资产账面价值扣除未担保余值的现值后的余额结转销售成本，收入和销售成本的差额作为销售损益。

由于取得融资租赁所发生的成本主要与生产商或经销商赚取的销售利得相关，生产商或经销商出租人应当在租赁期开始日将其计入损益。与其他融资租赁出租人不同，生产商或经销商出租人取得融资租赁所发生的成本不属于初始直接费用，不计入租赁投资净额。

例 21-55 A公司是一家设备生产商，与B公司（生产型企业）签订了一份租赁合同，向B公司出租所生产的设备，合同主要条款如下：（1）租赁资产：设备A；（2）租赁期：2×19年1月1日至2×21年12月31日，共3年；（3）租金支付：自2×19年起每年年末支付年租金1 000 000元；（4）租赁合同规定的利率：5%（年利率），与市场利率相同；（5）该设备于2×19年1月1日的公允价值为2 700 000元，账面价值为2 000 000元；（6）A公司取得该租赁发生的相关成本为5 000元；（7）该设备于2×19年1月1日交付B公司，预计使用寿命为8年，无残值；租赁期届满时，B公司可以100元购买该设备，预计租赁到期日该设备的公允价值不低于1 500 000元，B公司对此金额提供担保；租赁期内该设备的保险、维修等费用均由B公司自行承担。假设不考虑其他因素和各项税费影响。

分析：

第一步，判断租赁类型。本例中租赁期满B公司可以远低于租赁到期日租赁资产公允价值的金额购买租赁资产，A公司认为其可以合理确定B公司将行使购买选择权，综合考虑其他因素，与该项资产所有权有关的几乎所有风险和报酬已实质转移给B公司，因此A公司将该租赁认定为融资租赁。

第二步，计算租赁期开始日租赁收款额按市场利率折现的现值，确定收入金额。

租赁收款额＝租金×期数＋购买价格＝1 000 000×3＋100＝3 000 100（元）

租赁收款额按市场利率折现的现值＝1 000 000×（P/A，5%，3）＋100×（P/F，5%，3）＝2 723 286（元）

按照租赁资产公允价值与租赁收款额按市场利率折现的现值两者孰低的原则，确认收入为2 700 000元。

第三步，计算租赁资产账面价值扣除未担保余值的现值后的余额，确定销售成本金额。

销售成本＝账面价值－未担保余值的现值＝2 000 000－0＝2000 000（元）

第四步，账务处理。

2×19年1月1日（租赁期开始日）：

借：应收融资租赁款——租赁收款额	3 000 100	
贷：营业收入		2 700 000
应收融资租赁款——未实现融资收益		300 100
借：营业成本	2 000 000	
贷：存货		2 000 000
借：销售费用	5 000	
贷：银行存款		5 000

由于A公司在确定营业收入和租赁投资净额（即应收融资租赁款）时，是基于租赁资产的公允价值，因此，A公司需要根据租赁收款额、未担保余值和租赁资产公允价值重新计算租赁内含利率，即：1 000 000×（P/A，r，3）＋100×（P/F，r，3）＝2700 000（元），r＝5.4606%≈5.46%，计算租赁期内各期分摊的融资收益如表21-06所示。

表 21-06 租赁期内各期分摊的融资收益

单位：元

日期	收取租赁款项 ①	确认的融资收入 ②＝期初④×5.460 6%	应收租赁款减少额 ③＝①－②	应收租赁款净额 期末④＝期初④－③
2×19年1月1日	1 000 000			2 700 000
2×19年12月31日	1 000 000	147 436	852 564	1 847 436
2×20年12月31日	1 000 000	100 881	899 119	948 317

（续表）

日期	收取租赁款项 ①	确认的融资收入 ②=期初④ ×5.460 6%	应收租赁款减少额 ③=①-②	应收租赁款净额 期末④=期初④-③
2×21 年 12 月 31 日	1 000 000	51 783*	948 217*	100
2×21 年 12 月 31 日	100		100	
合计	3 000 100	300 100	2 700 000	

注：*作尾数调整，51 783=1 000 000-948 217，948 217=948 317-100。

2×19 年 12 月 31 日会计分录：

借：应收融资租赁款——未实现融资收益　　147 436

　　贷：租赁收入　　147 436

借：银行存款　　1 000 000

　　贷：应收融资租赁款——租赁收款额　　1 000 000

2×20 年 12 月 31 日和 2×21 年 12 月 31 日会计分录略。

例 21-56 A 公司是一家设备生产商，与 B 公司（生产型企业）签订了一份租赁合同，向 B 公司出租所生产的设备，合同主要条款如下：（1）租赁资产：设备 A；（2）租赁期：2×19 年 1 月 1 日至 2×25 年 12 月 31 日，共 7 年；（3）租金支付：自 2×19 年起每年末支付年租金 475 000 元；（4）租赁合同规定的利率：6%（年利率），与市场利率相同；（5）该设备于 2×19 年 1 月 1 日的公允价值为 2 700 000 元，账面价值为 2 000 000 元，A 公司认为租赁到期时该设备余值为 72 800 元，B 公司及其关联方未对余值提供担保；（6）A 公司取得该租赁发生的相关成本为 5 000 元；（7）该设备于 2×19 年 1 月 1 日交付 B 公司，预计使用寿命为 7 年；租赁期内该设备的保险、维修等费用均由 B 公司自行承担。假设不考虑其他因素和各项税费影响。

分析：

第一步，判断租赁类型。

本例中租赁期与租赁资产预计使用寿命一致，另外租赁收款额的现值为 2 651 600 元（计算过程见后），约为租赁资产公允价值的 98%。

综合考虑其他因素，A 公司认为与该项资产所有权有关的几乎所有风险和报酬已实质转移给 B 公司，所以将该租赁认定为融资租赁。

第二步，计算租赁期开始日租赁收款额按市场利率折现的现值，确定收入金额。

租赁收款额=租金×期数=475 000×7=3 325 000（元）

租赁收款额按市场利率折现的现值=475 000×（P/A，6%，7）=2 651 600（元）

按照租赁资产公允价值与租赁收款额按市场利率折现的现值两者孰低的原则，确认收入为 2 651 600 元。

注：475 000×（P/A，6%，7）= 2 651 640（元），为便于计算，作尾数调整，取 2 651 600 元。

第三步，计算租赁资产账面价值扣除未担保余值的现值后的余额，确定销售成本金额。

未担保余值的现值=72 800×（P/F，6%，7）=48 400（元）

注：72 800×（P/F，6%，7）=48 412元，为便于计算，作尾数调整，取48 400元。

销售成本=账面价值-未担保余值的现值=2 000 000-48 400= 1951 600（元）

第四步，账务处理如下。

2×19 年 1 月 1 日（租赁期开始日）：

借：应收融资租赁款——租赁收款额 3 325 000

　　贷：营业收入 2 651 600

　　　　应收融资租赁款——未实现融资收益 673 400

借：营业成本 1 951 600

　　应收融资租赁款——未担保余值 72 800

　　贷：存货 2 000 000

　　　　应收融资租赁款——未实现融资收益 24 400

借：销售费用 5 000

　　贷：银行存款 5 000

由于 A 公司在确定营业收入和租赁投资净额（即应收融资租赁款）时，是基于租赁收款额按市场利率折现的现值，因此，A 公司无需重新计算租赁内含利率。A 公司按上述折现率 6% 计算租赁期内各期分摊的融资收益如表 21-07 所示。

表 21-07　租赁期内各期分摊的融资收益

单位：元

日期	收取租赁款项 ①	确认的融资收入* ②=期初④ ×6%	应收租赁款减少额 ③=②-①	应收租赁款净额 ④=期初④-③
2×19 年 1 月 1 日				2 700 000
2×19 年 12 月 31 日	475 000	162 000	313 000	2 387 000
2×20 年 12 月 31 日	475 000	143 220	331 780	2 055 220
2×21 年 12 月 31 日	475 000	123 313	351 687	1 703 533
22 年 12 月 31 日	475 000	102 212	372 788	1 330 745
2×23 年 12 月 31 日	475 000	79 845	395 155	935 590
2×24 年 12 月 31 日	475 000	56 135	418 865	516 725
2×25 年 12 月 31 日	475 000	31 075**	443 925**	72 800
			72 800	
合计	3 325 000	697 800	2 700 000	

注：* 包括未实现融资收益的摊销和未担保余值产生的利息两部分。

**作尾数调整：31 075=475 000-443925；443 925=516 725-72 800（假定租赁资产余值估计一直未变）。

2×19 年 12 月 31 日会计分录：

借：应收融资租赁款——未实现融资收益 159 096

　　应收融资租赁款——未担保余值 2 904

　　贷：租赁收入 162 000

借：银行存款 475 000

　　贷：应收融资租赁款——租赁收款额 475 000

2×20—2×24 年度会计分录略。

假设 2×25 年 12 月 31 日，B 公司到期归还租赁资产，A 公司将该资产处置，取得处置款 72 800

元，会计分录如下：

借：应收融资租赁款——未实现融资收益	26 931	
应收融资租赁款——未担保余值	4 144	
贷：租赁收入		31 075
借：银行存款	475 000	
贷：应收融资租赁款——租赁收款额		475 000
借：融资租赁资产	72 800	
贷：应收融资租赁款——未担保余值		72 800
借：银行存款	72 800	
贷：融资租赁资产		72 800

为吸引客户，生产商或经销商出租人有时以较低利率报价。使用该利率会导致出租人在租赁期开始日确认的收入偏高。在这种情况下，生产商或经销商出租人应当将销售利得限制为采用市场利率所能取得的销售利得。

（三）售后租回交易

若企业（卖方兼承租人）将资产转让给其他企业（买方兼出租人），并从买方兼出租人租回该项资产，则卖方兼承租人和买方兼出租人均应按照售后租回交易的规定进行会计处理。企业应当按照《企业会计准则第 14 号——收入》（2017）的规定，评估确定售后租回交易中的资产转让是否属于销售，并区别进行会计处理。

在标的资产的法定所有权转移给出租人并将资产租赁给承租人之前，承租人可能会先获得标的资产的法定所有权。但是，具有标的资产的法定所有权本身并非会计处理的决定性因素。如果承租人在资产转移给出租人之前已经取得对标的资产的控制，则该交易属于售后租回交易。然而，如果承租人未能在资产转移给出租人之前取得对标的资产的控制，那么即便承租人在资产转移给出租人之前先获得标的资产的法定所有权，该交易也不属于售后租回交易。

1. 售后租回交易中的资产转让属于销售

卖方兼承租人应当按原资产账面价值中与租回获得的使用权有关的部分，计量售后租回所形成的使用权资产，并仅就转让至买方兼出租人的权利确认相关利得或损失。买方兼出租人根据其他适用的《企业会计准则》对资产购买进行会计处理，并根据租赁准则对资产出租进行会计处理。

如果销售对价的公允价值与资产的公允价值不同，或者出租人未按市场价格收取租金、企业应当进行以下调整：（1）销售对价低于市场价格的款项作为预付租金进行会计处理；（2）销售对价高于市场价格的款项作为买方兼出租人向卖方兼承租人提供的额外融资进行会计处理。

同时，承租人按照公允价值调整相关销售利得或损失，出租人按市场价格调整租金收入。在进行上述调整时，企业应当按以下两者中较易确定者进行：（1）销售对价的公允价值与资产的公允价值的差异；（2）合同付款额的现值与按市场租金计算的付款额的现值的差异。

2. 售后租回交易中的资产转让不属于销售

卖方兼承租人不终止确认所转让的资产，而应当将收到的现金作为金融负债。并按照《企业会计准则第 22 号——金融工具确认和计量》（2017）进行会计处理。买方兼出租人不确认被转让资产，而应当将支付的现金作为金融资产，并按照《企业会计准则第 22 号——金融工具确认和计量》（2017）进行会计处理。

3. 售后租回交易示例

（1）售后租回交易中的资产转让不属于销售。

例 21-57 A 公司（卖方兼承租人）以货币资金 24 000 000 元的价格向 B 公司（买方兼出租人）出售一栋建筑物，交易前该建筑物的账面原值是 24 000 000 元，累计折旧是 4 000 000 元。与此同时，

A 公司与 B 公司签订了合同，取得了该建筑物 18 年的使用权（全部剩余使用年限为 40 年），年租金为 2 000 000 元，于每年年末支付，租赁期满时，A 公司将以 100 元购买该建筑物。根据交易的条款和条件，A 公司转让建筑物不满足《企业会计准则第 14 号——收入》（2017）中关于销售成立的条件。假设不考虑初始直接费用和各项税费的影响。该建筑物在销售当日的公允价值为 36 000 000 元。

分析：

在租赁期开始日，A 公司对该交易的会计处理如下：

借：货币资金　　24 000 000

　　贷：长期应付款　　24 000 000

在租赁期开始日，B 公司对该交易的会计处理如下：

借：长期应收款　　24 000 000

　　贷：货币资金　　24 000 000

（2）售后租回交易中的资产转让属于销售。

例 21-58　A 公司（卖方兼承租人）以货币资金 40 000 000 元的价格向 B 公司（买方兼出租人）出售一栋建筑物，交易前该建筑物的账面原值是 24 000 000 元，累计折旧是 4 000 000 元。与此同时，A 公司与 B 公司签订了合同，取得了该建筑物 18 年的使用权（全部剩余使用年限为 40 年），年租金为 2 400 000 元，于每年年末支付。根据交易的条款和条件，A 公司转让建筑物符合《企业会计准则第 14 号——收入》（2017）中关于销售成立的条件。假设不考虑初始直接费用和各项税费的影响。该建筑物在销售当日的公允价值为 36 000 000 元。

分析：由于该建筑物的销售对价并非公允价值，A公司和B公司分别进行了调整，以按照公允价值计量销售收益和租赁应收款。超额售价4 000 000元（40 000 000－36 000 000）作为B公司向A公司提供的额外融资进行确认。

A、B 公司均确定租赁内含年利率为 4.5%。年付款额现值为 29 183 980 元（年付款额 2 400 000，共 18 期，按每年 4.5% 进行折现），其中 4 000 000 元与额外融资相关，25 183 980 元与租赁相关（分别对应年付款额 328 948 元和 2 071 052 元），具体计算过程如下：

年付款额现值＝2 400 000×（P/A，4.5%，18）＝29 183 980（元）

额外融资年付款额＝4 000 000÷29 183 980×2 400 000＝328 948（元）

租赁相关年付款额＝2 400 000－328 948＝2 071 052（元）

①在租赁期开始日，A 公司对该交易的会计处理如下：

第一步，按与租回获得的使用权部分占该建筑物的原账面金额的比例计算售后租回所形成的使用权资产。

售后租回所形成的使用权资产＝（2 400 0000－4 000 000）（注1）×［25 183 980（注2）÷36 000 000（注3）］＝13 991 100（元）

注 1：该建筑物的账面价值；

注 2：18 年使用权资产的租赁付款额现值；

注 3：该建筑物的公允价值。

第二步，计算与转让至B公司的权利相关的利得。

出售该建筑物的全部利得＝6 000 000－20 000 000＝16 000 000（元）

其中：

（a）与该建筑物使用权相关利得＝16 000 000×（25 183 980＝36 000 000）＝11 192 880（元）；

（b）与转让至B公司的权利相关的利得＝16 000 000－（a）＝16 000 000－11 192 880＝4 807 120（元）。

第三步，账务处理。

（a）与额外融资相关：

借：货币资金　4 000 000

　贷：长期应付款　4 000 000

（b）与租赁相关：

借：货币资金　36 000 000

　使用权资产固定资产——建筑物　13 991 100

　　　　　　　　　——累计折旧　4 000 000

　租赁负债——未确认融资费用　12 094 956

　贷：固定资产——建筑物——原值　24 000 000

　　租赁负债——租赁付款额（注）　37 278 936

　　资产处置损益　4 807 120

注：该金额为A公司年付款2 400 000元中的2 071 052元×18期。

后续A公司支付的年付款额2 400 000元中2 071 052元作为租赁付款额处理；328 948元作为以下两项进行会计处理：（a）结算金融负债4 000 000元而支付的款项；（b）利息费用。以第一年年末为例：

借：租赁负债——租赁付款额　2 071 052

　长期应付款（注）　148 948

　利息费用（注）　1 313 279

　贷：租赁负债——未确认融资费用（注）　1 133 279

　　银行存款　2 400 000

注：利息费用=25 183 980×4.5%+4 000 000×4.5%=1 133 279+180 000=1 313 279（元），长期应付款减少额=328 948－180 000=148 948（元）。

②综合考虑租期占该建筑物剩余使用年限的比例等因素，B公司将该建筑物的租赁分类为经营租赁。

在租赁期开始日，B公司对该交易的会计处理如下：

借：固定资产——建筑物　36 000 000

　长期应收款　4 000 000

　贷：货币资金　40 000 000

租赁期开始日之后，B公司将从A公司处年收款额2 400 000元中的2 071 052元作为租赁收款额进行会计处理。从A公司处年收款额中的其余328 948元作为以下两项进行会计处理：（a）结算金融资产而收到的款项；（b）利息收入。以第一年年末为例：

借：银行存款　2 400 000

　贷：租赁收入　2 071 052

　　利息收入　180 000

　　长期应收款　148 948

六、列报和披露

（一）承租人的列报和披露

1. 资产负债表

承租人应当在资产负债表中单独列示使用权资产和租赁负债。其中，租赁负债通常分别非流动负债和一年内到期的非流动负债（即资产负债表日后12个月内租赁负债预期减少的金额）列示。

例 21-59 沿用例 21-37，在租赁期开始日，A 公司确认的租赁负债为 43 300 元，租赁负债将按以下方法进行后续计量，如表 21-08 所示。

表 21-08 A 公司租赁负债的后续计量

单位：元

年度	租赁负债年初金额 ①	利息 ②=①×5%	租赁付款额 ③	租赁负债年末金额 ④=①+②−③
1	43 300	2 165	10 000	35 465
2	35 465	1 773	10 000	27 238
3	27 238	1 362	10 000	18 600
4	18 600	930	10 000	9 530
5	9 530	470	10 000	—

在第一年年末，A公司的租赁负债为35 465元，其中，应列示为非流动负债的金额为27 238元，应列示为一年内到期的非流动负债的金额为8 227元（35 465−27 238），该金额是资产负债表日后12个月内租赁负债预期减少的金额。

2. 利润表

承租人应当在利润表中分别列示租赁负债的利息费用与使用权资产的折旧费用。其中，租赁负债的利息费用在财务费用项目列示。

对于金融企业，财务报表格式中没有财务费用项目，因此使用权资产的折旧费用和利息费用可以在“业务及管理费用”列示，并在附注中进一步披露。

3. 现金流量表

承租人应当在现金流量表中按照如下方式列示：（1）偿还租赁负债本金和利息所支付的现金，应当计入筹资活动现金流出；（2）按照租赁准则有关规定对短期租赁和低价值资产租赁进行简化处理的，支付的相关付款额，应当计入经营活动现金流出；（3）支付的未纳入租赁负债计量的可变租赁付款额，应当计入经营活动现金流出。

4. 承租人的披露

承租人应当在财务报表附注中披露有关租赁活动的定性和定量信息，以便财务报表使用者评估租赁活动对承租人的财务状况、经营成果和现金流量的影响。

承租人应当在财务报表的单独附注或单独章节中披露其作为承租人的信息，但无需重复已在财务报表其他部分列报或披露的信息，只需要在租赁的相关附注中通过交叉索引的方式体现该信息。

承租人应当在财务报表附注中披露与租赁有关的下列信息：

（1）各类使用权资产的期初余额、本期增加额、期末余额以及累计折旧额和减值金额。

（2）租赁负债的利息费用。

（3）有关简化处理方法的披露。承租人按照租赁准则有关规定对短期租赁和低价值资产租赁进行简化处理的，应当披露这一事实，并且，应当披露计入当期损益的短期租赁费用和低价值资产租赁费用。其中，短期租赁费用无需包含租赁期在 1 个月以内的租赁相关费用，低价值资产租赁费用不应包含已包括在上述短期租赁费用中的低价值资产短期租赁费用。若承租人在报告期末承诺的短期租赁组合与上述披露的短期租赁费用所对应的短期租赁组合不同，则承租人应当披露简化处理的短期租赁的租赁承诺金额。

（4）计入当期损益的未纳入租赁负债计量的可变租赁付款额。

（5）转租使用权资产取得的收入。

（6）与租赁相关的总现金流出。

（7）售后租回交易产生的相关损益。

（8）按照《企业会计准则第37号——金融工具列报》（2017）应当披露的有关租赁负债的信息。包括单独披露租赁负债的到期期限分析、对相关流动性风险的管理等。

承租人应当以列表格式披露上述信息，其他格式更为适当的除外。值得注意的是，承租人披露的金额应包含已在当期计入其他资产账面价值的成本。

此外，承租人应当根据理解财务报表的需要，披露有关租赁活动的其他定性和定量信息。此类信息包括：

（1）租赁活动的性质。例如，租入资产的类别及数量、租赁期、是否存在续租选择权等租赁基本情况信息。

（2）未纳入租赁负债计量的未来潜在现金流出。未纳入租赁负债计量的未来潜在现金流出主要来源于下列风险敞口：一是可变租赁付款额，二是续租选择权与终止租赁选择权，三是担保余值，四是承租人已承诺但尚未开始的租赁。

①可变租赁付款额。承租人可能需要根据具体情况披露与可变租赁付款额有关的额外信息，以帮助财务报表使用者进行评估。例如，承租人使用可变租赁付款额的原因，以及使用此类付款额的普遍性；可变租赁付款额相对于固定付款额的大小；可变租赁付款额所依据的主要变量，以及付款额预期将如何随主要变量变化而变动；可变租赁付款额的其他经营及财务影响。

例21-60 A零售商A公司租入了大量零售店铺，其中许多租赁包含与店铺销售额挂钩的可变付款额条款。A公司的政策规定，可变租赁付款额条款的使用情形以及所有租赁商洽均须集中审批，租赁付款额受到集中监督。A公司认为，关于可变租赁付款的信息对财务报表使用者有重大意义，且无法从财务报表的其他部分获得。此外，A公司认为，下列信息对财务报表使用者也有重大意义：A公司就可变租赁付款额所用的不同类型的合同条款，这些条款对其财务状况的影响，以及可变租赁付款额对销售额变化的敏感度等。这些信息与向A公司的高级管理层报告时所用的有关可变租赁付款额的信息类似。因此，A公司在其财务报表附注中对租赁进行如下披露：本集团的许多房地产租赁包含与租入店铺的销售额挂钩的可变租赁付款额条款。在可能的情况下，本集团使用该等条款的目的是将租赁的付款额与产生较多现金流的店铺相匹配。对于单独的店铺，最高可有100%的付款额是基于可变租赁付款额的，并且用于确定付款额的销售额比例范围较大。在某些情况下，可变租赁付款额条款还包含年度付款额的下限或上限。在2×17年度，租赁付款额及条款汇总如表21-09所示。

表21-09 A公司2×17年度租赁付款额及条款

项目	店铺数量（个）	固定付款额（元）	可变付款额（元）	付款额总额（元）
仅有固定付款额	1 490	1 153 000		1 153 000
有可变付款额且无最低标准	986		562 000	562 000
有可变付款额且有最低标准	3 089	1 091 000	1 435 000	2 526 000
合计	5 565	2 244 000	1 997 000	4 241 000

若本集团全部店铺的销售额增长1%，租赁付款总额预期将增长约0.6%～0.7%；若本集团全部店铺的销售额增长5%，租赁付款总额预期将增长约2.6%～2.8%。

例21-61 A零售商A公司租入了大量零售店铺。这些租赁包含差异较大的可变租赁付款额条款。

租赁条款由当地管理层商洽和监督。A 公司认为，关于可变租赁付款额的信息对财务报表使用者有重大意义，且无法从财务报表的其他部分获得。并且，A 公司认为，关于如何管理房地产租赁组合的信息对财务报表使用者有重大意义。

此外，A 公司认为，关于以后年度的可变租赁付款额预计水平的信息（与向 A 公司的高级管理层报告时所用的信息类似）对财务报表使用者也有重大意义。因此，A 公司在其财务报表附注中对租赁进行如下披露：

本集团的许多房地产租赁包含可变租赁付款额条款。当地管理层对店铺的利润率负责，因此，租赁条款由当地管理层商洽确定，付款额条款类型多样。使用可变租赁付款额条款有多种原因，包括最小化新开店铺的固定成本额、管理利润率以及保持经营灵活性等。

本集团的可变租赁付款额条款差异较大：

（a）大部分可变租赁付款额条款是基于店铺销售额的一定比例；

（b）基于可变条款的付款额占单个房地产租赁付款总额的比例为 0 ~ 20%；

（c）部分可变租赁付款额条款包含下限或上限条款。

使用可变租赁付款额条款的总体财务影响是：店铺的销售额越高，租金成本越高。这将有利于本集团的利润管理。预计未来几年可变租赁付款额相关的租赁费用占店铺销售额的比例将保持类似水平。

②续租选择权与终止租赁选择权。根据具体情况，承租人可能需要披露与续租选择权或终止租赁选择权有关的额外信息，以帮助财务报表使用者进行评估。例如，承租人使用续租选择权或终止选择权的原因，以及此类选择权的普遍性；选择权期间租金相对于租赁付款额的大小；行使未纳入租赁负债计量的选择权的普遍性；此类选择权的其他经营及财务影响。

例 21-62 A 承租人 A 公司有大量设备租赁，这些租赁的条款和条件差异较大。租赁条款由当地管理层商洽和监督。A 公司认为，如何对终止租赁选择权和续租选择权的使用进行管理的信息对财务报表使用者有重大意义，且无法从财务报表的其他部分获得。此外，A 公司认为，下列信息对财务报表使用者也有重大意义：重新评估上述选择权的财务影响，以及在其短期租赁组合中，包含无罚金年度解约条款的租赁所占的比例。因此，A 公司在其财务报表附注中对租赁进行如下披露：

本集团有大量设备租赁包含续租选择权和终止租赁选择权。当地管理层负责管理其租赁。因此，租赁条款是以逐项租赁为基础进行商洽的，并且这些租赁的条款和条件差异较大。在可能的情况下，租赁会使用续租选择权和终止租赁选择权条款，以便当地管理层在取得所需设备与履行客户合同的一致性方面拥有更大的灵活性。本集团所用的租赁具体条款和条件不尽相同。

大部分续租选择权和终止租赁选择权仅可由本集团行使，而非由相应的出租人行使。若本集团不能合理确定将行使续租选择权，则续租期间的相关付款额不纳入租赁负债的计量。

2×17 年，因续租选择权或终止租赁选择权的评估结果或实际行使情况发生变化导致租赁期变化，本集团确认的租赁负债增加 489 000 元。

此外，本集团有大量租赁安排包含无罚金的年度解约条款。这些租赁被分类为短期租赁，且未包含在租赁负债中。本集团在 2×17 年确认的短期租赁费用为 30 000 元，其中包含年度解约条款的租赁发生的租赁费用为 27 000 元。

例 21-63 A 承租人 A 公司有大量大型设备租赁，这些租赁包含可由 A 公司行使的续租选择权。A 公司的政策是，在可能的情况下使用续租选择权，从而使得已承诺的大型设备的租赁期与相关客户合同的初始合同期限一致，同时保留管理大型设备以及在不同合同间重新分配资产的灵活性。A 公司认为，关于续租选择权的信息对财务报表使用者有重大意义，且无法从财务报表的其他部分获得。此外，A 公司认为，下列信息对财务报表使用者也有重大意义：未纳入租赁负债计量的未来租赁付款额的潜在风险敞口，以及过去已行使的续租选择权所占比例。这与向 A 公司的高级管理层报告时所用的有关续租选择权的信息类似。因此，A 公司在其财务报表附注中对租赁进行如下披露：

本集团的许多大型设备租赁包含续租选择权。这些条款可最大化合同管理的灵活性：在许多情况下，这些条款并未纳入租赁负债的计量，因为本集团无法合理确定是否将行使这些选择权。表21-10汇总了与续租选择权可行权之后的期间相关的潜在未来付款额：

表21-10　潜在未来付款额

金额单位：元

业务分部	已确认的租赁负债（已折现）	未纳入租赁负债的潜在未来付款额（未折现）	以往行使续租选择权的比例（%）
分部A	569 000	799 000	52
分部B	2 455 000	269 000	69
分部C	269 000	99 000	75
分部D	1 002 000	111 000	41
分部E	914 000	312 000	76
合计	5 209 000	1 590 000	67

③担保余值。根据具体情况，承租人可能需要披露与担保余值有关的额外信息，以帮助财务报表使用者进行评估。例如，承租人提供担保余值的原因，以及此类条款的普遍性；承租人担保余值风险敞口的相对大小；被担保的标的资产的性质；其他经营及财务影响。

（3）租赁导致的限制或承诺。根据具体情况，承租人可能需要披露与租赁导致的限制或承诺有关的额外信息，以帮助财务报表使用者进行评估。例如，租赁合同中关于承租人维持特定财务比率的条款。

（4）售后租回交易。根据具体情况，承租人可能需要披露与售后租回有关的额外信息，以帮助财务报表使用者进行评估。例如，承租人进行售后租回交易的原因，以及此类交易的普遍性；各项售后租回交易的主要条款与条件；未纳入租赁负债计量的付款额；售后租回交易对当期现金流量的影响。

（5）其他相关信息。在确定有关租赁活动的上述其他定性和定量信息是否属于必要信息时，承租人应考虑以下两个方面。

①该信息是否与财务报表使用者相关。承租人应当仅在预期其他定性和定量信息与财务报表使用者相关的情况下，才提供这些信息。如果这些信息可帮助财务报表使用者了解以下事项，则可能属于此情形：一是租赁带来的灵活性，租赁可提供一定的灵活性，例如，承租人可通过行使终止选择权或以有利的条款和条件进行续租的方式降低风险敞口；二是租赁施加的限制，租赁可施加多种限制，例如，要求承租人维持特定的财务比率；三是报表信息对关键变量的敏感性，例如，报表信息可能对未来可变租赁付款额较为敏感；四是租赁产生的其他风险敞口；五是偏离行业惯例，例如，此类偏离可能包括一些罕见或特殊的租赁条款与条件，从而影响承租人的租赁组合。

②该信息是否可以从财务报表主表列报或附注中披露的信息直观得出。

承租人无需重复披露已在财务报表其他部分列报或披露的信息。

（二）出租人的列报和披露

出租人应当根据资产的性质、在资产负债表中列示经营租赁资产。出租人应当在财务报表附注中披露有关租赁活动的定性和定量信息，以便财务报表使用者评估租赁活动对出租人的财务状况、经营成果和现金流量的影响。

1. 与融资租赁有关的信息

出租人应当在附注中披露与融资租赁有关的下列信息：

（1）销售损益（生产商或经销商出租人）、租赁投资净额的融资收益以及与未纳入租赁投资净额的可变租赁付款额相关的收入。出租人应当以列表形式披露上述信息，其他形式更为适当的除外。

（2）资产负债表日后连续五个会计年度每年将收到的未折现租赁收款额，以及剩余年度将收到的未折现租赁收款额总额；不足五个会计年度的，披露资产负债表日后连续每年将收到的未折现租赁收款额。

出租人应进行上述到期分析，并对融资租赁投资净额账面金额的重大变动提供定性和定量说明，以使财务报表使用者能够更准确地预测未来的租赁现金流量流动性风险。

（3）未折现租赁收款额与租赁投资净额的调节表。调节表应说明与租赁应收款相关的未实现融资收益、未担保余值的现值。

2. 与经营租赁有关的信息

出租人应当在附注中披露与经营租赁有关的下列信息：

（1）租赁收入，并单独披露与未纳入租赁收款额计量的可变租赁付款额相关的收入。

与融资租赁出租人披露信息类似，出租人应当以列表形式披露上述信息，其他形式更为适当的除外。

（2）将经营租赁固定资产与出租人持有自用的固定资产分开，并按经营租赁固定资产的类别提供《企业会计准则第 4 号——固定资产》要求披露的信息。

出租人对经营租赁下租赁的资产采用与其在其他经营活动中持有和使用的自有资产相似的方式进行会计处理。然而，租赁资产与自有资产通常被用于不同的目的，即租赁资产产生租赁收入，而不是对出租人的其他经营活动作出贡献。因此，将出租人持有和使用的自有资产与产生租赁收入的租赁资产分开披露，有利于财务报表使用者了解更多信息。

（3）资产负债表日后连续五个会计年度每年将收到的未折现租赁收款额，以及剩余年度将收到的未折现租赁收款总额。不足五个会计年度的，披露资产负债表日后连续每年将收到的未折现租赁收款额。

与融资租赁披露类似，上述到期分析将使财务报表使用者能够更准确地预测未来的租赁现金流量流动性风险。

3. 其他信息

出租人应当根据理解财务报表的需要，披露有关租赁活动的其他定性和定量信息。此类信息包括：

（1）租赁活动的性质。例如，租出资产的类别及数量、租赁期、是否存在续租选择权等租赁基本情况信息。

（2）对其在租赁资产中保留的权利进行风险管理的情况。出租人应当披露其如何对其在租赁资产中保留的权利进行风险管理的策略，包括出租人降低风险的方式。该种方式可包括回购协议、担保余值条款或因超出规定限制使用资产而支付的可变租赁付款额等，如租赁设备和车辆的市场价值的下降幅度超过出租人在为租赁定价时的预计幅度，则将对该项租赁的收益能力产生不利影响。租赁期结束时租赁资产余值的不确定性往往是出租人面临的重要风险。披露有关出资人如何对租赁资产中保留的权利进行管理，有利于财务报表使用者了解更多出租人相关风险管理信息。

（3）其他相关信息。

4. 转租赁的列报

原租赁以及转租同一标的资产形成的资产和负债所产生的风险敞口不同于由于单一租赁应收款净额或租赁负债所产生的风险敞口，因此，企业不得以净额为基础对转租赁进行列报。除非满足《企业会计准则第 37 号——金融工具列报》（2017）第二十八条关于金融资产负债抵销的规定、转租出租人不得抵销由于原租赁以及转租同一租赁资产而形成的资产和负债，以及与原租赁以及转租同一租赁资产相关的租赁收益和租赁费用。

七、衔接规定

（一）首次执行日

租赁准则所述的首次执行日，是指企业首次采用租赁准则的年度报告期间的开始日。

（二）租赁定义的实务豁免

对于首次执行日前已存在的合同，企业在首次执行日可以选择不重新评估其是否为租赁或者包含租赁，即企业可以仅对之前根据原租赁准则识别为租赁的合同采用租赁准则；对之前按原租赁准则未识别为包含租赁的合同不采用租赁准则。选择不重新评估的，企业应当在财务报表附注中披露这一事实，并一致应用于前述所有合同。

（三）承租人衔接规定及示例

1. 承租人可以选择的衔接会计处理

承租人应当选择下列方法之一对租赁进行衔接会计处理，并一致应用于其作为承租人的所有租赁。

（1）按照《企业会计准则第 28 号——会计政策、会计估计变更和差错更正》的规定采用追溯调整法处理。

（2）根据首次执行租赁准则的累积影响数，调整首次执行租赁准则当年年初留存收益及财务报表其他相关项目金额，不调整可比期间信息（以下简称简化的追溯调整法）。

2. 简化的追溯调整法下具体衔接规定

（1）对于首次执行日前的融资租赁，承租人在首次执行日应当按照融资租入资产和应付融资租赁款的原账面价值，分别计量使用权资产和租赁负债。

（2）对于首次执行日前的经营租赁，承租人在首次执行日应当根据剩余租赁付款额按首次执行日承租人增量借款利率折现的现值计量租赁负债，并根据每项租赁选择按照下列两者之一计量使用权资产：

①假设自租赁期开始日即采用租赁准则的账面价值（采用首次执行日的承租人增量借款利率作为折现率）；

②与租赁负债相等的金额，并根据预付租金进行必要调整。

（3）在首次执行日，承租人应当按照《企业会计准则第 8 号——资产减值》的规定，对使用权资产进行减值测试并进行相应会计处理。

3. 在简化的追溯调整法下对经营租赁的额外可选简化处理

对于首次执行日前的经营租赁，可根据每项租赁采用下列一项或多项简化处理：

（1）将于首次执行日后 12 个月内执行完毕的租赁，可作为短期租赁处理，即：以租赁准则第三十二条所述的短期租赁处理方式对此类租赁进行会计处理，并在包含首次执行日的年度报告期间披露的短期租赁费用中涵盖与此类租赁有关的费用。

（2）计量租赁负债时，具有相似特征的租赁可采用同一折现率；使用权资产的计量可不包含初始直接费用。

（3）存在续租选择权或终止租赁选择权的，承租人可根据首次执行日前选择权的实际行使及其他最新情况确定租赁期，无需对首次执行日前各期间是否合理确定行使续租选择权或终止租赁选择权进行估计。

（4）作为使用权资产减值测试的替代，承租人可根据《企业会计准则第 13 号——或有事项》评估包含租赁的合同在首次执行日前是否是亏损合同，并根据首次执行日前计入资产负债表的亏损准备金额调整使用权资产。

值得注意的是，该方法只是对使用权减值测试的替代，该方法下计提的使用权资产减值准备后续期间仍不得转回。

（5）首次执行租赁准则当年年初之前发生租赁变更的，承租人无需按照租赁准则关于租赁变更的规定进行追溯调整。而是根据租赁变更的最终安排，按照租赁准则进行会计处理。

4. 其他衔接规定

首次执行日前的经营租赁中，租赁资产属于低价值资产且根据租赁准则选择不确认使用权资产和租赁负债的，承租人无需对该经营租赁按照衔接规定进行调整，应当自首次执行日起按照租赁准则进行会计处理。

母公司执行租赁准则，但子公司尚未执行租赁准则的，母公司在编制合并财务报表时，应当按照租赁准则规定调整子公司的财务报表。母公司尚未执行租赁准则，而子公司已执行租赁准则的，母公司在编制合并财务报表时，可以将子公司的财务报表按照母公司的会计政策进行调整后合并，也可以将子公司按照租赁准则编制的财务报表直接合并，母公司将子公司按照租赁准则编制的财务报表直接合并的，应当在合并财务报表中披露该事实，并且对母公司和子公司的会计政策及其他相关信息分别进行披露。

例 21-64 A 公司于 2×19 年 1 月 1 日（假设为首次执行日）存在下列原租赁准则下的尚未执行完毕的租赁合同，其中第一项为融资租赁，其余各项为经营租赁。具体情况如下（下述合同均不涉及租赁激励，也不考虑相关税费影响）：

（1）于 2×16 年 1 月 1 日（亦为该租赁的租赁期开始日）订立了一项 5 年期机器租赁，约定自 2×16 年 1 月 1 日起，每 6 个月于月末支付租金 1 000 000 元，该机器的保险、维护等费用均由 A 公司负担，该机器在 2×16 年 1 月 1 日的公允价值为 7 000 000 元，租赁合同规定的利率为 7%（出租人租赁内含利率未知），A 公司发生租赁初始直接费用 10 000 元，该机器于租赁期开始日的预计剩余使用年限为 7 年，无残值。租赁期届满时，A 公司将以 100 元购买该机器。于 2×18 年 12 月 31 日（即首次执行日前），该机器原值为 7 010 000 元，累计折旧 3 004 286 元，应付融资租赁款余额为 4 000 100 元，未确认融资费用为 617 398 元（以下简称租赁 A）。

（2）于 2×17 年 1 月 1 日（亦为该租赁的租赁期开始日）订立了一项 5 年期通用设备租赁，约定在每年的第二天支付 1 000 000 元，该设备在 2×17 年 1 月 1 日的公允价值为 8 000 000 元，预计剩余使用年限为 10 年，A 公司发生租赁初始直接费用 1 000 元，租赁期届满时。A 公司需将该设备归还出租人（以下简称租赁 B）。

（3）于 2×17 年 1 月 1 日（亦为该租赁的租赁期开始日）以经营租赁方式租入一条生产线生产仅销售给客户乙的 A 产品，租赁期 4 年，约定在每年的第二个月支付 500 000 元，未发生租赁初始直接费用：该租赁合同不可撤销：2×18 年，客户乙因自身原因不再向 A 公司购买 A 产品，A 公司预计租入的生产线大部分时间将闲置，该租赁合同成为亏损合同。在考虑可能的现金净流入后，A 公司就该亏损合同确认了预计负债。于 2×18 年 12 月 31 日（即首次执行日前），相关预计负债金额为 694 215 元（计算采用的折现率为 10%）（以下简称租赁 C）。

（4）于 2×16 年 6 月 30 日（亦为该租赁的租赁期开始日）订立了一项 3 年期办公设备租赁，约定自 2×16 年 6 月 30 日起，每 12 个月于月末支付租金 20 000 元（即第一次支付日为 2×17 年 6 月 30 日），该设备于租赁期开始日的预计剩余使用年限为 6 年，未发生租赁初始直接费用，租赁到期归还设备（以下简称租赁 D）。

（5）于 2×18 年 1 月 1 日（亦为该租赁的租赁期开始日）与某租车公司分别订立了一项 3 年期的 2 辆公务车租赁和一项 3 年期的 2 辆车租赁，约定自 2×18 年 1 月 1 日起，于每年年末分别支付租金 35 000 元和 25 000 元（即第一次支付日为 2×18 年 12 月 31 日），这些车辆于租赁期开始日的预计剩余使用年限为 8 年，未发生租赁初始直接费用，租赁到期归还车辆（以下统称“汽车租赁”）。

（6）于2×16年1月1日（亦为该租赁的租赁期开始日）订立了一项3年期通用设备租赁，约定自2×16年1月1日起，于每年年末支付100 000元（即第一次支付日为2×16年12月31日），并可选择在租赁期满时延长一次2年租赁期，租金不变，该选择最迟须在租赁到期前6个月书面通知出租人，否则视为放弃该选择权，该设备于租赁期开始日的预计剩余使用年限为10年，未发生租赁初始直接费用。于2×18年6月30日，A公司书面通知出租人选择延长，延长的租赁期届满时归还设备（以下简称租赁E）。

分析：A公司的衔接处理如下。

2×19年1月1日（即首次执行日），A公司选择不重新评估该此前已存在的合同是否为租赁或者是否包含租赁，并将此方法一致应用于所有合同，因此仅对上述在原租赁准则下识别为租赁的合同采用租赁准则衔接规定。此外，A公司对上述租赁合同采用简化的追溯调整法进行衔接会计处理，并对其中的经营租赁根据每项租赁选择使用权资产计量方法和采用相关简化处理，具体如下。

（1）对于租赁A（原租赁准则下认定为融资租赁），按照融资租入资产和应付融资租赁款首次执行日前的账面价值，分别计量使用权资产和租赁负债，进行衔接会计处理，会计分录为：

借：使用权资产——原值——机器　　7 010 000
　　融资租入固定资产——累计折旧——机器　　3 004 286
　　贷：融资租入固定资产——原值——机器　　7 010 000
　　　　使用权资产——累计折旧——机器　　3 004 286

借：长期应付款——应付融资租赁款　　4 000 100
　　租赁负债——未确认融资费用　　617 398
　　贷：未确认融资费用　　617 398
　　　　租赁负债——租赁付款额　　4 000 100

（2）对于租赁B（原租赁准则下认定为经营租赁），A公司确定适用于该租赁的首次执行日承租人增量借款利率为9%，选择假设自租赁期开始日即采用租赁准则的账面价值（采用首次执行日的承租人增量借款利率9%作为折现率）计量使用权资产，计量时不包含初始直接费用。不采用其他简化处理。A公司认为该使用权资产按直线法计提折旧是适当的，并按照《企业会计准则第8号—资产减值》的规定对使用权资产进行减值测试后确定其无减值。假定A公司法定盈余公积提取比例为10%，不考虑其他事项。

于首次执行日：

租赁负债＝剩余租赁付款额按首次执行日承租人增量借款利率折现的现值

　　＝1 000 000＋1 000 000×（P/A，9%，2）＝2 759 100（元）

使用权资产原值＝1 000 000＋1 000 000×（P/A，9%，4）＝4 239 700（元）

使用权资产累计折旧＝4 239 700÷5×2＝1 695 880（元）

会计分录如下：

借：使用权资产——原值　　4 239 700
　　未分配利润　　193 752
　　盈余公积　　21 528
　　租赁负债——未确认融资费用（3 000 000－2 759 100）　　240 900
　　贷：使用权资产——累计折旧　　1 695 880
　　　　租赁负债——租赁付款额　　3 000 000

假设上述情况下，A公司选择按与租赁负债相等的金额并根据预付租金进行调整的方法计量使用权资产，则使用权资产账面价值为 2 759 100 元（即与租赁负债相等）。

（3）对于租赁 C，A 公司确定适用于该租赁的首次执行日承租人增量借款利率为 10%（与 2×18 年 12 月 31 日确定亏损合同准备金额折现率相等），选择按与租赁负债相等的金额并根据预付租金进行必要调整的方法计量使用权资产，采用前述简化处理第 4 条，即作为使用权资产减值测试的替代，根据首次执行日前亏损准备金额调整使用权资产，不采用其他简化处理。

于首次执行日：

租赁负债＝剩余租赁付款额按首次执行日承租人增量借款利率折现的现值

＝500 000＋500 000×（P/A，10%，1）＝954 545（元）

使用权资产原值＝租赁负债＝954 545（元）

使用权资产减值准备＝相关预计负债金额＝694 215（元）

会计分录如下：

借：使用权资产——原值——生产线	954 545	
预计负债	694 215	
租赁负债——未确认融资费用——生产线	45 455	
贷：使用权资产减值准备——生产线		694 215
租赁负债——租赁付款额——生产线		1 000 000

（4）对于租赁 D，A 公司仅采用前述简化处理，不采用其他简化处理，即将于首次执行日后 12 个月内执行完毕的租赁，作为短期租赁处理，并按照租赁资产类别将租赁付款额在租赁期内按直线法计入当期损益，不确认使用权资产和租赁负债，因此于首次执行日无需进行会计处理。

（5）对于汽车租赁，A 公司计量租赁负债时，认为公务车租赁和轿车租赁具有相似特征，采用前述简化处理，即针对各公务车租赁和轿车租赁适用的承租人增量借款利率采用同一折现率（确定适用于该情况的承租人增量借款利率为 8%），对于使用权资产，选择按与租赁负债相等的金额并根据预付租金进行必要调整的方法计量，不采用其他简化处理。同时，A 公司认为上述各项汽车租赁符合组合处理的条件，因此就该组合进行相关会计处理。

于首次执行日：

汽车租赁负债＝公务车和轿车剩余租赁付款额之和按首次执行日承租人增量借款利率折现的现值

＝（35 000＋25 000）×（P/A，8%，2）＝106 998（元）

汽车租赁使用权资产原值＝租赁负债＝106 998（元）

会计分录如下：

借：使用权资产——原值——汽车租赁	106 998	
租赁负债——未确认融资费用——汽车租赁	13 002	
贷：租赁负债——租赁付款额——汽车租赁		120 000

（6）对于租赁E，A公司采用前述简化处理，即根据首次执行日前选择权的实际行使情况确定租赁期，因此剩余租赁期为2年，剩余租赁付款额为200 000元，确定适用于该租赁的首次执行日承租人增量借款利率为8%；对于使用权资产，选择按与租赁负债相等的金额并根据预付租金进行必要调整的方法计量，不采用其他简化处理。

于首次执行日：

租赁负债＝剩余租赁付款额按首次执行日承租人增量借款利率折现的现值

＝100 000×（P/A，8%，2）＝178 330（元）

使用权资产原值＝租赁负债＝178 330（元）

会计分录如下：

借：使用权资产——原值——设备租赁　　178 330

　　租赁负债——未确认融资费用——设备租赁　　21 670

　　贷：租赁负债——租赁付款额——设备租赁　　200 000

（四）出租人衔接规定

除下面所述情形外，出租人无需对作为出租人的租赁按照衔接规定进行调整，而应当自首次执行日起按照租赁准则进行会计处理。

对于首次执行日前划分为经营租赁且在首次执行日后仍存续的转租赁，转租出租人在首次执行日应当基于原租赁和转租赁的剩余合同期限和条款进行重新评估，并按照租赁准则的规定进行分类。按照租赁准则重分类为融资租赁的，应当将其作为一项新的融资租赁进行会计处理。

（五）之前确认的有关企业合并的金额

承租人如果之前根据《企业会计准则第 20 号——企业合并》，对作为企业合并一部分购买的经营租赁的有利或不利条款确认了资产或负债，则应当终止确认该资产或负债，并相应调整首次执行日的使用权资产的账面金额。

（六）售后租回交易的衔接规定

对于首次执行日前已存在的售后租回交易，企业在首次执行日不重新评估资产转让是否满足《企业会计准则第 14 号——收入》（2017）作为销售进行会计处理的规定。

对于首次执行日前应当作为销售和融资租赁进行会计处理的售后租回交易，卖方（承租人）应当按照与首次执行日存在的其他融资租赁相同的方法对租回进行会计处理，并继续在租赁期内摊销相关递延收益或损失。

对于首次执行日前应当作为销售和经营租赁进行会计处理的售后租回交易，卖方（承租人）应当按照与首次执行日存在的其他经营租赁相同的方法对租回进行会计处理，并根据首次执行日前计入资产负债表的相关递延收益或损失调整使用权资产。

（七）披露要求

承租人采用租赁准则第六十三条规定的简化处理方法的，应当在财务报表附注中披露所采用的简化处理方法以及在合理可能的范围内对采用每项简化处理方法的估计影响所作的定性分析。

承租人选择简化的追溯调整法对租赁进行衔接会计处理的，还应当在首次执行日披露以下信息：

（1）首次执行日计入资产负债表的租赁负债所采用承租人增量借款利率的加权平均值；

（2）首次执行日前一年度报告期末披露的重大经营租赁的尚未支付的最低租赁付款额按首次执行日承租人增量借款利率折现的现值，与计入首次执行日资产负债表的租赁负债的差额。

第二十二章
金融工具确认和计量

一、金融工具的定义和适用范围

《企业会计准则第22号——金融工具确认和计量》（以下简称金融工具确认和计量准则）将金融工具定义为：形成一方的金融资产并形成其他方的金融负债或权益工具的合同。

（一）金融资产

金融资产是指企业持有的现金、其他方的权益工具以及符合下列条件之一的资产。

（1）从其他方收取现金或其他金融资产的合同权利。

（2）在潜在有利条件下，与其他方交换金融资产或金融负债的合同权利。

（3）将来须用或可用企业自身权益工具进行结算的非衍生工具合同，且企业根据该合同将收到可变数量的权益工具。

（4）将来须用或可用企业自身权益工具进行结算的衍生工具合同，但以固定数量的自身权益工具交换固定金额的现金或其他金融资产的衍生工具合同除外。其中，企业自身权益工具不包括应当按照《企业会计准则第37号——金融工具列报》分类为权益工具的可回售工具或发行方仅在清算时才有义务向另一方按比例交付其净资产的金融工具，也不包括本身就要求在未来收取或交付企业自身权益工具的合同。

（二）金融负债

金融负债是指企业符合下列条件之一的负债。

（1）向其他方交付现金或其他金融资产的合同义务。

（2）在潜在不利条件下，与其他方交换金融资产或金融负债的合同义务。

（3）将来须用或可用企业自身权益工具进行结算的非衍生工具合同，且企业根据该合同将交付可变数量的自身权益工具。

（4）将来须用或可用企业自身权益工具进行结算的衍生工具合同，但以固定数量的自身权益工具交换固定金额的现金或其他金融资产的衍生工具合同除外。企业对全部现有同类别非衍生自身权益工具的持有方同比例发行配股权、期权或认股权证，使之有权按比例以固定金额的任何货币换取固定数量的该企业自身权益工具的，该类配股权、期权或认股权证应当分类为权益工具。企业自身权益工具不包括应当按照《企业会计准则第37号——金融工具列报》分类为权益工具的可回售工具或发行方仅在清算时才有义务向另一方按比例交付其净资产的金融工具，也不包括本身就要求在未来收取或交付企业自身权益工具的合同。

（三）衍生工具

衍生工具是指属于金融工具确认和计量准则范围并同时具备下列特征的金融工具或其他合同。

（1）价值随特定利率、金融工具价格、商品价格、汇率、价格指数、费率指数、信用等级、信用指数或其他变量的变动而变动。变量为非金融变量的，该变量不应与合同的任何一方存在特定关系。

（2）不要求初始净投资，或者与对市场因素变化预期有类似反应的其他合同相比，要求较少的初始净投资。

（3）在未来某一日期结算。

常见的衍生工具包括远期合同、期货合同、互换合同和期权合同等。

（四）适用范围

除下列各项外，金融工具确认和计量准则适用于所有企业各种类型的金融工具。

（1）由《企业会计准则第2号——长期股权投资》规范的对子公司、合营企业和联营企业的投资，适用《企业会计准则第2号——长期股权投资》，但是企业根据《企业会计准则第2号——长期股权投资》对上述投资按照金融工具确认和计量准则相关规定进行会计处理的，适用金融工具确认和计量准则。企业持有的与在子公司、合营企业或联营企业中的权益相联系的衍生工具，适用金融工具确认和计量准则；该衍生工具符合《企业会计准则第37号——金融工具列报》规定的权益工具定义的，适用《企业会计准则第37号——金融工具列报》。

（2）由《企业会计准则第9号——职工薪酬》规范的职工薪酬计划形成的企业的权利和义务，适用《企业会计准则第9号——职工薪酬》。

（3）由《企业会计准则第11号——股份支付》规范的股份支付，适用《企业会计准则第11号——股份支付》。但是，股份支付中属于金融工具确认和计量准则第八条范围的买入或卖出非金融项目的合同，适用金融工具确认和计量准则。

（4）由《企业会计准则第12号——债务重组》规范的债务重组，适用《企业会计准则第12号——债务重组》。

（5）因清偿按照《企业会计准则第13号——或有事项》所确认的预计负债而获得补偿的权利，适用《企业会计准则第13号——或有事项》。

（6）由《企业会计准则第14号——收入》规范的属于金融工具的合同权利和义务，适用《企业会计准则第14号——收入》，但该准则要求在确认和计量相关合同权利的减值损失和利得时应当按照金融工具确认和计量准则规定进行会计处理的，适用金融工具确认和计量准则有关减值的规定。

（7）购买方（或合并方）与出售方之间签订的，将在未来购买日（或合并日）形成《企业会计准则第20号——企业合并》规范的企业合并且其期限不超过企业合并获得批准并完成交易所必需的合理期限的远期合同，不适用金融工具确认和计量准则。

（8）由《企业会计准则第21号——租赁》规范的租赁的权利和义务，适用《企业会计准则第21号——租赁》。但是，租赁应收款的减值、终止确认，租赁应付款的终止确认，以及租赁中嵌入的衍生工具，适用金融工具确认和计量准则。

（9）金融资产转移，适用《企业会计准则第23号——金融资产转移》。

（10）套期会计，适用《企业会计准则第24号——套期会计》。

（11）由保险合同相关会计准则规范的保险合同所产生的权利和义务，适用保险合同相关会计准则。因具有相关分红特征而由保险合同相关会计准则规范的合同所产生的权利和义务，适用保险合同相关会计准则。但对于嵌入保险合同的衍生工具，该嵌入衍生工具本身不是保险合同的，适用金融工具确认和计量准则。

对于财务担保合同，发行方之前明确表明将此类合同视作保险合同，并且已按照保险合同相关会计准则进行会计处理的，可以选择适用金融工具确认和计量准则或保险合同相关会计准则。该选择可以基于单项合同，但选择一经作出，不得撤销。否则，相关财务担保合同适用金融工具确认和计量准则。

财务担保合同，是指当特定债务人到期不能按照最初或修改后的债务工具条款偿付债务时，要求发行方向蒙受损失的合同持有人赔付特定金额的合同。

（12）企业发行的按照《企业会计准则第 37 号——金融工具列报》规定应当分类为权益工具的金融工具，适用《企业会计准则第 37 号——金融工具列报》。

（13）金融工具确认和计量准则适用于下列贷款承诺：

①企业指定为以公允价值计量且其变动计入当期损益的金融负债的贷款承诺。如果按照以往惯例，企业在贷款承诺产生后不久即出售其所产生资产，则同一类别的所有贷款承诺均应当适用金融工具确认和计量准则。

②能够以现金或者通过交付或发行其他金融工具净额结算的贷款承诺。此类贷款承诺属于衍生工具，企业不得仅仅因为相关贷款将分期拨付（如按工程进度分期拨付的按揭建造贷款）而将该贷款承诺视为以净额结算。

③以低于市场利率贷款的贷款承诺。

所有贷款承诺均适用金融工具确认和计量准则关于终止确认的规定。企业作为贷款承诺发行方的，还适用金融工具确认和计量准则关于减值的规定。

贷款承诺，是指按照预先规定的条款和条件提供信用的确定性承诺。

另外，金融工具确认和计量准则规定，对于能够以现金或其他金融工具净额结算，或者通过交换金融工具结算的买入或卖出非金融项目的合同，除了按照预定的购买、销售或使用要求签订并持有旨在收取或交付非金融项目的合同适用其他相关会计准则外，企业应当将该合同视同金融工具，适用金融工具确认和计量准则。

对于能够以现金或其他金融工具净额结算，或者通过交换金融工具结算的买入或卖出非金融项目的合同，即使企业按照预定的购买、销售或使用要求签订并持有旨在收取或交付非金融项目的合同的，企业也可以将该合同指定为以公允价值计量且其变动计入当期损益的金融资产或金融负债。企业只能在合同开始时作出该指定，并且必须能够通过该指定消除或显著减少会计错配。该指定一经作出，不得撤销。

会计错配，是指当企业以不同的会计确认方法和计量属性，对在经济上相关的资产和负债进行确认或计量而产生利得或损失时，可能导致的会计确认和计量上的不一致。

二、金融工具确认与终止确认

（一）金融资产和金融负债的确认条件

金融工具确认和计量准则规定，企业成为金融工具合同的一方时，应当确认一项金融资产或金融负债。

对于以常规方式购买或出售金融资产的，企业应当在交易日确认将收到的资产和为此将承担的负债，或者在交易日终止确认已出售的资产，同时确认处置利得或损失以及应向买方收取的应收款项。以常规方式购买或出售金融资产，是指企业按照合同规定购买或出售金融资产，并且该合同条款规定，企业应当根据通常由法规或市场惯例所确定的时间安排来交付金融资产。

（二）金融资产的终止确认

金融工具确认和计量准则规定，金融资产满足下列条件之一的，应当终止确认。

（1）收取该金融资产现金流量的合同权利终止。

（2）该金融资产已转移，且符合《企业会计准则第 23 号——金融资产转移》规定的金融资产终止确认条件。

终止确认，是指将金融资产或金融负债从企业的账户和资产负债表内予以转出。

（三）金融负债的终止确认

根据金融工具确认和计量准则规定，金融负债（或其一部分）的现时义务已经解除的，企业应当终止确认该金融负债（或该部分金融负债）。

（1）企业（借入方）与借出方之间签订协议，以承担新金融负债方式替换原金融负债，且新金融负债与原金融负债的合同条款实质上不同的，企业应当终止确认原金融负债，同时确认一项新金融负债。

企业对原金融负债（或其一部分）的合同条款作出实质性修改的，应当终止确认原金融负债，同时按照修改后的条款确认一项新金融负债。

（2）金融负债（或其一部分）终止确认的，企业应当将其账面价值与支付的对价（包括转出的非现金资产或承担的负债）之间的差额，计入当期损益。

（3）企业回购金融负债一部分的，应当按照继续确认部分和终止确认部分在回购日各自的公允价值占整体公允价值的比例，对该金融负债整体的账面价值进行分配。分配给终止确认部分的账面价值与支付的对价（包括转出的非现金资产或承担的负债）之间的差额，应当计入当期损益。

三、金融工具的分类

（一）企业管理金融资产的业务模式

1. 业务模式评估

企业管理金融资产的业务模式，是指企业如何管理其金融资产以产生现金流量。业务模式决定企业所管理金融资产现金流量的来源是收取合同现金流量、出售金融资产还是两者兼有。企业管理金融资产的业务模式，应当以企业关键管理人员决定的对金融资产进行管理的特定业务目标为基础确定。企业确定管理金融资产的业务模式，应当以客观事实为依据，不得以按照合理预期不会发生的情形为基础确定。

2. 以收取合同现金流量为目标的业务模式

在以收取合同现金流量为目标的业务模式下，企业管理金融资产旨在通过在金融资产存续期内收取合同付款来实现现金流量，而不是通过持有并出售金融资产产生整体回报。

金融资产本金是指金融资产在初始确认时的公允价值，本金金额可能因提前还款等在金融资产的存续期内发生变动。

例 22-01 A公司购买了一个贷款组合，且该组合中有包含已发生信用减值的贷款。如果贷款不能按时偿付，A公司将通过各类方式尽可能实现合同现金流量，例如，通过邮件、电话或其他方法与借款人联系催收贷款。另外，A公司签订了一项利率互换合同，将贷款组合的利率由浮动利率转换为固定利率。

分析：本例中，A公司管理该贷款组合的业务模式是以收取合同现金流量为目标。即使A公司预期无法取全部合同现金流量（部分贷款已发生信用减值），但并不影响其业务模式。此外，该公司签订利率互换合同也不影响贷款组合的业务模式。

3. 以收取合同现金流量和出售金融资产为目标的业务模式

在以收取合同现金流量和出售金融资产为目标的业务模式下，企业的关键管理人员认为收取合同现金流量和出售金融资产对于实现其管理目标而言都是不可或缺的。例如，企业的目标是管理日常流动性需求同时维持特定的收益率，或将金融资产的存续期与相关负债的存续期进行匹配。

例 22-02 A商业银行持有金融资产组合以满足其每日流动性需求。A商业银行为了降低其管理流动性需求的成本，高度关注该金融资产组合的回报。组合回报包括收取的合同付款和出售金融资产的利得或损失。

分析：本例中，A商业银行管理该金融资产组合的业务模式以收取合同现金流量和出售金融资产为目标。

4. 其他业务模式

如果企业管理金融资产的业务模式，不是以收取合同现金流量为目标，也不是既以收取合同现金流量又出售金融资产来实现其目标，该金融资产应当分类为以公允价值计量且其变动计入当期损益的金融资产。

（二）金融资产的分类

根据金融工具确认和计量准则的规定，企业应当根据其管理金融资产的业务模式和金融资产的合同现金流量特征，将金融资产划分为以下三类：

（1）以摊余成本计量的金融资产。

（2）以公允价值计量且其变动计入其他综合收益的金融资产。

（3）以公允价值计量且其变动计入当期损益的金融资产。

1. 金融资产的合同现金流量特征

金融资产的合同现金流量特征，是指金融工具合同约定的、反映相关金融资产经济特征的现金流量属性。

企业分类为以摊余成本计量和以公允价值计量且其变动计入其他综合收益的金融资产，其合同现金流量特征，应当与基本借贷安排相一致。相关金融资产在特定日期产生的合同现金流量仅为对本金和以未偿付本金金额为基础的利息的支付，其中，本金是指金融资产在初始确认时的公允价值，本金金额可能因提前还款等原因在金融资产的存续期内发生变动；利息包括对货币时间价值、与特定时期未偿付本金金额相关的信用风险以及其他基本借贷风险、成本和利润的对价。货币时间价值是利息要素中仅因为时间流逝而提供对价的部分不包括为所持有金融资产的其他风险或成本提供的对价，但货币时间价值要素有时可能存在修正。在货币时间价值要素存在修正的情况下，企业应当对相关修正进行评估，以确定其是否满足上述合同现金流量特征的要求。此外，金融资产包含可能导致其合同现金流量的时间分布或金额发生变更的合同条款（如包含提前还款特征）的，企业应当对相关条款进行评估（如评估提前还款特征的公允价值是否非常小），以确定其是否满足上述合同现金流量特征的要求。

例 22-03　甲公司发行了面值 1 000 元的公司债券，债券的初始发行价格为 990 元。由于债券发行后利率急剧上涨，A 公司（债券当前持有人）在二级市场上以 850 元的价格购买了该债券。

分析：在本例中，从 A 公司的角度而言，本金金额为 850 元。因此，本金不一定是合同的票面金额（1 000 元），也不一定是工具初始发行时提供给债务人的贷款金额（990 元）（当持有人在发行之后购买资产时）。

例 22-04　甲企业持有一项具有固定到期日且支付浮动市场利率的债券。合同规定了利率浮动的上限。对于固定利率或浮动利率特征的金融工具，只要利息反映了对货币时间价值、与特定时期未偿付本金金额相关的信用风险以及其他基本借贷风险、成本和利润的对价，则其符合本金加利息的合同现金流量特征。

分析：本例中，合同条款设定利率上限，可以看作是固定利率和浮动利率相结合的工具，通过合同设定利率上限可能降低合同现金流量的波动性。

例 22-05　某金融工具是一项永续工具，按市场利率支付利息，发行人可自主决定在任一时点回购该工具，并向持有人支付面值和累计应付利息。如果发行人无法保持后续偿付能力，可以不支付该工具利息，而且递延利息不产生额外孳息。

分析：本例中，该工具不符合本金加利息的合同现金流量特征。但是，如果该工具的合同条款要求对递延利息的金额计息，则其可能符合本金加利息的合同现金流量特征。

例 22-06　企业持有一项金融资产，包含每月重设为 1 年期利率的浮动利率条款，则企业每月应收的利息实际上反映了未来12个月货币时间价值的平均数，而非当月的货币时间价值（例如，如果在之后11月的期间合同利率逐月提高，则各月货币时间价值的平均数将高于当月的货币时间价值），也就是说，按合同计算的利息是对实际货币时间价值的修正。如果企业将该金融资产与具有相同合同条款和相同信用风险的、但浮动利率为每月重设为1个月利率的金融工具的合同现金流量进行比较。如果两个现金流量存在显著差异，那么该金融资产不符合本金加利息的合同现金流量特征。

例22-07 工具A是一项具有固定到期日的债券。本金及未偿付本金金额之利息的支付与发行该工具所用货币的通货膨胀指数挂钩。与通货膨胀挂钩未利用杠杆，并且对本金进行保护。

分析：合同现金流量仅为本金及未偿付本金金额之利息的支付。本金及未偿付本金金额之利息的支付通过与非杠杆的通货膨胀指数挂钩，而将货币时间的价值重设为当前水平。换言之，该金融工具的利率反映的是"真实的"利率。因此，利息金额是未偿付本金金额的货币时间价值的对价。

然而，如果利息支付额与涉及债务人业绩的另一变量（比如，债务人的净收益）挂钩，则合同现金流量就不是本金及未偿付本金金额之利息的支付。

例22-08 工具B是一项可转换成固定数量的发行人权益工具的债券。

分析：债券持有人应对该可转换债券执行整体分析。合同现金流量并非本金及未偿付本金金额之利息的支付，因为其反映的回报与基本借款安排不一致，即回报与发行人的权益价值挂钩。

2. 以摊余成本计量的金融资产

金融资产同时符合下列条件的，应当被分类为以摊余成本计量的金融资产。

（1）企业管理该金融资产的业务模式是以收取合同现金流量为目标。

（2）该金融资产的合同条款规定，在特定日期产生的现金流量，仅为对本金和以未偿付本金金额为基础的利息的支付。

企业一般应当设置"银行存款""贷款""应收账款""债权投资"等科目核算分类为以摊余成本计量的金融资产。

3. 以公允价值计量且其变动计入其他综合收益的金融资产

金融资产同时符合下列条件的，应当分类为以公允价值计量且其变动计入其他综合收益的金融资产。

（1）企业管理该金融资产的业务模式既以收取合同现金流量为目标，又以出售该金融资产为目标。

（2）该金融资产的合同条款规定，在特定日期产生的现金流量，仅为对本金和以未偿付本金金额为基础的利息的支付。

企业应当设置"其他债权投资"科目核算分类为以公允价值计量且其变动计入其他综合收益的金融资产。

4. 以公允价值计量且其变动计入当期损益的金融资产

按照金融工具确认和计量准则分类为以摊余成本计量的金融资产和以公允价值计量且其变动计入其他综合收益的金融资产之外的金融资产，企业应当将其分类为以公允价值计量且其变动计入当期损益的金融资产。

金融资产或金融负债满足下列条件之一的，表明企业持有该金融资产或承担该金融负债的目的是交易性的。

（1）取得相关金融资产或承担相关金融负债的目的，主要是为了近期出售或回购。

（2）相关金融资产或金融负债在初始确认时属于集中管理的可辨认金融工具组合的一部分且有客观证据表明近期实际存在短期获利模式。

（3）相关金融资产或金融负债属于衍生工具。但符合财务担保合同定义的衍生工具以及被指定为有效套期工具的衍生工具除外。

企业应当设置"交易性金融资产"科目核算以公允价值计量且其变动计入当期损益的金融资产。企业持有的直接指定为以公允价值计量且其变动计入当期损益的金融资产，也在本科目核算。

5. 金融资产分类的特殊规定

企业在初始确认该类金融资产时，可以将非交易性权益工具投资指定为以公允价值计量且其变动计入其他综合收益的金融资产，并按照金融工具确认和计量准则第六十五条规定确认股利收入。该指定一经作出，不得撤销。

另外，值得注意的是，企业在非同一控制下的企业合并中确认的或有对价构成金融资产的，该金融资产应当分类为以公允价值计量且其变动计入当期损益的金融资产，不得指定为以公允价值计量且其变动计入其他综合收益的金融资产。

6. 公允价值选择权

在初始确认时，如果能够消除或显著减少会计错配，则企业可以将金融资产指定为以公允价值计量且其变动计入当期损益的金融资产。该指定一经作出，不得撤销。

7. 会计科目的设置

（1）分类为以摊余成本计量的金融资产，企业一般应当设置"贷款""应收账款""债权投资"等科目核算；

（2）分类为以公允价值计量且其变动计入其他综合收益债权性的金融资产，企业应当设置"其他债权投资"科目核算；

（3）分类为以公允价值计量且其变动计入当期损益的金融资产，企业应当设置"交易性金融资产"科目核算；

（4）指定为以公允价值计量且其变动计入其他综合收益的金融资产，企业应当设置"其他权益工具投资"科目核算。

例 22-09　甲公司为境内上市公司，2×20 年度及以前年度适用的企业所得税税率为 15%，2×21 年度起适用的企业所得税税率为 25%。2×19 年度至 2×21 年度，甲公司发生的有关交易或事项如下：

2×19 年 1 月 1 日，以 5 000 万元从二级市场购入乙公司当日发行的 2 年期公司债券，该债券票面价值为 5 000 万元，票面年利率为 4%（等于实际利率），每年 12 月 31 日付息，到期还本；以 1 200 万元购入丙公司（非上市公司）10% 股权，对丙公司不具有控制、共同控制和重大影响；以 500 万元从二级市场购入一组股票组合。

甲公司对金融资产在组合层次上确定业务模式并进行分类：对于持有的 2 000 万元乙公司债券的管理是以收取合同现金流量为目标的业务模式，对于持有的 3 000 万元乙公司债券，其业务模式是为收取合同现金流量并满足流动性需求，即甲公司对该部分债券以收取合同现金流量进行日常管理，但当甲公司资金发生紧缺时，将出售该债券，以保证经营所需的流动资金；对持有的丙公司股权进行指定，除了持有该股份分得的现金股利外，该投资价值的任何变动以及处置均不影响净利润；对于股票组合，以公允价值进行管理，并与投资人员的业绩挂钩。

要求：根据资料，说明甲公司购入的各项金融资产在初始确认时应当如何分类，并陈述理由。

分析：

①将持有的乙公司 2 000 万元的债券应划分为以摊余成本计量的金融资产核算。理由：对于持有的 2 000 万元乙公司债券的管理是以收取合同现金流量为目标的业务模式，应划分为以摊余成本计量的金融资产核算。

②将持有的乙公司 3 000 万元的债券相应的划分为以公允价值计量且其变动计入其他综合收益的金融资产核算。理由：因甲公司持有该债券业务模式是为收取合同现金流量并满足流动性需求，即公司资金发生紧缺时，将出售该债券，应划分为作为以公允价值计量且其变动计入其他综合收益的金融

资产核算。

③甲公司将持有的丙公司股权相应的作为以公允价值计量且其变动计入其他综合收益的金融资产核算。理由：因甲公司对持有的丙公司股权进行指定，除了持有该股份分得的现金股利外，该投资价值的任何变动以及处置均不影响净利润，因此应将该项投资指定为以公允价值计量且其变动计入其他综合收益的金融资产核算。

④甲公司将持有的丙公司股票组合相应的作为以公允价值计量且其变动计入当期损益的金融资产核算。理由：甲公司持有该股票组合是以公允价值进行管理，并与投资人员的业绩挂钩，应划分为以公允价值计量且其变动计入当期损益的金融资产核算。

（三）金融负债的分类

1. 以摊余成本计量

根据金融工具确认和计量准则的规定，除下列各项外，企业应当将金融负债分类为以摊余成本计量的金融负债。

（1）以公允价值计量且其变动计入当期损益的金融负债，包括交易性金融负债（含属于金融负债的衍生工具）和指定为以公允价值计量且其变动计入当期损益的金融负债。

（2）金融资产转移不符合终止确认条件或继续涉入被转移金融资产所形成的金融负债。对此类金融负债，企业应当按照《企业会计准准则第 23 号——金融资产转移》相关规定进行计量。

（3）不属于上述（1）或（2）情形的财务担保合同，以及不属于上述（1）情形的以低于市场利率的贷款做出贷款承诺。作为此类金融负债发行方的企业，应当在初始确认后按照金融工具确认和计量准则第八章所确定的损失准备金额以及初始确认金额扣除依据《企业会计准则第 14 号——收入》相关规定所确定的累计摊销额后的余额孰高进行计量。

2. 以公允价值计量且其变动计入当期损益

在非同一控制下的企业合并中，企业作为购买方确认的或有对价形成金融负债的，该金融负债应当按照以公允价值计量且其变动计入当期损益进行会计处理。

例如，如果不作出以公允价值计量且其变动计入损益的指定，某项金融资产的后续计量可能是以公允价值计量且其变动计入损益，而主体认为与之相关的负债则以摊余成本进行后续计量（其公允价值变动不予确认）。在这种情况下，企业可得出结论认为，如果该项资产和负债同时均以公允价值计量且其变动计入损益，则财务报表将能提供更相关的信息。

3. 公允价值选择权

在初始确认时，为了提供更相关的会计信息，企业可以将金融负债指定为以公允价值计量且其变动计入当期损益的金融负债，但该指定应当满足下列条件之一。

（1）能够消除或显著减少会计错配。

（2）根据正式书面文件载明的企业风险管理或投资策略，以公允价值为基础对金融负债组合或金融资产和金融负债组合进行管理和业绩评价，并在企业内部以此为基础向关键管理人员报告。该指定一经作出，不得撤销。

四、嵌入衍生工具

（一）嵌入衍生工具的定义

金融工具确认和计量准则规定，嵌入衍生工具是指嵌入到非衍生工具（即主合同）中的衍生工具。嵌入衍生工具与主合同构成混合合同。该嵌入衍生工具对混合合同的现金流量产生影响的方式，应当与单独存在的衍生工具类似，且该混合合同的全部或部分现金流量随特定利率、金融工具价格、商品价格、汇率、价格指数、费率指数、信用等级、信用指数或其他变量变动而变动。变量为非金融变量的，该变量不应与合同的任何一方存在特定关系。

衍生工具如果附属于一项金融工具但根据合同规定可以独立于该金融工具进行转让，或者具有与该金融工具不同的交易对手方，则该衍生工具不是嵌入衍生工具，应当作为一项单独存在的衍生工具处理。

（二）混合合同

1. 混合合同包含的主合同属于金融工具确认和计量准则规范的资产

金融工具确认和计量准则规定，混合合同包含的主合同属于金融工具确认和计量准则规范的资产的，企业不应从该混合合同中分拆嵌入衍生工具，而应当将该混合合同作为一个整体适用金融工具确认和计量准则关于金融资产分类的相关规定。

2. 混合合同包含的主合同不属于金融工具确认和计量准则规范的资产

混合合同包含的主合同不属于金融工具确认和计量准则规范的资产，且同时符合下列条件的，企业应当从混合合同中分拆嵌入衍生工具，将其作为单独存在的衍生工具处理。

（1）嵌入衍生工具的经济特征和风险，与主合同的经济特征和风险不紧密相关。

（2）与嵌入衍生工具具有相同条款，单独存在的工具符合衍生工具的定义。

（3）该混合合同不是以公允价值计量且其变动计入当期损益进行会计处理。

嵌入衍生工具从混合合同中分拆的，企业应当按照适用的会计准则规定，对混合合同的主合同进行会计处理。企业无法根据嵌入衍生工具的条款和条件对嵌入衍生工具的公允价值进行可靠计量的，该嵌入衍生工具的公允价值应当根据混合合同公允价值和主合同公允价值之间的差额确定。使用上述方法后，该嵌入衍生工具在取得日或后续资产负债表日的公允价值仍然无法单独计量的，企业应当将该混合合同整体指定为以公允价值计量且其变动计入当期损益的金融工具。

例如，甲公司承租了某房产，租期为 8 年。第 1 年的租金为 1 000 万元人民币。从第 2 年开始，租金在前一年的基础上按前一年的一般物价指数变动进行调整。其中，不与通货膨胀挂钩的租赁合同是主合同，基于通货膨胀指数的变化来支付租金的合同条款是嵌入衍生工具。

3. 混合合同包含一项或多项嵌入衍生工具，且其主合同不属于金融工具确认和计量准则规范的资产

混合合同包含一项或多项嵌入衍生工具，且其主合同不属于金融工具确认和计量准则规范的资产的，企业可以将其整体指定为以公允价值计量且其变动计入当期损益的金融工具，但下列情况除外。

（1）嵌入衍生工具不会对混合合同的现金流量产生重大改变。

（2）在初次确定类似的混合合同是否需要分拆时，几乎不需分析就能明确其包含的嵌入衍生工具不应分拆。比如，嵌入贷款的提前还款权，允许持有人以接近摊余成本的金额提前偿还贷款，该提前还款权不需要分拆。

例如，一项贷款本金 1 000 万元，5 年后到期。在贷款期限内，借出方基于上证综指的变化来收取利息，计算的起点为贷款发放时上证综指指数。这项贷款即为一项混合金融工具（混合合同）。其中，收取本金的合同部分是主合同，基于上证综指的变化来收取利息的合同部分是嵌入衍生工具。

注：对交易对方来说，支付本金的合同部分是主合同，基于上证综指的变化来支付利息的合同部分是嵌入衍生工具。

五、金融工具的重分类

（一）金融工具重分类的定义

金融工具确认和计量准则规定，企业改变其管理金融资产的业务模式时，应当按照金融工具确认和计量准则的规定对所有受影响的相关金融资产进行重分类。企业对所有金融负债均不得进行重分类。

企业发生下列情况的，不属于金融资产或金融负债的重分类。

（1）按照《企业会计准则第 24 号——套期会计》相关规定，某金融工具以前被指定并成为现金流量套期或境外经营净投资套期中的有效套期工具，但目前已不再满足运用该套期会计方法的条件。

（2）按照《企业会计准则第 24 号——套期会计》相关规定，某金融工具被指定并成为现金流量套期或境外经营净投资套期中的有效套期工具。

（3）按照《企业会计准则第 24 号——套期会计》相关规定，运用信用风险敞口公允价值选择权所引起的计量变动。

（二）金融资产重分类的会计处理

金融工具确认和计量准则规定，企业对金融资产进行重分类时，应当自重分类日起采用未来适用法进行相关会计处理，不得对以前已经确认的利得、损失（包括减值损失或利得）或利息进行追溯调整。

重分类日是指导致企业对金融资产进行重分类的业务模式发生变更后的首个报告期间的第一天。

（1）企业将一项以摊余成本计量的金融资产重分类为以公允价值计量且其变动计入当期损益的金融资产的，应当按照该资产在重分类日的公允价值进行计量。原账面价值与公允价值之间的差额计入当期损益。

企业将一项以摊余成本计量的金融资产重分类为以公允价值计量且其变动计入其他综合收益的金融资产的，应当按照该金融资产在重分类日的公允价值进行计量。原账面价值与公允价值之间的差额计入其他综合收益。该金融资产重分类不影响其实际利率和预期信用损失的计量。

例 22-10 A 银行于 2×20 年 1 月 1 日以公允价值 500 000 万元购入一项债券投资组合，将其分类为以摊余成本计量的金融资产。2×21 年 1 月 1 日，将其重分类为以公允价值计量且其变动计入当期损益的金融资产。重分类日，该债券组合的公允价值为 490 000 万元，已确认的损失准备为 6 000 万元（反映了自初始确认后信用风险显著增加，因此以整个存续期预期信用损失计量）。假定不考虑利息收入的会计处理。

2×21 年 1 月 1 日，A 银行会计处理如下：

借：交易性金融资产	4 900 000 000	
债权投资损失准备	60 000 000	
公允价值变动损益	40 000 000	
贷：债权投资		5 000 000 000

例 22-11 A 银行于 2×20 年 1 月 1 日以公允价值 500 000 万元购入一项债券投资组合，将其分类为以摊余成本计量的金融资产。2×21 年 1 月 1 日，将其重分类为以公允价值计量且其变动计入其他综合收益的金融资产。重分类日，该债券组合的公允价值为 490 000 万元，已确认的损失准备为 6 000 万元（反映了自初始确认后信用风险显著增加，因此以整个存续期预期信用损失计量）。假定不考虑利息收入的会计处理。

2×21 年 1 月 1 日，A 银行会计处理如下：

借：其他债权投资	4 900 000 000	
其他综合收益——其他债权投资公允价值变动	100 000 000	
贷：债权投资		5 000 000 000
借：债权投资损失准备	60 000 000	
贷：其他综合收益——损失准备		60 000 000

（2）企业将一项以公允价值计量且其变动计入其他综合收益的金融资产重分类为以摊余成本计量的金融资产的，应当将之前计入其他综合收益的累计利得或损失转出，调整该金融资产在重分类日的公允价值，并以调整后的金额作为新的账面价值，即视同该金融资产一直以摊余成本计量该金融资产重分类不影响其实际利率和预期信用损失的计量。

企业将一项以公允价值计量且其变动计入其他综合收益的金融资产重分类为以公允价值计量且其变动计入当期损益的金融资产的，应当继续以公允价值计量该金融资产。同时，企业应当将之前计入其他综合收益的累计利得或损失从其他综合收益转入当期损益。

例 22-12 A 银行于 2×20 年 1 月 1 日以公允价值 500 000 万元购入一项债券投资组合，将其分类为以公允价值计量且其变动计入其他综合收益的金融资产。2×21 年 1 月 1 日，将其重分类为以摊余成本计量的金融资产。重分类日，该债券组合的公允价值为 490 000 万元，已确认的损失准备为 6 000 万元（反映了自初始确认后信用风险显著增加，因此以整个存续期预期信用损失计量）。假定不考虑利息收入的会计处理。

2×21 年 1 月 1 日，A 银行会计处理如下：

借：债权投资　　4 900 000 000

　　贷：其他债权投资　　4 900 000 000

借：债权投资　　100 000 000

　　贷：其他综合收益——其他债权投资公允价值变动　　100 000 000

借：其他综合收益——损失准备　　60 000 000

　　贷：债权投资损失准备　　60 000 000

例 22-13 A 银行于 2×20 年 1 月 1 日以公允价值 500 000 万元购入一项债券投资组合，将其分类为以公允价值计量且其变动计入其他综合收益的金融资产。2×21 年 1 月 1 日，将其重分类为以公允价值计量且其变动计入当期损益的金融资产。重分类日，该债券组合的公允价值为 490 000 万元，已确认的损失准备为 6 000 万元（反映了自初始确认后信用风险显著增加，因此以整个存续期预期信用损失计量）。假定不考虑利息收入的会计处理。

2×21 年 1 月 1 日，A 银行会计处理如下：

借：交易性金融资产　　4 900 000 000

　　贷：其他债权投资　　4 900 000 000

借：投资收益　　40 000 000

　　其他综合收益——损失准备　　60 000 000

　　贷：其他综合收益——其他债权投资公允价值变动　　100 000 000

（3）企业将一项以公允价值计量且其变动计入当期损益的金融资产重分类为以摊余成本计量的金融资产的，应当以其在重分类日的公允价值作为新的账面余额。

企业将一项以公允价值计量且其变动计入当期损益的金融资产重分类为以公允价值计量且其变动计入其他综合收益的金融资产的，应当继续以公允价值计量该金融资产。

按照上述第（3）项规定对金融资产重分类进行处理的，企业应当根据该金融资产在重分类日的公允价值确定其实际利率。同时，企业应当自重分类日起对该金融资产适用金融工具确认和计量准则关于金融资产减值的相关规定，并将重分类日视为初始确认日。

例 22-14 A 银行于 2×20 年 1 月 1 日以公允价值 500 000 万元购入一项债券投资组合，将其分类为以公允价值计量且其变动计入当期损益的金融资产。2×21 年 1 月 1 日，将其重分类为以摊余成本计量的金融资产。重分类日，该债券组合的公允价值为 490 000 万元，12 个月预期信用损失为 4 000 万元。假定不考虑利息收入的会计处理。

2×21 年 1 月 1 日，A 银行会计处理如下：

借：债权投资　　4 900 000 000

　　贷：交易性金融资产　　4 900 000 000

借：资产减值损失　　40 000 000

　　贷：债权投资损失准备　　40 000 000

例 22-15 A 银行于 2×20 年 1 月 1 日以公允价值 500 000 万元购入一项债券投资组合，将其分类为以公允价值计量且其变动计入当期损益的金融资产。2×21 年 1 月 1 日，将其重分类为以公允价值计量且其变动计入其他综合收益的金融资产。重分类日，该债券组合的公允价值为 490 000 万元，12 个月预期信用损失为 4 000 万元。假定不考虑利息收入的会计处理。

2×21 年 1 月 1 日，A 银行会计处理如下：

借：其他债权投资　　4 900 000 000

　　贷：交易性金融资产　　4 900 000 000

借：资产减值损失　　40 000 000

　　贷：其他综合收益——损失准备　　40 000 000

六、金融工具计量

（一）初始计量

1. 初始确认的原则

金融工具确认和计量准则规定，企业初始确认金融资产或金融负债，应当按照公允价值计量。对于以公允价值计量且其变动计入当期损益的金融资产和金融负债，相关交易费用应当直接计入当期损益；对于其他类别的金融资产或金融负债，相关交易费用应当计入初始确认金额。但是，企业初始确认的应收账款未包含《企业会计准则第 14 号——收入》所定义的重大融资成分或根据《企业会计准则第 14 号——收入》规定不考虑不超过一年的合同中的融资成分的，应当按照该准则定义的交易价格进行初始计量。

交易费用是指可直接归属于购买、发行或处置金融工具的增量费用。

增量费用是指企业没有发生购买、发行或处置相关金融工具的情形就不会发生的费用，包括支付给代理机构、咨询公司、券商、证券交易所、政府有关部门等的手续费、佣金、相关税费以及其他必要支出，不包括债券溢价、折价、融资费用、内部管理成本和持有成本等与交易不直接相关的费用。

2. 公允价值计量

企业应当根据《企业会计准则第 39 号——公允价值计量》的规定，确定金融资产和金融负债在初始确认时的公允价值。公允价值通常为相关金融资产或金融负债的交易价格。金融资产或金融负债公允价值与交易价格存在差异的，企业应当区别下列情况进行处理。

（1）在初始确认时，金融资产或金融负债的公允价值依据相同资产或负债在活跃市场上的报价或者以仅使用可观察市场数据的估值技术确定的，企业应当将该公允价值与交易价格之间的差额确认为一项利得或损失。

（2）在初始确认时，金融资产或金融负债的公允价值以其他方式确定的，企业应当将该公允价值与交易价格之间的差额递延。初始确认后，企业应当根据某一因素在相应会计期间的变动程度将该递延差额确认为相应会计期间的利得或损失。该因素应当仅限于市场参与者对该金融工具定价时将予考虑的因素，包括时间等。

（二）后续计量

1. 后续计量的基本原则

金融工具确认和计量准则规定，初始确认后，企业应当对不同类别的金融资产，分别以摊余成本、以公允价值计量且其变动计入其他综合收益或以公允价值计量且其变动计入当期损益进行后续计量；企业应当对不同类别的金融负债，分别以摊余成本、以公允价值计量且其变动计入当期损益或以金融负债分类中规定的其他适当方法进行后续计量。金融资产或金融负债被指定为被套期项目的，企业应当根据《企业会计准则第 24 号——套期会计》规定进行后续计量。

2. 以摊余成本计量的金融资产的会计处理

（1）摊余成本。金融工具确认和计量准则规定，金融资产或金融负债的摊余成本应当以该金融资产或金融负债的初始确认金额经下列调整后的结果确定。

①扣除已偿还的本金。

②加上或减去采用实际利率法将该初始确认金额与到期日金额之间的差额进行摊销形成的累计摊销额。

③扣除累计计提的损失准备（仅适用于金融资产）。

（2）实际利率法。实际利率法是指计算金融资产或金融负债的摊余成本以及将利息收入或利息费用分摊计入各会计期间的方法。

实际利率是指将金融资产或金融负债在预计存续期的估计未来现金流量，折现为该金融资产账面余额或该金融负债摊余成本所使用的利率。在确定实际利率时，应当在考虑金融资产或金融负债所有合同条款（如提前还款、展期、看涨期权或其他类似期权等）的基础上估计预期现金流量，但不应当考虑预期信用损失。

合同各方之间支付或收取的、属于实际利率或经信用调整的实际利率组成部分的各项费用、交易费用及溢价或折价等，应当在确定实际利率或经信用调整的实际利率时予以考虑。

企业通常能够可靠地估计金融工具（或一组类似金融工具）的现金流量和预计存续期。在极少数情况下，金融工具（或一组金融工具）的估计未来现金流量或预计存续期无法可靠估计的，企业在计算确定其实际利率（或经信用调整的实际利率）时，应当基于该金融工具在整个合同期期内的合同现金流量。

（3）利息收入。企业应当按照实际利率法确认利息收入。利息收入应当根据金融资产账面余额乘以实际利率计算确定，但下列情况除外。

①对于购入或源生的已发生信用减值的金融资产，企业应当自初始确认起，按照该金融资产的摊余成本和经信用调整的实际利率计算确定其利息收入。

②对于购入或源生的未发生信用减值、但在后续期间成为已发生信用减值的金融资产，企业应当在后续期间，按照该金融资产的摊余成本和实际利率计算确定其利息收入。企业按照上述规定对金融资产的摊余成本运用实际利率法计算利息收入的，若该金融工具在后续期间因其信用风险有所改善而不再存在信用减值，并且这一改善在客观上可与应用上述规定之后发生的某一事件相联系（如债务人的信用评级被上调），企业应当转按实际利率乘以该金融资产账面余额来计算确定利息收入。经信用调整的实际利率是指将购入或源生的已发生信用减值的金融资产在预计存续期的估计未来现金流量，折现为该金融资产摊余成本的利率。在确定经信用调整的实际利率时，企业应当在考虑金融资产的所有合同条款（例如，提前还款、展期、看涨期权或其他类似期权等）以及初始预期信用损失的基础上估计预期现金流量。

例 22-16 2×17 年 1 月 1 日，A 公司支付价款 1 000 万元（含交易费用）从上海证券交易所购入 B 公司同日发行的 5 年期公司债券 12 500 份，债券票面价值总额为 1 250 万元，票面年利率为 4.72%，于年末支付本年度债券利息（即每年利息为 59 万元），本金在债券到期时一次性偿还。合同约定，该债券的发行方在遇到特定情况时可以将债券赎回，且不需要为提前赎回支付额外款项。A 公司在购买该债券时，预计发行方不会提前赎回。A 公司根据其管理该债券的业务模式和该债券的合同现金流量特征，将该债券分类为以摊余成本计量的金融资产，相关调整数据如表 22-01 所示。

假定不考虑所得税、减值损失等因素，计算该债券的实际利率 r：

$59\times(1+r)^{-1}+59\times(1+r)^{-2}+59\times(1+r)^{-3}+59\times(1+r)^{-4}+(59+1\,250)\times(1+r)^{-5}=1\,000$（万元）

采用插值法，可以计算得出 r = 10%。

表 22-01　调整数据

单位：万元

年份	期初摊余成本（A）	实际利息收入（B＝A×10%）	现金流入（C）	期末摊余成本（D＝A＋B－C）
2×17 年	1 000	100	59	1 041
2×18 年	1 041	104	59	1 086
2×19 年	1 086	109	59	1 136
2×20 年	1 136	114	59	1 191
2×21 年	1 191	118*	1 309	0

注：*尾数调整1 250＋59－1 911＝118万元。

A 公司的有关账务处理如下。

（1）2×17 年 1 月 1 日，购入 A 公司债券：

借：债权投资——成本　12 500 000
　　贷：银行存款　10 000 000
　　　　债权投资——利息调整　2 500 000

（2）2×17 年 12 月 31 日，确认 A 公司债券实际利息收入、收到债券利息：

借：应收利息　590 000
　　债权投资——利息调整　410 000
　　贷：投资收益　1 000 000
借：银行存款　590 000
　　贷：应收利息　590 000

（3）2×18 年 12 月 31 日，确认 A 公司债券实际利息收入、收到债券利息：

借：应收利息　590 000
　　债权投资——利息调整　450 000
　　贷：投资收益　1 040 000
借：银行存款　590 000
　　贷：应收利息　590 000

（4）2×19 年 12 月 31 日，确认 A 公司债券实际利息收入、收到债券利息：

借：应收利息　590 000
　　债权投资——利息调整　500 000
　　贷：投资收益　1 090 000
借：银行存款　590 000
　　贷：应收利息　590 000

（5）2×20 年 12 月 31 日，确认 A 公司债券实际利息收入、收到债券利息：

借：应收利息　590 000
　　债权投资——利息调整　550 000
　　贷：投资收益　1 140 000
借：银行存款　590 000
　　贷：应收利息　590 000

（6）2×21 年 12 月 31 日，确认 A 公司债券实际利息收入、收到债券利息和本金：

借：应收利息　590 000

　　债权投资——利息调整（2 500 000－410 000－450 000－500 000

　　　　－550 000）　590 000

　　贷：投资收益　1 180 000

借：银行存款　590 000

　　贷：应收利息　590 000

借：银行存款　12 500 000

　　贷：债权投资——成本　12 500 000

假定在 2×19 年 1 月 1 日，A 公司预计本金的一半（即 625 万元）将会在该年末收回，而其余的一半本金将于 2×21 年末付清。遇到这种情况时，A 公司应当调整 2×19 年初的摊余成本，计入当期损益；调整时采用最初确定的实际利率。据此，调整相关数据后见表 22-02：

表 22-02　调整数据

单位：万元

年份	期初摊余成本（A）	实际利息收入（B＝A×10%）	现金流入（C）	期末摊余成本（D＝A＋B－C）
2×17 年	1 000	100	59	1 041
2×18 年	1 041	104	59	1 086
2×19 年	1 139*	114	684	569
2×20 年	569	57	30**	596
2×21 年	596	59***	655	0

注：

*（625＋59）×（1＋10%）$^{-1}$＋30×（1＋10%）$^{-2}$＋（625＋30）×（1＋10%）$^{-3}$＝1 139 万元（四舍五入）

**625×4.72%＝30 万元（四舍五入）

***625＋30－596＝59 万元（尾数调整）

根据上述调整，A 公司的账务处理如下。

（1）2×19 年 1 月 1 日，调整期初账面余额：

借：债权投资——利息调整（11 390 000－10 860 000）　530 000

　　贷：投资收益　530 000

（2）2×19 年 12 月 31 日，确认实际利息、收回本金等：

借：应收利息　590 000

　　债权投资——利息调整　550 000

　　贷：投资收益　1 140 000

借：银行存款　590 000

　　贷：应收利息　590 000

借：银行存款　6 250 000

　　贷：债权投资——成本　6 250 000

（3）2×20 年 12 月 31 日，确认实际利息等：

借：应收利息　300 000

　　债权投资——利息调整　270 000

　　贷：投资收益　570 000

借：银行存款 300 000

　　贷：应收利息 300 000

（4）2×21年12月31日，确认实际利息、收回本金等：

借：应收利息 300 000

　　债权投资——利息调整（2 500 000－410 000－450 000－530 000－550 000－270 000） 290 000

　　贷：投资收益 590 000

借：银行存款 300 000

　　贷：应收利息 300 000

借：银行存款 6 250 000

　　贷：债权投资——成本 6 250 000

假定A公司购买的B公司债券不是分期付息，而是到期一次还本付息，且利息不是以复利计算。此时，A公司所购买B公司债券的实际利率r计算如下：

（59＋59＋59＋59＋59＋1 250）×（1＋r）$^{-5}$＝1 000（万元）

由此计算得出r≈9.05%。

据此，调整相关数据后如表22-03所示：

表22-03　调整数据

单位：万元

日期	期初摊余成本（A）	实际利息收入（B＝A×9.05%）	现金流入（C）	期末摊余成本（D＝A＋B－C）
2×17年	1 000	90.5	0	1 090.5
2×18年	1 090.5	98.69	0	1 189.19
2×19年	1 189.19	107.62	0	1 296.81
2×20年	1 296.81	117.36	0	1 414.17
2×21年	1 414.17	130.83*	1 545	0

注：*尾数调整1 250＋295－1 414.7＝130.83

A公司的有关账务处理如下。

（1）2×17年1月1日，购入A公司债券：

借：债权投资——成本 12 500 000

　　贷：银行存款 10 000 000

　　　　债权投资——利息调整 2 500 000

（2）2×17年12月31日，确认A公司债券实际利息收入：

借：债权投资——应计利息 590 000

　　　　　　——利息调整 315 000

　　贷：投资收益 905 000

（3）2×18年12月31日，确认A公司债券实际利息收入：

借：债权投资——应计利息 590 000

　　　　　　——利息调整 396 900

　　贷：投资收益 986 900

（4）2×19 年 12 月 31 日，确认 A 公司债券实际利息收入：

借：债权投资——应计利息　590 000

　　　　　——利息调整　486 200

　贷：投资收益　1 076 200

（5）2×20 年 12 月 31 日，确认 A 公司债券实际利息收入：

借：债权投资——应计利息　590 000

　　　　　——利息调整　583 600

　贷：投资收益　1 173 600

（6）2×21 年 12 月 31 日，确认 A 公司债券实际利息收入、收回债券本金和票面利息：

借：债权投资——应计利息　590 000

　　　　　——利息调整（2 500 000－315 000－396 900－486 200－583 600）　718 300

　贷：投资收益——A 公司债券　1 308 300

借：银行存款　15 450 000

　贷：债权投资——成本　12 500 000

　　　　　　——应计利息　2 950 000

3. 以公允价值计量的金融资产的会计处理

（1）对于按照公允价值进行后续计量的金融资产，其公允价值变动形成的利得损失，除与套期会计有关外，应当按照下列规定处理：

①以公允价值计量且其变动计入当期损益的金融资产的利得或损失，应当计入当期损益。

②分类为以公允价值计量且变动计入其他综合收益的金融资产所产生的利得或损失，除减值损失或利得和汇兑损益之外，均应当计入其他综合收益，直至该金融资产终止确认或被重分类。但是，采用实际利率法计算的该金融资产的利息应当计入当期损益。该类金融资产计入各期损益的金额应当与视同其一直按照摊余成本计量而计入各期损益的金额相等。该金额资产终止确认时，之前计入其他综合收益的累计利得或损失应当从其他综合收益中转出，计入当期损益。

③指定为以公允价值计量且其变动计入其他综合收益的非交易性权益工具投资，除了获得的股利（属于投资成本收回部分的除外）计入当期损益外，其他相关的利得和损失（包括汇总损益）均应计入其他综合收益，且后续不得转入当期损益。当其终止确认时，之前计入其他综合收益的累计利得或损失应当从其他综合收益中转出，计入留存收益。

（2）企业只有在同时符合下列条件时，才能确认股利收入并计入当期损益：

①企业收取股利的权利已经确立；

②与股利相关的经济利益很可能流入企业；

③股利的金额能够可靠计量。

例 22-17　A 公司 2×21 年 12 月 20 日自证券市场购入 B 公司发行的股票 100 万股，共支付价款 860 万元，其中包括交易费用 4 万元，A 公司将购入的 B 公司股票作为交易性金融资产核算。2×21 年 12 月 31 日，B 公司股票每股收盘价为 9 元。2×22 年 3 月 10 日，A 公司收到 B 公司宣告发放的现金股利每股 1 元。2×22 年 3 月 20 日，A 公司出售该项交易性金融资产，收到价款 950 万元。不考虑其他因素。

要求：

（1）计算 A 公司 2×21 年 12 月 20 日取得该项交易性金融资产的入账价值。

（2）计算 A 公司从取得至出售该项交易性金融资产累计应确认的投资收益。

（3）计算A公司出售该项交易性金融资产时对利润总额的影响。

解析：

（1）2×21年12月20日取得该项交易性金融资产的入账价值＝860－4＝856（万元）。

（2）取得时确认的投资收益为－4万元；持有期间取得的现金股利确认的投资收益＝100×1＝100（万元）；出售时确认的投资收益＝950－（860－4）＝94（万元），A公司从取得至出售该项交易性金融资产累计应确认的投资收益＝－4＋100＋94＝190（万元）。

或：A公司从取得至出售该项交易性金融资产累计应确认的投资收益＝现金流入－现金流出＝950＋100－860＝190（万元）。

（3）出售时公允价值变动损益结转至投资收益属于损益类科目内部结转，不影响利润总额，影响利润总额的金额为出售价款与出售时资产账面价值的差额，即A公司出售该项交易性金融资产时影响利润总额的金额＝950－100×9＝50（万元）。

例22-18 2×21年3月13日，A公司支付价款106 000元从二级市场购入B公司发行的股票10 000股，每股价格10.60元（含已宣告但尚未发放的现金股利0.60元），另支付交易费用1 000元。A公司将持有的B公司股权划分为交易性金融资产，且持有B公司股权后对其无重大影响。

A公司的其他相关资料如下。

（1）5月21日，收到B公司发放的现金股利。

（2）5月30日，B公司股票价格涨到每股13元。

（3）9月15日，将持有的B公司股票全部售出，每股售价15元。

假定不考虑其他因素，A公司的账务处理如下。

（1）3月13日，购入B公司股票：

借：交易性金融资产——成本	100 000	
应收股利	6 000	
投资收益	1 000	
贷：银行存款		107 000

（2）5月21日，收到B公司发放的现金股利：

借：银行存款	6 000	
贷：应收股利		6 000

（3）5月30日，确认股票价格变动：

借：交易性金融资产——公允价值变动	30 000	
贷：公允价值变动损益		30 000

（4）9月15日，B公司股票全部售出：

借：银行存款	150 000	
公允价值变动损益	30 000	
贷：交易性金融资产——成本		100 000
——公允价值变动		30 000
投资收益		50 000

例22-19 2×20年1月1日，A公司从二级市场购入B公司债券，支付价款合计1 020 000元（含已到付息期但尚未领取的利息20 000元），另发生交易费用20 000元。该债券面值1 000 000元，剩余期限为2年，票面年利率为4%，每半年末付息一次。A公司根据其管理该债券的业务模式和该债券的合同现金流量特征，将该债券分类为以公允价值计量且其变动计入当期损益的金融资产。其他资料如下：

（1）2×20年1月5日，收到B公司债券2×19年下半年利息20 000元。

（2）2×20年6月30日，B公司债券的公允价值为1 150 000元（不含利息）。

（3）2×20年7月5日，收到B公司债券2×20年上半年利息。

（4）2×20年12月31日，B公司债券的公允价值为1 100 000元（不含利息）。

（5）2×21年1月5日，收到B公司债券2×20年下半年利息。

（6）2×21年6月20日，通过二级市场出售B公司债券，取得价款1 180 000元（含1季度利息10 000元）。

假定不考虑其他因素，A公司的账务处理如下。

（1）2×20年1月1日，从二级市场购入B公司债券：

借：交易性金融资产——成本	1 000 000	
应收利息	20 000	
投资收益	20 000	
贷：银行存款		1 040 000

（2）2×20年1月5日，收到该债券2×19年下半年利息20 000元：

借：银行存款	20 000	
贷：应收利息		20 000

（3）2×20年6月30日，确认B公司债券公允值变动和投资收益：

借：交易性金融资产——公允价值变动	150 000	
贷：公允价值变动损益		150 000
借：应收利息	20 000	
贷：投资收益		20 000

（4）2×20年7月5日，收到B公司债券2×20年上半年利息：

借：银行存款	20 000	
贷：应收利息		20 000

（5）2×20年12月31日，确认B公司债券公允价值变动和投资收益：

借：公允价值动损益	50 000	
贷：交易性金融资产——公允价值变动		50 000
借：应收利息	20 000	
贷：投资收益		20 000

（6）2×21年1月5日，收到B公司债券2×20年下半年利息：

借：银行存款	20 000	
贷：应收利息		20 000

（7）2×21年6月20日，通过二级市场出售B公司债券：

借：银行存款	1 180 000	
贷：交易性金融资产——成本		1 000 000
——公允价值变动		100 000
投资收益		80 000
借：公允价值动损益	100 000	
贷：投资收益		100 000

例22-20 2×17年1月1日，A公司支付价款1 000万元（含交易费用）从上海证券交易所购入A公司同日发行的5年期公司债券12 500份，债券票面价值总额为1 250万元，票面年利率为4.72%，

于年末支付本年度债券利息（即每年利息为 59 万元），本金在债券到期时一次偿还。合同约定，该债券的发行方在遇到特定情况时可以将债券赎回，且不需要为提前赎回支付额外款项。A 公司在购买该债券时，预计发行方不会提前赎回，A 公司根据其管理该债券的业务模式和该债券的合同现金流量特征，将该债券分类为以公允价计量且其变动计入其他综合收益的金融资产。

其他资料如下：

（1）2×17 年 12 月 31 日，A 公司债券的公允价值为 1 200 万元（不含利息）。

（2）2×18 年 12 月 31 日，A 公司债券的公允价值为 1 300 万元（不含利息）。

（3）2×19 年 12 月 31 日，A 公司债券的公允价值为 1 250 万元（不含利息）。

（4）2×20 年 12 月 31 日，A 公司债券的公允价值为 1 200 万元（不含利息）。

（5）2×21 年 1 月 20 日，通过上海证券交易所出售了 B 公司债券 12 500 份，取得价款 1 260 万元。

假定不考虑所得税、减值损失等因素，计算该债券的实际利率 r：

$59\times(1+r)^{-1}+59\times(1+r)^{-2}+59\times(1+r)^{-3}+59\times(1+r)^{-4}+(59+1\ 250)\times(1+r)^{-5}=1\ 000$（万元）

采用插值法，计算得出 r = 10%。调整相关数据后如表 22-04 所示。

表 22-04 调整数据

单位：万元

日期	现金流入（A）	实际利息收入（B＝期初 D×10%）	已收回的本金（C＝A－B）	摊余成本余额（D＝期初 D－C）	公允价值（E）	公允价值变动额（F＝E－D－期初 G）	公允价值变动累计金额（G＝期初 G＋F）
2×17 年 1 月 1 日				1 000	1 000	0	0
2×17 年 12 月 31 日	59	100	－41	1 041	1 200	159	159
2×18 年 12 月 31 日	59	104	－45	1 086	1 300	55	214
2×19 年 12 月 31 日	59	109	－50	1 136	1 250	－100	114
2×20 年 12 月 31 日	59	113	－54	1 190	1 200	－104	10
2×21 年 1 月 20 日	0	70	－70	1 260	1 260	－10	0
小计	236	496	－260	1 260	—		
2×21 年 1 月 20 日	1 260	—	1 260	0			
合计	1 496	496	1 000	0			

A 公司的有关账务处理如下。

（1）2×17 年 1 月 1 日，购入 B 公司债券：

借：其他债权投资——成本 12 500 000

　　贷：银行存款 10 000 000

　　　　其他债权投资——利息调整 2 500 000

（2）2×17 年 12 月 31 日，确认 A 公司债券实际利息收入、公允价值变动，收到债券利息：

借：应收利息　590 000
　其他债权投资——利息调整　410 000
　贷：投资收益　1 000 000
借：银行存款　590 000
　贷：应收利息　590 000
借：其他债权投资——公允价值变动　1 590 000
　贷：其他综合收益——其他债权投资——公允价值变动　1 590 000

（3）2×18 年 12 月 31 日，确认 B 公司债券实际利息收入、公允价值变动，收到债券利息：
借：应收利息　590 000
　其他债权投资——利息调整　450 000
　贷：投资收益　1 040 000
借：银行存款　590 000
　贷：应收利息　590 000
借：其他债权投资——公允价值变动　550 000
　贷：其他综合收益——其他债权投资——公允价值变动　550 000

（4）2×19 年 12 月 31 日，确认 A 公司债券实际利息收入、公允价值变动，收到债券利息：
借：应收利息　590 000
　其他债权投资——利息调整　500 000
　贷：投资收益　1 090 000
借：银行存款　590 000
　贷：应收利息　590 000
借：其他综合收益——其他债权投资——公允价值变动　1 000 000
　贷：其他债权投资——公允价值变动　1 000 000

（5）2×20 年 12 月 31 日，确认 A 公司债券实际利息收入、公允价值变动，收到债券利息：
借：应收利息　590 000
　其他债权投资——利息调整　540 000
　贷：投资收益　1 130 000
借：银行存款　590 000
　贷：应收利息　590 000
借：其他综合收益——其他债权投资——公允价值变动　1 040 000
　贷：其他债权投资——公允价值变动　1 040 000

（6）2×21 年 1 月 20 日，确认出售 A 公司债券实现的损益：
借：银行存款　12 600 000
　其他债权投资——利息调整（2 500 000－410 000－450 000－500 000
　　－540 000）　600 000
　贷：其他债权投资——成本　12 500 000
　　——公允价值变动　100 000
　　投资收益　600 000
借：其他综合收益——其他债权投资——公允价值变动　100 000
　贷：投资收益　100 000
或者：

借：其他债权投资——利息调整　700 000
　贷：投资收益　700 000
借：银行存款　12 600 000
　投资收益　100 000
　贷：其他债权投资——成本　12 500 000
　　——公允价值变动　100 000
　　——利息调整　100 000

A公司债券的成本＝1 250（万元）

A公司债券的利息调整余额＝－250＋41＋45＋50＋54＋70＝－10（万元）

A公司债券公允价值变动余额＝159＋55－100－104＝10（万元）

同时，应从其他综合收益中转出的公允价值累计金额为10万元。

借：其他综合收益——其他债权投资公允价值变动　100 000
　贷：投资收益　100 000

例 22-21　2×20 年 5 月 6 日，A 公司支付价款 1 016 万元（含交易费用 1 万元和已宣告发放现金股利 15 万元），购入 B 公司发行的股票 200 万股，占 B 公司有表决权股份的 0.5%。A 公司将其指定为以公允价值计量且其变动计入其他综合收益的非交易性权益工具投资。

2×20 年 5 月 10 日，A 公司收到 B 公司发放的现金股利 15 万元。

2×20 年 6 月 30 日，该股票市价为每股 5.2 元。

2×20 年 12 月 31 日，A 公司仍持有该股票；当日，该股票市价为每股 5 元。

2×21 年 5 月 9 日，B 公司宣告发放股利 4 000 万元。

2×21 年 5 月 13 日，A 公司收到 B 公司发放的现金股利。

2×21 年 5 月 20 日，A 公司由于某特殊原因，以每股 4.9 元的价格将股票全部转让。

假定不考虑其他因素，A 公司的账务处理如下。

（1）2×20 年 5 月 6 日，购入股票：

借：应收股利　150 000
　其他权益工具投资——成本　10 010 000
　贷：银行存款　10 160 000

（2）2×20 年 5 月 10 日，收到现金股利：

借：银行存款　150 000
　贷：应收股利　150 000

（3）2×20 年 6 月 30 日，确认股票价格变动：

借：其他权益工具投资——公允价值变动（2 000 000×5.2 － 10 010 000）　390 000
　贷：其他综合收益——其他权益工具投资——公允价值变动　390 000

（4）2×20 年 12 月 31 日，确认股票价格变动：

借：其他综合收益——其他权益工具投资——公允价值变动　400 000
　贷：其他权益工具投资——公允价值变动　400 000

（5）2×21 年 5 月 9 日，确认应收现金股利：

借：应收股利（40 000 000×0.5%）　200 000
　贷：投资收益　200 000

（6）2×21 年 5 月 13 日，收到现金股利：

借：银行存款　　200 000
　　贷：应收股利　　200 000

（7）2×21 年 5 月 20 日，出售股票：

借：银行存款　　9 800 000
　　其他权益工具投资——公允价值变动　　10 000
　　盈余公积——法定盈余公积　　21 000
　　利润分配——未分配利润　　189 000
　　贷：其他权益工具投资——成本　　10 010 000
　　　　其他综合收益——其他权益工具投资——公允价值变动　　10 000

如果 A 公司根据其管理 B 公司股票的业务模式和 B 公司股票的合同现金流量特征，将 B 公司股票分类为以公允价值计量且其变动计入当期损益的金融资产，且 2×20 年 12 月 31 日，B 公司股票市价为每股 4.8 元，其他资料不变，则 A 公司应作如下账务处理。

（1）2×20 年 5 月 6 日，购入股票：

借：应收股利　　150 000
　　交易性金融资产——成本　　10 000 000
　　投资收益　　10 000
　　贷：银行存款　　10 160 000

（2）2×20 年 5 月 10 日，收到现金股利：

借：银行存款　　150 000
　　贷：应收股利　　150 000

（3）2×20 年 6 月 30 日，确认股票价格变动：

借：交易性金融资产——公允价值变动　　400 000
　　贷：公允价值变动损益　　400 000

（4）2×20 年 12 月 31 日，确认股票价格变动：

借：公允价值变动损益　　800 000
　　贷：交易性金融资产——公允价值变动　　800 000

注：公允价值变动＝200×（4.8－5.2）＝－80（万元）

（5）2×21 年 5 月 9 日，确认应收现金股利：

借：应收股利　　200 000
　　贷：投资收益　　200 000

（6）2×21 年 5 月 13 日，收到现金股利：

借：银行存款　　200 000
　　贷：应收股利　　200 000

（7）2×21 年 5 月 20 日，出售股票：

借：银行存款　　9 800 000
　　投资收益　　200 000
　　交易性金融资产——公允价值变动　　400 000
　　贷：交易性金融资产——成本　　10 000 000
　　　　公允价值变动损益　　400 000

或：

借：银行存款　9 800 000
　　交易性金融资产——公允价值变动　400 000
　　贷：交易性金融资产——成本　10 000 000
　　　　投资收益　200 000
借：投资收益　400 000
　　贷：公允价值变动损益　400 000

4. 金融负债的后续计量

（1）金融负债后续计量原则。

①以公允价值计量且其变动计入当期损益的金融负债，应当按照公允价值后续计量，相关利得或损失应当计入当期损益。

②金融资产转移不符合终止确认条件或继续涉入被转移金融资产所形成的金融负债。对此类金融负债，企业应当按照《企业会计准则第 23 号——金融资产转移》相关规定进行计量。

③不属于指定为以公允价值计量且其变动计入当期损益的金融负债的财务担保合同或没有指定为以公允价值计量且其变动计入当期损益并将以低于市场利率贷款的贷款承诺，企业作为此类金融负债发行方的，应当在初始确认后按照损失准备金额以及初始确认金额扣除依据《企业会计准则第 14 号——收入》相关规定所确定的累计摊销额后的余额孰高进行计量。

④上述金融负债以外的金融负债，应当按摊余成本后续计量。

（2）金融负债后续计量的会计处理。

①对于按照公允价值进行后续计量的金融负债，其公允价值变动形成利得或损失，除与套期会计有关外，应当计入当期损益。

对于指定为以公允价值计量且其变动计入当期损益的金融负债由企业自身信用风险变动引起的该金融负债公允价值的变动金额计入其他综合收益，并在该金融负债终止确认时从其他综合收益中转出，计入留存收益。

②以摊余成本计量且不属于任何套期关系的一部分的金融负债所产生的利得或损失，应当在终止确认时计入当期损益或在按照实际利率法摊销时计入相关期间损益。

企业与交易对手方修改或重新议定合同，未导致金融负债终止确认，但导致合同现金流量发生变化的，应当重新计算该金融负债的账面价值，并将相关利得或损失计入当期损益。重新计算的该金融负债的账面价值，应当根据将重新议定或修改的合同现金流量按金融负债的原实际利率折现的现值确定。对于修改或重新议定合同所产生的所有成本或费用，企业应当调整修改后的金融负债账面价值，并在修改后金融负债的剩余期限内进行摊销。

例 22-22　2×20 年 7 月 1 日，甲公司经批准在全国银行间债券市场公开发行 10 亿元人民币短期融资券，期限为 1 年，票面年利率 5.58%，每张面值为 100 元，到期一次还本付息，所募集资金主要用于公司购买生产经营所需的原材料及配套件等。公司将该短期融资券指定为以公允价值计量且其变动计入当期损益的金融负债。假定不考虑发行短期融资券相关的交易费用以及企业自身信用风险变动。

2×20 年 12 月 31 日，该短期融资券市场价格每张 120 元（不含利息）；2×21 年 6 月 30 日，该短期融资券到期兑付完成。

据此，甲公司账务处理如下。

（1）2×20 年 7 月 1 日，发行短期融资券：

借：银行存款　1 000 000 000
　　贷：交易性金融负债　1 000 000 000

（2）2×20 年 12 月 31 日，年末确认公允价值变动和利息费用：

借：公允价值变动损益 200 000 000
　　贷：交易性金融负债 200 000 000
借：财务费用（1 000 000 000×5.58%×6/12） 27 900 000
　　贷：应付利息 27 900 000
（3）2×21年6月30日，短期融资券到期：
借：财务费用 27 900 000
　　贷：应付利息 27 900 000
借：交易性金融负债 1 200 000 000
　　应付利息 55 800 000
　　贷：银行存款 1 055 800 000
　　　　公允价值变动损益 200 000 000

例22-23 A公司发行公司债券为建造专用生产线筹集资金。有关资料如下：

（1）2×17年12月31日，委托证券公司以7 755万元的价格发行3年期分期付息公司债券。该债券面值为8 000万元，票面年利率4.5%，实际年利率5.64%，每年付息一次，到期后按面值偿还。支付的发行费用与发行期间冻结资金产生的利息收入相等。

（2）生产线建造工程采用出包方式，于2×18年1月1日开始动工，发行债券所得款项当日全部支付给建造承包商，2×19年12月31日所建造生产线达到预定可使用状态。

（3）假定各年度利息的实际支付日期均为下年度的1月10日；2×21年1月10日支付2×20年度利息，一并偿付面值。

（4）所有款项均以银行存款支付。

据此，A公司计算得出该债券在各年末的摊余成本、应付利息金额、当年应予资本化或费用化的利息金额、利息调整的本年摊销和年末余额。有关结果见表22-05：

表22-05 计算结果

单位：万元

时间		2×17年12月31日	2×18年12月31日	2×19年12月31日	2×20年12月31日
年末摊余成本	面值	8 000	8 000	8 000	8 000
	利息调整	－245	－167.62	－85.87	0
	合计	7 755	7 832.38	7 914.13	8 000
当年应予资本化或费用化的利息金额			437.38	441.75	445.87
年末应付利息金额			360	360	360
“利息调整”本年摊销额			77.38	81.75	85.87

相关账务处理如下。

（1）2×17年12月31日，发行债券：
借：银行存款 77 550 000
　　应付债券——利息调整 2 450 000
　　贷：应付债券——面值 80 000 000
（2）2×18年12月31日，确认和结转利息：

借：在建工程　4 373 800
　　贷：应付利息　3 600 000
　　　　应付债券——利息调整　773 800

2×19 年 1 月 10 日，支付利息：

借：应付利息　3 600 000
　　贷：银行存款　3 600 000

（3）2×19 年 12 月 31 日，确认利息：

借：在建工程　4 417 500
　　贷：应付利息　3 600 000
　　　　应付债券——利息调整　817 500

借：固定资产　8 791 300
　　贷：在建工程　8 791 300

2×20 年 1 月 10 日，支付利息：

借：应付利息　3 600 000
　　贷：银行存款　3 600 000

（4）2×20 年 12 月 31 日，确认债券利息：

借：财务费用　4 458 700
　　贷：应付利息　3 600 000
　　　　应付债券——利息调整　858 700

2×21 年 1 月 10 日，债券到期兑付：

借：应付利息　3 600 000
　　应付债券——面值　80 000 000
　　贷：银行存款　83 600 000

（三）合同变化

金融工具确认和计量准则规定，企业与交易对手方修改或重新议定合同，未导致金融资产终止确认，但导致合同现金流量发生变化的，应当重新计算该金融资产的账面余额，并将相关利得或损失计入当期损益。重新计算的该金融资产的账面余额，应当根据将重新议定或修改的合同现金流量按金融资产的原实际利率（或者购买或源生的已发生信用减值的金融资产的经信用调整的实际利率），或按《企业会计准则第 24 号——套期会计》第二十三条规定的重新计算的实际利率（如适用）折现的现值确定。对于修改或重新议定合同所产生的所有成本或费用，企业应当调整修改后的金融资产账面价值，并在修改后金融资产的剩余期限内进行摊销。

（四）与权益投资相关的合同

金融工具确认和计量准则规定，企业对权益工具的投资和与此类投资相联系的合同应当以公允价值计量。但在有限情况下，如果用以确定公允价值的近期信息不足，或者公允价值的可能估计金额分布范围很广，而成本代表了该范围内对公允价值的最佳估计的，则该成本可代表其在该分布范围内对公允价值的恰当估计。

企业应当利用初始确认日后可获得的关于被投资方业绩和经营的所有信息，判断成本能否代表公允价值。存在下列情形（包含但不限于）之一的，可能表明成本不代表相关金融资产的公允价值，企业应当对其公允价值进行估值。

（1）与预算、计划或阶段性目标相比，被投资方业绩发生重大变化。

（2）对被投资方技术产品实现阶段性目标的预期发生变化。

（3）被投资方的权益、产品或潜在产品的市场发生重大变化。

（4）全球经济或被投资方经营所处的经济环境发生重大变化。

（5）被投资方可比企业的业绩或整体市场所显示的估值结果发生重大变化。

（6）被投资方的内部问题，如欺诈、商业纠纷、诉讼、管理或战略变化。

（7）被投资方权益发生了外部交易并有客观证据，包括发行新股等被投资方发生的交易和第三方之间转让被投资方权益工具的交易等。

权益工具投资或合同存在报价的，企业不应当将成本作为对其公允价值的最佳估计。

七、金融工具的减值

（一）金融工具计提减值准备的原则

金融工具确认和计量准则规定，企业应当以预期信用损失为基础，对下列项目进行减值会计处理并确认损失准备。

（1）以摊余成本计量和以公允价值计量且其变动计入其他综合收益的金融资产。

（2）租赁应收款。

（3）合同资产。合同资产是指《企业会计准则第 14 号——收入》定义的合同资产。

（4）企业发行的分类为以公允价值计量且其变动计入当期损益的金融负债以外的贷款承诺和适用金融工具确认和计量准则第二十一条等（三）项规定的财务担保合同。

损失准备是指针对按照以摊余成本计量的金融资产、租赁应收款和合同资产的预期信用损失计提的准备，以公允价值计量且其变动计入其他综合收益计量的金融资产的累计减值金额以及针对贷款承诺和财务担保合同的预期信用用损失计提的准备。

（二）金融资产信用减值的客观信息

金融工具确认和计量准则规定，当对金融资产预期未来现金流量具有不利影响的一项或多项事件发生时，该金融资产成为已发生信用减值的金融资产。金融资产已发生信用减值的证据包括下列可观察信息。

（1）发行方或债务人发生重大财务困难。

（2）债务人违反合同，如偿付利息或本金违约或逾期等。

（3）债权人出于与债务人财务困难有关的经济或合同考虑，给予债务人在任何其他情况下都不会作出的让步。

（4）债务人很可能破产或进行其他财务重组。

（5）发行方或债务人财务困难导致该金融资产的活跃市场消失。

（6）以大幅折扣购买或源生的一项金融资产，该折扣反映了发生信用损失的事实。

金融资产发生信用减值，有可能是多个事件的共同作用所致，未必是可单独识别的事件所致。

（三）预期信用损失

1. 预期信用损失的定义与计量

金融工具确认和计量准则规定，预期信用损失是指以发生违约的风险为权重的金融工具信用损失的加权平均值。

企业应当以概率加权平均为基础对预期信用损失进行计量。企业对预期信用损失的计量应当反映发生信用损失的各种可能性，但不必识别所有可能的情形。

企业计量金融工具预期信用损失的方法应当反映下列各项要素。

（1）通过评价一系列可能的结果而确定的无偏概率加权平均金额。

（2）货币时间价值。

（3）在资产负债表日无须付出不必要的额外成本或努力即可获得的有关过去事项、当前状况以及未来经济状况预测的合理且有依据的信息。

2. 预期信用损失计量期限

在计量预期信用损失时，企业需考虑的最长期限为企业面临信用风险的最长合同期限（包括考虑续约选择权），而不是更长期间，即使该期间与业务实践相一致。

如果金融工具同时包含贷款和未提用的承诺，且企业根据合同规定要求还款或取消未提用承诺的能力并未将企业面临信用损失的期间限定在合同通知期内的，企业对于此类金融工具（仅限于此类金融工具）确认预期信用损失的期间，应当为其面临信用风险且无法用信用风险管理措施予以缓释的期间，即使该期间超过了最长合同期限。

（四）信用损失

1. 信用损失的定义

金融工具确认和计量准则规定，信用损失是指企业按照原实际利率折现的、根据合同应收的所有合同现金流量与预期收取的所有现金流量之间的差额，即全部现金短缺的现值。对于企业购买或源生的已发生信用减值的金融资产，应按照该金融资产经信用调整的实际利率折现。由于预期信用损失考虑付款的金额和时间分布，所以，即使企业预计可以全额收款但收款时间晚于合同规定的到期期限，也会产生信用损失。在估计现金流量时，企业应当考虑金融工具在整个预计存续期的所有合同条款（如提前还款、展期、看涨期权或其他类似期权等）。企业所考虑的现金流量应当包括出售所持担保品获得的现金流量，以及属于合同条款组成部分的其他信用增级所产生的现金流量。

企业通常能够可靠估计金融工具的预计存续期。在极少数情况下，金融工具预计存续期无法可靠估计的，企业在计算确定预期信用损失时，应当基于该金融工具的剩余合同期间。

2. 信用损失的确认方法

对于适用金融工具确认和计量准则有关金融工具减值规定的各类金融工具，企业应当按照下列方法确定其信用损失。

（1）金融资产，其信用损失应为企业应收取的合同现金流量与预期收取的现金流量之间差额的现值。

（2）租赁应收款项，其信用损失应为企业应收取的合同现金流量与预期收取的现金流量之间差额的现值。其中，用于确定预期信用损失的现金流量，应与按照《企业会计准则第 21 号——租赁》用于计量租赁应收款项的现金流量保持一致。

（3）未提用的贷款承诺，其信用损失应为在贷款承诺持有人提用相应贷款的情况下，企业应收取的合同现金流量与预期收取的现金流量之间差额的现值。企业对贷款承诺预期信用损失的估计，应当与其对该贷款承诺提用情况的预期保持一致。

（4）财务担保合同，其信用损失应为企业就该合同持有人发生的信用损失向其作出赔付的预计付款额，减去企业预期向该合同持有人、债务人或任何其他方收取的金额之间差额的现值。

（5）资产负债表日已发生信用减值但并非购买或源生已发生信用减值的金融资产，其信用损失应为该金融资产账面余额与按原实际利率折现的估计未来现金流量的现值之间的差额。

（五）损失准备确认方法

1. 已发生信用减值的金融资产

金融工具确认和计量准则规定，对于购买或源生的已发生信用减值的金融资产，企业应当在资产负债表日仅将自初始确认后整个存续期内预期信用损失的累计变动确认为损失准备。在每个资产负债表日，企业应当将整个存续期内预期信用损失的变动金额作为减值损失或利得计入当期损益。即使该资产负债表日确定的整个存续期内预期信用损失小于初始确认时估计现金流量所反映的预期信用损失的金额，企业也应当将预期信用损失的有利变动确认为减值利得。

2. 特殊项目的损失准备

对于下列各项目，企业应当始终按照相当于整个存续期内预期信用损失的金额计量其损失准备。

（1）由《企业会计准则第 14 号——收入》规范的交易形成的应收款项或合同资产，且符合下列条件之一：

①该项目未包含《企业会计准则第 14 号——收入》所定义的重大融资成分，或企业根据《企业会计准则第 14 号——收入》规定不考虑不超过一年的合同中的融资成分。

②该项目包含《企业会计准则第 14 号——收入》所定义的重大融资成分，同时企业作出会计政策选择，按照相当于整个存续期内预期信用损失的金额计量损失准备。企业应当将该会计政策选择适用于所有此类应收款项项和合同资产，但可对应收款项类和合同资产类分别作出会计政策选择。

（2）由《企业会计准则第 21 号——租赁》规范的交易形成的租赁应收款，同时企业作出会计政策选择，按照相当于整个存续期内预期信用损失的金额计量损失准备。企业应当将该会计政策选择适用于所有租赁应收款，但可对应收融资租赁款和应收经营租赁款分别作出会计政策选择。

针对上述特殊项目时，企业可对应收款项、合同资产和租赁应收款分别选择减值会计政策。

3. 除 1 和 2 以外的情形

除了按照上述 1 和 2 规定的计量金融工具损失准备的情形以外，企业应当在每个资产负债表日评估相关金融工具的信用风险自初始确认后是否已显著增加，并按照下列情形分别计量其损失准备、确认预期信用损失及其变动。

（1）如果该金融工具的信用风险自初始确认后已显著增加，企业应当按照相当于该金融工具整个存续期内预期信用损失的金额计量其损失准备。无论企业评估信用损失的基础是单项金融工具还是金融工具组合，由此形成的损失准备的增加或转回金额，应当作为减值损失或利得计入当期损益。

（2）如果该金融工具的信用风险自初始确认后并未显著增加，企业应当按照相当于该金融工具未来 12 个月内预期信用损失的金额计量其损失准备，无论企业评估信用损失的基础是单项金融工具还是金融工具组合，由此形成的损失准备的增加或转回金额，都应当作为减值损失或利得计入当期损益。未来 12 个月内预期信用损失，是指因资产负债表日后 12 个月内（若金融工具的预计存续期少于 12 个月，则为预计存续期）可能发生的金融工具违约事件而导致的预期信用损失，是整个存续期预期信用损失的一部分。

企业在进行相关评估时，应当考虑所有合理且有依据的信息，包括前瞻性信息。为确保自金融工具初始确认后信用风险显著增加即确认整个存续期预期信用损失，企业在一些情况下应当以组合为基础考虑评估信用风险是否显著增加。整个存续期预期信用损失，是指因金融工具整个预计存续期内所有可能发生的违约事件而导致的预期信用损失。

（六）判断事项

1. 违约风险

金融工具确认和计量准则规定，企业在评估金融工具的信用风险自初始确认后是否已显著增加时，应当考虑金融工具预计存续期内发生违约风险的变化，而不是预期信用损失金额的变化。企业应当通过比较金融工具在资产负债表日发生违约的风险与在初始确认日发生违约的风险，以确定金融工具预计存续期内发生违约风险的变化情况。

在为确定是否发生违约风险而对违约进行界定时，企业所采用的界定标准，应当与其内部针对相关金融工具的信用风险管理目标保持一致，并考虑财务限制条款等其他定性指标。

企业在评估金融工具的信用风险自初始确认后是否已显著增加时，应当考虑违约风险的相对变化，而非违约风险变动的绝对值。在同一后续资产负债表日，对于违约风险变动的绝对值相同的两项金融资产，初始确认时违约风险较低的金融工具比初始确认时违约风险较高的金融工具的信用风险变化更为显著。

2. 逾期信息与前瞻性信息

企业通常应当在金融工具逾期前确认该工具整个存续期预期信用损失。企业在确定信用风险自初始确认后是否显著增加时，企业无须付出不必要的额外成本或努力即可获得合理且有依据的前瞻性信息的，不能仅依赖逾期信息来确定信用风险自初始确认后是否显著增加；企业必须付出不必要的额外成本或努力才可获得合理且有依据的逾期信息以外的单独或汇总的前瞻性信息的，可以采用逾期信息来确定信用风险自初始确认后是否显著增加。

无论企业采用何种方式评估信用风险是否显著增加，通常情况下，如果逾期超过 30 日，则表明金融工具的信用风险已经显著增加。除非企业在无须付出不必要的额外成本或努力的情况下即可获得合理且有依据的信息，证明即使逾期超过 30 日，信用风险自初始确认后仍未显著增加。如果企业在合同付款逾期超过30日前已确定信用风险显著增加，则应当按照整个存续期的预期信用损失确认损失准备。

如果交易对手方未按合同规定时间支付约定的款项，则表明该金融资产发生逾期。

3. 较低信用风险

企业确定金融工具在资产负债表日只具有较低的信用风险的，可以假设该金融工具的信用风险自初始确认后并未显著增加。如果金融工具的违约风险较低，借款人在短期内履行其合同现金流量义务的能力很强，并且即便较长时期内经济形势和经营环境存在不利变化但未必一定降低借款人履行其合同现金流量义务的能力，则该金融工具可被视为具有较低的信用风险。对于在资产负债表日具有较低信用风险的金融工具，企业可以不用与其初始确认时的信用风险进行比较，而直接作出该工具的信用风险自初始确认后未显著增加的假定（企业对这种简化处理有选择权）。

4. 合同变化

企业与交易对手方修改或重新议定合同，未导致金融资产终止确认，但导致合同现金流量发生变化的，企业在评估相关金随工具的信用风险是否已经显著增加时，应当将基于变更后的合同条款在资产负债表日发生违约的风险与基于原合同条款在初始确认时发生违约的风险进行比较。

（七）其他规定

1. 以公允价值计量且其变动计入其他综合收的金融资产

金融工具确认和计量准则规定，对于以公允价值计量且其变动计入其他综合收益的金融资产，企业应当在其他综合收益中确认其损失准备，并将减值损失或利得计入当期损益，且不应减少该金融资产在资产负债表中列示的账面价值。

2. 损失准备转回

企业在前一会计期间已经按照相当于金融工具整个存续期内预期信用损失的金额计量了损失准备，但在当期资产负债表日，该金融工具已不再属于自初始确认后信用风险显著增加的情形的，企业应当在当期资产负债表日按照相当于未来 12 个月内预期信用损失的金额计量该金融工具的损失准备，由此形成的损失准备的转回金额应当作为减值利得计入当期损益。

3. 设款承诺和时务担保合同

对于货款承诺和财务担保合同，企业在应用金融工具减值规定时，应当将本企业成为作出不可撤销承诺的一方之日作为初始确认日。

例 22-24 甲公司于 2×20 年 12 月 15 日购入一项公允价值为 1 000 万元的债务工具，分类为以公允价值计量且其变动计入其他综合收益的金融资产。该工具合同期限为 10 年，年利率为 5%，本例假定实际利率也为 5%。初始确认时，甲公司已经确定其不属于购入或源生的已发生信用减值的金融资产。

2×20 年 12 月 31 日由于市场利率变动，该债务工具的公允价值跌至 950 万元。甲公司认为，该工具的信用风险自初始确认后并无显著增加，应按12个月内预期信用损失计量损失准备，损失准备金额为30万元。为简化起见，本例不考虑利息。

2×21年1月1日，甲公司决定以当日的公允价值950万元，出售该债务工具。

甲公司相关账务处理如下。

（1）购入该工具时：

借：其他债权投资——成本　10 000 000

　贷：银行存款　10 000 000

（2）2×20年12月31日：

借：其他综合收益——其他债权投资——公允价值变动　500 000

　贷：其他债权投资——公允价值变动　500 000

借：信用减值损失　300 000

　贷：其他综合收益——信用减值准备　300 000

（3）2×21年1月1日：

借：银行存款　9 500 000

　投资收益　200 000

　其他综合收益——信用减值准备　300 000

　其他债权投资——公允价值变动　500 000

　贷：其他综合收益——其他债权投资——公允价值变动　500 000

　　其他债权投资——成本　10 000 000

投资收益＝出售时的价款950－出售时的摊余成本（1000－30）＝－20（万元）（投资损失，借方）

八、利得和损失

（一）以公允价值计量的金融工具

金融工具确认和计量准则规定，企业应当将以公允价值计量的金融资产或金融负债的利得或损失计入当期损益，除非该金融资产或金融负债属于下列情形之一。

（1）该金融资产或金融负债属于《企业会计准则第24号——套期会计》规定的套期关系的一部分。

（2）该金融资产或金融负债是一项对非交易性权益工具的投资，且企业已按照金融工具确认和计量准则第十九条规定将其指定为以公允价值计量且其变动计入其他综合收益的金融资产。

（3）该金融资产或金融负债是一项被指定为以公允价值计量且其变动计入当期损益的金融负债，且按照金融工具确认和计量准则第六十八条规定，该负债由企业自身信用风险变动引起的，其公允价值变动应当计入其他综合收益。

（4）该金融资产或金融负债是一项按照金融工具确认和计量准则第十八条分类为以公允价值计量且其变动计入其他综合收益的金融资产，且企业根据金融工具确认和计量准则第第七十一条规定，其减值损失或利得和汇兑损益之外的公允价值变动计入其他综合收益。

（二）以摊余成本计量的金融工具

金融工具确认和计量准则规定，以摊余成本计量且不属于任何套期关系的一部分的金融资产所产生的利得或损失，应当在终止确认、按照金融工具确认和计量准则规定重分类、按照实际利率法摊销或按照金融工具确认和计量准则规定确认减值时，计入当期损益。如果企业将以摊余成本计量的金融资产重分类为其他类别，则应当根据金融工具确认和计量准则第三十条规定处理其利得或损失。

以摊余成本计量且不属于任何套期关系的一部分的金融负债所产生的利得或损失，应当在终止确认时计入当期损益，或在按照实际利率法推销时计入相关期间损益。

（三）其他规定

1. 以公允价值计量且其变动计入当期损益的金融负债

根据金融工具确认和计量准则规定，企业将金融负债指定为以公允价值计量且其变动计入当期损益的金融负债的，该金融负债所产生的利得或损失应当按照下列规定进行处理。

（1）由企业自身信用风险变动引起的该金融负债公允价值的变动金额，应当计入其他综合收益。

（2）该金融负债的其他公允价值变动计入当期损益。

按照上述规定对该金融负债的自身信用风险变动的影响进行处理会造成或扩大损益中的会计错配的，企业应当将该金融负债的全部利得或损失（包括企业自身信用风险变动的影响金额）计入当期损益。

该金融负债终止确认时，之前计入其他综合收益的累计利得或损失应当从其他综合收益中转出，计入留存收益。

2. 以公允价值计量且其变动计入其他综合收益的非交易性权益工具

金融工具确认和计量准则规定，企业根据将交易性权益工具投资指定为以公允价值计量且其变动计入其他综合收益的金融资产的，当该金融资产终止确认时，之前计入其他综合收益的累计利得或损失应当从其他综合收益中转出，计入留存收益。

3. 财务担保合同和不可撤销贷款承诺

金融工具确认和计量准则规定，指定为以公允价值计量且其变动计入当期损益的金融负债的财务担保合同和不可撤销贷款承诺所产生的全部利得或损失，应当计入当期损益。

4. 以公允价值计量且其变动计入其他综合收益的金融资产

金融工具确认和计量准则规定，分类为以公允价值计量且其变动计入其他综合收益的金融资产所产生的所有利得或损失，除减值损失或利得和汇兑损益之外，均应当计入其他综合收益，直至该金融资产终止确认或被重分类。但是，采用实际利率法计算的该金融资产的利息应当计入当期损益。该金融资产计入各期损益的金额应当与视同其一直按摊余成本计量而计入各期损益的金额相等。

该金融资产终止确认时，之前计入其他综合收益的累计利得或损失应当从其他综合收益中转出，计入当期损益。

（四）股利收入

金融工具确认和计量准则规定，企业只有在同时符合下列条件时，才能确认股利收入并计入当期损益。

（1）企业收取股利的权利已经确立。

（2）与股利相关的经济利益很可能流入企业。

（3）股利的金额能够可靠计量。

九、衔接规定

金融工具确认和计量准则规定，金融工具确认和计量准则施行日之前的金融工具确认和计量与金融工具确认和计量准则要求不一致的，企业应当追溯调整，但另有规定的除外。在金融工具确认和计量准则施行日已经终止确认的项目不适用金融工具确认和计量准则。

此处所提及的施行日并非唯一日期，不同企业适应不同日期：在境内外同时上市的企业以及在境外上市并采用国际财务报告准则或企业会计准则编制财务报告的企业，自 2008 年 1 月 1 日起施行；其他境内上市公司自 2019 年 1 月 1 日起施行；执行企业会计准则的非上市企业自 2021 年月 1 日起施行。

（一）前期比较财务报表数据

金融工具确认和计量准则规定，在金融工具确认和计量准则施行日，企业应当按照金融工具确认和计量准则的规定对金融工具进行分类和计量（含减值），涉及前期比较财务报表数据与金融工具确认和计量准则要求不一致的，无须调整。金融工具原账面价值和在金融工具确认和计量准则施行日的新账面价值之间的差额，应当计入金融工具确认和计量准则施行日所在年度报告期间的期初留存收益或其他综合收益。同时，企业应当按照《企业会计准则第37号——金融工具列报》的相关规定在附注中进行披露。

企业如果调整前期比较财务报表数据，应当能够以前期的事实和情况为依据，且比较数据应当反映金融工具确认和计量准则的所有要求。

（二）金融资产分类

金融工具确认和计量准则规定，在金融工具确认和计量准则施行日，企业应当以该日的既有事实和情况为基础，根据金融工具确认和计量准则第十七条第（一）项或第十八条第（一）项的相关规定评估其管理金融资产的业务模式是以收取合同现金流量为目标，还是以既收取合同现金流量又出售金融资产为目标，并据此确定金融资产的分类，进行追溯调整，无须考虑企业之前的业务模式。

（三）合同现金流量影响因素的评估

1. 货币时间价值

金融工具确认和计量准则规定，在金融工具确认和计量准则施行日，企业在考虑具有金融工具确认和计量准则第十六条所述修正的货币时间价值要素的金融资产的合同现金流量特征时，需要对特定货币时间价值要素修正进行评估的，该评估应当以该金融资产初始确认时存在的事实和情况为基础。

该评估不切实可行的，企业不应考虑金融工具确认和计量准则关于货币时间价值要素修正的规定。

2. 提前还款

金融工具确认和计量准则规定，在金融工具确认和计量准则施行日，企业在考虑具有金融工具确认和计量准则第十六条所述提前还款特征的金融资产的合同现金流量特征时，需要对该提前还款特征的公允价值是否非常小进行评估的，该评估应当以该金融资产初始确认时存在的事实和情况为基础。该评估不切实可行的，企业不应考虑金融工具确认和计量准则关于提前还款特征例外情形的规定。

（四）混合合同

金融工具确认和计量准则规定，在金融工具确认和计量准则施行日，企业存在根据金融工具确认和计量准则相关规定应当以公允价值计量的混合合同，但之前未以公允价值计量的，该混合合同在前期比较财务报表期末的公允价值应当等于其各组成部分在前期比较财务报表期末公允价值之和。在金融工具确认和计量准则施行日，企业应当将整个混合合同在该日的公允价值与该混合合同各组成部分在该日的公允价值之和之间的差额，计入金融工具确认和计量准则施行日所在报告期间的期初留存收益或其他综合收益。

（五）金融资产的指定与撤销指定

金融工具确认和计量准则规定，在金融工具确认和计量准则施行日，企业应当以该日的既有事实和情况为基础，根据金融工具确认和计量准则的相关规定，对相关金融资产进行指定或撤销指定，并追溯调整。

（1）在金融工具确认和计量准则施行日，企业可以根据金融工具确认和计量准则第二十条规定，将满足条件的金融资产指定为以公允价值计量且其变动计入当期损益的金融资产。但企业之前指定为以公允价值计量且其变动计入当期损益的金融资产，不满足金融工具确认和计量准则第二十条规定的指定条件的，应当解除之前作出的指定；之前指定为以公允价值计量且其变动计入当期损益的金融资产继续满足金融工具确认和计量准则第二十条规定的指定条件的，企业可以选择继续指定或撤销之前的指定。

（2）在金融工具确认和计量准则施行日，企业可以根据金融工具确认和计量准则第十九条规定，将非交易性权益工具投资指定为公允价值计量且其变动计入其他综合收益的金融资产。

（六）金融负债的指定与撤销指定

金融工具确认和计量准则规定，在金融工具确认和计量准则施行日，企业应当以该日的既有事实和情况为基础，根据金融工具确认和计量准则的相关规定，对相关金融负债进行指定或撤销指定，并追溯调整。

（1）在金融工具确认和计量准则施行日，为了消除或显著减少会计错配，企业可以根据金融工具确认和计量准则第二十二条第一款第（一）项的规定，将金融负债指定为以公允价值计量且其变动计入当期损益的金融负债。

（2）企业之前初始确认金融负债时，为了消除或显著减少会计错配，已将该金融负债指定为以公允价值计量且其变动计入当期损益的金融负债，但在金融工具确认和计量准则施行日不再满足金融工具确认和计量准则规定的指定条件的，企业应当撤销之前的指定；该金融负债在金融工具确认和计量准则施行日仍然满足金融工具确认和计量准则规定的指定条件的，企业可以选择继续指定或撤销之前的指定。

（七）金融工具成值

金融工具确认和计量准则规定，在金融工具确认和计量准则施行日，企业按照金融工具确认和计量准则计量金融工具减值的，应当使用无须付出不必要的额外成本或努力即可获得的合理且有依据的信息，确定金融工具在初始确认日的信用风险，并将该信用风险与金融工具确认和计量准则施行日的信用风险进行比较。

在确定自初始确认后信用风险是否显著增加时，企业可以应用金融工具确认和计量准则第五十五条的规定根据其是否具有较低的信用风险进行判断，或者应用金融工具确认和计量准则第五十三条第二款的规定根据相关金融资产逾期是否超过 30 日进行判断。企业在金融工具确认和计量准则施行日必须付出不必要的额外成本或努力才可获得合理且有依据的信息的，企业在该金融工具终止确认前的所有资产负债表日的损失准备应当等于其整个存续期的预期信用损失。

（八）其他规定

1. 以摊余成本计量，应用实际利率法追溯调整不可行的金融工具

金融工具确认和计量准则规定，在金融工具确认和计量准则施行日，企业按照金融工具确认和计量准则规定对相关金融资产或金融负债以摊余成本进行计量、应用实际利率法追溯调整不切实可行的应当按照以下原则进行处理。

（1）以金融资产或金融负债在前期比较财务报表期末的公允价值，作为企业调整前期比较财务报表数据时该金融资产的账面余额或该金融负债的摊余成本。

（2）以金融资产或金融负债在金融工具确认和计量准则施行日的公允价值，作为该金融资产在金融工具确认和计量准则施行日的新账面余额或该金融负债的新摊余成本。

2. 之前以成本计量的、在活跃市场中没有报价且其公允价值不能可靠计量的权益工具投资或与该权益工具挂钩并须通过交付该工具进行结算的衍生金融资产

金融工具确认和计量准则规定，在金融工具确认和计量准则施行日，对于之前以成本计量的、在活跃市场中没有报价且其公允价值不能可靠计量的权益工具投资或与该权益工具挂钩并须通过交付该工具进行结算的衍生金融资产，企业应当以其在金融工具确认和计量准则施行日的公允价值计量。原账面价值与公允价值之间的差额，应当计入金融工具确认和计量准则施行日所在报告期间的期初留存收益或其他综合收益。

在金融工具确认和计量准则施行日，对于之前以成本计量的、与在活跃市场中没有报价的权益工具挂钩并须通过交付该权益工具进行结算的衍生金融负债，企业应当以其在金融工具确认和计量准则施行日的公允价值计量。原账面价值与公允价值之间的差额，应当计入金融工具确认和计量准则施行日所在报告期间的期初留存收益。

3. 以公允价值计量且其变动计入当期损益的金融负债，由企业自身信用风险变动引起的该金融负债公允价值的变动金额计入其他综合收益

金融工具确认和计量准则规定，在金融工具确认和计量准则施行日，企业存在根据金融工具确认和计量准则第二十二条规定将金融负债指定为以公允价值计量且其变动计入当期损益的金融负债，并且按照金融工具确认和计量准则第六十八条第一款第（一）项规定将由企业自身信用风险变动引起的该金融负债公允价值的变动金额计入其他综合收益的，企业应当以该日的既有事实和情况为基础，判断按照上述规定处理是否会造成或扩大损益的会计错配，进而确定是否应当将该金融负债的全部利得或损失（包括企业自身信用风险变动的影响金额）计入当期损益，并按照上述结果追溯调整。

第二十三章
金融资产转移

一、金融资产转移与终止确认

（一）金融资产转移的定义

《企业会计准则第 23 号——金融资产转移》（简称金融资产转移准则）对金融资产转移的定义为：金融资产转移是指企业（转出方）将金融资产（或其现金流量）让与或交付给该金融资产发行方之外的另一方（转入方）。

企业对金融资产转入方具有控制权的，除在该企业个别财务报表基础上应用金融资产转移准则外，在编制合并财务报表时，还应当按照《企业会计准则第 33 号——合并财务报表》的规定合并所有纳入合并范围的子公司（含结构化主体），并在合并财务报表层面应用金融资产转移准则。

（二）金融资产终止确认

1. 金融资产终止确认的定义

金融资产转移准则规定，金融资产终止确认是指企业将之前确认的金融资产从其资产负债表中予以转出。

2. 金融资产终止确认的一般原则

金融资产的一部分满足下列条件之一的，企业应当将终止确认的规定适用于该金融资产部分，除此之外，企业应当将终止确认的规定适用于该金融资产整体。

（1）该金融资产部分仅包括金融资产所产生的特定可辨认现金流量。例如，企业就某债务工具与转入方签订一项利息剥离合同，合同规定转入方拥有获得该债务工具利息现金流量的权利，但无权获得该债务工具本金现金流量，则终止确认的规定适用于该债务工具的利息现金流量。

（2）该金融资产部分仅包括与该金融资产所产生的全部现金流量完全成比例的现金流量部分。例如，企业就某债务工具与转入方签订转让合同，合同规定转入方拥有获得该债务工具全部现金流量 90% 份额的权利，则终止确认的规定适用于这些现金流量的 90%。

（3）该金融资产部分仅包括了与该金融资产所产生的特定可辨认现金流量完全成比例的现金流量部分。例如，企业就某债务工具与转入方签订转让合同，合同规定转入方拥有获得该债务工具利息现金流量 90% 份额的权利，则终止确认的规定适用于该债务工具利息现金流量 90% 部分。

企业发生满足上述（2）或（3）条件的金融资产转移，且存在一个以上转入方的，只要企业转移的份额与金融资产全部现金流量或特定可辨认现金流量完全成比例即可，不要求每个转入方均持有成比例的份额。

例 23-01 企业转移了公允价值为 100 万元人民币的一组类似的固定期限贷款组合，约定向转入方支付贷款组合预期所产生的现金流量的前 90 万元人民币，企业保留了取得剩余现金流量的次级权益。

分析：在本例中，因为最初90万元人民币的现金流量既可能来自贷款本金也可能来自利息，且无法辨认来自贷款组合中的哪些贷款，因此，不是特定可辨认的现金流量，也不是该金融资产所产生的全部或部分现金流量的完全成比例的份额。在这种情况下，企业不能将终止确认的相关规定适用于该金融资产90万元人民币的部分，而应当适用于该金融资产的整体。

例 23-02 企业转移了一组应收款项产生的现金流量90%的权利，同时提供了一项担保以补偿转入方可能遭受的信用损失，最高担保额为应收款项本金金额8%。

分析：在上述情形下，由于存在担保，在发生信用损失的情况下，企业可能需要向转入方支付部分已经收到的企业自留的10%的现金流量，以补偿对方就90%现金流量所遭受的损失，导致该组应收款项下实际合同现金流量的分布并非按90%及10%完全成比例分配。因此，终止确认的相关规定适用于该组金融资产的整体。

3. 金融资产终止确认的条件

金融资产满足下列条件之一的，应当终止确认。

（1）收取该金融资产现金流量的合同权利终止。

（2）该金融资产已转移，且该转移满足金融资产转移准则关于终止确认的规定。

例 23-03 A公司销售一批商品给B公司，货已发出，增值税专用发票上注明的商品价款为300 000元，增值税销项税额为39 000元。当日收到B公司签发的不带息商业承兑汇票一张，该票据的期限为3个月。相关销售商品收入符合收入确认条件。

A公司的账务处理如下。

（1）销售实现时的会计分录如下：

借：应收票据	339 000	
贷：主营业务收入		300 000
应交税费——应交增值税（销项税额）		39 000

（2）3个月后，应收票据到期，A公司收回款项339 000元，存入银行：

借：银行存款	339 000	
贷：应收票据		339 000

（3）如果A公司在该票据到期前向银行贴现，且银行拥有追索权，则表明A公司的应收票据贴现不符合金融资产终止确认条件，应将贴现所得确认为一项金融负债（短期借款）。假定A公司贴现获得现金净额337 7000元，则A公司有关账务处理如下：

借：银行存款	337 700	
短期借款——利息调整	1 300	
贷：短期借款——成本		339 000

二、金融资产转移的情形

（一）金融资产转移的情形

金融资产转移准则规定，金融资产转移包括下列两种情形：

（1）企业将收取金融资产现金流量的合同权利转移给其他方。企业将收取金融资产现金流量的合同权利转移给其他方，表明该项金融资产发生了转移，通常表现为金融资产的合法出售或者金融资产现金流量权利的合法转移（如票据背书转让、商业票据贴现等）。在这种情形下，转入方拥有了获取被转移金融资产所有未来现金流量的权利，转出方应进一步判断金融资产风险和报酬转移情况来确定是否应当终止确认被转移金融资产。

（2）企业保留了收取金融资产现金流量的合同权利，但承担了将收取的该现金流量支付给一个或多个最终收款方的合同义务，且同时满足下列条件。

①企业只有从该金融资产收到对等的现金流量时，才有义务将其支付给最终收款方。企业提供短期垫付款，但有权全额收回该垫付款并按照市场利率计收利息的，视同满足本条件。

②转让合同规定禁止企业出售或抵押该金融资产，但企业可以将其作为向最终收款方支付现金流量义务的保证。

③企业有义务将代表最终收款方收取的所有现金流量及时划转给最终收款方，且无重大延误。企业无权将该现金流量进行再投资，但在收款日和最终收款方要求的划转日之间的短暂结算期内，将所收到的现金流量进行现金或现金等价物投资，并且按照合同约定将此类投资的收益支付给最终收款方的，视同满足本条件。

（二）金融资产转移的处理原则

企业在发生金融资产转移时，应当评估其保留金融资产所有权上的风险和报酬的程度，并分别依据下列情形进行会计处理：

（1）企业转移了金融资产所有权上几乎所有风险和报酬的，应当终止确认该金融资产，并将转移中产生或保留的权利和义务单独确认为资产或负债。

（2）企业保留了金融资产所有权上几乎所有风险和报酬的，应当继续确认该金融资产。

（3）企业既没有转移也没有保留金融资产所有权上几乎所有风险和报酬的，即除上述（1）（2）之外的其他情形，应当根据其是否保留了对金融资产的控制，分别依照下列情形进行会计处理。

①企业未保留对该金融资产控制的，应当终止确认该金融资产，并将转移中产生或保留的权利和义务单独确认为资产或负债。

②企业保留了对该金融资产控制的，应当按照其继续涉入被转移金融资产的程度继续确认有关金融资产，并相应确认相关负债。

继续涉入被转移金融资产的程度，是指企业承担的被转移金融资产价值变动风险或报酬的程度。

（三）评估风险与报酬的转移程度

金融资产转移准则规定，企业在评估金融资产所有权上风险和报酬的转移程度时，应当比较转移前后其所承担的该金融资产未来净现金流量金额及其时间分布变动的风险。

企业承担的金融资产未来净现金流量现值变动的风险没有因转移而发生显著变化的，表明该企业仍保留了金融资产所有权上几乎所有风险和报酬。比如，将贷款整体转移并对该贷款可能发生的所有损失进行全额补偿，或者出售一项金融资产但约定以固定价格或者售价加上出借人回报的价格回购。

企业承担的金融资产未来净现金流量现值变动的风险相对于金融资产的未来净现金流量现值的全部变动风险不再显著的，表明该企业已经转移了金融资产所有权上几乎所有风险和报酬。比如，无条件出售金融资产，或者出售金融资产且仅保留以其在回购时的公允价值进行回购的选择权。

企业通常不需要通过计算即可判断其是否转移或保留了金融资产所有权上几乎所有风险和报酬。在其他情况下，企业需要通过计算评估是否已经转移了金融资产所有权上几乎所有风险和报酬的，在计算和比较金融资产未来现金流量净现值的变动时，应当考虑所有合理、可能的现金流量变动，对于更可能发生的结果赋予更高的权重，并采用适当的市场利率作为折现率。

企业认定金融资产所有权上几乎所有风险和报酬已经转移的，除企业在新的交易中重新获得被转移金融资产外，不应当在未来期间再次确认该金融资产。

（四）评估是否保留对被转移金融资产的控制

金融资产转移准则规定，企业在判断是否保留了对被转移金融资产的控制时，应当根据转入方是否具有出售被转移金融资产的实际能力而确定。转入方能够单方面将被转移金融资产整体出售给不相关的第三方，且没有额外条件对此项出售加以限制的，表明转入方有出售被转移金融资产的实际能力，从而表明企业未保留对被转移金融资产的控制；在其他情形下，表明企业保留了对被转移金融资产的控制。

在判断转入方是否具有出售被转移金融资产的实际能力时，企业考虑的关键应当是转入方实际上能够采取的行动。被转移金融资产不存在市场或转入方不能单方面自由地处置被转移金融资产的，通常表明转入方不具有出售被转移金融资产的实际能力。

转入方不大可能出售被转移金融资产并不意味着企业（转出方）保留了对被转移金融资产的控制。但存在看跌期权或担保而限制转入方出售被转移金融资产的，转出方实际上保留了对被转移金融资产的控制。例如，存在看跌期权或担保且很有价值，导致转入方实际上不能在不附加类似期权或其他限制条件的情形下将该被转移金融资产出售给第三方，从而限制了转入方出售被转移金融资产的能力，转入方将持有被转移金融资产以获取看跌期权或担保下相应付款的，转出方保留了对被转移金融资产的控制。

（五）具体情形

金融资产转移准则规定，企业在判断金融资产转移是否满足该准则规定的金融资产终止确认条件时，应当注重金融资产转移的实质。

（1）企业转移了金融资产所有权上几乎所有风险和报酬，应当终止确认被转移金融资产的常见情形有如下几种：

①企业无条件出售金融资产。

②企业出售金融资产，同时约定按回购日该金融资产的公允价值回购。企业在金融资产转移以后只保留了优先按照回购日公允价值回购该金融资产的权利的，也应当终止确认所转移的金融资产。

③企业出售金融资产，同时与转入方签订看跌期权合同（即转入方有权将该金融资产返售给企业）或看涨期权合同（即转出方有权回购该金融资产），且根据合同条款判断，该看跌期权或看涨期权为一项重大价外期权（即期权合约的条款设计，使金融资产的转入方或转出方极小可能会行权）。

例 23-04　某银行向某资产管理公司出售了一组贷款，双方约定，在出售后银行不再承担该组贷款的任何风险，该组贷款发生的所有损失均由资产管理公司承担，资产管理公司不能因该组已出售贷款的包括逾期未付在内的任何未来损失向银行要求补偿。在这种情况下，银行已经将该组贷款上几乎所有的风险和报酬转移，可以终止确认该组贷款。

例 23-05　2×21 年 2 月 1 日，甲公司将其持有的乙上市公司股票转让给丙公司，甲公司与丙公司约定，在 4 个月后（即 6 月 1 日）将按照 6 月 1 日乙公司股票的市价回购被转让股票。

分析：本例中，由于甲公司已经将乙公司股票的所有价值变动风险和报酬转让给丙公司，可以认定甲公司已经转移了该项金融资产所有权上几乎所有的风险和报酬，应当终止确认其转让的乙公司股票。

例 23-06　2×21 年 2 月 1 日，甲公司将其持有的面值为 100 万元的国债转让给丙公司，并向丙公司签发看跌期权，约定在出售后的 4 个月内，丙公司可以 60 万元价格将国债卖回给甲公司。由于国债信用等级高、预计未来 4 个月内市场利率将维持稳定，甲公司分析认为该看跌期权属于深度价外期权。在此情况下，甲公司应终止确认被转让的国债。

（2）企业保留了金融资产所有权上几乎所有风险和报酬，应当继续确认被转移金融资产的常见情形有以下几种：

①企业出售金融资产并与转入方签订回购协议，协议规定企业将按照固定价格或是按照原售价加上合理的资金成本向转入方回购原被转移金融资产，或者与售出的金融资产相同或实质上相同的金融资产。例如，采用买断式回购、质押式回购交易卖出债券等。

②企业融出证券或进行证券出借。例如，证券公司将自身持有的证券借给客户，合同约定借出期限和出借费率，到期客户需归还相同数量的同种证券并向证券公司支付出借费用。证券公司保留了融

出证券所有权上几乎所有的风险和报酬。因此，证券公司应当继续确认融出的证券。

③企业出售金融资产并附有将市场风险散口转回给企业的总回报互换。在附总回报互换的金融资产出售中，企业出售了一项金融资产，并与转入方达成一项总回报互换协议，如转入方将该资产实际产生的现金流量支付给企业以换取固定付款额或浮动利率付款额，该项资产公允价值的所有增减变动由企业（转出方）承担，从而使企业保留了该金融资产所有权上几乎所有的风险和报酬。在这种情况下，企业应当继续确认所出售的金融资产。

④企业出售短期应收款项或信贷资产，并且全额补偿转入方可能因被转移金融资产发生的信用损失。企业通过持有次级权益或承诺对特定现金流量担保，实现了对证券化资产的信用增级。如果通过这种信用增级，企业保留了被转移资产所有权上几乎所有的风险和报酬，则企业就不应当终止确认该金融资产。

⑤企业出售金融资产，同时与转入方签订看跌期权合同或看涨期权合同，且根据合同条款判断，该看跌期权或看涨期权为一项重大价内期权（即期权合约的条款设计，使得金融资产的转入方或转出方很可能会行权）。例如，企业出售某金融资产但同时持有深度价内的看涨期权（即到期日之前不大可能变为价外期权），或者企业出售金融资产而转入方有权通过同时签订的深度价内看跌期权在以后将该金融资产回售给企业。

⑥采用附追索权方式出售金融资产。企业出售金融资产时，如果根据与购买方之间的协议约定，在所出售金融资产的现金流量无法收回时，购买方能够向企业进行追偿，企业也应承担未来损失。此时，可以认定企业保留了该金融资产所有权上几乎所有的风险和报酬，不应当终止确认该金融资产。

（3）企业应当按照其继续涉入被转移金融资产的程度继续确认被转移金融资产的常见情形有以下几种：

①企业转移金融资产，并采用保留次级权益或提供信用担保等方式进行信用增级，企业只转移了被转移金融资产所有权上的部分（非几乎所有）风险和报酬，且保留了对被转移金融资产的控制。

②企业转移金融资产，并附有既非重大价内也非重大价外的看涨期权或看跌期权，导致企业既没有转移也没有保留所有权上几乎所有风险和报酬，且保留了对被转移金融资产的控制。

在金融资产转移不满足终止确认条件的情况下，如果同时确认衍生工具和被转移金融资产或转移产生的负债会导致对同一权利或义务的重复确认，则企业（转出方）与转移有关的合同权利或义务不应当作为衍生工具进行单独会计处理。

在金融资产转移不满足终止确认条件的情况下，转入方不应当将被转移金融资产全部或部分确认为自己的资产。转入方应当终止确认所支付的现金或其他对价，同时确认一项应收转出方的款项。企业（转出方）同时拥有以固定金额重新控制整个被转移金融资产的权利和义务的（如以固定金额回购被转移金融资产），在满足金融工具确认和计量准则关于摊余成本计量规定的情况下，转入方可以将其应收款项以摊余成本计量。

三、金融资产转移的会计处理

（一）满足终止确认条件的金融资产转移

1. 金融资产转移整体满足终止确认条件

金融资产转移准则规定，金融资产转移整体满足终止确认条件的，应当将下列两项金额的差额计入当期损益。

（1）被转移金融资产在终止确认日的账面价值。

（2）因转移金融资产而收到的对价，与原直接计入其他综合收益的公允价值变动累计额中对应终止确认部分的金额（涉及转移的金融资产为根据金融工具确认和计量准则第十八条分类为以公允价值计量且其变动计入其他综合收益的金融资产的情形）之和。

企业保留了向该金融资产提供相关收费服务的权利（包括收取该金融资产的现金流量，并将所收取的现金流量划转给指定的资金保管机构等），应当就该服务合同确认一项服务资产或服务负债。如果企业将收取的费用预计超过对服务的充分补偿，则应当将该服务权利作为继续确认部分确认为一项服务资产，并按照金融资产转移准则第十五条的规定确定该服务资产的金额。如果将收取的费用预计不能充分补偿企业所提供服务的，则企业应当将由此形成的服务义务确认一项服务负债，并以公允价值进行初始计量。

企业因金融资产转移导致整体终止确认金融资产，同时获得了新金融资产或承担了新金融负债或服务负债的，应当在转移日确认该金融资产、金融负债（包括看涨期权、看跌期权、担保负债远期合同、互换等等）或服务负债，并以公允价值进行初始计量。该金融资产扣除金融负债和服务负债后的净额应当作为上述对价的组成部分。

例 23-07 2×20 年 3 月 15 日，A 公司销售一批商品给 B 公司，开出的增值税专用发票上注明的销售价款为 300 000 元，增值税销项税额为 39 000 元，款项尚未收到。双方约定，B 公司应于 2×21 年 10 月 31 日付款。2×20 年 6 月 4 日，经与中国银行协商后约定：A 公司将应收 B 公司的货款出售给中国银行，价款为 263 250 元；在应收 B 公司货款到期无法收回时，中国银行不能向 A 公司追偿。A 公司根据以往经验，预计该批商品将发生的销售退回金额为 22 600 元，其中，增值税销项税额为 2 600 元，成本为 13 000 元，实际发生的销售退回由 A 公司承担。2×20 年 8 月 3 日，A 公司收到 B 公司退回的商品，价款为 22 600 元。假定不考虑其他因素。

A 公司与应收债权出售有关的账务处理如下。

（1）2×20 年 6 月 4 日，出售应收债权：

借：银行存款	263 250	
财务费用	53 150	
其他应收款	22 600	
贷：应收账款		339 000

（2）2×20 年 8 月 3 日，收到退回的商品：

借：主营业务收入	20 000	
应交税费——应交增值税（销项税额）	2 600	
贷：其他应收款		22 600
借：库存商品	13 000	
贷：主营业务成本		13 000

例 23-08 2×20 年 1 月 1 日，甲公司将持有的乙公司发行的 10 年期公司债券出售给丙公司，经协商出售价格为 311 万元人民币，该债券 2×19 年 12 月 31 日的公允价值为 310 万元人民币。该债券于 2×19 年 1 月 1 日发行，甲公司持有该债券时将其分类为以公允价值计量且其变动计入其他综合收益的金融资产，面值（取得成本）为 300 万元人民币。

分析：本例中，假设甲公司和丙公司在出售协议中约定，出售后该公司债券发生的所有损失均由丙公司自行承担，甲公司已将债券所有权上的几乎所有风险和报酬转移给丙公司，因此，应当终止确认该金融资产。

首先，应确定出售日该笔债券的账面价值。由于资产负债表日（即 2×19 年 12 月 31 日）该债券的公允价值为 310 万元人民币，而且该债券属于以公允价值计量且其变动计入其他综合收益的金融资产，因此出售日该债券账面价值为 310 万元人民币。

其次，应确定已计入其他综合收益的公允价值累计变动额。2×19年12月31日，甲公司计入其他综合收益的利得为10万元人民币（310－300）。

最后，确定甲公司出售该债券形成的损益。按照金融资产整体转移形成的损益的计算公式计算，出售该债券形成的收益为11万元人民币（311－310＋10）（包含因终止确认而从其他综合收益中转出至当期损益的10万元）。

甲公司出售该公司债券业务应作如下账务处理：

借：银行存款	3 110 000	
贷：其他债权投资——成本		3 000 000
——公允价值变动		100 000
投资收益		10 000

同时，将原计入其他综合收益的公允价值变动转出：

借：其他综合收益——公允价值变动	100 000	
贷：投资收益		100 000

例 23-09 承上例，甲公司将债券出售给丙公司时，同时签订了一项看跌期权合约，期权行权日为 2×20 年 12 月 31 日，行权价格为 150 万元人民币，期权的公允价值为 4 000 元人民币，且假定持有的看跌期权为深度价外期权。其他条件不变。

分析：本例中，转入方持有的看跌期权属于深度价外期权，即预计该期权在行权日之前不大可能变为价内期权。因此，在转让日，可以判定债券所有权上的几乎所有风险和报酬已经转移给丙公司，甲公司应当终止确认该金融资产。但同时，由于签订了看跌期权，承担了一项新的负债，应当按照在转让日的公允价值（4 000 元）确认该期权。

甲公司出售该公司债券业务应作如下账务处理：

借：银行存款	3 110 000	
贷：其他债权投资——成本		3 000 000
——公允价值变动		100 000
衍生工具		4 000
投资收益		6 000

同时，将原计入其他综合收益的公允价值变动转出：

借：其他综合收益——公允价值变动	100 000	
贷：投资收益		100 000

2. 转移部分金融资产且该部分满足终止确认条件

企业转移了金融资产的一部分，且该被转移部分整体满足终止确认条件的，应当将转移前金融资产整体的账面价值，在终止确认部分和继续确认部分（在此种情形下，所保留的服务资产应当视同继续确认金融资产的一部分）之间，按照转移日各自的相对公允价值进行分摊，并将下列两项金额的差额计入当期损益。

（1）终止确认部分在终止确认日的账面价值。

（2）终止确认部分收到的对价，与原计入其他综合收益的公允价值变动累计额中对应终止确认部分的金额（涉及转移的金融资产为根据《企业会计准则第 22 号——金融工具确认和计量》第十八条分类为以公允价值计量且其变动计入其他综合收益的金融资产的情形）之和。对价包括获得的所有新资产减去承担的所有新负债后的金额。

原计入其他综合收益的公允价值变动累计额中对应终止确认部分的金额，应当按照金融资产终止确认部分和继续确认部分的相对公允价值，对该累计额进行分摊后确定。

企业将转移前金融资产整体的账面价值按相对公允价值在终止确认部分和继续确认部分之间进行分摊时，应当按照下列规定确定继续确认部分的公允价值。

（1）企业出售过与继续确认部分类似的金融资产，或继续确认部分存在其他市场交易的，近期实际交易价格可作为其公允价值的最佳估计。

（2）继续确认部分没有报价或近期没有市场交易的，其公允价值的最佳估计为转移前金融资产整体的公允价值扣除终止确认部分的对价后的差额。

例 23-10　2×21 年 1 月 1 日，甲公司将持有的乙公司发行的 10 年期公司债券的 50% 出售给丙公司，经协商出售价格为 311 万元，该债券 2×20 年 12 月 31 日的公允价值为 620 万元人民币。该债券于 2×20 年 1 月 1 日发行，甲公司持有该债券时将其分为以公允价值计量且其变动计入其他综合收益的金融资产，面值（取得成本）为 600 万元。

分析：本例中，假设甲公司和丙公司在出售协议中约定，出售后该公司债券发生的所有损失均由丙公司自行承担，甲公司已将债券所有权上的几乎所有风险和报酬转移给丙公司，因此，应当终止确认该金融资产的 50%。

首先，应确定该笔债券出售部分的账面价值。由于资产负债表日（即2×20年12月31日）该债券的公允价值为620万元，而且该债券属于以公允价值计量且其变动计入其他综合收益的金融资产，继续确认部分由于与出售部分相同，所以按照出售部分的价格是它的最佳公允价值估计，也为311万元，因此出售部分继续确认部分的账面价值均为310万元［620×311÷（311+311）］。

其次，应确定归属于终止确认部分已计入其他综合收益的公允价值累计变动额。2×20年12月31日，甲公司计入其他综合收益的利得为20万元（620－600），归属于终止确认部分为10万元［20×311÷（311+311）］。

最后，确定甲公司出售该债券50%形成的损益。按照金融资产转移形成的损益的计算公式计算，出售该债券形成的收益为11万元（311－310+10）（包含终止确认部分因终止确认而从其他综合收益中转出至当期损益的10万元）。

甲公司出售该公司债券应作如下账务处理：

借：银行存款	3 110 000	
贷：其他债权投资——成本		3 000 000
——公允价值变动		100 000
投资收益		10 000

同时，将相应计入其他综合收益的公允价值变动转出：

借：其他综合收益——公允价值变动	100 000	
贷：投资收益		100 000

例 23-11　2×21 年 1 月 1 日，甲公司将持有的乙公司发行的普通股的 50% 出售给丙公司，经协商出售价格为 311 万元，2×20 年 12 月 31 日该部分普通股公允价值为 620 万元人民币。该部分普通股于 2×20 年 1 月 1 日发行，甲公司持有该部分普通股时将其指定为以公允价值计量且其变动计入其他综合收益的金融资产、取得成本为 600 万元。

分析：本例中，假设甲公司和丙公司在出售协议中约定，出售后该部分普通股发生的所有损失均由丙公司自行承担，甲公司已将该部分普通股所有权上的几乎所有风险和报酬转移给丙公司，因此，应当终止确认该金融资产的 50%。

首先，应确定出售日该部分普通股的账面价值。由于资产负债表日（即 2×20 年 12 月 31 日）

普通股的公允价值为620万元，而且该普通股属于以公允价值计量且其变动计入其他综合收益的金融资产，继续确认部分由于与出售部分相同，因此按照出售部分的价格是它的最佳公允价值估计，也为311万元。

其次，应确定归属于终止确认部分已计入其他综合收益的公允价值累计变动额。2×20年12月31日，甲公司计入其他综合收益的利得为20万元（620－600），归属于终止确认部分为10万元［20×311÷（311+311）］。

最后，确定甲公司出售该普通股50%形成的收益。按照金融资产转移形成的损益（或留存收益）的计算公式计算，出售该普通股形成的收益为11万元（311－310+10）（包含终止确认部分因终止确认而从其他综合收益中转出至留存收益的10万元）。

甲公司出售该公司普通股业务应作如下账务处理：

借：银行存款	3 110 000	
贷：其他权益工具投资——成本		3 000 000
——公允价值变动		100 000
盈余公积——法定盈余公积		1 000
利润分配——未分配利润		9 000

同时，将归属于终止确认部分原计入其他综合收益的公允价值变动转出：

借：其他综合收益——其他权益工具公允价值变动	100 000	
贷：盈余公积——法定盈余公积		10 000
利润分配——未分配利润		90 000

（二）继续确认被转移金融资产

金融资产转移准则规定，企业保留了被转移金融资产所有权上几乎所有风险和报酬而不满足终止确认条件的，应当继续确认被转移金融资产整体，并将收到的对价确认为一项金融负债。

在继续确认被转移金融资产的情形下，金融资产转移所涉及的金融资产与所确认的相关金融负债不得相互抵销。在后续会计期间，企业应当继续确认该金融资产产生的收入（或利得）和该金融负债产生的费用（或损失），不得相互抵销。

例 23-12 A公司为上市公司，2×21年6月，A公司与第三方B公司签订股权转让协议，将A公司持有的C公司20%的股权转让给B公司。协议明确此次股权转让标的为C公司20%的股权，总价款7.2亿元，B公司分三次支付，2×21年支付了第一笔款项1.8亿元。为了保证B公司的利益，A公司在2×21年将持有的C公司5%的股权变更登记为B公司，但B公司暂时并不拥有与该5%股权对应的表决权，也不拥有分配该5%股权对应的利润的权利。

问题：A公司是否应该在2×21年度确认该5%股权的处置损益？

分析：在本案例中，名义上A公司将所持有的C公司5%的股权转让给B公司，但是实质上，B公司并没有拥有对应的表决权，也并不享有对应的利润分配权。也就是说，A公司保留了收取该金融资产现金流量的权利，且没有承担将收取的现金流量支付给B公司的义务。根据金融资产准则的规定，实质上该金融资产并未转移，并不符合金融资产终止确认的条件。因此，A公司不应当确认该5%股权的处置损益，应将收到的款项作为预收款项处理。

例 23-13 2×21年4月1日，甲公司将其持有的一笔国债出售给丙公司，售价为20万元人民币。同时，甲公司与丙公司签订了一项回购协议，3个月后由甲公司将该笔国债购回，回购价为20.175万元。2×21年7月1日，甲公司将该笔国债购回。

不考虑其他因素，甲公司应作如下账务处理。

（1）判断应否终止确认。由于此项出售属于附回购协议的金融资产出售，到期后甲公司应按固定价格将该笔国债购回，因此可以判断，甲公司保留了该笔国债几乎所有的风险和报酬，不应终止确认，该笔国债应按转移前的计量方法继续进行后续计量。

（2）2×21 年 4 月 1 日，甲公司出售该笔国债时：

借：银行存款　　200 000

　贷：卖出回购金融资产款　　200 000

注意："卖出回购金融资产款"科目（负债类科目）是用于核算企业（金融）按回购协议卖出票据、证券、贷款等金融资产所融入的资金。

（3）2×21 年 6 月 30 日，甲公司应按根据未来回购价款计算的该卖出回购金融资产款的实际利率计算并确认有关利息费用，计算得出该卖出回购金融资产的实际利率为 3.5%。

卖出回购国债的利息费用＝200 000×3.5%×3/12＝1 750（元）

借：利息支出　　1 750

　贷：卖出回购金融资产款　　1 750

（4）2×21 年 7 月 1 日，甲公司回购时：

借：卖出回购金融资产款　　201 750

　贷：银行存款　　201 750

该笔国债与该笔卖出回购金融资产款在资产负债表上不应抵销；该笔国债确认的收益，与该笔卖出回购金融资产款产生的利息支出在利润表中不应抵销。

（三）继续涉入被转移金融资产

金融资产转移准则规定，企业既没有转移也没有保留金融资产所有权上几乎所有风险和报酬，且保留了对该金融资产控制的，应当按照其继续涉入被转移金融资产的程度继续确认该被转移金融资产，并相应确认相关负债。被转移金融资产和相关负债应当在充分反映企业因金融资产转移所保留的权利和承担的义务的基础上进行计量。企业应当按照下列规定对相关负债进行计量。

（1）被转移金融资产以摊余成本计量的，相关负债的账面价值等于继续涉入被转移金融资产的账面价值减去企业保留的权利（如果企业因金融资产转移保留了相关权利）的摊余成本并加上企业承担的义务（如果企业因金融资产转移承担了相关义务）的摊余成本；相关负债不得指定为以公允价值计量且其变动计入当期损益的金融负债。

（2）被转移金融资产以公允价值计量的，相关负债的账面价值等于继续涉入被转移金融资产的账面价值减去企业保留的权利（如果企业因金融资产转移保留了相关权利）的公允价值并加上企业承担的义务（如果企业因金融资产转移承担了相关义务）的公允价值，该权利和义务的公允价值应为按独立基础计量时的公允价值。

1. 以提供担保方式继续涉入被转移金融资产

企业通过对被转移金融资产提供担保方式继续涉入的，应当在转移日按照金融资产的账面价值和担保金额两者的较低者，继续确认被转移金融资产，同时按照担保金额和担保合同的公允价值（通常是提供担保收到的对价）之和确认相关负债。担保金额是指企业所收到的对价中，可被要求偿还的最高金额。

在后续会计期间，担保合同的初始确认金额应当随担保义务的履行进行摊销，计入当期损益。被转移金融资产发生减值的，计提的损失准备应从被转移金融资产的账面价值中抵减。

例 23-14　甲银行与乙银行签订一笔贷款转让协议，由甲银行将其本金为 1 000 万元、年利率为 10%、贷款期限为 9 年的组合贷款出售给乙银行，售价为 990 万元。双方约定，由甲银行为该笔贷款提供担保，担保金额为 300 万元，实际贷款损失超过担保金额的部分由乙银行承担。转移日，该笔贷款（包括担保）的公允价值为 1 000 万元，其中，担保的公允价值为 100 万元。甲银行没有保留对该笔贷款的管理服务权。

分析：在本例中，由于甲银行既没有转移也没有保留该笔组合贷款所有权上几乎所有的风险和报酬，而且假设该贷款没有市场，乙银行不具备出售该笔贷款的实际能力，导致甲银行保留了对该笔贷款的控制，所以应当按照甲银行继续涉入被转移金融资产的程度继续确认该被转移金融资产，并相应确认相关负债。

由于转移日该笔贷款的账面价值为 1 000 万元，提供的担保金额为 300 万元，甲银行应当按照 300 万元继续确认该笔贷款。由于担保合同的公允价值为 100 万元，所以甲银行确认相关负债金额为 400 万元（300 + 100）。

转移日甲银行应作以下账务处理：

借：存放中央银行款项	9 900 000	
继续涉入资产	3 000 000	
贷款处置损益	1 100 000	
贷：贷款		10 000 000
继续涉入负债		4 000 000

2. 因持有看涨期权或签出看跌期权继续涉入以摊余成本计量的被转移金融资产

企业因持有看涨期权或签出看跌期权而继续涉入被转移金融资产，且该金融资产以摊余成本计量的，应当按照其可能回购的被转移金融资产的金额继续确认被转移金融资产，在转移日按照收到的对价确认相关负债。

被转移金融资产在期权到期日的摊余成本和相关负债初始确认金额之间的差额，应当采用实际利率法摊销，计入当期损益，同时调整相关负债的账面价值。相关期权行权的，应当在行权时，将相关负债的账面价值与行权价格之间的差额计入当期损益。

3. 因持有看涨期权或签出看跌期权继续涉入以公允价值计量的被转移金融资产

企业因持有看涨期权或签出看跌期权（或两者兼有，即上下限期权）而继续涉入被转移金融资产，且以公允价值计量该金融资产的，应当分别依照以下情形进行会计处理：

（1）企业因持有看涨期权而继续涉入被转移金融资产的，应当继续按照公允价值计量被转移金融资产，同时按照下列规定计量相关负债。

①该期权是价内或平价期权的，应当按照期权的行权价格扣除期权的时间价值后的金额，计量相关负债。

②该期权是价外期权的，应当按照被转移金融资产的公允价值扣除期权的时间价值后的金额，计量相关负债。

（2）企业因签出看跌期权形成的义务而继续涉入被转移金融资产的，应当按照该金融资产的公允价值和该期权行权价格两者的较低者，计量继续涉入形成的资产；同时，按照该期权的行权价格与时间价值之和，计量相关负债。

（3）企业因持有看涨期权和签出看跌期权（即上下限期权）而继续涉入被转移金融资产的，应当继续按照公允价值计量被转移金融资产，同时按照下列规定计量相关负债。

①该看涨期权是价内或平价期权的，应当按照看涨期权的行权价格和看跌期权的公允价值之和，扣除看涨期权的时间价值后的金额，计量相关负债。

②该看涨期权是价外期权的，应当按照被转移金融资产的公允价值和看跌期权的公允价值之和，扣除看涨期权的时间价值后的金额，计量相关负债。

4. 其他规定

金融资产转移准则规定，企业按继续涉入程度继续确认的被转移金融资产以及确认的相关负债不应当相互抵销。企业应当对继续确认的被转移金融资产确认所产生的收入（或利得），对相关负债确认所产生的费用（或损失），两者不得相互抵销。继续确认的被转移金融资产以公允价值计量的，在后续计量时对其公允价值变动应根据金融工具确认和计量准则第六十四条的规定进行确认，同时相关负债公允价值变动的确认应当与之保持一致，且两者不得相互抵销。

企业对金融资产的继续涉入仅限于金融资产一部分的，按照转移日因继续涉入而继续确认部分和不再确认部分的相对公允价值，在两者之间分配金融资产的账面价值，并将下列两项金额的差额计入当期损益。

（1）分配至不再确认部分的账面金额（以转移日计量的为准）。

（2）不再确认部分所收到的对价。

如果涉及转移的金融资产为根据《企业会计准则第 22 号——金融工具确认和计量》分类为以公允价值计量且其变动计入其他综合收益的金融资产的，则企业应将不再确认部分的金额对应的原计入其他综合收益的公允价值变动累计额计入当期损益。

（四）向转入方提供非现金担保物

金融资产转移准则规定，企业向金融资产转入方提供了非现金担保物（如债务工具或权益工具投资等）的，企业（转出方）和转入方应当按照下列规定进行处理。

（1）转入方按照合同或惯例有权出售该担保物或将其再作为担保物的，企业应当将该非现金担保物在财务报表中单独列报。

（2）转入方已将该担保物出售的，转入方应当就归还担保物的义务，按照公允价值确认一项负债。

（3）除因违约丧失赎回担保物权利外，企业应当继续将担保物确认为一项资产。

企业因违约丧失赎回担保物权利的，应当终止确认该担保物；转入方应当将该担保物确认为项资产，并以公允价值计量。转入方已出售该担保物的，应当终止确认归还担保物的义务。

例 23-15　A 银行持有一组住房抵押贷款，借款方可提前偿付。2×21 年 1 月 1 日，该组贷款的本金和摊余成本均为 100 000 000 元，票面利率和实际利率均为 10%。经批准，A 银行拟将该组贷款转移给某信托机构（以下简称受让方）进行证券化。有关资料如下：

2×21 年 1 月 1 日，A 银行与受让方签订协议，将该组贷款转移给受让方，并办理有关手续。A 银行收到款项 91 150 000 元，同时保留以下权利：

（1）收取本金 10 000 000 元以及这部分本金按 10% 的利率所计算确定利息的权利；

（2）收取以 90 000 000 元为本金、以 0.5% 为利率所计算确定利息（超额利差）的权利。受让人取得收取该组贷款本金中的 90 000 000 元以及这部分本金按 9.5% 的利率收取利息的权利。根据双方签订的协议，如果该组贷款被提前偿付，则偿付金额按 1 ∶ 9 的比例在 A 银行和受让人之间进行分配。但是，如果该组贷款发生违约，则违约金额从 A 银行拥有的 10 000 000 元贷款本金中扣除，直到扣完为止。

2×21 年 1 月 1 日，该组贷款的公允价值为 101 000 000 元，0.5% 的超额利差账户的公允价值为 400 000 元。

A 银行的分析及会计处理如下。

（1）A 银行转移了该组贷款所有权相关的部分重大风险和报酬（如重大提前偿付风险），但由于设立了次级权益（即内部信用增级），因而也保留了所有权相关的部分重大风险和报酬，并且能够对留存的该部分权益实施控制。根据金融资产转让准则，A 银行应采用继续涉入法对该金融资产转移交易进行会计处理。

（2）A 银行收到的 91 150 000 元对价，由两部分构成：一部分是转移的 90% 贷款及相关利息的对价，即 90 900 000 元（101 000 000×90%）；另一部分是因为使保留的权利次级化所取得的对价 250 000 元。此外，由于超额利差账户的公允价值为 400 000 元，从而 A 银行的该项金额资产转移交易的信用增级相关的对价为 650 000 元。

假定 A 银行无法取得所转移该组贷款的 90% 和 10% 部分各自的公允价值，则 A 银行所转移该组贷款的 90% 部分形成的利得或损失计算如表 23-01 所示。

表 23-01 公允价值及分摊计算

金额单位：元

	估计公允价值	百分比	分摊后的账面金额
已转移部分	90 900 000	90%	90 000 000
未转移部分	10 100 000	10%	10 000 000
小计	101 000 000	100%	100 000 000

A 银行该项金融资产转移形成的利得＝90 900 000 － 90 000 000 ＝ 900 000（元）。

（3）A 银行仍保留贷款部分的账面价值为 10 000 000 元。

（4）A 银行因继续涉入而确认资产的金额，按双方协议约定的、因信用增级使 A 银行不能收到的现金流入最大值 10 000 000 元；另外，超额利差账户形成的资产 400 000 元本质上也是继续涉入形成的资产。

因继续涉入而确认负债的金额，按因信用增级使 A 银行不能收到的现金流入最大值 10 000 000 元和信用增级的公允价值总额 650 000 元，两项合计为 10 650 000 元。

据此，A 银行在金融资产转移日应作如下账务处理：

借：存放同业　90 900 000

　贷：贷款　90 000 000

　　其他业务收入　900 000

借：存放同业　250 000

　继续涉入资产——次级权益　10 000 000

　　　　　　——超额账户　400 000

　贷：继续涉入负债　10 650 000

或：

借：存放同业　91 150 000

　继续涉入资产——次级权益　10 000 000

　　　　　　——超额账户　400 000

　贷：贷款　90 000 000

　　继续涉入负债　10 650 000

　　其他业务收入　900 000

（5）金融资产转移后，A 银行应根据收入确认原则，采用实际利率法将信用增级取得的对价 650 000 元分期予以确认。此外，还应在资产负债表日对已确认资产确认可能发生的减值损失。比如，在 2×21 年 12 月 31 日，已转移贷款发生信用损失 3 000 000 元，则 A 银行应作如下账务处理：

借：资产减值损失　　3 000 000
　　贷：贷款损失准备——次级权益　　3 000 000
借：继续涉入负债　　3 000 000
　　贷：继续涉入资产——次级权益　　3 000 000

四、衔接规定

金融资产转移准则规定，在本准则施行日，企业仍继续涉入被转移金融资产的，应当按照《企业会计准则第 22 号——金融工具确认和计量》及本准则关于被转移金融资产确认和计量的相关规定进行追溯调整，再按照本准则的规定对其所确认的相关负债进行重新计量，并将相关影响按照与被转移金融资产一致的方式在本准则施行日进行调整。追溯调整不切实可行的除外。

企业上市与否直接关系到执行金融资产转移准则的日期：在境内外同时上市的企业以及在境外上市并采用国际财务报告准则或企业会计准则编制财务报告的企业，自 2018 年 1 月 1 日起施行；其他境内上市企业自 2019 年 1 月 1 日起施行；执行企业会计准则的非上市企业自 2021 年 1 月 1 日起施行。

第二十四章
套 期 会 计

一、套期的定义及分类

（一）套期的定义

《企业会计准则第 24 号——套期会计》（简称套期会计准则）将套期定义为：企业为管理外汇风险、利率风险、价格风险、信用风险等特定风险引起的风险敞口，指定金融工具为套期工具，以使套期工具的公允价值或现金流量变动，预期抵销被套期项目全部或部分公允价值或现金流量变动的风险管理活动。

例 24-01 甲公司将在 6 月后购入 1 000 吨钢材用于产品生产，当时的现货价格为 2 100 元 / 吨，期货价格为 2 200 元 / 吨；如果钢材价格上升，甲公司将因价格上升而蒙受损失。甲公司购进钢材期货合同对钢材价格风险进行套期。

分析：

在本例中：

（1）被套期项目为计划购入的钢材。

（2）套期工具为钢材期货合同。在买入钢材期货合同之后，若钢材现货价格上涨，相对应的期货合同价格上涨；这样若在买入钢材现货时卖出期货合同，即使钢材现货蒙受损失，却可以用钢材期货合同的交易收入来弥补。

（3）被套期项目与套期工具的结合可以实现套期保值的目的。

（二）套期的分类

套期会计准则将套期分为公允价值套期、现金流量套期和境外经营净投资套期。

1. 公允价值套期

公允价值套期是指对已确认资产或负债、尚未确认的确定承诺，或上述项目组成部分的公允价值变动风险敞口进行的套期。该公允价值变动源于特定风险，且将影响企业的损益或其他综合收益。影响其他综合收益的情形，仅限于企业对指定为以公允价值计量且其变动计入其他综合收益的非交易性权益工具投资的公允价值变动风险敞口进行的套期。

以下是公允价值套期的例子：

（1）某企业签订一项以固定利率换浮动利率的利率互换合约，对其承担的固定利率负债的利率风险引起的公允价值变动风险敞口进行套期。

（2）某石油公司签订一项 6 个月后以固定价格购买原油的合同（尚未确认的确定承诺），为规避原油价格风险，该公司签订一项商品（原油）期货合约，对该确定承诺的价格风险引起的公允价值变动风险敞口进行套期。

（3）某企业购买一项期权合同，对持有的选择以公允价值计量且其变动计入其他综合收益的非交易性权益工具投资的证券价格风险引起的公允价值变动风险敞口进行套期。

2. 现金流量套期

现金流量套期是指对现金流量变动风险敞口进行的套期。该现金流量变动源于与已确认资产或负债、极可能发生的预期交易，或与上述项目组成部分有关的特定风险，且将影响企业的损益。尚未确认的确定承诺中，只有外汇风险可作为现金流量套期。

以下是现金流量套期的例子：

（1）某企业签订一项以浮动利率换固定利率的利率互换合约，对其承担的浮动利率债务的利率风险引起的现金流量变动风险敞口进行套期。

（2）某橡胶制品公司签订一项远期合同，对 3 个月后预期极可能发生的与购买橡胶相关的价格风险引起的现金流量变动风险敞口进行套期。

（3）某企业签订一项外汇远期合同，对以固定外币价格买入原材料的极可能发生的预期交易的外汇风险引起的现金流量变动风险敞口进行套期。

企业对确定承诺的外汇风险进行套期的，可以将其作为现金流量套期或公允价值套期处理。例如，某航空公司签订一项 3 个月后以固定外币金额购买飞机的合同（尚未确认的确定承诺），为规避外汇风险，签订一项外汇远期合同，对该确定承诺的外汇风险引起的公允价值变动或者现金流量变动风险敞口进行套期。

例 24-02　某商业银行有承担类似风险和到期期限的金融资产和金融负债分别为 1 亿元和 9 000 万元，两者形成的净头寸为 1 000 万元。

对此，该商业银行可以仅将金融资产总额中的 1 000 万元指定为被套期项目。进而言之，如果相关的资产和负债是固定利率项目，对应的套期关系是公允价值套期；如果是浮动利率项目，则对应的套期关系是现金流量套期。

3. 境外经营净投资套期

境外经营净投资套期是指对境外经营净投资外汇风险敞口进行的套期。境外经营净投资是指企业在境外经营净资产中的权益份额。

对确定承诺的外汇风险进行的套期，企业可以将其作为公允价值套期或现金流量套期处理。

二、套期工具

（一）套期工具的定义与范围

套期会计准则规定了套期工具的定义与范围，套期工具是指企业为进行套期而指定的、其公允价值或现金流量变动预期可抵销被套期项目的公允价值或现金流量变动的金融工具，包括以下几类。

（1）以公允价值计量且其变动计入当期损益的衍生工具，但签出期权除外。企业签出期权收到的仅是期权费，但承担的潜在损失却远高于潜在收益（期权费），签出期权导致企业面临的风险更大，而套期工具的作用是抵消被套期项目的风险，因此签出期权起不到套期作用，所以通常情况下不能将其作为套期工具，企业只有在对购入期权（包括嵌入在混合合同中的购入期权）进行套期时，签出期权才可以作为套期工具。嵌入在混合合同中但未分拆的衍生工具不能作为单独的套期工具，原因在于嵌入在混合合同中但未分拆的衍生工具因其未分拆，没有单独计量，因此，不能作为单独的套期工具。

（2）以公允价值计量且其变动计入当期损益的非衍生金融资产或非衍生金融负债，但指定为以公允价值计量且其变动计入当期损益，其自身信用风险变动引起的公允价值变动计入其他综合收益的金融负债除外，原因在于其没有将整体公允价值变动计入损益（符合条件的套期工具要求公允价值变动全部计入损益当中）。

企业自身权益工具不属于企业的金融资产或金融负债，不能作为套期工具。

例 24-03 甲公司持有1年期的票据，其收益率与黄金价格指数挂钩。甲公司将该票据分类为以公允价值计量且其变动入当期损益的金融资产。同时，甲公司签订了一项1年后以固定价格购买黄金的合同（尚未确认承诺），以满足生产需要。

分析：本例中，该票据作为以公允价值计量且其变动入当期损益的非衍生金融资产，可以被指定为套期工具对尚未确认的承诺价格风险引起公允价值变动风险敞口进行套期。

（二）指定套期工具

（1）套期会计准则规定，在确立套期关系时，企业应当将符合条件的金融工具整体指定为套期工具，但下列情形除外。

①对于期权，企业可以将期权的内在价值和时间价值分开，只将期权的内在价值变动指定为套期工具。期权的价值包括内在价值（立即执行期权时现货价格与行权价格之差所带来的收益）和时间价值（期权的价格与内在价值之差）。随着期权临近到期，期权的时间价值不断减少直至为零。当企业仅指定期权的内在价值变动为套期工具时，与期权的时间价值相关的公允价值变动被排除在套期有效性评估之外，从而能够提高套期的有效性。

②对于远期合同，企业可以将远期合同的远期要素和即期要素分开，只将即期要素的价值变动指定为套期工具。远期合同的即期要素反映了基础项目远期价格与现货价格的差异，而远期要素的特征取决于不同的基础项目。当企业仅指定远期合同的即期要素的价值变动为套期工具时，能够提高套期的有效性。

③对于金融工具，企业可以将金融工具的外汇基差单独分拆，只将排除外汇基差后的金融工具指定为套期工具。外汇基差反映了货币主权信用差异和市场供求等因素所带来的成本。将外汇基差分拆，只将排除外汇基差之后的金融工具指定为套期工具，能够提高套期的有效性。

④企业可以将套期工具的一定比例指定为套期工具，但不可以将套期工具剩余期限内某一时段的公允价值变动部分指定为套期工具。

例 24-04 某公司拥有一项支付固定利息、收取浮动利息的互换合同，打算将其用于对所发行的浮动利率债券进行套期。该互换合同的剩余期限为10年，而债券的剩余期限为5年。在这种情况下，A公司不能在互换合同剩余期限中的某5年将互换指定为套期工具。

（2）企业可以将两项或两项以上金融工具（或其一定比例）的组合指定为套期工具（包括组合内的金融工具形成风险头寸相互抵销的情形）。

对于一项由签出期权和购入期权组成的期权（如利率上下限期权），或对于两项或两项以上金融工具（或其一定比例）的组合，其在指定日实质上相当于一项净签出期权的，不能将其指定为套期工具。只有在对购入期权（包括嵌入在混合合同中的购入期权）进行套期时，净签出期权才可以作为套期工具。

（3）对于外汇风险套期，企业可以将非衍生金融资产（选择以公允价值计量且其变动计入其他综合收益的非交易性权益工具投资除外）或非衍生金融负债的外汇风险成分指定为套期工具。

例 24-05 甲公司的记账本位币为人民币，发行了5 000万美元、年利率5%的固定利率债券，每半年支付一次利息，2年后到期。甲公司将该债券分类为以摊余成本计量的金融负债。甲公司同时签订了2年后到期的、5 000万美元的固定价格销售承诺（尚未确认的确定承诺）。

分析：本例中，甲公司可以将摊余成本计量的美元负债的外汇风险成分作为套期工具，对固定价格销售承诺的外汇风险引起公允值变动或者现金流量变动风险敞口进行套期。

三、被套期项目

（一）被套期项目的定义

套期会计准则将被套期项目定义为：使企业面临公允价值或现金流量变动风险，且被指定为被套期对象的、能够可靠计量的项目。

企业可以将下列单个项目、项目组合或其组成部分指定为被套期项目。

（1）已确认资产或负债。

（2）尚未确认的确定承诺。确定承诺是指在未来某特定日期或期间，以约定价格交换特定数量资源、具有法律约束力的协议。

例 24-06　A 公司为我国境内机器生产企业，采用人民币作为记账本位币。A 公司与境外某公司签订了一项设备购买合同，约定 6 个月后按固定的外币价格购入设备，即 A 公司与境外公司达成了一项确定承诺。同时，A 公司签订了一份外币远期合同，以对该项确定承诺产生的外汇风险进行套期。

分析：在本例中，该确定承诺可以被指定为被套期项目，外币远期合同可以被指定为公允价值套期或现金流量套期中的套期工具。

（3）极可能发生的预期交易。预期交易是指尚未承诺但预期会发生的交易。评估预期交易发生的可能性不能仅依靠企业管理人员的意图，而应当基于可观察的事实和相关因素。在评估预期交易发生的可能性时，企业应当考虑以下因素：

①类似交易之前发生的频率；

②企业在财务和经营上人事此项交易能力；

③企业有充分的资源（例如，在短期内仅能用于生产某一类型商品的设备）能够完成此项交易；

④交易不发生时可能对经营带来的损失和破坏程度；

⑤为达到相同的业务目标，企业可能会使用在实质上不同的交易的可能性（例如，计划筹集资金的企业可以通过获取银行贷款或者发行股票等方式筹集资金）；

⑥企业的业务计划。

此外，企业还应当考虑预期交易发生时点距离当前的时间跨度和预期交易的数量或价值占企业相同性质交易的数量或价值的比例。在其他因素相同的情况下，预期交易发生的时间越远或预期交易的数量或价值占企业相同性质交易的数量或价值的比例越高，预期交易发生的可能性就越小，就越需要有更强有力的证据来支持"极可能发生"的判断。例如，企业预计将在 3 年后发生的交易比预计将 3 个月后发生的交易的可能性小，判断前者"极可能发生"时需要更多的证据支持；企业预计将在 1 个月内销售 1 000 件商品（假设在过去 3 个月平均每月的销售量为 1 000 件）比预计将在 1 个月内销售 200 件商品的可能性小，判断前者"极可能发生"时需要更多的证据支持。

例 24-07　预期交易：2×21 年 5 月 1 日，A 公司预期 2 个月后将购买 200 吨铜，用于 2×21 年 7 月的生产。

确定承诺：2×21 年 5 月 1 日，A 公司签订了一份法律上具有约束力的采购协议，约定于 2×21 年 6 月 30 日向 B 公司以每吨 6 000 美元的价格购买铜 200 吨。即签订了法律上具有约束力的采购协议为确定承诺，而尚未承诺但预期会发生的交易为预期交易。

（4）境外经营净投资。套期会计准则规定，境外经营净投资可以被指定为被套期项目。境外经营净投资，是指企业在境外经营净资产中的权益份额。企业既无计划也无可能在可预见的未来会计期间结算的长期外币货币性应收项目（含贷款），应当视同实质构成境外经营净投资的组成部分。在销售商品或提供劳务等形成的期限短的应收账款不构成境外经营净投资。

境外经营可以是企业在境外的子公司、合营安排、联营安排、联营安排或分支机构。在境内的子公司、合营安排、联营企业或分支机构，采用不同于企业记账本位币的，也视同境外经营。

例 24-08　甲公司的记账本位币为人民币，2×21 年 1 月 1 日，甲公司以 1 亿美元从非关联方处购买了境外乙公司的全部普通股份，取得控制权。在购买日，乙公司的可辨认净资产允价值为 7 000 万美元。甲公司合并财务报表中确认相应商誉 3 000 万美元。同时，在购买日，甲公司向乙提供长期借款 2 000 万美元。甲公司将其作为长期应收款处理，但既无计划也无可能在预见的未来会计期间收回这笔长应款。

分析：在购买日，如果甲公司计划对乙的境外经营净投资进行套期，则能够被指定为被套期项目的境外经营净投资最大金额为 1.2 亿美元，包括所购境外经营的可辨认净资产 7 000 万美元，构成境外经营净投资一部分的商誉 3 000 万美元，以及甲公司对乙的长期应收款 2 000 万美元。

（5）项目组成部分。企业可以将已确认资产或负债、尚未确认的确定承诺、极可能发生的预期交易以及境外经营净投资等单个项目整体或者项目组合指定为被套期项目，企业也可以将上述单个项目或者项目组合的一部分（项目组成部分）指定为被套期项目。项目组成部分是指小于项目整体公允价值或现金流量变动的部分，企业只能将下列项目组成部分或其组合指定为被套期项目。

①项目整体公允价值或现金流量变动中仅由某一个或多个特定风险引起的公允价值或现金流量变动部分（风险成分）。

在风险管理实务中，企业经常不是为了对被套期项目整体公允价值或现金流量变动进行套期，而仅为了对特定风险成分进行套期。套期会计准则允许对风险成分进行指定使企业能够更灵活地识别被套期风险。按照套期会计准则的规定，在将风险成分指定为被套期项目时，该风险成分应当能够单独识别并可靠计量。

在识别可被指定为被套期项目的风险成分时，企业应当基于该等风险及相关套期活动所发生的特定市场环境进行评估，并考虑因风险和市场而异的相关事实和情况。同时，企业应当考虑该风险成分是合同明确的风险成分，还是非合同明确的风险成分。非合同明确的风险成分可能是由于项目本身不构成合同，例如，极可能发生的预期交易；或者可能是合同中未明确该成分，例如，确定承诺中仅包含一项单一价格，并未列明基于不同基础变量的定价公式。

例 24-09 A 公司与 B 公司订立了一项以合同指定公式进行定价的长期天然气供应合同，该公式主要参考商品价格（例如柴油、燃油等）和其他因素（例如运输费等）对长期天然气进行定价。为了管理长期天然气供应合同涉及的长期天然气价格风险，A 公司利用柴油远期合同对该供应合同定价中的柴油组成部分进行套期，柴油组成部分的价格风险敞口属于合同明确的风险成分。

分析：根据长期天然气供应合同定价公式，柴油组成部分的价格风险敞口能够单独识别；由于市场上存在可交易的柴油远期合同，柴油组成部分的价格风险敞口能够可靠计量。因此，A 公司的长期天然气供应合同定价中的柴油组成部分的价格风险敞口（风险成分）可以作为符合条件的被套期项目。

例 24-10 甲公司为一家航空公司，为了管理其所消耗的燃油价格风险，对未来拟购买的部分航空燃油进行套期。

甲公司基于进行套期的时间跨度（时间跨度会影响衍生工具的市场流动性），使用了不同类型的套期工具对未来拟购买航空燃油价格变动风险敞口进行套期。其中，对于较长的时间跨度（12 个月至 24 个月），甲公司使用原油期货合同进行套期，因为只有此类原油货合同才具充分的市场流动性；对于 6 个月至 12 个月的时间跨度，甲公司使用具有充分流动性柴油期货合同进行套；对于 6 个月以下的时间跨度，甲公司则使用航空燃油期货合同进行套期。

分析：本例中，尽管甲公司没有任何合同安排对航空燃油的原油和柴油成分作出明确规定，但甲公司仍可得出结论认为，其购买航空燃油的价格风险包括原油价格风险成分和柴油价格风险成分，这两项风险成分属于非合同明确的格风险成分，并且这两项风险成分能够单独识别可靠计量。因此，甲公司可以将这两项风险成分指定为被套期项目。

例 24-11 甲公司持有一项固定利率债务工具，该债务工具与基准（例如 SHIBOR）相比较确定其价差，进而确定其票面利率，因此该债券工具的价格直接随着基准利率的变动而变化。

分析：本例中，甲公司所持有的固定利率债务工具中基准利率的利率风险引起的公允价值变动部分是能够单独识别和可靠计量的风险成分。因此，甲公司可将该风险成分指定为被期项目。

在企业风险管理活动中，有时企业只对被套期项目的单边风险进行套期，即对被套期项目公允价值或现金流量变动中仅高于或仅低于特定价格或其他变量的部分进行套期。按照套期会计准则的规定，该套期的部分风险也可被视为风险成分，可以被指定为被套期项目。例如，某企业预期将购买一批商品，为了管理该批商品未来价格上涨风险，企业可以将因该批商品未来价格上涨而导致的未来现金流量变动风险指定为被套期项目。在这种情况下，企业仅对商品高于特定价格所导致的现金流量损失部分进行指定。企业在风险管理活动中，通常会使用期权作为套期工具进行单边风险的套期。一项购入期权的内在价值，而非时间价值，反映的就是被套期项目的单边风险。

通货膨胀风险一般无法单独识别和可靠计量，因此不能被指定为金融工具的风险成分，除非该通货膨胀风险是合同明确的。但是，在个别情况下，由于通货膨胀环境和相关债务市场的特定因素，企业有可能可以把能够单独识别和可靠计量的通货膨胀风险指定为金融工具的风险成分。例如，企业在某市场环境中发行债券，通货膨胀挂钩债券的交易量和完整的利率期限结构使得该债券市场是一个具有充分流动性的市场，从而能够构造一个零息债券真实利率期限结构。这意味着对相应的货币而言，通货膨胀是市场予以单独考虑的一项相关因素。在这种情况下，可通过使用零息债券真实利率期限结构将被套期债务工具的现金流量进行折现，来确定通货膨胀风险成分（即类似于无风险利率组成部分的确定方式）。反之，在大多数情况下，通货膨胀风险成分无法单独识别和可靠计量。例如，企业发行仅具有名义利率的债券，而在发行该债券的市场中，通货膨胀挂钩债券的流动性不足以构造零息债券真实利率期限结构。在这种情况下，对市场结构以及相关事实和情况的分析将无法得出通货膨胀是市场予以单独考虑的因素的结论，因此，通货膨胀风险成分不符合指定为被套期项目的条件。在实务中，无论企业实际上使用何种通货膨胀套期工具，上述结论均适用。需要强调的是，已确认的通货膨胀挂钩债券的现金流量中属于合同列明的通货膨胀风险成分（假定不要求对嵌入衍生工具进行单独会计处理）的，该通货膨胀风险能够单独识别和可靠计量，但前提是该工具的其他现金流量不会受到通货膨胀风险成分的影响。

②一项或多项选定的合同现金流量。在企业风险管理活动中，企业有时会对一项或多项选定的合同现金流量进行套期，例如，企业有一笔期限为 10 年、年利率 8%、按年付息的长期银行借款，企业出于风险管理需要，对该笔借款所产生的前 5 年应支付利息进行套期。按照规定，一项或多项选定的合同现金流量可以指定为被套期项目。需要注意的是，套期工具是不可以将剩余期限内某一时段的公允价值变动部分指定为套期工具的，被套期项目可以选合同现金流期间，套期工具最多只能选一定比例，不能选某一时段。

③项目名义金额的组成部分，即项目整体金额或数量的特定部分，其可以是项目整体的一定比例部分，也可以是项目整体的某一层级部分。不同的组成部分类型产生不同的会计处理结果。因此，企业在指定名义金额组成部分应当与其风险管理目标保持一致。

项目名义金额的组成部分包括项目整体的一定比例部分（如一项贷款的合同现金流量的 50% 部分）和项目整体的某一层级部分。其中，项目某一层级部分可以从已设定但开放式的总体中指定一个层级，也可以从已设定的名义金额中指定一个层级。例如，下列各项均属于项目某一层级部分：

（a）货币性交易的一部分。例如，甲公司 2×20 年 1 月实现首笔 20 万美元的出口销售之后，下一笔金额为 20 万美元的出口销售所产生的现金流量，可以作为指定的被套期项目。

（b）实物数量的一部分。例如，甲公司储藏在某地的 500 万立方米的底层天然气，可以作为指定的被套期项目。

（c）实物或其他交易量的一部分。例如，甲炼化公司 2×20 年 6 月购入的前 1 000 桶石油，乙发电企业 2×20 年 6 月售出的前 100 兆瓦小时的电力等，均可以作为指定的被套期项目。

（d）被套期项目的名义金额的某一层。例如，金额 1 亿元的确定承诺的最后 8 000 万元部分；金额为1亿元的固定利率债券的底层2 000万元部分；可按公允价值提前偿付的总金额为1亿元（设定的名义金额为1亿元）的固定利率债务的顶层3 000万元部分。

如果某一层级部分在公允价值套期中被指定为被套期项目，则企业应从设定的名义金额中对其进行指定。企业应根据公允价值变动重新计量被套期项目（即根据归属于被套期风险的公允价值变动重新计量相关项目），以满足公允价值套期的要求。公允价值套期调整必须在损益中确认，且确认时间不得迟于该项目终止确认的时点。因此，企业应当对所设定的名义金额进行跟踪。例如，必须对上述设定的总名义金额1亿元的固定利率债券进行跟踪，以跟踪底层的2 000万元或顶层的3 000万元部分。

若某一层级部分包含提前还款权，且该提前还款权的公允价值受被套期风险变化影响的，企业不得将该层级指定为公允价值套期的被套期项目，但企业在计量被套期项目的公允价值时已包含该提前还款权影响的情况除外。

例24-12 甲公司向乙银行申请了一笔本金为100万元人民币、期限为5年的贷款，该贷款允许债务人于每年年末最多偿还本金10万元，即贷款本金中的40万元可以提前偿还（分别在贷款第1年至第4年年末偿还），而贷款本金中的60万元则不可提前偿还且具有5年的固定期限。由于该60万元属于固定期限债务、不可提前偿还，且其公允价值不包含提前还款选择权的影响（即该层组成部分不包含提前还款选择权），因此，甲公司可将此项金额的某一层组成部分指定为被套期项目。但是，与可提前还款的40万元相关的公允价值变动则包含提前还款选择权（其公允价值受利率变动风险的影响），因此，40万元的该层组成部分无法成为符合条件的项目组成部分，不能作为被套期项目，除非甲公司在确定被套期项目的公允价值变动时已包含相关提前还款选择权的影响。

（二）被套期项目的指定

（1）企业可以将符合被套期项目条件的风险敞口与衍生工具组合形成的汇总风险敞口指定为被套期项目。在指定此类被套期项目时，企业应当评估该汇总风险敞口是否由风险敞口与衍生工具相结合，从而产生了不同于该风险敞口的另一个风险敞口，并将其作为针对某项（或几项）特定风险的一个风险敞口进行管理。在这种情况下，企业可基于该汇总风险敞口指定被套期项目。

例24-13 甲企业利用合同期限为15个月的咖啡期货合同对在未来15个月后极可能发生的确定量的咖啡采购进行套期，以防范美元的价格风险。出于风险管理目的，该极可能发生的咖啡采购和咖啡期货合同相结合可被视为一项15个月的固定金额的美元外汇风险敞口（即如同在未来15个月后发生的固定金额的美元现金流出）。

例24-14 甲公司的记账本位币为人民币，有一笔10年期的固定利率美元债务，甲公司拟对该笔美元债务在整个债务期间的外汇风险进行套期。同时，甲公司的利率风险管理策略是仅需要锁定其人民币的中短期（例如，2年）利率风险敞口，剩余期间其人民币的风险敞口为浮动利率。即甲公司在每2年年末（即每2年滚动一次）锁定未来2年的利率风险敞口。甲公司签订了一项10年期的固定利率换取浮动利率的交叉货币利率互换合同，将固定利率的美元债务转换为浮动利率的人民币债务。

分析：本例中，甲公司出于利率风险管理目的，可以将其固定利率美元债务和10年期的固定利率换取浮动利率的交叉货币利率互换合同相结合作为一项基于人民币的10年期浮动利率汇总风险敞口。同时，甲公司可以签订一项基于人民币的2年期利率互换合同，将未来2年的浮动利率债务转换为固定利率债务，对此汇总风险敞口进行套期。

企业基于汇总风险敞口指定被套期项目时，应当在评估套期有效性和计量套期无效部分时考虑构成该汇总风险敞口的所有项目的综合影响。但是，构成该汇总风险敞口的项目仍须单独进行会计处理，具体要求如下：

①作为汇总风险敞口组成部分的衍生工具应当单独确认为以公允价值计量的资产或负债；

②如果在构成汇总风险敞口的各项目之间指定套期关系，则衍生工具作为汇总风险敞口组成部分的

方式应当与该衍生工具在此汇总风险敞口层面上被指定为套期工具的方式保持一致。例如，对于构成汇总风险敞口的各项目之间的套期关系，如果企业在指定套期工具时将衍生工具的远期要素排除在外，则企业在将该衍生工具作为汇总风险敞口的组成部分指定为被套期项目时也应当将远期要素予以排除。

（2）当企业出于风险管理目的对一组项目进行组合管理，且组合中的每一个项目（包括其组成部分）单独都属于符合条件的被套期项目时，可以将该项目组合指定为被套期项目。一组风险相互抵销的项目形成风险净敞口，一组风险不存在相互抵销的项目形成风险总敞口。只有当企业出于风险管理目的以净额为基础进行套期时，风险净敞口才符合运用套期会计的条件。判断企业是否以净额为基础进行套期应当基于事实，而不仅仅是声明或文件记录。因此，如果仅仅为了达到特定的会计结果却无法反映企业的风险管理策略和风险管理目标，企业不得运用以净额为基础的套期会计。净敞口套期必须是既定风险管理策略的组成部分，通常应当获得企业关键管理人员的批准。

当企业将形成风险净敞口的一组项目指定为被套期项目时，应当将构成该净敞口的所有项目的项目组合整体指定为被套期项目，不应当将不明确的净敞口抽象金额指定为被套期项目。例如，某公司拥有一组在 9 个月后履约的金额为 100 万美元的确定销售承诺，以及一组在 18 个月后履约的金额为 120 万美元的确定购买承诺。在这种情况下，该公司不能将一个最大金额为 20 万美元的抽象金额的净头寸进行指定，而必须对形成该被套期净头寸的购买总额和销售总额进行指定。

风险净敞口并非在任何情况下都符合运用套期会计的条件。在现金流量套期中，企业对一组项目的风险净敞口（存在风险头寸相互抵销的项目）进行套期时，仅可以将外汇风险净敞口指定为被套期项目，并且应当在套期指定中明确预期交易预计影响损益的报告期间，以及预期交易的性质和数量。

企业根据其风险管理目标，可以将一组项目的一定比例或某一层级指定为被套期项目。当企业将一组项目的某一层级部分指定为被套期项目时，应当同时满足以下条件：

①该层级能够单独识别并可靠计量。

②企业的风险管理目标是对该层级进行套期。

③该层级所在的整体项目组合中的所有项目均面临相同的被套期风险。

④对于已经存在的项目（如已确认资产或负债、尚未确认的确定承诺）进行的套期，被套期层级所在的整体项目组合可识别并可追踪。

⑤该层级包含提前还款权的，应当符合套期会计准则第九条项目名义金额的组成部分中的相关要求。

例 24-15　甲公司拥有一个在同一个月发行的固定利率、分期还款的人民币贷款投资组合，但不可提前还款。该投资组合中的各项贷款遵循相同的分期还款时间表，且甲公司能够识别每一项贷款的合同现金流量的发生时间。该投资组合中所有贷款的名义金额之和为 10 亿元，甲公司的风险管理目标是对相当于该组贷款总额中底层名义金额 2.5 亿元部分的利率风险进行套期。为此，甲公司可以从该组贷款中识别出指定为被套期项目的 2.5 亿元底层贷款部分。

（3）企业将一组项目名义金额的组成部分指定为被套期项目时，应当分别满足下列条件：

①企业将一组项目的一定比例指定为被套期项目时，该指定应当与该企业的风险管理目标相一致。

②企业将一组项目的某一层级部分指定为被套期项目时，应当同时满足下列条件：该层级能够单独识别并可靠计量；企业的风险管理目标是对该层级进行套期；该层级所在的整体项目组合中的所有项目均面临相同的被套期风险；对于已经存在的项目（如已确认资产或负债、尚未确认的确定承诺）进行的套期，被套期层级所在的整体项目组合可识别并可追踪；该层级包含提前还款权的，应当符合套期会计准则第九条项目名义金额的组成部分中的相关要求。

套期会计准则所称风险管理目标，是指企业在某一特定套期关系层面上，确定如何指定套期工具和被套期项目，以及如何运用指定的套期工具对指定为被套期项目的特定风险敞口进行套期。

（4）如果被套期项目是净敞口为零的项目组合（即各项目之间的风险完全相互抵销），则同时满足下列条件时，企业可以将该组项目指定在不含套期工具的套期关系中。

①该套期是风险净敞口滚动套期策略的一部分，在该策略下，企业定期对同类型的新的净敞口进行套期。

②在风险净敞口滚动套期策略整个过程中，被套期净敞口的规模会发生变化，当其不为零时，企业使用符合条件的套期工具对净敞口进行套期，并通常采用套期会计方法。

③如果企业不对净敞口为零的项目组合运用套期会计，将导致不一致的会计结果，因为不运用套期会计方法将不会确认在净敞口套期下确认的相互抵销的风险敞口。

（5）企业确定被套期项目时，应当注意以下几点：

①作为被套期项目，应当会使企业面临公允价值或现金流量变动风险（即被套期风险），在本期或未来期间会影响企业的损益或其他综合收益。与之相关的被套期风险，通常包括外汇风险、利率风险、商品价格风险、股票价格风险等。企业的一般经营风险（如固定资产毁损风险等）不能作为被套期风险（这些风险不能具体识别和单独计量）。同样地，企业合并交易中，与购买另一个企业的确定承诺相关的风险（不包括外汇风险）也不能作为被套期风险。

②采用权益法核算的股权投资不能在公允价值套期中作为被套期项目（因为在权益法下，投资方只是将其在联营企业或合营企业中的损益份额确认为当期损益，而不确认投资的公允价值变动）。与之相类似，对纳入合并财务报表范围的子公司投资也不能作为被套期项目，但对境外经营净投资可以作为被套期项目（因为相关的套期指定针对的是外汇风险，而不是境外经营净投资的公允价值变动风险）。

四、套期关系评估与套期会计

套期会计准则规定，公允价值套期、现金流量套期或境外经营净投资套期同时满足下列条件的，才能运用该准则规定的套期会计方法进行处理。

（1）套期关系仅由符合条件的套期工具和被套期项目组成。

（2）在套期开始时，企业正式指定了套期工具和被套期项目，并准备了关于套期关系和企业从事套期的风险管理策略和风险管理目标的书面文件。该文件至少载明了套期工具、被套期项目、被套期风险的性质以及套期有效性评估方法（包括套期无效部分产生的原因分析以及套期比率确定方法）等内容。

（3）套期关系符合套期有效性要求。

需要注意的是，其中的风险管理策略由企业风险管理最高决策机构制定，一般在企业有关纲领性文件中阐述，并通过含有具体指引的政策性文件在企业范围内贯彻落实。风险管理策略通常应当识别企业面临的各类风险并明确企业如何应对这些风险，风险管理策略一般适用于较长时期的风险管理活动，并且包含一定的灵活性以适应策略实施期间内环境的变化（例如，不同利率或商品价格水平导致不同程度的套期）。而其中的风险管理目标是指企业在某一特定套期关系层面上，确定如何指定套期工具和被套期项目，以及如何运用指定的套期工具对指定为被套期项目的特定风险敞口进行套期。因此，风险管理策略可以涵盖许多不同的套期关系，而这些套期关系的风险管理目标旨在落实整体的风险管理策略。

（一）套期有效性的定义与要求

套期会计准则将套期有效性定义为：套期工具的公允价值或现金流量变动能够抵销被套期风险引起的被套期项目公允价值或现金流量变动的程度。套期工具的公允价值或现金流量变动大于或小于被套期项目的公允价值或现金流量变动的部分为套期无效部分。

套期同时满足下列条件的，企业应当认定套期关系符合套期有效性要求。

（1）被套期项目和套期工具之间存在经济关系。该经济关系使得套期工具和被套期项目的价值因面临相同的被套期风险而发生方向相反的变动。

如果被套期项目和套期工具之间存在经济关系，则套期工具的价值与被套期项目的价值预期将产生系统性变动，以反映同一基础变量或一组因采用类似的方式来应对被套期风险而存在经济关系的基础变量（例如布伦特原油和西德克萨斯中质原油等）产生的变动。

如果基础变量不同但在经济上相关，则有可能发生套期工具的价值和被套期项目的价值呈同向变动的情况，例如，两个相关的基础变量之间的价差产生了变动，而这两个基础变量本身却未发生显著变动。即便如此，当基础变量发生变动的同时，套期工具的价值与被套期项目的价值预期在通常情况下仍将沿着相反方向变动的，套期工具与被套期项目之间仍然存在经济关系。

当对净头寸进行套期时，企业应当考虑净头寸中各项目的价值变动以及套期工具的公允价值变动。例如，甲公司为境内企业，记账本位币为人民币，拥有一组在 9 个月后履约的金额为 100 万美元的确定销售承诺，以及一组在 18 个月后履约的金额为 120 万美元的确定购买承诺。甲公司可利用未来购入金额为 20 万美元的外汇远期合同对其未来需支付 20 万美元的净头寸的外汇风险进行套期。在确定该套期关系是否符合套期有效性的要求时，企业应当考虑下列两者之间的关系：①外汇远期合同的公允价值变动及确定销售承诺与外汇风险相关的价值变动；②确定购买承诺与外汇风险相关的价值变动。

与此类似，如果在上述例子中企业持有一个净头寸为零的组合，则企业在确定该套期关系是否符合套期有效性的要求时，应当考虑确定销售承诺与外汇风险相关的价值变动和确定购买承诺与外汇风险相关的价值变动之间的关系。

（2）被套期项目和套期工具经济关系产生的价值变动中，信用风险的影响不占主导地位。

由于套期会计方法建立在套期工具和被套期项目所产生的利得和损失能够相互抵销这一基本概念之上，因此套期有效性不仅取决于套期工具和被套期项目之间的经济关系，还取决于信用风险对套期工具和被套期项目价值的影响。信用风险的影响意味着，即使套期工具与被套期项目之间存在经济关系，两者之间相互抵销的程度仍可能变得不规律。这可能是由于套期工具或被套期项目的信用风险的变化所致，而且此类信用风险的变化可能会达到一定程度，使信用风险将主导价值变动。例如，企业使用无担保的衍生工具对商品价格风险敞口进行套期。如果该衍生工具交易对手方的信用状况严重恶化，则与商品价格的变动相比，该交易对手方信用状况的变化对套期工具公允价值所产生的影响可能更大，而被套期项目的价值变动则主要取决于商品价格的变动。

如果由信用风险引起的损失或利得将干扰基础变量的变动对套期工具或被套期项目价值的影响，则信用风险的变化程度导致了信用风险在价值变动中起主导作用。反之，如果基础变量在特定期间内发生很小的变动，即使与信用风险相关的很小的价值变动可能会超过基础变量变动所引起的价值变动，信用风险的变化也未必形成主导作用。

（3）套期关系的套期比率，应当等于企业实际套期的被套期项目数量与对其进行套期的套期工具实际数量之比。

被套期项目和套期工具的数量可根据其性质采用多种方式进行计量。作为一般原则，套期关系的套期比率应当与从风险管理角度而设定的套期比率相同。在某些情况下，套期比率可能为 1 ： 1，因为被套期项目的关键条款将与套期工具的关键条款相匹配。然而在实务中的很多情况下，由于多种原因，实际套期比率可能并非 1 ： 1。如果企业对某一项目不足 100% 的风险敞口（例如，85%）进行套期，则其用来指定套期关系的套期比率应当与上述 85% 的风险敞口以及企业用于对上述 85% 的风险敞口进行套期的套期工具实际数量所形成的套期比率相一致。与此类似，如果企业使用名义金额为 40 个单位的金融工具对某个风险敞口进行套期，则其用来指定套期关系的套期比率应当与上述 40 个单位（即企业不能使用其所持有的总数中更多的数量单位或更少的数量单位来确定套期比率），以及实际被套期项目的数量所形成的套期比率相一致。

套期比率不应当反映被套期项目和套期工具相对权重的失衡，这种失衡会导致套期无效，并可能产生与套期会计目标不一致的会计结果。因此，在指定套期关系时，企业必须调整由其实际使用的被套期项目数量和套期工具数量形成的套期比率，以避免这种失衡。

如果被套期项目和套期工具的特定权重将导致套期无效部分，企业应当确定该套期无效部分是否具有商业理由。例如，企业使用标准咖啡期货合同对 100 吨咖啡采购进行套期，每份期货合同的标准数量为 37 500 镑（1 磅＝ 0.453 6 千克）。企业只能使用 5 份或 6 份合同（分别相当于 85.0 吨和 102.1 吨）对 100 吨的咖啡采购进行套期。在这种情况下，企业应当采用由其实际使用的咖啡期货合同数量形成的套期比率来指定套期关系，因为由被套期项目和套期工具的权重不匹配导致的套期无效部分不会产生与套期会计目标不一致的会计结果。

企业不得为避免确认现金流量套期的无效部分而改变现金流量套期比率，也不得为创造更多的被套期项目公允价值调整而改变公允价值套期比率。这种会计结果不符合套期会计的目标。

（二）套期有效性的评估与再平衡

（1）套期会计准则规定，企业应当在套期开始日及以后期间持续地对套期关系是否符合套期有效性要求进行评估，尤其应当分析在套期剩余期限内预期将影响套期关系的套期无效部分产生的原因。企业至少应当在资产负债表日及相关情形发生重大变化将影响套期有效性要求时对套期关系进行评估。

（2）套期关系由于套期比率的原因而不再符合套期有效性要求，但指定该套期关系的风险管理目标没有改变的，企业应当进行套期关系再平衡。

套期会计准则将套期关系再平衡定义为：对已经存在的套期关系中被套期项目或套期工具的数量进行调整，以使套期比率重新符合套期有效性要求。基于其他目的对被套期项目或套期工具所指定的数量进行变动，不构成该准则所称的套期关系再平衡。

企业在套期关系再平衡时，应当首先确认套期关系调整前的套期无效部分，并更新在套期剩余期限内预期将影响套期关系的套期无效部分产生原因的分析，同时相应更新套期关系的书面文件。

（三）套期会计

1. 套期会计的定义与应用范围

套期会计准则将套期会计方法定义为：企业将套期工具和被套期项目产生的利得或损失在相同会计期间计入当期损益（或其他综合收益）以反映风险管理活动影响的方法。

运用套期会计的目的是减少错配、对冲风险，减少企业损益的波动。

运用套期会计时，在合并财务报表层面，只有与企业集团之外的对手方之间交易形成的资产、负债、尚未确认的确定承诺或极可能发生的预期交易才能被指定为被套期项目；在合并财务报表层面，只有与企业集团之外的对手方签订的合同才能被指定为套期工具。对于同一企业集团内的主体之间的交易，在企业个别财务报表层面可以运用套期会计，在企业集团合并财务报表层面不得运用套期会计，但下列情形除外。

（1）在合并财务报表层面，符合《企业会计准则第 33 号——合并财务报表》规定的投资性主体与其以公允价值计量且其变动计入当期损益的子公司之间的交易，可以运用套期会计。

（2）企业集团内部交易形成的货币性项目的汇兑收益或损失，不能在合并财务报表中全额抵销的，企业可以在合并财务报表层面将该货币性项目的外汇风险指定为被套期项目。

（3）企业集团内部极可能发生的预期交易，按照进行此项交易的主体的记账本位币以外的货币标价，且相关的外汇风险将影响合并损益的，企业可以在合并财务报表层面将该外汇风险指定为被套期项目。

2. 终止套期会计

套期会计准则规定，企业发生下列情形之一的，应当终止运用套期会计。

（1）因风险管理目标发生变化，导致套期关系不再满足风险管理目标。

（2）套期工具已到期、被出售、合同终止或已行使。

（3）被套期项目与套期工具之间不再存在经济关系，或者被套期项目和套期工具经济关系产生的价值变动中，信用风险的影响开始占主导地位。

（4）套期关系不再满足套期会计准则所规定的运用套期会计方法的其他条件。在适用套期关系再平衡的情况下，企业应当首先考虑套期关系再平衡，然后评估套期关系是否满足套期会计准则所规定的运用套期会计方法的条件。

终止套期会计可能会影响套期关系的整体或其中一部分，在仅影响其中一部分时，剩余未受影响的部分仍适用套期会计。

（四）终止套期关系

套期会计准则规定，套期关系同时满足下列条件的，企业不得撤销套期关系的指定并由此终止套期关系。

（1）套期关系仍然满足风险管理目标。

（2）套期关系仍然满足套期会计准则运用套期会计方法的其他条件。在适用套期关系再平衡的情况下，企业应当首先考虑套期关系再平衡，然后评估套期关系是否满足套期会计准则所规定的运用套期会计方法的条件。

企业发生下列情形之一的，不作为套期工具已到期或合同终止处理。

（1）套期工具展期或被另一项套期工具替换，而且该展期或替换是企业书面文件所载明的风险管理目标的组成部分。

（2）由于法律法规或其他相关规定的要求，套期工具的原交易对手方变更为一个或多个清算交易对手方（如清算机构或其他主体），以最终达成由同一中央交易对手方进行清算的目的。如果存在套期工具其他变更，则该变更应当仅限于达成此类替换交易对手方所必需的变更。

五、套期保值的确认与计量

（一）公允价值套期

根据套期会计准则，公允价值套期满足运用套期会计方法条件的，应当按照下列规定处理。

（1）套期工具产生的利得或损失应当计入当期损益。如果套期工具是对选择以公允价值计量且其变动计入其他综合收益的非交易性权益工具投资（或其组成部分）进行套期的，套期工具产生的利得或损失应当计入其他综合收益。

（2）被套期项目因被套期风险敞口形成的利得或损失应当计入当期损益，同时调整未以公允价值计量的已确认被套期项目的账面价值。被套期项目为按照金融工具确认和计量准则第十八条分类为以公允价值计量且其变动计入其他综合收益的金融资产（或其组成部分）的，其因被套期风险敞口形成的利得或损失应当计入当期损益，其账面价值已经按公允价值计量，不需要调整；被套期项目为企业选择以公允价值计量且其变动计入其他综合收益的非交易性权益工具投资（或其组成部分）的，其因被套期风险敞口形成的利得或损失应当计入其他综合收益，其账面价值已经按公允价值计量，不需要调整。

被套期项目为尚未确认的确定承诺（或其组成部分）的，其在套期关系指定后因被套期风险引起的公允价值累计变动额应当确认为一项资产或负债，相关的利得或损失应当计入各相关期间损益。当履行确定承诺而取得资产或承担负债时，应当调整该资产或负债的初始确认金额，包括已确认的被套期项目的公允价值累计变动额。

公允价值套期中，被套期项目为以摊余成本计量的金融工具（或其组成部分）的，企业对被套期项目账面价值所作的调整应当按照开始摊销日重新计算的实际利率进行摊销，并计入当期损益。该摊销可以自调整日开始，但不应当晚于对被套期项目终止进行套期利得和损失调整的时点。被套期项目为按照金融工具确认和计量准则第十八条分类为以公允价值计量且其变动计入其他综合收益的金融资产（或其组成部分）的，企业应当按照相同的方式对累计已确认的套期利得或损失进行摊销，并计入当期损益，但不调整金融资产（或其组成部分）的账面价值。

例 24-16 2×21 年 1 月 1 日，甲公司为规避所持有铜存货公允价值变动风险，与某金融机构签订一项铜期货合同，并将其指定为对 2×21 年前两个月铜存货的商品价格变化引起的公允价值变动风险的套期工具。铜期货合同的标的资产与被套期项目铜存货在数量、质次、价格变动和产地方面相同。本示例中假设套期工具与被套期项目因铜价变化引起的公允价值变动一致，且不考虑期货市场中每日无负债结算制度的影响。

2×21 年 1 月 1 日，铜期货合同的公允价值为零，被套期期项目（铜存货）的账面价值和成本均为 1 000 000 元，公允价值为 1 100 000 元。2×21 年 1 月 31 日，铜期货合同公允价值上涨了 25 000 元，铜存货的公允价值下降了 25 000 元。2×21 年 2 月 28 日，铜期货合同公允价值下降了 15 000 元，铜存货的公允价值上升了 15 000 元。当日，甲公司将铜存货以 1 090 000 元的价格出售，并将铜期货合同结算。

甲公司通过分析发现，铜存货与铜期货合同存在经济关系，且经济关系产生的价值变动中信用风险不占主导地位，套期比率也反映了套期的实际数量，符合套期有效性要求。

假定不考虑商品销售相关的增值税及其他因素，甲公司的账务处理如下。

（1）2×21 年 1 月 1 日：

借：被套期项目——库存商品铜　　1 000 000

　　贷：库存商品——铜　　1 000 000

（指定铜存货为被套期项目）

2×21 年 1 月 1 日，被指定为套期工具的铜期货合同的公允价值为零，因此无账务处理。

（2）2×21 年 1 月 31 日：

借：套期工具——铜期货合同　　25 000

　　贷：套期损益　　25 000

（确认套期工具公允价值变动）

借：套期损益　　25 000

　　贷：被套期项目——库存商品铜　　25 000

（确认被套期项目公允价值动）

（3）2×21 年 2 月 28 日：

借：套期损益　　15 000

　　贷：套期工具——铜期货合同　　15 000

（确认套期工具公允价值变动）

借：被套期项目——库存商品铜　　15 000

　　贷：套期损益　　15 000

（确认被套期项目公允价值变动）

借：应收账款或银行存款　　1 090 000

　　贷：主营业务收入　　1 090 000

（确认铜存货销售收入）

借：主营业务成本　　990 000

　　贷：被套期项目——库存商品铜　　990 000

（结转铜存货销售成本）

借：银行存款　　10 000

　　贷：套期工具——铜期货合同　　10 000

（结算铜期货合同）

注：由于甲公司采用套期进行风险管理，规避了铜存货公允价值变动风险，因此其铜存货公允价

值下降没有对预期毛利 100 000 元（1 100 000 － 1 000 000）产生不利影响。同时，甲公司运用公允价值套期会计将套期工具与被套期项目的公允价值变动计入相同会计期间的损益，消除了因企业风险管理活动可能导致的损益波动。

例 24-17 甲公司为境内商品生产企业，采用人民币作为记账本位币。2×21 年 3 月 3 日，甲公司与某境外公司签订了一项设备购买合同（确定承诺），设备价格为外币（本例下称 FC）3 000 000 元，交货日期及付款日为 2×21 年 4 月 30 日。

2×21 年 3 月 3 日，甲公司签订了一项购买 FC3 000 000 元的外汇远期合同。根据该远期合同，甲公司将于 2×21 年 4 月 30 日支付人民币 4 950 000 元购入 FC3 000 000 元。2×21 年 3 月 3 日，外汇远期合同的公允价值为 0。

甲公司将该外汇远期合同指定为对 FC/ 人民币汇率变动可能引起的外币计价的确定承诺公允价值变动风险进行套期的套期工具。

2×21 年 4 月 30 日，甲公司履行确定承诺并以净额结算该远期合同，2×21 年 4 月 30 日的即期汇率为 1FC ＝ 1.8 人民币元。

与该套期有关的远期汇率以及外汇远期合同的资料如表 24-01 所示。

表 24-01　远期汇率及远期合同

单位：人民币元

日期	2×21 年 4 月 30 日的远期汇率（FC/ 人民币）	本期外汇远期合同公允价值变动	本期末外汇远期合同公允价值
2×21 年 3 月 3 日	1.65	—	—
2×21 年 3 月 31 日	1.68	90 000	90 000
2×21 年 4 月 30 日	—	360 000	450 000

为简化核算，假定不考虑设备购买有关的税费因素、设备运输和安装费用等。同时，本例假设被套期项目与套期工具因 FC/ 人民币汇率变动引起的公允价值变动金额相同。

根据上述资料，甲公司应当进行如下账务处理（单位：人民币元）。

（1）2×21 年 3 月 3 日，因为远期合同和确定承诺当日公允价值均为 0，因此无须进行账务处理，但需编制指定文件。

（2）2×21 年 3 月 31 日，确认确定承诺因汇率变动引起的公允价值变动：

借：套期损益　　90 000

　　贷：被套期项目——确定承诺　　90 000

确认套期工具的公允价值变动：

借：套期工具——远期合同　　90 000

　　贷：套期损益　　90 000

（3）2×21 年 4 月 30 日，确认确定承诺因汇率变动引起的公允价值变动：

借：套期损益　　360 000

　　贷：被套期项目——确定承诺　　360 000

确认套期工具的公允价值变动：

借：套期工具——远期合同　　360 000

　　贷：套期损益　　360 000

结算远期合同：

借：银行存款　450 000
　　贷：套期工具——远期合同　450 000

履行确定承诺购入固定资产：

借：固定资产——设备　4 950 000
　　被套期项目——确定承诺　450 000
　　贷：银行存款　5 400 000

注：甲公司通过运用套期进行风险管理，使所购设备的成本锁定在确定承诺的购买价格 FC3 000 000 元按 1FC = 1.65 人民币元（套期开始日的远期合同汇率）进行折算确定的金额，即人民币 4 950 000 元。

例 24-18 2×19 年 1 月 1 日，甲公司以每股 50 元的价格购入乙公司股票 20 000 股（占乙公司有表决权股份的 3%），且选择将其指定为以公允价值计量且其变动计入其他综合收益的非交易性权益工具投资。为规避该股票价格下跌风险，甲公司于 2×19 年 12 月 31 日签订一份股票远期合同，约定将于 2×21 年 12 月 31 日以每股 65 元的价格出售其所持的乙公司股票 20 000 股，2×19 年 12 月 31 日该股票远期合同的公允价值为 0。

2×21 年 12 月 31 日，甲公司履行远期合同，出售乙公司股票。假设不考虑远期合同的远期要素。

甲公司购入的乙公司股票和股票远期合同的公允价值如表 24-02 所示。

表 24-02　乙公司股票及其远期合同公允价值

单位：人民币元

乙公司股票	2×19 年 12 月 31 日	2×20 年 12 月 31 日	2×21 年 12 月 31 日
每股价格	65	60	57
股票公允价值	1 300 000	1 200 000	1 140 000
远期合同公允价值	—	100 000	160 000

据此，甲公司进行的套期有效性分析及账务处理如下。

（1）套期有效性分析：

甲公司通过分析发现，乙公司股票与远期合同存在经济关系，且价值变动中信用风险不占主导地位，套期比率也反映了套期的实际数量，符合套期有效性要求。

（2）账务处理：

① 2×19 年 1 月 1 日，确认购入乙公司股票：

借：其他权益工具投资　1 000 000
　　贷：银行存款　1 000 000

② 2×19 年 12 月 31 日：

（a）确认乙公司股票的公允价值变动：

借：其他权益工具投资　300 000
　　贷：其他综合收益——公允价值变动　300 000

（b）将非交易性权益工具投资指定为被套期项目：

借：被套期项目——其他权益工具投资　1 300 000
　　贷：其他权益工具投资　1 300 000

（c）远期合同的公允价值为 0，无须进行会计处理。

③ 2×20 年 12 月 31 日：

（a）确认套期工具公允价值变动：

借：套期工具——远期合同　100 000
　　贷：其他综合收益——套期损益　100 000
（b）确认被套期项目公允价值变动：
借：其他综合收益——套期损益　100 000
　　贷：被套期项目——其他权益工具投资　100 000
④ 2×21 年 12 月 31 日：
（a）确认套期工具公允价值变动：
借：套期工具——远期合同　60 000
　　贷：其他综合收益——套期损益　60 000
（b）确认被套期项目公允价值变动：
借：其他综合收益——套期损益　60 000
　　贷：被套期项目——其他权益工具投资　60 000
（c）履行远期合同，出售乙公司股票：
借：银行存款　1 300 000
　　贷：被套期项目——其他权益工具投资　1 140 000
　　　　套期工具——远期合同　160 000
（d）将计入其他综合收益的公允价值变动转出，计入留存收益：
借：盈余公积——法定盈余公积　30 000
　　利润分配——未分配利润　270 000
　　贷：其他综合收益——公允价值变动　300 000

例 24-19　2×20 年 12 月 31 日，甲银行按面值购入 1 亿元国债，票面利率为 3.39%，每季度付息一次，到期日为 2×21 年 12 月 31 日。甲银行对该国债以摊余成本计量。2×20 年 12 月 31 日，甲银行与交易对手签订名义金额 1 亿元的 1 年期利率互换合约，起息日为 2×20 年 12 月 31 日。甲银行作为固定利率支付方，按季支付 3.39% 的固定利率，同时按季收取并重置 SHIB0R_1M 的浮动利率，首次利率确定日为 2×20 年 12 月 30 日。国债和利率互换合约均按照 30/360 计息。利率互换合约的初始公允价值为 0。甲银行于 2×20 年 12 月 31 日将利率互换合约指定为套期工具，对该 1 亿元国债由于市场利率变动产生的公允价值变动风险进行套期。假设不考虑国债的信用风险。

2×21 年 7 月 1 日，甲银行的风险管理目标发生变化，导致套期关系不再满足运用套期会计的条件，甲银行在当日对上述指定终止运用套期会计。

利率互换合约现金流量以及公允价值变动如表 24-03 所示。

表 24-03　利率互换合约现金流量以及公允价值变动

单位：万元

时间	收：浮动利率（1 个月期 SHIBOR）	付：固定利率	净利息结算	期初余额（结算利息后）	本期公允价值变动	期末余额（结算利息后）
2×21 年 3 月 31 日	5.009%	3.39%	40.50	—	13.10	13.10
2×21 年 6 月 30 日	3.521%	3.39%	3.30	13.10	(65.10)	(52.00)
2×21 年 9 月 30 日	3.091%	3.39%	(7.50)	(52.00)	23.70	(28.30)
2×21 年 12 月 31 日	3.002%	3.39%	(9.70)	(28.30)	28.30	0

被套期项目因利率风险引起的公允价值变动金额如表 24-04 所示。

表 24-04 公允价值变动情况

单位：万元

时间	因利率风险引起的公允价值变动	公允价值变动累计金额	调整后账面价值
2×21 年 3 月 31 日	（12.90）	（12.90）	9 987.10
2×21 年 6 月 30 日	65.60	52.70	10 052.70

据此，甲银行对被套期项目所作调整的摊销以及账务处理如下。

（1）对被套期项目所作调整的摊销。

假设甲银行选择自调整日（2×21 年 3 月 31 日）开始摊销，具体摊销情况如表 24-05 所示。

表 24-05 摊销情况

单位：万元

时间	期初摊余成本	实际利率	实际利息收入	现金流入	本期摊销	期末摊余成本（调整前）	本期对被套期项目的调整	期末摊余成本（调整后）
2×21 年 3 月 31 日	10 000.00	3.39%	84.70	（84.70）	—	10 000.00	（12.90）	9 987.10
2×21 年 6 月 30 日	9 987.10	3.56%	89.00	（84.70）	4.30	9 991.40	65.60	10 057.00
2×21 年 9 月 30 日	10 057.00	2.24%	56.30	（84.70）	（28.40）	10 028.60	0	10 028.60
2×21 年 12 月 31 日	10 028.60	2.24%	56.10	（10 084.70）	（28.60）	0	0	0

（2）账务处理。

①2×20 年 12 月 31 日，购入国债，并将其指定为被套期项目：

借：被套期项目——债权投资　100 000 000

　　贷：银行存款　100 000 000

被指定为套期工具的利率互换合约的初始公允价值为 0，因此无账务处理。

②2×21 年 3 月 31 日，确认国债利息收入，收到国债利息：

借：应收利息　847 000

　　贷：利息收入　847 000

借：银行存款　847 000

　　贷：应收利息　847 000

结算利率互换合约利息：

借：银行存款　405 000

　　贷：利息收入　405 000

确认套期工具公允价值变动：

借：套期工具——利率互换合约　131 000

　　贷：套期损益　131 000

确认被套期项目因利率风险引起的公允价值变动：

借：套期损益　129 000
　　贷：被套期项目——债权投资　129 000

③ 2×21 年 6 月 30 日，确认国债利息收入，收到国债利息：

借：应收利息　847 000
　　被套期项目——债权投资　43 000
　　贷：利息收入　890 000

借：银行存款　847 000
　　贷：应收利息　847 000

结算利率互换合约息：

借：银行存款　33 000
　　贷：利息收入　33 000

确认套期工具公允价值变动：

借：套期损益　651 000
　　贷：套期工具——利率互换合约　651 000

确认被套期项目因利率风险引起的公允价值变动：

借：被套期项目——债权投资　656 000
　　贷：套期损益　656 000

④ 2×21 年 7 月 1 日，套期关系终止：

借：债权投资——本金　100 000 000
　　　　　　——利息调整　570 000
　　贷：被套期项目——债权投资　100 570 000

借：套期工具——利率互换合约　520 000
　　贷：衍生工具——利率互换合约　520 000

⑤ 2×21 年 9 月 30 日，确认国债利息收入：

借：应收利息　847 000
　　贷：利息收入　563 000
　　　　债权投资——利息调整　284 000

借：银行存款　847 000
　　贷：应收利息　847 000

结算利率互换合约息：

借：投资收益　75 000
　　贷：银行存款　75 000

确认利率互换合约公允价值变动：

借：衍生工具——利率互换合约　237 000
　　贷：公允价值变动损益　237 000

⑥ 2×21 年 12 月 31 日，确认利息收入，收到国债本金和利息：

借：应收利息　847 000
　　贷：利息收入　561 000
　　　　债权投资——利息调整　286 000

借：银行存款　100 847 000
　　贷：应收利息　847 000
　　　　债权投资——本金　100 000 000

结算利率互换合约利息：

借：投资收益　　97 000

　　贷：银行存款　　97 000

确认利率互换合约公允价值变动：

借：衍生工具——利率互换合约　　283 000

　　贷：公允价值变动损益　　283 000

注：本例中，根据套期会计准则规定，甲银行对被套期项目所作调整的摊销，也可以自2×21年7月1日（被套期项目终止进行套期利得和损失调整的时点）开始。此外，如果甲银行在2×21年7月1日不终止套期会计，套期关系持续至2×21年12月31日，即对被套期项目终止进行套期利得和损失调整的时点与被套期项目的到期日相同，则对于被套期项目所作调整的累计金额为0。在此情况下，如果甲银行选择自2×21年12月31日开始摊销，则甲银行在2×21年12月31日不需要进行额外会计处理。

（二）现金流量套期

1. 基本规定

根据套期会计准则，现金流量套期满足运用套期会计方法条件的，应当按照下列规定处理。

（1）套期工具产生的利得或损失中属于套期有效的部分，作为现金流量套期储备，应当计入其他综合收益。现金流量套期储备的金额，应当按照下列两项的绝对额中较低者确定。

①套期工具自套期开始的累计利得或损失。

②被套期项目自套期开始的预计未来现金流流量现值的累计变动额。

每期计入其他综合收益的现金流量套期储备的金额应当为当期现金流量套期储备的变动额。

（2）套期工具产生的利得或损失中属于套期无效的部分（即扣除计入其他综合收益后的其他利得或损失），应当计入当期损益。

例 24-20　2×21年1月1日，A公司预期在2×21年6月30日将销售一批商品X，数量为100 000吨。为规避该预期销售有关的现金流量变动风险，A公司于2×21年1月1日与某金融机构签订了一项衍生工具合同Y，且将其指定为对该预期商品销售的套期工具。衍生工具Y的标的资产与被套期预期商品销售在数量、质次、价格变动和产地等方面相同，并且衍生工具Y的结算日和预期商品销售日均为2×20年6月30日。

2×21年1月1日，衍生工具Y的公允价值为零，商品的预期销售价格为1 100 000元。

2×21年6月30日，衍生工具Y的公允价值上涨了25 000元，预期销售价格下降了25 000元。当日，A公司将商品X出售，并将衍生工具Y结算。

A公司采用比率分析法评价套期有效性，即通过比较衍生工具Y和商品X预期销售价格变动评价套期有效性。A公司预期该套期完全有效。

假定不考虑衍生工具的时间价值、商品销售相关的增值税及其他因素，A公司的账务处理如下。

（1）2×21年1月1日，A公司不作账务处理。

（2）2×21年6月30日，账务处理如下：

借：套期工具——衍生工具　　25 000

　　贷：其他综合收益（套期工具价值变动）　　25 000

（确认衍生工具的公允价值变动）

借：应收账款或银行存款　　1 075 000

　　贷：主营业务收入　　1 075 000

（确认商品X的销售）

借：银行存款　　25 000

　　贷：套期工具——衍生工具　　25 000

（确认衍生工具 Y 的结算）

借：其他综合收益（套期工具价值变动）　　25 000

　　贷：主营业务收入　　25 000

（确认将原计入资本公积的衍生工具公允价值变动转出，调整销售收入）

2. 现金流量套期储备的金额

套期会计准则规定，现金流量套期储备的金额，应当按照下列规定处理。

（1）被套期项目为预期交易，且该预期交易使企业随后确认一项非金融资产或非金融负债的，或者非金融资产或非金融负债的预期交易形成一项适用于公允价值套期会计的确定承诺时，企业应当将原在其他综合收益中确认的现金流量套期储备金额转出，计入该资产或负债的初始确认金额。

（2）对于不属于上述第（1）条涉及的现金流量套期，企业应当在被套期的预期现金流量影响损益的相同期间，将原在其他综合收益中确认的现金流量套期储备金额转出，计入当期损益。

（3）如果在其他综合收益中确认的现金流量套期储备金额是一项损失，且该损失全部或部分预计在未来会计期间不能弥补的，则企业应当在预计不能弥补时，将预计不能弥补的部分从其他综合收益中转出，计入当期损益。

3. 终止运用套期会计

套期会计准则规定，当企业对现金流量套期终止运用套期会计时，在其他综合收益中确认的累计现金流量套期储备金额，应当按照下列规定进行处理。

（1）被套期的未来现金流量预期仍然会发生的，累计现金流量套期储备的金额应当予以保留，并按照套期会计准则第二十五条的规定进行会计处理。

（2）被套期的未来现金流量预期不再发生的，累计现金流量套期储备的金额应当从其他综合收益中转出，计入当期损益。被套期的未来现金流量预期不再极可能发生但可能预期仍然会发生，在预期仍然会发生的情况下，累计现金流量套期储备的金额应当予以保留，并按照套期会计准则第二十五条的规定进行会计处理。

例 24-21　甲公司于 2×20 年 11 月 1 日与境外乙公司签订合同，约定于 2×21 年 1 月 30 日以外币（FC）每吨 60 元的价格购入 100 吨橄榄油。甲公司为规避购入橄榄油成本的外汇风险，于当日与某金融机构签订一项 3 个月到期的外汇远期合同，约定汇率为 1FC＝45 人民币元，合同金额 FC6 000 元。2×21 年 1 月 30 日，甲公司以净额方式结算该外汇远期合同，并购入橄榄油。

假定：（1）2×20 年 12 月 31 日，FC 对人民币 1 个月远期汇率为 1FC＝44.8 人民币元；（2）2×21 年 1 月 30 日，FC 对人民币即期汇率为 1FC＝44.6 人民币元；（3）该套期符合运用套期会计的条件；（4）不考虑增值税等相关税费和远期合同的远期要素。

根据套期会计准则，对确定承诺的外汇风险进行的套期，既可以划分为公允价值套期，也可以划分为现金流量套期。以下分别两种情形进行会计处理。

情形 1：甲公司将上述套期划分为公允价值套期

（1）2×20 年 11 月 1 日，外汇远期合同的公允价值为 0，不作账务处理，但需编制指定文档。

（2）2×20 年 12 月 31 日，确认套期工具和被套期项目公允价值变动：

外汇远期合同的公允价值＝（45－44.8）×6 000＝1 200（人民币元）

借：套期损益　　1 200

　　贷：套期工具——外汇远期合同　　1 200

借：被套期项目——确定承诺　　1 200

　　贷：套期损益　　1 200

（3）2×21 年 1 月 30 日，确认套期工具公允价值变动：

外汇远期合同的公允价值＝（45－44.6）×6 000＝2 400（人民币元）。

借：套期损益　1 200

　　贷：套期工具——外汇远期合同　1 200

结算外汇远期合同：

借：套期工具——外汇远期合同　2 400

　　贷：银行存款　2 400

确认被套期项目公允价值变动：

借：被套期项目——确定承诺　1 200

　　贷：套期损益　1 200

购入橄榄油：

借：库存商品——橄榄油　267 600

　　贷：银行存款　267 600

将被套期项目的余额转入橄榄油账面价值：

借：库存商品——橄榄油　2 400

　　贷：被套期项目——确定承诺　2 400

情形 2：甲公司将上述套期划分为现金流量

（1）2×20 年 11 月 1 日，外汇远期合同的公允价值为 0，不作账务处理，但需不作账务处理，但需编制指定文档。

（2）2×20年12月31日，确认现金流量套期储备：

外汇远期合同的公允价值＝（45－44.8）×6 000＝1 200（人民币元）。

借：其他综合收益——套期储备　1 200

　　贷：套期工具——外汇远期合同　1 200

（3）2×21年1月30日，确认现金流量套期储备：

外汇远期合同的公允价值＝（45－44.6）×6 000＝2 400（人民币元）

借：其他综合收益——套期储备　1 200

　　贷：套期工具——外汇远期合同　1 200

结算外汇远期合同：

借：套期工具——外汇远期合同　2 400

　　贷：银行存款　2 400

购入橄榄油：

借：库存商品——橄榄油　267 600

　　贷：银行存款　267 600

将计入其他综合收益中的套期储备转出：

借：库存商品——橄榄油　2 400

　　贷：其他综合收益——套期储备　2 400

（三）境外经营净投资的套期

1. 境外经营净投资套期会计处理原则

根据套期会计准则，对境外经营净投资的套期，包括对作为净投资的一部分进行会计处理的货币性项目的套期，应当按照类似于现金流量套期会计的规定处理。

（1）套期工具形成的利得或损失中属于套期有效的部分，应当计入其他综合收益。全部或部分处置境外经营时，上述计入其他综合收益的套期工具利得或损失应当相应转出，计入当期损益。

（2）套期工具形成的利得或损失中属于套期无效的部分，应当计入当期损益。

例 24-22 2×20 年 10 月 1 日，甲公司（记账本位币为人民币）在其境外子公司有一项境外经营净投资外币（FC）5 000 万元。为规避境外经营净投资外汇风险，甲公司与某境外金融机构签订了一项外汇远期合同，约定于 2×21 年 4 月 1 日卖出 FC5 000 万元。其他有关资料如表 24-06 所示。

表 24-06 有关资料

单位：人民币元

日期	即期汇率（FC/人民币）	远期汇率（FC/人民币）	远期合同的公允价值
2×20 年 10 月 1 日	1.71	1.70	0
2×20 年 12 月 31 日	1.64	1.63	3 430 000
2×21 年 3 月 31 日	1.60	不适用	5 000 000

假定不考虑远期合同的远期要素。甲公司的上述套期满足运用套期会计方法的所有条件。

甲公司的账务处理如下。

（1）2×20 年 10 月 1 日，外汇远期合同的公允价值为 0，不作账务处理。

（2）2×20 年 12 月 31 日，确认外汇远期合同的公允价值变动：

借：套期工具——外汇远期合同　　3 430 000

　贷：其他综合收益——外币报表折算差额　　3 430 000

确认对子公司净投资的汇兑损益：

借：其他综合收益——外币报表折算差额　　3 500 000

　贷：长期股权投资　　3 500 000

（3）2×21 年 3 月 31 日，确认外汇远期合同的公允价值变动：

借：套期工具——外汇远期合同　　1 570 000

　贷：其他综合收益——外币报表折算差额　　1 570 000

确认对子公司净投资的汇兑损益：

借：其他综合收益——外币报表折算差额　　2 000 000

　贷：长期股权投资　　2 000 000

结算外汇远期合同：

借：银行存款　　5 000 000

　贷：套期工具——外汇远期合同　　5 000 000

注：境外经营净投资中套期工具形成的利得在其他综合收益中列示，直至子公司被处置。

2. 多个母公司进行的套期

在一项由境外经营净投资产生的外汇风险的套期中，被套期项目的金额可以等于或小于母公司合并财务报表中该境外经营净资产账面价值。企业可以将被套期风险指定为境外经营的记账本位币与其任何母公司（直接的、中间的或最终的母公司）的记账本位币之间产生的外汇风险敞口。通过中间母公司持有净投资不影响最终母公司所面临外汇风险的性质。但是，境外经营净投资产生的外汇风险敞口只有在合并财务报表中才可能符合套期会计的条件。如果同一境外经营净资产的同一风险被集团内部一家以上的母公司（例如，直接和间接母公司）分别进行套期，则在最终母公司合并财务报表中只有一项套期关系符合套期会计的条件。

如果一项套期关系由较低层次间接母公司在其合并财务报表中进行了指定，那么在更高层次的母公司合并财务报表中可以决定保留该套期关系或重新指定。如果较高层次的母公司决定不保留该套期关系而是重新指定，那么，在较高层次母公司的合并财务报表中必须先转回较低层次母公司所运用的套期会计，再按照重新指定的套期关系运用套期会计。相反地，套期会计可以在较高层次母公司的合并财务报表中直接指定，不必在较低层次间接母公司的合并财务报表中进行指定。

3. 集团公司内部可以持有套期工具的企业

一项衍生或非衍生金融工具（或衍生和非衍生金融工具的组合）可以被指定为境外经营净投资套期工具。只要满足本准则对境外经营净投资套期的指定、文件记录和有效性要求，套期工具就可由集团公司内部的任一家或几家企业持有。

如果持有套期工具的企业的记账本位币与投资于境外经营的母公司的记账本位币相同，就较容易进行套期有效性评估，因为在评估套期有效性时，可以假设持有境外经营的母公司也同时持有套期工具。如果持有套期工具的企业的记账本位币与投资于境外经营的母公司的记账本位币不同，评估套期有效性会较为复杂。这种情况下，套期有效性不仅要反映持有套期工具的企业的利得或损失（如果不使用套期会计，应计入合并损益），还应当反映对套期工具重新折算为母公司记账本位币的影响（如果不使用套期会计，应在合并其他综合收益中确认）。有效性的评估并不受套期工具是否是衍生工具的影响，也不受合并方法的影响。

（四）套期关系再评估

套期会计准则规定，套期关系由于套期比率的原因而不再符合套期有效性要求，但指定该套期关系的风险管理目标没有改变的，企业对套期关系再平衡时，应当在调整套期关系之前确定套期关系的套期无效部分，并将相关利得或损失计入当期损益。

套期关系再平衡可能会导致企业增加或减少指定套期关系中被套期项目或套期工具的数量。企业增加了指定的被套期项目或套期工具的，增加部分自指定增加之日起作为套期关系的一部分进行处理；企业减少了指定的被套期项目或套期工具的，减少部分自指定减少之日起不再作为套期关系的一部分，作为套期关系终止处理。

例 24-23 2×21 年 1 月 1 日，甲公司预计在未来 12 个月内采购 100 万桶西德克萨斯中质原油（WTI 原油）。甲公司采用现金流量套期，并购入 105 万桶布伦特原油（Brent 原油）期货合约，以对极可能发生的 100 万桶 WTI 原油的预期采购进行套期（套期比率为 1 ∶ 1.05）。该期货合约在指定日的公允价值为 0。

2×21 年 6 月 30 日，被套期项目 WTI 原油的预期采购自套期开始的预计未来现金流量现值的累计变动额为 200 万美元，套期工具的公允价值累计下降了 229 万美元。甲公司通过分析发现，Brent 原油相对 WTI 原油的经济关系与预期不同，因此考虑对套期关系进行再平衡。甲公司通过分析决定将套期比率重新设定为 1 ∶ 0.98。

为了在 2×21 年 6 月 30 日进行再平衡，甲公司可以指定更大的被套期风险敞口或终止指定部分套期工具。甲公司决定选择后者，即终止指定 7 万桶 Brent 原油期货合约的套期工具。

假定甲公司的上述套期满足运用套期会计方法的所有条件，不考虑其他因素。

甲公司的账务处理如下（假定美元兑人民币的汇率为 1 ∶ 6）。

（1）2×21 年 1 月 1 日，甲公司不作账务处理。

（2）2×21 年 6 月 30 日：

借：其他综合收益——套期储备	12 000 000	
套期损益	1 740 000	
贷：套期工具——期货合同		13 740 000

在总计 105 万桶布伦特原油期货合约中，7 万桶不再属于该套期关系。因此，甲公司需将 7/105

的套期工具重分类为衍生工具，有关套期文件的书面记录应当相应更新。

甲公司进行再平衡时的会计处理如下：

借：套期工具——期货合同　916 000

　贷：衍生工具——期货合同　916 000

注：再平衡时，重分类的套期工具的公允价值＝13 740 000×7/105＝916 000（人民币元）。

例 24-24　2×21 年 4 月 1 日，甲公司预期极可能在 5 个月后采购 10 000 吨柴油。为此，甲公司采用现金流量套期，并指定 9 500 吨以 D2 柴油普氏价格为标的的期货合约，对极可能于 9 月 1 日采购的 10 000 吨柴油进行套期（套期比率为 1 ：0.95）。指定日期货合约公允价值为 0。

2×21 年 6 月 30 日，被套期项目自套期开始的预计未来现金流量现值的累计变动额为 820 万美元，套期工具公允价值累计下降 650 万美元。基于分析，甲公司认为，未来适当的套期比率为 1 ：1.05。因此，甲公司决定进行套期关系再平衡，甲公司可以选择增加套期工具数量或减少被套期项目数量。根据成本效益分析，甲公司决定将被套期项目数量减少 952 吨（10 000 － 9 500/1.05）。

2×21 年 6 月 30 日，甲公司从被套期项目中减少预期采购的 952 吨柴油，预期采购的剩余 9048 吨仍保留在套期关系中。

甲公司的账务处理如下（假定美元兑人民币的汇率为 1 ：6）。

（1）2×21 年 1 月 1 日，甲公司不作账务处理。

（2）2×21 年 6 月 30 日，将套期工具公允价值的累计变动 650 万美元作为现金流量套期储备计入其他综合收益：

借：其他综合收益——套期储备　39 000 000

　贷：套期工具——期货合同　39 000 000

甲公司进行再平衡时，套期文件有关书面记录应当予以相应更新，无须进行账务处理。

（五）其他规定

1. 被套期项目为风险净敞口

套期会计准则规定，对于被套期项目为风险净敞口的套期，被套期风险影响利润表不同列报项目的，企业应当将相关套期利得或损失单独列报，不应当影响利润表中与被套期项目相关的损益列报项目金额（如营业收入或营业成本）。例如，某公司有一笔由 100 万美元的预期外币销售收入和 80 万美元的预期外币费用构成的外汇风险净头寸，该公司利用金额为 20 万美元的外汇远期合同对该外汇风险净头寸进行套期。当该外汇风险净头寸影响损益时，该外汇远期合同产生的现金流量套期储备重分类至损益的利得或损失应当与被套期的销售收入和费用区分开来并单独列示。如果销售收入产生的期间早于费用发生的期间，则销售收入仍应当按照即期汇率计量。相关的套期利得或损失应当单独列示，从而在损益中反映出净头寸套期的影响，并相应调整现金流量套期储备。如果被套期的费用将影响以后期间的损益（例如该费用将分期进行摊销），则之前对费用确认的套期利得或损失应在以后期间重分类至损益，且在利润表中与包含被套期费用的项目区分开单独列示。又如，企业通过利率互换合同对固定利率债务工具的利率风险进行套期。企业的套期目标旨在将固定利率现金流量转换成浮动利率现金流量。在对净头寸（例如，一项固定利率资产和一项固定利率负债构成的净头寸）进行套期时，套期工具的应计净利息应当单独列示，以避免将单个套期工具产生的利得或损失净额以相互抵销的总额形式在不同的报表项目中分别列示（即不得将单项利率互换合同产生的净利息收入列示为利息收入总额和利息支出总额）。

因此，企业开展净敞口套期业务的，应当在利润表中增设“净敞口套期收益”项目，将“净敞口套期损益”科目的当期发生额在该项目中列示。

套期会计准则还规定，对于被套期项目为风险净敞口的公允价值套期，涉及调整被套期各组成项目账面价值的，企业应当对各项资产和负债的账面价值作相应调整。

例 24-25 2×21 年 1 月 1 日，甲公司预期 2×21 年 12 月 31 日将有一项 1 000 万美元的现金销售和一项 1 200 万美元的固定资产现金采购，上述交易极有可能发生。甲公司的记账本位币为人民币。

2×21 年 1 月 1 日，甲公司签订了一项 1 年期外汇远期合同对上述 200 万美元的外汇净头寸进行套期，甲公司 1 年后将按 1 美元＝6.5 人民币元的汇率购入 200 万美元。上述固定资产将采用直线法在 5 年内计提折旧。

2×21 年 1 月 1 日及 2×21 年 12 月 31 日美元的即期汇率分别为 1 美元＝6.5 人民币元、1 美元＝6.4 人民币元。2×21 年 1 月 1 日，外汇远期合同的公允价值为 0。2×21 年 12 月 31 日，外汇远期合同的公允价值为亏损 20 万人民币元。

预期销售现金流入和预期采购现金流出如期于 2×21 年 12 月 31 日发生，外汇远期合同也于 2×21 年 12 月 31 日结算。假设不考虑外汇远期合同的远期要素。

甲公司相关账务处理如下。

（1）2×21 年 1 月 1 日，外汇远期合同公允价值为 0，无须进行账务处理。

（2）2×21 年 12 月 31 日，确认套期工具公允价值变动：

借：其他综合收益——套期储备　　200 000

　　贷：套期工具——外汇远期合同　　200 000

结算外汇远期合同：

借：套期工具——外汇远期合同　　200 000

　　贷：银行存款　　200 000

将套期工具的累计损失中对应预期销售的部分1 000 000元人民币［10 000 000×（6.5－6.4）］利得从其他综合收益中转出，并将其计入净敞口套期损益：

借：其他综合收益——套期储备　　1 000 000

　　贷：净敞口套期损益　　1 000 000

借：应收账款或银行存款　　64 000 000

　　贷：主营业务收入　　64 000 000

将套期工具的累计损失中对应预期采购的部分－1 200 000元人民币［12 000 000×（6.4－6.5）］损失从其他综合收益中转出，并将其计入固定资产的初始确认金额：

借：固定资产　　78 000 000

　　贷：银行存款　　76 800 000

　　　　其他综合收益——套期储备　　1 200 000

后续第2年至第6年，基于固定资产采购价格（不含套期调整）每年计提折旧＝76 800 000÷5＝15 360 000（人民币元）：

借：制造费用——折旧费用　　15 360 000

　　贷：累计折旧　　15 360 000

将套期调整在固定资产折旧期间进行摊销＝1 200 000÷5＝240 000（人民币元），并将其计入净敞口套期损益：

借：净敞口套期损益　　240 000

　　贷：累计折旧　　240 000

注：由于本例涉及净敞口套期，因此与被套期项目相关的利润表列示项目（即营业收入和营业成本）不会因采用套期会计而受到影响。

2. 组合项目套期

套期会计准则规定，除被套期项目为风险净敞口的套期外，对于被套期项目为一组项目的公允价值套期，企业在套期关系存续期间，应当针对被套期项目组合中各组成项目，分别确认公允价值变动所引起的相关利得或损失，计入当期损益或其他综合收益。涉及调整被套期各组成项目账面价值的，企业应当对各项资产和负债的账面价值作相应调整。

除被套期项目为风险净敞口的套期外，对于被套期项目为一组项目的现金流量套期，企业在将其他综合收益中确认的相关现金流量套期储备转出时，应当按照系统、合理的方法将转出金额在被套期各组成项目中分摊。

3. 期权

套期会计准则规定，对于期权，企业将期权的内在价值和时间价值分开，只将期权的内在价值变动指定为套期工具时，应当区分被套期项目的性质是与交易相关还是与时间段相关。被套期项目与交易相关的，对其进行套期的期权时间价值具备交易成本的特征；被套期项目与时间段相关的，对其进行套期的期权时间价值具备为保护企业在特定时间段内规避风险所需支付成本的特征。企业应当根据被套期项目的性质分别进行以下会计处理。

（1）对于与交易相关的被套期项目，企业应当将期权时间价值的公允价值变动中与被套期项目相关的部分计入其他综合收益。对于在其他综合收益中确认的期权时间价值的公允价值累计变动额，应当按照套期会计准则第二十五条规定的与现金流量套期储备金额相同的会计处理方法进行处理。

（2）对于与时间段相关的被套期项目，企业应当将期权时间价值的公允价值变动中与被套期项目相关的部分计入其他综合收益。同时，企业应当按照系统、合理的方法，将期权被指定为套期工具当日的时间价值中与被套期项目相关的部分，在套期关系影响损益或其他综合收益（仅限于企业对指定为以公允价值计量且其变动计入其他综合收益的非交易性权益工具投资的公允价值变动风险敞口进行的套期）的期间内摊销。摊销金额从其他综合收益中转出，计入当期损益。若企业终止运用套期会计，则其他综合收益中剩余的相关金额应当转出，计入当期损益。

期权的主要条款（如名义金额、期限和标的）与被套期项目相一致的，期权的实际时间价值与被套期项目相关；期权的主要条款与被套期项目不完全一致的，企业应当通过对主要条款与被套期项目完全一致的期权进行估值确定校准时间价值，并确认期权的实际时间价值中与被套期项目相关的部分。

（3）在套期关系开始时，期权的实际时间价值高于校准时间价值的，企业应当以校准时间价值为基础，将其累计公允价值变动计入其他综合收益，并将这两个时间价值的公允价值变动差额计入当期损益；在套期关系开始时，期权的实际时间价值低于校准时间价值的，企业应当将两个时间价值中累计公允价值变动的较低者计入其他综合收益，如果实际时间价值的累计公允价值变动扣减累计计入其他综合收益金额后尚有剩余的，应当计入当期损益。

（4）对于远期合同，企业将远期合同的远期要素和即期要素分开、只将即期要素的价值变动指定为套期工具的，或者将金融工具的外汇基差单独分拆、只将排除外汇基差后的金融工具指定为套期工具的，可以按照与前述期权时间价值相同的处理方式对远期合同的远期要素或金融工具的外汇基差进行会计处理。

六、信用风险敞口的公允价值选择权

（一）指定为公允价值计量的条件

套期会计准则规定，企业使用以公允价值计量且其变动计入当期损益的信用衍生工具管理金融工具（或其组成部分）的信用风险敞口时，可以在该金融工具（或其组成部分）初始确认时、后续计量中或尚未确认时，将其指定为以公允价值计量且其变动计入当期损益的金融工具，并同时作出书面记录，但应当同时满足下列条件。

（1）金融工具信用风险敞口的主体（如借款人或贷款承诺持有人）与信用衍生工具涉及的主

体相一致。

（2）金融工具的偿付级次与根据信用衍生工具条款须交付的工具的偿付级次相一致。

上述金融工具（或其组成部分）被指定为以公允价值计量且其变动计入当期损益的金融工具的，企业应当在指定时将其账面价值（如有）与其公允价值之间的差额计入当期损益。如该金融工具是按照金融工具确认和计量准则第十八条分类为以公允价值计量且其变动计入其他综合收益的金融资产的，企业应当将之前计入其他综合收益的累计利得或损失转出，计入当期损益。

（二）终止指定条件

套期会计准则规定，同时满足下列条件的，企业应当对上述金融工具（或其一定比例）终止以公允价值计量且其变动计入当期损益。

（1）上述指定条件不再适用，例如，信用衍生工具或金融工具（或其一定比例）已到期、被出售、合同终止或已行使，或企业的风险管理目标发生变化，不再通过信用衍生工具进行风险管理。

（2）金融工具（或其一定比例）按照金融工具确认和计量准则的规定，仍然不满足以公允价值计量且其变动计入当期损益的金融工具的条件。

当企业对金融工具（或其一定比例）终止以公允价值计量且其变动计入当期损益时，该金融工具（或其一定比例）在终止时的公允价值应当作为其新的账面价值。同时，企业应当采用与该金融工具被指定为以公允价值计量且其变动计入当期损益之前相同的方法进行计量。

七、衔接规定

（一）基本规定

套期会计准则规定，本准则施行日之前套期会计处理与本准则要求不一致的，企业不作追溯调整，但本准则规定的部分特殊情况除外。

在本准则施行日，企业应当按照本准则的规定对所存在的套期关系进行评估。在符合本准则规定的情况下可以进行再平衡，再平衡后仍然符合本准则规定的运用套期会计方法条件的，将其视为持续的套期关系，并将再平衡所产生的相关利得或损失计入当期损益。

（二）特殊事项

套期会计准则规定，下列情况下，企业应当按照该准则的规定，对在比较财务报表期间最早的期初已经存在的以及在此之后被指定的套期关系进行追溯调整。

（1）企业将期权的内在价值和时间价值分开，只将期权的内在价值变动指定为套期工具。

（2）由于法律法规或其他相关规定的要求，套期工具的原交易对手方变更为一个或多个清算交易对手方（如清算机构或其他主体），以最终达成由同一中央交易对手方进行清算的目的。如果存在套期工具其他变更的，该变更应当仅限于达成此类替换交易对手方所必需的变更。

此外，企业将远期合同的远期要素和即期要素分开、只将即期要素的价值变动指定为套期工具的，或者将金融工具的外汇基差单独分拆、只将排除外汇基差后的金融工具指定为套期工具的，可以按照与套期会计准则关于期权时间价值相同的处理方式对远期合同的远期要素和金融工具的外汇基差的会计处理进行追溯调整。如果选择追溯调整，企业应当对所有满足该选择条件的套期关系进行追溯调整。

第二十五章
原保险合同

一、准则适用范围

《企业会计准则第25号——原保险合同》（以下简称原保险合同准则）适用于原保险合同的确认、计量和相关信息的列报。融资性担保公司发生的担保业务，以及其他非保险企业签发的符合保险合同定义的合同，亦应当按照原保险合同准则的相关规定进行会计处理。

保险人签发的原保险合同产生的损余物资等资产的减值，适用《企业会计准则第1号——存货》；保险人向投保人签发的承担保险风险以外的其他风险的合同，适用《企业会计准则第22号——金融工具确认和计量》和《企业会计准则第37号——金融工具列报》；保险人签发、持有的再保险合同，适用《企业会计准则第26号——再保险合同》。

二、原保险合同概述

（一）保险合同的定义

根据原保险合同准则规定，保险合同是指保险人与投保人约定保险权利义务关系，并承担源于被保险人保险风险的协议。保险合同分为原保险合同和再保险合同。

根据《企业会计准则讲解》的说明，保险人是指与投保人订立保险合同，并承担赔偿或者给付保险金责任的保险公司；对于原保险合同，投保人是指与保险公司订立原保险合同，并按照合同约定负有支付保险费义务的自然人、法人或其他组织；对于再保险合同，投保人是指与保险公司（再保险接受人）订立再保险合同，并按照合同约定负有支付保险费义务的保险公司。被保险人是指其财产或者人身受保险合同保障，享有保险金请求权的自然人、法人或其他组织，投保人可以为被保险人。

分析保险合同的定义可以发现，承担被保险人的保险风险是保险合同的本质特征，是保险合同区别于其他合同的关键。保险人承担的保险风险是被保险人已经存在的风险，其表现形式有多种。例如，可能对被保险人财产造成损害或毁坏的火灾的发生或不发生、被保险人是否能够生存到合同约定的年龄、被保险人是否会患合同约定的重大疾病等。如果保险人承担了被保险人的保险风险，双方签订的合同是保险合同；如果保险人没有承担被保险人的保险风险，承担的是其他风险，如金融工具价格、商品价格、汇率、费率指数、信用等级、信用指数等可能发生变化的风险，则双方签订的合同不是保险合同。有时，保险人与投保人签订的合同可能具有保险合同的法律形式，但是保险人并没有承担被保险人的保险风险，在这种情况下，双方签订的合同就不属于保险合同。

一项合同在认定为保险合同后，在所有的权利和义务未被履行或清偿之前，一直是保险合同，不需要在每个资产负债表日重新进行测试。

（二）原保险合同的定义

根据原保险合同准则规定，原保险合同是指保险人向投保人收取保费，对约定的可能发生的事故因其发生所造成的财产损失承担赔偿保险金责任，或者当被保险人死亡伤残、疾病或者达到约定的年龄、期限时承担给付保险金责任的保险合同。保险人与投保人签订的合同是否属于原保险合同，应当在单项合同的基础上，根据合同条款判断保险人是否承担了保险风险来判别。发生保险事故可能导致保险人承担赔付保险金责任的，应当确定保险人承担了保险风险。保险事故是指保险合同约定的保险责任范围内的事故。

《企业会计准则讲解》对原保险合同进行了进一步解释：保险人与投保人签订原保险合同，承担了源于被保险人的保险风险。判断保险人与投保人签订的合同是否属于原保险合同，应当关注合同的经济实质而不是法律形式，并根据合同条款判断保险人是否承担了被保险人的保险风险来判定。而确定保险人是否承担了被保险人的保险风险，应当根据产品合同条款判断发生保险事故是否可能导致保险人承担赔付保险金责任。如果发生保险事故可能导致保险人承担赔付保险金责任，则保险人承担了被保险人的保险风险；如果发生保险事故不可能导致保险人承担赔付保险金责任，保险人就没有承担被保险人的保险风险。其中，保险事故是指保险合同约定的保险责任范围内的事故。例如，被保险人死亡、伤残、疾病或者达到约定的年龄或期限仍生存，火灾、爆炸、暴雨、台风、洪水、雷击、泥石流、雹灾、碰撞、自燃等可能造成财产损失的事故，均可在合同中约定作为保险事故。

如果保险人能够判断一组相对同质的合同中的某项合同，使保险人承担了被保险人的保险风险，那么不需要对该组相对同质合同中的其他合同进行分析判断，就可确定该组相对同质的所有合同均属于原保险合同。

（三）原保险合同的分类

根据原保险合同准则规定，保险人应当根据在原保险合同延长期内是否承担赔付保险金责任，将原保险合同分为寿险原保险合同和非寿险原保险合同。在原保险合同延长期内承担赔付保险金责任的，应当确定为寿险原保险合同；在原保险合同延长期内不承担赔付保险金责任的，应当确定为非寿险原保险合同。原保险合同延长期是指投保人自上一期保费到期日未交纳保费，保险人仍承担赔付保险金责任的期间。

根据《企业会计准则讲解》的解释，原保险合同是否存在延长期取决于保单是否存在现金价值。在保单存在现金价值时，即使投保人后期未交保费，保险人仍可以保单现金价值自动垫缴保费，从而延长原保险合同有效期，直至保单现金价值用完为止。也就是说，保单存在现金价值，原保险合同存在延长期，否则，原保险合同不存在延长期。原保险合同延长期不同于宽限期，宽限期是保险人给予投保人延期缴费的一种优惠，由合同加以约定，被保险人在宽限期内发生保险事故，保险人应负保险责任。

保单现金价值，是指原保险合同具有的价值，通常体现为投保人解除原保险合同时，由保险人向投保人退还的金额。对于寿险原保险合同而言，保险人通常采取均衡保费的方法收取保费。寿险保险合同将投保人需要交纳的全部保费在整个交费期内均摊，在被保险人年轻时，死亡率低，投保人交纳的保费比实际需要的多，多交的保费由保险人逐年积累；在被保险人年老时，死亡率高，投保人当期交纳的保费不足以支付当期赔付款，不足的部分将正好由被保险人年轻时多交的保费予以弥补。这部分多交的保费加上每年产生的利息滚存积累的金额，就是保单现金价值。通常情况下，保险人在出现以下情况时，应当按照合同约定向投保人退还保单现金价值：（1）保险人根据规定解除保险合同，且投保人已经交足两年以上的保险费；（2）以死亡为给付保险金条件的合同，自合同成立之日起两年内被保险人自杀；（3）被保险人故意犯罪导致其自身伤残或死亡，且投保人已经交足两年保险费；（4）投保人解除合同，且已经交足两年以上保险费。

通常情况下，定期寿险、终身寿险、两全保险、年金保险、长期健康保险等均属于寿险原保险合同；企业财产保险、家庭财产保险、工程保险、责任保险、信用保险、保证保险、机动车交通事故责任强制保险、船舶保险货物运输保险、农业保险、短期健康保险和意外伤害保险等均属于非寿险原保险合同。

（四）混合风险工具的分拆

根据原保险合同准则规定，保险人与投保人签订的合同，使保险人既承担保险风险又承担其他风险的，应当分别下列情况进行处理：

（1）保险风险部分和其他风险部分能够区分，并且能够单独计量的，可以将保险风险部分和其他风险部分进行分拆。保险风险部分，确定为原保险合同；其他风险部分，不确定为原保险合同。

根据《企业会计准则讲解》说明，通常情况下，只有在保险人根据合同条款就可以清楚地区分保险风险部分和其他风险部分，并且分拆处理后能够提供有关保险人财务状况和经营成果等更可靠、更相关的会计信息时，保险人才可以将二者进行分拆；保险人将保险风险部分和其他风险部分进行分拆的，保险风险部分应确定为原保险合同，其他风险部分不应确定为原保险合同。

例 25-01 A 财产保险股份有限公司（以下简称 A 公司）的 X 投资保障型（3 年期）合同约定，每份保险金额为 10 000 元，每份保险金额对应的保险投资金为 2 000 元，每份保险的年保费为 12 元。保费由保险人从投资收益中获得（年收益率预计为 2.2%），投保人无须在交纳保险投资金外另行支付。

本例中，A 公司的 X 投资保障型合同既有保险风险部分又有投资风险部分。根据合同条款可以清楚地认定保险风险部分为年保费 12 元，其他风险部分为保险投资金 2 000 元。因此，A 公司可以将保险风险部分和其他风险部分进行分拆，将保险风险部分确定为原保险合同，将其他风险部分不确定为原保险合同。

（2）保险风险部分和其他风险部分不能够区分，或者虽能够区分但不能够单独计量的，应当进行重大保险风险测试。如果保险风险重大，应当将整个合同确定为保险合同，按照原保险合同准则、再保险合同准则等进行处理；如果保险风险不重大，不应当将整个合同确定为保险合同，而应当按照《企业会计准则第 22 号——金融工具确认和计量》《企业会计准则第 37 号——金融工具列报》等进行处理。

①保险人应当以单项合同为基础进行重大保险风险测试。在进行重大保险风险测试时，保险人应当在合同初始确认日以单项合同为基础进行，而不应当视其对财务报表的重要性进行评估。这样做，即使整个合同组发生重大损失的可能性很小，保险合同也可能是重大的。以单项合同为基础进行重大保险风险测试，更易于将一项合同归为保险合同。但是，如果保险人知道一组相对同质的小合同中的所有合同均转移了重大保险风险，那么保险人不必对该合同组合中的每项合同进行测试，以识别出少数几个没有转移重大保险风险的合同。

②保险人可以按同质保险风险的合同组为基础进行重大保险风险测试。在进行重大保险风险测试时，如果不同合同的保险风险同质，保险人可以按合同组合为基础进行重大保险风险测试，这样更符合成本效益原则。在实务中，保险人应当在综合考虑产品业务线、产品特征、产品定价方法和方式、保险合同的风险特征、保单生效年度、保险人的风险管理政策等基础上确定分组水平，即保单组。分组标准在各年度应当保持一致，不得随意变更。如果保险人变更重大保险风险测试分组标准，应当对变更的原因、影响及变更的事实等进行披露。

③保险风险重大的前提条件是发生合同约定的保险事故可能导致保险人支付重大附加利益。附加利益，是指保险人支付的索赔管理费和索赔评估费，但不包括：（a）向投保人提供未来服务的收费能力受损。保险人的这种经济损失并不反映保险风险，在评估合同转移了多少保险风险时，未来投资管理费的潜在损失是无关的。（b）放弃因死亡而撤销合同或退保应收取的手续费。这些手续费是因合同而产生的，这些手续费的放弃并不能补偿投保人在合同前已存在的风险，因此，在评估合同转移了多少保险风险时，这类手续费的豁免是无关的。（c）赔付针对的并不是给合同持有人造成重大损失的事项。例如，根据合同规定，如果一项资产遭到物理损坏，对持有人造成 1 元的不重大经济损失，那么保险人应当赔付 100 万元。在这项合同中，持有人将损失 1 元的不重大风险转移给保险人。同时，该

合同产生了非保险风险，即如果特定事项发生，保险人需要赔付999 999元。因为保险人没有从持有人处接受重大保险风险，该合同不是保险合同。

判断附加利益是否重大的计算公式如下：

$$\frac{\text{保险事故发生情况下的支付额}-\text{保险事故不发生情况下的支付额}}{\text{保险事故不发生情况下的支付额}}$$

如果计算结果表明，上述比例超过一定比例，如5%，则转移的保险风险是重大的；如果上述比例没有超过规定的比例，则转移的保险风险不是重大的。

④合同的签发对交易双方的经济利益没有可辨认影响表明合同不具有商业实质在合同的签发对交易双方的经济利益没有可辨认的影响时，表明保险人与投保人签订的合同不具有商业实质。理解保险人与投保人签订的合同是否具有商业实质，需要保险人全面理解合同的内容和实质，以及相关的合同或协议，在此基础上作出职业判断。具体来说，主要是看合同签订后发生保险事故时是否会对保险人和被保险人产生经济影响，或者说保险事故发生后的经济影响是否会影响到合同双方的定价决策。对于原保险保单，如果保险事故的发生会导致保险人承担赔付保险金的责任，这个保单就具有商业实质，否则就不具有商业实质。对于再保险保单，具有商业实质是指再保险分入人支付分保赔款的金额和时间的变化而变化。如果再保险分入人支付分保赔款的金额或时间发生重大改变的可能性非常小，该合同就不具有商业实质。

三、原保险合同收入

（一）确认条件

根据原保险合同准则规定，保费收入同时满足下列条件的，才能予以确认。

1. 原保险合同成立并承担相应保险责任

根据《企业会计准则讲解》说明，原保险合同成立并承担相应保险责任，是指原保险合同已经签订，保险人在原保险合同生效时开始承担约定的保险责任。保险人和投保人在签订原保险合同时，通常会约定一个保险责任起讫时间。例如，某非寿险原保险合同约定，保险责任起讫时间以保险单载明的时间为准，从保险责任起始日起，每12个月为一个保险年度。又如，某寿险原保险合同约定，保险责任自保险人同意承保并收到首期保费的次日零时开始，至合同列明的终止性保险事故发生时止。如果原保险合同签订日和生效日不是同一天，保险人在合同生效日前收到的款项，不应确认为保费收入，而应确认为一笔负债。

2. 与原保险合同相关的经济利益很可能流入

根据《企业会计准则讲解》说明，与原保险合同相关的经济利益很可能流入，是指与原保险合同相关的保费收回的可能性大于不能收回的可能性，即保费收回的可能性超过50%。

保险人在确定保费能否收回时，应当结合以前和投保人交往的直接经验、投保人的信用和财务状况、其他方面取得的信息等因素，综合进行判断。如果投保人信用良好，能够按照合同约定的期限和金额按期支付保费，通常意味着相关的经济利益很可能流入；如果投保人破产、死亡财务状况出现严重困难，或由于其他原因造成投保人的生产或生存环境严重恶化，通常意味着相关的经济利益不是很可能流入。通常情况下，对于一次性收取保费的原保险合同，签订合同时通常会收到保费，即意味着相关的经济利益已经流入；对于分期收取保费的原保险合同，签订合同时通常会收到第一期保费，其他各期保费尚未收到，因此其他各期保费是否能够收回，需要保险人进行职业判断。

3. 与原保险合同相关的收入能够可靠地计量

根据《企业会计准则讲解》说明，保险人签发的原保险合同，保费金额通常已经确定，这表明保费收入金额能够可靠计量。对于非寿险原保险合同和寿险原保险合同，保险人承担的保险风险性质不同，保费计量依据的假设不同，保费收入的计量方法也各不相同。

（二）计量规则

根据原保险合同准则，保险人应当按照下列规定计算确定保费收入金额：

1. 非寿险原保险合同收入

对于非寿险原保险合同，保险人应当根据原保险合同约定的保费总额确定。

根据《企业会计准则讲解》说明，非寿险原保险合同的保险期间一般较短（通常为一年或短于一年），保费通常一次性收取。即使在分期收取保费的情况下，投保人也一般不能单方面取消合同，保险人在签订原保险合同时通常即可认为保费收回的可能性大于不能收回的可能性。因此，保险人应当根据原保险合同约定的保费总额确定保费收入金额。

例 25-02　2×21 年 1 月 1 日，A 保险公司与李某签订一份家庭财产保险合同，保险金额为 1 000 000 元，保险期间为 1 年，保费为 10 000 元。合同规定，A 保险公司自同年 2 月 1 日零时起开始承担保险责任。合同签订当日，A 保险公司收到李某缴纳的全部保费并存入银行。A 公司的账务处理如下：

（1）1 月 1 日，收到保费 10 000 元：

借：银行存款	10 000	
贷：预收保费		10 000

（2）2 月 1 日，确认原保费收入 10 000 元：

借：预收保费	10 000	
贷：保费收入		10 000

例 25-03　2×21 年 1 月 1 日，A 保险公司与 B 公司签订一份企业财产保险合同，保险金额为 4 000 000 元，保险期间为 2×21 年 1 月 1 日零时至 2×22 年 12 月 31 日二十四时，保费总额为 40 000 元，分两年于每年年初等额收取。合同生效当日，A 保险公司收到第一期保费并存入银行。A 公司的账务处理如下：

（1）2×21 年 1 月 1 日，收到保费 20 000 元，确认原保费收入 40 000 元：

借：银行存款	20 000	
应收保费	20 000	
贷：保费收入		40 000

（2）2×22 年 1 月 1 日，收取保费 20 000 元：

借：银行存款	20 000	
贷：应收保费		20 000

2. 寿险原保险合同收入

对于寿险原保险合同，分期收取保费的，保险人应当根据当期应收取的保费确定；一次性收取保费的，保险人应当根据一次性应收取的保费确定。

根据《企业会计准则讲解》说明，寿险原保险合同的保险期间一般较长，保费通常分期收取，一次性交足较少；投保人可以单方面取消合同，保费的收回存在不确定性。因此，对于分期收取保费的寿险原保险合同，保险人应当根据当期应收取的保费确定保费收入金额；对于一次性收取保费的寿险原保险合同，保险人应当根据一次性应收取的保费确定保费收入金额。

例 25-04　2×20 年 12 月 31 日，A 保险公司与李某签订一份定期寿险合同，保险金额为 1 000 000 元，保险期间为 2×21 年 1 月 1 日零时至 2×30 年 12 月 31 日二十四时；保费总额为 50 000 元，分 5 期于前 5 年每年 1 月 1 日等额收取。合同生效当日，A 保险公司收到李某缴纳的第一期保费 10 000 元（50 000÷5）。A 保险公司的账务处理如下：

借：银行存款	10 000	
贷：保费收入		10 000

以后各年收取保费的账务处理同上。

例 25-05 2×20 年 12 月 31 日，B 公司与王某签订一份两全保险合同，保险金额为 500 000 元，保费总额为 60 000 元，保险期间为 2×21 年 1 月 1 日零时至 2×31 年 12 月 31 日二十四时。合同生效当日，B 公司收到王某缴纳的保费总额 60 000 元。B 公司的账务处理如下：

借：银行存款　　60 000

　贷：保费收入　　60 000

（三）原保险合同提前解除

保险人与投保人签订的原保险合同，投保人由于各种原因可能提前解除。投保人要求提前解除原保险合同的，保险人应当按照原保险合同约定计算确定应退还投保人的金额，其表现形式是退保费。

根据原保险合同准则规定，原保险合同提前解除的，保险人应当按照原保险合同约定计算确定应退还投保人的金额，并作为退保费计入当期损益。《企业会计准则讲解》进行了详细说明。

1. 非寿险原保险合同

对于非寿险原保险合同，投保人在保险责任开始前要求提前解除原保险合同的，投保人应当向保险人支付手续费，保险人应当退还保险费。保险人在这种情况下退还的保险费不是退保费，而是预收保费的退还。

投保人在保险责任开始后要求提前解除原保险合同的，保险人可以收取自保险责任开始之日起至合同解除之日止期间的保险费，剩余的应当退还投保人的保险费即为退保费。同时，保险人在确认非寿险原保险合同保费收入的当期，通过确认未到期责任准备金，已将保费收入调整为已赚取的保费收入。在非寿险原保险合同提前解除时，尚未赚取的保费收入已经不可能再赚取。因此，保险人应当在非寿险原保险合同提前解除时，转销相关的尚未赚取的保费收入，即转销相关未到期责任准备金余额。

对于非寿险原保险合同确认的未决赔款准备金，其确认的前提条件是发生非寿险保险事故。在发生非寿险保险事故的情况下，理性的投保人是不可能要求解除合同的，因此，一般也就不存在转销相关的未决赔款准备金余额。

例 25-06 2×21 年 10 月 8 日，A 公司收到 B 公司通知，要求提前解除投保的企业财产保险合同。A 公司按约定计算应退还 C 公司保费 50 00 元，并于当日以银行存款转账支付。假定 A 公司已为该企业财产保险合同确认未到期责任准备金 4 500 元。A 公司的账务处理如下：

借：保费收入　　5 000

　贷：银行存款　　5 000

借：未到期责任准备金　　4 500

　贷：提取未到期责任准备金　　4 500

2. 寿险原保险合同

对于寿险原保险合同，投保人在保险责任开始后提前解除原保险合同的，如果在犹豫期内，保险人应当在扣除手续费后退还保险费，退还的保险费作为退保费，应直接冲减保费收入。

如果过了犹豫期，保险人应当按照合同约定退还保险单的现金价值，保险人退还的保险单的现金价值即为退保费，应计入退保金。同时，保险人在确认寿险原保险合同保费收入的当期，已经将未来应承担的赔付保险金责任确认为寿险责任准备金、长期健康险责任准备金。在寿险原保险合同提前解除时，保险人原确认的未来应承担的赔付保险金责任已经不复存在，应当同时转销相关准备金余额。因此，保险人应当在寿险原保险合同提前解除时，转销已确认的相关寿险责任准备金、长期健康险责任准备金。

四、原保险合同准备金

原保险合同准备金包括未到期责任准备金、未决赔款准备金、寿险责任准备金和长期健康险责任准备金。其中，未到期责任准备金、未决赔款准备金适用于非寿险原保险合同，寿险责任准备金、长期健康险责任准备金适用于寿险原保险合同，分别由未到期责任准备金和未决赔款准备金组成。未决赔款准备金、寿险责任准备金、长期健康险责任准备金又称为保险责任准备金。

（一）原保险合同准备金的计量

保险合同准备金的计量，涉及保险合同准备金的计量单元、合理估计金额的确定、边际的确定、货币时间价值的考虑、保险精算假设的选定等内容。在计量保险合同准备金时，保险人不得计提以平滑收益为目的的巨灾准备金、平衡准备金、平滑准备金等。

1. 保险合同准备金的计量单元

保险人在确定保险合同准备金时，应当确定合理的计量单元。通常情况下，保险人应当将单项保险合同作为一个计量单元，据此计算的保险合同准备金结果更为准确可信。但是，如果保险风险同质，也可以将保险风险同质的保险合同组合在一起作为一个计量单元，这样做符合成本效益原则和保险合同准备金计量的大数法则。在实务中，保险人应当在综合考虑产品业务线、产品特征、产品定价方法和方式、保险合同的风险特征、保单生效年度、保险人的风险管理政策等基础上确定分组水平，将其作为保险合同准备金的计量单元。分组标准在各年度应当保持一致，不得随意变更。如果保险人变更保险合同准备金计量单元的确定标准，应当对变更的原因、影响及变更的事实等进行披露。

2. 合理估计金额的确定

在计量保险合同准备金时，保险人应当以履行保险合同相关义务所需支出的合理估计金额为基础加以确定。其中，保险人履行保险合同相关义务所需支出，是指由保险合同产生的预期未来现金流出与预期未来现金流入的差额，即预期未来净现金流出。

预期未来净现金流出，是指保险人为履行保险合同相关义务所必需的合理现金流出，主要包括：（1）根据保险合同承诺的保证利益，包括死亡给付、残疾给付、疾病给付、生存给付、满期给付等。（2）根据保险合同构成推定义务的非保证利益，包括保单红利给付等。（3）管理保险合同或处理相关赔付必需的合理费用，包括保单维持费用、保单管理费用、理赔费用、手续费或佣金等。预期未来现金流入，是指保险人为承担保险合同相关义务而获得的现金流入，包括保险费和其他收费。

保险人在确定履行保险合同相关义务所需支出的合理估计金额时，应当以资产负债表日可获取的当前信息为基础，按照各种情形的可能结果及相关概率计算确定。换句话说，保险人履行保险合同相关义务所需支出的合理估计金额，是一个以概率加权的平均数，是无偏估计数，而不是一个最可能发生的金额。保险人在确定各种情形的可能结果和相关概率时，可能使用两方面参数：（1）市场参数，即可以在市场上直接观察到，或直接源于市场的参数，如市场利率等。市场参数的估计应当与资产负债表日可观察的市场数据相一致。即使其他证据表明这些市场参数并不代表资产负债表日的状况，保险人也不应当以自身的估计数取代市场参数。（2）非市场参数，即除市场参数以外的其他参数，如保险索赔的发生频率、保险事故的严重程度、死亡率等。非市场参数的估计数应当反映所有可获取的证据，既包括内部的证据也包括外部的证据。在实务中，保险人可以参照保险人的最近实际经验或行业经验确定非市场参数。

3. 边际的确定

保险合同准备金计量时所指的边际，包括风险调整和剩余边际，属于保险合同准备金的组成部分，在财务报表中不需要分别列示，但应当单独计量并分别在报表附注中进行披露。

（1）风险调整。保险合同准备计量时涉及的风险调整概念中的风险，描述的是未来现金流量结果的可变性。计量风险调整的目的在于反映基于保险人角度，未来现金流量在金额和时间方面的不确定性影响。在所有其他因素相同的情况下，风险调整通常会增加保险合同准备金的计量金额。

为提供有关现金流量有用的信息，风险调整应当具有以下基本特征：①有关现金流量当前估计数和趋势的不确定性越小，风险调整金额越小，有关现金流量当前估计数和趋势不确定性越大，风险调整金额越大。②发生频率低、结果严重性大的保险合同，其风险调整金额比发生频率高、结果不严重的保险合同的风险调整金额大。③对于相同或类似的风险，保险合同期限越长，其风险调整金额相对来说也就越大。④概率分布广的风险，其风险调整金额比概率分布窄的保险合同的风险调整金额大。

在选择用于计算确定风险调整金额的技术时，保险人应当根据本公司的业务实际和技术水平，合理运用职业判断加以确定。通常情况下，保险人应当选择置信区间法、条件尾部期望值法、资本成本法等技术中的一种。在置信区间法下，保险人应当确定一个置信区间（如 75%），在该置信区间的赔付款项金额与赔付款项金额概率加权平均值之间的差额，即为风险调整金额。在条件尾部期望值法下，保险人应当确定一个置信区间（如 75%），在该置信区间的赔付款项金额与超过该置信区间的赔付款项金额概率加权平均值之和，与赔付款项金额概率加权平均值之间的差额，即为风险调整金额。在资本成本法下，保险人应当确定一个置信区间（如 99.5%），在该置信区间的赔付款项金额与赔付款项金额概率加权平均值之间的差额，即为保险人为保险合同现金流量不确定性而需要持有的资本，以需持有的资本乘以保险人的加权平均资本成本，即可得出风险调整金额。在每个资产负债表日，保险人应当重新计算风险调整金额，风险调整金额与上一资产负债表日风险调整余额之间的差额，应当计入当期损益。

（2）剩余边际。在保险合同初始确认日，如果保费的预期现值超过了未来现金流出预期现值和风险调整之和的差额，即发生首日利得，保险人应当将其确认为剩余边际，作为保险合同准备金的组成部分；如果保费的预期现值小于未来现金流出预期现值和风险调整之和的差额，即发生首日损失，保险人应当在当期损益中立即予以确认。

在初始确认剩余边际后，对剩余边际进行重新计量没有实际意义，也缺乏经济实质，因此，剩余边际的后续计量是一个摊销过程，摊销金额应当计入当期损益。在实务中，保险人应当采用直线法进行摊销，除非其他的摊销方法更为合理。

4. 货币时间价值的考虑

在计量保险准备金时，保险应当考虑货币时间价值的影响。货币时间价值影响重大的，应当对相关未来现金流量进行折现。计量货币时间价值所采用的折现率，应当以资产负债表日可获取的当前信息为基础确定，不得锁定。

对于未来保险利益不受对应资产组合投资收益影响的保险合同，用于计算保险合同准备金的折现率，应当根据与负债现金流出期限和风险相当的市场利率确定。其中，期限相当，是指决定市场利率的资产的期限与负债净现金流出的期限一致。如果负债现金流出的期限长于可观察到的市场利率的期限，需要采用合理的方法对利率曲线进行外推。风险相当，是指决定市场利率的资产的风险与负债的风险一致。折现率应当在无风险利率的基础上，考虑流动性溢价、所得税等因素加以确定。

对于未来保险利益随对应资产组合投资收益变化的保险合同，用于计算保险合同准备金的折现率，应当根据对应资产组合预期产生的未来投资收益率确定。如果对应资产组合还承担了与保险合同准备金特征无关的其他风险，如信用风险，则在确定折现率时，应当扣除由于此类风险带来的溢价，即考虑保险合同准备金的特征，不考虑为支持保险合同准备金而持有的资产的特征。

5. 保险精算假设的选定

保险精算假设是保险合同准备金计量的重要组成部分。对于保险事故发生率假设，如死亡发生率、疾病发生率、伤残率等，保险人应当根据实际经验和未来发展变化趋势，确定合理估计值。

对于退保率假设，保险人应当根据实际经验和未来发展变化趋势，在考虑产品特征、销售渠道、缴费方式、资本市场条件等基础上，确定合理估计值。对于费用假设，保险人应当根据费用分析结果和未来发展变化趋势，确定合理估计值。对于保单红利假设，保险人应当根据分红保险账户的预期投资收益率、管理层的红利政策、保单持有人的合理预期等因素，确定合理估计量。

（二）原保险合同准备金的确认

1. 未到期责任准备金

未到期责任准备金是指保险人为尚未终止的非寿险保险责任提取的准备金。保险人应当在确认非寿险保费收入的当期，按照保险精算确定的金额，提取未到期责任准备金，作为当期保费收入的调整，并确认未到期责任准备金负债。保险人应当在资产负债表日，按照保险精算重新计算确定的未到期责任准备金金额与已提取的未到期责任准备金余额的差额，调整未到期责任准备金余额。

根据《企业会计准则讲解》说明，在保险人按原保险合同约定的保费总额确认保费收入的情况下，为了真实地反映保险人当期已赚取的保费收入，保险人就有必要在确认保费收入的当期期末，按照保险精算确定的未到期责任准备金金额，提取未到期责任准备金，作为保费收入的调整，并确认未到期责任准备金负债。同时，保险人应当在资产负债表日，按照保险精算重新计算确定的未到期责任准备金金额与已确认的未到期责任准备金余额的差额，对未到期责任准备金余额进行调整。

从性质上讲，未到期责任准备金属于未赚取的保费收入，确认未到期责任准备金就是确认未赚取的保费收入。随着时间的推移，保险风险在逐渐减少，未赚取的保费收入也随之转化为已赚取的保费收入。因此，对同一尚未终止的非寿险保险责任而言，通常情况下保险人在资产负债表日按照保险精算重新计算确定的未到期责任准备金金额应当小于上一资产负债表日已确认的未到期责任准备金余额。

例 25-07　2×21 年 10 月 1 日，A 公司确认 B 公司投保的财产保险合同保费收入 50 000 元；10 月 31 日，A 公司保险精算部门计算确定 A 财产保险合同未到期责任准备金金额为 44 000 元；12 月 31 日，A 公司保险精算部门计算确定 A 财产保险合同未到期责任准备金金额为 40 000 元。

A 公司的账务处理如下。

（1）10 月 1 日，确认原保费收入 50 000 元：

借：银行存款	50 000	
贷：保费收入		50 000

（2）10 月 31 日，确认未到期责任准备金 44 000 元：

借：提取未到期责任准备金	44 000	
贷：未到期责任准备金		44 000

（3）12月31日，调减未到期责任准备金4 000元（44 000－40 000）：

借：未到期责任准备金	4 000	
贷：提取未到期责任准备金		4 000

2. 未决赔款准备金

未决赔款准备金是指保险人为非寿险保险事故已发生尚未结案的赔案提取的准备金。保险人应当在非寿险保险事故发生的当期，按照保险精算确定的金额，提取未决赔款准备金，并确认未决赔款准备金负债。

未决赔款准备金包括已发生已报案未决赔款准备金、已发生未报案未决赔款准备金和理赔费用准备金。已发生已报案未决赔款准备金是指保险人为非寿险保险事故已发生并已向保险人提出索赔、尚未结案的赔案提取的准备金。已发生未报案未决赔款准备金，是指保险人为非寿险保险事故已发生、尚未向保险人提出索赔的赔案提取的准备金。理赔费用准备金是指保险人为非寿险保险事故已发生尚未结案的赔案可能发生的律师费、诉讼费、损失检验费、相关理赔人员薪酬等费用提取的准备金。

根据《企业会计准则讲解》说明，保险人与投保人签订原保险合同，向投保人收取保费，同时承担了在保险事故发生时向受益人赔付保险金的责任。对于非寿险原保险合同，在保险事故发生之前，保险人承担的向受益人赔付保险金的责任是一种潜在义务，不满足负债的确认条件，不应当确认为负债。保险事故一旦发生，保险人承担的向受益人赔付保险金的责任变成一种现时义务，满足负债的确认条件，应当确认为负债。因此，保险人应当在非寿险保险事故发生的当期，按照保险精算确定的未决赔款准备金金额，提取未决赔款准备金，并确认未决赔款准备金负债。

已发生已报案未决赔款准备金的基础数据主要来源于理赔部门，应当反映理赔部门对于理赔模式、赔付支出变化、零赔案、大赔案等问题的经验和判断。

根据与具体赔案之间的关系，理赔费用准备金可分为直接理赔费用准备金和间接理赔费用准备金。保险人专门设置的理赔部门发生的理赔人员薪酬，通常应当根据与具体赔案之间的关系，分别归属于直接理赔费用准备金和间接理赔费用准备。直接理赔费用准备金是指保险人为直接发生于具体赔案的律师费、诉讼费、损失检验费等提取的理赔费用准备金。间接理赔费用准备金是指保险人为非直接发生于具体赔案的理赔人员薪酬等理赔查勘费用提取的理赔费用准备金。在计算确定间接理赔费用准备金金额时，保险精算部门通常采用比率分摊法进行评估。

例 25-08 2×21 年 5 月月 31 日，A 公司保险精算部门计算确定的某类财产保险合同未决赔款准备金金额为 115 000 元，其中，已发生已报案未决赔款准备金为 65 000 元，已发生未报案未决赔款准备金为 25 000 元，理赔费用准备金为 25 000 元。A 公司的账务处理如下：

借：提取保险责任准备金	115 000	
贷：保险责任准备金		115 000

3. 寿险（长期健康险）责任准备金

寿险责任准备金是指保险人为尚未终止的人寿保险责任提取的准备金；长期健康险责任准备金是指保险人为尚未终止的长期健康保险责任提取的准备金。保险人应当在确认寿险保费收入的当期，按照保险精算确定的金额，提取寿险责任准备金、长期健康险责任准备金，并确认寿险责任准备金、长期健康险责任准备金负债。

根据《企业会计准则讲解》说明，保险人与投保人签订原保险合同，向投保人收取保费，同时承担了在保险事故发生时向受益人赔付保险金的责任。这种责任是保险人承担的现时义务。寿险原保险合同保险事故的表现形式是被保险人死亡、伤残、疾病或者达到约定的年龄、期限。对于这类保险事故，保险人承担赔付保险金责任导致经济利益流出的可能性超过 50%。虽然寿险原保险合同保险事故具体发生的时间具有不确定性，保险事故发生时具体应当给付的金额具有不确定性，但是，根据保险精算的原理，保险人能够可靠地估计承担的向受益人赔付保险金责任的大小和时间。因此，保险人承担的向受益人赔付保险金的责任满足负债的确认条件，应当确认为负债，即保险人应当在确认寿险保费收入的当期，按照保险精算确定的寿险责任准备金、长期健康险责任准备金金额，提取寿险责任准备金、长期健康险责任准备金，并确认为负债。

通常情况下，对于定期寿险、终身寿险、两全保险、年金保险等原保险合同，保险人应当在确认保费收入的当期，根据保险精算部门确定的寿险责任准备金确认寿险责任准备金负债。

例 25-09 2×21 年 12 月 31 日，B 公司保险精算部门计算确定的某团体终身寿险合同寿险责任准备金金额为 150 000 元。B 公司的账务处理如下：

借：提取保险责任准备金	150 000	
贷：保险责任准备金		150 000

（三）保险责任准备金充足性测试

根据原保险合同准则规定，保险人至少应当于每年年度终了，对未决赔款准备金、寿险责任准备金、长期健康险责任准备金进行充足性测试。保险人按照充足性测试补提的未决赔款准备金、寿险责任准备金、长期健康险责任准备金，计入当期损益。

保险人按照保险精算重新计算确定的相关准备金金额超过充足性测试日已提取的相关准备金余额的，应当按照其差额补提相关准备金；保险人按照保险精算重新计算确定的相关准备金金额小于充足性测试日已提取的相关准备金余额的，不调整相关准备金。

根据《企业会计准则讲解》说明，保险人在非寿险保险事故发生的当期，已经根据保险精算部门确定的未决赔款准备金金额确认了保险责任准备金（未决赔款准备金）；在确认寿险保费收入的当期，已经根据保险精算部门确定的寿险责任准备金、长期健康险责任准备金金额确认了保险责任准备金（寿险责任准备金、长期健康险责任准备金）。但是，随着理赔案件调查的深入（如未决赔款准备金）和时间的推移（如寿险责任准备金、长期健康险责任准备金），原定保险精算假设可能发生变化，从而导致已确认的保险责任准备金金额与保险人应承担的赔付保险金责任不一致。此时，如果不对已确认的保险责任准备金金额进行调整，就不能真实地反映保险人承担的赔付保险金责任。

基于会计信息质量特征中的谨慎性，并考虑成本效益原则，保险人应当至少于每年年度终了，以掌握的有关资料为依据，选择恰当的方法对保险责任准备金进行充足性测试。如果保险人按照保险精算重新计算确定的相关保险责任准备金金额超过充足性测试日已确认的相关保险责任准备金余额，应当按照其差额补提相关保险责任准备金；如果保险人按照保险精算重新计算确定的相关保险责任准备金金额小于充足性测试日已确认的相关保险责任准备金余额的，不调整相关保险责任准备金。

例 25-10 2×21 年 12 月 31 日，A 公司保险精算部门计算确定的某财产保险合同未决赔款准备金金额为 160 000 元，前期已确认的相关未决赔款准备金金额为 100 000 元。A 公司的账务处理如下：

借：提取保险责任准备金　　60 000

　　贷：保险责任准备金　　60 000

五、原保险合同成本

（一）原保险合同成本的定义

根据原保险合同准则规定，原保险合同成本是指原保险合同发生的、会导致所有者权益减少的、与向所有者分配利润无关的经济利益的总流出。原保险合同成本主要包括发生的手续费或佣金支出、赔付成本，以及提取的未决赔款准备金、寿险责任准备金、长期健康险责任准备金等。

赔付成本包括保险人支付的赔款、给付，以及在理赔过程中发生的律师费、诉讼费、损失检验费、相关理赔人员薪酬等理赔费用。

（二）保单取得成本

保单取得成本，是指保险人在取得原保险合同过程中发生的支出，包括发生的手续费或佣金支出、保单签订费、医药费、检查费等。保单取得成本分为增量保单取得成本和非增量保单取得成本。增量保单取得成本，是指保险人如果不出售、签发保险合同就不会发生的保险合同的出售、签发成本。非增量保单取得成本，是指除增量保单取得成本以外的保单的取得成本。增量保单取得成本，应当作为保险合同准备金负债的组成部分；非增量保单成本，应当在发生时计入当期损益。

其中，保险人在取得原保险合同过程中发生的手续费或佣金支出，是保单取得成本的主要内容，应当在发生时计入当期损益。

（三）赔付成本

赔付成本包括保险人支付的赔款、给付，以及在理赔过程中发生的律师费、诉讼费、损失检验费、相关理赔人员薪酬等理赔费用。

1. 确定支付赔付款项

（1）非寿险原保险合同。对于非寿险原保险合同，保险人在发生保险事故当期，已经根据保险精算部门计算确定的未决赔款准备金金额，确认了保险责任准备金（未决赔款准备金）负债，同时确认提取保险责任准备金，计入当期损益。保险人在确定了实际应支付赔偿款项金额的当期，首先应当将确定支付的赔偿款项金额计入当期赔付支出；其次，应当按照确定支付的赔偿款项金额，冲减相应的保险责任准备金（未决赔款准备金）余额。

保险人将实际应支付的赔偿款确认为赔付支出单独核算，而不是直接冲减未决赔款准备金余额，主要是为了满足赔付率监管的需要，并与未决赔款准备金精算实务相衔接。在实务中，保险精算部门是根据有效保单定期计算未决赔款准备金余额，已决保单没有包括在有效保单内。在资产负债表日，会计部门根据保险精算结果按差额确认未决赔款准备金时，已经自动将已决保单相关的未决赔款准备金转销。

例 25-11 2×21 年 4 月 12 日，A 公司确定应赔偿张某投保的家庭财产保险款 85 000 元，款项尚未支付。2×21 年 4 月 30 日，A 公司为该保险事故确认的未决赔款准备金金额为 88 000 元。

A 公司的账务处理如下：

借：赔付支出	85 000	
贷：应付赔付款		85 000
借：保险责任准备金	88 000	
贷：提取保险责任准备金		88 000

保险人在保险事故发生后较短的时间内（通常为保险事故发生当月）即能够结案定损的，保险人不需要先确认未决赔款准备金，再予以转销，而可以直接将确定支付的赔付款项金额计入当期损益。

例 25-12 2×21 年 5 月 15 日，A 公司某被保险人发生交通事故死亡；5 月 20 日，A 公司确定应赔偿该保险受益人保险款 130 000 元；并于当日支付。A 公司的账务处理如下：

借：赔付支出	130 000	
贷：银行存款		130 000

（2）寿险原保险合同。对于寿险原保险合同，保险人在确认保费收入当期，已经根据保险精算部门计算确定的寿险责任准备金、长期健康险责任准备金金额，确认了保险责任准备金（寿险责任准备金、长期健康险责任准备金）负债，同时确认提取保险责任准备金，计入当期损益。保险人在确定了实际支付给付款项金额的当期，首先，应当将确定支付的给付款项金额，计入当期赔付支出；其次，应当按照确定支付的给付款项金额，冲减相应的保险责任准备金（寿险责任准备金、长期健康险责任准备金）余额。

例 25-13 2×21 年 6 月 30 日，B 公司确定应给付李某投保的团体终身寿险款项 800 000 元，款项尚未支付。B 公司的账务处理如下：

借：赔付支出	800 000	
贷：应付赔付款		800 000
借：保险责任准备金	800 000	
贷：提取保险责任准备金		800 000

2. 发生理赔费用

保险事故发生后，保险人为了确定应承担赔付保险金责任的金额，需要经过一系列的调查核实过程，如现场查勘、审查有关单证、审核责任、核定赔偿范围等。在这一过程中发生的律师费、诉讼费、损失检验费、相关理赔人员薪酬等，即为理赔费用。

保险人发生的理赔费用，应当在实际发生的当期计入赔付支出，同时冲减相应的保险责任准备金（未决赔款准备金、寿险责任准备金、长期健康险责任准备金）余额。理赔费用准备金中包括的相关理赔人员薪酬，应当在实际分配的当期计入赔付支出，同时冲减相应的保险责任准备金（未决赔款准备金、寿险责任准备金、长期健康险责任准备金）余额。

例 25-14 2×21 年 5 月 31 日，B 公司分配相关理赔人员薪酬 45 000 元，其中与寿险责任准备金有关的金额为 24 000 元，与长期健康险责任准备金有关的金额为 21 000 元。B 公司的账务处理如下：

借：赔付支出	45 000	
贷：应付职工薪酬		45 000
借：保险责任准备金——寿险责任准备金	24 000	
——长期健康险责任准备金	21 000	
贷：提取保险责任准备金		45 000

（四）损余物资

损余物资，是指保险人对非寿险保险事故承担赔偿保险金责任后取得的原保险标的受损后的财产。通常情况下，保险人承担赔偿保险金责任时，一般将取得的有关财产折价给受益人，该财产不属于保险人的损余物资，不应当纳入保险人的资产负债表内反映，应当将其从应支付的赔偿款项中扣除，按扣除后的金额支付给受益人。如果保险人承担赔偿保险金责任时，没有将取得的原保险标的受损后的有关财产折价给受益人，则该资产属于保险人的损余物资，在满足确认条件时应纳入保险人的资产负债表内反映。

根据原保险合同准则规定，保险人承担赔偿保险金责任取得的损余物资，应当按照同类或类似资产的市场价格计算确定的金额确认为资产，并冲减当期赔付成本。处置损余物资时，保险人应当按照收到的金额与相关损余物资账面价值的差额，调整当期赔付成本。

保险人取得的损余物资是对其发生赔付支出的补偿，因此，在确认损余物资时，应当按照同类或类似资产的市场价格计算确定的金额确认为资产，同时冲减赔付支出。同类或类似资产，通常是指与损余物资的性质相同、功能相近的资产。保险人处置损余物资时，收到的金额与相关损余物资账面价值的差额，应当调整当期赔付支出。

例 25-15 张某投保的小轿车发生被盗保险事故，A 公司已结案并支付保险金。2×21 年 4 月 12 日，A 公司通过公安部门找回了该被盗小轿车，参照同类资产的市场价格确定的入账价值为 80 000 元。2×21 年 5 月 30 日，对外出售该小轿车，取得收入 85 000 元，A 公司的账务处理如下。

公安部门找回该小轿车时：

借：损余物资	80 000	
贷：赔付支出		80 000

该小轿车对外出售时：

借：银行存款	85 000	
贷：损余物资		80 000
赔付支出		5 000

（五）代位追偿款

代位追偿款，是指保险人承担赔偿保险金责任后，依法从被保险人取得代位追偿权向第三者责任人索赔而应取得的赔款。保险人承担赔付保险金责任后应取得的代位追偿款，只有在同时满足准则规定的条件时才能予以确认。对于不满足确认条件的代位追偿款，保险人不应当确认。

根据原保险合同准则规定，保险人承担赔付保险金责任应收取的代位追偿款，同时满足下列条件的，应当确认为应收代位追偿款，并冲减当期赔付成本。

（1）与该代位追偿款有关的经济利益很可能流入。

（2）该代位追偿款的金额能够可靠地计量。

收到应收代位追偿款时，保险人应当按照收到的金额与相关应收代位追偿款账面价值的差额，调整当期赔付成本。

根据《企业会计准则讲解》说明，在判断代位追偿款能否收回时，保险人应当根据以往的经验、第三者债务人的财务状况和现金流量等相关信息进行合理估计。如果判断代位追偿款收回的可能性大于不能收回的可能性，就应当认为代位追偿款能够收回。如果判断代位追偿款收回的可能性小于不能收回的可能性，就不应当确认应收代位追偿款，但应当提供确凿的证据。

保险人确认的应收代位追偿款，其实质是对保险人发生的赔付支出的补偿，在确认时应当冲减赔付支出。收到应收代位追偿款时，保险人应当按照收到的金额与相关应收代位追偿款账面价值的差额，调整当期赔付支出。

例 25-16 2×21 年 5 月 15 日，李某投保的小轿车发生碰撞保险事故，A 公司赔偿保险金责任后，取得向责任方代位追偿的权利，估计能够收回的代位追偿款为32 000元。6月23日，A公司从责任方收到代位追偿款28 000元，款项已存入银行。A公司的账务处理如下。

（1）5月15日，确认应收代位追偿款32 000元：

借：应收代位追偿款	32 000	
贷：赔付支出		32 000

（2）6月23日，收到应收代位追偿款28 000元：

借：银行存款	28 000	
赔付支出	4 000	
贷：应收代位追偿款		32 000

六、列报

（一）资产负债表列示项目

根据原保险合同准则规定，保险人应当在资产负债表中单独列示与原保险合同有关的下列项目：

（1）未到期责任准备金。

（2）未决赔款准备金。

（3）寿险责任准备金。

（4）长期健康险责任准备金。

（二）利润表列示项目

保险人应当在利润表中单独列示与原保险合同有关的下列项目：

（1）保费收入。

（2）退保费。

（3）提取未到期责任准备金。

（4）已赚保费。

（5）手续费支出。

（6）赔付成本。

（7）提取未决赔款准备金。

（8）提取寿险责任准备金。

（9）提取长期健康险责任准备金。

（三）附注中披露项目

保险人应当在附注中披露与原保险合同有关的下列信息：

（1）代位追偿款的有关情况。

（2）损余物资的有关情况。

（3）各项准备金的增减变动情况。

（4）提取各项准备金及进行准备金充足性测试的主要精算假设和方法。

七、新旧衔接

首次执行企业会计准则，遵照《企业会计准则第38号——首次执行企业会计准则》的相关规定，详见本书第三十八章。

第二十六章
再保险合同

一、准则适用范围

《企业会计准则第 26 号——再保险合同》（以下简称再保险合同准则）适用于再保险合同的确认、计量和相关信息的列报，包括保险人签发、持有的再保险合同。保险人将分入的再保险业务转分给其他保险人而签订的转分保合同，比照本准则处理。保险人签发的原保险合同，适用《企业会计准则第 25 号——原保险合同》。

二、再保险合同的概述

（一）再保险合同的概念及特征

根据再保险合同准则规定，再保险合同是指一个保险人（再保险分出人）分出一定的保费给另一个保险人（再保险接受人），再保险接受人对再保险分出人由原保险合同所引起的赔付成本及其他相关费用进行补偿的保险合同。根据《企业会计准则讲解》说明，再保险合同属于保险合同的一种，与原保险合同相比较，具有以下特征：

（1）再保险合同是保险人与保险人之间签订的合同，一方为再保险分出人，另一方为再保险接受人。再保险分出人是根据再保险合同，有义务向再保险接受人支付一定保费，同时有权利就其由原保险合同所引起的赔付成本及其他相关费用从再保险接受人获得补偿的保险人；再保险接受人是根据再保险合同，有权利向再保险分出人收取一定保费，同时有义务对再保险分出人由原保险合同所引起的赔付成本及其他相关费用进行补偿的保险人。

（2）再保险合同是补偿性合同。不论原保险合同是寿险合同还是非寿险合同，再保险合同标的都是再保险分出人所承担的保险责任。再保险合同不具有直接对原保险合同标的进行赔偿或给付的性质，而是以补偿再保险分出人对原保险合同所承担的保险责任为目的，即对于原保险合同标的发生保险事故所产生的损失，先由再保险分出人全额进行赔偿或给付，再将应由再保险接受人承担的部分摊回，由再保险接受人向再保险分出人进行补偿。

（3）再保险合同独立于原保险合同。这主要体现在再保险合同与原保险合同在法律上没有任何承继关系。一方面，再保险合同的再保险接受人与原保险合同的投保人和保险受益人之间不发生任何法律或业务关系，再保险合同的再保险接受人无权向原保险合同的投保人收取保费，原保险合同的保险受益人无权直接向再保险合同的再保险接受人提出索赔要求；另一方面，原保险合同的保险人（再保险合同的再保险分出人）也不得以再保险接受人不对其履行补偿义务为借口而拒绝、减少或延迟履行其对保险受益人的赔偿或给付义务。

（二）再保险合同的分类

再保险合同按自留额和分保额计算基础的不同，可分为比例再保险合同和非比例再保险合同。自留额是指再保险分出人对于每一危险单位或一系列危险单位的责任或损失，承担自负责任的限额；分保额是指对于再保险分出人每一危险单位或一系列危险单位的责任或损失，再保险接受人承担分保责任的限额。

（1）比例再保险合同，是指以原保险合同保险金额为自留额和分保额计算基础的一种再保险合同。该种再保险方式下，再保险分出人与再保险接受人按照保险金额的一定比例分担责任，并按此比例分出保费和分摊赔付款。比例再保险合同又分为成数再保险合同和溢额再保险合同。

①成数再保险合同，在成数再保险合同中，签约双方一般对某种业务的每一危险单位自留额和分保额约定固定的比例，再保险分出人对约定的业务，一律按分保比例向再保险接受人分出保费和摊回赔付款。成数再保险合同有时还约定再保险接受人所承担分保额的最高限额。

②溢额再保险合同，在溢额再保险合同中，签约双方一般约定再保险分出人对某种业务每一危险单位保险金额自己所承担的自留额，当保险金额超出自留额时，超出部分（即溢额）由再保险接受人承担，但再保险接受人承担的溢额不超过合同约定的最高限额（在最高限额之内承担的溢额为分保额）。签约双方以自留额和分保额为基础，计算确定每一危险单位的自留额和分保额之间的比例，分别称为自留比例和分保比例。再保险分出人按分保比例向再保险接受人分出保费和摊回赔付款。对于溢额超出再保险接受人最高承担限额的部分，再保险分出人不作分保或另作分保安排。与成数分保不同的是，溢额分保的比例不是固定的，而是根据每一标的的保额大小而变动，分出保费和赔付款项的摊回金额也随之相应变化。

（2）非比例再保险合同，是指以再保险分出人赔付款金额（实际损失）为自留额和分保额计算基础的一种再保险合同。该种再保险方式下，再保险分出人与再保险接受人并不是按比例分配相关的保费和赔付款，而是通常先规定两个限额：一是再保险分出人自己承担的赔付限额（赔款限额或赔付率限额）；二是再保险接受人承担的最高赔付限额。再保险分出人按合同规定在期初向再保险接受人预付一定的保费，合同责任期满后再对预付保费进行调整；当原保险发生保险事故后的赔付金额或全年赔付率不超过再保险分出人自负责任限额时，相关损失由再保险分出人自行承担；对于超过自负责任限额部分的赔付款由再保险接受人承担，但不超过约定应承担的最高限额。非比例再保险是在比例再保险承担补偿责任以后才承担补偿责任的再保险。非比例再保险合同分为超额赔款再保险合同和赔付率超赔再保险合同。

①超额赔款再保险合同，在超额赔款再保险合同中，一般约定以再保险分出人每一危险单位所发生的赔款金额或者一次巨灾事故中多数危险单位的责任累积赔款为基础，确定再保险分出人的自负责任限额和再保险接受人承担的分保限额，自负责任限额以内的损失由再保险分出人自行承担，超过自负责任限额以上的损失由再保险接受人负担最高限额内的部分。其中，以再保险分出人每一危险单位所发生的赔款金额为基础确定自留额和分保额的，为险位超赔再保险合同；以一次巨灾事故中多数危险单位的责任累积赔款额为基础确定自留额和分保额的，为事故（或巨灾）超赔再保险合同。安排超额赔款再保险时，可将所要求的整个超赔保障数额分割为几层。

②赔付率超赔再保险合同，在赔付率超赔再保险合同中，一般约定按再保险分出人年度赔付率为基础计算自负责任额和分保责任额，当再保险分出人赔付率超过规定赔付率时，超过部分的赔付款由再保险接受人负担至一定的限额。

（三）再保险合同基本业务

根据《企业会计准则讲解》，再保险合同业务包括分出业务和分入业务。再保险分出业务涉及分出保费、摊回分保手续费、摊回赔付成本等基本业务。同原保险转嫁风险需要支付保费相同，再保险分出人转嫁保险风险责任也要向再保险接受人支付一定的保费。这种保费叫作分保费或再保险费。同时，由于再保险分出人在销售原保险保单以及维护和管理保险业务过程中发生了一定的费用，再保险分出人需要向再保险接受人回一部分费用予以补偿。这种由再保险接受人支付给再保险分出人的费用称为分保手续费。当被保险人发生保险责任范围内的保险事故时，再保险分出人按原保险合同约定负责向保险受益人提供赔偿或给付，再将应由再保险接受人承担的份额摊回，此为推回赔付成本。与再保险分出业务相对应，再保险分入业务涉及收取分保费、支付分保手续费、支付分保赔付款等基本业务。

此外，再保险接受人与再保险分出人之间还有支付和收取纯益手续费的业务。纯益手续费是指再保险接受人为鼓励再保险分出人谨慎地选择原保险合同所承保的业务，在其取得纯益基础上付给再保险分出人一定比例（即纯益手续费率）的报酬。“纯益”指某个业务年度的再保险分入业务获得的纯收益，即该年度分入业务收入项目合计减去支出项目合计的差额。

保险人之间履行再保险合同约定、办理再保险业务和进行再保险资金结算的主要凭据是分保业务账单（基本格式及内容见表 26-01）。分保业务账单一般由再保险分出人按季度编制。为了减少付款次数和不必要的汇款费用，再保险合同双方通常约定按照账单上各项应收应付款项相抵后的净额结算。表 26-01 中“应付你方余额”为账单贷方金额合计减去借方金额合计后的净额，是再保险分出人应向再保险接受人实际支付的金额；“应付我方余额”为账单借方金额合计减去贷方金额合计后的净额，是再保险接受人应向再保险分出人实际支付的金额。

表 26-01　分保业务账单

分出公司名称：　　　　　　　　　　分入公司名称：

账单期：　　　　　　　　　　业务年度：

合同名称：　　　　　　　　　　币种：

借方		贷方	
项目	金额	项目	金额
分保手续费		分保费	
分保赔付款			
纯益手续费			
应付你方余额		应付我方余额	
合计			
备注			

经办人：　　　　　　复核人：　　　　　　批准人：

日期：

盖章：

三、分出业务的会计处理

（一）基本规定

根据再保险合同准则规定，再保险分出人不应当将再保险合同形成的资产与有关原保险合同形成的负债相互抵销。再保险分出人不应当将再保险合同形成的收入或费用与有关原保险合同形成的费用或收入相互抵销。

在对原保险合同收入、保险合同准备金、赔付成本、损余物资、代位追偿款等业务处理的同时，进行再保险业务的处理，两者不能合并处理，以明确体现各方的权利义务、业务实质。

合同收入的处理：再保险分出人应当在确认原保险合同保费收入的当期，按照相关再保险合同的约定，计算确定分出保费，计入当期损益。

保单取得成本的处理：再保险分出人应当在确认原保险合同保费收入的当期，按照相关再保险合同的约定，计算确定应向再保险接受人摊回的分保费用，计入当期损益。摊回的分保费用是指摊回的分保手续费，是再保险人付给再保险分出人的报酬。

未到期责任准备金的处理：再保险分出人应当在确认原保险合同保费收入的当期，按照相关再保险合同的约定，计算确认相关的应收分保未到期责任准备金资产，并冲减提取未到期责任准备金。

再保险分出人应当在资产负债表日调整原保险合同未到期责任准备金余额时，相应调整应收分保未到期责任准备金余额。

未决赔款准备金、寿险责任准备金、长期健康险责任准备金的处理：再保险分出人应当在提取原保险合同未决赔款准备金、寿险责任准备金、长期健康险责任准备金的当期，按照相关再保险合同的约定，计算确定应向再保险接受人摊回的相应准备金，确认为相应的应收分保准备金资产。

赔付成本的处理：再保险分出人应当在确定支付赔付款项金额或实际发生理赔费用而冲减原保险合同相应准备金余额的当期，冲减相应的应收分保准备金余额；同时，按照相关再保险合同的约定，计算确定应向再保险接受人摊回的赔付成本，计入当期损益。

损余物资和代位追偿款的处理：再保险分出人应当在因取得和处置损余物资、确认和收到应收代位追偿款等而调整原保险合同赔付成本的当期，按照相关再保险合同的约定，计算确定摊回赔付成本的调整金额，计入当期损益。

分保保证金的处理：再保险分出人应当在发出分保业务账单时，将账单标明的扣存本期分保保证金确认为存入分保保证金；同时，按照账单标明的返还上期扣存分保保证金转销相关存入分保保证金。再保险分出人应当根据相关再保险合同的约定，按期计算存入分保保证金利息，计入当期损益。

纯益手续费的处理：再保险分出人应当根据相关再保险合同的约定，在能够计算确定应向再保险接受人收取的纯益手续费时，将该项纯益手续费作为摊回分保费用，计入当期损益。

合同提前解除的处理：再保险分出人应当在原保险合同提前解除的当期，按照相关再保险合同的约定，计算确定分出保费、摊回分保费用的调整金额，计入当期损益；同时，转销相关应收分保准备金余额。

（二）应收分保准备金

1. 应收分保准备金与有关原保险合同准备金不得相互抵销

根据再保险合同准则规定，再保险分出人不应当将再保险合同形成的资产与有关原保险合同形成的负债相互抵销。再保险合同形成的资产主要指再保险分出人对再保险合同确认的各项应收分保准备金；原保险合同形成的负债主要指再保险分出人对原保险合同提取的各项准备金。

根据《企业会计准则讲解》说明，在签订再保险合同的情况下，再保险分出人提取相关原保险合同各项准备金（未到期责任准备金除外）确认应付保险受益人负债的同时，也产生了向再保险接受人收取补偿金额的权利，该权利所带来的经济利益很可能流入保险人并且权利金额能够可靠地计量，符合资产要素的定义及确认条件，应当确认为应收分保准备金资产。需要说明的是，应收分保未到期责任准备金属于分出的未赚保费，本质上不属于预期从再保险接受人处获得补偿的权利金额。

应收分保准备金的确认应符合与有关原保险合同准备金不相互抵销的要求，即再保险分出人不应仅以各项原保险合同准备金扣除相关应收分保准备金后的金额列示于资产负债表。原保险合同准备金反映再保险分出人应付保险受益人的负债，而应收分保准备金反映的则是再保险分出人应收再保险接受人的债权。再保险合同的签订并不能减少或免除再保险分出人对原保险合同保险受益人的保险责任，无论再保险接受人能否对再保险分出人支付补偿金额，再保险分出人都要向保险受益人全额履行赔付义务。因此，应收分保准备金与相关原保险合同准备金不应相互抵销，抵销处理会掩盖再保险分出人客观存在的信用风险，造成信息披露不充分。按照再保险合同准则要求，再保险分出人应在资产负债表中全额列示原保险合同各项准备金，以全面、真实反映其对原保险合同保险受益人的负债情况，同时将各项应收分保准备金作为资产单独列示，以真实反映其对再保险接受人应有的债权。这样，也有利于准确考核再保险分出人的偿付能力。应收分保未到期责任准备金和未到期责任准备金同样不符合相抵销条件。

2. 应收分保准备金的确认

再保险分出人应当在确认非寿险原保险合同保费收入的当期，按照相关再保险合同的约定，计算确认相关的应收分保未到期责任准备金资产，并冲减提取未到期责任准备金。再保险分出人应当在提取原保险合同未决赔款准备金、寿险责任准备金、长期健康险责任准备金的当期，按照相关再保险合同的约定，计算确定应向再保险接受人摊回的相应准备金，确认为相应的应收分保准备金资产。

应收分保未到期责任准备金实质属于分出的未赚保费，确认应收分保未到期责任准备金是对当期分出保费的调整。提取未到期责任准备金（含分保未到期责任准备金）和确认应收分保未到期责任准备金的最终结果都是对当期自留保费（原保险合同保费收入加上分保费收入再减去分出保费后的金额）的调整，且将当期的自留保费调整为已赚保费。因此，确认应收分保未到期责任准备金时应作冲减提取未到期责任准备金处理，通过“提取未到期责任准备金”科目集中反映将当期自留保费调整为已赚保费的调整金额。而应收分保未决赔款准备金、应收分保寿险责任准备金和应收分保长期健康险责任准备金都表示再保险分出人预期从再保险接受人处获得补偿的金额具有收入性质，确认时应作为摊回相应准备金处理。

例 26-01 2×20 年 12 月 2 日，A 保险公司（以下简称 A 公司）与 B 保险公司（以下简称 B 公司）签订一份成数分保财险再保险合同，将合同规定范围内的原保险业务向 A 公司办理分保。合同约定，分保比例为 10%；分保手续费以分出保费作为计算基础，分保手续费率为 25%；合同起期日为 2×21 年 1 月 1 日，保险责任期间为 1 年。A 企业财产保险合同属于该再保险合同规定的业务范围。2×21 年 1 月 1 日，A 公司就 A 企业财产保险合同确认保费收入 12 万元；1 月 31 日，A 公司就 A 企业财产保险合同提取未到期责任准备金 10 万元；3 月 18 日，A 企业财产保险合同约定的保险事故发生，至 3 月 31 日尚未结案定损，A 公司就该合同提取未决赔款准备金 7 000 万元。A 公司确认应收分保准备金的会计处理如下。

（1）2×21 年 1 月 31 日，确认应收分保未到期责任准备金：

A 公司应确认的对 B 公司应收分保未到期责任准备金＝10×10%＝1（万元）

借：应收分保未到期责任准备金　　10 000

　　贷：提取未到期责任准备金　　10 000

（2）2×21 年 3 月 31 日，确认应收分保未决赔款准备金：

A 公司应确认的对 B 公司应收分保未决赔款准备金＝7 000×10%＝700（万元）

借：应收分保未决赔款准备金　　7 000 000

　　贷：摊回未决赔款准备　　7 000 000

3. 应收分保准备金账面余额的调整

（1）应收分保未到期责任准备金的调整。再保险分出人在资产负债表日按照重新计算确定的未到期责任准备金金额与已提取的未到期责任准备金余额的差额调整未到期责任准备金余额时，应按照相关再保险合同约定计算确定应收分保未到期责任准备金的相应调整金额，调整应收分保未到期责任准备金和提取未到期责任准备金的账面余额。

（2）应收分保未决赔款准备金、应收分保寿险责任准备金、应收分保长期健康险责任准备金的调整。再保险分出人对未决赔款准备金、寿险责任准备金、长期健康险责任准备金进行充足性测试而补提相关准备金时，应按照相关再保险合同约定计算确定相关应收分保准备金的增加金额，调整增加相关应收分保准备金和摊回责任准备金的账面余额。

4. 应收分保准备金的冲减或转销

（1）再保险分出人在确定支付赔付款项金额或实际发生理赔费用而冲减原保险合同未决赔款准备金、寿险责任准备金、长期健康险责任准备金余额的当期，应按照相关再保险合同约定计算确定相关应收分保准备金的相应冲减金额，冲减相关应收分保准备金和摊回责任准备金的账面余额。

（2）再保险分出人应当在原保险合同提前解除而转销相关未到期责任准备金、寿险责任准备金、长期健康险责任准备金余额的当期，转销相关应收分保准备金余额。

（三）分出保费及摊回款项

1. 分出保费及摊回款项与有关原保险合同收入或费用不得相互抵销

再保险合同准则规定，再保险分出人不应当将再保险合同形成的收入或费用与有关原保险合同形成的费用或收入相互抵销。这里"再保险合同形成的收入"指再保险分出人按照再保险合同约定向再保险接受人摊回的准备金、分保费用、赔付成本等；"再保险合同形成的费用"指再保险分出人按照再保险合同约定向再保险接受人分出的保费等。

分出业务的分出保费及摊回金额与原保险合同保费收入及相关费用所反映的经济内容与实质不同。原保险合同保费收入是再保险分出人向投保人销售保单，为承担源自被保险人的保险风险责任所取得的收入；分出保费则是再保险分出人向再保险接受人购买保险所付出的代价，不同于共同保险业务各保险人之间对保费收入的分配。分出业务各项摊回金额是对再保险分出人由原保险合同所引起的提取保险责任准备金、赔付成本及其他相关费用的补偿，而非对原保险合同受益人的直接赔偿或给付。因此，为全面、真实地反映再保险分出人原保险业务和再保险业务的经济内容与实质，再保险合同分出业务的分出保费不应直接计入原保险合同保费收入的借方进行抵减，再保险合同分出业务摊回准备金、摊回赔付成本、摊回分保费用不应直接计入原保险合同提取准备金、赔付成本、手续费支出等的贷方进行抵减，均应单独确认并在利润表中分别列报。

2. 分出保费、摊回分保手续费及摊回赔付成本的处理

（1）分出保费、摊回分保手续费、摊回赔付成本的确认。再保险分出人应当在确认原保险合同保费收入的当期，按照相关再保险合同的约定，计算确定分出保费和应向再保险接受人摊回的分保费用，计入当期损益。再保险分出人应当在确定支付赔付款项金额或实际发生理赔费用而冲减原保险合同相应准备金余额的当期，冲减相应的应收分保准备金余额；同时，按照相关再保险合同的约定，计算确定应向再保险接受人摊回的赔付成本，计入当期损益。

摊回准备金和摊回赔付成本的区别在于：摊回准备金是预计由再保险接受人补偿的金额；摊回赔付成本是由再保险接受人实际补偿的金额。因此，在确认摊回赔付成本的同时应冲减相应的摊回准备金。分出保费、摊回分保费用、摊回赔付成本的计算方法因再保险合同种类的不同而不同，具体计量金额一般由保险人业务部门根据再保险合同约定计算确定。

例 26-02 2×21 年 1 月 31 日，A 公司与客户刘某签订一份人身意外伤害保险合同，保险金额为 360 万元，自 2×21 年 2 月 1 日零时合同生效，保险期间为 1 年；刘某于合同生效当日一次性交纳保险费 0.6 万元，A 公司开始承担保险责任并确认了保费收入。该份人身意外伤害保险合同属于 A 公司与 B 保险股份有限公司（以下简称 B 公司）签订的溢额再保险合同约定的业务范围。该再保险合同约定：每一份被保险人的意外险自留额为 120 万元，B 公司的分保额最高限额为 300 万元，分保手续费率为 25%。2×21 年 7 月 10 日，被保险人刘某发生车祸死亡，A 公司确定该事故属于全额赔偿责任范围，于事故发生当月确认了赔付成本 360 万元。2×21 年 7 月 29 日，A 公司向刘某家属支付了保险赔款，该保险事故结案。

A公司就上述业务计算出应向B公司分出的保费金额为0.4万元［0.6×（360－120）÷360］，分保手续费金额为0.1万元（0.4×25%），应从B公司摊回赔款金额为240万元［360×（360－

120）÷360］，A公司分出保费、摊回分保费用、摊回赔付成本的账务处理如下。

（1）2×21年2月，确认分出保费及摊回分保费用：

借：分出保费 4 000

贷：应付分保账款——B 公司 4 000

借：应收分保账款——B 公司 1 000

贷：摊回分保费用 1 000

（2）2×21 年 7 月，确认应摊回的赔付成本：

借：应收分保账款——B 公司 2 400 000

贷：摊回赔付支出 2 400 000

实务中，保险公司对于保险事故发生后很快（一般指当月）能够结案定损的，往往不提未决赔款准备金，本例即属于此种情况，因此在确认摊回赔付成本时不涉及转销相关应收分保未决赔款准备金的处理。

（2）分出保费、摊回分保手续费、摊回赔付成本的调整。再保险分出人对分出保费、摊回分保手续费、摊回赔付成本进行调整时，应将调整金额计入调整当期的损益。主要有以下几种情况：

①再保险分出人应当在原保险合同提前解除的当期，按照相关再保险合同的约定，计算确定分出保费、摊回分保费用的调整金额，计入当期损益。

②再保险分出人应当在因取得和处置损余物资、确认和收到应收代位追偿款等而调整原保险合同赔付成本的当期，按照相关再保险合同的约定，计算确定摊回赔付成本的调整金额，计入当期损益。

③再保险分出人与再保险接受人约定采用浮动（或累进）分保手续费方式下，再保险分出人依据合同规定在能够计算确定实际分保手续费率而调整分保手续费时，应将调整金额计入当期损益。再保险分出人确认入账的分保手续费调整金额应为经再保险接受人确认一致后的金额。

例 26-03 A 公司与 B 公司签订一份成数分保财产再保险合同，将约定的原保险业务向 B 公司办理分保。合同约定分保手续费采用浮动分保手续费率制，预付分保手续费率为 30%。假定 A 公司对该再保险合同业务年度的业务进行结算时实际计算确定的分保手续费率为 35%，据此计算的分保手续费调整金额为 750 万元并经 B 公司确认一致。此时，A 公司调整分保手续费的账务处理如下：

借：应收分保账款——B 公司 7 500 000

贷：摊回分保费用 7 500 000

3. 纯益手续费的处理

再保险分出人应当根据相关再保险合同的约定，在能够计算确定应向再保险接受人收取的纯益手续费时，将该项纯益手续费作为摊回分保费用计入当期损益。

纯益手续费只有再保险接受人实际上有“纯益”时才给付。实务中，保险人通常按照业务年度计算纯益，而一个业务年度的再保险业务往往要跨越若干个会计年度才能结算出损益。再保险分出人确认纯益手续费收入主要应考虑其可靠计量问题，只有能够依据相关数据计算确定应向再保险接受人收取的纯益手续费时，即纯益手续费能够可靠计量时，纯益手续费收入才予以确认。

分保手续费是再保险接受人对再保险分出人取得和经营原保险业务所发生费用的补偿，纯益手续费是再保险接受人对再保险分出人谨慎地选择原保险业务而为其带来盈利的一种“奖励”措施，其实质是对再保险分出人经营原保险业务的“额外”补偿。因此纯益手续费与分保手续费性质相类似，确认应取得的纯益手续费时应作摊回分保费用处理。

例 26-04 A 公司与 B 公司签订一份成数分保财产再保险合同，将约定的原保险业务向 B 公司办理分保，合同约定分保手续费采用浮动分保手续费率制。合同签订 3 年后，A 公司按照合同约定计算出应向B公司收取的纯益手续费金额为145万元，双方确认一致的纯益手续费金额为140.5万元。A公司应于双方确认一致时作如下账务处理：

借：应收分保账款——B公司 1 405 000

　　贷：摊回分保费用 1 405 000

4. 非比例再保险合同分出保费、摊回赔付成本的处理

对于超额赔款再保险等非比例再保险合同，再保险分出人应当根据再保险合同的约定，计算确定分出保费，计入当期损益。再保险分出人调整分出保费时，应当将调整金额计入当期损益。再保险分出人应当在能够计算确定应向再保险接受人摊回的赔付成本时，将该项应摊回的赔付成本计入当期损益。

这里"再保险分出人应当根据再保险合同的约定，计算确定分出保费，计入当期损益"指的是再保险分出人向再保险接受人预付保费的情况。预付保费通常与所谓的最低保费数额相同。对于非比例再保险合同，再保险分出人难以根据每一原保险合同保费收入的一定比例来计算分保费，而是按照再保险合同保险责任年度毛净保费（年度原保险保费收入减去退保费和比例再保险分出保费后的金额）乘以超赔费率来计算确定。年度毛净保费往往要到再保险责任年度终了后才能计算确定，但再保险分出人通常要在合同起期时按估计的年度毛净保费向再保险接受人计算预付一定金额的保费。预付保费可以分期支付，也可于合同起期时一次性支付。一次性支付预付保费的，应在发出预付分保费账单时将预付金额一次性计入当期损益；分次支付预付保费的，应在每次发出预付分保费账单时按每次支付金额分次计入当期损益。非比例再保险合同通常不需要按一定期间编发账单。其首期账单一般要求在合同起期后即刻发送（一般不能迟于合同起期后的两周），主要内容是向再保险接受人预付分保费，合同责任期满后调整预付分保费时再编制分保费调整账单。超额赔款再保险合同项下发生的赔款，均须编送出险通知和赔款账单。

这里"再保险分出人调整分出保费时，应当将调整金额计入当期损益"指的是再保险责任年度终了后再保险分出人能够按合同约定计算确定毛净保费，进而计算确定分出保费的最终金额时，应将分出保费的最终金额与预付金额的差额计入当期损益。有的再保险合同约定在年度中期要对预付保费先行调整一次，会计处理方法同年度终了后的调整。

对于非比例再保险合同，再保险分出人应在能够计算确定应向再保险接受人摊回的赔付成本时，将该项应摊回的赔付成本计入当期损益。

例26-05 2×20年12月20日，A公司与B公司签订一份事故超赔再保险合同，将由台风引发的保险赔款向B公司办理分保。合同起期日为2×21年1月1日，保险责任期间为1年。2×21年1月3日，A公司向B公司发出的分保业务账单中标明的一次性预付保费金额为2 200万元。2×21年12月31日，由台风引起的索赔案件基本结案定损，A公司计算出应向B公司摊回的赔款金额为4 600万元，同时按照实际年度毛净保费计算出应向B公司支付的实际保费金额为2 500万元。A公司相关会计处理如下。

（1）2×21年1月3日，确认分出保费：

借：分出保费 22 000 000

　　贷：应付分保账款——B公司 22 000 000

（2）2×21年12月31日，调整预付保费：

借：分出保费 3 000 000

　　贷：应付分保账款——B公司 3 000 000

确认摊回赔款：

借：应收分保账款——B公司 46 000 000

　　贷：摊回赔付支出 46 000 000

（四）预收赔款和存入分保保证金

1. 预收赔款的处理

再保险分出人在发生大额索赔的情况下有可能会垫付很大金额的再保险份额的赔款。为了避免这种情况，有些再保险合同约定再保险分出人承保的每一张保险单项下或每一次事故的估计损失达到或超过合同约定的限额时，再保险分出人可根据已决赔款或预付赔款的结付金额向再保险接受人发出现金赔款通知书及相关理赔资料，要求再保险接受人预先支付分保份额相对应的现金赔款；再保险分出人收到该现金赔款后，视为已决赔款，在当季度账单中进行冲销。这种情况下，分保业务账单的贷方栏中会增加“现金赔款（冲销）”等类似项目。

再保险分出人收到再保险接受人预付的现金赔款时，借记“银行存款”科目，贷记“预收赔付款”科目，发出分保业务账单时，按照账单中转销的现金赔款金额，借记“预收赔付款”科目，贷记“应收分保账款”科目。

2. 存入分保保证金的处理

分保保证金是再保险分出人从应付给再保险接受人的分保费中以一定比例扣存，作为再保险接受人履行分保未了责任的保证金。该保证金留存期一般为 12 个月，至次年同期归还，归还时要支付利息。分保保证金从性质上属于再保险接受人的预付款。当再保险接受人无力履行分保赔付责任时，扣存的分保保证金给再保险分出人提供了一定安全保障。在再保险合同约定再保险分出人扣存分保保证金的情况下，相关分保业务账单借方栏中会增加“扣存分保保证金”项目，贷方栏中会增加“转回上年度扣存的分保保证金”“分保保证金利息”等项目。

因再保险分出人扣存分保保证金的交易具体体现在分保业务账单中，再保险分出人应当在发出分保业务账单时，依据账单标明的相关金额进行会计处理。再保险分出人对于存入分保保证金，应当按期计提利息。

例 26-06 2×20 年 12 月 8 日，A 公司作为分出人与 B 公司签订一份溢额再保险合同，合同起期日为 2×21 年 1 月 1 日，保险责任期间为 1 年。

合同约定，A 公司在每季度账单中，从应付给 B 公司的分保费中按照一定比例计算扣存分保保证金，扣存期为 12 个月，次年同期归还，归还同时支付利息，保证金年利率为 4%。假定 A 公司 2×21 年 4 月 15 发出的当年第一季度账单中，“扣存本期分保保证金”项目金额为 300 万元。A 公司相关账务处理如下：

借：应付分保账款——B 公司　　3 000 000

　　贷：存入保证金　　3 000 000

A 公司应自 2×21 年 4 月—2×22 年 3 月每月计提分保保证金利息，每月分保保证金利息＝300×4%÷12＝1（万元），每月计提分保保证金利息时：

借：利息支出　　10 000

　　贷：应付分保账款——B 公司　　10 000

A 公司于 2×22 年 4 月发出的本年度第一季度对 B 公司的分保业务账单中，“转回上年同期扣存分保保证金”项目金额为 300 万元。A 公司账务处理如下：

借：存入保证金　　3 000 000

　　贷：应付分保账款——B 公司　　3 000 000

四、分入业务的会计处理

（一）基本规定

分保费收入同时满足下列条件的，才能予以确认：（1）再保险合同成立并承担相应保险责任；

（2）与再保险合同相关的经济利益很可能流入；（3）与再保险合同相关的收入能够可靠地计量。

分保收入的处理：再保险接受人应当根据相关再保险合同的约定，计算确定分保费收入金额。

分保费用的处理：再保险接受人应当在确认分保费收入的当期，根据相关再保险合同的约定，计算确定分保费用，计入当期损益。

再保险接受人应当在收到分保业务账单时，按照账单标明的金额对相关分保费收入、分保费用进行调整，调整金额计入当期损益。

分保未到期责任准备金、分保未决赔款准备金、分保寿险责任准备金、分保长期健康险责任准备金的处理：再保险接受人提取分保未到期责任准备金、分保未决赔款准备金、分保寿险责任准备金、分保长期健康险责任准备金，以及进行相关分保准备金充足性测试，比照《企业会计准则第25号——原保险合同》的相关规定处理。

分保赔付成本的处理：再保险接受人应当在收到分保业务账单的当期，按照账单标明的分保赔付款项金额，作为分保赔付成本，计入当期损益；同时，冲减相应的分保准备金余额。

分保保证金的处理：再保险接受人应当在收到分保业务账单时，将账单标明的扣存本期分保保证金确认为存出分保保证金；同时，按照账单标明的返还上期扣存分保保证金转销相关存出分保保证金。

纯益手续费的处理：再保险接受人应当根据相关再保险合同的约定，在能够计算确定应向再保险分出人支付的纯益手续费时，将该项纯益手续费作为分保费用，计入当期损益。

（二）分保费收入

分保费收入同时满足下列条件的，才能予以确认。

1. 再保险合同成立并承担相应保险责任

根据《企业会计准则讲解》，再保险合同一般自签订日起成立，但自合同规定的起期日起才开始承担保险责任。因此，再保险合同的签订日与开始承担保险责任的日期可能一致，也可能不一致。

2. 与再保险合同相关的经济利益很可能流入

根据《企业会计准则讲解》，对于再保险接受人而言，与再保险合同相关的经济利益即为分保费。如果再保险接受人能够确定分保费收回的可能性大于不能收回的可能性，即分保费收回的可能性超过50%，则表明经济利益很可能流入。一般情况下，如果再保险分出人信用良好，能够按照合同规定如期发送分保业务账单，并能够按约定及时进行分保往来款项的结算，则意味着与再保险合同相关的经济利益很可能流入再保险接受人。

3. 与再保险合同相关的收入能够可靠地计量

根据《企业会计准则讲解》，由于再保险合同一般只是规定某一时期再保险所承保的业务范围和地区范围、自留额和分保额的计算基础、分保费及手续费的计算方法等，并不直接明确分保费的具体金额，分保费的具体金额往往要根据再保险分出人原保险合同保费收入金额来计算确定，因此，再保险接受人在判断“与再保险合同相关的收入能够可靠地计量”条件时就产生了以下两种情况：

（1）再保险接受人可以在每一会计期间对该期间的分保费收入金额作出合理估计。如果再保接受人具有长期积累的丰富经验和大量数据资料，能够采用先进的估算方法，借助专门的技术手段，对再保险合同项下每一会计期间再保险分出人相关原保险合同保费收入进行估计，进而按照再保险合同约定计算出相关分保费收入金额，且该估计金额与收到的分保业务账单标明的分保费金额比较接近，则表明再保险接受人可以在每一会计期间对该期间内的分保费收入金额进行可靠计量。这种情况下，如果分保费收入确认的其他条件均满足，再保险接受人应在每一会计期间按照估计金额确认当期分保费收入，并按照再保险合同约定计算确认当期分保费用，待后期收到该期间的分保业务账单时，再按照账单标明的金额进行调整，将调整金额计入调整当期的损益。按账单金额调整估计金额属于资产负债表日后事项的，按《企业会计准则第29号——资产负债表日后事项》进行处理。

（2）再保险接受人只有收到分保业务账单时才能对分保费收入进行可靠计量。如果再保险接受人由于缺乏丰富的经验数据资料和先进的技术方法、手段，而无法对再保险合同项下每一会计期间分保费收入金额进行估计，或估计金额可能与实际金额产生重大差异，则表明再保险接受人只能于收到分保业务账单时才能对分保费收入进行可靠计量。这种情况下，如果分保费收入确认的其他条件均满足，再保险接受人应当于收到分保业务账单时根据账单标明的金额确认分保费收入及相关的分保费用。

（三）分保费用

根据再保险合同准则规定，再保险接受人应当在确认分保费收入的当期，根据相关再保险合同的约定，计算确定分保费用，计入当期损益。另外，在能够计算确定应向再保险分出人支付的纯益手续费时，也应将该项纯益手续费作为分保费用，计入当期损益。当再保险接受人收到分保业务账单时，按照账单标明的金额对相关分保费收入、分保费用进行调整，调整金额计入当期损益。

再保险接受人提取分保未到期责任准备金、分保未决赔款准备金、分保寿险责任准备金、分保长期健康险责任准备金，以及进行相关分保准备金充足性测试，比照《企业会计准则第 25 号——原保险合同》的相关规定处理。

例 26-07 2×20 年 12 月 22 日，A 公司与 B 公司签订一份成数再保险合同，接受 B 公司分出的原保险业务。合同约定的分保比例为 40%，分保手续费率为 35%。合同起期日为 2×21 年 1 月 1 日，保险责任期间为 1 年。A 公司经验、技术等方面比较成熟，采用预估方法确认每期的分保费收入。假定 A 公司预估 2×21 年第一季度各月份与 B 公司再保险合同项下的分保费收入金额分别为：1 月份 660 万元，2 月份 700 万元，3 月份 600 万元。A 公司于 5 月 20 日收到公司发来的第一季度的分保业务账单，账单标明的分保费为 2 000 万元，分保手续费为 735 万元。C 公司相关账务处理如下。

（1）2×21 年 1 月，确认应收分保账款及分保费用的会计分录如下：

借：应收分保账款——B 公司	6 600 000	
贷：保费收入		6 600 000
借：分保费用	2 310 000	
贷：应付分保账款——B 公司		2 310 000

（2）2×21 年 2 月，确认应收分保账款及分保费用的会计分录如下：

借：应收分保账款——B 公司	7 000 000	
贷：保费收入		7 000 000
借：分保费用	2 450 000	
贷：应付分保账款——公司		2 450 000

（3）2×21 年 3 月，确认应收分保账款及分保费用的会计分录如下：

借：应收分保账款——B 公司	6 000 000	
贷：保费收入		6 000 000
借：分保保费用	2 100 000	
贷：应付分保账款——B 公司		2 100 000

（4）2×21年5月20日，收到账单时调整第一季度确认的分保费收入和分保费用：

分保费收入调整金额＝2 000－（660＋700＋600）＝40（万元）

分保手续费调整金额＝735－（231＋245＋210）＝49（万元）

借：应收分保账款公司	400 000	
贷：保费收入		400 000
借：分保费用	490 000	
贷：应付分保账款——B 公司		490 000

此例中，若C公司不具备对分保费收入进行预估确认的条件，则C公司应在2×20年5月20日收到分保业务账单时直接作如下账务处理：

借：应收分保账款——B公司	20 000 000	
贷：保费收入		20 000 000
借：分保费用	7 350 000	
贷：应付分保账款——B公司		7 350 000

（四）纯益手续费

因纯益手续费计算的特殊性，再保险接受人应当根据相关再保险合同的约定，在能够计算确定应向再保险分出人支付的纯益手续费时，将该项纯益手续费作为分保费用，计入当期损益。再保险接受人确认入账的纯益手续费支出金额应为经双方确认一致后的金额。

例26-08 沿用例26-04，B公司应于双方确认一致时作如下账务处理：

借：分保费用	1 405 000	
贷：应付分保账款——A公司		1 405 000

（五）分保赔付成本

根据再保险合同准则规定，再保险接受人应当在收到分保业务账单的当期，按照账单标明的分保赔付款项金额，作为分保赔付成本，计入当期损益；同时，冲减相应的分保准备金余额。

例26-09 2×21年12月22日，A公司与B公司签订一份成数再保险合同，接受B公司分出的原保险业务。合同约定的分保比例为40%，分保手续费率为35%。合同起期日为2×22年1月1日，保险责任期间为1年。A公司经验、技术等方面比较成熟，采用预估方法确认每期的分保费收入。假定A公司预估2×22年第一季度各月份与B公司再保险合同项下的分保费收入金额分别为：1月份660万元，2月份700万元，3月份600万元。A公司于2×21年5月20日收到B公司发来的第一季度分保业务账单中标明的分保赔款金额为800万元，A公司已提取的相应分保未决赔款准备金为750万元。A公司相关账务处理如下：

借：分保赔付支出	8 000 000	
贷：应付分保账款——B公司		8 000 000
借：未决赔款准备金	7 500 000	
贷：提取未决赔款准备金		7 500 000

（六）预付赔款和存出分保保证金

1. 预付赔款的处理

再保险接受人向再保险分出人预付的现金赔款，应当在支付预付赔款时，借记“预付赔付款”科目，贷记“银行存款”科目；收到分保业务账单时，按照账单上转销的赔款，借记“应付分保账款”科目，贷记“预付赔付款”科目。

2. 存出分保保证金的处理

根据再保险合同准则规定，再保险接受人应当在收到分保业务账单时，将账单标明的扣存本期分保保证金确认为存出分保保证金；同时，按照账单标明的返还上期扣存分保保证金转销相关存出分保保证金。

再保险接受人应当根据相关再保险合同的约定，按期计算存出分保保证金利息，计入当期损益。

五、列报

（一）在财务报表中列报事项

1. 在资产负债表中列报项目

根据再保险合同准则规定，保险人应当在资产负债表中单独列示与再保险合同有关的下列项目：

（1）应收分保账款。

（2）应收分保未到期责任准备金。

（3）应收分保未决赔款准备金。

（4）应收分保寿险责任准备金。

（5）应收分保长期健康险责任准备金。

（6）应付分保账款。

2. 在利润表中列报项目

保险人应当在利润表中单独列示与再保险合同有关的下列项目：

（1）分保费收入。

（2）分出保费。

（3）摊回分保费用。

（4）分保费用。

（5）摊回赔付成本。

（6）分保赔付成本。

（7）摊回未决赔款准备金。

（8）摊回寿险责任准备金。

（9）摊回长期健康险责任准备金。

（二）在附注中披露事项

保险人应当在附注中披露与再保险合同有关的下列信息：

（1）分入业务各项分保准备金的增减变动情况。

（2）分入业务提取各项分保准备金及进行分保准备金充足性测试的主要精算假设和方法。

六、新旧衔接

首次执行企业会计准则，遵照《企业会计准则第38号——首次执行企业会计准则》的相关规定，详见本书第三十八章。

第二十七章 石油天然气开采

一、准则适用范围

《企业会计准则第 27 号——石油天然气开采》（以下简称油气准则）主要是规范石油天然气（以下简称油气）开采活动的会计处理和相关信息的披露。油气开采活动包括矿区权益的取得以及油气的勘探、开发和生产等阶段。油气开采活动以外的油气储存、集输、加工和销售等业务的会计处理，适用其他相关会计准则。

油气准则中涉及的资产主要有矿区权益（包括探明矿区权益和未探明矿区权益）、井及相关设施、辅助设备及设施。根据油气准则规定，对于这些资产的减值处理，应遵循以下规定：

（1）探明矿区权益、井及相关设施、辅助设备及设施的减值，按照《企业会计准则第 8 号——资产减值》处理。油气资产以矿区或矿区组作为资产组，按此进行减值测试、计提减值准备。

（2）未探明矿区权益的减值应按照油气准则的规定，分别以下情况处理：按照单个矿区进行减值测试并计提准备的，除应每年进行减值测试外，其处理与《企业会计准则第 8 号——资产减值》规定的其他长期资产减值相同。按照矿区组进行减值测试并计提准备的，该减值损失不在不同的单个矿区权益之间进行分配，因为未探明的矿区权益中包含很大风险，分配到单个矿区没有实际意义。

（3）企业为开采油气所必需的辅助设备和设施（如房屋、机器等），作为一般固定资产管理，适用《企业会计准则第 4 号——固定资产》。

二、石油天然气开采概述

（一）业务范围

石油天然气开采业务包括矿区权益的取得以及油气的勘探、开发和生产等阶段。根据《企业会计准则讲解》，石油天然气开采包括了矿区的取得、油气勘探、油气开发和油气生产等四个主要环节。因此，油气开采活动中发生的支出可以分为矿区取得支出、油气勘探支出、油气开发支出和油气生产支出四类。

（1）矿区取得支出，是指为了取得一个矿区的探矿权和采矿权（包括未探明和已探明）而发生的购买、租赁支出，包括探矿权价款、采矿权价款、土地使用权、签字费、租赁定金、购买支出、咨询顾问费、审计费以及与获得矿区有关的其他支出。

（2）油气勘探支出，是指为了识别可以进行勘查的区域和对特定区域探明或进一步探明油气储量而发生的地质调查、地球物理勘探、钻探探井和勘探型详探井、评价井和资料井以及维持未开发储量而发生的支出。

油气勘探支出包括钻井勘探支出和非钻井勘探支出。钻井勘探支出主要包括钻探区域探井、勘探型详探井、评价井和资料井等活动发生的支出；非钻井勘探支出主要包括进行地质调查、地球物理勘探等活动发生的支出。勘探支出可能发生在取得有关矿区之前，也可能发生在取得矿区之后。

（3）油气开发支出，是发生于为了获得探明储量和建造或更新用于采集、处理和现场储存油气的设施而发生的支出，包括开采探明储量的开发井的成本和生产设施的支出，这些生产设施诸如矿区输油管、分离器、处理器、加热器、储罐、提高采收率系统和附近的天然气加工设施。

（4）油气生产成本（操作成本），是指在油田把油气提升到地面，并对其进行收集、拉运、现场处理加工和储存的活动成本。这里的“生产成本”并非取得、勘探、开发和生产过程中的所有成本，而是在井上进行作业和井的维护中所发生的相关成本。油气生产成本包括在井和设施上进行作业的人工费用、修理和维护费用、消耗的材料和供应品、相关税费等。

（二）矿区的概念

矿区是指企业进行油气开采活动所划分的区域或独立的开发单元。矿区的划分是计提油气资产折耗、进行减值测试等的基础。矿区的划分应当遵循以下原则：

（1）一个油气藏可作为一个矿区。

（2）若干相邻且地质构造或储层条件相同或相近的油气藏可作为一个矿区。

（3）一个独立集输计量系统为一个矿区。

（4）一个大的油气藏分为几个独立集输系统并分别进行计量的，可分为几个矿区。

（5）采用重大新型采油技术并实行工业化推广的区域可作为一个矿区。

（6）在同一地理区域内不得将分属不同国家的作业区划分在同一个矿区或矿区组内。

根据《企业会计准则讲解》，油气开采的会计核算是以矿区为基础的。矿区是指企业开展油气开采活动所处的区域，具有相同的油藏地质构造或储层条件，以及独立的压力系统和独立的集输系统，可作为独立的开发单元。矿区是计提折耗、进行减值测试等活动的成本中心，是石油天然气会计中的重要概念。

在油气开采活动中，与某个或某几个油气藏相关的单项资产例如单井，能够单独产生可计量现金流量的情况极为少见。通常情况下，特定矿区在勘探、开发和生产期间所发生的所有资本化成本都是作为一个整体来产生现金流的，因此计提折耗和减值测试均应以矿区作为成本中心。

矿区经过开采、利用而逐渐耗竭，是无法恢复、更新或按原样重置，最终成为废弃矿区。矿区废弃，是指矿区内的最后一口井停产。

（三）油气资产的概念

油气资产，是指油气开采企业所拥有或控制的井及相关设施和矿区权益。开采油气所必需的辅助设备和设施（如房屋、机器等），不属于油气资产范畴，应作为一般固定资产管理，适用《企业会计准则第 4 号——固定资产》。

递耗资产是指通过开采、采伐、利用而逐渐耗竭，以致无法恢复或难以恢复、更新或按原样重置的自然资源，如矿藏等。

油气资产的会计核算是石油天然气会计的重要组成部分。油气资产属于递耗资产，反映了企业在油气开采活动中取得的油气储量以及利用这些储量生产原油或天然气的设施的价值。油气开采企业通过计提折耗，使得油气资产的价值随着开采工作的开展逐渐转移到所开采的产品成本中。油气资产折耗是油气资源实体上的直接耗减，而折耗费用是产品成本的直接组成部分。油气资产的内容应包括取得探明经济可采储量的成本、暂时资本化的未探明经济可采储量的成本、全部油气开发支出以及预计的弃置成本。油气资产是油气生产企业最重要的资产，其价值在企业总资产中所占的份额相当大。

油气资产包括两个重要部分：井及相关设施、矿区权益。井及相关设施比较容易理解，而矿区权益是指企业取得的在矿区内勘探、开发和生产油气的权利。矿区权益分为探明矿区权益和未探明矿区权益。探明矿区是指已发现探明经济可采储量的矿区；未探明矿区是指未发现探明经济可采储量的矿区。而探明经济可采储量是指在现有技术和经济条件下，根据地质和工程分析，可合理确定的能够从已知油气藏中开采的油气数量。

（四）成果法和全部成本法

石油天然气业务的资本化方法，在国际同行业中有全部成本法和成果法两种。全部成本法是指对地质地理研究、矿区权益取得、钻井勘探等活动中发生的全部支出都加以资本化的一种方法，不论这些支出的发生是否导致了探明经济可采储量的发现。成果法是指以矿区为成本归集和计算中心，只有与发现探明经济可采储量相关的支出才能资本化；如不能确定是否能发现探明经济可采储量，应在一年内对其暂时资本化；与发现探明经济可采储量不直接相关的支出，作为当期费用处理。成果法与全部成本法的比较如表 27-01 所示。

表 27-01　成果法与全部成本法的比较

项目	成果法	全部成本法
地质 / 地理研究支出	当期期费用	资本化
矿区权益取得支出	暂时资本化，根据评估结果进行处理	资本化
钻井勘探支出	暂时资本化，根据评估结果进行处理	资本化
开发钻井支出	资本化	资本化
生产	当期费用	当期费用
折耗	以矿区或矿区组为成本中心；以账面价值为折耗基以矿区或矿区组为成本中心；以账面价值为折耗基础；以探明经济可采储量或已开发探明经济可采储量为基础计算折耗率	以国家为成本中心；以账面价值加未来开发支出为折耗基础；以已开发及未开发探明经济可采储量为基础计算折耗率

三、油气资产的初始计量

油气准则中涉及的资产主要有矿区权益（包括探明矿区权益和未探明矿区权益）、井及相关设施，涉及矿区权益取得、油气勘探、油气开发三个阶段，并需要初始计量考虑弃置义务的影响，规则要点分项说明如下：

（一）矿区权益取得

根据油气准则的规定，为取得矿区权益而发生的成本应当在发生时予以资本化。企业取得的矿区权益，应当按照取得时的成本进行初始计量，具体如下：

（1）申请取得矿区权益的成本包括探矿权使用费、采矿权使用费、土地或海域使用权支出、中介费以及可直接归属于矿区权益的其他申请取得支出。

（2）购买取得矿区权益的成本包括购买价款、中介费以及可直接归属于矿区权益的其他购买取得支出。

（3）矿区权益取得后发生的探矿权使用费、采矿权使用费和租金等维持矿区权益的支出，应当计入当期损益。

（二）油气勘探

（1）钻井勘探支出在完井后，确定该井发现了探明经济可采储量的，应当将钻探该井的支出结转为井及相关设施成本。确定该井未发现探明经济可采储量的，应当将钻探该井的支出扣除净残值后计入当期损益。

（2）确定部分井段发现了探明经济可采储量的，应当将发现探明经济可采储量的有效井段的钻井勘探支出结转为井及相关设施成本，无效井段钻井勘探累计支出转入当期损益。

（3）未能确定该探井是否发现探明经济可采储量的，应当在完井后一年内将钻探该井的支出予以暂时资本化。在完井一年时仍未能确定该探井是否发现探明经济可采储量，同时满足下列条件的，应当将钻探该井的资本化支出继续暂时资本化，否则应当计入当期损益：

①该井已发现足够数量的储量，但要确定其是否属于探明经济可采储量，还需要实施进一步的勘探活动。

②进一步的勘探活动已在实施中或已有明确计划并即将实施。“已有明确计划”是指企业管理层已通过了该计划并已开始组织实施，如已拨付资金已制定出明确的时间表或已将相关计划任务落实给相关部门和人员。

（4）钻井勘探支出已费用化的探井又发现了探明经济可采储量的，已费用化的钻井勘探支出不作调整，重新钻探和完井发生的支出应当予以资本化。

（5）非钻井勘探支出于发生时计入当期损益。

（三）油气开发

油气开发活动所发生的支出，应当根据其用途分别予以资本化，作为油气开发形成的井及相关设施的成本。油气开发形成的井及相关设施的成本主要包括：

（1）钻前准备支出，包括前期研究、工程地质调查、工程设计、确定井位、清理井场、修建道路等活动发生的支出。

（2）井的设备购置和建造支出，井的设备包括套管、油管、抽油设备和井口装置等，井的建造包括钻井和完井。

（3）购建提高采收率系统发生的支出。

（4）购建矿区内集输设施、分离处理设施、计量设备、储存设施、各种海上平台、海底及陆上电缆等发生的支出。

在探明矿区内，钻井至现有已探明层位的支出，作为油气开发支出；为获取新增探明经济可采储量而继续钻至未探明层位的支出，作为钻井勘探支出，按照准则关于油气勘探的要求处理。

（四）弃置义务

根据《中华人民共和国环境保护法》和矿区所在地法律法规的要求、与利益相关方达成的协议，预计矿区废弃时应当承担的弃置义务，通常涉及井及相关设施的弃置、拆移、填埋、清理、恢复生态环境等。

企业承担的矿区废弃处置义务，满足《企业会计准则第 13 号——或有事项》中预计负债确认条件的，应当将该义务确认为预计负债，并相应增加井及相关设施的账面价值。不符合预计负债确认条件的，在废弃时发生的拆卸、搬移、场地清理等支出，应当计入当期损益。

根据《企业会计准则讲解》说明，因为资产的弃置义务与油气开发活动直接相关，在确认井及相关设施成本时，企业应当根据《企业会计准则第 13 号——或有事项》，以矿区为基础进行预计弃置义务，按照现值计算确定应计入井及相关设施原价的金额和相应的预计负债。井及相关设施以外的油气储存、集输、加工和销售等设施，企业可参照井及相关设施的弃置义务进行处理。

在计入井及相关设施原价并确认为预计负债时，企业应在油气资产的使用寿命内，采用实际利率法确定各期间应负担的利息费用。

企业应在油气资产的使用寿命内的每一个资产负债表日对弃置义务和预计负债进行复核，如必要，企业还应对其进行调整，使之反映当前最合理的估计。

对于确认为预计负债的弃置支出，在对该井及相关设施进行减值测试时，企业应以减去预计处置支出后的净额为基础进行测试。

四、油气资产的后续计量

（一）油气资产的折耗

油气资产的折耗是指油气资产随着当期开发进展而逐渐转移到所开采产品（油气）成本中的价值。

1. 折耗范围

除未探明矿区权益不计提折耗外，其他油气资产均应计提折耗。

2. 折耗方法

油气准则规定，企业应当采用产量法或年限平均法对油气资产计提折耗。企业采用的油气资产折耗方法，一经确定，不得随意变更。

（1）产量法，又称单位产量法。该方法是以单位产量为基础对探明矿区权益的取得成本和井及相关设施成本计提折耗。采用该方法对油气资产计提折耗时，矿区权益应以探明经济可采储量为基础，井及相关设施以探明已开发经济可采储量为基础。

（2）年限平均法，又称直线法。该方法将油气资产成本均衡地分摊到各会计期间。采用该方法计算的每期油气资产折耗金额相等。

在我国现行油气开采会计实务中，对油气资产一直采用年限平均法计提折耗，在海外上市的企业还需依照国际会计标准调整为产量法进行对外报告。油气准则规定了产量法，同时也保留了年限平均法。无论选择产量法还是年限平均法，一经选定不得随意更改。

（二）油气资产的减值

根据油气准则的规定，对于油气资产的减值处理，分两类情况进行，分别应遵循以下规定：

（1）探明矿区权益、井及相关设施的减值，按照《企业会计准则第 8 号——资产减值》处理。油气资产以矿区或矿区组作为资产组，按此进行减值测试、计提减值准备。

（2）未探明矿区权益的减值应按照油气准则的规定，除以下几点，其处理与《企业会计准则第 8 号——资产减值》规定的其他长期资产减值相同：

①应当至少每年进行一次减值测试。《企业会计准则第 8 号——资产减值》要求，当出现减值迹象时，才进行减值测试，但由于未探明的矿区权益中包含很大风险，需要至少每年进行一次减值测试。

②单个矿区取得成本较大的，应当以单个矿区为基础进行减值测试，并确定未探明矿区权益减值金额。单个矿区取得成本较小且与其他相邻矿区具有相同或类似地质构造特征或储层条件的，可按照若干具有相同或类似地质构造特征或储层条件的相邻矿区所组成的矿区组进行减值测试。

③按照矿区组进行减值测试并计提准备的，该减值损失不在不同的单个矿区权益之间进行分配，因为未探明的矿区权益中包含很大风险，分配到单个矿区没有实际意义。

④未探明矿区权益公允价值低于账面价值的差额，应当确认为减值损失，计入当期损益。未探明矿区权益减值损失一经确认，不得转回。

五、油气资产的处置

（一）矿区权益的处置

企业转让矿区权益的，应当按照下列三种情况进行处理：

（1）转让全部探明矿区权益的，将转让所得与矿区权益账面价值的差额计入当期损益；转让部分探明矿区权益的，按照转让权益和保留权益的公允价值比例，计算确定已转让部分矿区权益账面价值，转让所得与已转让矿区权益账面价值的差额计入当期损益。

（2）转让单独计提减值准备的全部未探明矿区权益的，转让所得与未探明矿区权益账面价值的差额，计入当期损益；转让单独计提减值准备的部分未探明矿区权益的，如果转让所得大于矿区权益账面价值，将其差额计入当期损益；如果转让所得小于矿区权益账面价值，以转让所得冲减矿区权益账面价值，不确认损益。

（3）转让以矿区组为基础计提减值准备的未探明矿区权益的，如果转让所得大于矿区权益账面原值，将其差额计入当期损益；如果转让所得小于矿区权益账面原值，以转让所得冲减矿区权益账面原值，不确认损益。转让该矿区组最后一个未探明矿区的剩余矿区权益时，转让所得与未探明矿区权益账面价值的差额，计入当期损益。

例 27-01 （转让全部探明矿区权益）A 石油公司转让了其拥有的矿区 X，其账面原值为 1 000 万元，已计提减值准备 150 万元，转让所得 900 万元。

分析：根据油气准则规定，企业转让全部探明矿区权益，应将转让所得与矿区权益账面价值之间的差额计入当期损益，A 石油公司应当将转让所得大于矿区权益账面价值的差额确认为收益，相关账务处理如下：

借：油气资产减值准备　　1 500 000
　　银行存款　　9 000 000
　　贷：油气资产——矿区权益　　10 000 000
　　　　资产处置损益　　500 000

如果转让所得为 750 万元，则 A 石油公司应当将转让所得小于矿区权益账面价值的差额确认为损失。相关账务处理如下：

借：油气资产减值准备　　1 500 000
　　银行存款　　7 500 000
　　资产处置损益　　1 000 000
　　贷：油气资产——矿区权益　　10 000 000

例 27-02 （转让部分探明矿区权益）A 石油公司转让了其拥有的矿区 B 中的 20 平方公里，转让部分的公允价值为 450 万元，转让所得 550 万元。整个矿区 B 的面积为 50 平方公里，账面原值为 1 000 万元，已计提减值准备 200 万元，公允价值为 900 万元。

分析：根据油气准则规定，企业转让部分探明矿区权益，应按照转让权益和保留权益的公允价值比例，计算确定已转让部分矿区权益账面价值，转让所得与已转让矿区权益账面价值的差额计入当期损益。A 石油公司转让部分矿区权益、且剩余矿区权益成本的收回不存在较大不确定性，因此应按照转让权益和保留权益的公允价值比例，计算确定已转让部分矿区权益账面价值，并将转让所得与矿区权益账面价值之间的差额计入当期损益。相关账务处理如下：

转让部分矿区权益的账面价值＝800×450÷900＝400（万元）

油气资产减值准备冲销＝200×450÷900＝100（万元）

借：油气资产减值准备　　1 000 000
　　银行存款　　5 000 000
　　贷：油气资产——矿区权益（4 000 000＋1 000 000）　　5 000 000
　　　　资产处置损益　　1 000 000

如果转让所得为 300 万元，相关会计处理如下：

借：油气资产减值准备　　1 000 000
　　银行存款　　3 000 000
　　资产处置损益　　1 000 000
　　贷：油气资产——矿区权益（4 000 000＋1 000 000）　　5 000 000

例 27-03 （转让全部未探明矿区权益、且该矿区权益单独计提减值准备）A 石油公司转让未探明矿区 C，其账面原值为 1 000 万元，已计提减值准备 150 万元，转让所得 900 万元。

分析：根据油气准则规定，企业应将转让全部未探明矿区权益的所得与矿区权益账面价值之间的差额计入损益。A 公司转让全部未探明矿区权益 C，应当将转让所得大于矿区权益账面价值的差额确认为收益。相关账务处理如下：

借：油气资产减值准备　　1 500 000
　　银行存款　　9 000 000
　　贷：油气资产——矿区权益　　10 000 000
　　　　资产处置损益　　500 000

如果转让所得为 750 万元，A 石油公司应当将转让所得小于矿区权益账面价值的差额确认为损失，相关账务处理如下：

借：油气资产减值准备　　1 500 000
　　银行存款　　7 500 000
　　资产处置损益　　1 000 000
　　贷：油气资产——矿区权益　　10 000 000

例 27-04 （转让全部未探明矿区权益、且该矿区权益以矿区组为基础计提减值准备）A 石油公司拥有的未探明矿区 D1 和 D2 在进行减值测试时构成一个矿区组，其中 D1 矿区权益账面原值为 2 000 万元，D2 矿区权益账面原值为 1 000 万元，矿区组已计提减值准备 600 万元，目前矿区组账面价值为 2 400 万元。现 A 石油公司转让矿 D1，转让所得 2 100 万元。

分析：根据油气准则规定，如果转让所得大于未探明矿区权益的账面原值，应将其差额确认为收益；如果转让所得小于矿区账面原值，将转让所得冲减矿区组权益的账面价值，冲减至零为止。A 石油公司转让所得大于未探明 D1 矿区权益的账面原值，A 石油公司应将其差额确认为收益。相关账务处理如下：

借：银行存款　　21 000 000
　　贷：油气资产——矿区权益　　20 000 000
　　　　资产处置损益　　1 000 000

如果转让所得为 1 900 万元，转让所得小于未探明 D1 矿区权益的账面原值，A 石油公司应将转让所得冲减矿区组权益的账面价值值。相关账务处理如下：

借：银行存款　　19 000 000
　　贷：油气资产——矿区权益　　19 000 000

例 27-05 （转让部分未探明矿区权益、且该矿区权益单独计提减值准备）A 石油公司拥有的未探明矿区 E，面积 50 平方千米，其账面原值为 1 000 万元，已计提减值准备 200 万元。2×21 年 1 月，A 公司转让 E 矿区中的 20 平方千米，转让所得为 300 万元。2×21 年 2 月，A 公司再次转让 E 矿区中的 10 平方千米，转让所得为 200 万元。2×21 年 3 月，A 公司转让 E 剩下的 20 平方千米，转让所得为 400 万元。

分析：根据油气准则规定，如果转让部分未探明矿区权益所得大于该未探明矿区权益的账面价值，应将其差额计入收益；如果转让所得小于其账面价值，应将转让所得冲减被转让矿区权益账面价值，冲减至零为止。

2×21 年 1 月，A 公司转让部分 E 矿区权益时，因转让所得（300 万元）小于 E 对应区域的账面价值（800 万元），故 A 公司应将转让所得冲减被转让矿区权益账面价值。相关账务处理如下：

借：银行存款　　3 000 000
　　贷：油气资产——矿区权益　　3 000 000

2×21 年 2 月，A 公司转让部分 E 矿区权益时，因转让所得（200 万元）小于其账面价值（500

万元），故 A 公司应将转让所得冲减被转让矿区权益账面价值。相关账务处理如下：

借：银行存款　　2 000 000

　　贷：油气资产——矿区权益　　2 000 000

2×21 年 3 月，A 公司转让部分 E 矿区权益时，A 公司转让部分 E 的所得（400 万元）大于该未探明矿区权益的账面价值（300 万元），应将其差额计入收益。相关账务处理如下：

借：油气资产减值准备　　2 000 000

　　银行存款　　4 000 000

　　贷：油气资产——矿区权益　　5 000 000

　　　　资产处置损益　　1 000 000

如果 A 公司转让 E 矿区剩余 20 平方千米，转让所得为 100 万元。A 公司转让 E 矿区的所得（100 万元）小于该未探明矿区权益的账面价值（300 万元），应继续将转让所得冲减被转让矿区权益账面价值，冲减至零为止。

借：银行存款　　1 000 000

　　贷：油气资产——矿区权益　　1 000 000

根据油气准则规定，A公司期末应对E矿区权益的剩余账面价值全额计提减值准备。计算减值损失为（1 000－200）－300－200－100＝200（万元）。账务处理如下：

借：资产减值损失　　2 000 000

　　贷：油气资产减值准备　　2 000 000

例 27-06　（转让部分未探明矿区权益、且该矿区权益以矿区组为基础计提减值准备）A 石油公司拥有的未探明矿区 F1 和 F2 在进行减值测试时构成一个矿区组，其中 F1 账面原值 2 000 万元，F2 账面原值为 1 000 万元，矿区组已经计提减值准备 600 万元，矿区组账面价值为 2 400 万元。2×21 年 4 月和 10 月分别转让矿区 F1 的一部分，转让所得分别为 1 000 万元和 1 200 万元，10 月将整个 F1 转让完毕。

分析：根据油气准则规定，如果转让所得大于未探明矿区权益的账面原值，企业应将其差额计入收益；如果转让所得小于该未探明矿区权益的账面原值，企业应将转让所得冲减矿区组的账面价值，冲减至零为止。

2×21 年 4 月，A 公司转让部分 E 矿区权益时，转让所得（1 000 万元）小于 F1 的账面原值，A 公司应将转让所得冲减矿区组的账面价值。相关账务处理如下：

借：银行存款　　10 000 000

　　贷：油气资产——矿区权益　　10 000 000

2×21 年 10 月，A 公司转让部分 E 矿区权益时，转让所得（1 200 万元）已经大于 F1 的账面原值，A 公司企业应将其差额计入收益。

借：银行存款　　12 000 000

　　贷：油气资产——矿区权益　　10 000 000

　　　　资产处置损益　　2 000 000

如果 2×21 年 10 月转让所得为 800 万元，则累计转让所得小于 F1 的账面原值，A 公司应将转让所得继续冲减矿区组的账面价值。相关账务处理如下：

借：银行存款　　8 000 000

　　贷：油气资产——矿区权益　　8 000 000

（二）矿区权益的转销

（1）未探明矿区（组）内发现探明经济可采储量而将未探明矿区（组）转为探明矿区（组）的，应当按照其账面价值转为探明矿区权益。

（2）根据油气准则的规定，未探明矿区因最终未能发现探明经济可采储量而放弃的，应当按照放弃时的账面价值转销未探明矿区权益并计入当期损益。因未完成义务工作量等因素导致发生的放弃成本，计入当期损益。

（三）井及相关设施的处置

井及相关设施的处置，可参照《企业会计准则第 4 号——固定资产》处理。

六、油气生产的会计处理

油气生产成本包括相关矿区权益折耗、井及相关设施折耗、辅助设备及设施折旧以及操作费用等。操作费用包括油气生产和矿区管理过程中发生的直接和间接费用。

（一）矿区权益折耗

企业应当采用产量法或年限平均法对探明矿区权益计提折耗。采用用产量法计提折耗的，折耗额可按照单个矿区计算，也可按照若干具有相同或类似地质构造特征或储层条件的相邻矿区所组成的矿区组计算。计算公式如下：

探明矿区权益折耗额＝探明矿区权益账面价值 × 探明矿区权益折耗率

$$\text{探明矿区权益折耗率}=\frac{\text{探明矿区当期产量}}{\text{探明矿区期末探明经济可采储量}+\text{探明矿区当期产量}}\times 100\%$$

（二）井及相关设施折耗

井及相关设施包括确定发现了探明经济可采储量的探井和开采活动中形成的井，以及与开采活动直接相关的各种设施。采用产量法计提折耗的，折耗额可按照单个矿区计算，也可按照若干具有相同或类似地质构造特征或储层条件的相邻矿区所组成的矿区组计算。计算公式如下：

$$\begin{aligned}\text{矿区井及相关设施折耗额}&=\text{期末矿区井及相关设施账面价值}\times\text{矿区井及相关设施折耗率}\\&=\frac{\text{矿区当期产量}}{\text{矿区期末探明已开发经济可采储量}+\text{矿区当期产量}}\end{aligned}$$

探明已开发经济可采储量，包括矿区的开发井网钻探和配套设施建设完成后已全面投入开采的探明经济可采储量，以及在提高采收率技术所需的设施已建成并已投产后相应增加的可采储量。

（三）辅助设备及设施折旧

地震设备、建造设备、车辆、修理车间、仓库、供应站、通信设备、办公设施等辅助设备及设施，应当按照《企业会计准则第 4 号——固定资产》处理。

七、披露

根据油气准则要求，石油天然气开采活动应在报表附注中披露的下列信息：

（1）拥有国内和国外的油气储量年初、年末数据。

（2）当期在国内和国外发生的矿区权益的取得、油气勘探和油气开发各项支出的总额。

（3）探明矿区权益、井及相关设施的账面原值，累计折耗和减值准备累计金额及其计提方法与油气开采活动相关的辅助设备及设施的账面原价，累计折旧和减值准备累计金额及其计提方法。

八、新旧衔接

首次执行企业会计准则，遵照《企业会计准则第 38 号——首次执行企业会计准则》的相关规定，详见本书第三十八章。

第二十八章
会计政策、会计估计变更及会计差错更正

一、准则适用范围

《企业会计准则第 28 号——会计政策、会计估计变更和差错更正》(以下简称会计政策、会计估计变更和差错更正准则)主要是规范企业会计政策的应用,会计政策、会计估计变更和前期差错更正的确认、计量和相关信息的披露。会计政策变更和前期差错更正的所得税影响,适用《企业会计准则第 18 号——所得税》。

二、会计政策及其变更

(一)会计政策及其变更的概述

1. 会计政策

根据会计政策、会计估计变更和差错更正准则的规定,会计政策是指企业在会计确认、计量和报告中所采用的原则、基础和会计处理方法。其中:原则是指按照企业会计准则规定的适合于企业会计核算所采用的具体会计原则;基础是指为了将会计原则应用于交易或者事项而采用的基础,主要是计量基础(即计量属性),包括历史成本、重置成本、可变现净值、现值和公允价值等;会计处理方法是指企业在会计核算中按照法律、行政法规或者国家统一的会计制度等规定采用或者选择的、适合于本企业的具体会计处理方法。

企业应当披露重要的会计政策,不具有重要性的会计政策可以不予披露。判断会计政策是否重要,应当考虑与会计政策相关项目的性质和金额。企业应当披露的重要会计政策包括以下几类。

(1)在资产方面属于资产要素的会计政策:

①存货的取得、发出和期末计价的处理方法;

②长期股权投资的取得及后续计量中的成本法或权益法;

③投资性房地产的确认及其后续计量模式;

④固定资产、无形资产的确认条件及其减值政策;

⑤金融资产的分类;

⑥非货币性资产交换商业实质的判断。

(2)在负债方面属于负债要素的会计政策:

①借款费用资本化的条件;

②债务重组的确认和计量;

③预计负债的确认和计量;

④应付职工薪酬和股份支付的确认和计量;

⑤金融负债的分类等。

（3）在所有者权益方面属于所有者权益要素的会计政策：

①权益工具的确认和计量；

②混合金融工具的分拆。

（4）在收入方面属于收入要素的会计政策：

①商品销售收入和提供劳务收入的确认条件；

②建造合同、租赁合同、保险合同、贷款合同等合同收入的确认与计量方法。

（5）在费用方面属于费用要素的会计政策：

①商品销售成本及劳务成本的结转；

②期间费用的划分。

（6）其他。

2. 会计政策变更

会计政策变更是指企业对相同的交易或者事项由原来采用的会计政策改用另一会计政策的行为。企业采用的会计政策，在每一会计期间和前后各期应当保持一致，不得随意变更。但是，满足下列条件之一的，可以变更会计政策：

（1）法律、行政法规或者国家统一的会计制度等要求变更。这种情况是指按照法律、行政法规以及国家统一的会计制度的规定，要求企业采用新的会计政策，则企业应当按照法律、行政法规以及国家统一的会计制度的规定改变原会计政策，按照新的会计政策执行。

2017 年财政部发布、修订的会计准则主要包括：修订《企业会计准则第 14 号——收入》、修订《企业会计准则第 37 号——金融工具列报》、修订《企业会计准则第 23 号——金融资产转移》、修订《企业会计准则第 22 号——金融工具确认和计量》等，其中：

①修订的《企业会计准则第 14 号——收入》、修订的《企业会计准则第 22 号——金融工具确认和计量》规定，对于在境内外同时上市的企业，自 2018 年 1 月 1 日起执行收入准则、对于其他在境内上市的企业，要求自 2020 年 1 月 1 日起执行收入准则、对于执行企业会计准则的非上市企业，要求自 2021 年 1 月 1 日起执行收入准则。将首次执行的累积影响仅调整首次执行本准则当年年初留存收益及财务报表其他相关项目金额，而不调整可比期间信息。

②新颁布的《企业会计准则第 42 号——持有待售的非流动资产、处置组和终止经营》规定，2017 年 5 月 28 日起施行。对于本准则施行日存在的持有待售的非流动资产、处置组和终止经营，应当采用未来适用法处理。

③修订的《企业会计准则第 16 号——政府补助》规定，本准则自 2017 年 6 月 12 日起施行。企业对 2017 年 1 月 1 日存在的政府补助采用未来适用法处理，对 2017 年 1 月 1 日至本准则施行日之间新增的政府补助根据本准则进行调整。

（2）会计政策变更能够提供更可靠、更相关的会计信息。由于经济环境、客观情况的改变，使企业原采用的会计政策所提供的会计信息，已不能恰当地反映企业的财务状况、经营成果和现金流量等情况。在这种情况下，应改变原有会计政策，按变更后新的会计政策进行会计处理，以便对外提供更可靠、更相关的会计信息。

例如，企业一直采用成本模式对投资性房地产进行后续计量，如果企业能够从房地产交易市场上持续地取得同类或类似房地产的市场价格及其他相关信息，从而能够对投资性房地产的公允价值作出合理的估计，此时，企业就可以将投资性房地产的后续计量方法由成本模式变更为公允价值模式。

下列两种情况不属于会计政策变更。

（1）本期发生的交易或者事项与以前相比具有本质差别而采用新的会计政策。会计政策是针对特定类型的交易或事项，如果发生的交易或事项与其他交易或事项有本质区别，那么，企业实际上是为新的交易或事项选择适当的会计政策，并没有改变原有的会计政策。

例 28-01 A 公司 2×21 年租入的普通机床均为临时需要而租入的，租期为 2 个月，企业按经营租赁会计处理方法核算。但自 2×21 年度起租入的设备均为采用融资租赁方式租入的数控机床，租期达到该设备使用年限 75% 以上，则 A 公司自本年度起对新租赁的设备采用融资租赁会计处理核算。这种情况下，由于经营租赁和融资租赁有着本质差别，因而改变会计政策不属于会计政策变更。

（2）对初次发生的或不重要的交易或者事项采用新的会计政策。对初次发生的某类交易或事项采用适当的会计政策，并未改变原有的会计政策。根据重要性原则和成本效益要求，不重要的交易或事项可以采用新会计政策，不影响财务信息使用者的决策。

例 28-02 A 公司 2×21 年初成立，第一次签订一项建造合同，为另一企业建造三栋厂房，A 公司对该项建造合同采用完工百分比法确认收入。由于 A 公司初次发生该项交易，采用完工百分比法确认该项交易的收入。这种情况下，A 公司对初次发生的某类交易或事项采用适当的会计政策，不属于会计政策变更。

（二）会计政策变更的会计处理

发生会计政策变更时，有两种会计处理方法，即追溯调整法和未来适用法。这两种方法适用于不同情形。

1. 追溯调整法

追溯调整法是指对某项交易或事项变更会计政策，视同该项交易或事项初次发生时即采用变更后的会计政策，并以此对财务报表相关项目进行调整的方法。企业采用追溯调整法时，对于比较财务报表期间的会计政策变更，应调整各期间净损益各项目和财务报表其他相关项目，视同该政策在比较财务报表期间上一直采用。会计政策变更采用追溯调整法，应当将会计政策变更的累积影响数调整期初留存收益。留存收益包括当年和以前年度的未分配利润和按照相关法律规定提取并累积的盈余公积。调整期初留存收益是指对期初未分配利润和留存收益两个项目的调整。

（1）计算会计政策变更的累积影响数。会计政策变更累积影响数，是指按照变更后的会计政策对以前各期追溯计算的列报前期最早期初留存收益应有金额与现有金额之间的差额。会计政策变更的累积影响数，通常可以通过以下各步计算获得：

①根据新的会计政策重新计算受影响的前期交易或事项。在变更会计政策当期，按变更后的会计政策对以前各期追溯计算，所得到列报前期最早期初留存收益金额。

②计算两种会计政策下的差异；在变更会计政策当期，比较两种会计政策下，列报前期最早期初留存收益金额之间的差异。该留存收益金额，包括盈余公积和未分配利润等项目，不考虑由于损益的变化而应当补分的利润或股利。

③计算差异的所得税影响金额（是指对递延所得税影响，不涉及对应交所得税影响）。

④确定前期中每一期的税后差异。

⑤计算会计政策变更的累积影响数。

（2）编制相关项目的调整分录。涉及损益的通过“盈余公积”和“利润分配——未分配利润”科目核算。

（3）调整列报前期最早期初财务报表相关项目及其金额。

（4）报表附注说明。

需要注意的是，对以前年度损益进行追溯调整或追溯重述的，应当重新计算各列报期间的每股收益。

例 28-03 A 公司 2×21 年以前执行《小企业会计准则》，由于 A 公司将公开发行股票、债券；同时因经营规模或企业性质变化而成为大中型企业，按照准则规定应当从 2×21 年 1 月 1 日起转为执行《企业会计准则》。资料如下：

A公司2×18年分别以450万元和110万元的价格从股票市场购入A、B两支以交易为目的的股票，假定不考虑相关税费。按照原《小企业会计准则》确认为“短期投资”并采用成本法对该股票进行初始和后续计量。按照《企业会计准则》的规定，对其以交易为目的购入的股票由原成本法改为公允价值计量，且其变动计入当期损益。假设A公司适用的所得税税率为25%，公司按净利润的10%提取法定盈余公积，按净利润的5%提取任意盈余公积。2×20年公司发行在外普通股加权平均数为4 500万股。A、B股票有关成本及公允价值，资料见表28-01。

表28-01　A、B股票有关成本及公允价值

单位：万元

项目	购入成本	2×18年 年末公允价值	2×19年 年末公允价值	2×20年 年末公允价值
A股票	450	446	500	510
B股票	110	106	120	130

要求：根据上述资料，编制会计处理。

企业在首次执行新准则时，应当按照《企业会计准则第38号——首次执行企业会计准则》对首次执行新准则当年的“年初余额”栏及相关项目进行调整；以后期间，如果企业发生了会计政策变更、前期差错更正，应当对“年初余额”栏中的有关项目进行相应调整。此外，如果企业上年度资产负债表规定的项目名称和内容与本年度不一致，应当对上年年末资产负债表相关项目的名称和数字按照本年度的规定进行调整，填入“年初余额”栏。

（1）计算累积影响数，见表28-02。

表28-02　会计政策变更累计影响数计算表

单位：万元

年度	按照新政策确认损益	按照原政策确认损益	税前差异	递延所得税费用	税后差异
2×18年	A股票（446－450）＋B股票（106－110）＝－8	0	－8	－2	－6
2×19年	A股票（500－446）＋B股票（120－106）＝68	0	68	17	51
2×20年	A股票（510－500）＋B股票（130－120）＝20	0	20	5	15
合计	80	0	80	20	60

注：会计政策变更的累积影响数，是指按照变更后的会计政策对以前各期追溯计算的列报（即列报期为2×21年年末）前期（即2×20年年末）最早期初（2×19年年末，也就是2×20年初）留存收益应有金额与现有金额之间的差额。所以会计政策变更的累积影响数是45（51－6）万元。

（2）编制有关项目的调整分录：

借：交易性金融资产——公允价值变动　　800 000

　　贷：利润分配——未分配利润　　600 000

　　　　递延所得税负债　　200 000

借：利润分配——未分配利润（600 000×15%）　　90 000
　　贷：盈余公积　　90 000

（3）财务报表调整和重述，见表 28-03、表 28-04、表 28-05。

表 28-03　资产负债表（部分）

2×21 年 12 月 31 日　　单位：万元

项目	年初余额	
	调增	调减
交易性金融资产	80	
递延所得税负债	20	
盈余公积	9	
未分配利润	51	

表 28-04　利润表（部分）

2×21 年度　　单位：万元

项目	上期余额	
	调增	调减
公允价值变动收益	20	
所得税费用	5	
净利润	15	
基本每股收益	0.003 3 元（15÷4 500）	

表 28-05　所有者权益变动表（部分）

2×21 年度　　单位：万元

项目	本年金额		上年金额	
	盈余公积	未分配利润	盈余公积	未分配利润
上年年末余额				
加：会计政策变更	2.25（15×15%）	12.75（15 － 2.25）	6.75（45×15%）	38.25（45 － 6.75）

（4）附注说明：

本公司 2×21 年按照会计准则规定，对交易性金融资产计量由成本法改为以公允价值计量。此项会计政策变更采用追溯调整法，2×21 年比较财务报表已重新表述。2×20 年期初运用新会计政策追溯计算的会计政策变更累积影响数为 45 万元（51 － 6）。调增 2×20 年的期初留存收益 45 万元，其中，调增未分配利润 38.25 万元，调增盈余公积 6.75 万元。会计政策变更对 2×20 年度财务报表本年金额的影响为调增未分配利润 12.75 万元，调增盈余公积 2.25 万元，调增净利润 15 万元。

例 28-04　A 公司为上市公司，已从 2×20 年开始执行《企业会计准则》。该公司按净利润的 10% 计提盈余公积。所得税税率为 25%，税法规定该投资性房地产作为固定资产处理，折旧年限为 50

年，净残值为零，采用直线法计提折旧。公允价值变动损益不得计入应纳税所得额。

2×21年1月1日，A公司董事会决定将投资性房地产后续计量模式从成本模式转换为公允价值模式。该房地产为2×17年12月外购一栋写字楼，支付价款50 000万元，预计使用年限为50年，净残值为零，采用直线法计提折旧。同日将该写字楼租赁给B公司使用。2×21年以前，A公司对投资性房地产一直采用成本模式进行后续计量。该项投资性房地产各年公允价值如表28-06所示：

表28-06 投资性房地产各年公允价值表

单位：万元

年度	公允价值
2×17年年末	50 000
2×18年年末	55 000
2×19年年末	58 000
2×20年年末	60 500

要求：根据上述资料，编制A公司的账务处理。

（1）计算累积影响数，见表28-07。

表28-07 会计政策变更累计影响数计算表

单位：万元

年度末	按原会计政策确认的损益	按新会计政策确认的损益	税前差异	所得税影响	税后差异
2×17	不计提折旧，所以为0	50 000 － 50 000 ＝ 0	0	0	0
2×18	－ 50 000÷50 ＝－ 1 000	55 000 － 50 000 ＝ 5 000	6 000	6 000×25% ＝ 1 500	4 500
2×19	－ 1 000	58 000 － 55 000 ＝ 3 000	4 000	1 000	3 000
2×20	－ 1 000	60 500 － 58 000 ＝ 2 500	3 500	875	2 625
合计	－ 3 000	10 500	13 500	3 375	10 125

（2）编制相关的会计分录：

借：投资性房地产——成本　500 000 000

　　　　　　　　——公允价值变动　105 000 000

　　投资性房地产累计折旧　30 000 000

　　贷：投资性房地产　500 000 000

　　　　递延所得税负债　33 750 000

　　　　盈余公积（101 250 000×10%）　10 125 000

　　　　利润分配——未分配利润（101 250 000×90%）　91 125 000

注：账面价值=60 500（万元）

计税基础=50 000－50 000÷50×3=47 000（万元）

应纳税暂时性差异=13 500（万元）

递延所得税负债=13 500×25%=3 375（万元）

假定A公司2×21年开始执行《企业会计准则》。2×21年以前按照原《小企业会计准则》规定，出租的房地产确认为固定资产并计提折旧。按照《企业会计准则》规定该业务应确认为投资性房地产，A公司采用公允价值模式进行后续计量。其他资料不变。编制相关的会计分录：

借：投资性房地产——公允价值变动　　105 000 000
　　投资性房地产累计折旧　　30 000 000
　　贷：递延所得税负债　　33 750 000
　　　　盈余公积（101 250 000×10%）　　10 125 000
　　　　利润分配——未分配利润（101 250 000×90%）　　91 125 000

2. 未来适用法

会计政策、会计估计变更和差错更正准则规定，未来适用法是指将变更后的会计政策应用于变更日及以后发生的交易或者事项，或者在会计估计变更当期和未来期间确认会计估计变更影响数的方法。

在未来适用法下，不需要计算会计政策变更产生的累积影响数，也无须重编以前年度的财务报表。企业会计账簿记录及财务报表上反映的金额，变更之日仍保留原有的金额，不因会计政策变更而改变以前年度的既定结果，并在现有金额的基础上再按新的会计政策进行核算。

3. 会计政策变更的会计处理方法的选择

对于会计政策变更，企业应当根据具体情况，分别采用不同的会计处理方法。

（1）法律、行政法规或者国家统一的会计制度等要求变更的情况下，企业应当分别以下列情况进行处理：①国家发布相关的会计处理办法，则按照国家发布的相关会计处理规定进行处理。②国家没有发布相关的会计处理办法，则采用追溯调整法进行会计处理。

（2）会计政策变更能够提供更可靠、更相关的会计信息的情况下，企业应当采用追溯调整法进行会计处理，将会计政策变更累积影响数调整列报前期最早期初留存收益，其他相关项目的期初余额和列报前期披露的其他比较数据也应当一并调整，但确定该项会计政策变更累积影响数不切实可行的除外。

（3）确定会计政策变更对列报前期影响数不切实可行的，应当从可追溯调整的最早期间期初开始应用变更后的会计政策。

（4）在当期期初确定会计政策变更对以前各期累积影响数不切实可行的，应当采用未来适用法处理，例如，企业因账簿、凭证超过法定保存期限而销毁，或因不可抗力而毁坏、遗失，如火灾、水灾等，或因人为因素，如盗窃、故意毁坏等，可能使当期期初确定会计政策变更对以前各期累积影响数无法计算，即不切实可行，在这种情况下，会计政策变更应当采用未来适用法进行处理。

不切实可行，是指企业在采取所有合理的方法后，仍然无法采用某项规定。对于以下特定前期，对某项会计政策变更应用追溯调整法是不切实可行的：

①应用追溯调整法的累积影响数不能确定。

②应用追溯调整法要求对管理层在该期当时的意图作出假定。

③应用追溯调整法要求对有关金额进行重大估计，并且不可能将提供有关交易发生时存在状况的证据（例如，有关金额确认、计量或披露日期存在事实的证据，以及在受变更影响的当期和未来期间确认会计估计变更的影响的证据）和该期间财务报表批准报出时能够取得的信息这两类信息与其他信息客观地加以区分。

在某些情况下，调整一个或者多个前期比较信息以获得与当期会计信息的可比性是不切实可行的。

例如，某个或者多个前期财务报表有关项目的数据难以收集，而要再造会计信息则可能是不切实可行的。

在前期采用一项新会计政策时，不论是对管理层在某个前期的意图作出假定，还是估计在前期确认、计量或者披露的金额，都不应当使用“后见之明”。

（三）会计政策变更的披露

企业应当在附注中披露与会计政策变更有关的下列信息：

（1）会计政策变更的性质、内容和原因。这些信息包括对会计政策变更的简要阐述、变更的日期、变更前采用的会计政策和变更后所采用的新会计政策及会计政策变更的原因。例如，依据法律或会计准则等行政法规、规章的要求变更会计政策时，在财务报表附注中应当披露所依据的文件对于由于执行企业会计准则而发生的变更，应在财务报表附注中说明：依据《企业会计准则第 × 号——××》的要求变更会计政策……。

（2）当期和各个列报前期财务报表中受影响的项目名称和调整金额。这些信息包括采用追溯调整法时，计算出的会计政策变更的累积影响数；当期和各个列报前期财务报表中需要调整的净损益及其影响金额，以及其他需要调整的项目名称和调整金额。

（3）无法进行追溯调整的，说明该事实和原因以及开始应用变更后的会计政策的时点、具体应用情况。这些信息包括无法进行追溯调整的事实；确定会计政策变更对列报前期影响数不切实可行的原因；在当期期初确定会计政策变更对以前各期累积影响数不切实可行的原因；开始应用新会计政策的时点和具体应用情况。

三、会计估计及其变更

（一）会计估计及其变更概述

会计政策、会计估计变更和差错更正准则规定，会计估计是指企业对结果不确定的交易或者事项以最近可利用的信息为基础所作的判断。通常情况下，下列属于会计估计的内容。

（1）存货可变现净值的确定，非流动资产可收回金额的确定。

（2）公允价值的确定。

（3）固定资产的使用寿命、预计净残值和折旧方法。

（4）使用寿命有限的无形资产的预计使用寿命、残值、摊销方法。

（5）职工薪酬金额的确定。

（6）预计负债金额的确定。

（7）收入金额的确定、提供劳务完工进度的确定。

（8）一般借款利息资本化金额的确定。

（9）应纳税暂时性差异和可抵扣暂时性差异的确定。

（10）与金融工具相关的公允价值的确定、摊余成本的确定、金融资产减值损失的确定。

会计估计变更是指由于资产和负债的当前状况及预期经济利益和义务发生了变化，从而对资产或负债的账面价值或者资产的定期消耗金额进行调整。通常情况下，企业可能由于以下原因而发生会计估计变更。

（1）赖以进行估计的基础发生了变化。企业进行会计估计总是依赖于一定的基础，如果其所依赖的基础发生了变化，则会计估计也应相应发生变化。例如，企业的某项无形资产摊销年限原定为 6 年，以后发生的情况表明，该资产的受益年限已不足 5 年，这时需相应调减摊销年限。

（2）取得了新的信息、积累了更多的经验。企业进行会计估计是就现有资料对未来所作的判断，随着时间的推移，企业有可能取得新的信息、积累更多的经验，在这种情况下，企业可能不得不对会计估计进行修订，即发生会计估计变更。例如，企业原根据当时能够得到的信息，对应收账款每年按其余额的 10% 计提坏账准备。现在掌握了新的信息，判定不能收回的应收账款比例已达 15%，企业改按 15% 的比例计提坏账准备。

会计估计变更，并不意味着以前期间会计估计是错误的，只是由于情况发生变化，或者掌握了新的信息，积累了更多的经验，使得变更会计估计能够更好地反映企业的财务状况和经营成果。如果以前期间的会计估计是错误的，则属于会计差错，按会计差错更正的会计处理办法进行处理。

（二）会计政策变更与会计估计变更的划分

企业应当正确划分会计政策变更与会计估计变更，并按照不同的方法进行相关会计处理。企业应当以变更事项的会计确认、计量基础和列报项目是否发生变更作为判断该变更是会计政策变更，还是会计估计变更的划分基础。

（1）以会计确认是否发生变更作为判断基础。《企业会计准则——基本准则》规定了资产负债、所有者权益、收入、费用和利润等 6 项会计要素的确认标准，是会计处理的首要环节。一般地，对会计确认的指定或选择是会计政策，其相应的变更是会计政策变更。

例 28-05　某企业在前期将某项内部研发项目开发阶段的支出计入当期损益，而当期按照《企业会计准则第 6 号——无形资产》的规定，该项支出符合无形资产的确认条件，应当确认为无形资产。该事项的会计确认发生变更，即前期将开发费用确认为一项费用，而当期将其确认为一项资产。该事项中会计确认发生了变化，所以该变更属于会计政策变更。

（2）以计量基础是否发生变更作为判断基础。《企业会计准则——基本准则》规定了历史成本、重置成本、可变现净值、现值和公允价值等 5 项会计计量属性，是会计处理的计量基础。一般地，对计量基础的判定或选择是会计政策，其相应的变更是会计政策变更。

例 28-06　某企业在前期对购入的价款超过正常信用条件延期支付的固定资产初始计量采用历史成本，而当期按照《企业会计准则第 4 号——固定资产》的规定，该类固定资产的初始成本应以购买价款的现值为基础确定。该事项的计量基础发生了变化，所以该变更属于会计政策变更。

（3）以列报项目是否发生变更作为判断基础。《企业会计准则第 30 号——财务报表列报》规定了财务报表项目应采用的列报原则。一般地，对列报项目的指定或选择是会计政策，其相应的变更是会计政策变更。

例 28-07　某商业企业在前期将商品采购费用列入营业费用，当期根据《企业会计准则第 1 号——存货》的规定，将采购费用列入成本。因为列报项目发生了变化，所以该变更是会计政策变更。当然这里也涉及会计确认的变更。

（4）根据会计确认、计量基础和列报项目所选择的、为取得与资产负债表项目有关的金额或数值（如预计使用寿命、净残值等）所采用的处理方法，不是会计政策，而是会计估计，其相应的变更是会计估计变更。

例 28-08　某企业需要对某项资产采用公允价值进行计量，而公允价值的确定需要根据市场情况选择不同的处理方法。在不存在销售协议和资产活跃市场的情况下，需要根据同行业类似资产的近期交易价格对该项资产进行估计；在不存在销售协议但存在资产活跃市场的情况下，其公允价值应当按照该项资产的市场价格为基础进行估计。因为企业所确定的公允价值是与该项资产有关的金额，所以为确定公允价值所采用的处理方法是会计估计，不是会计政策。相应地，当企业面对的市场情况发生变化时，其采用的确定公允价值的方法变更是会计估计变更，不是会计政策变更。

企业可以采用以下具体方法划分会计政策变更与会计估计变更：分析并判断该事项是否涉及会计确认、计量基础选择或列报项目的变更，当至少涉及上述一项划分基础变更时，该事项是会计政策变更；不涉及上述划分基础变更时，该事项可以判断为会计估计变更。

例 28-09　分析判断以下几种变更分别属于会计政策变更还是会计估计变更。

（1）企业变更固定资产折旧方法，由原采用双倍余额递减法改为直线法计提固定资产折旧。这种情况下，企业变更计提折旧方法前后，折旧都是以历史成本作为计量基础，对该事项的会计确认和列报项目也未发生变更，只是固定资产折旧、固定资产净值等相关金额发生了变化。因此，该事项属于会计估计变更。

（2）某商业企业在前期将商品采购费用列入营业费用，当期根据《企业会计准则第1号——存货》的规定，将采购费用列入存货成本。这种情况下，由于列报项目发生了变化，所以该变更是会计政策变更。

（三）会计估计变更的会计处理

企业对会计估计变更应当采用未来适用法处理，即在会计估计变更当期及以后期间采用新的会计估计不改变以前期间的会计估计，也不调整以前期间的报告结果。

（1）会计估计变更仅影响变更当期的，其影响数应当在变更当期予以确认。例如，企业原按应收账款余额的10%提取坏账准备，由于企业不能收回应收账款的比例已达15%则企业改按应收账款余额的15%提取坏账准备。这类会计估计的变更，只影响变更当期，因此，应于变更当期确认。

（2）既影响变更当期又影响未来期间的，其影响数应当在变更当期和未来期间予以确认。例如，企业的某项可计提折旧的固定资产，其有效使用年限或预计净残值的估计发生的变更，常常影响变更当期及资产以后使用年限内各个期间的折旧费用，这类会计估计的变更，应于变更当期及以后各期确认。

企业应当正确划分会计政策变更和会计估计变更，并按不同的方法进行相关会计处理。企业通过判断会计政策变更和会计估计变更划分基础仍然难以对某项变更进行区分的，应当将其作为会计估计变更处理。

（3）会计估计变更的影响数应计入变更当期与前期相同的项目中。为了保证不同期间的财务报表具有可比性，如果以前期间的会计估计变更的影响数计入企业日常经营活动损益，则以后期间也应计入日常经营活动损益；如果以前期间的会计估计变更的影响数计入特殊项目中，则以后期间也应计入特殊项目。

例28-10 A公司适用的所得税税率为25%。2×21年3月31日，A公司董事会决定将其固定资产的折旧年限由10年调整为6年，该项变更自2×21年1月1日起执行。上述管理用固定资产系2×18年12月购入，成本为1 000万元，采用年限平均法计提折旧，预计净残值为零。税法规定该固定资产的计税年限为10年。

（1）计算至2×21年3月31日的累计折旧额：

至2×21年3月31日的累计折旧额＝1 000÷10×2＋1 000÷10×3÷12＝225（万元）

（2）计算至2×21年3月31日的账面价值：

至2×21年3月31日的账面价值＝1 000－225＝775（万元）

（3）计算从2×21年4月1日至年末计提的折旧额：

从2×21年4月1日至年末计提的折旧额＝775÷（6×12－2×12－3）×9＝155（万元）

（4）计算2×21年计提的折旧额：

2×21年计提的折旧额＝1 000÷10×3÷12＋155＝180（万元）

（5）计算2×21年按照税法规定计算折旧额：

2×21年按照税法规定计算折旧额＝1 000÷10＝100（万元）

（6）确认递延所得税资产：

递延所得税资产＝（180－100）×25%＝20（万元）

（7）计算会计估计变更影响2×18年净利润：

会计估计变更影响2×18年净利润＝－［（180－100）－20］＝－60（万元）

或　　＝－（180－100）×（1－25%）＝－60（万元）

例28-11 B公司有一台管理用设备，原始价值为64 000元，预计使用寿命为6年，净残值为

4 000 元，自 2×19 年 1 月 1 日起按直线法计提折旧。2×21 年 1 月，由于新技术的发展等原因，需要对原预计使用寿命和净残值作出修正，修改后的预计使用寿命为 5 年，净残值为 2 000 元。两公司适用所得税均为 25%。假定税法允许按变更后的折旧额在税前扣除。

按原估计，每年折旧额为10 000元，已提折旧2年，共计20 000元，固定资产净值为44 000元。改变估计使用寿命后，2×21年1月1日起每年计提的折旧费用为14 000元［（44 000－2 000）÷（5－2）］。2×21年不必对以前年度已提折旧进行调整，只需按重新预计的尚可使用寿命和净残值计算确定的年折旧费用。

借：管理费用　　14 000

　　贷：累计折旧　　14 000

（四）会计估计变更的披露

企业应当在附注中披露与会计估计变更有关的下列信息：

（1）会计估计变更的内容和原因。包括变更的内容、变更日期以及会计估计变更的原因。

（2）会计估计变更对当期和未来期间的影响数。包括会计估计变更对当期和未来期间损益的影响金额，以及对其他各项目的影响金额。

（3）会计估计变更的影响数不能确定的，披露这一事实和原因。

四、前期差错及其更正

（一）前期差错概述

根据会计政策、会计估计变更和差错更正准则的规定，前期差错是指由于没有运用或错误运用下列两种信息，而对前期财务报表造成省略或错报：编报前期财务报表时预期能够取得并加以考虑的可靠信息；前期财务报告批准报出时能够取得的可靠信息。

《企业会计准则讲解》指出，没有运用或错误运用上述两种信息而形成前期差错的情形主要有以下几类：

（1）计算以及账户分类错误。例如，企业购入的 5 年期国债，意图长期持有，但在记账时计入了交易性金融资产，导致账户分类上的错误，并导致在资产负债表上流动资产和非流动资产的分类也有误。

（2）采用法律、行政法规或者国家统一的会计制度等不允许的会计政策。例如，按照《企业会计准则第 17 号——借款费用》的规定，为购建固定资产的专门借款而发生的借款费用，满足一定条件的，在固定资产达到预定可使用状态前发生的，应予资本化，计入所购建固定资产的成本；在固定资产达到预定可使用状态后发生的，计入当期损益。如果企业固定资产已达到预定可使用状态后发生的借款费用，也计入了该固定资产的价值，予以资本化，则属于采用法律或会计准准等行政法规、规章所不允许的会计政策。

（3）对事实的疏忽或曲解，以及舞弊。例如，企业对某项建造合同应按建造合同规定的方法确认营业收入，但该企业却按确认商品销售收入的原则确认收入。

（4）在期末对应计项目与递延项目未予调整。例如，企业应在本期摊销的费用在期末未予推销。

（5）漏记已完成的交易。例如，企业销售一批商品，商品已经发出，开出增值税专用发票，商品销售收入确认条件均已满足，但企业在期末时未将已实现的销售收入入账。

（6）提前确认尚未实现的收入或不确认已实现的收入。例如，在采用委托代销商品的销售方式下，应以收到代销单位的代销清单时，确认商品销售收入的实现，如企业在发出委托代销商品时即确认为收入，则为提前确认尚未实现的收入。

（7）资本性支出与收益性支出划分差错等。例如，企业发生的管理人员的工资一般作为收益性支出，而发生的在建工程人员工资一般作为资本性支出。如果企业将发生的在建工程人员工资计入了当期损益，则属于资本性支出与收益性支出的划分差错。

需要注意的是，就会计估计的性质来说，它是个近似值，随着更多信息的获得，估计可能需要进行修正，但是会计估计变更不属于前期差错更正。

（二）前期差错更正的会计处理

企业应当采用追溯重述法更正重要的前期差错，但确定前期差错累积影响数不切实可行的除外。追溯重述法是指在发现前期差错时，视同该项前期差错从未发生过，从而对财务报表相关项目进行更正的方法。

1. 前期差错重要性的判断

重要的前期差错是指足以影响财务报表使用者对企业财务状况、经营成果和现金流量作出正确判断的前期差错。不重要的前期差错是指不足以影响财务报表使用者对企业财务状况、经营成果和现金流量作出正确判断的会计差错。

前期差错的重要性取决于在相关环境下对遗漏或错误表述的规模和性质的判断。前期差错所影响的财务报表项目的金额或性质，是判断该前期差错是否具有重要性的决定性因素。一般来说，前期差错所影响的财务报表项目的金额越大、性质越严重，其重要性程度越高。

企业应当严格区分会计估计变更和前期差错更正，对于前期根据当时的信息、假设等作了合理估计，在当期按照新的信息、假设等需要对前期估计金额作出变更的，应当作为会计估计变更处理，不应作为前期差错更正处理。

2. 前期差错的会计处理

（1）不重要的前期差错的会计处理。对于不重要的前期差错，企业不需调整财务报表相关项目的期初数，但应调整发现当期与前期相同的相关项目；属于影响损益的，应直接计入本期与上期相同的净损益项目；属于不影响损益的，应调整本期与前期相同的相关项目。

例 28-12 A公司在2×21年12月31日发现，一台价值6 000元，应计入固定资产却于2×20年2月1日开始计提折旧的管理用设备，在2×20年计入了当期费用。该公司固定资产折旧采用直线法，该资产估计使用年限为4年，假设不考虑净残值因素，则在2×21年12月31日更正此差错的会计分录如下：

借：固定资产	6 000	
贷：管理费用		3 125
累计折旧		2 875

假设该项差错直到固定资产全部提折旧后才发现，则不需要作任何分录，因为该项差错已经抵销了。

（2）重要的前期差错的会计处理。对于重要的前期差错，企业应当在其发现当期的财务报表中，调整前期比较数据。具体地说，企业应当在重要的前期差错发现当期的财务报表中，通过下述处理对其进行追溯更正。

①追溯重述差错发生期间列报的前期比较金额。

②如果前期差错发生在列列报的最早前期之前，则追溯重述列报的最早前期的资产、负债和所有者权益相关项目的期初余额。

对于发生的重要的前期差错，如影响损益，则应将其对损益的影响数调整发现当期的期初留存收益，财务报表其他相关项目的期初数也应一并调整；如不影响损益，则应调整财务报表相关项目的期初数。

企业在编制比较财务报表时，对于比较财务报表期间的重要的前期差错，应调整各该期间的净损益和其他相关项目，视同该差错在产生的当期已经更正；对于比较财务报表期间以前的重要的前期差错，应调整比较财务报表最早期间的期初留存收益，财务报表其他相关项目的数字也应一并调整。

确定前期差错影响数不切实可行的，可以从可追溯重述的最早期间开始调整留存收益的期初余额，财务报表其他相关项目的期初余额也应当一并调整，也可以采用未来适用法。当企业确定前期差错对列报的一个或者多个前期比较信息的特定期间的累积影响数不切实可行时，应当追溯重述切实可行的最早期间的资产、负债和所有者权益相关项目的期初余额（可能是当期）；当企业在当期期初确定前期差错对所有前期的累积影响数不切实可行时，应当从确定前期差错影响数切实可行的最早日期开始采用未来适用法追溯重述比较信息。

需要注意的是，为了保证经营活动的正常进行，企业应当建立健全内部稽核制度，保证会计资料的真实、完整。对于年度资产负债表日至财务报告批准报出日之间发现的报告年度的会计差错及报告年度前不重要的前期差错，应按照《企业会计准则第 29 号——资产负债表日后事项》的规定进行处理。

例 28-13　B 公司在 2×21 年发现，2×20 年公司漏记一项固定资产的折旧费用 120 000 元，所得税申报表中未扣除该项费用。假设 2×20 年适用所得税税率为 25%，无其他纳税调整事项。

该公司按净利润的 10%、5% 提取法定盈余公积和任意盈余公积。公司发行股股票份额为 1 500 000 股。假定税法允许调整应交所得税。

（1）分析前期差错的影响数：

2×20年少计折旧费用120 000元；多计所得税费用30 000元（120 000×25%）；多计净利润90 000元；多计应交税费30 000元（120 000×25%）；多提法定盈余公积和任意盈余公积9 000元（90 000×10%）和4 500元（90 000×5%）。

（2）编有关项目的调整分录。

①补提折旧：

借：以前年度损益调整	120 000	
贷：累计折旧		120 000

②调整应交所得税：

借：应交税费——应交所得税	30 000	
贷：以前年度损益调整		30 000

③将“以前年度损益调整”科目余额转入“利润分配”：

借：利润分配——未分配利润	90 000	
贷：以前年度损益调整		90 000

④调整利润分配有关数字：

借：盈余公积	13 500	
贷：利润分配——未分配利润		13 500

（3）财务报表调整和重述（财务报表略）：

B 公司在列报 2×21 年财务报表时，应调整 2×21 年资产负债表有关项目的年初余额、利润表有关项目及所有者权益变动表的上年金额也应进行调整。

①资产负债表项目的调整调增累计折旧 120 000 元；调减应交税费 30 000 元；调减盈余公积 13 500 元；调减未分配利润 67 500 元。

②利润表项目的调整调增营业成本上年金额 120 000 元；调减所得税费用上年金额 30 000 元；调减净利润上年金额 90 000 元；调减基本每股收益上年金额 0.06 元。

③所有者权益变动表项目的调整调减前期差错更正项目中盈余公积上年金额 13 500 元，未分配利润上年金额 67 500 元，所有者权益合计上年金额 112 500 元。

（三）前期差错更正的披露

企业应当在附注中披露与前期差错更正有关的下列信息：

（1）前期差错的性质。

（2）各个列报前期财务报表中受影响的项目名称和更正金额。

（3）无法进行追溯重述的，说明该事实和原因以及对前期差错开始进行更正的时点、具体更正情况。

在以后期间的财务报表中，不需要重复披露在以前期间的附注中已披露的前期差错更正的信息。

第二十九章
资产负债表日后事项

一、资产负债表日后事项概述

（一）资产负债表日后事项的定义

《企业会计准则第 29 号——资产负债表日后事项》（以下简称资产负债表日后事项准则）规定，资产负债表日后事项是指资产负债表日至财务报告批准报出日之间发生的有利或不利事项。财务报告批准报出日是指董事会或类似机构批准财务报告报出的日期。《企业会计准则讲解》对资产负债表日后事项进行了如下详细讲解。

1. 资产负债表日

资产负债表日是指会计年度末和会计中期期末，其中，年度资产负债表日是指公历 12 月 31 日；会计中期通常包括半年度、季度和月度等，会计中期期末相应地是指公历半年末、季末和月末等。

如果母公司或者子公司在国外，无论该母公司或子公司如何确定会计年度和会计中期，其向国内提供的财务报告都应根据我国《会计法》和会计准则的要求确定资产负债表日。

2. 财务报告批准报出日

财务报告批准报出日是指董事会或类似机构批准财务报告报出的日期。通常是指对财务报告的内容负有法律责任的单位或个人批准财务报告对外公布的批准日期。财务报告的批准者包括所有者、所有者中的多数、董事会或类似的管理单位、部门和个人。公司制企业的董事会有权批准对外公布财务报告，因此，公司制企业财务报告批准报出日是指董事会批准财务报告报出的日期。对于非公司制企业，财务报告批准报出日是指经理（厂长）会议或类似机构批准财务报告报出的日期。

3. 有利或不利事项

资产负债表日后事项准则所称“有利或不利事项”的含义是，资产负债表日后事项肯定对企业财务状况和经营成果具有一定影响（既包括有利影响也包括不利影响）。如果某些事项的发生对企业并无任何影响，那么，那些事项既不是有利事项也不是不利事项，也就不属于资产负债表日后事项。

（二）资产负债表日后事项涵盖的期间

《企业会计准则讲解》针对资产负债表日后事项涵盖的期间进行了详细说明。资产负债表日后事项涵盖期间是自资产负债表日次日起至财务报告批准报出日止的一段时间，具体是指：报告年度次年的 1 月 1 日或报告期下一期间的第一天至董事会或类似机构批准财务报告对外公布的日期；财务报告批准报出以后、实际报出之前又发生与资产负债表日后事项有关的事项，并由此影响财务报告对外公布日期的，应以董事会或类似机构再次批准财务报告对外公布的日期为截止日期。

例 29-01　A 上市公司 2×20 年的年度财务报告于 2×21 年 2 月 20 日编制完成，注册会计师完成年度财务报表审计工作并签署审计报告的日期为 2×21 年 4 月 17 日，董事会批准财务报告对外公布的日期为2×21年4月17日，财务报告实际对外公布的日期为2×21年4月23日，股东大会召开日期为2×21年5月10日。

A公司2×20年年报的资产负债表日后事项涵盖的期间为2×21年1月1日至2×21年4月17日。

如果在4月17日至23日之间发生了重大事项，需要调整财务报表相关项目的数字或需要在财务报表附注中披露；经调整或说明后的财务报告再经董事会批准报出的日期为2×21年4月25日，实际报出的日期为2×21年4月30日。

资产负债表日后事项涵盖的期间为2×21年1月1日至2×21年4月25日。

（三）资产负债表日后事项分类

资产负债表日后事项包括资产负债表日后调整事项和资产负债表日后非调整事项。资产负债表日后调整事项是指对资产负债表日已经存在的情况提供了新的或进一步证据的事项。资产负债表日后非调整事项是指表明资产负债表日后发生的情况的事项。其中，资产负债表日后事项表明持续经营假设不再适用的，企业不应当在持续经营基础上编制财务报表。

1. 调整事项

资产负债表日后调整事项是指对资产负债表日已经存在的情况提供了新的或进一步证据的事项。

如果资产负债表日及所属会计期间已经存在某种情况，但当时并不知道其存在或者不能知道确切结果，资产负债表日后发生的事项能够证实该情况的存在或者确切结果，则该事项属于资产负债表日后事项中的调整事项。调整事项能对资产负债表日的存在情况提供追加的证据，并会影响编制财务报表过程中的内在估计。

企业在生产经营中可能存在一些不确定的因素，会计人员只能根据专业知识作出估计和判断，如果资产负债表日后事项对资产负债表日的情况提供了进一步的证据，该证据表明的情况与原来的估计和判断不完全一致，则需要对原来的会计处理进行调整。

举例：

（1）资产负债表日后诉讼案件结案，法院判决证实了企业在资产负债表日已经存在现时义务，需要调整原先确认的与该诉讼案件相关的预计负债，或确认一项新负债；

（2）资产负债表日后取得确凿证据，表明某项资产在资产负债表日发生了减值或者需要调整该项资产原先确认的减值金额；

（3）资产负债表日后进一步确定了资产负债表日前购入资产的成本或售出资产的收入；

（4）资产负债表日后发现了财务报表舞弊或差错。

2. 非调整事项

资产负债表日后非调整事项是指表明资产负债表日后发生的情况的事项。非调整事项的发生不影响资产负债表日企业的财务报表数字，只说明资产负债表日后发生了某些情况。对于财务报告使用者来说，非调整事项说明的情况有的重要，有的不重要；其中重要的非调整事项虽然与资产负债表日的财务报表数字无关，但可能影响资产负债表日以后的财务状况和经营成果，故准则要求适当披露。

举例：

（1）资产负债表日后发生重大诉讼、仲裁、承诺；

（2）资产负债表日后资产价格、税收政策、外汇汇率发生重大变化；

（3）资产负债表日后因自然灾害导致资产发生重大损失；

（4）资产负债表日后发行股票和债券以及其他巨额举债；

（5）资产负债表日后资本公积转增资本；

（6）资产负债表日后发生巨额亏损；

（7）资产负债表日后发生企业合并或处置子公司；

（8）资产负债表日后，企业利润分配方案中拟分配的以及经审议批准宣告发放的股利或利润（并不会导致企业在资产负债表日形成现时义务）。

3. 调整事项与非调整事项的区别

如何确定资产负债表日后发生的某一事项是调整事项还是非调整事项，是运用资产负债表日后事项准则的关键。某一事项究竟是调整事项还是非调整事项，取决于该事项表明的情况在资产负债表日或资产负债表日以前是否已经存在。若该情况在资产负债表日或之前已经存在，则属于调整事项；反之，则属于非调整事项。

例 29-02 A 公司 2×21 年 10 月向 B 公司出售一批原材料，价款为 2 000 万元，根据销售合同，B 公司应在收到原材料后 3 个月内付款。至 2×21 年 12 月 31 日，B 公司尚未付款。假定 A 公司在编制 2×21 年度财务报告时有两种情况：

（1）2×21 年 12 月 31 日，A 公司根据掌握的资料判断，B 公司有可能破产清算，估计该应收账款将有 20% 无法收回，故按 20% 的比例计提坏账准备；2×22 年 1 月 20 日，A 公司收到通知，B 公司已被宣告破产清算，A 公司估计有 70% 的债权无法收回。

分析：属于调整事项。

（2）2×21 年 12 月 31 日，B 公司的财务状况良好，A 公司预计应收账款可按时收回；2×22 年 1 月 20 日，B 公司发生重大火灾，导致 A 公司 50% 的应收账款无法收回。

分析：属于非调整事项。

二、资产负债表日后调整事项

（一）调整事项的基本处理原则

资产负债表日后事项准则规定，企业发生的资产负债表日后调整事项，应当如同资产负债表所属期间发生的事项一样，作出相关账务处理，并对资产负债表日已经编制的财务报表进行调整。这里的财务报表包括资产负债表、利润表及所有者权益变动表等内容，但不包括现金流量表正表。

《企业会计准则讲解》提出，年度资产负债表日后发生的调整事项，应分别按以下情况进行处理：

（1）涉及损益的事项，通过“以前年度损益调整”科目核算，调整完成后，应将“以前年度损益调整”科目的贷方或借方余额，转入“利润分配——未分配利润”科目。

需要注意的事，涉及损益的调整事项如果发生在资产负债表日所属年度（即报告年度）所得税汇算清缴前的，应按准则要求调整报告年度应纳税所得额、应纳所得税税额；发生在报告年度所得税汇算清缴后的，应按准则要求调整本年度（即报告年度的次年）应纳所得税税额。

（2）涉及利润分配调整的事项，直接在“利润分配——未分配利润”科目中核算。

（3）不涉及损益以及利润分配的事项，调整相关科目。

（4）通过上述账务处理后，还应同时调整财务报表相关项目的数字，包括：资产负债表日编制的财务报表相关项目的期末数或本年发生数；当期编制的财务报表相关项目的期初数或上年数；经过上述调整后，如果涉及报表附注内容的，还应当调整报表附注相关项目的数字。

例 29-03 A 公司因产品质量问题被消费者起诉。2×20 年 12 月 31 日法院尚未判决，考虑到消费者胜诉要求 A 公司赔偿的可能性较大，A 公司为此确认了 50 万元的预计负债。2×21 年 2 月 20 日，在 A 公司 2×20 年度财务报告对外报出之前，法院判决消费者胜诉，要求 A 公司支付赔偿款 70 万元。

本例中，A 公司在 2×20 年 12 月 31 日结账时已经知道消费者胜诉的可能性较大，但不能知道法院判决的确切结果，因此确认了 50 万元的预计负债。2×21 年 2 月月 20 日法院判决结果为 A 公司预计负债的存在提供了进一步的证据。此时，按照 2×20 年 12 月 31 日存在状况编制的财务报表所提供的信息已不能真实反映企业的实际情况，应据此对财务报表相关项目的数字进行调整。

（二）资产负债表日后调整事项的具体会计处理方法

《企业会计准则讲解》对资产负债表日后调整事项列举了具体事例，其中的所有例子均假定如下：财务报告批准报出日是4月30日，所得税税率为25%，按净利润的10%提取法定盈余公积，提取法定盈余公积后不再作其他分配；调整事项按税法规定均可调整应交纳的所得税；涉及递延所得税资产的，均假定未来期间很可能取得用来抵扣暂时性差异的应纳税所得额；不考虑报表附注中有关现金流量表项目的数字。

（1）资产负债表日后诉讼案件结案，法院判决证实了企业在资产负债表日已经存在现时义务，需要调整原先确认的与该诉讼案件相关的预计负债，或确认一项新负债这一事项是指导致诉讼的事项在资产负债表日已经发生，但尚不具备确认负债的条件而未确认，因此法院判决后应确认一项新负债；或者虽已确认，但需要调整已确认负债的金额。

例29-04 A公司与B公司签订一项销售合同，合同中订明A公司应在2×20年8月销售给B公司一批物资。由于A公司未能按照合同发货，致使B公司发生重大经济损失。2×20年12月，B公司将A公司告上法庭，要求A公司赔偿450万元。

2×20年12月31日法院尚未判决，A公司接或有事项准则对该诉讼事项确认预计负债300万元。2×21年2月10日，经法院判决A公司应赔偿B公司400万元，A、B双方均服从判决。

判决当日，A公司向B公司支付赔偿款400万元。A、B两公司2×20年所得税汇算清缴均在2×21年3月月20日完成（假定该项预计负债产生的损失不允许在预计时税前抵扣，只有在损失实际发生时，才允许税前抵扣）。

本例中，2×21年2月10日的判决证实了A、B两公司在资产负债表日（即2×20年12月31日）分别存在现时赔偿义务和获赔权利。因此，两公司都应将"法院判决"这一事项作为调整事项进行处理。A公司和B公司2×20年所得税汇算清缴均在2×21年3月20日完成。因此，应根据法院判决结果调整报告年度应纳税所得额和应纳所得税税额。

A公司的账务处理如下。

①2×21年2月10日，记录支付的赔款，并调整递延所得税资产：

借：以前年度损益调整	1 000 000	
贷：其他应付款		1 000 000
借：应交税费——应交所得税	250 000	
贷：以前年度损益调整（1 000 000×25%）		250 000
借：应交税费——应交所得税	750 000	
贷：以前年度损益调整		750 000
借：以前年度损益调整	750 000	
贷：递延所得税资产		750 000
借：预计负债	3 000 000	
贷：其他应付款		3 000 000
借：其他应付款	4 000 000	
贷：银行存款		4 000 000

注：2×20年年末因确认预计负债300万元时已确认相应的递延所得税资产，资产负债表日后事项发生后递延所得税资产不复存在，故应冲销相应记录。

②将"以前年度损益调整"科目余额转入"未分配利润"：

借：利润分配——未分配利润	750 000	
贷：以前年度损益调整		750 000

③因净利润变动，调整盈余公积：

借：盈余公积　75 000

　　贷：利润分配——未分配利润（750 000×10%）　75 000

④调整报告年度财务报表：

资产负债表项目的年末数调整是：调减递延所得税资产 75 万元；调增其他应付款 400 万元，调减应交税费 100 万元，调减预计负债 300 万元；调减盈余公积 7.5 万元，调减未分配利润 67.5 万元。

利润表项目的调整是：调增营业外支出 100 万元，调减所得税费用 25 万元，调减净利润 75 万元。

所有者权益变动表项目的调整是：调减净利润 75 万元，提取盈余公积项目中盈余公积一栏调减 7.5 万元，未分配利润一栏调减 67.5 万元。

B 公司的账务处理如下。

① 2×21 年 2 月 10 日，记录收到的赔款，并调整应交所得税：

借：其他应收款　4 000 000

　　贷：以前年度损益调整　4 000 000

借：以前年度损益调整　1 000 000

　　贷：应交税费——应交所得税　1 000 000

借：银行存款　4 000 000

　　贷：其他应收款　4 000 000

②将“以前年度损益调整”科目余额转入“未分配利润”：

借：以以前年度损益调整　3 000 000

　　贷：利润分配——未分配利润　3 000 000

③因净利润增加，补提盈余公积：

借：利润分配——未分配利润　300 000

　　贷：盈余公积　300 000

④调整报告年度财务报表相关项目的数字：

资产负债表项目的年末数调整是：调增其他应收款 400 万元，调增应交税费 100 万元，调增盈余公积 30 万元，调增未分配利润 270 万元。

利润表项目的调整是：调增营业外收入 400 万元，调增所得税费用 100 万元，调增净利润 300 万元。

所有者权益变动表项目的调整是：调增净利润 300 万元，提取盈余公积项目中盈余公积一栏调增 30 万元，未分配利润一栏调增 270 万元。

例 29-05 A 公司与 B 公司签订一项销售合同，约定 A 公司应在 2×20 年 8 月向 B 公司交付 A 产品 3 000 件。但 A 公司未按照合同约定发货，并致使 B 公司遭受重大经济损失。2×20 年 11 月，B 公司将 A 公司告上法庭，要求 A 公司赔偿 900 万元。2×20 年 12 月 31 日人民法院尚未判决，A 公司对该诉讼事项确认预计负债 600 万元，B 公司未确认应收赔偿款。

A 公司（被告）作如下账务处理，并在报表附注中披露此事项。

借：营业外支出　6 000 000

　　贷：预计负债　6 000 000

借：递延所得税资产　1 500 000

　　贷：所得税费用　1 500 000

B 公司（原告）不作账务处理，但是如果基本可以确认能够收到补偿款的，则在报表附注中披露此项或有资产。

2×21年2月8日，经人民法院判决A公司应赔偿B公司800万元，A、B双方均服从判决。判决当日，A公司向B公司支付赔偿款800万元。A、B两公司2×17年所得税汇算清缴均在2×21年3月10日完成（假定该项预计负债产生的损失，只有在损失实际发生时，才允许税前抵扣）。A公司和B公司适用的所得税税率均为25%，按净利润的10%提取法定盈余公积。

A公司的账务处理如下。

①记录支付的赔偿款：

借：预计负债——未决诉讼　　6 000 000

　　贷：其他应付款——B公司　　6 000 000

借：以前年度损益调整——营业外支出　　2 000 000

　　贷：其他应付款——B公司　　2 000 000

借：其他应付款——B公司　　8 000 000

　　贷：银行存款　　8 000 000

这里只是通过“其他应付款”科目进行过渡，不能直接在第一笔分录中贷记“银行存款”。企业会计准则规定，对于调整事项，不能调整报告年度资产负债表中的“货币资金”项目以及现金流量表正表。

虽然已经支付了赔偿款，但在调整会计报表相关数字时，只需调整上述第一笔和第二笔分录，第三笔分录作为2×21年的会计事项处理。

②调整应交所得税：

借：应交税费——应交所得税（8 000 000×25%）　　2 000 000

　　贷：以前年度损益调整——所得税费用　　2 000 000

同时，调整递延所得税资产

借：以前年度损益调整——所得税费用　　1 500 000

　　贷：递延所得税资产（6 000 000×25%）　　1 500 000

2×20年年末因确认预计负债600万元时，已确认相应的递延所得税资产，资产负债表日后事项发生后递延所得税资产不复存在，应予转回。

③将“以前年度损益调整”科目余额转入“未分配利润”：

借：利润分配——未分配利润　　1 500 000

　　贷：以前年度损益调整　　1 500 000

④因净利润减少，调减盈余公积：

借：盈余公积（1 500 000×10%）　　150 000

　　贷：利润分配——未分配利润　　150 000

A公司调整报告年度财务报表相关项目的数字。

（a）资产负债表项目的调整：

调减递延所得税资产150万元；调增其他应付款800万元，调减应交税费200万元，调减预计负债600万元；调减盈余公积15万元，调减未分配利润135万元。

（b）利润表项目的调整：

调增营业外支出200万元，调减所得税费用50万元，调减净利润150万元。

（c）所有者权益变动表项目的调整：

调减净利润150万元；提取盈余公积项目中盈余公积一栏调减15万元，未分配利润一栏调减135万元。

如果企业决定上诉，不能确认“其他应付款”，也不能调整相关的“应交税费——应交所得税”，也不能调整原已确认的递延所得税资产，应继续确认新产生的损失及递延所得税资产。

B 公司的账务处理如下。

①记录收到的赔款：

借：其他应收款——A 公司　　8 000 000

　贷：以前年度损益调整——营业外收入　　8 000 000

借：银行存款　　8 000 000

　贷：其他应收款——A 公司　　8 000 000

这里只是通过“其他应收款”科目进行过渡，不能直接在第一笔分录中借记“银行存款”。企业会计准则规定，对于调整事项，不能调整报告年度资产负债表中的“货币资金”项目以及现金流量表正表。

虽然已经收到了赔偿款，但在调整报告年度会计报表相关数字时，只需调整上述第一笔分录，第二笔分录作为 2×21 年的会计事项处理。

②调整应交所得税：

借：以前年度损益调整——所得税费用　　2 000 000

　贷：应交税费——应交所得税（8 000 000×25%）　　2 000 000

③将“以前年度损益调整”科目余额转入“未分配利润”：

借：以前年度损益调整　　6 000 000

　贷：利润分配——未分配利润　　6 000 000

④因净利润增加，补提盈余公积：

借：利润分配——未分配利润　　600 000

　贷：盈余公积（6 000 000×10%）　　600 000

B 公司调整报告年度财务报表相关项目的数字如下。

（a）资产负债表项目的调整：

调增其他应收款 800 万元；调增应交税费 200 万元，调增盈余公积 60 万元，调增未分配利润 540 万元。

（b）利润表项目的调整：

调增营业外收入 800 万元，调增所得税费用 200 万元，调增净利润 600 万元。

（c）所有者权益变动表项目的调整：

调增净利润 600 万元；提取盈余公积项目中盈余公积一栏调增 60 万元，未分配利润一栏调增 540 万元。

（2）资产负债表日后取得确凿证据，表明某项资产在资产负债表日发生了减值或者需要调整该项资产原先确认的减值金额。

例 29-06　A 公司 2×20 年 6 月销售给 B 公司一批物资，货款为 2 000 000 元（含增值税）。B 公司于 7 月份收到所购物资并验收入库。按合同规定，B 公司应于收到所购物资后 3 个月内付款。由于 B 公司财务状况不佳，到 2×20 年 12 月 31 日仍未付款。A 公司于 2×20 年 12 月 31 日已为该项应收账款计提坏账准备 100 000 元。2×20 年 12 月 31 日资产负债表上“应收账款”项目的金额为 4 000 000 元，其中 1 900 000 元为该项应收账款。A 公司于 2×21 年 2 月 3 日（所得税汇算清缴前）收到人民法院通知，B 公司已宣告破产清算，无力偿还所欠部分货款。A 公司预计可收回应收账款的 60%。

本例中，A 公司在收到人民法院通知后，首先可判断该事项属于资产负债表日后调整事项。A 公司原对应收 B 公司账款计提了 100 000 元的坏账准备，按照新的证据应计提的坏账准备为 800 000 元（2 000 000×40%），差额 700 000 元应当调整 2×20 年度财务报表相关项目的数字。

A 公司的账务处理如下。

①补提坏账准备：

应补提的坏账准备＝2 000 000×40%－100 000＝700 000（元）

借：以前年度损益调整——资产减值损失　700 000
　　贷：坏账准备　700 000

②调整递延所得税资产：

借：递延所得税资产　175 000
　　贷：以前年度损益调整——所得税费用（700 000×25%）　175 000

③将“以前年度损益调整”科目的余额转入“未分配利润”：

借：利润分配——未分配利润　525 000
　　贷：以前年度损益调整　525 000

④因净利润减少，调减盈余公积：

借：盈余公积——法定盈余公积　52 500
　　贷：利润分配——未分配利润（525 000×10%）　52 500

⑤调整报告年度财务报表相关项目的数字（财务报表略）。

（a）资产负债表项目的调整：

调减应收账款 700 000 元，调增递延所得税资产 175 000 元；调减盈余公积 52 500 元，调减未分配利润 472 500 元。

（b）利润表项目的调整：

调增资产减值损失 700 000 元，调减所得税费用 175 000 元，调减净利润 525 000 元。

（c）所有者权益变动表项目的调整：

调减净利润 525 000 元；提取盈余公积项目中盈余公积一栏调减 52 500 元，未分配利润调减 472 500 元。

（3）资产负债表日后进一步确定了资产负债表日前购入资产的成本或售出资产的收入这类调整事项包括以下两方面的内容：

①若资产负债表日前购入的资产已经按暂估金额等入账，资产负债表日后获得证据，可以进一步确定该资产的成本，则应该对已入账的资产成本进行调整。

②企业在资产负债表日已根据收入确认条件确认资产销售收入，但资产负债表日后获得关于资产收入的进一步证据，如发生销售退回等，此时也应调整财务报表相关项目的金额。需要说明的是，资产负债表日后发生的销售退回，既包括报告年度或报告中期销售的商品在资产负债表日后发生的销售退回，也包括以前期间销售的商品在资产负债表日后发生的销售退回。

资产负债表所属期间或以前期间所售商品在资产负债表日后退回的，应作为资产负债表日后调整事项处理。发生于资产负债表日后至财务报告批准报出日之间的销售追回事项，可能发生于年度所得税汇算清缴之前，也可能发生于年度所得税汇算清缴之后，企业应该根据不同情况作相应会计处理。

涉及报告年度所属期间的销售退回发生于报告年度所得税汇算清缴之前，应调整报告年度利润表的收入、成本等，并相应调整报告年度的应纳税所得额以及报告年度应缴纳的所得税等。

例 29-07　A 公司 2×20 年 11 月 8 日销售一批商品给 B 公司，取得收入 120 万元（不含税，增值税税率为 13%）。A 公司发出商品后，按照正常情况已确认收入，并结转成本 100 万元。2×20 年 12 月 31 日，该笔货款尚未收到，A 公司未对应收账款计提坏账准备。2×21 年 1 月 12 日，由于产品质量问题，本批货物被退回。A 公司于 2×21 年 2 月 28 日完成 2×20 年所得税汇算清缴。

分析：本例中，销售退回业务发生在资产负债表日后事项涵盖期间内，属于资产负债表日后调整事项。由于销售退回发生在 A 公司报告年度所得税汇算清缴之前，因此在所得税汇算清缴时，应扣除该部分销售退回所实现的应纳税所得额。

A 公司的账务处理如下。

① 2×21 年 1 月 12 日，调整销售收入：

借：以前年度损益调整　1 200 000
　　应交税费——应交增值税（销项税额）（1 200 000×13%）　156 000
　　贷：应收账款　1 356 000

②调整销售成本：

借：库存商品　1 000 000
　　贷：以前年度损益调整　1 000 000

③调整应缴纳的所得税：

借：应交税费——应交所得税　50 000
　　贷：以前年度损益调整　50 000

④将“以前年度损益调整”科目的余额转入“利润分配”：

借：利润分配——未分配利润　150 000
　　贷：以前年度损益调整　150 000

⑤调整盈余公积：

借：盈余公积　15 000
　　贷：利润分配——未分配利润　15 000

⑥调整相关财务报表。

（a）资产负债表项目的调整：

调减应收账款 1 356 000 元，调增存货 1 000 000 元；调减应交税费 206 000 元，调减盈余公积 15 000 元，调减未分配利润 135 000 元。

（b）利润表项目的调整：

调减营业收入 1 200 000 元，调减营业成本 1 000 000 元，调减所得税费用 50 000 元，调减净利润 150 000 元。

（c）所有者权益变动表项目的调整：

调减净利润 150 000 元；提取盈余公积项目中盈余公积一栏调减 15 000 元，未分配利润调减 135 000 元。

例 29-08 A 公司 2×20 年 10 月 25 日销售一批 A 商品给 B 公司，符合收入确认条件，取得收入 240 万元（不含增值税），并结转成本 200 万元。2×20 年 12 月 31 日，该笔货款尚未收到，A 公司未对该应收账款计提坏账准备。2×21 年 2 月 8 日，由于产品质量问题，该批货物被全部退回。当日，A 公司向 B 公司开具红字增值税专用发票。A 公司 2×20 年财务报告批准报出日为 2×21 年 3 月 10 日，2×21 年 2 月 20 日完成 2×20 年所得税汇算清缴。A 公司销售商品适用的增值税税率为 13%，适用的企业所得税税率为 25%，按净利润的 10% 提取法定盈余公积。

①调整销售收入：

借：以前年度损益调整——主营业务收入　2 400 000
　　应交税费——应交增值税（销项税额）（2 400 000×13%）　312 000
　　贷：应收账款——B 公司　2 712 000

②调整销售成本：

借：库存商品——A 商品　2 000 000
　　贷：以前年度损益调整——主营业务成本　2 000 000

③调整应缴纳的所得税：

借：应交税费——应交所得税［（2 400 000－2 000 000）×25%］　100 000
　　贷：以前年度损益调整——所得税费用　100 000

④将“以前年度损益调整”科目余额转入“未分配利润”：

借：利润分配——未分配利润　　300 000

　　贷：以前年度损益调整　　300 000

⑤因净利润减少，调减盈余公积：

借：盈余公积（300 000×10%）　　30 000

　　贷：利润分配——未分配利润　　30 000

（a）若销售商品时已收到货款，销货退回时也已退款，则有关调整收入的会计分录如下：

借：以前年度损益调整　　2 400 000

　　应交税费——应交增值税（销项税额）　　312 000

　　贷：其他应付款　　2 712 000

同时：

借：其他应付款　　2 712 000

　　贷：银行存款　　2 712 000

支付货款的事项不属于资产负债表日后事项，它属于本期的事项。

（b）若退回的商品属于应税消费品，则还应调整消费税等相关税费，借记“应交税费——应交消费税”科目，贷记“以前年度损益调整（税金及附加）”科目。

（c）如果计提了坏账准备，会使应收账款账面价值小于计税基础，产生可抵扣暂时性差异，确认递延所得税资产。销售退回时冲回递延所得税资产。

⑥调整报告年度相关财务报表。

（a）资产负债表项目的调整：

调减应收账款271.2万元，调增库存商品200万元；调减应交税费41.2万元，调减盈余公积3万元，调减未分配利润27万元。

（b）利润表项目的调整：

调减营业收入240万元，调减营业成本200万元，调减所得税费用10万元，调减净利润30万元。

（c）所有者权益变动表项目的调整：

调减净利润30万元；提取盈余公积项目中盈余公积一栏调减3万元，未分配利润一栏调减27万元。

资产负债表日后事项中涉及报告年度所属期间的销售退回发生于报告年度所得税汇算清缴之后，应调整报告年度会计报表的收入、成本等，但按照税法规定在此期间的销售退回所涉及的应交所得税，应作为本年度的纳税调整事项。

例 29-09　沿用例29-08，假定销售退回的时间为2×21年3月5日。

①调整销售收入：

借：以前年度损益调整——主营业务收入　　2 400 000

　　应交税费——应交增值税（销项税额）（2 400 000×13%）　　312 000

　　贷：应收账款——B公司　　2 712 000

②调整销售成本：

借：库存商品——A商品　　2 000 000

　　贷：以前年度损益调整——主营业务成本　　2 000 000

③确认递延所得税资产：

借：递延所得税资产［（2 400 000－2 000 000）×25%］　　100 000

　　贷：以前年度损益调整——所得税费用　　100 000

汇算清缴之后发生的销售退回，不能冲减报告年度“应交税费——应交所得税”，符合条件的，应确认递延所得税资产。

按照税法规定可以结转以后年度的未弥补亏损及税款抵减，虽然不是因资产、负债的账面价值与计税基础不同产生的，但与可抵扣暂时性差异具有同样的作用，均能够减少未来期间的应纳税所得额，进而减少未来期间的应交所得税，会计处理上视同可抵扣暂时性差异，符合条件的情况下，应确认与其相关的递延所得税资产。

④将“以前年度损益调整”科目的余额转入“未分配利润”：

借：利润分配——未分配利润　300 000

　　贷：以前年度损益调整——本年利润　300 000

⑤因净利润减少，调减盈余公积：

借：盈余公积（300 000×10%）　30 000

　　贷：利润分配——未分配利润　30 000

⑥调整报告年度相关财务报表。

（a）资产负债表项目的调整：

调减应收账款 271.2 万元，调增库存商品 200 万元，调增递延所得税资产 10 万元；调减应交税费 31.2 万元，调减盈余公积 3 万元，调减未分配利润 27 万元。

（b）利润表项目的调整：

调减营业收入 240 万元，调减营业成本 200 万元，调减所得税费用 10 万元，调减净利润 30 万元。

（c）所有者权益变动表项目的调整：

调减净利润 30 万元；提取盈余公积项目中盈余公积一栏调减 3 万元，未分配利润一栏调减 27 万元。

（三）资产负债表日后发现了财务报表舞弊或差错

资产负债表日至财务报告批准报出日之间发生的属于资产负债表期间或以前期间存在的财务报表舞弊或差错。

（1）按照前期差错更正方法进行调账，按照日后事项调整事项的处理原则进行调表。

（2）需要区分日后事项期间发现报告年度还是报告年度以前年度重要差错，调表时，报告年度差错调整报告年度年末数，报告年度以前年度差错调整报告年度年初数。针对日后事项期间的差错，也属于调整事项。

①如果该差错属于报告年度的，或者是以前年度的不重要的差错在报告年度的日后期间发现了，则作为报告年度的事项处理，也就是调整报告年度 12 月 31 日资产负债表的期末数和报告年度利润表的本年数，调整报告年度所有者权益变动表中本年增减变动金额中（本年金额）的数字。

②如果该差错属于报告年度的上年年度的重要差错则也是作为日后调整事项，但是调整的报表是：报告年度 12 月 31 日资产负债表的期初数、期末数和报告年度利润表的上期数。

③如果该差错属于报告年度的上年年度以前的重要差错则也是作为日后调整事项，但是调整的报表是：报告年度 12 月 31 日资产负债表的期初数和期末数，报告年度利润表数据不作调整。

例 29-10　A 公司 2×20 年度财务报告于 2×21 年 3 月 5 日对外报出，2×21 年 2 月 10 日，A 公司发现 2×20 年年末在对固定资产进行减值测试时，因高估可收回金额从而少提固定资产减值准备 300 万元，A 公司适用所得税税率为 25%，除该事项外，无其他纳税调整事项。A 公司各年均按 10% 提取法定盈余公积。

（1）A 公司有关会计差错更正的会计分录。

①补提固定资产减值准备：

借：以前年度损益调整　3 000 000

　　贷：固定资产减值准备　3 000 000

②调整所得税，计提减值准备造成资产账面价值小于其计税基础形成可抵扣暂时性差异，应调整

递延所得税资产：

借：递延所得税资产（3 000 000×25%）　　750 000

　　贷：以前年度损益调整　　750 000

③将“以前年度损益调整”科目余额转入“利润分配”：

借：利润分配——未分配利润　　2 250 000

　　贷：以前年度损益调整　　2 250 000

④因净利润减少，调减盈余公积：

借：盈余公积（2 250 000×10%）　　225 000

　　贷：利润分配——未分配利润　　225 000

（2）该事项对2×20年度资产负债表、利润表部分项目的影响见表29-01。

表29-01　对资产负债表、利润表的影响

单位：万元

项目	资产负债表年末数	利润表本年数
固定资产	－300	—
递延所得税资产	75	—
盈余公积	－22.5	—
未分配利润	－202.5（225－22.5）	—
资产减值损失	—	300
利润总额	—	－300
所得税费用	—	－75
净利润	—	－225

三、资产负债表日后非调整事项

资产负债表日后事项准则规定，企业发生的资产负债表日后非调整事项，不应当调整资产负债表日的财务报表。

《企业会计准则讲解》对此进行了补充：有的非调整事项对财务报告使用者具有重大影响，如不加以说明，将不利于财务报告使用者作出正确估计和决策，因此，资产负债表日后事项准则要求在附注中披露“重要的资产负债表日后非调整事项的性质、内容，及其对财务状况和经营成果的影响”。

企业发生的资产负债表日后非调整事项，通常包括下列各项。

（1）资产负债表日后发生重大诉讼、仲裁、承诺资产负债表日后发生的重大诉讼等事项，对企业影响较大，为防止误导投资者及其他财务报告使用者，应当在报表附注中进行相关披露。

（2）资产负债表日后资产价格、税收政策、外汇汇率发生重大变化如果资产负债表日后资产价格、外汇汇率发生重大变化，应对由此产生的影响在报表附注中进行披露。同样，国家税收政策发生重大改变将会影响企业的财务状况和经营成果，也应当在报表附注中及时披露该信息。

（3）资产负债表日后因自然灾害导致资产发生重大损失自然灾害导致的资产重大损失对企业资产负债表日后财务状况的影响较大，如果不加以披露，有可能使财务报告使用者作出错误的决策，因此应作为非调整事项在报表附注中进行披露。

（4）资产负债表日后发行股票和债券以及其他巨额举债企业发行股票、债券以及向银行或非银行金融机构举借巨额债务都是比较重大的事项，虽然这一事项与企业资产负债表日的存在状况无关，但这一事项的披露能使财务报告使用者了解与此有关的情况及可能带来的影响，故应披露。

（5）资产负债表日后资本公积转增资本。企业以资本公积转增资本将会改变企业的资本（或股本）结构，影响较大，需要在报表附注中进行披露。

（6）资产负债表日后发生巨额亏损。企业资产负债表日后发生巨额亏损将会对企业报告期以后的财务状况和经营成果产生重大影响，应当在报表附注中及时披露该事项，以便为投资者或其他财务报告使用者作出正确决策提供信息。

（7）资产负债表日后发生企业合并或处置子公司。企业合并或者处置子公司的行为可以影响股权结构、经营范围等方面，对企业未来生产经营活动能产生重大影响。因此，企业应在附注中披露处置子公司的信息。

（8）资产负债表日后，企业利润分配方案中拟分配的以及经审议批准宣告发放的股利或利润。资产负债表日后，企业制定利润分配方案，拟分配或经审议批准宣告发放股利或利润的行为，并不会致使企业在资产负债表日形成现时义务，因此虽然发生该事项可导致企业负有支付股利或利润的义务，但支付义务在资产负债表日尚不存在，不应该调整资产负债表日的财务报告，因此，该事项为非调整事项。但由于该事项对企业资产负债表日后的财务状况有较大影响，可能导致现金较大规模流出、企业股权结构变动等，为便于财务报告使用者更充分了解相关信息，企业需要在财务报告中适当披露该信息。另外，资产负债表日后，企业利润分配方案中拟分配的以及经审议批准宣告发放的股利或利润，不确认为资产负债表日的负债，但应当在附注中单独披露。

例 29-11 A 公司 2×20 年度财务报告于 2×21 年 3 月 20 日经董事会批准对外公布。2×21 年 2 月 27 日，A 公司与银行签订了 50 000 万元的贷款合同，用于生产项目的技术改造，贷款期限自 2×21 年 3 月 1 日起至 2×22 年 12 月 31 日止。

本例中，A 公司向银行贷款的事项发生在 2×21 年度，且在公司 2×20 年度财务报告尚未批准对外公布的期间内，即该事项发生在资产负债表日后事项所涵盖的期间内。该事项在 2×20 年 12 月 31 日尚未发生，与资产负债表日存在的状况无关，不影响资产负债表日企业的财务报表数字。但是，该事项属于重要事项，会影响公司以后期间的财务状况和经营成果，因此，需要在附注中予以披露。

资产负债表日后事项准则规定，企业应当在附注中披露与资产负债表日后事项有关的下列信息。

（1）财务报告的批准报出者和财务报告批准报出日。

按照有关法律、行政法规等规定，企业所有者或其他方面有权对报出的财务报告进行修改的，应当披露这一情况。

（2）每项重要的资产负债表日后非调整事项的性质、内容，及其又对财务状况和经营成果的影响。无法作出估计的，应当说明原因。

（3）资产负负债表日后事项准则规定，企业在资产负债表日后取得了影响资产负债表日存在情况的新的或进一步的证据，应当调整与之相关的披露信息。

（4）股票股利在会计报表附注中单独披露。

四、新旧会计准则衔接

根据《企业会计准则第 38 号——首次执行企业会计准则》的规定，资产负债表日后调整事项对有关财务报表项目的影响金额，在首次执行日不追溯调整。首次执行日后，企业发生的资产负债表日后调整事项，应当按照新准则的规定进行会计处理。

第三十章
财务报表列报

一、准则适用范围

《企业会计准则第 30 号——财务报表列报》（以下简称财务报表列报准则）主要是规范财务报表的列报，适用于个别财务报表和合并财务报表的列报，以及年度财务报表和中期财务报表。

列报，是指交易和事项在报表中的列示和在附注中的披露。其中，“列示”通常反映资产负债表、利润表、现金流量表和所有者权益（或股东权益，下同）变动表等报表中的信息，“披露”通常反映附注中的信息。财务报表列报准则主要规范了财务报表的组成，财务报表列报的基本要求，资产负债表、利润表、所有者权益变动表的列示和附注的披露内容、结构及其编制方法等问题。

在遵循本准则的基础上，企业编制合并财务报表的，还应当遵循《企业会计准则第 33 号——合并财务报表》。企业编制中期财务报表的，还应当遵循《企业会计准则第 32 号——中期财务报告》，中期财务报告至少应当包括资产负债表、利润表、现金流量表和附注，企业可以根据需要自行决定是否编制中期所有者权益变动表。与年度财务报表相比，除中期财务报告中的附注披露可适当简化外，中期资产负债表、利润表、现金流量表和所有者权益变动表（如果编制的话）的格式和内容应当与年度财务报表相一致。

从财务报表组成部分来看，本准则主要对资产负债表、利润表、所有者权益变动表的列报和附注的披露进行了规范，企业编制现金流量表还应当遵循《企业会计准则第 31 号——现金流量表》，但是本准则对财务报表列报的基本要求同样适用于现金流量表的列报。本准则对财务报表列报进行了原则性和框架性的规定，是企业列报财务报表的最低要求，企业还应当同时遵循其他会计准则中规定的特殊列报要求。

针对 2018 年 1 月 1 日起分阶段实施的《企业会计准则第 22 号——金融工具确认和计量》（财会〔2017〕7 号）、《企业会计准则第 23 号——金融资产转移》（财会〔2017〕8 号）、《企业会计准则第 24 号——套期会计》（财会〔2017〕9 号）、《企业会计准则第 37 号——金融工具列报》（财会〔2017〕14 号）（以上四项简称新金融准则）和《企业会计准则第 14 号——收入》（财会〔2017〕22 号，简称收入准则），以及企业会计准则实施中的有关情况，财政部在 2018 年 6 月 15 日印发了《关于修订印发 2018 年度一般企业财务报表格式的通知》（财会〔2018〕15 号），要求执行企业会计准则的非金融企业中，尚未执行新金融准则和收入准则的企业应当按照企业会计准则和通知附件 1 的要求编制财务报表，已执行新金融准则或收入准则的企业应当按照企业会计准则和通知附件 2 的要求编制财务报表。企业对不存在相应业务的报表项目可结合本企业的实际情况进行必要删减，企业根据重要性原则并结合本企业的实际情况可以对确需单独列示的内容增加报表项目。执行企业会计准则的金融企业应当根据金融企业经营活动的性质和要求，比照一般企业财务报表格式进行相应调整。

二、财务报表的概述

（一）财务报表的定义

根据财务报表列报准则，财务报表是对企业财务状况、经营成果和现金流量的结构性表述，至少应当包括下列组成部分：

（1）资产负债表。资产负债表是指反映企业在某一特定日期的财务状况的会计报表。

（2）利润表。利润表是指反映企业在一定会计期间的经营成果的会计报表。

（3）现金流量表。现金流量表是指反映企业在一定会计期间的现金和现金等价物流入和流出的会计报表。

（4）所有者权益（或股东权益，下同）变动表。所有者权益变动表是反映公司本期（年度或中期）内至截至期末所有者权益变动情况的报表。

（5）附注。附注是指对在会计报表中列示项目所作的进一步说明，以及对未能在这些报表中列示项目的说明等。

（二）财务报表分类

财务报表可以按照不同的标准进行分类，具体如下：

（1）按财务报表编报期间的不同，可以分为中期财务报表和年度财务报表。中期财务报表是以短于一个完整会计年度的报告期间为基础编制的财务报表，包括月报、季报和半年报等。中期财务报表至少应当包括资产负债表、利润表、现金流量表和附注，其中，中期资产负债表、利润表和现金流量表应当是完整报表，其格式和内容应当与年度财务报表相一致。与年度财务报表相比，中期财务报表中的附注披露可适当简略。

（2）按财务报表编报主体的不同，可以分为个别财务报表和合并财务报表。个别财务报表是由企业在自身会计核算基础上对账簿记录进行加工而编制的财务报表，其主要用以反映企业自身的财务状况、经营成果和现金流量情况。合并财务报表是以母公司和子公司组成的企业集团为会计主体，根据母公司和所属子公司的财务报表，由母公司编制的综合反映企业集团财务状况、经营成果及现金流量的财务报表。

三、财务报表列报的基本要求

（一）遵循各项会计准则进行确认和计量

企业应当根据实际发生的交易和事项，遵循《企业会计准则——基本准则》（以下简称“基本准则”）、各项具体会计准则及解释的规定进行确认和计量，并在此基础上编制财务报表。企业应当在附注中对这一情况作出声明，只有遵循了企业会计准则的所有规定时，财务报表才应当被称为“遵循了企业会计准则”。同时，企业不应以在附注中披露代替对交易和事项的确认和计量，也就是说，企业采用的不恰当的会计政策，不得通过在附注中披露等其他形式予以更正，企业应当对交易和事项进行正确的确认和计量。

此外，如果按照各项会计准则规定披露的信息不足以让报表使用者了解特定交易或事项对企业财务状况、经营成果和现金流量的影响时，企业还应当披露其他的必要信息。

（二）确定财务报表的列报基础

企业应当以持续经营为基础编制财务报表。持续经营是会计的基本前提，也是会计确认、计量及编制财务报表的基础。在编制财务报表的过程中，企业管理层应当全面评估企业的持续经营能力。

1. 对持续经营的判断

企业管理层在对企业持续经营能力进行评估时，应当利用其所有可获得的信息，评估涵盖的期间应包括企业自资产负债表日起至少12个月，评估需要考虑的因素包括宏观政策风险、市场经营风险、企业目前或长期的盈利能力、偿债能力、财务弹性以及企业管理层改变经营政策的意向等。评价结果表明对持续经营能力产生重大怀疑的，企业应当在附注中披露导致对持续经营能力产生重大怀疑的影响因素以及企业拟采取的改善措施。

企业在评估持续经营能力时应当综合考虑企业的具体情况。通常情况下，如果企业过去每年都有可观的净利润，并且易于获取所需的财务资源，则对持续经营能力的评估易于判断，这表明企业以持续经营为基础编制财务报表是合理的，而无须进行详细的分析。反之，如果企业过去多年有亏损的记录等情况，则需要通过考虑更加广泛的，相关因素来作出评价，如目前和预期未来的获利能力、债务清偿计划、替代融资的潜在来源等。

2. 非持续经营的判断及会计处理

企业如果存在以下情况之一，则通常表明其处于非持续经营状态：（1）企业已在当期进行清算或停止营业；（2）企业已经正式决定在下一个会计期间进行清算或停止营业；（3）企业已确定在当期或下一个会计期间没有其他可供选择的方案而将被迫进行清算或停止营业。

企业处于非持续经营状态时，应当采用清算价值等基础编制财务报表，如破产企业的资产采用可变现净值计量、负债按照其预计的结算金额计量等。在非持续经营情况下，企业应当在附注中声明财务报表未以持续经营为基础列报、披露未以持续经营为基础的原因以及财务报表的编制基础。

（三）以权责发生制为编制基础

除现金流量表按照收付实现制编制外，企业应当按照权责发生制编制其他财务报表。在采用权责发生制会计的情况下，当项目符合基本准则中财务报表要素的定义和确认标准时，企业就应当确认相应的资产、负债、所有者权益、收入和费用，并在财务报表中加以反映。

（四）依据重要性原则单独或汇总列报

1. 重要性标准

重要性是判断财务报表项目是否单独列报的重要标准。本准则规定，重要性是指在合理预期下，如果财务报表某项目的省略或错报会影响使用者据此作出经济决策的，则该项目就具有重要性。企业在进行重要性判断时，应当根据所处环境，从项目的性质和金额大小两方面予以判断：

一方面，应当考虑该项目的性质是否属于企业日常活动、是否显著影响企业的财务状况、经营成果和现金流量等因素；另一方面，判断项目金额大小的重要性，应当通过单项金额占资产总额、负债总额、所有者权益总额、营业收入总额、营业成本总额、净利润、综合收益总额等直接相关或所属报表单列项目金额的比重加以确定。企业对于各个项目的重要性判断标准一经确定，不得随意变更。

2. 关于重要性的具体列报要求

关于项目在财务报表中是单独列报还是汇总列报，应当依据重要性原则来判断。总的原则是，如果某项目单个看不具有重要性，则可将其与其他项目汇总列报；如具有重要性，则应当单独列报。企业应当遵循如下规定：

（1）性质或功能不同的项目，一般应当在财务报表中单独列报，但是不具有重要性的项目可以汇总列报。例如，存货和固定资产在性质上和功能上都有本质差别，必须分别在资产负债表上单独列报。

（2）性质或功能类似的项目，一般可以汇总列报，但是对其具有重要性的类别应该单独列报。例如，原材料、低值易耗品等项目在性质上类似，均通过生产过程形成企业的产品存货，因此可以汇总列报，汇总之后的类别统称为“存货”在资产负债表上单独列报。

（3）项目单独列报的原则不仅适用于报表，还适用于附注。某些项目的重要性程度不足以在资产负债表、利润表、现金流量表或所有者权益变动表中单独列示，但对附注却具有重要性，在这种情况下应当在附注中单独披露。例如，对某制造业企业而言，原材料、在产品、库存商品等项目的重要性程度不足以在资产负债表上单独列示，因此在资产负债表上汇总列示，但是鉴于其对该制造业企业的重要性，应当在附注中单独披露。

财务报表列报准则规定在财务报表中单独列报的项目，企业应当单独列报。其他会计准则规定单独列报的项目，企业应当增加单独列报项目。

（五）保证列报的一致性

可比性是会计信息质量的一项重要质量要求，目的是使同一企业不同期间和同一期间不同企业的财务报表相互可比。本准则规定，财务报表项目的列报应当在各个会计期间保持一致，不得随意变更。这一要求不仅只针对财务报表中的项目名称，还包括财务报表项目的分类、排列顺序等方面。

在下列情况下，企业可以变更财务报表项目的列报：（1）会计准则要求改变财务报表项目的列报；（2）企业经营业务的性质发生重大变化或对企业经营影响较大的交易或事项发生后，变更财务报表项目的列报能够提供更可靠、更相关的会计信息。企业变更财务报表项目列报的，应当根据财务报表列报准则的有关规定提供列报的比较信息。

（六）财务报表项目金额间的相互抵销

财务报表项目应当以总额列报，资产和负债、收入和费用、直接计入当期利润的利得项目和损失项目的金额不能相互抵销，即不得以净额列报，但企业会计准则另有规定的除外。例如，企业欠客户的应付款不得与其他客户欠本企业的应收款相抵销，否则就掩盖了交易的实质。又如，收入和费用反映了企业投入和产出之间的关系，是企业经营成果的两个方面，为了更好地反映经济交易的实质、考核企业经营管理水平以及预测企业未来现金流量，收入和费用不得相互抵销。财务报表列报准则规定以下三种情况不属于抵销：

（1）一组类似交易形成的利得和损失以净额列示的，不属于抵销。例如，汇兑损益应当以净额列报，为交易目的而持有的金融工具形成的利得和损失应当以净额列报。但是，如果相关的利得和损失具有重要性，则应当单独列报。

（2）资产或负债项目按扣除备抵项目后的净额列示，不属于抵销。例如，资产计提的减值准备，实质上意味着资产的价值确实发生了减损，资产项目应当按扣除减值准备后的净额列示，这样才反映了资产当时的真实价值。

（3）非日常活动产生的利得和损失，以同一交易形成的收益扣减相关费用后的净额列示更能反映交易实质的，不属于抵销。非日常活动并非企业主要的业务，非日常活动产生的损益以收入扣减费用后的净额列示，更能有利于报表使用者的理解。例如，非流动资产处置形成的利得或损失，应当按处置收入扣除该资产的账面金额和相关销售费用后的净额列报。

（七）比较信息的列报要求

企业在列报当期财务报表时，至少应当提供所有列报项目上一个可比会计期间的比较数据，以及与理解当期财务报表相关的说明，目的是向报表使用者提供对比数据，提高信息在会计期间的可比性。列报比较信息的这一要求适用于财务报表的所有组成部分，既适用于四张报表，也适用于附注。

通常情况下，企业列报所有列报项目上一个可比会计期间的比较数据，至少包括两期各报表及相关附注。当企业追溯应用会计政策或追溯重述，或者重新分类财务报表项目时，按照《企业会计准则第28号——会计政策、会计估计变更和差错更正》等的规定，企业应当在一套完整的财务报表中列报最早可比期间期初的财务报表，即应当至少列报三期资产负债表、两期其他各报表（利润表、现金流量表和所有者权益变动表）及相关附注。其中，列报的三期资产负债表分别指当期期末的资产负债表、上期期末（即当期期初）的资产负债表以及上期期初的资产负债表。

企业根据财务报表列报准则的规定确需变更财务报表项目列报的，应当至少对可比期间的数据按照当期的列报要求进行调整，并在附注中披露调整的原因和性质以及调整的各项目金额。但是，在某些情况下，对可比期间比较数据进行调整是不切实可行的。例如，企业在以前期间可能没有按照可以进行重新分类的方式收集数据，并且重新生成这些信息是不切实可行的，则企业应当在附注中披露不能调整的原因以及假设金额重新分类可能进行的调整的性质。

关于企业变更会计政策或更正差错时要求的对比较信息的调整，由《企业会计准则第 28 号——会计政策、会计估计变更和差错更正》规范。

（八）财务报表的表首列报要求

财务报表通常与其他信息（如企业年度报告等）一起公布，企业应当将按照企业会计准则编制的财务报告与一起公布的同一文件中的其他信息相区分。企业在财务报表的显著位置（通常是表首部分）应当至少披露下列基本信息：

（1）编报企业的名称。如果企业名称在所属当期发生了变更的，还应明确标明。

（2）对资产负债表而言，应当披露资产负债表日；对利润表、现金流量表、所有者权益变动表而言，应当披露报表涵盖的会计期间。

（3）货币名称和单位。按照我国企业会计准则的规定，企业应当以人民币作为记账本位币列报，并标明金额单位，如人民币元、人民币万元等。

（4）财务报表是合并财务报表的，应当予以标明。

（九）报告期间

财务报表列报准则规定，企业至少应当按年编制财务报表。根据《中华人民共和国会计法》的规定，会计年度自公历 1 月 1 日起至 12 月 31 日止。因此，企业在编制年度财务报表时，可能存在年度财务报表涵盖的期间短于一年的情况，如企业在年度中间（如 3 月 1 日）开始设立等。在这种情况下，企业应当披露年度财务报表的实际涵盖期间及其短于一年的原因，并应当说明由此引起财务报表项目与比较数据不具可比性这一事实。

四、资产负债表列报

（一）资产负债表的定义及内容

资产负债表是反映企业在某一特定日期的财务状况的会计报表，即反映了某一特定日期关于企业资产、负债、所有者权益及其相互关系的信息。例如，资产负债可以提供某一日期资产的总额及其结构，表明企业拥有或控制的资源及其分布情况，可以提供某一日期的负债总额及其结构，表明企业未来需要用多少资产或劳务清偿债务以及清偿时间；可以反映所有者所拥有的权益，据以判断资本保值、增值的情况以及对负债的保障程度。此外，资产负债表还可以提供进行财务分析的基本资料，可以利用报表数据，计算出流动比率、速动比率等，从而有助于报表使用者作出经济决策。

（二）资产负债表列报要求和填列方法

1. 总体要求

（1）分类别列报。资产负债表列报应当如实反映企业在资产负债表日所拥有的资源、所承担的负债以及所有者所拥有的权益。资产负债表应当按照资产、负债和所有者权益三大类别分类列报。

（2）资产和负债按流动性列报。资产负债表上资产和负债应当按照流动性分别分为流动资产和非流动资产、流动负债和非流动负债列示，并且企业应当先列报流动性强的资产或负债，再列报流动性弱的资产或负债。通常按资产的变现或耗用时间长短或者负债的偿还时间长短来确定流动性。

对于一般企业（比如工商企业）而言，通常在明显可识别的营业周期内销售产品或提供服务，应当将资产和负债分别分为流动资产和非流动资产、流动负债和非流动负债列示，有助于反映本营业周期内预期能实现的资产和应偿还的负债。但是，对于银行、证券、保险等金融企业而言，其销售产品或提供服务不具有明显可识别营业周期，在经营内容上也不同于一般企业，导致其资产和负债的构成项目也与一般企业有所不同，具有特殊性，金融企业的有些资产或负债无法严格区分为流动资产和非流动资产。在这种情况下，按照流动性列示往往能够提供可靠且更相关信息，因此，财务报表列报准则规定，金融企业等特殊行业企业等可以大体按照流动性顺序列示所有的资产和负债。

财务报表列报准则规定，对于从事多种经营的企业，可以采用混合的列报基础进行列报，即对一部分资产和负债按照流动资产和非流动资产、流动负债和非流动负债列报，同时对其他资产和负债按照流动性顺序列报，但前提是能够提供可靠且更加相关的信息。

（3）列报相关的合计、总计项目。资产负债表中的资产类至少应当列示流动资产和非流动资产的合计项目；负债类至少应当列示流动负债、非流动负债以及负债的合计项目；所有者权益类应当列示所有者权益的合计项目。

但是，按照企业的经济性质列报“流动资产合计”“非流动资产合计”“流动负债合计”“非流动负债合计”等项目不切实可行的，则无须列报这些项目。比如，金融企业等特殊行业企业的资产和负债按照流动性顺序列报的情况。资产负债表遵循了“资产＝负债＋所有者权益”这一会计恒等式，把企业在特定时日所拥有的经济资源和与之相对应的企业所承担的债务及偿债以后属于所有者的权益充分反映出来。因此，资产负债表应当分别列示资产总计项目和负债与所有者权益之和的总计项目，并且这二者的金额应当相等。

2. 资产的列报

资产负债表中的资产反映由过去的交易、事项形成并由企业在某一特定日期所拥有或控制的、预期会给企业带来经济利益的资源。根据财务报表列报准则的规定，资产应当按照流动资产和非流动资产两大类别在资产负债表中列示，在流动资产和非流动资产类别下进一步按性质分项列示。

（1）流动资产和非流动资产的划分。资产满足下列条件之一的，应当归类为流动资产，流动资产以外的资产应当归类为非流动资产：

①预计在一个正常营业周期中变现、出售或耗用。这主要包括存货、应收账款等资产。需要指出的是，变现一般针对应收账款等而言，指将资产变为现金；出售一般针对产品等存货而言；耗用一般指将存货（如原材料）转变成另一种形态（如产成品）。

②主要为交易目的而持有。比如一些根据《企业会计准则第 22 号——金融工具确认和计量》划分的交易性金融资产。但是，并非所有交易性金融资产均为流动资产，比如自资产负债表日起超过 12 个月到期且预期持有超过 12 个月的衍生工具应当划分为非流动资产或非流动负债。

③预计在资产负债表日起一年内（含一年，下同）变现。

④自资产负债表日起一年内，交换其他资产或清偿负债的能力不受限制的现金或现金等价物。

对于同时包含资产负债表日后一年内和一年之后预期将收回或清偿金额的资产和负债单列项目，财务报表列报准则还要求企业应当披露超过一年后预期收回或清偿的金额。例如，金融企业资产负债表中的资产和负债项目按照流动性顺序列示，有些资产或负债项目中同时包含了资产负债表日后一年内和一年之后预期收回或清偿的金额，针对这些项目，企业应当在附注中披露资产负债表日后一年之后预期收回或清偿的金额。又如，房地产开发企业的正常营业周期通常长于一年，其已经开发完工和正在开发的房地产作为存货在资产负债表的流动资产部分列示，企业对于该存货还应当在附注中披露资产负债表日后一年之后预期收回的金额。

（2）正常营业周期。财务报表列报准则在判断流动资产、流动负债时所指的正常营业周期，是指企业从购买用于加工的资产起至实现现金或现金等价物的期间。

正常营业周期通常短于一年，在一年内有几个营业周期。但是，因生产周期较长等导致正常营业周期长于一年的，尽管相关资产往往超过一年才变现、出售或耗用，仍应当划分为流动资产。

例如，房地产开发企业开发用于出售的房地产开发产品，造船企业制造的用于出售的大型船只等，从购买原材料进入生产，到制造出产品出售并收回现金或现金等价物的过程，往往超过一年，在这种情况下，与生产循环相关的产成品、应收账款、原材料尽管超过一年才变现、出售或耗用，仍应作为流动资产列示。

当正常营业周期不能确定时，企业应当以一年（12 个月）作为正常营业周期。

（3）持有待售的非流动资产的列报。根据企业会计准则划分为持有待售的非流动资产（比如固定资产、无形资产、长期股权投资等）应当归类为流动资产；被划分为持有待售的非流动负债应当归类为流动负债。

持有待售的非流动资产既包括单项资产也包括处置组，处置组是指在一项交易中作为整体通过出售或其他方式一并处置的一组资产以及在该交易中转让的与这些资产直接相关的负债。因此，无论是被划分为持有待售的单项非流动资产还是处置组中的资产，都应当在资产负债表的流动资产部分单独列报；类似地，被划分为持有待售的处置组中的与转让资产相关的负债应当在资产负债表的流动负债部分单独列报。

3. 负债的列报

资产负债表中的负债反映在某一特定日期企业所承担的、预期会导致经济利益流出企业的现时义务。负债应当按照流动负债和非流动负债在资产负债表中进行列示，在流动负债和非流动负债类别下再进一步按性质分项列示。

（1）流动负债与非流动负债的划分。流动负债的判断标准与流动资产的判断标准相类似。负债满足下列条件之一的，应当归类为流动负债：

①预计在一个正常营业周期中清偿。

②主要为交易目的而持有。

③自资产负债表日起一年内到期应予以清偿。

④企业无权自主地将清偿推迟至资产负债表日后一年以上。

关于可转换工具负债成分的分类，财务报表列报准则还规定，负债在其对于方选择的情况下可通过发行权益进行清偿的条款与在资产负债表日负债的流动性划分无关。

例 30-01 2×21 年 12 月 1 日，A 公司发行面值为 5 000 000 元的可转换债券，每张面值 1 000 元，期限 5 年，到期前债券持有人有权随时按每张面值 1 000 元的债券转换 50 股的转股价格，将持有的债券转换为 A 公司的普通股。根据这一转换条款，A 公司有可能在该批债券到期前（包括资产负债表日起 12 个月内）予以清偿，但 A 公司在 2×21 年 12 月 31 日资产负债表日判断该可转换债券的负债成分为流动负债还是非流动负债时，不应考虑转股导致的清偿情况，因此，该可转换债券的负债成分在 2×21 年 12 月 31 日 A 公司的资产负债表上仍应当分类为非流动负债（假定不考虑其他因素和情况）。

财务报表列报准则规定，企业在应用流动负债的判断标准时，应当注意以下两点：①企业对资产和负债进行流动性分类时，应当采用相同的正常营业周期。②企业正常营业周期中的经营性负债项目即使在资产负债表日后超过一年才予清偿的，仍应划分为流动负债。经营性负债期中使用的营运资金的一部分。

（2）资产负债表日后事项对流动负债与非流动负债划分的影响。流动负债与非流动负债的划分是否正确，直接影响到对企业短期和长期偿债能力的判断。企业在判断流动负债与非流动负债的划分时，对于资产负债表日后事项对流动负债与非流动负债划分的影响，需要特别加以考虑。

总的判断原则是，企业在资产负债表上对债务流动和非流动的划分，应当反映在资产负债表日有效的合同安排，考虑在资产负债表日起一年内企业是否必须无条件清偿，而资产负债表日之后（即使是财务报告批准报出日前）的再融资、展期或提供宽限期等行为，与资产负债表日判断负债的流动性状况无关。

①资产负债表日起一年内到期的负债。在资产负债表日起一年内到期的负债，企业有意图且有能力自主地将清偿义务展期至资产负债表日后一年以上的，应当归类为非流动负债；不能自主地将清偿义务展期的，即使在资产负债表日后、财务报告批准报出日前签订了重新安排清偿计划协议，该项负债在资产负债表日仍应当归类为流动负债。

例 30-02 A企业于2×17年7月1日向A银行举借五年期的长期借款，则在2×21年12月31日的资产负债表上，该长期借款应当划分为流动负债。则存在以下情况：

假定1：A企业在2×21年12月1日与A银行完成长期再融资或展期，则该借款在2×21年12月31日的资产负债表上应当划分为非流动负债。

假定2：A企业在2×22年2月1日（财务报告批准报出日为2×22年3月31日）完成长期再融资或展期，则该借款在2×21年12月31日的资产负债表上应当划分为流动负债。

假定3：A企业与A银行的贷款协议上规定，A企业在长期借款到期前可以自行决定是否展期，无须征得债权人同意，并且A企业打算要展期，则该借款在2×21年12月31日的资产负债表上应当划分为非流动负债。

②在资产负债表日或之前企业违反长期借款协议。企业在资产负债表日或之前违反了长期借款协议，导致贷款人可随时要求清偿的负债，应当归类为流动负债。这是因为，在这种情况下，债务清偿的主动权并不在企业，企业只能被动地无条件归还贷款，而且该事实在资产负债表日即F存在，所以该负债应当作为流动负债列报。但是，如果贷款人在资产负债表日或之前同意提供在资产负债表日后一年以上的宽限期，在此期限内企业能够改正违约行为，且贷款人不能要求随时清偿的，在资产负债表日的此项负债并不符合流动负债的判断标准，应当归类为非流动负债。

企业的其他长期负债存在类似情况的，应当比照上述有关规定进行处理。

4. 所有者权益的列报

资产负债表中的所有者权益是企业资产扣除负债后的剩余权益。资产负债表中的所有者权益类一般按照净资产的不同来源和特定用途进行分类，资产负债表中的所有者权益类应当按照实收资本（或股本）、资本公积、其他综合收益、盈余公积、未分配利润等项目分项列示。

5. 资产负债表填列方法

（1）上年年末余额栏的填列方法。资产负债表“上年年末余额”栏内各项数字，应根据上年末资产负债表“期末余额”栏内所列数字填列。如果上年度资产负债表规定的各个项目的名称和内容同本年度不相一致，则企业应对上年年末资产负债表各项目的名称和数字按照本年度的规定进行调整，并填入表中“上年年末余额”栏内。

（2）期末余额栏的填列方法。资产负债表“期末余额”栏内的各项数字，一般应根据资产、负债和所有者权益类科目的期末余额填列，主要有以下几种填列方法。

①根据总账科目的余额填列。资产负债表中的有些项目，可直接根据有关总账科目的余额填列，如“交易性金融资产”“短期借款”“应付职工薪酬”等项目；有些项目则需根据几个总账科目的余额计算填列，如“货币资金”项目，需根据“库存现金”“银行存款”“其他货币资金”三个总账科目余额的合计数填列。

②根据有关明细账科目的余额计算填列。例如，“应付账款”项目需要根据“应付账款”和“预付账款”两个科目所属的相关明细科目的期末贷方余额计算填列；“应收账款”项目需要根据“应收账款”和“预收账款”两个科目所属的相关明细科目的期末借方余额计算填列；“一年内到期的非流动资产”“一年内到期的非流动负债”项目，应根据有关非流动资产或负债项目的明细科目余额分析填列。

③根据总账科目和明细账科目的余额分析计算填列。例如，“长期借款”项目需根据“长期借款”总账科目余额扣除“长期借款”科目所属的明细科目中将在资产负债表日起一年内到期且企业不能自主地将清偿义务展期的长期借款后的金额计算填列。

④根据有关科目余额减去其备抵科目余额后的净额填列。例如，资产负债表中的“长期股权投资”等项目，应根据“长期股权投资”等科目的期末余额减去“长期股权投资减值准备”等科目余额后的净额填列；“固定资产”项目应根据“固定资产”科目的期末余额减去“累计折日”“固定资产减值准备”科目余额后的净额填列；“无形资产”项目，应根据“无形资产”科目的期末余额，减去“累计摊销”“无形资产减值准备”科目余额后的净额填列。

⑤综合运用上述填列方法分析填列。例如，资产负债表中的“存货”项目，需根据“原材料”“库存商品”“委托加工物资”“周转材料”“材料采购”“在途物资”“发出商品”“材料成本差异”等总账科目期末余额的分析汇总数，再减去“存货跌价准备”科目余额后的金额填列。

（三）一般企业资产负债表的列报格式和填列方法

1. 一般企业资产负债表的列报格式

一般企业资产负债表的格式如表 30-01 所示。

表 30-01　一般企业资产负债表

会企 01 表

编制单位：　　　　　　　　　　　　__年__月__日　　　　　　　　　　　　单位：元

资产	期末余额	上年年末余额	负债和所有者权益（或股东权益）	期末余额	上年年末余额
流动资产：			流动负债：		
货币资金			短期借款		
交易性金融资产			交易性金融负债		
衍生金融资产			衍生金融负债		
应收票据			应付票据		
应收账款			应付账款		
应收款项融资			预收款项		

（续表）

资产	期末余额	上年年末余额	负债和所有者权益（或股东权益）	期末余额	上年年末余额
预付款项			合同负债		
其他应收款			应付职工薪酬		
存货			应交税费		
合同资产			其他应付款		
持有待售资产			持有待售负债		
一年内到期的非流动资产			一年内到期的非流动资产		
其他流动资产			其他流动负债		
流动资产合计			流动负债合计		
非流动资产：			非流动负债：		
债权投资			长期借款		
其他债权投资			应付债券		
长期应收款			其中：优先股		
长期股权投资			永续债		
其他权益工具投资			租赁负债		
其他非流动金融资产			长期应付款		
投资性房地产			预计负债		
固定资产			递延收益		
在建工程			递延所得税负债		
生产性生物资产			其他非流动负债		
油气资产			非流动负债合计		
使用权资产			负债合计		
无形资产			所有者权益（或股东权益）：		
开发支出			实收资本		
商誉			其他权益工具		
长期待摊费用			其中：优先股		
递延所得税资产			永续债		
其他非流动资			资本公积		
非流动资合计			减：库存股		
			其他综合收益		
			专项储备		

（续表）

资产	期末余额	上年年末余额	负债和所有者权益（或股东权益）	期末余额	上年年末余额
			盈余公积		
			未分配利润		
			所有者权益（或股东权益）合计		
资产合计			负债和所有者权益（或股东权益）合计		

2. 一般企业资产负债表项目的列报说明

（1）“货币资金”项目，反映企业库存现金、银行结算户存款、外埠存款、银行汇票存款、银行本票存款、信用卡存款、信用证保证金存款等的合计数。本项目应根据“库存现金”“银行存款”“其他货币资金”科目期末余额的合计数填列。

（2）“交易性金融资产”项目，反映资产负债表日企业分类为以公允价值计量且其变动计入当期损益的金融资产，以及企业持有的指定为以公允价值计量且其变动计入当期损益的金融资产的期末账面价值。该项目应根据“交易性金融资产”科目的相关明细科目的期末余额分析填列。自资产负债表日起超过一年到期且预期持有超过一年的以公允价值计量且其变动计入当期损益的非流动金融资产的期末账面价值，在“其他非流动金融资产”项目反映。

（3）“衍生金融资产”项目，反映衍生金融工具业务中，衍生金融工具的公允价值及其变动形成的衍生资产。本项目根据“衍生金融资产”科目的期末余额填列。

（4）“应收票据”项目，反映资产负债表日以摊余成本计量的、企业因销售商品、提供服务等收到的商业汇票，包括银行承兑汇票和商业承兑汇票。该项目应根据“应收票据”科目的期末余额，减去“坏账准备”科目中相关坏账准备期末余额后的金额分析填列。

（5）“应收账款”项目，反映资产负债表日以摊余成本计量的、企业因销售商品、提供服务等经营活动应收取的款项。该项目应根据“应收账款”科目的期末余额，减去“坏账准备”科目中相关坏账准备期末余额后的金额分析填列。

（6）“应收款项融资”项目，反映资产负债表日以公允价值计量且其变动计入其他综合收益的应收票据和应收账款等。

（7）“预付款项”项目，反映企业按照购货合同规定预付给供应单位的款项等。本项目应根据“预付账款”和“应付账款”科目所属各明细科目的期末借方余额合计数，减去“坏账准备”科目中有关预付款项计提的坏账准备期末余额后的金额填列。如“预付账款”科目所属各明细科目期未有贷方余额的，应在资产负债表“应付账款”项目内填列。

（8）“其他应收款”项目，应根据“应收利息”“应收股利”和“其他应收款”科目的期末余额合计数，减去“坏账准备”科目中相关坏账准备期末余额后的金额填列。其中的“应收利息”仅反映相关金融工具已到期可收取但于资产负债表日尚未收到的利息。基于实际利率法计提的金融工具的利息应包含在相应金融工具的账面余额中。

（9）“存货”项目，反映企业期末在库、在途和在加工中的各种存货的可变现净值或成本（成本与可变现净值孰低）。本项目应根据“材料采购”“原材料”“低值易耗品”“库存商品”“周转材料”“委托加工物”“委托代销商品”“生产成本”“受托代销商品”等科目的期末余额合计，减去“受托代销商品款”“存货跌价准备”科目期末余额后的金额填列。材料采用计划成本核算，以及库存商品采用计划成本核算或售价核算的企业，还应按加或减材料成本差异、商品进销差价后的金额填列。

（10）“持有待售资产”项目，反映资产负债表日划分为持有待售类别的非流动资产及划分为持有待售类别的处置组中的流动资产和非流动资产的期末账面价值。该项目应根据“持有待售资产”科目的期末余额，减去“持有待售资产减值准备”科目的期末余额后的金额填列。

（11）“一年内到期的非流动资产”项目，反映企业将于一年内到期的非流动资产项目金额。本项目应根据有关科目的期末余额填列。对于按照相关会计准则采用折旧（或摊销、折耗）方法进行后续计量的固定资产、使用权资产、无形资产和长期待摊费用等非流动资产，折旧（或摊销、折耗）年限（或期限）只剩一年或不足一年的，或预计在一年内（含一年）进行折旧（或摊销、折耗）的部分，不得归类为流动资产，仍在各该非流动资产项目中填列，不转入“一年内到期的非流动资产”项目。

（12）“其他流动资产”项目，反映企业除货币资金、交易性金融资产、应收票据、应收账款、存货等流动资产以外的其他流动资产。本项目应根据有关科目的期末余额填列。

（13）“债权投资”项目，反映资产负债表日企业以摊余成本计量的长期债权投资的期末账面价值。该项目应根据“债权投资”科目的相关明细科目期末余额，减去“债权投资减值准备”科目中相关减值准备的期末余额后的金额分析填列。自资产负债表日起一年内到期的长期债权投资的期末账面价值，在“一年内到期的非流动资产”项目反映。企业购入的以摊余成本计量的一年内到期的债权投资的期末账面价值，在“其他流动资产”项目反映。

（14）“其他债权投资”项目，反映资产负债表日企业分类为以公允价值计量且其变动计入其他综合收益的长期债权投资的期末账面价值。该项目应根据“其他债权投资”科目的相关明细科目期末余额分析填列。自资产负债表日起一年内到期的长期债权投资的期末账面价值，在“一年内到期的非流动资产”项目反映。企业购入的以公允价值计量且其变动计入其他综合收益的一年内到期的债权投资的期末账面价值，在“其他流动资产”项目反映。

（15）“其他权益工具投资”项目，反映资产负债表日企业指定以公允价值计量且其变动计入其他综合收益的非交易性权益工具投资的期末账面价值。该项目应根据“其他权益工具投资”科目的期末余额填列。

（16）“长期应收款”项目，反映企业融资租赁产生的应收款项、采用递延方式具有融资性质的销售商品和提供劳务等产生的长期应收款项等。本项目应根据“长期应收款”科目的期末余额减去相应的“未实现融资收益”科目和“坏账准备”科目所属相关明细科目期末余额后的金额填列。

（17）“长期股权投资”项目，反映企业持有的对子公司、联营企业和合营企业的长期股权投资。本项目应根据“长期股权投资”科目的期末余额，减去“长期股权投资减值准备”科目期末余额后的金额填列。

（18）“投资性房地产”项目，反映企业持有的投资性房地产。企业采用成本模式计量投资性房地产的，本项目应根据“投资性房地产”科目的期末余额，减去“投资性房地产累计折旧（摊销）”和“投资性房地产减值准备”科目期末余额后的金额填列；企业采用公允价值模式计量投资性房地产的，本项目应根据“投资性房地产”科目的期末余额填列。

（19）“固定资产”项目，反映资产负债表日企业固定资产的期末账面价值和企业尚未清理完毕的固定资产清理净损益。该项目应根据“固定资产”科目的期末余额，减去“累计折旧”和“固定资产减值准备”科目的期末余额后的金额，以及“固定资产清理”科目的期末余额填列。

（20）“在建工程”项目，反映资产负债表日企业尚未达到预定可使用状态的在建工程的期末账面价值和企业为在建工程准备的各种物资的期末账面价值。该项目应根据“在建工程”科目的期末余额，减去“在建工程减值准备”科目的期末余额后的金额，以及“工程物资”科目的期末余额，减去“工程物资减值准备”科目的期末余额后的金额填列。

（21）“生产性生物资产”项目，反映企业持有的生产性生物资产。本项目应根据“生产性生物资产”科目的期末余额，减去“生产性生物资产累计折旧”和“生产性生物资产减值准备”科目期末余额后的金额填列。

（22）“油气资产”项目，反映企业持有的矿区权益和油气井及相关设施的原价减去累计折耗和累计减值准备后的净额。本项目应根据“油气资产”科目的期末余额，减去“累计折耗”科目期末余额和相应减值准备后的金额填列。

（23）“无形资产”项目，反映企业持有的无形资产，包括专利权、非专利技术、商标权、著作权土地使用权等。本项目应根据“无形资产”科目的期末余额，减去“累计摊销”和“无形资产减值准备”科目期末余额后的金额填列。

（24）“开发支出”项目，反映企业开发无形资产过程中能够资本化形成无形资产成本的支出部分。本项目应根据“研发支出”科目中所属的“资本化支出”明细科目期末余额填列。

（25）“商誉”项目，反映企业合并中形成的商誉的价值。本项目应根据“商誉”科目的期末余额减去相应减值准备后的金额填列。

（26）“长期待推费用”项目，反映企业已经发生但应由本期和以后各期负担的分推期限在一年以上的各项费用。长期待推费用中在 1 年内（含 1 年）摊销的部分，在资产负债表“一年内到期的非流动资产”项目填列。本项目应根据“长期待摊费用”科目的期末余额减去将于一年内（含一年）摊销的数额后的金额填列。

（27）“递延所得税资产”项目，反映企业确认的可抵扣暂时性差异产生的递延所得税资产。本项目应根据“递延所得税资产”科目的期末余额填列。

（28）“其他非流动资产”项目，反映企业除长期股权投资、固定资产、在建工程、工程物资、无形资产等资产以外的其他非流动资产。本项目应根据有关科目的期末余额填列。

（29）“短期借款”项目，反映企业向银行或其他金融机构等借入的期限在 1 年以内（含 1 年）的各种借款。本项项目应根据“短期借款”科目的期末余额填列。

（30）“交易性金融负债”项目，反映资产负债表日企业承担的交易性金融负债，以及企业持有的直接指定为以公允价值计量且其变动计入当期损益的金融负债的期末账面价值。该项目应根据“交易性金融负债”科目的相关明细科目期末余额填列。

（31）“应付票据”项目，反映资产负债表日以摊余成本计量的、企业因购买材料、商品和接受服务等开出、承兑的商业汇票，包括银行承兑汇票和商业承兑汇票。该项目应根据“应付票据”科目的期末余额填列。

“应付账款”项目，反映资产负债表日以摊余成本计量的、企业因购买材料、商品和接受服务等经营活动应支付的款项。该项目应根据“应付账款”和“预付账款”科目所属的相关明细科目的期末贷方余额合计数填列。

（32）“预收款项”项目，反映企业按照购货合同规定预付给供应单位的款项。本项目应根据“预收账款”和“应收账款”科目所属各明细科目的期末贷方余额合计数填列。如“预收账款”科目所属各明细科目期末有借方余额，则应在资产负债表“应收账款”项目内作对应填列。

（33）“应付职工薪酬”项目，反映企业根据有关规定应付给职工的工资、职工福利、社会保险费、住房公积金、工会经费、职工教育经费、非货币性福利、辞退福利等各种薪酬。本项目应根据“应付职工薪酬”科目所属各明细科目的期末贷方余额分析填列。外商投资企业按规定从净利润中提取的职工奖励及福利基金，也在本项目内列示。

（34）“应交税费”项目，反映企业按照税法规定计算应交纳的各种税费，包括增值税、消费税、所得税、资源税、土地增值税、城市维护建设税、房产税、土地使用税、车船使用税、教育费附加矿产资源补偿费等。企业代扣代交的个人所得税，也通过本项目列示。企业所交纳的税金不需要预计应交数的，如印花税、耕地占用税等，不在本项目列示。本项目应根据“应交税费”科目的期末贷方余额填列；如“应交税费”科目期末为借方余额，应以“－”号填列。

需说明的是，“应交税费”科目下的“应交增值税”“未交增值税”“待抵扣进项税额”“待认证进项税额”“增值税留抵税额”等明细科目的借方余额，应根据情况在资产负债表中的“其他流动资产”或“其他非流动资产”项目列示；“待转销项税额”明细科目的贷方余额，应根据情况在资产负债表中的“其他流动负债”或“其他非流动负债”项目列示；“未交增值税”“简易计税”“转让金融商品应交增值税”“代扣代交增值税”等科目期末贷方余额应在资产负债表的“应交税费”项目列示。

（35）“其他应付款”项目，应根据“应付利息”“应付股利”和“其他应付款”科目的期末余额合计数填列。其中的“应付利息”仅反映相关金融工具已到期应支付但于资产负债表日尚未支付的利息。基于实际利率法计提的金融工具的利息应包含在相应金融工具的账面余额中。

（36）“持有待售负债”项目，反映资产负债表日处置组中与划分为持有待售类别的资产直接相关的负债的期末账面价值。该项目应根据“持有待售负债”科目的期末余额填列。

（37）“一年内到期的非流动负债”项目，反映企业非流动负债中将于资产负债表日后一年内到期部分的金额，如将于一年内偿还的长期借款。本项目应根据有关科目的期末余额填列。

（38）“其他流动负债”项目，反映企业除短期借款、交易性金融负债、应付票据、应付账款、应付职工薪酬、应交税费等流动负债以外的其他流动负债。本项目应根据有关科目的期末余额填列。

（39）“长期借款”项目，反映企业向银行或其他金融机构借入的期限在1年以上（不含1年）的各项借款。本项目应根据“长期借款”科目的期末余额，扣除“长期借款”科目所属明细科目中将在资产负债表日起一年内到期且不能自主地将清偿义务展期的长期借款后的金额填列。

（40）“应付债券”项目，反映企业为筹集长期资金而发行的债券本金和利息。本项目应根据“应付债券”科目的期末余额填列。

（41）“长期应付款”项目，反映资产负债表日企业除长期借款和应付债券以外的其他各种长期应付款项的期末账面价值。该项目应根据“长期应付款”科目的期末余额，减去相关的“未确认融资费用”科目的期末余额后的金额，以及“专项应付款”科目的期末余额，再减去所属明细科目中将在资产负债表日起一年内到期的部分后金额填列。

（42）“预计负债”项目，反映企业确认的对外提供担保、未决诉讼、产品质量保证、重组义务亏损性合同等预计负债。本项目应根据“预计负债”科目的期末余额填列。

（43）“递延收益”项目，反映企业尚待确认的收入或者收益。本项目应根据“递延收益”科目的期末余额填列。“递延收益”项目中摊销期限只剩一年或不足一年的，或预计在一年内（含一年）进行摊销的部分，不得归类为流动负债，仍在该项目中填列，不转入“一年内到期的非流动负债”项目。

（44）“递延所得税负债”项目，反映企业确认的应纳税暂时性差异产生的所得税负债。本项目应根据“递延所得税负债”科目的期末余额填列。

（45）“其他非流动负债”项目，反映企业除长期借款、应付债券等负债以外的其他非流动负债。本项目应根据有关科目的期末余额减去将于1年内（含1年）到期偿还数后的余额填列。非流动负债各项目中将于1年内（含1年）到期的非流动负债，应在“一年内到期的非流动负债”项目内单独反映。

（46）根据《企业会计准则第22号——金融工具确认和计量》（财会〔2017〕7号）、《企业会计准则第14号——收入》（财会〔2017〕22号）、《企业会计准则第21号——租赁》（财会〔2018〕35号）

对相关报表项目进行填报。

①“合同资产”和“合同负债”项目。企业应按照《企业会计准则第 14 号——收入》（财会〔2017〕22 号）的相关规定根据本企业履行履约义务与客户付款之间的关系在资产负债表中列示合同资产或合同负债。“合同资产”项目、“合同负债”项目，应分别根据“合同资产”科目、“合同负债”科目的相关明细科目期末余额分析填列，同一合同下的合同资产和合同负债应当以净额列示，其中净额为借方余额的，应当根据其流动性在“合同资产”或“其他非流动资产”项目中填列，已计提减值准备的，还应减去“合同资产减值准备”科目中相关的期末余额后的金额填列；其中净额为贷方余额的，应当根据其流动性在“合同负债”或“其他非流动负债”项目中填列。

由于同一合同下的合同资产和合同负债应当以净额列示，企业也可以设置“合同结算”科目（或其他类似科目），以核算同一合同下属于在某一时段内履行履约义务涉及与客户结算对价的合同资产或合同负债，并在此科目下设置“合同结算——价款结算”科目反映定期与客户进行结算的金额，设置“合同结算——收入结转”科目反映按履约进度结转的收入金额。资产负债表日，“合同结算”科目的期末余额在借方的，根据其流动性在“合同资产”或“其他非流动资产”项目中填列；期末余额在贷方的，根据其流动性在“合同负债”或“其他非流动负债”项目中填列。

②按照《企业会计准则第 14 号——收入》（财会〔2017〕22 号）的相关规定确认为资产的合同取得成本，应当根据“合同取得成本”科目的明细科目初始确认时摊销期限是否超过一年或一个正常营业周期，在“其他流动资产”或“其他非流动资产”项目中填列，已计提减值准备的，还应减去“合同取得成本减值准备”科目中相关的期末余额后的金额填列。

③按照《企业会计准则第 14 号——收入》（财会〔2017〕22 号）的相关规定确认为资产的合同履约成本，应当根据“合同履约成本”科目的明细科目初始确认时摊销期限是否超过一年或一个正常营业周期，在“存货”或“其他非流动资产”项目中填列，已计提减值准备的，还应减去“合同履约成本减值准备”科目中相关的期末余额后的金额填列。

④按照《企业会计准则第 14 号——收入》（财会〔2017〕22 号）的相关规定确认为资产的应收退货成本，应当根据“应收退货成本”科目是否在一年或一个正常营业周期内出售，在“其他流动资产”或“其他非流动资产”项目中填列。

⑤按照《企业会计准则第 14 号——收入》（财会〔2017〕22 号）的相关规定确认为预计负债的应付退货款，应当根据“预计负债”科目下的“应付退货款”明细科目是否在一年或一个正常营业周期内清偿，在“其他流动负债”或“预计负债”项目中填列。

⑥企业按照《企业会计准则第 22 号——金融工具确认和计量》（财会〔2017〕7 号）的相关规定对贷款承诺、财务担保合同等项目计提的损失准备，应当在“预计负债”项目中填列。

⑦“使用权资产”项目，反映资产负债表日承租人企业持有的使用权资产的期末账面价值。根据《企业会计准则第 21 号——租赁》（财会〔2018〕35 号）相关规定，该项目应根据“使用权资产”科目的期末余额，减去“使用权资产累计折旧”和“使用权资产减值准备”科目的期末余额后的金额填列。

⑧“租赁负债”项目，反映资产负债表日承租人企业尚未支付的租赁付款额的期末账面价值。根据《企业会计准则第 21 号——租赁》（财会〔2018〕35 号）相关规定，该项目应根据“租赁负债”科目的期末余额填列。自资产负债表日起一年内到期应予以清偿的租赁负债的期末账面价值，在“一年内到期的非流动负债”项目反映。

（47）“实收资本（或股本）”项目，反映企业各投资者实际投入的资本（或股本）总额。本项目应根据“实收资本”（或“股本”）科目的期末余额填列。

“其他权益工具”项目，反映企业发行的除普通股以外分类为权益工作的金融工具的账面价值，并下设“优先股”和“永续债”两个项目，分别反映企业发生的分类为权益工具的优先股和永续债的账面价值。对于资产负债表日企业发行的金融工具，分类为金融负债的，应在“应付债券”项目填列，对于优先股和永续债，还应在“应付债券”项目下的“优先股”项目和“永续债”项目分别填列；分类为权益工具的，应在“其他权益工具”项目填列，对于优先股和永续债，还应在“其他权益工具”项目下的“优先股”项目和“永续债”项目分别填列。

（48）“资本公积”项目，反映企业资本公积的期末余额。本项目应根据“资本公积”科目的期末余额填列。

（49）“库存股”项目，反映企业持有尚未转让或注销的本公司股份金额。本项目应根据“库存股”科目的期末余额填列。

（50）“其他综合收益”项目，反映企业其他综合收益情况。该科目应当按照其他综合收益项目的具体内容设置明细科目。企业在对其他综合收益进行会计处理时，应当通过“其他综合收益”科目处理，并与“资本公积”科目相区分。

（51）“盈余公积”项目，反映企业盈余公积的期末余额。本项目应根据“盈余公积”科目的期末余额填列。

（52）“未分配利润”项目，反映企业尚未分配的利润。本项目应根据“本年利润”科目和“利润分配”科目的余额计算填列。未弥补的亏损在本项目内以“－”号填列。

（53）高危行业企业如有按国家规定提取的安全生产费的，应当在资产负债表所有者权益项下“其他综合收益”项目和“盈余公积”项目之间增设“专项储备”项目，反映企业提取的安全生产费期末余额。

（54）金融企业的资产负债表列报格式，应当遵循《企业会计准则第30号——财务报表列报》准则的规定，并根据金融企业经营活动的性质和要求，比照上述一般企业的资产负债表列报格式进行相应调整。

五、利润表列报

（一）利润表的定义

根据《企业会计准则讲解》对利润表的界定，利润表是反映企业在一定会计期间的经营成果的会计报表。例如，反映某年1月1日至12月31日经营成果的利润表，它反映的就是该期间的情况。

利润表的列报必须充分反映企业经营业绩的主要来源和构成，有助于使用者判断净利润的质量及其风险，有助于使用者预测净利润的持续性，从而作出正确的决策。通过利润表，可以反映企业一定会计期间收入的实现情况，如实现的营业收入有多少、实现的投资收益有多少、实现的营业外收入有多少等；可以反映一定会计期间的费用耗费情况，如耗费的营业成本有多少、营业税金及附加有多少及销售费用、管理费用、财务费用各有多少、营业外支出有多少等。

（二）利润表列报的要求

1. 总体要求

利润表正表的格式一般有两种：单步式利润表和多步式利润表。单步式利润表是将当期所有的收入列在一起，然后将所有的费用列在一起，两者相减得出当期净损益。多步式利润表是通过对当期的收入、费用、支出项目按性质加以归类，按利润形成的主要环节列示一些中间性利润指标，分步计算当期净损益。

《企业会计准则第30号——财务报表列报》准则规定，我国企业应当采用多步式列报利润表，将不同性质的收入和费用类别进行对比，从而可以得出一些中间性的利润数据，便于使用者理解企业经营成果的不同来源。

企业可以分以下几个步骤编制利润表：

第一步，以营业收入为基础，减去营业成本、营业税金及附加、销售费用、管理费用、财务费用、资产减值损失，加上公允价值变动收益（减去公允价值变动损失）和投资收益（减去投资损失），计算出营业利润。

第二步，以营业利润为基础，加上营业外收入，减去营业外支出，计算出利润总额。

第三步，以利润总额为基础，减去所得税费用，计算出净利润（或净亏损）。

第四步，以净利润为基础，减去其他综合收益的税后净额，计算出综合收益总额。

其中，其他综合收益包括以后会计期间不能重分类进损益的其他综合收益项目和以后会计期间在满足规定条件时将重分类进损益的其他综合收益项目两类。

普通股或潜在普通股已公开交易的企业，以及正处于公开发行普通股或潜在普通股过程中的企业，还应当在利润表中列示每股收益信息。

2. 费用列报方法

根据财务报表列报准则第三十条规定，费用应当按照功能分类，分为从事经营业务发生的成本、管理费用、销售费用和财务费用等。根据《企业会计准则讲解》说明，“功能法”是指按照费用在企业所发挥的功能进行分类列报，通常分为从事经营业务发生的成本、管理费用、销售费用和财务费用等，并且将营业成本与其他费用分开披露。

企业的生产经营活动通常可以划分为生产、销售、管理、融资等，每一种活动上发生的费用所发挥的功能并不相同，因此，按照费用功能法将其分开列报，有助于使用者了解费用发生的活动领域。例如，企业为销售产品发生了多少费用、为一般行政管理发生了多少费用、为筹措资金发生了多少费用等。这种方法通常能向报表使用者提供具有结构性的信息，能更清楚地揭示企业经营业绩的主要来源和构成，提供的信息更为相关。由于关于费用性质的信息有助于预测企业未来现金流量，所以企业可以在附注中披露费用按照性质分类的利润表补充资料。费用按照性质分类，指将费用按其性质分为耗用的原材料、职工薪酬费用、折旧费、推销费等，而不是按照费用在企业所发挥的不同功能分类。

与此同时，财务报表列报准则还规定，企业应当在附注中披露费用按照性质分类的利润表补充资料，可将费用分为耗用的原材料、职工薪酬费用、折旧费用、摊销费用等，以有助于报表使用者预测企业的未来现金流量。

3. 综合收益的列报

综合收益，是指企业在某一期间除与所有者以其所有者身份进行的交易之外的其他交易或事项所引起的所有者权益变动。综合收益总额项目反映净利润和其他综合收益扣除所得税影响后的净额相加后的合计金额。其他综合收益，是指企业根据其他会计准则规定未在当期损益中确认的各项利得和损失。

企业应当以扣除相关所得税影响后的净额在利润表上单独列示各项其他综合收益项目，并且其他综合收益项目应当根据其他相关会计准则的规定分为下列两类列报：

（1）以后会计期间不能重分类进损益的其他综合收益项目，如重新计量设定受益计划净负债或净资产导致的变动、权益法不能转损益的其他综合收益。

（2）会计期间在满足规定条件时将重分类进损益的其他综合收益项目，如权益法下可以转损益的其他综合收益、现金流量套期储备、外币财务报表折算差额。

由于银行、保险、证券等金融企业的日常活动与一般工商业企业不同，具有特殊性，所以可以根据金融企业的特殊性列示利润表项目。例如，商业银行将利息支出作为利息收入的抵减项目、将手续费及佣金支出作为手续费及佣金收入的抵减项目等列示。

（三）利润表列报的填列方法

企业应当根据损益类科目和所有者权益类有关科目的发生额填列利润表“本年金额”栏，具体包括如下情况：

（1）“营业收入”“营业成本”“营业税金及附加”“销售费用”“管理费用”“财务费用”“资产减值损失”“公允价值变动收益”“投资收益”“营业外收入”“营业外支出”“所得税费用”等项目，应根据有关损益类科目的发生额分析填列。

（2）“其中：对联营企业和合营企业的投资收益”“其中：非流动资产处置利得”“其中：非流动资产处置损失”等项目，应根据“投资收益”“营业外收入”“营业外支出”等科目所属的相关明细科目的发生额分析填列。

（3）“其他综合收益的税后净额”项目及其各组成部分，应根据“其他综合收益”科目及其所属明细科目的本期发生额分析填列。

（4）“营业利润”“利润总额”“净利润”“综合收益总额”项目，应根据本表中相关项目计算填列。

（5）普通股或潜在普通股已公开交易的企业，以及正处于公开发行普通股或潜在普通股过程中的企业，还应当在利润表中列示每股收益信息，并在附注中详细披露计算过程，以供投资者投资决策参考。基本每股收益和稀释每股收益项目应当按照《企业会计准则第34号——每股收益》的规定计算填列。

企业应当根据上年同期利润表“本期金额”栏内所列数字填列本年度利润表的“上年金额”栏。如果企业上年该期利润表规定的项目的名称和内容与本期不一致，应当对上年该期利润表相关项目的名称和金额按照本期的规定进行调整，填入“上年金额”栏。

（四）一般企业利润表项目列报

1. 一般企业利润表的列报格式

一般企业利润表的格式如表30-02所示。

表30-02 一般企业利润表

会企02表

编制单位： 年 单位：元

项目	本年金额	上年金额
一、营业收入		
减：营业成本		
税金及附加		
销售费用		
管理费用		
研发费用		
财务费用		
其中：利息费用		
利息收入		
加：其他收益		
投资收益（损失以“－”号填列）		
其中：对联营企业和合营企业的投资收益		

（续表）

项目	本年金额	上年金额
以摊余成本计量的金融资产终止确认收益（损失以“－”号填列）		
净敞口套期收益（损失以“－”号填列）		
公允价值变动净收益（损失以“－”号填列）		
信用减值损失（损失以“－”号填列）		
资产减值损失（损失以“－”号填列）		
资产处置收益（损失以“－”号填列）		
二、营业利润（亏损以“－”号填列）		
加：营业外收入		
减：营业外支出		
三、利润总额（亏损总额以“－”号填列）		
减：所得税费用		
四、净利润（净亏损以“－”号填列）		
（一）持续经营净利润（净亏损额以“－”号填列）		
（二）终止经营净利润（净亏损额以“－”号填列）		
五、其他综合收益的税后净额		
（一）不能重分类进损益的其他综合收益		
1. 重新计量设定受益计划变动额		
2. 权益法下不能转损益的其他综合收益		
3. 其他权益工具投资公允价值变动		
4. 企业自身信用风险公允价值变动		
……		
（二）将重分类进损益的其他综合收益		
1. 权益法下可转损益的其他综合收益		
2. 其他债权投资公允价值变动		
3. 金融资产重分类计入其他综合收益的金额		
4. 其他债权投资信用减值准备		
5. 现金流量套期储备		
6. 外币财务报表折算差额		
……		
六、综合收益总额		
七、每股收益		

（续表）

项目	本年金额	上年金额
（一）基本每股收益		
（二）稀释每股收益		

2. 一般企业利润表的填列说明

财务报表列报准则规定，企业需要提供比较利润表，以使报表使用者通过比较不同期间利润的实现情况，判断企业经营成果的未来发展趋势。所以，利润表还就各项目再分为“本期金额”和“上年金额”两栏分别填列。本表“上年金额”栏内各项数字，应根据上年度利润表“本年金额”栏内所列数字填列。如果上年度利润表规定的各个项目的名称和内容同本年度不相一致，应对上年度利润表各项目的名称和数字按本年度的规定进行调整，填入本表“上年金额”栏内。本表“本年金额”栏内各项数字一般应当反映以下内容：

（1）“营业收入”项目，反映企业经营主要业务和其他业务所确认的收入总额。本项目应根据“主营业务收入”“其他业务收入”科目的发生额分析填列。

（2）“营业成本”项目，反映企业经营主要业务和其他业务发生的实际成本总额。本项目应根据“主营业务成本”“其他业务成本”科目的发生额分析填列。

（3）“税金及附加”项目，反映企业经营业务应负担的消费税、城市维护建设税、资源税、土地增值税、房产税、车船税、城镇土地使用税、印花税和教育费附加等。本项目应根据“税金及附加”科目的发生额分析填列。

（4）“销售费用”项目，反映企业在销售商品过程中发生的包装费、广告费等费用和为销售本企业商品而专设的销售机构的职工薪酬、业务费等经营费用。该项目应根据“销售费用”科目的发生额分析填列。

（5）“管理费用”项目，反映企业为组织和管理生产经营发生的管理费用。该项目应根据“管理费用”科目下的明细科目的发生额分析填列。

（6）“研发费用”项目，反映企业进行研究与开发过程中发生的费用化支出，以及计入管理费用的自行开发无形资产的摊销。该项目应根据“管理费用”科目下的“研究费用”明细科目的发生额，以及“管理费用”科目下的“无形资产摊销”明细科目的发生额分析填列。

（7）“财务费用”项目，反映企业筹集生产经营所需资金等而发生的筹资费用。本项目应根据“财务费用”科目的发生额分析填列。

（8）“其中：利息费用”项目，反映企业为筹集生产经营所需资金等而发生的应予费用化的利息支出。该项目应根据“财务费用”科目的相关明细科目的发生额分析填列。该项目作为“财务费用”项目的其中项，以正数填列。

（9）“利息收入”项目，反映企业确认的利息收入。该项目应根据“财务费用”科目的相关明细科目的发生额分析填列。该项目作为“财务费用”项目的其中项，以正数填列。

（10）企业发生勘探费用的，应在“管理费用”和“财务费用”项目之间，增设“勘探费用”项目反映。

（11）“其他收益”项目，反映计入其他收益的政府补助，以及其他与日常活动相关且计入其他收益的项目。该项目应根据“其他收益”科目的发生额分析填列。企业作为个人所得税的扣缴义务人，根据《中华人民共和国个人所得税法》收到的扣缴税款手续费，应作为其他与日常活动相关的收益在该项目中填列。

（12）“投资收益”项目，反映企业以各种方式对外投资所取得的收益。如为净损失，以“－”号填列。企业持有的交易性金融资产处置和处置时，处置收益部分应当自“公允价值变动损益”项目转出，列入本项目。本项目应根据“投资收益”的发生额分析填列。

（13）“其中：以摊余成本计量的金融资产终止确认收益”项目，反映企业因转让等情形导致终止确认以摊余成本计量的金融资产而产生的利得或损失。该项目应根据“投资收益”科目的相关明细科目的发生额分析填到；如为损失，以“－”号填列。

（14）“净敞口套期收益”项目，反映净敞口套期下被套期项目累计公允价值变动转入当期损益的金额或现金流量套期储备转入当期损益的金额。该项目应根据“净敞口套期损益”科目的发生额分析填列；如为套期损失，以“－”号填列。

（15）“公允价值变动净收益”项目，反映企业按照相关准则规定应当计入当期损益的资产或负债公允价值变动净收益，如交易性金融资产当期公允价值的变动额。如为净损失，以“－”号填列。本项目应根据“公允价值变动损益”科目的发生额分析填列。

（16）“信用减值损失”项目，反映企业按照《企业会计准则第22号——金融工具确认和计量》（2017年修订）的要求计提的各项金融工具减值准备所形成的预期信用损失。该项目应根据“信用减值损失”科目的发生额分析填列。

（17）“资产减值损失”项目，反映企业出售划分为持有待售的非流动资产（金融工具、长期股权投资和投资性房地产除外）或处置组（子公司和业务除外）时确认的处置利得或损失，以及处置未划分为持有待售的固定资产、在建工程、生产性生物资产及无形资产而产生的处置利得或损失。债务重组中因处置非流动资产（金融工具、长期股权投资和投资性房地产除外）产生的利得或损失和非货币性资产交换中换出非流动资产（金融工具、长期股权投资和投资性房地产除外）产生的利得或损失也包括在本项目内。该项目应根据“资产处置损益”科目的发生额分析填列；如为处置损失，以“－”号填列。

（18）“资产处置收益”项目，反映企业出售划分为持有待售的非流动资产（金融工具、长期股权投资和投资性房地产除外）或处置组（子公司和业务除外）时确认的处置利得或损失，以及处置未划分为持有待售的固定资产、在建工程、生产性生物资产及无形资产而产生的处置利得或损失。债务重组中因处置非流动资产产生的利得或损失和非货币性资产交换中换出非流动资产产生的利得或损失也包括在本项目内。该项目应根据“资产处置损益”科目的发生额分析填列；如为处置损失，以“－”号填列。

（19）“营业利润”项目，反映企业实现的营业利润。如为亏损总额，以“－”号填列。

（20）“营业外收入”项目，反映企业发生的除营业利润以外的收益，主要包括与企业日常活动无关的政府补助、盘盈利得、捐赠利得（企业接受股东或股东的子公司直接或间接的捐赠，经济实质属于股东对企业的资本性投入的除外）等。该项目应根据“营业外收入”科目的发生额分析填列。

（21）“营业外支出”行项目，反映企业发生的除营业利润以外的支出，主要包括公益性捐赠支出、非常损失、盘亏损失、非流动资产毁损报废损失等。该项目应根据“营业外支出”科目的发生额分析填列。“非流动资产毁损报废损失”通常包括因自然灾害发生毁损、已丧失使用功能等原因而报废清理产生的损失。企业在不同交易中形成的非流动资产毁损报废利得和损失不得相互抵销，应分别在“营业外收入”项目和“营业外支出”项目进行填列。

（22）“利润总额”项目，反映企业实现的利润总额。如为亏损总额，以“－”号填列。

（23）“所得税”项目，反映企业根据所得税准则确认的应从当期利润总额中扣除的所得税费用。该项目应根据“所得税费用”科目的发生额分析填列。

（24）“净利润”项目，反映企业实现的净利润额。如为亏损总额，以“－”号填列。

（25）“（一）持续经营净利润”和“（二）终止经营净利润”行项目，分别反映净利润中与持续经营相关的净利润和与终止经营相关的净利润；如为净亏损，以“－”号填列。该两个项目应按照《企业会计准则第42号——持有待售的非流动资产、处置组和终止经营》的相关规定分别列报。

（26）“其他综合收益税后净额”项目，反映企业根据其他会计准则规定未在当期损益中确认的各项利得和损失，应当根据该科目及其所属明细科目的本期发生额分析填列。

（27）“重新计量设定受益计划变动额”项目，反映根据《企业会计准则第9号——职工薪酬》，有设定受益计划形式离职后福利的企业应当将重新计量设定受益计划净负债或净资产导致的变动计入其他综合收益，并且在后续会计期间不允许转回至损益。

（28）“权益法下不能转损益的其他综合收益”项目，反映根据《企业会计准则第2号——长期股权投资》，投资方取得长期股权投资后，应当按照应享有或应分担的被投资单位其他综合收益的份额，确认其他综合收益，同时调整长期股权投资的账面价值。投资单位在确定应享有或应分担的被投资单位其他综合收益的份额时，该份额的性质取决于被投资单位的其他综合收益的性质，即如果被投资单位的其他综合收益属于“以后会计期间不能重分类进损益”类别，则投资方确认的份额也属于“以后会计期间不能重分类进损益”类别。

（29）“其他权益工具投资公允价值变动”项目，反映企业指定为以公允价值计量且其变动计入其他综合收益的非交易性权益工具投资发生的公允价值变动。该项目应根据“其他综合收益”科目的相关明细科目的发生额分析填列。

（30）“企业自身信用风险公允价值变动”项目，反映企业指定为以公允价值计量且其变动计入当期损益的金融负债，由企业自身信用风险变动引起的公允价值变动而计入其他综合收益的金额。该项目应根据“其他综合收益”科目的相关明细科目的发生额分析填列。

（31）“权益法下可转损益的其他综合收益”项目，反映根据《企业会计准则第2号——长期股权投资》，投资方取得长期股权投资后，应当按照应享有或应分担的被投资单位其他综合收益的份额，确认其他综合收益，同时调整长期股权投资的账面价值。如果被投资单位的其他综合收益属于“以后会计期间在满足规定条件时将重分类进损益”类别，则投资方确认的份额也属于“以后会计期间在满足规定条件时将重分类进损益”类别。

（32）“其他债权投资公允价值变动”项目，反映企业分类为以公允价值计量且其变动计入其他综合收益的债权投资发生的公允价值变动。企业将一项以公允价值计量且其变动计入其他综合收益的金融资产重分类为以摊余成本计量的金融资产，或重分类为以公允价值计量且其变动计入当期损益的金融资产时，之前计入其他综合收益的累计利得或损失从其他综合收益中转出的金额作为该项目的减项。该项目应根据“其他综合收益”科目下的相关明细科目的发生额分析填列。

（33）“金融资产重分类计入其他综合收益的金额”项目，反映企业将一项以摊余成本计量的金融资产重分类为以公允价值计量且其变动计入其他综合收益的金融资产时，计入其他综合收益的原账面价值与公允价值之间的差额。该项目应根据“其他综合收益”科目下的相关明细科目的发生额分析填列。

（34）“其他债权投资信用减值准备”项目，反映企业按照《企业会计准则第22号——金融工具确认和计量》（2017年修订）第十八条分类为以公允价值计量且其变动计入其他综合收益的金融资产的损失准备。该项目应根据“其他综合收益”科目下的“信用减值准备”明细科目的发生额分析填列。

（35）“现金流量套期储备”项目，反映企业套期工具产生的利得或损失中属于套期有效的部分。该项目应根据“其他综合收益”科目下的“套期储备”明细科目的发生额分析填列。

（36）“外币财务报表折算差额”项目，反映根据《企业会计准则第19号——外币折算》，企业对境外经营的财务报表进行折算时，应当将外币财务报表折算差额在资产负债表中所有者权益项目下单独列示（其他综合收益）；企业在处置境外经营时，应当将资产负债表中所有者权益项目下列示的、与该境外经营相关的外币报表折算差额，自所有者权益项目转入处置当期损益，部分处置境外经营的，应当按处置的比例计算处置部分的外币财务报表折算差额，转入处置当期损益。

（37）“基本每股收益”和“稀释每股收益”项目，应当根据每股收益准则的规定计算的金额填列。

六、所有者权益变动表列报

（一）所有者权益变动表定义

所有者权益变动表应当反映构成所有者权益的各组成部分当期的增减变动情况。所有者权益变动表应当全面反映一定时期所有者权益变动的情况，不仅包括所有者权益总量的增减变动，还包括所有者权益增减变动的重要结构性信息，有助于报表使用者理解所有者权益增减变动的根源。

（二）所有者权益表列报的要求

1. 单独列报项目

综合收益和与所有者（或股东，下同）的资本交易导致的所有者权益的变动，应当分别列示。与所有者的资本交易是指企业与所有者以其所有者身份进行的、导致企业所有者权益变动的交易。

综合收益是指企业在某一期间与所有者之外的其他方面进行交易或发生其他事项所引起的净资产变动。综合收益的构成包括两部分，分别为净利润和其他综合收益的税后净额，其中，前者是企业已实现并已确认的收益，后者是企业未实现但根据会计准则的规定已确认的收益。用公式表示：

综合收益总额＝净利润＋其他综合收益的税后净额

根据财务报表列报准则要求，所有者权益变动表至少应当单独列示反映下列信息的项目。

（1）综合收益总额，在合并所有者权益变动表中还应单独列示归属于母公司所有者的综合收益总额和归属于少数股东的综合收益总额。

（2）会计政策变更和前期差错更正的累积影响金额。

（3）所有者投入资本和向所有者分配利润等。

（4）按照规定提取的盈余公积。

（5）所有者权益各组成部分的期初和期末余额及其调整情况。

2. 以矩阵的形式列报

根据《企业会计准则讲解》说明，为了清楚地表明构成所有者权益的各组成部分当期的增减变动情况，所有者权益变动表应当以矩阵的形式列示。一方面，列示导致所有者权益变动的交易或事项，不是以往仅仅按照所有者权益的各组成部分反映所有者权益变动情况，而是按所有者权益变动的来源对一定时期所有者权益变动情况进行全面反映；另一方面，按照所有者权益各组成部分（包括实收资本、资本公积、其他综合收益、盈余公积、未分配利润和库存股）及其总额列示交易或事项对所有者权益的影响。

3. 列示所有者权益变动表的比较信息

根据财务报表列报准则的规定，企业需要提供比较所有者权益变动表，因此，所有者权益变动表就各项目再分为“本年金额”和“上年金额”两栏分别填列。

（三）所有者权益变动表的填列方法

根据《企业会计准则讲解》的说明，所有者权益变动表需要按照以下方法填列：

（1）“上年年末余额”项目，反映企业上年资产负债表中“实收资本（或股本）”“资本公积”“其他综合收益”“盈余公积”“未分配利润的年末余额”。

（2）“会计政策变更”和“前期差错更正”项目，应根据“盈余公积”“利润分配”“以前年度损益调整”等科目的发生额分析填列，并在“上年年末余额”的基础上调整得出“本年年初金额”项目。

（3）“本年增减变动额”项目分别反映如下内容。

①“综合收益总额”项目，反映企业当年的综合收益总额，应根据当年利润表中“其他综合收益的税后净额”和“净利润”项目填列，并对应列在“其他综合收益”和“未分配利润”栏。

②“所有者投入和减少资本”项目，反映企业当年所有者投入的资本和减少的资本，其中“所有者投入资本”项目，反映企业接受投资者投资形成的实收资本（或股本）和资本公积，应根据“实收资本”“资本公积”等科目的发生额分析填列，并对应列在“实收资本”和“资本公积”栏；“股份支付计入所有者权益的金额”项目，反映企业处于等待期中的权益结算的股份支付当年计入资本公积的金额，应根据“资本公积”科目所属的“其他资本公积”二级科目的发生额分析填列，并对应列在“资本公积”栏。

③“利润分配”下各项目，反映当年对所有者（或股东）分配的利润（或股利）金额和按照规定提取的盈余公积金额，并对应列在“未分配利润”和“盈余公积”栏，其中，“提取盈余公积”项目，反映企业按照规定提取的盈余公积，应根据“盈余公积”“利润分配”科目的发生额分析填列；“对所有者（或股东）的分配”项目，反映对所有者（或股东）分配的利润（或股利）金额，应根据“利润分配”科目的发生额分析填列。

④“所有者权益内部结转”下各项目，反映不影响当年所有者权益总额的所有者权益各组成部分之间当年的增减变动，包括资本公积转增资本（或股本）、盈余公积转增资本（或股本）、盈余公积弥补亏损等。“资本公积转增资本（或股本）”项目，反映企业以资本公积转增资本或股本的金额，应根据“实收资本”“资本公积”等科目的发生额分析填列；“盈余公积转增资本（或股本）”项目，反映企业以盈余公积转增资本或股本的金额，应根据“实收资本”“盈余公积”等科目的发生额分析填列；“盈余公积弥补亏损”项目，反映企业以盈余公积弥补亏损的金额，应根据“盈余公积”“利润分配”等科目的发生额分析填列。

（四）一般企业所有者权益变动表列报格式及说明

1. 一般企业所有者权益变动表的列报格式

一般工商企业所有者权益变动表列报格式如表 30-03 所示。

表 30-03　企业所有者权益变动表

______年度

会企 04 表
单位：元

项目	本年金额											上年金额										
	实收资本（或股本）	其他权益工具			资本公积	减：库存股	其他综合收益	专项储备	盈余公积	未分配利润	所有者权益合计	实收资本（或股本）	其他权益工具			资本公积	减：库存股	其他综合收益	专项储备	盈余公积	未分配利润	所有者权益合计
		优先股	永续债	其他									优先股	永续债	其他							
一、上年年末余额																						
加：会计政策变更																						
前期差错更正																						
其他																						
二、本年年初余额																						
三、本年增减变动金额（减少以"－"号填列）																						
（一）综合收益总额																						
（二）所有者投入和减少资本																						
1. 所有者投入资本																						
2. 其他权益工具持有者投入资本																						
3. 股份支付计入所有者权益的金额																						
3. 其他																						
（三）利润分配																						
1. 提取盈余公积																						
2. 对所有者（或股东）的分配																						
3. 其他																						
（四）所有者权益内部结转																						
1. 资本公积转增资本（或股本）																						
2. 盈余公积转增资本（或股本）																						
3. 盈余公积弥补亏损																						
4. 设定受益计划变动额结转留存收益																						
5. 其他综合收益结转留存收益																						
6. 其他																						
四、本年年末余额																						

2. 一般企业所有者权益变动表的填列说明

企业应当根据上年度所有者权益变动表“本年金额”栏内所列数字填列本年度“上年金额”栏内各项数字。如果上年度所有者权益变动表规定的项目的名称和内容同本年度不一致，应对上年度所有者权益变动表相关项目的名称和金额按本年度的规定进行调整，填入所有者权益变动表“上年金额”栏内。本表“本年金额”栏内各项数字填列方法如下：

（1）“上年年末余额”项目，反映企业上年资产负债表中实收资本（或股本）、其他权益工具、资本公积、库存股、其他综合收益、盈余公积、未分配利润的年末余额。

（2）“会计政策变更”“前期差错更正”项目，分别反映企业采用追溯调整法处理的会计政策变更的影积影响金额和采用追溯重述法处理的会计差错更正的累积影响金额。

（3）“本年增减变动额”项目。

①“综合收益总额”项目，反映净利润和其他综合收益扣除所得税影响后的净额相加后的合计金额。

②“所有者投入和减少资本”项目，反映企业当年所有者投入的资本和减少的资本。

（a）“所有者投入的普通股”项目，反映企业接受投资者投入形成的实收资本（或股本）和资本溢价（或股本溢价）。

（b）“其他权益工具持有者投入资本”项目，反映企业发行的除普通股以外分类为权益工具的金融工具的持有者投入资本的金额。该项目应根据金融工具类科目的相关明细科目的发生额分析填列。

（c）“股份支付计入所有者权益的金额”项目，反映企业处于等待期中的权益结算的股份支付当年计入资本公积的金额。

③“利润分配”项目，反映企业当年的利润分配金额。

④“所有者权益内部结转”项目，反映企业构成所有者权益组成部分之间当年的增减变动情况。

（a）“资本公积转增资本（或股本）”项目，反映企业当年以资本公积转增资本或股本的金额。

（b）“盈余公积转增资本（或股本）”项目，反映企业当年以盈余公积转增资本或股本的金额。

（c）“盈余公积弥补亏损”项目，反映企业当年以盈余公积弥补亏损的金额。

（d）“设定受益计划变动额结转留存收益”项目，反映企业因重新计量设定受益计划净负债或净资产所产生的变动计入其他综合收益，结转至留存收益的金额。

（e）“其他综合收益结转留存收益”项目，主要反映：第一，企业指定以公允价值计量且其变动计入其他综合收益的非交易性权益性工具投资终止确认时，之前计入其他综合收益的累计利得或损失从其他综合收益中转入留存收益的金额；第二，企业指定以公允价值计量且其变动计入当期损益的金融负债终止确认时，之前由企业自身信用风险变动引起而计入其他综合收益的累计利得或损失从其他综合收益中转入留存收益的金额等。该项目应根据“其他综合收益”科目的相关明细科目的发生额分析填列。

七、附注

（一）财务报表附注的定义

附注是对在资产负债表、利润表、现金流量表和所有者权益变动表等报表中列示项目的文字描述或明细资料，以及对未能在这些报表中列示项目的说明等。

根据《企业会计准则讲解》说明，财务报表中的数字是经过分类与汇总后的结果，是对企业发生的经济业务的高度简化和浓缩的数字，若没有形成这些数字所使用的会计政策、理解这些数字所必需的披露，则财务报表就极难充分发挥效用。因此，附注与资产负债表、利润表、现金流量表、所有者权益变动表等报表具有同等的重要性，是财务报表的重要组成部分。报表使用者了解企业的财务状况、经营成果和现金流量，应当全面阅读附注。

（二）财务报表附注的要求

1. 总体要求

财务报表列报准则规定，附注相关信息应当与资产负债表、利润表、现金流量表和所有者权益变动表等报表中列示的项目相互参照，以有助于使用者联系相关联的信息，并由此从整体上更好地理解财务报表。

企业在披露附注信息时，应当以定量、定性信息相结合，按照一定的结构对附注信息进行系统合理的排列和分类，以便于使用者理解和掌握。

2. 主要内容及顺序

附注应当披露财务报表的编制基础，相关信息应当与资产负债表、利润表、现金流量表和所有者权益变动表等报表中列示的项目相互参照，为此附注一般应当按照下列顺序披露。

（1）企业的基本情况。

①企业注册地、组织形式和总部地址。

②企业的业务性质和主要经营活动。如企业所处的行业、所提供的主要产品或服务、客户的性质、销售策略、监管环境的性质等。

③母公司以及集团最终母公司的名称。

④财务报告的批准报出者和财务报告批准报出日。如果企业已在财务报表其他部分披露了财务报告的批准报出者和批准报出日信息，则无须重复披露；或者已有相关人员签字批准报出财务报告，可以其签名及其签字日期为准。

⑤营业期限有限的企业，还应当披露有关其营业期限的信息。

（2）财务报表的编制基础。企业应当根据财务报表列报准则的规定判断企业是否持续经营，并披露财务报表是否以持续经营为基础编制。

（3）遵循企业会计准则的声明。财务报表列报准则规定，企业应当声明编制的财务报表符合企业会计准则的要求，真实、完整地反映了企业的财务状况、经营成果和现金流量等有关信息，以此明确企业编制财务报表所依据的制度基础。如果企业编制的财务报表只是部分地遵循了企业会计准则，附注中不得作出这种表述。

（4）重要会计政策和会计估计。

①重要会计政策的说明。财务报表列报准则规定，企业应当披露采用的重要会计政策，并结合企业的具体实际披露其重要会计政策的确定依据和财务报表项目的计量基础。

其中，会计政策的确定依据主要是指企业在运用会计政策过程中所作的重要判断，这些判断对在报表中确认的项目金额具有重要影响。比如，企业如何判断持有的金融资产是持有至到期的投资而不是交易性投资，企业如何判断与租赁资产相关的所有风险和报酬已转移给企业从而符合融资租赁的标准，投资性房地产的判断标准是什么等。财务报表项目的计量基础包括历史成本、重置成本、可变现净值、现值和公允价值等会计计量属性，比如存货是按成本还是按可变现净值计量的等。

②重要会计估计的说明。财务报表列报准则规定，企业应当披露重要会计估计，并结合企业的具体实际披露其会计估计所采用的关键假设和不确定因素。

重要会计估计的说明，包括可能导致下一个会计期间内资产、负债账面价值重大调整的会计估计的确定依据等。例如，固定资产可收回金额的计算需要根据其公允价值减去处置费用后的净额与预计未来现金流量的现值两者之间的较高者确定，在计算资产预计未来现金流量的现值时需要对未来现金流量进行预测，并选择适当的折现率，企业应当在附注中披露未来现金流量预测所采用的假设及其依据、所选择的折现率为什么是合理的等。又如，对于正在进行中的诉讼提取准备，企业应当披露最佳估计数的确定依据等。

（5）会计政策和会计估计变更以及差错更正的说明。财务报表列报准则规定，企业应当按照《企业会计准则第28号——会计政策、会计估计变更和差错更正》的规定，披露会计政策和会计估计变更以及差错更正的情况。

（6）报表重要项目的说明。财务报表列报准则规定，企业应当按照资产负债表、利润表、现金流量表、所有者权益变动表及其项目列示的顺序，采用文字和数字描述相结合的方式披露报表重要项目的说明。报表重要项目的明细金额合计，应当与报表项目金额相衔接。企业还应当在附注中披露如下信息：

①费用按照性质分类的利润表补充资料，可将费用分为耗用的原材料、职工薪酬费用、折旧费用、摊销费用等。

②关于其他综合收益各项目的信息，包括：①其他综合收益各项目及其所得税影响；②其他综合收益各项目原计入其他综合收益、当期转出计入当期损益的金额；③其他综合收益各项目的期初和期末余额及其调节情况。

③在资产负债表日后、财务报告批准报出日前提议或宣布发放的股利总额和每股股利金额（或向投资者分配的利润总额）。

④终止经营的收入、费用、利润总额、所得税费用和净利润，以及归属于母公司所有者的终止经营利润。企业披露的上述数据应当是针对终止经营在整个报告期间的经营成果。

财务报表列报准则规定，终止经营，是指满足下列条件之一的已被企业处置或被企业被划归为持有待售的、在经营和编制财务报表时能够单独区分的组成部分：①该组成部分代表一项独立的主要业务或一个主要经营地区；②该组成部分是拟对一项独立的主要业务或一个主要经营地区进行处置计划的一部分；③该组成部分仅仅是为了再出售而取得的子公司。其中，企业的组成部分，是指企业的一个部分，其经营和现金流量无论从经营上或从财务报告目的上考虑，均能与企业内其他部分清楚划分。

企业组成部分在其经营期间是一个现金产出单元或一组现金产出单元，通常可能是一个子公司、一个事业部或事业群，拥有经营的资产，也可能承担负债，由企业高管负责。

财务报表列报准则规定，同时满足下列条件的企业组成部分（或非流动资产）应当确认为持有待售。①该组成部分必须在其当前状况下仅根据出售此类组成部分的通常和惯用条款即可立即出售；②企业已经就处置该组成部分作出决议，如按规定需得到股东批准的，应当已经取得股东大会或相应权力机构的批准；③企业已经与受让方签订了不可撤销的转让协议；④该项转让将在一年内完成。其中：上述条件①强调，被划分为持有待售的企业组成部分必须是在当前状态下可立即出售，因此企业应当具有在当前状态下出售该资产或处置的意图和能力，而出售此类组成部分的通常和惯用条款不应当包括出售方所提出的条件；上述条件②至④强调，被划分为持有待售的企业组成部分其出售必须是极可能发生的，实务中需要结合具体情况进行判断。

（7）或有和承诺事项、资产负债表日后非调整事项、关联方关系及其交易等需要说明的事项企业应当按照相关会计准则的规定进行披露。

（8）有助于财务报表使用者评价企业管理资本的目标、政策及程序的信息资本管理受行业监管部门监管要求的金融等行业企业，除遵循相关监管要求外，比如我国商业银行遵循中国银监会《商业银行资本管理办法（试行）》进行有关资本充足率等的信息披露，还应当按照财务报表列报准则的规定，在财务报表附注中披露有助于财务报表使用者评价企业管理资本的目标、政策及程序的信息。

根据财务报表列报准则的规定，企业应当基于可获得的信息充分披露如下内容：

①企业资本管理的目标、政策及程序的定性信息，包括：对企业资本管理的说明；受制于外部强制性资本要求的企业，应当披露这些要求的性质以及企业如何将这些要求纳入其资本管理之中；企业如何实现其资本管理的目标。

②资本结构的定量数据摘要，包括资本与所有者权益之间的调节关系等。比如，有的企业将某些金融负债（如次级债）作为资本的一部分，有的企业将资本视作扣除某些权益项目（如现金流量套期产生的利得或损失）后的部分。

③自前一会计期间开始上述①和②中的所有变动。

④企业当期是否遵循了其受制的外部强制性资本要求；以及当企业未遵循外部强制性资本要求时，其未遵循的后果。

企业按照总体对上述信息披露不能提供有用信息时，还应当对每项受管制的资本要求单独披露上述信息，比如，跨行业、跨国家或地区经营的企业集团可能受一系列不同的资本要求监管。

（三）一般企业财务报表附注格式

附注是财务报表的重要组成部分。一般企业应当按照规定披露附注信息。附注信息主要包括下列内容。

1. 企业的基本情况

（1）企业注册地、组织形式和总部地址。

（2）企业的业务性质和主要经营活动。

（3）母公司以及集团最终母公司的名称。

（4）财务报告的批准报出者和财务报告批准报出日。

2. 财务报表的编制基础

财务报表的编制基础是指财务报表是在持续经营基础上还是非持续经营基础上编制的。企业一般是在持续经营基础上编制财务报表，清算、破产属于非持续经营基础。

3. 遵循企业会计准则的声明

企业应当声明编制的财务报表符合企业会计准则的要求，真实、完整地反映了企业的财务状况经营成果和现金流量等有关信息。

4. 重要会计政策和会计估计

企业应当披露采用的重要会计政策和会计估计，不重要的会计政策和会计估计可以不披露。在披露重要会计政策和会计估计时，企业应当披露重要会计政策的确定依据和财务报表项目的计量基础，以及会计估计中所采用的关键假设和不确定因素。

会计政策的确定依据，主要是指企业在运用会计政策过程中所作的对报表中确认的项目金额最具影响的判断。财务报表项目的计量基础，是指企业计量该项目采用的是历史成本、重置成本可变现净值、现值还是公允价值。

在确定报表中确认的资产和负债的账面金额过程中，企业有时需要对不确定的未来事项在资产负债表日对这些资产和负债的影响加以估计，如企业预计固定资产未来现金流量采用的折现率和假设。这类假设的变动对这些资产和负债项目金额的确定影响很大，有可能会在下一个会计年度内作出重大调整，因此，强调这一披露要求，有助于提高财务报表的可理解性。

5. 会计政策和会计估计变更以及差错更正的说明

企业应当按照会计政策、会计估计变更和差错更正会计准则的规定，披露会计政策和会计估计变更以及差错更正的有关情况。

6. 报表重要项目的说明

企业对报表重要项目的说明，应当按照资产负债表、利润表、现金流量表、所有者权益变动表及其项目列示的顺序，采用文字和数字描述相结合的方式进行披露。报表重要项目的明细金额合计，应当与报表项目金额相衔接，具体如下。

（1）货币资金（见表 30-04）。

表 30-04　货币资金

单位：元

项目	原币	折算汇率	折合人民币
现金			
银行存款			
其他货币资金			
合计			

（2）应收款项。

①应收账款按账龄结构披露（见表 30-05）：

表 30-05　应收账款的账龄结构

单位：元

账龄结构	期末账面余额	年初账面余额
1 年以内（含 1 年）		
1 年至 2 年（含 2 年）		
2 年至 3 年（含 3 年）		
3 年以上		
合计		

注：有应收票据、预付账款、长期应收款、其他应收款的，比照应收账款进行披露。

②应收账款按客户类别披露（见表 30-06）：

表 30-06　应收账款的客户类别

单位：元

客户类别	期末账面余额	年初账面余额
客户 1		
客户 2		
……		
其他客户		
合计		

注：有应收票据、预付账款、长期应收款、其他应收款的，比照应收账款进行披露。

（3）存货。

①存货类别的披露（见表 30-07）：

表 30-07　存货的类别

单位：元

存货种类	年初账面余额	本期增加额	本期减少额	期末账面余额
1. 原材料				
2. 在产品				
3. 库存商品				
4. 周转材料				
……				
合计				

②存货跌价准备的披露（见表30-08）：

表30-08　存货跌价准备

单位：元

存货种类	年初账面余额	本期计提额	本期减少额（转回转销）	期末账面余额
1. 原材料				
2. 在产品				
3. 库存商品				
4. 周转材料				
5. 消耗性生物资产				
6. 建造合同形成的资产				
……				
合计				

③说明重点存货项目需详细说明金额信息，如消耗性生物资产（见表30-09）：

表30-09　消耗性生物资产

单位：元

项目	年初账面余额	本期增加额	本期减少额	期末账面余额
一、种植业				
1.				
……				
小计				
二、畜牧养殖业				
1.				
……				
小计				
三、林业				
1.				
……				
小计				
四、水产业				
1.				
……				
小计				
合计				

（4）其他流动资产（见表 30-10）。

表 30-10 其他流动资产

单位：元

项目	期末账面价值	年初账面价值
1.		
……		
合计		

注：长期待摊费用、其他非流动资产，可比照其他流动资产的格式进行披露。

（5）债权投资（见表 30-11）。

表 30-11 债权投资

单位：元

项目	期末账面价值	年初账面价值
1.		
……		
合计		

注：其他债权投资、其他权益工具投资，可比照债权投资的格式进行披露。

（6）长期股权投资（见表 30-12）。

表 30-12 长期股权投资

单位：元

被投资单位	期末账面余额	年初账面余额
1. 合营企业		
……		
小计		
2. 联营企业		
……		
小计		
合计		

需要注意的是，企业还应披露以下信息：

①被投资单位由于所在国家或地区及其他方面的影响，其向投资企业转移资金的能力受到限制的，投资企业应当披露受限制的具体情况。

②应披露当期及累计未确认的投资损失金额。

（7）投资性房地产。

①成本模式进行后续计量的投资性房地产的披露（见表 30-13）：

表 30-13　成本模式进行后续计量的投资性房地产

单位：元

项目	年初账面余额	本期增加额	本期减少额	期末账面余额
一、原价合计				
1. 房屋、建筑物				
2. 土地使用权				
二、累计折旧和累计推销合计				
1. 房屋、建筑物				
2. 土地使用权				
三、投资性房地产减值准备累计金额合计				
1. 房屋、建筑物				
2. 土地使用权				
四、投资性房地产账面价值合计				
1. 房屋、建筑物				
2. 土地使用权				

②公允价值模式进行后续计量的投资性房地产的披露（见表 30-14）：

表 30-14　公允价值模式进行后续计量的投资性房地产

单位：元

项目	期末账面价值	年初账面价值
1.		
……		
合计		

注：企业采用公允价值模式进行后续计量的，应当披露投资性房地产公允价值的确定依据及公允价值金额的增减变动情况。

③如有房地产转换的，应当说明房地产转换的原因及其影响。

（8）固定资产（见表 30-15）。

表 30-15　固定资产

单位：元

项目	年初账面余额	本期增加额	本期减少额	期末账面余额
一、原价合计				
其中：房屋、建筑物				
机器设备				

（续表）

项目	年初账面余额	本期增加额	本期减少额	期末账面余额
运输工具				
……				
二、累计折旧合计				
其中：房屋、建筑物				
机器设备				
运输工具				
……				
三、固定资产减值准备累计金额合计				
其中：房屋、建筑物				
机器设备				
运输工具				
……				
四、固定资产账面价值合计				
其中：房屋、建筑物				
机器设备				
运输工具				
……				

需要注意的是，企业确有准备处置固定资产的，应当说明准备处置的固定资产名称、账面价值、公允价值、预计处置费用和预计处置时间等。

（9）生产性生物资产和公益性生物资产。

说明各类生物资产的期末实物数量，并披露金额信息（见表 30-16）。

表 30-16　生物资产

单位：元

项目	年初账面价值	本期增加额	本期减少额	期末账面价值
一、种植业				
1.				
……				
小计				
二、畜牧养殖业				
1.				
……				

（续表）

项目	年初账面价值	本期增加额	本期减少额	期末账面价值
小计				
三、林业				
1.				
……				
小计				
四、水产业				
1.				
……				
小计				
合计				

还应披露以下信息：

①各类生产性生物资产的预计使用寿命、预计净残值、折旧方法。

②与生物资产相关的风险情况与管理措施。

③生物资产如有天然起源，则还应披露该资产的类别、取得方式和数量等。

（10）油气资产（见表30-17）。

表30-17 油气资产

单位：元

项目	年初账面余额	本期增加额	本期减少额	期末账面余额
一、原价合计				
1. 探明矿区权益				
2. 未探明矿区权益				
3. 井及相关设施				
二、累计折耗合计				
1. 探明矿区权益				
2. 井及相关设施				
三、油气资产减值准备累计金额合计				
1. 探明矿区权益				
2. 未探明矿区权益				
3. 井及相关设施				
四、油气资产账面价值合计				
1. 探明矿区权益				
2. 未探明矿区权益				
3. 井及相关设施				

注：企业应当披露当期在国内和国外发生的取得矿区权益、油气勘探和油气开发各项支出的总额。

（11）无形资产（见表30-18）。

表30-18 无形资产

单位：元

项目	年初账面余额	本期增加额	本期减少额	期末账面余额
一、原价合计				
1.				
……				
二、累计摊销额合计				
1.				
……				
三、无形资产减值准备累计金额合计				
1.				
……				
四、无形资产账面价值合计				
1.				
……				

注：企业应列示计入当期损益和确认为无形资产的研究开发支出金额。

（12）商誉。

企业应披露商誉的形成来源、账面价值的增减变动情况。

（13）递延所得税资产和递延所得税负债（见表30-19）。

表30-19 递延所得税资产和递延所得税负债

单位：元

项目	期末账面余额	年初账面余额
一、递延所得税资产		
1.		
……		
合计		
二、递延所得税负债		
1.		
……		
合计		

企业应披露未确认递延所得税资产的可抵扣暂时性差异、可抵扣亏损等的金额（存在到期日的，还应披露到期日）。

（14）资产减值准备（见表 30-20）。

表 30-20　资产减值准备

单位：元

项目	年初账面余额	本期计提额（转回）	本期减少额（转销）	期末账面余额
1. 存货跌价准备				
2. 债权投资减值准备				
3. 其他债权投资减值准备				
4. 长期股权投资减值准备				
5. 投资性房地产减值准备				
6. 固定资产减值准备				
7. 工程物资减值准备				
8. 在建工程减值准备				
9. 生产性生物资产减值准备				
其中：成熟生产性生物资产减值准备				
10. 油气资产减值准备				
11. 无形资产减值准备				
12. 商誉减值准备				
13. 其他				
合计				

（15）信用减值准备（见表 30-21）。

表 30-21　信用减值准备

单位：元

项目	年初账面余额	本期计提额（转回）	本期减少额（转销）	期末账面余额
1. 应收账款坏账准备				
2. 其他应收款坏账准备				
3. 预付账款坏账准备				
……				
合计				

（16）所有权受到限制的资产（见表 30-22）。

表 30-22　所有权受到限制的资产

单位：元

资产类别	年初账面价值	本期增加额	本期减少额	期末账面价值
一、用于担保的资产				

（续表）

资产类别	年初账面价值	本期增加额	本期减少额	期末账面价值
1.				
……				
二、其他原因造成所有权受到限制的资产				
1.				
……				
合计				

注：企业需披露资产所有权受到限制的原因。

（17）职工薪酬。

①应付职工薪酬的披露（见表30-23）：

表 30-23　应付职工薪酬

单位：元

项目	年初账面余额	本期增加额	本期支付额	期末账面余额
短期薪酬				
离职后福利				
其中：设定提存计划				
辞退福利				
合计				

②短期薪酬的披露（见表30-24）：

表 30-24　短期薪酬

单位：元

项目	年初账面余额	本期增加额	本期支付额	期末账面余额
一、工资奖金、津贴和补贴				
二、职工福利费				
三、社会保险费				
其中：1. 医疗保险费				
2. 工伤保险费				
3. 生育保险费				
四、住房公积金				
五、其他				
其中：工会经费和职工教育经费				
合计				

③离职后福利——设定提存计划的披露（见表 30-25）：

表 30-25　离职后福利——设定提存计划

单位：元

项目	年初账面余额	本期增加额	本期支付额	期末账面余额
基本养老保险				
失业保险费				
合计				

④企业还应披露本期为职工提供的各项非货币性福利形式、金额及其计算依据。

（18）应交税费（见表 30-26）。

表 30-26　应交税费

单位：元

税费项目	期末账面余额	年初账面余额
1. 增值税		
2. 消费税		
3. 企业所得税		
……		
合计		

（19）其他流动负债（见表 30-27）。

表 30-27　其他流动负债

单位：元

项目	期末账面余额	年初账面余额
1.		
……		
合计		

注：预计负债、其他非流动负债等，可比照其他流动负债的格式进行披露。

（20）短期借款和长期借款（见表 30-28）。

表 30-28　短期借款和长期借款

单位：元

项目	短期借款		长期借款	
	期末账面余额	年初账面余额	期末账面余额	年初账面余额
信用借款				

（续表）

项目	短期借款		长期借款	
	期末账面余额	年初账面余额	期末账面余额	年初账面余额
抵押借款				
质押借款				
保证借款				
合计				

注：对于期末逾期借款，企业应披露贷款单位、借款金额、逾期时间、年利率、逾期未偿还原因和预期还款期等。

（21）应付债券（见表30–29）。

表30–29 应付债券

单位：元

项目	年初账面余额	本期增加额	本期减少额	期末账面余额
1.				
……				
合计				

（22）长期应付款（见表30–30）。

表30–30 长期应付款

单位：元

项目	期末账面价值	年初账面价值
1.		
……		
合计		

（23）营业收入（见表30–31）。

表30–31 营业收入

单位：元

项目	本期发生额	上期发生额
1. 主营业务收入		
2. 其他业务收入		
合计		

注：企业还应披露建造合同当期预计损失的原因和金额，其格式如表30–32所示。

表 30-32　预计损失

单位：元

合同项目	总金额成本	累计已发生	累计已确认	毛利（亏损以“－”号表示）	已办理结算的价款金额
固定造价合同					
1.					
……					
合计					
成本加成合同					
1.					
……					
合计					

（24）公允价值变动收益（见表 30-33）。

表 30-33　公允价值变动收益

单位：元

公允价值变动收益的来源	本期发生额	上期发生额
1.		
……		
合计		

（25）投资收益（见表 30-34）。

表 30-34　投资收益

单位：元

投资收益的来源	本期发生额	上期发生额
1.		
……		
合计		

注：企业按照权益法核算的长期股权投资，直接以被投资单位的账面净损益计算确认投资损益的事实及原因。

（26）资产减值损失（见表 30-35）。

表 30-35　资产减值损失

单位：元

项目	本期发生额	上期发生额
1. 存货跌价损失		
2. 债权投资减值损失		

（续表）

项目	本期发生额	上期发生额
3. 其他债权投资减值损失		
4. 长期股权投资减值损失		
5. 投资性房地产减值损失		
6. 固定资产减值损失		
7. 工程物资减值损失		
8. 在建工程减值损失		
9. 生产性生物资产减值损失		
10. 油气资产减值损失		
11. 无形资产减值损失		
12. 商誉减值损失		
13. 其他		
合计		

（27）信用减值损失（见表 30-36）。

表 30-36　信用减值损失

单位：元

项目	本期发生额	上期发生额
1. 应收账款坏账损失		
2. 其他应收款坏账损失		
3. 预付账款坏账损失		
……		
合计		

（28）营业外收入（见表 30-37）。

表 30-37　营业外收入

单位：元

项目	本期发生额	上期发生额
1.		
……		
合计		

（29）营业外支出（见表 30-38）。

表 30-38　营业外支出

单位：元

项目	本期发生额	上期发生额
1.		
……		
合计		

（30）所得税费用。

企业应披露如下内容：

①所得税费用（收益）的组成，包括当期所得税、递延所得税。

②所得税费用（收益）与会计利润的关系。

（31）政府补助。

企业应当披露取得政府补助的种类及金额。

（32）每股收益。

企业应披露如下内容：

①基本每股收益和稀释每股收益分子、分母的计算过程。

②列报期间不具有稀释性但以后期间很可能具有稀释性的潜在普通股。

③在资产负债表日至财务报告批准报出日之间，企业发行在外普通股或潜在普通股股数发生重大变化的情况，如股份发行、股份回购、潜在普通股发行、潜在普通股转换或行权等。

（33）按照费用分类披露利润表。

①营业成本的披露（见表 30-39）：

表 30-39　营业成本

单位：元

项目	本期发生额	上期发生额
1. 主营业务成本		
2. 其他业务成本		
合计		

②管理费用和财务费用，可比照表 30-40 格式进行披露：

表 30-40　销售费用

单位：元

项目	本期发生额	上期发生额
1. 人工成本		
2.		

（续表）

项目	本期发生额	上期发生额
……		
合计		

注：管理费用和财务费用披露格式参照表 30-46。

（34）非货币性资产交换。

企业应披露如下内容：

①换入资产、换出资产的类别。

②换入资产成本的确定方式。

③换入资产、换出资产的公允价值及换出资产的账面价值。

（35）股份支付。

企业应披露如下内容：

①当期授予、行权和失效的各项权益工具总额。

②期末发行在外的股份期权或其他权益工具行权价的范围和合同剩余期限。

③当期行权的股份期权或其他权益工具以其行权日价格计算的加权平均价格。

④股份支付交易对当期财务状况和经营成果的影响。

（36）债务重组。

企业应按照《企业会计准则第 12 号——债务重组》第十四条或第十五条的相关规定来披露债务重组信息。

（37）借款费用。

企业应披露如下内容：

①当期资本化的借款费用金额。

②当期用于计算确定借款费用资本化金额的资本化率。

（38）外币折算。

企业应披露如下内容：

①计入当期损益的汇兑差额。

②处置境外经营对外币财务报表折算差额的影响

（39）企业合并。

合并方或购买方应当按照《企业会计准则第 20 号——企业合并》第十八条或第十九条的相关规定进行披露。

（40）租赁。

①融资租赁出租人应当说明未实现融资收益的余额，并披露与融资租赁有关的信息（见表 30-41）。

表 30-41　租赁

单位：元

剩余租赁期	最低租赁收款额
1 年以内（含 1 年）	
1 年以上 2 年以内（含 2 年）	

（续表）

剩余租赁期	最低租赁收款额
2 年以上 3 年以内（含 3 年）	
3 年以上	
合计	

②经营租赁出租人各类租出资产的披露（见表 30-42）。

表 30-42 经营租赁出租人各类租出资产

单位：元

经营租赁租出资产类别	期末账面价值	年初账面价值
1. 机器设备		
2. 运输工具		
……		
合计		

③承租人应当说明未确认融资费用的余额，并披露与租赁货物有关的下列信息（见表 30-43）。

表 30-43 以后年度最低租赁付款额

单位：元

剩余租赁期	最低租赁付款额
1 年以内（含 1 年）	
1 年以上 2 年以内（含 2 年）	
2 年以上 3 年以内（含 3 年）	
3 年以上	
合计	

注：企业应披露各类租入固定资产的年初和期末原价、累计折旧额、减值准备累计金额。

④披露各售后租回交易以及售后租回合同中的重要条款。

（41）终止经营（见表 30-44）。

表 30-44 终止经营

单位：元

项目	本期发生额	上期发生额
一、终止经营收入		
减：终止经营费用		

（续表）

项目	本期发生额	上期发生额
二、终止经营利润总额		
减：终止经营所得税费用		
三、终止经营净利润		

（42）分部报告（见表 30-45）。

表 30-45 分部报告

单位：元

项目	××业务（地区）		……		抵销		合计	
	本期	上期	本期	上期	本期	上期	本期	上期
一、营业收入								
其中：对外交易收入								
分部间交易收入								
二、营业费用								
三、营业利润（亏损）								
四、资产总额								
五、负债总额								
六、补充信息								
1. 折旧和摊销费用								
2. 资本性支出								
3. 折旧和摊销以外的费用								
现金费用								

注：在主要报告形式的基础上，对于次要报告形式，企业还应披露对外交易收入、分部资产总额。

（43）按照费用性质分类的利润表补充资料。

按照费用性质分类的利润表补充资料，可将费用分为原材料、职工薪酬费用、折旧费用、摊销费用等。其披露格式见表 30-46。

表 30-46 费用按照性质分类的补充资料

单位：元

项目	本期金额	上期金额
原材料		
职工薪酬费用		

（续表）

项目	本期金额	上期金额
折旧费用和推销费用		
租金费用		
财务费用		
其他费用		
……		
合计		

（44）其他综合收益各项目的披露。

企业应当披露如下内容：

①其他综合收益各项目原计入其他综合收益的金额当期转出计入当期损益，其披露格式见表30-47。

表 30-47 其他综合收益的构成

单位：元

项目	本期发生额			上期发生额		
	税前金额	所得税	税后净额	税前金额	所得税	税后净额
（一）以后不能重分类进损益的其他综合收益						
1. 重新计量设定受益计划净负债或净资产的变动						
2. 权益法下在被投资单位不能重分类进损益的其他综合收益中享有的份额						
……						
（二）以后将重分类进损益的其他综合收益						
1. 权益法下在被投资单位以后将重分类进损益的其他综合收益中享有的份额						
减：前期计入其他综合收益当期转入损益						
小计						
2.						
减：						
小计						
……						

②其他综合收益各项目的期初和期末余额及其调节情况（见表 30-48）。

表 30-48　其他综合收益各项目的调节情况

单位：元

项目	重新计量设定受益计划净负债或净资产的变动	....	合计
一、上年年初余额			
二、上年变动金额（减少以“-”号填列）			
三、本年年初余额			
四、本年变动金额（减少以“-”号填列）			
五、本年年末余额			

（45）股利。

在资产负债表日后、财务报告批准报出日前提议或宣布发放的股利总额和每股股利金额（或向投资者分配的利润总额）。

（46）终止经营。

企业应当披露终止经营在整个报告期间的经营成果，包括终止经营的收入、费用、利润总额、所得税费用和净利润，以及归属于母公司所有者的终止经营利润。企业披露的上述数据应当是针对终止经营在整个报告期间的经营成果。

终止经营是指满足下列条件之一的已被企业处置或被企业划归为持有待售的、在经营和编制财务报表时能够单独区分的组成部分：该组成部分代表一项独立的主要业务或一个主要经营地区；该组成部分是拟对一项独立的主要业务或一个主要经营地区进行处置计划的一部分；该组成部分仅仅是为了再出售而取得的子公司。这里的企业组成部分是指企业的一个部分，其经营和现金流量无论从经营上或从财务报告目的上考虑，均能与企业内其他部分清楚划分。企业组成部分在其经营期间是一个现金产出单元或一组现金产出单元，通常可能是一个子公司、一个事业部或事业群，其拥有经营的资产，也可能承担负债，由企业高管负责。

7. 或有和承诺事项、资产负债表日后非调整事项、关联方关系及其交易等需要说明的事项

（1）本企业的母公司有关信息的披露（见表 30-49）。

表 30-49　母公司

公司名称	注册地	业务性质	注册资本

针对此类信息，企业还应注意以下几点：

①母公司不是本企业最终控制方的，说明最终控制方名称。

②母公司和最终控制方均不对外提供财务报表的，说明母公司之上与其最相近的对外提供财务报表的母公司名称。

③母公司对本企业的持股比例和表决权比例。

（2）本企业的子公司有关信息的披露（见表 30-50）。

表 30-50　子公司

子公司名称	注册地	业务性质	注册资本	本企业合计持股比例	本企业合计享有的表决权比例
1.					
……					

（3）本企业的合营企业有关信息的披露（见表 30-51）。

表 30-51　合营企业

被投资单位名称	法册地	业务性质	注册资本	本企业持股比例	本企业在被投资单位表决权比例	期末资产总额	期末负债总额	本期营业收入总额	本期净利润

注：有联营企业的，比照合营企业进行披露。

（4）本企业与关联方发生交易的，需分别说明各关联方关系的性质、交易类型及交易要素。交易要素至少应当包括以下内容：

①交易的金额。

②未结算项目的金额、条款和条件，以及有关提供或取得担保的信息。

③未结算应收项目的坏账准备金额。

④定价政策。

此外，企业还应披露有助于财务报表使用者评价管理资本的目标、政策及程序的信息。

八、新旧衔接

（1）首次执行企业会计准则，遵照《企业会计准则第 38 号——首次执行企业会计准则》的相关规定，详见本书第三十八章。

（2）在本准则施行日之前已经执行企业会计准则的企业，应当按照本准则调整财务报表的列报项目；涉及有关报表和附注比较数据的，也应当作相应调整，调整不切实可行的除外。

第三十一章
现金流量表

一、准则适用范围

《企业会计准则第 31 号——现金流量表》（以下简称现金流量表准则）主要是规范现金流量表的编制和列报。合并现金流量表的编制和列报，适用《企业会计准则第 33 号——合并财务报表》。

二、现金流量概述

（一）现金及现金等价物

现金流量表以现金及现金等价物为基础编制，划分为经营活动、投资活动和筹资活动，按照收付实现制原则编制，将权责发生制下的盈利信息调整为收付实现制下的现金流量信息。

1. 现金

现金，是指企业库存现金以及可以随时用于支付的存款。不能随时用于支付的存款不属于现金。现金主要包括：

（1）库存现金。库存现金，是指企业持有可随时用于支付的现金，与“库存现金”科目的核算内容一致。

（2）银行存款。银行存款，是指企业存入金融机构、可以随时用于支取的存款，与“银行存款”科目核算内容基本一致，但不包括不能随时用于支付的存款。例如，不能随时支取的定期存款等不应作为现金；提前通知金融机构便可支取的定期存款则应包括在现金范围内。

（3）其他货币资金。其他货币资金，是指存放在金融机构的外埠存款、银行汇票存款、银行本票存款、信用卡存款、信用证保证金存款和存出投资款等，与“其他货币资金”科目核算内容一致。

2. 现金等价物

现金等价物，是指企业持有的期限短、流动性强、易于转换为已知金额现金、价值变动风险很小的投资。其中，“期限短”一般是指从购买日起 3 个月内到期。例如，可在证券市场上流通的 3 个月内到期的短期债券等。现金等价物虽然不是现金，但其支付能力与现金的差别不大，可视为现金。例如，企业为保证支付能力，手持必要的现金，为了不使现金闲置，可以购买短期债券，在需要现金时，随时可以变现。现金等价物的定义本身，包含了判断一项投资是否属于现金等价物的四个条件，即：（1）期限短；（2）流动性强；（3）易于转换为已知金额的现金；（4）价值变动风险很小。其中，期限短、流动性强，强调了变现能力，而易于转换为已知金额的现金、价值变动风险很小，则强调了支付能力的大小。现金等价物通常包括 3 个月内到期的短期债券投资。权益性投资变现的金额通常不确定，因而不属于现金等价物。

3. 现金及现金等价物范围的确定和变更

不同企业现金及现金等价物的范围可能不同。企业应当根据经营特点等具体情况，确定现金及现金等价物的范围。商业银行与一般工商企业的现金及现金等价物的范围可能不同，例如，某商业银行的现金及现金等价物包括库存现金、存放中央银行可随时支取的备付金、存放同业款项、拆放同业款项、同业间买入返售证券、短期国债投资等。根据现金流量表准则及其指南的规定，企业应当根据具体情况，确定现金及现金等价物的范围，一经确定不得随意变更。如果发生变更，应当按照会计政策变更处理。

（二）现金流量表的含义

现金流量表，是反映企业一定会计期间现金和现金等价物流入和流出的报表。编制现金流量表的主要目的，是为财务报表使用者提供企业一定会计期间内现金和现金等价物流入和流出的信息，以便于财务报表使用者了解和评价企业获取现金和现金等价物的能力，并据以预测企业未来现金流量。

现金流量表的作用主要体现在以下几个方面：一是有助于评价企业支付能力、偿债能力和周转能力；二是有助于预测企业未来现金流量；三是有助于分析企业收益质量及影响现金净流量的因素，掌握企业经营活动、投资活动和筹资活动的现金流量，可以从现金流量的角度了解净利润的质量，为分析和判断企业的财务前景提供信息。

（三）现金流量表的内容

在现金流量表中，现金及现金等价物被视为一个整体，企业现金（含现金等价物，下同）形式的转换不会产生现金的流入和流出。例如，企业从银行提取现金，是企业现金存放形式的转换，并未流出企业，不构成现金流量。同样，现金与现金等价物之间的转换也不属于现金流量，例如，企业用现金购买 3 个月内到期的国库券。

根据企业业务活动的性质和现金流量的来源，现金流量表准则将企业一定期间产生的现金流量分为三类：经营活动现金流量、投资活动现金流量和筹资活动现金流量。

（1）经营活动现金流量。经营活动是指企业投资活动和筹资活动以外的所有交易和事项。各类企业由于行业特点不同，对经营活动的认定存在一定差异。对于工商企业而言，经营活动主要包括销售商品、提供劳务、购买商品、接受劳务、支付税费等。对于商业银行而言，经营活动主要包括吸收存款、发放贷款、同业存放、同业拆借等。对于保险公司而言，经营活动主要包括原保险业务和再保险业务等。对于证券公司而言，经营活动主要包括自营证券、代理承销证券、代理兑付证券、代理买卖证券等。

（2）投资活动现金流量。投资活动是指企业长期资产的购建和不包括在现金等价物范围的投资及其处置活动。长期资产是指固定资产、无形资产、在建工程、其他资产等持有期限在一年或一个营业周期以上的资产。这里所讲的投资活动，既包括实物资产投资，也包括金融资产投资。这里之所以将“包括在现金等价物范围内的投资”排除在投资活动之外，是因为已经将包括在现金等价物范围的投资视同现金。不同企业由于行业特点不同，对投资活动的认定也存在差异。例如，交易性金融资产所产生的现金流量，对于生产企业而言，属于投资活动现金流量，而对于投资公司而言，属于经营活动现金流量。

（3）筹资活动现金流量。筹资活动是指导致企业资本及债务规模和构成发生变化的活动。这里所说的资本，既包括实收资本（股本），也包括资本溢价（股本溢价）；这里所说的债务，指对外举债，包括向银行借款、发行债券以及偿还债务等。通常情况下，应付账款、应付票据等属于经营活动，不属于筹资活动。

对于企业日常活动之外特殊的、不经常发生的特殊项目，如自然灾害损失、保险赔款、捐赠等，应当归并到相关类别中，并单独反映。例如，对于自然灾害损失和保险赔款，如果能够确指，属于流动资产损失，应当列入经营活动产生的现金流量；属于固定资产损失，应当列入投资活动产生的现金流量。如果不能确指，则可以列入经营活动产生的现金流量。捐赠收入和支出，可以列入经营活动。如果特殊项目的现金流量金额不大，则可以列入现金流量类别下的“其他”项目，不单列项目。

（4）汇率变动对现金及现金等价物的影响。编制现金流量表时，企业应当将企业外币现金流量以及境外子公司的现金流量折算成记账本位币。外币现金流量以及境外子公司的现金流量，应当采用现金流量发生日的即期汇率或按照系统合理的方法确定的、与现金流量发生日即期汇率近似的汇率折算。汇率变动对现金的影响额应当作为调节项目，在现金流量表中单独列报。

汇率变动对现金的影响，指企业外币现金流量及境外子公司的现金流量折算成记账本位币时，所采用的是现金流量发生日的汇率或按照系统合理的方法确定的、与现金流量发生日即期汇率近似的汇率，而现金流量表“现金及现金等价物净增加额”项目中外币现金净增加额是按资产负债表日的即期汇率折算的。这两者的差额即为汇率变动对现金的影响。

在编制现金流量表时，对当期发生的外币业务，也可不必逐笔计算汇率变动对现金的影响，可以通过现金流量表补充资料中“现金及现金等价物净增加额”数额与现金流量表中“经营活动产生的现金流量净额”“投资活动产生的现金流量净额”“筹资活动产生的现金流量净额”三项之和比较，其差额即为“汇率变动对现金的影响额”。

（四）现金流量表的列示

通常情况下，现金流量应当分别按照现金流入和现金流出总额列报，从而全面揭示现金流量的方向、规模和结构。但是，下列各项可以按照净额列报：

（1）代客户收取或支付的现金以及周转快、金额大、期限短项目的现金流入和现金流出。例如，证券公司代收的客户证券买卖交割费、印花税等，旅游公司代游客支付的房费、餐费、交通费、文娱费、行李托运费、门票费、票务费、签证费等费用。

（2）金融企业的有关项目，主要指期限较短、流动性强的项目。对于商业银行而言，该项目主要包括短期贷款发放与收回的贷款本金、活期存款的吸收与支付、同业存款和存放同业款项的存取、向其他金融企业拆入拆出资金等净额；对于保险公司而言，该项目主要包括再保险业务收到或支付的现金净额；对于证券公司而言，该项目主要包括自营证券和代理业务收到或支付的现金净额等。

上述这些项目由于周转快，在企业停留的时间短，企业加以利用的余地比较小，净额更能说明其对企业支付能力、偿债能力的影响；反之，如果以总额反映，反而会对评价企业的支付能力和偿债能力、分析企业的未来现金流量产生误导。

（五）现金流量表的编制方法

编制现金流量表时，列报经营活动现金流量的方法有两种：一种是直接法，另一种是间接法。

直接法，是指按现金收入和现金支出的主要类别直接反映企业经营活动产生的现金流量，如销售商品、提供劳务收到的现金；购买商品、接受劳务支付的现金等就是按现金收入和支出的类别直接反映的。在直接法下，一般是以利润表中的营业收入为起算点，调节与经营活动有关的项目的增减变动，然后计算出经营活动产生的现金流量。

间接法，是指以净利润为起算点，调整不涉及现金的收入、费用、营业外收支等有关项目，剔除投资活动、筹资活动对现金流量的影响，据此计算出经营活动产生的现金流量。由于净利润是按照权责发生制原则确定的，且包括了与投资活动和筹资活动相关的收益和费用，将净利润调节为经营活动现金流量，实际上就是将按权责发生制原则确定的净利润调整为现金净流入，并剔除投资活动和筹资活动对现金流量的影响。

采用直接法编报的现金流量表，便于分析企业经营活动产生的现金流量的来源和用途，预测企业现金流量的未来前景；采用间接法编报现金流量表，便于将净利润与经营活动产生的现金流量净额进行比较，了解净利润与经营活动产生的现金流量差异的原因，从现金流量的角度分析净利润的质量。所以，现金流量表准则规定企业应当采用直接法编报现金流量表，同时要求在附注中提供以净利润为基础调节到经营活动现金流量的信息。

（六）现金流量表的编制程序

在具体编制现金流量表时，可以采用工作底稿法或T型账户法，也可以根据有关科目记录分析填列。

（1）工作底稿法。采用工作底稿法编制现金流量表，是以工作底稿为手段，以资产负债表和利润表数据为基础，对每一项目进行分析并编制调整分录，从而编制现金流量表。工作底稿法的程序是：

第一步，将资产负债表的期初数和期末数过入工作底稿的期初数栏和期末数栏。

第二步，对当期业务进行分析并编制调整分录。编制调整分录时，要以利润表项目为基础，从“营业收入”开始，结合资产负债表项目逐一进行分析。在调整分录中，有关现金和现金等价物的事项，并不直接借记或贷记现金，而是分别计入“经营活动产生的现金流量”“投资活动产生的现金流量”“筹资活动产生的现金流量”有关项目。借记表示现金流入，贷记表示现金流出。

第三步，将调整分录过入工作底稿中的相应部分。

第四步，核对调整分录，借方、贷方合计数均已经相等，资产负债表项目期初数加减调整分录中的借贷金额以后，也等于期末数。

第五步，根据工作底稿中的现金流量表项目部分编制正式的现金流量表。

（2）T 型账户法。采用 T 型账户法编制现金流量表，是以 T 型账户为手段，以资产负债表和利润表数据为基础，对每一项目进行分析并编制调整分录，从而编制现金流量表。T 型账户法的程序是：

第一步，为所有的非现金项目（包括资产负债表项目和利润表项目）分别开设 T 型账户，并将各自的期末期初变动数过入各相关账户。如果项目的期末数大于期初数，则将差额过入和项目余额相同的方向；反之，过入相反的方向。

第二步，开设一个大的“现金及现金等价物”T 型账户，每边分为经营活动、投资活动和筹资活动三个部分，左边记现金流入，右边记现金流出。与其他账户一样，过入期末期初变动数。

第三步，以利润表项目为基础，结合资产负债表分析每一个非现金项目的增减变动，并据此编制调整分录。

第四步，将调整分录过入各 T 型账户，并进行核对，该账户借贷相抵后的余额与原先过入的期末期初变动数应当一致。

第五步，根据大的“现金及现金等价物”T 型账户编制正式的现金流量表。

三、现金流量表编制

现金流量表的项目主要有：经营活动产生的现金流量、投资活动产生的现金流量、筹资活动产生的现金流量、汇率变动对现金及现金等价物的影响、现金及现金等价物净增加额、期末现金及现金等价物余额等项目。一般企业现金流量表格式如表 31-01 所示。

表 31-01　一般企业现金流量表

会企 03 表

编制单位：　　　　　　____年____月　　　　　　单位：元

项目	本期金额	上期金额
一、经营活动产生的现金流量		
销售商品、提供劳务收到的现金		
收到的税费返还		
收到其他与经营活动有关的现金		
经营活动现金流入小计		
购买商品、接受劳务支付的现金		
支付给职工以及为职工支付的现金		

（续表）

项目	本期金额	上期金额
支付的各项税费		
支付其他与经营活动有关的现金		
经营活动现金流出小计		
经营活动产生的现金流量净额		
二、投资活动产生的现金流量		
收回投资收到的现金		
取得投资收益收到的现金		
处置固定资产、无形资产和其他长期资产收回的现金净额		
处置子公司及其他营业单位收到的现金净额		
收到其他与投资活动有关的现金		
投资活动现金流入小计		
购建固定资产、无形资产和其他长期资产支付的现金		
投资支付的现金		
取得子公司及其他营业单位支付的现金净额		
支付其他与投资活动有关的现金		
投资活动现金流出小计		
投资活动产生的现金流量净额		
三、筹资活动产生的现金流量		
吸收投资收到的现金		
取得借款收到的现金		
收到其他与筹资活动有关的现金		
筹资活动现金流入小计		
偿还债务支付的现金		
分配股利、利润或偿付利息支付的现金		
支付其他与筹资活动有关的现金		
筹资活动现金流出小计		
筹资活动产生的现金流量净额		
四、汇率变动对现金及现金等价物的影响		
五、现金及现金等价物净增加额		
加：期初现金及现金等价物余额		
六、期末现金及现金等价物余额		

（一）经营活动产生的现金流量有关项目的编制

（1）销售商品、提供劳务收到的现金。本项目反映企业销售商品、提供劳务实际收到的现金，包括销售收入和应向购买者收取的增值税销项税额，具体包括：本期销售商品、提供劳务收到的现金，以及前期销售商品、提供劳务本期收到的现金和本期预收的款项，减去本期销售本期退回的商品和前期销售本期退回的商品支付的现金。企业销售材料和代购代销业务收到的现金，也在本项目反映。本项目可以根据“库存现金”“银行存款”“应收票据”“应收账款”“预收账款”“主营业务收入”和“其他业务收入”科目的记录分析填列。

例 31-01 A 企业本期销售一批商品，开出的增值税专用发票上注明的销售价款为 250 000 元，增值税销项税额为 42 500 元，以银行存款收讫；应收票据期初余额为 30 000 元，期末余额为 4 000 元；应收账款期初余额为 80 000 元，期末该款项余额为 40 000 元；年度内核销的坏账损失为 50 元。另外，本期因商品质量问题发生退货，支付银行存款 5 000 元，货款已通过银行转账支付。本期销售商品、提供劳务收到的现金计算如下：

本期销售商品收到的现金：292 500元（250 000＋42 500）

加：本期收到前期的应收票据：26 000元（30 000－4 000）

本期收到前期的应收账款：39 500元（80 000－40 000－500）

减：本期因销售退回支付的现金：5 000 元

本期销售商品、提供劳务收到的现金：53 000 元

（2）收到的税费返还。本项目反映企业收到返还的各种税费，如收到的增值税、所得税、消费税、关税和教育费附加返还款等。本项目可以根据“银行存款”“税金及附加”“营业外收入”等科目的记录分析填列。

例 31-02 A 企业前期出口商品一批，已交纳增值税，按规定应退增值税 68 000 元，前期未退，本期以转账方式收讫；本期收到退回的消费税税款 160 000 元、收到的教育费附加返还款 330 000 元，款项已存入银行。本期收到的税费返还计算如下：

本期收到的出口退增值税额：68 000 元

加：收到的退消费税税额：160 000 元

收到的退教育费附加返还额：330 000 元

本期收到的税费返还：558 000 元

（3）收到的其他与经营活动有关的现金。本项目反映企业除上述各项目外，收到的其他与经营活动有关的现金，如罚款收入、经营租赁固定资产收到的现金、流动资产损失中由个人赔偿的现金收入、除税费返还外的其他政府补助收入等。其他与经营活动有关的现金，如果价值较大的，应单列项目反映。本项目可以根据“库存现金”“银行存款”“管理费用”“营业费用”等科目的记录分析填列。

（4）购买商品、接受劳务支付的现金。本项目反映企业购买材料、商品、接受劳务实际支付的现金，包括支付的货款以及与货款并支付的增值税进项税额，具体包括：本期购买商品；接受劳务支付的现金，以及本期支付前期购买商品、接受劳务的未付款项和本期预付款项，减去本期发生的购货退回收到的现金。为购置存货而发生的借款利息资本化部分，应在“分配股利、利润或偿付利息支付的现金”项目中反映。本项目可以根据“库存现金”“银行存款”“应付票据”“应付账款”“预付账款”“主营业务成本”“其他业务支出”等科目的记录分析填列。

例 31-03 A 公司本期购买原材料，收到的增值税专用发票上注明的材料价款为 18 000 元，增值税进项税额为 3 060 元，款项已通过银行转账支付；本期支付应付票据 16 000 元；购买工程用物资 13 000 元，货款已通过银行转账支付。本期购买商品、接受劳务支付的现金计算如下：

本期购买原材料支付的价款：18 000 元

加：本期购买原材料支付的增值税进项税额：3 060 元

本期支付的应付票据：16 000 元

本期购买商品、接受劳务支付的现金：37 060 元

（5）支付给职工以及为职工支付的现金。本项目反映企业实际支付给职工的现金以及为职工支付的现金，包括企业为获得职工提供的服务，本期实际给予各种形式的报酬以及其他相关支出，如支付给职工的工资、奖金、各种津贴和补贴等，以及为职工支付的其他费用，不包括支付给在建工程人员的工资。支付的在建工程人员的工资，在“购建固定资产、无形资产和其他长期资产所支付的现金”项目中反映。

企业为职工支付的医疗、养老、失业、工伤、生育等社会保险基金、补充养老保险、住房公积金，企业为职工交纳的商业保险金，因解除与职工劳动关系给予的补偿，现金结算的股份支付，以及企业支付给职工或为职工支付的其他福利费用等，应根据职工的工作性质和服务对象，分别在“购建固定资产、无形资产和其他长期资产所支付的现金”和“支付给职工以及为职工支付的现金”项目中反映。

本项目可以根据“库存现金”“银行存款”“应付职工薪酬”等科目的记录分析填列。

例 31-04 A 企业本期实际支付工资 50 000 元，其中，经营人员工资 30 000 元，在建工程人员工资 20 000 元。本期支付给职工以及为职工支付的现金为 30 000 元。

（6）支付的各项税费。本项目反映企业按规定支付的各项税费，包括本期发生并支付的税费，以及本期支付以前各期发生的税费和预交的税金，如支付的教育费附加、印花税、房产税、土地增值税、车船使用税、营业税、增值税、所得税等。该项目不包括本期退回的增值税、所得税。本期退回的增值税、所得税等，在“收到的税费返还”项目中反映。本项目可以根据“应交税费”“库存现金”“银行存款”等科目分析填列。

例 31-05 A 企业本期向税务机关交纳增值税 6 800；本期发生的所得税 330 000 元已全部交纳；企业期初未交所得税 31 000，期末未交所得税 18 000 元。本期支付的各项税费计算如下：

本期支付的增值税额：6 800 元

加：本期发生并交纳的所得税额：330 000 元

前期发生本期交纳的所得税额：13 000元（31 000－18 000）

本期支付的各项税费：349 800 元

（7）支付的其他与经营活动有关的现金。本项目反映企业除上述各项目外，支付的其他与经营活动有关的现金，如罚款支出、支付的差旅费、业务招待费、保险费、经营租赁支付的现金等。其他与经营活动有关的现金，如果金额较大的，应单列项目反映。本项目可以根据有关科目的记录分析填列。

（二）投资活动产生的现金流量有关项目的编制

（1）收回投资收到的现金。本项目反映企业出售、转让或到期收回除现金等价物以外的交易性金融资产、债权投资、其他债权投资、其他权益工具投资、长期股权投资、投资性房地产而收到的现金。本项目不包括债权性投资收回的利息、收回的非现金资产，以及处置子公司及其他营业单位收到的现金净额。债权性投资收回的本金，在本项目反映，债权性投资收回的利息，不在本项目中反映，而在“取得投资收益所收到的现金”项目中反映。处置子公司及其他营业单位收到的现金净额单设项目反映。本项目可以根据“交易性金融资产”“债权投资”“其他债权投资”“其他权益工具投资”“长期股权投资”“投资性房地产”“库存现金”“银行存款”等科目的记录分析填列。

例 31-06 A 企业出售某项长期股权投资，收回的全部投资金额为 51 000 元；出售某项长期债权性投资，收回的全部投资金额为 27 000 元，其中，2 000 元是债券利息。本期收回投资所收到的现金计算如下：

收回长期股权投资金额：51 000 元

加：收回长期债权性投资本金：25 000元（27 000－2 000）

本期收回投资所收到的现金：76 000 元

（2）取得投资收益收到的现金。本项目反映企业因股权性投资而分得的现金股利，从子公司、联营企业或合营企业分回利润而收到的现金，因债权性投资而取得的现金利息收入。股票股利不在本项目中反映。包括在现金等价物范围内的债券性投资，其利息收入在本项目中反映。本项目可以根据"应收股利""应收利息""投资收益""现金""银行存款"等科目的记录分析填列。

例 31-07 A 企业期初长期股权投资余额 240 000 元，其中，1600 000 元投资于联营企业 A 企业，占其股本的 25%，采用权益法核算，另外 30 000 元和 50 000 元分别投资于 B 企业和 C 企业，各占接受投资企业总股本的 5% 和 10%，采用成本法核算；当年 A 企业盈利 250 000 元，分配现金股利 90 000 元，B 企业亏损没有分配股利，C 企业盈利 50 000 元，分配现金股利 10 000 元。企业已如数收到现金股利。本期取得投资收益收到的现金计算如下：

取得 A 企业实际分回的投资收益：22 500 元（90 000×25%）

加：取得 B 企业实际分回的投资收益：0 元

取得 C 企业实际分回的投资收益：1 000 元（10 000×10%）

本期取得投资收益收到的现金：23 500 元

（3）处置固定资产、无形资产和其他长期资产收回的现金净额。本项目反映企业出售固定资产、无形资产和其他长期资产所取得的现金，减去为处置这些资产而支付的有关费用后的净额。处置固定资产、无形资产和其他长期资产所收到的现金，与处置活动支付的现金，两者在时间上比较接近，以净额反映更能准确反映处置活动对现金流量的影响。

由于自然灾害等原因所造成的固定资产等长期资产报废、毁损而收到的保险赔偿收入，在本项目中反映。如处置固定资产、无形资产和其他长期资产所收回的现金净额为负数，则应作为投资活动产生的现金流量，在"支付的其他与投资活动有关的现金"项目中反映。本项目可以根据"固定资产清理""现金""银行存款"等科目的记录分析填列。

例 31-08 B 公司出售一台不需用设备，收到价款 3 600 元，该设备原价 4 500 元，已提折旧 1 500 元。支付该项设备拆卸费用 300 元，运输费用 75 元，设备已由购入单位运走。本期处置固定资产、无形资产和其他长期资产所收回的现金净额计算如下：

本期出售固定资产收到的现金：3 600 元

减：支付出售固定资产的清理费用：375 元

本期处置固定资产、无形资产和其他长期资产所收回的现金净额：3 225 元

（4）处置子公司及其他营业单位收到的现金净额。本项目反映企业处置子公司及其他营业单位所取得的现金减去子公司或其他营业单位持有的现金和现金等价物以及相关处置费用后的净额。本项目可以根据有关科目的记录分析填列。

整体处置一个单位，其结算方式是多种多样的。企业处置子公司及其他营业单位是整体交易子公司和其他营业单位可能持有现金和现金等价物。这样，整体处置子公司或其他营业单位的现金流量，就应以处置价款中收到现金的部分，减去子公司或其他营业单位持有的现金和现金等价物以及相关处置费用后的净额反映。

现金流量表准则要求企业在附注中以总额披露当期取得或处置子公司及其他营业单位的下列信息：①取得或处置价格；②取得或处置价格中以现金支付的部分；③取得或处置子公司及其他营业单位所取得的现金；④取得或处置子公司及其他营业单位按主要类别分类的非现金资产和负债。处置子公司及其他营业单位收到的现金净额如为负数，则将该金额填列至"支付其他与投资活动有关的现金"项目中。

（5）收到的其他与投资活动有关的现金。本项目反映企业除上述各项目外，收到的其他与投资活动有关的现金。其他与投资活动有关的现金，如果价值较大的，应单列项目反映。本项目可以根据有

关科目的记录分析填列。

（6）购建固定资产、无形资产和其他长期资产支付的现金。本项目反映企业购买、建造固定资产，取得无形资产和其他长期资产支付的现金，包括购买机器设备所支付的现金及增值税款、建造工程支付的现金、支付在建工程人员的工资等现金支出；不包括为购建固定资产、无形资产和其他长期资产而发生的借款利息资本化部分，以及融资租人固定资产所支付的租赁费。为购建固定资产、无形资产和其他长期资产而发生的借款利息资本化部分，在“分配股利、利润或偿付利息支付的现金”项目中反映；融资租入固定资产所支付的租赁费，在“支付的其他与筹资活动有关的现金”项目中反映，不在本项目中反映。本项目可以根据“固定资产”“在建工程”“工程物资”“无形资产”“库存现金”“银行存款”等科目的记录分析填列。

例 31-09 B公司购入房屋一幢，价款165 000元，通过银行转账150 000元，其他价款用公司产品抵偿。为在建厂房购进建筑材料一批，价值为20 000，价款已通过银行转账支付。本期购建固定资产、无形资产和其他长期资产支付的现金计算如下：

购买房屋支付的现金：150 000元

加：为在建工程购买材料支付的现金：20 000元

本期购建固定资产、无形资产和其他长期资产支付的现金：170 000元

（7）投资支付的现金。本项目反映企业进行权益性投资和债权性投资所支付的现金，包括企业取得的除现金等价物以外的交易性金融资产、债权投资、其他债权投资、其他权益工具投资、长期股权投资、投资性房地产而支付的现金，以及支付的佣金、手续费等交易费用。企业购买债券的价款中含有债券利息的，以及溢价或折价购入的，均按实际支付的金额反映。

企业购买股票和债券时，实际支付的价款中包含的已宣告但尚未领取的现金股利或已到付息期但尚未领取的债券利息，应在“支付的其他与投资活动有关的现金”项目中反映；收回购买股票和债券时支付的已宣告但尚未领取的现金股利或已到付息期但尚未领取的债券利息，应在“收到的其他与投资活动有关的现金”项目中反映。

本项目可以根据“交易性金融资产”“债权投资”“其他债权投资”“其他权益工具投资”“投资性房地产”“长期股权投资”“库存现金”“银行存款”等科目的记录分析填列。

例 31-10 A企业以银行存款250 000元投资于A企业的股票。此外，购买中国光大银行发行的金融债券，面值总额15 000元，票面利率7%，实际支付金额为16 050本期投资所支付的现金计算如下：

投资于A企业的现金总额：250 000元

加：投资于中国光大银行金融债券的现金总额：16 050元

本期投资所支付的现金：266 050元

（8）取得子公司及其他营业单位支付的现金净额。本项目反映企业取得子公司及其他营业单位购买出价中以现金支付的部分，减去子公司或其他营业单位持有的现金和现金等价物后的净额。本项目可以根据有关科目的记录分析填列。

整体购买一个单位，其结算方式是多种多样的，如购买方全部以现金支付或一部分以现金支付而另一部分以实物清偿。同时，企业购买子公司及其他营业单位是整体交易，子公司和其他营业单位除有固定资产和存货外，还可能持有现金和现金等价物。这样，整体购买子公司或其他营业单位的现金流量，就应以购买出价中以现金支付的部分减去子公司或其他营业单位持有的现金和现金等价物后的净额反映，如为负数，应在“收到其他与投资活动有关的现金”项目中反映。

例 31-11 A企业购买C企业的一子公司，出价17 000万元，全部以银行存款转账支付。该子公司有230万元的现金及银行存款，没有现金等价物，企业的实际现金流出如下。

购买子公司出价：17 000万元

减：子公司持有的现金和现金等价物：230 万元

购买子公司支付的现金净额：16 770 万元

（9）支付的其他与投资活动有关的现金。本项目反映企业除上述各项目外，支付的其他与投资活动有关的现金。其他与投资活动有关的现金，如果价值较大的，应单列项目反映。本项目可以根据有关科目的记录分析填列。

（三）筹资活动产生的现金流量有关项目

（1）吸收投资收到的现金。本项目反映企业以发行股票、债券等方式筹集资金实际收到的款项净额（发行收入减去支付的佣金等发行费用后的净额）。以发行股票等方式筹集资金而由企业直接支付的审计、咨询等费用，不在本项目中反映，而在“支付的其他与筹资活动有关的现金”项目中反映；由金融企业直接支付的手续费、宣传费、咨询费、印刷费等费用，从发行股票、债券取得的现金收入中扣除，以净额列示。本项目可以根据“实收资本（或股本）”“资本公积”“现金”“银行存款”等科目的记录分析填列。

例 31-12　A 企业对外公开募集股份 100 000 万股，每股 1 元，发行价每股 1.1 元，代理发行的证券公司为其支付的各种费用，共计 1 700 万元。此外，A 企业为建设一新项目，批准发行 180 000 万元的长期债券。与证券公司签署的协议规定，该批长期债券委托证券公司代理发行，发行手续费为发行总额的 3.5%，宣传及印刷费由证券公司代为支付，并从发行总额中扣除。该企业至委托协议签署为止，已支付咨询费、公证费等 580 万元。证券公司按面值发行，价款全部收到。按协议将发行款划至企业在银行的存款账户上。

本期吸收投资收到的现金计算如下：

发行股票取得的现金：108 300 万元，其中：发行总额：110 000 万元（1 000 000×1.1）

减：发行费用 1 700 万元

发行债券取得的现金：173 700 万元，其中：发行总额 180 000 万元

减：发行手续费：6 300 万元（1 800 000×3.5%）

本期吸收投资收到的现金：282 000 万元

本例中，已支付的咨询费、公证费等 580 万元，应在“支付的其他与筹资活动有关的现金”项目中反映。

（2）借款收到的现金。本项目反映企业举借各种短期、长期借款而收到的现金。本项目可以根据“短期借款”“长期借款”“交易性金融负债”“应付债券”“库存现金”“银行存款”等科目的记录分析填列。

（3）收到的其他与筹资活动有关的现金。本项目反映企业除上述各项目外，收到的其他与筹资活动有关的现金。其他与筹资活动有关的现金，如果价值较大的，应单列项目反映。本项目可根据有关科目的记录分析填列。

（4）偿还债务所支付的现金。本项目反映企业以现金偿还债务的本金，包括：归还金融企业的借款本金、偿付企业到期的债券本金等。企业偿还的借款利息、债券利息，在“分配股利、利润或偿付利息所支付的现金”项目中反映，不在本项目中反映。本项目可以根据“短期借款”“长期借款”“交易性金融负债”“应付债券”“库存现金”“银行存款”等科目的记录分析填列。

（5）分配股利、利润或偿付利息支付的现金。本项目反映企业实际支付的现金股利、支付给其他投资单位的利润或用现金支付的借款利息、债券利息。不同用途的借款，对应利息的开支渠道不一样，如在建工程、财务费用等，但均在本项目中反映。本项目可以根据“应付股利”“应付利息”“利润分配”“财务费用”“在建工程”“制造费用”“研发支出”“库存现金”“银行存款”等科目的记录分析填列。

例 31-13 A 企业期初应付现金股利为 1 400 万元，本期宣布并发放现金股利 3 700 万元，期末应付现金股利 800 万元。本期分配股利、利润或偿付利息所支付的现金计算如下：

本期宣布并发放的现金股利：3 700 万元

加：本期支付的前期应付股利：600万元（1 400－800）

本期分配股利、利润或偿付利息支付的现金：4 300 万元

（6）支付的其他与筹资活动有关的现金。本项目反映企业除上述各项目外，支付的其他与筹资活动有关的现金，如以发行股票、债券等方式筹集资金而由企业直接支付的审计、咨询等费用，融资租赁所支付的现金、以分期付款方式构建固定资产以后各期支付的现金等。其他与筹资活动有关的现金，如果价值较大的，应单列项目反映。本项目可以根据有关科目的记录分析填列。

（四）汇率变动对现金的影响

编制现金流量表时，应当将企业外币现金流量以及境外子公司的现金流量折算成记账本位币。现金流量表准则规定，外币现金流量以及境外子公司的现金流量，应当采用现金流量发生日的即期汇率或按照系统合理的方法确定的、与现金流量发生日即期汇率近似的汇率折算。汇率变动对现金的影响额应当作为调节项目，在现金流量表中单独列报。

汇率变动对现金的影响，指企业外币现金流量及境外子公司的现金流量折算成记账本位币时所采用的是现金流量发生日的汇率或按照系统合理的方法确定的、与现金流量发生日即期汇率近似的汇率，而现金流量表“现金及现金等价物净增加额”项目中外币现金净增加额是按资产负债表日的即期汇率折算。这两者的差额即为汇率变动对现金的影响。

例 31-14 A 企业当期出口商品一批，售价 80 000 美元。假设销售实现时的汇率为 1 ∶ 7.87，收汇当日汇率为 1 ∶ 7.85；当期进口货物一批，价值 60 000 美元，结汇当日汇率为 1 ∶ 7.88，资产负债表日的即期汇率为 1 ∶ 7.89；当期没有其他业务发生。汇率变动对现金的影响额计算如下：

经营活动流入的现金：80 000 美元

汇率变动：0.04（7.89 － 7.85）

汇率变动对现金流入的影响额：3200 元

经营活动流出的现金：60 000 美元

汇率变动：0.01（7.89 － 7.88）

汇率变动对现金流出的影响额：600 元

汇率变动对现金的影响额：2 600 元

现金流量表中各项目金额分别如下：

经营活动流入的现金：628 000 元

经营活动流出的现金：472 800 元

经营活动产生的现金流量净额：155 200 元

汇率变动对现金的影响额：2 600 元

现金及现金等价物净增加额：157 800 元

现金流量表补充资料中各项目金额分别如下：

银行存款的期末余额：157 800 元（20 000×7.89）

银行存款的期初余额：0

现金及现金等价物净增加额：157 800 元

从上例可以看出，现金流量表“现金及现金等价物净增加额”项目数额与现金流量表补充资料中“现金及现金等价物净增加额”数额相等，应当核对相符。在编制现金流量表时，对当期发生的外币业务，也可不必逐笔计算汇率变动对现金的影响，可以通过现金流量表补充资料中“现金及现金等价物净增

加额”数额与现金流量表中“经营活动产生的现金流量净额”“投资活动产生的现金流量净额”“筹资活动产生的现金流量净额”三项之和比较，其差额即为“汇率变动对现金的影响额”。

四、现金流量表附注

除现金流量表反映的信息外，企业还应在附注中披露将净利润调节为经营活动现金流量、不涉及现金收支的重大投资和筹资活动、现金及现金等价物净变动情况等信息。

（一）将净利润调节为经营活动现金流量

现金流量表采用直接法反映经营活动产生的现金流量，同时，企业还应采用间接法反映经营活动产生的现金流量。采用间接法列报经营活动产生的现金流量时，需要对四大类项目进行调整，具体如下：

（1）实际没有支付现金的费用。

（2）实际没有收到现金的收益。

（3）不属于经营活动的损益。

（4）经营性应收应付项目的增减变动。

在我国，现金流量表补充资料应采用间接法反映经营活动产生的现金流量情况，以对现金流量表中采用直接法反映的经营活动现金流量进行核对和补充说明。现金流量表补充资料的格式如表 31-02 所示。

表 31-02　现金流量表补充资料

单位：元

补充资料	本期金额	上期金额
1. 将净利润调节为经营活动现金流量		
净利润		
加：资产减值准备		
固定资产折旧、油气资产折耗、生产性生物资产折旧		
无形资产摊销		
长期待摊费用摊销		
处置固定资产、无形资产和其他长期资产的损失（收益以“－”号填列）		
固定资产报废损失（收益以“－”号填列）		
公允价值变动损失（收益以“－”号填列）		
财务费用（收益以“－”号填列）		
投资损失（收益以“－”号填列）		
递延所得税资产减少（增加以“－”号填列列）		
递延所得税负债增加（减少以“－”号填列）		
存货的减少（增加以“－”号填列）		
经营性应收项目的减少（增加以“－”号填列）		
经营性应付项目的增加（减少以“－”号填列）		
其他		

（续表）

补充资料	本期金额	上期金额
经营活动产生的现金流量净额		
2. 不涉及现金收支的重大投资和筹资活动		
债务转为资本		
年内到期的可转换公司债券		
融资租入固定资产		
3. 现金及现金等价物净变动情况		
现金的期末余额		
减：现金的期初余额		
加：现金等价物的期末余额		
减：现金等价物的期初余额		
现金及现金等价物净增加额		

（1）资产减值准备。这里所指的资产减值准备是指当期计提扣除转回的减值准备，包括：坏账准备、存货跌价准备、投资性房地产减值准备、长期股权投资减值准备、债权投资减值准备、固定资产减值准备、在建工程减值准备、工程物资减值准备、生物性资产减值准备、无形资产减值准备、商誉减值准备等。企业当期计提和按规定转回的各项资产减值准备，包括在利润表中，属于利润的减除项目，但没有发生现金流出。所以，在将净利润调节为经营活动现金流量时，需要加回。本项目可根据“资产减值损失”科目的记录分析填列。

（2）固定资产折旧、油气资产折耗、生产性生物资产折旧。企业计提的固定资产折旧，有的包括在管理费用中，有的包括在制造费用中。计入管理费用中的部分，作为期间费用在计算净利润时从中扣除，但没有发生现金流出，在将净利润调节为经营活动现金流量时，需要予以加回。计入制造费用中已经变现的部分，在计算净利润时通过销售成本予以扣除，但没有发生现金流出；计入制造费用中的没有变现的部分，既不涉及现金收支，也不影响企业当期净利润。由于在调节存货时，已经从中扣除，在此处将净利润调节为经营活动现金流量时，需要予以加回。同理，企业计提的油气资产折耗、生产性生物资产折旧，也需要予以加回。本项目可根据“累计折旧”“累计折耗”“生产性生物资产折旧”科目的贷方发生额分析填列。

（3）无形资产摊销和长期待摊费用摊销。企业对使用寿命有限的无形资产计提摊销时，计入管理费用或制造费用。长期待摊费用摊销时，有的计入管理费用，有的计入营业费用，有的计入制造费用。计入管理费用等期间费用和计入制造费用中的已变现的部分，在计算净利润时已从中扣除，但没有发生现金流出；计入制造费用中的没有变现的部分，在调节存货时已经从中扣除，但不涉及现金收支，所以，在此处将净利润调节为经营活动现金流量时，需要予以加回。这个项目可根据“累计摊销”“长期待摊费用”科目的贷方发生额分析填列。

（4）处置固定资产、无形资产和其他长期资产的损失（减：收益）。企业处置固定资产、无形资产和其他长期资产发生的损益，属于投资活动产生的损益，不属于经营活动产生的损益，所以，在将净利润调节为经营活动现金流量时，需要予以剔除。

如为损失，在将净利润调节为经营活动现金流量时，应当加回；如为收益，在将净利润调节为经营活动现金流量时，应当扣除。本项目可根据“营业外收入”“营业外支出”等科目所属有关明细科目的记录分析填列；如为净收益，以“－”号填列。

例32-15 2×21年度，A企业处置设备一台，原价1 800 000元，累计已提折旧1 100 000元，收到现金800 000元，产生处置收益100 000元［800 000－（1 800 000－1 100 000）］。处置固定资产的收益100 000元，在将净利润调节为经营活动现金流量时应当扣除。

（5）固定资产报废损失。企业发生的固定资产报废损益，属于投资活动产生的损益，不属于经营活动产生的损益，所以，在将净利润调节为经营活动现金流量时，需要予以剔除。如为净损失，在将净利润调节为经营活动现金流量时，应当加回；如为净收益，在将净利润调节为经营活动现金流量时，应当扣除。本项目可根据“营业外支出”“营业外收入”等科目所属有关明细科目的记录分析填列。

例32-16 2×21年度，A企业盘亏机器一台，原价1 300 000元，已提折旧1 200 000元；报废汽车一辆，原价1 800 000元，已提折旧1 100 000元；共发生固定资产盘亏、报废损失为800 000元［（1 300 000－1 200 000）＋（1 800 000－1 100 000）］。固定资产盘亏、报废损失800 000元，在将净利润调节为经营活动现金流量时应当加回。

（6）公允价值变动损失。公允价值变动损失反映企业交易性金融资产、投资性房地产等公允价值变动形成的应计入当期损益的利得或损失。企业发生的公允价值变动损益，通常与企业的投资活动或筹资活动有关，而且并不影响企业当期的现金流量。为此，应当将其从净利润中剔除。本项目可以根据“公允价值变动损益”科目的发生额分析填列。如为持有损失，在将净利润调节为经营活动现金流量时，应当加回；如为持有利得，在将净利润调节为经营活动现金流量时，应当扣除。

例 32-17 2×20 年 12 月 31 日，A 企业持有交易性金融资产的公允价值为 80 万元，2×21 年度未发生投资性房地产的增减变动，2×21 年 12 月 31 日，该企业持有交易性金融资产的公允价值为 80.5 万元，公允价值变动损益为 0.5 万元。这 0.5 万元的资产持有利得，在将净利润调节为经营活动现金流量时应当扣除。

（7）财务费用。企业发生的财务费用中不属于经营活动的部分，应当在将净利润调节为经营活动现金流量时将其加回。本项目可根据“财务费用”科目的本期借方发生额分析填列；如为收益，以“－”号填列。

例 32-18 2×21 年度，A 企业共发生财务费用 35 000 元，其中属于经营活动的为 5 000 元，属于筹资活动的为 30 000 元。属于筹资活动的财务费用 30 000 元，在将净利润调节为经营活动现金流量时应当加回。

（8）投资损失（减：收益）。企业发生的投资损益，属于投资活动产生的损益，不属于经营活动产生的损益，所以，在将净利润调节为经营活动现金流量时，需要予以剔除。如为净损失，在将净利润调节为经营活动现金流量时，应当加回；如为净收益，在将净利润调节为经营活动现金流量时，应当扣除。本项目可根据利润表中“投资收益”项目的数字填列；如为投资收益，以“－”号填列。

（9）递延所得税资产减少（减：增加）。递延所得税资产减少使计入所得税费用的金额大于当期应交的所得税金额，其差额没有发生现金流出，但在计算净利润时已经扣除，在将净利润调节为经营活动现金流量时，应当加回。递延所得税资产增加使计入所得税费用的金额小于当期应交的所得税金额，二者之间的差额并没有发生现金流入，但在计算净利润时已经包括在内，在将净利润调节为经营活动现金流量时，应当扣除。本项目可以根据资产负债表“递延所得税资产”项目期初、期末余额分析填列。

例 32-19 2×21 年 1 月 1 日，A 企业递延所得税资产借方余额为 5 万元；2×21 年 12 月 31 日，递延所得税资产借方余额为 12.5 万元，增加了 7.5 万元，经分析，为该企业计提了固定资产减值准备 30 万元，使资产和负债的账面价值与计税基础不一致。递延所得税资产增加的 7.5 万元，在将净利润调节为经营活动现金流量时应当扣减。

（10）递延所得税负债增加（减：减少）。递延所得税负债增加使计入所得税费用的金额大于当期应交的所得税金额，其差额没有发生现金流出，但在计算净利润时已经扣除，在将净利润调节为经营活动现金流量时，应当加回。递延所得税负债减少使计入当期所得税费用的金额小于当期应交的所得税金额，其差额并没有发生现金流入，但在计算净利润时已经包括在内，在将净利润调节为经营活动现金流量时，应当扣除。本项目可以根据资产负债表"递延所得税负债"项目期初、期末余额分析填列。

（11）存货的减少（减：增加）。期末存货比期初存货减少，说明本期生产经营过程耗用的存货有一部分是期初的存货，耗用这部分存货并没有发生现金流出，但在计算净利润时已经扣除，所以，在将净利润调节为经营活动现金流量时，应当加回。期末存货比期初存货增加，说明当期购入的存货除耗用外，还剩余了一部分，这部分存货也发生了现金流出，但在计算净利润时没有包括在内，所以，在将净利润调节为经营活动现金流量时，需要扣除。当然，存货的增减变化过程还涉及应付项目，这一因素在"经营性应付项目的增加（减：减少）"中考虑。本项目可根据资产负债表中"存货"项目的期初数、期末数之间的差额填列；期末数大于期初数的差额，以"－"号填列。如果存货的增减变化过程属于投资活动，如在建工程领用存货，应当将这一因素剔除。

例32-20 2×21年1月1日，A企业存货余额为200万元；2×21年12月31日，存货余额为360万元；2×21年度，存货增加了160万元（360－200）。存货的增加金额160万元，在将净利润调节为经营活动现金流量时应当扣除。

（12）经营性应收项目的减少（减：增加）。经营性应收项目包括应收票据、应收账款、预付账款、长期应收款和其他应收款中，与经营活动有关的部分，以及应收的增值税销项税额等。经营性应收项目期末余额小于经营性应收项目期初余额，说明本期收回的现金大于利润表中所确认的销售收入，所以，在将净利润调节为经营活动现金流量时，需要加回。经营性应收项目期末余额大于经营性应收项目期初余额，说明本期销售收入中有一部分没有收回现金，但是，在计算净利润时这部分销售收入已包括在内，所以，在将净利润调节为经营活动现金流量时，需要扣除。本项目应当根据有关科目的期初、期末余额分析填列；如为增加，以"－"号填列。

例32-21 2×21年1月1日，A企业应收账款为750万元，应收票据为230万元；2×21年12月31日，该企业应收账款950万元，应收票据为200万元；2×21年度内，该企业经营性应收项目年末比年初增加了170万元［（950－750）＋（200－230）］。经营性应收项目增加金额170万元，在将净利润调节为经营活动现金流量时应当扣除。

（13）经营性应付项目的增加（减：减少）。经营性应付项目包括应付票据、应付账款、预收账款、应付职工薪酬、应交税费、应付利息、长期应付款、其他应付款中与经营活动有关的部分，以及应付的增值税进项税额等。

经营性应付项目期末余额大于经营性应付项目期初余额，说明本期购入的存货中有一部分没有支付现金，但是，在计算净利润时却通过销售成本包括在内，在将净利润调节为经营活动现金流量时，需要加回；经营性应付项目期末余额小于经营性应付项目期初余额，说明本期支付的现金大于利润表中所确认的销售成本，在将净利润调节为经营活动产生的现金流量时，需要扣除。本项目应当根据有关科目的期初、期末余额分析填列；如为减少，以"－"号填列。

例32-22 2×21年1月1日，A企业应付账款为600万元，应付票据为390万元，应付职工薪酬为10万元，应交税费为60万元；2×21年12月31日，该企业应付账款为850万元，应付票据为300万元，应付职工薪酬为15万元，应交税费为40万元；2×21年度内，该企业经营性应付项目年末比年初增加了145万元［（850－600）＋（300－390）＋（15－10）＋（40－60）］。经营性应付项目增加金额145

万元，在将净利润调节为经营活动现金流量时应当加回。

（二）不涉及现金收支的重大投资和筹资活动的披露

不涉及现金收支的重大投资和筹资活动，反映企业一定期间内影响资产或负债但不形成该期现金收支的所有投资和筹资活动的信息。这些投资和筹资活动虽然不涉及当期现金收支，但对以后各期的现金流量有重大影响。例如，企业融资租入设备，将形成的负债计入“长期应付款”账户，当期并不支付设备款及租金，但以后各期必须为此支付现金，从而在一定期间内形成了一项固定的现金支出。

因此，现金流量表准则规定，企业应当在附注中披露不涉及当期现金收支但影响企业财务状况或在未来可能影响企业现金流量的重大投资和筹资活动，主要包括：（1）债务转为资本，反映企业本期转为资本的债务金额；（2）一年内到期的可转换公司债券，反映企业一年内到期的可转换公司债券的本息；（3）融资租入固定资产，反映企业本期融资租入的固定资产。

（三）影响企业现金流量其他重要信息的披露

1. 企业当期取得或处置子公司及其他营业单位

现金流量表准则应用指南中列示了企业当期取得或处置其他营业单位有关信息的披露格式。主要项目包括：取得和处置子公司及其他营业单位的有关信息。其中取得子公司及其他营业单位的有关信息包括：取得的价格、支付现金和现金等价物金额、支付的现金和现金等价物净额、取得子公司净资产等信息。处置子公司及其他营业单位的有关信息包括：处置的价格、收到的现金和现金等价物金额、收到的现金净额、处置子公司的净资产等信息。

2. 现金和现金等价物有关信息

现金流量表准则要求企业在附注中披露与现金和现金等价物有关的下列信息：（1）现金和现金等价物的构成及其在资产负债表中的相应金额；（2）企业持有但不能由母公司或集团内其他子公司使用的大额现金和现金等价物金额。

五、披露

按照现金流量表准则对现金流量表信息披露的规定，企业应当在附注中披露将净利润调节为经营活动现金流量的信息。至少应当单独披露对净利润进行调节的下列项目：

（1）资产减值准备。

（2）固定资产折旧。

（3）无形资产摊销。

（4）长期待摊费用摊销。

（5）待摊费用。

（6）预提费用。

（7）处置固定资产、无形资产和其他长期资产的损益。

（8）固定资产报废损失。

（9）公允价值变动损益。

（10）财务费用。

（11）投资损益。

（12）递延所得税资产和递延所得税负债。

（13）存货。

（14）经营性应收项目。

（15）经营性应付项目。

企业应当在附注中以总额披露当期取得或处置子公司及其他营业单位的下列信息：

（1）取得或处置价格。

（2）取得或处置价格中以现金支付的部分。

（3）取得或处置子公司及其他营业单位收到的现金。

（4）取得或处置子公司及其他营业单位按照主要类别分类的非现金资产和负债。

企业应当在附注中披露不涉及当期现金收支、但影响企业财务状况或在未来可能影响企业现金流量的重大投资和筹资活动。

企业应当在附注中披露与现金和现金等价物有关的下列信息：

（1）现金和现金等价物的构成及其在资产负债表中的相应金额。

（2）企业持有但不能由母公司或集团内其他子公司使用的大额现金和现金等价物金额。

六、新旧衔接

首次执行企业会计准则，遵照《企业会计准则第38号——首次执行企业会计准则》的相关规定，详见本书第三十八章。

第三十二章
中期财务报告

一、准则适用范围

《企业会计准则第 32 号——中期财务报告》（以下简称中期财务报告准则）主要是用于规范中期财务报告的内容和编制中期财务报告应当遵循的确认与计量原则。

企业在中期发生了会计政策变更的，应当按照《企业会计准则第 28 号——会计政策、会计估计变更和差错更正》处理。

二、中期财务报告概述

（一）中期财务报告的定义

中期财务报告，是指以中期为基础编制的财务报告。中期是指短于一个完整的会计年度（自公历 1 月 1 日起至 12 月 31 日止）的报告期间，它可以是一个月、一个季度或者半年，也可以是其他短于一个会计年度的期间，如 1 月 1 日至 9 月 30 日的期间等。由此可以得出，中期财务报告包括月度财务报告、季度财务报告、半年度财务报告，也包括年初至本中期末的财务报告。

在市场经济条件下，投资者、债权人等对公开披露的财务报告信息的及时性和相关性提出了更高的要求。中期财务报告可以使对企业业绩评价和监督管理更加及时，更有助于揭示问题，寻求相应的应对措施，从而规范企业经营者的行为，以满足投资者决策需求。

（二）中期财务报告的内容

中期财务报告准则规定，中期财务报告至少应当包括以下部分：（1）资产负债表；（2）利润表；（3）现金流量表；（4）附注。这是中期财务报告最基本构成，应注意以下三点：

（1）资产负债表、利润表、现金流量表和附注是中期财务报告至少应当编制的法定内容，对其他财务报表或者相关信息，如所有者权益（或股东权益）变动表等，企业可以根据需要自行决定。但其他财务报表或者相关信息一旦在中期财务报告中提供，就应当遵循中期财务报告准则的各项规定。例如，企业编制的所有者权益（或者股东权益）变动表报表，其内容和格式也应当与上年度相一致。

（2）中期资产负债表、利润表和现金流量表的格式和内容，应当与上年度财务报表相一致。但如果当年新施行的会计准则对财务报表格式和内容作了修改的，中期财务报表应当按照修改后的报表格式和内容编制，与此同时，在中期财务报告中提供的上年度比较财务报表的格式和内容也应当作相应的调整。例如，中期财务报告准则规定，基本每股收益和稀释每股收益应当在中期利润表中单独列示。企业在提供比较中期财务报告时，应当按新准则的要求作出相应调整。

（3）中期财务报告中的附注相对于年度财务报告中的附注而言，是适当简化的。中期财务报告附注的编制应当遵循重要性原则。如果某项信息没有在中期财务报告附注中披露，会影响到投资者等信息使用者对企业财务状况、经营成果和现金流量判断的正确性，那么就认为这一信息是重要的。但企业至少应当在中期财务报告附注中披露中期财务报告准则规定的信息。

（三）中期财务报告应遵循的原则

1. 应当遵循与年度财务报告相一致的会计政策原则

企业在编制中期财务报告时，应当将中期视同为一个独立的会计期间，所采用的会计政策应当与年度财务报表所采用的会计政策相一致。企业在编制中期财务报告时不得随意变更会计政策。

2. 应当遵循重要性原则

重要性原则是企业编制中期财务报告的一项十分重要的原则。在遵循重要性原则时应注意以下几点：

（1）重要性程度的判断应当以中期财务数据为基础，而不得以预计的年度财务数据为基础。这里所指的“中期财务数据”，既包括本中期的财务数据，也包括年初至本中期末的财务数据。

（2）重要性原则的运用应当保证中期财务报告包括与理解企业中期末财务状况和中期经营成果及其现金流量相关的信息。企业在运用重要性原则时，应当避免在中期财务报告中由于不确认、不披露或者忽略某些信息而对信息使用者的决策产生误导。

（3）重要性程度的判断需要根据具体情况作具体分析和职业判断。通常，在判断某一项目的重要性程度时，应当将项目的金额和性质结合在一起予以考虑，而且在判断项目金额的重要性时，应当以资产、负债、净资产、营业收入、净利润等直接相关项目数字作为比较基础，并综合考虑其他相关因素。在一些特殊情况下，单独依据项目的金额或者性质就可以判断其重要性。例如，企业发生会计政策变更，该变更事项对当期期末财务状况或者当期损益的影响可能比较小，但对以后期间财务状况或者损益的影响却比较大，因此会计政策变更从性质上属于重要事项，应当在财务报告中予以披露。

3. 应当遵循及时性原则

编制中期财务报告的目的是向会计信息使用者提供比年度财务报告更加及时的信息，以提高会计信息的决策有用性。中期财务报告所涵盖的会计期间短于一个会计年度，其编报的时间通常也短于年度财务报告，所以，中期财务报告应当能够提供比年度财务报告更加及时的信息。为了体现企业编制中期财务报告的及时性原则，中期财务报告计量相对于年度财务数据的计量而言，在很大程度上依赖于估计。例如，企业通常在会计年度末对存货进行全面、详细的实地盘点，因此，对年末存货可以达到较为精确的计价。但是在中期期末，由于时间上的限制和成本方面的考虑，有时不大可能对存货进行全面、详细的实地盘点，在这种情况下，对于中期期末存货的计价就可在更大程度上依赖于会计估计，但是，企业应当确保所提供的中期财务报告包括了相关的重要信息。

需要强调的是，中期财务报告编制的重要性和及时性原则，是企业编制中期财务报告时需要特殊考虑的两个关键因素。同时，对于其他会计原则，如可比性原则、谨慎性原则、实质重于形式原则等，企业在编制中期财务报告时也应当像年度财务报告一样予以遵循。

三、中期财务报表的确认和计量

（一）中期财务报告的确认与计量的基本原则

1. 中期会计要素的确认和计量原则应当与年度财务报表相一致

中期财务报告中各会计要素的确认和计量原则应当与年度财务报告所采用的原则相一致。即企业在中期根据所发生交易或者事项，对资产、负债、所有者权益（股东权益）、收入、费用和利润等会计要素进行确认和计量时，应当符合相应会计要素定义和确认、计量标准，不能因为财务报告期间的缩短（相对于会计年度而言）而改变。

企业在编制中期财务报告时，不能根据会计年度内以后中期将要发生的交易或者事项来判断当前中期的有关项目是否符合会计要素的定义，也不能人为均衡会计年度内各中期的收益。

例 33-01　A 图书出版公司对外征订图书，收到订单和购书款与发送图书分属于不同的中期，则企业在收到订单和购书款的中期就不能确认图书的销售收入，因为此时与图书所有权有关的风险和报酬尚未转移，不符合收入确认的条件，企业只能在发送图书，并且与图书所有权有关的风险和报酬已经转移的中期才能确认收入。

企业在中期资产负债表日对于待处理财产损溢项目，也应当像会计年度末一样，将其计入当期损益，不能递延到以后中期，因为它已经不符合资产的定义和确认标准。

例 33-02　A 公司为一家化工生产企业，需要编制季度财务报告。2×21 年 6 月 30 日，A 公司在盘点库存时，发现一批账面价值为 200 万元的存货已经毁损。

分析：本例中，对 A 公司而言，该批存货已无任何价值，不会再给企业带来经济利益，不再符合资产的定义。因此，在编制公司第二季度财务报告时，该批存货就不能再作为资产列报，而应当确认一项损失。

企业在中期资产负债表日不能把潜在义务（即使该义务很可能在会计年度的以后中期变为现时义务）确认为负债，也不能把当时已经符合负债确认条件的现时义务（即使履行该义务的时间和金额还须等到会计年度以后中期才能够完全确定）递延到以后中期进行确认。

例 33-03　A 公司是一家软件开发商，需要编制季度财务报告。2×21 年 4 月 1 日，A 公司将其 2×21 年新版企业管理信息系统软件投放市场，市场前景看好。4 月 10 日，A 公司收到 B 公司（B 公司为一家财务软件开发商）来函，声明该管理信息系统软件中的财务管理软件包与该公司开发的并已于 2×20 年申请专利的财务管理系统相同，要求 A 公司停止侵权，并赔偿损失 1 200 万元。A 公司不服，继续销售其新产品。B 公司遂于 4 月 15 日将 A 公司告上法庭，要求 A 公司停止侵权行为，公开道歉，并赔偿该公司损失 1 200 万元。法院受理了此案，随后作了数次调查取证后，初步认定 A 公司的确侵犯了 B 公司的专利权，根据有关规定，将要赔偿 B 公司大约 900 万～1 100 万元的损失。为此，A 公司在 6 月 30 日提出，希望能够庭外和解，B 公司初步表示同意。8 月 2 日，双方经过数次调解，没有达成和解协议，只能再次通过法律诉讼程序。9 月 20 日，法院判决，A 公司立即停止对 B 公司的侵权行为，赔偿 B 公司损失 1 080 万元，并在媒体上公开道歉。A 公司不服，继续上诉。12 月 1 日，二审判决，维持原判。2×22 年 1 月 20 日，根据最终判决，A 公司被强制执行，向 B 公司支付侵权赔偿款 1 080 万元。

分析：本例中，尽管从2×21年度财务报表的角度，该事项已经属于确定事项，1 080万元的赔偿款应当在A公司2×21年年度资产负债表中确认为一项负债。但是，由于A公司需要编制季度财务报告，这样在2×21年第二季度，该事项属于或有事项，且在2×21年第二季度末，A公司已经可以合理预计在诉讼案中公司将很可能会败诉，需要向B公司赔偿由于侵权导致的损失，公司在当时已经承担了一项现时义务，而且赔偿金额可以可靠估计，因此应当在2×21年第二季度末就确认一项负债（即预计负债），金额为1 000万元［（900＋1 100）÷2］，而不是等到以后季度或者年末时再予确认。在2×21年第三季度财务报告中，由于法院一审已经判决，要求A公司赔偿1 080万元，因此，A公司在第三季度财务报告中还应当再确认80万元负债，以反映A公司在第三季度末的现时义务。与此同时，作为预计负债和会计估计变更事项，A公司还应当根据中期财务报告准则的规定在附注中作相应披露。

2. 中期会计计量应当以年初至本中期末为基础

中期财务报告准则规定，中期会计计量应当以年初至本中期末为基础，财务报告的频率不应当影响年度结果的计量。也就是说，无论企业中期财务报告的频率是月度、季度还是半年度，企业中期会计计量的结果最终应当与年度财务报告中的会计计量结果相一致。为此，企业中期财务报告的计量应当以年初至本中期末为基础，即企业在中期应当以年初至本中期末作为中期会计计量的期间基础，而不应当以本中期作为会计计量的期间基础。

例 33-04 A 公司于 2×20 年 11 月利用专门借款资金开工兴建一项固定资产。2×21 年 3 月 1 日，固定资产建造工程由于资金周转发生困难而停工。公司预计在一个半月内即可获得补充专门借款，解决资金周转问题，工程可以重新施工。

根据《企业会计准则第 17 号——借款费用》的规定，固定资产的购建活动发生非正常中断、并且中断时间连续超过 3 个月的，应当暂停借款费用的资本化，将在中断期间发生的借款费用确认为当期费用，直至资产的购建活动重新开始。据此，在第一季度末，公司考虑到所购建固定资产的非正常中断时间将短于 3 个月，所以，在编制 2×21 年第一季度财务报告时，没有中断借款费用的资本化，将 3 月份发生的符合资本化条件的借款费用继续资本化，计入在建工程成本。后来的事实发展表明，公司直至 2×21 年 6 月 15 日才获得补充专门借款，工程才重新开工。这样，公司在编制 2×21 年第二季度财务报告时，如果仅仅以第二季度发生的交易或者事项作为会计计量的基础，那么，公司在第二季度发生工程非正常中断的时间也只有两个半月，短于借款费用准则规定的借款费用应当暂停资本化的 3 个月的期限，从而在第二季度内将 4 月 1 日至 6 月 15 日之间所发生的与购建固定资产有关的借款费用将继续资本化，计入在建工程成本。显然，上述处理是错误的。因为，如果企业只需编制年度财务报告，不必编制季度财务报告，那么，从全年来看，企业建造固定资产工程发生非正常中断的时间为 3 个半月，企业应当暂停这 3 个半月内所发生借款费用资本化。也就是说，如果以整个会计年度作为会计计量的基础，上述 3 月 1 日至 6 月 15 日之间发生的借款费用都应当予以费用化，计入当期损益。而如果仅仅以每一报告季度作为会计计量的基础，则上述 3 月 1 日至 6 月 15 日之间发生的相关借款费用都将继续资本化，计入在建工程成本。季度计量的结果与年度计量的结果将发生不一致，而这种不一致的产生就是由于财务报告的频率由按年编报变为按季编报所致。毫无疑问，单纯以季度为基础对上述固定资产建造中断期间所发生的借款费用进行计量是不正确的。为了避免企业中期会计计量与年度会计计量的不一致，防止企业因财务报告的频率而影响其年度财务结果的计量，企业应当以年初至本中期末为期间基础进行中期会计计量。

分析：在本例中，当企业编制第二季度财务报告时，对于所购建固定资产中断期间所发生的借款费用的会计处理，应当以 2×21 年 1 月 1 日至 6 月 30 日的期间为基础。显然，在 1 月 1 日至 6 月 30 日的期间基础之上，所购建固定资产的中断期间超过了 3 个月，应当将中断期间所发生的所有借款费用全部费用化，所以在编制第二季度财务报告时，不仅第二季度 4 月 1 日至 6 月 15 日之间发生的借款费用应当费用化，计入第二季度的损益，而且，上一季度已经资本化了的 3 月份的借款费用也应当费用化，调减在建工程成本，调增财务费用，这样计量的结果将能够保证中期会计计量结果与年度会计计量结果相一致，实现财务报告的频率不影响年度结果计量的目标。

需要说明的是，本例还涉及会计估计变更事项，因此企业还应当根据中期财务报告准则的规定，在其第二季度财务报告附注中作相应披露。

3. 中期采用的会计政策应当与年度财务报告相一致，会计政策、会计估计变更应当符合规定

为了保持企业前后各期会计政策的一贯性，以提高会计信息的可比性和有用性，企业在中期不得随意变更会计政策，应当采用与年度财务报告相一致的会计政策。如果上年度资产负债表日之后按规定变更了会计政策，且该变更后的会计政策将在本年度财务报告中采用；中期财务报告应当采用该变更后的会计政策，并应当按照《企业会计准则第 28 号——会计政策会计估计变更和差错更正》处理，并按照准则规定在附注中作相应披露。对于中期会计政策的变更需要注意以下两点：

（1）企业变更会计政策应当符合《企业会计准则第 28 号——会计政策、会计估计变更和差错更正》规定的条件，即企业只有在满足下列条件之一时，才能在中期进行会计政策变更：①法律、行政法规或者国家统一的会计制度等要求变更。②会计政策变更能够提供更可靠、更相关的会计信息。

（2）企业在中期进行会计政策变更时，通常应当确保该项会计政策亦将在年度财务报告中采用，即中期财务报告准则不允许企业在同一会计年度的各个中期之间随意变更会计政策，但符合国家法律、行政法规以及相关会计准则规定的除外。

（二）季节性、周期性或者偶然性取得收入的确认和计量

中期财务报告准则规定，企业取得季节性、周期性或者偶然性收入，应当在发生时予以确认和计量，不应当在中期财务报表中预计或者递延，但会计年度末允许预计或者递延的除外。

企业经营的季节性特征，是指企业营业收入的取得或者营业成本的发生主要集中在全年度的某一季节或者某段期间内。例如，供暖企业的营业收入主要来自冬季，冷饮企业的营业收入主要来自夏季。

企业经营的周期性特征，是指企业每隔一个周期就会稳定地取得一定的收入或者发生一定的成本的情况。例如，某房地产开发企业开发房地产通常需要一个周期，如需要 2 至 3 年才能完成开发，而该企业又不同时开发多个项目，这样在房地产开发完成并出售之前，企业不能确认收入，所发生的相关成本费用则作为房地产的开发成本，企业通常只有在将所开发完成的房地产对外出售之后才能确认收入。

通常情况下，企业各项收入一般是在一个会计年度的各个中期内均匀发生的，各中期之间实现的收入差异不会很大。但是，因季节性、周期性或者偶然性取得的收入，往往集中在会计年度的个别中期内。对于这些收入，中期财务报告准则规定企业应当在发生时予以确认和计量，不应当在中期财务报告中予以预计或者递延，也就是说，企业应当在这些收入取得并实现时及时予以确认和计量，不应当为了平衡各中期的收益而将这些收入在会计年度的各个中期之间进行分摊。同时，中期财务报告准则还规定，季节性、周期性或者偶然性取得的收入在会计年度末允许预计或者递延的，则在中期财务报表中也允许预计或者递延。这些收入的确认标准和计量基础应当遵循《企业会计准则第 14 号——收入》等相关准则的规定。

例 33-05　A 公司为一家房地产开发公司，采取滚动开发房地产的方式，即每开发完成一个房地产项目后，再开发下一个房地产项目。该公司于 2×21 年 1 月 1 日开始开发一住宅小区，小区建成完工需 2 年。公司采取边开发、边销售楼盘的策略。假定该公司在 2×21 年各季度分别收到楼盘销售款 1 000 万元、2 000 万元、3 000 万元和 4 000 万元；为小区建设分别发生开发成本 2 000 万元、2 000 万元、2 200 万元和 1 800 万元；在 2×22 年各季度分别收到楼盘销售款 2 000 万元、3 000 万元、3 000 万元和 2 000 万元；为小区建设分别发生开发成本 2 000 万元、2 700 万元、1 500 万元和 300 万元。小区所有商品房于 2×22 年 11 月完工，12 月全部交付给购房者，并办理完有关产权手续。

分析：本例中，A 公司的经营业务具有明显的周期性特征，公司只有在每隔一个周期；待房地产开发完成并实现对外销售后，才能确认收入，即公司只有在 2×22 年 12 月所建商品房完工后，与商品房有关的风险和报酬已经转移给了购房者，符合收入确认标准后，才能确认收入。这一收入就属于周期性取得的收入，在 2×22 年 12 月之前的各中期都不能预计收入，也不能将已经收到的楼盘销售款直接确认为收入，企业应当在收到这些款项时将其作为预收款处理。对于开发小区所发生的成本也应当首先归集在“开发成本”中，待到确认收入时，再结转相应的成本。另外，该公司对于其经营的周期性特征，则应当根据中期财务报告准则的要求在各有关中期财务报告附注中予以披露。

（三）会计年度中不均匀发生的费用的确认与计量

中期财务报告准则规定，企业在会计年度中不均匀发生的费用，应当在发生时予以确认和计量，不应在中期财务报表中预提或者待摊，但会计年度末允许预提或者待摊的除外。通常情况下，与企业生产经营和管理活动有关的费用往往是在一个会计年度的各个中期内均匀发生的，各中期之间发生的费用不会有较大差异。但是，对于一些费用，如员工培训费等，往往集中在会计年度的个别中期内。对于这些会计年度中不均匀发生的费用，企业应当在发生时予以确认和计量，不应当在中期财务报表中予以预提或者待摊。也就是说，企业不应当为了使各中期之间收益的平滑化而将这些费用在会计年

度的各个中期之间进行分摊。中期财务报告准则又规定，如果会计年度内不均匀发生的费用在会计年度末允许预提或者待摊，则在中期末也允许预提或者待摊。

例 33-06 A 公司根据年度培训计划，在 2×21 年 6 月份对员工进行了专业技能和管理知识方面的集中培训，共发生培训费用 50 万元。

分析：本例中，对于该项培训费用，公司应当直接计入 6 月份的损益，不能在 6 月份之前预提，也不能在 6 月份之后待摊。

（四）中期会计政策与会计估计变更的处理

1. 会计政策变更

中期财务报告准则规定，企业在中期发生了会计政策变更的，应当按照《企业会计准则第 28 号——会计政策、会计估计变更和差错更正》规定处理，并在财务报告附注中作相应披露。会计政策变更的累积影响数能够合理确定、且涉及本会计年度以前中期财务报表相关项目数字的，应当予以追溯调整，视同该会计政策在整个会计年度一贯采用；同时，上年度可比中期财务报表也应当作相应调整。

一般情况下，企业应当根据中期财务报告准则的要求，对以前年度比较中期财务报表最早期间的期初留存收益和这些财务报表其他相关项目的数字，进行追溯调整；同时，涉及本会计年度内会计政策变更以前各中期财务报表相关项目数字的，也应当予以追溯调整，视同该会计政策在整个会计年度和可比中期财务报表期间一贯采用。反之，会计政策变更的累积影响数不能合理确定，以及不涉及本会计年度以前中期财务报表相关项目数字的，应当采用未来适用法。同时，在财务报表附注中说明会计政策变更的性质、内容、原因及其影响数，如果累积影响数不能合理确定的，也应当说明理由。

企业中期财务报告中应披露下列会计政策变更的影响数：（1）披露会计政策变更对以前年度的累积影响数，包括对比较中期财务报表最早期间期初留存收益的影响数、以前年度可比中期损益的影响数。（2）披露会计政策变更对变更中期、年初至变更中期末损益的影响数。（3）披露会计政策变更对当年度会计政策变更前各中期损益的影响数。

企业需要编制季度财务报告的，对会计政策变更的累积影响数能够合理确定且涉及本会计年度以前中期财务报表相关项目数字进行调整时，如果会计政策变更发生在会计年度的第一季度，企业除了计算会计政策变更的累积影响数并作相应的账务处理之外，在财务报表的列报方面，只需要根据变更后的会计政策编制第一季度和当年度以后季度财务报表，并对根据中期财务报告准则要求提供的以前年度比较财务报表最早期间的期初留存收益和这些财务报表的其他相关项目数字作相应调整。

在财务报告附注的披露方面，应当披露会计政策变更对以前年度的累积影响数（包括对比较财务报表最早期间期初留存收益的影响数和以前年度可比中期损益的影响数）和对第一季度损益的影响数，在当年度第一季度之后的其他季度财务报表附注中，则应当披露第一季度发生的会计政策变更对当季度损益的影响数和年初至本季度末损益的影响数。如果会计政策变更发生在会计年度内第一季度之外的其他季度，如第二季度、第三季度等，其会计处理相对于会计政策变更发生在第一季度而言要复杂一些。企业除了应当计算会计政策变更的累积影响数并作相应的账务处理之外，在财务报表的列报方面，还需要调整根据中期财务报告准则要求提供的以前年度比较财务报表最早期间的期初留存收益和比较财务报表其他相关项目的数字，以及在会计政策变更季度财务报告中或者变更以后季度财务报告中所涉及的本会计年度内发生会计政策变更之前季度财务报表相关项目的数字。

在财务报告的附注披露方面，企业需要披露会计政策变更对以前年度的累积影响数，主要有：（1）对比较财务报表最早期间期初留存收益的影响数；（2）以前年度可比中期损益的影响数，包括可比季度损益的影响数和可比年初至季度末损益的影响数；（3）对当年度变更季度、年初至变更季度末损益的影响数；（4）当年度会计政策变更前各季度损益的影响数。

2. 会计估计变更

对于会计估计变更，本准则规定，在同一会计年度内，以前中期财务报表项目在以后中期发生了会计估计变更的，以后中期财务报表应当反映该会计估计变更后的金额，但对以前中期财务报表项目金额不作调整。也就是说，企业在一个会计年度内，前一个或者几个中期（如季度）的会计估计在以后一个中期或者几个中期（如季度）里发生了变更，应当按照中期财务报告准则及《企业会计准则第28号——会计政策、会计估计变更和差错更正》的规定，不对以前中期已经报告过的会计估计金额作追溯调整，也不重编以前中期的财务报表，企业只需在变更当期或者以后期间按照变更后的会计估计进行会计处理。会计估计变更的影响数计入变更当期，如果还影响到以后期间的话，还应当将会计估计变更的影响数计入以后期间，同时在附注中作相应披露。

四、比较财务报表与合并财务报表

（一）比较财务报表

为了提高财务报告信息的可比性、相关性和有用性，企业在中期期末除了编制中期末资产负债表、中期利润表和现金流量表之外，还应当提供前期比较财务报表。中期财务报告准则规定，中期财务报告应当按照下列规定提供比较财务报表：

（1）本中期期末的资产负债表和上年度年末的资产负债表。

（2）本中期的利润表、年初至本中期末的利润表以及上年度可比期间的利润表。

（3）年初至本中期末的现金流量表和上年度年初至可比本中期末的现金流量表。

中期财务报告准则规定，财务报表项目在报告中期作了调整或者修订的，上年度比较财务报表项目有关金额应当按照本年度中期财务报表的要求重新分类，并在附注中说明重新分类的原因及其内容，无法重新分类的，应当在附注中说明不能重新分类的原因。

（1）企业在中期内按新会计准则的规定，对财务报表项目进行了调整，则上年度比较财务报表项目及其金额应当按照本年度中期财务报表的要求进行重新分类，以确保其与本年度中期财务报表的相应信息相互可比。同时，企业还应当在附注中说明财务报表项目重新分类的原因及内容。如果企业因原始数据收集、整理或者记录等方面的原因，无法对比较财务报表中的有关项目进行重新分类，应当在附注中说明其不能进行重新分类的原因。

（2）企业在中期内发生了会计政策变更的，其累积影响数能合理确定、且涉及本会计年度以前中期财务报表净损益和其他相关项目数字的，应当予以追溯调整，视同该会计政策在整个会计年度一贯采用；对于比较财务报表可比期间以前的会计政策变更的累积影响数，应当根据规定调整比较财务报表最早期间的期初留存收益，财务报表其他相关项目的数字也应当一并调整。同时，在附注中说明会计政策变更的性质、内容、原因及其影响数；无法追溯调整的，应当说明原因。

（3）对于在本年度中期内发生的调整以前年度损益事项，企业应当调整本年度财务报表相关目的年初数，同时，中期财务报告中相应的比较财务报表也应当为已经调整以前年度损益后的报表。

（二）合并财务报表

根据中期财务报告准则规定，上年度编制合并财务报表的，中期期末应当编制合并财务报表，具体要求如下：

（1）上年度编报合并财务报表的企业，其中期财务报告也应当编制合并财务报表，而且合并财务报表的合并范围、合并原则、编制方法和合并财务报表的格式与内容等也应当与上年度合并财务报表相一致。但当年企业会计准则有新规定的除外。

（2）企业中期合并财务报表合并范围发生变化的，则应当区分以下情况进行处理：

①上年度财务报告包括了合并财务报表，但报告中期内处置了所有应纳入合并范围的子公司的，中期财务报告应当包括当年子公司处置前的相关财务信息。

如果企业在报告中期内处置了所有子公司，而且在报告中期又没有新增子公司，那么企业在其中期财务报告中就不必编制合并财务报表。尽管如此，企业提供的上年度比较财务报表仍然应当同时提供合并财务报表和母公司财务报表。除非在上年度可比中期末，企业没有子公司。也就是说，上年度的子公司若是在上年度可比中期末之后新增，因而在上年度可比中期的财务报告中并没有编制有关合并财务报表，则在这种情况下，上年度可比中期的财务报表（即可比利润表和可比现金流量表）就不必提供合并财务报表。

②如果企业在报告中期内新增子公司，则企业在中期末就需要将该子公司财务报表纳入合并财务报表的合并范围中。

例 32-07 A 公司成立于 2×20 年年初，公司成立之初没有一家子公司，因此公司在 2×20 年第一季度财务报告中只需要提供公司本身财务报表。在 2×20 年第二季度，公司购并家 B 公司，获得了该公司 80% 的股份，从而使得该公司成为 A 公司的控股子公司。这样，在 2×20 年第二季度财务报告中，A 公司就需要同时提供合并财务报表和母公司财务报表。第三季度财务报告和 2×20 年年度财务报告也是如此。假定在 2×21 年第一季度，公司又将 B 公司对外出售，这样，A 公司在 2×21 年又没有了子公司，所以，尽管公司在上年度财务报告中编制了合并财务报表，但是在 2×21 年第一季度财务报告中，公司无须编制合并财务报表。另外，由于在上年度第一季度财务报告中公司也没有编制合并财务报表，所以，在提供上年度比较财务报表时，除了上年度末的资产负债表仍然应当包括合并财务报表和母公司财务报表之外，其他比较财务报表（包括利润表和现金流量表）都不必提供合并财务报表。在 2×21 年第二季度，公司仍然没有需要纳入合并财务报表合并范围的子公司，因此仍然不必编制合并财务报表，但是，在提供上年度比较财务报表时，则应当同时提供合并财务报表和母公司财务报表。

（3）应当编制合并财务报表的企业，如果在上年度财务报告中除了提供合并财务报表之外，还提供了母公司财务报表，如上市公司，那么在其中期财务报告中除了应当提供合并财务报表之外，也应当提供母公司财务报表。

五、中期财务报表的附注

中期财务报告附注是对中期资产负债表利润表、现金流量表等报表中列示项目的文字描述或明细阐述，以及对未能在这些报表中列示项目的说明等。中期财务报告准则规定，中期财务报告中的附注应当以年初至本中期末为基础编制，披露自上年度资产负债表日之后发生的，有助于理解企业财务状况、经营成果和现金流量变化情况的重要交易或者事项。

（一）中期财务报告附注编制要求

1. 中期财务报告附注应当以年初至本中期末为基础

编制中期财务报告的目的是向报告使用者提供自上年度资产负债表日之后所发生的重要交易或者事项，因此，中期财务报告附注应当以“年初至本中期末”为基础进行编制，而不应当仅仅只披露本中期所发生的重要交易或者事项。

例 32-08 A 公司需要编制季度财务报告，该公司在 2×21 年 3 月 5 日对外进行重大投资，设立一家子公司。

分析：本例中，对于这一事项，A 公司不仅应当在 2×21 年度第一季度财务报告附注中予以披露，还应当在 2×21 年度第二季度财务报告和第三季度财务报告附注中予以披露。

2. 中期财务报告附注应当对自上年度资产负债表日之后发生的重要交易或者事项进行披露

为了全面反映企业财务状况、经营成果和现金流量，中期财务报告准则规定，中期财务报告附注应当以年初至本中期末为基础编制，披露自上年度资产负债表日之后发生的，有助于理解企业财务状况、经营成果和现金流量变化情况的重要交易或者事项。此外，本中期财务状况、经营成果和现金流量有关的重要交易或者事项，也应当在附注中作相应披露。

例 32-09 A 公司在 2×21 年 1 月 1 日至 6 月 30 日累计实现净利润 2 500 万元，其中，第二季度实现净利润 100 万元，公司在第二季度转回前期计提的坏账准备 100 万元，第二季度末应收账款余额为 500 万元。

分析：本例中，尽管该公司第二季度转回的坏账准备仅仅占 A 公司 1 ~ 6 月净利润总额的 4%（100÷2 500×100%），可能并不重要，但是该项转回金额占第二季度净利润的 100%（100÷100×100%）、占第二季度末应收账款余额的 20%，对于理解第二季度（4 ~ 6 月）经营成果和第二季度末财务状况而言，属于重要事项，所以，A 公司应当在第二季度财务报告附注中披露该事项。

在实务工作中，企业还应当综合考虑资产规模、经营特征等因素，以对重要性作出较为合理的判断。

（二）中期财务报告附注编制要求

中期财务报告准则规定，中期财务报告中的附注至少应当包括下列信息：

（1）中期财务报表所采用的会计政策与上年度财务报表相一致的声明。

会计政策发生变更的，应当说明会计政策变更的性质、内容、原因及其影响数；无法进行追溯调整的，应当说明原因。

（2）会计估计变更的内容、原因及其影响数；影响数不能确定的，应当说明原因。

（3）前期差错的性质及其更正金额；无法进行追溯重述的，应当说明原因。

（4）企业经营的季节性或者周期性特征。

（5）存在控制关系的关联方发生变化的情况；关联方之间发生交易的，应当披露关联方关系的性质、交易类型和交易要素。

（6）合并财务报表的合并范围发生变化的情况。

（7）对性质特别或者金额异常的财务报表项目的说明。

（8）证券发行、回购和偿还情况。

（9）向所有者分配利润的情况，包括在中期内实施的利润分配和已提出或者已批准但尚未实施的利润分配情况。

（10）根据《企业会计准则第 35 号——分部报告》规定应当披露分部报告信息的，应当披露主要报告形式的分部收入与分部利润（亏损）。

（11）中期资产负债表日至中期财务报告批准报出日之间发生的非调整事项。

（12）上年度资产负债表日以后所发生的或有负债和或有资产的变化情况。

（13）企业结构变化情况，包括企业合并，对被投资单位具有重大影响、共同控制或者控制关系的长期股权投资的购买或者处置，终止经营等。

（14）其他重大交易或者事项，包括重大的长期资产转让及其出售情况、重大的固定资产和无形资产取得情况、重大的研究和开发支出、重大的资产减值损失情况等。

企业在提供上述（5）和（10）有关关联方交易、分部收入与分部利润（亏损）信息时，应当同时提供本中期（或者本中期期末）和本年度年初至本中期末的数据，以及上年度可比本中期（或者可比期期末）和可比年初至本中期末的比较数据。

中期财务报告准则规定，在同一会计年度内，以前中期财务报告中报告的某项估计金额在最后一个中期发生了重大变更、企业又不单独编制该中期财务报告的，应当在年度财务报告的附注中披露该项估计变更的内容、原因及其影响金额。

例 32-10 A 公司需要编制季度财务报告，但不需单独编制第四季度财务报告。假设该公司在第四季度里，对第一、二或者第三季度财务报表中所采用的会计估计，如固定资产折旧年限、资产减值、预计负债等估计作了重大变更，则需要在其年度财务报告附注中，按照《企业会计准则第 28 号——

会计政策、会计估计变更和差错更正》的规定，披露该项会计估计变更的内容、原因及其影响金额。同样地，假如一家公司是需要编制半年度财务报告的企业，但不单独编制下半年财务报告，如果该公司对于上半年财务报告中所采用的会计估计在下半年作了重大变更，应当在其年度财务报告的附注中予以说明。

六、新旧衔接

首次执行企业会计准则，遵照《企业会计准则第38号——首次执行企业会计准则》的相关规定，详见本书第三十八章。

第三十三章
合并财务报表

一、准则适用范围

《企业会计准则第 33 号——合并财务报表》（简称合并财务报表准则）主要规范合并财务报表合并范围的确定及合并财务报表的编制和列报，以及特殊交易在合并财务报表中的处理。

外币报表的折算由《企业会计准则第 19 号——外币折算》和《企业会计准则第 31 号——现金流量表》规范；在子公司权益的披露由《企业会计准则第 41 号——在其他主体中权益的披露》规范。

二、合并财务报表的含义

（一）合并财务报表定义

合并财务报表是指反映母公司和其全部子公司形成的企业集团整体财务状况、经营成果和现金流量的财务报表。与个别财务报表相比，合并财务报表具有以下特点：

（1）合并财务报表反映的对象是由母公司和其全部子公司组成的会计主体。

（2）合并财务报表的编制者是母公司，但所对应的会计主体是由母公司及其控制的所有子公司所构成的合并财务报表主体（简称为合并集团）。

（3）合并财务报表是站在合并财务报表主体的立场上，以纳入合并范围的企业个别财务报表为基础，根据其他有关资料，抵销母公司与子公司、子公司相互之间发生的内部交易，考虑了特殊交易事项对合并财务报表的影响，旨在反映合并财务报表主体作为一个整体的财务状况、经营成果和现金流量。

合并财务报表能够向财务报告的使用者提供反映企业集团整体财务状况、经营成果和现金流量的会计信息，有利于财务报告的使用者作出经济决策，有利于避免一些母公司利用控制关系，人为地粉饰财务报表的情况的发生。

（二）豁免规定

合并财务报表准则第四条规定，母公司应当编制合并财务报表。如果母公司是投资性主体，且不存在为其投资活动提供相关服务的子公司，则不应编制合并财务报表。除上述情况外，不允许有其他情况的豁免。

三、合并范围的确定

（一）合并范围的基本规定

合并财务报表准则对合并范围作出如下规定，合并财务报表的合并范围应当以控制为基础予以确定，不仅包括根据表决权（或类似权利）本身或者结合其他安排确定的子公司，也包括基于一项或多项合同安排决定的结构化主体。

控制，是指投资方拥有对被投资方的权力，通过参与被投资方的相关活动而享有可变回报，并且有能力运用对被投资方的权力影响其回报金额。控制的定义包含三项基本要素：一是投资方拥有对被投资方的权力，二是因参与被投资方的相关活动而享有可变回报，三是有能力运用对被投资方的权力影响其回报金额。在判断投资方是否能够控制被投资方时，当且仅当投资方具备上述三要素时，才能表明投资方能够控制被投资方。

1. 投资方拥有对被投资方的权力

投资方拥有对被投资方的权力是判断控制的第一要素。投资方能够主导被投资方的相关活动时，称投资方对被投资方享有“权力”，相关活动指对被投资方的回报产生重大影响的活动，包括但不限于商品或劳务的销售和购买、金融资产的管理、资产的购买和处置、研究与开发活动、确定资本结构和获取融资。

分析投资方是否能够主导被投资方的相关活动时，要求投资方需要识别被投资方并评估其设立目的和设计、识别被投资方的相关活动以及对相关活动进行决策的机制、确定投资方及涉入被投资方的其他方拥有的与被投资方相关的权利等，以确定投资方当前是否有能力主导被投资方的相关活动。

（1）评估被投资方的设立目的和设计。

被投资方可能是一个有限责任公司、股份有限公司、尚未进行公司制改建的国有企业，也可能是一个合伙企业、信托、专项资产管理计划等。在少数情况下，也可能包括被投资方的一个可分割部分。在判断投资方对被投资方是否拥有权力时，通常要结合被投资方的设立目的和设计。评估被投资方的设立目的和设计，有助于识别被投资方的哪些活动是相关活动、相关活动的决策机制、被投资方相关活动的主导方以及涉入被投资方的哪一方能从相关活动中取得可变回报。

①被投资方的设计安排表明表决权是判断控制的决定因素。当对被投资方的控制是通过持有其一定比例表决权或是潜在表决权的方式时，在不存在其他改变决策的安排的情况下，主要根据通过行使表决权来决定被投资方的财务和经营政策的情况判断控制。

例如，在不存在其他因素时，通常持有半数以上表决权的投资方控制被投资方，但是，当章程或者其他协议存在某些特殊约定（如被投资方相关活动的决策需要三分之二以上表决权比例通过）时，拥有半数以上但未达到约定比例等并不意味着能够控制被投资方。

②被投资方的设计安排表明表决权不是判断控制的决定因素。当表决权仅与被投资方的日常行政管理活动有关，不能作为判断控制被投资方的决定性因素，被投资方的相关活动可能由其他合同安排规定时，投资方应结合被投资方设计产生的风险和收益、被投资方转移给其他投资方的风险和收益，以及投资方面临的风险和收益等一并判断是否控制被投资方。

需要强调的是，在判断控制的各环节都需要考虑被投资方的设立目的和设计。

例 33-01 A 企业为有限合伙企业，经营期限为 3 年。A 企业将全部资金用于对非关联方 B 公司的全资子公司 C 增资，增资完成后，A 企业持有 C 公司 60% 有表决权的股份，B 公司持有 C 公司 40% 有表决权的股份。根据协议，B 公司将在 3 年后以固定价格回购 A 企业持有的 C 公司股份。C 公司是专门建造并出售某大型设备的公司，建造期为 6 年，A 企业增资时，该资产已经建造了 6 年。

分析：本例中，被投资方 C 公司的相关活动是用 6 年的时间建造某大型资产，之后以租金的方式取得回报。A 企业增资时，C 公司的资产建造已经开始，大多与建造事项有关的决策很可能已完成，当 A 企业的经营期限结束并将持有的 C 公司股份以固定价格出售给 B 公司时，C 公司刚刚完成建造活动，尚未开始产生回报。因此，A 企业并不能主导 C 公司的相关活动，而且 A 企业也无法通过参与 C 公司的相关活动取得可变回报，A 企业是通过 B 公司回购股份的方式收回其投资成本并取得收益的，因此，即使 A 企业拥有半数以上的表决权，也不能控制被投资方 C 公司。

（2）识别被投资方的相关活动及其决策机制。

①被投资方的相关活动。被投资方为经营目的而从事众多活动，但这些活动并非都是相关活动，

相关活动是对被投资方的回报产生重大影响的活动。识别被投资方相关活动的目的是确定投资方对被投资方是否拥有权力。

不同企业的相关活动可能是不同的，应当根据企业的行业特征、业务特点、发展阶段、市场环境等具体情况来进行判断，这些活动可能包括但不限于下列活动：商品或劳务的销售和购买；金融资产的管理；资产的购买和处置；研究与开发；融资活动。对许多企业而言，经营和财务活动通常对其回报产生重大影响。

例 33-02　B 投资公司由 A 资产管理公司设立，A 公司持有 B 公司 35% 有表决权的股份，剩余 65% 的股份由与 A 公司无关联关系的公众投资者持有，持股比例十分分散。此外，B 公司使用股东投入资金及发行债券所筹集的资金进行金融资产组合投资，并均投资于债务工具。这样，B 公司将可能面临投资本金和利息不能收回的信用风险。为此，保证债权人利益，在违约事项带来的损失超过股东投入金额之前，A 公司管理 B 公司的投资组合；在违约事项带来的损失超过股东投入金额之后，由债权人指定的其他方管理 B 公司存在违约事项的资产及剩余金融资产的投资。

分析：本例中，在未发生违约事项或违约事项带来的损失小于股东投入金额的情况下，B 公司的相关活动是金融资产投资组合的管理，而在违约事项带来的损失超过股东投入金额后，B 公司的相关活动转变为对存在违约事项的资产及剩余金融资产投资的管理。同一公司不同时间的相关活动不同，需要进一步判断哪一相关活动为最显著影响其可变回报的相关活动。

②被投资方相关活动的决策机制。投资方是否拥有权力，不仅取决于被投资方的相关活动，还取决于对相关活动进行决策的方式，例如，对被投资方的经营、融资等活动作出决策（包括编制预算）的方式，任命被投资方的关键管理人员、给付薪酬及终止劳动合同关系的决策方式等。

相关活动一般由企业章程、协议中约定的权力机构（例如股东会、董事会）来决策，特殊情况下，相关活动也可能根据合同协议约定等由其他主体决策，如专门设置的管理委员会等。有限合伙企业的相关活动可能由合伙人大会决策，也可能由普通合伙人或者投资管理公司等决策。被投资方通常从事若干相关活动，并且这些活动可能不是同时进行。本准则第十条规定，当两个或两个以上投资方能够分别单方面主导被投资方的不同相关活动时，能够主导对被投资方回报产生最重大影响的活动的一方拥有对被投资方的权力，此时，通常需要考虑的因素包括：（a）被投资方的设立目的和设计；（b）影响被投资方利润率、收入和企业价值的决定因素；（c）被投资方有关上述因素的决策职权范围及其对被投资方回报的影响程度；（d）投资方承担可变回报风险的大小。

例 33-03　A 公司和 B 公司共同投资设立 C 公司。C 公司的主营业务活动为医疗器械的研发和销售。根据 C 公司章程和合资协议的约定，在所研发医疗器械获得相关监管部门的生产批准前，A 公司可以单方面主导 C 公司医疗器械研发活动，而在获得相关监管部门的生产批准后，则由 B 公司单方面主导该医疗器械的生产和营销决策。

分析：本例中，C 公司的医疗器械研发、生产和营销活动均会对 C 公司的回报产生重大影响。投资方在判断是否对 C 公司拥有权力时，除了需要结合上述四点进行综合分析以外，还需要考虑下列因素：获得监管部门批准的不确定性和难易程度、被投资方成功开发医疗器械并获取生产批准的历史纪录、产品定位、当前医疗器械所处的开发阶段、所需开发时间、同类医疗器械开发的难易程度、取得同类医疗器械营销渠道的难易程度、开发完成后可实际控制该医疗器械相关经营活动的投资方等。

当两个或两个以上投资方能够分别单方面主导被投资方的不同相关活动时，能够主导对被投资方回报产生最重大影响的活动的一方拥有对被投资方的权力。

（3）确定投资方拥有的与被投资方相关的权力。

①权力的界定。权力来源于权利，而且必须是一种实质性权利。在判断投资方是否拥有对被投资方的权力时，应区分投资方及其他方享有的权利是实质性权利还是保护性权利，仅实质性权利才应当

被加以考虑。

（a）实质性权利，是指持有人在对相关活动进行决策时，有实际能力行使的可执行权利。对于投资方拥有的实质性权利，即便投资方并未实际行使，也应在评估投资方是否对被投资方拥有权力时予以考虑。有时，其他投资方也可能拥有可行使的实质性权利，使得投资方不能控制被投资方。其他投资方拥有的可行使的实质性权利包括提出议案的主动性权利和对议案予以批准或否定的被动性权利，当这些权利不仅仅是保护性权利时，其他方拥有的这些权利可能导致投资方不能控制被投资方。

例 33-04 投资方持有一份将于25天后结算的远期股权购买合同，该合同赋予投资方行权后能够持有被投资方的多数表决权股份。另外，能够对被投资方相关活动进行决策的最早时间是30天后才能召开的特别股东大会。其他投资方不能对被投资方相关活动现行的政策作出任何改变。

分析：这是一项实质性权利。因为虽然投资方持有的远期股权购买合同25天后才能结算，不是当前可执行的权利，但是由于股东大会最早召开的时间在30天后，晚于远期合同的可行权日（25天后），在投资方执行远期合同之前，没有其他任何一方可以改变与被投资方的相关活动有关的决策。因此，虽然该权利当前不可执行，但仍然为一项实质性权利。

（b）保护性权利。保护性权利仅为了保护权利持有人利益，却没有赋予持有人对相关活动的决策权。保护性权利通常包括应由股东大会（或股东会，下同）行使的修改公司章程，增加或减少注册资本，发行公司债券，公司合并、分立、解散或变更公司形式等事项持有的表决权。例如，少数股东批准超过正常经营范围的资本性支出或发行权益工具、债务工具的权利。又如，贷款方限制借款方从事损害贷款方权利的活动的权利，这些活动将对借款方信用风险产生不利影响从而损害贷款方权利，以及贷款方在借款方发生违约行为时扣押其资产的权利等。

保护性权利通常只能在被投资方发生根本性改变或某些例外情况发生时才能够行使，它既没有赋予其持有人对被投资方拥有权力，也不能阻止被投资方的其他投资方对被投资方拥有权力。仅享有保护性权利的投资方不拥有对被投资方的权力。

②权力来自表决权。表决权是对被投资方经营计划、投资方案、年度财务预算方案和决算方案、利润分配方案和弥补亏损方案、内部管理机构的设置、聘任或解聘公司经理及确定其报酬、公司的基本管理制度等事项进行表决而持有的权利。表决权比例通常与其出资比例或持股比例是一致的，但公司章程另有规定的除外。

通常情况下，当被投资方从事一系列对其回报产生显著影响的经营及财务活动，且需要就这些活动连续地进行实质性决策时，表决权或类似权利本身或者结合其他安排，将赋予投资方拥有权力，即一般情况下，表决权能够对被投资方回报产生重大影响。但在一些情况下，表决权不能对被投资方回报产生重大影响（例如，表决权可能仅与日常行政活动有关），被投资方的相关活动由一项或多项合同安排决定。

（a）投资方拥有多数表决权的权力。投资方持有被投资方半数以上表决权的情况通常包括以下三种：一是投资方直接持有被投资方半数以上表决权；二是投资方间接持有被投资方半数以上表决权；三是投资方以直接和间接方式合计持有被投资方半数以上表决权。

例 33-05 A企业和B企业分别持有C企业60%和40%的普通股，C企业的相关活动通过股东会议上多数表决权主导，在股东会议上，每股普通股享有一票投票权。假设不存在其他因素，C企业的相关活动由持有C企业大多数投票权的一方主导。

分析：在本案例中，A企业拥有对C企业的权力，因为其是C企业大多数投票权的持有者。

例 33-06 A企业和B企业分别持有C企业60%和40%的普通股，C企业的相关活动以董事会会议上多数表决权主导，A企业和B企业根据其享有C企业所有者权益的比例，各自有权任命6名或4名董事。

分析：本案例中，A 企业拥有对 B 企业的权力，因其有权任命主导 C 企业相关活动的董事会的大多数成员。

通常情况下，当被投资方的相关活动由持有半数以上表决权的投资方决定，或者主导被投资方相关活动的管理层多数成员（管理层决策由多数成员表决通过）由持有半数以上表决权的投资方聘任时，无论该表决权是否行使，持有被投资方过半数表决权的投资方拥有对被投资方的权力。但是确定持有半数以上表决权的投资方是否拥有权力，关键在于该投资方现时是否有能力主导被投资方的相关活动。投资方现时没有能力主导被投资方的相关活动，即使持有半数以上表决权也没有拥有被投资方的权力，如下述两种情况：

一是存在其他安排赋予被投资方的其他投资方拥有对被投资方的权力。例如，存在赋予其他方拥有表决权或实质性潜在表决权的合同安排，且该其他方不是投资方的代理人时，投资方不拥有对被投资方的权力。

二是投资方拥有的表决权不是实质性权利。当表决权不是实质性权利时，即使投资方持有被投资方多数表决权，也不拥有对被投资方的权力。例如，有确凿证据表明，由于客观原因无法获得必要的信息或存在法律法规的障碍，投资方虽持有半数以上表决权但无法行使该表决权时，该投资方不拥有对被投资方的权力。又如，被投资方相关活动被政府、法院、管理人、接管人、清算人或监管人等其他方主导时，投资方虽然持有多数表决权，但也不可能主导被投资方的相关活动。被投资方自行清算的除外。

（b）持有被投资方半数或半数以下表决权，应综合考虑下列事实和情况，以判断投资方是否拥有对被投资方的权力。

情况 1：投资方自己持有的表决权虽然只有半数或以下，但通过与其他表决权持有人之间的协议使其可以持有足以主导被投资方相关活动的表决权，从而拥有对被投资方的权力。该类协议安排需确保投资方能够主导其他表决权持有人的表决，即：其他表决权持有人按照投资方的意愿进行表决，而不是投资方与其他表决权持有人协商并根据双方协商一致的结果进行表决。

例 33-07　E 企业拥有 4 名股东，分别为 A 企业、B 企业、C 企业和 D 企业，A 企业持有 E 企业 40% 的普通股，其他三位股东各持有 20%，E 企业的相关活动受其董事会主导，董事会由 6 名董事组成，其中 3 名董事由 A 企业任命，剩余 3 名分别由 B 企业、C 企业和 D 企业任命。A 企业和 B 企业单独签订合同安排，规定 B 企业任命的董事必须与 A 企业任命的董事以相同方式进行表决。

分析：在本案例中，A 企业拥有对 E 企业的权力。理由：若不存在其他因素，该合同安排赋予 A 企业在董事会议上获得涉及相关活动的大多数投票权这一事实将使 A 企业拥有对 E 企业的权力。

例 33-08　E 企业拥有 4 名股东，分别为 A 企业、B 企业、C 企业和 D 企业，A 企业持有 E 企业 40% 的普通股，其他三位股东各持有 20%，E 企业的相关活动受其董事会主导，董事会由 6 名董事组成，其中 3 名董事由 A 企业任命，剩余 3 名分别由 B 企业、C 企业和 D 企业任命。为避免董事审议陷入僵局，股东们签订协议赋予 A 企业任命的其中 1 名董事作为董事会主席，并且在董事会会议上享有额外的一票。

分析：A 企业拥有对 E 企业的权力，理由：股东协议有效地赋予 A 企业在董事会会议上获得相关活动的大多数投票权，这将使 A 企业拥有对 E 企业的权力，即使 A 企业并未持有 E 企业的大多数投票权。

情况 2：投资方持有的表决权份额相对于其他投资方持有的表决权份额的大小，以及其他投资方持有表决权的分散程度。投资方持有的绝对表决权比例或相对于其他投资方持有的表决权比例越高，其现时能够主导被投资方相关活动的可能性越大；为否决投资方意见而需要联合的其他投资方越多，投资方现时能够主导被投资方相关活动的可能性越大。

例 33-09　A 公司持有 B 公司 38% 有表决权股份，剩余股份由分散的小股东持有，所有小股东单独持有的有表决权股份均未超过 2%，且他们之间或其中一部分股东均未达成进行集体决策的协议。

分析：本例中，在判断A公司是否拥有对B公司的权力时，由于A公司虽然持有的B公司有表决权的股份（38%）不足50%，但是，根据其他股东持有股份的相对规模及其分散程度，且其他股东之间未达成集体决策协议等情况，可以判断A公司拥有对B公司的权力。

情况3：投资方和其他投资方持有的潜在表决权。潜在表决权是获得被投资方表决权的权利，例如，可转换工具、可执行认股权证、远期股权购买合同或其他期权所产生的权利。确定潜在表决权是否赋予其持有者权力时需要考虑下列三方面：一是潜在表决权工具的设立目的和设计，以及投资方涉入被投资方其他方式的目的和设计；二是潜在表决权是否为实质性权利，判断控制仅考虑满足实质性权利要求的潜在表决权；三是投资方是否持有其他表决权或其他与被投资方相关的表决权，这些权利与投资方持有的潜在表决权结合后是否赋予投资方拥有对被投资方的权力。

例33-10 A公司与B公司分别持有被投资方50%及20%有表决权的股份。A公司与B公司签订的期权合同规定，B公司可以在当前及未来两年内以固定价格购买A公司持有的被投资方40%有表决权股份，该期权在当前及预计未来两年内都是深度价外期权（即买方B公司到期前行权的可能性极小）。历史上，A公司一直通过表决权主导被投资方的相关活动。

分析：本例中，B公司当前持有购买A公司有表决权股份的可行使期权，如果行使该期权，将使B公司持有被投资方60%有表决权的股份。但由于这些期权在当前及预计未来两年内都是深度价外期权，B公司无法从该期权的行使中获利，因此，这些期权并不构成实质性权利，在评估B公司是否拥有对被投资方的权力时不应予以考虑。

例33-11 A公司与其他两个投资方各自持有被投资方三分之一的表决权，被投资方的经营活动与A公司密切相关。此外，A公司同时持有被投资方发行的可转换债券，这些可转换债券可以在当前及未来两年内任何时间以固定价格转换为被投资方的普通股。按照该价格，当前该期权为价外期权，但非深度价外期权。如可转换债券全部转换为普通股，A公司将持有被投资方70%的表决权。

分析：本例中，可转换债券到期可转换为普通股且全部转换为普通股后，A公司将持有被投资方70%的表决权，而其他两个投资方各持有被投资方30%的表决权，据此可以判断A公司能够主导被投资方的相关活动并从中获益。因此，A公司持有的潜在表决权为实质性权利。A公司持有的表决权与实质性潜在表决权相结合，使得A公司拥有对被投资方的权力。

情况4：其他合同安排产生的权利。投资方可能通过持有的表决权和其他决策权相结合的方式使其当前能够主导被投资方的相关活动。例如，合同安排赋予投资方能够聘任被投资方董事会或类似权力机构多数成员，这些成员能够主导董事会或类似权力机构对相关活动的决策。但是，在不存在其他权利时，仅仅是被投资方对投资方的经济依赖（如供应商和其主要客户的关系）不会导致投资方对被投资方拥有权力。

例33-12 A公司持有B公司40%有表决权股份，其他10个投资方各持有B公司6%有表决权股份，且他们之间或其中一部分股东之间不存在进行集体决策的协议。根据全体股东协议，A公司有权聘任或解聘董事会多数成员，董事会主导被投资者的相关活动。

分析：本例中，A公司持有的B公司有表决权股份（40%）不足50%，且其他10个投资方各持有B公司6%有表决权股份，根据A公司自身持有股份的绝对规模和其他股东的相对规模，难以得出A公司对B公司拥有权力。但是，综合考虑全体股东协议授予A公司聘任或解聘董事会多数成员，以及其他股东之间不存在集体决策的协议，可以判断A公司对B公司拥有权力。

情况5：其他相关事实或情况。综合考虑投资方享有的权利、被投资方以往表决权行使情况及下列事实或情况进行判断：

一是投资方是否能够任命或批准被投资方的关键管理人员，这些关键管理人员能够主导被投资方的相关活动。

二是投资方是否能够出于自身利益决定或者否决被投资方的重大交易。

三是投资方是否能够控制被投资方董事会等类似权力机构成员的任命程序，或者从其他表决权持有人手中获得代理投票权。

四是投资方与被投资方的关键管理人员或董事会等类似权力机构中的多数成员是否存在关联关系，例如，被投资方首席执行官与投资方首席执行官为同一人。

五是投资方与被投资方之间是否存在特殊关系。在评价投资方是否拥有对被投资方的权力时，应当适当考虑这种特殊关系的影响，这种特殊关系可能为投资方享有权力提供了证据。

特殊关系通常包括：被投资方的关键管理人员是投资方的现任或前任职工，被投资方的经营活动依赖于投资方（例如，被投资方依赖于投资方提供经营活动所需的大部分资金，投资方为被投资方的大部分债务提供了担保，被投资方在关键服务、技术、供应或原材料方面依赖于投资方，投资方掌握了诸如专利权、商标权等对被投资方经营而言至关重要的资产，被投资方依赖于投资方为其提供具备与被投资方经营活动相关专业知识等的关键管理人员等），被投资方活动的重大部分有投资方参与其中或者是以投资方的名义进行，投资方自被投资方承担可变回报的风险（或享有可变回报的收益）的程度远超过其持有的表决权或其他类似权利的比例（例如，投资方承担或有权获得被投资方回报的比例为 70% 但仅持有不到半数的表决权）等。

投资方持有被投资方表决权比例越低，否决投资方提出的关于相关活动的议案所需一致行动的其他投资者数量越少，投资者就越需要在更大程度上运用上述证据，以判断是否拥有主导被投资方相关活动的权力。在被投资方的相关活动是通过表决权进行决策的情况下，当投资方持有的表决权比例不超过半数时，投资方在考虑了所有相关情况和事实后仍不能确定投资方是否拥有被投资方的权力的，投资方不控制被投资方。

例 33-13　A 公司持有 B 公司 40% 有表决权股份，其他 12 个投资方各持有 B 公司 5% 有表决权股份。

分析：本例中，根据 A 公司持有股份的绝对规模和与其他股东股份的相对规模难以判断 A 公司对 B 公司拥有权力。需要考虑其他事实和情况提供的证据，以判断 A 公司是否拥有对 B 公司的权力。

③权力来自表决权之外的其他权利。投资方对被投资方的权力通常来自表决权，但有时，投资方对一些主体的权力不是来自表决权，而是由一项或多项合同安排决定。例如，证券化产品、资产支持融资工具、部分投资基金等结构化主体。结构化主体，是指在确定其控制方时没有将表决权或类似权利作为决定因素而设计的主体。

主导该主体相关活动的依据通常是合同安排或其他安排形式。有关结构化主体的判断见第四十一章“在其他主体中权益的披露”。由于主导结构化主体的相关活动不是来自表决权（或类似权利），而是由合同安排决定，这无形中加大了投资方有关是否拥有对该类主体权力的判断难度。投资方需要评估合同安排，以评价其享有的权利是否足够使其拥有对被投资方的权力。在评估时，投资方通常应考虑下列四方面：

一是在设立被投资方时的决策及投资方的参与度。在评估被投资方的设立目的和设计时，投资者应考虑设立被投资方时的决策及投资方的参与度，以判断相关交易条款与参与特点是否为投资方提供了足以获得权力的权利。参与被投资方的设立本身虽然不足以表明参与方控制被投资方，但可能使参与方有机会获得使其拥有对被投资方权力的权利。

二是相关合同安排。投资方需考虑结构化主体设立之初的合同安排是否赋予投资方主导结构化主体相关活动的权利。例如，看涨期权、看跌期权、清算权等可能为投资方提供权力的合同安排。在评估对结构化主体是否拥有权力时，应当考虑投资方在这些合同安排中享有的决策权。

三是仅在特定情况或事项发生时开展的相关活动。结构化主体的活动及其回报在其设计时就已经明确，除非特定情况或事项发生。当特定情况或事项发生时，只有对结构化主体回报产生重大影响的活动才属于相关活动。相应地，对这些相关活动具有决策权的投资方才享有权力。决策权依赖于特定情况或特定事件的发生这一事实本身并不表示该权利为保护性权利。

四是投资方对被投资方作出的承诺。为确保结构化主体持续按照原定设计和计划开展活动，投资方可能会作出一些承诺（包括明确的承诺和暗示性的承诺），因而可能会扩大投资方承担的可变回报风险，由此促使投资方更有动机获取足够多的权利，使其能够主导结构化主体的相关活动。投资方作出的确保此类主体遵守原定设计经营的承诺可能是投资方拥有权力的迹象，但其本身并不赋予投资方权力，也不会阻止其他方拥有权力。

例 33-14 A 公司为一家小额贷款公司，发起设立主体 C，A 公司向主体 C 转让一个资产池，其中包含多笔 A 公司向不同的第三方发放的期限在 12 个月内的小额贷款。主体 C 经批准以该资产池为基础资产公开发行一项资产管理计划，计划存续期为 3 年，自存续期内分期发行，每期期限为 1 年。第三方投资者共认购该计划 80% 的份额（每个单一投资者认购的比例都小于 1%），A 公司认购剩余 20% 的份额。根据主体 C 设立时订立的章程和协议安排，主体 C 唯一的经营活动是按照既定的还款计划向贷款人收取本金和利息，并在收到款项后，在既定时间内扣除按与市场水平相当的费率计算的固定比例收取的手续费后，将款项按份额比例支付给资产管理计划的投资方。主体 C 日常活动的事务，如人事、财务、行政等管理事务均由与 A 公司和主体 C 不存在关联关系的第三方资产管理公司 B 负责管理并按市价收取管理费。资产管理计划存续期间的所有相关资金流均由独立于各方的第三方银行 D 托管并按市价收取资金托管费。

如果主体 C 在既定还款时间收取既定的款项，主体 C 则按照投资者的投资比例将收取的款项分配给投资者。如果主体 C 未能在既定的还款时间内收取既定的款项，主体 C 则先将已收取的款项按约定比例分配后支付给除 A 公司以外的投资者，剩余部分再支付给 A 公司。当应收款项出现违约时，A 公司有权根据违约时间、抵押品情况、违约方信用等级调整主体 C 下一步的收款计划。当已收取的款项已经无法向除 A 公司以外的投资方进行足额支付时，主体 C 按照某一事先约定的价格将应收款项全部出售给 A 公司，由 A 公司开展进一步的收款或者债务重组安排。

分析：

第一，判断主体 C 为结构化主体且为被投资方，A 公司参与了主体 C 的设立。主体 C 设立的目的是管理和回收 A 公司发放的小额贷款。A 公司在主体 C 设立时的安排，包括认购资产管理计划的较大份额（20%）、承担劣后偿付的风险（即，如果主体 C 未能在既定的还款时间内收取既定的款项，主体 C 先将已收取的款项按约定比例分配后支付给除 A 公司以外的投资者，剩余部分再支付给 A 公司）以及 A 公司将以固定价格收回全部应收款项（当已收取的款项已经无法向除公司以外的投资方进行足额支付时）的承诺均显示出 A 公司承担了重大的回报可变性，表明其有动机获取对主体 C 权力。

第二，确定主体 C 的相关活动是对违约应收款项的管理活动。原因在于：主体 C 在应收款项违约之前的活动仅仅是按照固定的还款计划向贷款人收取预先确定的款项并过手转交给投资方，同时收取固定比例的收款手续费，主体 C 的回报不存在重大不确定性；在应收款项出现违约时，A 公司根据实际情况管理违约应收款项并调整收款计划的方式，以及按照固定价格收回应收款项的约定都会对主体 C 的回报产生重大影响。因而，主体 C 的相关活动是对违约应收款项的管理活动，即使应收款项出售给 A 公司后，管理违约资产的活动由 A 公司开展而并非在主体 C 的法律框架下开展。

第三，在确定主体 C 的相关活动后，评估投资方对主体 C 的权力时，只应考虑与管理违约应收款项相关的权利，尽管该权利只会在应收款项发生违约的特定情况下才会被运用。当应收款项出现违约时，A 公司有权调整主体 C 下一步的收款计划或者债务重组安排，因此，A 公司享有对主体 C 的权力。

另外，结构化主体在设立后的运营中，由其法律上的权力机构表决的事项通常仅与行政事务相关，表决权对投资方的回报往往不具有重大的直接联系。因此，投资方在评估结构化主体设立目的和设计时，应考虑其被专门设计用于承担回报可变性的类型、投资方通过参与其相关活动是否承担了部分或全部的回报可变性等。

2. 因参与被投资方的相关活动而享有可变回报

判断投资方是否控制被投资方的第二项基本要素是，因参与被投资方的相关活动而享有可变回报。可变回报是不固定的并可能随被投资方业绩而变动的回报，可能是正数，也可能是负数，或者有正有负。投资方在判断其享有被投资方的回报是否变动以及如何变动时，应当根据合同安排的实质，而不是法律形式。

例如，投资方持有固定利率的交易性债券投资时，虽然利率是固定的，但该利率取决于债券违约风险及债券发行方的信用风险，因此，固定利率也可能属于可变回报。又如，管理被投资方资产获得的固定管理费也属于可变回报，因为管理者是否能获得此回报依赖于被投资方是否能够产生足够的收益用于支付该固定管理费。其他可变回报的例子包括：

（1）股利、被投资方经济利益的其他分配（例如，被投资方发行的债务工具产生的利息）、投资方对被投资方投资的价值变动。

（2）因向被投资方的资产或负债提供服务而得到的报酬、因提供信用支持或流动性支持收取的费用或承担的损失、被投资方清算时在其剩余净资产中所享有的权益、税务利益，以及因涉入被投资方而获得的未来流动性。

（3）其他利益持有方无法得到的回报。例如，投资方将自身资产与被投资方的资产一并使用，以实现规模经济，达到节约成本、为稀缺产品提供资源、获得专有技术或限制某些运营或资产，从而提高投资方其他资产的价值。

投资方的可变回报通常体现为从被投资方获取股利。受法律法规的限制，投资方有时无法通过分配被投资方利润或盈余的形式获得回报，例如，当被投资方的法律形式为信托机构时，其盈利可能不是以股利形式分配给投资者。此时，需要根据具体情况，以投资方的投资目的为出发点，综合分析投资方是否获得除股利以外的其他可变回报，被投资方不能进行利润分配并不必然代表投资方不能获取可变回报。另外，即使只有一个投资方控制被投资方，也不能说明只有该投资方才能获取可变回报。例如，少数股东可以分享被投资方的利润。

3. 有能力运用对被投资方的权力影响其回报金额

判断控制的第三项基本要素是，有能力运用对被投资方的权力影响其回报金额。只有当投资方不仅拥有对被投资方的权力、通过参与被投资方的相关活动而享有可变回报，并且有能力运用对被投资方的权力来影响其回报的金额时，投资方才控制被投资方。因此，拥有决策权的投资方在判断是否控制被投资方时，需要考虑其决策行为是以主要责任人（即实际决策人）的身份进行还是以代理人的身份进行。此外，在其他方拥有决策权时，投资方还需要考虑其他方是否以代理人的身份代表该投资方行使决策权。

（1）投资方的代理人。代理人是相对于主要责任人而言的，代表主要责任人行动并服务于该主要责任人的利益。主要责任人可能将其对被投资方的某些或全部决策权授予代理人，但在代理人代表主要责任人行使决策权时，代理人并不对被投资方拥有控制。主要责任人的权力有时可以通过代理人根据主要责任人的利益持有并行使，但权力行使人不会仅仅因为其他方能从其行权中获益而成为代理人。

在判断控制时，代理人的决策权应被视为由主要责任人直接持有，权力属于主要责任人而非代理人，因此，投资方应当将授予代理人的决策权视为自己直接持有的决策权，即使被投资方有多个投资方且其中两个或两个以上投资方有代理人。决策者在确定其是否为代理人时，应综合考虑该决策者与被投资方以及其他方之间的关系，尤其需要考虑下列四项：

①决策者对被投资方的决策权范围。如果决策者参与被投资方设计的程度较深，则可能表明决策

者有机会，也有动机获得使其有能力主导相关活动的权利。允许决策者（如资产管理人）主导被投资方相关活动的决策权范围越广，越能表明决策者拥有权力。

在评估决策权范围时，应考虑相关协议或法规允许决策者决策的活动，以及决策者对这些活动进行决策时的自主程度。与该评估相关的因素包括但不限于：被投资方的设立目的与设计、被投资方面临的风险及转移给其他投资方的风险，以及决策者在设计被投资方过程中的参与程度。

②其他方享有的实质性权利。其他方享有的实质性权利可能会影响决策者主导被投资方相关活动的能力。如存在单独一方拥有实质性罢免权并能够无理由罢免决策者的事实，或存在单独一方拥有的限制决策者决策的实质性权利，足以表明决策者是代理人。

③决策者的薪酬水平。相对于被投资方活动的预期回报，决策者薪酬的比重（量级）和可变动性越大，决策者越有可能不是代理人。当同时满足下列两项时，决策者有可能是代理人：一是决策者的薪酬与其所提供的服务相称；二是薪酬协议仅包括在公平交易基础上有关类似服务和技能水平商定的安排中常见的条款、条件或金额。决策者不能同时满足上述两个条件的，不可能是代理人。

④决策者因持有被投资方的其他利益而承担可变回报的风险。对于在被投资方持有其他利益的决策者，在判断其是否为代理人时，应评估决策者因该利益所面临的可变回报的风险，应考虑：

（a）决策者享有的经济利益（包括薪酬和其他利益）的比重和可变动性。决策者享有的经济利益的比重和可变动性越大，该决策者越有可能是主要责任人。

（b）决策者面临的可变回报风险是否与其他投资方不同，如果是，这些不同是否会影响其行为。例如，决策者持有次级权益，或向被投资方提供其他形式的信用增级，表明决策者可能是主要责任人。

决策者还应评估所承担的可变回报风险相对于被投资方回报总体变动的风险而言的程度。该评估主要应根据预期从被投资方的活动中得到的回报，但也应考虑决策者通过持有其他利益而承担的被投资方可变回报的最大风险。

综合上述四项因素的分析，当存在单独一方持有实质性罢免权并能无理由罢免决策者时，决策者属于代理人。除此以外，需综合考虑上述四项因素以判断决策者是否作为代理人行使决策权。

例 33-15 某主体 A 作为资产管理人发起设立一项投资计划，为多个投资者提供投资机会。主体 A 在投资授权设定的范围内，以全体投资者的利益最大化为前提作出决策，并拥有较大主导投资计划相关活动的决策权，包括具体资产的配置、买入卖出时点以及投资资产出现风险时（如信用违约等）的后续管理等。主体 A 按照计划资产净值的 1% 加上达到特定盈利水平后投资计划利润的 20% 收取管理费，该管理费符合市场和行业惯例，与主体 A 提供的服务相称。

假定 1：参与该计划的投资者人数较多，单个投资者的投资比例均小于 0.5% 且投资者之间不存在关联关系；该投资计划设有年度投资者大会，经出席该会议的投资者所持份额的三分之二以上一致通过，可以罢免主体 A 的资产管理人资格，不存在可以无理由罢免主体 A 的资产管理人资格的单独一方的投资者；主体 A 自身持有该投资计划 2% 的份额，主体 A 没有为该计划的其他投资者提供保证其收回初始投资及最低收益率的承诺，主体 A 对超过其 2% 投资以外的损失不承担任何义务。

分析：本假设下，由于没有任何一方可以无条件罢免主体 A 的资产管理人资格，因此，主体 A 在确定其是投资计划的主要责任人还是代理人时需要结合其他因素进一步分析。

主体 A 对于投资计划享有较大的决策权，可以主导投资计划的相关活动。虽然投资计划设立了年度投资者大会，但由于投资者人数较多，且单个投资者之间不存在关联关系，不太可能出现较多非关联的投资者集合在一起进行表决并否决主体 A 的情况。因此，结合主体 A 的决策权范围和其他方持有的权利，可以得出主体 A 拥有对该投资计划的权力。

主体 A 收取的管理费与其服务相称这一事实表明，主体 A 可能作为代理人行使权力。为进一步判断主体 A 是否为代理人，还需要考虑主体 A 持有的份额，主体 A 还持有该投资计划 2% 的份额，该投资加大了主体A面临的可变回报风险，但该风险尚未重大到表明主体A是主要责任人的程度。根据上述分析，主体A为该投资计划的代理人。

假定2：在主体A违反合同的情况下，其他投资者有权罢免主体A。主体A自身持有该投资计划20%的份额，主体A没有为该计划的其他投资者提供保证收回初始投资及最低收益率的承诺，主体A没有对超过该20%的投资承担任何额外损失的义务。

分析：本假定下，投资方有权在主体A违约时罢免主体A。由于该权利只有在主体A违约时才能行使，该权利属于保护性权利，但是，主体A通过与其服务相称的管理费以及20%的直接投资承担并有权获取投资计划的可变回报，且该回报的比重和可变动性均较为重大的情况表明，主体A通过对投资计划行使权力而影响其回报的金额和程度较大，主体A享有较大的实质性权利。因此，主体A为该投资计划的主要责任人。

假定3：投资计划设有董事会，所有董事都独立于主体A，并由其他投资者任命。董事会每年任命资产管理人。如果董事会决定不再继续聘任主体A，主体A提供的服务可以由同行业的其他主体接替。主体A自身持有该投资计划20%的份额，主体A没有为该计划的其他投资者提供保证收回初始投资及最低收益率的承诺，主体A没有对超过该20%的投资承担任何额外损失的义务。

分析：本假定下，主体A收取的管理费以及持有的20%投资表明，主体A承担并有权获取投资计划的可变回报，并且该回报的比重和可变动性足以表明其是主要责任人，但是，独立于主体A的投资者组成的董事会可以罢免主体A，这样，有权任命董事的其他投资者拥有罢免主体A的实质性权利。因此，应综合考虑董事会的构成、决策机制等情况判断该罢免权是否为实质性权利。如果该罢免权属于实质性权利，则在分析主体A是否为代理人时，应给予该项实质性罢免权以更大的权重。因此，尽管主体A拥有较大的决策权，并面临重大的可变回报风险，如果综合相关因素判断其他投资者享有实质性罢免权，则表明主体A是代理人。

假定4：在主体A违反合同的情况下，其他投资者有权罢免主体A。主体A自身持有该投资计划5%的份额，主体A为该投资计划的其他投资者提供了保证收回初始投资的承诺。

分析：本假定下，主体A拥有对该投资计划的实质性权利，其他投资者拥有的罢免权为保护性权利。尽管主体A通过管理费以及5%的投资面临的可变回报风险不足以表明主体A是主要责任人，但主体A为计划的其他投资者提供保证本金收回的事实表明，主体A承担的可变回报风险较大，同时表明，主体A所面临的可变回报风险与其他投资者不同。这种情况下，应进一步结合投资计划可能的业绩情况，评估主体A承担的可变回报风险程度（包括考虑该项可变回报风险的差异是否会影响主体A的行为），从而判断主体A是主要责任人还是代理人。

（2）实质代理人。在判断控制时，投资方应当考虑与所有其他方之间的关系、他们是否代表投资方行动（即识别投资方的“实质代理人”），以及其他方之间、其他方与投资方之间如何互动。上述关系不一定在合同安排中列明。当投资方（或有能力主导投资方活动的其他方）能够主导某一方代表其行动时，被主导方为投资方的实质代理人。

在这种情况下，投资方在判断是否控制被投资方时，应将其实质代理人的决策权以及通过实质代理人而间接承担（或享有）的可变回报风险（或权利）与其自身的权利一并考虑。

根据各方的关系，表明一方可能是投资方的实质代理人的情况包括但不限于：①投资方的关联方；因投资方出资或提供贷款而取得在被投资方中权益的一方；②未经投资方同意，不得出售、转让或抵押其持有的被投资方权益的一方（不包括此项限制系通过投资方和其他非关联方之间自愿协商同意的情形）；③没有投资方的财务支持难以获得资金支持其经营的一方；④被投资方权力机构的多数成员或关键管理人员与投资方权力机构的多数成员或关键管理人员相同；⑤与投资方具有紧密业务往来的一方，如专业服务的提供者与其中一家重要客户的关系。

4. 合并范围的持续评估

合并范围不是固定不变的，需持续进行评估，即控制的评估是持续的。当环境或情况发生变化时，投资方需要评估控制的三项基本要素中的一项或多项是否发生了变化。如果有任何事实或情况表明控制的三项基本要素中的一项或多项发生了变化，投资方应重新评估对被投资方是否具有控制。

（1）如果对被投资方的权力的行使方式发生变化，该变化必须反映在投资方对被投资方权力的评估中。例如，决策机制的变化可能意味着投资方不再通过表决权主导相关活动，而是由协议或者合同等其他安排赋予其他方主导相关活动的现时权利。

（2）某些事件即使不涉及投资方，也可能导致该投资方获得或丧失对被投资方的权力。例如，其他方以前拥有的能阻止投资方控制被投资方的决策权到期失效，则可能使投资方因此而获得权力。

（3）投资方应考虑因其参与被投资方相关活动而承担的可变回报风险敞口的变化带来的影响。例如，如果拥有权力的投资方不再享有可变回报（如与业绩相关的管理费合同到期），则该投资方将由于不满足控制三要素的第二要素而丧失对被投资方的控制。

（4）投资方还应考虑其作为代理人或主要责任人的判断是否发生了变化。投资方与其他方之间整体关系的变化可能意味着原为代理人的投资方不再是代理人；反之亦然。例如，如果投资方或其他方的权利发生了变化，投资方应重新评估其代理人或主要责任人的身份。

投资方有关控制的判断结论，或者初始评估其是主要责任人或代理人的结果，不会仅因为市场情况的变化（如因市场情况的变化导致被投资方的可变回报发生变化）而变化，除非市场情况的变化导致控制三要素的一项或多项发生了变化，或导致主要责任人与代理人之间的关系发生变化。

（二）合并范围的特殊事项

1. 对被投资方可分割部分的控制

投资方通常应当对是否控制被投资方整体进行判断。但在少数情况下，如果有确凿证据表明同时满足下列条件并且符合相关法律法规规定的，投资方应当将被投资方的一部分视为被投资方可分割部分，进而判断是否控制该部分：

（1）该部分的资产是偿付该部分负债或该部分其他权益的唯一来源，不能用于偿还该部分以外的被投资方的其他负债。

（2）除与该部分相关的各方外，其他方不享有与该部分资产相关的权利，也不享有与该部分资产剩余现金流量相关的权利。

因此，实质上该部分的所有资产、负债及相关权益均与被投资方的其他部分相隔离，即：该部分的资产产生的回报不能由该部分以外的被投资方其他部分使用，该部分的负债也不能用该部分以外的被投资方资产偿还。

如果被投资方的一部分资产和负债及相关权益满足上述条件，构成可分割部分，则投资方应当基于控制的判断标准确定其是否能够控制该可分割部分，包括考虑该可分割部分的相关活动及其决策机制，投资方是否有能力主导可分割部分的相关活动并据以从中取得可变回报等。如果投资方控制该可分割部分，则应将其进行合并。

此时，其他方在考虑是否控制并合并被投资方时，应仅对被投资方的剩余部分进行评估，不包括该可分割部分。

例 33-16 A 公司为有限责任公司，专门从事房地产开发，其主要经营活动为在其地块上开发住宅和商业地产项目。该地块的开发分两期执行，各期地块的开发成本和销售收入分设两个独立子账套进行单独核算管理，但与各期开发相关的开发支出均由 A 公司作为同一法人主体进行清偿，各期项目相关的营业税、土地增值税及所得税等相关税收也均由 A 公司作为同一纳税主体进行统一申报和清算。各地块的相关经营决策互相独立，其经营损益分别归属于不同的权利人。

分析：本例中，虽然各期开发项目区分了两个账套进行独立核算管理，但是，这并不足以说明其中任一期开发项目的有关资产、负债和权益均与其余各期的剩余部分相隔离。各期开发支出和相应税负仍以A公司作为单一主体进行清偿就表明某期资产并非仅承担与该期资产相关的负债，某期资产也并非与该期开发相关的负债的唯一支付来源。因此，本例中的各期开发项目并非可分割的部分，不应被认定为可分割部分。

例33-17 A公司和B公司在成立了一家合营企业C公司，生产和销售一种特殊的建筑材料，A公司与B公司共同控制C公司。数年后，A公司想继续投资该建筑材料的某高端产品。由于种种原因，A公司计划通过C公司进行该高端产品的生产和销售。因此，A公司、B公司与C公司达成如下协议安排：

在C公司内部设立独立核算的高端产品项目部，专门负责该高端产品的生产和销售。该项目部财务和经营等相关活动的决策完全由A公司作出，所需要的资金全部由A公司提供，所有资产和负债均全部归属于A公司，所产生的净利润全部归属于A公司。若因C公司其他业务造成该项目损失，A公司、B公司设置担保措施。

分析：本例中，根据相关法律的规定，C公司是一个法人主体，该部分的所有资产、负债及相关权益均与被投资方的其他部分相隔离。因此，高端产品项目部就可分割部分，应纳入A公司合并范围。

2. 投资性主体

母公司应当将其全部子公司（包括母公司所控制的被投资单位可分割部分、结构化主体）纳入合并范围。如果母公司是投资性主体，则只应将那些为投资性主体的投资活动提供相关服务的子公司纳入合并范围。其他子公司不应予以合并，应按照公允价值计量且其变动计入当期损益。

一个投资性主体的母公司如果其本身不是投资性主体，则应当将其控制的全部主体，包括投资性主体以及通过投资性主体间接控制的主体，纳入合并财务报表范围。

（1）投资性主体的定义。投资性主体的定义中包含了三个需要同时满足的条件：一是该公司以向投资方提供投资管理服务为目的，从一个或多个投资者获取资金；二是该公司的唯一经营目的，是通过资本增值、投资收益或两者兼有而让投资者获得回报；三是该公司按照公允价值对几乎所有投资的业绩进行计量和评价。

①以向投资方提供投资管理服务为目的。投资性主体的主要活动是向投资者募集资金，且其目的是为这些投资者提供投资管理服务，这是一个投资性主体与其他主体的显著区别。

②唯一经营目的是通过资本增值、投资收益或两者兼有而获得回报。投资性主体的经营目的一般可能通过其设立目的、投资管理方式、投资期限、投资退出战略等体现出来，例如，一个基金在募集说明书中可能说明其投资的目的是实现资本增值、一般情况下的投资期限较长、制定了比较清晰的投资退出战略等，这些描述与投资性主体的经营目的是一致的；反之，一个基金的经营目的如果是与被投资方合作开发、生产或者销售某种产品，则说明其不是一个投资性主体。

（a）向投资方或第三方提供投资相关服务。投资性主体为实现其经营目的，可能向投资方或者第三方提供投资咨询、投资管理、投资的日常行政管理及支持等服务，这些服务并不影响该主体符合投资性主体的条件，即使这些服务构成其业务的重要部分，因为这些服务是投资性主体经营的延伸。

（b）向被投资方提供其他服务和支持。投资性主体可能向被投资方提供管理或战略建议服务，或者贷款或担保等财务方面的支持，当这些活动与其获取资本增值或者投资收益的整体目的一致，且这些活动本身并不构成一项单独的重要收入来源时，该主体的经营目的仍然可能符合投资性主体的经营目的。当投资性主体设立专门为被投资方提供投资咨询、投资管理等服务的子公司时，该投资性主体应该合并这一子公司。

（c）投资目的及回报方式。主体有时出于多种目的投资于另一个主体，例如，从事高科技产品研发、生产和销售的企业集团，发起设立了一家基金专门投资于一些尚处于研发初期的创新企业以获取资本增值。同时，企业集团与该基金签订协议，双方约定：如果其中某项高科技产品研发成功，该集团享有优先购买权。这种情况下，该基金的经营目的除了获取资本增值外，还包含了为其企业集团获取新产品开发的渠道，获取资本增值并不是该基金的唯一经营目的，因此，该基金不符合投资性主体的条件。

不符合投资性主体投资目的及回报的情况包括但不仅限于：该主体或其所在企业集团其他成员购买、使用、交换或开发被投资方的流程、资产或技术，该主体与被投资方就开发、生产、销售或提供产品或服务达成合营安排或其他协议，被投资方为该主体的借款提供财务担保或以被投资方的资产作为抵押，该主体的关联方持有的、可从所在集团其他成员处购买该主体持有的被投资方所有者权益的购买选择权，该主体或所在集团其他成员与被投资方的关联方之间的非公允交易、且该交易属于被投资方或该主体经营活动的重大组成部分等。

当主体的投资战略是投资于同一个行业、地区或者市场的多个主体以在被投资方之间形成协同效应时，即使该主体存在上述非公允交易，该主体也不会仅因为被投资方之间的交易而被认定为不符合投资性主体。

（d）退出战略。投资性主体与非投资性主体的一个区别是投资性主体不打算无限期持有其投资。退出战略明确了其退出投资的时间表，没有退出战略，可能表明其计划无限期地持有相关投资。这是因为权益性投资和非金融资产投资通常是无限期持有。将有期限的债务工具持有至到期，可以视为存在退出战略，因为主体不可能无限期持有这类债务工具。没有退出战略的永续债投资，表明可能该主体计划无限期持有。仅针对违约事项的退出机制不被视为退出战略。

③按照公允价值对投资业绩进行计量和评价。投资性主体定义的基本要素之一是以公允价值作为其首要的计量和评价属性，因为相对于合并子公司财务报表或者按照权益法核算对联营企业或合营企业的投资而言，公允价值计量所提供的信息更具有相关性。公允价值计量体现在：在会计准则允许的情况下，在向投资方报告其财务状况和经营成果时应当以公允价值计量其投资；向其关键管理人员提供公允价值信息，以供他们据此评估投资业绩或作出投资决策。但投资性主体没有必要以公允价值计量其固定资产等非投资性资产或其负债。

（2）投资性主体的特征。投资性主体通常应当具备下列四个特征：一是拥有一个以上投资；二是拥有一个以上投资者；三是投资者不是该主体的关联方；四是该主体的所有者权益以股权或类似权益存在。当主体不完全具备上述四个特征时，需要审慎评估，判断是否有确凿证据证明虽然缺少其中一个或几个特征，但该主体仍然符合投资性主体的定义。

①拥有一个以上投资。一个投资性主体通常会同时持有多项投资以分散风险、最大化回报，但通过直接或间接持有对另一投资性主体（该主体持有多项投资）的一项投资的主体也可能是投资性主体。当主体刚设立、尚未寻找到多个符合要求的投资项目，或者刚处置了部分投资、尚未进行新的投资，或者该主体正处于清算过程中时，即使主体仅持有一项投资，该主体仍可能方投资性主体。另外，如果某项投资要求较高的最低出资额，单个投资方很难进行如此高额的投资时，可能设立投资性主体用以募集多个投资方的资金进行集中投资。

②拥有一个以上投资者。投资性主体通常拥有多个投资者，拥有多个投资者使投资性主体或其所在企业集团中的其他企业获取除资本增值、投资收益外的收益的可能性减小。当主体刚刚设立、正在积极识别合格投资者，或者原持有的权益已经赎回、正在寻找新的投资者，或者处于清算过程中时，即使主体仅拥有一个投资者，该主体仍可能符合投资性主体的定义。还有一些特殊的投资性主体，其投资者只有一个，但其目的是代表或支持一个较大的投资者集合的利益而设立的。例如，某企业设立一个年金基金，其目的是支持该企业职工退休后福利，该基金的投资者虽然只有一个，但却代表了一

个较大的投资者集合的利益，仍然属于投资性主体。

③投资者不是该主体的关联方。投资性主体通常拥有若干投资者，这些投资者既不是其关联方，也不是所在集团中的其他成员，这一情况使得投资性主体或其所在企业集团中的其他企业获取除资本增值、投资收益外的收益的可能性减小。但是，关联投资者的存在并非表明该主体一定不是投资性主体。例如，某基金的投资方之一可能是该基金的关键管理人员出资设立的企业，其目的是更好地激励基金的关键管理人员，这一安排并不影响该基金符合投资性主体的定义。

该主体的所有者权益以股权或类似权益存在。投资性主体通常是单独的法律主体，但没有要求投资性主体必须是单独的法律主体。但无论其采取何种形式，其所有者权益通常采取股权或者类似权益的形式（例如，合伙权益），且净资产按照所有者权益比例份额享有。然而，拥有不同类型的投资者，并且其中一些投资者可能仅对某类或某组特定投资拥有权利，或者不同类型的投资者对净资产享有不同比例的分配权的情况，并不说明该主体不是一个投资性主体。

例 33-18　A 有限合伙企业于 2×19 年设立，合伙年限为 10 年。根据合伙协议，A 有限合伙企业的设立目的是投资于有潜力高速增长的企业以实现资本增值。B 公司作为一般合伙人拥有 A 有限合伙企业 1% 的资本，并承担合适投资的责任，75% 的有限合伙人向 A 有限合伙企业提供了 99% 的资本，这些有限合伙人与 H 公司不存在关联关系。

A 有限合伙企业成立当年，没有合适的投资。2×20 年，A 有限合伙企业获得对 C 公司的控制权，2×21 年获得对其他 5 家经营公司的权益投资。除上述情况外，A 有限合伙企业不从事其他活动。A 有限合伙企业以公允价值计量和评价其投资，并向一般合伙人 B 公司和其他外部投资者提供这些信息。A 有限合伙企业计划在合伙年限内以直接出售、推动某投资公司公开上市后出售该投资公司股份等方式处置这些投资。

分析：本例中，A 有限合伙企业在 2×19 年至 2×21 年符合投资性主体的定义，主要原因如下：一是 A 有限合伙企业的资金主要由有限合伙人提供，并向有限合伙人提供投资管理服务；二是 A 有限合伙企业的唯一活动是向经营公司进行权益投资以实现资本增值，A 有限合伙企业有明确的退出战略；三是 A 有限合伙企业以公允价值计量和评价其投资，并向其投资者提供这些信息。

例 33-19　A 技术公司设立 B 高新技术基金，以投资于高新技术创业公司而获取资本增值。A 技术公司持有 B 高新技术基金 65% 的权益并且控制该基金，该基金其余 35% 的权益由其他 15 个不相关投资者持有。

A 技术公司同时持有以公允价值购买 B 基金持有投资的选择权，如果行使该选择权，A 技术公司将受益于 B 基金被投资者开发的技术。B 基金没有明确的退出投资的计划，且 B 基金由该基金投资者代理人作为投资顾问管理。

分析：本例中，即使 B 基金的经营目的是为资本增值而进行投资，并向其投资者提供投资管理服务，B 基金也不是投资性主体，主要原因如下：一是 A 公司持有购买 B 基金持有投资的选择权，B 基金被投资方开发的资产将使 A 技术公司受益，这样，除资本增值外，B 基金还提供了其他利益；二是 B 基金的投资计划不包括作为权益投资的投资退出战略，A 技术公司持有的选择权并非由 B 基金控制，也不构成退出战略。

（3）投资性主体的转换。投资性主体的判断需要持续进行，当有事实和情况表明构成投资性主体定义的三项要素发生变化，或者任何典型特征发生变化时，应当重新评估其是否符合投资性主体。

当母公司由非投资性主体转变为投资性主体时，除仅将为其投资活动提供相关服务的子公司纳入合并财务报表范围编制合并财务报表外，企业自转变日起对其他子公司不应予以合并，其会计处理参照部分处置子公司股权但不丧失控制权的处理原则：终止确认与其他子公司相关资产（包括商誉）及负债的账面价值，以及其他子公司相关少数股东权益（包括属于少数股东的其他综合收益）的账面价值，并按照对该子公司的投资在转变日的公允价值确认一项以公允价值计量且其变动计入当期损益的金融资产，同时将对该子公司的投资在转变日的公允价值作为处置价款，其与当日合并财务报表中该子公司净资产（资产、负债及相关商誉之和，扣除少数股东权益）的账面价值之间的差额，调整资本公积（资本溢价或股本溢价），资本公积不足冲减的，调整留存收益。

当母公司由投资性主体转变为非投资性主体时，应将原未纳入合并财务报表范围的子公司于转变日纳入合并财务报表范围，将转变日视为购买日，原未纳入合并财务报表范围的子公司于转变日的公允价值视为购买的交易对价，按照非同一控制下企业合并的会计处理方法进行会计处理。

3. 报告期内增加子公司的处理

（1）增加子公司。母公司因追加投资等原因控制了另一个企业即实现了企业合并，应当编制合并日或购买日的合并财务报表。在企业合并发生当期的期末和以后会计期间，母公司应当编制合并财务报表，并分别依据如下情况进行相应会计处理。

①同一控制下企业合并增加的子公司或业务，视同合并后形成的企业集团报告主体自最终控制方开始实施控制时一直是一体化存续下来的。编制合并资产负债表时，应当调整合并资产负债表的期初数，合并资产负债表的留存收益项目应当反映母子公司视同一直作为一个整体。

运行至合并日应实现的盈余公积和未分配利润的情况，同时应当对比较报表的相关项目进行调整；编制合并利润表时，应当将该子公司或业务自合并当期期初至报告期末的收入、费用、利润纳入合并利润表，而不是从合并日开始纳入合并利润表，同时应当对比较报表的相关项目进行调整。由于这部分净利润是因企业合并准则所规定的同一控制下企业合并的编表原则所致，而非母公司管理层通过生产经营活动实现的净利润，因此，应当在合并利润表中单列“其中被合并方在合并前实现的净利润”项目进行反映；在编制合并现金流量表时，应当将该子公司或业务自合并当期期初到报告期末的现金流量纳入合并现金流量表，同时应当对比较报表的相关项目进行调整。

②非同一控制下企业合并或其他方式增加的子公司或业务，应当从购买日开始编制合并财务报表。在编制合并资产负债表时，不调整合并资产负债表的期初数，企业以非货币性资产出资设立子公司或对子公司增资的，需要将该非货币性资产调整恢复至原账面价值，并在此基础上持续编制合并财务报表；在编制合并利润表时，应当将该子公司或业务自购买日至报告期末的收入费用、利润纳入合并利润表；在编制合并现金流量表时，应当将该子公司购买日至报告期期末的现金流量纳入合并现金流量表。

（2）处置子公司。在报告期内，如果母公司处置子公司或业务，失去对子公司或业务的控制，被投资方从处置日开始不再是母公司的子公司，则原母公司不应继续将该子公司纳入合并财务报表的合并范围。在编制合并资产负债表时，不应当调整合并资产负债表的期初数；在编制合并利润表时，应当将该子公司或业务自当期期初至处置日的收入、费用、利润纳入合并利润表；在编制合并现金流量表时，应将该子公司或业务自当期期初至处置日的现金流量纳入合并现金流量表。

四、合并财务报表的编制要求

合并日，母公司主要编制合并资产负债表，合并资产负债表应当以母公司和子公司的资产负债表为基础，在抵销母公司与子公司、子公司相互之间发生的内部交易对合并资产负债表的影响后合并编制。合并日后的资产负债表日均需要编制合并财务报表。

（一）原则与要求

合并财务报表作为财务报表，必须符合财务报表编制的一般原则和基本要求，这些基本要求包括真实可靠、内容完整、重要性等。合并财务报表的编制除了遵循财务报表编制的一般原则和要求外，还应遵循一体性原则，即，合并财务报表反映的是由多个主体组成的企业集团的财务状况、经营成果和现金流量。在编制合并财务报表时应当将母公司和所有子公司作为整体来看待，视为一个会计主体，母公司和子公司发生的经营活动都应当从企业集团这一整体的角度进行考虑，包括对项目重要性的判断。

在编制合并财务报表时，对于母公司与子公司、子公司相互之间发生的经济业务，应当视为同一会计主体的内部业务处理，对合并财务报表的财务状况、经营成果和现金流量不产生影响。

另外，对于某些特殊交易，如果站在企业集团角度的确认和计量与个别财务报表角度的确认和计量不同，还需要站在企业集团角度就同一交易或事项予以调整。

（二）前期准备工作

合并财务报表的编制涉及多个子公司，为了使编制的合并财务报表准确、全面地反映企业集团的真实情况，必须做好一系列的前期准备工作，主要包括以下几个方面：

1. 统一母子公司的会计政策

会计政策是编制财务报表的基础。统一母公司和子公司的会计政策是保证母子公司财务报表各项目反映内容一致的基础。只有在财务报表各项目反映的内容一致的情况下，才能对其进行加总，编制合并财务报表。因此，在编制合并财务报表前，应统一要求子公司所采用的会计政策与母公司保持一致。对一些境外子公司，由于所在国或地区法律、会计政策等方面的原因，确实无法使其采用的会计政策与母公司所采用的会计政策保持一致的，则应当要求其按照母公司所采用的会计政策，重新编报财务报表，也可以由母公司根据自身所采用的会计政策对境外子公司报送的财务报表进行调整，以重编或调整编制的境外子公司的财务报表，作为编制合并财务报表的基础。

需要注意的是，中国境内企业设在境外的子公司在境外发生的交易或事项，因受法律法规限制等境内不存在或交易不常见，企业会计准则未作出规范的，可以将境外子公司已经进行的会计处理结果，在符合基本准则的原则下，按照国际财务报告准则进行调整后，并入境内母公司合并财务报表的相关项目。

2. 统一母子公司的资产负债表日及会计期间

母公司和子公司的个别财务报表只有在反映财务状况的日期和反映经营成果的会计期间都的情况下，才能进行合并。为了编制合并财务报表，必须统一企业集团内母公司和所有子公司的资产负债表日和会计期间，使子公司的资产负债表日和会计期间与母公司的资产负债表日和会计期间保持一致，以便于子公司提供相同资产负债表日和会计期间的财务报表。

对于境外子公司，由于当地法律限制确实不能与母公司财务报表决算日和会计期间一致的，母公司应当按照自身的资产负债表日和会计期间对子公司的财务报表进行调整，以调整后的子公司财务报表为基础编制合并财务报表，也可以要求子公司按照母公司的资产负债表日和会计期间另行编制报送其个别财务报表。

3. 对子公司以外币表示的财务报表进行折算

对母公司和子公司的财务报表进行合并，其前提必须是母子公司个别财务报表所采用的货币计量单位一致。外币业务比较多的企业应该遵循外币折算准则有关选择记账本位币的相关规定，在符合准则规定的基础上，确定是否采用某一种外币作为记账本位币。在将境外经营纳入合并范围时，应该按照外币折算准则的相关规定进行处理。

4. 收集编制合并财务报表的相关资料

合并财务报表以母公司和其子公司的财务报表以及其他有关资料为依据，由母公司合并有关项目的数额编制。为编制合并财务报表，母公司应当要求子公司及时提供下列有关资料：

（1）子公司相应期间的财务报表。

（2）采用的与母公司不一致的会计政策及其影响金额。

（3）与母公司不一致的会计期间的说明。

（4）与母公司及与其他子公司之间发生的所有内部交易的相关资料，包括但不限于内部购销交易、债权债务、投资及其产生的现金流量和未实现内部销售损益的期初、期末余额及变动情况等资料。

（5）子公司所有者权益变动和利润分配的有关资料。

（6）编制合并财务报表所需要的其他资料。

（三）合并报表编制程序

合并财务报表编制的一般程序如下。

1. 设置合并工作底稿

合并工作底稿的作用是为合并财务报表的编制提供基础。在合并工作底稿中，对母公司和纳入合并范围的子公司的个别财务报表各项目的数据进行汇总、调整和抵销处理，最终计算得出合并财务报表各项目的合并数。

2. 将个别财务报表的数据过入合并工作底稿

将母公司和纳入合并范围的子公司的个别资产负债表、个别利润表、个别现金流量表及个别所有者权益变动表各项目的数据过入合并工作底稿，并在合并工作底稿中对母公司和子公司个别财务报表各项目的数据进行加总，计算得出个别资产负债表、个别利润表、个别现金流量表及个别所有者权益变动表各项目合计数额。

3. 编制调整分录和抵销分录

根据合并财务报表准则第三十条、第三十四条、第四十一条和第四十五条等的规定，编制调整分录与抵销分录。进行调整抵销处理是合并财务报表编制的关键和主要内容，其目的在于将因会计政策及计量基础的差异对个别财务报表的影响进行调整，以及将个别财务报表各项目的加总数据中重复的因素等予以抵销或调整等。

4. 计算合并财务报表各项目的合并金额

在母公司和纳入合并范围的子公司个别财务报表项目加总金额的基础上，分别计算合并财务报表中各资产项目、负债项目、所有者权益项目、收入项目和费用项目等的合并金额。相关计算方法如下：

（1）资产类项目，其合并金额根据该项目加总的金额，加上该项目调整分录与抵销分录有关的借方发生额，减去该项目调整分录与抵销分录有关的贷方发生额计算确定。

（2）负债类和所有者权益类项目，其合并金额根据该项目加总的金额，减去该项目调整分录与抵销分录有关的借方发生额，加上该项目调整分录与抵销分录有关的贷方发生额计算确定。

（3）有关收入、收益、利得类项目，其合并金额根据该项目加总的金额，减去该项目调整分录与抵销分录的借方发生额，加上该项目调整分录与抵销分录的贷方发生额计算确定。

（4）有关成本费用、损失类项目和有关利润分配的项目，其合并金额根据该项目加总的金额，加上该项目调整分录与抵销分录的借方发生额，减去该项目调整分录与抵销分录的贷方发生额计算确定。

（5）“专项储备”和“一般风险准备”项目由于既不属于实收资本（或股本）、资本公积，也与留存收益、未分配利润不同，所以在长期股权投资与子公司所有者权益相互抵销后，应当按归属于母公司所有者的份额予以恢复。

5. 填列合并财务报表

根据合并工作底稿中计算出的资产、负债、所有者权益、收入、成本费用类以及现金流量表中各项目的合并金额，填列生成正式的合并财务报表。合并所有者权益变动表也可以根据合并资产负债表和合并利润表进行编制。

（四）合并财务报表格式

合并财务报表至少包括合并资产负债表、合并利润表、合并所有者权益变动表和合并现金流量表。其中，一般企业、商业银行、保险公司和证券公司等的合并财务报表应以个别财务表格式为基础，增加下列项目：

1. 合并资产负债表

在个别资产负债表中，（1）在所有者权益项目下增加“归属于母公司所有者权益合计”，用于反映企业集团的所有者权益中归属于母公司所有者权益的部分，包括实收资本（或股本）、资本公积、库存股、其他综合收益、盈余公积、专项储备、一般风险准备、未分配利润、其他等项目的金额；（2）在所有者权益项目下，增加“少数股东权益”项目，用于反映非全资子公司的所有者权益中不属于母公司的份额。

2. 合并利润表

在个别利润表中，（1）在“净利润”项目下增加“归属于母公司所有者的净利润”和“少数股东损益”两个项目，分别反映净利润中由母公司所有者享有的份额和非全资子公司当期实现的净利润中归属于少数股东的份额。同一控制下企业合并增加子公司的，当期合并利润表中还应在“净利润”项目下增加“其中：被合并方在合并前实现的净利润”项目，用于反映同一控制下企业合并中取得的被合并方在合并日前实现的净利润。（2）在“综合收益总额”项目下增加“归属于母公司所有者的综合收益总额”和“归属于少数股东的综合收益总额”两个项目，分别反映综合收益总额中由母公司所有者享有的份额和非全资子公司当期综合收益总额中归属于少数股东的份额。

3. 合并所有者权益变动表

在个别所有者权益变动表中，应增加“少数股东权益”栏目，反映少数股东权益变动的情况。另外，参照合并资产负债表中的“专项储备”“一般风险准备”“资本公积”“其他综合收益”等项目的列示，合并所有者权益变动表中应单列上述各栏目反映。

4. 合并现金流量表

合并现金流量表的格式与个别财务报表中的现金流量报表格式基本相同。但涉及与少数股东之间的现金流，应当在“筹资活动产生的现金流量”之下的“吸收投资收到的现金”项目下增加一项“其中：子公司吸收少数股东投资收到的现金”项目反映；应当在“筹资活动产生的现金流量”之下的“分配股利、利润或偿付利息支付的现金”项目下增加一项“其中：子公司支付给少数股东的股利、利润”项目反映。

对于纳入合并财务报表的子公司既有一般工商企业，又有金融企业等的，如果母公司在企业集团经营中权重较大，以母公司主业是一般企业还是金融企业确定其报表类别，根据集团其他业务适当增加其他报表类别的相关项目；如果母公司在企业集团经营中权重不大，以企业集团的主业确定其报表类别，根据集团其他业务适当增加其他报表类别的相关项目；对于不符合上述情况的，合并财务报表采用一般企业报表格式，根据集团其他业务适当增加其他报表类别的相关项目。

五、个别财务报表的调整

在编制合并财务报表时，首先应对各子公司的个别财务报表进行调整，做好各项准备工作，主要包括：

（一）统一母子公司的会计政策

一般情况下，子公司的会计期间与母公司不一致的，应当按照母公司的会计期间对子公司财务报表进行调整；或者要求子公司按照母公司的会计期间另行编报财务报表。

（二）统一母子公司的资产负债表日及会计期间

为了编制合并财务报表，必须统一企业集团内母公司和所有子公司的资产负债表日和会计期间，使子公司的资产负债表日和会计期间与母公司的资产负债表日和会计期间保持一致，以便于子公司提供相同资产负债表日和会计期间的财务报表。

（三）对以外币表示的子公司财务报表进行折算

对母公司和子公司的财务报表进行合并，其前提必须是母子公司个别财务报表所采用的货币计量单位一致。外币业务比较多的企业应该遵循外币折算准则有关选择记账本位币的相关规定，在符合准则规定的基础上，确定是否采用某一种外币作为记账本位币。在将境外经营纳入合并范围时，应该按照外币折算准则的相关规定进行处理。

（四）子公司资产负债的账面价值调整

首先应将各子公司分为同一控制下企业合并中取得的子公司和非同一控制下企业合并中取得的子公司两类。

1. 属于同一控制下企业合并中取得的子公司

对于属于同一控制下企业合并中取得的子公司的个别财务报表，不需要将该子公司的个别财务报表调整为公允价值反映的财务报表，但应将被合并方的有关资产、负债（包括最终控制方收购被合并方而形成的商誉）调整为最终控制方财务报表中的账面价值。

2. 属于非同一控制下企业合并中取得的子公司

对于属于非同一控制下企业合并中取得的子公司的个别财务报表，应当根据母公司为该子公司设置的备查簿的记录，以记录的该子公司的各项可辨认资产、负债及或有负债等在购买日的公允价值为基础，通过编制调整分录，对该子公司的个别财务报表进行调整，以使子公司的个别财务报表反映为在购买日公允价值基础上确定的可辨认资产、负债及或有负债及收入、成本、费用在本期资产负债表日的金额。

同时，子公司资产和负债的公允价值与计税基础之间形成了暂时性差异，符合递延所得税确认条件时，应确认递延所得税资产或递延所得税负债，资产负债公允价值调整分录借贷差额计入资本公积。

（五）母公司长期股权投资的调整

母公司需将对子公司的长期股权投资调整为权益法，包括：①对于初始投资成本的调整；②对于应享有子公司当期实现净利润的份额；③对于当期子公司宣告分派的现金股利或利润；④对于子公司其他综合收益变动；⑤对于子公司除净损益、分配股利、其他综合收益以外所有者权益的其他变动，等等。

六、合并财务报表的抵销

合并财务报表应当以母公司和子公司的个别财务报表为基础，在其个别财务报表中必然包含有重复计算的因素，因此，编制合并财务表时，也需要将这些重复的因素予以剔除，抵销母公司与子公司、子公司相互之间发生的内部交易对合并财务表的影响。母公司编制合并财务报表时，主要需对以下项目进行抵销处理：

（一）长期股权投资的抵销

合并财务报表准则第三十条规定，母公司对子公司的长期股权投资与母公司在子公司所有者权益中所享有的份额应当相互抵销，同时抵销相应的长期股权投资减值准备。

从整体来看，母公司对子公司进行的长期股权投资实际上相当于母公司将资产、负债拨付子公司，并不引起企业整体的资产、负债和所有者权益的增减变动，即不会产生正式的股权投资和所有者权益。因此，编制合并财务报表时，应当在母公司与子公司财务报表数据简单相加的基础上，将母公司对子公司长期股权投资项目与子公司所有者权益项目予以抵销。

在合并工作底稿中编制的抵销分录为：借记“实收资本”“资本公积”“盈余公积”和“未分配利润——年末”项目，贷记“长期股权投资”和“少数股东权益”项目。其中，属于商誉的部分，还应借记“商誉”项目。

如果子公司持有母公司的长期股权投资，应当视为企业集团的库存股，作为所有者权益的减项，在合并资产负债表中所有者权益项目下以“减：库存股”项目列示。子公司相互之间持有的长期股权投资，应当比照母公司对子公司的股权投资的抵销方法，将长期股权投资与其对应的子公司所有者权益中所享有的份额相互抵销。

（二）内部债权债务的抵销

合并财务报表准则第三十条规定，母公司与子公司、子公司相互之间的债权与债务项目应当相互抵销，同时抵销相应的减值准备；第三十四条规定，母公司与子公司、子公司相互之间持有对方债券所产生的投资收益、利息收入及其他综合收益等，应当与其相对应的发行方利息费用相互抵销。

母公司与子公司、子公司相互之间的债权和债务项目主要包括因销售商品、提供劳务等原因产生的应收账款与应付账款、应收票据与应付票据、预付账款与预收账款、其他应收款与其他应付款、债权投资与应付债券等项目。从整体角度来看，这些业务只是内部资金运动，既不能增加企业整体的资产，也不能增加负债，更不能带来收益。因此，为了消除个别资产负债表中的重复计算因素，母公司在编制合并财务报表时应当将内部债权债务项目及相应的损益予以抵销。

1. 应收账款与应付账款的抵销处理

（1）初次编制合并财务报表时，抵销内部应收账款与应付账款，与此内部应收账款计提的坏账准备也应同时予以抵销。内部应收账款抵销时，其抵销分录为：借记“应付账款”项目，贷记“应收账款”项目；内部应收账款计提的坏账准备抵销时，其抵销分录为：借记“应收账款——坏账准备”项目，贷记“资产减值损失”项目。

（2）连续编制合并财务报表时，必须将上期因内部应收账款计提的坏账准备抵销而抵销的资产减值损失对本期期初未分配利润的影响予以抵销，调整本期期初未分配利润的金额。本期编制合并财务报表是以本期母公司和子公司当期的个别财务报表为基础编制的，随着上期编制合并财务报表时内部应收账款计提的坏账准备的抵销，以母子公司个别财务报表中期初未分配利润为基础而加总得出的期初未分配利润与上一会计期间合并财务报表中的未分配利润金额之间则将产生差额。为此，编制合并财务报表时，必须将上期因内部应收账款计提的坏账准备抵销而抵销的资产减值损失对本期期初未分配利润的影响予以抵销，调整本期期初未分配利润的金额。

在连续编制合并财务报表进行抵销处理时，首先，将内部应收账款与应付账款予以抵销，即按内部应收账款的金额，借记“应付账款”项目，贷记“应收账款”项目。其次，应将往期累计抵销的内部应收账款计提的坏账准备对本期期初未分配利润的影响予以抵销，即按往期累计抵销的内部应收账款计提的坏账准备的金额，借记“应收账款——坏账准备”项目，贷记“未分配利润——年初”项目。最后，对于本期个别财务报表中内部应收账款相对应的坏账准备增减变动的金额也应予以抵销，即按照本期个别资产负债表中期末内部应收账款相对应的坏账准备的增加额，借记“应收账款——坏账准备”项目，贷记“资产减值损失”项目，或者按照本期个别资产负债表中期末内部应收账款相对应的坏账准备的减少额，借记“资产减值损失”项目，贷记“应收账款——坏账准备”项目。

例 33-20　A 公司 2×15 年个别资产负债表中应收账款 450 万元（假定不含增值税，下同）为 2×19 年向 B 公司销售商品发生的应收销货款的账面价值，A 公司对该笔应收账款计提的坏账准备为 50 万元。B 公司 2×19 年个别资产负债表中应付账款 500 万元系 2×19 年向 A 公司购进商品存货发生的应付购货款。A 公司是 B 公司的母公司。

2×20 年 A 公司收到了 100 万元欠款，年末对剩余 400 万元应收账款补提了 30 万元坏账准备，2×21 年 A 公司收回了全部货款，并冲销了 80 万元坏账准备。

（1）A 公司在编制 2×19 年合并财务报表时，应将内部应收账款 500 万元与应付账款相互抵销；同时还应将内部应收账款计提的坏账准备 50 万元予以抵销，其抵销分录如下：

借：应付账款　　5 000 000

　　贷：应收账款　　5 000 000

借：应收账款——坏账准备　　500 000

　　贷：资产减值损失　　500 000

（2）A 公司在编制 2×20 年合并财务报表时，应将内部应收账款 400 万元与应付账款相互抵销；其次，应将往期累计抵销的内部应收账款计提的坏账准备 50 万元对本期期初未分配利润的影响予以抵销；再者，还应将内部应收账款坏账准备增加额 30 万元予以抵销，其抵销分录如下：

借：应付账款　　4 000 000

　　贷：应收账款　　4 000 000

借：应收账款——坏账准备　　500 000

　　贷：未分配利润——年初　　500 000

借：应收账款——坏账准备　　300 000

　　贷：资产减值损失　　300 000

（3）A 公司在编制 2×21 年合并财务报表时，内部应收账款与应付账款已清偿完，无须再抵销；其次，应将往期累计抵销的内部应收账款计提的坏账准备 80 万元对本期期初未分配利润的影响予以抵销；再者，还应将内部应收账款坏账准备减少额 80 万元予以抵销，其抵销分录如下：

借：应收账款——坏账准备　　800 000

　　贷：未分配利润——年初　　800 000

借：资产减值损失　　800 000

　　贷：应收账款——坏账准备　　800 000

2. 内部持有至到期投资中债券投资与应付债券抵销

企业集团内部母公司与子公司、子公司相互之间可能发生相互提供信贷，以及相互之间持有对方债券的内部交易，应予以抵消，其所产生的投资收益、利息收入及其他综合收益等，应当与其相对应的发行方利息费用相互抵销。

发行债券的企业支付的利息费用作为财务费用处理，并在其个别利润表“财务费用”项目中列示而持有债券的企业，将购买的债券在其个别资产负债表“债权投资”等项目中列示，当期获得的利息收入则作为投资收益处理，并在其个别利润表“投资收益”项目中列示。在编制合并财务报表时，母公司应当在抵销内部发行的应付债券和债权投资等内部债权债务的同时，将内部应付债券和债权投资相关的利息费用与投资收益、利息收入等相互抵销。

例 33-21　A 公司和 B 公司拥有共同母公司。A 公司应付债券 400 万元为 B 公司所持有（划归为债权投资），B 公司 2×21 年确认的应向 A 公司支付的债券利息费用总额为 20 万元（假定该债券的票面利率与实际利率相差较小，发生的债券利息费用不符合资本化条件）。在编制合并资产负债表时，应编制如下抵销分录。

将债权投资中债券投资与应付债券抵销：

借：应付债券　　4 000 000

　　贷：债权投资　　4 000 000

将内部债券产生的应收利息与应付利息相互抵销：

借：应付利息　　200 000

　　贷：应收利息　　200 000

将内部债券投资收益与应付债券利息费用相互抵销：

借：投资收益　　200 000

　　贷：财务费用　　200 000

在某些情况下，债券投资企业持有的企业集团内部成员企业的债券并不是从发行债券的企业直接购进，而是在证券市场上从第三方手中购进的。在这种情况下，债权投资中的债券投资与发行债券企业的应付债券抵销时，可能会出现差额，应分别进行处理：如果债券投资的余额大于应付债券的余额，其差额应作为投资损失计入合并利润表的投资收益项目；如果债券投资的余额小于应付债券的余额，其差额应作为利息收入计入合并利润表的财务费用项目。

3. 其他债权与债务的抵销处理

其他债权与债务的抵销处理，主要包括：内部预收账款与预付账款，应收票据与应付票据，应收股利与应付股利。

例 33-22　A 公司持有 B 公司 80% 股权，在 A 公司个别资产负债表中预收款项 200 万元为 B 公司预付账款；应收票据 300 万元为 B 公司向 A 公司购买商品开具的票面金额为 300 万元的商业承兑汇票，应收 B 公司宣布的现金股利 800 万元。在编制合并资产负债表时，应编制如下抵销分录：

（1）将内部预收账款与内部预付账款抵销时，应编制如下抵销分录：

借：预收款项　　2 000 000

　　贷：预付款项　　2 000 000

（2）将内部应收票据与内部应付票据抵销时，应编制如下抵销分录：

借：应付票据　　3 000 000

　　贷：应收票据　　3 000 000

（3）将内部应收股利与内部应付股利抵销时，应编制如下抵销分录：

借：应付股利　　8 000 000

　　贷：应收股利　　8 000 000

（三）内部投资收益的抵消

合并财务报表准则第三十四条规定，母公司对子公司、子公司相互之间持有对方长期股权投资的投资收益应当抵销。

母公司对子公司在合并工作底稿中按权益法调整的投资收益，实际上就是母公司享有的该子公司当期实现的净利润，而母公司编制合并利润表时，需要将子公司的营业收入、营业成本和期间费用视为母公司本身的营业收入、营业成本和期间费用同等看待，与母公司相应的项目进行合并，与投资收益重复，因此母公司编制合并利润表时，必须将母公司个别利润表中的对子公司的长期股权投资收益予以抵销。

同时，母公司所有者权益变动表中本年利润分配项目也已经包含了该长期股权投资的投资收益，即子公司的净利润，那么必然与子公司所有者权益变动表中的本年利润分配项目重复，因此母公司编制合并利润表时，必须将对子公司个别所有者权益变动表中本年利润分配项目予以抵销。而子公司个别所有者权益变动表中本年利润分配项目中的“未分配利润——年初”项目，作为子公司以前会计期间净利润的一部分，在全资子公司的情况下已全额包括在母公司以前会计期间按权益法调整的投资收益之中，从而包括在母公司按权益法调整的本期期初未分配利润之中，也应将其予以抵销。

在合并工作底稿中编制的抵销分录为：借记“投资收益”“未分配利润——年初”项目，贷记“提取盈余公积”“对所有者（或股东）的分配”“未分配利润——年末”项目，如果子公司有小股东，借记“少数股东损益”项目。

例 33-23　B 公司为 A 公司的非全资子公司，A 公司拥有其 80% 的股份。在合并工作底稿中，A 公司按权益法调整的 B 公司本期投资收益为 800 万元（1 000×80%），B 公司本期少数股东损益为 200 万元（1 000×20%）。B 公司年初未分配利润为 30 元，本期计提的盈余公积 100 万元、分派现金股利 600 万元、未分配利润 330 万元（30 + 1 000 − 600 − 100）。为此，在编制合并资产负债表时，应编制如下抵销分录。

对B公司2×21年利润分配进行抵销处理：

借：投资收益	8 000 000	
少数股东损益	2 000 000	
未分配利润——年初	300 000	
贷：提取盈余公积		1 000 000
对所有者（或股东）的分配		6 000 000
未分配利润——年末		3 300 000

将内部应收股利与内部应付股利抵销：

借：应付股利	6 000 000	
贷：应收股利		6 000 000

（四）内部销售交易的抵消

合并财务报表准则第三十条规定，母公司与子公司、子公司相互之间销售商品（或提供劳务，下同）或其他方式形成的存货、固定资产、工程物资、在建工程、无形资产等所包含的未实现内部销售损益应当抵销。对存货、固定资产、工程物资、在建工程和无形资产等计提的跌价准备或减值准备与未实现内部销售损益相关的部分应当抵销。

合并财务报表准则第三十四条规定，母公司与子公司、子公司相互之间销售商品所产生的营业收入和营业成本应当抵销。（1）母公司与子公司、子公司相互之间销售商品，期末全部实现对外销售的，应当将购买方的营业成本与销售方的营业收入相互抵销。（2）母公司与子公司、子公司相互之间销售商品，期末未实现对外销售而形成存货、固定资产、工程物资、在建工程、无形资产等资产的，在抵销销售商品的营业成本和营业收入的同时，应当将各项资产所包含的未实现内部销售损益予以抵销。（3）在对母公司与子公司、子公司相互之间销售商品形成的固定资产或无形资产所包含的未实现内部销售损益进行抵销的同时，也应当对固定资产的折旧额或无形资产的摊销额与未实现内部销售损益相关的部分进行抵销。

在抵消内部销售交易时，要区分顺流交易和逆流交易两种情况处理。母公司向子公司出售资产所发生的未实现内部交易损益，应当全额抵销"归属于母公司所有者的净利润"。子公司向母公司出售资产所发生的未实现内部交易损益，应当按照母公司对该子公司的分配比例在"归属于母公司所有者的净利润"和"少数股东损益"之间分配抵销。子公司之间出售资产所发生的未实现内部交易损益，应当按照母公司对出售方子公司的分配比例在"归属于母公司所有者的净利润"和"少数股东损益"之间分配抵销。

1. 母公司与子公司、子公司相互之间销售商品所产生的营业收入和营业成本的抵销

在企业集团内部母公司与子公司、子公司相互之间发生内部购销交易的情况下，销售企业确认当期销售收入并结转相应的销售成本，计算当期内部销售商品损益；购买企业根据所购用途不同而可能确认为固定资产、工程物资、在建工程、无形资产等。在购买企业将内部购进的商品用于对外销售时，可能出现以下三种情况：

（1）母公司与子公司、子公司相互之间销售商品，期末全部实现对外销售。在这种情况下，针对同一购销业务，销售企业需确认向企业集团内部企业的销售收入，并结转销售内部商品的成本；购买企业需确认向企业集团外部企业的销售收入，并结转销售内部购进商品的成本；在销售企业和购买企业的个别利润表中都作了反映。但从整个企业集团来看，这一购销业务只是实现了一次对外销售。因此，母公司在编制合并利润表时，就必须将重复反映的内部营业收入与内部营业成本予以抵销。

例 33-24　A 公司和 B 公司的为同一企业集团所需子公司，A 公司 2×21 年利润表的营业收入中有 3 500 万元，系向 B 公司销售产品取得的销售收入，该产品销售成本为 3 000 万元。B 公司在本期将该产品全部售出，其销售收入为 4 000 万元，销售成本为 3 500 万元。对此，母公司编制合并利润表将内部销售收入和内部销售成本予以抵销时，应编制如下抵销分录：

借：营业收入	35 000 000	
贷：营业成本		35 000 000

（2）母公司与子公司、子公司相互之间销售商品，期末未实现对外销售而形成存货的抵销。母公司与子公司、子公司相互之间销售商品，期末未实现对外销售而形成存货、固定资产工程物资、在建工程、无形资产等资产的，在抵销销售商品的营业成本和营业收入的同时，应当将各项资产所包含的未实现内部销售损益予以抵销。

在内部购销活动中，销售企业将内部销售作为收入确认并计算销售利润，而购买企业则是以支付购货的价款作为其成本入账。当在本期内未实现对外销售而形成期末存货时，于是存货价值中包括两部分内容：一部分为销售企业销售该商品的成本；另一部分为销售企业的销售毛利（即未实现内部销售损益）。从整个集团来看，集团内部企业之间的商品购销活动实际上相当于内部的物资调拨活动，既不会实现利润，也不会增加商品的价值，因此期末存货价值中包括的这部分销售企业作为利润确认的部分，称之为未实现内部销售损益。因此，在编制合并资产负债表时，应当将存货价值中包含的未实现内部销售损益予以抵销。

编制抵销分录时，按照企业集团内部销售企业销售该商品的销售收入，借记“营业收入”项目；按照销售企业销售该商品的销售成本，贷记“营业成本”项目；按照当期期末存货价值中包含的未实现内部销售损益的金额，贷记“存货”项目。

①当期内部购进商品并形成存货时抵销处理。在企业集团内部购进并且在会计期末全部或部分形成存货的情况下，一方面将销售企业实现的内部销售收入及其相对应的销售成本予以抵销，另一方面将内部购进形成的存货价值中包含的未实现内部销售损益予以抵销。

例 33-25　A 公司是 B 公司的母公司，持有 B 公司 80% 股份。A 公司 2×21 年向 B 公司销售商品 1 000 万元（顺流交易），其销售成本为 900 万元，该商品的销售毛利率为 10%，不考虑所得税影响。

（a）B 公司购进的该商品 2×21 年全部未实现对外销售而形成期末存货。

借：营业收入	10 000 000	
贷：营业成本		10 000 000
借：营业成本	2 000 000	
贷：存货		2 000 000

（b）如果 80% 未实现对外销售而形成期末存货，则合并报表时抵消分录为：

借：营业收入	10 000 000	
贷：营业成本		10 000 000
借：营业成本	1 600 000	
贷：存货		1 600 000

例 33-26　A 公司是 B 公司的母公司，持有 B 公司 80% 股份。A 公司 2×21 年从 B 公司采购商品 1 000 万元（逆流交易），其销售成本为 900 万元，该商品的销售毛利率为 10%，不考虑所得税影响。

（a）A 公司购进的该商品 2×21 年全部未实现对外销售而形成期末存货。

期末抵销未实现内部销售利润：

借：营业收入	10 000 000	
贷：营业成本		10 000 000

借：营业成本　　2 000 000

　　贷：存货　　2 000 000

逆流交易情况下，在存货中包含的未实现内部销售损益中，归属于少数股东的未实现内部销售损益分摊金额：

借：少数股东权益（2 000 000×20%）　　400 000

　　贷：少数股东损益　　400 000

（b）如果80%未实现对外销售而形成期末存货，则合并报表时抵消分录为：

期末抵销未实现内部销售利润：

借：营业收入　　10 000 000

　　贷：营业成本　　10 000 000

借：营业成本　　1 600 000

　　贷：存货　　1 600 000

逆流交易情况下，在存货中包含的未实现内部销售损益中，归属于少数股东的未实现内部销售损益分摊金额：

借：少数股东权益（1 600 000×20%）　　320 000

　　贷：少数股东损益　　320 000

②连续编制合并财务报表时内部购进商品的抵销处理。虽然在上期内部购进并形成期末存货的情况下，在编制合并财务报表进行抵销处理时，存货价值中包含的未实现内部销售损益的抵销，直接影响上期合并财务报表中合并净利润金额的减少，最终影响合并所有者权益变动表中期末未分配利润的金额的减少。

但是由于本期编制合并财务报表时是以母公司和子公司本期个别财务报表为基础，而母公司和子公司个别财务报表中未实现内部销售损益是作为其实现利润的部分包括在其期初未分配利润之中，所以以母子公司个别财务报表中期初未分配利润为基础加总得出的期初未分配利润的金额就可能与上期合并财务报表中的期末未分配利润的金额不一致。

因此，上期编制合并财务报表时抵销的内部购进存货中包含的未实现内部销售损益，也会对本期的期初未分配利润产生影响，本期编制合并财务报表时就必须在合并母子公司期初未分配利润的基础上，将上期抵销的未实现内部销售损益对本期期初未分配利润的影响予以抵销，调整本期期初未分配利润的金额。

在连续编制合并财务报表的情况下，首先必须将上期抵销的存货价值中包含的未实现内部销售损益对本期期初未分配利润的影响予以抵销，以调整本期期初未分配利润的金额；然后再对本期内部购进存货进行抵销处理，其具体抵销处理程序和方法如下：

首先，将上期抵销的存货价值中包含的未实现内部销售损益对本期期初未分配利润的影响进行抵销，即按照上期内部购进存货价值中包含的未实现内部销售损益的金额，借记“未分配利润——年初”项目，贷记“营业成本”项目。

其次，将本期发生内部购销活动的内部销售收入、内部销售成本予以抵销，即按照销售企业内部销售收入的金额，借记“营业收入”项目，贷记“营业成本”项目。

最后，将期末历次内部购进存货价值中包含的累计未实现内部销售损益予以抵销。对于期末内部购买形成的存货（包括往期结转形成的本期存货），应按照购买企业期末内部购入存货价值中包含的未实现内部销售损益的累计金额，借记“营业成本”项目，贷记“存货”项目。

例33-27 A公司为B公司的母公司，持有B公司的股权比例为80%。AB公司均为增值税一般纳税人，发出存货采用先进先出法计价，与税法规定相同。AB公司均按照应收账款余额10%计提坏账准备，税法规定计提坏账准备于实际发生时允许税前扣除。

2×21 年 B 公司向 A 公司销售某产品 100 件，每件价款为 8 万元，成本为 6 万元，至年末已对外销售 A 产品 70 件。货款尚未收付。2×22 年未外销售 A 产品 10 件，货款仍未收付。不考虑税收影响。

（a）2×21年度抵销处理如下。

期末抵销未实现内部销售利润：

借：营业收入（100×80 000）	8 000 000	
贷：营业成本		7 400 000
存货［30×（80 000－60 000）］		600 000

逆流交易情况下，在存货中包含的未实现内部销售损益中，归属于少数股东的未实现内部销售损益分摊金额：

借：少数股东权益	120 000	
贷：少数股东损益（600 000×20%）		120 000

抵销债权债务：

借：应付账款（100×80 000）	8 000 000	
贷：应收账款		8 000 000
借：应收账款——坏账准备	800 000	
贷：资产减值损失（8 000 000×10%）		800 000

（b）2×22 年度抵销处理如下。

上期未实现内部销售商品全部对集团外销售：

借：年初未分配利润	600 000	
贷：营业成本		600 000

期末抵销未实现内部销售利润：

借：营业成本	200 000	
贷：存货［10×（80 000－60 000）］		200 000

逆流交易情况下，在存货中包含的未实现内部销售损益中，归属于少数股东的未实现内部销售损益分摊金额：

借：少数股东权益	120 000	
贷：年初未分配利润（600 000×20%）		120 000
借：少数股东权益	80 000	
贷：少数股东损益（400 000×20%）		80 000

抵销债权债务：

借：应付账款	8 000 000	
贷：应收账款		8 000 000
借：应收账款——坏账准备	800 000	
贷：年初未分配利润		800 000

（3）母公司与子公司、子公司相互之间销售商品，期末未实现对外销售而形成固定资产。内部固定资产交易是指企业集团内部发生交易的一方与固定资产有关的购销业务，可以划分为三种类型：第一种类型是企业集团内部企业将自身生产的产品销售给企业集团内的其他企业作为固定资产使用；第二种类型是企业集团内部企业将自身的固定资产出售给企业集团内的其他企业作为固定资产使用；第三种类型的内部固定资产交易，即企业集团内部企业将自身使用的固定资产出售给企业集团内的其他企业作为普通商品销售。

①在第一种类型的内部固定资产交易的情况下，企业集团内部的母公司或子公司将自身生产的产品销售给企业集团内部的其他企业作为固定资产使用。

与存货的情况不同，固定资产的使用寿命较长，是通过折旧的方式将其价值转移到产品价值之中。因此，如果固定资产原价中包含未实现内部销售损益，每期计提的折旧费中也必然包含着未实现内部销售损益，由此也需要对该固定资产每期计提的折旧费进行相应的抵销处理。同样，如果购买企业对该固定资产计提了资产减值准备，对该项固定资产计提的减值准备中也必然包含着未实现内部销售损益，由此也需要对该固定资产计提的减值准备进行相应的抵销处理。

（a）内部交易形成的固定资产在购入当期的抵销处理。在这种情况下，首先，必须将该固定资产原价中包含的未实现内部销售损益予以抵销，即将与内部交易形成的固定资产相关的销售收入、销售成本以及原价中包含的未实现内部销售损益予以抵销。其次，必须将当期多计提（或少计提，下同）的折旧额从该固定资产当期计提的折旧费中予以抵销，即对内部交易形成的固定资产当期多计提的折旧费抵销时，应按当期多计提的折旧额，借记“固定资产——累计折日”项目，贷记“管理费用”等项目。

例 33-28 A 公司为 B 公司的母公司。2×20 年 12 月，A 公司以 300 万元的价格将其生产的产品销售给 B 公司，其销售成本为 270 万元，因该内部固定资产交易实现的销售利润 30 万元。B 公司购买该产品作为管理用固定资产使用，按 300 万元入账。假设 B 公司对该固定资产按 3 年的使用寿命采用年限平均法计提折旧预计净残值为零。本例有关抵销处理如下：

与该固定资产相关的销售收入、销售成本以及原价中包含的未实现内部销售损益的抵销。

借：营业收入	3 000 000	
贷：营业成本		2 700 000
固定资产——原价		300 000

该固定资产当期多计提折旧额的抵销。2×17 年计提的折旧额为 100 万元，而按抵销未实现内部销售损益后的原价，2×13 年计提的折旧额为 90 万元，当期多计提的折旧额为 10 万元。

借：固定资产——累计折旧	100 000	
贷：管理费用		100 000

（b）连续编制合并财务报表时内部购进固定资产的抵销处理：

首先，固定资产原价中包含的未实现内部销售损益予以抵销。在以后会计期间，该内部交易形成的固定资产仍然以原价在购买企业的个别资产负债表中列示，因此，必须将原价中包含的未实现内部销售损益的金额予以抵销，必须将期初未分配利润中包含的该未实现内部销售损益予以抵销，以调整期初未分配利润的金额，即按照原价中包含的未实现内部销售损益的金额，借记“未分配利润——年初”项目，贷记“固定资产——原价”项目。

其次，对于该固定资产在以前会计期间计提折旧而形成的期初累计折旧的抵消。由于将以前会计期间按包含未实现内部销售损益的原价为依据而多计提折旧的抵销。由于以前会计期间累计折旧抵销而影响到期初未分配利润，因此，还必须调整期初未分配利润的金额。即按以前会计期间抵销该内部交易形成的固定资产多计提的累计折旧额，借记“固定资产——累计折旧”项目，贷记“未分配利润——年初”项目。

最后，该内部交易形成的固定资产在本期多计提折旧的抵消。由于多计提折旧导致本期有关资产或费用项目增加并形成累计折旧，需将本期多计提折旧而形成的累计折旧额予以抵销，即按本期该内部交易形成的固定资产多计提的折旧额，借记“固定资产——累计折旧”项目，贷记“管理费用”等项目。

（c）内部交易形成的固定资产在清理期间的抵销处理。在这种情况下，购买企业内部交易形成的固定资产实体已不复存在，固定资产的价值（包含未实现内部销售损益）已全部转移到用其加工的产品成本或各期损益中去了，因此不存在未实现内部销售损损益的抵销问题。但是，由于销售企业因该内部交易所实现的利润，作为期初未分配利润的一部分结转到购买企业对该内部交易形成的固定资产进行清理的会计期间为止，所以必须调整期初未分配利润。其次，固定资产进行清理期间所计提的折旧费中仍然包含多计提的折旧额，因此，需要将多计提的折旧额予以抵销。

例 33-29　A 公司是 B 公司的母公司，持有 B 公司 80% 股权。2×17 年 6 月 30 日，B 公司以 1 000 万元的价格将其生产的产品销售给 A 公司，其销售成本为 800 万元。A 公司购买该产品作为管理用固定资产，当日达到预定可以使用状态，货款 1 000 万元至 2×17 年末母公司尚未支付，B 公司按照 5% 计提坏账准备。假设 A 公司对该固定资产按 5 年的使用期限计提折旧，预计净残值为零，采用直线法计提折旧。假定预计折旧年限、折旧方法和净残值与税法一致。税法规定，对于取得的固定资产以其历史成本计量，计提的坏账准备不得税前扣除，发生实质性损害时允许税前扣除。2×18 年 12 月 31 日 A 公司支付了货款 1 000 万元。A 公司合并报表时的相关抵销分录如下。

（a）2×17 年：

抵消未实现损益：

借：营业收入	10 000 000	
贷：营业成本		8 000 000
固定资产		2 000 000
借：固定资产——累计折旧（2 000 000÷5×6÷12）	200 000	
贷：管理费用		200 000

逆流交易情况下，在存货中包含的未实现内部销售损益中，归属于少数股东的未实现内部销售损益分摊金额：

借：少数股东权益［（2 000 000－200 000）×20%］	360 000	
贷：少数股东损益		360 000

抵销债权债务：

借：应付账款	10 000 000	
贷：应收账款		10 000 000
借：应收账款——坏账准备	500 000	
贷：资产减值损失（10 000 000×5%）		500 000

（b）2×18 年：

抵消未实现损益：

借：年初未分配利润	2 000 000	
贷：固定资产		2 000 000
借：固定资产——累计折旧	200 000	
贷：年初未分配利润		200 000
借：固定资产——累计折旧（2 000 000÷5）	400 000	
贷：管理费用		400 000

逆流交易情况下，在存货中包含的未实现内部销售损益中，归属于少数股东的未实现内部销售损益分摊金额：

借：少数股东权益	360 000	
贷：年初未分配利润		360 000
借：少数股东损益（400 000×20%）	80 000	
贷：少数股东权益		80 000

抵销债权债务：

借：应收账款——坏账准备	500 000	
贷：年初未分配利润		500 000

借：资产减值损失（10 000 000×5%） 500 000

贷：应收账款——坏账准备 500 000

（c）2×19 年：

抵消未实现损益：

借：年初未分配利润 2 000 000

贷：固定资产——原价 2 000 000

借：固定资产——累计折旧（200 000 ＋ 400 000） 600 000

贷：年初未分配利润 600 000

借：固定资产——累计折旧 400 000

贷：管理费用 400 000

逆流交易情况下，在存货中包含的未实现内部销售损益中，归属于少数股东的未实现内部销售损益分摊金额：

借：少数股东权益（360 000－80 000） 280 000

贷：年初未分配利润 280 000

借：少数股东损益（400 000×20%） 80 000

贷：少数股东权益 80 000

（d）清理期间的会计处理：

第一种情况：假定 A 公司在 2×22 年 6 月 30 日（已经使用 5 年）该固定资产使用期满时对其报废清理，假定处置损失转入个别报表“资产处置收益”项目。

借：年初未分配利润 2 000 000

贷：资产处置收益 2 000 000

借：资产处置收益（400 000×4.5） 1 800 000

贷：年初未分配利润 1 800 000

借：资产处置收益 200 000

贷：管理费用 200 000

合并编制：

借：年初未分配利润 200 000

贷：管理费用 200 000

第二种情况：假定 2×21 年 6 月 30 日（已使用 4 年）A 公司将该设备出售，并将处置损益计入资产处置收益。

借：年初未分配利润 2 000 000

贷：资产处置收益 2 000 000

借：资产处置收益（400 000×3.5） 1 400 000

贷：年初未分配利润 1 400 000

借：资产处置收益 200 000

贷：管理费用 200 000

②在第二种类型的内部固定资产交易的情况下，即企业集团内部企业将其自用的固定资产出售给集团内部的其他企业。

对于销售企业来说，在其个别资产负债表中表现为固定资产的减少，同时在其个别利润表中表现为固定资产处置损益，即营业外收入或营业外支出。对于购买企业来说，在其个别资产负债表中则表现为固定资产的增加，其固定资产原价中包含销售企业因该固定资产出售所实现的损益。但从整个企业集团来看，这一交易属于集团内部固定资产调拨性质，它既不能产生收益或损失，固定资产也不能增值或减值。因此，必须将销售企业因该内部交易所实现的固定资产处置损益予以抵销，同时将购买企业固定资产原价中包含的未实现内部销售损益的金额予以抵销。通过抵销后，使其在合并财务报表中该固定资产原价仍然以销售企业的原账面价值反映，并按照销售企业的折旧时间和残值率继续计提折旧。具体步骤参见第一种类型。

例 33-30 A 公司为 B 公司的母公司，2×20 年 12 月 31 日，A 公司将其账面价值为 130 万元的某项固定资产以 120 万元的价格出售给 B 公司作为管理用固定资产使用，该固定资产剩余折旧年限为 5 年，预计净残值为零。A 公司因该内部固定资产交易发生处置损失 6 万元。假设 B 公司以 120 万元作为该项固定资产的成本入账，且 A、B 公司对该固定资产均按 5 年的使用寿命采用年限平均法计提折旧，预计净残值均为零。

该固定资产的处置损失与固定资产原价中包含的未实现内部销售损益的抵销。

借：固定资产——原价　　100 000

　　贷：资产处置收益　　100 000

该固定资产当期少计提折旧额的抵销。2×21 年计提的折旧额为 24 万元，而按抵销其原价中包含的未实现内部销售损益后的原价；2×20 年应计提的折旧额为 26 万元，当期少计提的折旧额为 2 万元。本例中应当按 2 万元分别抵销管理费用和累计折旧。

借：管理费用　　20 000

　　贷：固定资产——累计折旧　　20 000

通过上述抵销分录，在合并工作底稿中，固定资产累计折旧额增加 2 万元，管理费用增加 2 万元。

③第三种情形这种类型的固定资产交易，在企业集团内部发生得极少般情况下发生的金额也不大。具体处理方法与前两种类型基本一致。

2. 母公司与子公司之间出租投资性房地产的抵销

例 33-31 A 公司是 B 公司的母公司，2×21 年 1 月 1 日，A 公司与子公司 B 公司签订租赁协议，将 A 公司一栋办公楼出租给 B 公司，租赁期开始日为协议签订日，年租金为 90 万元，租赁期为 10 年。B 公司将租赁的资产作为其办公楼。A 公司将该栋出租办公楼作为投资性房地产核算，并按公允价值进行后续计量。该办公楼租赁期开始日的公允价值为 1 660 万元，2×21 年 12 月 31 日的公允价值为 1 750 万元。该办公楼于 2×20 年 6 月 30 日达到预定可使用状态并交付使用，其建造成本为 1 600 万元，预计使用年限为 20 年，预计净残值为零。A 公司对所有固定资产按年限平均法计提折旧。

从合并报表看，该办公楼仍然作为自用办公楼，作为固定资产列报。

（1）将投资性房地产转回固定资产：

借：固定资产（原价）　　16 000 000

　　其他综合收益　　1 000 000

　　公允价值变动收益　　900 000

　　贷：投资性房地产　　17 500 000

　　　　固定资产（累计折旧）　　400 000

（2）按照自用固定资产补提折旧：

借：管理费用（16 000 000÷20）　　800 000

　　贷：固定资产（累计折旧）　　800 000

（3）冲销 A 公司房屋出租收入和 B 公司承租费用：

借：营业收入　　900 000

　　贷：管理费用　　900 000

3. 母公司与子公司之间非货币性资产交换的抵销

例 33-32 A 公司是 B 公司的母公司，持有 B 公司 80% 股份，2×22 年 8 月 20 日，A 公司（母公司）以无形资产交换 B 公司（子公司）自产产品一批，交换日，A 公司无形资产成本 1 450 万元，累计摊销 360 万元，期末未发生减值，该专利权公允价值为 1 240 万元。B 公司换入的无形资产作为管理用，采用直线法摊销，预计使用年限为 5 年，预计净残值为零。B 公司用于交换产品的成本是 980 万元，未计提存货跌价准备，交换日存货公允价值为 1 080 万元。B 公司另付银行存款 120 万元给 A 公司。A 公司换入产品作为存货。年末尚未出售。以上交换已于 10 月底办理资产划转和交接，交换资产未发生减值。

借：资产处置收益	1 500 000	
营业收入	10 800 000	
贷：无形资产		1 500 000
营业成本		9 800 000
存货		1 000 000
借：无形资产——累计摊销（1 500 000÷5×4÷12）	100 000	
贷：管理费用		100 000

同时逆流交易情况下，在存货中包含的未实现内部销售损益中，归属于少数股东的未实现内部销售损益分摊金额在合并财务报表工作底稿中的抵销分录如下：

借：少数股东权益（1 000 000×80%）	800 000	
贷：少数股东损益		800 000

4. 母公司与子公司之间其他损益的抵销

例 33-33 A 公司为母公司，B 公司为一家五星级饭店，是 A 公司的子公司。2×21 年 7 月 1 日，A 公司与 B 公司签订协议，A 公司将在该饭店召开集团公司内部会议，全部会议费用为 100 万元。A 公司确认为管理费用 100 万元，B 公司确认为主营业务收入 100 万元。A 公司合并报表抵销分录：

借：营业收入	1 000 000	
贷：管理费用		1 000 000

（五）合并现金流量的抵销

合并现金流量表是综合反映母公司及其所有子公司组成的企业集团在一定会计期间现金和现金等价物流入和流出的报表。合并现金流量表应当以母公司和子公司的现金流量表为基础，在抵销母公司与子公司、子公司相互之间发生的内部交易对合并现金流量表的影响后，由母公司合并编制。现金流量表中有关经营活动产生的现金流量的编制方法有直接法和间接法两种。

在采用直接法的情况下，可以以母公司和所有子公司的个别现金流量表为基础，在抵销母公司与子公司、子公司相互之间发生的内部交易对合并现金流量表的影响后进行编制，得出本期的现金流入和现金流出；分经营活动产生的现金流量、投资活动产生的现金流量、筹资活动产生的现金流量三大类，反映企业集团的现金流量情况。《企业会计准则第 31 号——现金流量表》明确规定我国企业应当采用直接法列示经营活动产生的现金流量。

在采用间接法的情况下，既可以以母公司和所有子公司的个别现金流量表为基础，在抵销母公司与子公司、子公司相互之间发生的内部交易对合并现金流量表的影响后进行编制，也可以直接根据合并资产负债表和合并利润表进行编制。一般情况下，合并现金流量表补充资料常采用间接法编制而成。

以个别现金流量表为基础计算的现金流入和现金流出项目的加总金额中，也必然包含有重复计算的因素，因此，编制合并现金流量表时，也需要将这些重复的因素予以剔除。母公司编制合并现金流量表时，主要需对如下项目进行抵销处理。

（1）母公司与子公司、子公司相互之间当期以现金投资或收购股权增加的投资所产生的现金流量应当抵销。

子公司接受企业集团内其他公司的投资时，表现为现金流入，在其个别现金流量表中反映为筹资活动的现金流入；母公司将子公司股权处置给企业集团其他公司，在其个别现金流量表中反映为投资活动的现金流入。但从企业集团整体来看，这些都不会引起整个企业集团现金流量的增减变动。因此，编制合并现金流量表时，应当在母公司与子公司现金流量表数据简单相加的基础上，将母公司与子公司、子公司相互之间当期以现金投资或收购股权增加的投资所产生的现金流量予以抵销。

例 33-34　A 公司在购买日（2×21 年 1 月 1 日）支付银行存款 300 万元购得 B 公司 70% 的股份，从而取得对 B 公司的控制权。在编制合并现金流量表时，应在合并工作底稿中编制如下抵销分录：

借：取得子公司及其他营业单位支付的现金净额　　3 000 000

　　贷：年初现金及现金等价物余额　　3 000 000

（2）母公司与子公司、子公司相互之间当期取得投资收益、利息收入收到的现金，应当与分配股利、利润或偿付利息支付的现金相互抵销。

在长期股权投资持有期间，母公司收到子公司分派的现金股利（利润）或债券利息，在母公司个别现金流量表中作为取得投资收益收到的现金列示，子公司向母公司分派现金股利（利润）或支付债券利息，在其个别现金流量表中反映为分配股利、利润或偿付利息支付的现金。从整个企业集团来看，这种现金收支并不会引起整个企业集团现金流量的增减变动。因此，编制合并现金流量表时，应当在母公司与子公司现金流量表数据简单相加的基础上，将母公司当期取得投资收益收到的现金与子公司分配股利、利润或偿付利息支付的现金予以抵销。

例 33-35　A 公司是 B 公司的控股股东。2×21 年，A 公司收到 B 公司向其支付的债券利息费用 40 万元和 B 公司分派的 2×16 年现金股利 20 万元。A 公司应编制如下抵销分录：

借：分配股利、利润或偿付利息支付的现金　　600 000

　　贷：取得投资收益收到的现金　　600 000

（3）母公司与子公司、子公司相互之间以现金结算债权与债务所产生的现金流量应当抵销。

母公司与子公司司、子公司相互之间当期以现金结算应收账款或应付账款等债权与债务，在个别现金流量表中表现为现金流入或现金流出。从整个企业集团来看，这种现金流动并不会引起整个企业集团现金流量的增减变动。因此，编制合并现金流量表时，应当在母公司与子公司现金流量表数据简单相加的基础上，将母公司与子公司、子公司相互之间当期以现金结算债权与债务所产生的现金流量予以抵销。

（4）母公司与子公司、子公司相互之间当期销售商品所产生的现金流量应当抵销。

企业集团内部当期销售商品所产生的收款和付款，在个别现金流量表中表现为现金流入或现金流出，作为销售商品、提供劳务相关的现金列示。从整个企业集团来看，这种内部商品购销现金收支并不会引起整个企业集团现金流量的增减变动。因此，编制合并现金流量表时，应当在母公司与子公司现金流量表数据简单相加的基础上，将母公司与子公司、子公司相互之间当期销售商品所产生的现金流量予以抵销。

例 33-36　A 公司是 B 公司的控股股东。A 公司 2×21 年向 B 公司销售商品的价款 3 500 万元中实际收到 S 公司支付的银行存款 3 000 万元，同时 B 公司还向 A 公司开具了票面金额为 500 万元的商业承兑汇票。同年，B 公司还向 A 公司销售商品 500 万元，价款全部收到。A 公司应编制如下抵销分录：

借：购买商品、接受劳务支付的现金　　35 000 000

　　贷：销售商品、提供劳务收到的现金　　35 000 000

（5）母公司与子公司、子公司相互之间处置固定资产、无形资产和其他长期资产收回的现金净额，应当与购建固定资产、无形资产和其他长期资产支付的现金相互抵销。

企业集团内处置固定资产等非流动资产所产生现金流入与流出，在个别现金流量表中作为处置固定资产、无形资产和其他长期资产收回的现金净额列示、购建固定资产、无形资产和其他长期资产支付的现金。从整个企业集团来看，这种固定资产处置与购置的现金收支不会引起整个企业集团现金流量的增减变动。因此，在编制合并现金流量表时，应当在母公司与子公司现金流量表数据简单相加的基础上，将母公司与子公司、子公司相互之间处置固定资产、无形资产和其他长期资产收回的现金净额与购建固定资产、无形资产和其他长期资产支付的现金相互抵销。

例 33-37 A公司是B公司的控股股东。假设A公司向B公司出售固定资产的价款200万元全部收到。母公司应编制如下抵销分录：

借：购建固定资产、无形资产和其他长期资产支付的现金　　2 000 000

　贷：处置固定资产、无形资产和其他长期资产收回的现金　　2 000 000

（6）合并现金流量表特殊问题。

①母公司持有子公司向其购买商品所开具的商业承兑汇票向商业银行申请贴现，母公司所取得现金在其个别现金流量表反映为经营活动的现金流入，在将该内部商品购销活动所产生的债权与债务抵销后，母公司向商业银行申请贴现取得的现金在合并现金流量表中应重新归类为筹资活动的现金流量列示。

②在企业合并当期，母公司购买子公司及其他营业单位支付对价中以现金支付的部分与子公司及其他营业单位在购买日持有的现金和现金等价物，区别两种情况分别处理：

（a）子公司及其他营业单位在购买日持有的现金和现金等物价小于母公司支付对价中以现金支付的部分，按母公司支付对价中以现金支付额减去子公司及其他营业单位在购买日持有的现金和现金等价物后的净额，在“取得子公司及其他营业单位支付的现金净额”项目反映，应编制的抵销分录为：借记“取得子公司及其他营业单位支付的现金净额”项目，贷记“年初现金及现金等物价余额”项目。

例如，A公司因购买子公司支付现金1 200万元，购买时该子公司有现金余额为200万元。合并现金流量表中“取得子公司及其他营业单位支付的现金净额”项目为1 000万元（1 200－200）。

（b）子公司及其他营业单位在购买日持有的现金和现金等物价大于母公司支付对价中以现金支付的部分，按子公司及其他营业单位在购买日持有的现金和现金等价物减去母公司支付对价中以现金支付额后的净额，在“收到其他与投资活动有关的现金”项目反映，应编制的抵销分录为：借记“取得子公司及其他营业单位支付的现金净额”项目和“收到其他与投资活动有关的现金”项目，贷记“年初现金及现金等物价余额”项目。

例如，A公司因购买子公司支付现金800万元，购买时该子公司现金余额为900万元。合并现金流量表中，“收到其他与投资活动有关的现金”项目为100万元（900－800）。

③在企业合并当期，母公司处置子公司及其他营业单位收到对价中以现金收到的部分与子公司及其他营业单位在丧失控制权日持有的现金和现金等价物，区别两种情况分别处理：

（a）子公司及其他营业单位在丧失控制权日持有的现金和现金等价物小于母公司收到对价中以现金收到的部分，按母公司收到对价中以现金收到额减去子公司及其他营业单位持有的现金和现金等价物后的净额，在“处置子公司及其他营业单位收到的现金净额”项目反映。

例如，A公司因处置子公司收到现金900万元，处置时该子公司现金余额为500万元。合并现金流量表中，“处置子公司及其他营业单位收到的现金净额”项目为400万元（900－500）。

（b）子公司及其他营业单位在丧失控制权日持有的现金和现金等价物大于母公司收到对价中以现金收到的部分，按子公司及其他营业单位持有的现金和现金等价物减去母公司收到对价中以现金收到额后的净额，在“支付其他与投资活动有关的现金”项目中反映。

例如，A公司因处置子公司收到现金400万元，处置时该子公司现金余额为500万元。合并现金流量表中“支付其他与投资活动有关的现金”项目为100万元（500－400）。

④因购买子公司的少数股权支付现金：母公司支付现金在其个别现金流量表反映为投资活动的现金流出，在合并现金流量表中应作为筹资活动的现金流出列示。

⑤因不丧失控制权处置子公司收到现金：母公司收到现金在其个别现金流量表反映为投资活动的现金流入，在合并现金流量表中应作为筹资活动的现金流入列示。

这两种情况在合并财务报表中都是作为权益性交易处理的，在合并资产负债表中将差额计入“资本公积”，属于企业的筹资取得现金，因此在合并现金流量表也将其重新归类为筹资活动产生的现金流量进行列报。

（六）其他相关的抵销事项

（1）因抵销未实现内部销售损益导致合并资产负债表中资产、负债的账面价值与其在所属纳税主体的计税基础之间产生暂时性差异的，在合并资产负债表中应当确认递延所得税资产或递延所得税负债，同时调整合并利润表中的所得税费用，但与直接计入所有者权益的交易或事项及企业合并相关的递延所得税除外。

（2）企业在编制合并财务报表时，因抵销未实现内部销售损益导致合并资产负债表中资产、负债的账面价值与其在纳入合并范围的企业按照适用税法规定确定的计税基础之间产生暂时性差异的在合并资产负债表中应当确认递延所得税资产或递延所得税负债，同时调整合并利润表中的所得税费用，但与直接计入所有者权益的交易或事项及企业合并相关的递延所得税除外。

例 33-38　A 公司拥有 B 公司 75% 有表决权资本，能够对 B 公司实施控制。2×20 年 6 月 A 公司向 B 公司销售一批商品，成本为 500 万元，售价为 800 万元，至 2×20 年 12 月 31 日，B 公司尚未出售上述商品，2×21 年 B 公司将上述商品对外销售 80%。A 公司和 B 公司适用的所得税税率为 25%。假定不考虑其他因素。

要求：计算 2×20 年 12 月 31 日和 2×21 年 12 月 31 日合并财务报表中应确认的递延所得税资产，并编制相关会计分录。

2×20年12月31日递延所得税资产余额＝（800－500）×25%＝75（万元），2×20年递延所得税资产的发生额为75万元。

借：递延所得税资产	750 000	
贷：所得税费用		750 000

2×21年12月31日递延所得税资产余额＝（800－500）×20%×25%＝15（万元），2×17年递延所得税资产的发生额＝15－75＝－60（万元）。

借：递延所得税资产	150 000	
贷：未分配利润——年初		150 000
借：所得税费用	600 000	
贷：递延所得税资产		600 000

例 33-39　A 公司为 B 公司的母公司，持有 B 公司的股权比例为 80%。AB 公司均为增值税一般纳税人，适用的增值税税率为 13%，所得税税率为 25%，发出存货采用先进先出法计价，与税法规定相同。AB 公司均按照应收账款余额 10% 计提坏账准备，税法规定计提坏账准备于实际发生时允许税前扣除。

2×21 年 B 公司向 A 公司销售某产品 100 件，每件价款为 8 万元（不含税），成本为 6 万元，至年末已对外销售 A 产品 70 件。货款尚未收付。2×22 年未外销售 A 产品 10 件，货款仍未收付。

① 2×21 年度抵销处理如下。

（a）期末抵销未实现内部销售利润：

借：营业收入（100×80 000） 8 000 000
　　贷：营业成本 7 400 000
　　　　存货［30×（80 000－60 000）］ 600 000
（b）确认递延所得税资产：
借：递延所得税资产（600 000×25%） 150 000
　　贷：所得税费用 150 000
（c）逆流交易情况下，在存货中包含的未实现内部销售损益中，归属于少数股东的未实现内部销售损益分摊金额：
借：少数股东权益 90 000
　　贷：少数股东损益（600 000×20%×75%） 90 000
（d）抵销债权债务：
借：应付账款（100×80 000×1.17） 9 360 000
　　贷：应收账款 9 360 000
借：应收账款——坏账准备 936 000
　　贷：资产减值损失（9 360 000×10%） 936 000
借：所得税费用 （936 000×25%） 234 000
　　贷：递延所得税资产 234 000
②2×22 年度抵销处理如下。
（a）上期未实现内部销售商品全部对集团外销售：
借：年初未分配利润 600 000
　　贷：营业成本 600 000
（b）期末抵销未实现内部销售利润：
借：营业成本 200 000
　　贷：存货［10×（80 000－60 000）］ 200 000
（c）确认递延所得税资产：
　　借：递延所得税资产 150 000
　　贷：年初未分配利润 150 000
借：递延所得税资产（200 000×25%－150 000） 110 000
　　贷：所得税费用 110 000
（d）同时逆流交易情况下，在存货中包含的未实现内部销售损益中，归属于少数股东的未实现内部销售损益分摊金额：
借：少数股东权益 90 000
　　贷：年初未分配利润（600 000×20%×75%） 90 000
借：少数股东权益 60 000
　　贷：少数股东损益（400 000×20%×75%） 60 000
（e）抵销债权债务：
借：应付账款 9 360 000
　　贷：应收账款 9 360 000
借：应收账款——坏账准备 936 000
　　贷：年初未分配利润 9 360 000

借：年初未分配利润　　234 000

　　贷：递延所得税资产　　234 000

（3）子公司少数股东分担的当期亏损超过了少数股东在该子公司期初所有者权益中所享有的份额的，其余额仍应当冲减少数股东权益。

（4）子公司在“专项储备”项目中反映的按照国家相关规定提取的安全生产费等，与留存收益不同，在长期股权投资与子公司所有者权益相互抵销后，应当按归属于母公司所有者的份额予以恢复，借记“未分配利润”项目，贷记“专项储备”项目。

（5）子公司其他所有者权益变动的影响中以公允价值计量且其变动计入其他综合收益的金融资产的公允价值变动净额归属于母公司的份额等，在编制合并所有者权益变动表时，也应在合并工作底稿中进行重分类，将其由“权益法下被投资单位其他所有者权益变动的影响”项目反映调整至“金融资产公允价值变动净额”等项目反映。

七、案例分析

例 33-40　A 公司是一家从事新能源产业开发的上市公司。2×21 年 1 月 1 日，A 公司以定向增发普通股股票的方式，从非关联方处购买取得了 B 公司 70% 的股权，并于同日通过产权交易所完成了该项股权转让程序，并完成了工商变更登记。A 公司定向增发普通股股票 5 000 万股，每股面值为 1 元，每股市场价格为 2.95 元。A 公司与 B 公司属于非同一控制下的企业。

A 公司取得 B 公司可辨认资产、负债和所有者权益在购买日的公允价值备查簿如表 33-01 所示；2×21 年 1 月 1 日，A 公司合并资产负债表如表 33-02 所示。

表 33-01　A 公司购买股权备查簿

购买日：2×21 年 1 月 1 日　　　　单位：万元

购买价：14 750 万元　　　　累计持股：70%

资产	购买日账面价值	购买日公允价值	公允价值－账面价值
流动资产	17 500.00	18 100.00	600.00
其中：应收账款	1 960.00	1 560.00	－ 400.00
存货	10 000.00	11 000.00	1 000.00
非流动资产	11 500.00	14 500.00	3 000.00
其中：固定资产	1 000.00	4 000.00	3 000.00
资产总计	29 000.00	32 600.00	3 600.00
流动负债	10 500.00	10 500.00	—
非流动负债	2 500.00	2 500.00	—
负债合计	13 000.00	13 000.00	—
股本	10 000.00	10 000.00	—
资本公积	4 000.00	7 600.00	3 600.00
盈余公积	600.00	600.00	—

（续表）

资产	购买日账面价值	购买日公允价值	公允价值－账面价值
未分配利润	1 400.00	1 400.00	—
股东权益合计	16 000.00	19 600.00	3 600.00
负债和股东权益总计	29 000.00	32 600.00	3 600.00

表 33-02 合并资产负债表

编制单位：A 公司　　　　单位：万元

资产	购买日余额	负债和所有者权益（或股东权益）	购买日余额
流动资产：		流动负债：	
货币资金	6 600	短期借款	8 500
交易性金融资产	2 900	交易性金融负债	1 900
应收票据	3 850	应付票据	6 500
应收账款	4 460	应付账款	11 100
预付账款	1 440	预收账款	2 150
应收利息	0	应付职工薪酬	3 800
应收股利	2 100	应交税费	1 600
其他应收款	0	应交利息	0
存货	26 500	应付股利	4 000
其他流动资产	1 250	其他应付款	0
流动资产合计	49 100	其他流动负债	950
非流动资产：		流动负债合计	40 500
债权投资	5 500	非流动负债：	
其他债权投资	3 700	长期借款	3 500
长期应收款	0	应付债券	11 000
长期股权投资	16 000	长期应付款	1 000
固定资产	22 500	递延所得税负债	1 000
在建工程	11 000	其他非流动负债	0
无形资产	2 800	非流动负债合计	16 500
商誉	1 660	负债合计	57 000
长期待摊费用	0	所有者权益（或股东权益）：	
递延所得税资产	100	实收资本（或股本）	25 000

（续表）

资产	购买日余额	负债和所有者权益（或股东权益）	购买日余额
其他非流动资产	0	资本公积	14 750
非流动资产合计	63 260	减：库存股	0
		其他综合收益	0
		盈余公积	5 500
		未分配利润	4 500
		归属于母公司所有者权益	49 750
		少数股东权益	5 610
		所有者权益（股东权益）合计	55 360
资产总计	112 360	负债及权益（股东权益）合计	112 360

B公司2×21年12月31日资产负债表有关项目信息列示如下：

（1）股东权益总额为19 150万元，其中，股本为10 000万元，资本公积为400万元、其他综合收益150万元（可供出售金融资产公允价值变动的利得），盈余公积为1 600万元，未分配利润为3 400万元。

（2）2×21年全年实现净利润5 250万元，当年提取盈余公积1 000万元，年末向股东宣告分配现金股利2 250万元，现金股利款项尚未支付。

（3）截至2×21年12月31日，应收账款按购买日评估确认的金额收回，评估确认的坏账已核销；购买日发生评估增值的存货当年已全部实现对外销售。

2×21年，A公司和B公司内部交易和往来事项列示如下：

（1）截至2×21年12月31日，A公司个别资产负债表应收账款中有480万元为应收B公司账款，该应收账款账面余额为500万元，A公司当年计提坏账准备20万元。B公司个别资产负债表中应付账款中列示有应付A公司账款500万元。

（2）2×21年5月1日，A公司向B公司销售商品1 000万元，商品销售成本为700万元，B公司以支票支付商品价款500万元，其余价款待商品售出后支付。B公司购进的该商品本期全部未实现对外销售而形成年末存货。2×21年年末，B公司对存货进行检查时，发现该商品已经部分陈旧，其可变现净值已降至980万元。为此，B公司2×21年年末对该存货计提存货跌价准备20万元，并在其个别财务报表中列示。

（3）2×21年6月1日，B公司向A公司销售商品1 200万元，商品销售成本为800万元，A公司以支票支付全款。A公司购进该商品本期40%未实现对外销售。年末，A公司对剩余存货进行检查，并未发生存货跌价损失。

（4）2×21年6月20日，A公司将其资产原值为1 000万元，账面价值为600万元的某厂房，以1 200万元的价格变卖给B公司作为厂房使用，B公司以支票支付全款。该厂房预计剩余使用年限为15年，A公司和B公司均采用直线法对其计提折旧。

2×21年12月31日，A公司、B公司资产负债表如表33-03所示；2×21年，A公司、B公词当年利润表、现金流量表和所有者权益变动表分别如表33-04、表33-05、表33-06和表33-07所示。

表 33-03　资产负债表

编制单位：A 公司 /B 公司　　2×21 年 12 月 31 日　　单位：万元

资产	A 公司	B 公司	负债和所有者权益（或股东权益）	A 公司	B 公司
流动资产：			流动负债：		
货币资金	2 850	3 250	短期借款	5 000	2 400
交易性金融资产	1 500	2 500	交易性金融负债	2 000	1 200
应收票据	3 600	1 800	应付票据	6 500	1 800
应收账款	4 250	2 550	应付账款	9 000	2 600
预付账款	750	1 250	预收账款	2 000	1 950
应收利息	0	0	应付职工薪酬	2 500	800
应收股利	2 400	0	应交税费	1 350	700
其他应收款	250	650	应交利息	0	0
存货	18 500	9 000	应付股利	0	2 250
其他流动资产	900	500	其他应付款	2 650	200
流动资产合计	35 000	21 500	其他流动负债	1 000	450
非流动资产：			流动负债合计	32 000	14 350
债权投资	7 000	2 000	非流动负债：		
其他债权投资	4 500	900	长期借款	2 000	2 400
长期应收款	0	0	应付债券	10 000	3 500
长期股权投资	34 750	0	长期应付款	3 000	0
固定资产	14 000	13 000	递延所得税负债	0	100
在建工程	6 500	1 200	其他非流动负债	0	0
无形资产	3 000	900	非流动负债合计	15 000	6 000
商誉	0		负债合计	47 000	20 350
长期待摊费用	0		所有者权益（或股东权益）：		
递延所得税资产	0		实收资本（或股本）	25 000	10 000
其他非流动资产	0		资本公积	14 750	4 000
非流动资产合计	69 750	18 000	减：库存股	0	0
			其他综合收益	0	150
			盈余公积	9 000	1 600
			未分配利润	9 000	3 400

（续表）

资产	A 公司	B 公司	负债和所有者权益（或股东权益）	A 公司	B 公司
			所有者权益（股东权益）合计	57 750	19 150
资产总计	104 750	39 500	负债及权益（股东权益）合计	104 750	39 500

表 33-04　利润表

编制单位：A 公司 /B 公司　　2×21 年　　单位：万元

项目	A 公司	B 公司
一、营业收入	75 000	47 400
二、营业总成本	55 400	41 200
其中：营业成本	48 000	36 500
税金及附加	900	500
销售费用	2 600	1 700
管理费用	3 000	1 950
财务费用	600	400
资产减值损失	300	150
加：公允价值变动损益（损失以“－”号填列）		
投资收益（损失以“－”号填列）	4 900	100
三、营业利润（亏损以“－”号填列）	24 500	6 300
加：营业外收入	800	1 200
减：营业外支出	1 300	500
四、利润总额（亏损总额以“－”号填列）	24 000	7 000
减：所得税费用	6 000	1 750
五、净利润（净亏损以“－”号填列）	18 000	5 250
六、其他综合收益的税后净额		150
（一）以后不能重分类进损益的其他综合收益		
（二）以后将重分类进损益的其他综合收益		150
其中：其他债权投资公允价值变动的利得或损失		150
七、综合收益总额	18 000	5 400

表 33-05 现金流量表

编制单位：A 公司 /B 公司　　　　2×21 年　　　　单位：万元

项目	A 公司	B 公司
一、经营活动产生的现金流量：		
销售商品、提供劳务收到的现金	53 000	45 000
收到的其他与经营活动相关的现金		
经营活动现金流入小计	53 000	45 000
购买商品、接受劳务支付的现金	42 400	36 600
支付给职工以及为职工支付的现金	6 000	4 500
支付的各项税费	4 495	1 775
支付其他与经营活动有关的现金		
经营活动现金流出小计	52 895	42 875
经营活动产生的现金流量净额	105	2 125
二、投资活动产生的现金流量：		
取得投资收益收到的现金	125	
处置固定资产、无形资产和其他长期资产收回的现金净额	100	
收到其他与投资活动有关的现金		
投资活动现金流入小计	225	0
购建固定资产、无形资产和其他长期资产所支付的现金	1 030	225
投资支付的现金		
支付其他与投资活动有关的现金		
投资活动现金流出小计	1 030	225
投资活动产生的现金流量净额	－805	－225
三、筹资活动所产生的现金流量		
吸收投资收到的现金		
收到其他与筹资活动有关的现金		
筹资活动现金流入小计	0	0
偿还债务支付的现金	950	750
支付其他与筹资活动有关的现金		
筹资活动现金流出小计	950	750
筹资活动产生的现金流量净额	－950	－750
四、汇率变动对现金及现金等价物的净增加额		
五、现金及现金等价物的影响	－950	－750
加：期初现金及现金等价物余额		
六、期末现金及现金等价物余额	－2 600	400

表 33-06　所有者权益变动表

编制单位：A 公司　　　　2×21 年度　　　　单位：万元

项目	实收资本（或股本）	资本公积	减：库存股	其他综合收益	盈余公积	未分配利润	所有者权益合计
一、上年年末余额	20 000	5 000			5 500	4 500	35 000
加：会计政策变更							
前期差错更正							
二、本年年初余额	20 000	5 000	—	—	5 500	4 500	35 000
三、本年增减变动金额（减少以“－”号填列）	5 000	9 750	—	—	3 500	4 500	22 750
（一）综合收益总额						18 000	18 000
（二）所有者投入和减少资本	5 000	9 750	—	—	—	—	14 750
1. 所有者投入资本	5 000	9 750					14 750
2. 股份支付计入所有者权益的金额							
3. 其他							
（三）利润分配	—	—	—	—	3 500	－13 500	－10 000
1. 提取盈余公积					3 500	－3 500	
2. 对所有者（或股东）的分配						－10 000	
3. 其他							
（四）所有者权益内部结转	—	—	—	—	—	—	—
1. 资本公积转增资本（或股本）							
2. 盈余公积转增资本（或股本）							
3. 盈余公积弥补亏损							
4. 其他							
四、本年年末余额	25 000	14 750	—	—	9 000	9 000	57 750

表 33-07　所有者权益变动表

编制单位：B 公司　　　　2×21 年度　　　　单位：万元

项目	实收资本（或股本）	资本公积	减：库存股	其他综合收益	盈余公积	未分配利润	所有者权益合计
一、上年年末余额	10 000	4 000			600	1 400	16 000
加：会计政策变更							
前期差错更正							
二、本年年初余额	10 000	4 000	—	—	600	1 400	16 000
三、本年增减变动金额（减少以“－”号填列）	—	—	—	150	1 000	2 000	3 150

（续表）

项目	实收资本（或股本）	资本公积	减：库存股	其他综合收益	盈余公积	未分配利润	所有者权益合计
（一）综合收益总额				150		5 250	5 400
（二）所有者投入和减少资本	—	—	—	—	—	—	—
1. 所有者投入资本							—
2. 股份支付计入所有者权益的金额							
3. 其他							
（三）利润分配	—	—	—	—	1 000	－3 250	－2 250
1. 提取盈余公积					1 000	－1 000	
2. 对所有者（或股东）的分配						－2 250	
3. 其他							
（四）所有者权益内部结转	—	—	—	—	—	—	—
1. 资本公积转增资本（或股本）							
2. 盈余公积转增资本（或股本）							
3. 盈余公积弥补亏损							
4. 其他							
四、本年年末余额	10 000	4 000	—	150	1 600	3 400	19 150

假定A公司、B公司均是中国境内公司，A公司计划长期持有对B公司的股权；不考虑上述合并事项中所发生的审计、评估、股票发行以及法律服务等相关费用；B公司的会计政策和会计期间与A公司一致；购买日，B公司资产和负债的公允价值与其计税基础之间形成的暂时性差异均符合确认递延所得税资产或递延所得税负债的条件；不考虑A公司、B公司除企业合并和编制合并财务报表之外的其他税费；两家公司适用的所得税税率均为25%。除非有特别说明，本案例中的资产和负债的账面价值与计税基础相同。

1. 对母子公司个别财务报表的调整处理

（1）调整子公司资产和负债的公允价值。根据A公司购买B公司设置的股权备查簿中登记的信息，将B公司资产和负债的评估增值或减值分别调增或调减相关资产和负债项目的金额。在合并工作底稿中的调整分录如下：

借：存货	10 000 000	
固定资产	30 000 000	
递延所得税资产	1 000 000	
贷：应付账款		4 000 000
递延所得税负债（2 500 000＋7 500 000）		10 000 000
资本公积		27 000 000

（2）根据子公司已实现的公允价值调整当期净利润本例中，合并财务报表要求以子公司资产负债的公允价值为基础进行确认，而子公司个别财务报表是按其资产、负债的原账面价值为基础编制的，

其当期计算的净利润也是以其资产、负债的原账面价值为基础计算的结果。因此，上述公允价值与原账面价值存在差额的资产或负债项目，在经营过程中因资产的折旧、推销和减值等对子公司当期净利润的影响，需要在净利润计算中予以反映。在合并财务报表工作底稿中的调整分录如下：

借：营业成本　10 000 000
　　管理费用　2 000 000
　　应收账款　4 000 000
　　贷：存货　10 000 000
　　　　固定资产　2 000 000
　　　　资产减值损失　4 000 000

因此，已经实现公允价值调整后的B公司2×21年度净利润＝5 250＋400（因购买日应收账款公允价值减值的实现而调减资产减值损失）－1 000（因购买日存货公允价值增值的实现而调增营业成本）－200（因固定资产公允价值增值计算的折旧而调增管理费用）＝4 450（万元）。

（3）递延所得税资产或递延所得税负债的暂时性差异的转回。

B公司应收账款按购买日评估的确认的金额已收回，评估确认的坏账已核销，因递延所得税资产的转回而增加当期所得税费用100万元（400×25%）；B公司购买日发生评估增值的存货当年已全部实现对外销售，因递延所得税负债的转回而减少当期所得税费用250万元（1 000×25%）；B公司购买日发生增值的办公楼2×21年年末应纳税暂时性差异为2 800万元（3 000－200）应确认的递延所得税负债为700万元（2 800×25%），因递延所得税负债的转回而减少当期所得税费用50万元（750－700）。在合并财务报表工作底稿中的调整分录如下：

借：递延所得税负债（2 500 000＋500 000）　3 000 000
　　贷：递延所得税资产　1 000 000
　　　　所得税费用　2 000 000

因此，考虑递延所得税后 B 公司当年净利润为 4 650 万元（4 450 ＋ 200）。

（4）按照权益法调整母公司财务报表项目。编制合并财务报表时，按照权益法对母公司个别财务报表进行调整。本例中，应当调整A公司2×21年投资B公司取得的投资收益3 255万元（4 650×70%），已确认取得的B公司已宣告分派的现金股利1 575万元（2 250×70%）以及B公司本期其他综合收益150万元中归属于A公司的份额105万元（150×70%）。在合并财务报表工作底稿中的调整分录如下：

借：长期股权投资（32 550 000 ＋ 1 050 000）　33 600 000
　　投资收益　15 750 000
　　贷：投资收益　32 550 000
　　　　长期股权投资　15 750 000
　　　　其他综合收益　1 050 000

2. 抵销合并财务报表相关项目

（1）抵销长期股权投资与所有者权益项目。将A公司对B公司的长期股权投资与其在B公司股东权益中拥有的份额予以抵销。B公司2×21年年末经调整后的未分配利润＝1 400（年初）＋4 650（已经实现公允价值和递延所得税调整后的本年净利润）－100（提取盈余公积）－2 250（分派股利）＝2 800万元；公司本期由于其他债权投资公允价值变动增加其他综合收益150万元，其中归属于A公司的份额为105万元（150×70%），归属于少数股东的份额为45万元（150－105）；A公司2×21年年末对B公司长期股权投资为16 535万元（14 750＋3 255－2 250×70%＋105）；少数股东权益为6 375 万元［5 610（2×13年1月1日少数股东投入资本）＋1 395（4 650×30%，本年少数股东损益）＋45（归属于少数股东的其他综合收益）－675（2 250×30%，本年对少数股东的利润分配）］。在合并财务报表工作底稿中的抵销分录如下：

借：股本 100 000 000
　　资本公积 67 000 000
　　其他综合收益 1 500 000
　　盈余公积 16 000 000
　　未分配利润——年末 28 000 000
　　商誉 16 600 000
　　贷：长期股权投资 165 350 000
　　　　少数股东权益 63 750 000

（2）抵销投资收益与子公司利润分配等项目。将A公司对B公司的投资收益与B公司本年利润分配有关项目的金额予以抵销。B公司年末向股东宣告分配现金股利2 250万元，其中，归属于少数股东的现金股利为675万元（2 250－1 575）。在合并财务报表工作底稿中的抵销分录如下：

借：投资收益（46 500 000×70%） 32 550 000
　　少数股东损益（46 500 000×30%） 13 950 000
　　未分配利润——年初 14 000 000
　　贷：未分配利润——本年提取盈余公积 10 000 000
　　　　本年利润分配——年末 28 000 000

（3）抵销应收账款与应付账款项目。在合并财务报表工作底稿中的抵销分录如下：

借：应付账款 5 000 000
　　贷：应收账款 5 000 000

（4）抵销坏账准备与资产减值损失项目。A公司将与B公司往来的内部应收账款与应付账款相互抵销的同时，还应将内部应收账款计提的坏账准备予以抵销。在合并财务报表工作底稿中的抵销分录如下：

借：应收账款 200 000
　　贷：资产减值损失 200 000

需要注意的是，在连续编制合并财务报表时，对于内部应收款项及其坏账准备，应当按照如下程序进行合并处理：首先，将内部应收款项与应付款项予以抵销，按照内部应付款项的数额，借记“应付账款”“应付票据”等项目，贷记“应收账款”“应收票据”等项目；其次，应将上期资产减值损失中抵销的各内部应收款项计提的相应坏账准备对本期期初未分配利润的影响予以抵销，按照上期资产减值损失项目中抵销的各内部应收款项计提的相应坏账准备的数额，借记“应收账款”等项目，贷记“未分配利润——期初”项目；最后，对于本期各内部应收款项在个别对财务报表中补提或者冲销的相应坏账准备的数额也应予以抵销，按照本期期末内部应收款项在个别资产负债表中补提（或冲销）的坏账准备的数额，借记（或贷记）“应收账款”等项目，贷记（或借记）“资产减值损失”项目。

（5）抵销因抵销坏账准备与资产减值损失产生的所得税影响。在合并财务报表工作底稿中的抵销分录如下：

借：所得税费用（200 000×25%） 50 000
　　贷：递延所得税资 50 000

（6）抵销应收股利与应付股利项目。A公司根据B公司宣告分派现金股利的公告，按照其所享有的金额已确认应收股利，并在其资产负债表中计列应收股利1 575万元。在合并财务报表工作底稿中的抵销分录如下：

借：应付股利 15 750 000
　　贷：应收股利 15 750 000

3. 抵销内部顺流交易的存货

（1）抵销内部销售收入、成本和内部销售形成的存货价值中包含的未实现内部销售损益。在合并财务报表工作底稿中的抵销分录如下：

借：营业收入　　10 000 000

　　贷：营业成本　　7 000 000

　　　　存货　　3 000 000

需要注意的是，在连续编制合并财务报表时，对于内部销售存货，应当按照如下程序进行合并处理：首先，将上期抵销的存货价值中包含的未实现内部损益对本期期初未分配利润的影响进行抵销，按照上期内部购入存货价值中包含的未实现内部销售损益的数额，借记"未分配利润期初"项目，贷记"营业成本"项目；其次，对于本期发生的内部销售存货，将内部销售收入、内部销售成本及内部购入存货中未实现内部销售损益予以抵销，按照销售企业内部销售收入的数额，借记"营业收入"项目，贷记"营业成本"项目；最后，将期末内部购入存货价值中包含的未实现内部销售损益予以抵销，对于期末内部销售形成的存货（包括上期结转形成的本期存货），应当按照购买企业期末内部购入存货价值中包含的未实现内部销售损益的数额，借记"营业成本"项目，贷记"存货"项目。

（2）抵销B公司本期计提的存货跌价准备。在合并财务报表工作底稿中的抵销分录如下：

借：存货　　200 000

　　贷：资产减值损失　　200 000

需要注意的是，在连续编制合并财务报表时，对于内部销售存货的存货跌价准备，应当按照如下程序进行合并处理：首先，将上期资产减值损失中抵销的存货跌价准备对本期期初未分配利润的影响予以抵销，按照上期资产减值损失项目中抵销的存货跌价准备的数额，借记"存货"项目，贷记"未分配利润期初"项目；其次，对于本期对内部购入存货在个别财务报表中补提（或冲销）的存货跌价准备的数额也应予以抵销，按照本期对内部购入存货在个别财务报表中补提（或冲销）的存货跌价准备的数额，借记（或贷记）"存货"项目，贷记（或借记）"资产减值损失"项目。

对于抵销存货跌价准备的数额，应当分别按照下列不同情况进行处理：当本期内部购入存货的可变现净值低于持有该存货企业的取得成本但高于抵销未实现内部销售损益后的取得成本（即销售企业对该存货的取得成本）时，其抵销的存货跌价准备的金额为本期存货跌价准备的增加额；

当本期内部购入存货的可变现净值低于抵销未实现内部销售损益后的取得成本（即销售企业对该存货的取得成本）时，其抵销的存货跌价准备的金额为相对于购买企业该存货的取得成本高于销售企业取得成本的差额部分计提的跌价准备的数额扣除期初内部购入存货计提的存货跌价准备的金额后的余额，即本期期末存货中包含的未实现内部销售损益的金额减去期初内部购入存货计提的存货跌价准备的金额后的余额。

（3）抵销内部顺流存货交易的所得税影响。在合并财务报表工作底稿中的抵销分录如下：

借：递延所得税资产［（3 000 000－200 000）×25%］　　700 000

　　贷：所得税费用　　700 000

（4）抵销顺流存货交易中内部存货交易的现金流量。在合并财务报表工作底稿中的抵销分录如下：

借：购买商品、接受劳务支付的现金　　10 000 000

　　贷：销售商品、提供劳务收到的现金　　10 000 000

4. 抵销内部逆流交易的存货

（1）抵销内部销售收入、成本和内部销售形成的存货中包含的未实现内部销售损益。存货中包含的未实现内部销售损益为160万元［（1 200－800）×40%］。在合并财务报表工作底稿中的抵销分录如下：

借：营业收入 12 000 000

贷：营业成本 10 400 000

存货 1 600 000

（2）将内部销售形成的存货中包含的未实现内部销售损益进行分摊。在存货中包含的未实现内部销售损益中，归属于少数股东的未实现内部销售损益分摊金额为48（160×30%）万元。在合并财务报表工作底稿中的抵销分录如下：

借：少数股东权益 480 000

贷：少数股东损益 480 000

（3）抵销因逆流存货交易的所得税影响。在合并财务报表工作底稿中的抵销分录如下：

借：递延所得税资产（1 600 000×25%） 400 000

贷：所得税费用 400 000

（4）抵销因抵销逆流存货交易发生的递延所得税对少数股东权益的份额。在合并财务报表工作底稿中的抵销分录如下：

借：少数股东损益（400 000×30%） 120 000

贷：少数股东权益 120 000

（5）抵销逆流存货交易中内部存货交易的现金流量。在合并财务报表工作底稿中的抵销分录如下：

借：购买商品、接受劳务支付的现金 12 000 000

贷：销售商品、提供劳务收到的现金 12 000 000

5. 抵销内部固定资产购销交易

（1）抵销内部固定资产购销交易。在合并财务报表工作底稿中的抵销分录如下：

借：营业外收入（12 000 000－6 000 000） 6 000 000

贷：固定资产——从A公司购入×厂房 6 000 000

（2）抵销内部固定资产交易计提折旧中包含的未实现内部销售损益。在合并财务报表工作底稿中的抵销分录如下：

借：固定资产——从A公司购入×厂房（6 000 000÷15÷2） 200 000

贷：管理费用 200 000

需要注意的是，在连续编合并财务报表时，对于内部销售固定资产，应当按照如下程序进行合并处理：首先，将内部交易固定资产中包含的未实现内部销售损益抵销，并调整期初未分配利润，按照内部交易固定资产中包含的未实现内部销售损益数额，借记“未分配利润——期初”项目，贷记“固定资产”项目；其次，将以前会计期间内部交易固定资产多计提的累计折旧抵销，并调整期初未分配利润，按照以前会计期间抵销该内部交易固定资产因包含未实现内部销售损益而多计提（或少计提）的累计折旧额，借记（或贷记）“固定资产”项目，贷记（或借记）“未分配利润——期初”；最后，将当期由于该内部交易固定资产因包含未实现内部销售损益而多计提的折旧费用予以抵销，并调整本期计提的累计折旧额，按照本期该内部交易的固定资产多计提的折旧额，借记“固定资产”项目，贷记“管理费用”等费用项目。

（3）抵销内部固定资产交易对所得税的影响。在合并财务报表工作底稿中的抵销分录如下：

借：递延所得税资产［（6 000 000－200 000）×25%］ 1 450 000

贷：所得税费用 1 450 000

（4）抵销内部固定资产交易的现金流量。在合并财务报表工作底稿中的抵销分录如下：

借：购建固定资产、无形资产和其他长期资产支付的现金 12 000 000

贷：处置固定资产、无形资产和其他长期资产收四的现金净额 12 000 000

根据上述资料及有关调整、抵销分录编制合并工作底稿如表33-08所示。

根据合并工作底稿，编制该集团2×21年合并资产负债表、合并利润表、合并现金流量表及合并所有者权益变动表如表33-08至表33-12所示。

表33-08　合并财务报表工作底稿

编制单位：A公司　　　　　　　　　　　　　　　　　　　　　　　　单位：万元

项目	A公司	B公司	合计金额	调整抵消分录		少数股东权益	合并金额
				借	贷		
利润表项目							
一、营业收入	75 000	47 400	122 400	2 200			120 200
二、营业总成本	55 400	41 200	96 600	1 200	2 200	—	95 600
其中：营业成本	48 000	36 500	84 500	1 000	1 740		83 760
税金及附加	900	500	1 400				1 400
销售费用	2 600	1 700	4 300				4 300
管理费用	3 000	1 950	4 950	200	20		5 130
财务费用	600	400	1 000				1 000
资产减值损失	300	150	450		440		10
加：公允价值变动损益（损失以“—”号填列）			—				—
投资收益（损失以“—”号填列）	4 900	100	5 000	4 830	3 255		3 425
三、营业利润（亏损以“—”号填列）	24 500	6 300	30 800	－8 230	5 455	—	28 025
加：营业外收入	800	1 200	2 000	600			1 400
减：营业外支出	1 300	500	1 800				1 800
四、利润总额（亏损总额以“—”号填列）	24 000	7 000	31 000	－8 830	5 455	—	27 625
减：所得税费用	6 000	1 750	7 750	5	455		7 300
五、净利润（净亏损以“—”号填列）	18 000	5 250	23 250	－8 835	5 910	—	20 325
少数股东损益				1 407	48	1 359	1 359
归属于母公司股东的净利润	18 000	5 250	23 250	－10 242	5 958		18 966
六、其他综合收益的税后净额	—	150	150	150	105	45	150
（一）以后不能重分类进损益的其他综合收益			—				—
（二）以后将重分类进损益的其他综合收益		150	150	150	105	45	150
其中：权益法核算在被投资单位以后将重分类进损益的其他综合收益中所享有的份额					105		105

（续表）

项目	A公司	B公司	合计金额	调整抵消分录		少数股东权益	合并金额
				借	贷		
其中：其他债权投资公允价值变动的利得或损失		150	150			45	150
七、综合收益总额	18 000	5 400	23 400	－8 985	6 015	45	20 475
归属于母公司股东的综合收益额							19 071
归属于少数股东的综合收益额						1 404	1 404
所有者权益变动表项目							
未分配利润——年初	4 500	1 400	5 900	1 400			4 500
未分配利润——本期	4 500	2 000	6 500				6 500
其中：归属于母公司股东的净利润	18 000	5 250	23 250	10 242	5 985		18 993
提取盈余公积	－3 500	－2 250	－4 500		1 000		－3 500
对所有者（或股东）分配	－10 000	－2 250	－12 250		2 250		－10 000
未分配利润——期末	9 000	3 400	12 400	17 242	14 808		9 966
资产负债表项目							
流动资产：			—				
货币资金	2 850	3 250	6 100				6 100
交易性金融资产	1 500	2 500	4 000				4 000
应收票据	3 600	1 800	5 400				5 400
应收账款	4 250	2 550	6 800	420	900		6 320
预付账款	750	1 250	2 000				2 000
应收利息	—	—	—				—
应收股利	2 400	—	2 400		1 575		825
其他应收款	250	650	900				900
存货	18 500	9 000	27 500	1 020	1 460		27 060
其他流动资产	900	500	1 400				1 400
流动资产合计	35 000	21 500	56 500	1 440	3 935		54 005
非流动资产：			—				—
债权投资	7 000	2 000	9 000				9 000
其他债权投资	4 500	900	5 400				5 400
长期应收款	—	—	—				—
长期股权投资	34 750	—	34 750	3 360	18 110		20 000

（续表）

项目	A 公司	B 公司	合计金额	调整抵消分录		少数股东权益	合并金额
				借	贷		
固定资产	14 000	13 000	27 000	3 020	800		29 220
在建工程	6 500	1 200	7 700				7 700
无形资产	3 000	900	3 900				3 900
商誉	—		—	1 660			1 660
长期待摊费用	—		—	355	105		250
递延所得税资产	—		—				—
其他非流动资产	—		—				—
非流动资产	69 750	18 000	87 750	8 395	19 015		77 130
资产总计	104 750	39 500	144 250	9 835	22 950		131 135
流动负债			—				
短期借款	5 000	2 400	7 400				7 400
交易性金融负债	2 000	1 200	3 200				3 200
应付票据	6 500	1 800	8 300				8 300
应付账款	9 000	2 600	11 600	500			11 100
预收账款	2 000	1 950	3 950				3 950
应付职工薪酬	2 500	800	3 300				3 300
应交税费	1 350	700	2 050				2 050
应交利息	—	—	—				—
应付股利	—	2 250	2 250	1 575			675
其他应付款	2 650	200	2 850				2 850
其他流动负债	1 000	450	1 450				1 450
流动负债合计	32 000	14 350	46 350	2 075	—		44 275
非流动负债:			—				
长期借款	2 000	2 400	4 400				4 400
应付债券	10 000	3 500	13 500				13 500
长期应付款	3 000	—	3 000				3 000
递延所得税负债	—	100	100	300	1 000		800
其他非流动负债	—	—	—				—
非流动负债合计	15 000	6 000	21 000	300	1 000		21 700
负债合计	47 000	20 350	67 350	2 375	1 000		65 975

（续表）

项目	A公司	B公司	合计金额	调整抵消分录		少数股东权益	合并金额
				借	贷		
所有者权益（或股东权益）			—				
实收资本（或股本）	25 000	10 000	35 000	10 000			25 000
资本公积	14 750	4 000	18 750	6 700	2 700		14 750
减：库存股	—	—	—				—
其他综合收益	—	150	150			45	105
盈余公积	9 000	1 600	10 600	1 600			9 000
未分配利润	9 000	3 400	12 400	14 442	12 008		9 966
归属于母公司所有者权益							58 821
少数股东权益			48	6 387			6 339
所有者权益（股东权益）合计	57 750	19 150	76 900	32 742	14 708		65 160
负债及权益（股东权益）合计	104 750	39 500	144 250	35 117	15 708		131 135
现金流量表项目							
一、经营活动产生的现金流量：			—				
销售商品、提供劳务收到的现金	53 000	45 000	98 000		2 200		95 800
收到的其他与经营活动相关的现金			—				—
经营活动现金流入小计	53 000	45 000	98 000	—	2 200	—	95 800
购买商品、接受劳务支付的现金	42 400	36 600	79 000	2 200			76 800
支付给职工以及为职工支付的现金	6 000	4 500	10 500				10 500
支付的各项税费	4 495	1 775	6 270				6 270
支付其他与经营活动有关的现金			—				
经营活动现金流出小计	52 895	42 875	95 770	2 200	—	—	93 570
经营活动产生的现金流量净额	105	2 125	2 230	－2 200	2 200	—	2 230
二、投资活动产生的现金流量：			—				
取得投资收益收到的现金	125		125				125
处置固定资产、无形资产和其他长期资产收回的现金净额	100		100		1 200		－1 100
收到其他与投资活动有关的现金			—				—
投资活动现金流入小计	225	—	225	—	1 200	—	－975
购建固定资产、无形资产和其他长期资产所支付的现金	1 030	225	1 255	1 200			55
投资支付的现金			—				—

（续表）

项目	A 公司	B 公司	合计金额	调整抵消分录		少数股东权益	合并金额
				借	贷		
支付其他与投资活动有关的现金			—				—
投资活动现金流出小计	1 030	225	1 255	1 200	—	—	55
投资活动产生的现金流量净额	－805	－225	－1 030	－1 200	1 200	—	－1 030
三、筹资活动所产生的现金流量			—				
吸收投资收到的现金			—				—
收到其他与筹资活动有关的现金			—				—
筹资活动现金流入小计	—	—	—	—	—	—	—
偿还债务支付的现金	950	750	1 700				1 700
支付其他与筹资活动有关的现金			—				—
筹资活动现金流出小计	950	750	1 700	—	—	—	1 700
筹资活动产生的现金流量净额	－950	－750	－1 700	—	—	—	－1 700
四、汇率变动对现金及现金等价物的净增加额			—				
五、现金及现金等价物的影响	－1 650	1 150	－500	－3 400	3 400	—	－500
加：期初现金及现金等价物余额	4 500	2 100	6 600				6 600
六、期末现金及现金等价物余额	2 850	3 250	6 100	－3 400	3 400	—	6 100

表 33-09 合并资产负债表

2×21 年 12 月 31 日

编制单位：A 公司　　　　单位：万元

资产	期末余额	上年年末余额	负债和所有者权益（或股东权益）	期末余额	上年年末余额
流动资产：			流动负债：		
货币资金	6 100	6 600	短期借款	7 400	8 500
交易性金融资产	4 000	2 900	交易性金融负债	3 200	1 900
应收票据	5 400	3 850	应付票据	8 300	6 500
应收账款	6 320	4 460	应付账款	11 100	11 100
预付账款	2 000	1 440	预收账款	3 950	2 150
应收利息	0	0	应付职工薪酬	3 300	3 800
应收股利	825	2 100	应交税费	2 050	1 600
其他应收款	900	0	应交利息	0	0
存货	27 060	26 500	应付股利	675	4 000

（续表）

资产	期末余额	上年年末余额	负债和所有者权益（或股东权益）	期末余额	上年年末余额
其他流动资产	1 400	1 250	其他应付款	2 850	0
流动资产合计	54 005	49 100	其他流动负债	1 450	950
非流动资产：			流动负债合计	44 275	40 500
债权投资	9 000	5 500	非流动负债：		
其他债权投资	5 400	3 700	长期借款	4 400	3 500
长期应收款	0	0	应付债券	13 500	11 000
长期股权投资	20 000	16 000	长期应付款	3 000	1 000
固定资产	29 220	22 500	递延所得税负债	800	1 000
在建工程	7 700	11 000	其他非流动负债	0	0
无形资产	3 900	2 800	非流动负债合计	21 700	16 500
商誉	1 660	1 660	负债合计	65 975	57 000
长期待摊费用	250	0	所有者权益（或股东权益）		
递延所得税资产	0	100	实收资本（或股本）	25 000	25 000
其他非流动资产	0	0	资本公积	14 750	14 750
非流动资产合计	77 130	63 260	减：库存股	0	0
			其他综合收益	105	0
			盈余公积	9 000	5 500
			未分配利润	9 966	4 500
			归属于母公司所有者权益	58 821	49 750
			少数股东权益	6 339	5 610
			所有者权益（股东权益）合计	65 160	55 360
资产总计	131 135	112 360	负债及权益（股东权益）合计	131 135	112 360

表 33-10　合并利润表

2×21 年度

编制单位：A 公司　　单位：万元

利润表项目	金额
一、营业收入	120 200
二、营业总成本	95 600
其中：营业成本	83 760
税金及附加	1 400
销售费用	4 300

（续表）

利润表项目	金额
管理费用	5 130
财务费用	1 000
资产减值损失	10
加：公允价值变动损益（损失以“－”号填列）	
投资收益（损失以“－”号填列）	3 425
三、营业利润（亏损以“－”号填列）	28 025
加：营业外收入	1 400
减：营业外支出	1 800
四、利润总额（亏损总额以“－”号填列）	27 625
减：所得税费用	7 300
五、净利润（净亏损以“－”号填列）	20 325
少数股东损益	1 359
归属于母公司股东的净利润	18 966
六、其他综合收益的税后净额	150
归属于母公司股东的净利润	105
以后将重分类进损益的其他综合收益	105
其中：权益法核算在被投资单位以后将重分类进损益的其他综合收益中所享有的份额	105
归属于少数股东的其他综合收益额的税后净额	45
七、综合收益总额	20 475
归属于母公司股东的综合收益额	19 071
归属于少数股东的综合收益额	1 404

表 33-11　合并现金流量表

2×21 年度

编制单位：A 公司　　　　单位：万元

现金流量表项目	金额
一、经营活动产生的现金流量	
销售商品、提供劳务收到的现金	95 800
收到的其他与经营活动相关的现金	0
经营活动现金流入小计	95 800
购买商品、接受劳务支付的现金	76 800
支付给职工以及为职工支付的现金	10 500
支付的各项税费	6 270

（续表）

现金流量表项目	金额
支付其他与经营活动有关的现金	0
经营活动现金流出小计	93 570
经营活动产生的现金流量净额	2 230
二、投资活动产生的现金流量	
取得投资收益收到的现金	125
处置固定资产、无形资产和其他长期资产收回的现金净额	－1 100
收到其他与投资活动有关的现金	0
投资活动现金流入小计	－975
购建固定资产、无形资产和其他长期资产所支付的现金	55
投资支付的现金	0
支付其他与投资活动有关的现金	0
投资活动现金流出小计	55
投资活动产生的现金流量净额	－1 030
三、筹资活动所产生的现金流量	
吸收投资收到的现金	0
收到其他与筹资活动有关的现金	0
筹资活动现金流入小计	0
偿还债务支付的现金	1 700
支付其他与筹资活动有关的现金	0
筹资活动现金流出小计	1 700
筹资活动产生的现金流量净额	－1 700
四、汇率变动对现金及现金等价物的净增加额	0
五、现金及现金等价物的净增加额	－500
加：期初现金及现金等价物余额	6 600
六、期末现金及现金等价物余额	6 100

表 33-12　合并所有者权益变动表

编制单位：　A 公司　　　　2×21 年度　　　　单位：万元

项目	归属于母公司的所有者权益							少数股东权益	所有者权益合计
	实收资本（或股本）	资本公积	减：库存股	其他综合收益	盈余公积	未分配利润	合计		
一、上年年末余额	20 000	5 000		5 500		4 500	35 000	—	35 000

（续表）

项目	归属于母公司的所有者权益							少数股东权益	所有者权益合计
	实收资本（或股本）	资本公积	减：库存股	其他综合收益	盈余公积	未分配利润	合计		
加：会计政策变更									
前期差错更正									
二、本年年初余额	20 000	5 000	—	5 500	—	4 500	35 000	—	35 000
三、本年增减变动金额（减少以“－”号填列）	5 000	9 750	—	105	3 500	5 466	23 821	6 339	30 160
（一）综合收益总额				105		18 966	19 071	1 404	20 475
（二）所有者投入和减少资本	5 000	9 750	—	—	—	—	14 750	5 610	20 360
1. 所有者投入资本	5 000	9 750					14 750	5 610	20 360
2. 股份支付计入所有者权益的金额									
3. 其他									
（三）利润分配	—	—	—	—	3 500	－13 500	－10 000	－675	－10 675
1. 提取盈余公积					3 500	－3 500	—		—
2. 对所有者（或股东）的分配						－10 000	－10 000	－675	－10 675
3. 其他									—
（四）所有者权益内部结转	—	—	—	—	—	—	—	—	—
1. 资本公积转增资本（或股本）									—
2. 盈余公积转增资本（或股本）									—
3. 盈余公积弥补亏损									—
4. 其他									—
四、本年年末余额	25 000	14 750	—	5 605	3 500	9 966	58 821	6 339	65 160

八、特殊交易的会计处理

（一）母公司购买少数股东拥有的子公司股权

母公司购买少数股东拥有的子公司股权的会计处理在个别财务报表和合并财务报表有所不同。其中，个别财务报表的会计处理，详见第三章《长期股权投资》的相关内容。

合并财务报表准则规定，母公司购买子公司少数股东拥有的子公司股权，在合并财务报表中，因购买少数股权新取得的长期股权投资与按照新增持股比例计算应享有子公司自购买日或合并日开始持续计算的净资产份额之间的差额，应当调整资本公积（资本溢价或股本溢价），资本公积不足冲减的，调整留存收益。

例 33-41 2×20 年 12 月 29 日，A 公司以 8 000 万元取得 B 公司 70% 的股权，能够对 B 公司实施控制，形成非同一控制下的企业合并。2×21 年 12 月 25 日，A 公司又以公允价值为 3 000 万元，原账面价值为 2 500 万元的固定资产作为对价，自 B 公司的少数股东取得 B 公司 20% 的股权，其中 A 公司与 B 公司的少数股东在交易前不存在任何关联方关系（不考虑所得税等影响）。

2×20 年 12 月 29 日，A 公司在取得 B 公司 70% 股权时，B 公司可辨认净资产公允价值为 10 000 万元。

2×21 年 12 月 25 日，B 公司自购买日开始持续计算的净资产账面价值为 11 000 万元

分析：本案例中，2×21 年 12 月 25 日，A 公司进一步取得 B 公司 20% 的股权时，A 公司合并财务报表的会计处理如下：

合并财务报表中，B公司的有关资产、负债按照自购买日开始持续计算的价值进行合并，无须按照公允价值进行重新计量。A公司按新增持股比例计算应享有自购买日开始持续计算的净资产份额为 2 200万元［11 000×（90%－70%）］，与新增长期股权投资（3 000万元）之间的差额为800万元，在合并资产负债表中应调整所有者权益相关项目，首先调整归属于母公司的资本公积（资本溢价或股本溢价），资本公积不足冲减的，冲减归属于母公司的盈余公积，盈余公积不足冲减的，冲减归属于母公司的未分配利润。A公司作为对价的固定资产的公允价值为3 000万元，与原账面价值2 500万元的差异500万元，应计入合并利润表中的资产处置收益。

（二）母公司处置对子公司投资的会计处理

处置对子公司的投资既包括母公司处置对子公司长期股权投资但不丧失控制权的情况，也包括处置对子公司长期股权投资而丧失控制权的情况。处置子公司的会计处理应分别对个别财务报表和合并财务报表进行会计处理。个别财务报表的会计处理，参见长期股权投资准则的相关内容。

合并财务报表中的会计处理应当分别按以下情况处理：

1. 母公司处置对子公司长期股权投资但未丧失控制权

母公司在不丧失控制权的情况下部分处置对子公司的长期股权投资的，本准则第四十九条规定，处置价款与处置长期股权投资相对应享有子公司自购买日或合并日开始持续计算的净资产份额之间的差额，应当调整资本公积（资本溢价或股本溢价），资本公积不足冲减的，调整留存收益。

例 33-42 2×21 年 1 月 1 日 A 公司取得 C 公司 80% 的股权，形成非同一控制下的企业合并，初始投资成本为 30 000 万元。假定 2×22 年 6 月 30 日，A 公司以银行存款 5 000 万元的价格出售 C 公司 10% 的股权。该交易后 A 公司持股比例变更为 70%，但是仍然控制 C 公司。按购买日公允价值持续计算的 2×22 年 6 月 30 日 C 公司可以辨认净资产的公允价值为 42 000 万元。

合并财务报表因处置10%股权确认资本公积＝收到的对价5 000万元－与按照长期股权投资相对应享有子公司自购买日开始持续计算的可辨认净资产份额4 200万元（42 000×10%），冲减资本公积800万元（5 000－4 200）。

2. 母公司处置对子公司长期股权投资而丧失控制权

（1）一次交易的处置。本准则第五十条规定，母公司因处置部分股权投资或其他原因丧失了对原有子公司控制的，在合并财务报表中，对于剩余股权，应当按照丧失控制权日的公允价值进行重新计量。处置股权取得的对价和剩余股权公允价值之和，减去按原持股比例计算应享有原有子公司自购买日开始持续计算的净资产的份额与商誉之和的差额，计入丧失控制权当期的投资收益。

此外，与原有子公司的股权投资相关的其他综合收益、其他所有者权益变动，应当在丧失控制

权时转入当期损益，由于被投资方重新计量设定受益计划净负债或净资产变动而产生的其他综合收益除外。

例 33-43 2×20 年 6 月 30 日，A 公司以现金 9 000 万元取得了 B 公司 60% 的股权，并自该日起控制 B 公司，由于收购 B 公司产生商誉 3 000 万元。当日，B 公司可辨认净资产账面价值为 9 500 万元，公允价值为 10 000 万元。

2×21 年 6 月 30 日，A 公司以 9 000 万元的对价将其持有的 B 公司 40% 的股权出售给第三方公司，处置后对 B 公司的剩余持股比例降为 20%。剩余 20% 股权的公允价值为 4 500 万元。当日，B 公司可辨认净资产账面价值为 10 000 万元，自购买日开始持续计算的可辨认净资产账面价值为 11 000 万元。

B 公司在 2×20 年 7 月 1 日至 2×21 年 6 月 30 日之间实现的净利润为 600 万元，其他综合收益为 300 万元。其他综合收益源自 B 公司的联营公司的其他综合收益的变动，A 公司商誉未减值（不考虑所得税等影响）。

分析：本例中，A 公司应在合并财务报表中进行如下会计处理：

第一，终止确认长期股权资产、商誉等的账面价值，并终止确认少数股东权益（包括属于少数股东的其他综合收益）的账面价值。

第二，视同在丧失控制权之日处置子公司，并按当日剩余 20% 股权的公允价值（4 500 万元）重新计量该剩余股权。同时，分别根据长期股权投资准则或《企业会计准则第 22 号——金融工具确认和计量》（以下简称金融工具确认和计量准则）对该 20% 剩余股权进行会计处理，并列示于 A 公司合并财务报表中。

第三，处置股权取得的对价（9 000万元）与剩余股权公允价值（4 500万元）之和13 500万元，减去按原持股比例（60%）计算应享有B公司自购买日开始持续计算的可辨认净资产账面价值的份额6 600万元（11 000×60%）以及与B公司的相关商誉3 000万元之间的差额3 900万元（13 500－6 600－3 000），计入丧失控制权当期的投资收益。最后，B公司其他综合收益和其他所有者权益中归属于A公司的部分180万元（300×60%）也应当转为当期投资收益。

（2）多次交易分步处置。企业通过多次交易分步处置对子公司股权投资直至丧失控制权，在合并财务报表中，首先，应结合分步交易的各个步骤的交易协议条款、分别取得的处置对价、出售股权的对象、处置方式、处置时点等信息来判断分步交易是否属于“一揽子”交易（见本章第一部分）。

如果分步交易不属于“一揽子”交易，在丧失对子公司控制权以前的各项交易，应按照本章上述“母公司处置对子公司长期股权投资但未丧失控制权”的有关规定进行会计处理；在丧失对子公司控制权时，应按照本章上述“母公司处置对子公司长期股权投资而丧失控制权”的有关规定进行会计处理。

如果分步交易属于“一揽子”交易，则应将各项交易作为一项处置原有子公司并丧失控制权的交易进行会计处理，其中，对于丧失控制权之前的每一次交易，处置价款与处置投资对应的享有该子公司自购买日开始持续计算的净资产账面价值的份额之间的差额，在合并财务报表中应当计入其他综合收益，在丧失控制权时一并转入丧失控制权当期的损益。

例 33-44 B 公司为 A 公司的全资子公司。A 公司为整合集团业务，2×20 年 11 月 30 日，A 公司与 C 公司签订不可撤销的转让协议，约定 A 公司向 C 公司转让其持有的 B 公司 100% 股权，对价总额为 5 000 万元。

考虑到 C 公司的资金压力以及股权平稳过渡，双方在协议中约定，C 公司应在 2×20 年 12 月 31 日之前支付 3 000 万元，以先取得 B 公司 40% 股权；C 公司应在 2×21 年 12 月 31 日之前支付 2 000 万元，以取得 C 公司剩余 60% 股权。2×20 年 12 月 31 日至 2×21 年 12 月 31 日期间，B 公司的相关活动仍然由A公司单方面主导，若B公司在此期间向股东进行利润分配，则后续60%股权的购买对价按C公司已分得的金额进行相应调整。2×20年12月31日，按照协议约定，C公司向A公司支付3 000万元，A公司将其持有的B公司40%股权转让给C公司并已办理股权变更手续；当日，B公司自购买日持续计算的净资产账面价值为3 500万元。

2×21年6月30日，C公司向A公司支付2 000万元，A公司将其持有的B公司剩余60%股权转让给C公司并已办理股权变更手续，自此C公司取得B公司的控制权；当日，B公司自购买日持续计算的净资产账面价值为4 000万元。

2×21年1月1日至2×21年6月30日，B公司实现净利润500万元，无其他净资产变动事项（不考虑所得税等影响）。

分析：本例中，A公司通过两次交易处置其持有的B公司100%股权，第一次交易处置B公司40%股权，仍保留对B公司的控制；第二次交易处置剩余60%股权，并于第二次交易后丧失对B公司的控制权。

首先，需要分析上述两次交易是属于“一揽子”交易，主要理由如下：（1）A公司处置B公司股权的商业目的是出于业务整合，剥离辅业的考虑，A公司的目的是处置其持有的B公司100%股权，两次处置交易结合起来才能达到其商业目的；（2）两次交易在同一转让协议中同时约定；（3）第一次交易中，40%股权的对价为3 000万元，相对于100%股权的对价总额5 000万元而言，第一次交易单独看并不经济，和第二次交易一并考虑才反映真正的经济影响。其次如果在两次交易期间B公司进行了利润分配，也将据此调整对价，说明两次交易是在考虑了彼此影响的情况下订立的。

综合上述，在合并财务报表中，两次交易应作为“一揽子”交易，按照分步处置子公司股权至丧失控制权并构成“一揽子”交易的相关规定进行会计处理。

2×20年12月31日，A公司转让持有的B公司40%股权，在B公司的股权比例下降至60%，A公司仍控制B公司。处置价款3 000万元与处置40%股权对应的B公司净资产账面价值的份额1 400万元（3 500×40%）之间的差额1 600万元，在合并财务报表中计入其他综合收益：

借：银行存款	30 000 000	
贷：少数股东权益		14 000 000
其他综合收益		16 000 000

此外，由于A公司已经签订了不可撤销的股权出售协议且预计处置将在1年内完成，A公司还应根据《企业会计准则第30号——财务报表列报》（以下简称财务报表列报准则）有关持有待售资产和终止经营的有关规定进行相应的会计处理和列报。2×21年1月1日至2×21年6月30日，B公司作为A公司持股60%的非全资子公司纳入A公司合并财务报表合并范围，B公司实现的净利润500万元中归属于C公司的份额200万元（500×40%），在A公司合并财务报表中确认少数股东损益200万元，并调整少数股东权益。

2×21年6月30日，A公司转让B公司剩余60%股权，丧失对B公司控制权，不再将B公司纳入合并范围。A公司应终止确认对B公司长期股权投资及少数股东权益等，并将处置价款2 000万元与享有的B公司净资产份额2 400万元（4 000×60%）之间的差额400万元，计入当期损益；同时，将第一次交易计入其他综合收益的1 600万元转入当期损益。

3. 所得税影响

根据我国《企业所得税法》的相关规定，符合条件的居民企业之间的股息、红利等权益性投资收益为免税收入。因此，在通常情况下，当居民企业持有另一居民企业的股权意图为长期持有，通过股息、红利或者其他协同效应获取回报时，其实质所得税率为零，不存在相关所得税费用。

只有当居民企业通过转让股权获取资本利得收益时，该笔资产转让利得才产生相应的所得税费用。在实务中，由于股权投资的处置往往需要董事会和股东大会的审议，涉及重大交易还需要相关监管部门的审批核准，后续公司还要进行股权交割和工商登记变更等手续，期间涉及流程和手续较多，另外，从公司有明确意图处置股权至实际转移之间往往存在跨期的情况。如果资产负债表日股权处置已由股东大会等权力机构审议通过，也经相关监管部门审批核准，即使尚未办理实际转移手续等，公司处置该项长期股权投资的意图已经十分清晰，将股权处置损益的所得税影响延迟到下一会计期间进行处理往往会导致低估递延所得税负债、高估利润的情况。因此，如果预期出现母公司处置股权至实际转移之间存在跨期的情况，母公司应在合并财务报表中考虑上述递延所得税的影响。

（三）因少数股东增资而稀释母公司股权比例

有时，子公司的其他股东对子公司进行增资，由此稀释了母公司对子公司的股权比例。在这种情况下，应当按照增资前的母公司股权比例计算其在增资前子公司账面净资产中的份额，该份额与增资后按母公司持股比例计算的在增资后子公司账面净资产份额之间的差额计入资本公积，资本公积不足冲减的，调整留存收益。

例 33-45 A 公司原持有 B 公司 100% 的股权并控制 B 公司。2×21 年 1 月 1 日，第三方 C 公司向 B 公司增资 200 万元，增资前 B 公司净资产账面价值为 1 800 万元，增资后 B 公司净资产账面价值和公允价值均为 2 000 万元。增资后 C 公司占 B 公司 10% 的股权，A 公司仍控制 B 公司（不考虑所得税等影响）。

分析：本例中，由于第三方 C 公司增资导致 A 公司持股比例下降。A 公司按原持股比例享有的子公司净资产账面价值的份额 1 800 万元（1 800 万元 ×100%）和按新持股比例享有的子公司净资产账面价值 1 800 万元（2 000 万元 ×90%）份额之间的差额为 0，因此对归属母公司股东的权益不产生影响。

例 33-46 2×21 年，A 公司和 B 公司分别出资 750 万元和 250 万元设立 C 公司，A 公司、B 公司的持股比例分别为 75% 和 25%。C 公司为 A 公司的子公司。

2×22 年 B 公司对 C 公司增资 500 万元，增资后占 C 公司股权比例为 35%。交易完成后，A 公司仍控制 C 公司。

C 公司自成立日至增资前实现净利润 600 万元，除此以外，不存在其他影响 C 公司净资产变动的事项（不考虑所得税等影响）。

分析：本例中，在 A 公司合并财务报表中，B 公司对 C 公司增资的会计处理如下：

A 公司持股比例原为 75%，由于少数股东增资而变为 65%。增资前，A 公司按照 75% 的持股比例享有的 C 公司净资产账面价值为 1 200 万元（1 600×75%）；增资后，A 公司按照 65% 持股比例享有的净资产账面价值为 1 365 万元（2 100×65%），两者之间的差额 165 万元，在 A 公司合并资产负债表中应调增资本公积。

（四）其他特殊交易

合并财务报表准则第五十二条规定，对于本章未列举的交易或者事项，如果站在企业集团合并财务报表角度的确认和计量结果与其所属的母公司或子公司的个别财务报表层面的确认和计量结果不一致的，在编制合并财务报表时，应站在企业集团角度对该特殊交易事项予以调整。

随着我国市场经济的快速发展和各类型经济交易的日益复杂化、多元化，在母、子公司个别财务报表及在母公司合并财务报表中，部分特殊交易由于会计主体假设的不同而导致对同一事项的会计处理结果存在差异。在这种情况下，仅仅通过常规的抵销分录则难以真实、全面地反映市企业集团整体财务状况、经营成果和现金流量状况，需要站在企业集团合并财务报表的角度对这类交易予以调整。例如，母公司将借款作为实收资本投入子公司用于长期资产的建造，母公司应在合并财务报表层面反映借款利息的资本化金额。又如，子公司作为投资性房地产的大厦，出租给集团内其他企业使用，母公司应在合并财务报表层面作为固定资产反映。

九、新旧衔接

（1）首次执行企业会计准则，遵照《企业会计准则第38号——首次执行企业会计准则》的相关规定，详见本书第三十八章。

（2）在本准则施行日之前已经执行企业会计准则的企业，首次采用本准则的企业应当根据本准则的规定对被投资方进行重新评估，确定其是否应纳入合并财务报表范围。因首次采用本准则导致合并范围发生变化的，应当进行追溯调整，追溯调整不切实可行的除外。比较期间已丧失控制权的原子公司，不再追溯调整。

第三十四章
每股收益

一、准则适用范围

《企业会计准则第 34 号——每股收益》主要规范每股收益的计算方法及其列报，适用于普通股或潜在普通股已公开交易的企业，以及正处于公开发行普通股或潜在普通股过程中的企业。

普通股或潜在普通股已公开交易的企业，以及正处在公开发行普通股或潜在普通股过程中的企业，应当计算每股收益指标，并在招股说明书、年度财务报告、中期财务报告等公开披露信息中予以列报。每股收益的计算以及相关信息的列报应当严格遵循每股收益准则的规定。

潜在普通股，是指赋予其持有者在报告期或以后期间享有取得普通股权利的一种金融工具或其他合同，包括可转换公司债券、认股权证、股份期权等。

二、每股收益概述

每股收益是指普通股股东每持有一股所能享有的企业净利润或需承担的企业净亏损。每股收益通常被用来于反映企业的经营成果，衡量普通股的获利水平及投资风险，是投资者等信息使用者据以评价企业盈利能力、预测企业成长潜力、进而作出相关经济决策的重要的财务指标之一。

每股收益包括基本每股收益和稀释每股收益两类。（1）基本每股收益是按照归属于普通股股东的当期净利润除以发行在外普通股的加权平均数计算的每股收益。（2）稀释每股收益是以基本每股收益为基础，假定企业所有发行在外的稀释性潜在普通股均已转换为普通股，从而分别调整归属于普通股股东的当期净利润以及发行在外普通股的加权平均数计算的每股收益。基本每股收益仅考虑当期实际发行在外的普通股股份，而稀释每股收益的计算和列报主要是为了避免每股收益虚增可能带来的信息误导。

企业对外提供合并财务报表的，每股收益准则仅要求其以合并财务报表为基础计算每股收益，并在合并财务报表中予以列报；与合并财务报表一同提供的母公司财务报表中不要求计算和列报每股收益，如果企业自行选择列报的，应以母公司个别财务报表为基础计算每股收益，并在其个别财务报表中予以列报。

三、基本每股收益

基本每股收益只考虑当期实际发行在外的普通股股份，按照归属于普通股股东的当期净利润除以当期实际发行在外普通股的加权平均数计算确定。

（一）分子的确定

按照《企业会计准则讲解》，计算基本每股收益时，分子为归属于普通股股东的当期净利润，即企业当期实现的可供普通股股东分配的净利润或应由普通股股东分担的净亏损金额。发生亏损的企业，每股收益以负数列示。以合并财务报表为基础计算的每股收益，分子应当是归属于母公司普通股股东的当期合并净利润，即扣减少数股东损益后的余额。与合并财务报表一同提供的母公司财务报表中企业自行选择列报每股收益的，以母公司个别财务报表为基础计算的每股收益，分子应当是归属于母公司全部普通股股东的当期净利润。

（二）分母的确定

计算基本每股收益时，分母为当期发行在外普通股的算术加权平均数，即期初发行在外普通股股数根据当期新发行或回购的普通股股数与相应时间权数的乘积进行调整后的股数。其中，作为权数的已发行时间、报告期时间和已回购时间通常按天数计算，在不影响计算结果合理性的前提下，也可以采用简化的计算方法，如按月数计算。

公司库存股不属于发行在外的普通股，且无权参与利润分配，应当在计算分母时扣除。

发行在外普通股加权平均数＝期初发行在外普通股股数＋当期新发行普通股股数×已发行时间÷报告期时间－当期回购普通股股数×已回购时间÷报告期时间

例 34-01 A 公司按月数计算每股收益的时间权数。2×21 年期初发行在外的普通股为 2 000 万股；2 月 28 日新发行普通股 1 080 万股；12 月 1 日回购普通股 480 万股，以备将来奖励职工之用。该公司当年度实现净利润为 6 500 万元。2×21 年度基本每股收益计算如下：

发行在外普通股加权平均数＝2 000×12÷12＋1 080×10÷12—480×1÷12＝2 860（万股）

或 ＝2 000×2÷12＋3 080×9÷12＋2 600×1÷12＝2 860（万股）

基本每股收益＝6 500÷2 860＝2.3（元）

新发行普通股股数应当根据发行合同的具体条款，从应收或实收对价之日起计算确定。一般情况下，应收或实收对价之日即为股票发行日，例如企业发行新股；但在一些特定发行情况下，如定向增发，两个日期可能并不一致，企业应当以应收对价之日为准。例如，企业购买一项资产，并以未来将发行的一定普通股股份作为支付对价，那么这部分普通股股数应当自资产确认之日起计入发行在外普通股加权平均数。

企业合并中作为对价发行的普通股何时计入发行在外普通股的加权平均数，应当区分两种情况处理。

（1）非同一控制下的企业合并，购买方自购买日起取得对被购买方的实际控制权。被购买方在购买日以前实现的净利润包含在合并成本中，购买方能够真正控制和享有的被购买方净利润应当从购买日起计算，也就是说，自购买日起购买方才将被购买方的收入、费用和利润并入其利润表中。由于计算每股收益时分母普通股股数与分子净利润的口径应当保持一致，因此，非同一控制下企业合并中作为对价发行的普通股股数也应当从购买日起计算。可见，非同一控制下的企业合并每股收益的计算与一般企业新发行股票每股收益的计算，并无本质区别。

（2）同一控制下的企业合并，参与合并的企业在合并前后均受同一方或相同的多方最终控制。从最终控制方角度看，视同合并后形成的以合并财务报表为基础的报告主体在以前期间就一直存在，合并后以合并财务报表为基础的报告主体的留存收益包括参与合并各方在合并前实现净利润的累积金额。因此，与分子净利润口径相一致，同一控制下企业合并中作为对价发行的普通股，也应当视同列报最早期间期初就已发行在外，计入各列报期间普通股的加权平均数。

例 34-02 A 公司和 B 公司分别为 S 公司控制下的两家全资子公司。2×21 年 6 月 30 日，A 公司自母公司 S 公司处取得 B 公司 100% 的股权，合并后 B 公司仍维持独立法人资格继续经营。为进行该项企业合并，A 公司向 B 公司的股东定向增发 800 万股本公司普通股（每股面值为 1 元）。该项合并中参与合并的企业在合并前及合并后均为 S 公司最终控制，为同一控制下的企业合并。假定 A 公司和 B 公司采用的会计政策相同，两家公司在合并前未发生任何交易，合并前 A 公司旗下没有子公司。

A 公司 2×20 年度净利润为 6 400 万元，B 公司 2×20 年度净利润为 800 万元；A 公司 2×21 年度合并净利润为 8 400 万元，其中包括被合并方 B 公司在合并前实现的净利润 760 万元。合并前 A 公司发行在外的普通股为 3 200 万股，假定除企业合并过程中定向增发股票外股数未发生其他变动。2×21 年度 A 公司比利润表中基本每股收益的计算如下：

2×21年度基本每股收益＝8 400÷（3 200＋800）＝2.1（元）

2×20年度基本每股收益＝（6 400＋800）÷（3 200＋800）＝1.8（元）

其他确定股票发行日的还包括：①因债务转资本而发行的普通股股数，从停计债务利息之日或结算日起计算。②为收购非现金资产而发行的普通股股数，从确认收购之日起计算。

四、稀释每股收益

存在稀释性潜在普通股的复杂股权结构的公司，除了应当按照基本每股收益的要求进行计算和列报，还应当同时根据稀释性潜在普通股的影响计算和列报稀释每股收益。

（一）计算稀释每股收益应当考虑的因素

稀释每股收益是以基本每股收益为基础，并考虑稀释性潜在普通股以及对分子和分母调整因素的影响。

1. 稀释性潜在普通股

潜在普通股是指赋予其持有者在报告期或以后期间享有取得普通股权利的一种金融工具或其他合同。目前，我国企业发行的潜在普通股主要有可转换公司债券、认股权证、股份期权等。潜在普通股通常对每股收益具有稀释的可能性。比如，可转换公司债券是一种潜在普通股，具有稀释每股收益的可能性，不是在实际转换时，而是在其存在期间具有稀释的可能性。等到实际转换时，就变为对基本每股收益的影响，而不是对稀释每股收益的影响。

稀释性潜在普通股，是指假设当期转换为普通股会减少每股收益的潜在普通股。对于亏损企业而言，稀释性潜在普通股假设当期转换为普通股，将会增加每股亏损金额。如果潜在普通股转换成普通股，将增加每股收益或是降低每股亏损的金额，则表明该潜在普通股不具有稀释性，而是具有反稀释性，在计算稀释性每股收益时不应予以考虑。

例34-03 A公司为上市公司，2×21年度亏损，基本每股收益为每股－2元，考虑到该公司年初发行了一批认股权证，假定该批认股权证于发行日即转换为普通股，从而导致公司发行在外普通股增加，在亏损总额不变的情况下，公司每股亏损减少为每股－1.5元，这种情况下，认股权证实际上产生了反稀释的作用，在实际计算稀释每股收益时不应当考虑认股权证的影响。

需要特别说明的是，潜在普通股是否具有稀释性的判断标准是看其对持续经营每股收益的影响，也就是说，假定潜在普通股当期转换为普通股，如果会减少持续经营每股收益或增加持续经营每股亏损，表明具有稀释性，否则，具有反稀释性。一般情况下，每股收益是按照企业当期归属于普通股股东的全部净利润计算而得；但如果企业存在终止经营的情况，应当扣除终止经营净利润以后的当期归属于普通股股东的持续经营净利润进行计算。

2. 分子的调整

计算稀释每股收益时，应当根据下列事项对归属于普通股股东的当期净利润进行调整。

（1）当期已确认为费用的稀释性潜在普通股的利息。潜在普通股假定转换成普通股，与之相关的利息等费用将不再发生，原本已从企业利润中扣除的费用应当加回来，从而增加归属于普通股股东的当期净利润。因此，在计算稀释每股收益时，这一因素一般作为一项调增因素对归属于普通股股东的当期净利润进行调整，最常见的例子为可转换公司债券的利息。

（2）稀释性潜在普通股转换时将产生的收益或费用。潜在普通股假定转换成发行在外的普通股，除了直接导致当期净利润发生变化的调整因素外，还应当考虑一些随之而来的间接影响因素。例如，实行利润分享和奖金计划的企业，假定潜在普通股转换成发行在外的普通股，相关利息费用的减少将导致企业利润的增加，进而导致职工利润分享计划相关费用的增加，对此，也应当作为一项调减因素对归属于普通股股东的当期净利润进行调整。上述调整应当考虑相关的所得税影响，即按照税后影响金额进行调整。对于包含负债和权益成分的金融工具，仅需调整属于金融负债部分的相关利息、利得或损失。

例 34-04 某上市公司于2×21年1月1日按面值发行2 500万元的三年期可转换公司债券，票面固定年利率为2%，利息自发行之日起每年支付一次，即每年12月31日为付息日。该批可转换公司债券自发行结束后18个月以后可转换为公司股票。债券利息不符合资本化条件，直接计入当期损益，所得税税率为25%。假设不考虑可转换公司债券在负债和权益成分的分拆，且债券票面利率等于实际利率。按照公司利润分享计划约定，该公司高级管理人员按照当年税前利润的1%领取奖金报酬，该公司2×21年度税前利润为1 800万元，税后净利润为1 350万元。

为计算稀释每股收益（见表34-01），分子归属于普通股股东的当期净利润应调整的项目主要包括以下两方面：一是假定可转换公司债券期初转换为普通股而减少的利息费用；二是由此增加利润所导致的支付高管人员奖金的增加。

表 34-01　计算稀释每股收益中归属于普通股股东的当期净利润

单位：万元

项目	金额
税后净利润	1 350.000
加：减少的利息费用（2 500×2%）	50.000
减：相关所得税的影响（50×25%）	12.500
减：增加的高管人员奖金（50×1%）	0.500
加：相关所得税的影响（0.5×25%）	0.125
稀释每股收益中归属于普通股股东的当期净利润	1 387.125

3. 分母的调整

计算稀释每股收益时，当期发行在外普通股的加权平均数应当为计算基本每股收益时普通股的加权平均数与假定稀释性潜在普通股转换为已发行普通股而增加的普通股股数的加权平均数之和。

假定稀释性潜在普通股转换为已发行普通股而增加的普通股股数，应当根据潜在普通股的条件确定。当存在不止一种转换基础时，应当假定会采取从潜在普通股持有者角度看最有利的转换率或执行价格。

假定稀释性潜在普通股转换为已发行普通股而增加的普通股股数应当按照其发行在外时间进行加权平均。以前期间发行的稀释性潜在普通股，应当假设在当期期初转换为普通股；当期发行的稀释性潜在普通股，应当假设在发行日转换普通股；当期被注销或终止的稀释性潜在普通股，应当按照当期发行在外的时间加权平均计入稀释每股收益；当期被转换或行权的稀释性潜在普通股，应当从当期期初至转换日（或行权日）计入稀释每股收益中，从转换日（或行权日）起所转换的普通股则计入基本每股收益中。

（二）可转换公司债券

可转换公司债券是指发行公司依法发行、在一定期间内依据约定的条件可以转换成股份的公司债券。对于可转换公司债券，可以采用假设转换法判断其稀释性，并计算稀释每股收益。首先，假设这部分可转换公司债券在当期期初（或发行日）即已转换成普通股，从而一方面增加了发行在外的普通股股数，另一方面节约了公司债券的利息费用，增加了归属于普通股股东的当期净利润。然后，用增加的净利润除以增加的普通股股数，得出增量股的每股收益，与原来的每股收益比较。如果增量股的每股收益小于原每股收益，则说明该可转换公司债券具有稀释作用，应当计入稀释每股收益的计算中。

计算稀释每股收益时，以基本每股收益为基础，分子的调整项目为可转换公司债券当期已确认为费用的利息等的税后影响额。对于溢价发行或折价发行的可转换公司债券，采用实际利率摊销法，当期摊销的溢价或折价，由于当期确认利息费用时已作为利息费用的调整项目进行会计处理，因此，在计算稀释每股收益分子时，应当一并予以调整回来。分母的调整项目为假定可转换公司债券当期期初（或发行日）转换为普通股的股数加权平均数。

例 35-05　A 公司为上市公司，2×21 年归属于普通股股东的净利润为 25 000 万元，期初发行在外普通股股数 8 000 万股，年内普通股股数未发生变化。2×21 年 1 月 1 日，公司按面值发行 4 000 万元的三年期可转换公司债券，债券每张面值 100 元，票面固定年利率为 2%，利息自发行之日起每年支付一次，即每年 12 月 31 日为付息日。该批可转换公司债券自发行结束后 12 个月以后即可转换为公司股票，即转股期为发行 12 个月后至债券到期日止的期间。

转股价格为每股 10 元，即每 100 元债券可转换为 10 股面值为 1 元的普通股。债券利息不符合资本化条件，直接计入当期损益，所得税税率为 25%。

假设不具备转股权的类似债券的市场利率为 3%。公司对该批可转换公司债券初始确认时，根据《企业会计准则第 37 号——金融工具列报》的有关规定将负债和权益成分进行了分拆。

2×21 年度每股收益计算如下：

每年支付利息＝4 000×2%＝80（万元）

负债成分公允价值＝80÷（1＋3%）＋80÷（1＋3%）＋4 080÷（1＋3%）＝3 886.86（万元）

权益成分公允价值＝4 000－3 886.86＝113.14（万元）

假设转换增加的净利润＝3 886.86×3%×（1－25%）＝87.45（万元）

假设转换增加的普通股股数＝4 000÷10＝400（万股）

增量股的每股收益＝87.45÷400＝0.22（元）

增量股的每股收益小于基本每股收益，可转换公司债券具有稀释作用。

稀释每股收益＝（25 000＋87.45）÷（8 000＋400）＝2.99（元）

（三）认股权证、股份期权

认股权证是指公司发行的、约定持有人有权在履约期间内或特定到期日按约定价格向本公司购买新股的有价证券。股份期权是指公司授予持有人在未来一定期限内以预先确定的价格和条件购买本公司一定数量股份的权利。股份期权持有人对于其享有的股份期权，可以在规定的期间内以预先确定的价格和条件购买公司一定数量的股份，也可以放弃该种权利。对于盈利企业，认股权证、股份期权等的行权价格低于当期普通股平均市场价格时，具有稀释性。对于亏损企业，认股权证、股份期权的假设行权一般不影响净亏损，但增加普通股股数，从而导致每股亏损金额的减少，实际上产生了反稀释的作用。因此，这种情况下，不应当计算稀释每股收益。对于稀释性认股权证、股份期权，企业计算稀释每股收益时，一般无须调整分子净利润金额，只需要按照下列步骤对分母普通股加权平均数进行调整：

（1）假设这些认股权证、股份期权在当期期初（或发行日）已经行权，计算按约定行权价格发行普通股将取得的股款金额。

（2）假设按照当期普通股平均市场价格发行股票，计算需发行多少普通股能够带来上述相同的股款金额。

（3）比较行使股份期权、认股权证将发行的普通股股数与按照平均市场价格发行的普通股股数，差额部分相当于无对价发行的普通股，作为发行在外普通股股数的净增加。

也就是说，认股权证、股份期权行权时发行的普通股可以视为两部分。一部分是按照平均市场价格发行的普通股。这部分普通股由于是按照市价发行，导致企业经济资源流入与普通股股数同比例增加，既没有稀释作用也没有反稀释作用，不影响每股收益金额。另一部分是无对价发行的普通股。这部分普通股由于是无对价发行，企业可利用的经济资源没有增加，但发行在外普通股股数增加，因此具有稀释性，应当计入稀释每股收益中。

（4）将净增加的普通股股数乘以其假设发行在外的时间权数，据此调整计算稀释每股收益的分母。

$$\text{增加的普通股股数}=\text{拟行权时转换的普通股股数}-\text{行权价格}\times\frac{\text{拟行权时转换的普通股股数}}{\text{当期普通股平均市场价格}}$$

其中，普通股平均市场价格的计算，理论上应当包括该普通股每次交易的价格，但实务操作中通常对每周或每月具有代表性的股票交易价格进行简单算术平均即可。股票价格比较平稳的情况下，可以采用每周或每月股票的收盘价作为代表性价格；股票价格波动较大的情况下，可以采用每周或每月股票最高价与最低价的平均值作为代表性价格。无论采用何种方法计算平均市场价格，一经确定，不得随意变更，除非有确凿证据表明原计算方法不再适用。当期发行认股权证或股份期权的，普通股平均市场价格应当自认股权证或股份期权的发行日起计算。

例 34-06 某公司 2×21 年度归属于普通股股东的净利润为 35 000 万元，发行在外普通股加权平均数为 5 000 万股，该普通股平均每股市场价格为 8 元。2×22 年 1 月 1 日，该公司对外发行 16 000 万份认股权证，行权日为 2×22 年 3 月 1 日，每份认股权证可以在行权日以 7 元的价格认购本公司 1 股新发的股份。该公司 2×21 年度的每股收益计算如下：

基本每股收益＝35 000÷50 000＝0.7（元／股）

调整增加的普通股股数＝16 000－16 000×7÷8＝2 000（万股）

稀释每股收益＝35 000÷（50 000＋2 000）＝0.67（元／股）

（四）企业承诺将回购其股份的合同

企业承诺将回购其股份的合同中规定的回购价格高于当期普通股平均市场价格时，应当考虑其稀释性。计算稀释每股收益时，与前面认股权证、股份期权的计算思路恰好相反，具体步骤如下：

（1）假设企业于期初按照当期普通股平均市场价格发行普通股，以募集足够的资金来履行回购合同；合同日晚于期初的，则假设企业于合同日按照自合同日至期末的普通股平均市场价格发行足量的普通股。该假设前提下，由于是按照市价发行普通股，导致企业经济资源流入与普通股股数同比例增加，每股收益金额不变。

（2）假设回购合同已于当期期初（或合同日）履行，按照约定的行权价格回购本企业股票。

（3）比较假设发行的普通股股数与假设回购的普通股股数，差额部分作为净增加的发行在外普通股股数，再乘以相应的时间权重，据此调整计算稀释每股收益的分母。

$$\text{增加的普通股股数}=\text{回购价格}\times\text{承诺回购的普通股股数}\div\text{当期普通股平均市场价格}-\text{承诺回购的普通股股数}$$

例 34-07 某公司 2×21 年度归属于普通股股东的净利润为 6 000 万元，发行在外普通股加权平均数为 6 000 万股。2×21 年 3 月 2 日，该公司与股东签订一份远期回购合同，承诺一年后以每股 10 元的价格回购其发行在外的 1 000 万股普通股。假设，该普通股 2×21 年 3 月至 12 月平均市场价格为 8 元。该公司 2×21 年度的每股收益计算如下：

基本每股收益＝6 000÷6 000＝1（元／股）

调整增加的普通股股数＝1 000×10÷8－1 000＝250（万股）

稀释每股收益＝6 000÷（6 000＋250×10÷12）＝0.97（元／股）

（五）多项潜在普通股

企业对外发行不同潜在普通股的，单独考察其中某潜在普通股可能具有稀释作用，但如果和其他潜在普通股一并考察时可能恰恰变为反稀释作用。例如，某公司先后发行A、B两种可转换债券（票面利率和转换价格均不同），A债券导致的增量股每股收益为1.5元，B债券导致的增量股每股收益为3.5元，假设基本每股收益为4元。如果分别考察A、B两种可转换债券，增量股每股收益小于基本每股收益，两种债券都具有稀释作用。另外，由于增量股每股收益越小，其稀释作用越大，A债券的稀释作用大于B债券。然而，如果综合考察A、B两种可转换债券，先计入A债券使得每股收益稀释为3.1元，若再计入B债券则使得每股收益反弹为3.4元，因此，B债券在这种情况下不再具有稀释作用，不应计入稀释每股收益中。

为了反映潜在普通股最大的稀释作用，应当按照各潜在普通股的稀释程度从大到小的顺序计入稀释每股收益，直至稀释每股收益达到最小值。稀释程度根据增量股的每股收衡量，即假定稀释性潜在普通股转换为普通股的情况下，将增加的归属于普通股股东的当期净利润除以增加的普通股股数的金额。需要强调的是，企业每次发行的潜在普通股应当视作不同的潜在普通股，分别判断其稀释性，而不能将其作为一个总体考虑。通常情况下，股份期权和认股权证排在前面计算，因为其假设行权一般不影响净利润。对外发行多项潜在普通股的企业应当按照下列步骤计算稀释每股收益。

（1）列出企业在外发行的各潜在普通股。

（2）假设各潜在普通股已于当期期初或发行日转换为普通股，确定其对归属于普通股股东当期净利润的影响金额。可转换公司债券的假设转换一般会增加当期净利润金额；股份期权和认股权证的假设行权一般不影响当期净利润。

（3）确定各潜在普通股假设转换后将增加的普通股股数。值得注意的是，稀释性股份期权和认股权证假设行权后，计算增加的普通股股数不是发行的全部普通股股数，而应当是其中无对价发行部分的普通股股数。

（4）计算各潜在普通股的增量股每股收益，判断其稀释性。增量股每股收益越小的潜在普通股稀释程度越大。

（5）按照潜在普通股稀释程度从大到小的顺序，将各稀释性潜在普通股分别计入稀释每股收益中。分步计算过程中，如果下一步得出的每股收益小于上一步得出的每股收益，表明新计入的潜在普通股具有稀释作用，应当计入稀释每股收益中；反之，则表明具有反稀释作用，不计入稀释每股收益中。

（6）最后得出的最小每股收益金额即为稀释每股收益。

例34-08　某公司2×21年度归属于普通股股东的净利润为7 500万元，发行在外普通股加权平均数为12 500万股。年初已发行在外的潜在普通股有：（1）认股权证4 800万份，行权日为2×22年6月1日，每份认股权证可以在行权日以8元的价格认购1股本公司新发股票。（2）按面值发行的五年期可转换公司债券50 000万元，债券每张面值100元，票面年利率为2.6%，转股价格为每股12.5元，即每100元债券可转换为8股面值为1元的普通股。（3）按面值发行的三年期可转换公司债券10 000万元，债券每张面值100元，票面年利率为1.4%，转股价格为每股10元，即每100元债券可转换为10股面值为1元的普通股。

当期普通股平均市场价格为12元，年度内没有认股权证被行权，也没有可转换公司债券被转换或赎回，所得税税率为25%。假设不考虑可转换公司债券在负债和权益成分的分拆，且债券票面利率等于实际利率。2×21年度每股收益计算如下：

基本每股收益＝7 500÷12 500＝0.6（元）

计算稀释每股收益：

（1）假设潜在普通股转换为普通股，计算增量股每股收益并排序，见表34-02。

表 34-02　增量股的稀释每股收益计算表

项目	净利润增加	股数增加	增量股的每股收益	顺序
认股权证		3 200①		1
2.6% 债券	975②	4 000③	0.24	3
1.4% 债券	105④	1 000⑤	0.11	2

①9 600－9 600×8÷12＝3200（万元）
②50 000×2.6%×（1－25%）＝975（万元）
③50 000÷12.5＝4000（万股）
④10 000×1.4%×（1－25%）＝105（万元）
⑤10 000÷10＝1 000（万股）
由此可见，认股权证的稀释性最大，票面年利率为2.6%可转换公司债券的稀释性最小。

（2）分步计入稀释每股收益，表 34-03。

表 34-03　稀释每股收益分步计算表

项目	净利润	股数	每股收益	稀释性
基本每股收益	7 500	12 500	0.6	
认股权证	0	3 200		
	7 500	15 700	0.48	稀释
1.4% 债券	105	1 000		
	7 605	16 700	0.46	稀释
2.6% 债券	975	4 000		
	8 580	20 700	0.41	稀释

因此，稀释每股收益为 0.41 元 / 股。

（六）子公司、合营企业或联营企业发行的潜在普通股

子公司、合营企业、联营企业发行能够转换成其普通股的稀释性潜在普通股，不仅应当包括在其稀释每股收益计算中，而且还应当包括在合并稀释每股收益以及投资者稀释每股收益的计算中。

例 34-09　A 公司 2×21 年度归属于普通股股东的净利润为 6 000 万元（不包括子公司 B 公司利润或 B 公司支付的股利），发行在外普通股加权平均数为 5 500 万股，持有 B 公司 80% 的普通股股权。B 公司 2×21 年度归属于普通股股东的净利润为 3 600 万元，发行在外普通股加权平均数为 1 500 万股，该普通股当年平均市场价格为 8 元。2×21 年初，B 公司对外发行 200 万份可用于购买其普通股的认股权证，行权价格为 5 元，A 公司持有 2 万份认股权证，当年无认股权证被行权。假设除股利外，母子公司之间没有其他需抵销的内部交易；A 公司取得对 B 公司投资时，B 公司各项可辨认资产等的公允价值与其账面价值一致。2×21 年度每股收益计算如下。

（1）子公司每股收益：

基本每股收益＝3 600÷1 500＝2.4（元 / 股）

调整增加的普通股股数＝200－200×4÷8＝100（万股）

稀释每股收益＝3 600÷（1 500＋100）＝2.25（元 / 股）

（2）合并每股收益：

归属于母公司普通股股东的母公司净利润＝6 000（万元）

包括在合并基本每股收益计算中的子公司净利润部分＝2.4×1 500×80%＝2 880（万元）

基本每股收益＝（6 000＋2 880）÷5 500≈1.61（元/股）

子公司净利润中归属于普通股且由母公司享有的部分＝2.25×1 500×80%＝2 700（万元）

子公司净利润中归属于认股权证且由母公司享有的部分＝2.25×100×2÷200＝2.25（万元）

稀释每股收益＝（6 000＋2 700＋2.25）÷5 500≈1.58（元/股）

五、每股收益的列报

（一）重新计算

1. 派发股票股利、公积金转增资本、拆股和并股

企业派发股票股利、公积金转增资本、拆股或并股等，会增加或减少其发行在外普通股或潜在普通股的数量，但并不影响所有者权益金额。这既不影响企业所拥有或控制的经济资源，也不改变企业的盈利能力，即意味着同样的损益现在要由扩大或缩小了的股份规模来享有或分担。因此，为了保持会计指标的前后期可比性，企业应当在相关报批手续全部完成后，按调整后的股数重新计算各列报期间的每股收益。上述变化发生于资产负债表日至财务报告批准报出日之间的，应当以调整后的股数重新计算各列报期间的每股收益。

例34-10 某企业2×21年和2×22年归属于普通股股东的净利润分别为665万元和770万元，2×21年1月1日，发行在外的普通股400万股，2×21年4月1日，按市价新发行普通股80万股，2×22年7月1日，分派股票股利，以2×21年12月31日总股本480万股为基数每10股送3股，假设不存在其他股数变动因素。2×22年度比较利润表中基本每股收益的计算如下：

2×22年度发行在外普通股加权平均数＝（400＋80＋144）×12÷12＝624（万股）

2×21年度发行在外普通股加权平均数＝400×1.3×12÷12＋80×1.3×9÷12＝598（万股）

2×22年度基本每股收益＝770÷624＝1.23（元）

2×21年度基本每股收益＝665÷598＝1.11（元）

2. 配股

配股在计算每股收益时比较特殊，因为它是向全部现有股东以低于当前股票市价的价格发行普通股，实际上可以理解为按市价发行股票和无对价送股的混合体。也就是说，配股中包含的送股因素具有与股票股利相同的效果，导致发行在外普通股股数增加的同时，却没有相应的经济资源流入。因此，计算基本每股收益时，企业应当考虑配股中的送股因素，将这部分无对价的送股（注意不是全部配发的普通股）视同列报最早期间期初就已发行在外，并据以调整各列报期间发行在外普通股的加权平均数，计算各列报期间的每股收益。

为此，企业首先应当计算出一个调整系数，再用配股前发行在外普通股的股数乘以该调整系数，得出计算每股收益时应采用的普通股股数。

$$\text{每股理论除权价格}=\frac{\text{行权前发行在外普通股的公允价值总额}+\text{配股收到的款项}}{\text{行权后发行在外的普通股股数}}$$

调整系数＝行权前发行在外普通股的每股公允价值÷每股理论除权价格

因配股重新计算的上年度基本每股收益＝上年度基本每股收益÷调整系数

$$\text{本年度基本每股收益}=\frac{\text{归属于普通股股东的当期净利润}}{\text{配股前发行在外普通股股数}\times\text{调整系数}\times\text{配股前普通股发行在外的时间权重}+\text{配股后发行在外普通股加权平均数}}$$

例34-11 A企业2×22年度归属于普通股股东的净利润为25 000万元；2×22年1月1日发行

在外普通股股数为 8 000 万股；2×22 年 6 月 10 日，该企业发布增资配股公告，向截止到 2×22 年 6 月 30 日（股权登记日）所有登记在册的老股东配股，配股比例为每 4 股配 1 股，配股价格为每股 6 元，除权交易基准日为 2×22 年 7 月 1 日。假设行权前一日的市价为每股 12 元。

2×21年度基本每股收益为2.56元。

2×22年度比较利润表中基本每股收益的计算如下：

每股理论除权价格＝（12×8 000＋6×2 000）÷（8 000＋2 000）＝10.8（元）

调整系数＝12÷10.8＝1.11

因配股重新计算的2×21年度基本每股收益＝2.56÷1.11＝2.31（元/股）

2×22年度基本每股收益＝25 000÷（8 000×1.11×6÷12＋10 000×6÷12）＝2.65（元）

需要特别说明的是，企业向特定对象以低于当前市价的价格发行股票的，不考虑送股因素。虽然它与配股具有相似的特征，即发行价格低于市价。但是，后者属于向非特定对象增发股票；而前者往往是企业出于某种战略考虑或其他动机向特定对象以较低的价格发行股票，或者特定对象除认购股份以外还需以其他形式予以补偿，因此，倘若综合这些因素，向特定对象发行股票的行为可以视为不存在送股因素，视同发行新股处理。

3. 以前年度损益的追溯调整或追溯重述

按照《企业会计准则第 28 号——会计政策、会计估计变更和差错更正》的规定，企业对以前年度损益进行追溯调整或追溯重述时，应当重新计算各列报期间的每股收益。

（二）列报

对于普通股或潜在普通股已公开交易的企业以及正处于公开发行普通股或潜在普通股过程中的企业，如果不存在稀释性潜在普通股，则应当在利润表中单独列示基本每股收益；如果存在稀释性潜在普通股，则应当在利润表中单独列示基本每股收益和稀释每股收益。企业编制比较财务报表时，若各列报期间中只要有一个期间列示了稀释每股收益，那么所有列报期间均应当列示稀释每股收益，即使其金额与基本每股收益相等。

企业对外提供合并财务报表的，仅要求其以合并财务报表为基础计算每股收益，并在合并财务报表中予以列报；与合并财务报表一同提供的母公司财务报表中不要求计算和列报每股收益，如果企业自行选择列报的，应以母公司个别财务报表为基础计算每股收益，并在其个别财务报表中予以列报。

企业应当在附注中披露与每股收益有关的下列信息：

（1）基本每股收益和稀释每股收益分子、分母的计算过程。

（2）列报期间不具有稀释性但以后期间很可能具有稀释性的潜在普通股。

（3）在资产负债表日至财务报告批准报出日之间，企业发行在外普通股或潜在普通股发生重大变化的情况。

企业如有终止经营的情况，应当在附注中分别持续经营和终止经营披露基本每股收益和稀释每股收益。

六、新旧衔接

首次执行企业会计准则，遵照《企业会计准则第 38 号——首次执行企业会计准则》的相关规定，详见本书第三十八章。

第三十五章
分部报告

一、准则适用范围

《企业会计准则第 35 号——分部报告》（以下简称分部报告准则）主要是规范分部报告的编制和相关信息的披露。

二、经营分部业务概述

（一）经营分部的定义

经营分部，是指企业内同时满足下列条件的组成部分：（1）该组成部分能够在日常活动中产生收入、发生费用；（2）企业管理层能够定期评价该组成部分的经营成果，以决定向其配置资源、评价其业绩；（3）企业能够取得该组成部分的财务状况、经营成果和现金流量等有关会计信息。

在理解经营分部的概念时，需要把握以下要点：

（1）不是企业的每个组成部分都必须是经营分部或经营分部的一个组成部分。例如，企业的管理总部或某些职能部门可能不赚取收入，或对于企业而言其赚取的收入仅仅是偶发性的，在这种情况下，这些部门就不是经营分部，或经营分部的一个组成部分。

（2）经营分部概念中所指的“企业管理层”强调的是一种职能，而不必是具有特定头衔的某一具体管理人员。该职能主要是向企业的经营分部配置资源，并评价其业绩。例如，通常情况下，企业管理层可能是企业的董事长、总经理，但也可能是由其他人员组成的管理团队。

（3）对许多企业来说，根据经营分部的概念，通常就可以清楚地确定经营分部。但是，企业可能将其经营活动以各种不同的方式在财务报告中予以披露。如果企业管理层使用多种分部信息，其他因素可能有助于企业管理层确定经营分部，如每一组成部分经营活动的性质、对各组成部分负责的管理人员、向董事会呈报的信息等。

（4）经营分部主要分类维度包括：业务分部和地区分部。业务分部是指企业内可区分的、能够提供单项或一组相关产品或劳务的组成部分；地区分部是指企业内可区分的、能够在一个特定的经济环境内提供产品或劳务的组成部分。

（二）报告分部与分部报告

报告分部是指符合经营分部定义，按规定应予披露的经营分部。分部报告准则规定，企业存在多种经营或跨地区经营的，应当按照本准则规定披露分部信息（法律、行政法规另有规定的除外），即分部报告。

企业提供分部信息，能够帮助会计信息使用者更好地理解企业以往的经营业绩，更好地评估企业的风险和报酬，以便更好地把握企业整体的经营情况，对未来的发展趋势作出合理的预期。随着企业跨行业和跨地区经营许多企业生产和销售各种各样的产品和提供多种劳务。这些产品和劳务广泛分布于各个行业或不同地区。由于企业各种产品在其整体的经营活动中所占的比重各不相同，其营业收入、成本费用以及产生的利润（亏损）也不尽相同。同样地，每种产品（或提供的劳务）在不同地区的经营业绩也存在差异。只有分析每种产品（或所提供劳务）和不同经营地区的经营业绩，才能更好地把握企业整体的经营业绩。企业的整体风险是由企业经营的各个业务部门（或品种）、或各个经营地区的风险和报酬构成的。一般来说，企业在不同业务部门和不同地区的经营，会具有不同的利润率、发展机会、未来前景和风险。要评估企业整体的风险和报酬，必须借助企业在不同业务和不同地区经营的信息（分部信息）。

三、经营分部的确定

经营分部的确定是报告分部确定的前提与基础。企业在确定经营分部时，主要是看作为某分部的组成部分是否承担了不同于其他组成部分的风险和报酬。

对于某些企业而言，某一业务部门可能是一个经营分部，也可能由若干个业务部门组成一个经营分部；企业可能将生产某一种产品或提供某种劳务的部门作为一个经营分部，也可能将生产若干种（一组）相关产品或提供组劳务的部门作为一个经营分部。

作为某个地区分部的生产或经营区域，应当具有相同或相似的风险和报酬率。这一区域可以是单国家（或地区）、也可以是两个或两个以上具有相同或相似经营风险和报酬的国家（或地区）的组合；可以是一个国家内的一个行政区域，也可以是一个国家两个或两个以上行政区域的组合。

（一）业务分部的确定

企业在确定业务分部时，应当结合企业内部管理要求，并考虑下列因素：

（1）各单项产品或劳务的性质，包括产品或劳务的规格、型号、最终用途等。一般情况下，生产的产品和提供的劳务的性质相同或相似的，其风险、报酬率及其成长率可能较为接近，因此，可以将其划分到同一业务分部之中。而对于性质完全不同的产品或劳务，则不能将其划分到同一业务分部之中。

例 35-01 某企业的生产经营范围包括机械制造、旅游及餐饮业、交通运输、合成纤维生产等，在确定业务分部时，必须分别将其作为不同的业务分部处理，而不能将机械制造与旅游及餐饮业作为一个业务分部处理。

（2）生产过程的性质，包括采用劳动密集或资本密集方式组织生产、使用相同或者相似设备和原材料、采用委托生产或加工方式等。生产过程相同或相似的，可以将其划分为一个业务分部，如按资本密集型和劳动密集型划分业务部门。对于资本密集型的部门来说，其占用的设备较为先进，占用的固定资产较多，相应所负担的折旧费也较多，其经营成本受资产折旧费用影响较大，受技术进步因素的影响也较大；而对于劳动密集型部门来说，其使用的劳动力较多，相对而言劳动力的成本即人工费用的影响较大，其经营成果受人工成本的高低影响很大。

（3）产品或劳务的客户类型，包括大宗客户、零散客户等。对于购买产品或接受劳务的同一类型的客户，如果其销售条件基本相同，例如相同或相似的销售价格、销售折扣，相同或相似的售后服务，因而具有相同或相似的风险和报酬。而不同的客户，其销售条件不尽相同，由此可能导致其具有不同的风险和报酬。比如，某计算机生产企业，其生产计算机可以分为商用计算机和个人用计算机，其中，商用计算机主要销售客户是企业，一般是大宗购买，对计算机专用性要求比较强，售后服务相对较为集中；而个人用计算机，其客户对计算机的通用性要求较高，其售后服务相对较为分散。

（4）销售产品或提供劳务的方式，包括批发、零售、自产自销、委托销售、承包等。企业销售产品或提供劳务的方式不同，其承受的风险和报酬也不相同。比如，在赊销方式下，可以扩大销售规模，但发生的收账费用较大，并且发生应收账款坏账的风险也很大；而在现销方式下，则不存在应收账款的坏账问题，不会发生收账费用，但销售规模的扩大有限。

（5）生产产品或提供劳务受法律、行政法规的影响，包括经营范围或交易定价限制等。企业生产产品或提供劳务总是处于一定的经济法律环境之下，其所处的环境必然对其经营活动产生影响。对在不同法律环境下生产的产品或提供的劳务进行分类，进而向会计信息使用者提供不同法律环境下产品生产或劳务的信息，有利于会计信息使用者对企业未来的发展走向作出判断和预测。对相同或相似法律环境下的产品生产或劳务提供进行归类，以提供其经营活动所生成的信息，同样有利于明晰地反映该类产品生产和劳务提供的会计信息。比如，商业银行、保险公司等金融企业易受特别的、严格的监管政策，在考虑该类企业确定分部产品和劳务是否相关时，应当考虑所受监管政策的影响。

但是，企业在具体确定业务分部时，特定的分部不大可能同时符合上述列明的全部因素。通常情况下，业务分部应当在包含了上述所列明的大部分因素时予以确定。

（二）地区分部的确定

企业在确定地区分部时，在结合企业内部管理要求的同时，需考虑下列因素：

（1）所处经济、政治环境的相似性，包括境外经营所在地区经济和政治的稳定程度等。不同生产经营所在地经济、政治环境的差异，意味着其生产经营活动所面临经济、政治风险的不同，因此不能将其归并为一个地区分部。反之，对于经济、政治环境基本相似的国家或地区，在确定地区分部时应将其归并为一个地区分部。

（2）在不同地区经营之间的关系，包括在某地区进行产品生产，而在其他地区进行销售等。在不同地区的经营之间存在着紧密的联系，意味着这些不同地区的经营具有相同的风险和报酬，应当将这些地区的经营作为一个地区分部处理。反之，当两个地区的经营之间没有直接的联系时，则不应将其作为一个地区分部处理。

（3）经营的接近程度大小，包括在某地区生产的产品是否需在其他地区进一步加工生产等。生产经营接近程度较高的地区，表明其在生产经营方面所面临的风险和报酬基本相同，在确定地区分部时，应当将生产经营接近程度较高的地区作为一个地区分部处理。反之，生产经营接近程度不高的地区，通常表明其在生产经营方面所面临的风险和报酬不同，因此在确定地区分部时，不将其作为一个地区分部处理。

（4）与某一特定地区经营相关的特别风险，包括气候异常变化等。如果某一特定地区在生产经营上存在着特别风险，则不能将其与其他地区分部合并作为一个地区分部处理；反之，如果某一特定地区在生产经营上并不存在着特别的经营风险，则可能会将其与其他地区分部合并作为一个地区分部处理。

（5）外汇管理规定，即境外经营所在地区是否实行外汇管制。外汇管制的规定直接影响着企业内部资金的调度和转移，从而有可能影响企业的经营风险。在实行外汇管制的国家或地区，转移资金相对较为困难，要承受较大的资金转移风险；而外汇可以自由流动的国家或地区，转移资金较为容易，其资金转移风险相对较小。因此，不能将实行外汇管制的国家和地区与外汇自由流动的国家和地区，作为一个地区分部处理；对于实行外汇管制的国家和地区，也不能一概而论地将其作为一个地区分部处理。

（6）外汇风险。外汇风险即外汇汇率变动的风险。通常情况下，在外汇汇率波动不大的国家或地区，其生产经营所面临的风险和报酬基本相同，可以作为一个地区分部处理；而在外汇汇率波动较大的国家或地区，其生产经营所面临的风险和报酬不同，不能作为一个地区分部处理。

但是，企业在具体确定地区分部时，特定的分部不大可能同时符合上述列明的全部因素。通常，当包含了上述所列明的大部分因素时，就可认定为某个地区分部。

在考虑地理位置时，需注意到企业的风险和报酬，既可能受到其资产（经营）的地理位置的极大影响，也可能受到客户（市场）的地理位置的极大影响。前者是指产品的生产地或提供劳务的主要场所（即资产所在地），后者是指产品的销售地或者劳务的提供地（即客户所在地）。在实务中，风险和报酬可能来自前者也可能来自后者。然而，企业的组织形式和内部报告结构通常会提供证据，用于判断企业的地区风险究竟是来自资产所在地还是客户所在地。企业在确定地区分部时，应当考虑分部经营活动的主要风险和报酬是与其生产产品或提供劳务的地区相关，还是与其经营活动的市场及客户所在地区更相关，从而选择以资产所在地或者客户所在地为基础确定地区分部。如果分部经营活动的主要风险和报酬与其生产产品或提供劳务的地区相关，则应当选择以资产所在地划分地区分部；如果分部经营活动的主要风险和报酬与其经营活动的市场及客户所在地区更相关，则应当选择以客户所在地划分地区分部。

（三）分部合并的条件

两个或两个以上的业务分部或地区分部同时满足下列条件的，可以予以合并。

（1）具有相近的长期财务业绩，包括具有相近的长期平均毛利率、资金回报率、未来现金流量等。两个或两个以上的业务分部或地区分部具有相近的长期财务业绩，通常表明这两个或两个以上的业务分部或地区分部所面临的风险和报酬相近，长期平均毛利率、资金回报率、未来现金流量等相近。

（2）确定业务分部或地区分部所考虑的因素类似。如果同时满足确定业务分部或地区分部时所考虑因素的相似性，在确定业务分部或地区分部时，可以将这些业务分部或地区分部予以合并。

例 35-02 A 公司是一家全球性公司，总部在中国，主要生产 A、B、C、D 四个品牌的皮箱和各种手提包、公文包、女士包等，以及相关产品的运输、销售，每种产品均由独立的业务部门完成。

该公司生产的产品主要销往中国、日本、欧洲、美国等地。该公司各项业务 2×21 年 12 月 31 日的相关收入、费用、利润等信息如表 35-01 所示。假定经预测，生产皮箱的 4 个部门今后 5 年内平均销售毛利率与本年度差异不大，并且各品种皮箱的生产过程、客户类型、销售方式等类似，该公司将业务分部作为主要报告形式提供分部信息。

表 35-01 分部信息简表

单位：万元

项目	A 品牌	B 品牌	C 品牌	D 品牌	手提包	公文包	女士包
营业收入	10.6	13	10	9.5	26	23	6.9
——对外交易	10	12	8	9	18	15	5
——分部间交易	0.6	1	2	0.5	8	8	1.9
营业费用	7.42	9.23	6.9	6.65	15.6	14.26	5.52
——对外交易	6	7.83	5.7	6.3	14.9	13.2	4.72
——分部间交易	1.42	1.4	1.2	0.35	0.7	1.06	0.8
营业利润	3.18	3.77	3.1	2.85	10.4	8.74	1.38

（续表）

项目	A 品牌	B 品牌	C 品牌	D 品牌	手提包	公文包	女士包
销售毛利率	30%	29%	31%	30%	40%	38%	20%
资产总额	35	40	30	25	65	59	25
负债总额	15	17	13	10	30	20	15

从上述资料可以看出，A 公司生产皮箱的部门有 4 个，分别是生产 4 个品牌皮箱，其销售毛利率分别是 30%、29%、31%、30%。由于 4 部门近 5 年平均销售毛利率差异不大，所以可以认为这 4 个皮箱分部具有相近的长期财务业绩。同时，这 4 个部门都生产皮箱，其生产过程、客户类型、销售方式等类似，符合确定业务分部所考虑因素的相似性。因此，A 公司在确定业务分部时，可以将生产 4 个品牌皮箱的分部予以合并，组成个“皮箱”分部。合并后，皮箱分部的分部收入为 43.1 万元，分部费用为 30.2 万元，分部利润为 12.9 万元。

四、报告分部的确定

报告分部的确定应当以经营分部为基础，而经营分部的划分通常是以不同的风险和报酬为基础。当企业存在多种产品经营或者跨多个地区经营时，可能会拥有大量规的经营分部。如果单独披露过多，不仅会给财务报表使用者带来困惑，也会给财务报告编制者带来不必要的披露成本。如果单独披露过，则无法满足财务报表使用者的决策需求。分部报告准则规定，企业应当以业务分部或地区分部为基础，根据以下标准确定报告分部。

（一）重要性标准的判断

业务分部或地区分部的大部分收入是对外交易收入，且满足下列条件之一的，应当将其确定为报告分部：

（1）该分部的分部收入占所有分部收入合计的 10%或者以上。

分部收入是指可归属于分部的对外交易收入和对其他分部交易收入。分部收入主要由可归属于经营分部的对外交易收入构成，通常为营业收入。可归属经营分部的收入来源于两个渠道：一是可以直接归属于经营分部的收入，即直接由经营分部的业务交易而产生；二是可以间接归属于经营分部的收入，即将企业交易产生的收入在相关经营分部之间进行分配，按属于某经营分部的收入金额确认为分部收入。

分部收入通常不包括下列项目：①利息收入（包括因预付或借给其他分部款项而确认的利息收入）和股利收入（采用成本法核算的长期股权投资取得的股利收入），但是分部的日常活动是金融性质的除外。②营业外收入，如固定资产盘盈、处置固定资产净收益、出售无形资产净收益、罚没收益等。③处置投资产生的净收益，但分部的日常活动是金融性质的除外。④采用权益法核算的长期股权投资确认的投资收益，但分部的日常活动是金融性质的除外。

对外交易收入包括两部分：一是对外交易收入，二是对其他分部交易收入。当某分部的分部收入大部分是对外交易收入，并且满足上述条件时，则可以将其确定为报告分部；反之，当某分部的分部收入大部分是通过与其他分部交易而取得，并且企业的内部管理不属于按垂直一体化经营的不同层次来划分的，即使满足上述 10%的条件，也不能将其确定为报告分部。

（2）该分部的分部利润（亏损）的绝对额，占所有盈利分部利润合计额或者所有亏损分部亏损合计额的绝对额两者中较大者的 10%或者以上。

分部利润（亏损），是指分部收入减去分部费用后的余额。不属于分部收入和分部费用的项目，在计算分部利润（亏损）时不得作为考虑的因素。

分部费用，是指可归属于分部的对外交易费用和对其他分部交易费用。分部费用主要由可归属于经营分部的对外交易费用构成，通常包括营业成本、营业税金及附加、销售费用等。

与分部收入的确认相同，归属于经营分部的费用也来源于两个渠道：一是可以直接归属于经营分部的费用，即直接由经营分部的业务交易而发生；二是可以间接归属于经营分部的费用，即企业交易发生的费用在相关分部之间进行分配，按属于某经营分部的费用金额确认为分部费用。

分部费用通常不包括下列项目：①利息费用（包括因预收或向其他分部借款而确认的利息费用），如发行债券等，但分部的日常活动是金融性质的除外。②营业外支出，如处置固定资产、无形资产等发生的净损失。③处置投资发生的净损失，但分部的日常活动是金融性质的除外。④采用权益法核算的长期股权投资确认的投资损失，但分部的日常活动是金融性质的除外。⑤与企业整体相关的管理费用和其他费用。

（3）该分部的分部资产占所有分部资产合计额的10%或者以上。

分部资产，是指经营分部日常活动中使用的可以归属于该分部的资产，不包括递延所得税资产。如果与两个或多个经营分部共用资产相关的收入和费用也分配给这些经营分部，该共用资产应分配给这些经营分部。共用资产的折旧费或摊销费在计量分部经营成果时被扣减的，该资产应包括在分部资产中。企业在计量分部资产时，应当按照分部资产的账面价值进行计量，即按照扣除相关累计折旧或摊销额以及累计减值准备后的金额计量。

通常情况下，分部资产与利润（亏损）、分部费用等之间存在一定的对应关系，即：①如果分部利润（亏损）包括利息或股利收入，分部资产中就应当包括相应的应收账超声波学、贷款、投资或其他金融资产。②如果分部费用包括某项固定资产的折旧费用，分部资产中就应当包括固定资产。③如果分部费用包括某项无形资产或商誉的摊销额或减值额，分部资产中就应当包括该项无形资产或商誉。

经营分部未满足上述10%重要性判断标准的，可以按照下列规定进行确定报告分部：

（1）企业管理层如果认为披露该经营分部信息对会计信息使用者有用，那么可以将其确定为报告分部。在这种情况下，无论该分部是否满足10%的重要性标准，企业都可以直接将其指定为报告分部。

（2）将该经营分部与一个或一个以上的具有相似经济特征、满足经营分部合并条件的其他经营分部合并，作为一个报告分部。对经营分部10%的重要性测试可能会导致企业拥有大量未满足10%数量临界线的经营分部，在这种情况下，如果企业没有直接将这些分部指定为报告分部的，可以将一个或一个以上具有相似经济特征、满足经营分部合并条件的一个以上的经营分部合并成一个报告分部。

（3）不将该经营分部指定为报告分部，也不将该经营分部与其他未作为报告分部的经营分部合并为一个报告分部的，企业在披露分部信息时，应当将该经营分部的信息与其他组成部分的信息合并，作为其他项目单独披露。

（二）报告分部75%的标准

企业的经营分部达到规定的10%重要性标准确认为报告分部后，确定为报告分部的经营分部的对外交易收入合计额占合并总收入或企业总收入的比重应当达到75%的比例。如果未达到75%的标准，企业必须增加报告分部的数量，将其他未作为报告分部的经营分部纳入报告分部的范围，直到该比重达到75%。此时，其他未作为报告分部的经营分部很可能未满足前述规定的10%重要性标准，但为了使报告分部的对外交易收入合计额占合并总收入或企业总收入的总体比重能够达到75%的比例要求，也应当将其确定为报告分部。

（三）报告分部的数量

根据前述的确定报告分部的原则，企业确定的报告分部数量可能超过 10 个，此时，企业提供的分部信息可能变得非常烦琐，不利于会计信息使用者理解和使用。因此，报告分部的数量通常不应当超过 10 个。如果报告分部的数量超过 10 个，企业应当考虑将具有相似经济特征、满足经营分部合并条件的报告分部进行合并，以使合并后的报告分部数量不超过 10 个。

（四）为提供可比信息报告分部的确定

企业在确定报告分部时，除应当遵循相应的确定标准以外，还应当考虑不同会计期间分部信息的可比性和一致性。对于某一经营分部，在上期可能满足报告分部的确定条件从而确定为报告分部，但本期可能并不满足报告分部的确定条件。此时，如果企业认为该分部仍然重要，单独披露该分部的信息能够更有助于报表使用者了解企业的整体情况，则无须考虑该经营分部确定为报告分部的条件，仍应当将该经营分部确定为本期的报告分部。

对于某一经营分部，在本期可能满足报告分部的确定条件从而确定为报告分部，但上期可能并不满足报告分部的确定条件从而未确定为报告分部。此时，出于比较目的提供以前会计期间的分部信息应当予以重述，以将该经营分部反映为一个报告分部，即使不满足确定为报告分部的条件也是如此。如果重述所需要的信息无法获得，或者不符合成本效益原则，则不需要重述以前会计期间的分部信息。不论是否对以前期间相应的报告分部信息进行重述，企业均应当在报表附注中披露这一事实。

五、分部信息的披露

企业在披露分部信息时，应当有助于会计信息使用者评价企业所从事经营活动的性质和财务影响，以及经营所处的经济环境。企业应当以对外提供的财务报表为基础披露分部信息；对外提供合并财务报表的企业，应当以合并财务报表为基础披露分部信息。

（一）分部信息披露的主要报告形式和次要报告形式

企业应当区分主要报告形式和次要报告形式披露分部信息。具体如下：

（1）风险和报酬主要受企业的产品和劳务差异影响的，披露分部信息的主要形式应当是业务分部，次要形式是地区分部。

（2）风险和报酬主要受企业在不同的国家或地区经营活动影响的，披露分部信息的主要形式应当是地区分部，次要形式是业务分部。

（3）风险和报酬同时较大地受企业产品和劳务的差异以及经营活动所在国家或地区差异影响的，披露分部信息的主要形式应当是业务分部，次要形式是地区分部。

在确定报告分部的主要报告形式和次要报告形式时，应当考虑风险和报酬的主要来源和性质为依据，同时结合企业的内部组织结构、管理结构以及向董事会或类似机构的内部报告制度。

企业风险和报酬的主要来源和性质，通常与其提供的产品和劳务，或者经营所在国家或地区密切相关。企业在分析所承担的风险和报酬时，应当注意以下因素：

（1）所生产产品或劳务的性质、过程、客户类型、销售方式。

（2）所生产产品或提供劳务受法律、行政法规的影响等。

（3）所处经济、政治环境等。

企业内部组织结构和管理结构以及对董事会和总经理的内部财务报告制度的安排，通常会考虑企业的风险和报酬的来源和性质，因而是确定企业风险和报酬的主要来源和性质的基础。也就是说，企业内部组织结构、管理结构和内部财务报告制度与其产品和劳务或经营所在地区相关，应当以此确定报告分部的主要报告形式和次要报告形式。

（二）主要报告形式下分部信息的披露

对于主要报告形式，企业应当在附注中披露分部收入、分部费用、分部利润（亏损）、分部资产总额和分部负债总额等。

1. 分部收入

分部收入是指可归属于分部的对外交易收入和对其他分部交易收入。分部的对外交易收入和对其他分部交易收入，应当分别披露。分部收入通常为营业收入，下列项目不包括在内：

（1）利息收入和股利收入，如采用成本法核算的长期股权投资股利收入（投资收益）、债券投资的利息收入、对其他分部贷款的利息收入，但分部日常活动是金融性质的除外。

（2）采用权益法核算的长期股权投资在被投资单位实现的净收益中应享有的份额，以及处置投资形成的净收益，但分部日常活动是金融性质的除外。

（3）营业外收入，如处置固定资产、无形资产形成的净收益。

2. 分部费用

分部费用是指可归属于分部的对外交易费用和对其他分部交易费用。分部的折旧费用、推销费用以及其他重大的非现金费用，应当分别披露。分部费用通常包括营业成本、营业税金、销售费用等，下列项目不包括在内：

（1）利息费用，如发行债券、向其他分部借款的利息费用，但分部日常活动是金融性质的除外。

（2）采用权益法核算的长期股权投资在被投资单位发生的净损失中应承担的份额，以及处置投资形成的净损失，但分部日常活动是金融性质的除外。

（3）与企业整体相关的管理费用和其他费用。但是，企业代所属分部支付的、与分部经营活动相关的、能直接归属于或按合理基础分配给该分部的费用，属于分部费用。

（4）营业外支出，如处置固定资产、无形资产发生的净损失。

（5）所得税费用。

3. 分部利润（亏损）

分部利润（亏损）是指分部收入减去分部费用后的余额。在合并利润表中，分部利润（亏损）应当在调整少数股东损益前确定。

4. 分部资产

分部资产是指分部经营活动使用的可归属于该分部的资产，不包括递延所得税资产。

分部资产的披露金额应当按照扣除相关累计折旧或摊销额以及累计减值准备后的金额确定。

披露分部资产总额时，当期发生的在建工程成本总额、购置的固定资产和无形资产的成本总额，应当单独披露。

5. 分部负债

分部负债是指分部经营活动形成的可归属于该分部的负债，不包括递延所得税负债。

（三）分部信息与企业信息总额的衔接

分部报告准则规定，企业披露的分部信息，应当与合并财务报表或企业财务报表中的总额信息相衔接。

（1）分部收入应当与企业的对外交易收入（包括企业对外交易取得的、未包括在任何分部收入中的收入）相衔接。

《企业会计准则讲解》对上述规定进行了说明：企业的对外交易收入包括企业对外交易取得的、未包括在任何分部收入中的收入；分部收入在与企业的对外交易收入相衔接时，需要将分部之间的内部交易进行抵销，各个报告分部的对外交易收入加上未包含在任何分部中的对外交易收入金额之和，应当与企业的对外交易收入总额一致。

（2）分部利润（亏损）应当与企业营业利润（亏损）和企业净利润（净亏损）相衔接《企业会计准则讲解》对上述规定进行了说明：由于分部收入和分部费用与企业的对外交易收入和对外交易费用存在差异，导致企业分部利润（亏损）与企业营业利润（亏损）和企业净利润（净亏损）之间也存在一定差异。比如，非金融企业的长期股权投资实现的投资收益，构成了企业营业利润的一个组成，但却不属于分部利润；企业的净利润是通过利润总额扣除所得税费用以后计算得来的，但分部利润的计算并没有考虑所得税的扣除因素。因此，企业的分部利润（亏损）在进一步考虑不属于分部的收入或费用等调整因素之后，可以计算出企业的营业利润（亏损）和企业的净利润（净亏损）。

（3）分部资产总额应当与企业资产总额相衔接。

《企业会计准则讲解》对上述规定进行了说明：企业资产总额由归属于分部的资产总额和未分配给各个分部的资产总额组成；分部资产总额加上未分配给各个分部的资产总额的合计额，与企业资产总额相一致。

（4）分部负债总额应当与企业负债总额相衔接。

《企业会计准则讲解》对上述规定进行了说明：与分部资产的衔接相同，企业负债总额由归属于分部的负债总额和未分配给各个分部的负债总额组成；分部负债总额加上未分配给各个分部的负债总额的合计额，与企业负债总额相一致。

（四）次要报告形式下分部信息的披露

1. 采用业务分部作为主要报告形式下次要信息的披露

分部信息的主要报告形式是业务分部的，应当就次要报告形式披露下列信息：

（1）对外交易收入占企业对外交易收入总额10%或者以上的地区分部，以外部客户所在地为基础披露对外交易收入。

（2）分部资产占所有地区分部资产总额10%或者以上的地区分部，以资产所在地为基础披露分部资产总额。

2. 采用地区分部作为主要报告形式下次要信息的披露

分部信息的主要报告形式是地区分部的，应当就次要报告形式披露下列信息。

（1）对外交易收入占企业对外交易收入总额10%或者以上的业务分部，应当披露对外交易收入。

（2）分部资产占所有业务分部资产总额10%或者以上的业务分部，应当披露分部资产总额。

（五）其他分部信息披露的要求

企业在编制分部报告时，除对上述信息进行披露以外，还应当对下列内容进行披露。

1. 分部间转移价格的确定及变更

分部报告准则规定，分部间转移交易应当以实际交易价格为基础计量。转移价格的确定基础及其变更情况，应当予以披露。

企业在计量分部之间发生的交易收入时，需要确定分部间转移交易价格。一般情况下，分部之间的交易定价不同于市场公允交易价格，为准确计量分部间转移交易，企业在确定分部间交易收入时，应当以实际交易价格为基础计量。转移价格的确定基础应当在附注中予以披露。同时，企业不同期间生产的产品的成本不同，可能会导致不同期间分部间转移价格的确定产生差异，对于转移交易价格的变更情况，也应当在附注中进行披露。

2. 分部会计政策的披露

分部报告准则规定，企业应当披露分部会计政策，但分部会计政策与合并财务报表或企业财务报

表一致的除外。

分部会计政策，是指编制合并财务报表或企业财务报表时采用的会计政策，以及与分部报告特别相关的会计政策。由于分部信息是企业整体财务信息的一个分解，企业提供分部信息所采用的会计政策，应当与编制企业集团合并财务报表或企业财务报表时所采用的会计政策一致。同时，由于分部信息不同于企业整体财务信息，某些分部信息对于外部会计信息使用者来说是有用的和相关的，因此，企业提供分部信息时除采用与编制企业集团合并财务报表或企业财务报表时相一致的会计政策以外，还会采用一些与分部特别相关的会计政策。与分部报告特别相关的会计政策包括分部的确定、分部间转移价格的确定方法，以及将收入和费用分配给分部的基础等。

企业应当披露分部会计政策。但是，如果分部会计政策与合并财务报表或企业财务报表一致，并且已按《企业会计准则第 30 号——财务报表列报》和《企业会计准则第 33 号——合并财务报表》等规定在附注中进行了相关披露，则不需要在披露分部信息时重复披露。

有些会计政策变更只与分部报告相关，比如分配分部收入和费用的基础发生的变更等，这种变更不会影响到企业合并财务报表或企业财务报表的总额信息。当企业改变了其分部信息采用的会计政策，并且这种变更对分部信息产生实质性的影响时，企业应当披露这一变更情况，具体按照《企业会计准则第 28 号——会计政策、会计估计变更和差错更正》的规定披露，并按规定提供相关比较数据。如果提供比较数据不切实可行的，应当说明原因。例如，企业因管理战略改变对经营业务范围作出变更或对经营地区作出调整，使企业原已确定的业务分部或地区分部中所面临的风险和报酬产生较大差异，从而使企业必须改变原对分部所作的分类。在这种情况下，企业就应当对此项分部会计政策变更予以披露。

此外，企业改变分部的分类且提供比较数据不切实可行的，应当在改变分部分类的年度，分别披露改变前和改变后的报告分部信息。

3. 比较信息的披露

企业在披露分部信息时，为可比起见，应当提供前期的比较数据。对于某一经营分部，如果本期满足报告分部的确定条件从而确定为报告分部的，即使前期没有满足报告分部的确定条件从而未确定为报告分部的，也应当提供前期的比较数据。但是，重述信息不切实可行的除外。

企业内部组织结构改变导致报告分部组成发生变化的，应当提供前期比较数据。但是，提供比较数据不切实可行的除外。企业未提供前期比较数据的，应当在报告分部组成发生变化的当年，同时披露以新的报告分部和旧的报告分部为基础编制的分部信息。

不论企业是否提供前期比较数据，均应披露这一事实。

4. 未作为报告分部信息组成部分进行披露的内容

除已经作为报告分部信息组成部分的披露内容外，企业还应当披露下列信息：

（1）每一产品和劳务或每一类似产品和劳务的对外交易收入。但是，披露相关信息不切实可行的除外。企业披露相关信息不切实可行的，应当披露这一事实。企业披露的每一产品和劳务或每一类似产品和劳务的对外交易收入金额，应当以用于编制企业财务报表的信息为基础。

（2）企业取得的来自本国的对外交易收入总额，以及企业从其他国家或地区取得的对外交易收入总额。但是，披露相关信息不切实可行的除外。企业披露相关信息不切实可行的，应当披露这一事实。如果企业从某个国家或地区取得的对外交易收入金额重要，应当单独予以披露。

（3）企业取得的位于本国的非流动资产（不包括金融资产、独立账户资产、递延所得税资产）总额，以及企业位于其他国家或地区的非流动资产（不包括金融资产、独立账户资产、递延所得税资产）总额。但是，披露相关信息不切实可行的除外。企业披露相关信息不切实可行的，应当披露这一事实。如果企业位于某个国家或地区的非流动资产金额重要，应当单独予以披露。

（4）企业对主要客户的依赖程度。企业与某一外部客户交易收入占合并总收入或企业总收入的10% 或以上，应当披露这一事实，以及来自该外部客户的总收入和相关报告分部的特征。企业不需要报告主要客户的身份，每报告分部也不需要报告来自该客户的收入。

六、新旧衔接

首次执行企业会计准则，遵照《企业会计准则第 38 号——首次执行企业会计准则》的相关规定，详见本书第三十八章。

第三十六章
关联交易披露

一、准则适用范围

《企业会计准则第 36 号——关联方披露》（以下简称关联方披露准则）主要是规范关联方及其交易的信息披露。关联方披露准则所指的“控制”“共同控制”和“重大影响”，与《企业会计准则第 2 号——长期股权投资》及《企业会计准则第 33 号——合并财务报表》等准则的规定相同。

关于构成“控制”“共同控制”和“重大影响”的各种情况，参见本书第三章“长期股权投资”、第三十三章“合并财务报表”的相关内容。

二、关联方关系

关联方一般是指有关联方关系的各方，关联方关系是指有关联的各方之间存在的内在联系。关联方披露准则给出的定义是：一方控制、共同控制另一方或对另一方施加重大影响，以及两方或两方以上同受一方控制、共同控制或重大影响的，构成关联方。

（一）关联方的特征

根据关联方披露准则对关联方的定义，关联方关系往往存在于控制或被控制、共同控制或被共同控制、施加重大影响或被施加重大影响的各方之间。关联方具有以下特征：

（1）关联方涉及两方或多方。关联方关系是有关联的双方或多方之间的相互关系。关联方关系必须存在于两方或多方之间，任何单独的个体不能构成关联方关系。例如，一个企业不能构成关联方关系。

（2）关联方以各方之间的影响为前提。这种影响包括控制或被控制、共同控制或被共同控制、施加重大影响或被施加重大影响的各方之间。建立控制、共同控制和施加重大影响是关联方存在的主要特征。

（二）关联方关系认定的一般原则

根据《企业会计准则讲解》的规定，关联方关系的存在是以控制、共同控制或重大影响为前提条件的。在判断是否存在关联方关系时，尤其应当遵守实质重于形式的原则。根据关联方披露准则的规定，关联方关系存在于：

1. 企业的母公司

企业的母公司不仅包括直接或间接地控制该企业的其他企业，也包括能够对该企业实施直接或间接控制的单位等，具体如下：

（1）某一个企业直接控制一个或多个企业。例如，母公司控制一个或若干个子公司，则母公司与子公司之间即为关联方关系。

（2）某一个企业通过一个或若干个中间企业间接控制一个或多个企业。例如，母公司通过其子公司，间接控制子公司的子公司，表明母公司与其子公司的子公司存在关联方关系。

（3）一个企业直接地和通过一个或若干中间企业间接地控制一个或多个企业。例如，母公司对某一企业的投资虽然没有达到控股的程度，但由于其子公司也拥有该企业的股份或权益，如果母公司与其子公司对该企业的投资之和达到拥有该企业一半以上表决权资本的控制权，则母公司直接和间接地控制该企业，表明母公司与该企业之间存在关联方关系。

2. 企业的子公司

企业的子公司包括直接或间接地被该企业控制的其他企业，也包括直接或间接地被该企业控制的单位、信托基金等。

3. 受同一母公司控制的其他企业

因为两个或多个企业有相同的母公司，对它们都具有控制能力，即两个或多个企业如果有相同的母公司，它们的财务和经营政策都由相同的母公司决定，各个被投资企业之间由于受相同母公司的控制，可能为自身利益而进行的交易受到某种限制。因此，关联方披露准则规定与企业受同一母公司控制的两个或多个企业之间构成关联方关系。

4. 对企业实施共同控制的投资方

这里的共同控制包括直接的共同控制和间接的共同控制。需要强调的是，对企业实施直接或间接共同控制的投资方与该企业之间是关联方关系，但这些投资方之间并不能仅仅因为共同控制了同一家企业而视为存在关联方关系。例如，A、B、C 三个企业共同控制 D 企业，从而 A 和 D、B 和 D 以及 C 和 D 成为关联方关系。如果不存在其他关联方关系，A 和 B、A 和 C 以及 B 和 C 之间不构成关联方关系。

5. 对企业施加重大影响的投资方

这里的重大影响包括直接的重大影响和间接的重大影响。对企业实施重大影响的投资方与该企业之间是关联方关系，但这些投资方之间并不能仅仅因为对同一家企业具有重大影响而视为存在关联方关系。例如，A 企业和 B 企业均能够对 C 企业施加重大影响，如果 A 和 B 不存在其他关联方关系，则 A 和 B 不构成关联方关系。

6. 该企业的合营企业

合营企业指按照合同规定经营活动由投资双方或若干方共同控制的企业。合营企业的主要特点在于投资各方均不能对被投资企业的财务和经营政策单独作出决策，必须由投资各方共同作出决策。因此，合营企业是以共同控制为前提的，两方或多方共同控制某一企业时，该企业则为投资者的合营企业。例如 A、B、C、D 企业各占 A 企业表决权资本的 25%。按照合同规定，投资各方按照出资比例控制 A 企业，由于出资比例相同，A 企业由 A、B、C、D 企业共同控制。在这种情况下，A 和 A、B 和 A、C 和 A 以及 D 和 A 之间构成关联方关系。

7. 该企业的联营企业

联营企业指投资方对其具有重大影响，但不是投资者的子公司或合营企业的企业。联营企业和重大影响是相联系的，如果投资者能对被投资企业施加重大影响，则该被投资企业视为投资者的联营企业。

8. 企业与其所属企业集团的其他成员单位（包括母公司和子公司）的合营企业或联营企业

例如，A 公司和 B 公司同为 C 公司的子公司，D 公司为 B 公司的合营企业或联营企业，则 A 公司与 D 公司为关联方。

9. 企业的合营企业与企业的其他合营企业或联营企业

例如，A 公司为 B 公司的合营企业，C 公司为 B 公司的另一家合营企业或联营企业，则 A 公司与 C 公司为关联方。

10. 该企业的主要投资者个人及与其关系密切的家庭成员

主要投资者个人是指能够控制、共同控制一个企业或者对一个企业施加重大影响的个人投资者。

这种情况下，存在以下两类关联关系：

（1）某一企业与其主要投资者个人之间的关系。例如，张三是A企业的主要投资者，则A企业与张三构成关联方关系。

（2）某一企业与其主要投资者个人关系密切的家庭成员之间的关系。例如，A企业的主要投资者张三的儿子张小三与A企业构成关联方关系。

11.该企业或其母公司的关键管理人员及与其关系密切的家庭成员

关键管理人员是指有权力并负责计划、指挥和控制企业活动的人员。与主要投资者个人或关键管理人员关系密切的家庭成员是指在处理与企业的交易时可能影响该个人或受该个人影响的家庭成员。这两种关系可确认为关联关系：

（1）某一企业与其关键管理人员之间的关系。例如，A企业的总经理与A企业构成关联方关系。

（2）某一企业与其关键管理人员关系密切的家庭成员之间的关系。例如，A企业的总经理张三的儿子张小三与A企业构成关联方关系。

12.该企业主要投资者个人、关键管理人员或与其关系密切的家庭成员控制、共同控制或施加重大影响的其他企业

根据企业会计准则的规定，与主要投资者个人或关键管理人员关系密切的家庭成员，是指在处理与企业的交易时可能影响该个人或受该个人影响的家庭成员，例如父母、配偶、兄弟、姐妹和子女等。判断与主要投资者个人或关键管理人员关系密切的家庭成员是否为一个企业的关联方，应当视他们在处理与企业交易时的互相影响程度而定。对于这类关联方，应当根据主要投资者个人、关键管理人员或与其关系密切的家庭成员对两家企业的实际影响力具体分析判断。

（1）某一企业与受该企业主要投资者个人控制、共同控制或施加重大影响的其他企业之间的关系。例如，A企业的主要投资者H拥有B企业60%的表决权资本，则A和B存在关联方关系。

（2）某一企业与受该企业主要投资者个人关系密切的家庭成员控制、共同控制或施加重大影响的其他企业之间的关系。例如，A企业的主要投资者Y的妻子拥有B企业60%的表决权资本则A和B存在关联方关系。

（3）某一企业与受该企业关键管理人员控制、共同控制或施加重大影响的其他企业之间的关系。例如，A企业的关键管理人员H控制了B企业，则A和B存在关联方关系。

（4）某一企业与受该企业关键管理人员关系密切的家庭成员控制、共同控制或施加重大影响的其他企业之间的关系。例如，A企业的财务总监Y的妻子是B企业的董事长，则A和B存在关联方关系。

《企业会计准则解释第13号》在《企业会计准则第36号——关联方披露》的基础上新增加两种关联方的情形，即第8和9种情形，从而扩大了关联方的范围。

（三）关联方关系界定的例外情况

控制、共同控制和重大影响是判断关联方关系的基本标准，因此，不符合标准的应当排除在外。具体而言，仅与企业存在下列关系的各方，不构成企业的关联方。

（1）与该企业发生日常往来的资金提供者、公用事业部门、政府部门和机构，以及与该企业发生大量交易而存在经济依存关系的单个客户、供应商、特许商、经销商和代理商之间，不构成关联方关系。因为，企业在日常经营活动中，往往与资金提供者，公用事业部门，与企业发生大量交易的供应商、代理商、购买者等往来比较密切，与政府部门和机构也有较多的联系，但是如果上述各方相应之间不存在控制和被控制、共同控制和被共同控制、施加重大影响和被施加重大影响，则构成关联方关系。

（2）与该企业共同控制合营企业的合营者之间，通常不构成关联方关系。因为，如果两个企业按照合同分享一个合营企业的控制权，某个企业单方面无法作出合营企业的经营和财务的决策，而合营企业是一个独立的法人，合营方各自对合营企业有重大影响，但各合营者无法影响其他合营者。在没

有其他关联关系的情况下，仅因为某一合营企业的共同合营者，不能认定各合营者之间构成关联方。

（3）仅仅同受国家控制而不存在控制、共同控制或重大影响关系的企业，不构成关联方关系。因为，在我国，国家控制的企业如国有企业不同于关联方披露准则所讲的存在控制、共同控制、重大影响关系的企业，国有企业都是独立法人和市场主体，实行自主经营、自负盈亏，相互之间不存在关联方披露准则所指的控制、共同控制、重大影响关系，不符合关联方关系。此外，如果将仅受国家控制但不存在控制、共同控制、重大影响关系的企业都视为关联方，这些企业之间的交易都作为关联方交易来处理，在实务中无法操作；而且会扭曲关联方及其交易的本质，掩盖真正的关联方及其交易。所以，如果将同受国家控制的企业之间视为关联方，在不存在控制、共同控制和重大影响时，则所有的国有企业由于其拥有共同的所有者而都成为关联方，这就扩大了关联方的范围，混淆了关联方及其交易的本质特征。

三、关联方交易

（一）关联方交易的定义

根据关联方披露准则对关联方交易的定义，关联方交易是指关联方间转移资源、劳务或义务的行为，而不论是否收取价款。这一定义的要点有：

（1）按照关联方定义，构成关联方关系的企业之间、企业与个人之间的交易，即通常是在关联方关系已经存在的情况下，关联各方之间的交易。

（2）资源或义务的转移是关联方交易的主要特征，通常情况下，在资源或义务转移的同时，风险和报酬也相应地转移。

（3）关联方之间资源或义务的转移价格，是了解关联方交易的关键。

（二）关联方交易的类型

关联方披露准则举例了关联方交易的类型判断是否属于关联方交易，应以交易是否发生为依据，而不是以是否收取价款为前提。关联方的交易类型主要有：

（1）购买或销售商品。根据《企业会计准则讲解》，购买或销售商品是关联方交易较常见的交易事项，例如，企业集团成员之间互相购买或销售商品，从而形成了关联方交易。

（2）购买或销售商品以外的其他资产。《企业会计准则讲解》对此举例，母公司出售给其子公司设备或建筑物等。

（3）提供或接受劳务。《企业会计准则讲解》举例说明，A 企业是 B 企业的联营企业，A 企业专门从事设备维修服务，B 企业的所有设备均由 A 企业负责维修，B 企业每年支付设备维修费用 300 万元。

（4）担保。根据《企业会计准则讲解》，担保包括在借贷、买卖、货物运输、加工承揽等经济活动中，为了保障其债权实现而实行的担保等。当存在关联方关系时，一方往往为另一方提供为取得借款、买卖等经济活动中所需要的担保。

（5）提供资金（贷款或股权投资）。《企业会计准则讲解》举例说明，企业从其关联方取得资金，或权益性资金在关联方之间的增减变动等。

（6）租赁。根据《企业会计准则讲解》，租赁通常包括经营租赁和融资租赁等，关联方之间的租赁合同也是主要的交易事项。

（7）代理。根据《企业会计准则讲解》，代理主要是依据合同条款，一方可为另一方代理某些事务，如代理销售货物，或代理签订合同等。

（8）研究与开发项目的转移。根据《企业会计准则讲解》，在存在关联方关系时，有时某企业所研究与开发的项目会由于一方的要求而放弃或转移给其他企业。例如，B 公司是 A 公司的子公司，A

公司要求B公司停止对某一新产品的研究和试制，并将B公司研究的现有成果转给A公司最近购买的、研究与开发能力超过B公司的C公司继续研制，从而形成关联方交易。

（9）许可协议。根据《企业会计准则讲解》，当存在关联方关系时，关联方之间可能达成某项协议，允许一方使用另一方商标等，从而形成了关联方之间的交易。

（10）代表企业或由企业代表另一方进行债务结算。

（11）关键管理人员薪酬。根据《企业会计准则讲解》，企业支付给关键管理人员的报酬，也是一项主要的关联方交易。

四、关联方及其交易的披露

按照关联方披露准则的规定，企业财务报表中应当披露所有关联方关系及其交易的相关信息。企业对外提供合并财务报表时，对于已经包括在合并范围内各企业之间的交易不予披露，但应当披露与合并范围外各关联方的关系及其交易。

（1）企业无论是否发生关联方交易，均应当在附注中披露与母公司和子公司有关的下列信息：

①母公司和子公司的名称。母公司不是该企业最终控制方的，还应当披露最终控制方名称。母公司和最终控制方均不对外提供财务报表的，还应当披露母公司之上与其最相近的对外提供财务报表的母公司名称。

②母公司和子公司的业务性质、注册地、注册资本（或实收资本、股本）及其变化。

③母公司对该企业或者该企业对子公司的持股比例和表决权比例。

（2）企业与关联方发生关联方交易的，应当在附注中披露该关联方关系的性质、交易类型及交易要素。交易要素至少应当包括以下几类：

①交易的金额。

②未结算项目的金额、条款和条件，以及有关提供或取得担保的信息。

③未结算应收项目的坏账准备金额。

④定价政策。

（3）关联方交易应当分别按关联方以及交易类型予以披露。类型相似的关联方交易，在不影响财务报表阅读者正确理解关联方交易对财务报表影响的情况下，可以合并披露。

（4）企业只有在提供确凿证据的情况下，才能披露关联方交易是公平交易。

第三十七章
金融工具列报

一、金融工具列报的含义与准则适用范围

（一）金融工具列报的含义

《企业会计准则第 37 号——金融工具列报》（以下简称金融工具列报准则）指出，金融工具列报包括金融工具列示和金融工具披露。金融工具列示，是指发行金融工具的企业应当将其正确地在资产负债表中列示为一项金融资产、金融负债或者权益工具，并在利润表的相关项目中列示与金融工具有关的收入、费用、利得或损失。金融工具披露，是指发行金融工具的企业应当在财务报表附注中披露与金融工具有关的性质、分类、风险及对企业财务报表产生的具体影响。

（二）金融工具列报的目的

金融工具列报的信息，应当有助于财务报表使用者了解企业所发行金融工具的分类、计量和列报的情况，以及企业所持有的金融资产和承担的金融负债的情况，并就金融工具对企业财务状况和经营成果影响的重要程度、金融工具使企业在报告期间和期末所面临风险的性质和程度，以及企业如何管理这些风险作出合理评价。

（三）金融工具列报准则适用范围

金融工具列报准则适用于多种类型的金融工具，但下列各项适用其他会计准则。

（1）由《企业会计准则第 2 号——长期股权投资》《企业会计准则第 33 号——合并财务报表》和《企业会计准则第 40 号——合营安排》规范的对子公司、合营企业和联营企业的投资，其披露适用《企业会计准则第 41 号——在其他主体中权益的披露》。但企业持有的与在子公司、合营企业或联营企业中的权益相联系的衍生工具，适用金融工具列报准则。

企业按照《企业会计准则第 22 号——金融工具确认和计量》相关规定对联营企业或合营企业的投资进行会计处理的，以及企业符合《企业会计准则第 33 号——合并财务报表》有关投资性主体定义，且根据该准则规定对子公司的投资以公允价值计量且其变动计入当期损益的，对上述合营企业、联营企业或子公司的相关投资适用金融工具列报准则。

（2）由《企业会计准则第 9 号——职工薪酬》规范的职工薪酬相关计划形成的企业的权利和义务，适用《企业会计准则第 9 号——职工薪酬》。

（3）由《企业会计准则第 11 号——股份支付》规范的股份支付中涉及的金融工具以及其他合同和义务，适用《企业会计准则第 11 号——股份支付》。但是，股份支付中属于本准则范围的买入或卖出非金融项目的合同，以及与股份支付相关的企业发行、回购、出售或注销的库存股，适用金融工具列报准则。

（4）由《企业会计准则第 12 号——债务重组》规范的债务重组，适用《企业会计准则第 12 号——

债务重组》。但债务重组中涉及金融资产转移披露的，适用金融工具列报准则。

（5）由《企业会计准则第 14 号——收入》规范的属于金融工具的合同权利和义务，适用《企业会计准则第 14 号——收入》。由《企业会计准则第 14 号——收入》要求在确认和计量相关合同权利的减值损失和利得时，应当按照《企业会计准则第 22 号——金融工具确认和计量》进行会计处理的合同权利，适用金融工具列报准则有关信用风险披露的规定。

（6）由保险合同相关会计准则规范的保险合同所产生的权利和义务，适用保险合同相关会计准则。

①因具有相机分红特征而由保险合同相关会计准则规范的合同所产生的权利和义务，适用保险合同相关会计准则。但对于嵌入保险合同的衍生工具，且该嵌入衍生工具本身不是保险合同的适用金融工具列报准则；该嵌入衍生工具本身为保险合同的，适用保险合同相关会计准则。

②企业选择按照《企业会计准则第 22 号——金融工具确认和计量》进行会计处理的财务担保合同，适用金融工具列报准则；企业选择按照保险合同相关会计准则进行会计处理的财务担保合同，适用保险合同相关会计准则。

（7）金融工具列报准则适用于能够以现金或其他金融工具净额结算，或通过交换金融工具结算的买入或卖出非金融项目的合同。但企业按照预定的购买、销售或使用要求签订并持有，旨在收取或交付非金融项目的合同，适用其他相关会计准则。企业根据《企业会计准则第 22 号——金融工具确认和计量》第八条的规定将该合同指定为以公允价值计量且其变动计入当期损益的金融资产或金融负债的，适用金融工具列报准则。

二、金融负债和权益工具的区分

（一）金融工具的分类

金融工具列报准则第七条规定，企业应当根据所发行金融工具的不同条款及其所反映的经济实质而非仅以法律形式，结合金融资产、金融负债和权益工具的定义，在初始确认时将该金融工具或其组成部分分类为金融资产、金融负债或权益工具。

（二）金融负债和权益工具的划分

1. 金融负债和权益工具的划分原则

（1）金融负债的主要特点，在于企业主要是通过交付现金或其他金融资产来履行一项合同义务，只有在特殊条件下，它才通过自身权益工具进行结算。例如，企业发行的债券，根据合同，发行方不可避免地在未来期间要以现金支付债券的本金和利息，就形成了发行方的一项金融负债。

（2）权益工具的主要特点，在于其将来须用或可用自身权益工具进行结算，企业不存在通过交付现金或其他金融资产给其他方，或在潜在不利条件下与其他方交换金融资产或金融负债的合同义务。

企业对全部现有同类别非衍生自身权益工具的持有方同比例发行配股权、期权或认股权证，使之有权按比例以固定金额的任何货币换取固定数量的该企业自身权益工具的，该类配股权、期权或认股权证应当分类为权益工具。

2. 金融负债的确认

金融工具列报准则第八条规定，在满足下列条件之一时，与义务和合同相关金额应当被确认为金融负债。

（1）向其他方交付现金或其他金融资产的合同义务。

（2）在潜在不利条件下，与其他方交换金融资产或金融负债的合同义务。

（3）将来须用或可用企业自身权益工具进行结算的非衍生工具合同，且企业根据该合同将交付可变数量的自身权益工具。

（4）将来须用或可用企业自身权益工具进行结算的衍生工具合同，但以固定数量的自身权益工具交换固定金额的现金或其他金融资产的衍生工具合同除外。企业对全部现有同类别非衍生自身权益工具的持有方同比例发行配股权、期权或认股权证，使之有权按比例以固定金额的任何货币换取固定数量的该企业自身权益工具的，该类配股权、期权或认股权证应当分类为权益工具。

企业自身权益工具不包括应按照金融工具列报准则第三章分类为权益工具的金融工具，也不包括本身就要求在未来收取或交付企业自身权益工具的合同。

例 37-01　甲公司与乙公司签订的合同约定，甲公司以 100 万元等值的自身权益工具偿还所欠乙公司债务。

分析：本例中，甲公司需偿还的负债金额 100 万元是固定的，但甲公司需交付的自身权益工具的数量随着其权益工具市场价格的变动而变动。在这种情况下，该金融工具应当划分为金融负债。

例 37-02　甲公司与乙公司签订的合同约定，甲公司以 100 盎司黄金等值的自身权益工具偿还所欠乙公司债务。

分析：本例中，甲公司需偿还的负债金额随黄金价格变动而变动，同时，甲公司需交付的自身权益工具的数量随着其权益工具市场价格的变动而变动。在这种情况下，该金融工具应当划分为金融负债。

例 37-03　甲公司发行了名义金额人民币 100 元的优先股，合同条款规定甲公司在 3 年后将优先股强制转换为普通股，转股价格为转股日前一工作日的该普通股市价。

分析：本例中，转股价格是变动的，未来须交付的普通股数量是可变的，实质可视作甲公司将在 3 年后使用自身普通股并按其市价履行支付优先股每股人民币 100 元的义务。在这种情况下，该强制可转换优先股整体是一项金融负债。

例 37-04　丙公司在上海证券交易所和香港联合交易所两地上市，假定丙公司向其现有普通股股东提供每持有 10 股普通股可购买其 1 股普通股的权利（配股比例为 10 股配 1），配股价格为配股公告当日股价的 80%。由于丙公司在上海证券交易所和香港联合交易所两地上市，配股权行权价的币种必须与当地货币一致。

分析：在本例中，由于丙公司是按比例向其所有同类普通股股东提供配股权，且以固定金额的任何货币交换固定数量的该企业普通股，因此，该配股权应当分类为权益工具。

3. 权益工具的确认

金融工具列报准则第九条规定，在同时满足下列条件的情况下，企业应当将发行的金融工具分类为权益工具。

（1）该金融工具没有包括交付现金或其他金融资产给其他单位的合同义务。或该金融工具没有包括在潜在不利条件下与其他单位交换金融资产或金融负债的合同义务。

（2）企业发行的、将来须用或可用自身权益工具进行结算的金融工具。如果该金融工具是衍生工具，那么该金融工具应当不包括交付可变数量的自身权益工具进行结算的合同义务；如果该金融工具是衍生工具，那么企业只能通过交付固定数量的自身权益工具换取固定数额的现金或其他金融资产进行结算。这里的权益工具不包括需要通过收取或交付企业自身权益工具进行结算的合同。

4. 金融负债与权益工具的区分

（1）以自身权益工具进行结算的金融工具的划分。如果一项金融工具须用或可用企业自身权益工具进行结算，则企业在划分时其究竟属于金融负债还是权益工具时，需要考虑用于结算该工具的企业自身权益工具，是作为现金或其他金融资的替代品，还是为了使该工具持有方享有在发行方扣除所有负债后的资产中的剩余权益。

①如果企业发行自身权益工具是作为现金或其他金融资产的替代品，则该金融工具应当划分为发行方的金融负债。

②如果该企业发行自身权益工具是为了使该工具持有方享有在发行方扣除所有负债后的资产中的

剩余权益，则该金融工具应当划分为发行方的权益工具。

③在某些情况下，一项金融工具合同规定企业须用或可用自身权益工具结算该金融工具，其中，合同权利或合同义务的金额等于可获取或需交付的自身权益工具的数量乘以其结算时的公允价值，则无论该合同权利或合同义务的金额是固定的，还是完全或部分地基于除企业自身权益工具的市场价格以外变量（例如利率、某种商品的价格或某项金融工具的价格）的变动而变动，该合同都应当分类为金融负债。

（2）发行方承担了以现金或其他金融资产回购自身权益工具的义务的金融工具的划分。如果一项合同使发行方承担了以现金或其他金融资产回购自身权益工具的义务，即使发行方的回购义务取决于合同对手方是否行使回售权，发行方也应当在初始确认时将该义务确认为一项金融负债，其金额等于回购所需支付金额的现值（如远期回购价格的现值、期权行权价格的现值或其他回售金额的现值）。如果最终发行方无需以现金或其他金融资产回购自身权益工具，则发行方应当在合同到期时将该项金融负债按照账面价值重分类为权益工具。

例 37-05 2×21 年 7 月 1 日，A 公司对外发行累积优先股，发行价格为每股 20 元。合同规定如下：

（1）优先股股东每年可获得每股 1 元的股利。

（2）2×23 年 7 月 1 日，A 公司应当以每股 25 元的价格回购其发行在外的优先股。

分析：在本例中，由于 A 公司承担了以现金回购自身权益工具的义务，因此，应当将该优先股划分为金融负债，并以未来回购应该支付现金的现值对其进行初始计量。

例 37-06 甲公司为一家上市公司，相关年度发生与金融工具有关的交易或事项如下：

2×21 年 9 月 1 日，甲公司向特定的合格投资者按面值发行优先股 1 000 万股，每股面值 100 元，扣除发行费用 3 000 万元后的发行收入净额已存入银行。根据甲公司发行优先股的募集说明书，本次发行优先股的票面股息率为 5%；甲公司在有可分配利润的情况下，可以向优先股股东派发股息；在派发约定的优先股当期股息前，甲公司不得向普通股股东分配股利；除非股息支付日前 12 个月发生甲公司向普通股股东支付股利等强制付息事件，甲公司有权取消支付优先股当期股息，且不构成违约；优先股股息不累积；优先股股东按照约定的票面股息率分配股息后，不再同普通股股东一起参加剩余利润分配；甲公司有权按照优先股票面金额加上当期已决议支付但尚未支付的优先股股息之和赎回并注销本次发行的优先股；本次发行的优先股不设置投资者回售条款，也不设置强制转换为普通股的条款；甲公司清算时，优先股股东的清偿顺序劣后于普通债务的债权人，但在普通股股东之前。

甲公司根据相应的议事机制，能够自主决定普通股股利的支付。

根据资料，判断甲公司发行的优先股是负债还是权益工具，说明理由，并编制发行优先股的会计分录。

分析：甲公司发行的优先股应划分为权益工具。因为甲公司可以相应的自主决定是否支付股利，不具有强制付息义务，甲公司可避免交付现金或金融资产，则应将该优先股划分为权益工具。

借：银行存款　　97 000

　　贷：其他权益工具　　97 000

例 37-07 A 公司发行了一项年利率为 10%、无固定还款期限、可自主决定是否支付利息的不可累积永续债，其他合同条款如下（假定没有其他条款导致该工具分类为金融负债）：

（1）该永续债嵌入了一项看涨期权，允许 A 公司在发行第 5 年及之后以面值回购该永续债。

（2）如果 A 公司在第 5 年末没有回购该永续债，则之后的票息率增加至 12%（通常称为“票息递增”特征）。

（3）该永续债票息在 A 公司向其普通股股东支付股利时必须支付（即“股利推动机制”）。

假设：A 公司根据相应的议事机制能够自主决定普通股股利的支付；该公司发行该永续债之前多

年来均支付普通股股利。

分析：本例中，尽管A公司多年来均支付普通股股利，但由于甲公司能够根据相应的议事机制自主决定普通股股利的支付，并进而影响永续债利息的支付，对A公司而言，该永续债并未形成支付现金或其他金融资产的合同义务。尽管A公司有可能在第5年末行驶其回购权，但是A公司并没有回购的合同义务，因此，该永续债应整体被分类为权益工具。

例37-08 甲公司于2×21年2月1日向乙公司发行以自身普通股为标的看涨期权。根据该期权合同，如果乙公司行权（行权价为102元），乙公司有权以每股102元的价格从甲公司购入普通股1 000股。

其他有关资料如下：

（1）合同签订日2×21年2月1日。

（2）行权日（欧式期权）2×22年1月31日。

（3）2×22年1月31日应支付的固定行权价格102元。

（4）期权合同中的普通股数量1 000股。

（5）2×21年2月1日每股市价100元。

（6）2×21年12月31日每股市价104元。

（7）2×22年1月31日每股市价104元。

（8）2×21年2月1日期权的公允价值5 000元。

（9）2×21年12月31日期权的公允价值3 000元。

（10）2×22年1月31日期权的公允价值2 000元。

情形1：期权将以现金净额结算

分析：在现金净额结算约定下，甲公司不能完全避免向另一方支付现金的义务，因此应当将该期权划分为金融负债。

甲公司的会计处理如下。

①2×21年2月1日，确认发行的看涨期权：

借：银行存款　5 000

　　贷：衍生工具——看涨期权　5 000

②2×21年12月31日，确认期权公允价值减少：

借：衍生工具——看涨期权（5 000－3 000）　2 000

　　贷：公允价值变动损益　2 000

③2×22年1月31日，确认期权公允价值减少：

借：衍生工具——看涨期权（3 000－2 000）　1 000

　　贷：公允价值变动损益　1 000

在同一天，乙公司行使了该看涨期权，合同以现金净额方式进行结算。甲公司有义务向乙公司交付104 000元（104×1 000），并从乙公司收取102 000元（102×1 000），甲公司实际支付净额为2 000元。反映看涨期权结算的账务处理如下：

借：衍生工具——看涨期权　2 000

　　贷：银行存款　2 000

情形2：期权将以普通股净额结算

分析：普通股净额结算是指甲公司以普通股代替现金进行净额结算，支付的普通股公允价值等于应当支付的现金金额。在普通股净额结算的约定下，由于甲公司须交付的普通股数量［（行权日每股价格－102）×1 000÷行权日每股价格］不确定，因此应当将该期权划分为金融负债。

除期权以普通股净额结算外，其他资料与情形1相同。甲公司实际向乙公司交付普通股数量约为19.23股（2 000÷104），因交付的普通股数量须为整数，实际交付19股，余下的金额24元（0.23×104）将以现金方式支付。因此，甲公司除以下账务处理外，其他账务处理与情形1相同。

2×22年1月31日：

借：衍生工具——看涨期权　　2 000

　贷：股本　　19

　　资本公积——股本溢价　　1 957

　　银行存款（2 000－19×104）　　24

情形3：期权以普通股总额结算

分析：在普通股总额的结算约定下，甲公司需交付的普通股数量固定，将收到的金额也是固定的，因此应当将该期权划分为权益。除甲公司以约定的固定数量的自身普通股交换固定金额现金外，其他资料与情形1相同。因此，乙公司有权于2×22年1月31日以102 000元（102×1 000）购买甲公司1 000股普通股。

①2×21年2月1日，确认发行的看涨期权：

借：银行存款　　5 000

　贷：其他权益工具　　5 000

由于甲公司以约定的固定数量的自身普通股交换固定金额现金，应将该衍生工具确认为权益工具。

2×21年12月31日：

由于该期权合同确认为权益工具，甲公司无需就该期权的公允价值变动作出会计处理，因此无需在2×21年12月31日编制会计分录。

③2×22年1月31日，乙公司行权：

借：银行存款　　102 000

　其他权益工具　　5 000

　贷：股本　　1 000

　　资本公积——股本溢价　　106 000

情形4：结算选择权

结算选择权（如现金净额、股票净额或以普通股总额结算）的存在导致看涨期权成为一项金融负债。由于可以用企业发行自身固定数量股票而收取固定金额的现金或其他金融资产以外方式的其他方式进行结算，该合同不符合权益工具的定义。企业应该如上述情形1和情形2所示，确认为一项衍生负债。结算时需要作的会计分录取决于合同的实际结算方式。

（三）附有或有结算条款的金融工具的划分

1. 附有或有结算条款的金融工具的含义

附有或有结算条款的金融工具，指是否通过交付现金或其他金融资产进行结算，或者是否以其他导致该金融工具成为金融负债的方式进行结算，需要由发行方和持有方均不能控制的未来不确定事项（如股价指数、消费价格指数变动，利率或税法变动，发行方未来收入、净收益或债务权益比率等）的发生或不发生（或发行方和持有方均不能控制的未来不确定事项的结果）来确定的金融工具。

2. 附有或有结算条款的金融工具的划分

对于附有或有结算条款的金融工具，发行方不能无条件地避免交付现金、其他金融资产或以其他导致该工具成为金融负债的方式进行结算的，应当分类为金融负债。但是，满足下列条件之一的金融工具，发行方应当将其分类为权益工具。

（1）要求以现金、其他金融资产或以其他导致该工具成为金融负债的方式进行结算的或有结算条款几乎不具有可能性，即相关情形极端罕见、显著异常或几乎不可能发生。

（2）只有在发行方清算时，才需以现金、其他金融资产或以其他导致该工具成为金融负债的方式进行结算。

（3）按照金融工具列报准则第三章分类为权益工具的可回售工具。

例 37-10 A 公司发行 1 亿元优先股。按合同条款约定，A 公司可根据相应的议事机制自主决定是否派发股利，如果 A 公司的控股股东发生变更（假设该事项不受甲公司控制），A 公司必须按面值赎回该优先股。

分析：本例中，该或有事项（控股股东变更）不受 A 公司控制，属于或有结算事项。同时，该事项的发生或不发生也并非不具有可能性。由于 A 公司不能无条件地避免赎回股份的义务，因此，该工具应当划分为一项金融负债。

3. 存在结算选择权的衍生工具的划分

存在结算选择权的衍生工具，是指合同规定发行方或持有方能选择以现金或其他金融资产，或以发行股份交换现金等方式，进行结算的衍生工具。

对于存在结算选择权的衍生工具，发行方应当将其确认为一项金融资产或一项金融负债，但所有可供选择的结算方式表明该衍生工具应当确认为权益工具的除外。

例如，为防止附有转股权的金融工具的持有方行使转股权而导致发行方的普通股股东的股权被稀释，发行方会在衍生工具合同中加入一项现金结算选择权。发行方有权以等值于所应交付的股票数量乘以股票市价的现金金额支付给工具持有方，而不再发行新股。因此，发行方应当将这样的转股权确认为衍生金融负债或衍生金融资产。

（四）合并财务报表中对金融工具的划分

金融工具列报准则第十五条规定，在合并财务报表中对金融工具（或其组成部分）进行分类时，企业应当考虑集团成员和金融工具的持有方之间达成的所有条款和条件。企业集团作为一个整体，因该工具承担了交付现金、其他金融资产或以其他导致该工具成为金融负债的方式进行结算的义务，该工具在企业集团合并财务报表中应当分类为金融负债。

例 37-11 A 公司为 B 公司的母公司，其向 B 公司的少数股东签出一份在未来 6 个月后以 B 公司普通股为基础的看跌期权，如果 6 个月后 B 公司股票价格下跌，B 公司少数股东有权要求 A 公司无条件的以固定价格购入 B 公司少数股东所持有的 B 公司股份。

分析：本例中，在 A 公司个别报表，由于该看跌期权的价值随着 B 公司股票价格的变动而变动，并将于未来约定日期进行结算，因此，该看跌期权符合衍生工具的定义而确认为一项衍生金融负债。而在集团合并财务报表中，由于看跌期权使集团整体承担了不能无条件地避免以现金或其他金融资产回购 B 公司股票的合同义务，合并财务报表中应当将该义务确认为一项金融负债（尽管现金支付取决于持有方是否行使期权），其金额等于回购所需支付金额的现值。

三、复合金融工具的划分

（一）复合金融工具的含义

复合金融工具，是指同时包含金融负债和权益工具成分的非衍生工具。比如，企业发行的可转换债券，允许投资者选择将其转换为发行方的普通股，既含有金融负债的成分，也有因为转换权带来的权益工具的成分。

金融工具列报准则第十四条规定，企业应对发行的非衍生工具进行评估，以确定所发行的工具是否为复合金融工具。企业所发行的非衍生工具可能同时包含金融负债成分和权益工具成分。对于复合金融工具，发行方应于初始确认时将各组成部分分别分类为金融负债、金融资产或权益工具。

（二）复合金融工具的拆分

对于复合金融工具，企业应在初始确认时，按以下步骤将相关负债和权益进行分拆。

（1）确定金融负债成分的公允价值。金融负债成分的公允价值，按照该金融工具未来期间发生的现金流量，采用发行日具有相同信用等级的债务工具的市场利率进行折现计算的现值进行计量。

金融负债成分在复合金融工具发行期间采用实际利率法确定各期的利息费用，并按照摊余成本在资产负债表的负债部分进行列报。

（2）确定权益工具成分的公允价值。权益工具成分的公允价值，等于企业发行复合金融工具的公允价值，减去金融负债成分的公允价值。权益工具成分在复合金融工具发行期间不作调整，并在资产负债表中所有者权益部分中的资本公积项目进行列报。发行该非衍生金融工具发生的交易费用，应当在负债成分和权益成分之间按照各自的相对公允价值进行分摊。

（3）复合金融工具中包含非权益性嵌入衍生工具的，非权益性嵌入衍生工具的公允价值应当包含在金融负债成分的公允价值中，并且按照《企业会计准则第 22 号——金融工具确认和计量》的规定对该金融负债成分进行会计处理。

企业（发行方）对可转换工具进行会计处理时，还应注意以下方面：

（1）在可转换工具到期转换时，应终止确认其负债部分并将其确认为权益。原来的权益部分仍旧保留为权益（它可能从权益的一个项目结转至另一个项目）。可转换工具到期转换时不产生损失或收益。

（2）企业通过在到期日前赎回或回购而终止一项仍旧具有转换权的可转换工具时，应在交易日将赎回或回购所支付的价款以及发生的交易费用分配至该工具的权益部分和债务部分。分配价款和交易费用的方法应与该工具发行时采用的分配方法一致。价款分配后，所产生的利得或损失应分别根据权益部分和债务部分所适用的会计原则进行处理，分配至权益部分的款项计入权益，与债务部分相关的利得或损失计入损益。

（3）企业可能修订可转换工具的条款以促使持有方提前转换。例如，提供更有利的转换比率或在特定日期前转换则支付额外的补偿。在条款修订日，持有方根据修订后的条款进行转换所能获得的补偿的公允价值与根据原有条款进行转换所能获得的补偿的公允价值之差，应在利润表中确认为一项损失。

（4）企业发行认股权和债权分离交易的可转换公司债券所发行的认股权符合权益工具定义及其确认与计量规定的，应当确认为一项权益工具（其他权益工具），并以发行价格减去不附认股权且其他条件相同的公司债券公允价值后的净额进行计量。如果认股权持有人到期没有行权的，应当在到期时将原计入其他权益工具的部分转入资本公积（股本溢价）。

例 37-12 A 公司 2×21 年 1 月 1 日按每份面值 1 000 元发行了 2 000 份可转换债券，取得总收入 2 000 000 元。该债券期限为 3 年，票面年利率为 6%，利息按年支付；每份债券均可在债券发行 1 年后的任何时间转换为 250 股普通股。A 公司发行该债券时，二级市场上与之类似但没有转股权的债券的市场利率为 9%。假定不考虑其他相关因素，A 公司将发行的债券划分为以摊余成本计量的金融负债。

（1）先对负债部分进行计量，债券发行收入与负债部分的公允价值之间的差额则分配到所有者权益部分。

负债部分的初始入账金额＝$2\,120\,000\times(1+9\%)^{-3}+120\,000\times(1+9\%)^{-2}+120\,000\times(1+9\%)^{-1}=1\,848\,122$（元）

（2）权益部分的初始入账金额＝2 000 000－1 848 122＝151 878（元）。

（3）A 公司的账务处理如下。

① 2×21 年 1 月 1 日，发行可转换债券：

借：银行存款　　2 000 000
　　应付债券——利息调整　　151 878
　　贷：应付债券——面值　　2 000 000
　　　　其他权益工具　　151 878

②2×21年12月31日，计提和实际支付利息：

计提债券利息时：

借：财务费用　　166 331
　　贷：应付利息　　120 000
　　　　应付债券——利息调整　　46 331

实际支付利息时：

借：应付利息　　120 000
　　贷：银行存款　　120 000

③2×22年12月31日，债券转换前，计提和实际支付利息：

计提债券利息时：

借：财务费用　　170 501
　　贷：应付利息　　120 000
　　　　应付债券——利息调整　　50 501

实际支付利息时：

借：应付利息　　120 000
　　贷：银行存款　　120 000

至此，转换前应付债券的摊余成本为1 944 954元（1 848 122＋46 331＋50 501）。

假定至2×22年12月31日，A公司股票上涨幅度较大，可转换债券持有方均于当日将持有的可转换债券转为A公司股份。由于A公司对应付债券采用摊余成本后续计量，因此，于转换日，转换前应付债券的摊余成本应为1 944 954元，而权益部分的账面价值仍为151 878元。同样是在转换日，A公司发行股票数量为500 000股。对此，A公司的账务处理如下：

借：应付债券——面值　　2 000 000
　　贷：资本公积——股本溢价　　1 444 954
　　　　股本　　500 000
　　　　应付债券——利息调整　　55 046
借：其他权益工具（股份转换权）　　151 878
　　贷：资本公积——股本溢价　　151 878

四、特殊金融工具的划分

（一）可回售金融工具的区分

可回售工具，是指根据合同约定，持有方有权将该工具回售给发行方以获取现金或其他金融资产的权利，或者在未来某一不确定事项发生或者持有方死亡或退休时，自动回售给发行方的金融工具。

金融工具列报准则第十六条规定，企业发行的可回售金融工具，如果符合金融负债的定义，但同时具有下列特征的可回售工具，则应当分类为权益工具。

（1）赋予持有方在企业清算时按比例份额获得该企业净资产的权利。这里所指企业净资产是指扣除所有优先于该工具对企业资产要求权之后的剩余资产。这里所指按比例份额是指清算时将企业的净资产分拆为金额相等的单位，并且将单位金额乘以持有方所持有的单位数量。

（2）该工具所属的类别次于其他所有工具类别，即该工具在归属于该类别前无须转换为另一种工具，且在清算时对企业资产没有优先于其他工具的要求权。

（3）该类别的所有工具具有相同的特征。例如，它们必须都具有可回售特征，并且用于计算回购或赎回价格的公式或其他方法都相同。

（4）除了发行方应当以现金或其他金融资产回购或赎回该工具的合同义务外，该工具不满足本准则规定的金融负债定义中的任何其他特征。

（5）该工具在存续期内的预计现金流量总额，应当实质上基于该工具存续期内企业的损益、已确认净资产的变动、已确认和未确认净资产的公允价值变动（不包括该工具的任何影响）。

分类为权益工具的可回售工具，或发行方仅在清算时才有义务向另一方按比例交付其净资产的金融工具，除应当具有上述特征外，其发行方应当不同时具备下列特征的其他金融工具或合同。

（1）现金流量总额实质上基于企业的损益、已确认净资产的变动、已确认和未确认净资产的公允价值变动（不包括该工具或合同的任何影响）。

（2）实质上限制或固定了金融工具列报准则第十六条或第十七条所述工具持有方所获得的剩余回报。

例 37-13 甲公司设立时发行了 100 单位 A 类股份，而后发行了 10 000 单位 B 类股份给其他投资人，B 类股份为可回售股份。假定甲公司只发行了 A、B 两种金融工具，A 类股份为甲公司最次级权益工具。

分析：本例中，在甲公司的整个资本结构中，A 类股份并不重大，且甲公司的主要资本来自 B 类股份，但由于 B 类股份并非甲公司发行的最次级的工具，因此不应当将 B 类股份归类为权益工具。

例 37-14 甲企业为一合伙企业。相关入伙合同约定：新合伙人加入时按确定的金额和持股比例入股，合伙人退休或退出时以其持股的公允价值予以退还；合伙企业营运资金均来自合伙人入股，合伙人持股期间可按持股比例分得合伙企业的利润（但利润分配由合伙企业自主决定）；当合伙企业清算时，合伙人可按持股比例获得合伙企业的净资产。

分析：本例中，由于合伙企业在合伙人退休或退出时有向合伙人交付金融资产的义务，因而该可回售工具（合伙人入股合同）满足金融负债的定义。同时，其作为可回售工具具备了以下特征：（1）合伙企业清算时合伙人可按持股比例获得合伙企业的净资产；（2）该入股款属于合伙企业中最次级类别的工具；（3）所有的入股款具有相同的特征；（4）合伙企业仅有以金融资产回购该工具的合同义务；（5）合伙人持股期间可获得的现金流量总额，实质上基于该工具存续期内企业的损益、已确认净资产的变动、已确认和未确认净资产的公允价值变动。因而，该金融工具应当确认为权益工具。

（二）附有清算义务金融工具的分类

符合金融负债定义，但同时具有下列特征的发行方仅在清算时才有义务向另一方按比例交付其净资产的金融工具，应当分类为权益工具。

（1）赋予持有方在企业清算时按比例份额获得该企业净资产的权利。

（2）该工具所属的类别次于其他所有工具类别。

（3）该工具所属的类别中（该类别次于其他所有工具类别），发行方对该类别中所有工具都应当在清算时承担按比例份额交付其净资产的同等合同义务。

产生上述合同义务的清算确定将会发生并且不受发行方的控制（如发行方本身是有限寿命主体），或者发生与否取决于该工具的持有方。

例 37-15 A 企业为一中外合作经营企业，成立于 2×20 年 1 月 1 日，经营期限为 20 年。按照相关合同约定，A 企业的营运资金及主要固定资产均来自双方股东投入，经营期间 A 企业按照合作经营合同进行运营；经营到期时，该企业的净资产根据合同约定按出资比例向合作双方偿还。

分析：由于该合作企业依照合同，于经营期限届满时需将企业的净资产交付给双方股东，上述合作方的入股款符合金融负债的定义，但合作企业仅在清算时才有义务向合作双方交付其净资产且其同时具备下列特征：

（1）合作双方在合作企业发生清算时可按合同规定比例份额获得企业净资产；

（2）该入股款属于合作企业中最次级类别的工具。

因而该金融工具应当确认为权益工具。

（三）特殊金融工具的重分类

如果上述划分为权益工具的特殊金融工具，不再具有上述特征，则发行方应当将其重分类为金融负债，并以重分类日该工具的公允价值计量，而重分类日权益工具的账面价值和金融负债的公允价值之间的差额确认为权益。

按照本章规定分类为金融负债的特殊金融工具，自具有上述特征之日起，发行方应当将其重分类为权益工具，以重分类日金融负债的账面价值计量。

企业发行的满足本章规定分类为权益工具的金融工具，在企业集团合并财务报表中对应的少数股东权益部分，应当分类为金融负债。

五、金融工具的列示

金融工具列报准则第二十八条规定，金融资产和金融负债应当在资产负债表内分别列示，不得相互抵销，但在特殊情况下应当以相互抵销后的净额在资产负债表内列示。

（一）金融负债的列示

（1）金融工具或其组成部分属于金融负债的，其相关利息、股利（或股息）、利得或损失以及赎回或再融资产生的利得或损失等，应当计入当期损益。

（2）企业发行的金融负债可以采用公允价值进行后续计量，且公允价值的变动应当计入当期损益。

（二）权益工具的列示

（1）金融工具或其组成部分属于权益工具的，其在发行期间应当确认的利息或股利不能确认为当期损益，而应当作为利润分配冲减留存收益。

（2）金融工具或其组成部分属于权益工具的，其发行（含再融资）、回购、出售或注销时产生的利得和损失，应被发行方作为权益的变动处理。发行方不应当确认权益工具的公允价值变动。

（3）发行方向权益工具持有方的分配应当作为其利润分配处理，发放的股票股利不影响发行方的所有者权益总额。

（三）交易费用的列示

（1）与权益性交易相关的交易费用应当从权益中扣减。企业发行或取得自身权益工具时发生的交易费用（例如登记费，承销费，法律、会计、评估及其他专业服务费用，印刷成本和印花税等），可直接归属于权益性交易的，应当从权益中扣减。终止的未完成权益性交易所发生的交易费用应当计入当期损益。

（2）发行复合金融工具发生的交易费用，应当在金融负债成分和权益工具成分之间按照各自占总发行价款的比例进行分摊。与多项交易相关的共同交易费用，应当在合理的基础上，采用与其他类似交易一致的方法，在各项交易间进行分摊。

（3）发行方分类为金融负债的金融工具支付的股利，在利润表中应当确认为费用，与其他负债的利息费用合并列示，并在财务报表附注中单独披露。作为权益扣减项的交易费用，应当在财务报表附注中单独披露。

（四）金融资产与金融负债的抵销列示

1. 金融资产与金融负债抵销列示的条件

金融工具列报准则第二十八条规定，金融资产和金融负债应当在资产负债表内分别列示，通常不得相互抵销。但同时满足下列条件的，应当以相互抵销后的净额在资产负债表内列示。

（1）企业具有抵销已确认金额的法定权利，且该种法定权利是当前可执行的抵销权是债务人根据合同或其他协议，以应收债权人的金额全部或部分抵销应付债权人的金额的法定权利。在某些情况下，如果债务人、债权人和第三方三者之间签署的协议明确表示债务人拥有该抵销权，并且不违反相关法律或法规，则债务人可能拥有以应收第三方的金额抵销应付债权人的金额的法定权利。

抵销权应当不取决于未来事项，而且在企业和所有交易对手方的正常经营过程中，或在出现违约、无力偿债或破产等各种情形下，企业均可执行该法定权利。在确定抵销权是否可执行时，企业应当充分考虑相关法律和法规要求以及合同约定等各方面因素。

当前可执行的抵销权不构成互相抵销的充分条件，企业既不打算行使抵销权（即净额结算），又无计划同时结算金融资产和金融负债的，该金融资产和金融负债不得抵销。

在没有法定权利的情况下，一方或双方即使有意向以净额为基础进行结算或同时结算相关金融资产和金融负债的，该金融资产和金融负债也不得抵销。

（2）企业计划以净额结算，或同时变现金融资产和清偿金融负债。例如，A 企业与 B 企业之间有长期的合作关系，两者之间存在大量的零散的往来结算款项。为了简化结算手续，A 公司和 B 公司在合同中进行了明确的约定，双方之间的往来款项需要定期以净额结算，如每月结清一次。这种情况一般就满足金融资产和金融负债相互抵销的条件，应当在资产负债表中以净额列示相关的应收款项或者应付款项。

对于不满足终止确认条件的金融资产转移，转出方不得将已转移的金融资产和相关负债进行抵销。

企业同时结算金融资产和金融负债的，如果该结算方式相当于净额结算，则满足净额结算的标准。这种结算方式必须在同一结算过程或周期内处理了相关应收和应付款项，最终消除或几乎消除了信用风险和流动性风险。如果某结算方式同时具备以下特征，则可视为该方式满足净额结算标准。

（1）符合抵销条件的金融资产和金融负债在同一时点提交处理。

（2）金融资产和金融负债一经提交处理，各方即承诺履行结算义务。

（3）金融资产和金融负债一经提交处理，除非处理失败，这些资产和负债产生的现金流量不可能发生变动。

（4）以证券作为担保物的金融资产和金融负债，通过证券结算系统或其他类似机制进行结算（例如券款对付），即如果证券交付失败，则以证券作为抵押的应收款项或应付款项的处理也将失败，反之亦然。

（5）若发生本条（4）所述的失败交易，将重新进入处理程序，直至结算完成。

（6）由同一结算机构执行。

（7）有足够的日间信用额度，并且能够确保该日间信用额度一经申请提取即可履行，以支持各方能够在结算日进行支付处理。

2. 金融资产与金融负债不得抵销的情形

在下列情况下，通常认为不满足金融工具列报准则所规定的条件，不得抵销相关金融资产和金融负债。

（1）使用多项不同金融工具来仿效单项金融工具的特征，即“合成工具”。例如，利用浮动利率长期债券与收取浮动利息且支付固定利息的利率互换，合成一项固定利率长期负债。

（2）金融资产和金融负债虽然具有相同的主要风险敞口（例如远期合同或其他衍生工具组合中的

资产和负债），但涉及不同的交易对手方。

（3）无追索权金融负债与作为其担保品的金融资产或其他资产。

（4）债务人为解除某项负债而将一定的金融资产进行托管（例如偿债基金或类似安排），但债权人尚未接受以这些资产清偿负债。

（5）因某些导致损失的事项而产生的义务预计可以通过保险合同向第三方索赔而得以补偿企业与同一交易对手方进行多项金融工具交易时，可能与对手方签订“总互抵协议”。这里的总互抵协议是指协议所涵盖的所有金融工具中的任何一项合同在发生违约或终止时，就协议所涵盖的所有金融工具按单一净额进行结算。只有满足金融工具列报准则第二十八条所列条件时，总互抵协议下的相关金融资产和金融负债才能抵销。

此外，企业应当区分金融资产和金融负债的抵销与终止确认。抵销金融资产和金融负债并在资产负债表中以净额列示，不应当产生利得或损失；终止确认是从资产负债表列示的项目中移除相关金融资产或金融负债，有可能产生利得或损失。

六、金融工具对财务状况和经营成果影响的列报

（一）一般性规定

企业在对金融工具各项目进行列报时，应当根据金融工具的特点及相关信息的性质对金融工具进行归类，并充分披露与金融工具相关的信息，使得财务报表附注中的披露与财务报表列示的各项目相互对应。

在确定金融工具的列报类型时，企业至少应当将金融工具列报准则范围内的金融工具区分为以摊余成本计量和以公允价值计量的类型。

企业应当披露编制财务报表时对金融工具所采用的重要会计政策、计量基础和与理解财务报表相关的其他会计政策等信息，主要包括以下内容。

（1）对于指定为以公允价值计量且其变动计入当期损益的金融资产，应当披露下列信息。

①指定的金融资产的性质。

②企业如何满足运用指定的标准。企业应当披露该指定所针对的确认或计量不一致的描述性说明。

（2）对于指定为以公允价值计量且其变动计入当期损益的金融负债，应当披露下列信息。

①指定的金融负债的性质。

②初始确认时对上述金融负债作出指定的标准。

③企业如何满足运用指定的标准。对于以消除或显著减少会计错配为目的的指定，企业应当披露该指定所针对的确认或计量不一致的描述性说明。对于以更好地反映组合的管理实质为目的的指定，企业应当披露该指定符合企业正式书面文件载明的风险管理或投资策略的描述性说明。对于整体指定为以公允价值计量且其变动计入当期损益的混合工具，企业应当披露运用指定标准的描述性说明。

（3）如何确定每类金融工具的利得或损失。

例 37-16 A公司为金融企业，2×21年年报对指定为以公允价值计量且其变动计入当期损益的金融资产或金融负债有关的会计政策作了如下披露。

符合以下一项或一项以上标准的金融工具（不包括为交易目的所持有的金融工具）划分为此类，公司管理层也将其作这类指定。公司的该项指定可以消除或明显减少由于金融资产或金融负债的计量基础不同所导致的相关利得或损失在确认或计量方面不一致的情况。按照此标准，公司所指定金融工具主要包括以下几类：

①发行的长期债券。若干已发行的固定利率长期债券及次级债务的应付利息，已与“收固定／付

浮动”利率互换的利息“匹配”，并在公司利率风险管理策略正式书面文件中说明。如果这些债务证券仍以摊余成本计量，则会因为相关的衍生工具以公允价值计量且其变动计入当期损益而产生“会计不匹配”的现象。通过这项指定，公司将按公允价值对这些债券证券进行后续计量，且公允价值变动计入当期损益。

②投资合同项下的金融资产及金融负债。这些金融资产和金融负债均以公允价值为基础进行管理，且内部报告给管理层时相关的管理数据也以公允价值为基础。在投资联结合同项下对客户负债的计量，按联结合同项下资金所购资产的公允价值来确定，应该对客户负债的公允价值变动计入当期损益；而在投资联结合同以外的其他投资合同项下对客户的负债却以摊余成本计量。如果对与客户负债相关的资产不直接指定，则这些资产将划分为可供出售金融资产，从而其公允价值变动计入所有者权益。总体上看，难以真实地反映对客户负债与相关资产的风险对冲关系。因此，公司将投资合同项下的金融资产和金融负债指定为以公允价值计量且其变动计入当期损益，以使相关公允价值变动计入当期损益，且于利润表中在同一项目下列示。

公司风险管理或投资策略的正式书面文件已载明，该金融资产组合、该金融负债组合或该金融资产和金融负债组合，以公允价值为基础进行管理、评价并向关键管理人员报告。根据此项标准，为履行公司保险合同项下的负债而持的某些金融资产是此类被指定金融工具的主要项目。

公司有正式、书面的风险管理和投资策略文件明确以公允价值为基础管理这些金融资产，其中考虑了这些资产与相关负债之间存在分散市场风险的关系。有关这些金融资产的报告也会报告给管理层。另外，采用公允价值计量这些金融资产与这些保险业务适用的监管规则下的监管报告要求是一致的。

该项指定运用于某些包含一项或一项以上嵌入衍生工具的金融工具，其中嵌入的衍生工具会重大地改变该金融工具现金流量形成方式。公司拥有的这类金融工具包括发行的债务工具和持有的债券证券等。

公司对上述公允价值指定，一经作出，将不能撤销。

（二）资产负债表中的列示及相关披露

1. 关于资产负债表应列报的项目

企业应当在资产负债表或相关附注中列报下列金融资产或金融负债的账面价值。

（1）以摊余成本计量的金融资产。

（2）以摊余成本计量的金融负债。

（3）以公允价值计量且其变动计入其他综合收益的金融资产，并分别反映：根据《企业会计准则第 22 号——金融工具确认和计量》第十八条的规定分类为以公允价值计量且其变动计入其他综合收益的金融资产；根据《企业会计准则第 22 号——金融工具确认和计量》第十九条的规定，在初始确认时被指定为以公允价值计量且其变动计入其他综合收益的非交易性权益工具投资。

（4）以公允价值计量且其变动计入当期损益的金融资产，并分别反映：根据《企业会计准则第 22 号——金融工具确认和计量》第十九条的规定分类为以公允价值计量且其变动计入当期损益的金融资产；根据《企业会计准则第 22 号——金融工具确认和计量》第二十条的规定指定为以公允价值计量且其变动计入当期损益的金融资产；根据《企业会计准则第 24 号——套期会计》第三十四条的规定在初始确认或后续计量时指定为以公允价值计量且其变动计入当期损益的金融资产。

（5）以公允价值计量且其变动计入当期损益的金融负债，并分别反映：根据《企业会计准则第 22 号——金融工具确认和计量》第二十一条的规定分类为以公允价值计量且其变动计入当期损益的金融负债；根据《企业会计准则第 22 号——金融工具确认和计量》第二十二条的规定在初始确认时指定为以公允价值计量且其变动计入当期损益的金融负债；根据《企业会计准则第 24 号——套期会计》第三十四条的规定在初始确认和后续计量时指定为以公允价值计量且其变动计入当期损益的金融负债。

2. 指定为以公允价值计量且其变动计入当期损益的金融资产的信息披露

企业将本应按摊余成本或以公允价值计量且其变动计入其他综合收益计量的一项或一组金融资产，指定为以公允价值计量且其变动计入当期损益的金融资产的，应当披露下列信息：

（1）金融资产在资产负债表日使企业面临的最大信用风险敞口。

（2）任何相关信用衍生工具或类似工具使得该最大信用风险敞口降低的金额。

（3）融资产因信用风险变动引起的公允价值本期变动额和累计变动额。

（4）信用衍生工具或类似工具自该金融资产被指定以来的公允价值本期变动额和累计变动额。

信用风险是指金融工具的一方不履行义务，造成另一方发生财务损失的风险。金融资产在资产负债表日的最大信用风险敞口，通常是金融工具账面余额减去减值损失准备后的金额（已减去根据本准则规定已抵销的金额）。

例 37-17　A 银行为商业银行，2×21 年对指定为以公允价值计量且其变动计入当期损益的贷款和垫款有关的信息披露如下。

对于指定为以公允价值计量且其变动计入当期损益的贷款和垫款：

截至 2×21 年 12 月 31 日使企业面临的最大信用风险散口 4 969 800 万元；

信用风险引起的公允价值累计变动额 56 320 万元。

3. 指定为以公允价值计量且其变动计入当期损益的金融负债，且企业自身信用风险变动引起该金融负债公允价值的变动金额计入其他综合收益的披露

企业应当披露下列信息：

（1）该金融负债因信用风险变动引起的公允价值本期变动额和累计变动额。

（2）该金融负债的账面价值与按合同约定到期应支付债权人金额之间的差额。

（3）该金融负债的累计利得或损失本期从其他综合收益转人留存收益的金额和原因。

4. 金融负债指定为以公允价值计量且其变动计入当期损益的金融负债，且该金融负债（包括企业自身信用风险变动的影响）的全部利得或损失计入当期损益的披露

企业应当披露下列信息：

（1）该金融负债因自身信用风险变动引起的公允价值本期变动额和累计变动额。

（2）该金融负债的账面价值与按合同约定到期应支付债权人金额之间的差额。

5. 因信用风险变动引起的公允价值变动额估值方法的披露

企业应当披露用于确定金融工具列报准则第四十条第（三）项所要求披露的金融资产因信用风险变动引起的公允价值变动额的估值方法，以及用于确定金融工具列报准则第四十一条第（一）项和第四十二条第（一）项所要求披露的金融负债因自身信用风险变动引起的公允价值变动额的估值方法，并说明选用该方法的原因。如果企业认为披露的信息未能如实反映相关金融工具公允价值变动中由信用风险引起的部分，则应当披露企业得出此结论的原因及其他需要考虑的因素。

企业应当披露其用于确定金融负债自身信用风险变动引起的公允价值的变动计入其他综合收益是否会造成或扩大损益中的会计错配的方法。企业根据《企业会计准则第 22 号——金融工具确认和计量》第六十八条的规定，将金融负债因企业自身信用风险变动引起的公允价值变动计入当期损益的，企业应当披露该金融负债与预期能够抵销其自身信用风险变动引起的公允价值变动的金融工具之间的经济关系。

6. 非交易性权益工具投资指定为以公允价值计量且其变动计入其他综合收益的披露

企业应当披露下列信息：

（1）企业每一项指定为以公允价值计量且其变动计入其他综合收益的权益工具投资。

（2）企业作出该指定的原因。

（3）企业每一项指定为以公允价值计量且其变动计入其他综合收益的权益工具投资的期末公允价值。

（4）本期确认的股利收入，其中对本期终止确认的权益工具投资相关的股利收入和资产负债表日仍持有的权益工具投资相关的股利收入应当分别单独披露。

（5）该权益工具投资的累计利得和损失本期从其他综合收益转入留存收益的金额及其原因。

7. 本期终止确认了指定为以公允价值计量且其变动计入其他综合收益的非交易性权益工具投资的披露

企业应当披露下列信息：

（1）企业处置该权益工具投资的原因。

（2）该权益工具投资在终止确认时的公允价值。

（3）该权益工具投资在终止确认时的累计利得或损失。

8. 在当期或以前报告期间将金融资产进行重分类的披露

对于每一项重分类，企业应当披露重分类日、对业务模式变更的具体说明及其对财务报表影响的定性描述，以及该金融资产重分类前后的金额。

企业自上一年度报告日起将以公允价值计量且其变动计入其他综合收益的金融资产重分类为以摊余成本计量的金融资产的，或者将以公允价值计量且其变动计入当期损益的金融资产重分类为其他类别的，应当披露下列信息：

（1）该金融资产在资产负债表日的公允价值。

（2）如果未被重分类，该金融资产原来应在当期损益或其他综合收益中确认的公允价值利得或损失。

企业将以公允价值计量且其变动计入当期损益的金融资产重分类为其他类别的，自重分类日起到终止确认的每一个报告期间内，都应当披露该金融资产在重分类日确定的实际利率和当期已确认的利息收入。

9. 关于金融工具抵销方面的信息披露

金融工具列报准则规定，对于所有可执行的总互抵协议或类似协议下的已确认工具，以及符合本准则规定的金融资产与金融负债抵销列示条件的已确认金融工具，企业应当在报告期末以表格形式分别按金融资产和金融负债披露下列定量信息：

（1）已确认金融资产和金融负债的总额。

（2）按本准则规定抵销的金额。

（3）在资产负债表中列示的净额。

（4）可执行的总互抵协议或类似协议确定的，未包含在上述（2）中的金额，具体包括以下两类。

①不满足本准则抵销条件的已确认金融工具的金额。

②与财务担保物（包括现金担保）相关的金额，以在资产负债表中列示的净额扣除不满足本准则抵销条件的已确认金融工具的金额后的余额为限。

（5）资产负债表中列示的净额扣除可执行的中互抵协议或类似协议确定的金额（不包括抵销金额）后的余额。

对于上述可执行的总互抵协议或类似协议，企业应当披露协议中抵销权的条款及其性质等信息，以及不同计量基础的金融工具适用本条时产生的计量差异。

上述信息未在财务报表同一附注中披露的，企业应当提供不同附注之间的交叉索引。

10. 关于分类为权益工具的可回售工具的信息披露

对于按照金融工具列报准则规定而分类为权益工具的可回售工具，企业应当披露以下信息：

（1）可回售工具的汇总定量信息。

（2）对于按持有方要求承担的回购或赎回业务，企业的管理目标、政策和程序及其变化。

（3）回购或赎回可回售工具的预期现金流出金额以及确定方法。

11. 关于金融工具重分类的信息披露

（1）企业将金融资产进行重分类，改变了该金融资产后续计量基础的，应当披露该金融资产重分类前后的公允价值或账面价值重分类的原因。

（2）企业将金融工具列报准则规定的特殊金融工具在金融负债和权益工具之间重分类的，应当分别披露重分类前后的公允价值或账面价值以及重分类的时间和原因。

12. 财务担保物的信息披露

企业应当披露作为负债或者或有负债担保物的金融资产的账面价值，以及与该项担保有关的条款和条件。根据《企业会计准则第 23 号——金融资产转移》第二十六条的规定，企业（转出方）向金融资产转入方提供了非现金担保物（如债务工具或权益工具投资等），转入方按照合同或惯例有权出售该担保物或将其再作为担保物的，企业应当将该非现金担保物在财务报表中单独列报。

企业取得担保物（担保物为金融资产或非金融资产），在担保物所有人未违约时可将该担保物出售或再抵押的，应当披露该担保物的公允价值、企业已出售或再抵押担保物的公允价值，以及承担的返还义务和使用担保物的条款和条件。

13. 金融资产减值信息披露

对于按照《企业会计准则第 22 号——金融工具确认和计量》第十八条的规定分类为以公允价值计量且其变动计入其他综合收益的金融资产，企业应当在财务报表附注中披露其确认的损失准备，但不应在资产负债表中将损失准备作为金融资产账面金额的扣减项目单独列示。

14. 复合金融工具信息披露

对于企业发行的包含金融负债和权益工具成分的复合金融工具，嵌入了价值相互关联的多项衍生工具（如可赎回的可转换债务工具）的，应当披露相关特征。

15. 除基于正常信用条款的短期贸易应付款项之外的金融负债的披露

对于除基于正常信用条款的短期贸易应付款项之外的金融负债，企业应当披露下列信息：

（1）本期发生违约的金融负债的本金、利息、偿债基金、赎回条款的详细情况。

（2）发生违约的金融负债的期末账面价值。

（3）在财务报告批准对外报出前，就违约事项已采取的补救措施、对债务条款的重新议定等情况。

企业本期发生其他违反合同的情况，且债权人有权在发生违约或其他违反合同情况时要求企业提前偿还的，企业应当按上述要求披露。如果在期末前违约或其他违反合同情况已得到补救或已重新议定债务条款，则无需披露。

（三）利润表中的列示及相关披露

企业应当披露与金融工具有关的下列收入、费用、利得或损失。

（1）以公允价值计量且其变动计入当期损益的金融资产和金融负债所产生的利得或损失。指定为以公允价值计量且其变动计入当期损益的金融资产和金融负债，以及根据《企业会计准则第 22 号——金融工具确认和计量》第十九条的规定必须分类为以公允价值计量且其变动计入当期损益的金融资产和根据《企业会计准则第 22 号——金融工具确认和计量》第二十一条的规定必须分类为以公允价值计量且其变动计入当期损益的金融负债的净利得或净损失，应当分别披露。

（2）对于指定为以公允价值计量且其变动计入当期损益的金融负债，企业应当分别披露本期在其他综合收益中确认的和在当期损益中确认的利得或损失。

（3）对于根据《企业会计准则第22号——金融工具确认和计量》第十八条的规定分类为以公允价值计量且其变动计入其他综合收益的金融资产，企业应当分别披露当期在其他综合收益中确认的以及当期终止确认时从其他综合收益转入当期损益的利得或损失。

（4）对于根据《企业会计准则第22号——金融工具确认和计量》第十九条的规定指定为以公允价值计量且其变动计入其他综合收益的非交易性权益工具投资，企业应当分别披露在其他综收益中确认的利得和损失以及在当期损益中确认的股利收入。

（5）除以公允价值计量且其变动计入当期损益的金融资产或金融负债外，按实际利率法计算的金融资产或金融负债产生的利息收入或利息费用总额，以及在确定实际利率时未予包括并直接计入当期损益的手续费收入或支出。

（6）企业通过信托和其他托管活动代他人持有资产或进行投资而形成的，直接计入当期损益的手续费收入或支出。

另外，企业应当分别披露以摊余成本计量的金融资产终止确认时在利润表中确认的利得和损失金额及其相关分析，包括终止确认金融资产的原因。

（四）套期会计相关披露

（1）企业应当披露与套期会计有关的下列信息。

①企业的风险管理策略以及如何应用该策略来管理风险。

②企业的套期活动可能对其未来现金流量金额、时间和不确定性的影响。

③套期会计对企业的资产负债表、利润表及所有者权益变动表的影响。

企业在披露套期会计相关信息时，应当合理确定披露的详细程度、披露的重点、恰当的汇总或分解水平，以及财务报表使用者是否需要额外的说明以评估企业披露的定量信息。企业按照金融工具列报准则要求所确定的信息披露汇总或分解水平应当和《企业会计准则第39号——公允价值计量》的披露要求所使用的汇总或分解水平相同。

（2）应当披露其进行套期和运用套期会计的各类风险的风险敞口的风险管理策略相关信息，从而有助于财务报表使用者评价：每类风险是如何产生的、企业是如何管理各类风险的（包括企业是对某一项目整体的所有风险进行套期，还是对某一项目的单个或多个风险成分进行套期及其理由）、企业管理风险敞口的程度。与风险管理策略相关的信息应当包括以下几类。

①企业指定的套期工具。

②企业如何运用套期工具对被套期项目的特定风险敞口进行套期。

③企业如何确定被套期项目与套期工具的经济关系以评估套期有效性。

④套期比率的确定方法。

⑤套期无效部分的来源。

（3）企业将某一特定的风险成分指定为被套期项目的，除应当披露金融工具列报准则第五十八条规定的相关信息外，还应当披露下列定性或定量信息：

①企业如何确定该风险成分，包括风险成分与项目整体之间关系性质的说明。

②风险成分与项目整体的关联程度（例如被指定的风险成分以往平均涵盖项目整体公允价值变动的百分比）。

（4）企业应当按照风险类型披露相关定量信息，从而有助于财务报表使用者评价套期工具的条款和条件及这些条款和条件如何影响企业未来现金流量的金额、时间和不确定性。这些要求披露的明细信息应当包括以下内容：

①套期工具名义金额的时间分布。

②套期工具的平均价格或利率（如适用）。

（5）在因套期工具和被套期项目频繁变更而导致企业频繁地重设（即终止及重新开始）套期关系的情况下，企业无需披露金融工具列报准则第六十条规定的信息，但应当披露下列信息：

①企业基本风险管理策略与该套期关系相关的信息。

②企业如何通过运用套期会计以及指定特定的套期关系来反映其风险管理策略。

③企业重设套期关系的频率。

在因套期工具和被套期项目频繁变更而导致企业频繁地重设套期关系的情况下，如果资产负债表日的套期关系数量并不代表本期内的正常数量，企业应当披露这一情况以及该数量不具代表性的原因。

（6）企业应当按照风险类型披露在套期关系存续期内预期将影响套期关系的套期无效部分的来源，如果在套期关系中出现导致套期无效部分的其他来源，也应当按照风险类型披露相关来源及导致套期无效的原因。

（7）企业应当披露已运用套期会计但预计不再发生的预期交易的现金流量套期。

（8）对于公允价值套期，企业应当以表格形式、按风险类型分别披露与被套期项目相关的下列金额：

①在资产负债表中确认的被套期项目的账面价值，其中资产和负债应当分别单独列示。

②资产负债表中已确认的被套期项目的账面价值、针对被套期项目的公允价值套期调整的累计金额，其中资产和负债应当分别单独列示。

③包含被套期项目的资产负债表列示项目。

④本期用作确认套期无效部分基础的被套期项目价值变动。

⑤被套期项目为以摊余成本计量的金融工具的，若已终止针对套期利得和损失进行调整，则应披露在资产负债表中保留的公允价值套期调整的累计金额。

（9）对于现金流量套期和境外经营净投资套期，企业应当以表格形式、按风险类型分别披露与被套期项目相关的下列金额：

①本期用作确认套期无效部分基础的被套期项目价值变动。

②根据《企业会计准则第 24 号——套期会计》第二十四条的规定，继续按照套期会计处理的现金流量套期储备的余额。

③根据《企业会计准则第 24 号——套期会计》第二十七条的规定，继续按照套期会计处理的境外经营净投资套期计入其他综合收益的余额。

④套期会计不再适用的套期关系所导致的现金流量套期储备和境外经营净投资套期中计入其他综合收益的利得和损失的余额。

（10）对于每类套期类型，企业应当以表格形式、按风险类型分别披露与套期工具相关的下列金额：

①套期工具的账面价值，其中金融资产和金融负债应当分别单独列示。

②包含套期工具的资产负债表列示项目。

③本期用作确认套期无效部分基础的套期工具的公允价值变动。

④套期工具的名义金额或数量。

（11）对于公允价值套期，企业应当以表格形式、按风险类型分别披露与套期工具相关的下列金额：

①计入当期损益的套期无效部分。

②计入其他综合收益的套期无效部分。

③包含已确认的套期无效部分的利润表列示项目。

（12）对于现金流量套期和境外经营净投资套期，企业应当以表格形式、按风险类型分别披露与套期工具相关的下列金额：

①当期计入其他综合收益的套期利得或损失。

②计入当期损益的套期无效部分。

③包含已确认的套期无效部分的利润表列示项目。

④从现金流量套期储备或境外经营净投资套期计入其他综合收益的利得和损失重分类至当期损益的金额，并应区分之前已运用套期会计但因被套期项目的未来现金流量预计不再发生而转出的金额和因被套期项目影响当期损益而转出的金额。

⑤包含重分类调整的利润表列示项目。

⑥对于风险净敞口套期，计入利润表中单列项目的套期利得或损失。

（13）企业按照《企业会计准则第 30 号——财务报表列报》的规定在提供所有者权益各组成部分的调节情况以及其他综合收益的分析时，应当按照风险类型披露下列信息：

①分别披露按照金融工具列报准则第六十八条第（一）项和第（四）项的规定披露的金额。

②分别披露按照《企业会计准则第 24 号——套期会计》第二十五条第（一）项和第（三）项的规定处理的现金流量套期储备的金额。

③分别披露对与交易相关的被套期项目进行套期的期权时间价值所涉及的金额，以及对与时间段相关的被套期项目进行套期的期权时间价值所涉及的金额。

④分别披露对与交易相关的被套期项目进行套期的远期合同的远期要素和金融工具的外汇基差所涉及的金额，以及对与时间段相关的被套期项目进行套期的远期合同的远期要素和金融工具的外汇基差所涉及的金额。

（14）企业因使用信用衍生工具管理金融工具的信用风险敞口而将金融工具（或其一定比例）指定为以公允价值计量且其变动计入当期损益的，应当披露下列信息：

①对于用于管理根据《企业会计准则第 24 号——套期会计》第三十四条的规定被指定为以公允价值计量且其变动计入当期损益的金融工具信用风险敞口的信用衍生工具，每一项名义金额与当期期初和期末公允价值的调节表。

②根据《企业会计准则第 24 号——套期会计》第三十四条的规定将金融工具（或其一定比例）指定为以公允价值计量且其变动计入当期损益时，在损益中确认的利得或损失。

③当企业根据《企业会计准则第 24 号——套期会计》第三十五条的规定对该金融工具（或其一定比例）终止以公允价值计量且其变动计入当期损益时，作为其新账面价值的该金融工具的公允价值和相关的名义金额或本金金额，企业在后续期间无须继续披露这一信息，除非根据《企业会计准则第 30 号——财务报表列报》的规定需要提供比较信息。

（五）公允价值披露

1. 企业应予披露的金融资产与金融负债的公允价值信息

金融工具列报准则第七十一条规定，除了本准则第七十三条规定情况外，企业应当披露每一类金融资产和金融负债的公允价值，并与账面价值进行比较。对于在资产负债表中相互抵销的金融资产和金融负债，其公允价值应当以抵销后的金额披露。

金融资产或金融负债初始确认的公允价值与交易价格存在差异时，如果其公允价值并非基于相同资产或负债在活跃市场中的报价，也非基于仅使用可观察市场数据的估值技术确定的，那么企业在初始确认金融资产或金融负债时不应确认利得或损失。在此情况下，企业应当按金融资产或金融负债的类型披露下列信息：

（1）企业在损益中确认交易价格与初始确认的公允价值之间差额时所采用的会计政策，以反映市场参与者对资产或负债进行定价时所考虑的因素（包括时间因素）的变动。

（2）该项差异期初和期末尚未在损益中确认的总额和本期变动额的调节表。

（3）企业如何认定交易价格并非公允价值的最佳证据，以及确定公允价值的证据。

例 37-18　A 银行为商业银行，2×21 年对指定为以公允价值计量且其变动计入当期损益的金融负债有关的信息披露如表 37-01 所示。

表 37-01　以公允价值计量且其变动计入当期损益的金融负债

单位：万元

	公允价值指定的金融负债 2×16 年公允价值变动额	因相应信用风险变化引起的累计变动额
1. 投资合同项下对顾客的负债	104 356	123 119
2. 发行的普通债券	1 236 358	1 034 610
3. 发行的次级债券	3 693 000	3 000 600
合　计	5 033 714	4 158 329

2. 企业可以不披露金融资产或金融负债的公允价值信息的情况

金融工具列报准则第七十三条规定，企业可以不披露下列金融资产或金融负债的公允价值信息。

（1）账面价值与公允价值差异很小的金融资产或金融负债（如短期应收账款或应付账款）。

（2）包含相机分红特征且其公允价值无法可靠计量的合同。

（3）租赁负债。

3. 企业应披露的包含相机分红特征且其公允价值无法可靠计量的合同的相关信息

针对包含相机分红特征且其公允价值无法可靠计量的合同，金融工具列报准则第七十四条规定，企业应当披露下列信息：

（1）对金融工具的描述及其账面价值，以及因公允价值无法可靠计量而未披露其公允价值的事实和说明。

（2）金融工具的相关市场信息。

（3）企业是否有意图处置以及如何处置这些金融工具。

（4）之前公允价值无法可靠计量的金融工具终止确认的，应当披露终止确认的事实，终止确认时该金融工具的账面价值和所确认的利得或损失金额

七、与金融工具相关的风险披露

金融工具在给参与主体带来经营便利和收益的同时，也使得企业等参与者主体处于多种风险当中。因此，加强对金融工具的相关风险的披露构成了金融工具列报的一项重要内容，也是投资者十分关注的信息。与金融工具相关的风险主要包括信用风险、流动性风险、市场风险等类型相关信息披露要求如下：

（一）定性和定量信息

金融工具列报准则第七十五条规定，企业应当披露与各类金融工具风险相关的定性和定量信息，以便财务报表使用者评估报告期末金融工具产生的风险的性质和程度，更好地评价企业所面临的风险敞口。相关风险包括信用风险、流动性风险、市场风险等。

1. 定性信息披露

对金融工具产生的各类风险，企业应当披露下列定性信息：

（1）风险敞口及其形成原因，以及在本期发生的变化。

（2）风险管理目标、政策和程序以及计量风险的方法及其在本期发生的变化。

2. 定量信息披露

对金融工具产生的各类风险，企业应当按类别披露下列定量信息：

（1）期末风险敞口的汇总数据。该数据应当以向内部关键管理人员提供的相关信息为基础。企业运用多种方法管理风险的，披露的信息应当以最相关和可靠的方法为基础。

（2）按照金融工具列报准则第七十八条至第九十七条披露的信息。

（3）期末风险集中度信息，包括管理层确定风险集中度的说明和参考因素（包括交易对手方、地理区域、货币种类、市场类型等），以及各风险集中度相关的风险敞口金额。

上述期末定量信息不能代表企业本期风险敞口情况的，应当进一步提供相关信息。

（二）信用风险披露

信用风险是指金融工具的一方不履行义务，造成另一方发生财务损失的风险。

1. 披露要求

（1）适用《企业会计准则第 22 号——金融工具确认和计量》有关金融工具减值规定的各类金融工具和相关合同权利，企业应当按照该准则第八十条至第八十七条的规定披露。

（2）始终按照相当于整个存续期内预期信用损失的金额计量其减值损失准备的应收款项、合同资产和租赁应收款，在逾期超过 30 日后对合同现金流量作出修改的，适用金融工具列报准则第八十五条第（一）项的规定。

（3）应收款不适用金融工具确认和计量准则第八十六条第（二）项的规定。

2. 披露信用风险对未来现金流量的影响

金融工具列报准则第七十九条规定，为使财务报表使用者了解信用风险对未来现金流量的金额、时间和不确定性的影响，企业应当披露与信用风险有关的下列信息：

（1）企业信用风险管理实务的相关信息及其与预期信用损失的确认和计量的关系，包括计量金融工具预期信用损失的方法、假设和信息。

（2）有助于财务报表使用者评价在财务报表中确认的预期信用损失金额的定量和定性信息，包括预期信用损失金额的变动及其原因。

（3）企业的信用风险敞口，包括重大信用风险集中度。

（4）其他有助于财务报表使用者了解信用风险对未来现金流量金额、时间和不确定性的影响的信息。

3. 不重复列报

信用风险信息已经在其他报告（例如管理层讨论与分析）中予以披露并与财务报告交叉索引，且财务报告和其他报告可以同时同条件获得的，则信用风险信息无需重复列报。企业应当根据自身实际情况，合理确定相关披露的详细程度、汇总或分解水平以及是否需对所披露的定量信息作补充说明。

4. 信用风险管理实务

企业应当披露与信用风险管理实务有关的下列信息：

（1）企业评估信用风险自初始确认后是否已显著增加的方法，并披露下列信息。

①根据《企业会计准则第 22 号——金融资产确认和计量》第五十五条的规定，在资产负债表日只具有较低的信用风险的金融工具及其确定依据（包括适用该情况的金融工具类别）。

②逾期超过 30 日，而信用风险自初始确认后未被认定为显著增加的金融资产及其确定依据。

（2）企业对违约的界定及其原因。

（3）以组合为基础评估预期信用风险的金融工具的组合方法。

（4）确定金融资产已发生信用减值的依据。

（5）企业直接减记金融工具的政策，包括没有合理预期金融资产可以收回的迹象和已经直接减记但仍受执行活动影响的金融资产相关政策的信息。

（6）根据《企业会计准则第 22 号——金融工具确认和计量》第五十六条的规定评估合同现金流量修改后金融资产的信用风险的，企业应当披露其信用风险的评估方法以及下列信息：

①对于损失准备相当于整个存续期预期信用损失的金融资产，在发生合同现金流修改时，评估信用风险是否已下降，从而企业可以按照相当于该金融资产未来 12 个月内预期信用损失的金额确认计量其损失准备。

②对于上条所述的金融资产，企业应当披露其如何监控后续该金融资产的信用风险是否显著增加，从而按照相当于整个存续期预期信用损失的金额重新计量损失准备。

5. 金融工具减值的相关信息

企业应当披露《企业会计准则第 22 号——金融工具确认和计量》第八章有关金融工具减值所采用的输入值、假设和估值技术等相关信息，具体包括以下几类：

（1）用于确定下列各事项或数据的输入值、假设和估计技术。

①未来 12 个月内预期信用损失和整个存续期的预期信用损失的计量。

②金融工具的信用风险自初始确认后是否已显著增加。

③金融资产是否已发生信用减值。

（2）确定预期信用损失时如何考虑前瞻性信息，包括宏观经济信息的使用。

（3）报告期估计技术或重大假设的变更及其原因。

6. 编制调节表

企业应当以表格形式按金融工具的类别编制损失准备期初余额与期末余额的调节表，分别说明下列项目的变动情况。

（1）按相当于未来 12 个月预期信用损失的金额计量的损失准备。

（2）按相当于整个存续期预期信用损失的金额计量的下列各项的损失准备。

①自初始确认后信用风险已显著增加但并未发生信用减值的金融工具。

②对于资产负债表日已发生信用减值但并非购买或源生的已发生信用减值的金融资产。

③根据《企业会计准则第 22 号——金融工具确认和计量》第六十三条的规定，计量减值损失准备的应收账款、合同资产和租赁应收款。

（3）购买或源生的已发生信用减值的金融资产的变动。除调节表外，企业还应当披露本期初始确认的该类金融资产在初始确认时未折现的预期信用损失总额。

7. 损失准备的变动信息

为有助于财务报表使用者了解企业按照金融工具列报准则第八十三条规定披露的损失准备变动信息，企业应当对本期发生损失准备变动的金融工具账面余额显著变动情况作出说明。这些说明信息应当包括定性和定量信息，并应当对按照金融工具列报准则第八十三条规定披露损失准备的各项目分别单独披露，具体可包括下列情况下发生损失准备变动的金融工具账面余额显著变动信息：

（1）本期因购买或源生的金融工具所导致的变动。

（2）未导致终止确认的金融资产的合同现金流量修改所导致的变动。

（3）本期终止确认的金融工具（包括直接减记的金融工具）所导致的变动。

对于当期已直接减记但仍受执行活动影响的金融资产，还应当披露尚未结算的合同金额。

（4）因按照相当于未来 12 个月预期信用损失或整个存续期内预期信用损失金额计量损失准备而

导致的金融工具账面余额变动信息。

8. 现金流量性质修改和相关影响

为有助于财务报表使用者了解未导致终止确认的金融资产合同现金流量修改的性质和影响，及其对预期信用损失计量的影响，企业应当披露下列信息：

（1）企业在本期修改了金融资产合同现金流量，且修改前损失准备是按相当于整个存续期预期信用损失金额计量的，应当披露修改或重新议定合同前的摊余成本及修改合同现金流量的净利得或净损失。

（2）对于之前按照相当于整个存续期内预期信用损失的金额计量了损失准备的金融资产，而当期按照相当于未来 12 个月内预期信用损失的金额计量该金融资产的损失准备的，应当披露该金融资产在资产负债表日的账面余额。

9. 担保物或其他信用增级对源自预期信用损失的金额的影响

为有助于财务报表使用者了解担保物或其他信用增级对源自预期信用损失的金额的影响，企业应当按照金融工具的类别披露下列信息：

（1）在不考虑可利用的担保物或其他信用增级的情况下，企业在资产负债表日的最大信用风险敞口。

（2）作为抵押持有的担保物和其他信用增级的描述，包括以下内容：

①所持有担保物的性质和质量的描述。

②本期由于信用恶化或企业担保政策变更，导致担保物或信用增级的质量发生显著变化的说明。

③由于存在担保物而未确认损失准备的金融工具的信息。

（3）企业在资产负债表日持有的担保物和其他信用增级为已发生信用减值的金融资产作抵押的定量信息（如对担保物和其他信用增级降低信用风险程度的量化信息）。

10. 金融资产的信用风险敞口

为有助于财务报表使用者评估企业的信用风险敞口并了解其重大信用风险集中度，企业应当按照信用风险等级披露相关金融资产的账面余额以及贷款承诺和财务担保合同的信用风险敞口。这些信息应当按照下列各类金融工具分别披露。

（1）按相当于未来 12 个月预期信用损失的金额计量损失准备的金融工具。

（2）按相当于整个存续期预期信用损失的金额计量损失准备的下列金融工具。

①自初始确认后信用风险已显著增加的金融工具（但并非已发生信用减值的金融资产）。

②在资产负债表日已发生信用减值但并非所购买或源生的已发生信用减值的金融资产。

③根据《企业会计准则第 22 号——金融融工具确认和计量》第六十三条规定计量减值损失准备的应收账款、合同资产或者租赁应收款。

（3）购买或源生的已发生信用减值的金融资产。

信用风险等级是指基于金融工具发生违约的风险对信用风险划分的等级。

11. 无减值准备的金融工具的信用风险敞口

对于属于金融工具列报准则范围，但不适用《企业会计准则第 22 号——金融工具确认和计量》金融工具减值规定的各类金融工具，企业应当披露与每类金融工具信用风险有关的下列信息：

（1）在不考虑可利用的担保物或其他信用增级的情况下，企业在资产负债表日的最大信用风险敞口。金融工具的账面价值能代表最大信用风险敞口的，不再要求披露此项信息。

（2）无论是否适用上述（1）中的披露要求，企业都应当披露可利用担保物或其他信用增级的信息及其对最大信用风险敞口的财务影响。

12. 取得担保物或其他信用增级所确认的金融资产或非金融资产

企业本期通过取得担保物或其他信用增级所确认的金融资产或非金融资产，应当披露下列信息：

（1）所确认资产的性质和账面价值。

（2）对于不易变现的资产，应当披露处置或拟将其用于日常经营的政策等。

例 37-19　某商业银行在不考虑可利用的担保物或其他信用增级的情况下，最能代表其资产负债表日最大信用风险敞口的金额如表 37-02 所示。

表 37-02　信用风险敞口

单位：万元

项目	金额
拆放同业	94 510
买入返售资产	34 560
交易性金融资产	121 300
指定为公允价值变动计入当期的金融资产	3 300
衍生金融资产	30 000
可供出售金融资产	345 678
持有至到期投资	67 890
客户贷款及垫款	12 390 210
其他资产（背书和承兑等）	9 360
财务担保和其他信用相关的或有负债	9 966
贷款承诺和其他信用相关的承诺	3 036
2×20 年 12 月 31 日合计	13 109 810

（三）流动性风险披露

流动性风险是指企业在履行以交付现金或其他金融资产的方式结算的义务时发生资金短缺的风险。

金融工具列报准则第九十条规定，企业应当披露金融负债按剩余到期期限进行的到期期限分析，以及管理这些金融负债流动性风险的方法。

（1）对于非衍生金融负债（包括财务担保合同），到期期限分析应当基于合同剩余到期期限。对于包含嵌入衍生工具的混合金融工具，应当将其整体视为非衍生金融负债进行披露。

（2）对于衍生金融负债，如果合同到期期限是理解现金流量时间分布的关键因素，到期期限分析应当基于合同剩余到期期限。

当企业将所持有的金融资产作为流动性风险管理的一部分，且披露金融资产的到期期限分析使财务报表使用者能够恰当地评估企业流动性风险的性质和范围时，企业应当披露金融资产的到期期限分析。

企业在披露到期期限分析时，应当运用职业判断确定适当的时间段。列入各时间段内按照金融工具列表第九十条所披露的金额，应当是未经折现的合同现金流量。

企业可以但不限于按下列时间段进行到期期限分析：

（1）一个月以内（含一个月，下同）；

（2）一个月至三个月以内；

（3）三个月至一年以内；

（4）一年至五年以内；

（5）五年以上。

债权人可以选择收回债权时间的，债务人应当将相应的金融负债列入债权人可以要求收回债权的最早时间段内。

债务人应付债务金额不固定的，应当根据资产负债表日的情况确定到期期限分析所披露的金额。如分期付款的，债务人应当把每期将支付的款项列入相应的最早时间段内。财务担保合同形成的金融负债，担保人应当将最大担保金额列入相关方可以要求支付的最早时间段内。

企业应当披露流动性风险敞口汇总定量信息的确定方法。此类汇总定量信息中的现金（或另项金融资产）流出符合以下条件之一的，应当说明相关事实，并提供有助于评价该风险程度的额外定量信息。

（1）该现金的流出可能显著早于汇总定量信息中所列示的时间。

（2）该现金的流出可能与汇总定量信息中所列示的金额存在重大差异。

如果以上信息已包括在金融工具列报准则第九十条规定的到期期限分析中，则无需披露上述额外定量信息。

（四）市场风险披露

1. 市场风险的含义与类型

金融工具的市场风险是指金融工具的公允价值或未来现金流量因市场价格变动而发生波动的风险，包括汇率风险、利率风险和其他价格风险汇率风险是指金融工具的公允价值或未来现金流量因外汇汇率变动而发生波动的风险。汇率风险可源于以记账本位币之外的外币进行计价的金融工具。

利率风险是指金融工具的公允价值或未来现金流量因市场利率变动而发生波动的风险。利率风险可源于已确认的计息金融工具和未确认的金融工具（如某些贷款承诺）。

其他价格风险是指金融工具的公允价值或未来现金流量因汇率风险和利率风险以外的市场价格变动而发生波动的风险，无论这些变动是由于与单项金融工具或其发行方有关的因素而引起的，还是由于与市场内交易的所有类似金融工具有关的因素而引起的。其他价格风险可源于商品价格或权益工具价格等的变化。

2. 对于市场风险的敏感性分析的披露

企业在对市场风险进行敏感性分析时，应当以整个企业为基础，披露下列信息：

（1）资产负债表日所面临的各类市场风险的敏感性分析。该项披露应当反映资产负债表日相关风险变量发生合理、可能的变动时，将对企业损益和所有者权益产生的影响。对具有重大汇率风险敞口的每一种货币，应当分币种进行敏感性分析。

（2）本期敏感性分析所使用的方法和假设，以及本期发生的变化和原因。

企业采用风险价值法或类似方法进行敏感性分析能够反映金融风险变量之间（如利率和汇率之间等）的关联性，且企业已采用该种方法管理金融风险的，可不按照金融工具列报准则第九十五条的规定进行披露，但应当披露下列信息：

①用于该种敏感性分析的方法、选用的主要参数和假设。

②所用方法的目的，以及该方法提供的信息在反映相关资产和负债公允价值方面的局限性。

如果按照上述关于对敏感性分析的披露不能反映金融工具市场风险的（例如，期末的风险敞口不能反映当期的风险状况），企业应当披露这一事实及其原因。

八、金融资产转移的披露

金融工具列报准则第九十八条规定，企业应当就资产负债表日存在的所有未终止确认的已转移金融资产，以及对已转移金融资产的继续涉入，按本准则要求单独披露。

（一）金融资产转移的含义

在这里，金融资产转移是指下列两种情形：

（1）将收取金融资产现金流量的合同权利转移给另一方。

（2）企业保留了收取金融资产现金流量的合同权利，但承担了将收取的现金流量支付给一个或多个最终收款方的合同义务。

（二）金融资产转移信息披露的一般要求

企业对于金融资产转移所披露的信息，应当有助于财务报表使用者了解未整体终止确认的已转移金融资产与相关负债之间的关系，评价企业继续涉入已终止确认金融资产的性质和相关风险。

本章所述的继续涉入是指企业保留了已转移金融资产中内在的合同权利或义务，或者取得了与已转移金融资产相关的新合同权利或义务。转出方与转入方签订的转让协议或与第三方单独签订的与转让相关的协议，都有可能形成对已转移金融资产的继续涉入。如果企业对已转移金融资产的未来业绩不享有任何利益，也不承担与已转移金融资产相关的任何未来支付义务，则不形成继续涉入。以下情形不形成继续涉入。

（1）与转移的真实性以及合理、诚信和公平交易等原则有关的常规声明和保证，这些声明和保证可能因法律行为导致转移无效。

（2）以公允价值回购已转移金融资产的远期、期权和其他合同。

（3）使企业保留了获取金融资产现金流量的合同权利但承担了将这些现金流量支付给一个或多个收款方的合同义务的安排，且这类安排满足《企业会计准则第23号——金融资产转移》第六条第（二）项中规定的如下3个条件：

①企业只有从该金融资产受到对等的现金流量时，才有义务将其支付给最终收款方。企业提供短期垫付款，但有权全额收回该垫付款并按照市场利率计收利息的，视同满足本条件。

②转让合同规定禁止企业出售或抵押该金融资产，但企业可以将其作为向最终收款方支付现金流量义务的保证。

③企业有义务将代表最终收款方收取的所有现金流量及时划转给最终收款方，且无重大延误。企业无权将该现金流量进行再投资，但在收款日和最终收款方要求的划转日之间的短暂结算期内，将所收到的现金流量进行现金或现金等价物投资，并且按照合同约定将此类投资的收益支付给最终收款方的，视同满足本条件。

（三）对于已转移但未整体终止确认的金融资产的信息披露

金融工具列报准则第一百零一条规定，对于已转移但未整体终止确认的金融资产，企业应当按照类别披露下列信息。

（1）已转移金融资产的性质。

（2）仍保留的与所有权有关的风险和报酬的性质。

（3）已转移金融资产与相关负债之间关系的性质，包括因转移引起的对企业使用已转移金融资产的限制。

（4）在转移金融资产形成的相关负债的交易对手方仅对已转移金融资产有追索权的情况下，应当以表格形式披露所转移金融资产和相关负债的公允价值以及净头寸，即已转移金融资产和相关负债公允价值之间的差额。

（5）继续确认已转移金融资产整体的，披露已转移金融资产和相关负债的账面价值。

（6）按继续涉入程度确认所转移金融资产的，披露转移前该金融资产整体的账面价值、按继续涉入程度确认的资产和相关负债的账面价值。

金融工具列报准则第一百零二条规定，对于已整体终止确认但转出方继续涉入已转移金融资产，企业应当至少按照类别披露下列信息。

（1）因继续涉入确认的资产和负债的账面价值和公允价值，以及在资产负债表中对应的项目。

（2）因继续涉入导致企业发生损失的最大风险敞口及确定方法。

（3）应当或可能回购已终止确认的金融资产需要支付的未折现现金流量（如期权协议中的行权价格）或其他应向转入方支付的款项，以及对这些现金流量或款项的到期期限分析。如果到期期限可能为一个区间，应当以企业必须或可能支付的最早日期为依据归入相应的时间段。到期期限分析应当分别反映企业应当支付的现金流量（如远期合同）、企业可能支付的现金流量（如签出看跌期权）以及企业可选择支付的现金流量（如购入看涨期权）。在现金流量不固定的情形下，上述金额应当基于每个资产负债表日的情况披露。

（4）对前面三点涉及的定量信息的解释性说明，包括对已转移金融资产、继续涉入的性质和目的，以及企业所面临风险的描述等。对企业所面临风险的描述包括以下各项：

①对继续涉入已终止确认金融资产的风险进行管理的方法。

②企业是否应先于其他方承担有关损失，以及先于本企业承担损失的其他方应承担损失的顺序及金额。

③向已转移金融资产提供财务支持或回购该金融资产的义务的触发条件。

（5）金融资产转移日确认的利得或损失，以及因继续涉入已终止确认金融资产当期和累计确认的收益或费用（如衍生工具的公允价值变动）。

（6）终止确认产生的收款总额在本期分布不均衡的（例如大部分转移金额在临近报告期末发生），应当披露本期最大转移活动发生的时间段、该段期间所确认的金额（如相关利得或损失）和收款总额。

企业在披露本条所规定的信息时，应当按照其继续涉入面临的风险敞口类型分类汇总披露。

例如，可按金融工具类别（如担保或看涨期权）或转让类型（如应收账款保理、证券化和融券）分类汇总披露。企业对某项终止确认的金融资产存在多种继续涉入方式的，可按其中一类汇总披露。

企业按照有关规定在确定是否继续涉入已转移金融资产时，应当以自身财务报告为基础进行考虑。

第三十八章
首次执行企业会计准则

一、准则适用范围

《企业会计准则第 38 号——首次执行企业会计准则》（简称首次执行企业会计准则）规定，首次执行企业会计准则，是指企业第一次执行企业会计准则体系，包括基本准则、具体准则和会计准则应用指南。

首次执行企业会计准则后发生的会计政策变更，适用《企业会计准则第 28 号——会计政策、会计估计变更和差错更正》。

二、首次执行企业会计准则的确认与计量

（一）首次执行日的期初资产负债表

在首次执行日，企业应当根据首次执行企业会计准则，结合本单位的实际情况，对首次执行日前的资产负债表及相关账目的各项余额进行分析，按照新准则规定重新分类、确认和计量，设置新旧会计科目余额对照表，结束旧账，建立新账，并编制期初资产负债表，作为执行企业会计准则体系的起点。编制期初资产负债表时，除按照本准则要求追溯调整的项目外，其他项目不应追溯调整。

（二）首次执行日采用追溯调整法有关项目的处理

1. 金融工具的分类

在首次执行日，企业应当将所持有的金融资产，划分为债权投资、其他债权投资、贷款和应收款项、交易性金融资产。

（1）划分为以公允价值计量且其变动计入当期损益的金融资产，应当在首次执行日按照公允价值计量，并将账面价值与公允价值的差额调整为留存收益。

（2）划分为债权投资、其他债权投资、贷款和应收款项的，应当自首次执行日起改按实际利率法，并在随后的会计期间采用摊余成本计量。

2. 以公允价值计量且其变动计入当期损益的金融负债

对于在首次执行日指定为以公允价值计量且其变动计入当期损益的金融负债，企业应当在首次执行日按照公允价值计量，并将账面价值与公允价值的差额调整留存收益。

3. 已确认或已按成本计量的衍生金融工具

对于未在资产负债表内确认、或已按成本计量的衍生金融工具（不包括套期工具），企业应当在首次执行日按照公允价值计量，同时调整留存收益。

4. 金融工具分拆时的公允价值

（1）对于嵌入衍生金融工具，按照《企业会计准则第 22 号——金融工具确认和计量》规定应从

混合工具中分拆的，企业应当在首次执行日将其从混合工具中分拆并单独处理；嵌入衍生金融工具的公允价值无法合理确定的，企业应当将该混合工具整体指定为以公允价值计量且其变动计入当期损益的金融资产或金融负债。

（2）企业发行的包含负债和权益成分的非衍生金融工具，在首次执行日按照金融工具列报准则进行分拆时，先确定负债成分发行时的公允价值并以此作为其初始确认金额，再按该金融工具的整体发行价格扣除负债成分公允价值后的金额，确定权益成分的初始确认金额。

（3）负债发行时的公允价值不能合理确定的，可以按该项负债在首次执行日的公允价值作为其初始确认金额。发行时和首次执行日负债的公允价值均不能合理确定的，不应对金融工具进行分拆。

5. 以公允价值模式计量的投资性房地产

对于有确凿证据表明可以采用公允价值模式计量的投资性房地产，在首次执行日可以按照公允价值进行计量，并将账面价值与公允价值的差额调整为留存收益。

6. 预计资产弃置费用

企业在预计首次执行日前尚未计入资产成本的弃置费用时，应当满足预计负债的确认条件，选择该项资产初始确认开始至首次执行日期间适用的折现率，以该项预计负债折现后的金额增加资产成本，据此计算确认应补提的资产折旧（或油气资产的折耗），同时调整期初留存收益。折现率的选择应当考虑货币的时间价值和相关期间通货膨胀等因素的影响。预计弃置费用的资产范围，遵循《企业会计准则第 4 号——固定资产》及其应用指南的相关规定。

例 38-01 A 公司 2×17 年 12 月建造一项大型资产项目，预计使用 20 年，预计弃置费用为 60 万元。按照工业企业会计制度的规定，此项预计弃置费用不计入固定资产成本。该公司于 2×20 年 1 月 1 日执行新的会计准则体系。按照新准则的规定，预计弃置费用已满足预计负债的确认条件，该公司应确认相应的负债并应增加该项资产的成本，同时补提折旧调整留存收益。

假定预计弃置费用现值为 46 万元，该资产采用使用年限法提取折旧。A 公司应进行如下会计处理。

（1）2×20 年将预计弃置费用增加固定资产成本：

借：固定资产　　460 000

　　贷：预计负债　　460 000

（2）补提折旧调整留存收益：

借：利润分配——未分配利润　　138 000

　　贷：累计折旧　　138 000

7. 解除劳务关系计划

对于首次执行日存在的解除与职工的劳动关系计划，满足《企业会计准则第 9 号——职工薪酬》预计负债确认条件的，企业应当确认因解除与职工的劳动关系给予补偿而产生的负债，并调整留存收益。

例 38-02 2×20 年 1 月首次执行企业会计准则时，A 公司为鼓励职工自愿接受裁减而提出给予补偿的决议，其中补偿金为 50 万元。根据首次执行企业会计准则的规定，在符合企业已制定正式的解除劳动关系计划和企业不能单方面撤回解除劳动关系计划这两个条件时，A 公司应将该补偿确认为负债并调整留存收益。此时，A 公司应进行如下会计处理：

借：利润分配——未分配利润　　500 000

　　贷：应付职工薪酬——预计负债　　500 000

8. 企业年金基金投资

对于企业年金基金在运营中所形成的投资，应当在首次执行日按照公允价值进行计量，并将账面价值与公允价值的差额调整为留存收益。

9. 可行权日股份支付的公允价值

（1）对于可行权日在首次执行日或之后的股份支付，应当根据《企业会计准则第 11 号——股份支付》的规定，按照权益工具、其他方服务或承担的以权益工具为基础计算确定的负债的公允价值，将应计入首次执行日之前等待期的成本费用金额调整留存收益，相应增加所有者权益或负债。首次执行日之前可行权的股份支付，不应追溯调整。

（2）授予职工以权益结算的股份支付，应当按照权益工具在授予日的公允价值调整期初留存收益，相应增加资本公积；授予日的公允价值不能可靠计量的，应当按照权益工具在首次执行日的公允价值计量。

（3）授予职工以现金结算的股份支付，应当按照权益工具在等待期内首次执行日之前各资产负债表日的公允价值计量，减少期初留存收益，相应增加应付职工薪酬；上述各资产负债表日的公允价值不能可靠计量的，应当按照权益工具在首次执行日的公允价值计量。

（4）授予其他方的股份支付，在首次执行日，比照授予职工的股份支付处理。

10. 重组义务

在首次执行日，企业应当按照《企业会计准则第 13 号——或有事项》的规定，将满足预计负债确认条件的重组义务，确认为负债，并调整留存收益。

11. 所得税

（1）企业应当按照《企业会计准则第 18 号——所得税》的规定，在首次执行日对资产、负债的账面价值与计税基础不同形成的暂时性差异的所得税影响进行追溯调整，并将影响金额调整为留存收益。

（2）在首次执行日，企业应当停止采用应付税款法或原纳税影响会计法，改按所得税准则规定的资产负债表债务法。

（3）采用应付税款法核算所得税费用的，应当按照企业会计准则相关规定调整后的资产、负债账面价值为基础，与其计税基础进行比较，确定应纳税暂时性差异和可抵扣暂时性差异，采用适用的税率计算递延所得税负债及递延所得税资产金额，相应调整期初留存收益。

（4）采用原纳税影响会计法核算所得税费用的，应根据《企业会计准则第 18 号——所得税》计算递延所得税负债和递延所得税资产的金额，同时冲销原来的递延所得税借项或贷项的金额，上述两项金额之间的差额调整为期初留存收益。

12. 再保险分出业务

发生再保险分出业务的企业，应当在首次执行日按照《企业会计准则第 26 号——再保险合同》的规定，将应向再保险接受人摊回的相应准备金确认为资产，并调整各项准备金的账面价值。

13. 长期股权投资

对于首次执行日的长期股权投资，应当分别按下列情况处理：

（1）《企业会计准则第 20 号——企业合并》属于同一控制下企业合并产生的长期股权投资，尚未摊销完毕的股权投资差额应全额冲销，并调整留存收益，以冲销股权投资差额后的长期股权投资账面余额作为首次执行日的认定成本。

（2）除上述第（1）条以外的其他采用权益法核算的长期股权投资，存在股权投资贷方差额的，应冲销贷方差额，调整留存收益，并以冲销贷方差额后的长期股权投资账面余额作为首次执行日的认定成本；存在股权投资借方差额的，应当将长期股权投资的账面余额作为首次执行日的认定成本。

14. 非同一控制下企业合并

除下列项目外，对于首次执行日之前发生的企业合并不应追溯调整。

（1）按照《企业会计准则第 20 号——企业合并》，属于同一控制的企业合并，原已确认商誉的摊余价值应当全额冲销，并调整留存收益。按照该准则的规定属于非同一控制下企业合并的，应当将商誉在首次执行日的摊余价值作为认定成本，不再进行摊销。

（2）首次执行日之前发生的企业合并，合并合同或协议中约定根据未来事项的发生对合并成本进行调整的，如果首次执行日预计未来事项很可能发生并对合并成本的影响金额能够可靠计量的，则应当按照该影响金额调整已确认商誉的账面价值。

（3）企业应当按照《企业会计准则第 8 号——资产减值》的规定，在首次执行日对商誉进行减值测试，发生减值的，应当以计提减值准备后的金额确认，并调整留存收益。

（4）首次执行企业会计准则第十三条第（二）项、第（三）项规定是指首次执行日之前发生的、符合《企业会计准则第 20 号——企业合并》中的非同一控制下的企业合并，不涉及同一控制下的企业合并。

例 38-03 A 公司、B 公司同为 A 公司的子公司。2×18 年 1 月，A 公司收购 B 公司的全部资产。收购日，B 公司的资产账面价值总额为 4 600 万元，负债账面价值总额为 2 400 万元；资产评估价值总额为 3 500 万元，负债评估价值总额为 1 500 万元。经过多次谈判，最终 A 公司以 2 700 万元的价格购入 B 公司。2×21 年 1 月 1 日，A 公司执行新的企业会计准则，根据新企业合并准则的规定，对同一控制下企业合并，原已经确认商誉的摊余价值应进行追溯调整。

A 公司购入 B 公司商誉价值计算方法如下：

购入商誉：2 700－（3 500－1 500）＝700（万元）

商誉摊余价值：700－（700÷10）×3＝490（万元）

A 公司会计处理如下：

借：利润分配——未分配利润　　4 900 000

　　贷：无形资产——商誉　　4 900 000

如果按照新准则的规定，属于非同一控制下企业合并的，应当将商誉在首次执行日的摊余价值作为认定成本，不再进行摊销。

（三）首次执行日采用未来适用法有关项目的处理

除首次执行企业会计准则第五条至第十九条规定要求追溯调整的项目外，其他项目不应追溯调整，应当采用未来适用法。

1. 正在开发和加工的无形资产或存货

（1）对于首次执行日企业正在开发过程中的内部开发项目，已经费用化的开发支出，不应追溯调整；根据《企业会计准则第 6 号——无形资产》及相关解释规定，首次执行日及以后发生的开发支出，符合无形资产确认条件的，应当予以资本化。

（2）对于处在开发阶段的内部开发项目、处于生产过程中的需要经过相当长时间才能达到预定可销售状态的存货（如飞机和船舶），以及营造、繁殖需要经过相当长时间才能达到预定可使用或可销售状态的生物资产，首次执行日之前未予资本化的借款费用，不应追溯调整；上述尚未完成开发或尚未完工的各项资产，首次执行日及以后发生的借款费用，应当将符合《企业会计准则第 17 号——借款费用》资本化条件的部分予以资本化。

2. 超过正常信用条件延期付款（或收款）、实质上具有融资性质的购销业务

（1）对于首次执行日处于收款过程中的采用递延收款方式、实质上具有融资性质的销售商品或提供劳务收入，如分期收款发出商品销售，首次执行日前已确认的收入和结转的成本不再追溯调整。在首次执行日后的第一个会计期间，企业应当将销售合同或协议剩余价款作为长期应收款，尚未收取的合同或协议价款的公允价值即现值确认为主营业务收入，两者的差额作为未实现融资收益，在剩余收款期限内按照实际利率法进行摊销。

（2）首次执行日之前购买的固定资产、无形资产在超过正常信用条件的期限内延期付款，实质上具有融资性质的，首次执行日之前已计提的折旧和摊销额，不再追溯调整；在首次执行日，企业应当以尚未支付的款项折现后的现值与资产账面价值的差额，减少资产的账面价值，同时增加未确认融资费用。首次执行日后，企业应当以调整后的资产账面价值作为认定成本并以此为基础计提折旧，未确认融资费用按照实际利率法进行摊销。融资租赁下，出租人和承租人的租赁资产价值、未确认融资收益、

未确认融资费用以及初始直接费用等，比照上述原则处理。

3. 会计估计

（1）企业在首次执行日按照企业会计准则所作的估计，应当与按照原会计制度或准则所作的估计一致，不应追溯调整，除非有客观证据表明原估计是错误的。首次执行日以后获得的、表明首次执行日后发生情况的新信息，视同《企业会计准则第 29 号——资产负债表日后事项》中的非调整事项处理。

（2）按照企业会计准则规定需要作出的会计估计事项，在原会计制度或准则不要求估计的，如某些资产、负债的公允价值等，在首次执行日，关于市场价格、利率或汇率的估计应当反映该日的市场状况。

三、首次执行日会计列报

在首次执行日后按照企业会计准则编制的首份年度财务报表（以下简称首份年度财务报表）期间，企业应当按照《企业会计准则第 30 号——财务报表列报》和《企业会计准则第 31 号——现金流量表》的规定，编报资产负债表、利润表、现金流量表和所有者权益变动表及附注。对外提供合并财务报表的，应当遵循《企业会计准则第 33 号——合并财务报表》的规定。在首份年度财务报表涵盖的期间内对外提供中期财务报告的，应当遵循《企业会计准则第 32 号——中期财务报告》的规定。

（一）首份中期财务报告和首份年度财务报表

（1）首份中期财务报告至少应当包括资产负债表、利润表、现金流量表和附注。首份年度财务报表应当是一套完整的财务报表，至少包括资产负债表、利润表、现金流量表、所有者权益变动表和附注。

（2）首份中期财务报告至少应当包括按照新准则编制的上年度资产负债表、上年度可比中期的利润表、上年度至可比本中期末的现金流量表。首份年度财务报表至少应当包括按照新准则列报的上一年度全部比较信息。按新准则规定列报比较信息的，首次执行日是在首份年度财务报表中按照新准则列报全部比较信息最早期间的期初。

（3）如果母公司执行企业会计准则、但子公司按规定尚未执行企业会计准则的，母公司在编制合并财务报表时，应当按照企业会计准则的规定调整子公司的财务报表；如果子公司已执行企业会计准则，但母公司按规定尚未执行企业会计准则的，母公司在编制合并财务报表时，应当将子公司按照企业会计准则编制的财务报表直接合并，不需要调整。

（二）首份中期财务报告和首份年度财务报表附注

企业应当按照各项会计准则关于附注的规定，在首份中期财务报告和首份年度财务报表附注中披露相关信息。企业应当以列表形式详细披露如下数据的调节过程，以反映首次执行企业会计准则对企业财务状况、经营业绩和现金流量的影响。

（1）首次执行日按原会计制度或准则列报的所有者权益，调整为按企业会计准则列报的所有者权益。

（2）按原会计制度或准则列报的最近年度年末所有者权益，调整为按照企业会计准则列报的所有者权益。

（3）按原会计制度或准则列报的最近年度损益，调整为按照企业会计准则列报的损益。

（4）比较中期期末按原会计制度或准则列报的所有者权益，调整为按企业会计准则列报的所有者权益。

（5）比较中期按原会计制度或准则列报的损益（可比中期和上年初至可比中期末累计数），调整为同一期间按企业会计准则列报的损益。

对于需要提供季报或半年报的企业，执行企业会计准则后首份年度财务报表期间内的第一季度季报（或第一份半年报），需要披露上述 5 项数据的调节过程，第二季度、第三季度季报只需要提供上述第 4、第 5 两项数据的调节过程。

第三十九章
公允价值计量

一、准则适用范围

《企业会计准则第39号——公允价值计量》（以下简称公允价值计量准则）主要规范企业应当如何计量相关资产或负债的公允价值，以及应当披露哪些公允价值相关信息，但企业是否应当以公允价值计量相关资产或负债、何时进行公允价值计量、公允价值变动应当计入当期损益还是其他综合收益等会计处理问题，由要求或允许企业采用公允价值进行计量或披露的其他相关会计准则规范。下列各项的计量和披露适用其他相关会计准则：

（1）与公允价值类似的其他计量属性的计量和披露，如《企业会计准则第1号——存货》规范的可变现净值、《企业会计准则第8号——资产减值》规范的预计未来现金流量现值，分别适用《企业会计准则第1号——存货》和《企业会计准则第8号——资产减值》。

（2）股份支付业务相关的计量和披露，适用《企业会计准则第11号——股份支付》。

（3）租赁业务相关的计量和披露，适用《企业会计准则第21号——租赁》。

（4）以公允价值减去处置费用后的净额确定可收回金额的资产的披露，适用《企业会计准则第8号——资产减值》。

（5）以公允价值计量的职工离职后福利计划资产的披露，适用《企业会计准则第9号——职工薪酬》。

（6）以公允价值计量的企业年金基金投资的披露，适用《企业会计准则第10号——企业年金基金》。

二、公允价值计量概述

（一）公允价值的含义

公允价值，是指市场参与者在计量日发生的有序交易中，出售一项资产所能收到或者转移一项负债所需支付的价格，即脱手价格。企业应当严格按照公允价值定义对相关资产或负债进行公允价值计量。在计量日，企业无论是否能够观察到相关资产或负债的交易价格或者其他市场信息（如类似资产或负债的报价、市场利率或其他输入值等），其公允价值计量的目标应当保持一致，即估计市场参与者在计量日的有序交易中出售一项资产或者转移一项负债的价格。

（二）公允价值计量的适用范围

根据公允价值计量准则及其他准则的要求，公允价值计量适用于：

（1）投资性房地产准则中规范的采用公允价值模式进行后续计量的投资性房地产；

（2）资产减值准则中规范的使用公允价值确定可收回金额的资产；

（3）政府补助准则中规范的以非货币性资产形式取得的政府补助；

（4）企业合并准则中规范的非同一控制下企业合并中取得的可辨认资产和负债以及作为合并对价发行的权益工具；

（5）金融工具确认和计量准则中规范的以公允价值计量且其变动计入当期损益的金融资产或金融负债以及以公允价值计量且其变动计入其他综合收益的金融资产等。

但是公允价值计量不适用范围于对于存货准则规范的可变现净值、资产减值准则规范的预计未来现金流量现值等计量属性，与公允价值类似但并不遵循公允价值计量的有关规定，股份支付和租赁业务相关的计量也不遵循公允价值计量的有关规定。

（三）公允价值计量的基本要求

根据公允价值定义，应从四个方面掌握其基本要求：一是以公允价值计量相关资产或负债；二是应用于相关资产或负债公允价值计量的有序交易；三是有序交易发生的主要市场或最有利市场；四是主要市场或最有利市场中的市场参与者。

三、相关资产或负债

企业以公允价值计量相关资产或负债，应当考虑该资产或负债的特征以及该资产或负债是以单项还是以组合的方式进行计量等因素。

（一）资产或负债的特征

企业以公允价值计量相关资产或负债，应当考虑该资产或负债的特征。相关资产或负债的特征是指市场参与者在计量日对该资产或负债进行定价时考虑的特征，包括资产状况及所在位置、对资产出售或者使用的限制等。

（1）资产状况和所在位置。市场参与者以公允价值计量一项非金融资产时，通常会考虑该资产的地理位置和环境、使用功能、结构、新旧程度、可使用状况等。因此，企业计量其公允价值时，也应考虑这些特征，对类似资产的可观察市场价格或其他交易信息进行调整，以确定该资产的公允价值。

例 39-01　2×21 年 1 月 1 日，A 公司将刚开发建成的一栋写字楼作为投资性房地产，用于出租，并采用公允价值模式进行后续计量。2×21 年 12 月 31 日，A 公司如何根据资产状况和所在位置确定该写字楼的公允价值？

分析：A 公司根据可获得的市场信息和相关数据，决定参考本地区同一地段的写字楼活跃市场价格，并考虑所处商圈位置、新旧程度、配套设施等因素，对本地区可比写字楼的市场交易价格进行调整，确定该写字楼在 2×21 年 12 月 31 日的公允价值。

（2）对资产出售或使用的限制。企业以公允价值计量相关资产，应当考虑出售或使用该资产所存在的限制因素。企业为合理确定相关资产的公允价值，应当区分该限制是针对资产持有者的，还是针对该资产本身的。

如果该限制是针对相关资产本身的，那么此类限制是该资产具有的一项特征，任何持有该资产的企业都会受到影响，市场参与者在计量日对该资产进行定价时会考虑这一特征。因此，企业以公允价值计量该资产，应当考虑该限制特征。

例 39-02　A 公司是上市公司，其限售股具有在指定期间内无法在公开市场上出售的特征。此限制是针对相关资产本身的。

分析：市场参与者在对该上市公司限售股进行定价时将会考虑该权益工具流动性受限的因素。因此企业以公允价值计量该权益工具时，应当对在公开市场上交易的同一发行人的未受限制的相同权益工具的报价作出相应调整，即从报价中扣除市场参与者因承担指定期间内无法在公开市场上出售该权益工具的风险而要求获得补偿的金额。

例 39-03　某企业通过出让方式取得了一块土地，使用年限为 50 年。在土地使用权出让合同中，这块土地的用途被限定为工业用地。此限制是针对相关资产本身的。

分析：根据有关法律法规的要求，在未完成相关审批程序前，企业持有该土地使用权期间，不可以擅自改变其土地用途。企业在土地使用年限（50年）内将该土地使用权转让给其他方的，受让方也不能擅自改变该土地用途。该土地作为工业用地，这是土地本身的特征。即使企业转让该土地，作为受让方的市场参与者也不能擅自改变用途，在以公允价值计量该土地时会考虑这一特征。因此企业在对该土地进行公允价值计量时，应当考虑土地使用用途受限的影响。

如果该限制是针对资产持有者的，那么此类限制并不是该资产的特征，只会影响当前持有该资产的企业，而其他企业可能不会受到该限制的影响，市场参与者在计量日对该资产进行定价时不会考虑该限制因素。因此，企业以公允价值计量该资产时，也不应考虑针对该资产持有者的限制因素。

例 39-04 A公司与某商业银行签订一份借款合同。根据借款合同规定，A公司将其持有的一块土地使用权作为抵押，在偿还该债务前，A公司不能转让该土地使用权。此限制是针对相关资产持有者的。

分析：A公司承诺在偿还该商业银行借款前不转让其持有的该土地使用权，该承诺是针对A公司的限制，而非针对A公司所持有的土地使用权，并不会转移给其他市场参与者。因此，A公司在确定其持有的该土地使用权的公允价值时，不应考虑该限制。

（二）资产或负债的计量单元

以公允价值计量的相关资产或负债可以是单项资产或负债（如一项金融工具、一项非金融资产等），也可以是资产组合、负债组合或者资产和负债的组合（如《企业会计准则第8号——资产减值》规范的资产组、《企业会计准则第20号——企业合并》规范的业务等）。

企业是以单项还是以组合的方式对相关资产或负债进行公允价值计量，取决于该资产或负债的计量单元。计量单元，是指相关资产或负债以单独或者组合方式进行计量的最小单位。企业在确认相关资产或负债时就已经确定了该资产或负债的计量单元。因此，企业以公允价值计量相关资产或负债，应当按照《企业会计准则第8号——资产减值》《企业会计准则第22号——金融工具确认与计量》《企业会计准则第20号——企业合并》等其他相关会计准则规定的计量单元进行计量。

例 39-05 A公司拥有一台大型设备，主要用于生产医疗器械。2×21年，该设备生产的医疗器械销售率大幅下降。2×21年12月31日，A公司对该设备进行减值测试。

分析：本案例中，按照《企业会计准则第8号——资产减值》的有关规定，A公司能够在期末确定该设备可收回金额的，计量单元则为该设备这一单项资产，否则A公司应将该设备所属的资产组作为一个计量单元，以确定该资产组的可收回金额。

对于市场风险或信用风险可抵销的金融资产、金融负债和其他合同，在符合本准则要求的情况下，企业可以将该金融资产、金融负债和其他合同的组合作为计量单元。

例 39-06 A公司持有一项权益性工具。相关法律法规规定，该项权益性工具在特定期间内不得对外转让。在特定期间内不得对外转让是该项权益性工具的特征。因此，在计量该项工具的公允价值时，可以采用不受转让限制的、相同的权益性工具的公开市场的报价作为计量基础，并对不能转让的法律限制的影响作出一定的调整。该项调整的大小将取决于以下几个因素：该限制的性质和时间；该限制对购买者的影响大小；与该项权益性工具以及其发行者相关的其他因素。

四、有序交易

企业以公允价值计量相关资产或负债，应当假定市场参与者在计量日出售资产或者转移负债的交易，是当前市场情况下的有序交易。

（一）有序交易的含义

有序交易是指在计量日前一段时期内相关资产或负债具有惯常市场活动的交易，不包括被迫清算和抛售。清算等被迫交易不属于有序交易。企业以公允价值计量相关资产或负债，应当假定市场参与者在计量日出售资产或者转移负债的交易，是在当前市场条件下的有序交易。

（二）有序交易的识别

企业在确定一项交易是否为有序交易时，应当全面理解交易环境和有关事实。企业应当基于可获取的信息，如市场环境变化、交易规则和习惯、价格波动幅度、交易量波动幅度、交易发生的频率、交易对于信息、交易原因、交易场所和其他能够获得的信息，运用专业判断对交易行为和交易价格进行分析，以判断该交易是否为有序交易。企业不必为确定一项交易是否为有序交易而不计成本，但不能忽视可合理获得的信息。当企业成为交易一方时，通常假定该企业有充分的信息来判断该交易是否为有序交易。

当企业遇到下列情况时，相关资产或负债的交易活动通常不应作为有序交易：

（1）在当前市场情况下，市场在计量日之前一段时间内不存在相关资产或负债的惯常市场交易活动。

（2）在计量日之前，相关资产或负债存在惯常的市场交易，但资产出售方或负债转移方仅与单一的市场参与者进行交易。

（3）资产出售方或负债转移方处于或者接近于破产或托管状态，即资产出售方或负债转移方已陷入财务困境。

（4）资产出售方为满足法律或者监管规定而被要求出售资产，即被迫出售。

（5）与相同或类似资产或负债近期发生的其他交易相比，出售资产或转移负债的价格是一个异常值。

（三）有序交易价格的应用

企业判定相关资产或负债的交易是有序交易的，在以公允价值计量该资产或负债时，应当考虑该交易的价格，即以该交易价格为基础确定该资产或负债的公允价值。企业在公允价值计量过程中赋予有序交易价格的权重时，应当考虑交易量、交易的可比性、交易日与计量日的临近程度等因素。

企业判定相关资产或负债的交易不是有序交易的，在以公允价值计量该资产或负债时，不应考虑该交易的价格，或者赋予该交易价格较低权重。

企业根据现有信息不足以判定该交易是否为有序交易的，在以公允价值计量该资产或负债时，应当考虑该交易的价格，但不应将该交易价格作为计量公允价值的唯一依据或者主要依据。相对于其他已知的有序交易价格，企业应赋予该交易较低权重。

五、主要市场和最有利市场

企业以公允价值计量相关资产或负债，应当假定出售资产或者转移负债的有序交易在该资产或负债的主要市场进行。不存在主要市场的，企业应当假定该交易在相关资产或负债的最有利市场进行。

（一）主要市场和最有利市场

主要市场是指相关资产或负债交易量最大和交易活跃程度最高的市场。企业在识别主要市场（或最有利市场）时，应当考虑所有可合理取得的信息，但没有必要考察所有市场。

最有利市场是指在考虑交易费用和运输费用后，能够以最高金额出售相关资产或者以最低金额转移相关负债的市场。交易费用是指在相关资产或负债的主要市场或最有利市场中，发生的可直接归属于资产出售或者负债转移的费用。交易费用是直接由交易引起的、交易所必需的而且不出售资产或者不转移负债就不会发生的费用。运输费用是指将资产从当前位置运抵主要市场或最有利市场发生的费用。

企业以公允价值计量相关资产或负债，应当假定出售资产或者转移负债的有序交易在相关资产或负债的主要市场进行。不存在主要市场的，企业应当假定该交易在相关资产或负债的最有利市场进行。

（二）主要市场或最有利市场的识别

企业根据可合理取得的信息，能够在交易日确定相关资产或负债交易量最大和交易活跃程度最高的市场的，应当将该市场作为相关资产或负债的主要市场。

例 39-07 假定A公司生产并销售一种产品，该产品存在A、B、C三个市场。A公司均能在这三种市场上销售该种产品。在计量日，A公司在这三个市场上生产和销售了900个产品，具体数量如表39-01所示：

表 39-01 A公司产品销售量

市场	销售价格	A公司市场占比	各市场结构比
A市场	26 000元	50%	20%
B市场	23 000元	30%	70%
C市场	17 000元	20%	10%

根据上述信息，按照企业会计准则的规定，B市场是该种产品的主要市场，原因在于B市场为市场交易量最大的市场。因此，A公司在计量该种产品的公允价值时，应当以23 000元作为公允价值。

企业根据可合理取得的信息，无法在交易日确定相关资产或负债交易量最大和交易活跃程度最高的市场的，应当在考虑交易费用和运输费用后能够以最高金额出售该资产或者以最低金额转移该负债的市场作为最有利市场。

企业在识别相关资产或负债的主要市场（或者在不存在主要市场情况下的最有利市场）时，应当考虑所有可以合理取得的信息，但不必不计成本地考察所有可能的市场。通常情况下，如果不存在相反的证据，企业正常进行资产出售或者负债转移的市场可以视为主要市场或最有利市场。

相关资产或负债的主要市场（或者在不存在主要市场情况下的最有利市场）应当是企业可进入的市场，但不要求企业于计量日在该市场上实际出售资产或者转移负债。企业应当从自身角度，而非市场参与者角度，判定相关资产或负债的主要市场（或者在不存在主要市场情况下的最有利市场）。

例 39-08 假定A公司制造并销售A类产品，此种产品存在两个市场：出口市场和国内市场。A类产品在出口市场上的售价较高，但出口数量受到政府出口管制的限制，国内每个制造生产商每年需要向政府申请出口配额。A类产品在国内市场的售价较低，但销售数量不受政府的管制。A公司制定的销售策略为：尽可能地获取出口配额，扩大出口销售，剩下的（占大部分）销往国内市场。

分析：在本例中，出口市场显然是最有利的市场，原因在于出口市场对A公司而言获取的毛利最高。但是，A公司的A类产品主要销往国内市场，国内市场则是其主要市场。因此，A公司应当以国内市场的价格来确定A类产品的公允价值。

不同的企业可以进入不同的市场，对相同资产或负债而言，不同企业可能具有不同的主要市场（或者在不存在主要市场情况下的最有利市场）。

例 39-09 A企业与银行签订了一项初始交易价格为零的利率互换。该企业只能进入利率互换的零售市场，而银行则能够同时进入利率互换的零售市场和做市商市场，并且其主要业务发生在做市商市场。

分析：本案例中，该企业与银行就存在不同的主要市场，该企业应当以零售市场为主要市场，该银行应当以做市商市场为主要市场。

（三）主要市场或最有利市场的应用

企业应当以主要市场上相关资产或负债的价格为基础，计量该资产或负债的公允价值。主要市场是资产或负债流动性最强的市场，能够为企业提供最具代表性的参考信息。因此，无论相关资产或负债的价格能够直接从市场观察到，还是通过其他估值技术获得，企业都应当以主要市场上相关资产或负债的价格为基础，计量该资产或负债的公允价值。即使企业能够于计量日在主要市场以外的另一个市场上，获得更高的出售价格或更低的转移价格，企业也仍应当以主要市场上相关资产或负债的价格为基础，计量该资产或负债的公允价值。

不存在主要市场或者无法确定主要市场的，企业应当以相关资产或负债最有利市场的价格为基础，计量其公允价值。企业在确定最有利市场时，应当考虑交易费用、运输费用等。

交易费用不属于相关资产或负债的特征，只与特定交易有关，取决于企业参与该资产或负债交易的不同方式，例如，零售交易或者批发交易，交易所交易或者场外交易等。交易费用是指企业发生的可直接归属于资产出售或者负债转移的费用。

交易费用在进行相关资产或负债交易时不可避免。交易费用直接由交易引起，并且是企业进行交易所必需的，如果企业未决定出售资产或转移负债，该费用将不会产生。企业应当根据其他相关会计准则对交易费用进行会计处理。

企业在根据主要市场或最有利市场的交易价格确定相关资产或负债的公允价值时，不应根据交易费用对该价格进行调整。

例 39-10　A 企业委托某证券公司于 2×21 年 12 月 1 日购买某上市公司 100 万股普通股股票，作为交易性金融资产持有。2×21 年 12 月 1 日，该上市公司股票价格为每股 10 元。A 企业共支付 1 002 万元，其中 2 万元是支付给证券公司的手续费。A 公司在 2×21 年 12 月 1 日初始确认该交易性金融资产时，每一股股票的公允价值应当是 10 元，而不是 10.02 元。

交易费用不包括运输费用，相关资产所在地理位置是该资产的特征，企业应当根据使该资产从当前位置转移到主要市场（或者在不存在主要市场情况下的最有利市场）的运输费用调整主要市场（或者在不存在主要市场情况下的最有利市场）的价格。

例 39-11　2×21 年 12 月 31 日，A 公司在非同一控制下的企业合并业务中获得一批存货（1 000 吨某原材料）。在合并日，A 公司应当以公允价值计量这批存货。根据市场交易情况，该原材料在 A 城市和 B 城市有两个活跃的交易市场。A 公司能够进入这两个市场，并能够取得该存货在这两个市场的交易数据，如下表 39-02 所示：

表 39-02　2×21 年 12 月 31 日该原材料的市场交易数据

市场	销售价格（万元 / 吨）	历史交易量（万吨）
A 城市	26	900
B 城市	28	200

分析：A 公司根据市场交易数据能够确定 A 城市的市场拥有最大交易量、交易活跃程度最高，判定 A 城市的市场为该原材料的主要市场。因此，A 公司应当以 A 城市的市场价格为基础估计这批存货的公允价值。

假定在 A 城市的市场出售这批存货的交易费用（如相关税费等）为 3 000 万元，将这批存货运抵 A 城市的成本为 200 万元；在 B 城市的市场出售这批存货的交易费用为 3 200 万元，将这批存货运抵 B 城市的成本为 400 万元。

A公司在估计这批存货的公允价值时，应当使用在主要市场中出售该原材料将收到的价格，并考虑运输费用，但不考虑交易费用。因此，这批存货的公允价值计量应使用A城市的市场中的价格

（26 000万元），减去运输费用（200万元），从而这批存货的公允价值为25 800万元。

尽管B城市的市场上出售原材料的价格（28万元）要高于A城市的市场的价格（26万元），根据本准则的规定，A公司也不能以B城市的市场价格为基础确定这批存货的公允价值。

如果A公司无法获得这批存货在A城市和B城市的历史交易量，则A公司应当在考虑交易费用和运输费用后将能够获得经济利益最大化的市场确定为最有利市场，即在该市场中出售这批存货收到的净额最高。由于市场参与者在B城市的市场中出售该存货能够收到的净额为24 400万元（28 000－3 200－400），高于在A城市的市场出售该存货能够收到的净额22 800万元（26 000－3 000－200），因此，在A公司无法确定主要市场情况下，B城市的市场为最有利市场。A公司应当以B城市的市场价格为基础估计这批存货的公允价值。

A公司估计这批存货的公允价值时，应当使用最有利市场的价格，并考虑运输费用，但不考虑交易费用，即B城市的市场中的价格（28 000万元）减去运输费用（400万元），从而这批存货的公允价值为27 600万元。尽管A公司在确定最有利市场时考虑了交易费用，但在计量这批存货公允价值时不考虑交易费用，而是仅针对运输费用进行调整。

企业以公允价值计量相关资产或负债，即使在计量日不存在提供出售资产或转移负债价格信息的可观察市场，企业仍应当从持有资产或承担负债的市场参与者的角度进行考虑，并假设当日发生了交易。该假设的交易是估计出售资产或转移负债价格的基础。

六、市场参与者

企业以公允价值计量相关资产或负债，应当充分考虑市场参与者之间的交易，采用市场参与者在对该资产或负债定价时为实现其经济利益最大化所使用的假设。企业在确定市场参与者时，应当考虑所计量的相关资产或负债、该资产或负债的主要市场（或最有利市场）以及在该市场上与企业进行交易的市场参与者等因素，从总体上识别市场参与者。

（一）市场参与者定义

市场参与者，是指在相关资产或负债的主要市场（或者在不存在主要市场情况下的最有利市场）中，相互独立的、熟悉资产或负债情况的、能够且愿意进行资产或负债交易的买方和卖方。市场参与者应当具备下列特征：

（1）市场参与者应当相互独立，不存在《企业会计准则第36号——关联方披露》所述的关联方关系。

（2）市场参与者应当熟悉情况，根据可获得的信息，包括通过正常的尽职调查获取的信息，对相关资产或负债以及交易具备合理认知。

（3）市场参与者应当有能力并自愿进行相关资产或负债的交易，而非被迫或以其他强制方式进行交易。

例39-12 A公司是B公司的母公司。2×21年12月31日，A公司与B公司签订股权转让协议，以每股5.1元的协议价格受让B公司持有的某上市公司300万股普通股股票，并作为交易性金融资产持有。12月31日，该上市公司普通股股票的公开市场报价（收盘价）为每股4.5元。

分析：由于A公司和B公司之间存在控制与被控制的关系，其签订的股份转让协议价格明显高于公开市场报价，因此，A、B公司之间的交易不能作为市场参与者之间的交易，其交易价格不能作为计量相关资产公允价值的基础。但如果企业有证据表明，关联方之间的交易是按市场条款达成的；则关联方之间的交易可以作为市场参与者之间的交易，交易价格可作为公允价值计量的基础。

如果B公司以每股4.5元的价格向其母公司（A公司）转让该上市公司股份，两者之间的交易价格等于计量日公开市场报价，则A、B公司之间的交易可作为市场参与者之间的交易，其交易价格能够作为计量相关资产公允价值的基础。

（二）市场参与者的确定

企业在确定市场参与者时，应当考虑所计量的相关资产或负债、该资产或负债的主要市场（或者在不存在主要市场情况下的最有利市场）以及在该市场上与企业进行交易的市场参与者等因素，从总体上识别市场参与者。

例 39-13 假定现在有一台 A 机器设备，某一市场参与者 A 公司愿意为该业务支付更高的价格 160 万元，而其他市场参与者只愿意出价 140 万元。因为该市场参与者 A 公司有一项专利技术生产产品，而该专利技术与的机器设备 A 形成配套设施，所以能从该业务中获得协同效应，而其他市场参与者无法获得相同的协同效用。如何从总体上识别市场参与者？

分析：企业在确定该业务的公允价值时，不应以该特定市场参与者的报价为基础，而是应当以大多数市场参与者（即从总体上识别市场参与者）愿意支付的价格 140 万元为基础。

企业在确定市场参与者时至少应当考虑下列因素：

（1）所计量的相关资产或负债。例如，金融资产的市场参与者与非金融资产的市场参与者之间将存在较大差别。

（2）该资产或负债的主要市场（或者在不存在主要市场情况下的最有利市场）。主要市场（或者在不存在主要市场情况下的最有利市场）是基于企业角度确定的。因此，与企业在同一行业的其他企业有可能是市场参与者，但市场参与者也可能来自其他行业，例如，在计量制造业企业拥有的土地使用权的公允价值时，房地产开发企业也可能作为市场参与者。

（3）企业将在主要市场或最有利市场进行交易的市场参与者。

（三）市场参与者的应用

企业以公允价值计量相关资产或负债，应当基于市场参与者之间的交易确定该资产或负债的公允价值。如果市场参与者在交易中考虑了相关资产或负债的特征以及相关风险等，并根据这些特征或风险对该资产或负债的交易价格进行了调整，那么企业也应当采用市场参与者在对该资产或负债定价时所使用的这些假设。

企业应当从市场参与者角度计量相关资产或负债的公允价值，而不应考虑企业自身持有资产、清偿或者以其他方式履行负债的意图和能力。

例 39-14 A 公司是一家日化企业，取得了竞争对手 B 公司 100% 股权，并对 B 公司进行了吸收合并。A 公司决定不再使用 B 公司的商标，所有产品统一使用 A 公司的商标。B 公司商标声誉良好，对其他企业而言具有价值，能够产生经济利益，假定出价 120 万元。

分析：A 公司以公允价值计量该商标时，不能因为公司自身放弃使用该商标，就将其公允价值确定为零，而是应当基于将该商标出售给熟悉情况、有意愿且有能力进行交易的其他市场参与者的价格，确定其公允价值，所以是 120 万元。

例 39-15 假定 A 公司拥有一项资产，该资产存在 A 和 B 两个市场，两个市场的交易量基本相同，只是价格有所不同。A 公司在计量日都能够进入这两个市场。该项资产没有主要市场。具体数据如表 39-03 所示。

表 39-03　资产的相关数据

项目	A 市场	B 市场
售价	28 元	26 元
运输费用	4 元	3 元

（续表）

项目	A 市场	B 市场
合计	24 元	23 元
交易费用	3 元	1 元
净额	21 元	22 元

如果 A 市场为该项资产的主要市场（即交易量最大和活跃程度最大的市场），则该项资产的公允价值为该市场的市场价格，如果在考虑运输费用的话，则其公允价值为 24 元。

如果该资产的主要市场不存在，则要考虑其最有利的市场。如果考虑运输费用和交易费用，在 B 市场出售该项资产所获得的净额最大，因此 B 市场为最有利市场。但是，计量公允价值时不能考虑交易费用，因而该项资产的公允价值应该为 23 元。

七、公允价值计量

（一）初始计量

企业应当根据交易性质和相关资产或负债的特征等，判断初始确认时的公允价值是否与其交易价格相等。企业在取得资产或者承担负债的交易中，交易价格是取得该资产所支付或者承担该负债所收到的价格，即进入价格。而相关资产或负债的公允价值是脱手价格，即出售该资产所能收到的价格或者转移该负债所需支付的价格。企业未必以取得资产时所支付的价格出售该资产，同样，也未必以承担负债时所收取的价格转移该负债。虽然企业取得资产或承担负债的进入价格不一定等于该资产或负债的脱手价格。但在大多数情况下，相关资产或负债的进入价格等于其脱手价格。例如，在交易日，企业购买一项资产的交易发生在出售该项资产主要市场（或者在不存在主要市场情况下的最有利市场）上的，取得该资产的交易价格与其脱手价格相等。

相关资产或负债在初始确认时的公允价值通常与其交易价格相等，但在下列情况中两者可能不相等。

（1）关联方之间的交易。但企业有证据表明关联方之间的交易是按照市场条款进行的该交易价格可作为确定其公允价值的基础。

（2）被迫进行的交易，或者资产出售方（或负债转移方）在交易中被迫接受价格的交易。例如，资产出售方或负债转移方为满足监管或法律的要求而被迫出售资产或转移负债，或者资产出售方或负债转移方正陷于财务困境。

（3）交易价格所代表的计量单元不同于以公允价值计量的相关资产或负债的计量单元。例如，以公允价值计量的相关资产或负债仅是交易（例如，企业合并）中的一部分，而交易除该资产或负债外，还包括按照其他会计准则应单独计量但未确认的无形资产。

（4）进行交易的市场不是该资产或负债的主要市场（或者在不存在主要市场情况下的最有利市场）。例如，某商业银行是银行间债券市场的做市商，既可以与其他做市商在银行间债券市场进行交易，也可以与客户在交易所市场进行交易，但对于该银行而言债券交易的主要市场（或者在不存在主要市场情况下的最有利市场）是与其他做市商进行交易的银行间债券市场，交易所市场上的交易价格则有可能不同于银行间债券市场上的交易价格。

其他相关会计准则要求或者允许企业以公允价值对相关资产或负债进行初始计量，且其交易价格与公允价值不相等的，企业应当将相关利得或损失计入当期损益，但其他相关会计准则另有规定的除外。

（二）估值技术

企业以公允价值计量相关资产或负债，应当使用在当前情况下适用并且有足够可利用数据和其他信息支持的估值技术。企业使用估值技术的目的是，估计市场参与者在计量日当前市场情况下的有序交易中出售资产或者转移负债的价格。

1. 估值技术的主要方法

估值技术通常包括市场法、收益法和成本法。企业应当根据实际情况从市场法、收益法和成本法中选择一种或多种估值技术，用于估计相关资产或负债的公允价值。

公允价值计量准则未规定企业应当优先使用何种估值技术，除非在活跃市场上存在相同资产或负债的公开报价。相关资产或负债存在活跃市场公开报价的，企业应当优先使用该报价确定该资产或负债的公允价值。

企业在应用估值技术估计相关资产或负债的公允价值时，应当根据可观察的市场信息定期校准估值模型，以确保所使用的估值模型能够反映当前市场状况，并识别估值模型本身可能存在的潜在缺陷。

如果企业所使用的估值技术未能考虑市场参与者在对相关资产或负债估值时所考虑的所有因素，那么企业通过该估值技术获得的金额不能作为对计量日当前交易价格的估计。

（1）市场法。市场法是利用相同或类似的资产、负债或资产和负债组合的价格以及其他相关市场交易信息进行估值的技术。企业应用市场法估计相关资产或负债公允价值的，可利用相同或类似的资产、负债或资产和负债的组合（例如，一项业务）的价格和其他相关市场交易信息进行估值。

企业在使用市场法时，应当以市场参与者在相同或类似资产出售中能够收到或者转移相同或类似负债需要支付的公开报价为基础。企业在市场价格或其他相关市场交易信息基础上，应当根据该资产或负债的特征，例如，当前状况、地理位置及出售和使用的限制等，对相同或类似资产或负债的市场价格进行调整，以确定该资产或负债的公允价值。

例 39-16 2×21 年 7 月 1 日，A 企业购入 B 上市公司 1 000 万股普通股股票，共支付 5 000 万元，假定不考虑相关税费。A 企业将对 B 上市公司的投资作为交易性金融资产持有。2×21 年 12 月 31 日，B 上市公司普通股股票的收盘价为每股 5.8 元。A 企业在编制 2×21 年度财务报表时，采用市场法确定其持有的对 B 上市公司投资的公允价值。根据 B 上市公司普通股股票于 2×21 年 12 月 31 日的收盘价，A 企业对 B 上市公司投资的公允价值为 5 800 万元（5.8×1 000）。

分析：企业在应用市场法时，除直接使用相同或类似资产或负债的公开报价外，还可以使用市场乘数法等估值方法。市场乘数法是一种使用可比企业市场数据估计公允价值的方法，包括上市公司比较法、交易案例比较法等。企业采用上市公司比较法时，可使用的市场乘数包括市盈率、市净率、企业价值 / 税息折旧及摊销前利润乘数等。企业应当进行职业判断，考虑与计量相关的定性和定量因素，选择恰当的市场乘数。

例 39-17 A 公司拥有 B 公司 5% 的股权，将其作为以公允价值计量且其变动计入其他综合收益的金融资产持有。B 公司是一家非上市的股份公司，不存在活跃市场的公开报价。2×21 年 12 月 31 日，A 公司在编制其财务报表时，由于无法获得 B 公司股份的公开市场报价，决定采用市场乘数法确定对 B 公司投资的公允价值。

A 公司根据 B 公司所处的行业、规模、经营业绩、风险、成长性等因素，选择了 4 家可比的上市公司。考虑到可比公司与 B 公司之间资本结构和折旧政策存在差异，公司选择企业价值 / 税息折旧及摊销前利润（EV/EBITDA）倍数对 B 公司进行估值。A 公司通过 B 公司的税息折旧及摊销前利润和可比上市公司的企业价值 / 税息折旧及摊销前利润倍数计算出 B 公司的企业价值，然后减去 B 公司负债的公允价值，得到调整前的 B 公司股东权益价值。A 公司在考虑流动性折价等因素后，得到调整后的 B 公司股东权益价值，并根据其持股比例，最终得到在 B 公司中股权投资的公允价值。可比上市公司的企业价值 / 税息折旧及摊销前利润倍数如表 39-04 所示：

表 39-04 可比公司估值系统表

可比公司	EV/EBITDA
上市公司 A	8.2
上市公司 B	9.3
上市公司 C	9.6
上市公司 D	8.5
平均值	8.9

2×21 年 12 月 31 日，假定 B 公司税息折旧及摊销前利润为 1 000 万元。A 公司运用可比上市公司企业价值 / 税息折旧及摊销前利润倍数的平均数（8.9 倍）得到 B 公司的企业价值为 8 900 万元。假定 B 公司在 2×21 年 12 月 31 日负债的公允价值是 3 750 万元。

A 公司根据以下程序，确定其在 B 公司中 5% 股权的公允价值为 231.75 万元。

①调整前的 B 公司股东权益价值（企业价值－负债公允价值）：8 900 － 3 750 ＝ 5 150（万元）

②流动性折价：该折价反映了 B 公司无公开报价权益工具比可比公的权益工具，具有较低的流动性。为了简化，假定流动性折价为 10%：5 150×10% ＝ 515（万元）

③调整后 B 公司股东权益价值：5 150 － 515 ＝ 4 635（万元）

④ A 公司持有 B 公司 5% 股权的公允价值：4 635×5% ＝ 231.75（万元）

（2）收益法。收益法是企业将未来金额转换成单一现值的估值技术。企业使用收益法时，应当反映市场参与者在计量日对未来现金流量或者收入费用等金额的预期。企业使用的收益法包括现金流量折现法、多期超额收益折现法、期权定价模型等估值方法。

①现金流量折现法。现金流量折现法是企业在收益法中最常用到的估值方法，包括传统法（即折现率调整法）和期望现金流量法。

现值是企业运用折现率将未来金额与现在金额联系起来所使用的工具。企业使用现金流量折现法估计相关资产或负债的公允价值时，需要在计量日从市场参与者角度考虑相关资产或负债的未来现金流量、现金流量金额和时间的可能变动、货币时间价值、因承受现金流量固有不确定性而要求的补偿(即风险溢价）、与负债相关的不履约风险（包括企业自身信用风险）、市场参与者在当前情况下可能考虑的其他因素等。

企业采用的现金流量折现法因其中所包含的上述因素的不同而有可能不同。企业以现金流量折现法估计相关资产或负债的公允价值。为避免重复计算或忽略风险因素的影响，折现率与现金流量应当保持一致。例如，企业使用了合同现金流量的，应当采用能够反映预期违约风险的折现率；使用概率加权现金流量的，应当采用无风险利率；使用了包含通货膨胀影响的现金流量的，应当采用名义折现率；使用排除了通货膨胀影响的现金流量的，应当采用实际利率；使用税后现金流量的，应当采用税后折现率；使用税前现金流量的，应当采用税前折现率；使用人民币现金流量的，应当使用与人民币相关的利率等。

企业在现金流量折现法中所使用的现金流量是估计金额，而非确定的已知金额。当存在违约风险时，即使是合同约定的金额（例如，贷款承诺中约定的贷款金额）也是不确定的，所以，企业使用现金流量折现法时，将面临较多不确定性。

企业在以公允价值计量该资产或负债时应当考虑风险溢价。企业在某些情况下确定合适的风险溢价可能会存在较大的困难，但企业不能仅仅因为难以确定风险溢价而在公允价值计量中不考虑风险调整因素。

根据对风险的调整方式和采用现金流量类型，可以将现金流量折现法区分为两种方法，传统法和期望现金流量法。

（a）传统法。传统法是使用在估计金额范围内最有可能的现金流量和经风险调整的折现率的一种折现方法。

企业在传统法中所使用的现金流量，包括合同现金流量、承诺现金流量或者最有可能的现金流量等。这些现金流量都以特定事项为前提条件，例如，债券中包含的合同现金流量或承诺现金流量是以债务人不发生违约为前提条件。

企业所使用的经风险调整的折现率，应当来自市场上交易的类似资产或负债的可观察回报率。在不存在可观察的市场回报率情况下，企业也可以使用估计的市场回报率。

例 39-18　2×21 年 12 月 31 日，A 商业银行从全国银行间债券市场购入 B 公司发行的中期票据，将其作为以公允价值计量且其变动计入其他综合收益的金融资产持有。

该票据的信用评级为 AAA，期限为 7 年，自 2×21 年 12 月 31 日起至 2×28 年 12 月 31 日止。该票据面值为人民币 100 元，票面年利率为 5.5%，假定起息日为 2×21 年 12 月 31 日，付息日为 2×22 至 2×28 年每年的 12 月 31 日。B 公司的长期信用评级为 AAA。

2×22 年 12 月 31 日，A 商业银行能够从中央国债登记结算有限责任公司公布的相关收益率曲线确定相同信用评级、相同期债券的市场回报率为 6%。

2×22 年 12 月 31 日，A 商业银行可根据该中期票据约定的合同现金流量（利息和本金），运用市场回报率进行折现，得到对 B 公司中期票据投资的公允价值为 1 030 万元，公允价值计算如表 39-05 所示。

表 39-05　公允价值计算表

单位：万元

项目	2×22	2×23	2×24	2×25	2×26	2×27	2×28	合计
现金流量	55	55	55	55	55	55	1 055	
折现率	1	0.943 4	0.890 0	0.839 6	0.792 1	0.747 3	0.705 0	
现值	55	52	49	46	44	41	744	1 030

注：折现率 6%。

例 39-19　A 公司采用公允价值模式对其拥有的投资性房地产进行后续计量。2×21 年，A 公司将其在某市市中心拥有的一幢写字楼用于出租。该写字楼共五层，总建筑面积为 6 000 平方米，可出租面积约 3 500 平方米。

考虑到在计量日前一段时间内不存在相同或类似写字楼在活跃市场的交易价格，但类似商业房地产的租赁市场非常活跃，A 公司决定采用收益法中的现金流量折现法估计该写字楼于 2×21 年 12 月 31 日的公允价值，即通过将未来预测期内的现金流量和该写字接在预测期最后一年的现金流量用恰当的折现率折现到计量日。根据市场状况，A 公司采用了以下假设：

（1）预测期。预测期为 2×21 年 12 月 31 日至 2×26 年 12 月 31 日。

（2）收益期。以计量日至土地使用权终止日之间的期间为收益期，即 35 年。

（3）折现率。A 公司通过对该市大量类似商业房地产的市场调查，并考虑评估对象位置和交通便利性，对在营运期内的相关风险（如营运风险、房地产风险、现金流动风险以及其他风险）进行分析和调整，最终确定折现率为 9%。

（4）租金。截至 2×24 年 12 月 31 日，该写字楼带租赁合同运营。因此，A 公司分析租金收益时按租赁期内和租赁期外两种情况考虑，2×22 年至 2×24 年租赁期内采用租赁合同规定的租金，2×25 年和 2×26 年租赁期采用市场租金。

（5）费用支出。A 公司预计营业税及附加、房产税、财产保险费、土地使用税、营运费用、营销推广费用等占每年租金收入的 25%。

A 公司根据上述信息，确定该写字楼于 2×21 年 12 月 31 日的公允价值为 9 160.20 万元，计算过程如表 39-06 所示。

表 39-06　写字楼公允价值计算表

单位：万元

项目	2×22	2×23	2×24	2×25	2×26	合计
（1）总租金收益	1 200.0	1 400.0	1 650.0	1 700.0	1 750.0	
（2）总费用＝（1）×25%	300.0	350.0	412.5	425.0	437.5	
（3）租金净收益＝（1）－（2）	900.0	1 050.0	1 237.5	1 275.0	1 312.5	
（4）未来 30 年的现金流量					7 291.7	
（5）折现率（9%）	0.917 4	0.841 7	0.772 2	0.708 4	0.649 9	
（6）现金流量现值＝［（3）＋（4）］×（5）	825.7	883.8	955.6	903.2	5 591.9	9 160.2
为了简化，假定该写字楼未来 30 年的余值折现到 2×18 年 12 月 31 日的价值为 7 291.7 万元。						

企业在确定资产或负债是否类似时，需要考虑现金流量的性质（例如，现金流量是合同现金流量还是非合同现金流量、现金流量是否会对经济条件的改变作出类似反应）以及可使用状况、抵押品、期限、限制性合同和流动性等其他因素。

（b）期望现金流量法。是使用风险调整的期望现金流量和无风险利率，或者使用未经风险调整的期望现金流量和包含市场参与者要求的风险溢价的折现率的一种折现方法。

企业应当以概率为权重计算的期望现金流量反映未来所有可能的现金流量。企业在期望现金流量法中使用的现金流量是对所有可能的现金流量进行了概率加权，最终得到的期望现金流量不再以特定事项为前提条件，这不同于企业在传统法中所使用的现金流量。

企业在应用期望现金流量法时，有两种方法调整相关资产或负债期望现金流量的风险溢价：

第一种方法是，企业从以概率为权重计算的期望现金流量中扣除风险溢价，得到确定等值现金流量，并按照无风险利率对确定等值现金流量折现，从而估计出相关资产或负债的公允价值。

当市场参与者对于以确定的现金流量交换期望现金流量无偏好时，该确定的现金流量即为确定等值现金流量。例如，如果市场参与者愿意以 1 000 元的确定现金流量交换 1 150 元的期望现金流量，该 1 000 元即为 1 150 元的确定等值（即 150 元代表风险溢价）。在这种情况下，持有 1 150 元的期望现金流量和持有 1 000 元现金，对于市场参与者而言是无差异的。

第二种方法是，企业在无风险利率之上增加风险溢价，得到期望回报率，并使用该期望回报率对以概率为权重计算的现金流量进行折现，从而估计出相关资产或负债的公允价值。企业可以使用对风险资产进行计价的模型估计期望回报率，例如资本资产定价模型。

例 39-20　为了说明期望现金流量法调整风险的两种方法，假定根据下列可能的现金流量和概率，计算确定资产在一年内拥有400万元的期望现金流量，见表39-07。假定适用的一年期无风险利率为6%，具有相同风险状况的资产的系统性风险溢价为2%。

表39-07　可能的现金流量及概率

单位：万元

可能的现金流量	概率	概率加权现金流量
300	20%	60
400	60%	240
500	20%	100
期望现金流量		400

在本例中，期望现金流量（400万元）代表三个可能结果的概率加权平均。在实际情况下，可能存在更多结果，但企业应用期望现金流量法时，不需要运用复杂的模型和技术考虑所有可能的现金流量分布，而应当确定现金流量有限数量的可能结果和概率。例如，企业可能使用相关历史期间的实际现金流量，并在考虑市场参与者假设的基础上，对经济形势或市场情况、行业趋势和竞争程度等外部因素和具体影响企业内部因素的变动进行调整。

（1）企业在使用期望现金流量法第一种方法时，应当根据风险溢价对期望现金流量进行调整。

第一步：企业通过使用2%的风险溢价，计算出现金流量的风险调整为7.4万元［400－400×（1.06÷1.08）］。

第二步：企业使用期望现金流量减去15万元风险调整，得出经市场风险调整的期望现金流量是392.6万元（400－7.4）。

第三步：企业以无风险利率（6%）对经市场风险调整的期望现金流量进行折现，得到该项资产的现值（即公允价值）为370.37万元（392.6÷1.06）。

（2）企业在使用期望现金流量法第二种方法时，应当根据风险溢价对折现率进行调整。

第一步：企业将无风险利率（6%）加上风险溢价（2%），得到期望回报率为8%。

第二步：企业使用期望回报率对期望现金流量（400万元）进行折现，得到该项资产的现值（即公允价值）为370.37万元（400÷1.08）。

企业使用期望现金流量法的上述两种方法，得到的现金流量现值应当是相同的。因此，企业在使用期望现金流量法估计相关资产或负债的公允价值时，期望现金流量法的上述两种方法均可使用。企业对期望现金流量法第一种方法或第二种方法的选择，取决于被计量资产或负债的特征和环境因素，企业是否可获取足够多的数据，以及企业运用判断的程度等。

②期权定价模型。企业可以使用布莱克－斯科尔斯模型、二叉树模型、蒙特卡洛模拟法等期权定价模型估计期权的公允价值。其中，布莱克－斯科尔斯期权定价模型可以用于认股权证和具有转换特征的金融工具的简单估值。布莱克－斯科尔斯期权定价模型中的输入值包括：即期价格、行权价格、合同期限、预计或内含波动率、无风险利率、期望股息率等。

例39-21　A公司持有B上市公司发行的股票期权，作为以公允价值计量且其变动计入当期损益的金融资产持有。根据该期权，A公司可以在2×23年12月31日，按每股5元的行权价格向B上市公司购买100万股普通股，而2×21年12月31日B上市公司普通股收盘价为4元／股。由于该期权无活跃市场公开报价，A公司管理层决定采用了布莱克－斯科尔斯期权定价模型确定该期权在2×21年12月31日的公允价值。

布莱克－斯科尔斯期权定价模型中采用的主要输入值如表39-08所示：

表39-08　布莱克－斯科尔斯期权定价模型中采用的主要输入值

即期价格	4元/股
行权价格	5元/股
期权期限	2年
无风险利率	根据发行日国债收益率曲线，2年期的到期收益率4%
股价波动率	基于B上市公司自发行日起过去5年内的每日收盘价计算得到股价波动率为40%
期望股息率	基于B上市公司过去5年的派息情况计算得到期望股息率为3%

根据表中的输入值，A公司采用布莱克－斯科尔斯期权定价模型计算得到2×21年12月31日该期权的公允价值为56.69万元。

蒙特卡洛模拟法适用于包含复杂属性（如包括可变行权价格或转换价格、对行权时间具有限制条款等）的认股权证或具有转换特征的金融工具。蒙特卡洛模拟法将根据认股权证或具有转换特征的金融工具的条款、条件以及其他假设，随机生成数千甚至数百万的可能结果，计算每种可能情形的相关回报，这些回报用概率加权并折现以计算相关资产或负债的公允价值。

（3）成本法。成本法，是反映当前要求重置相关资产服务能力所需金额的估值技术，通常是指现行重置成本法。在成本法下，企业应当根据折旧贬值情况，对市场参与者获得或构建具有相同服务能力的替代资产的成本进行调整。折旧贬值包括实体性损耗、功能性贬值以及经济性贬值。企业主要使用现行重置成本法估计与其他资产或其他资产和负债一起使用的有形资产的公允价值。

例39-22　A公司于2×19年1月1日购买了一台数控设备，其原始成本为400万元，预计使用寿命为20年。

2×21年，该数控设备生产的产品有替代产品上市，导致A公司产品市场份额骤降35%。2×21年12月31日，A公司决定对该数控设备进行减值测试，根据该数控设备的公允价值减去处置费用后的净额与预计未来现金流量现值较高者确定可收回金额。根据可获得的市场信息，A公司决定采用垂直成本法估计该数控设备的公允价值。A公司在估计公允价值时，因无法获得该数控设备的市场交易数据，也无法获取其各项成本费用数据，故采用以设备历史成本为基础，根据同类设备的价格上涨指数来确定公允价值的物价指数法。假设自2×19年至2×21年，此类数控设备价格指数按年分别为上涨的5%、3%和4%。此外，在考虑实体性贬值、功能性贬值和经济性贬值后，在购买日该数控设备的成新率为55%。因此，A公司估计该设备公允价值为247.45万元（400×1.05×1.03×1.04×55%）。

2.估值技术的选择与变更

（1）估值技术的选择。企业在某些情况下使用单项估值技术是恰当的，如企业使用相同资产或负债在活跃市场上的公开报价计量该资产或负债的公允价值。但在有些情况下，企业可能需要使用多种估值技术，如企业对未上市企业股权投资的估值，将采用市场法和收益法。企业应当运用更多职业判断，确定恰当的估值技术。企业至少应当考虑下列因素：

一是根据企业可获得的市场数据和其他信息，其中一种估值技术是否比其他估值技术更恰当；

二是其中一种估值技术所使用的输入值是否更容易在市场上观察到或者只需作更少的调整；

三是其中一种估值技术得到的估值结果区间是否在其他估值技术的估值结果区间内；

四是市场法和收益法结果存在较大差异的，进一步分析存在较大差异的原因，例如其中一种估值技术可能使用不当，或者其中一种估值技术所使用的输入值可能不恰当等。

企业在公允价值后续计量中使用了估值技术，并且运用了不可观察输入值的，应当确保该估值技术反映了计量日可观察的市场数据，例如，类似资产或负债的最近交易价格等。企业以相关资产或负债的交易价格作为其初始确认时的公允价值，并在公允价值后续计量中使用了不可观察输入值的，应当校正后续计量中运用的估值技术，以使得该估值技术确定的初始确认结果与初始确认时的交易价格相等。企业通过校准估值技术，能够确保估值技术反映当前市场情况，避免发生估值技术未反映相关资产或负债的特征。

例 39-23 A 公司在 2×21 年 12 月 31 日购买了 B 公司 10 万股普通股股票，占 B 公司所有发行在外股份的 5%。B 公司是一家非上市的股份公司，不存在活跃市场的公开报价。A 公司共支付 450 万元，假定该交易价格等于该投资在 2×21 年 12 月 31 日的公允价值。

A 公司预期后续将使用可比公司估值乘数技术计量这些股权的公允价值，并且将会在该估值技术中使用 B 公司业绩衡量指标、流动性折价等不可观察输入值。因此，A 公司以 450 万元的交易价格对后续使用的估值模型进行校准，以使得使用该估值模型得到的该投资在初始确认时的估计值等于交易价格，确保该估值模型已充分反映了该投资的所有特征。

假定 B 公司 2×21 年 12 月 31 日的税息折旧及摊销前利润为 1 000 万元，流动性折价为 10%，并且 A 公司从市场上获得可比公司的企业价值 / 税息折旧及摊销前利润（EV/EBITDA）倍数为 10 倍。A 公司运用该乘数和 B 公司税息折旧及摊销前利润估计得到 B 公司在 2×21 年 12 月 31 日的价值为 10 000 万元，其持有的 5% 股权的价值为 500 万元，在考虑流动性折价后得到的估计价值为 450 万元。

因此，A 公司后续计量中使用的估值模型和选择的输入值反映了当前市场情况，如表 39-09 所示：

表 39-09 B 公司估计价值计算表

单位：万元

（1）B 公司 2×21 年 12 月 31 日的税息折旧及摊销前利润	1 000
（2）企业价值 / 税息折旧及摊销前利润倍数	10
（3）B 公司价值＝（1）×（2）	10 000
（4）5% 股权所占份额＝ 5%×（3）	500
（5）流动性折价	10%
（6）流动性折价调整＝ 10%×（4）	50
（7）2×21 年 12 月 31 日 5% 股权的估计价值＝（4）－（6）	450

在每一个后续计量日，A 公司将评价在初始确认计量公允价值时使用的假设是否发生变动（即企业价值 / 税息折旧及摊销前利润倍数为 10 倍是否合适，在初始确认用于取得少数股东权益折价和流动性折价的假设在计量日是否有效）。如果这些假设发生变化，A 公司将考虑这些变化如何影响计量以及新的事实是否需要包括在估值技术中。总之，A 公司应确保估值技术在计量日反映当前市场状况，如果影响 B 公司的事实和情况及其经营环境发生变化，还应作出必要的调整。

企业在估计不存在活跃市场的权益工具的公允价值时，如果自权益工具购买日至计量日之间的间隔较短，并且在此期间没有发生对该权益工具价值产生重大影响的事件，企业可采用近期交易价格作为无公开报价权益工具的公允价值；如果权益工具非近期购买，或者自购买日至计量日之间发行权益工具的企业（发行人）发生了重大变化，企业可能不应按照近期交易价格确定权益工具的公允价值，应当根据发行人所处的发展阶段，选用恰当的估值方法进行估值。

例如，对于成熟的被投资企业，企业可采用市场法计量其无公开报价权益工具的公允价值。企业选择可比公司作为基准公司时，应当重点考虑业务的性质、业务的盈利能力及所在地。企业无法找到与被投资企业在同一行业的上市公司时，可选择最相近行业和具有相似经营风险和利润率的公司作为替代。企业选定可比公司后，应当对关键指标的差异进行调整，从而增强市场法的适用性和可靠性。这些所需调整的关键指标差异包括可比公司所在不同市场的估值水平，可比公司与被投资企业之间增长性、盈利能力、股本回报率、流动性差异等。另外，企业也可使用行业特定的一些业务驱动因素进行比较（如股价 / 页面浏览量、股价 / 床位）。

又如，对于迅速成长的被投资企业，企业可采用收益法计量其无公开报价权益工具的公允价值。企业使用该方法时，需要进行一系列的财务预测，预测时间至少包括企业一个业务周期，一般不少于 5 年。如果被投资企业已经确定在近期能够实现上市流通，并且相应的股价大致确定，企业可采用投资收益折现法来确定被投资企业发行的权益工具的公允价值，使用较低的风险回报率确定计量日的现值。企业应当采用市场法对收益法的结果进行交叉检验。

（2）估值技术的变更。企业在公允价值计量中使用的估值技术一经确定，不得随意变更。企业公允价值计量中应用的估值技术应当在前后各会计期间保持一致除非变更估值技术或其应用方法能使计量结果在当前情况下同样或者更能代表公允价值，包括但不限于下列情况：

①出现新的市场；

②可以取得新的信息；

③无法再取得以前使用的信息；

④改进了估值技术；

⑤市场状况发生变化等。

企业变更估值技术及其应用方法的，应当按照《企业会计准则第 28 号——会计政策、会计估计变更和差错更正》的规定作为会计估计变更处理，并根据本准则的披露要求对估值技术及其应用方法的变更进行披露，而不需要按照《企业会计准则第 28 号——会计政策、会计估计变更和差错更正》的规定对相关会计估计变更进行披露。

企业无论使用何种估值技术，都应当考虑当前市场状况并作出市场参与者可能进行的风险调整，如对信用风险和流动性风险的调整。

（三）输入值

企业以公允价值计量相关资产或负债，应当考虑市场参与者在对相关资产或负债进行定价时所使用的假设，包括有关风险的假设，例如，所用特定估值技术的内在风险等。市场参与者所使用的假设即为输入值，可分为可观察输入值和不可观察输入值。

企业使用估值技术时，应当优先使用可观察输入值，仅当相关可观察输入值无法取得或取得不切实可行时才使用不可观察输入值。企业通常可以从交易所市场、做市商市场、经纪人市场、直接交易市场获得可观察输入值。在交易所市场上，企业可直接获得相关资产或负债的收盘价。

在做市商市场上，做市商随时准备用自有资本买入或者卖出做市项目，以此提供流动性并形成市场，所以出价和要价比收盘价更容易获得。但在直接交易市场上，买卖双方独立协商，无中介参与，所以难以获得这些交易。

企业为估计相关资产或负债公允价值必须使用一些不可观察输入值的，如果市场参与者在对该资产或负债的公允价值计量会用到这些不可观察输入值，那么企业也应当使用这些不可观察输入值。

无论企业在以公允价值计量相关资产或负债过程中是否使用不可观察输入值，其公允价值计量的目的仍是基于市场参与者角度确定在当前市场条件下计量日有序交易中该资产或负债的脱手价格。

1. 公允价值计量中相关的溢价和折价

企业应当选择与市场参与者在相关资产或负债交易中会考虑的、并且与该资产或负债特征相一致的输入值。在企业能够获得相同或类似资产或负债在活跃市场的报价、市场参与者将考虑与相关资产或负债的特征相关的溢价或折价的情况下，企业应当根据这些溢价或折价，如控制权溢价、少数股东权益折价、流动性折价等，对相同或类似资产或负债的市场交易价格进行调整。

企业不应考虑与要求或允许公允价值计量的其他相关会计准则中规定的计量单元不一致的溢价或折价，如反映企业持有规模特征（即"大宗持有因素"）的溢价或折价。例如，某企业持有一家上市公司16 000万股普通股股票。该上市公司在资本市场上一般平均日交易量约为14 000万股普通股股票。如果该企业全部出售其持有的上市公司股份，将会造成流动性问题，该上市公司每股普通股股价将发生严重下跌。大宗持有因素是与交易相关的特定因素，因企业交易该资产的方式不同而有所不同。该因素与企业持有股份数量（即持有规模）有关，不是该资产（上市公司普通股股票）的特征。

2. 以出价和要价为基础的输入值

当相关资产或负债具有出价和要价时，企业可以使用出价要价价差中在当前市场情况下最能代表该资产或负债公允价值的价格计量该资产或负债。出价是经纪人或做市商购买一项资产或处置一项负债所愿意支付的价格，要价是经纪人或做市商出售一项资产或承担一项负债所愿意带收取的价格。

企业可使用出价计量资产头寸、使用要价计量负债头寸，也可使用市场参与者在实务中使用的在出价和要价之间的中间价或其他定价惯例计量相关资产或负债。

其他方法可作为权宜之计使用。但是，企业不应使用与公允价值计量假定不一致的权宜之计，如对资产使用要价，对负债使用出价。

（四）公允价值层次

为提高公允价值计量和相关披露的一致性和可比性，企业应当将估值技术所使用的输入值划分为三个层次，并最优先使用活跃市场上相同资产或负债未经调整的报价（第一层次输入值），最后使用不可观察输入值（第三层次输入值）。

1. 第一层次输入值

第一层次输入值是企业在计量日能够取得的相同资产或负债在活跃市场上未经调整的报价。

活跃市场，是指相关资产或负债交易量及交易频率足以持续提供定价信息的市场。在活跃市场，交易对象具有同质性，可随时找到自愿交易的买方和卖方，并且市场价格信息是公开的。当交易量和交易活动显著下降、可获得的价格因时间或市场参与者不同存在显著差异、可获得的价格并非当前价格时，当前市场可能不是活跃市场。

在活跃市场中，企业应当能够易于且可定期从交易所、交易商、经纪人、行业集团、定价机构或监管机构等获得相关资产或负债的报价。企业从活跃市场获得的这些报价，应当能够代表在公平交易基础上实际并经常发生的市场交易。异常的市场报价不应作为第一层次输入值。例如，债券交易中出现的频繁对敲交易形成的市场价格。

企业使用相同资产或负债在活跃市场的公开报价对该资产或负债进行公允价值计量时，通常不应进行调整。但下列情况除外：

（1）企业持有大量类似但不相同的以公允价值计量的资产或负债，这些资产或负债存在活跃市场报价，但难以获得每项资产或负债在计量日单独的定价信息。例如，银行等金融机构持有大量的类似债券，可能在计量日较难取得每一债券的价格信息，而使用其中一些债券的报价确定其他类似债券的公允价值。在这种情况下，企业可使用不完全依赖于单个报价的备选定价方法作为权宜之计，但公允价值计量应当划入较低层次。

（2）因发生影响公允价值计量的重大事件等导致活跃市场的报价不代表计量日的公允价值。例如，在证券市场闭市之后但在计量日之前发生的买卖双方直接交易、经纪人交易或公告等重大事项。企业应当制定相应会计政策并一致应用，以识别那些可能影响公允价值计量的重大事项。企业根据该新信息而对报价有所调整的，公允价值计量应当划入较低层次。

（3）不存在相同或类似负债或企业自身权益工具报价但其他方将其作为资产持有的负债或自身权益工具的公允价值。如果无需对资产报价进行调整公允价值计量结果为第一层次。但企业对资产报价进行调整的，公允价值计量应当划入较低层次。

在活跃市场中，企业应当以单项资产或负债的市场报价（第一层次输入值）与企业，持有数量的乘积确定其持有的金融资产或金融负债的公允价值。即使市场正常日交易量不足以吸收企业的持有量，以致在市场交易中出售该金融资产或转移该金融负债可能影响市场报价的情况下，企业也应如此。

2. 第二层次输入值

第二层次输入值是除第一层次输入值外相关资产或负债直接或间接可观察的输入值。对于具有特定期限（如合同期限）的相关资产或负债，第二层次输入值必须在其几乎整个期限内是可观察的。第二层次输入值包括：

（1）活跃市场中类似资产或负债的报价。

（2）非活跃市场中相同或类似资产或负债的报价。

（3）除报价以外的其他可观察输入值，包括在正常报价间隔期间可观察的利率和收益率曲线等。

（4）市场验证的输入值等。市场验证的输入值，是指通过相关性分析或其他手段，主要来源于可观察市场数据的输入值或者经过可观察市场数据验证的输入值。

企业以公允价值计量相关资产或负债的，类似资产或负债在活跃市场或非活跃市场的报价为该资产或负债的公允价值计量提供了依据，但企业需要对该报价进行调整。企业在确定哪些资产或负债与相关资产或负债类似时，需要进行判断。

在非有序交易情况下，企业确定相关资产或负债的交易价格或报价不能完全代表计量日该资产或负债的公允价值，却又以该交易价格或报价为基础计量其公允价值的，则应当对该交易价格或报价进行调整。例如，在非活跃市场上，相同资产或负债的最近交易日不是该资产或负债的公允价值计量日的，企业应当考虑两个日期的间隔期间内市场状况是否发生变动，如金融工具发行人信用评级的变动，与市场风险相关的信用利差变动等。

企业应当根据相关资产或负债的特征，对第二层次输入值进行调整。这些特征包括资产状况或所在位置、输入值与可比资产或负债的相关程度、可观察输入值所在市场的交易量和活跃程度等。企业使用重要的不可观察输入值对第二层次输入值进行调整，且该调整对公允价值计量整体而言是重大的，公允价值计量结果应当划分为第三层次。

3. 第三层次输入值

第三层次输入值是相关资产或负债的不可观察输入值。第三层次输入值包括不能直接观察和无法由可观察市场数据验证的利率、股票波动率、企业合并中承担的弃置义务的未来现金流量、企业使用自身数据作出的财务预测等。

企业只有在相关资产或负债几乎很少存在市场交易活动，导致相关可观察输入值无法取得或取得不切实可行的情况下，才能使用第三层次输入值，即不可观察输入值。但企业计量公允价值的目标仍应当保持不变，即从持有资产或承担负债的市场参与者角度确定资产或负债在计量日有序交易中的脱手价格。因此，企业使用不可观察输入值仍应当反映市场参与者给资产或负债定价时使用的假设，包括有关风险的假设，例如，特定估值技术及其输入值的固有风险的假设等。

企业在确定不可观察输入值时，应当使用在当前情况下可以合理取得的最佳信息，包括所有可合理取得的市场参与者假设。企业可在内部数据的基础上确定不可观察输入值，但如果有证据表明其他市场参与者将使用不同于企业内部数据的其他数据，或者这些企业内部数据是企业特定数据、其他市场参与者不具备企业相关特征（例如企业的协同效应）时，企业应当对其内部数据作出相应调整。

企业不必为获取关于市场参与者假设的信息而不计成本，但应当考虑所有可合理获得的有关市场参与者假设的信息。

如果市场参与者在对相关资产或负债定价时考虑了风险调整，则企业在公允价值计量时如果没有考虑该风险调整，那么该计量就不能代表公允价值。例如，当相关资产或负债（或类似资产或负债）的交易量或交易活动比正常市场交易活动显著下降，交易价格或报价无法代表该资产或负债的公允价值时，企业应当考虑风险调整。

企业遇到下列情形时，应当确定相关资产或负债的交易量或交易活跃程度是否出现大幅下降：

（1）最近几乎没有发生该资产或负债的交易；

（2）该资产或负债的报价信息不是基于当前信息；

（3）报价信息在一段时间内或在做市商之间（例如一些经纪人市场）变化极大；

（4）以往与该资产或负债公允价值高度相关的指数被证明与该资产或负债近期公允价值的指导价格不相关；

（5）与企业对期望现金流量的估计相比，在考虑了关于该资产或负债信用风险和其他不履约风险可获得的所有市场数据后，可观察交易或报价的隐含流动性风险溢价、收益率或业绩指标（如拖欠率或损失严重程度）大幅增加；

（6）出价和要价之间的价差很大或者大幅增加；

（7）该资产或负债（或者类似资产或负债）一级市场的交易活动大幅降低或不存在此类市场；

（8）几乎没有公开可获得的信息，例如一些交易活动由买卖双方直接进行。

相关资产或负债的交易量或交易活跃程度大幅下降的，企业可能需要改变估值技术或者使用多种估值技术，例如使用市场法和收益法。当权衡使用不同估值技术取得的公允价值计量结果时，企业应当考虑公允价值计量各种结果的合理性。即使相关资产或负债的交易量或活跃程度出现大幅下降，企业计量公允价值的目标仍应保持不变。如果资产或负债的交易量或交易活跃程度大幅下降，估计市场参与者在计量日按照当前市场情况愿意进行交易的价格，依赖于计量日的事实和环境，这需要企业进行判断。

例 39-24　A 企业在 2×21 年 1 月 1 日（证券发行日）购入 AAA 级住房抵押贷款的次级证券，作为交易性金融资产，并以公允价值进行后续计量。该次级证券在三个次级证券的优先次序中位列第二位。住房抵押贷款证券的基础担保品为 2×16 年 9 月 1 日签出的、无担保的住房抵押贷款。

在 2×21 年 12 月 31 日（计量日），该次级证券的评级为 A 级。该住房抵押贷款次级证券之前通过经纪人市场进行交易。但是，该市场中的交易量较少，在 2×21 年 1 月 1 日至 2×21 年 3 月 31 日之间每月仅发生过几宗交易，而在 2×21 年 12 月 31 日前 9 个月内几乎没有任何交易活动。A 企业在评价了相关因素的重要性和相关性之后，考虑到计量日前的较长一段期间内几乎没有任何交易活动，认为该住房抵押贷款次级证券的交易量或交易活跃程度已显著下降。

由于不存在采用市场法估值技术可依据的交易活动，A 企业决定使用收益法，通过折现率调整法来计量住房抵押贷款次级证券在计量日的公允价值。A 企业使用了住房抵押贷款证券的合同现金流量。A 企业随后估计对该合同现金流量进行折现的折现丰（即市场回报率）。市场回报率采用下列两项进行估计：

（1）无风险利率。

（2）针对可获得的市场数据与 A 企业投资的住房抵押贷款次级证券之间的差异进行的估计调整。该调整反映了市场参与者在计量日进行的有序交易中，按照当前市场状况对资产进行定价时，将考虑的预计不履约风险及其他风险（如违约风险、抵押品价值风险和流动性风险）的可获得的市场数据。

A企业在估计调整时考虑了下列信息：

（1）初始交易价格反映的该住房抵押贷款次级证券在发行日的信用利差。

（2）自发行日至计量日之间可比的住房抵押贷款证券的任何可观察价格或基于相关指数所反映的信用利差的变化。

（3）该住房抵押贷款次级证券相对于可比住房抵押贷款证券或指数的特征，包括下列各项：

①基础资产的质量，即有关基础抵押贷款的履约信息，例如拖欠率和止赎率、历史损失经验和提前偿付率；

②所持有的住房抵押贷款证券的优先次序；

③其他相关因素。

（4）分析师及信用评级机构发布的相关报告。

（5）由诸如经纪人或第三方报价机构提供的报价。

A企业估计，市场参与者在对该住房抵押贷款次级证券进行定价时，将使用的其中一个指导性市场回报率为12%（1 200个基点）。该市场回报率估计如下：

（1）2×21年12月31日无风险利率为300个基点，并以此为起点。

（2）针对该次级证券在2×21年1月发行时无风险利率的信用利差，加上250个基点。

（3）针对该次级证券自2×21年1月1日至12月31日的无风险利率信用利差的估计变动，加上700个基点。该估计是基于该期间内可获得的最具可比性指数的变动作出的。

（4）针对用于估计信用利差变动的指数与该次级证券之间的差异，作出减少50个基点（净值）的调整。所参考的指数包括次级抵押贷款，而A企业持有的住房抵押贷款次级证券由具有更高信用状况的类似抵押贷款构成（从而对市场参与者更具吸引力）。但是，该指数并未反映当前市场状况下该次级证券的流动性风险溢价。因此，50个基点的调整是下列两项调整相抵后的净值：

①第一项调整为350个基点的调减，该估计是通过比较2×20年3月住房抵押贷款证券的最近一期交易的内含收益率与相同日期的指数价格的内含收益率取得的。没有信息表明A企业的证券与该指数之间的关系已发生了变化。

②第二项调整为300个基点的调增，这是A企业在与相关指数比较后对其证券固有的额外流动性风险作出的最佳估计。该估计是考虑了一系列类似证券近期现金交易的内含流动风险溢价后得出的。

4. 公允价值计量结果所属的层次

公允价值计量结果所属的层次，由对公允价值计量整体而言重要的输入值所属的最低层次决定。企业应当在考虑相关资产或负债特征的基础上判断输入值的重要性。企业在进行重要性评估时，应当考虑公允价值计量本身，而不是考虑公允价值的变动以及这些变动的会计处理。企业应当在书面文件中记录其如何评估输入值对于公允价值计量的重要性，并一致应用该政策。

公允价值计量结果所属的层次，取决于估值技术的输入值，而不是估值技术本身。当企业使用的所有输入值都属于同一层次时，例如企业使用未经调整的活跃市场的报价计量公允价值，公允价值计量结果所属的层次就比较容易确定，但企业在公允价值计量中所使用的输入值可能会属于不同层次。在这种情况下，企业评价某一输入值对公允价值计量整体的重要性，需要职业判断，考虑与相关资产或负债有关的特定因素。

例 39-25 A公司持有B上市公司发行的股票期权，作为以公允价值计量且其变动计入当期损益的金融资产持有。根据该期权，A公司可以在2×23年12月31日，按每股5元的行权价格向B上市公司购买100万股普通股，而2×21年12月31日B上市公司普通股收盘价为4元/股。由于该期权无活跃市场公开报价，A公司管理层决定采用了布莱克－斯科尔斯期权定价模型确定该期权在2×21

年 12 月 31 日的公允价值，主要输入值有：即期价格、行权价格、期权期限、无风险利率、股价波动率、期望股息率。

A 公司在确定该期权公允价值过程中，用到了一种以上的输入值，例如波动率、期望股息率、无风险利率等。其中，无风险利率属于第二层次，波动率和期望股息率属于第三层次。由于波动率和期望股息率对于公允价值计量整体而言是重要的，则该期权的公允价值计量结果应当划入第三层次。

如果企业在公允价值计量中需要使用不可观察输入值对可观察输入值进行调整，并且该调整引起相关资产或负债公允价值计量结果显著增加或显著减少，则公允价值计量结果应当划入第三层次的公允价值计量。例如，企业拥有一家非上市公司 100 万股普通股股票，并将其作为其他权益工具投资持有。企业以市场法估计该金融资产的公允价值，如可从可比上市公司获得可观察的市场乘数，并在此基础上考虑一个流动性折价的调整因素。由于流动性折价为不可观察输入值，企业使用该流动性折价对可观察的企业价值 / 税息折旧及摊销前利润倍数进行调整，如果该调整对该金融资产的公允价值计量具有重大影响，那么公允价值计量结果应当被划入第三层次的公允价值计量。

企业在确定公允价值计量所属的层次时，不应考虑为取得基于公允价值的其他计量所作的调整，例如计量公允价值减去处置费用时的处置费用。

5. 第三方报价机构的估值

企业使用第三方报价机构（例如经纪人、做市商等）提供的出价或要价计量相关资产或负债公允价值的，应当确保该第三方报价机构提供的出价或要价遵循了本准则要求。企业应当综合考虑相关资产或负债所处市场的特点、交易是否活跃、是否有足够数量的报价方、报价方是否权威、报价是否持续等因素，对出价和要价的质量进行判断。

企业即使使用了第三方报价机构提供的估值，也不应简单将该公允价值计量结果划入第三层次输入值。企业应当了解估值服务中应用到的输入值，并根据该输入值的可观察性和重要性，确定相关资产或负债公允价值计量结果的层次。例如，第三方报价机构提供了相同资产或负债在活跃市场报价的，企业应当将该资产或负债的公允价值计量划入第一层次。

如果相关资产或负债的交易量或交易活跃程度出现大幅下降，企业应当评估第三方报价机构在形成报价过程中是否使用了反映有序交易的当前信息或是反映市场参与者假定（包括有关风险的假定）的估值技术。

企业在权衡作为公允价值计量输入值的报价时，应当考虑报价的性质，例如，报价是参考价格还是具有约束性的要约，对第三方报价机构提供的具有约束性要约的报价应赋予更多权重，并对不能反映交易结果的报价赋予较少权重。

八、非金融资产的公允价值计量

（一）非金融资产的最佳用途

企业以公允价值计量非金融资产，应当考虑市场参与者通过直接将该资产用于最佳用途产生经济利益的能力，或者通过将该资产出售给能够用于最佳用途的，其他市场参与者产生经济利益的能力。

最佳用途，是指市场参与者实现一项非金融资产或其所属的一组资产和负债的价值最大化时该非金融资产的用途。最佳用途是评估行业在非金融资产（例如，房地产等）评估中所使用的估值概念，也称为最高最佳使用。企业判定非金融资产的最佳用途，应当考虑该用途是否为法律上允许、实物上可能以及财务上可行的使用方式。

企业判断非金融资产的用途在法律上是否允许，应当考虑市场参与者在对该非金融资产定价时所考虑的资产使用在法律上的限制。企业在计量日对非金融资产的使用必须未被法律禁止，例如，如果政府禁止在生态保护区内进行房地产开发和经营，则该保护区内土地的最佳用途不可能是工业或商业用途的开发。

企业判断非金融资产的用途在实物上是否可能，应当考虑市场参与者在对该非金融资产定价时所考虑的资产实物特征，例如，一栋建筑物是否能够作为仓库使用。

企业判断非金融资产的用途在财务上是否可行，应当考虑在法律上允许且实物上可能的情况下，市场参与者通过使用该非金融资产能否产生足够的收益或现金流量，从而在补偿将该非金融资产用于这一用途所发生的成本之后，仍然能够满足市场参与者所要求的投资回报。

企业应当从市场参与者的角度确定非金融资产的最佳用途，即使企业已经或者计划将非金融资产用于不同于市场参与者的用途。通常情况下，企业对非金融资产的当前用途可视为最佳用途，除非市场因素或者其他因素表明市场参与者按照其他用途使用该非金融资产可以实现价值最大化。

例 39-26 A 软件公司拥有一组资产，包括收费软件资产（向客户收取许可证费用）和配套使用的数据库支持系统，这两项资产结合使用。2×21 年，由于市场上出现新的可替代软件，A 公司可收取的许可证费用大幅减少。

因此，A 公司需要对该资产组进行减值测试。为此，A 公司需确定该资产组公允价值减去处置费用后的净额。由于没有证据表明这些资产的当前用途并非其最佳用途，A 公司确定这些资产的最佳用途是其当前用途，并且每一项资产将主要通过与其他资产结合使用来为市场参与者提供最大价值。

假定市场参与者有两种类型，一种是同行业企业（如 A 公司的竞争对手），另一种是不具有互补性投资的投资公司。不同市场参与者对这些资产的不同使用，决定了不同市场参与者对各项资产具有不同定价。

（1）同行业企业：假定同行业企业拥有与软件资产配套使用的其他资产（即同行业企业具有协同效应）；软件资产只会在有限的过渡期内使用，且在过渡期结束时无法单挂出售。由于同行业企业拥有替代资产，软件资产将不会在其整个剩余经济寿命内被使用。同行业企业对软件资产和配套资产的定价分别为 370 万元、200 万元，整个资产组合的定价为 570 万元。这些价格反映了同行业企业使用该资产组合内这些资产所产生的协同效应。

（2）投资公司：假定投资公司未拥有与软件资产配套使用的其他资产以及软件资产的替代资产。由于投资公司无替代资产，软件资产将在其整个剩余经济寿命内被使用。投资公司对软件资产和配套资产的定价分别为 320 万元、200 万元，整个资产组合的运价为 520 万元。

根据上述分析，同行业企业愿意为整个资产组合支付的价格高于投资公司的价格，因此资产 A 资产 B 和软件资产的公允价值应基于同行业企业对整个资产组合的使用来确定(即 370 万元和 200 万元)。

例 39-27 2×21 年 12 月 1 日，A 公司在非同一控制下的吸收合并中取得一块土地的使用权。该土地在合并前被作为工业用地，一直用于出租。A 公司取得该土地使用权后，仍将其用于出租。A 公司以公允价值计量其拥有的投资性房地产。

2×22 年 3 月 31 日，邻近的一块土地被开发用于建造住宅，作为高层公寓大楼的住宅用地使用。由于本地区的区域规划自 2×22 年 1 月 1 日以来已经作出调整，A 公司确定，在履行相关手续后，可将该土地的用途从工业用地变更为住宅用地，因为市场参与者在对该土地进行定价时，将考虑该土地可作为住宅用地进行开发的可能性。

该土地的最佳用途将通过比较以下两项确定：

（1）该土地仍用于工业用途（即该土地与厂房结合使用）的价值。

（2）该土地作为用于建造住宅的空置土地的价值，同时应考虑为将该土地变为空置土地而必须发生的拆除厂房成本及其他成本。

该土地的最佳用途应根据上述两个价值的较高者来确定。假定该土地现时用于工业用途的价值是700万元，而用于建造住宅时其价值是1 000万元，同时，必须发生的拆除厂房成本及其他成本为150万元。因此该土地使用权的公允价值应当为850万元（1 000－150＝850万元＞700万元）。

例39-28 A公司根据与其债务人的债务重组协议，从债务人处取得一项研发项目。A公司为合理确定债务重组业务中产生的资产转让损益，需要估计该研发项目的公允价值。

A公司考虑到该项目一旦得以完成，将与A公司拥有的某项专利技术构成竞争，为确保其自身专利技术的优势，A公司决定不完成该研发项目，持有并封锁该研发项目，以防止其竞争对手获得该项技术。

A公司应当基于市场参与者假设，确定该研发项目的最佳用途，以确定该研发项目的公允价值。

（1）如果市场参与者将继续开发该项目，并且继续开发将实现利用该研发项目的资产组合或者资产和负债组合（即该资产将与其他资产或者其他资产和负债相结合使用）价值的最大化，则该研发项目的最佳用途是继续进行开发。如果市场参与者未拥有正在开发或商业化的类似技术，则属于上述这种情况。该项目的公允价值将基于在当前市场环境下出售该项目的交易价格来确定，同时假定该研发项目将与其配套资产及相关负债相结合使用，并且市场参与者能够获得配套资产及相关负债。

（2）如果出于竞争原因，市场参与者将封锁该研发项目，并且封锁将实现利用该研发项目的资产组合或者资产和负债组合价值的最大化，那么该研发项目的最佳用途是停止开发。如果市场参与者拥有处于更先进的开发阶段的技术，而该研发项目完成后将对其构成竞争，并且封锁该研发项目预期能够提升企业自身技术的发展前景，则属于上述这种情况。该研发项目的公允价值将基于在当前市场环境下出售该项目的交易价格来确定，同时假定该研发项目将与其配套资产及相关负债相结合使用（即被封锁），并且市场参与者能够获得配套资产及相关负债。

（3）如果市场参与者将不再对该研发项且进行开发，其最佳用途是停止开发。如果预期该项目完成后将不能提供合理的市场回报，并且封锁该项目也不能够提供防种性价值，则属于上述这种情况。该研发项目的公允价值将基于在当前市场环境单独出售该研发项目的交易价格来确定（可能为零）。

（二）非金融资产的估值前提

企业以公允价值计量非金融资产，应当在最佳用途的基础上确定该非金融资产的估值前提，即单独使用该非金融资产还是将其与其他资产或负债组合使用。

（1）通过单独使用实现非金融资产最佳用途的，该非金融资产的公允价值应当是将该资产出售给同样单独使用该资产的市场参与者的当前交易价格。

（2）通过与其他资产或负债组合使用实现非金融资产最佳用途的，该非金融资产的公允价值应当是将该资产出售给以同样组合方式使用资产的市场参与者的当前交易价格，并且假定市场参与者可以取得组合中的其他资产或负债。其中，负债包括企业为筹集营运资金产生的负债，但不包括企业为组合之外的资产筹集资金所产生的负债。最佳用途假定应当一致地应用于组合中所有与最佳用途相关的资产。

企业以公允价值计量非金融资产时，即使通过与其他资产或负债组合使用实现该非金融资产最佳用途的，该资产也必须按照与其他会计准则规定的计量单元相一致的方式（可能是单项资产）出售。因为假定市场参与者已取得使该资产正常运作的组合中其他资产和负债。例如，A公司在非同一控制下的企业合并中取得一台精密设备，该设备是被并购方生产流水线上的专用设备。该设备需要与流水线上其他设备一起组合使用实现最佳用途，在此基础上，A公司采用收益法对整个流水线进行估值。A公司按照一定标准，将该公允价值分配到各组成部分，最终确定该精密设备的公允价值。该精密设备作为单项资产，是其他准则所规定的计量单元，因此，A公司遵循最佳用途，以组合为基础进行估值但在计量时按照计量单元，将组合的估值分配至各单项资产，以确定该精密设备的公允价值。

企业以公允价值计量与其他资产（如安装或配置）或与其他资产及负债（如一项业务）组合使用的非金融资产时，估值前提对该非金融资产公允价值的影响因下列情况而有所不同：

（1）非金融资产与其他资产或负债组合使用前提下的公允价值，与该非金融资产单独使用前提下的公允价值可能相等。例如，企业以公允价值对持续运营的业务进行计量时，需要对业务的整体进行估值。由于市场参与者都能获得业务中每一项资产或负债的协同效应，所以无论资产单独使用还是与其他资产或负债组合使用，协同效应都会影响各项资产和负债的公允价值。

（2）非金融资产与其他资产或负债组合使用前提下的公允价值，可通过对单独使用的该非金融资产价值进行调整反映。例如，非金融资产是一台机器设备，其公允价值计量基于类似机器（没有为使用进行安装或配置）的可观察价格确定，并就运输和安装成本进行调整，从而在公允价值计量中反映了机器的当前状况和位置。

（3）非金融资产与其他资产或负债组合使用前提下的公允价值，可通过市场参与者在资产公允价值计量中采用的假设反映。例如，非金融资产是特殊的存货（在产品），市场参与者会将存货转化为产成品，该存货的公允价值将假设市场参与者已经获取或能够获取将存货转化为产成品所需的任何特殊机器设备。

（4）非金融资产与其他资产或负债组合使用前提下的公允价值，可通过估值技术反映。例如，在使用多期超额收益法计量无形资产的公允价值时，该估值技术特别考虑了无形资产所在组合中的其他配套资产和相关负债的贡献。

（5）在少数情况下，非金融资产与其他资产或负债组合使用前提下的公允价值，可通过分配资产组合的公允价值，获得近似于公允价值的金额。例如，某电力集团拟处置其拥有的一家电厂及其输电系统，对于该输电系统，难以脱离该电厂等其他相关资产而单独产生现金流入，因此该电力集团必须将电厂和输电系统组合在一起，先确定该资产组合的公允价值，然后从资产组合的公允价值中减去电厂的公允价值来确定输电系统的公允价值。

例 39-29 2×21 年 12 月 1 日，A 企业通过非货币性资产交换取得一项内部研发的软件资产以及与该软件资产结合使用的相关数据库。A 企业可通过向客户授予该软件资产的许可证取得收入。按照《企业会计准则第 7 号——非货币性资产交换》要求，A 企业应当确定该软件资产在 2×21 年 12 月 1 日的公允价值。

A 企业确定，该软件资产将通过与相关数据库结合使用来为市场参与者提供最大价值，并且没有证据表明该软件资产的当前用途不是最佳用途。因此，A 企业认为，该软件资产的最佳用途是其当前用途。在本例中，授予软件资产的许可证本身并未表明该资产的公允价值可通过该资产单独被市场参与者使用而实现最大化。

考虑到 A 企业无法获得关于可比软件资产的市场交易信息，因此 A 企业无法使用市场法。此外，该软件资产是利用专有信息开发的，其具有某些独有特征且不易被复制，A 企业确定市场参与者将无法研发出具有类似用途的替代软件资产，A 企业认为成本法也不适用。因此，A 企业采用收益法确定该软件资产的公允价值。

A 企业应用收益法时，将采用现金流量折现法。现金流量折现法所使用的现金流量反映了该软件资产在其经济寿命内预期产生的收入，即向客户收取的许可证收入。该方法所得出的公允价值为 520 万元。因此，A 企业估计该软件资产在 2×21 年 12 月 1 日的公允价值为根据收益法得出的 520 万元。

例 39-30 2×21 年 10 月 16 日（合并日），A 企业在非同一控制下的企业合并中获得一台可辨认的机器。按照《企业会计准则第 20 号——企业合并》的要求，A 企业需要估计该资产在 2×21 年 10 月 16 日的公允价值。被合并方最初通过外购取得该机器，并对该机器进行了小范围的特定配置，以适用于自身经营。A 企业自取得该机器后将其用于生产经营。

A 企业发现，该资产将在为使用安装或配置后通过与其他资产结合使用来为市场参与者提供最大价值，并且没有证据表明该机器的当前用途不是最佳用途。因此，该机器的最佳用途是与其他资产相结合的当前用途。

假定 A 企业可获得应用成本法和市场法的充分数据。考虑到 A 企业无法通过该机器取得单独可辨认收入作为未来现金流量的可靠估计，并且 A 企业无法获得类似二手机器的租赁费率（即资产剩余服务寿命内的租赁付款额）用以预测该机器的未来收入，因此，A 企业未使用收益法。

A 企业关于市场法和成本法的应用如下：

（1）A 企业应用市场法时，将采用类似机器的报价，并就该配置后的机器与类似机器之间的差异进行调整。A 企业考虑了该机器当前状况及地理位置。A 企业运用市场法确定该机器在 2×21 年 10 月 16 日的公允价值为 160 万元。

（2）A 企业应用成本法时，需要估计当前建造具有类似用途并且经过配置后的替代机器所需的金额。A 企业应当考虑机器的现状及其运行所处的环境，包括实体性损耗、功能性贬值、经济性贬值，以及安装成本。A 企业运用成本法确定该机器在 2×21 年 10 月 16 日的公允价值为 165 万元。

考虑到市场法所使用的输入值（类似机器的报价）仅需作出较少调整，A 企业认为市场法得出的估计值更能代表该机器的公允价值。因此，A 企业确定该机器在 2×21 年 10 月 16 日的公允价值为 160 万元。

如果对该机器的特定配置涉及范围较广，或者无法获得应用市场法的充分数据，A 企业将应用成本法。如果资产是与其他资产相结合使用，则成本法假设该机器将出售给拥有配套资产的市场参与者买方。出售机器所收到的价格（即脱手价格）应当不超过市场参与者买方为购置或建造具有类似用途的替代机器将发生的成本或者市场参与者买方通过使用该机器将获得的经济利益。

九、负债和企业自身权益工具的公允价值计量

企业以公允价值计量负债，应当假定在计量日将该负债转移给市场参与者，而且该负债在转移后继续存在，由作为受让方的市场参与者履行相关义务。同样，企业以公允价值计量自身权益工具，应当假定在计量日将该自身权益工具转移给市场参与者，而且该自身权益工具在转移后继续存在，并由作为受让方的市场参与者取得与该工具相关的权利承担相应的义务。

在任何情况下，企业都应当最优先使用相关的可观察输入值，只有在相关可观察输入值无法取得或取得不切实可行的情况下，才可以使用不可观察输入值，用以估计在计量日市场参与者之间按照当前市场情况转移一项负债或权益工具的有序交易中的价格。

（一）确定负债或企业自身权益工具公允价值的方法

1. 具有可观察市场报价的相同或类似负债或企业自身权益工具

如果存在相同或类似负债或企业自身权益工具可观察市场报价，企业应当以该报价为基础确定负债或企业自身权益工具的公允价值。

但在很多情况下，由于法律限制或企业未打算转移负债或企业自身权益工具等原因，企业可能无法获得转移相同或类似负债或企业自身权益工具的公开报价。

在上述情形下，企业应当确定该负债或自身权益工具是否被其他方作为资产持有。相关负债或企业自身权益工具被其他方作为资产持有的，企业应当在计量日从持有对应资产的市场参与者角度，以对应资产，的公允价值为基础，确定该负债或企业自身权益工具的公允价值；相关负债或企业自身权益工具没有被其他方作为资产持有的，企业应当从承担负债或者发行权益工具的市场参与者角度，采用估值技术确定该负债或企业自身权益工具的公允价值。

2. 被其他方作为资产持有的负债或企业自身权益工具

对于不存在相同或类似负债或企业自身权益工具报价但其他方将其作为资产持有的负债或企业自身权益工具，企业应当根据下列方法估计其公允价值：

（1）如果对应资产存在活跃市场的报价，并且企业能够获得该报价，企业应当以对应资产的报价为基础确定该负债或企业自身权益工具的公允价值。

（2）如果对应资产不存在活跃市场的报价，或者企业无法获得该报价，企业可使用其他可观察的输入值，例如对应资产在非活跃市场中的报价。

（3）如果（1）和（2）中的可观察价格都不存在，企业应使用收益法、市场法等估值技术。企业使用收益法的，应当考虑市场参与者将该负债或企业自身权益工具作为资产持有时预期收到的现金流量现值。企业使用市场法的，应当考虑其他市场参与者作为资产持有的类似负债或企业自身权益工具的报价。

对应资产的某些特征不适用于负债或企业自身权益工具的，企业应当对该资产的市场报价进行调整，以调整后的价格确定该负债或企业自身权益工具的公允价值。这些调整因素包括：

（1）对资产的出售受到限制。

（2）与对应资产相关的负债或企业自身权益工具与所计量负债或企业自身权益工具类似但不相同。负债或权益工具可能具有一些特征，例如发行方的信用质量，与被作为资产持有的类似负债或权益工具的公允价值中反映的特征不同。

（3）对应资产的计量单元与负债或企业自身权益工具的计量单元不完全相同。如果对应资产的价格反映了相关债权和第三方信用增级，而负债的计量单元不包括第三方的信用增级，则企业在以公允价值计量该负债时，应当调整对应资产的可观察价格，剔除第三方信用增级的影响。

（4）其他需要调整的因素。

例 39-31 2×21 年 3 月 5 日，A 企业发行了面值总额为 4 000 万元的 AA 级 15 年期固定利率债券，面值为 100 元，票面年利率为 10%。A 企业将该金融负债指定为以公允价值计量且其变动计入当期损益的金融资产。

该债券在中国银行间债券市场具有大量交易。2×21 年 12 月 31 日，每百元面值在考虑应计利息付款额后的交易价格为 95 元。A 企业使用该债券的活跃市场报价估计其负债的公允价值。

A企业在确定该债券的活跃市场报价是否代表负债的公允价值时，应当评估债券的报价是否包含不适用于负债公允价值计量的因素的影响，例如，债券的报价是否包含了第三方信用增级的影响。A企业确定无需对资产的报价进行任何调整。据此，A企业认为，该负债在2×21年12月31日的公允价值为3 800万元［4 000×（95÷100）］。

3. 未被其他方作为资产持有的负债或企业自身权益工具

不存在相同或类似负债或企业自身权益工具报价，并且其他方未将其作为资产持有的，企业应当从承担负债或者发行权益工具的市场参与者角度，采用估值技术确定该负债或企业自身权益工具的公允价值。即使不存在对应资产（如弃置义务），企业也可使用估值技术计量该负债的公允价值，例如，市场参与者预期在履行义务时将发生的未来现金流出的现值。

企业使用现金流量折现法计量未被其他方作为资产持有的负债的公允价值时，应当估计市场参与者为履行相关义务预期流出的未来现金流量。这些流出的未来现金流量应当包括市场参与者关于履行义务成本的预期以及市场参与者为承担义务所要求的补偿。该补偿包括市场参与者承担履约义务（即履行义务的价值，例如使用了本可用于其他用途的资源）所要求的回报，以及承担与该义务相关风险（即反映实际现金流出可能不同于预期现金流出风险的风险溢价）所要求的回报。企业可通过增加现金流出金额，或者通过降低用于将未来现金流量折现到现值的折现率，将风险溢价反映在未被其他方作为资产持有的负债或企业自身权益工具的公允价值计量中。企业应确保不重复计算或忽略对风险的调整，例如，企业已考虑与承担义务相关的风险补偿，并增加了预计现金流量，则不应再为反映该风险而调整折现率。

企业采用现金流量折现法计量公允价值时，还应当考虑市场参与者在主要市场（或最有利市场）中发行相同合同条款的负债或权益工具时对相同项目（如具有相同信用特征的项目）进行定价时使用的假设，承担相同负债或发行相同权益工具所取得的金额。

例 39-32 A 商业银行于 2×21 年 1 月 1 日发行了面值为 20 亿元的 AAA 级 5 年期固定利率债券，票面利率为 10%。A 商业银行将该金融负债指定为以公允价值计量且其变动计入当期损益的金融负债。

2×21 年 12 月 31 日，A 商业银行的信用评级仍是 AAA。自该债券发行以来，包括可获得的利率、具有 AAA 信用评级债券的信用利差及流动性在内的市场情况并未发生改变。但是，由于其不履约风险的变化，A 商业银行信用利差下降了 50 个基点。在考虑所有市场情况后，A 商业银行认为，如果该债券在 2×21 年 12 月 31 日发行，其利率将为 10.5%，或者 A 商业银行发行该工具所取得的收入将低于其面值。

A 商业银行使用现金流量折现法确定其负债的公允价值。A 商业银行认为，市场参与者将使用下列所有输入值估计其承担 A 商业银行义务时预计将会收到的价格：

（1）债券条款，包括所有下列各项：① 10% 的票面利率；② 10 亿元的本金金额；③ 4 年的期限。

（2）10.5% 的市场利率（其包含自发行日以来不履约风险导致的 50 个基点的变动）。A 商业银行使用现金流量折现法，确定该负债在 2×21 年 12 月 31 日的公允价值为 19.7 亿元。

本例中，A 商业银行认为其利率已经反映了市场参与者因承担该负债而就风险或利润要求的补偿，因此 A 商业银行并未针对市场参与者因承担该负债而就风险或利润要求的补偿在其现金流量折现法中纳入任何额外的输入值。

例 39-33　2×21 年 1 月 1 日，A 企业通过非同一控制下的企业合并取得 B 公司的控制权。B 公司为在东海海域开采石油，建立了一个钻井平台，并于 2×21 年 1 月 1 日投入使用。根据相关法律要求，B 公司在东海海域钻井平台寿命期结束后将其拆除，该平台的寿命期预计为 10 年。A 企业为编制合并日资产负债表，需要估计各可辨认资产和负债的公允价值。

A 企业使用期望现金流量法来计量该弃置义务的公允价值。承担该弃置义务的市场参与者使用下列输入值估计预计将会收到的价格，适当时使用其加权平均数：

（1）人工成本。

（2）间接费用的分摊。

（3）市场参与者因实施相关活动及承担与拆除该资产相关的风险而要求的补偿。此类补偿包括下列两项：①来自人工成本和间接费用的利润；②实际现金流出可能不同于预计现金流出的风险，不包括通货膨胀影响。

（4）通货膨胀对估计的成本和利润的影响。

（5）货币时间价值，通过无风险利率反映。

（6）与 A 企业不履行义务风险相关的不履约风险，包括 A 企业自身信用风险。

基于市场参与者将考虑的上述输入值，A 企业以公允价值计量该弃置义务所使用的重大假设如下：

（1）人工成本依据当前市场条件下聘请承包商拆除海上钻井平台的薪酬水平确定，并就预期未来薪酬增长进行调整。A 企业对估计区间内的现金流量值进行评估，如表 39-10 所示：

表 39-10　可能的现金流量及概率

单位：万元

现金流量估计值	概率	期望现金流量
20 000	20%	4 000
25 000	50%	12 500
30 000	30%	9 000
总计	100%	25 500

其中，概率评估是基于 A 企业履行此类义务的经验及其对市场的了解而确定的。

（2）A 企业采用人工成本的一定比率（预计为人工成本的 75%）估计应分摊的间接费用和设备运行成本。这与市场参与者的成本结构相符。

（3）A 企业估计市场参与者实施相关活动及承担与拆除该资产相关的风险而要求的补偿如下：

①第三方承包商通常对人工成本及分摊的内部成本进行加成以保证工程的利润率。所使用的利润率（15%）反映了 A 企业对业内承包商拆除海上钻井平台通常赚取的经营利润的了解。A 企业认为该利润率与市场参与者就实施相关活动而要求的补偿率一致。

②由于为可能在 10 年内都不会进行的项目锁定当前价格存在固有不确定性，承包商通常要求就实际现金流出可能不同于预计现金流出的风险作出补偿。A 企业估计溢价金额为期望现金流量的 5%，并包括了通货膨胀的影响。

（4）A 企业根据可获得的市场数据，假设 10 年期间的通货膨胀率为 4%。

（5）2×21 年 1 月 1 日，10 年期无风险利率为 5%。A 企业为反映不履约风险，在无风险利率基础上增加 3.5%。因此，用于计算现金流量现值的折现率为 8.5%。

A 企业认为上述假设与市场参与者的假设是一致的。如表 39-11 所示，A 企业估计该弃置义务在 2×21 年 1 月 1 日的公允价值为 35 277.90 万元。

表 39-11　A 企业估计弃置义务的公允价值

金额单位：万元

（1）预计人工成本	25 500.00
（2）分摊的间接费用和设备成本＝0.75×（1）	19 125.00
（3）承包的利润加成＝0.15×［（1）＋（2）］	6 693.75
（4）通货膨胀调整前的期望现金流量＝（1）＋（2）＋（3）	51 318.75
（5）10 年 4% 通货膨胀率系数	1.480 2
（6）通货膨胀调整后的期望现金流量＝（4）×（5）	75 962.01
（7）市场风险溢价＝0.05×（6）	3 798.10
（8）市场风险调整后的期望现金流量＝（6）＋（7）	79 760.11
（9）折现率系数（8.5%）	0.442 3
（10）折现后的期望现值＝（8）×（9）	35 277.90

（二）不履约风险

企业以公允价值计量相关负债，应当考虑不履约风险，并假定不履约风险在负债转移前后保持不变。不履约风险，是指企业不履行义务的风险，包括但不限于企业自身信用风险。

企业以公允价值计量相关负债时，应该考虑其信用风险（信用状况）的影响，以及其他可能影响负债履行的因素。这些因素的影响会因不同负债而有所不同，例如，该负债是否是一项偿付现金的义务（金融负债）或者一项提供商品或服务的义务（非金融负债），或者存在与该负债相关的信用增级条款。

企业以公允价值计量相关负债，应当基于该负债计量单元考虑不履约风险对负债公允价值的影响。负债附有不可分割的第三方信用增级（如第三方的债务担保），并且该信用增级与负债是分别进行会计处理的，企业估计该负债公允价值时不应考虑该信用增级的影响，而仅应当考虑企业自身的信用状况。

例 39-34　A 企业的信用评级为 AA，可以 6% 的利率在市场上取得借款。B 企业的信用评级为 BBB，可以 12% 的利率在市场上取得借款。2×21 年 5 月 12 日，A、B 企业分别与 C 商业银行订立了一项借款合同，约定在2×26年5月11日各自向C商业银行一次性偿还借款本金和利息500万元。根据A、B企业与C商业银行签订的合同，A企业于2×21年5月12日收到374万元（500万元在5年内按6%进行折现后的现值）；而B企业于2×21年5月12日收到284万元（500万元在5年内按12%进行折现后的现值）。A企业和B企业相关负债的公允价值（即所取得的借款额）均考虑了其信用状况。

例39-35　2×21年1月1日，信用评级为AA的A商业银行向B企业发行了5年期固定利率的结构化票据。

A商业银行在票据到期时应支付的合同本金与股票指数挂钩。不存在与该合同一起发行或与其相关的任何信用增级，即未提供任何抵押且不存在任何第三方担保。

A商业银行将该票据指定为以公允价值计量且其变动计入当期损益的金融负债。2×21年A商业银行采用期望现金流量法计量该票据（负债）的公允价值。

（1）2×21年1月1日的公允价值。A商业银行应当按2×21年1月1日的国债收益率曲线的无风险利率加上当前市场可观察的AA级公司债券与国债之间的利差，对期望现金流量进行折现，如果该现金流量未反映不履约风险，还应就A商业银行的特定信用风险进行调整（上调或下调），即取得经信用调整的无风险利率。因此，由于现金流入反映了信用风险，A商业银行在初始确认时考虑了不履约风险，包括其信用风险。

（2）2×21年3月31日的公允价值。在2×21年3月期间，AA级公司债券的利差增大，而A商业银行的特定信用风险则保持不变。A商业银行应当按2×21年3月31日的国债收益率曲线的无风险利率加上当前市场可观察的AA级公司债券与国债之间的利差，对期望现金流量进行折现，如果不履约风险没有体现在该现金流量中，还应就A商业银行的特定信用风险进行调整，即取得经信用调整的无风险利率。由于A商业银行的特定信用风险自初始确认后没有发生变化，因此，A商业银行负债的公允价值变动由信用利差的总体变动所致。信用利差的变动反映了当前市场参与者关于不履约风险的总体变化、流动性风险变化及承担这些风险要求获得的补偿等假设。

（3）2×21年6月30日的公允价值。截至2×21年6月30日，AA级公司债券的利差没有发生变化。但是，根据已发行的结构化票据及其他定性信息，A商业银行确定其自身信用状况得到增强。A商业银行应当按2×21年6月30日的国债收益率曲线的无风险利率加上当前市场可观察的AA级公司债券与国债之间的利差（自2×21年3月31日以来并未发生变化），对期望现金流量进行折现，如果不履约风险没有体现在该现金流量中，还应就A商业银行的信用风险进行调整，即取得经信用调整的无风险利率。因此，A商业银行债务的公允价值变动是由自身信用风险变化所导致。

（三）负债或企业自身权益工具转移受限

企业以公允价值计量负债或自身权益工具，并且该负债或自身权益工具存在限制转移因素的，如果企业在公允价值计量的输入值中已经考虑了这些因素，则不应再单独设置相关输入值，也不应对其他输入值进行相关调整。

例如，债权人和债务人在交易日完全了解相关义务包含转移限制的情况，并接受负债的交易价格。由于交易价格已包含转移限制，企业不需要在交易日或后续计量日通过重新设立单独输入值或者对现有输入值的调整来反映转移限制的影响。

但对于负债转移的限制未反映在交易价格或用于计量公允价值的其他输入值中的，企业应当对输入值进行调整，以反映该限制。

（四）具有可随时要求偿还特征的金融负债

具有可随时要求偿还特征的金融负债的公允价值，不应低于债权人要求偿还时的应付金额，即从可要求偿还的第一天起折现的现值。

例如，对于银行而言，其吸收的客户活期存款是具有可随时要求偿还特征的金融负债，反映了银行需根据存款人需求随时偿还现金给存款人或者存款人指定的第三方的合同义务。

在许多情况下，此类金融负债可观察的市场价格是客户与银行之间产生此类负债时所使用的价格，即要求偿还的金额。企业不应将具有可随时要求偿还特征的金融负债的公允价值确认为低于要求偿还时的应付金额，否则，这一做法将使此类金融负债因在初始确认时以低于随时要求偿还的金额计量而立即产生一项利得。该结果显然不合理。因此，公允价值计量准则规定，具有可随时要求偿还特征的金融负债的公允价值，不应低于债权人要求偿还时的应付金额。

十、市场风险或信用风险可抵销的金融资产和金融负债的公允价值计量

企业持有一组金融资产和金融负债时，将会面临市场风险（包括利率风险、货币风险和其他价格风险等）和交易对手的信用风险。通常情况下，企业不是通过“出售”金融资产或“转移”金融负债来管理其面临的市场风险及信用风险敞口，而是基于一个或多个特定市场风险或特定交易对于信用风险的净敞口管理这些金融工具。

企业基于其市场风险或特定交易对于信用风险的净敞口来管理其金融资产和金融负债时，在满足本准则要求的情况下，可以在当前市场情况下市场参与者之间于计量日进行的有序交易中，以出售特定风险敞口的净多头（即资产）所能收到的价格或转移特定风险敞口的净空头（即负债）所需支付的价格为基础，计量该组金融资产和金融负债的公允价值。企业应当以与市场参与者在计量日对净风险敞口定价相一致的方式，计量一组金融资产和金融负债的公允价值。

关于组合管理的金融资产和金融负债的列报，企业应当遵循其他相关会计准则。例如，如果相关会计准则不允许金融工具以净额为基础列报，企业在资产负债表中应当分别列报金融资产和金融负债。在这种情况下，企业需要将以净风险敞口为基础组合管理的金融资产和金融负债组合的公允价值分配至各金融资产和金融负债。企业应当合理、一贯地采用适合于当前情况的方法进行分配。

（一）金融资产和金融负债组合计量的条件

企业按照本准则的例外规定以公允价值计量金融资产和金融负债组合的，应当同时满足下列条件：

（1）企业在风险管理或投资策略的正式书面文件中载明，以特定市场风险或特定对于信用风险的净敞口为基础，管理金融资产和金融负债的组合。企业应当提供证据，以证明其一致地基于市场风险或信用风险的净敞口管理金融工具。因为企业可能在各期间针对特定投资组合保持一致的管理，也可能在有些期间针对该投资组合运用净额基础，而在其他期间运用总额基础。

（2）企业以特定市场风险或特定对于信用风险的净敞口为基础，向企业关键管理人员报告金融资产和金融负债组合的信息。

（3）企业在每个资产负债表日持续以公允价值计量组合中的金融资产和金融负债。企业应当（或者已选择，例如应用公允价值选择权）持续以公允价值计量这些金融工具。企业并未以净额基础管理风险敞口，或并未基于公允价值管理这些金融工具的，不应基于企业的净风险敞口来计量这些金融工具的公允价值。

公允价值计量准则的例外要求仅适用于符合上述条件的，并由《企业会计准则第 22 号——金融工具确认和计量》规范的金融资产、金融负债和其他合同的公允价值计量。

（二）金融资产和金融负债的市场风险敞口

企业以公允价值计量基于特定市场风险的净敞口管理的金融资产和金融负债的，应当对市场风险净敞口使用价差（出价－要价）内最能代表当前市场环境下公允价值的价格。

企业以公允价值计量基于特定市场风险的净敞口管理的金融资产和金融负债的。

金融资产和金融负债应当具有实质上相同的特定市场风险敞口。例如，企业不会对与金融资产相关

的利率风险和与金融负债相关的商品价格风险进行结合管理，因为这样的做法不会减小企业利率风险或商品价格风险的敞口。企业运用该规定的，应当考虑由于市场风险参数不完全相同所引起的基差风险。

企业会因基差风险不同而选择不同的市场风险输入值。因此，企业对金融资产和该金融负债进行组合管理的，如果不能缓解金融资产面临的市场风险和金融负债面临的其他市场风险，则不应运用该规定。

类似地，企业以公允价值计量基于特定市场风险的净敞口管理的金融资产和金融负债的，金融资产和金融负债应当具有实质上相同的特定市场风险的期限。因期限不同而导致在一段时期市场风险未被抵销的，企业应当分别计量其在市场风险被抵销时期的市场风险净敞口，以及在其他时期（即市场风险未被抵销的时期）的市场风险总敞口。例如，企业使用 12 个月的期货合同对应 5 年期金融工具中与 12 个月利率风险敞口价值相关的现金流量，对于由这些金融资产和金融负债组成的组合，企业以净额为基础计量 12 个月利率风险敞口的公允价值，以总额为基础计量剩余利率风险敞口（即第 2 年至第 5 年）的公允价值。

（三）金融资产和金融负债的信用风险敞口

企业以公允价值计量相关资产或负债，如果已与交易对手达成了在出现违约情况下将考虑所有能够缓释信用风险敞口的安排（例如，与交易对手订立的总互抵协议，或者要求基于各方对另一方信用风险的净敞口交换担保品的协议），则应在公允价值计量中考虑交易对于信用风险的净敞口或者该交易对于对企业信用风险的净敞口。企业以公允价值计量相关资产或负债，应当反映市场参与者对这些安排在出现违约情况下能够依法强制执行的可能性的预期。

企业为管理一个或多个特定市场风险净敞口而进行组合管理的金融资产和金融负债，可以不同于企业为管理其特定交易对手信用风险净敞口而进行组合管理的金融资产和金融负债，因为企业所有合同不可能均与相同的交易对手订立。

十一、公允价值披露

企业应当披露在公允价值计量中所使用的估值技术和输入值，以及在持续的公允价值计量中使用的重大不可观察输入值及其对当期损益或其他综合收益的影响，以使财务报表使用者能够作出合理评价。

企业应当根据所处的市场环境，考虑公允价值披露的详尽程度、重要程度、汇总或细化程度，以及是否需要向报表使用者提供额外信息，以帮助这些使用者评价公允价值披露的量化信息。

企业在进行公允价值披露时，应当区分持续的公允价值计量和非持续的公允价值计量，并适用不同的披露要求。持续的公允价值计量，是指其他相关会计准则要求或允许企业在每个资产负债表日持续以公允价值进行的计量，例如对交易性金融资产公允价值的计量。非持续的公允价值计量，是指其他相关会计准则要求或允许企业在特定情况下的资产负债表中以公允价值进行的计量，例如对持有待售的非流动资产公允价值的计量。

企业以公允价值计量市场风险或信用风险可抵销的金融资产和金融负债组合的，应当披露该事实。对于以公允价值计量并且附有不可分割的第三方信用增级的负债，企业应当披露该信用增级，并说明该负债的公允价值计量中是否已反映该信用增级。企业应当以表格形式披露本准则要求的量化信息，除非其他形式更恰当。

（一）对相关资产或负债进行分组

企业应当根据相关资产或负债的性质、特征、风险以及公允价值计量的层次，对相关资产或负债进行恰当分组，并按照组别披露公允价值计量的相关信息。相关资产或负债的组别通常是在资产负债表列报项目基础上根据相关资产或负债的性质、特征、风险以及公允价值计量的层次（如估值技术、输入值或其他事项等）进一步细化。企业应当披露各组别与资产负债表列报项目之间的调节信息。对于第三层次公允价值计量，企业应当更加细化地披露，以充分反映第三层次公允价值计量涉及的不确定性和主观性。

其他相关会计准则明确规定了相关资产或负债组别且其分组原则符合本准则规定的，企业可直接使用该组别提供相关信息。

公允价值计量准则对已确认的公允价值计量有不同的披露要求，这取决于这些公允价值计量是持续的还是非持续的。因此，企业在进行公允价值披露时，应当区分持续的公允价值计量和非持续的公允价值计量，并适用不同的披露要求。对于持续和非持续的公允价值计量，企业至少应提供各组资产或负债的定量信息，具体披露格式如表 39-12 所示。

表 39-12　公允价值披露格式

项目	×× 年末	第一层次公允价值计量	第二层次公允价值计量	第三层次公允价值计量	合计
一、持续的公允价值计量					
1.					
……					
二、非持续的公允价值计量					
1.					
……					

注：企业可以根据本准则的规定，并结合自身实际情况，对具体项目作相应调整。除非存在企业认为更适合的格式，否则负债将采用类似的表格列报。

（二）第一层次公允价值计量信息的披露要求

对于持续和非持续的公允价值计量，企业应当披露第一层次公允价值计量中所属项目及其金额。具体披露见表 39-12。

（三）第二层次公允价值计量信息的披露要求

对于持续和非持续的第二层次公允价值计量，企业应当披露第二层次公允价值计量中所属项目及其金额，以及在公允价值计量中使用的估值技术和输入值的描述性信息。当变更估值技术时，企业还应当披露这一变更以及变更的原因。关于第二层次公允价值计量中所属项目及其金额，具体披露见表 39-12。

企业披露的估值技术和输入值的描述性信息通常包括：

（1）是否存在可供企业选择的其他估值技术，如果存在，企业是如何在这些估值技术中进行选择的。

（2）企业所选估值技术可能存在的风险或缺陷。

（3）根据市场价格校准估值模型的方法和频率。

（4）对使用第三方报价机构估值的描述，如获得多少个报价、使用了哪一个第三方报价机构的估值、为何选择该报价机构等。

（5）企业采用类似资产或负债的报价对相关资产或负债进行公允价值计量的，如何根据相关资产或负债的特征调整该报价。

（6）企业使用估值模型以外因素对模型进行调整的，描述这些因素是什么，以及如何进行调整。

（四）第三层次公允价值计量信息的披露要求

（1）对于持续和非持续的第三层次公允价值计量，企业应当披露第三层次公允价值计量中所属项目及其金额。

（2）对于持续和非持续的第三层次公允价值计量，企业应当披露在公允价值计量中使用的估值技术和输入值的描述性信息。当变更估值技术时，企业还应当披露这一变更以及变更的原因。

由于第三层次公允价值计量相比第二层次公允价值计量主观性更强，企业应当参照第二层次公允价值计量对估值技术和输入值的描述性要求，披露更多信息，以帮助财务报表使用者更好地理解企业在公允价值计量中所作的判断和假设。

企业应当披露公允价值计量中使用的重要的、可合理取得的不可观察输入值的量化信息。在公开信息无法获取或获取不切实可行的情况下，企业披露这些信息，将有助于财务报表使用者了解公允价值计量所隐含的不确定性。

如果企业是直接应用第三方报价机构提供的报价或以前交易的实际交易价格，并且未进行任何调整，考虑到企业未参与设定该数量化的不可观察输入值，企业可以不披露相关不可观察输入值的定量信息。但企业不能忽略在公允价值计量中使用的、并且可合理取得的数量化的不可观察输入值。

为帮助财务报表使用者评价所披露的定量信息，企业可考虑披露以公允价值计量的项目的性质，包括在确定相关输入值时所考虑的相关资产或负债的特征，以及在计量公允价值时如何考虑经纪人或定价服务机构报价等第三方信息。

对于持续和非持续的公允价值计量，对于重要的、可合理取得的不可观察输入值的量化信息，企业可以采用表格形式披露相关信息，具体披露格式如表 39-13 所示。

表 39-13　第三层次公允价值计量的定量信息

项目	×× 年年末的公允价值	估值技术	不可观察输入值	范围区间（加权平均值）
权益工具投资		现金流量折现法	加权平均资本成本	
			长期收入增长率	
			长期税前营业利润	
			流动性折价	
			控制权溢价	
		上市公司比较法	流动性折价	
			控制权溢价	
债务工具投资		现金流量折现法	提前偿付率	
			违约概率	
			违约损失率	
衍生金融资产		期权定价模型	波动率	
			交易对手信用风险	
			自身信用风险	
出租的建筑物		现金流量折现法	长期净营业收入利润率	
			计算资产余值所使用的利率	

注：企业可以根据本准则的规定，并结合自身实际情况，对具体项目作相应调整。除非存在企业认为更适合的格式，否则负债将采用类似的表格列报。

（3）对于持续和非持续的第三层次公允价值计量，企业应当披露估值流程的描述性信息，如企业如何确定其估值政策、估值程序以及分析各期间公允价值计量的变动等。企业在披露估值流程的描述性信息时，通常包括下列信息：

①企业内部有专门的团队负责估值政策和估值流程的，应当披露企业内部如何决定估值政策以及估值流程的描述性信息。

②风险管理部门或审计委员会等是否定期讨论和评估公允价值计量，并且这些讨论和评估是如何进行的。

③各期间公允价值计量变动分析等。

（4）对于持续的第三层次公允价值计量，企业应当披露期初余额与期末余额之间的调节信息，包括计入当期损益的已实现利得或损失总额，以及确认这些利得或损失时的损益项目；期末持有资产或负债计入当期损益的未实现利得或损失总额，以及确认这些未实现利得或损失时的损益项目；计入当期其他综合收益的利得或损失总额，以及确认这些利得或损失时的其他综合收益项目；购买、出售、发行和结算以及转入、转出等情况。

对于划入第三层次的持续的公允价值计量，企业应当披露每组资产或负债如何从期初余额调节至期末余额。企业可以采用表格形式披露相关信息，具体披露格式如表 39-14 所示。

表 39-14　第三层次公允价值计量

项目	期初余额	转入第三层次	转出第三层次	当期利润或损失总额		购买、发行、出售和结算				期末余额	对于在报告期末持有的资产，计入损益的当期未实现利得或损失的变动
				计入损益	计入其他综合收益	购买	发行	出售	结算		

其中，计入当前损益的利得和损失中与金融资产和非金融资产有关的损益信息的披露如表 39-15 所示。

表 39-15　与金融资产和非金融资产有关损益信息的披露

项目	与金融资产有关损益	与非金融资产有关损益
计入损益的当期利得或损失总额		
对于在报告期末持有的资产，计入损益的当期未实现利得或损失的变动		

（5）对于持续的第三层次公允价值计量，企业改变不可观察输入值可能导致公允价值显著变化的，应当按照相关资产或负债的类别披露有关敏感性分析的描述性信息。企业应当根据净利润、总资产或总负债，或者公允价值变动在其他综合收益中确认情况下的所有者权益判断该变化的显著性。

当这些可能导致公允价值显著变化的输入值与企业使用的其他不可观察输入值之间具有相关关系

时，企业应当描述这种相关关系及其影响，其中不可观察输入值至少应当包括对公元价值计量而言重要的不可观察输入值。

对于金融资产和金融负债，企业为反映合理、可能的其他假设而变更一个或多个不可观察输入值导致公允价值显著变化的，还应当披露这一事实、变更的影响金额及其计算方法。为此，企业应当根据净利润、总资产或总负债，或者公允价值变动在其他综合收益中确认情况下的所有者权益判断该变化的显著性。

例如，对于以公允价值计量的住房抵押贷款证券，企业将会用到提前偿付率、违约率和违约损失率等重大不可观察输入值。每一项输入值的变动将导致该证券公允价值计量值显著变化。通常，企业关于违约率假设的变动将会导致有关违约损失率假设的同方向变动，并导致有关提前偿付率假设的反方向变动。

（五）公允价值计量各层次之间转换的披露要求

对于持续的公允价值计量，企业应当披露在公允价值计量各层次之间转换的金额和原因。无论各层次之间转换的金额是否重大，企业都应当披露转入或转出第一、第二、第三层次的金额，以有助于财务报表使用者分析企业未来的流动性风险和企业对公允价值计量相对主观性的风险敞口，并且每一层次的转入与转出应当分别披露。

企业应当披露确定各层次之间转换时点的政策。企业确定转换时点的政策应至少包括以下内容：

（1）导致各层次发生转换的事件或情况变化的日期。

（2）报告期期初。

（3）报告期期末。

企业调整公允价值计量层次转换时点的相关会计政策，应当一致地应用于转出的公允价值计量层次和转入的公允价值计量层次，并在前后各会计期间保持一致。

（六）非金融资产最佳用途不同于当前用途的披露要求

对于持续和非持续的公允价值计量，非金融资产的最佳用途与其当前用途不同的，企业应当披露这一事实及其原因。企业披露该信息有助于报表使用者了解企业有关该非金融资产的使用方式以及与企业战略和经营计划的契合方式，能够为财务报表使用者提供预测未来现金流量的有用信息。

（七）不以公允价值计量但以公允价值披露项目的披露要求

对于不以公允价值计量但以公允价值披露的资产和负债，企业应当披露下列信息：

（1）公允价值计量结果所属的层次。

（2）对于第二层次公允价值计量，披露使用的估值技术和输入值的描述性信息。当变更估值技术时，披露这一变更以及变更的原因。

（3）对于第三层次公允价值计量，披露使用的估值技术和输入值的描述性信息。当变更估值技术时，披露这一变更以及变更的原因。

（4）非金融资产最佳用途与其当前用途不同的，披露这一事实及其原因。

十二、新旧衔接

（1）首次执行企业会计准则，遵照《企业会计准则第38号——首次执行企业会计准则》的相关规定，详见本书第三十八章。

（2）在本准则施行日之前已经执行企业会计准则的企业，本准则施行日之前的公允价值计量与本准则要求不一致的，企业不作追溯调整。比较财务报表中披露的本准则施行日之前的信息与本准则要求不一致的，企业不需要按照本准则的规定进行调整。

第四十章
合营安排

一、合营安排准则的适用范围

《企业会计准则第 40 号——合营安排》（以下简称合营安排准则）明确提出了合营安排的定义，规定了合营安排的认定与分类的原则和方法、并规范了各参与方在合营安排中利益份额的会计处理，适用于符合合营安排定义的各项安排，包括共同经营和合营企业。

当认定风险资本组织、共同基金、信托公司或包括投连险基金在内的类似主体在合营企业中拥有权益时，考虑到对这些主体所持有的投资以公允价值计量比采用权益法核算能够为财务报表使用者提供更有用的信息，允许这些主体对持有的在合营企业中的权益，按照《企业会计准则第 22 号——金融工具确认和计量》以公允价值计量，且其变动计入损益。这种例外规定是计量方面的豁免，而不是将这些主体拥有在合营企业中的权益排除在本准则的范围之外。

合营方在合营安排中权益的披露，适用《企业会计准则第 41 号——在其他主体中权益的披露》及其应用指南。当一项安排因不存在共同控制，从而被排除在本准则范围之外时，主体应根据相关企业会计准则，例如，《企业会计准则第 2 号——长期股权投资》《企业会计准则第 22 号——金融工具确认和计量》《企业会计准则第 33 号——合并财务报表》等相关准则，对其在安排中的权益进行会计处理。本准则与其他相关准则之间的关系如图 40-01 所示：

二、合营安排概述

（一）合营安排的定义

合营安排是指一项由两个或两个以上的参与方共同控制的安排。对合营安排享有共同控制的参与方（分享控制权的参与方）被称为“合营方”；对合营安排不享有共同控制的参与方被称为“非合营方”。

合营安排具有下列特征：各参与方均受到该安排的约束，两个或两个以上的参与方对该安排实施共同控制，详细说明如下：

1. 各参与方受到该安排的约束

合营安排通过相关约定对各参与方予以约束。相关约定，是指据以判断是否存在共同控制的一系列具有执行力的合约。在形式上，相关约定通常包括合营安排各参与方达成的合同安排，如合同、协议、会议纪要、契约等，也包括对该安排构成约束的法律形式本身。

在内容上，相关约定包括但不限于对以下内容的约定：一是对合营安排的目的、业务活动及期限的约定；二是对合营安排的治理机构（如董事会或类似机构）成员的任命方式的约定；三是对合营安排相关事项的决策方式的约定，包括哪些事项需要参与方决策、参与方的表决权情况、决策事项所需

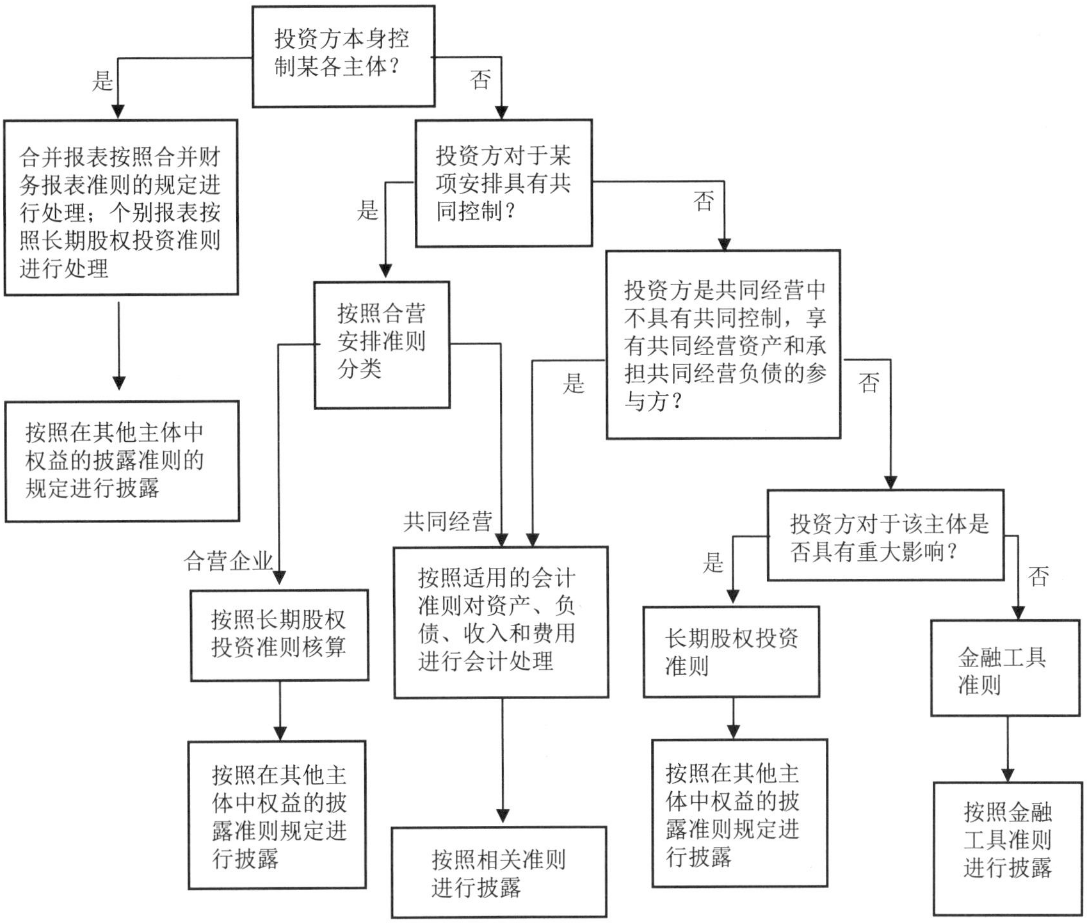

图 40-01　合营安排准则与其他相关准则关系图

的表决权比例等内容，合营安排相关事项的决策方式是分析是否存在共同控制的重要因素；四是对参与方需要提供的资本或其他投入的约定；五是对合营安排的资产、负债、收入、费用、损益在参与方之间的分配方式的约定。

当合营安排通过单独主体达成时，该单独主体所制定的条款、章程或其他法律文件有时会涵盖相关约定的全部或部分内容。

例 40-01　A 公司和 B 公司共同出资建立了 C 公司。C 公司在章程中规定，C 公司的所有重大决策须经 A 公司和 B 公司均同意方可作出。除章程之外 A 公司和 B 公司并未订立其他协议以管理公司 C 的活动。

分析：本例中，尽管并不存在另外的协议，但通过 C 公司的章程本身即涵盖了“相关约定”的内容，可以凭 C 公司的章程判断 C 公司是否符合合营安排的定义。

2. 两个或两个以上的参与方对该安排实施共同控制

任何一个参与方都不能够单独控制该安排，对该安排具有共同控制的任何一个参与方均能够阻止其他参与方或参与方组合单独控制该安排。共同控制不同于控制，共同控制由两个或两个以上的参与方实施，而控制由单一参与方实施。共同控制也不同于重大影响，享有重大影响的参与方只拥有参与安排的财务和经营政策的决策的权力，但并不能够控制或者与其他方一起共同控制这些政策的制定。

例 40-02 A 公司、B 公司、C 公司对 D 公司的表决权比例分别为 50%、40% 及 10%。D 公司的主要经营活动为医药产品的研发、生产、销售及相关健康产品服务，其最高权力机构为股东会，所有重大决策需要 75% 以上表决权通过方可作出。

分析：在本例中，A 公司、B 公司合计拥有 D 公司 90% 的表决权，超过了 75% 的表决权要求，当且仅当 A 公司、B 公司均同意时，D 公司的重大决策方能表决通过，C 公司的意愿并不能起到影响表决是否通过的决定性作用。因此 D 公司为一项合营安排，没有任何一方能够单独控制 D 公司，A 公司与 B 公司对 D 公司实施共同控制，C 公司虽然作为 D 公司的股东，属于该合营安排的一方，但并不具有共同控制权。

通过这个案例也说明，合营安排不要求所有参与方都对该安排实施共同控制。合营安排参与方既包括对合营安排享有共同控制的参与方（即合营方），也包括对合营安排不享有共同控制的参与方（非合营方）。

（二）合营安排的相关概念

1. 集体控制

如果所有参与方或一组参与方必须一致行动才能决定某项安排的相关活动，则称所有参与方或一组参与方集体控制该安排。在判断集体控制时，需要注意以下几点：

（1）集体控制不是单独一方控制。如果某一个参与方能够单独主导该安排中的相关活动，则可能为控制。有关控制的判断，应遵循合并财务报表准则的相关规定。

如果一组参与方或所有参与方联合起来才能够主导该安排中的相关活动，则为集体控制，即：在集体控制下，不存在任何一个参与方能够单独控制某安排的情况，而是由一组参与方或所有参与方联合起来才能控制该安排。

例 40-03 假设 A 公司、B 公司、C 公司、D 公司共同设立 E 公司，并分别持有 E 公司 60%、20%、10% 和 10% 的表决权股份。协议约定，E 公司相关活动的决策需要 50% 以上表决权通过方可作出。

分析：本例中，E 公司的表决权安排使得 A 公司能够单独主导 E 公司的相关活动，只要 A 公司享有 E 公司的可变回报并有能力运用其权力影响 E 公司的可变回报，A 公司无须与其他参与方联合，即可控制 E 公司。因此，E 公司是 A 公司的子公司，而不是一项合营安排。

（2）尽管所有参与方联合起来一定能够控制该安排，但集体控制下，集体控制该安排的组合指的是那些既能联合起来控制该安排，又使得参与方数量最少的一个或几个参与方组合。

例 40-04 假设 A 公司、B 公司、C 公司、D 公司分别持有 E 公司 40%、30%、20% 和 10% 的表决权股份，E 公司相关活动的决策需要 85% 以上表决权通过方可作出。本例中，E 公司的表决权安排使得：

（1）A 公司、B 公司、C 公司、D 公司任何一方均不能单独控制 E 公司。

（2）参与方组合可能的形式有：A 公司和 B 公司，A 公司和 C 公司，A 公司和 D 公司，B 公司和 C 公司，B 公司和 D 公司，C 公司和 D 公司，A 公司、B 公司、C 公司，A 公司、B 公司、D 公司，A 公司、C 公司、D 公司，B 公司、C 公司、D 公司，A 公司、B 公司、C 公司、D 公司。在这些参与方组合中，尽管所有参与方（A 公司、B 公司、C 公司、D 公司）联合起来必然能够控制 E 公司，但 A 公司、B 公司、C 公司联合起来即可控制 E 公司，且 A 公司、B 公司、C 公司是联合起来能够控制 E 公司的参与方数量最少的组合。因此，称 A 公司、B 公司、C 公司集体控制 E 公司，而不是 A 公司、B 公司、C 公司、D 公司集体控制 E 公司。

分析：如果 E 公司相关活动的决策需要 95% 以上表决权通过方可作出，则 E 公司的表决权安排使得：①A 公司、B 公司、C 公司、D 公司任何一方均不能单独控制 E 公司；②必须由所有参与方（A 公司、B 公司、C 公司、D 公司）联合起来才能控制 E 公司，且所有参与方是联合起来能够控制 E 公司的参与方数量最少的组合。因此，称所有参与方集体控制E公司。

（3）能够集体控制一项安排的参与方组合很可能不止一个。

这样，存在多种参与方之间的组合能够达到75%表决权的要求。在此情况下，该安排要成为合营安排，需要在相关约定中指明哪些参与方一致同意才能对相关活动作出决策。

例40-05　假定一项安排涉及三方：A公司在该安排中拥有50%的表决权股份，B公司和C公司各拥有25%的表决权股份。A公司、B公司、C公司之间的相关约定规定，该安排相关活动决策至少需要75%的表决权通过方可作出。

分析：尽管A公司拥有50%的表决权，但是A公司没有控制该安排，因为A公司对安排的相关活动作出决策需要获得B公司或C公司的同意。在本例中，A公司和B公司的组合或A公司和C公司的组合均可集体控制该安排。

2. 单独主体

单独主体，是指具有单独可辨认的财务架构的主体，包括单独的法人主体和不具备法人主体资格但法律所认可的主体。单独主体并不一定要具备法人资格，但必须具有法律所认可的单独可辨认的财务架构，确认某主体是否属于单独主体必须考虑适用的法律法规。

具有可单独辨认的资产、负债、收入、费用、财务安排和会计记录，并且具有一定法律形式的主体，构成法律认可的单独可辨认的财务架构。合营安排最常见的形式包括有限责任公司、合伙企业、合作企业等。某些情况下，信托、基金也可被视为单独主体。

三、合营安排的认定

合营安排是指一项由两个或两个以上的参与方共同控制的安排，是否存在共同控制是判断一项安排是否为合营安排的关键。共同控制是指按照相关约定对某项安排所共有的控制，并且该安排的相关活动必须经过分享控制权的参与方一致同意后才能决策。

在判断是否存在共同控制时，首先判断是否由所有参与方或参与方组合集体控制该安排，其次再判断该安排相关活动的决策是否必须经过这些参与方一致同意。另外，在认定合营合排时，还需要综合考虑争议解决机制、保护性权利等因素。

（一）集体控制形式

在集体控制下，不存在任何一个参与方能够单独控制某安排的情况，而是由一组参与方或所有参与方联合起来才能控制该安排。但集体控制不等同于共同控制：

（1）如果所有参与方联合起来才能控制该安排的，不构成共同控制，即共同控制合营安排的参与方不能是所有参与方。

（2）如果存在两个或两个以上的参与方组合能够集体控制某项安排的，不构成共同控制，即共同控制合营安排的参与方组合是唯一的。

例40-06　A公司、B公司、C公司持有D公司股权，持股比例分别为40%、35%和25%，股东会决策方式要求70%以上表决权方可通过股东会提案。

分析：在本例中，A公司和B公司是能够集体控制该安排的唯一组合，当且仅当A公司、B公司一致同意时，该安排的相关活动决策方能表决通过。因此A公司、B公司对安排具有共同控制权。

如果本例中的决策方式变为50%以上表决权即可通过股东会提案，则D公司的表决权安排使得A公司、B公司、C公司中的任意两个同意即可作出决定，共存在三个参与方组合可以作出相关活动的决策（即集体控制），则这种情况不属于共同控制。

实务中，各参与方实现共同控制的方式多种多样，难以逐一列清。有时，相关约定中设定的决策方式意味着双方同意共同控制该安排，因为如果没有双方的一致同意，就无法对相关活动作出决策。

例 40-07 假定一项安排涉及两方：A 公司、B 公司在该安排中拥有的表决权分别为 50% 和 50%。A 公司、B 公司之间的相关约定规定，股东会提案需要 51% 以上的表决权通过方可作出。

分析：在该安排中，AB 双方各持有 50% 的表决权，任何一方都无法达到 51% 的表决权。在这种情况下，意味着双方同意共同控制该安排，因为如果没有双方的一致同意，就无法对相关活动作出决策。

实务中，各参与方不乏采取签署“一致行动协议”的方式，以实现共同控制。在判断“一致行动协议”是否构成共同控制时，还需要考虑其他投资方持有表决权的分散程度。

例 40-08 A 公司、B 公司、C 公司持有 D 公司股权比例分别为 30%、21% 及 49%。此外，A 公司、B 公司签订了一致行动协议，约定对 D 公司的进行股东会表决时，A 公司、B 公司均应一致行动。

分析：本例中，A 公司、B 公司签订了一致行动协议，从而使得 A 公司、B 公司合起来拥有 D 公司 51% 的表决权，因此，A 公司、B 公司实际上共同控制了 D 公司。

例 40-09 A 公司和 B 公司各持有 C 公司 24% 的股权。C 公司剩余 52% 的股权分布极为分散，没有任何一个其他股东持有超过 1% 的股权，C 公司历史上从未发生除 A 公司和 B 公司外的超过 20% 股权的股东联合进行决策的情况。C 公司股东大会提议需 50% 以上的表决权通过方可作出。A 公司和 B 公司签订了一致行动协议，约定对 C 公司的重大事项进行表决时，A 公司、B 公司均应一致行动。

分析：本例中，尽管 A 公司和 B 公司合计只持有 C 公司 48% 的股权，但 C 公司剩余股权分布极为分散，因此，A 公司与 B 公司能够集体控制 C 公司，同时，由于 A 公司与 B 公司签订了一致行动协议，A 公司和 B 公司对 C 公司存在共同控制，C 公司构成合营安排。

如果 A 公司、B 公司在一致行动协议中约定，对 C 公司的重大事项进行表决时，B 公司充分尊重 A 公司的意愿，如果双方意见不一致的，B 公司将按照 A 公司的意见行使表决权。那么，由于 B 公司根据协议始终必须跟随 A 公司行使表决权，A 公司自身能够单方面采取行动以控制 C 公司，因此，该安排的实质为 A 公司对 C 公司具有控制权，而非共同控制。

（二）相关活动的决策方式

相关活动是指对某项安排的回报产生重大影响的活动。某项安排的相关活动应当根据具体情况进行判断，通常包括商品或劳务的销售和购买、金融资产的管理、资产的购买和处置、研究与开发活动以及融资活动等。关于相关活动的更多内容可以参见合并财务报表准则相关规定与说明。

存在共同控制时，有关合营安排相关活动的所有重大决策必须经分享控制权的各方一致同意。一致同意的规定保证了对合营安排具有共同控制的任何一个参与方均可以阻止其他参与方在未经其同意的情况下就相关活动单方面作出决策。

例 40-10 A 公司与 B 公司各持有 C 公司 50% 的表决权，C 公司的主要经营活动为化工机械的设计、生产与安装。根据 C 公司的章程以及 A 公司、B 公司之间签订的合资协议，C 公司的最高权力机构为董事会。董事会由 5 名董事组成，其中 A 公司派出 4 名代表，其中 1 名代表任董事长，B 公司派出 1 名代表。所有相关活动的决策需要 2/3 以上董事表决通过方可作出。但是，B 公司派出的董事对所有重大事项具备一票否决权。由于 A 公司自身为化工机械行业内的领先企业，具备丰富的行业知识，而 B 公司自身的主要经营范围并非化工机械领域，因此，除财务总监由 B 公司派出外，总经理、研发总监在内的其他高级管理人员均由 A 公司派出。

分析：本例中，虽然 A 公司派出的董事人数为 4 人，超过董事总人数的 2/3，然而鉴于 B 公司的董事对 C 公司的重大事项具有一票否决权，因此，A 公司不能单方面控制 C 公司，而是与 B 公司一起对 C 公司实施共同控制。

在一项安排中，某一参与方可能被任命来管理该安排的日常运行。如果该安排的相关活动需要由各参与方共同作出决定，而且管理方在这一决定的框架内行事，则任何一个参与方作为管理方均不会影响该安排是合营安排的判断。但是，如果管理方能够单方面就该安排的相关活动作出决定，从而拥有对该安排的权力，通过参与该安排的相关活动而享有可变回报，并且有能力运用对该安排的权力影响其回报金额，则该管理方单方控制该安排，而不是和其他参与方共同控制该安排，该安排不是合营安排。

例 40-11 A 公司将其旗下一家全资子公司 C 公司股权的 50% 出售给一家投资银行 B 公司。A 公司与 B 公司签订协议：①由于 A 公司具有丰富的行业管理经验，A 公司继续充当 C 公司的资产管理人并按照 C 公司的资产规模每年收取固定比例的管理费；②涉及 C 公司的相关活动的决策均须 A 公司和 B 公司一致同意方可作出，且 A 公司管理 C 公司时，必须在 A 公司和 B 公司共同作出的决策的框架内行事；③ A 公司与 B 公司按照各自的持股比例分享收益和承担亏损。

分析：本例中，尽管 A 公司继续充当 C 公司的资产管理人，但是 A 公司必须和 B 公司达成一致方能就 C 公司的相关活动作出决策，而且 A 公司必须按照 A 公司和 B 公司共同作出的决定对 C 公司进行运营管理，因此，A 公司不能单独控制 C 公司，而是和 B 公司共同控制 C 公司。

如果 A 公司、C 公司和 B 公司约定，B 公司并不参与 C 公司的决策制定，A 公司单方面即可对 B 公司的相关活动作出决策；投资 3 年后，A 公司将向 B 公司回购其持有的 C 公司 50% 股权，回购价格为 B 公司投资额的 130%。

B 公司尽管拥有 C 公司 50% 的股权，但其投资目的并不是参与 C 公司的运营，而是于投资 3 年后获得一笔固定回报。A 公司单方面即可对 B 公司的相关活动作出决策，拥有对 B 公司的控制权。因此，C 公司不是一项合营安排，而是 A 公司的子公司。

在分析安排相关活动的决策是否必须经过这些参与方一致同意时，需注意：

（1）一项安排的不同活动可能分别由不同的参与方或参与方组合主导在不同阶段，一项安排可能发生不同的活动，从而导致不同参与方可能主导不同相关活动，或者共同主导所有相关活动。不同参与方分别主导不同相关活动时，相关的参与方需要分别评估自身是否拥有主导对回报产生最重大影响的活动的权利，从而确定是否能够控制该项安排，而不是与其他参与方共同控制该项安排。

（2）“一致同意”中，并不要求其中一方必须具备主动提出议案的权力，只要具备对合营安排相关活动的所有重大决策予以否决的权力即可；也不需要该安排的每个参与方都一致同意，只要那些能够集体控制该安排的参与方意见一致，就可以达成一致同意。

（三）合营安排认定时需考虑的其他因素

1. 争议解决机制

在分析合营安排的各方是否共同分享控制权时，要关注对于争议解决机制的安排。相关约定可能包括处理纠纷的条款，例如仲裁。这些条款可能允许具有共同控制权的各参与方在没有达成一致意见的情况下进行决策。这些条款的存在不会妨碍该安排构成共同控制的判断，因此，也不会妨碍该安排成为合营安排。

但是，如果在各方未就相关活动的重大决策达成一致意见的情况下，其中一方具备“一票通过权”或者潜在表决权等特殊权力，则需要仔细分析，很可能具有特殊权力的一方实质上具备控制权。

例 40-12 A 公司与 B 公司各持有 C 公司 50% 的股权，C 公司的主要经营活动为电子产品及配件等的连锁销售和服务。根据 C 公司的章程以及 A 公司、B 公司之间签订的合资协议，C 公司的最高权力机构为股东会。所有重大事项均须 A 公司、B 公司派出的股东代表一致表决通过。如：若双方经过合理充分协商仍无法达成一致意见时，A 公司股东代表享有“一票通过权”，即最终以 A 公司的股东代表的意见为最终方案。

分析：本例中，由于 A 公司实质上可以单方面主导 C 公司相关活动的决策，因此 A 公司具有控制权，C 公司并非合营安排。

例 40-13 A 公司与 B 公司各持有 C 公司 50% 的股权，C 公司的主要经营活动为电子产品及配件等的连锁销售和服务。根据C公司的章程以及A公司、B公司之间签订的合资协议，C公司的最高权力机构为股东会。所有重大事项均须A公司、B公司派出的股东代表一致表决通过。同时，当A公司、B公司双方经过合理充分协商仍无法达成一致意见时，A公司可以随时行使该期权。期权的行权价格以行权时点C公司股权的公允价值为依据确定。

分析：本例中，当A公司、B公司意见不一致时，A公司可以随时通过买断B公司持有的C公司股权的方式，使A公司的决定得到通过，且期权的行权价格和条件并未被设定为具有实质性障碍。

有时，协议中可能约定，各参与方意见均不一致时，哪个参与方拥有最终决策权。在判断合营安排的合营方时，也需要考虑最终决策者，但最终决策者未必就是控制方。

例40–14 A公司、B公司、C公司共同出资设立了D公司。董事会是D公司的决策制定机构，A公司、B公司、C公司在D公司董事会中各占一个席位。协议约定规定，D公司相关活动决策须经董事会至少两票才能通过，如果A公司、B公司、C公司意见均不一致，A公司具有最终决策权。

分析：本例中，由于存在多种参与方组合能够集体控制D公司，并且协议没有明确指出具体哪些参与方必须同意，决策才能达成，因而不存在共同控制D公司的参与方组合，D公司不是一项合营安排。同时，尽管A公司、B公司、C公司意见均不一致时，A公司具有最终决策权，但如果B公司和C公司达成一致意见，即可作出决策。因此，A公司的最终决策权是有条件的，A公司并不拥有对D公司的控制革权。

2. 仅享有保护性权利的参与方不享有共同控制

保护性权利，是指仅为了保护权利持有人利益却没有赋予持有人对相关活动进行决策的一项权利。保护性权利通常只能在合营安排发生根本性改变或某些例外情况发生时才能够行使，它既没有赋予其持有人对合营安排拥有权力，也不能阻止其他参与方对合营安排拥有权力。值得注意的是，对于某些安排，相关活动仅在特定情况或特定事项发生时开展，例如，某些安排在设计时就确定了安排的活动及其回报，在特定情况或特定事项发生之前不需要进行重大决策。这种情况下，权利在特定情况或特定事项发生时方可行使并不意味该权利是保护性权利。

如果一致同意的要求仅仅与向某些参与方提供保护性权利的决策有关，而与该安排的相关活动的决策无关，那么拥有该保护性权利的参与方不会仅仅因为该保护性权利而成为该项安排的合营方。因此，在评估参与方能否共同控制合营安排时，必须具体区别参与方持有的权利是否为保护性权利，该权利不影响其他参与方控制或共同控制该安排。

例40–15 A公司、B公司、C公司合资设立D公司，三方约定A公司、B公司一致同意即可主导D公司的所有相关活动，并不需要C公司也表示同意，但若D公司资产负债率达到50%，C公司具有对D公司公开发行债券或权益工具的否决权。

分析：本例中，由于公开发行债券或权益工具通常代表了该主体经营中的根本性改变，因而是保护性权利。由于合同明确规定需要A公司和B公司的一致同意才能主导D公司的相关活动，因而A公司和B公司能够共同控制D公司。尽管C公司也是D公司的参与方，但由于C公司仅对D公司拥有保护性权利，因此C公司不是共同控制D公司的参与方。

3. 综合评估多项相关协议

有时，一项安排的各参与方之间可能存在多项相关协议。在单独考虑一份协议时，某参与方可能对合营安排具有共同控制，但在综合考虑该安排的目的和设计的所有情况时，该参与方实际上不一定对该安排并不具有共同控制。因此，在判断是否存在共同控制时，需要综合考虑该多项相关协议。

例40–16 A公司、B公司、C公司、D公司签订一项四方协议，共同进行玩具的生产和销售，并成立了一个四方委员会，主导有关生产和销售玩具的所有重大事项，如年度预算的复核审批、经理层任命、营销策略等。A公司、B公司、C公司、D公司各在该委员会中占据一个席位，委员会的决策要求所有成员的一致同意。

同时，A 公司和 B 公司签订了另一份双方协议，并成立 AB 双方委员会，用于协调 A 公司和 B 公司之间关于玩具生产和销售的所有重大事项。该委员会的两名成员分别由 A 公司和 B 公司任命。AB 双方委员会有权作出决策，并提交到四方委员会审批。AB 双方委员会决定的任何事项都要经过 A 公司和 B 公司的一致同意，但是，如果 A 公司和 B 公司不能达成一致，则 A 拥有决定权。A 公司和 B 公司必须按照 AB 双方委员会作出的决策在四方委员会中进行投票。

分析：本例中，存在两份单独的协议。但是，由于这两份协议与玩具的生产和销售这同一项活动相关，因此，参与方应同时评估这两份协议，从而确定是否存在合营安排。当两份协议一并考虑时，发现 A 公司能够通过协议主导 B 公司在四方委员会中的投票，因此，B 公司是 A 公司的事实代理人，对该安排不具有共同控制。只有 A 公司、C 公司、D 公司对该合营安排具有共同控制。

四、关于合营安排的分类

合营安排分为共同经营和合营企业。共同经营，是指合营方享有该安排相关资产且承担该安排相关负债的合营安排。合营企业，是指合营方仅对该安排的净资产享有权利的合营安排。

合营方应当根据其在合营安排的正常经营中享有的权利和承担的义务，来确定合营安排的分类。对权利和义务进行评价时，应当考虑该合营安排的结构、法律形式以及合营安排中约定的条款、其他相关事实和情况等因素。合营安排是为不同目的而设立的（例如，参与方为了共同承担成本和风险，或者参与方为了获得新技术或新市场），可以采用不同的结构和法律形式。一些安排不要求采用单独主体的形式开展其活动，另一些安排则涉及构造单独主体。在实务中主体可以从合营安排是否通过单独主体达成为起点，判断一项合营安排是共同经营还是合营企业。

（一）合营安排未通过单独主体达成

当合营安排未通过单独主体达成时，该合营安排为共同经营。在这种情况下，合营方通常通过相关约定享有与该安排相关资产的权利、并承担与该安排相关负债的义务，同时，享有相应收入的权利、并承担相应费用的责任，因此该合营安排应当划分为共同经营。

例 40-17　A 公司、B 公司、C 公司建立了一项共同制造游艇的安排。协议约定：该安排相关活动的决策需要 A 公司、B 公司、C 公司一致同意方可作出；A 公司负责生产并安装发动机，B 公司负责生产船身，C 公司负责生产其他部件并进行组装；A 公司、B 公司、C 公司负责各自部分的成本费用，如人工．成本、生产成本等；汽车实现对外销售后，A 公司、B 公司、C 公司各自获得销售收入的 1/3。

分析：本例中，由于关于该安排相关活动的决策需要 A 公司、B 公司、C 公司一致同意方可作出，所以 A 公司、B 公司、C 公司共同控制该安排，该安排为合营安排。

由于 A 公司、B 公司、C 公司只是各自负责游艇制造的相应部分，并未成立一个单独主体，因此该合营安排不可能是合营企业，只可能是共同经营。

例 40-18　A 公司、B 公司、C 公司各自购买了一栋写字楼的部分产权，分别占该写字楼总面积的 30%、30%、40%，并将该写字楼用于出租。协议约定：

（1）关于该写字楼的相关活动，如物业管理公司的任免、资本性支出、重要的租赁协议的签订等，必须由 A 公司、B 公司、C 公司一致同意方可作出；（2）该写字楼的相关费用和营运债务由 A 公司、B 公司、C 公司按照产权比例分担；（3）租金收益在 A 公司、B 公司、C 公司之间按照产权比例分配。

分析：本例中，由于关于该安排相关活动的决策需要 A 公司、B 公司、C 公司一致同意方可作出，所以 A 公司、B 公司、C 公司共同控制该安排，该安排为合营安排。

该合营安排并未通过单独主体达成，因此该合营安排不可能是合营企业，只可能是共同经营。同时，

A 公司、B 公司、C 公司直接拥有该写字楼的产权，并按照产权比例承担债务、分享收入、分担成本，也表明该合营安排是共同经营。

（二）合营安排通过单独主体达成

如果合营安排通过单独主体达成，在判断该合营安排是共同经营还是合营企业时，通常首先分析单独主体的法律形式，法律形式不足以判断时，将法律形式与合同安排结合进行分析，法律形式和合同安排均不足以判断时，进一步考虑其他事实和情况。

1. 分析单独主体的法律形式

各参与方应当根据该单独主体的法律形式，判断该安排是赋予参与方享有与安排相关资产的权利、并承担与安排相关负债的义务，还是赋予参与方享有该安排的净资产的权利。也就是说，各参与方应当依据单独主体的法律形式判断是否能将参与方和单独主体分离。例如，各参与方可能通过单独主体执行合营安排，单独主体的法律形式决定在单独主体中的资产和负债是单独主体的资产和负债，而不是各参与方的资产和负债。在这种情况下，基于单独主体的法律形式赋予各参与方的权利和义务，可以初步判定该项安排是合营企业。

在各参与方通过单独主体达成合营安排的情形下，当且仅当单独主体的法律形式没有将参与方和单独主体分离（即单独主体持有的资产和负债是各参与方的资产和负债）时，基于单独主体的法律形式赋予参与方权利和义务的判断，足以说明该合营安排是共同经营。通常，单独主体的资产和负债很可能与参与方在法律形式上明显分割开来。例如，根据《中华人民共和国公司法》（以下简称“《公司法》”）的有关规定，“公司是企业法人，有独立的法人财产，享有法人财产权。公司以其全部财产对公司的债务承担责任。有限责任公司的股东以其认缴的出资额为限对公司承担责任；股份有限公司的股东以其认购的股份为限对公司承担责任。”因此，当一项合营安排是按照《公司法》设立的有限责任公司或者股份有限公司时，其法律形式将合营安排对资产的权利和对负债的义务与该安排的参与方明显分割开来。

例 40-19 A 公司和 B 公司均为建筑公司，A 公司和 B 公司签订了一项合同以共同完成一项与政府之间的合同，即设计并建造一条高速公路。在合同中，A 公司和 B 公司明确了各自的参与份额，并明确了双方共同控制该安排，合同安排的主要事项是向政府移交建造完成的道路。

A 公司和 B 公司成立了一个单独主体 C，通过 C 具体实施该安排。C 代表 A 公司和 B 公司与政府签订合同，并向政府提供建造服务。此外，有关该安排的资产和负债由 C 持有。假定 C 的法律形式的主要特征是 A 公司和 B 公司拥有该安排的资产，并承担该安排的负债。

A 公司和 B 公司还在合同中约定：① A 公司和 B 公司根据其在该安排中的参与份额分享该安排相关活动所需的全部资产的相应权利；② A 公司和 B 公司根据其在该安排中的参与份额承担该安排的各项债务；③ A 公司和 B 公司根据其在该安排中的参与份额分享由该安排相关活动产生的损益。

分析：本例中，该安排通过单独主体达成，该单独主体的法律形式没有将参与方与单独主体分离开来（即主体 C 持有的资产和负债是 A 公司和 B 公司的资产和负债）。

此外，A 公司和 B 公司在合同中强调了这项规定，即合同规定 A 公司和 B 公司拥有通过主体 C 实施的安排的资产，并承担其负债。因此，该合营安排是共同经营。

2. 分析合同安排

当单独主体的法律形式并不能将合营安排的资产的权利和对负债的义务授予该安排的参与方时，还需要进一步分析各参与方之间是否通过合同安排赋予该安排的参与方对合营安排资产的权利和对合营安排负债的义务。合同安排中常见的某些特征或者条款可能表明该安排为共同经营或者合营企业。共同经营和合营企业的一些普遍特征的比较包括但不限于表 41-01 所列：

表 41-01 共同经营和合营企业对比表

对比项目	共同经营	合营企业
安排条款	参与方对合营安排的相关资产享有权利并对相关负债承担义务	参与方对合营安排有关的净资产享有权利，即单独主体享有与安排相关资产的权利，并承担与安排相关负债的义务
资产权利	参与方按照约定的比例分享合营安排的相关资产的全部利益（例如权利、权属或所有权等）	资产属于合营安排自身，参与方并不对资产享有权利
负债义务	参与方按照约定的比例分担合营安排的成本、费用、债务及义务，第三方对该安排提出的索赔要求，参与方作为义务人承担赔偿责任	合营安排对自身的债务或义务承担责任，参与方仅以其各自对该安排认缴的投资额为限对该安排承担相应的义务，合营安排的债务对参与方无法进行追索
收入、费用及损益	合营安排建立了各参与方按照约定的比例（如按照各自所耗用的产能比例）分配收入和费用的机制。某些情况下，参与方按约定的份额比例享有合营安排产生的净损益不会必然使其被分类为合营企业，仍应当分析参与方对该安排相关资产的权利以及对该安排相关负债的义务	各参与方按照约定的份额比例享有合营安排产生的净损益
担保	参与方合营安排提供担保（或提供担保的承诺）的行为本身并不直接导致一项安排被分类为共同经营	

有时，法律形式和合同安排均表明一项合营安排中的合营方反对该安排的净资产享有权利，此时，若不存在相反的其他事实和情况，该合营安排应当被划分为合营企业。

例 40-20 A 公司和 B 公司均为房地产公司，共同成立了一个进行项目管理的单独主体 C，目标是并购和经营一座写字楼。假定主体 C 的法律形式使得主体 C 拥有与该安排相关的资产，并承担相关负债。相关活动包括办公室出租、停车位管理、设备设施维护等。协议中约定：①主体 C 相关活动的决策需要 A 公司和 B 公司一致同意方可作出；②主体 C 拥有该写字楼，A 公司和 B 公司并不对该写字楼拥有产权；③ A 公司和 B 公司不承担主体 C 的债务或其他义务。如果主体 C 不能偿还其债务，或者不能清偿第三方的义务，A 公司和 B 公司对第三方承担的负债仅限于 A 公司和 B 公司未支付的出资额部分；④ A 公司和 B 公司有权出售或抵押其在主体 C 中的权益；⑤ A 公司和 B 公司根据其在主体 C 中的权益份额分享写字楼经营净损益。

分析：本例中，A 公司和 B 公司共同控制主体 C，主体 C 是一项合营安排，而且是一项通过单独主体达成的合营安排。主体 C 的法律形式使其在自身立场上考虑问题（即主体 C 持有的资产和负债是其自身的资产和负债，不是 A 公司和 B 公司的资产和负债）。此外，协议表明，A 公司和 B 公司拥有主体 C 净资产的权利，而不是拥有主体 C 资产的权利，并承担主体 C 负债义务，而且也没有其他事实和情形表明参与方实质上享有与该安排相关资产的几乎所有经济利益，并承担与该安排相关的负债义务。因此，该合营安排是合营企业。A 公司和 B 公司将其在主体 C 净资产中的权利确认为一项长期股权投资，按照权益法进行会计处理。

例 40-21 为积极参与国际竞争，A 公司计划进入 B 国市场拓展业务，但由于 B 国法律不允许外国公司控制该国 IT 公司。A 公司与 B 国的本土公司 C 各出资 50% 一起在 B 国设立了单独主体 D，以进入 B 国市场。B 国法律规定，主体 D 必须独立拥有资产，并独立承担负债，即主体 D 的资产和负债需要与投资方的资产和负债分离开来。A 公司和 C 公司签订的协议约定：①关于主体 D 的所有相关活动的决策均需A公司和C公司共同作出；②主体D的资产为单独主体D所有，A公司和C公司均不得出售、质押、转移或抵押这些资产；③A公司和C公司仅以出资额为限承担对主体D的义务；④主体D实现的利润按照出资比例在A公司和C公司之间分配。

分析：本例中，A公司和C公司之间的安排通过单独主体D达成。按照B国法律，主体D的法律形式将主体D的所有者（A公司和C公司）与主体D进行了分离，主体D的资产和负债被限定在主体D之内，A公司和C公司仅以出资额为限对主体D的债务承担责任。A公司与C公司的相关合同约定也表明其对于主体D的净资产享有权利。因此，从法律形式和相关合同约定进行分析，可以判断主体D是合营企业，而不是共同经营。

有时，仅从法律形式判断，一项合营安排符合共同经营的特征，但是，综合考虑合同安排后，合营方享有该合营安排相关资产并且承担该安排相关负债，此时，该合营安排应当被划分为共同经营。

例40-22 A公司、B公司双方在D国成立了单独主体C，以共同在D国进行石油及天然气的勘探、开发和生产。A公司、B公司共同控制主体C。主体C的法律形式将主体C的资产、负债与A公司及B公司分隔开来。A公司、B公司及主体C签订协议，规定A公司与B公司按照各自在主体C的出资比例分享主体C的资产，分担主体C的成本、费用及负债。

分析：本例中，合营安排通过单独主体构建，单独主体的法律形式没有把单独主体资产的权利、负债的义务授予合营方，即，单独主体的法律形式初步表明，该安排为合营企业。进一步分析，根据A公司、B公司及主体C之间的协议，A公司、B公司对主体C的相关资产享有权利，并对相关负债承担义务，并且该协议符合相关法律法规的规定，因此，该安排为共同经营。

合营安排各参与方可能为合营安排提供担保。例如，合营安排的某个参与方可能向第三方承诺以下事项：合营安排向第三方提供的服务将满足一定质量或性质要求；合营安排将偿还从第三方获取的资金；该参与方在合营安排处于困境时向该安排提供支持。

值得注意的是，不能仅凭合营方对合营安排提供债务担保即将其视为合营方承担该安排相关负债。担保所赋予担保人的是对被担保人债务的次级义务，而非首要义务，因此，担保不是承担债务义务的决定性因素。如果担保提供方在被担保人违约时须付款或履行责任，这可能表明相关事实和情况发生了变化，或者可能伴随该安排的合同条款发生了变化。这些变化可能引起对该安排是否仍具有共同控制的重新评估。另外，合营方承担向合营安排支付认缴出资义务的，不视为合营方承担该安排相关负债。

3. 分析其他事实和情况

如果一项安排的法律形式与合同安排均没有将该安排的资产的权利和对负债的义务授予该安排的参与方，则应考虑其他事实和情况，包括合营安排的目的和设计，其与参与方的关系及其现金流的来源等。在某些情况下，合营安排设立的主要目的是为参与方提供产出，这表明参与方可能按照约定实质上享有合营安排所持资产几乎全部的经济利益。这种安排下，参与方根据相关合同或法律约定有购买产出的义务，并往往通过阻止合营安排将其产出出售给其他第三方的方式来确保参与方能获得产出。这样，该安排产生的负债实质上是由参与方通过购买产出支付的现金流量而得以清偿。因此，如果参与方实质上是该安排持续经营和清偿债务所需现金流的唯一来源，这表明参与方承担了与该安排相关的负债。综合考虑该合营安排的其他相关事实和情况，表明参与方实质上享有合营安排所持资产几乎全部的经济利益，合营安排所产生的负债的清偿实质上也持续依赖于向参与方收取的产出的销售现金流，该合营安排的实质为共同经营。

在区分合营安排的类型时，需要了解该安排的目的和设计。如果合营安排同时具有以下特征，则表明该安排是共同经营：①各参与方实质上有权享有，并有义务接受由该安排资产产生的几乎所有经济利益（从而承担了该经济利益的相关风险，如价格风险、存货风险、需求风险等），如该安排所从事的活动主要是向合营方提供产出等；②持续依赖于合营方清偿该安排活动产生的负债，并维持该安排的运营。

例 40-23　A 公司、B 公司共同出资设立 C 公司专门生产手机配件，A 公司和 B 公司各占 C 公司 50% 的股权，对 C 公司实施共同控制。协议约定：① A 公司、B 公司均需按其持股比例购买 C 公司生产的所有产品，采购价格以原材料成本、加工毛利及利息支出之和为基础定价，以恰好弥补 C 公司的运营、筹资等成本费用；②除 A 公司、B 公司外，C 公司不得将其产品出售给其他方；③ A 公司、B 公司按出资比例享有 C 公司的净利润以及净资产；④ A 公司和 B 公司将从 C 公司购买的产品用于生产。

分析：本例中，成立 C 公司是为了向股东提供其所有产出。A 公司、B 公司有权利并且有义务购买 C 公司的全部产出，实质上获得了所有来自 C 公司资产的所有经济利益，同时 C 公司完全依赖、来源于 A 公司、B 公司的采购款以确保其运作的持续性，A 公司、B 公司承担了 C 公司的负债。因此，该合营安排为共同经营。

如果由于 A 公司为行业的龙头企业 B 公司认为与 A 公司合作可以提高本公司在业界的知名度，因此 B 公司同意仅获得 C 公司产出份额中的 48%，A 公司获得 C 公司产出份额中的 52%。A 公司和 B 公司的产出分配比例与表决权比例不同，并不影响 A 公司和 B 公司获得 C 公司资产几乎所有经济利益的判断。C 公司仍然是共同经营。

如果 A 公司将从 C 公司获得的产出出售给第三方，而不是用于生产过程，B 公司仍然将从 C 公司获得的产出用于生产过程。A 公司和 B 公司将从 C 公司获得的产出份额用于生产，还是对外出售，并不影响 A 公司和 B 公司获得 C 公司资产几乎所有经济利益的判断。C 公司仍然是共同经营。

如果 A 公司、B 公司修改了合资协议，新合资协议未规定 A 公司、B 公司必须购买 C 公司生产的产品，并允许 C 公司将产品出售给其他方，有权自主决定销售价格和客户，而仅规定 A 公司、B 公司在同等采购价款及条件下有优先购买权。并且 C 公司生产的产品为行业内通用产品，存在活跃的销售市场。成立 C 公司并非为股东提供其所有产出，C 公司生产的产品又能以合理的市场价格对第三方出售，并不依赖于 A 公司、B 公司为其提供现金流以确保其持续运作，C 公司的价格风险、存货风险、需求风险等经营风险由其自身承担。尽管 A 公司、B 公司为 C 公司的借款提供担保表明 A 公司、B 公司保障 C 公司筹资安排的意愿，但其仅代表了一种资金筹集的方式，合营方并不直接享有该合营安排相关资产并承担该合营安排相关负债，该合营安排的实质是参与方享有该安排的净收益，因此该安排为合营企业。

值得注意的是，在考虑“其他事实和情况”时，只有当该安排产生的负债的清偿持续依赖于合营方的支持时，该安排才为共同经营。即强调参与方实质上是该安排持续经营所需现金流的唯一来源。

例 40-24　A 公司和 B 公司均为房地产开发公司。A 公司和 B 公司共同成立了一家从事项目管理的单独主体 C，并投入一笔资金作为主体 C 的启动资金和土地竞拍资金。主体 C 相关活动的决策需要 A 公司和 B 公司一致同意方可作出。由主体 C 代表 A 公司和 B 公司建造一处商品房，并负责商品房的公开销售。假定主体 C 的法律形式使得主体 C（而不是 A 公司和 B 公司）拥有与该安排相关的资产，并承担相关负债。主体 C 通过向银行借款来建造该商品房，商品房销售收入优先用于偿还银行债务，剩余利润按照出资比例向 A 公司和 B 公司进行分配。

分析：本例中，A 公司和 B 公司共同控制主体 C，主体 C 是一项合营安排，而且是一项通过单独主体达成的合营安排。该合营安排的法律形式和合同条款都不能赋予各参与方享有该主体的资产或负债的权利与义务。同时，尽管 A 公司和 B 公司是主体 C 构建时现金流的唯一来源，但是，主体 C 所建造的商品房对外销售，A 公司和 B 公司并不会购买这些商品房，主体 C 建造商品房的资金通过外部借款获得，且 A 公司和 B 公司仅预期获取偿还负债后的净利润，因此，没有任何证据表明 A 公司和 B 公司对合营安排中的相关资产和负债分别享有权利和承担义务，该合营安排是合营企业。

有时各参与方可能设立一个框架协议，该框架协议规定了参与方从事一项或多项活动需遵守的一般性合同条款，并可能要求各参与方设立多项合营安排，以分别处理构成框架协议组成部分的特定活动。即使这些合营安排与同一框架协议相关联，如果参与方在从事框架协议涉及的不同活动中具有不同的权利和义务，那么，这些合营安排的类型也可能有所不同。因此，当参与方从事同一框架协议中的不同活动时，共同经营和合营企业可能同时存在。在这种情况下，作为参与方之一的企业应当分别判断各项合营安排的分类，如图 40-02 所示。

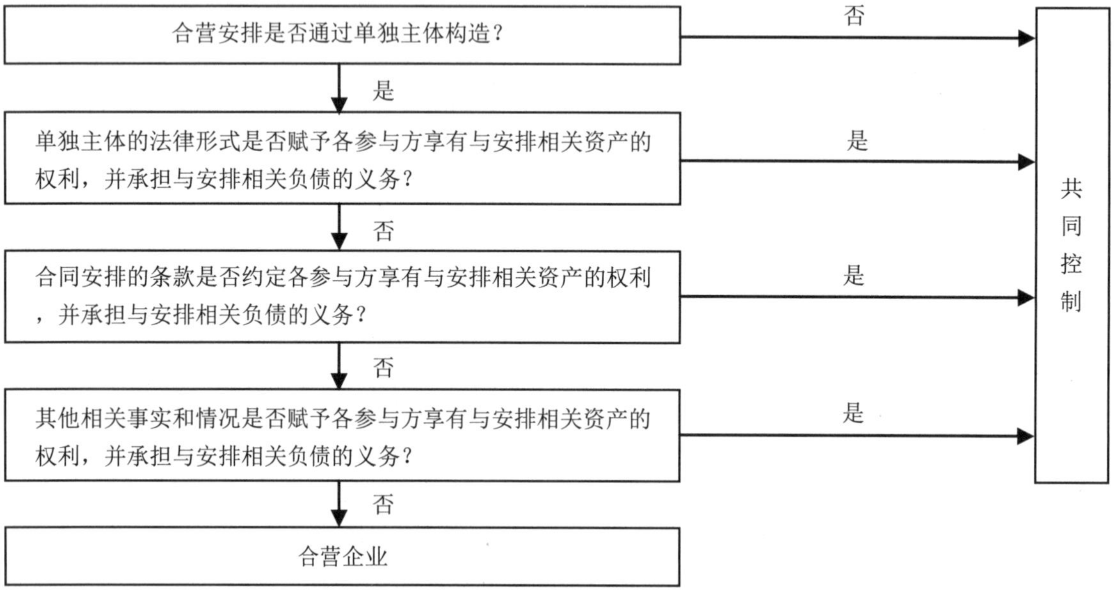

图 40-02　合营安排类型判断分析图

值得注意的是，参与方判断其在合营安排中享有的权利和承担的义务均是在正常经营的情况下，非正常经营（例如破产、清算）时的法律权利和义务的相关性是比较低的。例如，某合营安排通过合伙企业构建，合伙人之间的相关合同约定赋予了合伙人在合伙企业正常经营时享有该合伙企业资产的权利和承担其负债的义务。而在合伙企业清算阶段，合伙人不享有合伙企业的资产，而只能享有合伙企业清偿第三方债务之后应分得的剩余资产。这种情况下，该合伙企业（即合营安排）仍然可以被分类为共同经营，因为在正常经营中，合伙人对于合伙企业的资产和负债是享有权利和承担义务的。

五、合营安排的重新评估

企业对合营安排是否拥有共同控制权，以及评估该合营安排是共同经营还是合营企业，这需要企业予以判断并持续评估。在进行判断时，企业需要对所有的相关事实和情况加以考虑。

如果法律形式、合同条款等相关事实和情况发生变化，合营安排参与方应当对合营安排进行重新评估：一是评估原合营方是否仍对该安排拥有共同控制权；二是评估合营安排的类型是否发生变化。相关事实和情况的变化有时可能导致某一参与方控制该安排，从而使该安排不再是合营安排。

例 40-25　假定一项安排涉及三方：A 公司、B 公司、C 公司在该安排中拥有的表决权分别为 50%、30% 和 20%。A 公司、B 公司、C 公之间的相关约定规定，相关活动的决策需要 75% 以上的表决权通过方可作出。另外，A 公司通过现金方式收购了 D 公司 60% 的表决权股份，从而控制了 D 公司。D 公司是 B 公司的母公司。

分析：本例中，A 公司通过现金收购 B 公司的母公司 D 的股权方式，实际上控制了 B 公司，因此，通过直接加间接的方式，A 公司实际上持有该安排 80% 的表决权股份，能够单独控制该安排。该安排由合营安排变为 A 公司的子公司。

由于相关事实和情况发生变化，合营安排的分类可能发生变化，可能由合营企业转变为共同经营，或者由共同经营转为合营企业。应根据具体事实和情况进行判断。例如，经重新协商，修订后的合营安排的合同条款约定参与方拥有对资产的权利，并承担对负债的义务，这种情况下，该安排的分类可能发生了变化，应重新评估该安排是否由合营企业转为共同经营。

六、合营合并的会计处理

（一）共同经营参与方的会计处理

1. 合营方的会计处理

（1）一般会计处理原则。合营方应当确认其与共同经营中利益份额相关的下列项目，并按照相关企业会计准则的规定进行会计处理：一是确认单独所持有的资产，以及按其份额确认共同持有的资产；二是确认单独所承担的负债，以及按其份额确认共同承担的负债；三是确认出售其享有的共同经营产出份额所产生的收入；四是按其份额确认共同经营因出售产出所产生的收入；五是确认单独所发生的费用，以及按其份额确认共同经营发生的费用。

合营方可能将其自有资产用于共同经营，如果合营方保留了对这些资产的全部所有权或控制权，则这些资产的会计处理与合营方自有资产的会计处理并无差别。合营方也可能与其他合营方共同购买资产来投入共同经营，并共同承担共同经营的负债。此时，合营方应当按照企业会计准则相关规定确认在这些资产和负债中的利益份额，如按照《企业会计准则第 4 号——固定资产》来确认在相关固定资产中的利益份额，按照金融工具确认和计量准则来确认在相关金融资产和金融负债中的份额。

共同经营通过单独主体达成时，合营方应确认按照上述原则单独所承担的负债，以及按本企业的份额确认共同承担的负债。但合营方对于因其他股东未按约定向合营安排提供资金，按照我国相关法律或相关合同约定等规定而承担连带责任的，从其规定，在会计处理上应遵循《企业会计准则第 13 号——或有事项》。

例 40-26　A 公司、B 公司通过单独主体的形式共同达成了一项合营安排 C 公司，A 公司和 B 公司享有 C 公司中资产的权利并承担其负债的义务，C 公司属于共同经营。因此，A 公司和 B 公司应当根据相关会计准则规定对与 C 公司相关的资产和负债的权利与义务进行会计处理。根据合营安排 C 公司的合同条款规定，A 公司享有 C 公司资产中厂房相关的所有权利，并承担向第三方偿还与厂房相关负债的义务；A 公司和 B 公司根据各自所占权益的比例（各 50%）对 C 公司的所有其他资产享有权利，并对所有其他负债承担义务。C 公司的资产负债情况如表 40-02 所示。

表 40-02　C 公司资产负债简表

单位：万元

资产	金额	负债和权益	金额
货币资金	20	负债——与厂房相关的第三负债	100
固定资产——厂房	100	其他负债	120
其他资产	180	权益	80
资产总额	290	负债和权益总额	300

A 公司应当在其财务报表中记录与 C 公司中资产和负债相关的信息见表 40-03：

表 40-03　A 公司财务报表（部分）

单位：万元

资产	金额	负债和权益	金额
货币资金	20	负债——与厂房相关的第三负债	100
固定资产——厂房	100	其他负债	120
其他资产	180	权益	80
资产总额	290	负债和权益总额	300

合同安排通常描述了该安排所从事活动的性质，以及各参与方打算共同开展这些活动的方式。例如，合营安排各参与方可能同意共同生产产品，每一参与方负责特定的任务，使用各自的资产，承担各自的负债。合同安排也可能规定了各参与方分享共同收入和分担共同费用的方式。在这种情况下，每一个合营方在其资产负债表上确认其用于完成特定任务的资产和负债，并根据相关约定确认相关的收入和费用份额。

当合营安排各参与方可能同意共同拥有和经营一项资产时，相关约定规定了各参与方对共同经营资产的权利，以及来自该项资产的收入或产出和相应的经营成本在各参与方之间分配的方式。每一个合营方对其在共同资产中的份额、同意承担的负债份额进行会计处理，并按照相关约定确认其在产出、收入和费用中的份额。

例 40-27　2×21 年 1 月 1 日，A 公司和 B 公司共同出资购买一栋写字楼，各自拥有该写字楼 50% 的产权，用于出租收取租金。合同约定，该写字楼相关活动的决策需要 A 公司和 B 公司一致同意方可作出；A 公司和 B 公司的出资比例、收入分享比例和费用分担比例均为各自 50%。该写字楼购买价款为 10 000 万元，由 A 公司和 B 公司以银行存款支付，预计剩余使用寿命 10 年，预计净残值为 500 万元，采用年限平均法按月计提折旧。该写字楼的租赁合同约定，租赁期限为 10 年，每年租金为 1 200 万元，按年交付。该写字楼每年支付维修费 10 万元。另外，A 公司和 B 公司约定，该写字楼的后续维护和维修支出（包括再装修支出和任何其他的大修支出）以及与该写字楼相关的任何资金需求，均由 A 公司和 B 公司按比例承担。假设 A 公司和 B 公司均采用成本法对投资性房地产进行后续计量，不考虑税费等其他因素影响。

分析：本例中，由于关于该写字楼相关活动的决策需要 A 公司和 B 公司一致同意方可作出，所以 A 公司和 B 公司共同控制该写字楼，购买并出租该写字楼为一项合营安排。由于该合营安排并未通过一个单独主体来架构，并明确约定了 A 公司和 B 公司享有该安排中资产的权利、获得该安排相应收入的权利、承担相应费用的责任等，因此该合营安排是共同经营。A 公司的相关会计处理如下。

①出资购买写字楼时：

借：投资性房地产（100 000 000×50%）　　50 000 000

　　贷：银行存款　　50 000 000

②每年确认租金收入时：

借：银行存款（12 000 000×50%）　　6 000 000

　　贷：其他业务收入　　6 000 000

③每年计提写字楼折旧时：

折旧费用：（10 000－500）÷10×50%＝475（万元）

借：其他业务成本　　　　　　　　　　　　　　　　　　4 750 000
　　贷：投资性房地产累计折旧　　　　　　　　　　　　　　4 750 000

④支付维修费时：

借：其他业务成本（100 000×50%）　　　　　　　　　　50 000
　　贷：银行存款　　　　　　　　　　　　　　　　　　　　50 000

（2）合营方向共同经营投出或者出售不构成业务的资产的会计处理。合营方向共同经营投出或出售资产等（该资产构成业务的除外），在共同经营将相关资产出售给第三方或相关资产消耗之前（即未实现内部利润仍包括在共同经营持有的资产账面价值中时），应当仅确认归属于共同经营其他参与方的利得或损失。交易表明投出或出售的资产发生符合《企业会计准则第 8 号——资产减值》（以下简称资产减值损失准则）等规定的资产减值损失的，合营方应当全额确认该损失。

（3）合营方自共同经营购买不构成业务的资产的会计处理。合营方自共同经营购买资产等（该资产构成业务的除外），在将该资产等出售给第三方之前（即未实现内部利润仍包括在合营方持有的资产账面价值中时），不应当确认因该交易产生的损益中该合营方应享有的部分，即：此时应当仅确认因该交易产生的损益中归属于共同经营其他参与方的部分。

例 40-28 A 公司和 B 公司共同设立一项安排 C，假定该安排为共同经营，A 公司和 B 公司对于安排 C 的资产、负债及损益分别享有 50% 的份额。2×21 年 12 月 31 日，A 公司支付采购价款（不含增值税）100 万元，购入安排 C 的一批产品，A 公司将该批产品作为存货入账，尚未对外出售。该项产品在安排 C 中的账面价值为 60 万元。

分析：本例中，安排 C 因上述交易确认了收益 40 万元。A 公司对该收益按份额应享有 20 万元（40 万元 ×50%）。

但由于在资产负债表日，该项存货仍未出售给第三方，因此该未实现内部损益 20 万元应当被抵销，相应减少存货的账面价值。但 B 公司对该收益应享有 20 万元，应当予以确认（40 万元 ×50%），B 公司享有的 20 万元收益反映在 A 公司存货的期末账面价值中。

当这类交易提供证据表明购入的资产发生符合资产减值损失准则等规定的资产减值损失的，合营方应当按其承担的份额确认该部分损失。

（4）合营方取得构成业务的共同经营的利益份额的会计处理。合营方取得共同经营中的利益份额，且该共同经营构成业务时，应当按照企业合并准则等相关准则进行相应的会计处理，但其他相关准则的规定不能与本准则的规定相冲突。企业应当按照企业合并准则的相关规定判断该共同经营是否构成业务。

该处理原则不仅适用于收购现有的构成业务的共同经营中的利益份额，也适用于与其他参与方一起设立共同经营，且由于有其他参与方注入既存业务，使共同经营设立时即构成业务。

例 40-29 B 公司和 C 公司共同设立一项安排 D，假定该安排构成一项业务，且属于共同经营。B 公司和 C 公司对于安排 D 的资产、负债及损益分别享有 50% 的份额。A 公司（非关联方）于 2×21 年 12 月 31 日购买了 B 公司持有的全部安排 D 的利益份额，购买对价为 200 万元，交易费用 10 万元。A 公司所取得的单独持有的资产及共同持有的资产份额以及所单独承担的负债及共同承担的负债份额的公允价值如表 40-04 所示。

表 40-04　资产与负债公允价值明细表

单位：万元

资产	金额	负债	金额
货币资金	20	流动负债	330

（续表）

资产	金额	负债	金额
固定资产	100	非流动负债	10
其他资产	80		
资产总额	200	负债和权益总额	40

假定不考虑所得税，A公司取得的该共同经营利益份额中可辨认净资产的公允价值为160万元，A公司支付的对价为200万元，A公司应相应确认商誉40万元。

合营方增加其持有的一项构成业务的共同经营的利益份额时，如果合营方对该共同经营仍然是共同控制，则合营方之前持有的共同经营的利益份额不应按照新增投资日的公允价值重新计量。

2. 对共同经营不享有共同控制的参与方的会计处理原则

对共同经营不享有共同控制的参与方（非合营方），如果享有该共同经营相关资产且承担该共同经营相关负债的，比照合营方进行会计处理。即共同经营的参与方，不论其是否具有共同控制，只要能够享有共同经营相关资产的权利、并承担共同经营相关负债的义务，对在共同经营中的利益份额采用与合营方相同的会计处理。否则，应当按照相关企业会计准则的规定对其利益份额进行会计处理。例如，如果该参与方对于合营安排的净资产享有权利并且具有重大影响，则按照长期股权投资准则等相关规定进行会计处理；如果该参与方对于合营安排的净资产享有权利并且无重大影响，则按照金融工具确认和计量准则等相关规定进行会计处理；向共同经营投出构成业务的资产的，以及取得共同经营的利益份额的，则按照合并财务报表及企业合并等相关准则进行会计处理。

例40–30 A公司、B公司、C公司共同设立合营安排D公司，表决权比例分别为45%、40%及15%。假设根据协议，A公司、B公司共同控制D公司，且该合营安排为共同经营，除上述外无其他需考虑的因素。

分析：在本例中，A公司、B公司对合营安排具有共同控制权而C公司仅仅是该项合营安排的参与方。假设C公司对于D公司的净资产享有权利，那么C公司应当判断其持有的15%的表决权比例是否使其对合营安排具有重大影响，进而按照长期股权投资准则或金融工具确认和计量准则进行会计处理。

（二）合营企业参与方的会计处理

合营企业中，合营方应当按照《企业会计准则第2号——长期股权投资》的规定核算其对合营企业的投资。

对合营企业不享有共同控制的参与方（非合营方）应当根据其对该合营企业的影响程度进行相关会计处理：对该合营企业具有重大影响的，应当按照长期股权投资准则的规定核算其对该合营企业的投资；对该合营企业不具有重大影响的，应当按照金融工具确认和计量准则的规定核算其对该合营企业的投资。

七、新旧衔接

（1）首次执行企业会计准则，遵照《企业会计准则第38号——首次执行企业会计准则》的相关规定，详见本书第三十八章。

（2）在本准则施行日之前已经执行企业会计准则的企业，首次采用本准则的企业应当根据本准则的规定对其合营安排进行重新评估，确定其分类。合营企业重新分类为共同经营的，合营方应当在比较财务报表最早期间期初终止确认以前采用权益法核算的长期股权投资，以及其他实质上构成对合营企业净投资的长期权益；同时根据比较财务报表最早期间期初采用权益法核算时使用的相关信息，确认本企业在共同经营中的利益份额所产生的各项资产（包括商誉）和负债，所确认资产和负债的账面价值与其计税基础之间存在暂时性差异的，应当按照《企业会计准则第 18 号——所得税》的规定进行会计处理。

确认的各项资产和负债的净额与终止确认的长期股权投资以及其他实质上构成对合营企业净投资的长期权益的账面金额存在差额的，应当按照下列规定处理：

①前者大于后者的，其差额应当首先抵减与该投资相关的商誉，仍有余额的，再调增比较财务报表最早期间的期初留存收益；

②前者小于后者的，其差额应当冲减比较财务报表最早期间的期初留存收益。

第四十一章 在其他主体中权益的披露

一、准则适用范围

《企业会计准则第 41 号——在其他主体中权益的披露》（以下简称在其他主体中权益的披露准则）对企业在其他主体中权益的披露要求进行了规定，适用于企业在子公司、合营安排、联营企业和未纳入合并财务报表范围的结构化主体中权益的披露。其中，合营安排包括共同经营和合营企业。需要说明的是，企业同时提供合并财务报表和母公司个别财务报表的，应当在合并财务报表附注中披露本准则要求的信息，不需要在母公司个别财务报表附注中重复披露相关信息。

对于离职后福利计划或其他长期职工福利计划，其信息披露适用《企业会计准则第 9 号——职工薪酬》。即使有些离职后福利计划通过结构化主体开展相关活动，其信息披露也不适用本准则，而适用《企业会计准则第 9 号——职工薪酬》。

对于企业在其参与的但不享有共同控制的合营安排中的权益，适用《企业会计准则第 37 号——金融工具列报》（以下简称金融工具列报准则）。但是，企业对该合营安排具有重大影响或该合营安排是结构化主体的，适用在其他主体中权益的披露准则。企业作为对合营安排不享有共同控制的参与方，对其在合营安排中的权益的披露，分以下几种情况：（1）企业对合营安排不享有共同控制，但具有重大影响的，应当适用在其他主体中权益的披露准则；（2）企业对合营安排不享有共同控制也不具有重大影响，但合营安排是结构化主体的，在遵循金融工具列报准则相关要求的同时，还应当遵循在其他主体中权益的披露准则关于未纳入合并财务报表范围的结构化主体的披露要求；（3）企业对合营安排不享有共同控制也不具有重大影响，且合营安排不是结构化主体的，应当适用金融工具列报准则。

对于企业持有的由《企业会计准则第 22 号——金融工具确认和计量》规范的在其他主体中的权益，适用金融工具列报准则。但是，企业在未纳入合并财务报表范围的结构化主体中的权益，以及根据其他相关会计准则以公允价值计量且其变动计入当期损益的在联营企业或合营企业中的权益，适用在其他主体中权益的披露准则。根据《企业会计准则第 2 号——长期股权投资》等准则，部分股权投资可以按照《企业会计准则第 22 号——金融工具确认和计量》进行会计处理。由于会计处理方法的选择权并不改变权益的性质，所以对于这部分权益（包括在未纳入合并财务报表范围的结构化主体中的权益，以及以公允价值计量且其变动计入当期损益的在联营企业或合营企业中的权益），应当在遵循金融工具列报准则相关要求的同时，遵循在其他主体中权益的披露准则的相关披露要求。

二、在其他主体中权益的概述

（一）在其他主体中权益的定义

在其他主体中的权益是指通过合同或其他形式能够使企业参与其他主体的相关活动，并因此享有可变回报的权益。其他主体包括企业的子公司、合营安排（包括共同经营和合营企业）、联营企业以及未纳入合并财务报表范围的结构化主体等。

企业在其他主体中的权益能够使其参与其他主体的相关活动，并因此享有可变回报。相关活动是指对被投资方的回报产生重大影响的活动。可变回报是指投资方自被投资方取得的回报可能会随着被投资方业务而变动，详见《企业会计准则第33号——合并财务报表》（以下简称合并财务报表准则）对“相关活动”和“可变回报”的界定。根据上述定义，企业因其在其他主体中的权益承受了其他主体经营业绩变动的风险。企业的参与方式不仅包括持有其他主体的股权，还包括持有其他主体的债权，或向其他主体提供资金、流动性支持、信用增级和担保等。企业通过这些参与方式实现对其他主体的控制、共同控制或重大影响。

（二）结构化主体的定义

结构化主体，是指在确定其控制方时没有将表决权或类似权利作为决定因素而设计的主体。通常情况下，结构化主体在合同约定的范围内开展业务活动，表决权或类似权利仅与行政性管理事务相关。

在判断某一主体是否为结构化主体，以及判断该主体与企业的关系时，应当综合考虑结构化主体的定义和特征。结构化主体通常具有下列特征中的多项或全部特征：

（1）业务活动范围受限。通常情况下，结构化主体在合同约定的范围内开展业务活动，业务活动范围受到了限制。例如，从事信贷资产证券化业务的结构化主体，在发行资产支持证券募集资金和购买信贷资产后，根据相关合同，其业务活动是将来源于信贷资产的现金向资产支持证券投资者分配收益。

（2）有具体明确的目的，而且目的比较单一。结构化主体通常是为了特殊目的而设立的主体。例如，有的企业发起结构化主体是为了将企业的资产转让给结构化主体以迅速回收资金，并改变资产结构来满足资产负债管理的需要；有的企业发起结构化主体是为了满足客户特定的投资需求，吸引到更多的客户；还有的企业发起结构化主体是为了专门从事研究开发活动，或开展租赁业务等。

（3）股本（如有）不足以支撑其业务活动，必须依靠其他次级财务支持。次级财务支持是指承受结构化主体部分或全部预计损失的可变权益，其中的“次级”代表受偿顺序在后。股本本身就是一种次级财务支持，其他次级财务支持包括次级债权、对承担损失作出的承诺或担保义务等。

通常情况下，结构化主体的股本占资产规模的份额较小，甚至没有股本。当股本很少或没有股本，不足以支撑结构化主体的业务活动时，通常需要依靠其他次级财务支持来为结构化主体注入资金，支撑结构化主体的业务活动。

（4）通过向投资者发行不同等级的证券（如分级产品）等金融工具进行融资，不同等级的证券，信用风险及其他风险的集中程度也不同。例如，以发行分级产品的方式融资是对各级产品的受益权进行了分层配置。购买优先级的投资者享有优先受益权，购买次级的投资者享有次级受益权。

投资期满后，投资收益在逐级保证受益人本金、预期收益及相关费用后的余额归购买次级的投资者，如果出现投资损失，先由购买次级的投资者承担。由于不同等级的证券具有不同的信用风险、利率风险或流动性风险，发行分级产品可以满足不同风险偏好投资者的投资需求。

例41-01　A银行（发起人）委托某信托公司设立B信托（结构化主体）。A银行将其信贷资产转让给B主体，以满足A银行自身资产负债管理的需要，这是一种结构化设计。B主体以信贷资产产生的现金流为基础通过承销商向投资者发行不同等级的资产支持证券筹集资金，并向A银行支付信贷资产转让对价。信贷资产产生的现金流走资产支持证券投资者的收益来源，本例中，资产支持证券分为优先级和次级，其中优先级还分为优先A档、优先B档和优先C档，不同等级的证券对应着不同等级的受益权，这也是一种结构化设计。根据约定，A银行持有B主体发行的次级档资产支持证券，其持有规模为资产支持证券发行总规模的5%。A银行同时向B主体提供资产管理服务，B主体因此向A银行支付服务费。

分析：本例中，B主体在信托合同等相关合同或协议约定的范围内开展业务活动，由于权益结构比较分散，表决权或类似权力不作为确定B主体的控制方的决定性因素。该信贷资产证券化的交易结构见图41-01，资金流见图41-02。

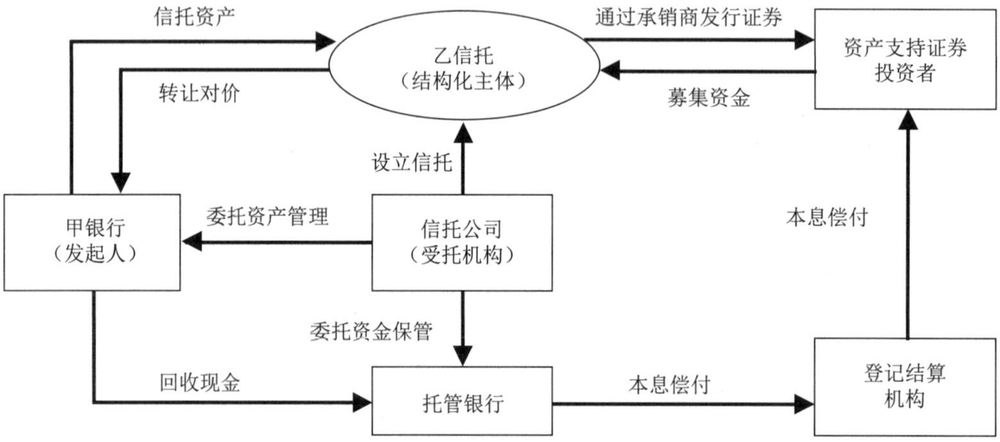

图41-01　信贷资产证券化交易结构

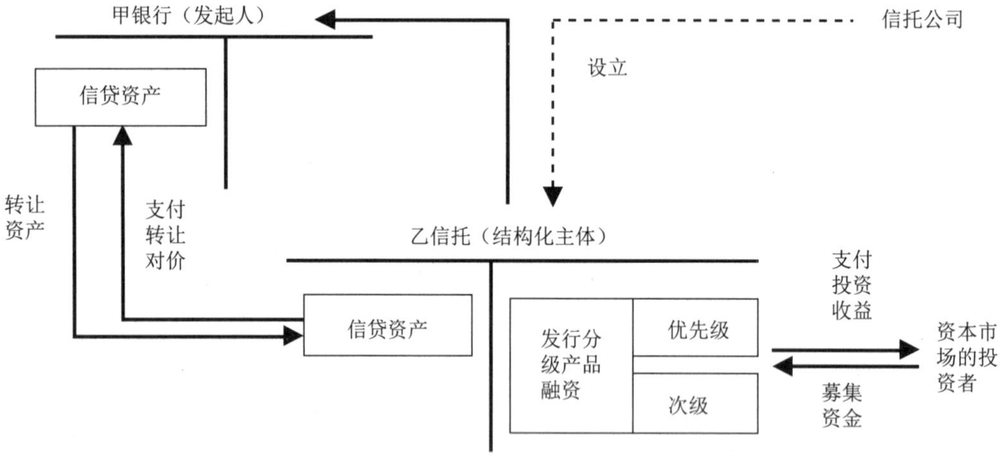

图41-02　信贷资产证券化资金流

三、关于重大判断和假设的披露

（一）对控制、共同控制、重大影响的判断

企业应当披露对其他主体实施控制、共同控制或重大影响的重大判断和假设，以及这些判断和假设变更的情况。

企业在其他主体中持有权益的，应当判断通过持有该权益企业能否对其他主体实施控制、共同控制或重大影响，并在财务报表附注中披露对控制、共同控制和重大影响的总体判断依据，针对某些具体情况作出的重大判断和假设，以及权益性质改变导致企业得出与原先不同的结论时所作的重大判断和假设。具体情况包括但不限于下列各项：

（1）企业持有其他主体半数或以下的表决权但仍控制该主体的判断和假设，或者持有其他主体半数以上的表决权但并不控制该主体的判断和假设。

（2）企业持有其他主体 20% 以下的表决权但对该主体具有重大影响的判断和假设，或者持有其他主体 20% 或以上的表决权但对该主体不具有重大影响的判断和假设。

（3）企业通过单独主体达成合营安排的，确定该合营安排是共同经营还是合营企业的判断和假设。

（4）确定企业是代理人还是委托人的判断和假设。企业应当根据合并财务报表准则的规定，判断企业是代理人还是委托人。

例 41-02　A 企业集团持有 B 公司 40% 的股份，但 A 集团认为其能够控制 B 公司。A 集团在其 2×21 年报的合并财务报表附注中作出如下披露：本集团持有 B 公司 40% 的股权，对 B 公司的表决权比例亦为 40%。虽然本集团持有 B 公司的表决权比例未达到半数以上，但本集团能够控制 B 公司，理由如下：（1）B 公司的其他股东的表决权比例均不超过 1%，且没有迹象表明其他股东会集体表决；（2）近 5 年来其他股东出席或通过代理人出席股东大会、行使表决权的比例未超过 B 公司总表决权的 20%；（3）本集团有权任免 B 公司董事会中的多数成员；（4）本集团有权主导 B 公司的经营活动并享有可变回报。

例 41-03　A 企业集团持有 B 公司 17% 的股份，但 A 集团认为其能够对 B 公司实施重大影响。A 集团在其 2×21 年报的合并财务报表附注中作出如下披露：本集团持有 B 公司 17% 的股权，对 B 公司的表决权比例亦为 17%。虽然该比例低于 20%，但由于本集团在 B 公司董事会中派有代表并参与对 B 公司财务和经营政策的决策，所以本集团能够对 B 公司施加重大影响。

（二）对投资性主体的判断及主体身份的转换

企业应当披露按照合并财务报表准则被确定为投资性主体的重大判断和假设，以及虽然不符合合并财务报表准则有关投资性主体的一项或多项特征但仍被确定为投资性主体的原因。合并财务报表准则规定了投资性主体的判断依据。企业被确定为投资性主体时，根据本准则，企业应当披露与这一认定相关的重大判断和假设。

如果企业不具备合并财务报表准则中所列举的投资性主体特征中的一项或多项特征，但仍被确定为投资性主体的，企业应当披露作出这一认定的原因。

企业（母公司）由非投资性主体转变为投资性主体的，应当披露该变化及其原因，并披露该变化对财务报表的影响。企业被认定为投资性主体，根据合并财务报表准则，企业应当仅将为其投资活动提供相关服务的子公司（如有）纳入合并范围并编制合并财务报表；其他子公司不应当予以合并，母公司对其他子公司的投资应当按照公允价值计量且其变动计入当期损益。对停止纳入合并财务报表范围的子公司，相关权益的会计处理方法由成本法转为以公允价值计量且其变动计入当期损益，会计处理方法的转变会对企业的财务报表产生影响。针对这项变化，企业应当在变化当期的财务报表附注中披露下列信息：（1）对其主体身份变化这一情况及其原因予以说明；（2）对变化当日不再纳入合并财务报表范围子公司的投资的公允价值，以及按照公允价值重新计量产生的利得或损失以及相应的列报项目。

企业（母公司）由投资性主体转变为非投资性主体的，应当披露该变化及其原因。

四、关于在子公司中权益的披露

（一）企业集团的构成情况

企业应当在合并财务报表附注中披露企业集团的构成，包括子公司的名称、主要经营地及注册地

（一般指国家或地区）、业务性质、企业的持股比例（或类似权益比例）等。企业对子公司的持股比例不同于企业持有的表决权比例的，还应当披露该表决权比例。企业可以采用表 41-01 的格式来反映企业集团的构成情况：

表 41-01　企业集团的构成情况

子公司名称	主要经营地	注册地	业务性质	持股比例

（二）重要的非全资子公司的相关信息

子公司少数股东持有的权益对企业集团重要的，企业还应当在合并财务报表附注中披露下列信息：（1）子公司少数股东的持股比例。子公司少数股东的持股比例不同于其持有的表决权比例的，企业还应当披露该表决权比例。（2）当期归属于子公司少数股东的损益以及向少数股东支付的股利。（3）子公司在当期期末累计的少数股东权益余额。（4）子公司的主要财务信息。如果单个非全资子公司的少数股东权益对企业集团而言并不重要，则不需要披露上述信息。

除子公司的主要财务信息外，企业可以采用表 41-02 的格式来披露上述（1）至（3）项要求的信息。

表 41-02　重要的非全资子公司的基本信息

子公司名称	少数股东的持股比例	当期归属于少数股东的损益	当期向少数股东支付的股利	期末累计少数股东权益

企业应披露重要非全资子公司的主要财务信息，以帮助财务报表使用者了解重要的少数股东权益对整个企业集团的业务活动和现金流量的影响。重要非全资子公司的主要财务信息包括：流动资产、非流动资产、流动负债、非流动负债、营业收入、净利润、综合收益等。企业可以采用表 41-03 的格式来披露重要非全资子公司的主要财务信息。

表 41-03　重要非全资子公司的主要财务信息

单位：元

项目	本期数			上期数		
	A 公司	B 公司	…	A 公司	B 公司	…
流动资产						

（续表）

项目	本期数			上期数		
	A 公司	B 公司	…	A 公司	B 公司	…
非流动资产						
资产合计						
流动负债						
非流动负债						
负债合计						
营业收入						
净利润						
综合收益总额						
经营活动现金流量						

本表数据来源于重要非全资子公司的财务报表，不是根据少数股东的持股比例计算出来的金额。本表数据还需要经过一定调整，包括以合并日子公司可辨认资产和负债的公允价值为基础进行的调整，以及因母公司与子公司会计政策不一致而按照母公司会计政策对子公司财务报表进行的调整等，但不需要抵销企业集团成员企业之间的内部交易。

企业在子公司中的权益（或权益的一部分）按照《企业会计准则第 30 号——财务报表列报》划分为金融资产的，不需要披露该子公司的上述主要财务信息。

（三）对使用企业集团资产和清偿企业集团债务的重大限制

使用企业集团资产和清偿企业集团债务存在重大限制的，企业应当在合并财务报表附注中披露下列信息：（1）该限制的内容，包括对母公司或其子公司与企业集团内其他主体相互转移现金或其他资产的限制，以及对企业集团内主体之间发放股利或进行利润分配、发放或收回贷款或垫款等的限制。（2）子公司少数股东享有保护性权利，并且该保护性权利对企业使用企业集团资产或清偿企业集团负债的能力存在重大限制的，该限制的性质和程度。（3）该限制涉及的资产和负债在合并财务报表中的金额。

企业集团成员企业使用企业集团资产和清偿企业集团债务可能因法律、行政法规的规定以及合同协议的约定而受到重大限制。在其他主体中权益的披露准则要求企业根据重要性原则判断限制是否重大，并在合并财务报表附注中披露对使用企业集团资产和清偿企业集团债务存在的重大限制。

此外，子公司的少数股东可能享有保护性权利。根据合并财务报表准则，保护性权利是指仅为了保护权利持有人利益却没有赋予持有人对相关活动决策权的一项权利。例如，根据协议，母公司动用子公司资产、清偿子公司债务必须经过子公司少数股东的批准。保护性权利对企业使用企业集团资产或清偿企业集团负债的能力存在重大限制的，企业应当披露该限制的性质和程度。

上述重大限制对企业集团的资产和负债产生一定影响，企业应当在合并财务报表附注中披露该限制涉及的资产和负债在合并财务报表中的金额。

例 41-04　A 企业集团总部设在中国，并在多个国家设立了子公司，主要从事金融业务。A 集团在其 2×21 年报的合并财务报表附注中就集团成员企业使用企业集团资产和清偿企业集团债务受到的重大限制作出如下披露：

本集团在欧洲的子公司 B 公司因当地法律中有关银行资本充足率的规定使 B 公司向母公司转移现

金或其他资产的能力受到重大限制，该项限制涉及的资产在合并财务报表中的金额为53亿元（2×20年的金额为51亿元）。

本集团在欧洲的子公司C公司需要遵循当地政府有关金融企业保持流动性的要求，根据该要求，C公司不能使用已确认但未实现的收益进行利润分配。该限制涉及的金额为450万元（2×20年的金额为500万元）。

本集团有多家投资基金，这些投资基金是纳入合并财务报表范围的结构化主体。投资基金持有的资产具有专门用途，按照相关合同约定，对这部分资产不得擅自改变用途并转移至本集团的其他成员企业。该限制涉及的资产在合并财务报表中的金额为5.8亿元（2×20年的金额为5.5亿元）。

本集团在非洲的子公司D公司需要遵循当地外汇管理政策，根据该政策，D公司必须经过当地外汇管理局的批准才能向母公司及其他投资者支付现金股利。D公司2×21年12月31日现金及现金等价物的金额为600万元（2×20年的金额为580万元）。

（四）纳入合并财务报表范围的结构化主体的相关信息

企业存在纳入合并财务报表范围的结构化主体的，应当在合并财务报表附注中披露与该结构化主体相关的风险信息。与结构化主体相关的风险主要是指企业或其子公司需要依合同约定或因其他原因向结构化主体提供财务支持或其他支持，包括帮助结构化主体取得财务支持。

财务支持或其他支持所指的支持不属于企业日常的经营活动，通常是由特定事项触发的交易。例如，当纳入合并财务报表范围的结构化主体流动性紧张或资产信用评级被降低时，企业作为母公司可能需要向结构化主体提供流动性支持，或与结构化主体进行资产置换来提高结构化主体的资产信用评级，使结构化主体恢复到正常的经营状态。在其他主体中权益的披露准则所指的“财务支持”（即直接或间接地向结构化主体提供经济资源）通常包括：①向结构化主体无偿提供资金；②增加对结构化主体的权益投资；③向结构化主体提供长期贷款；④豁免结构化主体所欠的债务；⑤从结构化主体购入资产，或购买结构化主体发行的证券；⑥按照偏离市场公允价值的价格与结构化主体进行交易，造成企业资源的净流出；⑦企业就结构化主体的经营业绩向第三方提供保证或承诺；⑧其他情形。在其他主体中权益的披露准则所指的“其他支持”通常是非财务方面的支持，例如提供人力资源管理或其他管理服务等。

1. 有合同约定的情况

对纳入合并财务报表范围的结构化主体，合同约定企业或其子公司向该结构化主体提供财务支持的，应当披露提供财务支持的合同条款，包括可能导致企业承担损失的事项或情况。

例41-05 A公司是B结构化主体的发起人，能够控制B主体并将其纳入合并财务报表范围。A公司在其2×21年报的合并财务报表附注中对有关事项披露如下：

A公司与B主体以合同方式约定，如果B主体资产的信用评级降至AAA级以下，A公司将同B主体进行资产交换，A公司用信用评级为AAA级资产换取B主体相同公允价值但信用评级低于AAA级的资产，用于交换的资产的公允价值上限为1 500万元。

2. 没有合同约定的情况

对纳入合并财务报表范围的结构化主体，在没有合同约定的情况下，企业或其子公司当期向该结构化主体提供了财务支持或其他支持，企业应当披露所提供支持的类型、金额及原因，包括帮助该结构化主体获得财务支持的情况。其中，企业或其子公司当期对以前未纳入合并财务报表范围的结构化主体提供了财务支持或其他支持并且该支持导致企业控制了该结构化主体的，企业还应当披露决定提供支持的相关因素。

例41-06 A公司是B结构化主体的发起人，能够控制B主体并将其纳入合并财务报表范围。A公司在其2×21年报的合并财务报表附注中对有关事项披露如下：2×21年7月，B主体所持有的资产信用评级下降，由原先的 AAA 级下降至 AA 级，很有可能被迫回购其发行的中长期债券。为此，本公司在没有合同约定的情况下，仍将信用评级为 AAA 的资产按照该资产的公允价值 2 200 万换取 B 主体相同公允价值但信用评级为 AA 级的资产，使 B 主体资产的信用评级维持在 AAA 级。

3. 向结构化主体提供支持的意图

在其他主体中权益的披露准则规定，对纳入合并财务报表范围的结构化主体，企业存在向该结构化主体提供财务支持或其他支持的意图的，应当披露该意图，包括帮助该结构化主体获得财务支持的意图。在其他主体中权益的披露准则所指的“意图”是指企业基本决定将在未来期间向结构化主体提供财务支持或其他支持，具体表现为适当级别的企业高管批准了企业向结构化主体提供支持的计划或者方案。如果计划或者方案仅处于酝酿阶段，尚未获得企业高管批准，则不属于在其他主体中权益的披露准则所称的意图，也不需要进行披露。

（五）企业在其子公司的所有者权益份额发生变化的情况

1. 不丧失控制权的情况

企业在其子公司所有者权益份额发生变化且该变化未导致企业丧失对子公司控制权的，应当在合并财务报表附注中披露该变化对本企业所有者权益的影响。在不丧失控制权的情况下，子公司仍纳入合并财务报表范围，但这一交易会影响合并财务报表中少数股东权益等金额，对本企业所有者权益产生影响，在其他主体中权益的披露准则要求企业在合并财务报表附注中披露该变化对本企业所有者权益的影响。

例 41-07　A 公司持有 B 公司 80% 的股权，能够对 B 公司实施控制。2×21 年 1 月，A 公司将其持有的 B 公司的部分股份对外出售（占 B 公司股份的 10%），该项交易未导致 A 公司丧失对 B 公司的控制权。

A 公司在 2×21 年报的合并财务报表附注中对该项交易的披露如下：A 公司于 2×21 年 1 月处置部分对 B 公司的投资（占 B 公司股份的 10%），但未丧失对 B 公司的控制权。处置股权取得的对价为 2 500 万元，该项交易导致少数股东权益增加 2 300 万元，资本公积增加 200 万元。

2. 丧失控制权的情况

企业丧失对子公司控制权的，如果企业还有其他子公司并需要编制合并财务报表，应当在合并财务报表附注中披露按照合并财务报表准则计算的下列信息：（1）由于丧失控制权而产生的利得或损失以及相应的列报项目。（2）剩余股权在丧失控制权日按照公允价值重新计算而产生的利得或损失。

例 41-08　A 公司持有 B 公司 70% 的股权，能够对 B 公司实施控制。2×21 年 6 月，A 公司将其持有的 B 公司的部分股份对外出售（占 B 公司股份的 50%），该项交易导致 A 公司丧失了对 B 公司的控制权，但仍对 B 公司具有重大影响。

A 公司在 2×21 年报的合并财务报表附注中对该项交易的披露如下：A 公司 2×21 年 6 月处置部分对 B 公司的投资（占 B 公司股份的 50%），丧失了对 B 公司的控制权。处置股权取得的对价为 5 000 万元，该项交易的收益为 100 万元，列示在合并财务报表的“投资收益”项目中。处置当日剩余股权的公允价值为 2 000 万元，剩余股权按照公允价值计量而产生的利得为 40 万元。

（六）投资性主体的相关信息

企业按照合并财务报表准则被确定为投资性主体，且存在未纳入合并财务报表范围的子公司，并对该子公司权益按照公允价值计量且其变动计入当期损益的，应当在财务报表附注中对该情况予以说明。同时，应当披露该子公司的基础信息和与权益相关的风险信息。

1. 未纳入合并财务报表范围的子公司的基础信息

企业（母公司）是投资性主体的，对未纳入合并财务报表范围的子公司，企业应当披露下列基础信息：（1）子公司的名称、主要经营地及注册地（一般指国家或地区）；（2）企业对子公司的持股比例。持股比例不同于企业持有的表决权比例的，企业还应当披露该表决权比例。

企业的子公司也是投资性主体且该子公司存在未纳入合并财务报表范围的下属子公司的，企业应当按照上述要求披露该下属子公司的相关信息。

2. 与权益相关的风险信息

企业是投资性主体的，对其在未纳入合并财务报表范围的子公司中的权益，应当披露与该权益相关的风险信息：

（1）该未纳入合并财务报表范围的子公司以发放现金股利、归还贷款或垫款等形式向企业转移资金的能力存在重大限制的，企业应当披露该限制的性质和程度。

（2）企业存在向未纳入合并财务报表范围的子公司提供财务支持或其他支持的承诺或意图的，企业应当披露该承诺或意图，包括帮助该子公司获得财务支持的承诺或意图。在没有合同约定的情况下，企业或其子公司当期向未纳入合并财务报表范围的子公司提供财务支持或其他支持的，企业应当披露提供支持的类型、金额及原因。

（3）合同约定企业或未纳入合并财务报表范围的子公司向未纳入合并财务报表范围，但受企业控制的结构化主体提供财务支持的，企业应当披露相关合同条款，以及可能导致企业承担损失的事项或情况。在没有合同约定的情况下，企业或其未纳入合并财务报表范围的子公司当期向原先不受企业控制且未纳入合并财务报表范围的结构化主体提供财务支持或其他支持，并且所提供的支持导致企业控制该结构化主体的，企业应当披露决定提供上述支持的相关因素。

五、关于在合营安排或联营企业中权益的披露

（一）合营安排和联营企业的基础信息

存在重要的合营安排或联营企业的，企业应当披露下列信息：（1）合营安排或联营企业的名称、主要经营地及注册地。（2）企业与合营安排或联营企业的关系的性质，包括合营安排或联营企业活动的性质，以及合营安排或联营企业对企业活动是否具有战略性等。（3）企业的持股比例。持股比例不同于企业持有的表决权比例的，企业还应当披露该表决权比例。

对于重要的合营安排或联营企业，企业可以采用表 41-04 的格式披露合营安排或联营企业的基础信息。

41-04　重要合营安排或联营企业的基础信息

企业名称	主要经营地	注册地	持股比例	业务性质	对企业活动是否具有战略性

（二）重要的合营企业和联营企业的主要财务信息

对于重要的合营企业或联营企业，企业除了应当披露基础信息外，还应当披露对合营企业或联营企业投资的会计处理方法，从合营企业或联营企业收到的股利，以及合营企业或联营企业在其自身财务报表中的主要财务信息。合营企业或联营企业的主要财务信息，包括流动资产、非流动资产、流动负债、非流动负债、营业收入、净利润、终止经营的净利润、其他综合收益、综合收益总额等。由于企业对合营企业相关活动的参与程度更高，对于重要的合营企业，除披露上述信息外，还需要披露的

信息有：现金和现金等价物；财务费用（能够区分利息收入和利息费用的，分别披露利息收入和利息费用）；所得税费用。

企业对重要的合营企业或联营企业投资采用权益法进行会计处理的，上述主要财务信息应当是按照权益法对合营企业或联营企业相关财务信息调整后的金额。同时，企业应当披露将上述主要财务信息按照权益法调整至企业对合营企业或联营企业投资账面价值的调节过程。企业对上述合营企业或联营企业投资采用权益法进行会计处理但该投资存在公开报价的，还应当披露其公允价值。

对于重要的合营企业，企业对其投资按照权益法进行会计处理的，可以采用表 41-05 的格式披露合营企业的主要财务信息和相关信息。

表 41-05　重要合营企业的主要财务信息

项目	本期数			上期数		
	A 公司	B 公司	…	A 公司	B 公司	…
流动资产						
其中：现金有现金等价物						
非流动资产						
资产合计						
流动负债						
非流动负债						
负债合计						
净资产						
按持股比例计算的净资产份额						
调整事项						
对合营企业权益的账面价值						
存在公开报价的权益投资的公允价值						
营业收入						
财务费用						
所得税费用						
净利润						
其他综合收益						
综合收益总额						
企业本期收到的来自合营企业的股利						

注：存在终止经营的净利润，还应当在本表中单列项目披露。

本表数据来源于重要合营企业的财务报表，不是根据持股比例计算出来的金额。来源于合营企业财务报表的数据还需要经过一定调整，例如，以取得投资时被投资方可辨认资产和负债的公允价值为基础进行的调整，或者因被投资方与企业的会计政策不一致而对被投资方财务信息进行的调整等，但不需要抵销企业与合营企业之间的内部交易。

假设A公司是对B企业享有共同控制的合营方，在取得对B企业的投资时，B企业一项固定资产的账面价值为500万元，公允价值为600万元，剩余摊销年限为10年。在编制上表时，A公司应当以600万元为基础调整B企业财务报表的金额，按调整后的金额填列“非流动资产”项目、“净利润”项目，以及“综合收益”项目等。

本表还包括企业当期从合营企业收到的股利、存在公开报价的投资的公允价值等信息，以及按照权益法调整至企业对合营企业投资账面价值的调节过程。本表中的“调整事项”包括取得投资时形成的商誉，即取得投资时企业的初始投资成本大于投资时应享有合营企业可辨认净资产公允价值份额的金额，还包括抵销企业与合营企业之间的内部交易、减值准备等其他事项。

对于重要的联营企业，企业对其投资按照权益法进行会计处理的，可以采用表41-06的格式披露联营企业的主要财务信息。

表41-06 重要联营企业的主要财务信息

单位：元

项目	本期数			上期数		
	A公司	B公司	…	A公司	B公司	…
流动资产						
非流动资产						
资产合计						
流动负债						
非流动负债						
负债合计						
净资产						
按持股比例计算的净资产份额						
调整事项						
对联营企业权益的账面价值						
存在公开报价的权益投资的公允价值						
营业收入						
净利润						
其他综合收益						
综合收益总额						
企业本期收到的来自联营企业的股利						

注：存在终止经营的净利润，还应当在本表中单列项目披露。

企业根据其他相关会计准则，对重要的合营企业或联营企业投资采用权益法以外的其他方法进行会计处理的，需要区分两种情况：（1）企业是投资性主体的，不需要披露合营企业或联营企业的主要财务信息。（2）企业不是投资性主体的，在财务报表附注中所披露的合营企业或联营企业的主要财务信息直接来源于合营企业或联营企业的财务报表，不需要经过调整，也不包括调节过程。

企业在合营企业或联营企业中的权益（或权益的一部分）按照《企业会计准则第 30 号——财务报表列报》划分为持有待售资产的，不需要披露合营企业或联营企业的上述主要财务信息。

（三）不重要的合营企业和联营企业的汇总财务信息

企业在单个合营企业或联营企业中的权益不重要的，应当分别就合营企业和联营企业两类披露下列信息：（1）按照权益法进行会计处理的对合营企业或联营企业投资的账面价值合计数。（2）对合营企业或联营企业的净利润、终止经营的净利润、其他综合收益、综合收益等项目，企业按照其持股比例计算的金额的合计数。企业是投资性主体的，不需要披露上述信息。

对于不重要的合营企业或联营企业，企业可以采用表 41-07 的格式披露汇总财务信息。

表 41-07 不重要联营企业和合营企业汇总信息

单位：元

项目	本期数	上期数
合营企业：		
投资账面价值合计		
下列各项按持投比例计算的合计数		
净利润		
其他综合收益		
综合收益总额		
联营企业：		
投资账面价值合计		
下列各项按持投比例计算的合计数		
净利润		
其他综合收益		
综合收益总额		

注：存在终止经营的净利润，还应当在本表中单列项目披露。

（四）与企业在合营企业和联营企业中权益相关的风险信息

1. 对转移资金能力的重大限制

合营企业或联营企业以发放现金股利、归还贷款或垫款等形式向企业转移资金的能力存在重大限制的，企业应当披露该限制的性质和程度。例如，某联营企业与银行（银行是独立第三方，不是联营企业的投资方）签订借款合同，合同约定：如果联营企业未能清偿到期债务，就不能向其投资方支付股利。在这种情况下，联营企业向企业（投资方）转移资金的能力就受到了限制，如果该项限制属于重大限制，企业应当在其财务报表附注中披露该项限制的性质和程度。

2. 超额亏损

企业对合营企业或联营企业投资采用权益法进行会计处理，被投资方发生超额亏损且投资方不再确认其应分担合营企业或联营企业损失份额的，应当披露未确认的合营企业或联营企业损失份额，包括当期份额和累积份额。在合营企业或联营企业发生超额亏损的情况下，企业可以采用如表 41-08 的格式披露企业应分担的超额亏损，也可以用文字形式披露相关信息。

表 41-08　企业对合营企业或联营企业发生超额亏损的分担额

项目	前期累积未确认的损失份额	本期未确认的损失份额（或本期实现净利润的分享额）	本期末累积未确认的损失份额
合营企业			
（1）			
……			
小计			
联营企业			
（1）			
……			
小计			
合计			

例 41-09　A 公司持有 B 公司 40% 的股权，能够对 B 公司实施重大影响。2×21 年度，B 公司发生巨额亏损。A 公司在其 2×21 年报的财务报表附注中对该事项披露如下：2×21 年度 B 公司亏损 12 000 万元，本公司按照持股比例应分担损失 4 800 万元，但本公司对 B 公司权益投资的账面价值仅为 3 000 万元，本公司不存在长期应收款等其他实质上构成对 B 公司净投资的权益项目，本公司确认了 3 000 万元的投资损失，当期未确认的对 B 公司投资的损失份额为 1 800 万元，本期末累积未确认的对 B 公司投资的损失份额为 1 800 万元。A 公司也可以采用表格的形式披露见表 41-09。

表 41-09　企业对合营企业或联营企业发生超额亏损的分担额

单位：万元

项目	前期累积未确认的损失份额	本期未确认的损失份额（或本期实现净利润的分享额）	本期末累积未确认的损失份额
联营企业			
B 公司	0	1 800	1 800
合计	0	1 800	1 800

3. 与对合营企业投资相关的未确认承诺

企业应当单独披露与其对合营企业投资相关的未确认承诺。未确认承诺是指企业已作出但未确认的各项承诺，既包括企业单独作出的未确认承诺，又包括企业与其他参与方共同作出的未确认承诺中企业所承担的份额。未确认承诺的具体内容包括但不限于：（1）企业因下列事项而作出的提供资金或资源的未确认承诺。例如，企业对合营企业的出资承诺，对于合营企业承担的资本性支出企业将提供支持的承诺，企业承诺从合营企业购买或代表合营企业购买设备、存货或服务等无条件购买义务，企业向合营企业承诺提供贷款或其他财务支持，以及企业作出的与对合营企业投资相关的其他不可撤销的承诺。（2）企业购买合营企业其他参与方在合营企业的全部或部分权益的未确认承诺。企业是否需要履行这一承诺通常取决于特定事件是否在未来期间发生。

例 41-10　2×21 年 7 月 1 日，A 公司、B 公司和 C 公司共同出资设立 D 企业，出资比例分别为 50%、40% 及 10%，各参与方的表决权比例与其出资比例相同。假设根据协议，A 公司和 B 公司对 D 企业具有共同控制，且该合营安排为合营企业。协议约定，B 公司承诺 C 公司在 D 企业成立届满 3 年后，C 公司可以选择将其在 D 企业中的财产份额全部转让给 B 公司，由 B 公司一次性全额向 C 公司支付 C 公司初始投资成本的 120%。C 公司的初始投资成本为 1 000 万元，B 公司承担的未确认承诺为 1 200 万元。

B 公司在其 2×21 年报的财务报表附注中对该项未确认承诺披露如下：本公司对 D 企业（2×21 年 7 月成立）享有共同控制，表决权比例为 40%。根据协议，如果 D 企业的参与方 C 公司选择在 D 企业成立届满 3 年后将其在 D 企业中财产份额转让给本公司，本公司需要一次性全额向 C 公司支付 1 200 万元。

4. 或有负债

企业应当单独披露与其对合营企业或联营企业投资相关的或有负债，但不包括极小可能导致经济利益流出企业的或有负债。企业应当按照《企业会计准则第 13 号——或有事项》来判断某一事项是否属于或有负债。如果企业与合营企业的其他参与方、联营企业的其他投资方共同承担某项或有负债，企业应当在财务报表附注中披露在该项或有负债中企业所承担的份额。在或有负债较多的情况下，企业可以按照或有负债的类别进行汇总披露。

例 41-11　A 公司在其 2×21 年报的财务报表附注中对与联营企业相关的或有负债单独披露如下：2×21 年 12 月 31 日，本公司为联营企业提供财务担保的金额为 4 680 万元（2×20 年的金额为 4 520 万元），半数以上的财务担保将在一年内到期。上述金额代表联营企业违约将给本公司造成的最大损失。由于不符合预计负债确认条件，上述财务担保属于未确认或有负债。

六、关于在未纳入合并财务报表范围的结构化主体中权益的披露

（一）未纳入合并财务报表范围的结构化主体的基础信息

对于未纳入合并财务报表范围的结构化主体，企业应当披露该结构化主体的性质、目的、规模、活动及融资方式，包括与之相关的定性信息和定量信息。其中，结构化主体的规模通常以资产总额或者所发行证券的规模来表示，融资方式包括股权融资、债权融资以及其他融资方式。在其他主体中权益的披露准则不要求逐个披露结构化主体的信息，企业应当按照重要性原则来确定信息披露的详细程度，只要不影响财务报表使用者评价企业与结构化主体之间的关系及企业因涉入结构化主体业务活动而面临的风险，企业可以根据需要汇总披露相关信息。

例 41-12　A 企业集团在其 2×21 年报中就未纳入合并财务报表范围的结构化主体的基础信息披露如下：2×21 年 12 月 31 日，与本集团相关联、但未纳入本集团合并财务报表范围的结构化主体主要从事信贷资产证券化业务，从本集团成员企业购买信贷资产，以信贷资产产生的现金流为基础发行资产支持证券融资。这类结构化主体 2×21 年 12 月 31 日的资产总额为 7 亿元（2×20 年的金额为 5.8 亿元）。

（二）与权益相关资产负债的账面价值和最大损失敞口

企业在未纳入合并财务报表范围的结构化主体中有权益的，还应当披露下列信息：（1）在财务报

表中确认的与企业在未纳入合并财务报表范围的结构化主体中权益相关的资产和负债的账面价值及其在资产负债表中的列报项目。（2）在未纳入合并财务报表范围的结构化主体中权益的最大损失敞口及其确定方法。最大损失敞口应当是企业因在结构化主体中持有权益而可能发生的最大损失。在确定最大损失敞口时，不需要考虑损失发生的可能性，因为最大损失敞口并不是企业的预计损失。企业不能量化最大损失敞口的，应当披露这一事实及其原因。（3）在财务报表中确认的与企业在未纳入合并财务报表范围的结构化主体中权益相关的资产和负债的账面价值与其最大损失敞口的比较。

例 41-13 A 企业集团 2×21 年报中，与在未纳入合并财务报表范围的结构化主体中权益相关的资产负债账面价值和最大损失敞口的信息披露如表 41-10 所示：

表 41-10　权益相关的资产负债账面价值和最大损失敞口的信息

单位：万元

项目	账面价值	最大损失敞口	账面价值	最大损失敞口
	2×21 年	2×21 年	2×20 年	2×20 年
优先级债券	430	430	400	400
次级债券	200	200	220	220
信用违约互换（负债）	－100	－1 600	－90	－1 500

优先级债券列示在财务报表的“其他债权投资”项目中。最大损失敞口为优先级债券在资产负债表日的账面价值（公允价值）。次级债券列示在财务报表的“债权投资”项目中。最大损失敞口为次级债券在资产负债表日的账面价值（摊余成本）。

信用违约互换列示在财务报表的“衍生金融负债”项目中。最大损失敞口为相关贷款全部违约情况下企业需要偿付的本金和利息之和。

（三）企业是结构化主体的发起人但在结构化主体中没有权益的情况

企业发起设立未纳入合并财务报表范围的结构化主体，资产负债表日在该结构化主体中没有权益的，企业不披露与权益相关的资产负债的账面价值及最大损失敞口。但作为发起人，企业通常与其发起的结构化主体之间保持着业务联系，仍可能通过涉入结构化主体的相关活动而承担风险。在其他主体中权益的披露准则要求此类企业披露下列信息：

（1）企业作为该结构化主体发起人的认定依据，即如何判断企业是该结构化主体的发起人。企业的发起人身份可能给企业带来一定风险。例如，当结构化主体的经营遇到困难时，企业作为发起人很可能向结构化主体提供财务支持或其他支持，在帮助结构化主体渡过难关的同时维护企业的声誉。存在下列情况的，可能说明企业是结构化主体的发起人：①企业单独创建了结构化主体；②企业参与创建结构化主体，并参与结构化设计的过程；③企业是结构化主体的最主要的服务对象，例如，结构化主体为企业提供资金，或者结构化主体所从事的业务活动是企业主要业务活动的组成部分，企业即使没有发起结构化主体，自身也要开展这些业务活动；④企业的名称出现在结构化主体的名称或结构化主体发行的证券的名称中；⑤其他能够说明企业是结构化主体发起人的情形。

例 41-14 A 企业集团在其 2×17 年报的合并财务报表附注中披露结构化主体发起人的认定依据。本集团作为结构化主体发起人的认定依据为：在发起设立结构化主体的过程中，或者组织其他有关各方共同设立结构化主体过程中发挥了重要作用，而且该结构化主体是本集团主要业务活动的延伸，在结构化主体设立后，仍与本集团保持密切的业务往来。

（2）分类披露企业当期从该结构化主体获得的收益及收益类型。企业作为发起人，即使在结构化主体中没有权益，也可能取得来自结构化主体的收益。例如，向结构化主体提供管理或咨询服务并收取服务费；向结构化主体转移资产而取得收益；以及原先在结构化主体中持有权益，当期处置了相关权益，虽然资产负债表日企业不再持有权益，但当期取得了处置收益。对当期从结构化主体获得的收益及其类型，企业应当分类披露。

（3）当期转移至该结构化主体的所有资产在转移时的账面价值。

例 41-15 A公司发起多个结构化主体，但在结构化主体中均不持有权益。2×21年，A公司从其发起的结构化主体获得收益的情况以及当期向结构化主体转移资产的情况，如表41-11所示：

表 41-11 结构化主体获得收益的情况以及当期向结构化主体转移资产的情况

单位：万元

结构化主体类型	当期从结构化主体获得的收益			当期向结构化主体转移资产账面价值
	服务收费	向结构化主体出售资产的利得（损失）	合计	
信用资产证券化	15	10	25	252
投资基金	10	0	10	0
合计	25	10	35	252

（四）向未纳入合并财务报表范围的结构化主体提供支持的情况

企业应当披露其向未纳入合并财务报表范围的结构化主体提供财务支持或其他支持的意图，包括帮助该结构化主体获得财务支持的意图。

在没有合同约定的情况下，企业当期向结构化主体（包括企业前期或当期持有权益的结构化主体）提供财务支持或其他支持的，还应当披露提供支持的类型、金额及原因，包括帮助该结构化主体获得财务支持的情况。

（五）未纳入合并财务报表范围结构化主体的额外信息披露

如果企业按照本准则要求披露的有关未纳入合并财务报表范围的结构化主体的信息，仍不能充分反映相关风险及其对企业的影响，企业还应当额外披露以下信息：

（1）合同约定企业在特定情况下需要向未纳入合并财务报表范围的结构化主体提供财务支持或其他支持的，企业应当披露相关的合同条款及有关信息，有关信息包括在何种情况下企业需要向结构化提供支持并可能因此遭受损失，是否存在其他约定对企业向结构化主体履行支持义务产生约束，在多方向结构化主体提供支持的情况下各方提供支持的先后顺序等。

（2）企业因在未纳入合并财务报表范围的结构化主体中持有权益而当期遭受损失的，企业应当披露损失的金额，包括计入当期损益的金额和计入其他综合收益的金额。

（3）企业在未纳入合并财务报表范围的结构化主体中持有权益，如果企业当期取得与该权益相关的收益，企业应当披露收益的类型。收益类型主要包括：服务收费；利息收入；利润分配收入；处置债权或股权的收益；以及企业向结构化主体转移资产取得的收益等。

（4）在合同约定企业和其他主体需要承担未纳入合并财务报表范围结构化主体的损失的情况下，企业应当披露企业和其他主体需要承担损失的最大限额以及承担损失的先后顺序。

（5）企业应当披露第三方提供的、对企业在未纳入合并财务报表范围的结构化主体中权益的公允价值或风险可能产生影响的流动性支持、担保、承诺等。

（6）企业应当披露当期未纳入合并财务报表范围的结构化主体在融资活动中遇到的困难，主要是指债务融资或股权融资遇到的困难。

（7）企业应当披露与未纳入合并财务报表范围的结构化主体融资业务有关的信息，包括融资形式（例如商业票据、中长期票据）及其加权平均期限。特别是当结构化主体投资长期资产但资金来源于短期负债时，企业需要分析该结构化主体资产和负债的期限结构，并披露这一情况。

七、新旧衔接

在其他主体中权益的披露准则规定，企业比较财务报表中披露的本准则施行日之前的信息与本准则要求不一致的，应当按照本准则的规定进行调整，但有关未纳入合并财务报表范围的结构化主体的披露要求除外。

为了确保企业比较财务信息具有可比性，在本准则施行日当年的年报中，企业应当按照本准则的规定对以前年度的相关信息进行调整，将调整后的信息作为比较信息披露在年报中。但是，由于对企业在未纳入合并财务报表范围的结构化主体中权益的披露要求是本准则新增的披露要求，企业对这部分权益只需要提供本准则施行日当年的信息，不需要提供以前年度的比较信息。

第四十二章
持有待售的非流动资产、处置组和终止经营

一、准则适用范围

在我国企业会计准则中，有关持有待售的非流动资产、处置组和终止经营的会计处理要求分散在《企业会计准则第 2 号——长期股权投资》《企业会计准则第 4 号——固定资产》《企业会计准则第 30 号——财务报表列报》及相关应用指南、解释和讲解中，但缺少对持有待售类别的后续计量、持有待售资产减值准备计提等问题的统一规定或指引。

结合我国企业实际情况，财政部在借鉴《国际财务报告准则第 5 号》的基础上，制定并发布了《企业会计准则第 42 号——持有待售的非流动资产、处置组和终止经营》（以下简称持有待售的非流动资产、处置组和终止经营准则），进一步规范了持有待售的非流动资产和处置组的分类、计量和列报，以及终止经营的列报，提高会计信息质量。

持有待售的非流动资产、处置组和终止经营准则主要规范企业持有待售的非流动资产或处置组的分类、计量和列报，以及终止经营的列报。处置组包含适用准则计量规定的非流动资产的，准则的计量规定适用于整个处置组，处置组中负债的计量适用相关会计准则。但下列各项的计量适用其他相关会计准则。

（1）采用公允价值模式进行后续计量的投资性房地产，适用《企业会计准则第 3 号——投资性房地产》；

（2）采用公允价值减去出售费用后的净额计量的生物资产，适用《企业会计准则第 5 号——生物资产》；

（3）职工薪酬形成的资产，适用《企业会计准则第 9 号——职工薪酬》；

（4）递延所得税资产，适用《企业会计准则第 18 号——所得税》；

（5）由金融工具相关会计准则规范的金融资产，适用金融工具相关会计准则；

（6）由保险合同相关会计准则规范的保险合同所产生的权利，适用保险合同相关会计准则；

二、持有待售的非流动资产、处置组和终止经营业务介绍

（一）处置组的含义

处置组是指在一项交易中作为整体通过出售或其他方式一并处置的一组资产，以及在该交易中转让的与这些资产直接相关的负债。处置组所属的资产组或资产组组合按照《企业会计准则第 8 号——资产减值》分摊了企业合并中取得的商誉的，该处置组应当包含分摊至处置组的商誉。

（二）终止经营的含义

终止经营是指企业满足下列条件之一的、能够单独区分的组成部分，且该组成部分已经处置或划

分为持有待售类别：

（1）该组成部分代表一项独立的主要业务或一个单独的主要经营地区；

（2）该组成部分是拟对一项独立的主要业务或一个单独的主要经营地区进行处置的一项相关联计划的一部分；

（3）该组成部分是专为转售而取得的子公司。

终止经营的定义包含以下三方面含义：

（1）终止经营应当是企业能够单独区分的组成部分。该组成部分的经营和现金流量在企业经营和编制财务报表时是能够与企业的其他部分清楚区分的。企业组成部分可能是一个资产组，也可能是一组资产组组合，通常是企业的一个子公司、一个事业部或事业群。

（2）终止经营应当具有一定的规模。终止经营应当代表一项独立的主要业务或一个单独的主要经营地区，或者是拟对一项独立的主要业务或一个单独的主要经营地区进行处置的一项相关联计划的一部分。专为转售而取得的子公司也是企业的组成部分，但不要求具有一定规模。

并非所有处置组都符合终止经营的定义，企业需要运用职业判断确定终止经营。如果企业主要经营一项业务或主要在一个地理区域内开展经营，企业的一个主要产品或服务线也可能满足终止经营定义中的规模条件。有些专为转售而取得的重要的合营企业或联营企业，也可能因为符合有关组成部分的第（1）和（2）项条件而符合终止经营的定义。

例 42-01 A 快餐企业在全国拥有 500 家零售门店，决定将 8 家零售门店中的一家门店出售，并于 2×21 年 8 月 13 日与 B 企业正式签订了转让协议，假设该门店符合持有待售类别的划分条件。判断是否构成 A 企业的终止经营。

分析：本案例中，尽管该门店是一个处置组，也符合持有待售类别的划分条件，但由于它只是一个零售点，不能代表一项独立的主要业务或一个单独的主要经营地区，也不构成拟对一项独立的主要业务或一个单独的主要经营地区进行处置的一项相关联计划的一部分，因此该处置组并不构成企业的终止经营。

（3）终止经营应当满足一定的时点要求。符合终止经营定义的组成部分应当属于以下两种情况之一：

①组成部分在资产负债表日之前已经处置，包括已经出售、结束使用（如关停或报废等）。

例 42-02 A 企业集团拥有一家经营药品批发业务的 B 公司，药品批发构成 A 企业的一项独立的主要业务，且该 B 公司在全国多个城市设立了营业网点。由于经营不善，决定停止 B 公司的所有业务。至 2×21 年 10 月 13 日，已处置了该子公司所有存货并辞退了所有员工，但仍有一些债权等待收回，部分营业网点门店的租约尚未到期，仍需支付租金费用。判断 B 公司是否构成 A 公司的终止经营。

分析：本案例中，由于 B 公司原药品批发业务已经停止，收回债权、处置租约等尚未结算的未来交易并不构成上述业务的延续，因此该子公司的经营已经终止。应当认为 2×21 年 10 月 13 日后该子公司符合终止经营的定义。

②随着处置计划的进行，组成部分中的一些资产组或资产组组合可能先满足持有待售类别划分条件且构成企业的终止经营，其他资产组或资产组组合可能在未来满足持有待售类别的划分条件，应当适时将其作为终止经营处理。

例 42-03 A 企业集团决定出售其专门从事酒店管理的下属 B 公司，酒店管理构成 A 公司的一项主要业务。B 公司管理一个酒店集团和一个连锁健身中心。为获取最大收益，A 企业决定允许将酒店集团和连锁健身中心出售给不同买家，但酒店和健身中心的转让是相互关联的，即两者或者均出售，或者均不出售。A 企业于 2×21 年 12 月 6 日与 C 企业就转让连锁健身中心正式签订了协议，假设此时连锁健身中心符合了持有待售类别的划分条件，但酒店集团尚不符合持有待售类别的划分条件。判断酒店集团和连锁健身中心是否构成A企业的终止经营。

本企业中，处置酒店集团和连锁健身中心构成一项相关联的计划，虽然酒店集团和连锁健身中心可能出售给不同买家，但分别属于对一项独立的主要业务进行处置的一项相关联计划的一部分，因此连锁健身中心符合终止经营的定义，酒店集团在未来符合持有待售类别划分条件时也符合终止经营的定义。

三、持有待售的非流动资产或处置组的确认

企业主要通过出售（包括具有商业实质的非货币性资产交换）而非持续使用一项非流动资产或处置组收回其账面价值的，应当将其划分为持有待售类别。例如，企业因技术进步、经济环境发生变化等原因而关停子公司，或者因已接近可使用寿命而报废某机器设备时，由于其账面价值并非主要通过出售而回收，所以不应划分为持有待售类别。

（一）持有待售的非流动资产或处置组确认的条件

非流动资产或处置组划分为持有待售类别，应当同时满足下列条件。

（1）根据类似交易中出售此类资产或处置组的惯例，在当前状况下即可立即出售。

例42-04 A公司拥有一栋办公大楼，企业的主要业务部门均在该大楼内办公。由于发展战略发生改变，A公司计划整体搬迁。A公司与B公司签订了办公大楼转让合同，A公司将在腾空办公大楼后将其交付给B公司，且腾空办公大楼所需时间是正常且符合交易惯例的。

分析：本案例中，在出售建筑物前将其腾空属于出售此类资产的惯例，且腾空只占用常规所需时间，因此，即使A公司的办公大楼当前尚未腾空，也并不影响其满足在当前状况下即可立即出售的条件。

如果合同条款改为“A公司将在新办公大楼竣工前继续使用现有办公大楼，竣工后将该办公大楼交付B公司”。那么“在新办公大楼竣工前继续使用现有办公大楼”的条件不属于类似交易中出售此类资产的惯例，使得办公大楼在当前状况下不能立即出售，在新大楼竣工前A公司虽然已取得确定的购买承诺，办公大楼仍然不符合持有待售类别的划分条件。

（2）出售极可能发生，即企业已经就一项出售计划作出决议且获得确定的购买承诺，预计出售将在一年内完成。如果有关规定要求企业相关权力机构或者监管部门批准后方可出售的，应当已经获得批准。具体来说，“出售极可能发生”应当包含以下几层含义：

①企业出售非流动资产或处置组的决议一般需要由企业相应级别的管理层作出，如果有关规定要求企业相关权力机构或者监管部门批准后方可出售，应当已经获得批准。

②企业已经获得确定的购买承诺，确定的购买承诺是企业与其他方签订的具有法律约束力的购买协议，该协议包含交易价格、时间和足够严厉的违约惩罚等重要条款，使协议出现重大调整或者撤销的可能性极小。

确定的购买承诺，是指企业与其他方签订的具有法律约束力的购买协议，该协议包含交易价格、时间和足够严厉的违约惩罚等重要条款，使协议出现重大调整或者撤销的可能性极小。需要注意的是，企业应与其他方签订具有法律约束力的购买协议，且协议出现重大调整或者撤销的可能性极小，才属于确定的购买承诺。也就是说，除满足其他条件外，企业必须在获得确定的购买承诺后才能将相关的非流动资产或处置组划分为持有待售类别。这一要求比国际财务报告准则更为严格，便于实务中严格执行，并防范利润操纵。

③预计自划分为持有待售类别起一年内，出售交易能够完成。但因企业无法控制的下列原因之一，导致非关联方之间的交易未能在一年内完成，且有充分证据表明企业仍然承诺出售非流动资产或

处置组的，企业应当继续将非流动资产或处置组划分为持有待售类别：

（a）买方或其他方意外设定导致出售延期的条件，企业针对这些条件已经及时采取行动，且预计能够自设定导致出售延期的条件起一年内顺利化解延期因素。

企业在初始对非流动资产或处置组进行分类时，能够满足划分为持有待售类别的所有条件，但此后买方或是其他方提出一些意料之外的条件，且企业已经采取措施应对这些条件，预计能够自设定这些条件起一年内满足条件并完成出售，那么即使出售无法在最初一年内完成，企业仍然可以维持原持有待售类别的分类。

例 42-05 A 公司计划将整套生产厂房和设备出售给 B 公司，A 公司和 B 公司不存在关联方关系，双方已于 2×21 年 9 月 1 日签订了转让合同。该厂区的污水排放系统存在缺陷，对周边环境造成污染，但 A 公司不知晓土地污染情况，2×21 年 11 月 20 日，B 公司在对生产厂房和设备进行检查的过程中发现污染，并要求 A 公司进行补救。A 公司立即着手采取措施，预计至 2×18 年 11 月底环境污染问题能够得到成功整治。

分析：本案例中，在签订转让合同前买卖双方并不知晓影响交易进度的环境污染问题，属于符合延长一年期限的例外事项，在 2×21 年 11 月 20 日发现延期事项后，A 公司预计将在一年内消除延期因素，因此仍然可以将处置组划分为持有待售类别。

如果 A 公司知晓土地污染情况，在转让合同中附带条款，承诺将自 2×21 年 10 月 1 日起开展污染清除工作，清除工作预计将持续 12 个月。那么，虽然买卖双方已经签订协议，但在污染得到整治前，该处置组在当前状态下不可立即出售，不符合划分为持有待售类别的条件。

（b）因发生罕见情况，导致持有待售的非流动资产或处置组未能在一年内完成出售，企业在最初一年内已经针对这些新情况采取必要措施且重新满足了持有待售类别的划分条件。

这里的“罕见情况”主要指因不可抗力引发的情况、宏观经济形势发生急剧变化等不可控情况。如果企业针对这些新情况在最初一年内已经采取必要措施，而且该非流动资产或处置组重新满足了持有待售类别的划分条件，也就是在当前状况下可立即出售且出售极可能发生，那么即使原定的出售计划无法在最初一年内完成，企业仍然可以维持原持有待售类别的分类。

例 42-06 A 企业拟将一栋原自用的写字楼转让，于 2×21 年 12 月 1 日与 B 企业订了房产转让协议，预计将于 10 个月内完成转让，假定该写字楼于签订协议当日符合划分为持有待售类别的条件。2×22 年市场状况迅速恶化，房地产价格大跌，B 企业认为原协议价格过高，决定放弃购买，并于 2×22 年 9 月 1 日按照协议约定缴纳了违约金。A 企业决定在考虑市场状况变化的基础上降低写字楼售价并积极开展市场营销，于 2×22 年 12 月 1 日与 C 企业重新签订了房产转让协议，预计将于 9 个月内完成转让，A 和 B 不存在关联关系。

分析：本案例中，A 企业与 B 企业之间的房产转让交易未能在一年内完成，原因是发生市场恶化、买方违约的罕见事件。在将写字楼划分为持有待售类别的最初一年内，A 企业已经重新签署转让协议，并预计将在 2×22 年 12 月 1 日开始的一年内完成，使写字楼重新符合了持有待售类别的划分条件。因此，A 企业仍然可以将该资产继续划分为持有待售类别。

（二）持有待售的非流动资产或处置组的停止确认

持有待售的非流动资产或处置组不再满足持有待售类别划分条件的，企业不应当继续将其划分为持有待售类别。部分资产或负债从持有待售的处置组中移除后，处置组中剩余资产或负债新组成的处置组仍然满足持有待售类别划分条件的，企业应当将新组成的处置组划分为持有待售类别，否则应当将满足持有待售类别划分条件的非流动资产单独划分为持有待售类别。

例 42-07 A 企业拟将一栋原自用的写字楼转让，于 2×21 年 12 月 1 日与 B 企业订了房产转让协议，预计将于 10 个月内完成转让，假定该写字楼于签订协议当日符合划分为持有待售类别的条件。

2×22 年市场状况迅速恶化，房地产价格大跌，B 企业认为原协议价格过高，决定放弃购买，并于 2×22 年 9 月 1 日按照协议约定缴纳了违约金。A 企业决定在考虑市场状况变化的基础上降低写字楼售价并积极开展市场营销，但始终没有找到合适买家。

本案例中，写字楼不再符合持有待售类别的划分条件，企业 A 应当根据实际情况，重新将该写字楼作为固定资产或者投资性房地产处理。

（三）某些特定持有待售类别分类的具体应用

1. 专为转售而取得的非流动资产或处置组

对于企业专为转售而新取得的非流动资产或处置组，如果在取得日满足“预计出售将在一年内完成”的规定条件，且短期（通常为 3 个月）内很可能满足划分为持有待售类别的其他条件，企业应当在取得日将其划分为持有待售类别。

2. 持有待售的长期股权投资

企业因出售对子公司的投资等原因导致其丧失对子公司的控制权，出售后企业可能保留对原子公司的部分权益性投资，也可能丧失所有权益。无论企业是否保留非控制的权益性投资，应当在拟出售的对子公司投资满足持有待售类别划分条件时，在母公司个别财务报表中将对子公司投资整体划分为持有待售类别，而不是仅将拟处置的投资划分为持有待售类别；

在合并财务报表中将子公司所有资产和负债划分为持有待售类别，而不是仅将拟处置的投资对应的资产和负债划分为持有待售类别。但是，无论对子公司的投资是否划分为持有待售类别，企业始终应当按照《企业会计准则第 33 号——合并财务报表》的规定确定合并范围，编制合并财务报表。具体会计处理如下：

（1）如果企业对被投资企业施加共同控制或重大影响，在编制母公司个别财务报表时，应当按照有关成本法转权益法的规定进行会计处理，在编制合并财务报表时，应当按照合并财务报表的有关规定进行会计处理；

（2）如果企业对被投资企业不具有控制、共同控制或重大影响，应当按照金融工具确认和计量准则进行会计处理。

对联营企业或合营企业的权益性投资全部或部分分类为持有待售资产的，应当停止权益法核算，对于未划分为持有待售资产的剩余权益性投资，应当在划分为持有待售的那部分权益性投资出售前继续采用权益法进行会计处理。

例 42-08　A 企业集团拟出售其持有的部分长期股权投资，假设拟出售的股权符合持有待售类别的划分条件：（1）A 企业集团拥有 B 子公司 100% 的股份，拟出售全部股权。（2）A 企业集团拥有 C 子公司 100% 的股权，拟出售 55% 的股权，出售后将丧失对子公司的控制权，但对其具有重大影响。（3）A 企业集团拥有 D 子公司 100% 的股权，拟出售 25% 的股权，仍然拥有对子公司的控制权。（4）A 企业集团拥有 E 子公司 55% 的股权，拟出售 6% 的股权，出售后将丧失对子公司的控制权，但对其具有重大影响。（5）A 企业集团拥有 F 合营企业 35% 的股权，拟出售 30% 的股权，A 公司持有剩余的 5% 的股权，且对被投资方不具有重大影响。（6）A 企业集团拥有 G 合营企业 50% 的股权，拟出售 35% 的股权，A 公司持有剩余的 15% 的股权，且对被投资方不具有共同控制或重大影响。

分析：

情形（1）中，A 企业集团应当在母公司个别财务报表中将拥有的子公司全部股权划分为持有待售类别，在合并财务报表中将子公司所有资产和负债划分为持有待售类别。

情形（2）中，A 企业集团应当在母公司个别财务报表中将拥有的子公司全部股权划分为持有待售类别，在合并财务报表中将子公司所有资产和负债划分为持有待售类别。

情形（3）中，由于A企业集团仍然拥有对子公司的控制权，该长期股权投资并不是“主要通过出售而非持续使用以收回其账面价值”的，因此不应当将拟处置的部分股权划分为持有待售类别。

情形（4）与情形（2）类似，A企业集团应当在母公司个别财务报表中将拥有的子公司55%的股权划分为持有待售类别，在合并财务报表中将子公司所有资产和负债划分为持有待售类别。

情形（5）中，A企业集团应将拟出售的30%股权划分为持有待售类别，不再按权益法核算，剩余5%的股权在前述30%的股权处置前，应当采用权益法进行会计处理，在前述30%的股权处置后，应当按照金融工具确认和计量准则的有关规定进行会计处理。

情形（6）与情形（5）类似，A企业集团应当将拟出售的35%股权划分为持有待售类别，不再按权益法核算，剩余15%的股权在前述35%的股权处置前，应当采用权益法进行会计处理，在前述35%的股权处置后，应当按照金融工具确认和计量准则的有关规定进行会计处理。

3. 拟结束使用而非出售的非流动资产或处置组

非流动资产或处置组可能因为种种原因而结束使用，且企业并不会将其出售，或仅获取其残值，例如，因已经使用至经济寿命期结束而将某机器设备报废，因技术进步而将某子公司关停或转产。由于对该非流动资产或处置组的使用几乎贯穿其整个经济使用寿命期，其账面价值并非主要通过出售收回，企业不应当将其划分为持有待售类别。对于暂时停止使用的非流动资产，不应当认为其拟结束使用，也不应当将其划分为持有待售类别。

例 42-09 某企业A公司拥有一条生产线，由于市场需求变化，该产品销量锐减，A公司决定暂停该生产线的生产，但仍然对其进行定期维护，待市场转好时重启生产。

分析：本案例中，由于生产线属于暂停使用，A公司不应当将其划分为持有待售类别。

四、持有待售的非流动资产或处置组的计量

划分为持有待售类别的非流动资产或处置组的计量包括取得日计量、划分为持有待售类时的计量、后续计量和终止确认时计量等环节。

（一）持有待售类别取得日的初始计量

对于取得日划分为持有待售类别的非流动资产或处置组，企业应当在初始计量时比较假定其不划分为持有待售类别情况下的初始计量金额和公允价值减去出售费用后的净额，以两者孰低计量。除企业合并中取得的非流动资产或处置组外，由以公允价值减去出售费用后的净额作为非流动资产或处置组初始计量金额而产生的差额，应当计入当期损益。借记“持有待售资产”“资产减值损失”科目，贷记“银行存款”科目。

企业合并中取得的非流动资产或处置组，需区分同一控制下企业合并与非同一控制下企业合并：（1）非同一控制下的企业合并中新取得的非流动资产或处置组划分为持有待售类别的，应当按照公允价值减去出售费用后的净额计量（吸收合并）；（2）同一控制下的企业合并中非流动资产或处置组划分为持有待售类别的，应当按照合并日在被合并方的账面价值与公允价值减去出售费用后的净额孰低计量（吸收合并）。

例 42-10 2×21年4月1日，A公司购入B公司全部股权，支付价款1 700万元。购入该股权之前，A公司的管理层已经作出决议，一旦购入B公司将在一年内将其出售给C公司，B公司在当前状况下即可立即出售。预计A公司还将为出售该子公司支付15万元的出售费用。A公司与C公司计划于2×21年4月30日签署股权转让合同，初步议定股权转让价格为1 720万元。

分析：本案例中，B公司是专为转售而取得的子公司，其在不划分为持有待售类别情况下的初始计量金额应当为1 700万元，当日公允价值减去出售费用后的净额为1 705万元（1 720－15），按照二

者孰低计量。2×21年4月1日A公司的账务处理如下：

借：持有待售资产——长期股权投资　　17 000 000

　　贷：银行存款　　17 000 000

如果A公司尚未与C公司议定转让价格，购买日股权公允价值与支付价款一致。而B公司是专为转售而取得的子公司，其如果不划分为持有待售类别情况下的初始计量金额为1 700万元，当日公允价值减去出售费用后的净额为1 685万元（1 700－15），按照二者孰低计量。A公司2×21年4月1日的账务处理如下：

借：持有待售资产——长期股权投资　　16 850 000

　　资产减值损失　　150 000

　　贷：银行存款　　17 000 000

（二）持有待售类别首次划分日的初始计量

持有待售的非流动资产、处置组和终止经营准则规定，企业将非流动资产或处置组首次划分为持有待售类别前，应当按照相关会计准则规定计量非流动资产或处置组中各项资产和负债的账面价值，即在首次划分为持有待售类别前，应当先按其原适用的会计准则规定进行计量。

转为持有待售类别之后，企业初始计量持有待售的非流动资产或处置组时，应当按照相关会计准则规定计量流动资产、适用其他准则计量规定的非流动资产和负债。

（1）如果持有待售的非流动资产或处置组整体的账面价值低于其公允价值减去出售费用后的净额，企业不需要对账面价值进行调整。

（2）如果账面价值高于其公允价值减去出售费用后的净额，企业应当将账面价值减记至公允价值减去出售费用后的净额，减记的金额确认为资产减值损失，计入当期损益，同时计提持有待售资产减值准备。

企业应当按照《企业会计准则第 39 号——公允价值计量》的有关规定确定非流动资产或处置组的公允价值。

出售费用是企业发生的可以直接归属于出售资产或处置组的增量费用，出售费用包括为出售发生的特定法律服务、评估咨询等中介费用，也包括相关的消费税、城市维护建设税、土地增值税和印花税等，但不包括财务费用和所得税费用。

有些情况下，公允价值减去出售费用后的净额可能为负值，持有待售的非流动资产或处置组中资产的账面价值应当以减记至零为限。是否需要确认相关预计负债，应当按照《企业会计准则第 13 号——或有事项》的规定进行会计处理。

例 42-11　A 公司拟将下属子公司 B 公司出售给 C 公司，双方已签订了转让协议，预计将在 10 个月内完成转让，子公司 B 公司满足划分为持有待售类别的条件。B 公司与银行之间存在未决诉讼，B 公司可能败诉。由于不符合预计负债的确认条件，A 公司仅在报表附注中披露了或有负债。

分析：本案例中，在确定子公司 B 公司的公允价值减去出售费用后的净额时，需要考虑尚未确认的或有负债的公允价值，B 公司的账面价值未确认该项或有负债，因此子公司 B 公司的公允价值减去出售费用后的净额低于其账面价值，应当确认持有待售资产减值损失，计入当期损益。

（三）持有待售类别的后续计量

1. 持有待售的非流动资产的后续计量

持有待售的非流动资产的后续计量要求：（1）持有待售的非流动资产不应计提折旧或摊销；（2）比其账面价值与公允价值减去出售费用后的净额，提计或转回持有待售资产减值准备。

企业在资产负债表日重新计量持有待售的非流动资产时，如果其账面价值高于公允价值减去出售费用后的净额，应当将账面价值减记至公允价值减去出售费用后的净额，减记的金额确认为资产减值损失，计入当期损益，同时计提持有待售资产减值准备。

如果后续资产负债表日持有待售的非流动资产公允价值减去出售费用后的净额增加，以前减记的金额应当予以恢复，并在划分为持有待售类别后非流动资产确认的资产减值损失金额内转回，转回金额计入当期损益，划分为持有待售类别前确认的资产减值损失不得转回。

例 42-12 2×21 年 4 月 1 日，A 公司购入 B 公司全部股权，支付价款 1 600 万元。购入该股权之前，A 公司的管理层已经作出决议，一旦购入 B 公司将在一年内将其出售给 C 公司，B 公司在当前状况下即可立即出售。预计 A 公司还将为出售该子公司支付 10 万元的出售费用。A 公司与 C 公司计划于 2×21 年 4 月 30 日签署股权转让合同，初步议定股权转让价格为 1 620 万元。2×21 年 4 月 30 日，A 公司与 C 公司签订合同，转让所持有 B 公司的全部股权，转让价格为 1 610 万元，A 公司预计还将支付 12 万元的出售费用。

2×21 年 4 月 1 日，A 公司的账务处理如下：

借：持有待售资产——长期股权投资	16 000 000	
贷：银行存款		16 000 000

2×21年4月30日，A公司持有的B公司股权公允价值减去出售费用后的净额为1 598万元（1 610－12），账面价值为1 600万元，以二者孰低计量，A公司2×21年4月30日的账务处理如下：

借：资产减值损失（16 000 000－15 980 000）	20 000	
贷：持有待售资产减值准备——长期股权投资		20 000

例 42-13 2×21 年 4 月 1 日，A 公司购入 B 公司全部股权，支付价款 1 600 万元。购入该股权之前，A 公司的管理层已经作出决议，一旦购入 B 公司将在一年内将其出售给 C 公司，B 公司在当前状况下即可立即出售，但 A 公司尚未与 C 公司议定转让价格。预计 A 公司还将为出售该子公司支付 10 万元的出售费用。2×21 年 4 月 30 日，A 公司持有的 B 公司股权的公允价值 1 610 万元，预计 A 公司还将为出售该子公司支付 11 万元的出售费用。

分析：本案例中，A公司尚未与C公司议定转让价格，购买日股权公允价值与支付价款一致。B公司是专为转售而取得的子公司，其如果不划分为持有待售类别情况下的初始计量金额为1 600万元，当日公允价值减去出售费用后的净额为1 590万元（1 600－10），按照二者孰低计量。A公司2×21年4月1日的账务处理如下：

借：持有待售资产——长期股权投资	15 900 000	
资产减值损失	100 000	
贷：银行存款		16 000 000

A 公司持有的 B 公司股权的公允价值减去出售费用后的净额为 1 599 元，账面价值为 1 590 万元，以二者孰低计量，A 公司不需要进行账务处理。

2. 持有待售的处置组的后续计量

（1）企业在资产负债表日重新计量持有待售的处置组时，应当首先按照相关会计准则规定计量处置组中的流动资产、适用其他准则计量规定的非流动资产和负债的账面价值。例如，处置组中的金融工具，应当按照《企业会计准则第 22 号——金融工具确认和计量》的规定计量。

（2）在进行上述计量后，企业应当比较持有待售的处置组整体账面价值与公允价值减去出售费用后的净额，如果账面价值高于其公允价值减去出售费用后的净额，应当将账面价值减记至公允价值减去出售费用后的净额，减记的金额确认为资产减值损失，计入当期损益，同时计提持有待售资产减值准备。

（3）对于持有待售的处置组确认的资产减值损失金额，如果该处置组包含商誉，应当先抵减商誉的账面价值，再根据处置组中适用本章计量规定的各项非流动资产账面价值所占比重，按比例抵减其账面价值。确认的资产减值损失金额应当以处置组中包含的适用本章计量规定的各项资产的账面价值为限，不应分摊至处置组中包含的流动资产或适用其他准则计量规定的非流动资产。

（4）如果后续资产负债表日持有待售的处置组公允价值减去出售费用后的净额增加，以前减记的金额应当予以恢复，并在划分为持有待售类别后适用本章计量规定的非流动资产确认的资产减值损失金额内转回，转回金额计入当期损益，且不应当重复确认适用其他准则计量规定的非流动资产和负债按照相关准则规定已经确认的利得。已抵减的商誉账面价值，以及适用本章计量规定的非流动资产在划分为持有待售类别前确认的资产减值损失不得转回。对于持有待售的处置组确认的资产减值损失后续转回金额，应当根据处置组中除商誉外适用本章计量规定的各项非流动资产账面价值所占比重，按比例增加其账面价值。

例 42-14　A 公司的一个专设销售机构拥有一个 100 平方米的底商。2×21 年 9 月 10 日，A 公司与 B 公司签订转让协议，将该销售机构整体转让，初定转让价格为 3 800 万元。同时转让协议还约定，对于销售机构 2×21 年 8 月 10 日购买的一项作为其他权益工具投资核算的权益工具投资，其转让价格以转让完成当日市场报价为准。假设该销售机构满足划分为持有待售类别的条件，但不符合终止经营的定义。该销售机构在 2×21 年 9 月 10 日的相关科目余额（持有待售会计处理前）见表 42-01。

表 42-01　销售机构的相关科目余额表

单位：万元

科目名称	借方余额	贷方余额
银行存款	620	
应收账款	520	
库存商品	600	
存货跌价准备		200
其他权益工具投资	760	
固定资产	2 200	
累计折旧		60
固定资产减值准备		30
无形资产	1 900	
累计摊销		28
无形资产减值准备		10
商誉	400	
应付账款		1 740
预计负债		500
合计	7 000	2 568

（1）该处置组在划分为持有待售前的账面价值4 432万元（7 000－2 568），至2×21年9月10

日，固定资产还应当计提折旧10万元，无形资产还应当计提摊销2万元，固定资产和无形资产均用于管理用途。2×21年9月10日，其他权益工具投资公允价值降至720万元，固定资产可收回金额降至2 040万元。2×21年9月10日，该销售机构的公允价值为3 800万元，A公司预计为转让该销售机构还需支付律师等咨询费共计140万元。假设A公司不存在其他持有待售的非流动资产或处置组，不考虑所得税影响。A公司会计处理如下。

①2×21年9月10日，A公司在将该处置组划分为持有待售类别前，首先应当按照适用的会计准则计量各项资产和负债的账面价值。其账务处理如下：

借：管理费用　120 000
　贷：累计折旧　100 000
　　累计摊销　20 000
借：其他综合收益（7 600 000－7 200 000）　400 000
　贷：其他权益工具投资　400 000

固定资产减值准备＝可收回金额降2 040－账面价值（2 200－60－30－10）＝60（万元）

借：资产减值损失　600 000
　贷：固定资产减值准备　600 000

②2×21年9月6日，A公司将该销售机构处置组划分为持有待售类别时，其账务处理如下：

借：持有待售资产——银行存款　6 200 000
　——应收账款　5 200 000
　——库存商品　6 000 000
　——其他权益工具投资（7 600 000－400 000）　7 200 000
　——固定资产　20 400 000
　——无形资产（19 000 000－280 000－100 000－20 000）　18 600 000
　——商誉　4 000 000
　存货跌价准备　2 000 000
　固定资产减值准备（300 000＋600 000）　900 000
　累计折旧（600 000＋100 000）　700 000
　累计摊销（280 000＋20 000）　300 000
　无形资产减值准备　100 000
　贷：持有待售资产减值准备——存货跌价准备　2 000 000
　　银行存款　6 200 000
　　应收账款　5 200 000
　　库存商品　6 000 000
　　其他权益工具投资　7 200 000
　　固定资产　22 000 000
　　无形资产　19 000 000
　　商誉　4 000 000
借：应付账款　17 400 000
　预计负债　5000 000
　贷：持有待售负债——应付账款　17 400 000
　　——预计负债　5 000 000

2×21年9月6日，A公司将该销售机构处置组划分为持有待售类别时的账面价值计算如下：

账面价值＝620＋520＋600＋720＋2 040＋1 860＋400－200－1 740－500＝4 320（万元）

或 ＝处置组在划分为持有待售前的账面价值－累计折旧－累计摊销－其他权益工具投资－固定资产减值准备

＝7 000－2 568－10－2－40－60＝4 320（万元）

③2×21年9月6日，由于该处置组的账面价值4 320万元高于公允价值减去出费用后的净额3 660万元（3 800－140），A公司应当以其二者孰低（3 660万元）计量该处置组，并计提持有待售资产减值准备660万元（4 320－3 660），计入当期损益。持有待售资产的减值损失应当先抵减处置组中商誉的账面价值400万元，剩余金额260万元再根据固定资产、无形资产账面价值所占比重，按比例抵减其账面价值。

商誉应分摊减值损失＝400（万元）

固定资产摊减值损失＝（660－400）×2 040÷（2 040＋1 860）＝136（万元）

无形资产摊减值损失＝（660－400）×1 860÷（2 040＋1 860）＝124（万元）

2×21年9月6日抵减减值损失后处置组账面价值＝4 320－660＝3 660（万元）

其中：

抵减减值损失后“持有待售资产——固定资产”账面价值＝2 040－136＝1 904（万元）

抵减减值损失后“持有待售资产——无形资产”账面价值＝1 860－124＝1 736（万元）

A公司的账务处理如下：

借：资产减值损失	6 600 000
贷：持有待售资产减值准备——固定资产	1 360 000
——无形资产	1 240 000
——商誉	4 000 000

（2）2×21年9月30日，该销售机构尚未完成转让，A公司作为其他权益工具投资核算的股票投资的市场报价上升至740万元。假设其他资产价值没有变化。B公司在对销售机构进行检查时发项一些资产轻微破损，A公司同意修理，预计修理费用为10万元，A公司还将律师和注册会计师咨询费预计金额调整至80万元。当日门店处置组整体的公允价值为3 820万元。A公司2×21年9月30日会计处理如下。

①2×21年9月30日，A公司按照适用的会计准则计量其他权益工具投资，账务处理如下：

借：持有待售资产——其他权益工具投资（7 400 000－7 200 000）	200 000
贷：其他综合收益	200 000

当日，该处置组的账面价值为3 680万元（3 660＋包含其他权益工具投资已经确认的利得20万元），预计出售费用为90万元（修理费用10＋咨询费预计金额调整80），公允价值减去出售费用后的净额为3 730万元（3 820－90），高于账面价值3 680万元，差额为50万元。

处置组的公允价值减去出售费用后的净额后续增加的，应当在原已确认的持有待售资产减值损失范围内转回，但已抵减的商誉账面价值400万元和划分为持有待售类别前已计提的资产减值准备不得转回，因此，转回金额应当以260万元（固定资产摊减值损失136＋无形资产摊减值损失124）为限。

根据上述分析，A公司可转回已经确认的持有待售资产减值损失为50万元（3 730－20－3 660），根据固定资产、无形资产账面价值所占比重，按比例转回其账面价值。

固定资产分摊的减值损失转回＝50×1 904÷（1 904＋1 736）＝26.15（万元）

无形资产分摊的减值损失转回＝50×1 736÷（1 904＋1 736）＝23.85（万元）

借：持有待售资产减值准备——固定资产　　261 500

　　　　　　　　　　　　——无形资产　　238 500

　贷：资产减值损失　　500 000

至此将处置组账面价值调整到公允价值减去出售费用后的净额，即 3 730 万元。

② A 公司在 2×21 年 9 月 30 日的资产负债表中应当分别以“持有待售资产”和“持有待售负债”列示 5 970 万元和 2 240 万元。由于处置组不符合终止经营定义，持有待售资产确认的资产减值损失应当在利润表中以持续经营损益列示。同时，企业应当在附注中进一步披露该持有待售处置组的相关信息。

持有待售的处置组中的非流动资产不应计提折旧或摊销，持有待售的处置组中的负债和适用其他准则计量规定的非流动资产的利息或租金收入、支出以及其他费用应当继续予以确认。

（四）终止确认

（1）非流动资产或处置组因不再满足持有待售类别的划分条件而不再继续划分为持有待售类别或非流动资产从持有待售的处置组中移除时，应当按照以下两者孰低计量：

①划分为持有待售类别前的账面价值，按照假定不划分为持有待售类别情况下本应确认的折旧、摊销或减值等进行调整后的金额。

②可收回金额。

这样处理的结果是，原来划分为持有待售的非流动资产或处置组在重新分类后的账面价值，与其从未划分为持有待售类别情况下的账面价值相一致。由此产生的差额计入当期损益，可以通过“资产减值损失”科目进行会计处理。

（2）持有待售的非流动资产或处置组在终止确认时，企业应当将尚未确认的利得或损失计入当期损益。

五、持有待售的非流动资产、处置组和终止经营的列报

（一）资产负债表列报

企业应当在资产负债表中区别于其他资产单独列示持有待售的非流动资产或持有待售的处置组中的资产，区别于其他负债单独列示持有待售的处置组中的负债。持有待售的非流动资产或持有待售的处置组中的资产与持有待售的处置组中的负债不应当相互抵销，应当分别作为流动资产和流动负债列示。

（二）利润表列报

企业应当在利润表中分别列示持续经营损益和终止经营损益。其中，不符合终止经营定义的持有待售的非流动资产或处置组，其减值损失和转回金额及处置损益应当作为持续经营损益列报。终止经营的减值损失和转回金额等经营损益及处置损益应当作为终止经营损益列报。

企业应当在利润表中分别列示持续经营损益和终止经营损益。下列不符合终止经营定义的持有待售的非流动资产或处置组所产生的相关损益，应当在利润表中作为持续经营损益列报：（1）企业初始计量或在资产负债表日重新计量持有待售的非流动资产或处置组时，因账面价值高于其公允价值减去出售费用后的净额而确认的资产减值损失。（2）后续资产负债表日持有待售的非流动资产或处置组公允价值减去出售费用后的净额增加，因恢复以前减记的金额而转回的资产减值损失。（3）持有待售的非流动资产或处置组的处置损益。

终止经营的相关损益应当作为终止经营损益列报，列报的终止经营损益应当包含整个报告期间，

而不仅包含认定为终止经营后的报告期间。相关损益具体包括：（1）终止经营的经营活动损益，如销售商品、提供服务的收入、相关成本和费用等。（2）企业初始计量或在资产负债表日重新计量符合终止经营定义的持有待售的处置组时，因账面价值高于其公允价值减去出售费用后的净额而确认的资产减值损失。（3）后续资产负债表日符合终止经营定义的持有待售处置组的公允价值减去出售费用后的净额增加，因恢复以前减记的金额而转回的资产减值损失。（4）终止经营的处置损益。（5）终止经营处置损益的调整金额可能引起调整的情形包括：①最终确定处置条款，如与买方商定交易价格调整额和补偿金；②消除与处置相关的不确定因素，如确定卖方保留的环保义务或产品质量保证义务；③履行与处置相关的职工薪酬支付义务等。

企业在处置终止经营的过程中可能附带产生一些增量费用，如果不进行该项处置就不会产生这些费用，企业应当将这些增量费用作为终止经营损益列报。

（三）报表附注中的披露

企业应当在附注中披露下列信息：

（1）持有待售的非流动资产或处置组的出售费用和主要类别，以及每个类别的账面价值和公允价值。

（2）持有待售的非流动资产或处置组的出售原因、方式和时间安排。

（3）列报持有待售的非流动资产或处置组的分部。

（4）持有待售的非流动资产或持有待售的处置组中的资产确认的减值损失及其转回金额。

（5）与持有待售的非流动资产或处置组有关的其他综合收益累计金额。

（6）终止经营的收入、费用、利润总额、所得税费用（收益）和净利润。

（7）终止经营的资产或处置组确认的减值损失及其转回金额。

（8）终止经营的处置损益总额、所得税费用（收益）和处置净损益。

（9）终止经营的经营活动、投资活动和筹资活动现金流量净额。

（10）归属于母公司所有者的持续经营损益和终止经营损益。

非流动资产或处置组在资产负债表日至财务报告批准报出日之间满足持有待售类别划分条件的，应当作为资产负债表日后非调整事项进行会计处理，并按照前上述三条的规定进行披露。

企业专为转售而取得的持有待售的子公司，应当按照上述（2）至（5）条以及（10）的规定进行披露。

企业应当在利润表中将终止经营处置损益的调整金额作为终止经营损益列报，并在附注中披露调整的性质和金额。可能引起调整的情形包括以下几类：

（1）最终确定处置条款，如与买方商定交易价格调整额和补偿金。

（2）消除与处置相关的不确定因素，如确定卖方保留的环保义务或产品质量保证义务。

（3）履行与处置相关的职工薪酬支付义务。

六、新旧衔接

对于本准则施行日存在的持有待售的非流动资产、处置组和终止经营，应当采用未来适用法处理。

参 考 文 献

［1］中华人民共和国财政部．企业会计准则（2006）［M］. 北京：经济科学出版社，2006.
［2］中华人民共和国财政部．企业会计准则讲解［M］. 北京：人民出版社，2010.
［3］中华人民共和国财政部．企业会计准则（合订本）［M］. 北京：经济科学出版社，2019.
［4］中国注册会计师协会．会计［M］. 北京：中国财政经济出版社，2018.